1997 中国外科年鉴

CHINESE YEARBOOK OF SURGERY

名誉主编: 吴阶平 裘法祖 吴孟超
主　　编: 仲剑平 马永江
副 主 编: 朱　诚 喻德洪 张延龄
吴伯文 吴　灿

第二军医大学出版社

1997 中国外科年鉴

主　编：仲剑平　马永江
副主编：朱　诚　喻德洪　张延龄　吴伯文　吴　灿
责任编辑：刘　跃　陈伯华
第二军医大学出版社出版
（上海翔殷路 800 号　邮政编码 200433）
新华书店上海发行所发行
第二军医大学出版社排版　江苏丹阳教育印刷厂印刷
开本：787×1092　1/16　印张：27.5　字数：906 660
印数：1 100
ISBN 7-81060-010-9/R・009
定价（精装）：70.00 元

中国外科年鉴(1997)

名誉主编 吴阶平 裘法祖 吴孟超

主　　编 仲剑平 马永江

副 主 编 朱 诚 喻德洪 张延龄 吴伯文 吴 灿

顾　　问(按姓氏笔划为序)

方之扬 第二军医大学外科教授

史玉泉 上海医科大学外科教授

史济湘 上海第二医科大学外科教授

朱 预 北京协和医科大学外科教授

华积德 第二军医大学外科教授

刘植珊 第二军医大学外科教授

刘树孝 第二军医大学外科教授

吴 珏 上海医科大学外科教授

张涤生 上海第二医科大学外科教授

周镇万 第二军医大学外科教授

贺宗理 第二军医大学外科教授

郭恩覃 第二军医大学外科教授

葛绳德 第二军医大学外科教授

编　　委(按姓氏笔划为序)

王世英 第二军医大学长海医院医教部主任

王本茂 第二军医大学外科教授

王元和 第二军医大学外科教授

王文仲 第二军医大学外科教授

方国恩 第二军医大学外科副教授

邓小明 第二军医大学外科副教授

孙耀昌　第二军医大学外科教授
卢亦成　第二军医大学外科教授
朱家麟　第二军医大学外科教授
李家顺　第二军医大学校长、教授
吴岳嵩　第二军医大学外科教授
吴德敬　第二军医大学外科教授
陈新年　第二军医大学长海医院副院长
陈玉林　第二军医大学外科教授
闵志廉　第二军医大学外科教授
孟垂祥　第二军医大学长海医院医教部副主任
孟荣贵　第二军医大学外科副教授
张宝仁　第二军医大学外科教授
林子豪　第二军医大学外科教授
侯春林　第二军医大学外科教授
贾连顺　第二军医大学外科教授
钱松溪　第二军医大学外科教授
钱光相　第二军医大学外科教授
曹贵松　第二军医大学外科教授
景在平　第二军医大学外科教授

专业编辑(按姓氏笔划为序)

马立业　王　义　王锡智　包俊敏　朱有华　江　华
江基尧　刘鹏飞　刘祖德　毕建威　沈　锋　周晓平
邵京宁　金　刚　闻兆章　徐志云　康一凡　崔　龙

常务编辑

吴月珍　石进英　项耀钧

编者的话

《中国外科年鉴》的编辑出版目的是：及时、全面、准确地向国内外读者反映我国外科各专业在最近期间的成就与进展，为医疗、教育、科研工作提供必要的资料和信息，同时也为祖国的医学宝库增添连续性的史料图书。自1983年首卷出版以来，现已编撰、出版12卷。

本卷年鉴包括外科基础及创伤，烧伤，整形外科，肿瘤，器官移植，麻醉，普通外科(包括甲状腺、甲状旁腺、乳腺、腹壁、腹腔、肝、胆、胰、脾、胃、十二指肠、空肠、回肠、阑尾、结肠、直肠、肛门、动脉、静脉、淋巴管)，神经外科，胸心外科，泌尿外科，骨科等内容，辟有一年回顾和文选两栏目。

本卷包容了1995年11月至1996年10月这一阶段内的外科信息，从145种医药卫生期刊中选出有关学术论文5 672篇，再在其中选出30%～40%有代表性的论文撰写成一年回顾，又选出约6%的优秀论文摘写成文选。

一年回顾中全面反映了本年度我国外科各专业在临床与基础研究方面以常见病、多发病为重点的进展情况，同时收录有关新理论、新技术、新经验及罕见病例。文选对所选论文的内容质量要求较高，选文不拘一格，不论老年专家或中青年专业工作者的著作，亦无论期刊属于中央或地方级别，凡符合本年鉴选文标准的，均予选录。述评是表达摘编者个人对该文的看法，并酌情介绍其他同类研究的结果及见解，仅供读者参考，并非定论。一年回顾的参考文献序号附有星号(*)者，系已选入文选。

读者和原作者有何建议或希望，恳请及时赐教。地点：上海市长海路长海医院《中国外科年鉴编辑部》，邮政编码：200433。

中国外科年鉴编委会

目　　录

外科基础与创伤

烧　　伤

整形外科

肿　　瘤

器官移植

麻　　醉

普通外科

甲状腺、甲状旁腺、乳腺

腹壁、腹腔

肝、胆、胰、脾

胃、十二指肠、空肠、回肠

阑尾、结肠、直肠、肛管

动脉、静脉、淋巴管

神经外科

胸心外科

泌尿外科

骨　科

外科基础与创伤

文献 240 篇，纳入回顾 176 篇（占 73.3%），收入文选 25 篇（占 10.4%）。

一 年 回 顾

一、休克

湖南医大[1]用大鼠内毒素（LPS）休克模型观察了平均动脉压（MAP），血浆肿瘤坏死因子（TNF）、组织因子（TF）、组织因子途径抑制物（TFPI）含量，抗凝血酶Ⅲ（AT-Ⅲ）活性的变化，血白细胞及血小板计数等以探讨低分子量肝素（LMWH）对大鼠内毒素休克的影响。结果显示，LPS 组大鼠 MPA 呈进行性下降，血浆 TNF 和 TF 含量显著升高，AT-Ⅲ活性明显降低，TFPI/TF 比值降低，血白细胞和血小板计数下降，与对照组比较差异显著；而 LMWH＋LPS 组上述指标变化不明显。实验证明 LMWH 对 LPS 所致休克的大鼠有保护作用，主要是通过 LMWH 对 TNF、TF 的抑制作用及其本身的抗凝作用而实现的。一军医大[2]将白细胞功能相关抗原（LFA-1）单克隆抗体作用于内毒素休克的家兔体内，观察对微循环的影响。结果表明 LFA-1 单抗能明显减少家兔休克后的白细胞附壁数，提高微静脉血流速度，减缓休克后家兔平均动脉压的降低。说明 LFA-1 参与内毒素休克家兔白细胞粘着过程，阻断其作用，可起一定的改善微循环的作用。三军医大野外所[3]采用大肠杆菌内毒素休克兔实验模型研究红细胞膜磷脂酶 A_2（PLA_2）活性、膜荧光偏振度和各向异性系数的变化。内毒素组注射内毒素后各时相点平均动脉压显著低于对照组，PLA_2 活性显著高于对照组；膜荧光偏振度、各向异性系数亦显著高于对照组。PLA_2 抑制剂氯喹、氯丙嗪预处理组上述变化则极小，与内毒素组相比有显著性差异。这表明内毒素使 PLA_2 活性升高，并由此导致红细胞膜微环境改变，膜功能受损。PLA_2 抑制剂可抑制 PLA_2 活性升高，减轻细胞损伤，提高存活率。西安西京医院[4]观察了吸入一氧化氮（NO）对家兔内毒素急性肺损伤（ALI）的治疗作用。给 6 只内毒素家兔通过非重复呼吸环路吸入 80ppm NO，经右心导管和左颈总动脉导管对吸 NO 前及其后 30、60、70、90、120、150min 各时点分别同时记录平均肺动脉压（MPAP）、平均体动脉压（MPSA）的变化，测定动脉血气改变，用分光光度比色法测定吸 NO 前后静脉血高铁血红蛋白（MHb）浓度，以肺干/湿比值评估血管外肺水的改变。结果显示内毒素 ALI 家兔吸入 NO 后 MPAP 迅速降低，但对 MPSA 无影响，动脉血氧分压（PaO_2）显著升高，静脉血 MHb 浓度及肺干/湿重比无明显改变。说明吸入 80ppm NO 可选择性扩张肺血管，降低 ALI 家兔 MPAP，改善肺内气体交换，无明显毒副作用。天津医大总院[5]采用电子自旋共振（ESR）技术检测了 30 例择期手术病人静脉普鲁卡因复合麻醉（IPA）期间血浆氧自由基（OFR）及血浆脂质过氧化物（LPO）含量变化，并分别观察了纳洛酮（NAL）、亚甲蓝的抗氧化作用。结果显示：IPA 120min 时血浆 OFR、LPO 较麻醉前显著升高；应用 NAL 或亚甲蓝治疗后 30min，OFR、LPO 较治疗前显著降低。表明 NAL 或亚甲蓝能抑制细胞的脂质过氧化反应，对 IPA 期间产生的 OFR 具有清除作用。三军医大[6]* 以模拟在 4 000m 高原停留 24h 的山羊复制失血性休克模型，分为生理盐水（NS）组、高渗盐水（HS）组及维生素 C（V_C）治疗组。结果显示，HS 组和 V_C 组再灌注后存活时间显著延长，12h 存活率显著提高。NS 组失血后出现明显酸中毒并逐渐加重，由代偿转为失代偿，HS 组和 V_C 组再灌注后 2h 酸中毒得到改善，pH 恢复到正常范围。NS 组在休克期及再灌注后血浆溶酶体酸性磷酸酶（ACP）、β-葡萄糖醛酸苷酶（β-G）活性显著提高，随时间呈上升趋势，而 HS 组及 V_C 组再灌注后 2h 血浆 ACP 和 β-G 活性趋于稳定，且 HS 组 ACP、β-G 活性及其增量 ΔACP 与 Δβ-G 均呈显著正相关。实验结果提示，溶酶体膜稳定性增强、水解酶释放减少是7.5% NaCl、大剂量V_C治疗高原失血性休克的细胞学基础。据此推测可能与改善酸中毒和V_C的抗氧化作用有关。河南焦作市人民医院[7]*以大白兔为实验对象采用Wigger法建立失血性休克模型，观察各组的红细胞SOD、血浆丙二醛（MDA）、Mg^{2+}、乳酸（BL）和酸性磷酸酶（ACP）含量。结果发现，山莨菪碱、辅酶Q_{10}、地塞米松治疗组与半量地塞米松＋山莨菪碱组、地塞米松＋辅酶Q_{10}组抗脂质过氧化效果一致。地塞米松给药时间对失血性休克兔的疗效有显著影响，再灌注开始前用药较再灌注30min后用药效果好，而地塞米松经动脉途径伴随携氧平衡盐液在灌注开始前先给药效果最佳。三军医大野外所[8]*采用脑室给药方法研究了促甲状腺素释放激素（TRH）与δ-阿片受体特异性拮抗剂ICI 174,864合用对失血性休克兔心功能指标的影响，旨在探讨TRH与ICI 174,864是否可配伍用药治疗休克。TRH、ICI 174,864两药单用剂量各为50μg，合用剂量各25μg。结果显示，两药半量合用改善失血性休克兔心血管功能不仅可达单药50μg的效果，且较单用时效果更佳。表明两药有一定的协同作用，可配伍用于治疗失血性休克。长沙湘雅医院[9]应用家兔失血性休克模型，观察高渗盐/右旋糖酐液（HSD）、高渗盐/甘露醇液（HSM）及高渗醋酸盐/甘露醇液（HAM）对失血性休克家兔血气、酸碱平衡的影响。结果表明HSD和HSM组在治疗后60min动脉血pH、BE-B、HCO_3^-进一步下降，酸中毒加重，而HAM组血pH、BE-B、HCO_3^-升高，与失血前差异不明显。表明HAM治疗能减轻失血性休克所致酸中毒，在稳定失血性休克内环境方面起重要作用。解放军304医院[10]*以失血性休克复合输入内毒素，同时给予支持治疗的方法复制出标准化的山羊多器官功能衰竭（MOF）模型，以光镜和电镜进行病理形态学观察。结果表明，各脏器实质均有点、灶状或大片坏死区，表现为缺血或出血梗死及炎性坏死。脏器病理改变与脏器功能及代谢变化基本一致。提示失血、感染、再灌注与支持治疗等复合因素引起的临床MOF一旦发生，其脏器实质多发生严重的或难以修复的损伤。河南省医院[11]检测了21例MOF患者临终前血浆TNF-α和IL-6含量，发现两者均值都显著高于对照组，提示MOF患者临终前体内细胞因子网络系统仍处于激活状态。作者认为深入研究MOF患者血浆TNF-α和IL-6产生规律、在适当时机选用单克隆抗体改变体内细胞因子网络活性可能有助于MOF的抢救。海南省医院[12]以酶联免疫吸附测定（ELISA）法测定了45例急性危重病患者应激状态下血清IL-2含量的动态变化并探讨其与MOF的关系。结果显示急性危重患者血清IL-2水平于第1天即明显下降，第3～5天达最低浓度；IL-2含量下降与应激严重程度呈负相关；MOF患者于应激早期血清IL-2下降程度较非MOF者更为显著。提示动态观察血清IL-2含量有助于了解患者病情程度和预后判断。西安唐都医院[13]分析了22例早期休克病人的血液流变学参数，发现休克早期即有血液流变学变化，最灵敏的指标是全血粘度、红细胞聚集指数及刚性指数。休克早期就要针对降低血粘度、改善血液流变性、增加微循环灌注等方面采取措施，以提高抗休克的成功率。

二、感染

（一）实验研究

南京军区南京总院[14]*以盲肠结扎穿孔（CLP）方法制造腹腔感染模型，以PCR方法测定了CLP前后血和肝脏标本白蛋白mRNA含量。作者观察到，腹腔感染后4 h，肝脏白蛋白mRNA开始下降，48h降至正常的27.2%，血浆白蛋白浓度与肝脏白蛋白mRNA密切相关。提示腹腔感染早期白蛋白基因表达受到明显抑制，腹腔感染时低白蛋白血症与肝脏白蛋白mRNA表达下降有关。解放军105医院[15]*通过研究兔腹腔感染后肺损害的病理机制及酮基布洛芬的治疗作用。发现腹腔感染早期（6h）即有肺部病理损害，主要为间质水肿、微血栓形成等，肺血管外水及毛细血管通透性增加；12h后出现动脉血氧分压、饱和度下降，血清内毒素、前列环素、血栓素A_2水平升高。腹腔感染早期应用酮基布洛芬可以改善肺毛细血管通透性，减少血管外肺水；感染12h后给药则治疗效果降低，即使增加给药剂量亦不提高治疗效果。天津急腹症所[16]建立了需氧菌及厌氧菌混合感染的大鼠急性化脓性腹膜炎模型，发现消炎痛（indomethacin）可降低脓肿形成率、减少脓肿体积、降低腹腔粘连率并抑制前列腺素E_2（PGE_2）的生成，但对死亡率影响不明显。杭州医高专[17]对弥漫性腹膜炎合并MOF小白鼠模型进行了研究，提出感染后如血中C-反应蛋白不能随感染病程相应升高、持续不恢复正常或C_3和转铁蛋白显著下降而不回升，均表明感染持续存在或病情较严重，是机体免疫力低下、预后不良的表现。

（二）临床研究

三军医大[18]*用体外单细胞定量法研究中性粒细胞（PMN）和血管内皮细胞（VEC）的粘附性，发现LPS、TNF、IL-1均可诱导VEC粘附性迅速升高，12h后达高峰；TNF和LPS均导致PMN粘附性迅速升高，30min达高峰，以后基本保持该状态；IL-1

则对PMN的粘附性无明显影响。提示主要炎性因子在导致PMN-VEC粘附性增高作用上有很高的一致性,但也有一定差异。南京军区南京总院[19,20]观察了22例外科感染患者的IL-2的生成和IL-2受体(IL-2R)表达的变化,发现感染患者IL-2表达明显降低,而手术和非手术治疗均能使IL-2恢复正常。感染患者淋巴细胞IL-2生成呈升高趋势,治疗后进一步升高,提示淋巴细胞功能异常在外科感染的发生机制中起重要作用。他们还采用肿瘤坏死因子抑制物(TNF/NH)相对酶活性测定法同时检测30例腹腔感染病人热处理前后的血清,显示68.9%的患者体内同时存在TNF和TNF/NH活性。对4例患者手术前后TNF/NH相对活性进行跟踪观察,发现TNF/NH水平和严重感染性疾病的发展及转归密切相关。上海华山医院[21]对24例危重病人气管切开术后呼吸道菌群进行了分析,发现绿脓杆菌、金黄色葡萄球菌、肺炎球菌、硝酸盐阴性杆菌所致感染最为常见。院内肺部感染率达62.5%。混合细菌感染程度与置管时间相关,气管切开后各种细菌出现时间有差别。北京医大一院[22]检测了30例外科住院施行中等以上手术患者外周血T细胞亚群并在手术前后进行动态观察。结果表明,术后第1天开始患者CD3、CD4及CD4/CD8比值与术前相比即有明显下降。提示伴随较大的手术损伤,机体特异性免疫功能在一定程度上有所下降。浙江平湖市一院[23]总结治疗32例外科感染病人的体会:感染均发生于手术后,其中18.7%与无菌操作不规范有关,应注意严格消毒制度;对有引流管的患者改用密闭输液瓶保持引流通畅;为防止切口感染,可于肌层与皮下分别放置橡皮引流条;形成脓肿的感染应在充分引流的基础上加用抗生素。常州市二院[24]调查了该院抗生素使用情况,发现阑尾炎术后抗生素使用针对性不强;提出围手术期预防性应用抗菌药物的观念,首选药物为头孢菌素类。石河子医学院一院[25]通过抗生素使用与医院内感染的队列(cohort)研究发现,抗生素广泛使用是发生医院内感染重要的危险因素之一,抗生素联合应用越多,发生医院内感染的危险度越大。同济医大附院[26]治疗了42例创伤合并气性坏疽患者,认为快速免疫荧光鉴定产气荚膜杆菌的新方法有利于早期诊断;临床分型有利于伤员在早期得到充分、合理的治疗;早期、多次、反复清创,局部以氧化剂湿敷为主的综合治疗方法是治疗气性坏疽的有效方法。解放军463医院[27]认为治疗协同性坏死性软组织感染应抓的主要环节是:对可疑病例应立即切开探查,一经证实应充分彻底清创。抗菌治疗主要是使用对脆弱类杆菌、大肠杆菌和其他肠道细菌有效的抗生素。北京军区总院[28]诊治1例多细菌协同感染致肢体坏疽患者,经多家医院分离培养,有需氧菌2种,专性或兼性厌氧菌10种,尚有3种未确定名称。病理组织学特点为皮肤、深层肌肉与骨间膜的慢性化脓性坏死性炎症,伴明显嗜酸粒细胞浸润。病人以全身中毒症状轻,局部由浅而深的进行性坏死、形成黑痂为特点,经应用广谱抗生素泰能(tylosin)、彻底清创后控制。青海省儿童医院[29]*总结了30例小儿急性坏死性筋膜炎的治疗体会,发现发病原因与成人不同,局部受压及患部污染是重要的致病因素,广泛性筋膜坏死、毒素吸收及扩创操作易导致患儿全身衰竭。多种细菌协同作用引起的小儿软组织感染应引起重视。河北新乐市中医院[30]应用中西医结合综合疗法、罗定市医院[31]*采用大剂量安定及东莨菪碱等、广州市儿童医院[32]应用大剂量维生素B_6治疗新生儿破伤风均取得良好效果。广东韶关市粤北医院[33]总结治疗新生儿破伤风的体会是:采取监护室治疗,大剂量止痉剂,控制体温,防止呼吸衰竭、肺炎、肺出血等并发症,早期避免鼻饲而采用静脉供能、医护措施重点应放在第1周等。上海杨浦区医院[34]总结33例老年人术后并发霉菌感染的特点是:使用广谱抗生素致霉菌感染出现的时间比成年人短,临床表现以精神症状较为突出,感染易播散,常为多个部位感染。青岛医学院附院[35]以介入超声治疗腹腔积液和脓肿100例的体会是:床边超声检查较方便;穿刺抽液较安全;隔天抽液1次,若抽2次无效则应尽量引流;套管针置管时应防止腹壁韧带样组织的滞管作用。

三、营养

(一) 实验研究

北京协和医院[36]*研究了谷氨酰胺双肽对腹腔注射5-Fu的大鼠肠粘膜形态及屏障功能的影响,发现经谷氨酰胺双肽强化的肠外营养可维持小肠粘膜形态及屏障功能,减轻肠道细菌移位和增强肠粘膜通透性。解放军304医院[37]*利用SPF大鼠全肠外营养(TPN)模型观察肠外营养对肠免疫屏障和细菌移位的影响。结果发现TPN支持1周即已引起肠屏障功能减退。经不同方式添加谷氨酰胺或其前体强化标准TPN的效果,能对肠免疫屏障和生物屏障提供保护,具有临床应用前景。西安西京医院[38]应用大鼠TPN模型观察了TPN过程中表皮生长因子(EGF)对肠道利用谷氨酰胺的调节作用,发现EGF可提高肠道对谷氨酰胺的摄取率,提示对长期采用TNF支持的病人,同时应用EGF可作为一项保护肠粘膜的措施。重庆西南医院[39]*自80年代起观察了数百只动物模型及数十例临床病人，发现严重烧伤后肠组织可发生缺血再灌注损伤，炎性介质分泌、细菌移位增加，认为烧伤后存在“肠源性高代谢”。北京医大一院[40]观察了大鼠PN引起肝损伤的情况，发现高浓度葡萄糖可引起肝脂肪变性，某些氨基酸的缺乏或过量也可导致肝脂肪变性，输注葡萄糖液体与禁食皆与胆汁淤积无关，支链氨基酸对胆汁淤积有预防作用。解放军304医院[41]分析了大肠缺血兔单相速发MODS模型、山羊双相迟发MODS模型及烧伤合并MODS病人的血浆游离氨基酸的变化，发现支链氨基酸/芳香族氨基酸比值显著降低、苯丙氨酸/酪氨酸比值明显升高与MODS的发生密切相关，提示严重蛋白质代谢紊乱可能是促发MODS的原因之一。动态观察上述比值变化对MODS的早期诊断和防治可能有积极意义。

（二）临床研究

南京军区南京总院[42]*观察了静脉应用30%及20% Intralipid对血脂代谢的影响，发现磷脂/甘油三酯比值低的脂肪乳剂对减少高脂血症的发生有重要意义。北京协和医院[43]前瞻性研究了术后患者应用PN或均衡型肠内营养(EN)的代谢效应，发现EN的代谢效应优于PN。作者认为，当肠功能大致恢复时应及早给予肠EN支持。北京医大一院[44]通过临床对比研究，提示EN与PN相比，并不能减轻腹部手术后的应激反应和蛋白质分解代谢。山东千佛山医院[45]提出ICU患者肠道多有功能性改变，宜应用个体化TPN。南京医大一院[46]通过术中门静脉置管、术后经门脉TPN支持治疗，发现生化指标、肝功能无异常。短期临床应用TPN，模仿正常营养代谢过程，获得了良好效果。天津医大总院[47]经临床检测发现手术后血清锌、铜浓度下降，并随输液量的增多及手术时间的延长而显著下降，此变化与性别、年龄、麻醉方法无关。湖南医大二院[48]总结了PN治疗新生儿疾病12例，提出要逐日逐例计算合理配方，脂肪供能占总热量30%，不超过50%，氮热卡比值1∶150～1∶250是安全有效的。湖北省医院[49]于食管切除、消化道重建术后常规留置空肠营养管，252例临床观察表明，吻合口瘘发生率、死亡率均明显降低。上海长宁区医院[50]总结了827例TPN应用体会，提出三升袋效果优于单瓶输注，滴速不宜超过40滴/分。

四、创伤

（一）实验研究

北京市儿童医院[51]*应用直流和反流两种气管插管内导管进行气管内肺通气(ITPV)，并与压力控制通气(PCV)对比。结果提示，ITPV通过减少生理死腔使通气效率提高，可以用较低的气管内吸气压峰压和平均气道压维持肺的正常气体交换；反流ITPV通气效率比直流ITPV显示更高。西安西京医院[52]*通过观察犬油酸型呼吸窘迫综合征(RDS)模型的肺泡毛细血管通透性、血管外肺水和心输出量，并与相应时间的血气、X线胸片及病理组织学检查进行对比，表明实验犬注入油酸后肺泡毛细血管的通透性立即明显增高，发生时间早于血管外肺水、血气和胸片的改变，与RDS的早期病理改变相对应，提示毛细血管通透性可作为RDS的早期诊断指标。重庆西南医院[53,54]应用犬油酸型急性RDS模型，观察了氧转运及氧消耗的变化及相关性，发现氧转运与消耗成正相关，提示氧转运与氧消耗降低为RDS的重要特征，监测氧转运和氧消耗对指导治疗和判断预后有一定价值。为探讨反比通气(IRV)在临床应用的可能性，应用犬RDS模型，将IRV与常规容量控制通气(VC)加呼气末正压通气(PEEP)比较，动态观察氧代谢的变化。结果提示，IRV对氧代谢的改善优于常规通气，可能是治疗RDS更为恰当的通气方式。三军医大野外所[55]*研究了小剂量7.5% NaCl/6%右旋糖酐-70(HSD)对模拟高原创伤失血性休克大鼠血气及肺组织损伤的影响，结果显示HSD能显著减轻休克大鼠PO_2、pH、HCO_3^-下降的程度，HSD治疗后5h肺匀浆丙二醛、肺含水量低于NS组及7.5% NaCl组，肺损伤程度明显减轻，表明HSD对高原性失血性休克的早期救治有较高的实用价值。

（二）临床研究

三军医大野外所[56,57]测定了不同程度创伤病人的循环内皮细胞(CEC)的变化，发现全身损伤程度越重，CEC值越高，血管损伤越重。分析创伤后血管内皮细胞可能是导致肺损伤及MOF等严重并发症的重要发病机制之一。他们还通过创伤病人血清蛋白电泳分析，发现创伤病人血清标本中可见到分子量约为9 000的一条异常蛋白带。创伤病人血清对外周血单个核细胞PHA(植物血凝素)的刺激转化及IL-2的合成水平具有显著抑制作用。利用截留分离方法证实，分子量低于10 000的超滤物对正常人外周血单个核细胞的刺激转化和IL-2产生具有较强的抑制作用。表明分子量9 000的异常蛋白可能为主要的创伤血清免疫抑制物。武汉同济医院[58]选择8例重度多发伤患者，根据是否手术分2组，动态观察了受伤当日、伤后第3、10、20天血清IL-6以及肿瘤坏死因子α(TNF-α)水平的变化，分析了创伤后感染并发症发生率及创伤后IL-6、TNF-α的变化与 MOF 的关系。结果表明，多发性创伤患者从受伤当日至出院前细胞因子 IL-6、TNF-α 明显升高，而当发展为 MOF 时两者水平升高更明显。广州军区总院[59]*监测了 348 例严重创伤病人混合静脉血氧饱和度(SvO_2)，发现 SvO_2 上升组存活率较高(88%)，中等上升组次之(72.7%)，下降组无存活。通过 Fick 公式看出 SvO_2 是细胞氧利用的一个良好标志。为提高 SvO_2，应着重提高 SaO_2 及心输出量(CO)。ARDS 的治疗中，改善组织灌注、纠正细胞缺氧、提高氧供和氧吸收利用是最切实有效的措施之一，SvO_2 正是检验其疗效的良好标志。在放 Swan-Ganz 导管有困难时，可用中心静脉血代替肺动脉混合静动脉血。青岛市儿童医院[60]总结了 34 例小儿手术前后超氧化物歧化酶(SOD)和维生素 E 的变化，发现术后 SOD、维生素 E 明显降低，术后 3～7d 恢复正常，表明术后氧自由基增加，故术后应用自由基清除剂，如维生素 E、维生素 C 等，以阻抑氧自由基对人体的毒性作用，有利于手术切口愈合和身体康复。北京积水潭医院[61]*回顾分析了 20 年来收治钝性交通事故伤共 6 010 例，其中 518 例为腹部闭合伤。结果发现入院收缩压<12kPa、严重胸部创伤等 7 个参数与腹内脏器伤密切相关，可视为高危因素，并得出结论：对具有任何高危因素或体检阳性者，应高度警惕腹内伤的发生，及时进行辅助性检查、详尽体检和病史分析具有重要意义。青海省医院[62]以 B 超检查了腹腔脏器破裂 80 例。B 超结果与手术完全符合率为 93.8%，基本符合率(显示脏器破裂但未能准确定位，或多脏器破裂漏误诊其中之一者)为 6.2%，说明 B 超检查腹部脏器破裂简便、迅速、准确，是首选方法。影响准确性的因素有病人被动体位和腹腔内气体干扰等。

(三) 临床救治

中国医大临床一院[63]*分析了腹部多脏器损伤 158 例救治情况，其中交通事故和高空坠落伤占 67.0%，抢救存活率 83.5%。病死率与致伤暴力强度、现场急救是否得当、就诊是否及时及受伤程度、广度密切相关。院前紧急救护、院内正确诊断、及时治疗、果断手术是抢救成功的重要环节；术中应仔细探查、止血，术后注意防治多脏器功能衰竭的发生。福建南平市立医院[64]分析了 13 年间收治的 223 例腹部闭合性损伤患者，多因直接暴力致单一器官损伤——脾破裂。合并休克者多为肝、脾破裂。手术主要目的是清创、止血、引流。因肝破裂大出血行自血回输 12 例，无不良反应。作者对切脾的看法是应将抢救生命摆在首位。抢救及时、检查全面、恰当引流和防治并发症是降低死亡率的主要措施。秦皇岛市一院[65]救治腹部闭合性损伤的体会是：MOF 是死亡主因。清除感染灶、充分引流(在病灶区及下腹部均置管引流)可减少腹腔感染，进而降低 MOF 发生率。重庆市急救医疗中心[66]报道 7 年收治的腹部创伤 705 例，多发伤占 58%，病死率 8.8%。对腹腔穿刺阳性者或体征明显者应立即剖腹，因胃肠损伤污染时间延长造成的危害远大于阴性探查。肝后静脉损伤以纱布填塞止血的方法是可取的。江苏金坛市医院[67]报道了 176 例严重多发伤的救治经验，提出 24h 分阶段应观察的内容，避免早期误诊、术中漏诊，注意围手术期去除或中断引起 MOF 的诱发因素。常州市一院[68]报道了 10 年间 86 例胸腹多发伤的早期救治，发现死亡率的增高与休克密切相关；胸腔内出血极少来自心脏及大血管；联合伤只求诊专科易致漏诊；因患者易合并肺挫伤，故应注意防止 ARDS，积极使用呼吸机。深圳市医院[69]报道 117 例车祸所致的腹外伤，多为闭合伤，损伤频度依次为脾、小肠及其系膜、肝、结肠、直肠、胰腺、胃、十二指肠、胆囊及胆总管，以多器官损伤为多。山东东营河口区医院[70]总结 32 例腹部闭合伤合并颅脑伤患者行腹腔穿刺的经验，认为腹腔穿刺是对此类病人进行诊断的快速、安全易行的方法。浙江金华市医院[71]报道了 87 例小儿腹部损伤的诊治经验，发现伤后延迟诊断 4h 后的死亡率达 64.4%。提高早期诊断率是提高存活率的重要一环。便携式 B 超、腹腔穿刺、血尿常规检查，对生命体征、腹部体征的动态观察有助于提高早期诊断率。安徽宿县地区医院[72]在小儿腹部多脏器伤的治疗中，常规应用抗生素以防止 MOF。解放军 264 医院[73]总结了 7 例腹外伤阴性剖腹探查术的教训，其中 5 例为腹外病变牵扯、刺激引起。原因在于对伤情判断不准确。另外，片面理解腹腔穿刺的意义、未能充分利用 B 超、CT 等检查也是盲目剖腹探查的原因之一。福建福州市二院[74]总结了腹部刀刺伤 52 例的诊治经验，认为可在局麻下对伤道行逐层扩创探查，贯通伤应立即剖腹探查，全面探查、控制感染是治疗成功的关键。宝丰铁路医院[75]报道了 44 例枪击贯通伤的处理经验，认为恰当选择切口正确选择术式、充分引流、大剂量应用抗生素是保证治疗成功的关键。重庆西南医院[76]报道了 83 例颈部穿通伤的诊治，认为选择性探查的手术原则较恰当；受伤部位在环状软骨以下者死亡率明显升高。解放军 105 医院[77]报道了 6 例急诊应用腹腔镜治疗腹部外伤的经验，认为此法可减少剖腹率及并发症。作者提出腹腔镜治疗腹部外伤的指征是：伤因明确且部位单一，无血流动力学改变。韶关市一院[78]分析 46 例创伤后多系统器官功能衰竭病例的临床特点为:早期症状常被掩盖,多发生于伤后3～7d,常见诱因为感染、休克,最多见的临床表现为呼衰。早期诊断、控制感染、加强监测及支持治疗是主要对策。白求恩医大临床一院[79]通过对38例MOF的回顾性分析,指出创伤、感染是MOF的重要诱发因素,应早期诊断及综合防治。强调了早期维持脏器功能、控制感染及全身营养和代谢支持治疗。无锡市二院[80]分析了104例MOF病例,死亡率为64.4%,累及4个器官以上的死亡率达100%。存活者中超过半数采用了人工肾和呼吸机。作者提出治疗上应采用强有力措施控制感染,减少创伤,有条件应采用人工脏器,度过衰竭期。北京急救中心[81]报道了1例严重多发伤后6个器官功能衰竭救治经验。经多次手术,严密监护,应用呼吸机支持28d,血液透析35d,并营养支持及综合治疗,救治成功。体会是:应积极处理原发伤,以救治肾衰为重点,兼顾其他器官。血气中BE值对预测消化道出血有帮助。西安医大临床一院[82]通过对46例流行性出血热死亡病例分析,发现34例死于少尿期者均有多脏器损伤。作者提出为降低流行性出血热死亡率,除积极处理急性肾功能衰竭外,应同时采取相应措施预防各脏器受损,防止发生MOF。

五、围手术期处理

华西医大一院[83]*以CT观察了60例不同来源及性质的腹腔积液,发现腹腔脓肿及血肿均位于原发灶附近,54例累及右肝周围间隙,积液量无明显特征,漏出液CT值不超出30 Hu,所合并腹膜改变依病变性质不同而有一定差异。全面分析、综合考虑积液的位置和分布、CT值及合并腹膜改变有助于判断积液性质和来源。天津医大二院[84]*对31例外科急腹症病人腹腔积液及血浆乳酸浓度进行了测定,发现并发空腔脏器穿孔、绞窄、化脓、坏死病变者腹腔积液中乳酸浓度显著高于没有上述病变者,以腹腔液中乳酸浓度与血浆中乳酸浓度差值＞2.0 mmol/L为判断标准(敏感度为94.7%,特异性为100%),此值可用作急腹症中的诊断参数。浙江医大二院[85]采用APACHE Ⅱ评分法对四年间收治的36例严重腹膜炎病例进行了分析,以15分为评估值,发现高分组死亡率88.9%,低分组死亡率5.6%,有显著性差异,可用于对严重腹腔感染病人评估和预后,指导临床治疗。重庆大坪医院[86]通过对三年来收治的56例多发伤患者进行APACHE Ⅱ评分判断伤情,检测患者循环内皮细胞(CEC)数量,以观察其变化与伤情的关系,发现严重损伤时CEC数量变化较小、中度损伤者CEC数量显著增多,中层CEC与血管损伤关系最为直接,反应了血管损伤的程度,上层CEC数量随伤后时间延长而增加。上海华山医院[87]在ICU连续监测了47例严重腹腔感染患者术后及80例择期腹部手术后患者血氧饱和度的变化,发现两组血氧饱和度和ARDS的发生率有显著差异;通过监测血氧饱和度,及时发现低氧血症及ARDS,降低了病死率。重庆医大一院[88]对10年间500例接受腹部手术的老年病人进行了回顾性分析,探讨其手术安全性,发现老年病人并存病发生率为73%。按发生频度高低分别为心电图异常、心血管疾病、呼吸系统疾病、糖尿病。术后并发症发生率为30.8%,酸碱平衡紊乱出现率较高。作者提出应进行预防性处理。冠心病与心律失常并非老年人术后直接死因,内环境不稳定是MOF始动因素。白求恩医大附院[89]分析了15例老年MOF病人,11例以肺部感染为首发症状,迅速发展至呼吸功能和循环功能衰竭,死亡率为73%。作者认为预防的关键是改善重要脏器功能,特别是控制肺部感染;定期体检可使MOF的诱发因素早期及时得到控制。暨南大学医学院附院[90]分析了近8年来的20例老年人急腹症手术后死亡病例,发现均有1种或多种并发症,症状体征不典型,术后并发症发生率100%,其中感染15例,占75%。以同期老年人急腹症手术计算,总手术死亡率为13%,属误诊,并存病及并发症多、就诊晚、治疗不及时及不当造成的。作者提出对老年急腹症病人应积极处理,术式应简单,手术用时应短,以抢救生命、渡过危险期。平顶山煤业公司医院[91]调查了两所医院400例老年急腹症患者的情况,发现并存内科疾病依次为冠心病、高血压、脑血管病、心律失常、慢支、肺气肿、肺心病、消化性溃疡、糖尿病等。江西医学院一院[92]*分析了15年间95例早期急诊再剖腹术的病例,其病理原因依次为切口裂开、内出血、腹膜炎、肠梗阻、异物,死亡率24.2%,其中以腹膜炎(包括各种瘘)死亡率最高,达47.8%,切口裂开死亡率34.7%。总结经验教训主要为:手术操作技术差、术式粗疏、经验不足、术中损伤及遗漏病变。提出对术后无法用切口疼痛或胃肠道功能恢复不佳为理由解释的腹胀、腹痛等症状要重视,应避免较长时间的观望等待或存在侥幸心理而延误救治时机,再手术宜小不宜大。江苏江阴市医院[93]分析了基层医院24例腹腔再次手术的病例,需再次手术的主要原因为:误诊误治,术中操作不当,术后并发腹腔感染、粘连,癌肿转移。解放军514医院[94]根据临床及科研经验,总结了MOF患者的9大临床特点及3大死亡原因。其中死因为微循环改变、感染和高分解代谢。由此提出“四大一支持”综合疗法，即短程大剂量山莨菪碱、短程大剂量地塞米松、合理大剂量抗生素、大剂量腹腔灌洗及全营养代谢支持(肠内或肠外)。以此方法使许多病人度过了手术关，迅速去除了病因，去除了致死性因素，从而使病情好转。早期识别、早期诊断是预防MOF的关键。北京医大人民医院[95]*分析了有完整临床资料的外科危重病患者凝血障碍共12例，其中死亡5例(为肝病及严重创伤患者)，严重感染者无死亡。经观察原发病、出血特点及凝血功能试验并与治疗前后做对比，发现外科危重病患者的凝血障碍多为继发性纤溶亢进的弥漫性血管内凝血(DIC)，最常见于肝功能失代偿及严重感染患者。死亡患者生前输血总量大于存活者，肝硬化者术后大出血再手术常无效；严重感染者控制原发病后一般易于控制DIC；止血药物应慎用，否则反而加速了纤维蛋白原的消耗。在补充纤维蛋白原至接近正常水平后，早期应用肝素和抑肽酶，可以保护血中抗凝血酶和纤维蛋白原水平，阻断亢进的凝血及纤溶过程。中国医大一院[96]对12例腹部急诊手术后进行循环呼吸管理动态监测，采用气管插管、静脉输液导管等采集心脏指数(CI)、左心每搏作功指数(LSWI)、氧供量指数(DO_2I)、氧耗量指数(VO_2I)、氧摄取率(O_2ER)、肺毛细血管楔压(PCWP)、肺血管阻力指数(PVRI)等参数进行分析。作者发现，CI值偏低者多数死亡，建议保持CI高值。$DO_2I<500$、$VO_2I<170$时极易发生不可逆性MOF，预后不良。当DO_2I、VO_2I下降时，死亡组O_2ER明显上升，达正常值2倍，缓解O_2ER的持续增高需通过呼吸、循环管理等多种治疗措施来解决。广西医大一院[97]进行了腹部术后静滴普鲁卡因的临床研究，发现肠鸣音恢复和肛门排气时间明显提前。河南省胸科医院[98]对浆膜结核粘连患者行浆膜腔内注射蝮蛇抗栓酶，收到满意效果。武汉协和医院[99]报道1例胰十二指肠切除术后消化道出血病人，再剖腹探查未查明原因，改用血管造影检查，发现了胃十二指肠动脉残端出血，作栓塞治疗后治愈。作者指出，本法创伤小，不受腹腔粘连影响，导管可迅速到达出血部位，有可取之处。成都军区昆明总院[100]报道了腹腔镜手术2 684例，共30种术式，以LC最多，并发症1.7%。作者分析LC术中损伤胆总管等并发症的原因不是技术性因素本身，而是术者盲目自信和粗心大意造成，并建议加强腹腔镜在诊断方面的应用。推动腹腔镜技术发展的方面有：腹腔镜辅助手术，无气腹腹腔镜技术，新的缝合吻合器械的设计，开放法手术器械应用于腹腔镜手术。二军医大[101]认为LC适应证与常规开腹胆囊切除相同，中转开腹手术并不意味着治疗失败，而是一种安全保障措施，应做好操作医师的培训，把握好手术适应证，并扩大在诊断方面的应用。武汉同济医院[102,103]报道LC术中胆道损伤最常见原因是二维图像及医生视觉原因误将胆总管认为胆囊管。其他原因还有：Calot三角解剖不清、胆管解剖异常、胆总管受牵拉、盲目施夹及电凝或激光止血、脂肪过多影响视野等，术中胆道造影可协助诊断。术后要加强观察，并因绝大多数损伤在术后数周才发现，故应重视预防胆道损伤，及时发现胆漏。术中发现胆漏应中转手术，术后发现则应以手术为主，亦可试用内支撑治疗。

作者还介绍预防肝左静脉大出血的措施是在下腔静脉左侧2cm肝上缘缝扎一针，不做过多解剖。预防肝中静脉出血的方法是切线偏离正中裂。预防肝右静脉出血的方法是避免频繁翻动及用力牵拉，可在术中B超定位下预先予以缝扎。对下腔静脉破裂可手指压迫的同时阻断肝上、肝下段下腔静脉及肝十二指肠韧带，在无血状态下进行修补。预防措施为沿下腔静脉右壁自下而上钳夹切断结扎大块组织。肝断面出血的有效止血方法是缝扎。湖南医大三院[104]介绍了21例胆管手术损伤的处理经验，其中19例为术后诊断明确者。作者提出72h内应积极手术吻合，超过72h应以引流为主，亦可行内支撑术。苏州儿童医院[105]报道了小儿腹部再手术33例，Ⅲ类手术29例，再手术原因依次为肠梗阻、切口裂开、吻合口瘘，死亡率21%。提出的综合预防措施是横向切口及关腹时良好麻醉；治疗原则是尽早手术，并加强支持治疗。贵州铜仁地区医院[106]*对家兔手术切口常规采用间断缝合及皮内连续缝合两种方法，测试缝合24h拆线后切口张力强度。结果表明皮内连续缝合法抗张力强度比常规缝合抗张力强度增加了125%，对人体外科手术有重要参考价值。山东肥城市医院[107]分析了《实用外科杂志》10年间载文发表的腹部疾病误诊1 022例，发现以腹部外科疾病相互误诊最多见，各种疾病误诊为阑尾炎次之，再次是误诊为溃疡穿孔。腹部疾病常被误诊为菌痢、胃肠炎、冠心病。常见的有肠伤寒穿孔、流行性出血热、大叶性肺炎等内科病误诊为急腹症，另外，妇科、泌尿科疾病也被误诊为急腹症。常见病误诊最多(81.8%)。单一病种误诊最多的是阑尾炎，误诊主要原因是不重视病史询问，操作不规范，忽视或过分依赖辅助检查，手术探查不仔细，临床表现不典型等。

（景在平　赵　瑄）

参 考 文 献

[1]* 杨寅柯等. 中国危重病急救医学 1996;8(3):132
[2]* 武湘兵等. 中华创伤杂志 1996;12(1):25
[3]* 宋双明等. 解放军医学杂志 1996;21(2):102
[4] 廖建军等. 中华结核和呼吸杂志 1996;19(4):202
[5] 梁 敏等. 天津医药 1996;24(8):451
[6]* 柳尹泽等. 中国危重病急救医学 1996;8(8):451
[7]* 李全民等. 中华实验外科杂志 1996;13(1):51
[8]* 卢儒权等. 第三军医大学学报 1996;18(4):309
[9] 黄志军等. 湖南医科大学学报 1996;21(2):105
[10]* 陆江阳等. 中华外科杂志 1996;34(2):117
[11] 张炳勇等. 中国危重病急救医学 1996;8(9):527
[12] 何振扬等. 中国危重病急救医学 1996;8(9):525
[13] 宋德根等. 第四军医大学学报 1996;17(4):310
[14]* 李维勤等. 普外临床 1996;11(4):212
[15]* 赵成功等. 中华实验外科杂志 1996;13(2):119
[16] 王文俊等. 中华实验外科杂志 1995;12(6):323
[17] 王 毓等. 中国危重病急救医学 1996;8(8):473
[18]* 周向东等. 解放军医学杂志 1996;21(3):187
[19] 孙海晨等. 中国危重病急救医学 1995;7(6):376
[20] 童 鲲等. 中国免疫学杂志 1996;12(1):46
[21] 盛振华等. 中国急救医学 1995;15(6):37
[22] 刘荫华等. 北京医科大学学报 1996;28(1):65
[23] 王根法. 中原医刊 1996;23(9):22
[24] 戴炳南. 南京医科大学学报 1995;15(4):937
[25] 张锡明等. 新疆医学 1995;25(4):216
[26] 邵增务等. 临床外科 1996;4(5):274
[27] 郭世盛等. 中国实用外科杂志 1996;16(4):221
[28] 刘树清等. 中华外科杂志 1996;34(4):201
[29]* 张绍锦等. 中华小儿外科杂志 1996;17(4):237
[30] 秦瑞恒等. 河北医药 1995;17(6):388
[31] 陈绮霞等. 广东医学 1996;17(4):275
[32] 江文辉. 广州医药 1996;27(3):34
[33] 何永贵. 临床医学 1996;16(3):15
[34] 陆 峰等. 实用老年医学杂志 1995;9(6):272
[35] 吴力群等. 中国实用外科杂志 1995;15(10):619
[36]* 白满喜等. 中华外科杂志 1996;34(6):370
[37]* 王 涛等. 中华外科杂志 1996;34(5):307
[38] 张雷华等. 中华实验外科杂志 1996;13(1):37
[39]* 汪仕良等. 普外临床 1996;11(4):215
[40] 年维东等. 普外临床 1996;11(1):39
[41] 黎君友等. 解放军医学杂志 1996;21(1):27
[42]* 顾 军等. 普外临床 1996;11(4):230
[43] 王秀荣等. 中国医学科学院学报 1996;17(6):448
[44] 罗 斌等. 普外临床 1996;11(4):233
[45] 李光新等. 中国危重病急救医学 1996;8(1):47
[46] 华一兵等. 南京医科大学学报 1996;16(3):298
[47] 陈立正等. 天津医药 1996;24(9):519
[48] 谢宗德等. 湖南医科大学学报 1996;21(4):352
[49] 程邦昌等. 武汉医学 1996;20(1):35
[50] 毛观养. 上海医学 1996;19(9):551
[51]* 陈贤楠. 中国危重病急救医学 1996;8(4):210
[52]* 柏长青等. 中国危重病急救医学 1996;8(4):205
[53] 蹇华胜等. 中国危重病急救医学 1996;8(4):201
[54] 蹇华胜等. 中国危重病急救医学 1996;8(6):330
[55]* 梅建民等. 第三军医大学学报 1996;18(2):106
[56] 杨映波等. 解放军医学杂志 1996;21(2):117
[57] 李 磊等. 中国免疫学杂志 1996;12(5):324
[58] 田玉科等. 中华麻醉学杂志 1996;16(1):6
[59] 吴恒义等. 中华创伤杂志 1996;2(12):47
[60] 张 青等. 临床医学 1996;16(9):23
[61]* 蔺锡侯等. 中华创伤杂志 1996;12(3):162
[62] 孙 灵等. 青海医药 1996;26(5):7
[63]* 王荫槐等. 中国危重病急救医学 1996;8(2):85
[64] 郑国强等. 临床医学 1996;16(5):20
[65] 周文阔. 中国普通外科杂志 1995;4(6):367
[66] 高劲谋等. 中国实用外科杂志 1995;15(11):657
[67] 华网孝等. 江苏医药 1996;22(2):87
[68] 刘 宁等. 中华创伤杂志 1996;12(3):199
[69] 陈小春等. 临床外科杂志 1996;4(5):270
[70] 罗香田. 中国实用外科杂志 1995;15(10):637
[71] 郭晓东等. 临床外科杂志 1996;4(2):112
[72] 邵正明等. 安徽医学 1996;17(5):27
[73] 吴晓彤等. 山西医药 1996;25(4):272
[74] 尤传坤等. 福建医药 1996;18(3):19
[75] 李春杰等. 铁道医学 1996;24(2):111
[76] 龙顺波等. 中国危重病急救医学 1996;8(9):561
[77] 李庆春等. 第四军医大学学报 1996;17(3):234
[78] 潭沛南等. 广东医学 1996;17(4):224
[79] 韩 巍等. 白求恩医科大学学报 1996;22(4):415
[80] 蔡卫平. 南通医学院学报 1996;16(1):41
[81] 孙长怡等. 中华创伤杂志 1995;11(5):305
[82] 岳金声等. 陕西医学杂志 1995;24(10):579
[83]* 伍定平等. 中华放射学杂志 1996;30(1):11
[84]* 王士望等. 中国实用外科杂志 1996;16(7):399
[85] 沈正荣等. 浙江医科大学学报 1996;25(2):77
[86] 李 清等. 中华创伤杂志 1995;11(6):379
[87] 陈丽莉等. 上海医学 1996;19(1):8
[88] 吴诚义等. 临床外科 1996;4(5):265
[89] 张 颖等. 白求恩医科大学学报 1996;22(4):417
[90] 潘远龙等. 实用医学杂志 1996;12(4):234
[91] 刘文贤等. 中国实用外科杂志 1996;16(7):417
[92]* 郭礼鑑. 中国普通外科 1996;5(1):47
[93] 刘光洲. 苏州医学院学报 1996;16(2):295
[94] 岳茂兴. 中国危重病急救医学 1996;8(3):185
[95]* 安友仲等. 中华外科杂志 1996; 34(6):348
[96] 金 抗等. 中国医科大学学报 1996;25(2):219

[97] 廖清华等. 中国实用外科杂志 1996;16(9):547
[98] 肖悦娥等. 中华实验外科杂志 1996;13(4):213
[99] 卢晓明等. 临床外科 1996;4(1):51
[100] 陈训如等. 云南医药 1995;16(5):367
[101] 张鹭鹭等. 医师进修杂志 1995;18(12):35
[102] 邹声泉. 中国实用外科杂志 1996;16(8):455
[103] 陈孝平. 中国实用外科杂志 1996;16(8):452
[104] 李永国. 中国实用外科杂志 1996;16(8):453
[105] 徐永根. 苏州医学院学报 1995;15(5):949
[106]* 龙 旭等. 贵州医药 1996;20(4):200
[107] 齐 滨等. 实用外科杂志 1995;15(11):701

文 选

低分子量肝素对大鼠内毒素休克的保护作用(中国危重病急救医学 1996;8(3):132) 湖南医大杨寅柯等用大鼠内毒素(LPS)休克模型,观测其平均动脉压(MAP)、血浆肿瘤坏死因子(TNF)、组织因子(TF)、组织因子途径抑制物(TFPI)含量、抗凝血酶Ⅲ(AT-Ⅲ)活性的变化、血小板及白细胞计数,以探讨低分子量肝素(LMWH)对大鼠内毒素休克的作用。结果发现,LPS组大鼠MPA呈进行性下降,血浆TNF和TF含量显著升高,AT-Ⅲ活性明显降低,TFPI/TF比值降低,血白细胞及血小板计数下降,与对照组相比均有显著性差异;而LMWH+LPS组的上述指标变化与对照组相比均无显著差异,表明LMWH对LPS所致的大鼠休克有保护作用。分析其机制可能为:LMWH可显著抑制LPS导致的大鼠血浆TNF升高,从而具有抗休克作用,鉴于TF对Ⅹa因子的双重激活作用和TFPI对Ⅹa因子、Ⅶa/TF的抑制作用,有理由认为休克时体内TFPI与TF比值变化更有意义,肝素可刺激血管内皮细胞释放TFPI,且其与TFPI的抗凝作用存在协同作用。实验中LPS组的TFPI/TF值远小于LMWH+LPS组。同时LMWH本身具有抗凝作用,并能明显抑制TF升高,从而可使LPS休克时抗凝与促凝活性的失衡状态得到改善,由此遏制DIC发展,同时亦有效地抑制LPS休克所导致的血小板AT-Ⅲ降低现象。

(赵 瑄)

述评 TNF是脓毒血症、LPS休克时急性炎症反应和组织损伤的重要内源性介质,是单核细胞、巨噬细胞等接触LPS或微生物时释放的一种活性物质。TNF可以刺激血管内皮细胞和单核细胞表达TF,而TF的表达和释放则是激活体内凝血系统的始动环节。凝血和纤溶系统双向活化并失衡所导致的DIC是败血症和内毒素休克时的严重后果之一。该实验证明LMWH可以通过抑制TNF和TF使抗凝和纤溶的失衡状态得以改善从而遏制DIC,为LMWH抗休克的应用提供了理论依据。望能进一步探讨LMWH抑制TNF的作用机制,使这一领域的研究不断得到深化。

(景在平)

LFA-1单克隆抗体对家兔内毒素休克微循环的影响(中华创伤杂志 1996;12(1):25) 一军医大武湘兵等研究了白细胞膜粘附蛋白在白细胞粘着过程中的作用。方法:27只家兔分为内毒素休克组、内毒素休克单抗治疗组和内毒素休克生理盐水对照组。单抗治疗组为白细胞功能相关抗原(LFA-1)经耳缘静脉注药,分别观察微循环指标及动物存活时间。结果:家兔内毒素休克后,白细胞粘着于细静脉壁的数目随时间延长而增多。单抗治疗组白细胞粘附数明显少于内毒素休克组和生理盐水对照组。休克组与盐水组平均动脉压大幅度下降,单抗组降幅较小。3组家兔休克后,治疗组平均血流较另两组快,计算出的壁切变率在单抗治疗组比内毒素休克组有增加趋势,但与盐水组无明显差异。对存活时间的影响,单抗组与另两组相比无统计学意义。内毒素休克发生过程中白细胞介导的损伤非常重要。实验结果说明,与盐水对照组相比,在壁切变率没有明显差异的情况下,LFA-1单抗使白细胞附壁数减少,表明内毒素休克时白细胞粘附依赖于粘附蛋白导致粘着力增强。而粘附蛋白单抗减少了白细胞附壁和游走,可保护心肌,防止心泵功能衰竭。LFA-1单抗对白细胞介导损害的阻断作用可使组织器官的损伤减轻,但单一应用LFA-1只能部分阻断白细胞粘附,改善微循环,有使动物存活时间延长的趋势,但需多种其他治疗配合才能从根本上改变休克的病理过程。

(赵 瑄)

述评 在内毒素休克中,白细胞经内毒素活化后可以发生粘附、聚集、嵌塞微血管,也可以游走、释放各种酶、自由基、细胞因子等,造成直接和间接的细胞损伤。其中白细胞粘附是一种很重要病理步骤,它主要受两种力的影响，一是血流的切应力可以阻碍白细胞附壁；二是白细胞与内皮细胞间的粘着力，它促进白细胞附壁。白细胞膜粘附蛋白是这种粘着力的重要组成部分。在已发现的3种白细胞膜粘附蛋白中LFA-1是主要的一种。该实验证明LFA-1单抗可以阻断LFA-1的作用，但它不断与另外两种粘附蛋白结合，故不能完全阻断白细胞的粘附。结果表明各种白细胞粘附蛋白在白细胞粘附过程中各自所发挥的作用尚不完全清楚，对其进行深入研究可为内毒素休克的防治提供新的理论依据。

（景在平）

失血性休克晚期氧自由基清除剂合理用药的研究（中华实验外科杂志 1996；13(1)：51） 河南焦作市医院李全民等以大白兔为实验对象进行了氧自由基清除剂的实验研究。56只家兔分为7组：（Ⅰ）对照组、（Ⅱ）山莨菪碱组、（Ⅲ）辅酶Q_{10}组、（Ⅳ）地塞米松组、（Ⅴ）地塞米松＋山莨菪碱组、（Ⅵ）地塞米松＋辅酶Q组、（Ⅶ）地塞米松正交试验组。以Wigger法建立失血性休克动物模型，观察在休克前、休克120min、再灌注30、60、120min血中红细胞超氧化物歧化酶(SOD)活性、血浆丙二醛(MDA)含量、酸性磷酸酶(ACP)、镁离子(Mg^{2+})和乳酸(BL)含量的变化。结果发现，半剂量联合用药（Ⅴ、Ⅵ组）与全剂量单独用药（Ⅱ、Ⅲ、Ⅳ组）抗脂质过氧化效果一致。地塞米松在再灌注开始前用药效果优于再灌注开始30min后用药，伴随平衡盐液经动脉输入（即与携氧平衡盐一起输入）效果最好。其机理主要是：携氧平衡盐液进入缺氧的组织后，迅速释放出一定量的物理溶解氧，同时促进氧自由基产生，加速组织细胞有氧代谢。氧自由基清除剂地塞米松使血液SOD升高，血浆MDA下降，Mg^{2+}、ACP、BL降低均有利于清除氧自由基，保护生物膜。动脉给药可减少糖皮质激素在肺部的降解。结果表明，失血性休克晚期及再灌注期间MDA生成增加，导致生物膜损伤，尤以再灌注期间为甚，且有多种机制产生氧自由基。作用机制不同的氧自由基清除剂联合用药能起到协同作用。在防治失血性休克晚期家兔的再灌注损伤时，地塞米松经动脉途径伴随携氧平衡盐液在灌注开始前给药，效果最佳。

（赵　瑄）

述评　氧自由基在休克病理生理过程中的作用已受到广泛重视。氧自由基的毒性作用是基于它与细胞膜的脂质成分发生反应，形成脂质过氧化物，从而破坏细胞功能和结构。失血性休克再灌注期间机体可以通过多种不同机制产生氧自由基。该实验着重探讨了多种氧自由基清除剂的协同作用和最佳给药途径，尤其强调经动脉输注糖皮质激素可以避免其在肺部的降解代谢，使其能直接嵌于缺血的生物膜上，从而防止氧自由基损伤。这一结果对临床应用氧自由基清除剂具有一定的借鉴作用。建议在进一步研究中探讨纳洛酮、亚甲蓝与上述氧自由基清除剂的协同作用，以期为临床抗休克治疗探索出更合理用药的思路。

（景在平）

伍用TRH与ICI 174,864对兔失血性休克心功能的影响（第三军医大学学报 1996；18(4)：309）

三军医大野外所卢儒权等探讨了伍用TRH与ICI 174,864对兔失血性休克心功能的影响，旨在阐明TRH与δ-阿片受体拮抗剂ICI 174,864联合用药对失血性休克有无协同治疗作用。24只家兔分6组，建立失血性休克模型，Sawyer法定位侧脑室埋管作给药途径，分别给生理盐水、TRH、ICI 174,864及TRH＋ICI 174,864，观察给药后心率、呼吸、平均动脉压(MAP)左室收缩压(LVSP)、心室压力最大上升和下降速度(±dp/dt max)、左室内压在5.3 kPa时心肌收缩速率(Vce 40)、心肌最大收缩速度(Vpm)和心肌收缩向量环面积(Lo)的变化。结果发现，各治疗组给药后HR、RR、MAP、LVSP、±dp/dt max、Vec 40、Vpm及Lo均较生理盐水组显著升高，以TRH＋ICI 174,864合用组（两药半量即各25μg合用）升高作用更明显，其改善失血性休克兔心血管功能作用不仅可达到单药的效果，且较单用效果更佳，表明两药可配伍用药治疗失血性休克，且有一定的协同作用。机理分析：TRH可以下调休克动物脑阿片受体（主要是δ-阿片受体）数量，解除内阿片肽对心血管系统及肾上腺素能受体系统的抑制作用而发挥抗体作用。ICI 174,864为δ-阿片受体特异性拮抗剂，因此两者联合用药显示了一定的协同抗失血性休克作用。提示今后抗失血性休克的用药中两者配伍即可达到单一用药的作用，又可减少剂量过高而带来的一些毒副作用。

（赵　瑄）

述评　休克时脑内阿片肽对心血管的抑制作用是促进休克发展和造成抗休克疗效不佳的重要因素之一。因此，抑制脑内阿片肽的作用就成为近年抗休克治疗研究的热点之一。抑制脑内阿片肽的方法有二，一是直接拮抗作用，二是通过竞争阻断其与特异受体的结合。单用一种方法往往疗效不够理想，且因剂量较大易产生毒副作用。该研究设计将两种方法结合使用，发现具有较好的协同作用，在一定程度上解除了脑内阿片肽对心血管系统和肾上腺素能受体的抑制作用，获得了较好的抗失血性休克效应。希望深入研究，早日用于临床治疗，并在实践中不断完善研究和应用方法。

（景在平）

高渗氯化钠和维生素C治疗模拟高原失血性休克山羊血浆溶酶体酶活性的观察（中国危重病急救医学 1996；8(8)：451） 三军医大柳尹泽等将模拟在 4 000m 高原停留 24h 时的山羊 26 只随机分为生理盐水(NS)对照组、高渗盐水(HS)治疗组和维生素 C(V_C)治疗组，在模拟高原环境下经股动脉放血至血压为 5.33±0.67kPa，并维持 60min，再分别经静脉注入 0.9% NaCl、7.5% NaCl 和 V_C，30min后回输血液行容量复苏。结果：①HS 组和 V_C 组动物再灌注后的存活时间显著延长，12h 存活率显著提高。②NS 组失血后出现明显酸中毒并逐渐加重，由代偿转为失代偿，HS 组和 V_C 组再灌注后 2h 酸中毒得到改善，pH 恢复至正常范围。③NS 组在休克期及再灌注后血浆溶酶体酸性磷酸酶(AP)、β-葡萄糖醛酸苷酶(β-G)活性显著升高，并随时间呈上升趋势，而 HS 组和 VS 组再灌注后 2h 血浆 AP 和 β-G 活性趋于稳定，且 HS 组 AP、β-G 活性及其增量 ΔAP、Δβ-G 和 V_C 组 AP、ΔAP 和 Δβ-G 均呈显著正相关。分析机理为：休克酸中毒时，pH 值降低；休克再灌注过程中的氧自由基均可造成溶酶体释放。高渗盐水的稳膜作用可能与其减轻细胞水肿、恢复血容量、改善酸中毒有关。V_C 为一种有效的抗氧化剂，具有清除自由基、降低过氧化反应的细胞保护作用，从而稳定溶酶体膜，发挥抗休克作用。

（赵　瑄）

述评　休克时组织细胞缺血缺氧，细胞内 pH 降低，酸性水解酶被激活，膜磷脂被水解，膜通透性增加甚至破裂，其中溶酶体膜的破裂可使大量溶酶体酶释放入血浆。休克时溶酶体酶释放的另一因素是氧自由基的大量产生，细胞膜脂质被过氧化，从而使胞膜裂解，促进了溶酶体酶的释放。因此，溶酶体酶的释放程度既是反映休克严重程度的重要指标之一，也是抗休克治疗的重点之一。高渗盐水减少溶酶体酶的释放主要与其恢复血容量、减轻细胞水肿、改善酸中毒有关；而 V_C 则主要通过清除氧自由基和降低脂质过氧化而达到稳定溶酶体膜和减少溶酶体酶释放的目的。两者结合使用，显示了较好的抗休克效应。望能深入探讨 HS 稳定溶酶体膜的确切机制，为临床应用提供扎实的理论依据。

（景在平）

山羊多器官衰竭病理形态学观察（中华外科杂志 1996；34(2)：117） 解放军 304 医院陆江阳等以光镜和电镜观察了山羊多器官功能衰竭(MOF)的病理形态学改变。方法：32 只雄山羊分为 MOF 组、休克对照组(H 组)及内毒素对照组(E 组)，分别复制成 MOF 模型、失血性休克模型、内毒素模型。于不同时相点分别检测物理、生化各项指标；处死动物后取材重要脏器进行光镜及电镜观察病理形态学改变。结果：MOF 组肺脏、肝脏、肾脏、小肠、心肌、脾脏等脏器病理改变严重，与脏器功能及代谢变化情况基本一致，各脏器实质内均可见点状或大片坏死区，表现为缺血、出血性梗死及炎性改变。而单一致损伤因素（休克组或内毒素组）造成的各脏器损伤则较轻。结果提示失血、感染、再灌注与支持治疗等复合因素引起的临床 MOF 一旦发生，其脏器实质多发生严重的或难以修复的损伤。对接近人类临床状况的大型动物的 MOF 进行病理形态学研究，能较好地模拟人体 MOF 的病理过程，为 MOF 的基础研究和临床防治提供更为准确、可靠的病理学依据。

（赵　瑄）

述评　在临床上，从单一因素所诱发的休克发展至 MOF 时，往往已经有多种因素参与其中，如血容量不足、再灌注损伤、脓毒血症、严重炎症、肠粘膜屏障衰竭等。在临床病例中，除尸检材料外，往往不能获取 MOF 时各脏器实质病理改变的资料。该研究利用大动物以接近人类临床的致病因素模拟出 MOF 模型，并系统观察了各脏器实质的病理改变过程，较好地弥补了临床观察的不足，为 MOF 的深入研究和防治提供了病理学依据。

（景在平）

内毒素血症磷脂酶 A_2 的激活与细胞膜流动性的变化（解放军医学杂志 1996；21(2)：102） 三军医大野外所宋双明等研究了内毒素休克兔红细胞膜磷脂酶 A_2(PLA_2)活性及胞膜参数的变化。方法：34 只家兔分为 4 组：对照(N)组、内毒素(L)组、PLA_2 抑制剂氯喹(CQ)预处理组、PLA_2 抑制剂氯丙嗪(CPZ)预处理组。结果：注射内毒素后，CQ 组及 CPZ 组 MAP 下降较 L 组轻，动物存活率高，红细胞膜 PLA_2 活性升高不明显，DPH 标记的红细胞膜 ρ、γ 值与 N 组无显著差异，PLA_2 活性与膜流动性的变化显著相关，表明大剂量静注内毒素后膜磷脂头部流动性未发生明显改变，膜脂烃链区流动性显著降低，CQ 或 CPZ 预处理组膜流动性得到明显改善，进一步说明 PLA_2 参与了膜流动性改变，证实了 PLA_2 在膜损伤中的关键作用。其机制为：①胆固醇与磷脂之比因 PLA_2 活性使膜磷脂大量降解而增高；②由于不饱和脂肪酸大部分位于磷脂的 C-2 位，而 PLA_2 是 C-2 位磷脂的特异性水解酶，因此致使饱和/不饱和脂肪酸比值增高；③PLA_2 可介导氧自由基产生，导致膜结构改变，使膜流动性降低，对膜酶系统、膜受体功能产生影响，从而对膜功能造成损害。PLA_2 抑制剂通过直接与酶作用及与底物形成稳定的药物-底物复合物而减轻或改善内毒素所致的细胞损伤，使 MAP 下降幅度较小，膜流动性得到改善，提高了动物存活率。

（赵　瑄）

述评　细胞损伤是休克的重要病理基础。感染性休克时 PLA_2 造成的细胞损伤已引起广泛重视，减缓或避免这种细胞损伤是防治休克的重要措施之一。该研究从探讨 PLA_2 引起细胞损伤的机制入手，证明 PLA_2 可以通过多条途径造成膜流动性降低，并对细胞膜酶系统和受体功能产生损害，最后对细胞功能和结构产生不良影响。在此基础上，进一步探讨了 CQ 和 CPZ 作为 PLA_2 抑制剂的作用机制和效应，表明 PLA_2 抑制剂通过直接和（或）间接途径抑制了 PLA_2 的细胞损伤效应，提高了动物存活率，为防治感染性休克提供了新的措施。希望该研究能继续进行并不断深化，使科研成果早日应用于临床。

（景在平）

腹腔感染对大鼠肝脏白蛋白基因表达的影响（普外临床 1996；11(4)：212）　南京军区总院李维勤等以盲肠结扎穿孔(CLP)方法建立了大鼠腹腔感染模型，在 CLP 前（$n=8$）及 CLP 后 4、8、12、24、48 和 96h（$n=6$）分别处死动物，留取血与肝脏标本。用差别 PCR 方法建立半定量检测肝脏白蛋白 mRNA 方法，经肝组织 RNA 提取、逆转录、PCR 反应、蛋白电泳、自动生化仪分析等步骤，观察到腹腔感染后 4h 肝脏白蛋白 mRNA 开始下降，感染后 48h 白蛋白 mRNA 下降到正常对照组的 27.2%，血浆白蛋白浓度与肝脏白蛋白 mRNA 相对量密切相关，提示肝脏白蛋白合成减少是严重感染致低白蛋白血症的重要机制，并且与肝细胞白蛋白 mRNA 表达受抑制有关。该实验应用了差别 PCR 方法，以不受感染影响的基因 β-actin 作内对照，待测的白蛋白 mRNA 与内对照 β-actin mRNA 在同一反应管内逆转录，并在同一条件下扩增，既可放大 mRNA 表达的微小变化，又由于设置了内对照而避免了操作过程中微小差异对结果产生较大的影响。与单纯腹腔炎症相比较，腹腔感染对白蛋白基因表达的抑制更严重，持续时间更长。由此推测细菌及其内毒素可能在介导体内异常代谢应答过程中起重要作用。

（赵　瑄）

述评　严重腹腔感染时患者往往并发低蛋白血症，低蛋白血症又加重了腹腔感染。因此，探讨低蛋白血症的的原因对控制腹腔感染有重要意义。该研究发现腹腔感染早期肝脏白蛋白基因表达受到明显抑制，认为是造成腹腔感染时低蛋白血症的重要原因之一。希望能继续深入研究腹腔感染时细菌和内毒素如何在细胞水平和分子水平上影响白蛋白基因的表达和合成过程，并在此基础上进一步探索防治对策，以期改变临床上单纯补充白蛋白改善低蛋白血症的被动局面。

（景在平）

小儿急性坏死性筋膜炎（中华小儿外科杂志 1996；17(4)：237）　青海省儿童医院张绍锦等自 1985 年以来收治了 30 例小儿急性坏死性筋膜炎病人，其中仅 3 例有臀部肌注史(10%)，26 例病变部位在腰背部及臀部(86.6%)，18 例有长期仰卧史。为金黄色葡萄球菌、链球菌、大肠杆菌、脆弱类杆菌等混合感染易导致坏死性筋膜炎。全部患儿确诊后立即行单纯多处切开引流，二期反复清创。切口最多 9 个，注意用大量过氧化氢、盐水、甲硝唑冲洗，每日清创换药，联合应用抗生素、支持疗法及全胃肠外营养(TPN)等综合治疗。27 例痊愈，2 例皮肤缺损大行植皮术，1 例因全身衰竭自动出院放弃治疗。病程 13～42d，平均 27.5d。该组患儿的病理改变与以往报道不同之处在于有 28 例累及肌组织，肌膜消失，血管栓塞，肌纤维坏死，并均合并中毒性休克。病原菌为致病的需氧菌及厌氧菌混合感染。长期仰卧位造成皮肤及软组织长时间受压，血运障碍，抵抗力下降，加之局部尿粪污染，造成了多种致病菌侵入。治疗时应早期清创，切开引流，双氧水冲洗，提高伤口局部氧化还原电位差，限制厌氧菌繁殖。治疗中应注意变换体位，蔓延至胸部者易并发急性呼吸衰竭，应急诊切开引流。甲硝哒唑(metronidazole)可作为首选药物，另外可用头孢三代抗生素，并防止二重感染。支持疗法包括血浆白蛋白及少量新鲜血、TPN 等。由于病变广泛，在清创后常引起大片皮下筋膜缺损，使皮肤失去支持及滋养，有的出现大片皮肤坏死。因此，休克时如何进行彻底清创并减轻清创对患儿的不同程度打击以及后期处理尚需进一步探讨。

（赵　瑄）

述评　1924 年 Meleney 首次报道了坏死性筋膜炎病例，但是长期以来对该病的命名并不统一，如称溶血性链球菌性坏疽、化脓性筋膜炎、坏死性丹毒、急性皮肤坏疽、深筋膜坏死等。1952 年 Wilson 将其统一为急性坏死性筋膜炎。现已发现该病多为致病的需氧菌和厌氧菌混合感染所致，多发生在会阴、臀背部等易受压及易污染部位。治疗原则以彻底清创、抗感染、抗休克为主，辅以营养支持。根据病变严重程度和不同情况，具体处理时可以有所不同。这类患者后期往往存在病变部位的较大创面和软组织缺损，需较长期的支持疗法和反复综合运用各种方法进行局部重建。该文对上述一系列问题均有所涉及，尤其对患儿的特殊性给予了关注，不失为一篇值得借鉴的临床报道。

（景在平）

主要前炎性因子对中性粒细胞-血管内皮细胞粘附影响的单细胞定量研究（解放军医学杂志 1996；21(3)：187） 三军医大周向东等取正常人静脉血，用 Perccol 梯度密度离心法分离收集中性粒细胞(PMN)，将人脐静脉血管内皮细胞(VEC)接种于其中，并设立对照组，使用细胞微管系统观察研究粘附于 VEC 表面的 PMN，并计算 PMN-VEC 粘附性。结果发现，脂多糖内毒素(LPS)、肿瘤坏死因子(TNF)、白介素-1(IL-1)均可导致 VEC 粘附性迅速升高，至 12h 后达高峰。LPS、TNF 两者可导致 PMN 粘附性迅速升高，30min 达高峰后基本保持该状态，而 IL-1 则对 PMN 的粘附无明显影响。结果显示，PMN 在迅速达高峰后不再持续上升，而 VEC 则呈继续上升趋势，提示在炎症过程早期 PMN 附壁与 PMN-VEC 两者粘附性增加有关，而粘附炎性过程的延长，VEC 粘附性的增加日显重要，可能起关键作用。对 PMN-VEC 粘附增加的机制，一般认为 PMN 系由于其膜表面粘附分子 CD16/CD18 表达的结果，而 VEC 系由于其膜表面颗粒蛋白 140 表达的结果，VEC 受刺激后长时间持续增加的粘附性主要由于其膜表面白细胞内皮细胞粘附分子-1(ELAM-1)和细胞间粘附分子-1(ICAM-1)相继表达的结果。典型致炎因子 LPS、TNF 及 IL-1 对 PMN-VEC 的明显诱导增强作用，使得 PMN 在全身炎性反应综合征(SIRS)状态下易于粘着和滞留于脏器毛细血管，而这种滞留的重要细胞学基础即为 PMN-VEC 粘附性的增加。

（赵 瑄）

述评 在全身性炎性反应综合征状态下，PMN 易于积聚于毛细血管中，一方面造成机械性堵塞使重要脏器微循环发生障碍，另一方面释放大量氧自由基及多种蛋白酶引起细胞损伤，尤其引起血管内皮细胞损伤。PMN 和 VEC 粘附性增高是导致上述现象的重要病理学基础。而引起细胞粘附性增高的因素主要是一系列前炎性因子包括 LPS、TNF 和 IL-1 等的激活和释放，以及由其介导的一系列细胞粘附分子的相继表达。该研究初步探明了一系列前炎性因子具有引起细胞粘附性增高的效应。望能深入研究这些前炎性因子发挥效应的确切机制，并在此基础上探索可能的防治对策，使内毒素血症和全身炎性反应综合征的临床防治达到一个新水平。

（景在平）

腹腔感染致损害的病理机制及酮基布洛芬的治疗作用（中华实验外科 1996；13(2)：119） 解放军 105 医院赵成功等以兔为实验对象，建立了盲肠结扎加戳孔(CLP)动物实验模型，研究腹腔感染后肺损害的病理机制及酮基布洛芬的治疗作用。非治疗组分别于 CLP 后 0、6、12、24h 处死，治疗组全部于 CLP 后 24h 处死。给药方法：CLP 后 6h 静注酮基布洛芬，每小时 1 次。检测结果：CLP 后动物体温升高、呼吸浅快，12、24h 组见有肺水肿，散在灶状淤血，显微镜下见肺间质水肿，白细胞聚集，微血栓形成，肺泡 I 型上皮细胞坏死脱落，毛细血管内皮细胞肿胀。6h 部分动物出现上述改变。CLP 后血清内毒素(ET)升高，$PaCO_2$、$SatO_2$ 在 12h 后明显下降，肺血管外水/无血干肺重(PEWV/BFDL)比值及伊文思蓝含量在 CLP 后升高明显，两者呈显著正相关。结果显示，CLP 后动物全部出现了肺损害。分析腹腔感染后肠源性内毒素通过门静脉、胸导管、腹膜及膈肌等途径吸收入血循环，肺脏接受全部心排出血，最易遭受内毒素损害。结果表明内毒素是腹腔感染后肺损害的主要原因。血栓素 A_2(TXA_2)能造成肺动脉高压、低氧血症、毛细血管通透性增加及中性粒细胞粘附作用增强，从而导致肺间质水肿、微血栓形成等病理改变。酮基布洛芬能阻止花生四烯酸代谢成前列腺素类物质，尤其是阻止 TXA_2 的形成而减轻肺损害。

（赵 瑄）

述评 严重腹腔感染常导致肺损害并发症。该研究表明内毒素及其所介导的一些炎性介质和细胞因子是导致肺损害的主要原因之一；表明酮基布洛芬可以通过抑制 TXA_2 的形成减轻肺损害。为临床认识和防治腹腔感染时的肺损害提供了新的理论依据。腹腔感染时还有其他因素和其他炎性介质及细胞因子可能参与了肺损害的过程，若能拓宽这方面研究，能对肺损害的防治有更大帮助。

（景在平）

谷氨酰胺双肽保护肠粘附屏障（中华外科杂志 1996；34(6)：370） 北京协和医院白满喜等研究了化疗药造成肠粘膜损伤后丙氨酸-谷氨酰胺双肽对肠粘膜形态及功能的影响。将大鼠随机分成两组，对照组接受传统肠外营养；双肽组接受传统由胃肠外给予的传统营养液加 3%谷氨酰胺双肽。第 4 天腹腔注射 5-Fu，造成肠粘附损害模型，第 3、7 天测定肠粘膜通透性（乳果糖和甘露醇尿中回收率比值），第 8 天处死动物，测氨基酸谱、肠粘膜形态及细菌移位（回盲部淋巴结及肝脾接种培养）。结果：双肽组体重下降较对照组少，谷氨酰胺浓度、空肠粘膜厚度和绒毛高度高于对照组，结肠粘膜厚度无明显差异。双肽组肠系膜淋巴结细菌移位率低于对照组，肝脾细菌移位率无显著差异。应用 5-Fu 前，两组肠粘膜通透性无明显变化。以上结果说明谷氨酰胺双肽有减轻肠粘膜通透性增高及减弱化疗对肠粘膜的毒副作用。该实验还说明，肠粘膜通透性增高与细菌移位率呈正相关。尽管谷氨酰胺对肠粘膜形态和屏障功能有保护作用，但游离谷氨酰胺不稳定，而谷氨酰胺双肽溶解度高，稳定性好，能耐受加热灭菌。丙氨酸-谷氨酰胺双肽静脉输注后迅速分解成游离谷氨酰胺和丙氨酸，可安全有效地提供谷氨酰胺，具有临床应用前景。

（赵　瑄）

述评　长期的传统肠外营养和化疗可导致肠粘膜萎缩、通透性升高和肠道细菌移位，在一定条件下可导致败血症及多器官功能衰竭。造成上述情况的原因之一可能是胃肠粘膜细胞生长和增殖所需的特殊营养物谷氨酰胺相对缺乏，使胃肠粘膜上皮细胞萎缩。上皮细胞自身的水溶性微孔和上皮细胞间的紧密连接处间隙均增大，通透性增高，细菌移位率升高。该研究结果再次表明，谷氨酰胺可以通过改善胃肠粘膜的营养代谢，从而改善粘膜结构，降低通透性和减少细菌移位。这为临床化疗时应用谷氨酰胺减少其胃肠道反应和救治严重感染、多器官功能衰竭时应用谷氨酰胺可减少细菌移位提供了实验依据。希望进一步探讨谷氨酰胺改善胃肠粘膜结构和功能的确切机制。

（景在平）

全肠外营养对肠免疫功能影响的研究（中华实验外科杂志 1996；34(5)：307）　解放军 304 医院王涛等将 40 只大鼠分成 5 组：经肠饮食（EN）组、TPN 组、Ala-Gln 强化 TPN 组（TPN-Ala-Gln）、经口谷氨酰胺强化 TPN 组（TPN-PO-Gln）及 TPN＋经口 Ala-Gln 强化组（TPN-PO-Ala-Gln）。用不同方式、相同热量营养支持 7d，观察经口或静脉添加丙氨酸谷氨酰胺对肠免疫屏障和细菌移位的影响。结果：肠腔分泌性免疫球蛋白 A(S-IgA)包被率 EN 组最高，TPN 组最低。总淋巴细胞及 $CD4^+$、$CD8^+$ 淋巴细胞以 TPN 组下降最显著，各强化组有明显改善。肠上皮内淋巴细胞总数以 TPN 组下降最明显，固有层浆细胞分布 TPN 组下降最多，以双歧杆菌/大肠杆菌比值（B/E）反映厌氧菌与需氧菌比例，回肠粘膜 B/E 值 TPN 组最低，强化组居中，细菌移位仅在肠系膜淋巴结（MLN）发现，TPN 组最高，其余差异不明显。血浆内毒素在 TPN 组呈增高趋势，但无显著差异，表明 TPN 1 周后 IgA 浆细胞池缩小，固有层 P-IgA 影响细菌清除。肠腔 S-IgA 包被率下降是 TPN 导致肠免疫功能低下的直接证据，最终导致细菌粘附增多。B/E 比值倒置，G^- 菌（E. coli）优势繁殖成为细菌及内毒素移位的前提和物质基础。长期 TPN 致肠固有层中 $CD3^+$、$CD4^+$、$CD8^+$ 细胞明显下降，调节功能减弱。各种形式 Ala-Gln 强化组的上述免疫指标有不同程度的改善。结论：TPN 所致诸因素综合影响使肠免疫功能减弱，对二次打击耐受力差，易发生衰竭。不同方式添加 Gln 或其前体可对肠免疫提供保护，具有临床应用前景。

（赵　瑄）

述评　S-IgA 选择性包被革兰染色阴性细菌形成抗原抗体复合物，刺激肠道粘液分泌并加速粘液流动，可有效地防止细菌粘附，从而构成肠粘膜免疫屏障的主要一环。长期应用标准 TPN 致肠腔内细菌 S-IgA 包被率下降，肠壁清除菌能力减弱，肠粘膜免疫功能减退；同时肠固有层中 $CD3^+$、$CD4^+$、$CD8^+$ 细胞和 IgA 阳性细胞数均下降，合成和分泌 IgA 减少；肠道需氧菌增殖，而厌氧菌相对减少。上述诸因素相互协同致整体肠功能减退，细菌及内毒素发生移位。该研究结果表明，应用谷氨酰胺可以改善肠粘膜免疫功能，降低细菌移位率，提示临床应用 TPN 时应注意添加谷氨酰胺，以避免此类患者在经受手术等打击后发生肠粘膜屏障功能减退而导致肠源性感染。

（景在平）

肠源性高代谢与早期肠道营养研究——烧伤引发肠源性高代谢（普外临床 1996；11(4)：215）　重庆西南医院汪仁良等自 80 年代末起用豚鼠、大鼠 600 只，兔 60 只，小香猪 30 头建立了 4 种实验动物模型，并观察了 21 例严重烧伤患者，随机分为早期喂养组及延迟喂养组，检测各组静息能量消耗、反映肠道损伤及功能变化的指标。结果：患者或动物烧伤后延迟进食（延迟喂养）组各指标变化如下：①烧伤后小猪门静脉血流量、门脉血浆次黄嘌呤明显下降，烧伤大鼠肠粘膜下血流、肠组织次黄嘌呤含量明显下降，肠组织尿酸、丙二醛含量明显上升，提示烧伤后肠道吸收葡萄糖、脂肪、氨基酸明显减少，与烧伤引起的门脉血流量减少有关。烧伤小猪及患者门脉血促胃液素、胃动素明显下降，内毒素明显增加。②小猪动脉血 IgA、肠粘膜 S-IgA 明显下降，肠粘膜含氮量、粘膜厚度、绒毛高度明显下降，说明烧伤后肠道结构以及分泌、运动、免疫、屏障功能明显受到影响，细菌、内毒素移位增加。③烧伤大鼠 Kupffer 细胞培养上清中前列腺素 E_2(PGE_2)、肿瘤坏死因子(TNF)含量、吞噬墨汁颗粒的 Kupffer 细胞数及 Kupffer 细胞吞噬墨汁颗粒面积均明显增加，表明烧伤后 Kupffer 细胞处于激活状态。④烧伤大鼠氧耗量明显升高，烧伤小猪与患者静息能量消耗率(REE)明显增加，且 REE 与 TNF、MDA、儿茶酚胺、胰高血糖素均明显相关，表明烧伤后炎症介质增加，代谢率增高。因此可以认为烧伤后存在"肠源性高代谢"。

(赵　瑄)

述评　烧(创)伤后机体代谢率升高，组织分解代谢及能量消耗加剧，机体抵抗力削弱，感染发生率增加，创面愈合延迟，甚至危及生命。烧(创)伤后高代谢主要来自巨大创面，但此时内脏尤其是肠源性高代谢更应引起重视。该研究表明烧伤后肠道结构和功能受损，细菌和内毒素移位率升高，Kupffer 细胞等巨噬细胞系统被激活，分解激素、TNF、IL-8、PGF_2 等升高，致能量消耗率(REE)明显增加，从而提示烧(创)伤后的高代谢确定与肠道密切相关。这为人们认识烧(创)伤后的高分解代谢提供了理论依据。望能深化这方面研究，针对肠源性高代谢的情况探索出具体的对策，为临床诊治提供新的方法。

(景在平)

不同浓度的脂肪乳剂对血脂代谢影响的研究

(普外临床 1996；11(4)：230)　南京军区南京总院顾军等观察了不同浓度脂肪乳剂对患者血脂水平的影响。方法：将 40 例代谢平稳的普外科患者随机分为 30% Intralipid 组与 20% Intralipid 组，静脉输入药物，检测给药前及实验第 4 天空腹外周静脉血 TG、Ch、脂蛋白 X(LPX)、apo A_1 与 apo B 含量。结果：30%组 TG、Ch、apo A_1、apo B 水平变化不明显，LPX 明显降低，20%组 Ch、LPX、apo B 上升明显。两组在输药前各指标均无明显差异。输注后 20%组 Ch、LPX 上升，与 30%组比较有显著差异，TG、apo A_1 及 apo B 无差异。结果显示：输注不同浓度的脂肪乳剂后血中 TG 无明显变化，证明机体对外源性 TG 有很好的廓清能力，从而保持了 TG 水平稳定。20%组(磷脂/甘油三酯，PL/TG＝0.06)与 30%组(PL/TG＝0.04)相比，血中 LPX 及 Ch 显著增高，证实了脂肪乳剂中过量 PL 是造成高脂血症的主要因素。原因为富含胆固醇的 LPX 降解慢；LPX 摄取了内源性 Ch 后，合成限速酶 HMG-CoA 还原酶反馈抑制解降，造成 LPX 升高时 Ch 亦升高。LPX 颗粒中的 apo E 成分可与 apo B 竞争 apo B/E 受体，导致 apo B 含量升高及 LDL 降解障碍，表现为 Ch 升高。原因亦在于 PL/TG 比值高而造成 LPX 增加。以上结果表明，PL/TG 比值决定脂肪乳剂对代谢的影响。高浓度的 Intralipid 不但可在限制输入液量的同时保护热量的充分供给，同时有较少剩余磷脂成分进入血液而减轻了对脂肪代谢的不利影响。

(赵　瑄)

述评　脂肪乳剂与葡萄糖溶液相比，具有高能量、提供必需脂肪酸和不依赖胰岛素而氧化的特点，有利于保证在创伤、感染等应激状态下糖代谢障碍患者的能量补充。但脂肪乳剂对血脂的影响一直是一个令人担忧和尚未完全明确的问题。该研究表明，与 30%的浓度相比，20%的脂肪乳剂更易引起血中 apo B 和 LPX 的升高；脂肪乳剂对血脂代谢的影响主要取决于 PL/TG 的比值，即使输注 30%的脂肪乳剂后血中 TG 的浓度也无明显变化。结果提示选择较高浓度的脂肪乳剂既可减少输液量、提供高热量，又可减少磷脂的摄入，从而减轻对血脂的影响。这对临床选用脂肪乳剂的浓度提供了新的参考依据。

(景在平)

气管内肺通气对急性肺损伤羊通气功能的影响

(中国危重病急救医学 1996；8(4)：210)　北京市儿童医院陈贤楠以羊为实验对象研究了气管内肺通气(ITPV)法对急性肺损伤的影响。首先阻断羊自主呼吸，随后以常规压力控制通气(PCV)或 ITPV 通气。测血中 CO_2、混合呼出气 CO_2 和 V_{CO_2}，气管内注入 HCl 复制急性肺损伤羊模型，随机分组进行 PCV 和 ITPV，分别测定气管内呼气峰压(PIP)、平均气道压($P\overline{aw}$)、BP、HR、CVP、PCWP、$ETCO_2$%、V_{CO_2}。结果显示，直流 ITPV 与反流 ITPV 两种方法与 PCV 法相比，$PaCO_2$ 与生理死腔(VD)有明显下降。反流 ITPV 法 $PaCO_2$ 与 VD 下降较直流组更明显。ITPV 降低肺生理死腔的主要机制是：隆突上的气管内导管流出的持续气流通过对呼气相死腔内气体的冲洗和吸气相死腔内气体的分流，排除了隆突以上气管内解剖死腔和机械通气所需器械死腔。结果还显示，直流 ITPV 在肺损伤时通气效率明显下降，这可能与肺损伤时肺泡死腔占整个生理死腔的比例增加有关。反流 ITPV 组的变化显示，此法较直流 ITPV 更有效地减少了死腔，提高了通气效率，且在正常肺和急性损伤肺对比中有相同效果，这也提示反冲气流除减少解剖死腔外，可能在一定程度上减少了肺泡死腔，提高了通气效率，且在正常肺和急性损伤肺对比中有相同效果，这也提示反冲气流除减少解剖死腔外，可能在一定程度上减少了肺泡死腔。理论上反冲 ITPV 可能有下列潜在优点：①逆向气流更有效地冲洗和分流了隆突以上死腔内气体。②逆向气流局部产生文丘里效应，夹带一部分导管水平以下死腔内的气体。③吸气相反冲气流有利于气体在肺泡内分布更均匀。④减少气流冲击损伤。肺氧合作用严重障碍时，ITPV 能够在比较低的 PIP 和 $P\overline{aw}$ 下维持通气功能。为维持正常 PaO_2，可加适当 PEEP 来提高 $P\overline{aw}$，保证肺氧合功能。另外，应保持吸入气体充分湿化。

（赵　瑄）

述评　常规正压通气所需的潮气量大，气道压力高，以致发生多种气压伤。ITPV 因通气效率高和气道内压力降低而成为近年提倡用的新方法。该研究表明 ITPV 可通过减少肺泡生理死腔以提高肺通气效率，并可在较低气道压条件下维持正常气体交换。进一步发现反流 ITPV 比直流 ITPV 显示出更好的通气效率，为临床治疗严重肺损伤呼吸衰竭提供了新的方法。对反流 ITPV 条件下反冲气流时肺泡内气体的分布规律有必要进行深入研究，以便能更有效地应用这一新方法。

（景在平）

犬油酸型呼吸窘迫综合征时肺泡毛细血管通透性的变化及其早期诊断价值（中国危重病急救医学 1996;8(4):205）　西安西京医院柏长青等采用多指示剂稀释曲线动态观察了犬油酸型呼吸窘迫综合征(RDS)模型的肺泡毛细血管通透性、血管外肺水和心排出量，并与相应时间的血气、X 线胸片及病理组织学检查进行对比。结果发现，实验犬注入油酸 2h 后 PaO_2 明显下降，$PaCO_2$、pH 无明显变化。注入油酸 0.5h 后肺动脉压显著上升，PCWP 先升后降。肺泡毛细血管通透性(PMP)在注入油酸后早期(0.5h)即显著升高，2～7h 继续升高。心排出量(CO)无明显变化。多数犬肺部 X 线片均出现局限或大片阴影。光镜检查见肺泡萎陷及灶性肺不张，肺间质增厚、淤血、白细胞浸润。电镜下见血管内皮细胞肿胀、胞膜及胞质溶解，Ⅱ型肺泡上皮细胞板层体排空，内质网扩张，线粒体肿胀，核周围间隙扩大。随时间延长其组织学改变进一步加重出现肺泡大片萎陷并有水肿、出血、透明膜形成。以上改变中以 PMP 改变出现最早、最明显，在油酸注入 0.5h 后即迅速显著上升，而此时 PaO_2、血管外肺水(EVLW)均未发生显著变化，部分切片组织学检查见以 RDS 的早期改变为主。当 PMP 持续上升非常显著时，PaO_2、EVLW、X 线摄片等才发生显著变化。因此，PMP 可望作为一项诊断 RDS 急性肺损伤的早期敏感指标，实验同时发现 EVLW 与 PMP 有良好的相关性，但 EVLW 变化晚于 PMP，提示 PMP 在急性肺损伤早期诊断中的意义大于 EVLW。

（赵　瑄）

述评　ARDS 的早期诊断是获得良好疗效的重要基础。但 ARDS 的早期诊断历来是比较困难的。ARDS 的本质是 PMP 增高所致的通透性肺水肿，因此测定 PMP 在该病的防治研究中具有重要意义。上文研究通过犬油酸型 RDS 模型系统对比了 PMP 和临床常用的 ARDS 检测指标，发现 PMP 在诊断 RDS 中比其他指标灵敏，具有良好的早期诊断价值。期望该研究能得到继续深化，使这一灵敏的早期诊断指标能早日应用于临床 ARDS 患者的诊断和治疗。

（景在平）

腹部多脏器伤的救治（中国危重病急救医学 1996;8(2):85）　中国医大临床一院王荫槐等报道了 158 例腹部多脏器伤(AMOT)的救治情况。其中闭合性损伤 146 例，开放性损伤 12 例，致伤原因以车祸、坠落、撞击多见。诊断次序：了解致伤原因、查体、腹穿做出初步诊断，病情平稳者再行 B 超、CT、腹腔动脉造影，进一步确诊，决定治疗方案。该组患者受到的暴力大，故 AMOT 伤情重，常伴全身性应激反应，病情变化快，在几分钟内出现生命危险。因此，应重视院前救护，进行简单的抢救性手术治疗，再迅速送往有条件的医院。急诊室对病情危重的腹腔内出血，应力争在最短的时间内边抗休克边剖腹探查；合并颅脑损伤时应注意防止脑水肿，可给予高渗盐水，升压后合用平衡液与 ABO 通用血，争取 CT 检查的时间。休克稳定后，行实质脏器的血管介入治疗 15 例，全部成功。抗休克的同时给予抗生素可减少 MOF 的发生。手术治疗首要原则是止血，抢救生命，其次为保留和修补脏器。26 例脾破裂者发现合并有肝、胰尾、十二指肠损伤，这种情况下不宜考虑修补而应行脾切除术。术中注意辨认组织活力，防止术后发生肠管和脏器坏死造成腹腔感染而死亡。术后应置确实可靠的引流管以防止腹腔感染而导致的 MOF。该组死亡 26 例。术前死亡的 13 例多在伤后 2h 内。伤情严重、失血量大、无现场急救而延误治疗者病死率高。得到院前救护者生存率高。合并颅脑、胸部伤者、术中漏诊、术后出现并发症再次手术者及合并 MOF 者病死率高。

（赵　瑄）

述评　AMOT 由于多脏器损伤出血量大、生理功能紊乱严重等使处理较困难，这是历来多发伤抢救中值得重视的一个问题。在我国，AMOT 的致伤原因主要为交通事故和高空坠落伤，致伤暴力大，伤情严重且变化快。因此，应特别重视院前救护，诊断与抗休克同步进行。还应注意颅脑伤和(或)胸部脏器损伤合并伤的诊断和处理，特别提倡在抗休克同时以介入手段对腹腔内出血灶进行诊断和选择性栓塞止血治疗。在正确诊断和抗休克同时，及时手术是抢救成功的重要环节。急诊手术中强调仔细探查、止血，术后注意防治感染和 MOF 的发生。

(景在平)

小剂量高渗 NaCl 右旋糖酐液对高原创伤失血性休克大鼠血气及肺损伤的影响(第三军医大学学报 1996;18(2):106) 三军医大野外所梅建良等研究了小剂量 7.5% NaCl/6%右旋糖酐-70(HSD)对模拟高原创伤失血性休克大鼠血气及肺组织损伤的影响。在大型低压舱内经股骨骨折、股动脉放血，5min 内使大鼠平均动脉压(MPA)降至 6.00±0.67kPa，维持此血压水平 1h 后，从股静脉分别输入 4ml/kg 的生理盐水(NS)、7.5% NaCl (HS)或 HSD，观察不同时相血气指标、肺匀浆中丙二醛(MDA)含量、肺组织含水量及组织学改变。结果：5h 动物存活率以 HSD 组最高，且 HSD 治疗组 MAP 迅速回升幅度大，PO_2 下降幅度最小。HSD 治疗后 5h 肺匀浆 MDA、肺含水量低于 NS 及 HS 组，肺组织损害程度较 NS 及 HS 组轻。目前研究表明，HSD 主要通过高渗压迅速扩容、增加心肌收缩力、产生高渗-肺-迷走反射效应、调整体液再分布、扩张毛细血管、降低外周血管阻力等机制引起血管功能、血流动力学的迅速改善，从而达到良好的抗休克效果。HSD 中右旋糖酐-70 可通过胶体渗透压使很大一部分经高渗压吸引出来的水分保留在血管内，因此，其抗休克效果优于 HS。高原缺氧条件下休克后酸中毒较平原条件下发生早，程度重，酸碱紊乱以代谢性酸中毒为主，常合并呼吸性碱中毒。该实验显示 HSD 可使 PO_2、pH、HCO_3 下降程度减轻，可延缓酸中毒的出现。其原因与 HSD 扩容、改善心功能及组织灌流、改善供氧有关。同时显示 HSD 组肺含水量及病理损害均轻于 NS 及 HS 组，这与 HSD 改善心血管功能、肺微循环有关，也与 HSD 能降低缺氧引起的肺动脉高压及降低肺血管阻力有关。由于 HSD 用量少、价格低、易携带，在高原战伤、创伤方面有诱人的应用前景。

(赵 瑄)

述评 发生在高原的创伤性休克因为空气稀薄、氧供不足而具有发病迅速、病情严重、对液体承受力小、肺脑水肿及 MOF 发生率高和死亡率高等特点。因此，高原休克较平原休克更难救治。该研究应用 HSD 救治模拟的高原休克，表明 HSD 通过其高胶体渗透压的扩容、改善酸中毒和减轻肺损害等作用能有效地改善高原休克，达到早期救治的目的。当然，由于休克的病情复杂，在实际抗休克救治中，单纯应用 HSD 肯定是远远不够的，必须采取综合的救治措施，这一点无论在进一步的实验研究中还是在实际抗休克救治中都应该引起足够的重视。

(景在平)

交通伤中腹内脏器损伤的危险因素(中华创伤杂志 1996;12(3):162) 北京积水潭医院蔺锡侯等总结了该院 20 年 6 010 例交通伤的临床资料，分析了其中 518 例腹部闭合伤的客观危险因素，提出了初步诊断程序。根据病理生理状况及腹部以外器官系统损伤情况，9 项设想可能与腹内脏器损伤有关。对照术中所见，将临床资料进行统计学处理，确定与腹内脏器损伤有重要相关意义的参数做为高危因素。多元回归分析结果显示，7 个高危因素(入院收缩压＜12kPa、严重胸部伤、第 7～12 肋骨骨折、骨盆骨折、股骨干骨折、呼吸困难和腹壁严重挫裂伤)作为一组参数与腹内损伤的发生有显著统计学意义，其中以入院血压＜12kPa、严重胸部伤与腹内伤发生最为密切。6 010 例中具有至少 1 个高危因素者 14.9%证实有腹内脏器伤；仅具低危险因素者 1.7%有腹内伤。518 例确诊的腹部伤中 91%至少具有 1 个高危因素，9%虽不具有任何高危因素，但 40 例有腹部压痛体征。因此，钝性创伤患者，只要具备任何 1 个高危因素，或体检显示腹痛症状和(或)腹部压痛体征，即应高度怀疑腹内伤存在。交通伤中，受伤机制与腹内伤的关系密切，亦应列为高危因素。伴颅脑伤者或其他原因引起的意识不清，可能影响检查结果，应将意识不清列为危险因素之一。内出血者，尤其肝、脾等脏器损伤后白细胞常迅速升至(15～20)×10^4/L 以上，亦应列为参考因素之一。推荐钝性闭合性腹部交通伤的诊断程序及处理应为：①对腹部体征明显或有腹膜炎表现者，应尽早手术。对有非手术指征者，可在严密观察下治疗。对无腹膜炎表现者，应行腹腔穿刺术(DPP)或灌洗术(DPL)及 B 超、CT 等检查。②对伴任何高危因素者，应行上述辅助检查。③对仅有低危因素、意识清楚者应注意反复作体检和查 WBC、Hb、HCT 等。判断伤情的第一手段是详尽的体检和病史分析，因为该组 9%(40/518)患者虽不具备任何高危因素，但体检结果阳性，因此应强调外科医师体检基本功的培养和训练。

(赵 瑄)

述评 交通伤所致腹部钝性闭合伤的死因除伤情严重外，重要原因之一是未能早期作出正确诊断。由于该类创伤的多发伤机率高，因此该文作者回顾性地总结出了 9 项预示发生腹内脏器伤的危险因素。其中收缩压降低明显、严重胸部创伤等与腹内脏器伤关系最为密切。值得提出的是，强调发现这些危险因素但决不应该忽略对腹部体征的密切观察。只有对腹部进行认真细致的检查并对腹部体征进行严密的动态观察，结合所存在的危险因素，对创伤进行全面的综合分析，尽早作出正确诊断，才能使创伤得到及时正确的处理。

（景在平）

腹腔积液 CT 表现及其解剖、病理基础（中华外科杂志 1996;30(1):11） 华西医大一院伍定平等以 CT 观察了 60 例不同性质和来源的腹腔积液的特点，分析其液体分布的位置、量、CT 值及合并腹膜改变的 CT 表现，发现多数累及 2 个以上间隙，其中结肠上间隙 56 例中涉及右肝周间隙者 55 例(98%)，考虑与呼吸运动造成的负压抽吸作用、仰卧位右肝周间隙位置较低及右结肠旁沟较宽，使液体易于流动有关。涉及左肝间隙者 39 例(69%)，考虑肝三角韧带的位置、长度、走行的解剖特点对腹腔积液在左肝上区的分隔起了一定作用。以上多见于漏出液、腹膜炎、胰腺炎、腹膜癌等病。分布比较局限的积液是指单腔或双腔相近并有通连，常见于脓肿、血肿。肝脓肿破溃和外伤性血肿均分布于原发灶附近，这可能与炎性包裹形成的机制有关。多数积液无显著量化特点。不同性质的积液难以从 CT 值的差异区分，但 16 例漏出液 CT 值均未超出 30HU，可能漏出液含蛋白比较少之故。脓肿、肝脓肿破溃及脏器穿孔所致腹膜增厚常为局限性，系炎性粘连、网膜包裹所致。腹膜增厚合并网膜、系膜饼状改变，见于结核性腹膜炎和腹膜癌，系因纤维素渗出、粘连及散在的结节所致。急性胰腺炎时，常因系膜钙化灶的存在而表现为斑片状影。综上所述，不同性质和来源的腹腔积液在液体的分布、量、CT 值及合并腹膜改变等方面其 CT 表现有一定差异，只有综合考虑，全面分析这几方面的 CT 表现，方有助于判断积液的性质和来源。

（赵 瑄）

述评 腹腔积液在临床工作中较为常见，其定位和来源常关系到治疗方案的选择。作者尝试用 CT 检查结合腹腔内的解剖特点和病理基础，通过回顾性分析探索腹腔积液的 CT 表现特点，以期为临床提供一种无创的可以反复检查的方法。研究结果表明，CT 对腹腔积液的定位和定量有一定帮助，对积液的来源也能提供一定的参考，但对腹腔积液的定性则帮助不大。在实际临床应用中，超声检查对腹腔积液的定位和定量均有一定的精确度，而定性则主要依靠穿刺和穿刺液的常规化验检查，后两项检查也比 CT 费用低。因此，在实际应用时应综合考虑各种检查的优缺点，结合具体病情进行选择，以期获得最佳的检查效果。

（景在平）

急腹症病人腹腔液乳酸浓度及其临床意义探讨（中国实用外科杂志 1996;16(7):399） 天津医大二院王士望等对 31 例外科急腹症病人腹腔积液及血浆中乳酸浓度进行了测定，以空腔脏器是否存在绞窄、穿孔、化脓、坏死等病理改变为参数，将资料分为两组，即具有上述改变者为病变组(19 例)，余为非病变组(12 例)，分别于术前腹腔穿刺或术中抽取腹水并采取外周静脉血，以酶比色法测定乳酸浓度。结果，病变组腹水乳酸浓度显著高于非病变组；两组静脉血中乳酸浓度差别无显著性，病变组中同一病人其腹腔液中乳酸浓度比其外周血中乳酸浓度明显增高，有显著性差异。以腹腔液乳酸浓度差值＞2.0mmol/L 进行灵敏度及特异率分析，作为确定有无绞窄、穿孔、化脓、坏死等病变的标准，显示灵敏度为 94.7%，特异度为 100%。结果说明腹腔液乳酸浓度的差值在急腹症的诊断中具有更重要的参考价值。目前多数急腹症诊断不存在困难，但部分病人因种种原因使诊断不易明确。年老体弱反应较差的病人，尤其合并神经系统病变或意识障碍的病人，急腹症的确诊有时比较困难，因此腹腔液及血浆乳酸浓度测定作为一种简单、安全的方法，对腹腔内病变性质的确定可能有一定参考意义。

（赵 瑄）

述评 在现代外科工作中，大多数急腹症可以表现出明确的体征以决定是否需行手术治疗。但在少数情况下，如肠梗阻是否已发生绞窄；部分年老体弱或意识障碍患者腹部体征不明显时，临床仍需要一种有意义的指标以指导手术治疗的选择。作者通过检测发现腹腔积液的乳酸浓度对判断腹腔内脏的绞窄、穿孔及坏死等有一定的参考价值，而且该法操作较简便快速，适合在急诊条件下推广应用。如有条件，建议进一步研究腹腔液乳酸浓度升高的机制，并深入研究其与腹腔内感染细菌类型的关系。

（景在平）

早期急性再剖腹术附 95 例临床分析（中国普通外科杂志 1996;5(1):47） 江西医学院一院郭礼镒总结了 15 年间近 15 000 例腹部手术后近期再剖腹病例 95 例，约占同期腹部手术 0.64%。其中再手术时间：腹腔内出血平均术后5.8d；腹膜炎平均10.4d；切口裂开多在拆线后当天或之后1～2d，平均为术后9.1d，肠梗阻术后22.1d；腹腔异物发生最晚。再手术原因：内出血20例，多为门脉高压症、胃及胆道术后出血。腹膜炎19例，以胆瘘、肠瘘、胰瘘、吻合口瘘及穿孔修补术后瘘占多数(14/19)。切口裂开59例，术后肠梗阻7例，异物1例。手术效果：死亡率24.2%，其中以腹膜炎再次手术死亡率最高，为47.8%，切口裂开死亡率为34.7%，内出血死亡率为17.3%。经验教训：①手术操作粗疏、忙乱，加重脏器损伤，关腹前止血不彻底；②术前经验不足，术式采用不妥，造成处理病灶有误；③探查不细致，造成遗漏；④手术操作技术差，致吻合口出血、瘘和"T"管脱落等。综上所述，对术后恢复过程中无法用切口疼痛或胃肠功能恢复不利来解释的剧痛、腹胀及频繁呕吐等症状应加以重视。应避免较长时间的等待或存在侥幸心理而延误救治时机。再次手术时，原则上宜着重解决引起并发症的关键问题，手术宜小不宜大。

（赵　瑄）

述评　腹部手术后早期急诊再剖腹，俗称"二进宫"，是腹部外科术后一个令人头痛的问题。其原因不外乎医护人员存在的两方面问题：一是责任心不强，二是经验不足。因此，再剖腹术时一定要让首次手术者参加，不仅为了让其介绍首次手术情况，而且也为了让其认真总结教训，提高手术水平。此时应请责任心强、技术好和有经验者参加手术。这样才能纠正前次手术遗留的难题和不足，通力合作圆满完成再剖腹术，避免对患者行"拉链式"的剖腹术。

（景在平）

外科危重病患者凝血功能障碍的防治（中华外科杂志 1996；34(6)：348）　北医大人民医院安友仲等对12例合并凝血功能障碍的外科危重病患者的原发疾病、出血特点及凝血功能试验等方面进行了观察，以探讨防治措施。结果：死亡5例，其中肝病患者6例中死亡3例；严重创伤3例中死亡2例；严重感染者无死亡，且出血发生晚。死亡患者输血总量及转氨酶水平高于存活者，肝硬化患者术后大出血再手术常无效，而保守者却成功。大量凝血酶原复合物、立止血等药物疗效不佳，早期使用肝素和抑肽酶并控制原发病加保肝治疗收到较好的效果。作者分析严重感染和肝功能失代偿是外科危重患者DIC发生的主要原因，多为继发性纤溶亢进。严重感染者经积极治疗原发病一般易于控制DIC。肝脏手术后多种因素影响凝血因子的产生，预后不良，应严格掌握手术止血的指征，选择正确、有效的术式，以免加重对病人的打击，反而使止血更加困难。止血药物要慎用，凝血酶原复合物及立止血应用后反而激活了凝血酶，加速纤维蛋白原的消耗，加重凝血障碍。肝素(5～15)$U \cdot kg^{-1} \cdot h^{-1}$经微泵持续静滴，可以中和过多的凝血酶，早期应用效果较好。对原发病的有力控制，尤其是保肝和控制感染提高了止血效果。只有补充纤维蛋白原使其接近正常水平，抑制并阻断DIC进程，方能获得满意的止血效果。某些抗菌药物如头孢霉素等药物亦有干扰维生素K合成、阻抑血小板凝集的作用，主张慎用此类药物或同时补充维生素K。

（赵　瑄）

述评　在外科危重患者大手术后所发生的多器官功能不全或衰竭中，以往多重视心、肝、肺、肾、脑等脏器的功能，而较少注意对凝血功能的保护。作者通过回顾性分析，提出了一些保护凝血功能的有益经验。首先是术前对患者的凝血因子和凝血系统的功能要进行详尽的检查和细致的评估；其次是积极控制原发病，充分引流感染病灶，合理选用止血药和抗生素，适当应用肝素或抑肽酶等；另外在术后监护中应注意动态监测凝血功能的变化，不断调整治疗措施，以积极预防来防治凝血功能的衰竭。

（景在平）

外科切口两种缝合法24h拆线后抗张力强度动物实验比较研究（贵州医药 1996；20(4)：200）　贵州铜仁地区医院龙旭等以家兔为实验对象，用丝线进行了间断缝合及皮内连续缝合两种方法24h拆线后抗张力强度的对比研究。在家兔不同侧、同部位作成对切口39对，均切开皮肤、皮下、肌肉层。一侧用常规法缝合切口；另一侧皮下、肌肉仍以常规法缝合，但皮肤以1号线连续皮内缝合。双侧均于24h后拆线。自制标尺牵拉弹簧测试仪测试两类切口皮肤抗张力强度。结果皮内连续缝合切口抗张力强度比间断缝合切口抗张力强度明显提高，有显著性差异($P<0.001$)。以百分比计算，前者较后者增加125%。有关机制方面，作者认为切口间存在与凝血过程密切有关的、有纤维结合蛋白参与的纤维粘连作用。皮内连续缝合法使两切缘纵横受力，使致密而富有韧性的真皮层组织扭曲移位，使切缘形成凹凸不平面，在此基础上形成嵌合性纤维素粘连，且粘连面大，从而使切口抗张力强度增加。同时认为纤维蛋白性粘连是手术切口愈合过程中最早起作用的一种病理改变，给以后的愈合过程创造了良好条件，使创口良好愈合，遗留的瘢痕明显轻于常规缝合法。

（赵　瑄）

述评　皮内连续缝合法在临床上常常使用，但缺乏与常规皮肤缝合法的对比研究。作者通过研究发现前者比后者具有更好的抗张力强度，能获得更好的愈合效果。这为临床应用这一缝合法提供了理论依据。不过从广义上讲，要使一个外科切口愈合良好，且具有满意的抗张力强度以防止术后切口疝的发生，关键在于无菌操作规范、切口缝合严密得当、止血确实、避免切口发生感染。

（景在平）

烧　伤

收集1995年9月～1996年9月文献185篇，纳入回顾113篇(占61.1%)，收入文选32篇(占17.3%)。

一年回顾

一、一般资料

该类文献中有对数万例病例的临床统计分析，也有值得借鉴和参考的经验教训的总结和分析。全军烧伤协作组[1]统计分析了全军29个单位1980～1992年住院烧伤病人64 320例的临床资料，并与1958～1979年全军16个单位住院烧伤病人48 798例的结果进行比较，在总结治疗水平不断提高的经验的基础上，指出今后须在缩短住院日，减少功能障碍和残疾率，以及防止瘢痕增生、减少内脏并发症和全身性感染上进一步努力攻克。二军医大成功救治1例老年严重烧伤伴多器官功能障碍综合征[2]以及1例大面积创面裸露、严重内环境紊乱的患者[3]，报道了他们的救治体会。广西医大一院[4]分析了45例烧伤病人的死亡原因，它们依次为感染、肾功能不全和呼吸功能不全。青海医学院附院[5]总结高海拔地区1 020例小儿烧伤的原因，发现热液是主要致伤原因，火焰次之，提出家庭防范的若干建议。解放军325医院[6]通过分析382例小儿烧伤，得出头面部烧伤患儿休克发生率高等结论，提出除及时正确补液外，必要时宜尽早作预防性气管切开；并指出高原地区气候干燥，深Ⅱ度创面不宜长时间暴露。浙江绍兴市二院[7]报道了成批氢气球燃爆烧伤48例治疗及随访。氢气球烧伤为瞬间火焰烧伤，创面普遍较浅，而发生的散在点状深度创面为热橡胶碎片粘附所致。伤后2个月色素沉着发生率高，以后逐渐减退。福州军区总院[8]治疗7例烧冲复合伤，他们的体会是，虽然烧伤引起的体表损伤不严重，但是冲击波造成心肌及胃肠道损伤可以很重。镇江医学院附院[9]分析湿润烧伤膏得以在民间应用，与民众对烧伤治疗存在认识上的误区有关。不少患者和家属误认为体表损伤不用开刀或以不开刀为好。南京医大附院[10]以小鼠眼碱烧伤模型，检测伤后不同时相点血循环免疫复合物(CIC)的变化，结果显示伤后14～21d CIC明显升高，认为碱烧伤后角膜溃疡的形成和加剧与机体免疫状态可能有一定关联。大庆市二院[11]报道用碘伏治疗碱烧伤21例，与新洁尔灭及硼酸相比，外用碘伏能减轻疼痛，降低感染发生率。二军医大[12]总结9例氢氟酸烧伤的治疗经验，认为氢氟酸烧伤的治疗应争分夺秒，能防止创面加深致残和致命性低血钙的发生。除了外用钙镁等氟离子螯合剂外，强调动脉注射钙剂的治疗作用。河南南阳南石医院[13]成功救治3例乐果烧伤合并中毒的经验是，创面冲洗干净后用磺胺嘧啶银(Ag-SD)霜剂外敷，深度创面切痂植皮。新疆医学院附院[14]报道1例电烧伤合并肠瘘，认为肠瘘的存在会引起营养不良，电解质紊乱，进而成为影响创面愈合因素；加强局部处理和改善全身状态至关重要，处理好烧伤局部和全身状态的关系，才能为最终封闭肠瘘创造条件。解放军322医院[15]报道了烧伤合并骨折的治疗体会，认为合并骨折的烧伤病人休克出现早而重，复苏时应考虑骨折失血的因素；在处理烧伤创面的同时应正确处理骨折。吉林化工医院[16]分析8例高温钢筋贯穿烧伤，认为高温钢筋贯穿伤特点为机械暴力损伤与烧伤并存，往往累及邻近血管、神经、肌腱，处理棘手，坏死组织难以彻底清除，感染发生率高。处理时应首先判明有无危及生命的损伤，以便尽快处置。深部坏死组织应予以清除以减少感染发生。常州市一院[17]对68例吸入性损伤进行分析，认为保持气道通畅是关键，气管切开宜早施行。东莞市医院[18]通过分析12例单纯烟雾吸入性损伤，发现右上肺损伤较多见。平顶山矿务局总院[19]报道了22例吸入性烧伤急救与围手术期处理的体会，认为气管切开后氧气吸入与高频喷射通气交替使用有一定效果，可部分替代呼吸机。青海医学院附院[20]通过对高原地区27例严重烧伤病人的血气检测结果进行分析，提出对吸入性烧伤者应及早行气管切开，以保障氧气供给；高频喷射通气有一定效果。云南省烧伤研究中心[21]将高压氧疗法用于烧伤治疗，通过对32例病人的比较，发现高压氧治疗组病人水肿消退快，植皮生长快，成活率高，创面愈合时间缩短；静脉血LPO及SOD与对照组相比无显著差别。

二、早期损伤

早期损伤的防治是一个十分重要的课题，它与后续的一系列病变息息相关，关系到救治的成败和病人的预后。早期损伤机制经多年研究正逐步深化。二军医大[22]测定30% TBSA Ⅲ度烧伤大鼠的血浆内皮素，发现烧伤后明显升高，延迟复苏组尤其明显；使用抗内皮素单抗后，心肺等组织白蛋白渗出明显减少，提示内皮素参与了烧伤后血管通透性增高的发生、发展。内皮素的这种作用由NO介导[23]。此外，还发现烧伤血清可上调培养的心脏微血管内皮细胞表达内皮素受体，增加内皮细胞cGMP的含量；而且内皮素、烫伤血清能增加内皮细胞间粘附分子的表达，NO合成酶抑制剂L-NAME则减少这种粘附分子的表达[24]。该单位观察到严重烫伤大鼠中性粒细胞粘附分子CD11/CD18表达增加，中性粒细胞与内皮细胞粘附率增加提示烧伤后CD11/CD18介导了中性粒细胞与内皮细胞的粘附[25]。三军医大[26]通过静脉内皮细胞和烧伤病人中性粒细胞共同培养，用CD11/CD18单抗阻断后，细胞粘附减少，内皮细胞损伤减轻，提示CD11/CD18介导的中性粒细胞与血管内皮细胞的粘附可以导致内皮细胞损伤。二军医大[27]用免疫组化法发现烧伤后大鼠肾脏肾小管和集合管处血管内皮细胞生长因子表达增加，该因子能增加血管通透性和促进内皮细胞生长，可能有利于烧伤后肾功能的维护。该单位[28,29]还以35% TBSA Ⅲ度烧伤狗为模型，应用高张盐加中分子右旋糖酐(HLD)复苏，结果显示该复苏方案能降低血及心肌MDA含量，增加SOD的活力，而血浆Na^+浓度未见明显增高，认为用HLD复苏可减轻心肌等组织的损伤。该校[30]用研制的中药“清热消炎胶囊”处理烧伤大鼠，发现清热消炎胶囊组血清TNF及IL-6明显低于对照组，提示清热消炎胶囊具有调控炎症介质及有关病理生理变化的作用；经30例临床应用，也显示了它能明显缩短烧伤后全身炎症反应的时间[31]。三军医大[32,33]将烧伤焦痂提取物(D_1)与大鼠肝线粒体共同孵育，测定线粒体膜电位、肿胀情况及MDA，发现膜电位随D_1增加而降低，线粒体发生肿胀，脂质过氧化物明显增加，提示D_1影响线粒体氧化磷酸化，引起脂质过氧化。该校[34]还在30% TBSA Ⅲ度烧伤大鼠中监测到肝脏TNF mRNA在伤后6～12h表达增加，24h恢复正常，与腔静脉内毒素含量变化一致。TNF mRNA的表达定位在内皮细胞、中性粒细胞、Kupffer细胞，提示这三种细胞在内毒素导致肝脏损伤中发挥作用，内毒素在内皮细胞、中性粒细胞灭活。四军医大[35]用RIA等方法对30%烫伤大鼠空肠P物质(SP，肠平滑肌收缩递质，也能扩张血管，使肠壁微血管通透性增加)含量和SP能神经的观察分析，发现空肠SP在伤后早期短暂升高(4h)，8h后降低，而SP能神经与SP的结合则有两个高峰，分别在伤后早期(1～4h)和24～72h两个时相点，认为小肠绒毛内SP-IR(SP免疫反应阳性细胞)神经末梢是SP应激性释放的部位，SP应激性释放与肠粘膜受损有关。四军医大[36]通过腹腔注射ATP-$MgCl_2$复合液，测定全血细胞化学发光值及TNFα，结果显示ATP-$MgCl_2$复合液能降低严重烧伤大鼠血中性粒细胞产生氧自由基，抑制血清TNFα的活性升高，有利于维护严重烧伤后的脏器功能。三军医大[37]使用高渗葡聚糖治疗早期烧冲复合伤安全有效，认为可用于临床。南京医大一院[38]检测30例烧伤病人的红细胞滤过指数(IF，指示变形能力)，用40例正常人作为对照，结果显示烧伤后红细胞变形能力降低，认为这可能与血粘度增高，红细胞聚集，微血管栓塞以及微循环障碍的发生、发展有关。

三、烧伤免疫

对严重烧伤后免疫功能紊乱的机制及如何维护机体免疫功能的研究，不仅有理论意义，而且有重要的临床价值，是严重烧伤研究中的重要课题之一。二军医大[39]用精氨酸喂养严重烫伤大鼠，动态观察外周血淋巴细胞，结果显示喂养精氨酸能防止Th/Ts的下降，提高动物的存活率。该校[40]在30% Ⅲ度烫伤大鼠创面上外用硝酸铈，发现能提高血中Th/Ts值，提高机体免疫力及伤鼠存活率，认为这与硝酸铈中和焦痂中毒素有关，有临床推广应用的价值。三军医大[41]检测烧伤家兔的血清，发现其中含有免疫抑制物质，能抑制淋巴细胞转化率和IL-2诱生量。研究表明[42]烧伤小鼠腹腔巨噬细胞产生大量NO，认为这与机体免疫反应密切相关。陕西省医院[43]测定了21例烧伤病人的红细胞C_{3b}受体和红细胞免疫复合物(IC)，发现C_{3b}受体下降，IC升高，愈合后恢复正常。提示烧伤后红细胞膜上受体与配体结合形成IC，使红细胞免疫功能继发性降低。解放军304医院[44]用30% TBSA Ⅲ度烫伤兔为模型，测定中性粒细胞的粘附率、粘附蛋白(CD11/CD18)及血浆TNF，发现烧伤后粘附率与粘附蛋白量呈正相关，烧伤后即刻与伤后48h TNF明显增高，佐证TNF引起白细胞粘附增加由粘附蛋白介导。该单位还测定了烧伤大鼠早期血浆、皮肤创面及脏器TNFα的变化，皮肤创面1～12h增高，血浆TNFα在伤后8～12h增高，12h达到峰值，心、肺、肝、肾、肠等组织在8～24h增高，这些变化与烧伤后病理生理变化一致，推测皮肤创面与TNFα有关。三军医大[45]*测定到30% TBSA Ⅲ度烧伤大鼠小肠中TNF mRNA迅速升高，6h达到高峰，提示烧伤早期小肠TNF分泌与肠源性内毒素血症有关。三军医大[46]发现37% TBSA Ⅲ度烧伤大鼠早期烧伤局部及远隔部位TNF的变化与Tyr的释放呈正比，TNF单抗能部分降低Tyr的释放，说明TNF能促使骨骼肌的分解。一军医大[47]采用35%～40% TBSA Ⅲ烧伤大鼠作为模型，并用虎杖4号处理，测定血浆TNF的量，用显微电视观察脊斜肌微循环及肺组织，结果表明伤后血清TNF升高与微循环白细胞附壁及毛细血管关闭程度呈正相关；虎杖4号可抑制TNF产生、白细胞附壁及肺损伤。认为TNF升高与白细胞附壁、微循环紊乱有关。湖南医大[48]将小鼠用60℃热水12s烫成40% TBSA烫伤，发现伤后3h DNA即发生断裂，12h胸腺内活细胞数减少，18h胸腺重量减轻，提示烧伤可诱导胸腺细胞凋亡，认为可能与烧伤后免疫功能降低有关。三军医大[49～51]给30% TBSA Ⅲ度烧伤香猪喂养谷氨酸胺，发现伤后肠系膜淋巴结和脾脏谷氨酰胺酶活力明显增强，血中IgA浓度及肠道分泌S IgA高于烧伤对照组，提示谷氨酰胺增强淋巴细胞功能，促进肠道粘膜分泌S IgA，维持粘膜免疫屏障；同时发现肠道合成葡萄糖增加，有利于满足其他器官的能量需求。

四、烧伤感染

感染仍是严重烧伤致死的首要原因，对感染的控制除了调整和维护全身状态外，还应有效地控制致病菌，中和毒素，调控免疫细胞和调控炎症递质，这些均是值得深入研究的问题。扬州大学医学院[52]通过对25例严重烧伤病人暴发性败血症的分析，认为伴有吸入性损伤或内脏并发症者败血症的发生率高，G^+菌略多于G^-菌，创面是细菌的主要来源。解放军159医院[53]分析了108例绿脓杆菌败血症，其发病有两个高峰：回吸收期和溶痂期，感染后引起死亡的原因依次为感染性休克、呼吸衰竭、多器官功能不全。济南市医院[54]报道2例小儿烧伤感染导致血源性骨髓炎例1为1.5岁男童，双上肢、头面部热水烫伤达27% TBSA，伤后3周曾发生多发性脓肿(金黄色葡萄球菌)，伤后40d发现双侧胫腓骨骨膜炎；例2为2岁女孩，烫伤达20% TBSA，伤后4周出现小腿脓肿，伤后2个月发现右髋关节脓肿，右跟距骨急性骨髓炎。沧州市医院[55]总结了6例大面积烧伤合并真菌感染，认为与大量应用广谱抗生素有关。

四军医大[56]通过测定回肠MDA，发现腹腔注射ATP-$MgCl_2$能降低回肠粘膜脂质过氧化，从而保护肠粘膜。三军医大[57]利用肠淋巴管造瘘收集严重烧伤大鼠肠淋巴液，检测内毒素及细菌培养，发现烧伤后内毒素清除增加，细菌培养阳性率上升，提示肠淋巴循环是肠源性感染的一条重要途径。该单位[58]用抗内毒素类脂A单克隆抗体注射烧伤脓毒症大鼠，发现能降低血内毒素及TNF，肝损害减轻，成活率提高。他们[59]还动态观察了30% TBSA Ⅲ度烫伤大鼠的血浆内毒素、代谢激素以及肝脏Kupffer细胞分泌TNF和PGE_2的变化，发现早期喂养能增加肠粘膜屏障功能，认为Kupffer细胞的过度激活可能是引发肠源性感染的重要环节。解放军304医院[60]通过检测烧伤大鼠肠内容物和血中IgA，计数肠固有层淋巴细胞，结果显示伤后早期肠内容物中IgA逐渐下降，3d后上升，肠道细菌IgA包被率下降，下降后不回升；肠固有层淋巴细胞减少，Th/Ts倒置；细菌易位增加，提示烧伤后肠道免疫屏障破坏引起细菌易位。

吉林医高专[61]用特异性iRNA(将金黄色葡萄球菌等活菌注入免疫动物腹腔，1周后取脾脏，抽提RNA)预防烧伤感染，能提高血清补体C_3水平，增加CD20阳性B细胞、免疫球蛋白、外周血NK细胞、$CD4^+$ T细胞等细胞数量，从而增强免疫功能，防治感染，加速创面愈合。解放军98医院[62]检测了58例烧伤患者血浆TNF、EGF，发现感染者两项指标都较高。上海瑞金医院[63]报道1例严重烧伤合并剥脱性皮炎，万古霉素为可疑致敏原，加强营养补充及护理，应用糖皮质激素及小量环孢霉素A有利于创面痊愈。

因使用湿润烧伤膏发生感染的报道较多。上海瑞金医院[64]报道引起严重感染1例；四军医大[65]报道引起气性坏疽1例；洛阳市医高专[66]报道引起深部脓肿4例；解放军159医院[67]还报道了湿润烧伤膏引起多种并发症：创面脓毒症，低蛋白血症，电解质紊乱，坏死斑，肝、肾功能不全，肺炎，消化道出血等。广东茂名市医院[68]用湿润烧伤膏处理中、重度烧伤48例，同时用干热保痂疗法治疗50例作对照，发现用湿润烧伤膏组感染、死亡率均高于对照组。

五、创面愈合与覆盖

创面愈合和覆盖是烧伤救治中的重要环节，近期在创面愈合机制、外源性生长因子应用、基因转染以及覆盖物的研究等方面均有了长足的进展，取得了可喜的成果。上海长海医院[69]* 动态分析了大鼠Ⅱ度烧伤创面中的免疫细胞，发现伤后 3d 以后巨噬细胞增多，T 淋巴细胞明显增多，并与上皮细胞增殖迁移、成纤维细胞增殖等在时间上一致，提示与创面愈合关系密切。该校[70]还用^{60}Co照射大鼠造成免疫抑制，发现免疫抑制动物烧伤创面 IL-1、IL-6 和 TNF 含量明显变化，推测与创面延迟愈合有关。解放军 304 医院[71]将大鼠背部皮肤切除造成创面，培植肉芽，测定肉芽组织中 TNF、MDA 和 SOD，分析与创面愈合的关系，结果显示 TNF 的量与氧自由基损害有关，TNF 低的创面愈合较好。二军医大[72]以肾 EGF mRNA 为模板逆转录 PCR 扩增 hEGF 信号肽基因，再将特异性 DNA 克隆于 pBK-CMV 质粒中测序鉴定，获得正确序列的 pBK-信号肽-EGF 真核表达质粒[73]。该校[74]将这种质粒成功地转染入培养的角朊细胞，还用这种质粒加上脂质体注入烧伤焦痂下，发现可明显促进创面愈合[75]。上海瑞金医院[76]* 通过 100 个创面的应用，认为 EGF 有促进浅Ⅱ度和供皮区创面愈合的作用，无明显毒副作用。广州市交运医院[77]应用 bFGF 于烧伤创面，使创面愈合时间缩短。二军医大[78]通过 400 例的临床应用，证明 bFGF 能加速Ⅱ度创面及晚期肉芽创面的愈合。该校[79]测定了应用 rhEGF、bFGF、aFGF、牛脑垂体提取物等生长因子后创面组织的 DNA，发现其含量较正常对照组明显升高，提示生长因子有促进细胞增殖的作用。上海瑞金医院[80]用脱痂Ⅰ号换药发现其脱痂作用明显(特别是受伤 7d 后的创面)，脱痂后植皮成活率高，创面细菌少，无明显毒副作用。山东医大附院[81]给烫伤大鼠口服复合微量元素，发现有促进创面愈合的作用。二军医大[82]在 C57BL/6 小鼠移植 BALB/c 小鼠皮肤前和后 2 d，腹腔内注射兔抗小鼠 T 淋巴细胞抗血清；植皮后 7 d 胸腺内注射 BALB/c 小鼠皮肤细胞和脾细胞，结果使异体皮移植平均成活时间长达 68d，成功地诱导出异体皮肤移植的免疫耐受。二军医大[83]报道了大量培养表皮细胞的方法，以及用 3T3 细胞促进无血清培养体系中表皮细胞生长[84]。西安西京医院[85]用 Y 染色体特异 DNA 探针对 6 例冷冻异体胎儿真皮移植后进行追踪观察 12～41d，发现真皮内异体细胞逐渐减少，至 41d 时占半数以下，提示自体细胞逐渐替代异体胎儿真皮细胞。三军医大[86]用新鲜尸体皮提取胶原，混以硫酸-2 软骨素制成薄膜，一面种植成纤维细胞，另一面种植表皮细胞，给动物和患者移植，认为有应用价值。河北邯郸市钢厂医院[87]在 12 只家兔及 52 例人的烧伤创面用猪皮覆盖微粒皮 5d 后予以紫外线照射，能促进猪皮形成干痂，延迟溶脱，可保护微粒皮的生长。青岛市立医院[88]应用新鲜鱼皮覆盖 102 处创面，止痛效果好，贴附紧密，不发生皮下积液，创面愈合时间缩短，优于猪皮。三军医大[89]用桡动脉皮支筋膜皮瓣修复腕部烧伤 1 例获得成功，认为该皮瓣操作简单，外观优良。昆明医学院二院[90]用皮瓣、肌皮瓣修复 9 例深度烧伤感染创面成功。皮瓣设计合理、皮瓣下引流并应用敏感抗生素、适当包扎是成功的关键。北京积水潭医院[91]总结了 125 只手烧伤后康复治疗的情况。认为早期以控制炎症、减少水肿为主，后期着重按摩和功能锻炼，对待增生性瘢痕可行加压治疗及音频电疗；尽早行关节全范围活动和夹板支持正确体位固定可用以防止挛缩。天津市儿童医院[92]报道了 2 例小儿烧伤后并发关节周围软组织异位骨化，认为这与严重烧伤感染导致内环境紊乱有关。泰州市医院[93]分析 23 例烧伤后瘢痕癌，发现 15 例在易磨受压部位的创面经久不愈。这种创面病变局限，发展慢，应手术切除。

六、并发症

三军医大[94]综述了严重烧伤时脏器损害的机制与防治，认为烧伤早期各主要脏器均可发生损害：(1)心脏：由于烧伤后营养血供减少，心肌球蛋白结构和功能受损，心肌酶谱增高，心肌纤维水肿、排列紊乱、断裂、灶性坏死，心功能降低。(2)肺：严重体表烧伤合并重度吸入性损伤者常发生早发型肺损害，伤后迅速出现明显呼吸困难和低氧血症，进而发生呼吸衰竭；早期有严重休克又并发严重感染者，常发生迟发性肺损害，PaO_2 初期下降，随休克纠正逐渐回升，病程类似 ARDS。(3)肾脏：严重烧伤后肾小球滤过率降低，BUN、Cr 及血浆晶体渗透压升高，Ccr 降低；肾近曲小管功能受损，FENa、β_2-MG、NAG 升高；髓袢、远曲小管及集合管功能受损，血尿 THP 含量减少，自由水清除率(CH_{2O})降低。肾脏损害与烧伤程度有关，休克、吸入性损伤是其主要因素。休克导致肾功能不全者多为少尿型，感染导致者多为非少尿型。(4)胃肠道：严重烧伤后胃肠道粘膜缺血、受损、坏死脱落，出现溃疡，屏障破坏，胃内 H^+ 逆向弥散，粘膜电位差降低。(5)MOF：其发生与休克复苏关系密切；烧伤程度、吸入性损伤[95]、休克和全身性感染是主要影响因素。缺血-再灌流是引起MOF的主要原因，水肿是主要病理基础，内皮细胞损害起关键作用[96]，往往存在多种炎症介质释放过度，能量代谢异常。尽快纠正休克，减轻缺血缺氧损害是防治MOF的关键；一次性大面积切痂有防治MOF的作用，使用抗氧化剂和血栓素抑制剂可减轻缺血-再灌注损伤。

二军医大[97,98]采用30% TBSA烫伤大鼠为模型，测定心肌组织唾液酸、ATP酶活性、细胞内Ca^{2+}浓度、磷脂酶A_2活性、MDA等指标，发现心肌组织唾液酸含量的变化与心肌膜结构和功能有密切关系；心肌ATP酶活性改变、能量代谢障碍后磷脂酶A_2活性以及MDA含量升高，进一步引起细胞的器质性损害。白求恩国际和平医院[99]观察到30% TBS烫伤的大鼠心脏β受体密度变化与LVSP、LV $\pm dp/dt_{max}$变化呈高度正相关，提示心脏β受体密度降低可能是左心舒缩功能降低的原因之一。该院[100]还测定了30% TBSA烫伤大鼠的心肌营养性血液(NBF)、心室肌ATP、ADP、AMP、能量负荷[EC＝(ATP＋0.5ADP)/(ATP＋ADP＋AMP)]，结果显示烧伤后NBF与EC均下降，并呈正相关。

江西医学院一院[101]用狗作为实验动物，以蒸汽呼入造成吸入性损伤模型，检测血气分析及肺顺应性和气道阻力等呼吸力学指标，显示吸入性损伤后血气的变化早于呼吸力学的变化。二军医大[102]报道1例使用记忆合金支架治疗吸入性损伤引起的气道狭窄，为气道狭窄的治疗提供了新方法。

解放军107医院[103]用RIA法测定重度烧伤病人血、尿Alb、IgG、β_2微球蛋白，发现这些指标与烧伤面积关系不大，却与烧伤深度关系密切，提示烧伤深度与肾功能损害密切相关，测定血、尿Alb、IgG、β_2微球蛋白对监测肾功能有一定意义。上海瑞金医院[104]通过分析26例重度烧伤病人的血尿常规，发现Ⅲ度烧伤面积与血、尿肌红蛋白浓度密切相关，高浓度的血红蛋白、肌红蛋白未见引起心肌梗死，碱化尿液对保护肾脏有好处。

武警广东总队医院[105]通过对5例合并肺脑水肿的小儿烧伤病例的分析，发现肺脑水肿与烧伤早期醛固酮、AVP增加，过度补充水分等有关。青海医学院附院[106]分析650例住院烧伤小儿，发生惊厥11例，其中高热引起的5例，低钠血症导致的4例，缺氧和中毒性脑病各1例；应用高渗盐复苏可减少因低钠血症引起的惊厥的发生。解放军163医院[107]报道了4例严重烧伤后低血糖昏迷与全身衰竭有关，并常合并细菌或霉菌感染，应与中毒性脑病鉴别；补充高渗糖有效，能量合剂中胰岛素含量应偏低。

三军医大[108]在营养液中加入谷氨酰胺，早期喂养严重烫伤的香猪能增加肠道血流量和耗氧量，认为能减轻肠道再灌流损伤。西安电力医院[109]用谷氨酰胺喂养20% Ⅲ度烫伤大鼠，逆转了烧伤引起的小肠粘膜结构紊乱、细胞分裂增殖指数下降和细菌易位，表明谷氨酰胺有助于维护肠粘膜结构完整，保护屏障功能。中科院生理所[110]将牛奶乳脂质用于严重烫伤大鼠，结果显示喂养牛初乳脂质能升高脂溶性维生素、β-胡萝卜素和SOD，降低LPS，提高烫伤大鼠的成活率。运城地区医院[111]总结36例小儿大面积烧伤早期胃肠道喂养效果。早期喂养有助于消化功能恢复，降低应激性溃疡的发生率，但早期喂养不宜使用大量饮料和糖水，以免引起急性胃扩张。广东粤北人民医院[112]报道10年间手术治疗烧伤后应激性溃疡25例，对内科治疗无效、大而深的溃疡或已穿破胃肠壁者，应予以手术治疗。

三军医大[113]综述了内毒素血症与糖代谢的关系，指出内毒素损害肝脏合成糖原，加速肝糖原分解，增加外周组织葡萄糖摄入，使葡萄糖代谢加快，早期引起高血糖，随后导致低血糖；内毒素诱生TNF。糖代谢加快，易引起高乳酸血症及高胰高糖素血症。安徽医大附院[114]对30例大面积烧伤病人的血儿茶酚胺(CA)、血糖、胰岛素进行了动态检测，发现CA释放是持续性的，且在休克和感染期分别呈现高峰，如在休克和感染期骤然下降，提示预后不良。

（陈玉林）

参考文献

[1] 黎　鳌. 中华创伤杂志 1995;11(5):282

[2] 刘世康等. 第二军医大学学报 1996;17:56

[3] 沈洪兴等. 第二军医大学学报 1996;17:4

[4] 李德绘. 广西医学 1996;18(4):418

[5] 苏青和等. 青海医药杂志(外科专辑) 1995;25(5):3

[6] 李富强等. 青海医学杂志 1996;26(4):22

[7] 孙建平等. 实用医院杂志 1996;12(6):381

[8] 李　澍等. 中华整形烧伤外科杂志 1996;12(3):233

[9] 夏承林等. 中华整形烧伤外科杂志 1996;12(1):79

[10] 林荣霞等. 南京医科大学学报 1996;16(3):256

[11] 马彩毓. 中华整形烧伤外科杂志 1996;12(3):227

[12] 陈玉林等. 第二军医大学学报 1996;17:92
[13] 王 硕等. 中华整形烧伤外科杂志 1996;12(2):141
[14] 沙力木江等. 新疆医学院学报 1996;19(2):119
[15] 张 强等. 中华整形烧伤外科杂志 1995;11(6):461
[16] 张克川. 吉林医学 1996;17(1):37
[17] 王龙村. 南京医科大学学报 1996;16(2):216
[18] 陈晓武等. 中华整形烧伤外科杂志 1996;12(1):50
[19] 王 鹏等. 河南医科大学学报 1996;31(1):141
[20] 聂兰军等. 中华整形烧伤外科杂志 1996;12(1):54
[21] 洪文龙等. 云南医药 1995;16(5):403
[22]* 李元义等. 第二军医大学学报 1996;17:34
[23] 李元义等. 第二军医大学学报 1996;17:45
[24] 朱世辉等. 第二军医大学学报 1996;17:48
[25]* 方 勇等. 第二军医大学学报 1996;17:54
[26]* 李志清等. 第三军医大学学报 1996;18(3):198
[27] 唐洪泰等. 第二军医大学学报 1996;17:59
[28] 朱世辉等. 中华整形烧伤外科杂志 1995;11(6):374
[29]* 朱世辉等. 中华整形烧伤外科杂志 1996;11(6):430
[30] 衣承东等. 第二军医大学学报 1995;16(6):538
[31] 曹 青等. 第二军医大学学报 1996;17:53
[32] 楼淑芬等. 第三军医大学学报 1996;18(2):99
[33] 楼淑芬等. 第三军医大学学报 1995;17(5):387
[34] 袁建成等. 中华外科杂志 1995;33(10):636
[35]* 胡大海等. 中华整形烧伤外科杂志 1996;12(2):93
[36] 苏映军等. 第四军医大学学报 1996;17(3):191
[37] 周继红等. 第三军医大学学报 1995;17(6):518
[38] 周守贵等. 南京医科大学学报 1996;16(3):278
[39] 陈玉林等. 第二军医大学学报 1996;17:62
[40] 方 勇等. 第二军医大学学报 1995;16(6):535
[41] 李 磊等. 中华整形烧伤外科杂志 1996;12(2):135
[42]* 罗高兴等. 中华整形烧伤外科杂志 1996;12(4):268
[43] 周治理等. 陕西医学杂志 1995;24(11):688
[44] 严 鸣等. 解放军医学杂志 1996;21(4):119
[45]* 袁建成等. 中华整形烧伤外科杂志 1996;12(3):163
[46]* 李 林. 第三军医大学学报 1995;17(5):328
[47]* 吴坤莹. 中华整形烧伤外科杂志 1996;12(1):41
[48]* 邓恭华等. 湖南医科大学学报 1996;21(2):95
[49] 余 斌等. 第三军医大学学报 1996;18(1):5
[50]* 余 斌等. 中华整形烧伤外科杂志 1996;12(2):98
[51] 余 斌等. 中华整形烧伤外科杂志 1996;12(4):287
[52] 宗亦如等. 江苏医学 1996;22(1):60
[53] 张 宏等. 中原医刊 1996;23(3):25
[54] 张科验等. 中华整形烧伤外科杂志 1996;12(5):380
[55] 杨志民等. 河北医药 1995;17(6):366
[56] 苏映军等. 中华整形烧伤外科杂志 1996;12(3):171
[57] 彭毅志等. 中华整形烧伤外科杂志 1996;12(2):83
[58] 肖 红等. 中华整形烧伤外科杂志 1996;12(3):167
[59] 朱 云等. 中华外科杂志 1996;34(9):566
[60] 于 勇等. 中华整形烧伤外科杂志 1996;12(2):86
[61] 卓安山等. 吉林医学 1995;16(6):321
[62] 李谋深等. 上海医学检验杂志 1996;11(1):49
[63] 刘耀亮等. 上海第二医科大学学报 1996;16(1):45
[64] 刘耀亮等. 中华整形烧伤外科杂志 1996;12(5):332
[65] 姜笃银等. 中华整形烧伤外科杂志 1996;12(5):440
[66] 张蕴洲. 中华整形烧伤外科杂志 1996;12(5):360
[67] 赵东彦等. 中华整形烧伤外科杂志 1996;12(3):229
[68] 董永盛等. 中华整形烧伤外科杂志 1996;12(3):234
[69]* 韦 多等. 第二军医大学学报 1996;17:19
[70] 衣承东等. 第二军医大学学报 1996;17:22
[71] 王亚平等. 中华整形烧伤外科杂志 1996;12(1):45
[72]* 应 康. 第二军医大学学报 1996;17:5
[73]* 范青源等. 第二军医大学学报 1996;17:1
[74]* 戴方平等. 第二军医大学学报 1996;17:8
[75]* 陈玉林等. 第二军医大学学报 1996;17:12
[76]* 廖镇江等. 上海第二医科大学学报 1996;16(4):266
[77] 唐立新等. 广州医学 1996;1:14
[78] 霍正禄等. 第二军医大学学报 1996;17:94
[79]* 潘耀良等. 中华整形烧伤外科杂志 1996;12(4):262
[80] 刘耀亮等. 上海第二医科大学学报 1996;16(5):353
[81] 蔡景龙等. 中华医学杂志 1996;76(7):545
[82] 苏 波等. 第二军医大学学报 1996;17:65
[83] 苏 波等. 中华整形烧伤外科杂志 1995;11(6):433
[84] 苏 波等. 第二军医大学学报 1996;17:15
[85] 姜笃银等. 第四军医大学学报 1996;17(4):280

[86] 王　旭等. 第三军医大学学报 1996;18(3):191
[87] 李连贵等. 中华整形烧伤外科杂志 1996;12(1):78
[88] 徐国土等. 中华整形烧伤外科杂志 1996;12(5):354
[89] 艾深海等. 第三军医大学学报 1996;18(2):149
[90] 唐宗联. 云南医药 1995;16(5):382
[91] 陆廷仁. 中国康复医学杂志 1996;11(3):110
[92] 曲彩娟等. 天津医药 1995;23(10):621
[93] 于益鹏等. 中华整形烧伤外科杂志 1996;12(5):336
[94] 黄跃生等. 解放军医学杂志 1996;21(1):20
[95] 黄跃生等. 中华整形烧伤外科杂志 1996;12(4):275
[96]* 杨宗城等. 解放军医学杂志 1996;21(1):10
[97]* 郇京宁等. 中华整形烧伤外科杂志 1996;12(3):174
[98] 郇京宁等. 中华创伤杂志 1995;11(6):369
[99]* 孙继武等. 中华整形烧伤外科杂志 1996;12(3):180
[100] 杨建民等. 中国危重病急救医学 1996;8(9):523
[101] 李国辉等. 中华实验外科杂志 1996;13(2):115
[102] 葛绳德等. 中华整形烧伤外科杂志 1996;12(5):329
[103] 李培福等. 中华整形烧伤外科杂志 1995;12(1):58
[104] 廖镇江等. 上海第二医科大学学报 1996;16(2):116
[105] 周海强等. 中级医刊 1996;31(7):41
[106] 李　毅等. 中华整形烧伤外科杂志 1996;12(5):371
[107] 唐家训等. 中华外科杂志 1996;34(7):446
[108] 余　斌等. 中华整形烧伤外科杂志 1996;12(1):37
[109] 杨　萍等. 第二军医大学学报 1996;17:78
[110] 叶惟泠等. 中华创伤杂志 1996;12(2):113
[111] 杨韩芳. 山西医药杂志 1996;25(3):191
[112] 游贵芳. 中华整形烧伤外科杂志 1996;12(1):21
[113] 翟中金等. 中华整形烧伤外科杂志 1996;12(1):62
[114]* 韩之勋等. 中华整形烧伤外科杂志 1996;12(5):216

文　选

人表皮细胞生长因子基因真核表达质粒转染培养的角朊细胞(第二军医大学学报 1996;17:8)　上海长海医院戴方平等以肾 EGF mRNA 为模板逆转录 PCR 扩增 hEGF 信号肽基因，再将特异性 DNA 克隆于 pBK-CMV 质粒中测序鉴定，获得正确序列的 pBK-信号肽-EGF 真核表达质粒，然后将这种质粒在脂质体 Lipofect AMINE 的介导下转染入培养成 70%～80%连片的人角朊细胞。采用逆转录 PCR 方法检测外源性基因的转录水平，通过表皮细胞生长因子放免测定法检测外源性基因的释放水平。结果显示外源性 hEGF 信号肽基因转染入培养人角朊细胞后能得到转录表达，并且转染后的细胞能分泌 EGF 蛋白，在转染后 48h 表达最高，约 2～3ng/ml，以后逐渐减少。结论：Lipofect AMINE 介导 pBK-信号肽-EGF 质粒转染角朊细胞可获得瞬时表达的 EGF 蛋白。

(范青源)

述评　角朊细胞是已经分化的表皮细胞，亦可用作为基因治疗的靶细胞。已有报道将人生长激素(HGH)基因插入逆转录病毒载体，并在体外转导人角朊细胞。作者发现，这些细胞能分泌少量有活性的生长激素。但把角朊细胞作为基因治疗的靶细胞用于病人的创面修复尚需作更多的工作。这是由于目前皮肤移植排异问题未解决，对需作基因治疗的病人，要预先将治疗基因导入从其身体上取出的角朊细胞中，经培养扩增后再植回这些经遗传工程处理的细胞到患者创面，可能受细胞来源和周期较长的限制。另外，角朊细胞必须经过分化，因此需要将基因导入到干细胞，而且在分化过程中有丧失基因表达能力的可能性。

(陈玉林)

严重烫伤休克大鼠肾脏组织血管内皮细胞生长因子表达增加(第二军医大学学报 1996;17:59)　上海长海医院唐洪泰等研究了严重烫伤休克大鼠肾脏组织血管内皮细胞生长因子(VEGF)表达情况。方法：SD 大鼠，16 只，分正常对照组、烫伤后 6、12 和 24h 组。模型为 30% Ⅲ度烫伤。免疫组织化学方法为 ABC 法。结果：正常对照组和烫伤各组部分肾小管和集合管呈阳性反应，尤以近曲小管为明显，而肾小球未见阳性反应；烫伤各组的肾小管上皮细胞的阳性反应均较正常对照组强烈，以伤后 12h 组最强，伤后 24h 组次之，再次是伤后 6h 组。结论：严重烫伤休克大鼠肾脏组织 VEGF 表达增加，说明 VEGF 在烧伤休克的发生、发展过程中起一定的作用，可能与烧伤脏器损伤以及烧伤创面愈合存在一定关系。

（李元义）

述评 血管内皮细胞生长因子(VEGF)是重要的血管新生促进因子，也是目前所知对微血管通透性增加作用最强的一种细胞因子，它在肿瘤细胞转移、创伤愈合、炎症等状态下促血管新生作用的研究已都有报道。但在休克，尤其是严重烧伤休克的发生、发展中的作用有关报道还鲜见。它在严重烧伤时使血管通透性增强这一重要病理生理学改变中占一个什么地位，值得我们进一步研究。

（韦 多）

人表皮细胞生长因子基因真核表达质粒的构建（第二军医大学学报 1996;17:1） 上海长海医院范青源等采用逆转录 PCR 方法从胎儿肾组织 mRNA 中扩增人表皮细胞生长因子信号肽基因，并将扩增的特异性 DNA 条带克隆于 pBK-CMV 真核表达质粒中进行序列测定；再将已获得的人表皮细胞生长因子基因克隆于测序正确的 pBK-信号肽双链中，挑选白色菌落进行 PCR 及酶切鉴定。5%聚丙烯酰胺电泳检测表明，经逆转录 PCR 扩增出分子量约 90bp 的特异性 DNA 条带；测序结果表明该特异性 DNA 条带的基因序列与人表皮细胞生长因子信号肽基因完全一致；挑选的白色克隆经 PCR 及酶切鉴定后获得了序列正确的 pBK-信号肽-EGF 基因真核表达质粒。通过本方法可构建人表皮细胞生长因子基因真核表达质粒，为该基因真核表达的研究奠定基础。

（戴方平）

述评 自建立了低血清和无血清培养动物细胞的方法以来，成本问题已非难题，以前都倾向于用动物细胞取代大肠杆菌表达真核基因，使得分离纯化培养液中的表达产物更为简便。因此，构建真核表达质粒是进行基因工程产品研究的重要步骤。另外，目前医学领域内开展的转基因治疗的研究除了采用病毒载体外，也可采用真核表达质粒。但如何提高真核表达质粒的转化与表达效率，是值得研究者进一步探讨的问题。

（陈玉林）

脂质体介导的 pBK-信号肽-EGF 真核表达质粒治疗猪深Ⅱ度创面（第二军医大学学报 1996;17:12） 上海长海医院陈玉林等发现生长因子质粒治疗猪深Ⅱ度烧伤创面具有良好的疗效，这是创面基因治疗研究的首例报道。在 Yorkshire 猪背部均匀制备圆形深Ⅱ度烧伤创面，将脂质体 Lipofect AMINE 和 pBK-信号肽-EGF 质粒混合液按倍比分 3 组进行痂下注射，对照组注射等量 Opti-MEM 减血清培养液。治疗后第 9 天取创面组织做病理活检及流式细胞仪检测。结果发现：治疗组创面病理形态学检查显示毛囊周围组织上皮化程度较对照组显著加快，创面组织细胞 S 期与 G_2+M 期的百分比值也较对照组显著增高；治疗组间上述指标无显著差异。作者认为，脂质 Lipofect AMINE 介导的 pBK-信号肽-EGF 真核表达质粒治疗猪深Ⅱ度烧伤创面，可促进创面愈合，具有广阔的应用前景。

（韦 多）

述评 这是国内首次创面基因治疗动物的实验研究报道。形态学与细胞生物学指标显示了其有效性。这对今后深入开展创面愈合的机制与治疗的研究有积极的推动作用。建立更为精确、客观的量化指标以及更严格的对照仍是今后创面愈合基因治疗研究不容忽视的两个方面。

（方之杨）

大鼠烧伤后血浆内皮素 1 含量变化及其意义（第二军医大学学报 1996;17:34） 上海长海医院李元义等应用放射免疫分析法，测定 30% TBSA Ⅲ度烧伤大鼠血浆内皮素(ET)-1 的浓度变化；大鼠烧伤后即刻，1、2、3h 分别静注 ET-1 特异性抗血清（滴度 1∶5 000）1ml/kg，观察平均动脉压和 ^{125}I-白蛋白分布的变化。结果发现，大鼠烧伤后血浆 ET-1 浓度很快升高，伤后 4h 达高峰，24h 仍明显高于正常对照，48h 降至正常水平。立即复苏和延迟复苏组大鼠的血浆 ET-1 峰值浓度分别为 1.87 和 2.02 fmol/ml。延迟复苏大鼠的 ET-1 浓度虽然与立即复苏组没有显著差别，但各时相点的 ET-1 浓度均高于立即复苏组。静注 ET-1 抗血清组的大鼠平均动脉压与对照组无显著差别，但 ^{125}I-白蛋白在心、肺、空肠和骨骼肌组织的分布明显少于对照组，表明烧伤后血浆 ET-1 参与血管通透性增加的发生、发展。虽然 ET-1 具有很强的升压作用，但其收缩血管所需的最低浓度为 10^{-10}mol/L。烧伤后血浆 ET-1 虽然明显高于对照组，但最高浓度仅为 2fmol/ml，即 10^{-12}mol/L 水平，不足以产生收缩血管的作用。其意义可能是通过自分泌作用，刺激内皮细胞产生 NO 和 PGI_2 等参与烧伤后血管通透性增加的发生、发展。

（唐洪泰）

述评 内皮素 1(endothelin, ET-1)是主要由

内皮细胞分泌的血管活性肽，是迄今发现的缩血管作用最强的物质，但在低浓度时又可舒张血管；因此对循环系统，尤其是微循环具有广泛的影响。严重烧伤时，早期血浆 ET-1 浓度升高，提示 ET-1 可能参与烧伤休克的发生发展。烧伤后血管通透性增加是烧伤休克发生的主要病理基础，具有自分泌作用的 ET-1 通过刺激内皮细胞分泌 NO 和 PGI_2 等，导致血管通透性增加，可能是 ET-1 影响烧伤休克的主要途径之一。

（韦　多）

严重烧伤后内皮细胞损伤及其在早期脏器损害发病中的作用（解放军医学杂志 1996；21(1)：10）重庆西南医院杨宗城等报道 30% TBSA Ⅲ度烧伤兔血浆胶体渗透压下降；烧伤后 6h 循环血管内皮细胞（CEC）明显升高，以后仍不断升高，18h 至峰值；烧伤后血清血管紧张素转化酶（ACE）活性升高，血管内皮细胞形态学明显改变，说明烧伤后血管内此种细胞受损。体外培养人脐静脉内皮细胞研究发现：缺氧能直接损伤内皮细胞的结构和功能；30%、50% TBSA 烧伤病人血清 TNF、内毒素均能不同程度地影响血管内皮细胞的结构和功能。用酶联免疫、斑点杂交和原位杂交等方法研究发现烧伤后血浆和脏器中 ET-1 明显增多，伤后各脏器 ET-1 mRNA 阳性细胞计数 1h 增高，3h 达高峰，ETA、ETB mRNA 显著增高。内皮细胞与 ET-1 孵育 60min 后，内皮单层对 Hanks 灌注通透性明显增加，且随 ET-1 浓度提高而进一步增加。内皮单层与 ET-1 孵育后，其对 5g/L 白蛋白 Hanks 液通过内皮单层 JV、kf 呈递增趋势，而内皮单层蛋白的渗透压反射系数则显著降低，说明烧伤后内皮素增加，不但使血管收缩，而且增加内皮细胞通透性。采用细胞微管吸吮技术系统，发现烧伤血清作用于粒细胞或成人脐静脉内皮细胞，均使 PMN、EC 的粘附力持续升高，加入 CD11a、CD18 单抗使之降低。

（唐洪泰）

述评　微血管内皮细胞在烧伤后的病理生理变化中具有重要作用，它既是许多体液因子的靶细胞，又能在一些因子刺激下产生多种体液因子，共同发挥效应。严重烧伤后内皮细胞损伤在脏器损害的发病机制中起着重要作用，是个值得深入研究的课题。烧伤后诸多病理变化主要发生在微血管，而脐静脉内皮细胞的特性和功能还有别于微血管的内皮细胞。因此，今后的研究宜选择更接近微血管的内皮细胞作为对象较为合适。关于 ET-1 浓度的变化，须进一步作定量分析。不同浓度的 ET-1 对血管的效应不同，低浓度可舒张血管，只有在一定高的浓度范围内方有收缩血管的功能（Science 1993；JBCR 1994）。有关伤后 ET-1 的变化还有待深入研究。

（陈玉林）

烫伤大鼠肠道 P 物质含量和 P 物质能神经的观察分析（中华整形烧伤外科杂志 1996；12(2)：93）

西安西京医院胡大海等为探讨 P 物质与肠粘膜损伤时间的关系，以 30% TBSA Ⅱ度烫伤大鼠为模型，采用 RIA 和 IHC 的方法，动态观察了伤后 72h 大鼠空肠免疫活性 P 物质（iSP）的含量及绒毛内 P 物质-免疫反应（SP-IR）阳性神经纤维的变化。结果发现：(1)烫伤大鼠空肠内 iSP 伤后 1h 出现显著升高，4h 仍处于高水平状态，8h 后明显下降，伤后 72h 一直处于低水平状态；(2)绒毛内 SP-IR 阳性神经纤维在形态、分布密度和纤维内 SP-IR 物质的含量都有明显的改变。图像分析定量结果表明：神经纤维内 SP-IR 阳性物质于伤后 1h 及 4h 明显升高，12h 明显下降，24h 后再次升高。实验结果提示：(1)烫伤后大鼠空肠内 SP 因应激性释放与消耗而造成相对缺乏，进而导致肠运动障碍和肠道菌群紊乱，因此，SP 可能参与了烫伤后大鼠的肠道损伤；(2)绒毛内的 SP 能神经纤维末梢是 SP 应激性释放的重要部位，绒毛内的 SP-IR 神经纤维末梢与粘膜上皮和血管接触密切，因此推测肠绒毛内的 SP 能神经纤维是肠粘膜屏障损伤的直接参与因素。对应激状态下肠道的神经内分泌系统的深入研究，不仅会对肠源性感染及多器官功能衰竭发生机制提供新的思路和理论依据，而且对临床上防治上述两种病理过程的发生，提供更积极主动的有效手段。

（潘耀良）

述评　SP 是世界上发现最早的神经肽，SP 阳性神经元末梢在胃肠道粘膜下层广泛分布，其作用主要是致肠平滑肌收缩和增加血管通透性，并导致肥大细胞释放组胺，是严重烧伤后肠蠕动功能减弱和肠粘膜屏障功能损伤的重要因素之一。既往在维护肠粘膜屏障功能和防止肠道细菌和毒素方面，已经注意到早期肠道喂养、谷氨酰胺、生长激素的应用及肠道去污染等综合措施，但如何适应和调控应激状态下肠道神经内分泌功能的变化，是今后值得深入研究的课题。

（陈玉林）

烧伤后检测血儿茶酚胺类、血糖及血胰岛素的临床意义（中华整形烧伤外科杂志 1996；12(5)：216）　安徽医大附院韩之勋等报道对该院 30 例严重烧伤病人用荧光分光光度法测定了不同烧伤时、不同烧伤指数情况下血儿茶酚胺类的释放量，利用放射免疫法测定了血胰岛素，另外还测定了血糖。30

例病人中男22例，女8例；成人26例，年龄(27.9±18.4)岁；儿童4例，年龄(6.5±3.8)岁；烧伤面积(58.58±20.3)%，Ⅲ度占(40.33±32.7)% TBSA。本组病人入院时均有不同程度的休克症状及体征。检测结果表明，严重烧伤后不同时相内儿茶酚胺类的释放主要是去甲肾上腺素持续增加，在休克期(48h内)及伤后8~15d出现了两个高峰，并且在伤后31d内均呈持续升高趋势，31d后方略有下降。按烧伤指数统计表明，烧伤越严重儿茶酚胺升高越明显。休克期儿茶酚胺如果不增加，脓毒症阶段肾上腺素与去甲肾上腺素会从高值骤然下降，且低于休克期，提示此时的交感-肾上腺素系统已处于衰竭状态，死亡似不可避免，但胰岛素分泌正常或相对不足。作者认为，儿茶酚胺类释放增加、糖原异生、胰岛β细胞分泌受抑制是烧伤后全过程中内分泌变化的主要原因。扩容、纠酸、早期切痂、预防感染以及使用抗儿茶酚胺类药物应是防治的主要措施。

(路　卫)

述评　严重烧伤后，去甲肾上腺素和肾上腺素增加，已被方之杨等(1985)以及Becker等(1980)国内外学者观察证实。该文报道儿茶酚胺的变化与烧伤严重程度相关，死亡组出现肾上腺髓质功能衰竭的现象，表明儿茶酚胺的变化仅是去甲肾上腺素分泌异常，该现象有待继续研究。伤后交感-肾上腺素髓质反应是机体处于应激状态时的重要适应反应。当然，该反应过分强烈或持续时间过久，将对机体产生不良反应。该文提及抗儿茶酚胺类药物应用问题，是个值得讨论的问题。何时使用、调控到何种水平为宜等等，均有待深入研究。

(陈玉林)

CD11/CD18介导PMN-EC粘附在烧伤早期PMN损伤血管内皮细胞中的作用(第三军医大学学报 1996;18(3):198)　重庆西南医院李志清等将烧伤早期病人中性粒细胞(PMN)与体外培养的人静脉内皮细胞(HUVEC)孵化，通过观察内皮细胞的形态学变化及培养细胞上清液中LDH、ACE、6-keto-$PGF_{1\alpha}$含量的改变，探讨白细胞在烧伤早期对内皮细胞的损伤作用，同时用PMN计数方法测定PMN与HUVEC的粘附百分率。结果发现，按1∶1比例加入烧伤早期病人PMN 24h后，内皮细胞变化明显，部分细胞脱落、细胞变形、收缩，形成裂隙，胞浆出现小空泡，并有大量PMN粘附于表面。培养细胞的上清液中LDH、ACE、6-keto-$PGF_{1\alpha}$均有明显升高。培养的内皮细胞用CD11a/CD18 mAb、CD11b/CD18 mAb或两者联合处理PMN后，内皮细胞损伤明显减轻。其中两种抗体联合应用增减细胞上清液中LDH、ACE、6-keto-$PGF_{1\alpha}$浓度低于单一应用抗体培养液。因此作者认为，由于烧伤后PMN立即激活，释放炎症介质可导致内皮细胞的损伤，其中PMN与EC粘附起到关键作用。由于CD11a/CD18 mAb、CD11b/CD18 mAb或两者联合应用显著减轻了烧伤早期PMN对EC的损伤，因此作者推测，CD11/CD18介导的PMN-EC粘附在烧伤早期PMN对EC损伤中起了重要作用。目前抗粘附治疗是研究中的一个重要方面，以期达到阻断白细胞介导的血管内皮细胞损伤的目的。

(朱世辉)

述评　白细胞粘附是炎症反应的早期现象，陈玉林等在1980年就报道了严重烧伤后肠系膜微循环内有白细胞贴壁翻滚和粘附迁移的现象，引起了广泛的兴趣。但对其发生机制和病理生理意义了解甚少。近年来随着细胞生物学和微生物学的发展，已逐渐认识到粘附分子是介导白细胞与血管内皮细胞粘附的主要因素，对其病理生理意义也进行了较为深入的研究，通过封闭粘附分子来阻断PMN与血管内皮细胞粘附，从而保护内皮细胞和组织器官免遭损害，这为临床治疗提供了新的思路。

(陈玉林)

严重烧伤后早期肠道营养加用谷氨酰胺对肠道血流量及氧耗量的影响(中华整形烧伤外科杂志 1996;12(1):37)　重庆西南医院余斌等预先在麻醉状态下对贵州小型香猪进行肠系膜、门静脉插管，胃造口并放置空肠管，髂动、静脉插管，并于伤后第10天选择体重基本恢复、插管通畅、无感染的动物分为补谷氨酰胺组(A组)与不补谷氨酰胺组(B组)。用凝固汽油在猪背部造成30% TBSA Ⅲ度烧伤。伤后经静脉插管输液抗休克。伤后2h开始给饲料，伤后第2天改为正常喂养，每日2次。对A组动物同时由空肠置管补充谷氨酰胺，B组则给等量的复方氨基酸溶液。作者分别于烧伤前与烧伤后1、4、7、10d测定空腹状态门静脉血流量、进食后30min门静脉血流量、空腹状态门静脉系统耗氧量、进食30min门静脉系统氧耗量以及门静脉MDA等指标的改变。结果示：伤后第4天起，A组空腹状态门静脉血流量以及进食30min的门静脉血流量较B组明显增加($P<0.01$)；A组伤后各时相点与伤前门静脉血流量相比，伤后第4天有所恢复，第7天已恢复至正常范围；而B组伤后各时相点门静脉血流量均明显低于伤前($P<0.01$，$P<0.05$)。对于空腹状态门静脉系统氧耗量与进食后30min门静脉系统氧耗量，A组各时相点明显高于B组($P<0.01$，$P<0.05$)；伤后各时相空腹状态门静脉系统氧耗量与伤

前比较,A 组于伤后第 4 天恢复到伤前水平;而 B 组伤后 10d 才恢复到正常水平。进食 30min 门静脉系统氧耗量 A 组于伤后 7d 升至正常水平。而 B 组于伤后第 10 天仍未恢复到正常水平($P<0.05$);门静脉血浆 MDA 含量,A、B 组伤后第 1 天均高于伤前,于伤后第 1 天水平相比,两组均表现为进行性下降并于伤后第 10 天恢复正常。据此结果,作者认为伤后早期补充谷氨酰胺能更好地增强肠粘膜细胞的活力,增强其对氧的利用,减少肠道的缺血缺氧损害及再灌注损伤。

(韦　多)

述评　严重烧伤早期肠道营养可改善烧伤后肠道的血供及蠕动功能,有利于维护肠道粘膜的屏障,并可减少肠道细菌及内毒素的易位,降低肠源性超高代谢。早期肠道营养的上述作用与其改善肠道血流量及氧耗量有关,并可因加入谷氨酰胺而使上述作用增强,这已受到众多学者的关注与认同。目前这方面的研究多为动物实验,而采用配对的临床研究仍鲜见。因此,有必要进行临床研究和作用机制的研究。除了揭示肠道缺血缺氧性损害的病理生理机制外,还应考虑以免疫细胞为主体的粘膜功能性障碍,以及一些细胞因子,如 TNF、IL-6 等的产生及作用,这样有助于我们对此问题的全面认识和为临床的防治提供更为确切更为完整的依据。

(陈玉林)

谷氨酰胺对严重烧伤小型香猪肠道免疫功能的影响(中华整形烧伤外科杂志 1996;12(2):98)　重庆西南医院余斌等利用 30% TBSA Ⅲ度小型香猪烧伤模型,动态观察了烧伤后早期肠道营养液中加入谷氨酰胺对肠道分泌 SIgA 的影响。结果:未补充谷氨酰胺的动物空肠和回肠中 SIgA 的含量在伤后明显降低,血中 IgA 的含量也明显降低,而补充谷氨酰胺的动物空肠、回肠液中的 SIgA,以及血中的 IgA 均明显高于未补充的动物,且与伤前无明显差别。肠道粘膜粘液中的 SIgA 能有效地阻止细菌在肠粘膜细胞上的附着,是肠粘膜屏障的第一道防线。谷氨酰胺是肠粘膜细胞、淋巴细胞的重要能源物质,对维持两者的功能起着重要作用。该研究提示,烧伤后早期肠道营养中加入谷氨酰胺能明显维护肠粘膜细胞分泌 SIgA 的功能,对防治烧伤后细菌或毒素移位具有重要意义。

(潘耀良)

述评　严重烧伤后肠粘膜屏障功能(包括免疫功能)的维护已愈来愈被人们所重视。肠粘膜屏障功能的破坏可导致肠道细菌和毒素的易位,引起炎症介质的过度释放,诱发肠源性超高代谢,甚至发生肠源性感染。国内外在维护伤后肠道粘膜屏障方面进行了一系列的研究,证明早期肠道喂养和补充谷氨酰胺都是十分有益的。近年有不少学者提出,早期肠道营养液中加谷氨酰胺和生长激素,在维持对肠粘膜屏障功能方面,获得较满意的实验结果和临床疗效,有推广应用的价值和前景。

(陈玉林)

烧伤创面应用生长因子后的 DNA 分析(中华整形烧伤外科杂志 1996;12(4):262)　上海长海医院潘跃良等报道了基因重组的人表皮细胞生长因子(rh-EGF)、酸性成纤维细胞生长因子(rh-aFGF)、碱性成纤维细胞生长因子(rh-bFGF)和牛脑提取液(bBE)均具有促进烧伤创面愈合、使创面组织细胞 DNA 含量和 S 期细胞百分率增加的作用。该实验取 6～8 周龄的小猪制成 30 个直径为 2.5cm 的Ⅱ度烧伤创面,分生理盐水(NS)、rh-EGF、rh-aFGF、rh-bFGF 和 bBE 5 组,每组 6 个创面。伤后创面立即用洗必泰和生理盐水清洗,每个创面按分组分别滴加 NS、rh-EGF (5mg/L)、rh-aFGF (5mg/L)、rh-bFGF (5mg/L)和 bBE (10mg/L) 0.2ml,外敷 Ag-SD 霜后无菌纱布包扎,每日换药,用药后第 5 天作创面活检,病理切片镜检创面愈合情况。部分活检组织用胰酶消化取得表皮细胞悬液,分别测定表皮细胞悬液和全厚创面组织的 DNA 含量,并用流式细胞仪分析全厚创面组织的细胞分裂周期。结果:烧伤创面应用上述细胞生长因子后创面愈合率增加,应用了上述生长因子的各组表皮细胞和全厚创面组织 DNA 含量及全厚创面愈合率增加,应用了上述生长因子的各组表皮细胞和全厚创面组织 DNA 含量及全厚创面组织的 S 期细胞百分率均较生理盐水组明显提高。作者认为:烧伤创面局部使用细胞生长因子可促进表皮细胞的增殖,加速创面愈合。而组织细胞 DNA 含量及周期的分析是一种先进、可靠、客观的检测技术和手段。

(方　勇)

述评　重组生长因子的问世为我们调控创面愈合提供了一种全新的手段。然而在评价重组生长因子对创面修复的作用方面,尚缺乏准确、客观的生化、分子生物学指标。作者在采用传统的组织 DNA 含量分析基础上,进一步采用流式细胞仪分析细胞周期,来评价重组生长因子对创面修复的调控作用,值得推荐。流式细胞仪分析方法较以往的 ^{3}H 标记胸腺嘧啶核苷掺入法干扰因素少,结果可靠。理论上讲能较准确反映在体、离体细胞在细胞生长促进因子或抑制因子影响下所处的增殖状态。但在体研究的情况较复杂:一是因为组织的细胞成分较多,往往处于不同的增殖状态，如能将不同的细胞成分区分开来再进行流式细胞仪检测分析，结果更可靠，提供的信息也更多；二是细胞分布于致密的细胞外基质中，因此组织样品处理好坏对结果也有影响。因此，要使流式细胞仪成为分析在体细胞周期的稳定、准确方法，还须做大量的工作。

（陈玉林）

严重烧伤后休克期切痂对肠道细菌和内毒素移位的影响（中华外科杂志 1996；34(7)：433） 解放军304医院高维谊等研究了严重烧伤后休克期切痂与肠源性细菌感染的关系。实验用150只Wistar大鼠，随机分成3组：A组为对照组，切除30% TBSA的全层皮肤，用速冻同种异体皮覆盖；B组为休克期切痂组，30% TBSA Ⅲ度烫伤后24h切除焦痂覆盖创面；C组为常规切痂组，于伤后5d切痂植皮。各组动物分别于术前、术后3、7、14和21d活杀，分别取血液和组织测定血浆内毒素、血浆TNF-α和肝、脾、肺、肾及肠系膜淋巴结(MLN)细菌情况。B、C两组还做痂下细菌定量。结果B组的痂下细菌量明显低于C组。血浆内毒素含量A组术前处于正常范围，伤后3d增高，以后逐步恢复正常；C组术前值明显高于B组($P<0.01$)，切痂后仍持续高值，显著高于B组($P<0.05$)，B组切痂后7d起其值较术前显著下降($P<0.01$)。C组术前术后血浆TNF值均明显高于A、B两组($P<0.01$)，A、B组之间术后相差不显著。脏器细菌移位无论术前还是术后以C组发生的多($P<0.05$)。研究表明，休克期切痂能够减轻烧伤后内毒素血症的发生，降低血浆TNF的水平。过量的TNF将引发其他多种细胞素的释放造成失控的炎症反应，引起肠道粘膜损害，减少烧伤后的肠道细菌移位。

（衣承东）

述评 创面的存在，不仅对感染的发生发展起着重要作用，而且还可以通过多个途径，诸如激活补体系统、花生四烯酸代谢和氧自由基系统等产生一系列炎症介质和细胞因子，对机体产生严重的影响。国内外学者的研究提示，尽早地变烧伤创面为创伤创面是创面处理的一个重要举措。作者通过早期切痂发现了对肠道细菌和内毒素移位有抑制作用，进一步论证了早期切痂的优点。当然，在临床上进行早期切痂尤其是休克期的大面积切痂，必须建立切实可行的血流动力学的检测指标，以确保手术的安全性。

（陈玉林）

烧伤休克微循环障碍及其与TNF的关系（中华整形烧伤外科杂志 1996；12(1)：41） 一军医大吴坤莹等报道了大鼠烧伤休克早期血浆TNF含量和微循环的变化，以及虎杖4号对上述变化的影响。该研究采用大鼠35%～40% TBSA烧伤模型。用L929细胞株生物法测定了血浆TNF含量的变化。在显微电视放大4 000倍条件下观察大鼠脊斜肌微循环变化，对部分动物的肺做了病理形态学观察，并观察了虎杖4号对上述改变的影响。结果，大鼠烧伤休克早期血浆TNF含量即明显升高，其升高程度与微循环中WBC附壁粘着及毛细血管的关闭程度呈明显的正相关。应用虎杖4号可明显抑制烫伤后血浆TNF的升高，同时也明显减轻WBC的附壁粘着和肺损伤。作者认为，烫伤后血浆TNF的升高参与了WBC的粘着和微循环紊乱的发生。虎杖4号减轻损伤的机制除与其改善心功能、增加驱动压并提高壁切变率使粘着的WBC得以解脱外，还与虎杖本身能减少TNF的产生和释放有直接关系。

（苏　波）

述评 烧伤后微循环的变化是一个值得研究的课题。70年代就有不少学者关注这个问题。国内在80年代初(第二军医大学学报 1980；3：5)就详细报道了严重烧伤后微循环中细胞粘附的动态变化，此后对粘附的机制、病理生理意义和防治措施进行了深入的研究。该研究提示，虎杖4号可抑制TNF的升高，同时减轻WBC的贴壁粘附和肺损伤。这对研究伤后微循环障碍是个很好的启示。引起微循环障碍的因素是多方面的，有关发生机制还待深入研究。

（陈玉林）

人烧伤创面应用表皮生长因子的临床评价（上海第二医科大学学报 1996；16(4)：266） 上海瑞金医院廖镇江等观察了表皮细胞生长因子(EGF)对人烧伤创面修复的作用，并对其药效、安全性和适应证作出临床评价。病人为100例伤后24h入院的成年烧伤患者，年龄为(38.12±11.53)岁。烧伤面积和Ⅲ度烧伤面积分别为(20.23±16.32)%和(6.87±2.70)%。所选择创面为浅Ⅱ度和深Ⅱ度烧伤创面以及刃厚供皮区创面分别为68例、50例和36例，对照选用54例同体创面。用药面积为100cm²，创面消毒后，覆盖相应大小消毒纱布，滴注5ml浓度为5μg/ml的EGF，再用Ag-SD冷霜包扎。观察项目为创面出现上皮组织和完全愈合时间、创缘感染和创面细菌培养情况以及用药后不良反应。结果表明：肉眼观察EGF组和对照组创面出现上皮时间无显著差异，但EGF组浅Ⅱ度和刃厚供皮区创面愈合时间均明显缩短3d左右。在深Ⅱ度烧伤创面，两组愈合时间无明显差异。用药和对照组创面细菌培养均为阴性，也未见不良反应。浅Ⅱ度和刃厚供皮区创面是由表皮细胞增殖修复创面的。EGF通过表皮细胞上受体，活化蛋白激酶C等系统，导致细胞内Ca^{2+}增加，蛋白酶磷酸化，向核内传递信号，诱导基因表达和增加DNA合成，促进细胞增殖。EGF还可通过基底角质细胞转膜蛋白等机制推迟细胞终末分化，使细胞沿增殖区向外移行，促进汇合连接以修复创面。深Ⅱ度烧伤创面的组织缺损除表皮外，还有一定厚度的真皮缺损，修复的基本过程是增加血管内皮细胞和成纤维细胞增殖，形成结缔组织及创面重新塑造。深Ⅱ度烧伤创面的表皮修复，是依靠深部残存的皮肤附件上皮细胞增殖汇合修复创面。处于深部的皮肤附件上皮细胞不能与应用于创面的EGF接触，所以不能促进创面愈合。

（郇京宁）

述评 体外实验（如细胞培养）证实，EGF能诱导表皮细胞DNA合成，促进细胞有丝分裂，从而促进表皮细胞的增殖、分化。大量动物实验也表明，应用EGF能加快Ⅱ度烧伤创面的愈合，在此基础上将EGF应用于临床。作者的观察也证实EGF有明显缩短浅Ⅱ度烧伤创面的愈合和供皮区创面的愈合时间。外源性生长因子的临床应用是创面治疗中的一大进步，使创面愈合的过程从长期的被动等待状态跨入了主动调控阶段。除了EGF外，还有bFGF等生长因子已陆续应用于临床，具有良好的应用前景。但外源性生长因子不易达到创面深部的皮肤附件上皮细胞，从而影响着深Ⅱ度烧伤创面的疗效。因此，在开展外源性生长因子应用的同时，如何调控内源性生长因子的作用以促进创面愈合，值得尝试。

（陈玉林）

烧伤后大鼠心肌组织唾液酸含量的变化（中华整形烧伤外科杂志 1996；12(3)：174） 上海长海医院郇京宁等使用大鼠30％ TBSA Ⅲ度烧伤模型，对烧伤后3、6、12h心肌组织唾液酸的含量、ATP酶活性和Ca^{2+}含量的变化进行了测定。实验发现，烧伤后大鼠心肌组织唾液酸含量显著降低，伤后3h仅为对照组的58.8％，随后有所回升，但伤后12h尚未恢复正常，表明烧伤后心肌细胞损害可能和心肌组织唾液酸含量改变有关；心肌组织Na^{+}，K^{+}-ATP酶，Ca^{2+}，Mg^{2+}-ATP酶和Ca^{2+}-ATP酶活性均明显降低，以伤后3h最为严重，分别仅为对照组的28％、37％和18％；心肌组织Ca^{2+}含量较对照组明显升高，以伤后3h最为明显，随后有所回降。烧伤后心肌细胞功能受到明显损害，表现为心肌细胞内标志酶漏出增加，膜ATP酶活性下降，其原因与烧伤后细胞结构改变有关。唾液酸是一种存在于细胞膜寡糖链的末端，是膜表面非常敏感的位置，可直接参与膜上许多反应，对膜的通透性、亲水性及细胞的分化、识别、接触抑制和衰老都有影响。因此，细胞膜上唾液酸的减少必然会引起膜功能的改变。实验提示，唾液酸含量的减少可能是造成烧伤后能量代谢紊乱、功能降低以及钙超载的重要因素之一。

（路 卫）

述评 严重烧伤后心肌功能损伤、心排出量减少是烧伤休克的发病机制之一。心肌细胞膜组成结构的改变是心肌功能改变的基础。唾液酸是一种存在于细胞膜的糖蛋白，对维持细胞膜功能具有重要作用。应用神经氨酸酶去除心肌细胞表面的唾液酸可以降低膜ATP酶功能，并导致细胞内钙超载；而给予外源性含有唾液酸的神经节苷脂能明显改善再灌注损伤后心肌组织ATP酶的功能，减轻组织水肿。严重烧伤后心肌组织唾液酸含量明显降低，伴有心肌组织ATP酶功能障碍和钙超载，提示唾液酸的减少是严重烧伤后心肌功能损伤的原因和标志之一。该研究为维持损伤后心肌功能提供了临床应用思路。当然伤后心肌损害的原因是多方面的和综合性的，保护心肌的研究有待深入。

（陈玉林）

烧伤创面应用硝酸铈的实验研究（中华整形烧伤外科杂志 1996；12(4)：265） 上海长海医院方勇等分别用硝酸铈（0.01mol/L）和早期切痂治疗烧伤大鼠Ⅲ度创面，并观察治疗后细胞免疫指标和存活率的变化。实验将80只Wistar大鼠随机分成4组：A组为早期切痂组，大鼠烫伤后2h切痂；B组为硝酸铈治疗组，伤后创面湿敷硝酸铈，2次/日，连续7d；C组为烧伤对照组，创面用无菌纱布包扎；D组为正常对照组。A、B、C组大鼠用全自动水烫仪100℃、15s至30％ TBSA的Ⅲ度创面，伤后常规复苏，第2天常规喂养至伤后14d，记录存活率，并将存活动物断头取血用流式细胞分析仪检测Th/Ts比值。结果示，伤后14d A、B两组存活率分别为75％和80％，两组间无差异；C组动物存活率为40％，明显低于A、B两组（$P<0.05$）。Th/Ts比值：A、B两组分别为1.813±0.251和1.674±0.282，与D组相比无显著差异；与C组（1.081±0.234）相比明显增高（$P<0.01$）。结果表明，外敷硝酸铈和早期切痂均能改变烧伤后的Th/Ts比值和存活率。前者通过中和被称为烧伤毒素的创面焦痂中的脂蛋白，减轻烧伤毒素对机体免疫功能的抑制作用。因此，在烧伤休克期病人生命体征不稳定、不宜作切痂术时，创面外敷硝酸铈也是一种减少烧伤毒素吸收的方便有效方法。

（衣承东）

述评 作者采用硝酸铈湿敷大鼠Ⅲ度烧伤创面,明显改善实验动物的存活率,其效果与早期切痂相当,与国外临床观察的结果一致。由于硝酸铈对皮肤无刺激作用,也无明显的毒性作用,并且价格较低廉,可采用浸浴或湿敷法治疗大面积烧伤病人,故这一治疗方法在临床上具有推广的意义。目前国外学者认为,硝酸铈的上述作用是通过中和创面焦痂中的脂蛋白,减轻其吸收入血后对机体免疫细胞,尤其是T淋巴细胞的抑制而实现的。希望该项研究能继续深入下去,为临床治疗烧伤提供一项有效措施。

(陈玉林)

烧伤对小鼠腹腔巨噬细胞产生一氧化氮的影响(中华整形烧伤外科杂志 1996;12(4):268) 三军医大罗高兴等报道烧伤早期小鼠腹腔巨噬细胞(PMφ)产生一氧化氮(NO)增加。实验中将昆明种小鼠用18% TBSA Ⅲ度烫伤,不同时间取PMφ在细胞培养箱中培养24h,测定上清液中NO_2^-含量以表示细胞产生NO的量。烧伤后2h NO开始升高到8.28nmol/10^6PMφ(正常组10.49nmol/10^6PMφ),烧伤后6h NO升高到55.15nmol/10^6PMφ,烧伤后12~24h NO维持在高水平,分别为78.39nmol/10^6PMφ和88.31nmol/10^6PMφ,烧伤后48h NO含量降低到53.79nmol/10^6PMφ。同时测定诱导型NO合成酶(iNOS)活性,发现它与NO具有相似的变化。烧伤后24h从小鼠取得PMφ,观察不同阻断剂对NO产生的影响。用iNOS特异性阻断剂单甲基精氨酸后,PMφ产生的NO为35.04nmol/10^6PMφ(对照组88.31nmol/10^6PMφ),iNOS活性为545.48NO pmol·min^{-1}·mg^{-1}蛋白质(对照组508.46NO pmol·min^{-1}·mg^{-1}蛋白质),用放线菌素D后PMφ产生NO为13.44nmol/10^6PMφ,iNOS活性为97.29NO pmol·min^{-1}·mg^{-1}蛋白质,用蛋白酪氨酸激酶(PTK)抑制剂geistein后,PMφ产生的NO为33.67nmol/10^6PMφ,iNOS活性为212.00NO pmol·min^{-1}·mg^{-1}蛋白质,说明不同的阻断剂均能减少PMφ产生NO,降低iNOS活性。作者认为,烧伤后PMφ产生的NO的变化与iNOS活性增加有关,PTK参与了烧伤后PMφ中iNOS的合成,进而影响NO的产生。

(王广庆)

述评 NO是由L-精氨酸经一氧化氮合成酶(NOS)代谢产生。NOS有3种类型,巨噬细胞中存在的是诱导型NOS(iNOS)。作者观察到,烧伤后腹腔巨噬细胞产生NO增加,iNOS活性增强,并用不同的iNOS阻断剂探讨了这些变化的机制。影响iNOS活性的因素包括各种细菌、内毒素、细胞因子等。因此,根据实验不能区分烧伤后PMφ产生的NO增加是源于应激反应,还是源于其他因素刺激。同时体外实验排除了抑制iNOS活性的因素,如糖皮质激素等影响,不能完全反映体内腹腔巨噬细胞的状态。

(陈玉林)

用γ染色体特异的DNA探针对冷冻异体胎儿真皮移植后的追踪观察(第四军医大学学报 1996;17(4):280) 西安西京医院姜冯根等观察和追踪了冷冻异体胎儿真皮移植后的转归。实验组取5例(男4,女1)大面积烧伤患者用冷冻异体胎儿真皮+自体表皮复合移植术后12~41d的6个活检标本,留取已知正常男女皮肤各1份作对照。采用生物素标记的人γ染色体特异的DNA探针(BioPHY 3.4 probe)对复合移植患者的6个标本原位杂交,每个标本于油镜下(×1 000倍)取真皮细胞内3个不同视野观察。结果:女性胎儿真皮移植到男性受体上,12d移植物内就有受体的炎性细胞和血管内皮细胞侵入,炎性细胞在含有供体表皮成分的区域相对集中,γ染色体阳性细胞为(10±2.8)/HP,约占21%;3周时,有约30%的细胞(15±3.4)/HP含有γ染色。至41d时约有56%的细胞(28±5.2)/HP含γ染色体。男性胎儿真皮移植到女性受体上21d时有40%的细胞(18±4.1)/HP γ染色体阳性。实验证明,冷冻异体胎儿真皮复合移植后至少可存活41d,较异体培养表皮片存活的时间长。这可能与真皮组织细胞不含表达人类血细胞抗原系统Ⅱ(HLA Ⅱ)抗原、不被或少被宿主免疫系统排异及胎儿组织具有产生生长因子、与成年组织比较抗原较低等特点有关。

(范青源)

述评 采用异体异性胎儿真皮-自体表皮复合移植于大面积烧伤患者,国外虽有报道,但国内的研究尚不多见。作者在此研究中采用γ染色体特异的DNA探针,其结果是较准确的。利用胎儿真皮组织细胞不含HLA Ⅱ类抗原,因而不被或少被宿主免疫系统视为异己,而将异体胎儿真皮作为支架进行自体表皮移植,这作为研究来说是可行的;但从临床应用的角度考虑,由于胎儿真皮来源十分有限,可能会给临床应用带来困难。

(陈玉林)

烧伤对胸腺细胞凋亡的影响(湖南医科大学学报 1996;21(2):95) 湖南医大邓华等报道用4周龄昆明纯种雄性小鼠(体重11~12g)60只,随机分成6组(以不同温度的热水进行实验):37℃对照组、54℃、56℃、58℃、60℃和62℃烧伤组,每组10只。

烧伤面积 40% TBSA，烫伤时间均为 12s。伤后 12h 活杀，检测胸腺重量、胸腺细胞总数、活细胞总数、胸腺细胞基因组 DNA 断裂百分率及 DNA 凝胶电泳。另有 96 只小鼠，分为 37℃对照组和 60℃烧伤组，烧伤面积 40% TBSA，烫伤时间为 12s。于伤后不同时相点动态检测上述各项指标。结果：(1)不同温度烧伤后 12h 无胸腺重量和胸腺细胞总数的明显改变。60℃烧伤组，伤后 18 和 24h 后才出现明显改变。(2)伤后 12h，54℃组，胸腺活细胞总数、胸腺细胞基因组 DNA 断裂百分率无明显改变，DNA 凝胶电泳未显示凋亡特特有的"梯状"条带，而 56℃及 56℃以上各烧伤组活细胞总数显著下降，DNA 断裂百分率明显升高，凝胶电泳显示凋亡特征性的"梯状"条带。(3) 60℃烧伤组的动态观察表明，烧伤后 1h DNA 断裂百分率无变化，电泳未显示"梯状"条带，3h 开始明显升高，18h 达峰值，电泳出现"梯状"条带最明显，24h 回落。结论：(1)烧伤可诱导胸腺细胞严重病理性凋亡。(2)烧伤后胸腺细胞病理性凋亡导致胸腺萎缩，这可能与烧伤后机体免疫力低下有关。

（杨苓山）

述评 细胞凋亡(apoptosis)是多细胞生物体正常的细胞生理死亡过程，在胚胎发育和机体生长过程中，用于清除不需要的细胞或对自身有害的细胞。现在发现，许多人类重要的疾病均与机体的细胞凋亡调节机制异常相关。作者研究烧伤对胸腺细胞凋亡的影响是项很有意义的工作。DNA 琼脂糖凝胶电泳出现细胞凋亡特有的"梯度"条带，证实烧伤能引起胸腺细胞凋亡；而此时 T 淋巴细胞的数量、免疫学功能及其生存和凋亡的状态如何，值得进一步阐明。如能确证胸腺细胞凋亡与烧伤机休免疫力降低存在因果关系，那么可望利用目前细胞凋亡基础研究的最新成果，形成一个治疗方案，来改善机体的免疫功能。

（陈玉林）

严重烫伤后大鼠早期心脏功能及β受体的变化（中华整形烧伤外科杂志 1996；12(3)：180） 白求恩国际和平医院孙继武等利用心导管技术和放射配体结合分析法研究了烧伤早期左心室功能及心室β受体的变化，旨在探讨心功能障碍的发生机制。实验选用 Wistar 大鼠，麻醉后于颈总动脉行左心室插管检测心室功能，然后制成 30% TBSA Ⅲ度烧伤模型，并予以 5ml 生理盐水复苏。定期测定左心室收缩压(LVSP)及左心室压力最大上升与下降速率($LV \pm dp/dt_{max}$)；随后取心脏制备心肌细胞膜悬液，与^3H-双氢心得舒反应，测定其放射性结合量。按 Scachard 作图法求出放射配体与β受体结合量的解离常数(Kd)和受体密度(B_{max})。结果：大鼠烫伤后，LVSP 和 $LV \pm dp/dt_{max}$急剧下降，以伤后 6h 最为明显，此后维持在低水平状态。伤后各个时相点心室β受体 B_{max}均显著低于对照组，以伤后 6h 心室为最低，此后略有回升，但不明显。Kd 无明显变化，LVSP、$LV \pm dp/dt_{max}$的变化与β受体 B_{max}变化趋势一致，两者呈高度正相关。严重烧伤后心脏舒缩功能明显减退，其原因未明。烧伤后β受体 B_{max}减低可能是左心舒缩功能下降的原因之一。心肌细胞膜上的β受体通过介导儿茶酚胺的作用对心脏肌力有重要的作用。烧伤后β受体 B_{max}下降的原因可能为：交感-肾上腺髓质系统活动增加，儿茶酚胺释放增加，刺激心肌细胞表面的β受体使之下调；烧伤引起细胞代谢紊乱，细胞表面受体蛋白的更新受到影响；血清磷脂酶 A_2 活性增加，分解脂酰胆碱，改变膜流动性使β受体下调；血浆三碘甲状原氨酸和甲状腺素降低从而使受体合成减少。

（郇京宁）

述评 严重烧伤后心肌收缩力降低、心功能障碍、心排出量减少是烧伤休克发病机制之一。烧伤后心功能障碍的发生机制较为复杂。心肌细胞膜结构、细胞内能量代谢等改变的原因，也受到某些体液因素和心肌细胞膜表面某些受体改变的影响。分布于心肌细胞膜表面β肾上腺素受体是介导儿茶酚胺类物质兴奋心肌细胞的重要受体。严重烧伤后，虽然β受体的 Kd 无明显变化，但 B_{max}明显降低，这可能是严重烧伤应激时儿茶酚胺类物质虽然在血中含量增加，但心脏功能反而抑制的重要原因。深入了解伤后心脏功能变化的机制，将有利于临床对心功能的维护。

（陈玉林）

肿瘤坏死因子 mRNA 在严重烫伤大鼠小肠中的表达及细胞定位的研究（中华整形烧伤外科杂志 1996；12(3)：163） 重庆西南医院袁建成等为了探讨严重烫伤后肠源性感染和多脏器功能衰竭的机制，在肿瘤坏死因子(TNF)的转录与翻译水平对 TNF 的表达分泌与血浆内毒素的关系上作了研究。他们用 30% TBSA Ⅲ度烫伤大鼠模型，分别于伤前及伤后 3、6、12、24h 取样分析，用基质偶氮显色鲎试剂法测定门静脉血浆内毒素含量，用 ELISA 方法测定血浆 TNF 浓度，用斑点杂交方法检测大鼠小肠中 TNF mRNA 的表达变化及用原位杂交方法观察小肠 TNF 表达的细胞定位。结果：烧伤后大鼠门静脉血浆 TNF、内毒素水平均显著升高，6～12h 达峰值，提示 TNF 的表达分泌与烧伤早期肠源性内毒素血症有密切关系；同时发现，烧伤后小肠 TNF mRNA 的表达量迅速升高，在伤后 6h 达峰值，是正常值的 5.56 倍。且小肠固有层粘膜下层间质中的单核巨噬细胞是肠道分泌产生的 TNF 的主要细胞。提示：TNF 分泌量明显增加，其结果是造成小肠局部微循环障碍或诱导自由基的产生，从而导致肠粘膜屏障的破坏。依据现有文献和实验结果，作者提出了 TNF 在肠道局部造成肠粘膜损伤的机制可能有：(1)直接损伤内皮细胞，使肠粘膜血供障碍；(2)内皮细胞自分泌 TNF，表现为自分泌作用，诱导、活化中性粒细胞产生氧自由基或溶酶体酶，在肠道局部发生脂质过氧化。而单核巨噬细胞分泌的 TNF，除参与局部的损伤外，还可循门静脉进一步发挥其生物活性作用。所以，在防治肠源性感染发生时，不可忽略阻断 TNF 在肠道局部的病理作用。

（应　康）

述评　国内外动物实验表明，TNF 的表达水平与感染休克的病理生理变化呈正相关。给实验动物静脉内注射 TNF 可模拟出感染性休克的病理生理改变，给予 TNF 单抗又能改善各种实验动物感染性休克的死亡率，故目前认为，TNF 在休克的发生、发展过程中发挥有害的作用。采用单抗如可溶性受体来阻断 TNF 的作用，在动物实验已取得肯定的结果。这也为临床的治疗提供了思路。但需要提及的是：(1)TNF 除了对细胞直接发挥病理性作用外，还引起其他损伤途径活化，如引起诱生型 NOS 的表达。通过这一途径大量产生的 NO 具有增加血管通透性，增加血小板、中性粒细胞粘附和内皮细胞损伤的作用。这也可解释为何动物预先给予内毒素后再给 TNF 单抗未能产生保护作用。(2)美国、英国的 TNF 单抗可溶性受体Ⅱ期临床研究未能证实对感染性休克病人有利（见 Ann Intern Med 1994；120：771；Crit Care Clin 1993；21：318；TIB TECH 1995；13：56）。显然，目前还缺乏关于单抗何时用、用于哪些病人、用到何程度方面的资料。

（陈玉林）

严重体表烫伤早期 TNF 对骨骼肌蛋白质分解代谢影响的实验研究（第三军医大学学报 1995；17(5)：382）　北京军区医高专李林用 37% TBSA Ⅲ度烫伤大鼠为模型，于伤后 1 周内动态观察创伤局部与远隔部位骨骼肌蛋白质分解代谢速率与 TNF 的关系。结果显示伤肢比目鱼肌 Try 净释放量伤后第 2 天显著高于正常值与未伤肢（$P<0.01$），含量逐渐增加，未伤肢在伤后 5、7d 显著高于正常值（$P<0.01$）；正常大鼠血清和比目鱼肌中均不能检出 TNF，伤后血浆 TNF 检出率随时间增加而增加，伤后 7d 达 100%；伤肢比目鱼肌 TNF 检出率为 100%，其含量随时间增加而升高，伤后第 7 天陡升至伤后第 2 天的 6.64 倍；未伤肢 TNF 含量低于相应伤肢，变化曲线同伤肢两者呈显著正相关（$r=0.89$）；未伤肢及伤肢比目鱼肌 Try 释放量与 TNF 呈显著正相关，相关系数分别为 0.74 和 0.81；尾静脉注射 TNF-γ 能显著增加 Try 释放量（$P<0.01$）；而注射 TNF 单抗则能明显降低伤肢 Try 释放量（$P<0.01$）；伤肢比目鱼肌蛋白质含量在伤后 7d 低于正常（$P<0.05$）。上述结果表明烫伤后骨骼肌蛋白质分解可能是负氮平衡的重要原因；局部高浓度 TNF 可能是导致蛋白质分解的重要因素；局部产生的 TNF 可经血液到达远隔部位引起损害；TNF 单抗可减少烫伤大鼠骨骼肌分解；伤后初期 TNF 升高主要由非感染性炎症引起，伤后 7d TNF 陡然升高可能由细菌感染诱发；骨骼肌分解转向肝脏，刺激肝脏糖异生是神经-激素-细胞因子相互影响共同作用的结果。

（俞为荣）

述评　严重烫伤后，创伤局部和远隔部位骨骼肌蛋白分解代谢增加除了与局部高浓度的 TNF 有关外，通过 TNF 对下丘脑-垂体-肾上腺轴使分解代谢激素分泌增加，也是骨骼肌蛋白分解加速的一个重要因素。近 10 年来通过细胞因子与内分泌腺关系的研究提出了免疫内分泌网络的概念。在急性反应过程中产生的细胞因子不仅直接对内分泌系统发挥调节作用而影响血浆激素的水平，而激素又直接作用于单核细胞产生细胞因子，后者如 TNF、IL-6 又能激活下丘脑-垂体-肾上腺轴，引起分解代谢激素释放。可见，细胞因子与内分泌系统有相互调节的关系。上文提出 TNF 可能是导致蛋白质分解的重要原因，由于实验模型是一个 37% TBSA Ⅲ度烫伤，不能忽视下丘脑-垂体-肾上腺轴在蛋白分解代谢中作用。将细胞因子与上述轴结合起来研究可能有助于更好地揭示烫伤后骨骼肌蛋白代谢规律。

（陈玉林）

高张盐溶液与中分子右旋糖酐复苏烧伤休克对犬心肌功能的影响（中华整形烧伤外科杂志 1995；11(6)：430）　上海长海医院朱世辉等采用含 Na^+ 250mmol/L 的乳酸钠高张盐溶液和中分子右旋糖酐(HLD)复苏烧伤休克与乳酸 Ringer 液(LR)相比，观察该复苏方法对心脏指数(CI)、心肌收缩功能(dp/dt_{max})、心肌舒张功能($-dp/dt_{max}$)以及心肌组织脂质过氧化物代谢产物 MDA 含量和 SOD 活性变化的影响，评价其复苏效果并初步探讨其部分机制。结果表明，HLD 组 CI 在伤后 4、8、12、24h 均明显高于 LR 组（$P<0.05$）。HLD 中 dp/dt_{max}，$-dp/$

dt_{max}在伤后12、24h也高于LR组($P<0.05$)。HLD组在伤后24h的心肌MDA含量〔$(1.74\pm0.28)\times10^{-2}$mol/g组织〕明显低于LR组〔$(3.23\pm0.56)\times10^{-2}$mol/g组织，$P<0.05$〕。而其心肌SOD活性($157.49\pm32.23$U/mg组织)明显高于LR组($46.88\pm16.28$U/mg组织，$P<0.01$)。结果提示，与LR复苏相比，HLD复苏烧伤休克能明显改善心肌功能，并可持续到伤后24h。HLD可能通过提高心肌组织SOD活性从而降低心肌组织脂质过氧化物含量，减轻脂质过氧化物对细胞膜的损伤，进而起到保护心肌、改善心肌功能的作用。

(李元义)

述评 严重烧伤后，由于体液外渗导致血容量不足，心排出量下降以致休克。因此，液体复苏仍是烧伤休克的主要治疗措施，一定程度的心排出量恢复是液体复苏的目标之一。但由于烧伤后心肌组织本身存在一定的损伤，因此实现这一目标往往导致复苏液体量过大，组织水肿加重。采用高张盐溶液与HLD复苏烧伤休克，与常用的LR相比，可明显减少复苏容量。其机制是，一方面通过高张盐的“自我输液”作用恢复血容量；另一方面HLD具有一定的扩容作用和抗氧化作用，可明显改善心肌功能。可见，该复苏方式优于单用LR复苏，也优于单用高张盐溶液复苏。但心肌组织的氧化损伤较为复杂，因此如何针对脂质过氧化物形成的各个环节，同时使用多种抗氧化剂与液体复苏以取得更好的疗效，值得进一步探讨。

(陈玉林)

吸入性损伤犬循环动力学的实验研究(中华整形烧伤外科杂志 1996;12(4):278) 江西赣南医学院附院钟晓春等用蒸汽吸入性损伤犬模型观察伤后早期呼吸及循环功能的改变。杂种犬8条，静脉麻醉，司可林(succinylcholine, scoline)阻断呼吸，高频呼吸机维持呼吸功能。食管插管记录食管压，以此作为胸内压的近似值而算出跨肺压；右股动脉插管用以输入液体和药物；左颈外静脉插入漂浮导管记录肺动脉血压，抽取混合静脉血，并测定心排出量。多道生理记录仪记录呼出气压力和循环生理变量；8道数字式磁带记录仪储存气道压和跨肺压，结合示波器记录的呼吸波型，算出呼吸系统总顺应性、总阻力、肺顺应性和肺阻力。动物平稳后，首先记录呼吸循环各指标的基础值，并取动静脉血作血气分析。将蒸汽导入气管，致伤3s，于伤后0.5、1、2、3和4h重复记录上述指标，并作血气分析。结果发现，伤后呼吸系统总阻力逐渐升高，并在伤后3h后明显高于伤前($P<0.05$)；呼吸系统总顺应性在伤后4h均显著下降($P<0.05$)；其余指标变化无统计学差异。循环动力学各指标在伤后均有不同程度的下降，但仅有心率和心排出量在伤后2h有统计学上的差异。动静脉氧分压在伤后2h明显降低($P<0.01$)，二氧化碳分压也明显升高。结果提示蒸汽呼入后2～4h，呼吸(呼吸道总阻力和总顺应性、肺顺应性)、循环(心率和心排出量)及血气分析均有显著的变化。早期监测上述指标对患者的诊治及病情的观察有一定参考价值。

(杨 勇)

述评 严重的吸入性损伤至今仍是临床救治的难点。国内外有关吸入性损伤的实验研究已有较多和较为系统的报道，为临床救治提供了理论依据。该研究对吸入性损伤时有关呼吸、循环系统的指标进行了观察和分析，具有一定的参考价值。如何建立实用的可靠指标，应用于临床，指导临床工作，如何建立临床可行的有效救治措施，仍有待今后进一步解决。

(陈玉林)

山莨菪碱对严重烧伤后内脏并发症的防治作用(中华整形烧伤外科杂志 1996;12(4):282) 白求恩国际和平医院烧伤整形科刘建春等总结了应用山莨菪碱的病例，探讨其对严重烧伤早期内脏并发症的防治作用。该院在1992年1月至1994年12月间共收诊收治严重烧伤病人(成人烧伤>30% TBSA，Ⅲ度>10%；小儿烧伤>20% TBSA，Ⅲ度>5%)308例，伤前均无内脏疾病史。将其随机分成山莨菪碱组(156例)和对照组(152)例，两组伤情、性别和年龄间无显著差异。两组病人入院后常规补液，山莨菪碱组患者入院时即予以山莨菪碱，成人40～80mg/d，小儿1.0～2.0mg/(kg·d)，分两次静脉滴注，连续使用2～4周，其余治疗两组相同。伤后24、48和72h抽取静脉血测定红细胞比容；按照孙传兴等编著的《临床疾病诊断依据治愈好转标准》，对肺、肾、胃肠、肝、心、脑等内脏并发症进行观察分析。结果发现，山莨菪碱组病人的红细胞比容在伤后48和72h时明显低于对照组($P<0.05$)。山莨菪碱组和对照组内脏并发症的发病率分别为38.5%和51.8%，两者相差显著($P<0.05$)。山莨菪碱多内脏并发症发生率(41.7%)明显低于对照组(81.6%)，而且发生的程度也轻于对照组($P<0.05$)，此外山莨菪碱组并发症的治愈率高($P<0.05$)，治愈时间也短($P<0.05$)。山莨菪碱有改善微循环和稳定细胞膜及溶酶体膜的作用，对缺血再灌注有明显的保护作用。临床观察证实，山莨菪碱对严重烧伤早期的内脏并发症具有预防和治疗作

用。

(杨　勇)

述评　多脏器功能不全综合征(multiple organ dysfunction syndrome, MODS)是目前烧伤病人最主要的死亡原因之一,迄今尚无有效防治手段,主要原因是对发病机制尚未完全了解。动物实验及临床观察均表明,应用山莨菪碱对严重烧伤后的内脏并发症有一定防治作用。其机制可能与山莨菪碱扩张血管、疏通微循环、改善组织供氧、减轻组织缺血性损害有关。山莨菪碱尚可稳定溶酶体膜,对缺血再灌注损伤有一定保护作用。其改善胃肠道血供的作用有利于保护粘膜屏障功能,从而抑制肠源性细菌和内毒素移位。值得一提的是,必须在血容量基本满足的前提下应用山莨菪碱,警惕其对血流动力学的影响,不利于抗休克治疗。近年认为,创(烧)伤后内脏损伤尤其是MODS多是严重创伤后所发生的SIRS所形成的二次打击所致,SIRS是目前创伤医学研究的热点之一。严重烧伤后内脏并发症包括MODS的有效防治尚有待对其发生机制的进一步阐明。

(陈玉林)

大鼠烧伤休克延迟复苏后内脏能量代谢的变化(第二军医大学学报 1996;17:25)　上海长海医院路卫等使用25% TBSA Ⅲ度烧伤模型大鼠观察了烧伤休克延迟复苏后内脏能量代谢的变化,测定了烧伤后24h内不复苏、早期复苏(1h开始)和延迟复苏(6h开始)3种条件下心、肺、肝、肾组织中Na^+, K^+-ATP酶活性的变化。实验发现,各脏器的ATP含量在烧伤后3种复苏条件下都有先升高后降低的趋势,只是出现的时间不同。心、肾主要在3h,肝脏主要在12h,肺则不规律。在烧伤后24h,各脏器延迟复苏条件下ATP含量均下降。3组在各时间点ATP酶活力均显著下降,伤后30min即已降至伤前水平50%以下,肺在12h、肾在6h降至最低点,随后又有回升之趋势,延迟复苏组在12及24h均低于早期复苏组。试验结果提示,烧伤后肺和肾的Na^+,K^+-ATP酶受到了严重抑制,延迟复苏组显著低于立即复苏组,说明烧伤后能量的利用受到了严重抑制,氧自由基可能参与了对酶及其他部位的损伤过程。机体在强力的应激状态中必然会以增加ATP供应以求弥补能量供应的不足。从实验结果中可以看出,伤后各脏器在3种复苏条件下都有先升高后降低的趋势,这是一种强力应激的反应。作者认为,烧伤早期内脏中能量代谢紊乱是明显的,其中不但有能量供应障碍,而且还有能量利用障碍。

(韦　多)

述评　正常的能量代谢是组织器官发挥生理功能的重要保证。该研究表明,大鼠烧伤后组织细胞ATP含量下降,这为我们在临床严重烧伤救治中及时地加强能量供应提供了实验依据。该研究还提示严重烧伤后除了能量供应不足外,还存在着能量利用障碍,如何解决能量利用障碍问题是需要进一步研究的课题,同样具有实际应用的价值。

(陈玉林)

修复细胞和细胞外基质在创面愈合过程中的动态分析(第二军医大学学报 1996;17:19)　上海长海医院韦多等采用组织化学、免疫组织化学、生物化学及图像分析技术动态地分析了烧伤大鼠创面愈合过程中创面组织中性粒细胞、巨噬细胞、T淋巴细胞及成纤维细胞的时空分布,并分析了细胞外基质主要成分的变化。结果提示,创面中性粒细胞数于伤后第1天最高,并主要分布于真皮下组织,伤后第5天已恢复到正常水平;巨噬细胞与T淋巴细胞主要分布于真皮层,于伤后第3天开始明显增多,分别于伤后第5天、第7天达峰值,而此时上皮细胞的迁移、增值最为活跃,成纤维细胞于伤后第3天开始增多,并接近上皮化、真皮层重建较活跃的时期增至最高值,羟脯氨酸的含量伤后明显增高,第5天达最高值;胶原与氨基聚糖的图像分析表明两者都呈由分解到重新合成的变化模式。上述结果提示,中性粒细胞不直接参与创面修复过程,而在创面修复的早、中期,巨噬细胞和T淋巴细胞是影响修复的主要细胞,在愈合的中后期,成纤维细胞则发挥主要作用,参与真皮层的重建。上述细胞数量变化的有序性及分布特点提示,它们的功能活动是创面愈合的病理生理学基础。

(路　卫)

述评　创面愈合是一个复杂的生物学过程,创面愈合机制的研究既有理论意义,又有重要的应用价值。作者建立了烧伤创面模型,对免疫细胞在创面愈合过程中的作用进行了动态观察和分析。当然各种免疫细胞的生物学行为和功能,及其调控机制还有待深入的研究。相信随着对愈合机制认识的深化,将有望为临床更好地主动调控创面愈合提供新思路和新方案。

(陈玉林)

严重烧伤大鼠早期外周血中性粒细胞CD11b/CD18分子的表达特征(第二军医大学学报 1996;17:54)　上海长海医院方勇等应用流式细胞仪技术,观察分析了30% TBSA Ⅲ度烧伤大鼠早期外周血中性粒细胞粘附分子CD11b/CD18的动态变化。实验分为两组:立即复苏组和延迟复苏组,伤后12h

内在稳定的各时相点取全血，测定 PMN、CD11b/CD18 水平。结果表明，两组大鼠于伤后 30min 起 PMN、CD11b/CD18 的表达就明显增加，立即复苏组于伤后 4h 达到峰值；延迟复苏组在伤后 1h 和 8h 各有一个峰值，并较立即复苏组高。作者认为，烧伤后粘附分子 CD11b/CD18 的变化可能与炎症介质、细胞因子、血流动力学改变引起的 PMN 切应力的变化以及缺血再灌注等有密切关系。

（沈洪兴）

述评 在烧伤延迟复苏引起的组织器官损伤中，炎症细胞的浸润起了重要作用。该实验的意义在于观察到大鼠烧伤后延迟复苏组与烧伤组比较，中性粒细胞上的粘附分子 CD11b/CD18 具有不同的变化特征。将这种变化特征与组织器官内中性粒细胞的浸润、组织细胞的损伤程度联系起来有助于我们了解烧伤延迟复苏致组织损伤的机制。相信随着该研究的深化，对延迟复苏引起的组织损害的防治将会提供有益的思路。

（陈玉林）

烧伤血清对成年大鼠分离的心肌细胞游离钙浓度的影响（第二军医大学学报 1996；17：31） 上海长海医院沈洪兴等为了在细胞水平探讨烧伤对钙信号的影响，分析烧伤早期心肌器质性损害的可能机制，观察了烧伤血清引起成年大鼠分离的心肌细胞游离钙浓度变化。该文采用 Langendroff 灌流消化分离成年大鼠的心肌细胞，Fura-2 荧光染色法测定钙浓度。心肌细胞内正常游离钙浓度为 101.3±21.3nmol/L，不同时相的烧伤血清均非常显著地升高细胞内游离钙浓度，提示伤后 6h 血清的作用最强，钙通道阻滞剂异博定（verapamil）和细胞内肌浆网 ryanodine 受体拮抗剂普鲁卡因均有显著的抑制烧伤血清的作用，而且后者的抑制率明显强于前者。烧伤引起心肌细胞内游离钙浓度升高可能是细胞损害的机制之一，其中胞内储存钙释放可能占有更重要的地位；影响胞内储存钙释放的药物可能在细胞保护中有重要作用。 （方 勇）

述评 细胞内游离钙浓度的变化，不仅影响心肌细胞的兴奋-收缩耦联，而且细胞内钙离子超载还参与细胞损伤。烧伤后血清具有诱导心肌细胞内游离钙浓度的升高，提示我们应用钙通道阻滞剂可能改善心肌细胞的功能。该实验如果能够将钙离子的浓度变化与心肌细胞功能改变，或者与心肌细胞的损伤程度结合起来观察更有意义。应该看到，烧伤血清中成分复杂，血清中影响心肌细胞钙离子浓度变化的确切成分是什么，有待进一步研究。

（陈玉林）

内皮素、一氧化氮、烫伤血清对大鼠心脏微血管内皮细胞 ICAM-1 表达的影响（第二军医大学学报 1996；17：48） 上海长海医院朱世辉等在建立体外培养 SD 大鼠心脏微血管内皮细胞的基础上，用内皮素、L-NAME 及烫伤大鼠血清（30% TBSA Ⅲ度）刺激内皮细胞，观察刺激后不同时相点内皮细胞 ICAM-1 的表达。内皮细胞生长为单层融合后分别加入内皮素（100nmol/L）、L-NAME（100μmol/l）及大鼠烫伤后 6h 的血清。用 ELISA 方法测定 ICAM-1 的表达。结果表明，微血管内皮细胞经内皮素刺激 15min 后 ICAM-1 表达明显增加，是正常组的 3 倍，以后表达持续增高，2h 后达到高峰，是正常对照组的 4.55 倍。用 L-NAME 和烫伤血清刺激后微血管内皮细胞 ICAM-1 的表达均有所增加，其中 L-NAME 诱导 ICAM-1 表达在 1h 后达到高峰，是正常组的 3.5 倍。上述各组 6h 后 ICAM-1 表达均开始下降。研究表明，内皮素、一氧化氮均可明显诱导心脏微血管内皮细胞 ICAM-1 的表达，但无时间依赖性，两种因子诱导表达的高峰也不同。由于同时血清诱导 ICAM-1 表达的时相与作者等以前报道的烧伤血清诱导白细胞-内皮细胞粘附的时相基本一致，作者推测，ICAM-1 在介导烧伤后白细胞与内皮细胞粘附中可能起到非常重要的作用。

（应 康）

述评 内皮细胞表面的细胞间粘附分子-1（ICAM-1）是白细胞表面粘附分子 CD11/CD18 的配基，主要参与中性粒细胞和单核细胞等与内皮细胞的粘附。烧伤后发生的全身炎症反应与血管内皮细胞功能改变有关。该研究证实，烧伤血清中存在着诱导内皮细胞 ICAM-1 的物质，有助于我们了解烧伤后全身炎症反应的机制。但是烧伤后炎症细胞与内皮细胞的粘附可能还与其他粘附分子有关，如果要确定 ICAM-1 在白细胞-内皮细胞粘附时是否起主要作用，有必要用相应抗体中和粘附分子，进行深入的研究。

（陈玉林）

逆转录 PCR 方法扩增人表皮细胞生长因子基因（第二军医大学学报 1996；17：5） 上海长海医院应康等在多年从事生长因子促进创面愈合及其机制研究的基础上，为了探索更为有效的治疗手段和方法，提出了表皮细胞生长因子基因转染治疗烧伤创面的构思。作者采用异硫氰酸胍一步法从人胎儿肾组织中抽提出总 RNA，然后用 Superscript Ⅱ°逆转录酶合成 cDNA，以此为模板用合成的寡聚核苷酸引物逆转录 PCR 扩增出编码成熟人表皮细胞生长因子的 cDNA。该 cDNA 全长 183bp，为合适真核转基因质粒的构建、真核表达和与信号肽连接，在引物设计中对基因的两端作了适当的修改和添加酶切位点。PCR 扩增所得到的基因经 DNA 序列分析证明，其序列及推导出的编码氨基酸序列与成熟人表皮细胞生长因子序列完全一致。从而为下一步基因治疗的研究工作迈出了重要的一步。

（朱世辉）

述评 在浅度烧伤创面治疗中，传统的方法是控制创面感染，等待自然愈合。近年来由于生长因子（EGF、FGF 等）的问世和应用，使创面愈合过程得到主动调控，在治疗学上迈出了可喜的一步。此后，第二军医大学烧伤科又成功地进行了生长因子基因的转染，为创面治疗提供了新的思路。该实验从方法学的角度探讨了影响目的基因有效扩增的因素，为构建真核细胞转基因质粒及后续工作奠定了基础。

（陈玉林）

整 形 外 科

整形外科学术论文300余篇，纳入回顾132篇(43%)；列入文选18篇(6%)。

一年回顾

一、基础研究

有关瘢痕研究的8篇论著中，上海长征医院[1]*在细胞单层培养系统基础上，将瘢痕组织来源的成纤维细胞培养在胶原凝胶中，形成瘢痕纤维细胞的三维培养系统。这一系统使细胞、细胞外基质以及各种调控因素共同构成了一个有机整体，成纤维细胞在这一整体所表达的生物学行为更加接近于它们在活体瘢痕组织中的行为。使用成纤维细胞三维培养系统，不仅可以观察和研究细胞的形态、生长增殖和物质代谢，还可以研究细胞在组织收缩方面的细胞生物学功能，是创伤愈合和瘢痕形成研究领域里一个新的更为科学的方法。北京整形外科医院[2]观察了维甲酸对体外培养成纤维细胞超微结构的影响，证明维甲酸对成纤维细胞合成胶原有抑制作用，提高维甲酸抑制胶原生成可能是治疗瘢痕作用机制的一个方面。重庆西南医院[3]进行瘢痕疙瘩成纤维细胞胶原合成及其调节因素的实验研究表明，在活跃增生的瘢痕疙瘩中成纤维细胞显示活跃的胶原合成功能；真皮网状层成纤维细胞胶原合成功能的活化在瘢痕疙瘩形成中起主导作用，瘢痕疙瘩成纤维细胞对细胞外胶原抑制胶原合成作用的敏感性较低，肥大细胞及其组织胺能促进瘢痕疙瘩成纤维细胞的胶原合成，并有助于维持其活化表型。瘢痕疙瘩成纤维细胞所表现出活跃的胶原合成功能，可能与体内某些因素对胶原合成促进作用有关，不同解剖部位真皮成纤维细胞在胶原合成能力上的内在差异可能并不明显。杭州整形医院[4]为探讨自由基对瘢痕疙瘩中胶原沉积的影响，应用电子自旋共振技术检测人体瘢痕疙瘩、正常皮肤及结缔组织，发现瘢痕疙瘩和结缔组织样品中有氧自由基存在，而正常皮肤内未能检测到，提示氧自由基清除剂的应用可能有助于防治瘢痕的过度增生。中国医大二院[5]在兔经手术形成单侧完全性模拟唇裂，作广泛软组织潜行分离后直接缝合，术后伤口周围皮下和粘膜下定期注射具有改善伤口愈合、减少瘢痕形成的药物盐酸罂粟碱和透明质酸酶。与对照组和不用药组比较，实验组术后唇压低，颅颌骨全长和上颌骨全长的长度大，表明瘢痕形成和局部张力过大可以明显抑制上颌骨前后径的发育。

有关创面愈合研究的5篇论著中，中国医大[6]报道成纤维细胞生长因子促进小鼠皮肤伤口愈合的实验研究，与生理盐水滴入法对照，EGF滴入伤口法组显示毛细血管和成纤维细胞增生明显，并提前2～3d达最高峰，表明EGF能强有力地促进肉芽组织增生和伤口愈合。白求恩国际和平医院[7]在鼠用地高辛标记EGF cDNA探针原位杂交方法，观察创面愈合过程中EGF基因活化表达的mRNA在组织中的分布变化。发现在伤口愈合过程中，EGF基因均有明显表达，以伤后第8天表达最强。提示应用某种方法促进EGF基因表达，可能会促进伤口愈合。三军医大野外所[8]通过比较伤后不同时间伤口渗出液对修复细胞增殖的影响，探讨了伤口微环境在调控修复细胞增殖方面的变化规律。结果提示伤口愈合过程的后期，伤口微环境中存在着细胞生长抑制因子，证实早期伤口微环境有利于修复细胞生长，而晚期则抑制细胞生长，诱导细胞死亡，反映了伤口愈合过程中细胞生长的生理调控机制。深圳布吉医院[9]报道，作为外源性高分子神经因子生长的载体白芨胶有显著加速伤口愈合的作用。

有关神经研究的6篇论著中，西安唐都医院[10]报道，将兔耳大神经植入颈肩部失神经支配的皮瓣内，6～8个月后用抗神经丝抗体免疫组化法显示再生的真皮神经网丛及感觉末梢，并用图像分析法测定其表面积密度，以神经单纤维放电引导技术对再生的放电纤维进行计数研究和特征观察。结果：皮瓣中央区再生的真皮网状丛密度达到正常组的水平，而神经放电纤维数量明显超过正常组，提示感觉神经植入组具有良好效果。该院[11]另一篇有关探讨神经植入术机制的报道中，将2只恒河猴各手指先造成失神经支配，然后进行神经植入实验。结果表明，灵长类动物失神经支配的皮肤植入神经后，可以再生新的游离神经末梢以及触觉小体和上皮细胞-轴突复合体。上海华山医院[12]为了观察经皮电刺激是否能促进周围神经的再生，以鼠坐骨神经制作损伤后神经干瘢痕模型，予以经皮电刺激。通过作神经传导速度、肌肉最大诱发电位波幅、神经纤维生长速度、吻合口轴突通过率、肌纤维面积及肌重等检测，表明经皮电刺激能促进周围神经再生。上海长海医院[13]对狗进行吻合血管神经的游离股直肌原位移植，同时予以局部驻极体和全身川芎治疗。通过观察其对移植肌肉功能恢复的影响，发现治疗后的移植肌，其电生理指标有明显改善，肌力提高，肌纤维数量增多，肌纤维间神经纤维多，毛细血管丰富。表明川芎和驻极体治疗后能提高移植肌肉的功能，神经吻合处内外纤维组织增生干扰神经轴突顺利向前延伸是影响周围神经损伤修复疗效的原因之一。解放军324医院[14]进行了静脉片移植包裹于神经吻合处作为屏蔽纤维组织增生的动物实验，证实在神经吻合口处包裹静脉片能减少吻合口周围纤维组织增生和粘连，并在临床应用10余例获较好效果。南通医学院[15]从人周围神经组织中提取人脊神经感觉神经的特异蛋白，并制备了相应的单克隆抗体，用免疫组化快速ABC法于40min内在切片上显示出周围神经内的感觉神经纤维，从而为手术中进行神经断端相同功能神经束的准确对位吻合提供了一个更为实用的技术方法。北京整形外科医院[16]* 在兔进行真皮下血管网薄皮瓣血管构筑变化的研究中发现，真皮下血管网薄皮瓣术后远、中、近段血管构筑具有明显差别，近段同正常皮肤，中段为极度活跃的血管增生，远段为中度血管增生。中段血管构筑变化起一个“中介蒂”作用，是皮瓣能够早期断蒂及超过传统长宽比例可以成活的基础，成纤维细胞生长因子是促进皮瓣血管构筑变化的重要因素之一。北京医大三院[17]* 通过对小腿皮肤(皮下)动脉血管造影的研究，建立了皮肤、皮下微血管构筑新的空间立体概念。研究表明，皮肤、皮下组织的血供主要是由来自皮肤浅层长短不一的垂柳样血管降支提供，从深筋膜到皮肤呈立体分布的一级框架单位是皮肤、皮下组织的主体血供来源。研究结果对认识皮肤、皮下组织的血循环有极为重要的意义。沈阳军区总院[18]用X线血管造影方法，在新鲜成人尸体对小腿深筋膜中浅层小动脉血管密度、方向和吻合进行了研究，发现皮肤和浅筋膜层中纵行血管密度高于横行者，纵行者密度以浅筋膜层为高，横行血管密度两层比较无明显差别。各层中分区血管密度，不论何种走向的血管，其密度可因部位而异，血管密度高的部位，血管吻合也相应丰富，研究结果为小腿轴型皮瓣设计提供了参考。上海长海医院[19]* 研究不同因素对兔血管束移植预构轴型皮瓣范围的影响，结果提示：预构轴型皮瓣转移的合适时机为术后约3～4周；大管径比小管径血管束及血管束植入受区有较丰富的血管网层次，其预构皮瓣的面积大；所预构的皮瓣范围以血管束为轴的受区邻近区域和发自该区域走向皮瓣中远部的小动脉所支配的区域呈不规则形态；植入血管束同时皮下植入扩张器，手术后2周开始扩张，术后4周转移是可行的。上海长征医院[20]采用体外细胞培养方法，观察bEGF、TGF-α、EGF、TNF-α和IL-1α对新生小牛淋巴管内皮细胞再生功能的调控作用，发现生长因子和炎性因子对淋巴管内皮细胞增殖、迁移以及t-PA活性等再生功能显示不同的调节作用，bFGF是促进淋巴管内皮细胞再生功能的主要因子。上海市九院[21]进行鼠淋巴结游离移植、带血管蒂和吻合血管移植的实验研究，通过墨汁染色、美蓝染色、组织学观察及ECT扫描等指标观察，结果显示：淋巴结游离种植后发生坏死纤维化，而带血管蒂和吻合血管的淋巴结移植术后4周存活并保持正常结构，恢复局部淋巴引流功能，为治疗淋巴水肿选择淋巴结移植的合理术式提供了理论依据。上海市六院[22]建立狗显微血管损伤和修复的实验模型，输入经激光和紫外光辐照并充氧的自体血，观察血栓形成率。结果表明，光量子血氧疗法能够抑制显微血管损伤后的血栓形成。北京阜外医院[23]为探讨外源性基因转移至小血管吻合口的可能性，用浸泡过外源基因的质粒溶液医用缝线进行鼠小血管吻合。结果表明，缝线法为新的一种在体小血管吻合口直接转基因法，它可使外源基因转移至吻合口中并稳定地表达出具有生物活性的基因产物，为应用基因治疗的方法以提高小血管吻合通畅率奠定基础。

二、皮瓣、肌皮瓣移植

有关皮瓣应用解剖研究的论著6篇。北京整形外科医院[24]对20例尸体40例旋肩胛动脉进行血管造影观察，发现旋肩胛动脉浅支的升、横、降3个分支的出现率为100%，其中升支的出现情况有3个类型：发自旋肩胛动脉主干、发自旋肩胛动脉浅支及呈2支类型。作者注意到升支发出后向内上方斜行，达到或超过肩胛岗，与肩胛上动脉、颈横动脉、胸肩峰动脉的分支形成丰富的岗上血管网，为临床上设计超过肩胛岗以上的肩胛皮瓣提供了解剖学依据。延边大学医学院附院[25]通过25例新鲜成人尸体50例下肢的解剖研究，对膝最上动脉的源始、长度、口径和供血范围及其与胫前返动脉的联系作了观测。结果表明：膝最上动脉主要源始于股动脉，在缝匠肌与股内侧肌之间下行，发出细小分支营养小腿上1/3区及膝内侧皮肤，在胫骨内侧踝水平与胫前动脉形成吻合弓。以此吻合弓为蒂设计逆行岛状皮瓣，膝内侧区是最佳形成部位，适用于小腿中上1/3区及膝周围的修复。中国医大一院[26]* 为了克服传统胸三角皮瓣修复头颈部大面积组织缺损时面积不足、需行手术延迟的缺点，对30例成人新鲜尸体颈、肩、背扩展的胸三角皮瓣的皮动脉来源及其分支和各皮动脉之间吻合情况进行了解剖学研究，并临床应用该皮瓣获得成功。指出，该皮瓣的皮动脉及其吻合支非常丰富，既可形成带蒂皮瓣移植，也可制成游离皮瓣吻合血管移植，在头颈颌面部较大范围创面的修复中值得推广应用。桂林医学院[27]在30例成人头颈部标本上解剖观察了颏下皮瓣的血供及神经支配，发现颏动脉距颈外动脉起点(5.7±0.6)cm处起自面动脉，起始处外径(1.6±0.6)mm，蒂长(5.6±0.5)cm。该皮瓣的感觉神经为颈皮神经，最大可供面积达7cm×12cm，皮瓣旋转弧度大，带蒂转移可到达除小部分额区以外的整个面部和口腔。海南省医院[28]* 报道带腓肠神经伴行血管蒂逆行岛状皮瓣转移修复15例踝周及跟底皮肤缺损，最大皮瓣面积为15cm×9cm，全部成活。作者认为，皮神经伴行血管蒂轴型皮瓣，有不牺牲主干血管、操作简单、迅速等优点，值得推广应用。解放军146医院[29]* 在下前锯肌皮瓣应用解剖学研究基础上，利用带血管神经蒂的下前锯肌皮瓣移植修复四肢创面或重建肌动力17例，取得良好效果。其中3例术后1周内有轻度“翼状肩”，经功能锻炼后消失，远期随访功能正常。作者指出，该肌皮瓣血管蒂长、管径粗、解剖恒定、伴行运动神经、肌片扁平，适合四肢尤其是前臂及足底部位中小面积组织缺损的修复和指功能的重建。

对血管解剖变异的认识，有助于术中采取应变补救措施。无锡市手外科医院[30]在120余例股前外侧游离皮瓣手术中，有10例因供血皮支系自股前内侧间隙穿出而临时改变为股前内侧皮瓣移植，获全部成活。据观察，该组10例股前中区的供血血管有3种类型：旋股外侧动脉降支内侧支型，股浅动脉供血型及股动脉直接分支供血型。作者提出，大腿前外侧区的皮支细小甚至缺失时，前内侧区的皮支血管才会代偿性粗大，在此情况下，方可制成游离皮瓣，并称之为代偿性股前内侧皮瓣。中山医大一院[31]* 对侧腹部皮瓣的切取及血管蒂解剖方法作了改进，即先咬除窄条肋骨下缘，在肋沟处找到肋间血管神经束，再由近心端分离切取皮瓣，使解剖分离较为容易。应用改进的方法行侧腹部皮瓣岛状转移修复腋、骶部组织缺损5例，取得满意效果。广州南方医院[32]报道以第4～9肋间血管外侧皮穿支为蒂的窄蒂薄皮瓣修复手背创面16例，7～10d断蒂，全部成活。蒂部长宽均为3～5cm，瓣部长宽均可达15cm，皮瓣远端2/3修薄。由于不需要分离肋间血管主干，故手术操作简单而且安全。福建医大一院[33*]总结了颈阔肌肌皮瓣用于面颊、下唇部肿瘤及颞颌关节强直畸形修复69例的经验，所有修复手术分别采用常规术式、颈阔肌-胸锁乳突肌复合术式和颈阔肌折叠术式等3种术式，全部病例获满意疗效。空军乌鲁木齐医院[34]在对足背动脉分支解剖学研究的基础上，以足底深支为蒂的逆行岛状皮瓣修复前足部皮肤缺损7例，全部皮瓣成活。作者指出，足背动脉在踝关节前有恒定的皮支，分布于踝前皮肤，以该皮支形成通过足背动脉深支及伴行静脉为蒂供血的皮瓣，逆行转移可修复跖趾关节以远部位的皮肤缺损。

有关斜方肌肌皮瓣应用的4篇论著中，四川省肿瘤医院[35]对57具尸体114例斜方肌的形态结构和动脉血供进行了解剖观察，并在临床上应用斜方肌上部肌皮瓣、下部肌皮瓣共13例，全部获得成功。认为，带蒂胸大肌肌皮瓣、斜方肌上部或下部岛状肌皮瓣各具优缺点，三者可互补。安徽医大一院[36]应用超长下斜方肌肌皮瓣移植完成3例头部肿瘤术后缺损的修复，其肌皮瓣最大为36cm×12cm，肌肉血管蒂长16cm。认为该肌皮瓣基本可满足颅顶及上颌面部肿瘤切除后修复的需要。湖南湘潭市一院[37]报道以颈横动脉或枕动脉为蒂的岛状斜方肌肌皮瓣修复口腔颌面部缺损23例获成功。其选定血管蒂的原则是：当颈横动脉可游离长达8cm以上时，采用双或单血管蒂瓣；如颈横动脉过细过短，则选用上斜方肌带枕动脉瓣；如颈横动脉短而粗，且肌皮瓣与受区相距较远，则采用吻合血管游离移植。解放军205医院[38]报道在肩胛、侧胸、胸背区，设计成巨宽、巨长及分叶三种组织瓣联合形式用于创面修复，最大肌皮瓣面积达30cm×30cm。作者指出，术中需将背阔肌近端切断，并暂时切断大圆肌，以便于血管蒂的解剖分离。泰州市人民医院[39]对14例颅骨外露经用旋转推进头皮瓣移位修复后，仍有部分颅骨骨面外露者，采用颅骨骨膜瓣移位覆盖骨外露部分，并在其上植皮全部成活，骨膜瓣长宽比例为 4∶1。指出皮肤组织内的血管网分出许多细小血管进入骨膜，并在骨膜内再次形成血管网，因此骨膜瓣的血供丰富，有利植皮成活。安徽医大一院[40]*报道以膝上外侧动脉为蒂，通过膝上外侧动脉与旋股外侧动脉降支之间的吻合支营养的股前外侧皮瓣，逆行转移修复膝关节周围缺损 4 例，治疗小腿淋巴水肿桥接淋巴通道 1 例均取得满意效果。北京积水潭医院[41]应用预构扩张游离皮瓣移植 2 例获成功，第一期手术先将胸背动静脉血管束连同一束背阔肌组织移位植入侧胸部皮下，并在皮下放置皮肤扩张器。经扩张形成以胸背动静脉为血管蒂的轴型皮瓣，第二期手术切取皮瓣吻合血管游离移植修复创面，预构皮瓣最大面积为 22cm×15cm。西安西京医院[42]报道采用胸三角皮瓣供区预扩张的方法，修复面颈部瘢痕切除后创面 18 例，取得满意效果，具有色泽良好、皮瓣薄、供区可直接缝合的优点。作者指出，手术成功的关键在于保持扩张囊不发生移位。

三、面颈部畸形与缺损的修复

有关上睑下垂矫治的论著 6 篇。北京整形外科医院[43]应用叉形额肌腱膜悬吊法治疗上睑下垂 136 只眼，效果满意。其特点是纵向适度劈开额肌腱膜，以充分上提上睑，并均衡地分散上提的拮抗力，对额肌损伤轻，认为是治疗中、重度上睑下垂或经其他方法治疗后复发者的优选方法。手术应在 5 岁以后尽早进行，以避免出现继发畸形。四川省人民医院[44]介绍采用改良的皮肤睑板部分切除，上睑提肌 Muller 肌折叠术，矫正后天性上睑下垂 13 例 19 只眼的体会，指出该术式虽较复杂，但术后很少发生睑停滞及兔眼并发症，也适用于先天性上睑下垂矫正。安徽淮南市一院[45]采用结膜切开直视下分离缩短 Muller 肌的方法，治疗交感神经麻痹性上睑下垂，疗效满意。指出，交感性上睑下垂量一般在 3mm 以内，肌肉最大切除量为 9mm，不超过 Muller 肌的范围；术前做新福林试验对确立是否系交感性上睑下垂甚为重要。山东青州市医院[46]在额肌瓣悬吊治疗上睑下垂中，对额肌瓣经眼轮匝肌前、后及眶隔后三种不同通道转移对手术效果影响的比较，认为眶隔后通道符合上睑提肌解剖位置，力作用方向与上睑提肌一致，重睑形态自然，睁眼有力，效果最佳。而眼轮匝肌前通道效果最差，应舍弃使用。中国医大二院[47]总结改良的内外径路联合提上睑肌缩短术治疗 500 只上睑下垂眼，良好率为 73.8%。指出切除提上睑肌的量是手术成功的关键。以节制韧带为基线，可按每缩短 3.45mm 能矫正 1mm 下垂推算切除量。但影响术后效果的因素较多，重要的是在手术中根据睑裂进行调整，以上睑缘遮盖上角膜 1～2mm 为适度，认为提上睑肌功能消失者宜首选该术式。内蒙古自治区医院[48]对 36 只上睑下垂眼术前作上睑提肌肌电图检查，与手术效果进行对照分析，认为该项检查为上睑提肌功能测定提供了客观依据，并可指导上睑下垂矫正的术式选择及作为术前常规检查的手段。武汉同济医院[49]以含眶上动脉及滑车上动脉分支供血的额肌瓣翻转修复眼睑凹陷伴结膜囊狭窄 9 例，两者同时获得修复，术后无吸收变形及结膜囊底部植入物外露之虞。河北邢台市眼科医院[50]根据内眦外伤后畸形的形态和解剖变化，将之分成前部韧带全支断裂、前支韧带分支断裂、韧带完全断裂和韧带未断裂四型，按不同类型采取不同术式予以修复。指出，内眦韧带复位、前泪嵴钻孔钢丝固定手术具有优点。为了取得较好的效果，在有的病例尚需行内眦窝及泪小管断裂的修复。

有关耳廓整形的 4 篇论著中，上海中山医院[51]以结扎主要供养血管，彻底切除病变组织、保留耳软骨骨膜并中厚植皮的方法治疗耳廓先天性动静脉畸形，强调在阻断供养血管的基础上，必须彻底去除畸形和潜在畸形的血管床，才能使其丧失复发的基础。对耳轮过度前突是指对耳轮的角度过锐，致耳轮的位置相应后移，表现为与招风耳完全相反的畸形。北京整形外科医院[52]对这类病例应用患侧软骨成形和耳后皮瓣移植矫正的方法取得满意效果。蚌埠医学院附院[53]对 12 例先天性小耳、杯状耳畸形应用耳甲复合组织瓣上旋，耳后皮瓣覆盖上旋瓣的耳软骨创面，耳前皮瓣修复耳甲复合组织瓣供区的方法进行整复，具有无需切取自体软骨、形成的耳廓较薄、富有弹性、肤色及外形良好之优点。北京门头沟医院[54]报道在 1 例仅以耳垂 2cm 宽皮肤相连的断耳再植中，为了提供断耳的血液滋养，以颞浅动脉耳后支与耳后动脉和枕动脉及其交通支为轴位血管的筋膜瓣，尤如“三明治”样插入耳软骨和耳廓后侧皮肤之间，从而保障了再植耳的成活。该手术设计构思新颖巧妙，值得借鉴。

辽宁省医院[55]应用胸锁乳突肌肌蒂岛状皮瓣行舌再造 1 例获成功，指出在设计皮瓣时，肌蒂皮瓣的远端不宜超过锁骨下 4cm，以保障皮瓣有良好的血供。

解放军 304 医院[56]报道以桡动脉细小皮支供养的前臂远侧岛状皮瓣交叉移植完成 5 例鼻再造，认为有固定容易、制动灵活、不牺牲桡动脉的优点。

对唇腭裂的修复有多篇报道。湖南怀化地区一院[57]对 8 例单侧唇裂在出生后 2～8h 内完成修复，认为此期修复创口愈合快，不易感染，操作方便，并有利恢复唇部肌肉生理性运动的压迫作用，可使牙槽嵴部逐渐靠拢，为以后腭裂整复创造条件。山西医学院附院[58]为双侧唇裂修复，设计了在直线修复术的基础上增设鼻唇沟瓣及鼻底和前唇沟状线区形成两个小三角瓣，充分利用唇部粘膜，加深前唇部前庭沟。改进的方法可克服上唇过紧，恢复前唇的正常功能，有利于鼻的发育。安徽医大一院[59]报道双侧唇裂修复时，在裂隙较丰满的一侧设计一肌皮粘膜复合组织瓣，转位加长前唇垂直高度，使修复后红唇饱满，Cupid 弓明显，唇珠突出，上唇微翘，前唇无凹陷瘢痕，最适用于一侧为完全性而另一侧为不完全性唇裂的修复。单侧唇腭裂多伴有牙槽嵴裂，若不设法修复，裂隙侧恒牙将不能从正常位置萌出，致牙列不齐及患侧鼻翼基部凹陷等畸形。长沙湘雅医院[60]对16 例牙槽裂采用自体髂骨骨松质移植或羟基磷灰石充填，并以上唇粘膜瓣和裂隙两侧粘骨膜瓣转移封闭裂隙。随访发现自体骨移植者全部发生骨连接，并有牙从骨连接区长出，而羟基磷灰石充填者无 1 例有牙萌出。表明裂隙修补以自体骨移植为好，羟基磷灰石不宜用于成年人。北医大口腔医学院[61]* 总结应用髂骨髓质骨移植治疗 80 例唇腭裂牙槽裂的经验认为，植骨手术的最佳时机为 8～11 岁，即 X 线片示尖牙根形成 2/3 之时。植骨术前后应接受正畸治疗，以利于恢复牙弓的完整性，形成完好的牙列，矫正鼻底塌陷畸形。北京整形外科医院[62]* 应用硬腭粘膜瓣后推、软腭鼻腔粘膜 Z 成形、腭帆提肌吊带重建、颊肌粘膜瓣转移修复硬腭裂隙及腭部创面、选择性地施行去神经郤短伸肌游离移植、腭咽环扎等综合手术，修复 20 例腭裂及腭裂术后腭咽闭合不全患者，效果满意。北京中日友好医院[63]分析了 4 例腭裂成形术后创口裂开或穿孔的原因指出，缝合时组织瓣张力过大是术后穿孔的主要原因，提出在骨膜下解剖松解腭大神经血管束减少组织张力及手术创伤，有助于预防穿孔发生。北京整形外科医院[64]对 56 例腭裂患儿和 50 例正常儿童的中耳功能进行对比评价，发现腭裂患儿咽鼓管的功能不良，调节中耳压力的能力差，通过吞咽来主动开放咽鼓管的功能受限。因此，腭裂患儿的合理治疗需多科医生的共同配合。

北京整形外科医院[65]* 对先天性小耳伴有中、重度下颌发育不全的儿童，在行耳再造术的同时，应用延长器延长患侧下颌骨，观察到下颌骨可以延长 18mm。作者认为，在儿童时期行下颌骨延长后，可以促进患侧周围颜面组织的发育。在该院[66]另一篇有关下颌骨延长的报道中，5 例下颌骨延长后未发现颞颌关节紊乱和其他并发症。指出手术时机宜选择在 6～7 岁以内，术后需行咀嚼功能锻炼，去除 Kirschner 针后配市垫 1～2 个月，以预防或减少回缩发生。上海市九院[67]对 1 例 12 岁时曾进行 LeFort Ⅲ 型颅面联合截骨术的颅面发育不良综合征患者，7 年后随访时进行头颅定位测量分析，观察颅面截骨与颅面发育关系。作者发现其颅面外形正常，无突眼、面中部凹陷和咬市关系紊乱。因此认为，根据人种、性别以及个体的差异，颅面联合截骨的手术年龄可以放宽至 13～14 岁。上海市九院[68]* 通过对 10 例 1～34 岁先天性颅缝早闭症的临床表现进行分析，阐述了各种颅缝早闭造成的不同畸形头的特点，介绍了各种相应的手术方法，并对该症病因、手术方法、手术年龄及并发症作了讨论。

有关下颌角咬肌肥大治疗的 3 篇论著中，暨南大学医学院附院[69]报道 12 例口腔内进路完成肥大下颌角及咬肌切除取得良好效果。鉴于口内进路截骨术去骨不彻底，而口外进路截骨术又会留下较明显瘢痕影响美观的缺点，上海市九院[70]及西安西京医院[71]均报道了口内外联合进路的下颌角截骨术。下颌角下缘的口外切口不超过 1cm，结果既能精确而彻底地截骨，又避免了下颌部留下长而明显的瘢痕，面神经下颌缘支损伤的可能性也相对较小。武汉协和医院[72]报道胸锁乳突肌"Z"成形延长术治疗肌性斜颈 49 例，术后功能和体表形态均恢复良好。指出，该方法不适用于严重病例，术后坚持功能锻炼，带颈圈固定 1～3 周以矫正头颈向患侧歪斜的习惯姿态，是保证术后不复发和改善头面部畸形直到恢复正常的重要措施。对于畸形较严重、胸锁乳突肌及深浅筋膜同时受累的斜颈病例，单纯离断胸锁乳突肌难以达到理想的功能和美容效果。西安医大二院[73]也报道了应用颈阔肌旋转肌瓣加胸锁乳突肌离断的矫正方法，术后功能和外形恢复均较满意。该方法也适用于年龄偏大儿童斜颈的整复。

四、躯干、会阴部畸形与缺损的修复

深圳市医院[74]* 应用下胸皮瓣上推，使乳房下皱襞上提与深面肋骨膜、肋软骨膜或肋间筋膜固定的方法，治疗倒"T"形切口巨乳缩小术后乳房"上小下大"畸形，术后不增加瘢痕，切口也比原手术切口隐蔽，较乳头乳晕下移术式损伤小，且不影响乳头乳晕的血运。新疆医学院一院[75]在行下蒂瓣乳房缩小术中，将下蒂瓣宽度增加至 12～14cm，同时将乳头位置定在第 4 肋间隙，既可保证乳头、乳晕不发生血运障碍，且有良好的感觉和隆起功能，又能使缩小后的乳房外形丰满，乳头乳晕凸起。浙江嵊县医院[76]

对13例下蒂瓣法乳房缩小术后患者作了1～14年随访，未发现保留部分的乳腺组织术后继续增生肥大，而保持较好的外形。解放军411医院[77]对147例次超声波去脂塑形术的并发症作了分析，常见并发症多为淤斑、皮肤水泡、皮下积液、暂时性皮肤感觉障碍、皮下硬结及皮肤烫伤等，未发现脂肪栓塞及肺栓塞严重并发症。郑州市一院[78]报道1例应用Payne空-回肠端侧吻合短路减肥致肠坏死60cm，为肠系膜中部因张力呈现紧张带，阻断肠系膜静脉回流所致。该例虽得及时探查，未酿成严重不良后果，但应引起高度重视。

解放军98医院[79]应用足背皮瓣游离移植行阴道再造术10例，全部皮瓣成活，其中2例子宫发育正常者已分别妊娠，随访检查阴道宽畅、柔软、富有弹性。聊城地区医院[80]报道羊膜移植再造阴道21例，其中16例随访2～5年，已全部结婚，性生活满意。检查阴道粘膜光滑红润，有弹性，深7～10cm，可容2指。由于羊膜系异体组织，移植后终将因免疫排斥反应而逐渐消失，遗留创面形成瘢痕发生挛缩，影响远期效果，现已摈弃不用。再造阴道的衬里组织还是以皮片或皮瓣为理想。

湖北医大一院[81]通过切断阴茎悬韧带延长海绵体，并以腹股沟岛状皮瓣移位修复背侧创面，以延长阴茎。据报道该手术能延长阴茎5～8cm。

有关尿道下裂修复的2篇论著中，北京整形外科医院[82]对12具尸体解剖研究发现，阴茎皮肤及包皮系由阴部外动脉的一个终末分支——阴茎浅动脉供应，该血管恒定在肉膜层走行于阴茎外侧，分为背外侧支和腹外侧支，终于冠状沟。以此设计轴型阴茎岛状皮瓣再造尿道，并用阴囊中隔岛状皮瓣修复阴茎皮瓣供区创面及先天缺损创面，完成8例阴茎阴囊型尿道下裂修复一期成功。解放军254医院[83]在以往阴囊中隔皮瓣修复尿道下裂术式的基础上，设计阴囊中隔双蒂岛状皮瓣一期修复尿道下裂9例，无一例出现并发症。该术式所利用的双蒂阴囊中隔皮瓣，其前、后部分分别由阴囊前、后动脉供血。皮瓣的一部分用以形成尿道，而另一部分用以覆盖新尿道修复阴茎腹侧创面。作者指出，对于阴囊发育良好的尿道下裂患者，最适合采用该方法修复。福建医学院一院[84]报道15例阴囊淋巴瘘采用术前、术后抗丝虫治疗、阴囊大部切除及重建、淋巴管结扎、腹股沟淋巴结-大隐静脉吻合等手术方式治疗，取得满意疗效。随访6个月～3年无复发。

解放军100医院[85]为16例直肠癌病人行根治术后，及时经Miles手术建立直肠角，以带血管蒂的股薄肌移植替代肛门括约肌，在原位重建肛门，保持了肛门的正常位置和排便时空功能，效果满意。股薄肌移植重建肛门括约肌的成功，主要在于股薄肌切取、移植及固定、直肠角建立及预防感染等四个环节。

五、四肢畸形与缺损的修复

扬州苏北医院[86]*在对第二掌背动脉的解剖学研究基础上，应用第二掌背动脉岛状皮瓣顺行或逆行转移，修复手背、拇指皮肤缺损8例，全部成活。认为该皮瓣有轴心血管、口径粗、行程恒定、位置表浅、手术操作简便、皮肤质地和感觉恢复较好等优点。杭州整形医院[87]根据第一、二掌背动脉血供特点，设计以此2条动脉为血管蒂的第二指蹼分叶岛状皮瓣修复拇指脱套伤5例，结果全部成活，达一期愈合。该皮瓣具有感觉，质地薄，术后拇指活动及外形均好，对拇指脱套伤的修复很有实用价值。上海市九院[88]对指间距离较宽、皮肤松弛的并指进行整形时，在并指近端指间背侧设计1个皮瓣，并指间掌侧设计2个皮瓣，3个皮瓣交错缝合成形指蹼，供区易于直接缝合，取得良好的功能及外形效果。杭州整形医院[89]在对掌背尺桡神经浅支的分布类型、横径、伴行血管数量及口径等解剖研究基础上，以掌背皮神经伴行血管丛供血的逆行岛状皮瓣修复指及虎口部位创面19例全部成活。该皮瓣血供可靠，长宽比例可达4.8：1，蒂最长可达5～6cm，能满足指端修复的需要。解放军98医院[90]报道应用腹壁真皮下血管网薄皮瓣二期修复手及指背创面10例，7～10 d断蒂，同时完成创面修复与手指、指蹼成形，避免了后期分指手术，有利于手功能的早期恢复。西安西京医院[91]报道兰州地区先天性多指畸形发生率为0.33‰。根据31例多指畸形治疗分析认为，手术时机以1～5岁为宜。作者指出，术前辨认主副指是最重要的步骤，治疗除截除多指外，应根据不同情况行肌腱转移、关节囊成形及修补等手术，尽可能纠正畸形，恢复其功能与外形。郧阳医学院[92]应用手背示、中指指背筋膜血管神经蒂皮瓣一期再造拇指成功。该皮瓣为筋膜血管网、轴向血管供血的皮瓣，切取不受第一、第二掌背动脉类型的影响。此法安全可靠，值得推广。苏州医学院一院[93]报道应用郃甲皮瓣及冷冻异体指骨-关节-肌腱复合体移植再造拇指8例获成功。作者指出，异体指骨复合体冷冻后抗原性较弱，免疫性降低，引起全身及局部排斥反应不严重，术后不需应用免疫抑制剂。郃甲瓣带少量自体趾骨可减少异体指骨的吸收，使两者融合良好。该院[94]在另一篇报道中分析了32例手部热压伤应用皮瓣修复的体会并指出，彻底切开减压和切除坏死组织是手术成功的关键。对于损伤和污染不严重的肌腱、血管、神经及关节应予保留，及时采取皮瓣修复借以“生物切除”，可更多地保留手的功能。衢州市医院[95]对62例63块股前外侧皮瓣修复手足部位软组织缺损进行随访发现，用该皮瓣修复足部者功能外形均较满意，而用于修复手部虎口区及跨越掌指关节损伤的8例，术后外形均显不同程度臃肿，5例伴不同程度的掌指关节及虎口挛缩畸形与功能障碍。其原因系与阔筋膜挛缩有关，而需二期修复。因此作者建议，在手部应用股前外侧皮瓣时，宜修剪皮瓣周边的阔筋膜使之缩小，仅用皮瓣覆盖关节和虎口以克服上述缺点。包头市四院[96]为了探讨足背逆行岛状皮瓣应用的可行性，对30例成人尸体逆行足背皮瓣的皮动脉及静脉血回流途径进行了解剖观测，发现该皮瓣逆行转移后静脉回流途径有四种方式。皮瓣的血供和静脉回流充分可靠，可用于临床。作者还在解剖学研究基础上，施行足背逆行岛状皮瓣修复足前部皮肤缺损6例，全部顺利成活。解放军223医院[97]为解决肌腱修复术后粘连的难题，对9例10条陈旧性损伤的指深屈肌腱，应用大隐静脉套肌腱移植取得良好效果。作者认为，静脉柔软而富有弹性，可为肌腱提供满意的滑动管道，方法及疗效肯定。

有关拇指功能重建的3篇论著中，上海瑞金医院[98]应用环指屈指浅肌腱移位、尺侧腕伸肌或尺侧腕屈肌作动力腱、拇短伸肌腱作牵引腱和小指外展肌移位等方法，重建拇指对掌功能，效果满意。认为若拇外展被动活动良好，动力腱肌力好，移位腱径路上无瘢痕，移位腱的方向与拇短展肌方向一致，移位肌张力适当，止点缝合正确，根据病例选择适当术式，则多数病例术后均可改善手功能。河南安阳市医院[99]报道拇短伸肌直接移位重建拇对掌功能36例取得较好疗效。指出，拇短伸肌与拇展肌止点毗邻，属协同肌。不切断该肌止点而仅将其移位，并利用切断的掌长肌腱远端重建滑车，即能达到重建止点及拇对掌的作用，移位后拇短伸肌原有的功能可由拇长伸肌代偿，因此是重建拇对掌功能的合理选择方法。拇长屈肌腱主要功能是屈拇指的指间关节，如指间关节屈曲功能丧失，则意味着拇指丧失了精细的对捏功能。因此，拇长屈肌腱的损伤应在早期及时修复，晚期应积极重建。齐齐哈尔市一院[100]对13例拇长屈肌腱损伤，晚期采用环指指浅屈肌腱转移重建屈拇功能，随访3个月～1年，效果满意。

六、美容外科

随着美容外科的迅速发展，有关眼睑、外鼻、乳房等颜面及形体美容整形的论著相应大幅度增加。《实用美容整形外科》杂志分期组织了有关鼻成形并发症、面部除皱并发症及下睑成形并发症等专题讨论，将对减少美容手术并发症、改善手术效果，提高美容外科技术水平起到良好的作用。新疆军区机关医院[101]对1 057名维、汉两族青少年重睑形态学调查表明，睑裂形态有种族差异，认为重睑手术应考虑到当地少数民族人生活环境和重睑形态特点，使其术后的效果符合本民族的眼型特征。缝扎法重睑成形术因操作简便，对受术者日常生活影响小而较易普及。如术中不明确眼睑血管部位，极易误伤血管引发血肿及淤斑。衡阳医学院一院[102]应用组织透照板连接TLT-B强冷光源透照法显露上睑血管，以选择无血管区定点缝扎，可避免损伤血管引发血肿之虞。解放军211医院[103]针对重睑手术是否需同时去除部分眶脂有不同的意见，将外观臃肿的上睑分为多脂性、松弛性和肌性三型，并根据不同分型采用相应的方法。强调40岁以后多数人眼眶部脂肪开始萎缩，出现上睑窝凹陷，呈现老相。重睑手术时切除脂肪组织及因此引起眶组织的损伤，可加速上睑脂肪萎缩，因此对眶脂肪的部分切除要持慎重态度，不提倡千篇一律的做法。青岛海军疗养院[104]综合9篇文章对重睑成形术17种并发症的原因作了分析，并对预防和处理提出了详尽的意见。深圳市妇儿医院[105]为矫正重睑术后重睑线位置过高，采用眶隔-睑板-皮肤缝合术，将眶隔与重睑线切口共同缝合固定于睑板前，形成上睑提肌与高位皮肤之间的屏障，而使高位重睑皱襞消失。

青海省医院[106]从临床角度出发，对西宁地区585名汉族成年健康人的外鼻进行了形态学测量，得出一组鼻形态数据，可供整形美容手术设计时参考。辽宁省医院[107]综合8篇有关固态硅橡胶假体隆鼻术后并发症防治的文章，报道在238例并发症中，形态欠佳最为常见(38.7%)，其次为假体外露(17.2%)、透光或活动(15.5%)、歪斜(13.9%)等。杭州整形医院[108]根据对隆鼻术后硅胶假体受力的分析，在假体鼻骨面纵轴上间断雕刻3个坑，以增大假体与鼻骨之间的磨擦系数，有增加假体下滑阻力的作用。上海市九院[109]以Rethi切口入路，暴露整个鼻翼软骨外侧脚、穹窿部及鼻中隔软骨下端，根据要求呈条状及楔型切除部分软骨，缝合固定，使鼻翼软骨外侧脚内旋和推进，以提高鼻翼软骨内侧脚的高度，整复鼻尖低宽畸形。安徽医大一院[110]采用联合耳后真皮下血管网皮肤的耳廓复合组织块移植修复鼻翼、鼻尖缺损及小耳畸形，组织块最大宽度为2.6cm，耳后真皮下血管网皮肤大小为(0.8～2.2)

cm×(1～2.5)cm，8例移植的组织块全部成活。作者认为，联合耳后真皮下血管网皮肤移植，血供建立早，避免或减少移植组织变性及损害，有利于组织块成活。杭州整形医院[111]报道一期手术方法治疗严重驼峰鼻时，除矫正驼峰畸形外，同时对于肥大的鼻侧软骨、鼻翼软骨及中隔软骨进行全面修复，重塑鼻的外形，6例效果均满意。

内镜除皱是1992年以来在美容外科方面新兴的一项技术，由于切口小，损伤轻，瘢痕少，操作准确，出血少，因此有较好效果和应用前景。西安西京医院[112]*报道采用内镜行额、全颜面部除皱术22例，失血量一般为50～100ml，获得较好的临床效果。内镜除皱适用于中等程度以内的皮肤松弛者，视野不够大是其不足之处。北京整形外科医院[113]为了提高面中部除皱手术疗效和减少手术创伤，根据耳前部SMAS与下方组织相连相对紧密的解剖特点，将SMAS分为固定和移动的两部分，提出剥离移动的SMAS后悬吊于固定的SMAS上的改良术式，以减少手术并发症，用于面中部除皱31例取得满意效果。作者认为，移动的SMAS是该术式的关键组织结构，而固定的SMAS是手术设计必要的组织基础。上海市九院[114]总结了915例不同部位、不同范围面部皮肤提紧术的13种并发症，强调只有精细的手术操作，彻底止血，掌握正确的分离层次和范围，才能获得良好的效果。

上海长征医院[115]报道经内上乳晕切口，将内侧缘乳腺向外侧完整翻起、不切开乳腺腺体的隆乳术，具有不损伤腺体、减少发生感染的机会、不影响乳头乳晕感觉的优点。广西柳州市美容城[116]分析1例隆乳术后并发双峰乳房的原因，认为系手术中离断乳房下皱襞韧带所致。修复此韧带，将其重新缝合固定于第5肋骨骨膜和第5、6肋间可以矫正此种畸形。上海市九院[117]总结62例国产充注式乳房假体隆乳术的经验，认为国产充注式乳房假体的质量是好的，术中对假体作短暂的超定量注水以扩张周围组织有明显优点，值得推荐。

沈阳军区总院[118]对31例颏外板游离移植行颏部成形术，在术后不同时间骨吸收变化及对颏部软组织形态影响的测量结果显示，最大骨吸收度为41.28%，且这种骨吸收对软组织的位置影响很大，在施行该项技术时对此必须有所考虑。

唇龈沟消失或变浅对上唇正常活动以及充分表达感情和饮食有一定影响。北京整形外科医院[119]应用多个唇、颊粘膜瓣向中央推进转移的成形术，使龈唇沟的正常深度得到恢复，其粘膜瓣的长宽比例达4∶1仍有良好血运。辽宁省医院[120]对双侧颊部过于丰满呈圆形或称"婴儿面"者，经口内入路选择性地部分切除颊脂肪垫，获得改善面部曲线的良好效果。上海长征医院[121]等6篇文章列举了眼袋整形手术的9种并发症，对发生的原因及防治对策作了分析介绍。指出下睑外翻、眶下睑沟凹陷畸形是最常见的并发症，术中避免去除过多的皮肤及眶隔脂肪，可有效防止并发症发生。

七、其他

皮肤扩张术在修复重建外科中的应用日益广泛，相关的应用研究及实验研究有多篇论著报道。对于大面积皮肤缺损，常规的一次扩张术往往难以达到彻底修复。北京整形外科医院[122]应用重复扩张法治疗体表大面积瘢痕畸形获得良好的效果。其重复扩张法最大修复创面为20cm×22cm，共经5次历时1年6个月扩张完成全疗程。扩张后的皮瓣经推进转移后，可即刻置入扩张器重复扩张多次，这是修复大面积皮肤软组织缺损的一个切实可行方法。安徽医大一院[123]进行了皮肤扩张囊内分别注入甲硝唑和普鲁卡因的体外实验研究，观察到扩张囊具有渗透性。药物注入后2～4h渗出最快，其渗透性与药物分子量相关，分子量愈小，渗透性愈大。在扩张囊内注入一定量的甲硝唑和普鲁卡因，有预防和控制感染、减轻扩张过程中疼痛的作用。南京军区南京总院[124]报道在应用组织扩张术矫治58例面颈部瘢痕中，共使用81只扩张器，有23只出现并发症，发生率为28.4%。通过及时适当处理，除4只扩张囊被迫取出外，其余均按计划或部分按计划实施手术。作者指出，唇颊部、颌下及颈前区埋置扩张器易发生并发症，应慎重应用，并认为纤维包膜对扩张后皮肤的舒展无明显影响，去除包膜会影响皮瓣血供，故可常规予以保留。洛阳医高专附院[125]研制了注射阀门外置型皮肤软组织扩张器，该装置既保留了以往使用的扩张器的主要优点，又增强了囊的伸展性、稳固性和方向性，注射阀不漏气不漏液，利于固定，引流作用可靠，便于快速扩张。如扩张过程中一旦发生腔内感染，可经引流管及时治疗。解放军451医院[126]设计的皮肤伸展器，在不需行皮下潜行分离的情况下，可迅速产生"额外"皮肤组织，快速修复较大的皮肤软组织缺损，具有操作简便、节时省力、并发症少等优点。皮肤伸展器可在术前、术中、术后不同阶段使用，根据创面大小，每次使用时间为20～640min，或者更长。应用该装置修复52例体表各部位创面，取得较好的形态和功能效果。上海长海医院[127]在兔进行了皮肤外扩张延迟作用的实验研究，经激光多普勒血流仪、血氧饱和度检测及皮肤微循环血流监测，比较扩张组和对照组皮瓣成活面积及微血管造影结果，表明扩张后的皮肤生存质量不比正常皮肤低下，只有近似的延迟作用。上海市一院[128]报道应用吻合血管神经的趾甲皮瓣包埋冷冻过的异体手指复合组织已再造拇指、手指 250 例，成功率达 95%。作者指出，医院建立尸手冷藏库是可行的，与建立骨库具有同等意义，能为临床提供骨、关节、肌腱、腱鞘或手指复合组织等异体移植物。上海长海医院[129]报道在瘤腔内压监测下，分次少量快速推注无水乙醇栓塞瘤体回流静脉血治疗海绵状血管瘤 38 例，除 4 例复发外，其余均基本软化消退。作者指出，治疗中应先栓塞回流静脉再注射硬化剂，可防止硬化剂流失，以达到稳定的疗效。

有关 49 例烧伤瘢痕癌的报道中，鳞状上皮癌 47 例，基底细胞癌 2 例。江苏泰州市医院[130]对 23 例烧伤瘢痕癌治疗作了分析，该组病例中，9 例行截指、截趾、截肢治疗，其余作距创缘 2.3～3.3cm 彻底切除病灶后植皮或皮瓣修复，随访 6 个月～10 年，22 例健在，1 例病灶复发后二期截肢，术后 2 年死于肺转移。作者认为，对局部有骨或肌腱侵犯者宜选择高位截肢术。广西右江民族医学院附院[131]报道 9 例瘢痕癌，均为高分化型。该组病例从烧伤到确诊癌变的时间为 13～37 年，强调病灶局部切除术后仍应定期随访与复查，认为淋巴结有无转移是判断预后的重要因素，术后 3 年无转移者预后大多良好。上海市九院[132]* 总结 79 例肿瘤术后肢体慢性淋巴水肿采用微波烘疗的经验认为，微波烘疗是肿瘤术后肢体淋巴水肿有效而简便的治疗方法，对一、二级水肿消肿甚佳，对三级橡皮肿也可减少丹毒发作频率。因此，肿瘤术后肢体淋巴水肿，如无肿瘤复发征象，应及时行微波烘疗，可防止水肿进一步发展和控制丹毒发作。

（林子豪）

参 考 文 献

[1]* 杨松林等. 中华整形烧伤外科杂志 1996;12(1):2
[2] 宋维铭等. 中华整形烧伤外科杂志 1996;12(1):6
[3] 何　威等. 第三军医大学学报 1996;18(1):64
[4] 李松春等. 中华整形烧伤外科杂志 1996;12(1):9
[5] 张力平等. 中华整形烧伤外科杂志 1996;12(2):101
[6] 董玉兰等. 中国修复重建外科杂志 1996;10(3):136
[7] 谷廷敏等. 中国修复重建外科杂志 1996;10(3):133
[8] 朱旭东等. 中国修复重建外科杂志 1996;10(3):139
[9] 廖建中等. 中国修复重建外科杂志 1996;10(3):142
[10] 李跃军等. 中华显微外科杂志 1996;19(3):193
[11] 王珍祥等. 中华整形烧伤外科杂志 1996;12(1):12
[12] 李青峰等. 中国修复重建外科杂志 1996;10(2):103
[13] 江　华等. 中华整形烧伤外科杂志 1996;12(2):122
[14] 吴克坚等. 中华显微外科杂志 1996;19(2):129
[15] 严志强等. 中华显微外科杂志 1996;19(1):3
[16]* 宋业光等. 中华整形烧伤外科杂志 1996;12(5):323
[17]* 王　侠等. 中华整形烧伤外科杂志 1996;12(5):330
[18] 马福顺等. 中华整形烧伤外科杂志 1996;12(5):333
[19]* 欧阳天祥等. 中华整形烧伤外科杂志 1996;12(5):326
[20] 刘宁飞等. 中国修复重建外科杂志 1996;10(4):250
[21] 蔡仁祥等. 中华显微外科杂志 1996;19(1):37
[22] 黄慕洁等. 中华显微外科杂志 1996;19(2):122
[23] 陈良万等. 中华显微外科杂志 1996;19(2):119
[24] 杨明勇等. 中华整形烧伤外科杂志 1996;12(4):293
[25] 玄东泽等. 中华整形烧伤外科杂志 1996;12(6):412
[26]* 王佐林等. 中华整形烧伤外科杂志 1995;11(6):412
[27] 王伯钧等. 中华显微外科杂志 1996;19(2):125
[28]* 王和驹等. 中华显微外科杂志 1996;19(2):82
[29]* 徐前锋等. 中华显微外科杂志 1996;19(3):167
[30] 许亚军等. 中华整形烧伤外科杂志 1996;12(6):407
[31]* 于国中等. 中华整形烧伤外科杂志 1996;12(6):403
[32] 高建华等. 中国修复重建外科杂志 1996;10(3):149
[33]* 庄福连. 中华整形烧伤外科杂志 1996;12(5):355
[34] 周　围等. 中华显微外科杂志 1996;19(1):27
[35] 陶远孝等. 中国修复重建外科杂志 1996;10(2):87
[36] 展　望等. 中国肿瘤临床 1996;23(7):473
[37] 张洪武等. 中华整形烧伤外科杂志 1996;12(2):117

[38] 韩凤山等. 中华显微外科杂志 1996;19(2):100
[39] 于益鹏等. 中国修复重建外科杂志 1996;10(1):55
[40]* 宁金龙等. 中华显微外科杂志 1996;19(2):91
[41] 沈祖尧等. 中国修复重建外科杂志 1996;10(2):70
[42] 鲁开化等. 中华整形烧伤外科杂志 1996;12(3):187
[43] 张海明等. 中华整形烧伤外科杂志 1996;12(5):358
[44] 徐昭旭等. 中华整形烧伤外科杂志 1996;12(4):248
[45] 方　严等. 中华整形烧伤外科杂志 1996;12(4):246
[46] 潘学洪等. 中国医学美学美容 1996;5(1):34
[47] 尹树国等. 中华整形烧伤外科杂志 1996;12(1):28
[48] 崔　巍等. 中华整形烧伤外科杂志 1996;12(3):205
[49] 黄　立等. 中华整形烧伤外科杂志 1996;12(2):125
[50] 白　苹等. 中国医学美学美容 1996;5(4):204
[51] 吴坤南等. 中华整形烧伤外科杂志 1996;12(4):309
[52] 王佳琦等. 中华整形烧伤外科杂志 1996;12(3):198
[53] 程新德等. 中华整形烧伤外科杂志 1996;12(2):143
[54] 邓　印. 中华整形烧伤外科杂志 1996;12(2):153
[55] 谢　洪等. 实用美容整形外科 1996;7(3):143
[56] 陈宝驹等. 中国医学美学美容 1996;5(3):140
[57] 易贤广等. 实用美容整形外科 1996;7(2):96
[58] 刘瑛年等. 中华整形烧伤外科杂志 1996;12(4):290
[59] 汪春兰等. 中华外科杂志 1996;34(4):250
[60] 蒯新春等. 中华整形烧伤外科杂志 1996;12(4):288
[61]* 马　莲等. 中华整形烧伤外科杂志 1996;12(2):107
[62]* 赵振民等. 中华整形烧伤外科杂志 1996;12(2):110
[63] 王　非等. 中日友好医院学报 1996;10(3):253
[64] 朱宁文等. 中华整形烧伤外科杂志 1996;12(2):113
[65]* 庄洪兴等. 中华整形烧伤外科杂志 1996;12(3):196
[66] 缪嘉宏等. 中华整形烧伤外科杂志 1996;12(1):66
[67] 穆雄铮等. 中华整形烧伤外科杂志 1996;12(5):391
[68]* 冯胜之等. 中华整形烧伤外科杂志 1995;11(6):406
[69] 赖仁发等. 实用美容整形外科 1996;7(2):87
[70] 穆雄铮等. 中华整形烧伤外科杂志 1996;12(2):104
[71] 李向东等. 中国医学美学美容 1996;5(3):135
[72] 易传勋等. 中华整形烧伤外科杂志 1996;12(1):22
[73] 徐　泉等. 中国医学美学美容 1996;5(1):30
[74]* 刘立刚等. 中华整形烧伤外科 1996;12(4):255
[75] 李傅健等. 实用美容整形外科 1996;7(4):172
[76] 唐世懋等. 实用美容整形外科 1996;7(6):317
[77] 张庆福等. 中国医学美学美容 1996;5(1):15
[78] 刘道功. 中华整形烧伤外科杂志 1996;12(3):225
[79] 于加平等. 中华显微外科杂志 1996;19(4):300
[80] 张福奎等. 中华整形烧伤外科杂志 1996;12(5):387
[81] 龙道畴等. 中国修复重建外科 1996;10(2):121
[82] 陈宗基. 中华医学杂志 1996;76(9):711
[83] 王　军等. 中华整形烧伤外科杂志 1996;12(1):19
[84] 曹林升等. 中国修复重建外科杂志 1996;10(4):231
[85] 张本寿等. 中华整形烧伤外科杂志 1996;12(5):361
[86]* 王静成等. 中华手外科杂志 1996;12(2):71
[87] 姚建民等. 中华整形烧伤外科杂志 1996;12(5):349
[88] 杨　川等. 中国修复重建外科杂志 1996;10(1):57
[89] 宋建良等. 中华显微外科杂志 1996;19(3):176
[90] 于加平等. 中华整形烧伤外科杂志 1996;12(5):352
[91] 刘　毅等. 中国医学美学美容 1996;5(4):181
[92] 董有海等. 中国临床解剖学 1996;13(4):249
[93] 金　陵等. 苏州医学院学报 1996;16(4):738
[94] 林　伟等. 苏州医学院学报 1996;16(4):739
[95] 张　春等. 中国修复重建外科杂志 1996;10(1):56
[96] 史增元等. 中华整形烧伤外科杂志 1996;12(5):340
[97] 孙玉成等. 延边医学院学报 1996;19(2):102
[98] 杨佩君. 中国康复医学杂志 1996;11(2):85
[99] 高雁卿等. 中华手外科杂志 1996;12(2):79
[100] 张金柱等. 齐齐哈尔医学院学报 1996;17(1):25
[101] 李　宏等. 中国医学美学美容 1996;5(3):127
[102] 谭善彰等. 中华整形烧伤外科杂志 1996;12(1):69
[103] 于彦姝等. 实用美容整形外科 1996;7(1):10
[104] 陈春梅. 实用美容整形外科 1996;7(1):1

[105] 高 翔. 中华整形烧伤外科杂志 1996;12(2):127
[106] 高东旺等. 中国医学美学美容 1996;5(1):12
[107] 夏成俊. 实用美容整形外科 1996;7(2):90
[108] 何葆华等. 实用美容整形外科 1996;7(3):137
[109] 钱云良等. 实用美容整形外科 1996;7(3):131
[110] 宁金龙等. 中国修复重建外科杂志 1996;10(1):45
[111] 范希玲等. 中华整形烧伤外科杂志 1996;12(4):251
[112]* 艾玉峰等. 中华整形烧伤外科杂志 1996;12(4):243
[113] 马海欢等. 中华整形烧伤外科杂志 1996;12(6):444
[114] 朱 昌等. 实用美容整形外科 1996;7(1):14
[115] 赵耀中等. 实用美容整形外科 1996;7(6):300
[116] 李 珑等. 实用美容整形外科 1996;7(3):146
[117] 金一涛等. 中华整形烧伤外科杂志 1996;12(4):257
[118] 华泽权等. 中华整形烧伤外科杂志 1996;12(2):145
[119] 李森恺等. 中华整形烧伤外科杂志 1996;12(4):308
[120] 夏成俊等. 实用美容整形外科 1996;7(1):38
[121] 袁相斌等. 实用美容整形外科 1996;7(6):284
[122] 杨明勇等. 中华整形烧伤外科杂志 1996;12(5):364
[123] 展 望等. 中国修复重建外科杂志 1996;10(1):32
[124] 汪 军. 实用美容整形外科 1996;7(2):69
[125] 雷万军. 中国修复重建外科杂志 1996;10(2):67
[126] 周黎安等. 中华整形烧伤外科杂志 1996;12(3):193
[127] 张明利等. 中华整形烧伤外科杂志 1996;12(3):183
[128] 候明钟等. 中国修复重建外科杂志 1996;12(3):152
[129] 欧阳天祥等. 解放军医学杂志 1996;21(3):225
[130] 于益鹏等. 中华整形烧伤外科杂志 1996;12(5):336
[131] 潘启龙. 中华整形烧伤外科杂志 1996;12(3):231
[132]* 干季良等. 上海第二医科大学学报 1996;16(2):113

文 选

唇腭裂的牙槽突裂植骨修复术(中华整形烧伤外科杂志 1996;12(2):107) 北医大口腔医学院马莲等报道应用自体髂骨髓质骨移植术治疗唇腭裂牙槽突裂的经验与体会。该组 80 例中<15 岁 52 例,>15 岁 28 例;单侧齿槽突裂 60 例,双侧 20 例,手术均一期完成。经术后 1 个月开始至 3 年随访观察,70 例一期愈合,效果满意。6 例有少量骨组织外露经去除外露部分骨组织后愈合,4 例有部分骨组织排出,经换药伤口愈合。其中 30 例术后 1 周、3 周、3 个月及 6 个月经 X 线片连续观察,均无骨吸收现象,其密度同正常骨质,2 例术后 7 个月即有尖牙萌出。作者认为,凡影响鼻底形态、牙弓连续性、牙齿萌出及有口鼻腔瘘者,均为植骨术的适应证。8~11 岁年龄段 X 线片观察显示,尖牙根已形成 2/3 为最佳手术时间,此时手术既可恢复牙弓的完整性,为形成完好的牙列奠定基础,同时又矫正了鼻底塌陷畸形,修复了唇侧口鼻腔瘘。15 岁以上行植骨术主要是为外科正畸矫正上颌骨发育不足奠定基础,同时达到抬高患者鼻底及修复唇侧口鼻腔瘘的目的。手术的主要并发症为局部感染。其原因为:鼻腔粘膜缝合不够严密、口腔面创口缘内翻、术后忽视口内清洁护理及愈合期的意外创伤等。

(杨松林)

述评 对唇腭裂畸形病理生理的进一步认识,促使唇腭裂的治疗已由单纯关闭裂隙发展到序列治疗,其中牙槽畸形矫治的意义已引起重视。该文通过 80 例应用植骨术治疗牙槽突裂的临床实践,对于手术适应证、手术最佳时机、手术方法、手术的作用与意义、并发症的发生及其原因进行了总结与分析,对推广唇腭裂序列治疗提供了依据。然而,唇腭裂序列治疗中还有许多问题需在今后实践中进一步探索。

(林子豪)

血管束移植预构轴型皮瓣的血供范围(中华整形烧伤外科杂志 1996;12(5):326) 上海长海医院欧阳天祥等报道不同因素对血管束移植预构轴型皮瓣范围影响的实验研究。38 只兔分成 4 组:A 组 18 只,将 6cm 长的左股动静脉及右腹壁浅血管束分别移位于同侧腹部皮肤与肉膜之间,进行预构皮瓣血管活体染色速度和血供范围的观察;B 组 12 只,手术方法同 A 组,观察形成预构岛状皮瓣的存活范围;C 组 4 只,两侧均为长 6cm 的股血管束,分别植入同侧腹部的肉膜浅面及深面,1 个月后观察皮瓣染色及形成岛状皮瓣的成活情况;D组4只,两侧股血管束植入腹部,并在左侧肉膜深面放置80ml扩张器,右侧放入硅胶膜作对照,分别观察皮瓣活体染色及形成岛状皮瓣的存活情况。观察方法:术后按设计时间掀起岛状皮瓣,经颈动脉灌注70%中华墨汁右旋糖酐液,进行皮瓣血管活体染色速度及血管范围观察;形成岛状皮瓣原位缝合,术后第10天观察预构皮瓣转移存活范围。实验提示,预构轴型皮瓣转移的合适时机在术后3～4周;大管径比小管径血管束植入受区有较丰富的血管网层次,其预构皮瓣的面积大;所预构的皮瓣范围,包括以血管束为轴的受区邻近区域和发自该区域走向皮瓣中远部的小动脉所支配的区域,呈不规整形态;植入血管束同时皮下埋入扩张器,于术后2周开始扩张,术后4周转移是可行的。

(袁相斌)

述评 血管束植入无皮肤直接动脉走行的部位,以预构轴型皮瓣,扩大了轴型皮瓣的供区,从而增加了修复重建外科中皮瓣应用的范围,具有实用价值。采用适宜的预构方法以达到更好的预构效果是值得探讨的课题,该项研究结果为预构皮瓣的应用提供了有价值的实验资料,可供临床参考。

(林子豪)

侧腹部岛状皮瓣(中华整形烧伤外科杂志 1996;12(6):403) 中山医大一院于国中等报道应用改进后的侧腹部岛状皮瓣5例,其中修复乳癌根治术后放疗致腋部放射性溃疡4例,骶部纤维肉瘤术后复发需再次广泛切除1例,皮瓣最大面积为25cm×10cm,均取得令人满意的效果。该皮瓣以最常用的第10或第11肋间血管神经束为蒂。切取皮瓣时,以往的方法是先寻出皮瓣血管蒂的远心端,再向近心端分离。改进后的分离方法,先在肋沟处找到肋间血管神经束,再由近向远心端分离。手术要点:于已标出的肋骨后方画线上,由骶棘肌外侧至肩胛线做切口,达该肋骨表面后,切开肋骨膜并将肋下缘的肋骨膜剥开,咬除一窄条肋骨,将肋间血管神经束从肋间内肌内层的浅面分离出来。继续向远心端分离至肋间血管发出外侧皮支处,将分叉后远心侧继续向前走行的肋间血管结扎切断。沿肋间血管外侧皮支的走向分开腹外斜肌,将外侧皮支的前后两分支分离出来,直至进入皮下组织处。切开皮瓣上下缘及前缘,在腹外斜肌浅面分离,连同血管神经蒂一起掀起。如修复腋部,需将近血管蒂基部的一段肋骨咬除,以免压迫被牵向上方的血管蒂。皮瓣近端需带一块受区并不需要的较长的皮肤。该岛状皮瓣的优点是不吻合血管,成功率高,有多条血管神经束可供选用,血管蒂较长,修复范围较广,皮瓣带有感觉,供区多可直接缝合,部位较隐蔽。

(袁相斌)

述评 关于侧腹部皮瓣作为游离皮瓣移植,于国中(显微医学 1985;8:201)、林子豪(中华整形烧伤外科杂志 1987;3:282)等已有报道。其优点是可供皮瓣面积较大,血管神经蒂较长。由于切取皮瓣时解剖血管蒂较困难,且有损伤胸膜之可能,故临床应用报道仍较少。该文作者对皮瓣切取及血管蒂解剖作了改进,方法可行,有利于解剖操作及避免损伤胸膜,带蒂转移修复可及范围亦较广,值得推广应用。

(林子豪)

皮肤(皮下)血管构筑及血供的新概念(中华整形烧伤外科杂志 1996;12(5):330) 北医大三院王侠等通过对小腿皮肤皮下动脉血管造影的研究,建立了皮肤皮下微血管构筑新的空间立体概念。选用新鲜尸体小腿15例,从股动脉注射1:1铅丹松节油溶液后,将小腿的全部皮肤皮下组织及深筋膜一起取下,并切成1.5～2cm宽的皮条,用软X线照相造影。X线显示各穿支血管穿过深筋膜进入皮下后,其主干浅行到真皮下,各相邻的穿支血管主干借真皮下的一级血管吻合支构成弧形血供的一级框架单位。由各一级眶架单位及其间的吻合支构成皮瓣内的立体血管网,称"穿支血管"系统。一级框架单位的弧形顶端发出无数如垂柳样长短不一的较细降支动脉,它们之间很少有吻合动脉支,长降支可降至深筋膜层,短降支降至皮下脂肪的中层和浅层。皮下脂肪95%以上都由这些长短不一的垂柳样营养性终末降支动脉所供养。由浅入深是皮下脂肪组织获得营养的最大特点,这与既往普遍认为皮下血管走行是由深至浅的概念恰恰相反。一级框架单位的弧形顶端,发现许多降支血管,其中有一些管径较粗的降支血管,约在皮下中下1/3处有许多弓状动脉吻合支,形成浅筋膜血管网。由各降支及其间的吻合支形成了二级动脉框架单位,其血供来源于垂柳样降支动脉和穿支血管,但主要来源于降支动脉。

(袁相斌)

述评 准确认识皮肤皮下组织的血管构筑及其血供方式是整形外科的重要基础。对此进一步作深入研究仍属必要,这对于皮瓣移植技术的改进及提高移植皮瓣的成活率均有重要意义。

(林子豪)

带腓肠(肌)神经伴行血管蒂逆行岛状皮瓣的临床应用(中华显微外科杂志 1996;19(2):82) 海南省医院王和驹等报道带腓肠神经伴行血管蒂逆行岛

状皮瓣的应用解剖和临床应用经验。解剖资料表明，腓肠神经由腓肠内侧皮神经和腓总神经发出的腓神经交通支合并形成，浅出深筋膜后伴行小隐静脉向下外方走行至足外缘。腘窝中间动脉深支与腓肠内侧皮神经伴行，行程中发出许多分支营养神经，在小腿下 2/3 还发出许多细小皮支供养相应区域皮肤；该动脉在外踝上方 5cm 处与腓动脉穿支形成广泛吻合；伴行静脉 1～2 条。据此，可在小腿下 2/3 段，以外踝后上方约 5cm 为蒂的旋转点任意设计皮瓣。手术关键是必须保证腓肠神经及小隐静脉包含在蒂和皮瓣内，并在神经和伴行血管两侧保留 2cm 宽的筋膜组织。临床应用 15 例，皮瓣最大面积为 15cm×9cm，神经血管蒂长为 8～16cm，用于修复各种创面，全部成活。作者认为，皮神经都伴行一条皮动脉轴，该动脉伴营养神经的同时，于深筋膜上发出许多皮支供养相应区域的皮肤。伴行血管口径细小，走行不规律，有时还呈丛状分布环绕神经走行。故临床上应将神经同伴行血管一并游离作为岛状皮瓣的血管蒂，依靠血管的皮支，形成神经血管蒂皮瓣。皮瓣的最大面积尚不能确定，但在逆行转位时，在 15cm×19cm 范围内设计皮瓣是安全的。只要注意保留足够宽度的皮下筋膜组织，保证回流通道充足，皮瓣肿胀可以避免。该皮瓣血管蒂恒定，切取除操作简单，动脉供血可靠，静脉引流充分，不牺牲主干动脉，蒂长可用于小腿下端、踝关节周围、跟底部、足背等部位的创面修复。术后足跟外侧小范围感觉障碍数月后可恢复。

（杨松林）

述评　利用皮神经营养血管在深筋膜上形成细小血管网，并供养相应部位皮肤组织的解剖特点，形成轴型皮瓣，不仅增加了可供选用的皮瓣种类，而且丰富了皮瓣血供机制、解剖学及病理生理学的内容。但是对于皮神经营养血管源皮瓣血供规律的普遍性还有待进一步研究，加深了解，籍以指导此类皮瓣的开发与应用。

（林子豪）

带血管神经蒂的下前锯肌皮瓣移植 17 例（中华显微外科杂志 1996；19(3)：167）　解放军 146 医院徐前锋等报道，自 1994 年以来，在 2 例尸体及 8 例活体对下前锯肌解剖学研究的基础上，应用下前锯肌肌皮瓣游离移植，进行四肢创面的修复和肌动力重建 17 例。其中，用于修复新鲜创面 11 例，坏死或感染所致创面 4 例，前臂电击伤后畸形并功能丧失 2 例。伸指功能重建 3 例，屈指功能重建 2 例。除 1 例轻度感染外，所有肌皮瓣顺利成活。进行功能重建者，3 个月后均有新生动作电位，5 个月肌力均到达三级以上。3 例术后 1 周内有轻度“翼状肩”，经功能锻炼后恢复良好。该文总结下前锯肌肌皮瓣的解剖特点为：(1)以胸大肌和背阔肌为界限，肌皮瓣范围为(8～6)cm×(12～12)cm；(2)胸背动脉至下前锯肌可有 1～3 条血管分支，但主干血管恒定无变异；(3)以肩胛下动静脉为蒂，蒂长 6.8～14cm，血管口径 2.1～4.3mm；(4)在胸长神经发出支配下前锯肌的终末支前有一神经主干，并与血管支相伴行。作者认为，下前锯肌的肌片结构、血供和神经支配较恒定，与营养血管相伴行，有明确的外科解剖标志，易于切取；血管蒂长，管径粗，便于操作；供区隐蔽，又可直接缝合，不影响外观；扁平的肌片使肌皮瓣不致臃肿，且因具有神经支配可同时用于小块肌肉的功能重建，基本不影响供区功能。这些优点使下前锯肌肌皮瓣可成为一种用途较广的新的游离肌皮瓣。

（杨松林）

述评　带血管神经蒂的下前锯肌肌皮瓣移植，对于中小面积的皮肤软组织缺损，既可修复创面而不显过分臃肿，又可用于重建肌动力，如对指功能的重建及晚期面瘫的治疗，可根据修复需要选择应用。

（林子豪）

第二掌背动脉岛状皮瓣的临床应用（中华手外科杂志 1996；12(2)：71）　扬州苏北医院王静成等通过 50 例成人尸体手的解剖学研究发现，第二掌背动脉起点处外径为 0.5～2.2mm，平均(1.0±0.06)mm，走行于示指伸肌腱深层，鼻烟壶外侧至第二指蹼的连线上；其终末支分布于第二指蹼、示中指近节皮肤，并与其他掌背动脉和掌指动脉间有丰富的吻合。皮瓣设计沿第二掌背动脉为轴线，在两侧 2.5cm 范围内形成皮瓣。临床应用 8 例，顺行皮瓣 7 例，逆行 1 例。修复手背、拇指皮肤缺损，皮瓣面积最大的，最小的，术后全部成活。作者认为，该皮瓣具有轴心血管、口径粗、行程恒定、位置浅表、手术操作简便、皮肤质地和感觉恢复较好等优点。

（江　华）

述评　利用缺损部位的邻近组织进行修复可获得优良效果。在手部组织缺损的修复中尤其如此。该文作者应用第二掌背动脉岛状皮瓣转移修复同侧手部组织缺损，获得成功经验进一步证实这一修复外科原则。

（郭恩覃）

内镜除皱术的临床应用（中华整形烧伤外科杂志 1996；12(4)：243）　西安西京医院艾玉峰等报道，自 1994 年 4 月始应用内镜进行额部及全颜面部除皱术 22 例，其中额部除皱 10 例，全颜面部除皱 6

例，额部除皱加隆颏或隆颞5例。除3例出现眶周散在淤血斑外无其他并发症，术后随访6～12个月，满意率为100%。手术取前正中及旁开4～5cm处发际缘内3个纵行切口，长7～10mm，行全颜面部除皱者需在颞部至耳前辅加"S"形切口。沿骨膜下盲视剥离至距眶上缘2cm处止，两侧沿眶外侧壁向颧弓部剥离。自小切口插入内镜，在距眶上缘2cm处平行将骨膜自深面向浅层切开，在眉间及鼻根部解剖出皱眉肌、降眉肌，用电刀将其部分切除。对额部皱纹较明显者，可用微型组织剪剪破骨膜，分离出部分额肌并用电刀切断取出。对全颜面部除皱者，面颊部剥离可在内镜指导下或利用其光源照明在直视下操作。盲探下在帽状腱膜下广泛剥离达顶部及双侧耳上部，头皮可向后滑动2cm左右。颞部及耳前可切除部分头皮及皮肤。包扎时将头皮向后推移，使额部皮肤绷紧。内镜除皱术切口小，损伤轻，瘢痕少，术后不遗留额部及头皮的感觉障碍，术中失血量少，术后肿胀反应轻，消退快。此法不足之处是视野尚不够大，操作需在显示器屏幕观察下进行，术者需要有一段时间的学习适应过程。

（袁相斌）

述评 内镜除皱术是近年来在整形美容外科方面新兴的一项技术，具有切口小、操作准确、损伤轻、瘢痕少等优点。对皮肤明显松弛者采用该项技术的同时，宜作辅助性多余皮肤切除手术，以获得预期效果。

（林子豪）

后推、减张、缩咽综合手术修复腭裂（中华整形烧伤外科杂志 1996；12(2)：110） 北京整形外科医院赵振民等报道应用后推、减张、缩咽综合手术方法修复20例腭裂及腭裂术后腭咽闭合不全患者，年龄3～21岁，其中单侧完全腭裂7例，不完全腭裂4例，腭裂术后腭咽闭合不全9例，效果满意。手术包括利用梨骨粘骨膜瓣闭合裂隙的鼻腔侧，在粘膜与骨膜之间锐性分离掀起硬腭粘膜瓣后推，在软腭的鼻侧粘膜行"Z"成形术延长软腭，将腭帆提肌的前附着从硬腭后缘分离并充分内旋后推，与对侧肌肉重叠缝合以重建腭帆提肌吊带；将Ⅰ期手术已去神经支配2周的趾短伸肌剥去肌膜，在腭咽闭合平面稍上方行腭咽环扎术，张力以腭咽口能伸入成人示指尖为适度；根据硬腭后推后遗留创面及硬腭部裂隙的大小，设计宽为1.5cm的颊肌粘膜瓣，掀起转移到腭部以修复裂隙及创面，供区直接拉拢缝合。认为该方法不在牙槽弓内侧做松弛切口，可使上颌骨及牙弓的生长发育不受影响。因不需折断翼钩，从而保持了腭帆张肌的正常走行和开放咽鼓管的功能。颊肌粘膜瓣可有效地防止腭瘘的发生，并可使软腭的延长效果稳定可靠。采用去神经支配的趾短伸肌游离移植行腭咽环扎术不仅可在早期机械地缩小鼻咽腔，待移植的肌肉内神经纤维再生后，可与腭咽部肌肉同步收缩，达到动态的腭咽闭合。

（赵耀中）

述评 腭裂修复的主要目的是通过关闭裂隙、延长软腭、缩小鼻咽腔以获得完善的腭咽闭合。后推、减张、缩咽综合术式正是针对这一目的设计的，随访效果满意。但手术创伤较大，是否会因此而增加瘢痕形成，一定程度上影响软腭的功能，值得探讨。

（林子豪）

耳颌畸形的治疗（中华整形烧伤外科杂志 1996；12(3)：196） 北京整形外科医院庄洪兴等报道，自1993年对9例6～11岁先天性小耳伴有中、重度下颌发育不全的儿童，在应用皮肤扩张法行耳廓再造术的同时，应用延长器延长患侧下颌骨，结果下颌骨可以延长18mm，再造耳外形满意，咬市面倾斜亦有明显改善。手术分两期进行，第一期在上移耳垂手术的同时暴露下颌角，注意将腮腺向上推移和保护面神经分支。在骨膜上平面暴露下颌骨，于下颌骨上方用气锯行下颌骨骨皮质层切开术，口腔侧骨皮质层可用骨凿辅助凿开。按拉力方向插入4根Kirschner针以放置固定延长器，同时在乳突区皮下植入50ml肾形皮肤扩张器。拆线后第2天即开始注水行皮肤扩张，3周左右完成。注水扩张同时，每天转动延长器的螺旋使下颌骨每天延长1mm，连续18d。两个月后第二期手术取除延长器、Kirschner针及皮肤扩张器，切取自体肋软骨行耳廓再造术。作者认为，在儿童时期行下颌骨延长后，正常长度的下颌运动理应能促进上颌及周围软组织的发育，颌间关系也会逐渐得到自然矫正。但正确结论尚需进一步实践证实。该方法仅适合中、重度面部短小畸形者。为防止复发，去除延长器后尚需在口内放置橡皮块数月以维持后部开市。

（赵耀中）

述评 McCarthy等自1989年起应用延长器进行下颌骨的逐渐延长术，并认为有免除植骨及颌间固定等优点。在半侧小面畸形，应用延长器延长下颌骨，从而改善面部形态，效果是肯定的。但下颌骨经延长后，是否能促进上颌及周围软组织发育，矫正颌间关系，获得三维空间变化的效益，还需作进一步随访观察。

（林子豪）

乳房下皱襞上提法治疗巨乳缩小后乳房畸形（中华整形烧伤外科杂志 1996;12(4):255） 深圳市医院刘立刚等报道应用乳房下皱襞上提法治疗巨乳缩小后乳房畸形4例7侧，矫正效果良好。采用倒"T"字形切口的巨乳缩小术后，有时因乳头乳晕过高，或乳房再度下垂而呈现"上小下大"的不自然形态。如再次手术以降低乳头乳晕，下垂不能得到矫正，乳头乳晕上方将留有纵行瘢痕，且因瘢痕粘连，分离乳头乳晕组织蒂亦较困难，容易并发血运障碍。作者设计的乳房下皱襞上提法，先于直立位用手指向上推移乳房下皱襞原横切口下缘以下的下胸部皮肤使之上移，直至可见下垂的乳房矫正，乳房顶部上移到乳头乳晕处为止。分内、中、外准确定位标记肋骨。按原倒"T"形切口切除瘢痕，在下皱襞切口下缘沿深筋膜浅面向下潜行分离，以能将下缘上推达所设计的乳房下皱襞线为度。然后将皮缘的真皮层与设计的皱襞线部位的肋骨膜或肋软骨膜或肋间筋膜以4号丝线缝合固定，注意新皱襞须呈自然弧线。该方法不增加新的切口瘢痕，不影响乳头乳晕血运，可纠正乳头乳晕位置过高，随上提而增加乳房凸度，改善乳房上部过于扁平的外形。

（赵耀中）

述评 倒"T"形切口巨乳缩小术后出现乳头乳晕过高，乳房呈上小下大畸形，多因术前设计失当所致。一旦发生，应用该文介绍的乳房下皱襞上提手术不失为一种简单可行的矫正方法。

（林子豪）

颈阔肌肌皮瓣设计及其临床应用（中华整形烧伤外科杂志 1996;12(5):355） 福建医大一院庄福连总结了1978～1991年间采用颈阔肌肌皮瓣分别以3种术式修复69例面颊、下唇部肿瘤和颞下颌关节强直的经验。(1)常规术式：包括同侧唇颊皮瓣修复颊粘膜和软腭部肿瘤切除术后的缺损(29例)，双蒂颈部肌皮瓣再造下唇(2例)和健侧肌皮瓣转移修复口内缺损(2例)。肌皮瓣长8～10cm，宽3～4.5cm。术后1例因以前曾有局部放疗史而发生肌皮瓣坏死外，其余均成活。(2)颈阔肌-胸锁乳突肌复合术式：主要用于舌再造和修复口底缺损(14例)。肌皮瓣长13～17cm，宽3.5～5cm，术后全部成活。(3)颈阔肌折叠术式：主要用于再造下颌关节囊，治疗真性颞颌关节强直(22例)。肌皮瓣长7～8cm，宽2.0～2.5cm，术后全部成活。作者认为，颈阔肌肌皮瓣是修复面颊部缺损行之有效的方法，但对颈部有瘢痕或局部曾行放疗者不宜采用。

（江 华）

述评 颈阔肌肌皮瓣是修复颜面部缺损的优良组织瓣。颈阔肌的血供主要来自颏下动脉、甲状腺上动脉、颈横动脉诸动脉分支间有丰富的吻合交通，除可以形成随意型肌皮瓣外，还可以形成岛状皮瓣或肌皮瓣（参见 Martin: The submental island flap. Plast Reconstr Surg 1993;92(5):867）。

（郭恩覃）

真皮下血管网薄皮瓣血管构筑变化与成纤维细胞生长因子的关系（中华整形烧伤外科杂志 1996;12(5):323） 北京整形外科医院宋业光等采用体重2～2.5kg杂种白兔8只，于每只兔背两侧各设计15cm×30cm的蒂在头侧的真皮下血管网薄皮瓣，两皮瓣内侧缘间保留宽2cm的正常皮肤，按设计掀起皮瓣后剪除皮瓣内膜层，暴露但不损伤真皮下血管网，皮瓣原位缝合后用缝线包加压固定。手术后2周内，利用微循环显微镜、病理切片、组织化学染色等手段进行观察。实验结果表明：真皮下血管网薄皮瓣术后远、中、近段血管构筑具有明显差别，近段同正常皮肤，中段为极度活动的血管增生，远段为中度血管增生。成纤维细胞的变化与薄皮瓣的血管增生同步。作者认为：皮瓣中远段血管的增生和真皮下血管网众多血管断端的存在与真皮下血管网薄皮瓣的成活密切相关，起到了"中介蒂"的作用，是形成皮瓣超传统长宽比例及早期断蒂的基础；不支持真皮下血管网薄皮瓣是任意型皮瓣与真皮下血管网皮片复合体的观点，而是一种特殊皮瓣；成纤维细胞生长因子可能是促使真皮下血管网薄皮瓣相关构筑变化的重要因素之一。

（郝 岚）

述评 真皮下血管网薄皮瓣为国人首创，具有独特的优点。关于此皮瓣的成活机制，近年来诸多学者曾进行较多的实验研究和临床观察，对于皮瓣接近传统长宽比例部分，一致认为与传统随意皮瓣成活机制相同，而超长部分则存在不同结论。该文作者提出，真皮下血管网薄皮瓣移植后，皮瓣中段起"中介蒂"作用，是提早断蒂及超长部分成活的基础，值得重视。

（郭恩覃）

向颈、肩、背扩展的胸三角皮瓣的解剖学研究与临床应用（中华整形烧伤外科杂志 1995;11(6):412） 中国医大临床一院王佐林等采用手术显微镜解剖、钼靶X线照相和碳素墨汁动脉灌注等方法，对30例尸体胸三角皮瓣的动脉来源及其外径、长度、走行方向和各动脉间的吻合情况等作了解剖学研究。胸前皮瓣的血供主要来自胸廓内动脉的第二穿支（出现28条）和胸肩峰动脉胸前支（出现25条），前者在距胸骨侧缘约(1.00±0.36)cm处穿出，穿经深筋膜处外径为(1.38±0.22)mm，后于浅筋膜下行向外侧，其干长为(15.30±11.20)mm；后者行向内下方，末端有细小分支与胸廓内动脉穿支吻合。肩部皮瓣血供主要来自旋肱后动脉皮支(出现28条)、胸肩峰动脉的肩峰支(出现33支)、肱动脉的肌皮支和肩胛上动脉的肌皮支。其中，旋肱后动脉皮支在深筋膜的穿出点位于肩峰到鹰嘴连线上，距肩峰(19.60±1.60)cm，即与三角肌后缘相交点附近，其外径为(0.88±0.19)mm，随后分成两支分别行向上方和外方。胸肩峰动脉的肩峰支在三角肌胸大肌间沟内分出后多走向外上方，末端到达肩部的臂中线附近。上述诸动脉间有丰富的吻合交通。临床上设计皮瓣时，先测绘旋肱后动脉皮支的体表投影点，根据所需修复的组织的部位、形态、大小以确定皮瓣的延伸方向。临床应用证明，该皮瓣可向颈肩部延伸达9cm×7cm，向肩背部延伸可超越三角肌后缘，使皮瓣长可达30～32cm，旋转半径达32cm。克服了传统的大面积胸三角皮瓣需先行延迟术的局限性，因而适用于面颌颈部大面积组织缺损的修复。

（江　华）

述评　在解剖学研究的基础上扩大传统轴型皮瓣的切取面积，从而提高其临床应用功能，是皮瓣研究方向之一。该文报道的经验，很有参考意义。

（郭恩覃）

带膝上外侧动脉蒂逆行股前外侧岛状皮瓣和肌皮瓣临床应用(中华显微外科杂志 1996;19(2):91)　安徽医大一院宁金龙等应用带膝上外侧动脉蒂逆行股前外侧岛状皮瓣和肌皮瓣修复膝关节周围缺损4例，小腿淋巴水肿1例。皮瓣大小为(12～15)cm×(3～7)cm，供区原位缝合。术后3例皮瓣完全成活，2例皮瓣远端1.5cm×2.0cm表皮缺血坏死，换药后愈合。5例术后外形及功能恢复均良好。该皮瓣以膝上外侧动脉为蒂，通过膝上外侧动脉与旋股外侧动脉降支之间的吻合支营养股前外侧皮瓣，血供较稳定，血管蒂长，口径粗，皮瓣较薄，供区隐蔽。切取宽度成人小于7cm，儿童小于3～5cm时均能原位缝合。如需充填缺损死腔，可在切取皮瓣时携带部分股外侧肌。该皮瓣尤其适应于膝关节周围软组织缺损的修复，又较腓肠肌肌皮瓣薄，易于操作，对供区影响小，可认为是一种值得推广应用的皮瓣。

（邢　新）

述评　由股动脉、腘动脉、胫前动脉和股深动脉发出分支，互相吻合，在膝关节附近构成动脉网。临床上利用这一血管构筑特点，形成动脉皮瓣或肌皮瓣供修复皮肤组织之用，国内外均曾有报道。该文献报道以膝上动脉为蒂携带股外侧皮瓣和肌皮瓣逆行转移修复缺损，进一步丰富了利用膝部动脉网的经验。

（郭恩覃）

先天性颅缝早闭症的治疗(中华整形烧伤外科杂志 1995;11(6):406)　上海市九院冯胜之等报道对10例1～34岁先天性颅缝早闭手术治疗的经验。手术年龄与手术效果密切相关，一般在1岁以内为佳，而大龄儿童和成人仅改善外形。手术治疗的目的是松解骨化的颅缝，扩大颅腔，促进大脑发育和纠正颅面骨畸形。学龄前儿童，额眶前移形成的冠状缝不作植骨和固定，至成年后再植骨；大龄儿童和成人可立即植骨，但植骨时也只固定骨片的一侧，另一侧游离。该组病例中，并发鼻漏者4例，均经保守治疗后愈合，1例术后1个月出现术区红肿，无硬膜外血肿、视力和动眼功能障碍及死亡发生。随访6～24个月，外形均有明显改善，患者的智力有一定进步。

（张明利）

述评　先天性颅缝早闭症是一类较严重的先天性颅颌面畸形，遗传倾向的研究已有20余年，但防止这类畸形的发生，尚为时过早。一旦发现先天性颅缝早闭，应在婴儿期及早手术，以利于大脑组织发育。该文报道手术治疗10例颅缝早闭症是我国目前报道的病例最多的有关论文，其经验值得参考学习。

（郭恩覃）

瘢痕成纤维细胞三维培养的实验研究(中华整形烧伤外科杂志 1996;12(1):2)　上海长征医院杨松林等取增生性瘢痕、瘢痕疙瘩和正常皮肤各3例，在胶原凝胶中形成成纤维细胞三维培养系统，观察瘢痕成纤维细胞的形态、生长增殖、物质代谢、细胞收缩和生理功能。实验结果显示：瘢痕成纤维细胞与正常成纤维细胞的形态无显著差异，细胞分布相似；细胞活力相差无显著意义，且均无细胞增殖现象；未发现瘢痕成纤维细胞胶原网的收缩过程与正常皮肤成纤维细胞胶原网的收缩存在明显的差异。作者认为，在三维培养系统中，不同组织来源的成纤维细胞因为都同样受到了胶原基质的抑制作用，所以在生长增殖方面都同样表现为相对静息状态。运用三维培养系统能更加真实的反映体内情况，是研究瘢痕挛缩发生细胞生物学机制的良好体外实验模型。

（宋建星）

述评　防治增殖性瘢痕和瘢痕疙瘩是临床上急待解决而尚未解决的课题，其主要原因在于对瘢痕形成和增生的生物调控机制尚不完全明了。该文报道，将取自瘢痕组织的成纤维细胞置于胶原凝胶块中进行培养、观察、研究，与过去的单层培养观察法相比较，更能真实地反映机体内瘢痕成纤维细胞的生物学行为，为研究瘢痕增生和瘢痕疙瘩的形成，提供了新的方法。

（郭恩覃）

微波烘疗肿瘤术后肢体淋巴水肿 79 例报道(上海第二医科大学学报 1996;16(2):113) 上海市九院干季良等总结了 1985 年来收治的肿瘤术后肢体慢性淋巴水肿采用微波烘疗的经验。其中乳腺癌术后 45 例，子宫及附件肿瘤术后 19 例，阴茎癌术后 8 例，睾丸及附件肿瘤术后 19 例，外阴癌术后 2 例。按病情分类：一级 25 例，为可逆性水肿，肢体抬高水肿可部分消退；二级 43 例，为凹陷性水肿，抬高肢体水肿不消退，有轻度纤维化；三级 11 例，为橡皮肿。治疗方法：微波频率 24～50Hz，功率 100W，每天烘疗 1 次，每次 1h，连续 20d 为一个疗程，休息半个月后进行第二个疗程治疗，每天治疗后以弹力绷带包扎，夜间休息时松开。结果显示：经过两个疗程后，患肢沉重感、烧灼感及肢体活动度等主观症状均有明显改善；肢体周径、体积明显减少，上、下肢体消肿率分别为 53%、46%，其中一级、二级肢体水肿消退率分别为 87%、51%，三级橡皮肿消退率为 15%，且第二个疗程后的消肿率明显高于第一个疗程；肢体组织张力明显增加；丹毒发作频率显著降低，甚至停止发作。作者认为：微波烘疗是肿瘤术后肢体淋巴水肿有效而简便的治疗方法，对一、二级水肿消肿甚佳，对三级橡皮肿也可减少丹毒发作频率。因而肿瘤术后肢体淋巴水肿，如无肿瘤复发征象，应及时行微波烘疗，可防止水肿进一步发展和控制丹毒发作。

（李军辉）

述评 对微波烘疗治疗肢体慢性淋巴水肿，本年鉴 1990 年卷、1992 年卷均曾有述评。此法对肢体慢性淋巴水肿是一种简便、有效的治疗方法。

（郭恩覃）

肿　瘤

本年度共收到有关文献228篇，纳入回顾126篇（占55.3%），收入文选9篇（占3.9%）。

一 年 回 顾

一、基础研究

（一）抗肿瘤实验研究

近年有关中药抗肿瘤的实验研究明显增多，并有一定进展。新乡医学院[1]为探讨中草药微量元素含量及其与阻断癌变作用的关系，以肌氨酸乙酯盐酸盐诱发的小鼠前胃鳞癌为模型，用电感耦合等离子发射光谱法测定白花蛇舌草、乌骨藤、斑蝥、冬凌草、冬虫夏草和山豆根等6种中草药中硒、锰、锌、钼的含量，并与其抑癌率进行直线相关分析。结果：6种中草药组小鼠癌变率明显低于对照组（$P<0.05$）。各实验组的癌变率为34.7%～45.6%，癌变抑制率为30.3%～47.02%（$P<0.05$）。6种中草药的抑癌率与硒、锰含量（分别为0.30～1.48μg/g及29.2～34.2μg/g）呈正相关，而与锌、钼含量则无此相关性。6种中草药对小鼠前胃鳞状上皮癌有一定阻断作用，值得进一步研究。浙江医大肿瘤所[2]*应用四氮甲唑蓝还原法（MTT）分析了从中药莪术中提取的榄香烯（Elemene）对白血病细胞生长的影响。结果显示：榄香烯能明显抑制白血病HL-60和K562细胞的生长，对HL-60细胞生长的半数抑制剂量（IC_{50}）为27.5μg/ml，K562细胞的IC_{50}为81μg/ml，而对正常人外周血白细胞（PBL）的IC_{50}为254.3μg/ml。经流式细胞术证实，榄香烯能阻滞肿瘤细胞从S期进入G_2M期，并诱发肿瘤细胞凋亡。DNA凝胶电泳及透射电镜观察都发现其诱发肿瘤细胞凋亡时的生化与形态变化，说明肿瘤细胞凋亡是榄香烯抗肿瘤作用的重要机制之一。黑龙江商学院中药系[3]用纯中药复方制剂抗癌1号对小鼠Ehrlich腹水癌（EAC）、小鼠肉瘤（S180）、小鼠网织细胞白血病（L615）的抑制作用进行研究，发现抗癌1号对小鼠S180、EAC、L615均有一定的抑制作用。它对S180、EAC癌细胞的抑制率分别为53.95%及70.53%；对L615小鼠生命延长率为77.88%，与环磷酰胺的抑癌效果相当；对EAC及L615的抗癌效果优于天仙胶囊；对接种瘤细胞后引起的小鼠胸腺和肾上腺萎缩具有很强的对抗作用，可使腺体重量明显增加。结果显示，抗癌1号是一种安全、有效的抗癌中药制剂，值得深入研究。四军医大药物所[4]对安替可胶囊（Antike，原名复方蟾皮胶囊）进行了动物实验，结果表明：人癌细胞对Antike的敏感性依次为Mge803≥Eca109≥SMMC7721≥Hela>SPC-A-1；500mg/kg Antike对Mgc803、Eca109和SMMC7721人癌细胞裸鼠移植的抑制率分别为47.2%、47.2%和45.4%；500mg/kg Antike对ECa109裸鼠移植瘤、鼠肝和脾细胞^{3}H-TdR抑制率分别为62.2%、74.7%和51.8%。作者认为，人癌细胞Mge803、Eca109和SMMC7721对Antike较敏感，且对裸鼠移植瘤也有明显抑制作用。结合临床研究资料分析，提示Antike对人胃癌、食管癌和肝癌具有较好疗效。河南医大[5]报道绞股蓝多糖（GPS）对小鼠肉瘤S180和Eca 109细胞的抑制作用。结果表明在GPS浓度为10g/L时，与生理盐水对照组无显著差异（$P>0.05$）；浓度为20g/L时，对S180的抑制率为31%，与生理盐水对照组有显著差异（$P<0.05$）。GPS用于体外培养的人食管癌细胞Eca109时，在浓度为1g/L时，72h的抑制率为100%；浓度为2g/L时，48h的抑制率为100%。GPS抑癌率与药物浓度和作用时间呈正相关。GPS对上述肿瘤细胞有较强的抑制和杀伤作用。河北医大中医学院[6]应用中医理论并结合现代医学研究成果研制成功的纯中药方剂——岩松达进行抗肿瘤实验研究。给移植Ehclich腹水癌小鼠胃内灌入岩松达，并同时腹腔注射环磷酰胺（CTX）。结果表明：岩松达具有一

定的抗癌作用，能明显增强CTX的抗癌效果，并降低CTX所致小鼠外周血白细胞减少等毒副作用，还有显著对抗CTX所致免疫器官（脾及胸腺）重量下降及提高小鼠网状内皮系统吞噬功能的作用，提示岩松达具有祛邪、扶正、增效、减毒等功效。北京协和医大肿瘤所[7]利用从胀果甘草中提取的含有6个黄酮体的复合物G9315进行动物抗致癌实验研究。结果G9315 1mg能显著抑制巴豆油诱发的小鼠耳部水肿，2mg能明显抑制二甲苯蒽（DMBA）合并巴豆油诱发的小鼠皮肤乳头瘤的生成，表明有较强的抗促癌作用。小鼠口服G9315能明显对抗CTX所诱发的骨髓细胞微核增多，G9315并能对小鼠磷脂合成有所抑制。实验证明G9315具有抗癌和抗促癌作用，但其机制尚待进一步研究。中山医大肿瘤所[8]研究毛茶叶提取物对不同细胞生长的影响及体内协同抗瘤作用。结果显示此提取物对人肝癌细胞（BEL-7402）有显著抑制作用，其敏感性较人红白血病细胞（K562）高，抑制作用随药物浓度增加而增强。此提取物对人胎儿肺纤维细胞（HFLF）和人胎儿肾细胞（HFK）有促生长作用。以其与阿糖胞苷、CTX及阿霉素（ADM）合用治疗白血病时，有增强抗癌的作用。中山医大肿瘤所[9]观察以黄芪、党参、白术、茯苓、枸杞子、女贞子、仙灵脾、莪术、肿节风、茜草和鸡血藤12种中药组成的固本抑瘤Ⅱ号方加上CTX、5-Fu和AD抗小鼠S180和肝癌生长的影响。结果：固本抑瘤Ⅱ号对S180和肝癌无明显抑制作用，与抗癌药联用能增强CTX与5-Fu抗小鼠S180和肝癌的作用，但不能增强ADM抗S180的作用。增加剂量时虽有增强作用，但疗效不稳定，其增强作用要求剂量是在60～120g·kg^{-1}·d^{-1}。作者认为，行化疗的肿瘤患者加用固本抑瘤Ⅱ号可能有增效作用。吉林肿瘤所[10]用小鼠进行实验，观察β-胡萝卜素对荷HepA22小鼠肿瘤组织的生长有明显抑制作用，诱导肿瘤组织内淋巴细胞增多可能是其抑瘤生长的机制之一。广西医大一院等[11]用两株人乳癌细胞T47D和MCF7培育出3株新生霉素耐药细胞株T47D/NOVO1、MCF7/NOVO7及MCF7/NOVO16，进而观察新生霉素对这些细胞株的抗癌作用及机制。结果表明新生霉素对两株乳癌细胞株有抑制作用。新生霉素对鬼血乙甙的调节作用因细胞株而异，表现为协同或相减作用。研究结果显示新生霉素配合肿瘤化疗有较大意义。甘肃医科院[12]将平阳霉素（BLM）和微量元素硒（SeO_2）联用对小鼠移植的黑色素瘤B_{16}进行局部瘤体内注射实验。结果BLM_{A5}与SeO_2单用抑瘤率分别为79.24%和74.00%，$BLM_{A5}+SeO_2$水剂抑瘤率为94.04%（$P<0.05$），其乳剂为97.83%（$P<0.01$），显示SeO_2增强了BLM_{A5}的抗癌作用。解放军452医院[13]研究重组人肿瘤坏死因子（rhTNF）体外对人结肠癌细胞株SW-480的抗瘤作用。以改良MTT法测试表明，rhTNF在较高剂量时才对瘤细胞出现毒性，而联合应用5-Fu或MMC时，很小剂量即可获得增强细胞毒性。以^{3}H-TdR参入率测定表明rhTNF细胞毒性与瘤细胞DNA合成受抑具有相关性。电镜观察发现，rhTNF通过与瘤细胞接触后，并不直接损害细胞膜，而细胞内先发生空泡堆积压迫细胞核，使之浓缩及破坏；线粒体变性及破坏，导致O_2的释放，直接损伤DNA，然后出现细胞膜及细胞裂解。解放军总院[14]为观察潘生丁与ADM、VCR及VP_{16}联合应用价值，选用人肺癌细胞株A549进行体外细胞毒试验。结果显示，当ADM浓度为0.5μg/ml时，对A549的抑制率为29.76%，加入0.5～10μg/ml潘生丁时，其细胞生长抑制率提高13.27%～31.42%；对VCR及VP_{16}与加入0.5～10μg/ml潘生丁时，其细胞生长抑制率分别提高了18.48%～43.21%及16.13%～29.47%。表明潘生丁有增强ADM、VCR及VP_{16}对A549癌细胞的细胞毒作用。而单用（0.5～10）μg/ml潘生丁时则对A549癌细胞生长无抑制作用。北医大生物物理系[15]观察内皮素-1（ET-1）及其抗体对宫颈细胞癌Hela细胞和肺巨细胞癌PG细胞增殖的影响。结果表明ET-1可以促进PG和Hela细胞的DNA合成，ET-1的最低有效浓度对PG和Hela分别为10^{-13}mol/L和10^{-19}mol/L。ET-1抗体可明显抑制Hela细胞增殖，但对PG影响不大，表明这两种细胞上都有ET-1受体，ET-1对它们发挥着生长因子样作用，ET-1抗体是该生长因子的制约因素之一。二军医大[16]观察了表达小鼠粒细胞巨噬细胞集落刺激因子（GM-CSF）基因的重组痘苗病毒（VVGM-CSF）对肺转移荷瘤小鼠模型的治疗作用，给C57BL/6小鼠尾静脉注射2×10^5 B16F10黑色素瘤细胞株3d后开始腹腔内注射VVGM-CSF 10^6PFU（病毒滴度）/0.1ml，2次/周，连续2周。结果显示，VVGM-CSF治疗能够显著减少荷瘤小鼠肺转移结节数目，并明显延长荷瘤小鼠的存活期。作者还发现，治疗后小鼠腹腔巨噬细胞的杀伤、吞噬及释放一氧化氮的能力明显提高。GM-CSF的持续表达和上述巨噬细胞功能的改变可能是VVGM-CSF的抗肿瘤转移作用机制之一。北京协和医大[17]以蛋白激酶C（protein kinase C，PKC）为靶酶，以鸡血藤的干燥根茎萃取物（CJ9111）不同剂量分别作用于体外培养小鼠黑色素瘤B_{16}细胞不同时间后，将处理过的细胞经尾静脉注入C57BL/6

小鼠体内，结果显示，CJ9111 对小鼠黑色素瘤 B_{16}细胞肺转移结节转移的抑制具有剂量和时间相关性。药物作用 24h 对肺转移抑制作用的半数抑制浓度(IC_{50})为 8μg/ml($P<0.01$)，该值近似于 CJ9111 对 B_{16}细胞膜结合 PKC 活力抑制作用的 IC_{50}为 6.3μg/ml($P<0.01$)。药物作用后的 B_{16}细胞与血管内皮细胞粘附力下降，呈剂量相关性，表明 PKC 可能是调节肿瘤细胞转移的重要因素，PKC 有可能成为抗肿瘤转移的药物。二军医大[18]研究白介素 12(interleukin 12，IL-12)对白介素 4 基因转染的小鼠黑色素瘤 B_{16}细胞(B_{16}-IL-4^+)诱导的 CTL 的杀伤活性、IFN-γ 分泌水平和增殖能力的影响。发现 IL-12 能显著增加体外诱导的 CTL 的杀伤活性及提高 IFN-γ 的分泌水平，并能促进 CTL 的增殖，它与低剂量 IL-2 合用时作用更加显著，可望其增强 IL-4 基因治疗的效果。兰州医学院[19]为进一步证实罗丹明 6G(R6G)类化合物的抗瘤作用，研究了 R6G 和 R6Gzn 对小鼠 S180 和 U14 实体瘤的生长抑制作用。结果证明 4mg/kg R6G 和 R6Gzn 对 S180 的抑制率分别为 35.2%和 35.2%，对 U14 瘤的抑制率分别为 36%和 32.4%，两者无明显差异。R6G 和 R6Gzn 对小鼠的 LD50 分别为(25.14 ± 2.47)mg/kg 和(28.74 ± 9.97)mg/kg；对荷瘤小鼠的脾脏指数和胸腺指数均有降低的趋势，显示其对免疫系统有一定抑制作用。湖北医大二院[20]将 5-Fu 硅橡胶囊控释植入剂(5-FuCI)置于大鼠肝被膜下，观察其毒性作用及鼠体内氟元素的分布。结果显示 5-FuCI 无明显胃肠道毒性及骨髓抑制作用植入剂在局部形成一药物高浓度区。将 5-FuCI 插入 Walker256 移植性鼠肝癌旁，可使带瘤鼠生存期延长，抑瘤率达 96.3%。光镜检查见大量癌细胞坏死，提示 5-FuCI 可作为一种局部化疗剂应用。武汉协和医院[21]利用热固体蛋白质原理制备成阿霉素磁微球液注入动物体内，体外置外磁场，进行体内分布及磁液毒理作用、药代动力学及药效学观察。结果发现：阿霉素磁微球呈圆球形，平均直径 1μm，微球载附药物在靶器官释放，药物浓度较非靶器官高，阿霉素磁液 LD_{50}为 23.5mg/kg。动物应用磁液后无急性、亚急性毒性反应，无过敏及栓塞现象。提示磁液具有一定靶向作用，肝内最多，可使动物体内肿瘤生长缓慢，动物存活时间延长。安徽医大[22]首次应用 75mGy X 线单次全身照射后小鼠主要脏器对肿瘤细胞分布及清除率的影响进行研究。发现全身照射后，小鼠肝脾等器官对肿瘤细胞清除率有明显提高($P<0.01$)，肺部转移瘤结节也明显减少($P<0.01$)。机体巨噬细胞(Mφ)吞噬作用、脾细胞 NK 活性和 ConA 刺激的淋巴细胞参入率有明显提高和增强($P<0.01$)，表明小鼠免疫功能增强。

(二)病理与组织化学研究

病理组织化学研究的进步与肿瘤诊断密切相关。山东医大[23]用免疫组化 ABC 法检测 P53 在髓母细胞瘤中的表达，探讨 P53 表达与髓母细胞瘤组织分化程度、组织学类型、部位、大小、性别、病史之间的关系。结果表明：P53 的表达与肿瘤的分化程度有关，肿瘤分化程度越低，P53 的表达越多，但与肿瘤的组织学类型、部位、大小，患者性别、年龄、病史无相关性，这可能与髓母细胞瘤是一种原始未分化肿瘤有关。二军医大[24]应用低叶酸浓度小牛血清培养、G 显带方法检测了 16 例乳腺癌、13 例胃癌、11 例直肠癌和 18 例正常人的外周血淋巴细胞染色体畸变及脆性部位。结果显示，以上三种肿瘤患者的染色体畸变率各为 13.81%、11.08%及 6.36%，高于对照组的 1.28%。脆性部位表达率各为 11.25%、9.46%及 4.18%，高于对照组的 0.72%($P<0.01$)。这些脆性部位的表达对肿瘤发生具有重要意义。解放军 251 医院[25]应用 LSAB 法免疫组化技术，研究 DAKO-M1(DAKO-CD15 · C_3D-1，一种抗粒细胞相关抗原的单抗存在人体 27 个部位正常组织。结果显示，DAKO-M1 可作为各种正常上皮细胞、腺癌及 Hodgkin 淋巴瘤 R-S 细胞的良好标志物，对上皮性肿瘤与非上皮性肿瘤、腺癌与其他类型癌的鉴别、判断分化程度有意义，并可用以确定 Hodgkin 淋巴瘤的 R-S 细胞与非 Hodgkin 淋巴瘤的鉴别。重庆大坪医院[26]应用单克隆抗体 PC10 免疫组化方法半定量分析了增殖细胞核抗原(PCNA)表达与 50 例骨肉瘤患者预后的关系。PCNA 阳性强级者预后差，其中半定量分级与骨肉瘤术后生存期呈显著负相关($P<0.05$)，骨肉瘤 PCNA 表达弱级者生存期明显长于强级者。PCNA 表达与骨肉瘤组织学分级及骨组织分化程度相关。一般认为恶性程度高、预后差的低分化骨肉瘤中 PCNA 表达弱级者生存期较长。结果表明，原位检测 PCNA 的表达是石蜡切片肿瘤细胞动力学分析的有效方法，比传统形态学分级判断骨肉瘤预后更为客观。六亚甲基二乙酰胺(hexamethylene bisacet amide，HMBA)是极有效的分化诱导剂，北京海军总院[27]用 HMBA 对人涎腺粘液表皮样癌细胞系 MEC-1 细胞进行体外诱导，经光镜、电镜等观察，显示在 HMBA 作用后，MEC-1 细胞大小趋于一致，胞浆丰富，核浆比减小，胞核异型性降低；电镜下细胞表面绒毛减小，细胞器趋于成熟，核形态规整，胞浆内出现代表分泌功能的成熟酶原颗粒，显示 HMBA 具有诱导 MEC-1 细胞形态和功能向成熟

细胞分化的趋势。

华西医大一院[28]应用银染 PCR-SSCP(single stranded comformation polymorphism)法检测了 87 例人源性纤维良恶性肿瘤 p53 基因 528 号外显子点突变。87 例中良性纤维瘤 5 例,低度恶性纤维组织细胞瘤 50 例,中度恶性纤维肉瘤 16 例,高度恶性的纤维组织细胞瘤 16 例。结果显示,上述各肿瘤 p53 基因总的点突变率为 21.8%,随着肿瘤恶性度的增加,p53 基因点突变也增加。p53 基因点突变与肿瘤的分化程度及转移密切相关。作者认为,该检测法有可能成为判断纤维源性肿瘤恶性程度、转移可能性及预后的一项指标,具有准确、快速及简便的特点。湖北省医院[29]应用过氧化物酶标单克隆抗体免疫细胞化学技术,对 41 例淋巴结肿瘤细针吸取细胞的中间微系蛋白和癌胚抗原表达进行了研究。结果表明,不同组织起源的淋巴结肿瘤具有各异的中间微系蛋白和癌胚抗原表达,转移细胞 keratin 呈阳性,vimentin 存在于间叶起源的肿瘤细胞中,癌胚抗原则是单层上皮组织细胞起源的肿瘤细胞标志,其选择性表达具有很高的敏感性和特异性,在临床上有助于细胞学的鉴别诊断。解放军总院[30]对 146 例食管癌、胃癌、大肠癌、乳腺癌和鼻咽癌的癌引流区 532 枚淋巴结进行了形态学观察,其中 268 枚伴有癌转移。采用链霉菌抗生物素蛋白过氧化酶连结法 SP 免疫组化方法和细胞核 DNA 定量分析进行研究,提出了淋巴结转移癌四期分类法及各期的组织学诊断标准,可供临床参考应用。上海瑞金医院[31]利用光镜和电镜观察人肿瘤浸润淋巴细胞(TIL)杀伤 MKN45 传代人胃癌细胞的形态变化。TIL 细胞与癌细胞共同孵育 1h 后,前者向癌细胞靠近,并伸出伪足;3h 后癌细胞结构模糊,胞浆内出现空泡,胞膜绒毛脱落;6h 后癌细胞呈空泡状,膜裂解,出现细胞凋亡。TIL 细胞主要是通过与癌细胞接触进行杀伤的。首都医学院[32]对确诊淋巴瘤有困难的 47 例病理标本进行电镜检查,并比较光镜与电镜诊断结果,探讨电镜下淋巴瘤和非淋巴瘤的鉴别要点及各亚型特点。光镜与电镜诊断一致的有 334 例,不一致的有 13 例。13 例中有 4 例在光镜下疑诊为横纹肌肉瘤、未分化癌及恶性肉芽肿,而电镜下均诊断为淋巴瘤。两者的鉴别在于淋巴瘤中淋巴细胞缺乏细胞间连接,无细胞内微丝,无神经内分泌颗粒,细胞器很少,核内异染色质丰富且贴膜分布。不同亚型淋巴瘤在电镜下有不同的特点,提示电镜观察对淋巴瘤鉴别诊断和分型有一定价值。一军医大[33]应用透射电镜观察 17 例骨母细胞肿瘤(包括 6 例良性骨母细胞瘤、3 例侵袭性骨母细胞瘤和 8 例骨母细胞型骨肉瘤)。3 种肿瘤的细胞超微结构改变是肿瘤性骨母细胞瘤内粗面内质网数量、形态及细胞外骨样基质的变化,粗面内质网及骨样基质的变化与肿瘤细胞分化程度相关。分化成熟的骨母细胞功能活跃,蛋白质合成旺盛,骨样基质产生多而成熟;骨肉瘤中骨母细胞分化程度低,功能差,骨样基质产生少而幼稚。佳木斯医学院一院[34]报道恶性纤维组织细胞瘤 35 例。恶性纤维组织细胞瘤的诊断主要根据细胞学成分、典型或不典型 Storiform 型的出现和瘤体间质特点,并密切结合病史、肿瘤大小及部位等进行分析,才能与多形性横纹肌肉瘤、多形性脂肪肉瘤及炎症性反应性病变相鉴别。该肿瘤可分为混合型、梭形细胞型、组织细胞型、多形性型、炎症型及粘液型等 6 型,也应予以鉴别。南京医大[35]对 17 例恶性组织细胞增生症尸检材料的临床及病理资料进行分析。17 例中男性 14 例,女 3 例,平均年龄 26 岁。临床误诊率为 65%,平均生存期不足 6 个月。3 个以上造血器官内有吞噬性异型组织细胞浸润、瘤细胞互不粘聚成片、局部无肿块形成等病理所见,可作出病理诊断。浸润的细胞可分为分化型、异型和巨细胞型(单核或多核)3 种。在临床与病理诊断中应当参考有关免疫组化等其他检查与病毒相关的噬血综合征相鉴别。泰兴市医院[36]对 7 例蕈样肉芽肿(一种皮肤恶性 T 淋巴细胞瘤)患者的临床与病理改变进行分析。其中 5 例为斑块期,2 例为肿瘤期。后 2 例中 1 例未经治疗,病程中两次发生表皮肿块,两次病检均确诊为蕈样肉芽肿,历时 18 年健在;另 1 例发生肺部肿瘤死亡,病程 9 个月。作者认为,本病早期不易诊断,主张对可疑者及时作活检或作多次活检以确诊。北京协和医院[37]报道肢端黑色素瘤 6 例病理分析,认为该瘤大多发生于真皮和表皮交界处,早期瘤体在表皮内横向生长,称原位生长期,经不同时间后进入垂直生长期,最后形成结节性黑色素瘤。该组 6 例中有 4 例为Ⅱ～Ⅲ级,行手术后已存活 2 年、3 年、5 年及 13 年。2 例为Ⅳ级,其中 1 例截肢加化疗已存活 1 年,另 1 例局部手术后未化疗,半年后广泛转移死亡。作者认为对该瘤应早期诊断及时手术为宜。白求恩医大[38]对肺癌间质血管进行 HLA-DR 免疫组化染色,偶然发现部分鳞癌的癌巢内明显可见较多腺腔样结构,其腺上皮为矮立方形,圆形核,常排列成线圈状或条索状,腺上皮细胞 HLA-DR 染色为强阳性,腺腔内 AB-PAS 染色全为阴性,没有分泌粘液的功能,此种特点与肺泡Ⅱ型细胞非常一致。作者认为,这种腺鳞癌的腺癌部分可能来自肺泡Ⅱ型细胞。如能将其从鳞癌中分离出来,可能对肺鳞癌的治疗和预后有很大帮助。湖南医大三院[39]报道使用有芯抽吸针对150例浅表肿块进行穿刺活检，诊断准确率为96%，80%的恶性肿瘤可进一步作病理分类甚至分级，无并发症。和细针相比，有芯抽吸针对体表较大肿块活检诊断更适合。解放军舟山陆军医院[40]报道用细针穿刺活检引起癌肿针道 种植转移3例。作者主张位于体表又易切除的肿块宜切除活检；细针活检应在除去负压后再拔针；并应使用B超模拟机定位，避免反复穿刺；对怀疑恶性度高者应在术中做快速活检。

二、肿瘤诊治

(一)肿瘤的诊断

CT、MRI、ECT 诊断　北京神经外科所[41]*分析经手术、病理证实的40例髓母细胞瘤行CT和(或)MRI检查的情况。其中男34例，女6例，年龄<10岁22例，11～20岁7例，>20岁11例。结果表明髓母细胞瘤好发于男性儿童，常见于小脑蚓部，成人常发生于小脑半球，与小脑皮质关系密切。在CT平扫时为等密度或稍高密度影，注药后轻度至中度增强。MRI T_1加权像呈等或稍低信号，注药后呈中等至明显强化；T_2加权像呈等或略高脑灰质信号，增强扫描时可见无均匀中等至明显增强。在观察肿瘤浸润范围、继发改变、与周围组织关系和肿瘤定位、定性诊断方面，MRI明显优于CT。北京协和医院[42]对16例多发性内分泌肿瘤的影像学检查结果作回顾分析，并与B超、CT及其他影像学检查方法与手术病理对照，发现在16例多发性内分泌肿瘤中，有10例为甲状旁腺增生或腺瘤，B超检查8例，7例诊断正确，1例假阳性，符合率87.5%。^{99m}Tc-MIBI扫描4例，符合率100%。肾上腺嗜铬细胞瘤7例，CT、B超诊断符合率为100%。6例胰腺肿瘤B超、CT诊断正确率均不到40%。选择性动脉造影2例，诊断正确。垂体瘤5例及类癌4例，除1例类癌经胃镜确诊外，术前CT诊断均正确。作者认为，B超及CT是本病最佳的影像学检查方法。对怀疑有恶性肿瘤骨转移患者用核素全身显像是较简便而有效的诊断方法。江西医学院一院[43]和南京医大一院[44]分析报道175例和120例，影像学诊断阳性率为76%。其中有60例骨痛者与X线检查对照，X线检查阳性率为75%，骨显像阳性率为95%。核素骨显像诊断恶性肿瘤骨转移的灵敏度98%，明显高于X线平片，略高于CT，特异性86%。骨痛时间长短与X线改变和骨显像有一定关系。此种检查对骨转移早期诊断和治疗均有价值。

实验室检测　上海市一院[45]*用ELISA法测定365例肿瘤患者(包括胃癌、肝癌、胰腺癌、结肠癌、乳腺癌、卵巢癌、肺癌、恶性淋巴瘤、白血病)和230例相关脏器的良性疾病患者及51名健康人血清可溶性白介素2受体(soluble interleukin-2 receptor，sIL-2 R)浓度，发现恶性肿瘤患者血清sIL-2R水平明显高于良性疾病患者和健康人对照组($P<0.001$)，伴癌转移患者的sIL-2R升高更为明显，与未转移者相比，差异显著($P<0.001$)。作者认为，SIL-2 R可作为免疫标志评估肿瘤发生和复发检测的辅助手段。浙江绍兴市二院[46]用放免法对恶性肿瘤患者血清总甲状腺激素(TT_4)、总T_3(TT_3)、游离T_4(FT_4)、游离T_3(FT_3)、促甲状腺激素(TSH)、反T_3(rT_3)进行了检测。结果表明与正常组相比，恶性肿瘤患者TT_3、FT_3显著下降($P<0.05$，>0.01)，TT_4、FT_4、TSH无明显差异($P>0.05$)，rT_3显著增高($P<0.01$)，两病例组间有广泛转移者较未发现转移者血清TT_3、FT_3显著降低($P<0.01$)，rT_3明显增高($P<0.05$)，且与疾病的严重程度有一定相关性。T_3下降、rT_3升高提示预后差、病死率高，测定患者血清TT_3、FT_3、rT_3含量可作为评估病情和预后的一项指标。宁夏医学院[47]应用放免法测定了853例肿瘤患者血清T_3、T_4浓度，对其中378例肿瘤患者在放疗后再次检测了血清T_3、T_4浓度，与放疗前作比较，另测定了260例健康人血清T_3、T_4浓度为对照。结果853例肿瘤患者血清T_3、T_4浓度与对照组相比明显下降，有显著性差异。其中378例肿瘤患者放疗后血清T_3、T_4浓度仅鼻咽癌与垂体瘤患者T_3水平有显著性差异($P<0.05$)，其他肿瘤患者血清T_3、T_4浓度均呈继续下降趋势，但无统计学意义。长沙湘雅医院[48]检测了鼻咽癌、肺癌、肝癌、乳腺癌及胃癌患者初诊时T细胞($CD3^+$)及其亚群($CD4^+$，$CD8^+$)、NK细胞、IL-2，发现以上5类肿瘤患者的T细胞及亚群($CD4^+$、$CD3^+$)、NK细胞活性和IL-2活性均低于正常人群($P<0.01$)。各类肿瘤患者$CD8^+$相对升高，提示肿瘤患者在治疗前均有不同程度的免疫功能低下。不同类型和处于不同期的肿瘤患者其细胞免疫功能有差别，但与病理学分型无相关性。泰山医学院附院[49]报道50例正常人和132例恶性肿瘤患者血清唾液酸(SA)的含量。结果：正常人为1.64±0.18mmol/L，40例肺癌、18例食管癌、22例胃癌、16例妇科恶性肿瘤、8例直肠癌患者及10例肝癌患者的SA含量及阳性率各为(2.64±0.43)mmol/L(92.5%)、(2.55±0.43)mmol/L(83.3%)、(2.38±0.37)mmol/L(81.8%)、(2.60±0.44)mmol/L(81.3%)、(2.59±0.41)mmol/L(75.0%)、及(2.60±0.42)mmol/L

(70.0%)。各种恶性肿瘤患者与正常人比较均有极显著差异($P<0.001$)。24 例恶性肿瘤患者术前术后 2 个月检测对比其 SA 含量也有显著差异。作者认为血清 SA 含量可作为癌肿辅助诊断指标。哈尔滨医大二院[50]采用光致激发光技术对 139 例胃癌、75 例肝癌用血卟啉分子进行荧光光谱检测，并与 110 例溃疡病及慢性胃炎、168 例肝硬化及 33 例健康献血者对照，发现肿瘤组锌卟啉及原卟啉较对照组显著增高，特别是原卟啉峰增高 2～3 倍以上，相差非常显著($P<0.01$)。作者认为原卟啉是肿瘤血液标志物，可作为诊断胃癌及肝癌之用。重庆西南医院[51]检测 20 例恶性淋巴瘤(ML)患者血清糖结合物含量。结果显示 ML 患者血清糖结合物显著增加，Ⅰ、Ⅱ期患者血清脂质结合唾液酸(LSA)含量显著高于正常健康人，而Ⅰ、Ⅱ期患者血清酸性蛋白(ASP)含量与正常组之间无显著差异，Ⅲ、Ⅳ期患者血清 LSA 和 ASP 含量明显高于Ⅰ、Ⅱ期患者和正常健康者。经治疗缓解者血清糖结合物含量明显减低，而治疗无效者血清糖结合物保持高值，病情恶化者其含量进一步升高。以上结果表明，血清糖结合物检查有助于对 ML 的诊断、疗效判断和监测疾病的进展。浙江医大一院[52]对 235 例消化道恶性肿瘤患者的血清脱氧核糖核酸聚合酶(DNA-PRIA)进行测定，其阳性率为 74.04%(174 例)；以 243 例消化道良性疾病患者血清 DNA-P 作对照，阳性率为 4.11%(10 例，$P<0.01$)，100 例正常人血清 DNA-P 阳性率为 0($P<0.01$)，提示血清 DNA-P RIA 对消化道恶性肿瘤有重要诊断价值。重庆市肿瘤医院[53]报道 61 例消化道癌、30 例非肿瘤疾病和 50 例正常人的血清肿瘤坏死因子(TNF-α)的测定结果，分别为(14.59±3.01)ng/ml、(2.31±0.56)ng/ml 和(0.05±0.04)ng/ml，消化道癌组显著高于其他两组(P 均<0.01)。42 例未切除肿瘤者的血清 TNF-α 水平为(15.94±4.01)ng/ml，显著高于 19 例手术切除者(8.31±3.91)ng/ml($P<0.01$)；23 例有转移者(16.24±4.37)ng/ml又显著高于无转移者(7.76±5.29)ng/ml($P<0.01$)。以血清 TNF-α 水平 3.4ng/ml 为切割值；诊断消化道癌的敏感性、特异性和正确性分别为 80.3%、83.3%和 81.3%。消化道癌瘤中以肠癌患者血清 TNF-α 水平最高，为 25.54±6.41ng/ml，诊断敏感性为 92.6%。作者认为测定 TNF-α 对消化道癌的诊断和病情判断是有价值的。河北医大一院[54]对 34 例原发性普通型骨肉瘤进行流式细胞术分析，结果显示，骨肉瘤异倍体发生率为 97.6%。S、G_2、M 期细胞数目增加，并出现 DNA 双干系细胞群。作者认为，对骨肉瘤细胞进行 DNA 倍体分析能客观反映肿瘤的生物学行为，为临床治疗及判断预后提供重要生物学信息。上海瑞金医院[55]应用流式细胞光度术检测 38 例良、恶性胸腔积液标本，并进行胸腔积液细胞学、癌胚抗原值检测。结果显示，流式细胞 DNA 含量分析对恶性胸腔积液的诊断敏感性为 81.0%，特异性为 94.1%。根据胸腔积液细胞学改变诊断恶性胸腔积液的敏感性为 66.7%，特异性为 100%；以胸液中 CEA≥15mg/L 作为恶性胸腔积液的诊断标准，其敏感性为 61.9%，特异性为 100%。此法简便易行，可用于胸腔积液良、恶性之鉴别。浙江医大一院[56]测定了 38 例恶性胸腔积液及 34 例结核性胸水的腺苷脱氨酶(ADA)与 CEA 在胸水、血清中水平及胸水/血清值。结果恶性胸水中 ADA 值明显低于结核组($P<0.0005$)，ADA 胸水/血清值低于结核组($P<0.0005$)；恶性胸水组 CEA 水平明显高于结核组($P<0.0005$)，CEA 胸水/血清值恶性组也明显高于结核组($P<0.05$)。胸水 ADA 水平对诊断恶性胸腔积液的敏感性为 96.15%，特异性为 91.67%；CEA 的诊断敏感性为 70.83%，特异性为 87.50%。此种检测有助于对恶性胸腔积液的诊断。浙江医大二院[57]应用核仁组成区(nucleolar organizer region, NOR)嗜银染色(AgNOR)法检测恶性胸腹水 60 例，良性胸腹水 70 例，共 130 例。每组每核 AgNOR 颗粒均值分别为 4.35±2.18 和 1.80±0.79，有非常显著差异($P<0.01$)，表明该法对良、恶性胸腹水有鉴别诊断价值。用 AgNOR 法诊断恶性胸腹水敏感性为 75.00%，特异性为 86.54%)，其敏感性明显高于细胞学检查的敏感性(36.67%，$P<0.01$)。另外，良性组中，40 例渗出液和 20 例漏出液 AgNOR 颗粒均值分别为 1.93±0.90 及 1.53±0.48，有显著差异($P<0.05$)。提示该法对渗、漏出液性质鉴别可能有意义。杭州市二院[58]对 32 例结核性及 24 例癌性胸腔积液进行胸水 CEA 及血清糖类抗原 125(CA125)检测。结果发现胸水 CEA 阳性率明显高于血清 CEA 阳性率；血清 CA125 在两组中差异显著($P<0.05$)，胸水 CEA 阳性并血清 CA125 阳性者，癌性组高于结核组，两组差异非常显著($P<0.01$)。此种检测对胸水良、恶性鉴别有参考价值。近年实验证明，自由基与肿瘤的发生、发展密切相关。大连市医院[59]应用多功能光导显微检测系统对各种肿瘤病人进行 HLB 试验，即在凝固血滴中观察反应性氧中毒物质(reactive oxygen toxic species, ROTS)斑块的形态改变，对肿瘤进行诊断。结果检测的 378 例中，正常对照组 100 例，符合率达 99.0%，疾病对照组 200 例，临床诊断符合率为 97.0%，恶性肿瘤组

78例，临床诊断符合率为79.4%。在378例中有23例与临床诊断不符，其中7例为假阳性，16例为假阴性。在78例恶性肿瘤中，肠癌、肝癌、胃癌的诊断符合率较高。此法有检测快、用血少等优点。

（二）肿瘤的治疗

手术治疗 上海肿瘤医院[60]*对本外科1984～1990年手术治疗的肢体躯干软组织肉瘤121例的治疗效果和预后进行了分析。原发性25例，占20.7%；术后局部复发96例，占79.3%。全部行手术治疗，其中广泛切除共81例，占66.9%；局部切除14例，占11.6%；截肢者26例，占21.5%；辅助放疗37例，占36.6%；辅助化疗41例，占33.9%。121例中114例获得随访，占94.2%。结果显示，局部复发28例，中位复发时间平均9个月，5年局部控制率72.3%，全组5年生存率59.9%，其中96例（59.1%）局部复发肿瘤。作者认为，广泛手术切除是治疗软组织肉瘤的主要手段，局部复发肿瘤经治疗后可获得满意效果。天津市肿瘤医院[61]报道了10例四肢软组织肉瘤行间室切除治疗的临床情况。10例中仅2例为原发性，8例为复发性。本次术前复发时间0.5～7个月，平均2.2个月。病理诊断：恶性纤维组织细胞瘤4例，横纹肌肉瘤2例，滑膜肉瘤2例，脂肪肉瘤、纤维肉瘤各1例。本次术后平均复发时间为8.5个月，明显优于以前手术治疗效果。随访全部病例6～43个月，复发2例，转移1例。作者认为，室间切除术是比较理想的术式，但由于破坏性相当严重，常需同时进行重建术和组织移植术，所以其适应证比较狭窄，应予重视。北京铁路总院[62]对72例四肢软组织恶性肿瘤疗效进行分析。其中32例行单纯手术治疗，38例术后辅以化疗和局部放疗，2例未手术。随访结果：单纯手术2年存活率为52.2%（12/23），局部复发率为43.5%，转移率为52.2%；综合治疗组2年存活率为84.4%，局部复发率为15.6%，转移率18.8%，两组相比在统计学上有明显差异，以综合治疗组疗效为优。江西省肿瘤医院[63]报道下肢恶性肿瘤瘤段切除灭活再植7例，认为应将瘤体锐性完整切除，不能切破或剥破肿瘤，切断瘤骨时应在距瘤骨6～7cm处进行。病理诊断：骨肉瘤3例，软骨肉瘤1例，纤维肉瘤1例，骨巨细胞瘤（Ⅱ、Ⅲ）2例。术前应行全身化疗或区域性动脉灌注化疗。术后行全身化疗，平均6次。随访结果：7例随访6～30个月。1例骨肉瘤和1例骨巨细胞瘤术后6个月局部复发、全身转移死亡；1例骨肉瘤切口感染，截肢后2年健在。余4例12～30个月健在。作者认为手术前后化疗可提高骨肉瘤术后生存率。

化学治疗 中国协和医大肿瘤所[64]*应用西艾克（长春地辛，vindesine，VDS）联合化疗对1 532例肿瘤患者进行多中心前瞻性临床Ⅲ期研究。结果：在799例可评价的疗效中，总有效率为64.5%；对小细胞肺癌、非小细胞肺癌、恶性淋巴瘤、乳腺癌、食管癌、卵巢癌及淋巴细胞白血病的有效率分别为71.4%、52.6%、88.0%、62.6%、57.5%、59.0%及94.0%；该药毒副作用主要有骨髓抑制及胃肠道反应等，但不严重。作者认为，该药疗效肯定，血液毒性较VLB轻，神经毒性较VCR轻，可作一线或二线抗肿瘤药应用。医科院肿瘤医院[65]用国产鬼臼乙叉甙（足叶乙甙etoposide，VP-16）软胶囊进行临床验证。可作评价者共110例，均经病理及细胞学确诊。单纯口服VP-16者50例，口服VP-16联合其他化疗者60例，用其他相应治疗作对照者45例。结果：单口服VP-16的有效率：小细胞肺癌为50%，恶性淋巴瘤为83.3%；联合用药组与对照组的有效率：小细胞肺癌分别为57.1%及55.6%，恶性淋巴瘤分别为95.0%及87.5%，联合用药组有效率均较对照组为高。毒副反应：单口服VP-16胶囊者毒副反应轻微，主要反应为血液毒性及消化道反应与脱发等。作者认为，单用或联合用VP-16治疗小细胞肺癌、恶性淋巴瘤及卵巢癌疗效较好，可进一步扩大应用范围。蚌埠医学院[66]采用四氢吡喃阿霉素（THP-ADM）联合治疗30例恶性肿瘤。结果：CR 4例，PR 12例，SD 4例，PD 10例。CR率13.3%，有效率为53.3%。THP-ADM对恶性淋巴瘤和小细胞肺癌均有效，但对非小细胞肺癌和消化道癌效果较差。29例（96.7%）有Ⅰ～Ⅲ度白细胞下降，27例（90%）有Ⅰ～Ⅲ度恶心、呕吐，15例（50%）有脱发。作者认为，该药有明显抗肿瘤效果，值得进一步临床研究。上海肿瘤医院[67]*报道应用卡莫氟治疗346例消化道恶性肿瘤前瞻性多中心试验结果。消化道恶性肿瘤中胃癌206例，大肠癌140例，分设单卡莫氟治疗组、卡莫氟联合化疗组及氟脲嘧啶联合化疗组。有效率：胃癌分别为28.5%、43.3%和25.0%；大肠癌分别为21.6%、22.4%及20.3%。作者认为，卡莫氟单药治疗胃癌及大肠癌的疗效不逊于氟脲嘧啶；对胃癌，卡莫氟联合化疗效果显著优于氟脲嘧啶联合化疗（$P<0.05$）。卡莫氟治疗胃癌，以淋巴结和原发灶的有效率较高，联合用药可提高对腹块的疗效，但对胃癌肝转移的疗效反应不及氟脲嘧啶。卡莫氟单药治疗大肠癌仅对淋巴结和肝转移较好，联合应用丝裂霉素，可使腹块和盆腔肿块缩小。卡莫氟单用或联合应用对大肠癌肝转移的效果优于氟脲嘧啶。卡莫氟对血液系统及胃肠道毒性与氟脲嘧啶相似，但它可引起热感、尿频、头昏、手麻和口麻等少见的神经

系统毒副反应。河南洛阳胃癌所[68]研制由中药干蟾皮、牛黄、珍珠、三七等组成的复方胶囊制剂——消癌利取得成功。经MTT法测定，48μg/ml消癌利对贲门癌细胞有杀伤作用。临床上已用于治疗胃癌44例及贲门癌76例，近期有效率达50%。对造血系统、心、肝、肾等无明显毒副作用。贵阳中医学院[69]应用由中华大蟾蜍皮加工制成的华蟾素静脉滴注治疗中晚期恶性肿瘤60例。60例均为经放疗、化疗或术后复发与失去放、化疗机会的患者，其中经组织学病理检查确诊36例，经临床X线、CT等检查确诊24例。用华蟾素2ml＋5%葡萄糖液500ml静脉滴注，每日1次，1个月为1疗程。其有效率：原发肝癌25例为56%，肺癌20例为55%，胃癌11例为36.36%，胰腺癌4例为25%。作者认为，华蟾素治疗取得了改善症状、提高生存质量的效果。解放军117医院[70]应用淋巴因子激活的杀伤细胞(LAK细胞)、肿瘤浸润淋巴细胞(TIL细胞)联合过继免疫疗法(AIT)治疗恶性胸水10例，其中肺癌伴胸膜转移8例，胃癌和食管癌术后胸膜转移各1例。经LAK细胞、TIL细胞及IL-2治疗后，8例病人在2～4周胸水完全消失，1例明显减少，另1例胸水一度减少后又增多，但自觉症状明显改善。治疗后2例有寒战、发热(38℃)，无其他反应。作者认为该方法治疗恶性胸水和胸膜转移有效。医科院肿瘤医院[71]*用济南假单胞菌苗注射液(pseudomonas vaccine injection, PVI)治疗恶性胸腔积液Ⅲ期病人，在509例接受PVI治疗的病人中，肺癌合并胸腔积液者382例，乳腺癌54例，淋巴瘤16例，其他肿瘤57例，总有效率82.7%。对照组用顺铂治疗病人(41例)，总有效率为61.0%。有效者中胸水瘤细胞转阴占86.1%，既往治疗无效者再用PVI治疗也有效。PVI不良反应有发热、一过性胸痛，但无肾功损害及过敏，极少数有SGPT升高。作者认为该疗法效果确切，可推广使用。

江苏肿瘤所[72]应用无花果提取液治疗癌性胸水21例。将该药500mg由胸腔注入；每周1次，总有效率为52.3%。有效者中位生存期7个月，无效者2.7个月，差异显著($P<0.05$)。该药无胃肠道副反应和骨髓抑制，应用于年老、体弱、化疗无效或不能耐受及血白细胞低下者，有缓解症状及延长生存期的效果。河南省肿瘤医院[73]*应用卡铂(CP)和顺铂(DDP)腔内注射治疗恶性胸腹水88例。以DDP治疗43例(胸注27例，腹注16例)，显效17例(39.5%)，有效19例(44.2%)，无效7例(16.3%)，总有效率36例(83.7%)。以CP治疗45例(胸注26例，腹注19例)，显效11例(24.4%)，有效13例(28.9%)，无效21例(46.7%)，总有效率24例(53.3%)。两者有显著差异($P<0.01$)，DDP疗效明显优于CP。两组均有骨髓抑制和消化道反应，DDP分别为25.6%及55.8%；CP分别为62.2%及24.4%。作者认为DDP腔内注射治疗恶性胸腹水效果好，值得应用。江苏淮安市医院[74]报道9种抗癌药分别随机注入心包、胸、腹腔内治疗癌性积液57例的效果及毒副反应。结果：除丝裂霉素加氟脲嘧啶2例无效外，其余各药有效率分别为：喜树碱25%，噻替哌33.3%，长春新碱54.5%，短小棒状杆菌66.7%，顺铂60.0%，卡铂66.7%，足叶乙甙(VP-16)92.3%。药物的毒副作用轻，对造血功能、肝、肾均无大损害。作者认为抗癌药物腔内应用有一定疗效，特别是VP-16有效率最高，且安全，价格适中，值得推广应用。兰州医学院一院[75]用中等剂量($40mg/m^3$)DDP胸腔内注入治疗癌性胸腔积液22例。结果：CR10例(45.5%)，PR9例(40.9%)，NR3例(13.6%)，总有效率86.4%。DDP毒副反应较少，仅部分患者有轻度骨髓抑制及胃肠道反应。病人生存时间5～27个月，是治疗癌性胸水的有效方法。吉林省肿瘤医院[76]对确诊的胸腔恶性积液22例患者，经胸腔注入相当于4倍于机体最大耐受剂量的肿瘤坏死因子(TNF，4×10^6单位)进行治疗。结果：CR18例，PR4例，总有效率91.7%(22/24)。毒副反应：高热16例(66.7%)，疼痛14例(58.3%)，对症处理可缓解毒副反应。作者认为与其他方法比较，该方法有疗效高、副反应轻的特点。齐齐哈尔市一院[77]应用腹腔内注射顺铂结合全身化疗对10例晚期消化道肿瘤进行治疗。用顺铂200mg加生理盐水1000ml溶解后注入腹腔，再根据不同肿瘤给予全身化疗。结果：显效5例，有效3例，无效2例。作者认为该法可加强对肿瘤的杀伤能力，而不增加毒性反应。但在术后应注意利尿，以减少其对肾脏的毒害。江苏如东县医院[78]采用大剂量大容积5-Fu对21例术后癌性腹水患者进行腹腔化疗，每次用5-Fu 1000～1500mg＋生理盐水1000 ml～1500ml，1次/周，共1～3次。结果：总有效率90.5%，患者生存质量改善，无明显毒副作用及并发症。四川省肿瘤医院[79]对经肝动脉化疗的6例术后肝癌患者及外周静脉全身化疗的5例非肝癌患者，用ADM 60mg加生理盐水20ml稀释注射后的血药浓度变化进行对照研究，发现肝动脉注射5-Fu后各时间点的血浓度均明显低于周围静脉给药组，从而证明经肝动脉给药确实可以减轻化疗全身毒性反应和提高疗效。兰州医学院一院[80]报道52例用颈动脉灌注卡氮芥治疗恶性脑瘤导致的并发症。共进行化疗241人次，病

理诊断为脑胶质瘤Ⅱ～Ⅳ期。行化疗后发生了以下反应:(1)一般反应:恶心、呕吐、头痛、穿刺点血肿约67%;(2)脑疝1.2%;(3)脑白质病7.5%;(4)眼症;(5)迟发性视力减退2例,占3.8%;(6)一侧性物理性皮炎,占1.9%;(7)其他反应如白细胞减少,但无明显肝、肺、肾功能损害。除脑白质病3例于3周内死亡外,余均经对症处理后恢复。作者认为,其并发症与年老、药物浓度高、剂量大、输液导管深入部位、合并放疗、手术及肿瘤级别有关。福建省肿瘤医院[81]用颞浅动脉灌注DDP、5-Fu、MTX进行化疗,治疗1周为1疗程。如肿瘤超过中线,可用双侧插管化疗。此外可合并40～50Gy放疗。该组21例,男12例,女9例,年龄37～70岁。舌癌12例,上颌窦癌7例,鼻咽癌放疗后复发2例。结果:12例肿瘤明显缩小,17例缩小,1例无变化,1例无观察指标。17例手术切除标本病理显示,5例有肿瘤退变、坏死,其余病例间质有大量淋巴细胞及纤维组织增生。随访1～2年未见复发。广州市肿瘤医院[82]对22例经病理证实复发不能手术或放疗的晚期恶性肿瘤病人采用以异环磷酰胺(IFO)联合VP-16、ADM、CP、VCR、MTX进行治疗。结果:1例完全缓解,9例部分缓解,总缓解率45.5%。主要毒副作用为骨髓抑制和胃肠道反应,未见心、肝、肾和中枢神经反应。显示IFO为主的联合化疗对晚期恶性肿瘤是有效的。重庆医大一院[83]以IFO为主的IMVD(Mesna、VP-16及CP,DDP)方案治疗晚期复发性或(和)转移性癌22例。结果:CR 5例,占22.7%,PR 10例,占45.5%,总缓解率68.2%。18例至今已生存1～2.5年,其中15例仍维持原有状况。副反应主要是恶心、镜下血尿、脱发和骨髓抑制。11例化疗前后应用G-CSF制剂保护骨髓。作者认为,该治疗方案疗效满意,毒性较低。白求恩医大三院[84]对病理及CT等确诊的恶性实体瘤104例(NHL56例,HD18例及恶性实体瘤19例,原发灶不明的颈部锁骨上淋巴结转移癌11例)应用血管紧张素Ⅱ(AT-Ⅱ)加压化疗53例,静脉化疗51例,从两组各选10例于用药后以同位素方法检测肿瘤组织、血和尿内的药物浓度。结果显示:加压化疗组肿瘤组织内抗癌药物浓度是静脉化疗组的2.63倍($P<0.01$),血内药物浓度维持时间长,肾脏药物排泄量明显低于静脉化疗组($P<0.05$)。临床疗效:加压化疗组完全缓解率为67.9%(36/53),3年存活率为58.8%(20/34);静脉化疗组分别为49%(25/51)及34.4%(11/32)。两组差异显著($P<0.05$)。结果表明,AT-Ⅱ加压化疗对恶性实体瘤的局部强化治疗有相当实用价值。上海瑞金医院[85]应用EPIM(异环磷酰胺、VP-16、强的松及米托蒽醌)联合治疗20例恶性淋巴瘤。其中2例Ⅲ$_A$型,1例Ⅲ$_B$型,6例Ⅳ$_A$型和11例Ⅳ$_B$型。6例为难治性,14例为复发性病例。经EPIM方案治疗后,5例完全缓解,7例部分缓解,5例无变化和3例恶化。其毒副作用主要有脱发(14例)、感染(6例),其他为血液(白细胞减少、血小板减少)及消化系统症状,均为轻度或中度反应,仅1例因血小板减少致颅内出血死亡。蚌埠医学院附院[86]应用CHOP(CTX、ADM、VCR及PDN)和CHVP(CTX、ADM、VDS及PDN)方案治疗55例非Hodgkin淋巴瘤(NHL)。两治疗方案的有效率分别为81.8%及90.9%,CR率分别为36.4%及40.9%,但无显著性差异。骨髓抑制反应CHVP比CHOP方案较严重($P<0.025$～0.005)。作者认为,对NHLⅡ期病人可首选CHOP方案,对Ⅲ、Ⅳ期病人或复发病人可任选一种方案,或在CHOP失败后改用CHVP方案。上海肿瘤医院[87]应用形态学与免疫组化方法对100例NHL的分类与预后关系进行了研究。在NHL中,细胞分类的百分率如下:B细胞66%,T细胞29%,非T非B细胞2%,组织细胞3%。根据形态学标准,T与B淋巴瘤的肿瘤细胞可被分为4与6种亚型。66例B细胞型淋巴瘤分为小淋巴细胞性、淋巴浆细胞性、裂细胞性、无裂细胞性、免疫母细胞性及浆细胞性6种。29例T细胞性淋巴瘤归为淋巴母细胞性、多形细胞性、透明细胞性及免疫母细胞性4种。随访1年以上79例,表明B细胞淋巴瘤的预后比T细胞淋巴瘤好。作者认为淋巴瘤的正确分类有助于病人的治疗,对淋巴母细胞与中心母细胞类型的NHL应进行积极的化疗与放疗,方可提高疗效。湖南医大二院[88]对32例恶性纤维组织细胞瘤的预后因素进行分析。结果21例单纯肿瘤切除术的局部复发率明显高于扩大肿瘤切除术的11例($P<0.05$)。有9例术后接受放疗(50～70Gy),放疗后12～35个月均未见复发。肿瘤原发部位为影响预后的重要因素。原发头颈部者5年生存率较原发于躯干四肢者低。

生物技术治疗 上海长征医院[89]报道了80例消化道恶性肿瘤患者血清白介素2受体(sIL-2R)水平测定。结果在80例患者sIL-2R超过500U/ml者有74例(94.5%),其中超过1 000U/ml者40例(50%),比42名健康对照者sIL-2R(460.2±140.2U/ml)明显增高,原发性肝癌和结、直肠癌增高最为明显;原发性肝癌直径>5cm者sIL-2R水平升高最为明显,病情较重并伴有转移、sIL-2R超过1 000U/ml则提示患者免疫水平反应下降及预后较差。作者认为sIL-2R的测定有助于评估病情程度、疗效及预后。西安医大一院[90]对10例经手术切除的进展期肿瘤病人，用单次输注自体活化的肿瘤浸润淋巴细胞（TIL）和重组人白细胞介素-2(rhIL-2)治疗。治疗前1周及治疗后1个月检测细胞免疫功能，其中8例病人在治疗后外周血淋巴细胞（PBL）对同种异体相同组织学类型靶细胞的细胞毒性明显升高，NK细胞活性无变化；T4、T8荧光强度明显增强。10例病人对PHA、PPD反应均明显增强。对人体无明显毒副作用。作者认为，该疗法可明显提高进展期肿瘤病人的细胞免疫功能，可作为肿瘤术后的重要辅助治疗。安徽医大附院[91]观察用白介素2培养自体淋巴细胞回输对15例恶性肿瘤（肺癌、乳腺癌、直肠癌及卵巢癌）术后患者细胞免疫功能的影响。结果：CD8细胞数降低，CD4/CD8比值升高，与治疗前相比有非常显著差异（$P<0.01$）；当CD4/CD8比值恢复到正常水平，病人反映体力增加，进食改善。作者认为该疗法的体外培养时间短，简便易行，有一定实用价值。河南医大[92]*报道输注体外由抗CD3单克隆抗体等活化的、并以甲氰咪胍和低剂量γ射线等去除或抑制T抑制细胞活性的自身淋巴细胞，治疗晚期肿瘤共65例，217人次，除10例18人次在回输时有轻微类似输液反应的寒战伴暂时轻度体温升高外，未见其他毒性反应。对37例输注3次以上的病人疗效分析表明，其缓解率为24%，有效率为51%。该法费用低，毒性较小，具有一定实用价值。西安医大[93]观察了多抗甲素对肿瘤患者淋巴细胞免疫功能的影响。作者应用^{3}H-TdR及^{14}C-RU参入淋巴细胞的双标记法，观察淋巴细胞转化中细胞DNA及RNA的合成功能。在23例肿瘤患者与44名正常人对比中，肿瘤患者在多抗甲素治疗前淋巴细胞的参入计数显著低于正常人，治疗后显著高于治疗前（$P<0.05$），但仍低于正常人，提示多抗甲素能改善机体的免疫功能。上海长征医院[94]将30例胃癌术后接受化疗的患者分为服用云芝糖肽（polysaccharopeptide, PSP）和鲨肝醇两组，于化疗前后检测患者的免疫功能。结果显示，鲨肝醇组化疗对患者的免疫功能有明显损害作用，其NK细胞活性、CD4^{+}细胞、CD4^{+}/CD8^{+}细胞比值均明显下降（$P<0.05$），免疫抑制的CD8^{+}细胞上升。服用PSP化疗组对患者免疫功能损害较轻，化疗后其NK细胞活性，CD4^{+}细胞、CD4^{+}/CD8^{+}细胞比值虽有下降，但无显著性差异（$P>0.05$），在两个疗程化疗期间继续服用，可明显提高NK细胞活性及CD4^{+}细胞和CD4^{+}/CD8^{+}细胞比值。提示PSP可提高患者免疫功能，增加患者对化疗的耐受性及提高化疗的效果。解放军81医院[95]应用低剂量基因重组人类粒细胞集落刺激因子（recombinant human granulocyte colony stimulating factor, rhG-CSF）治疗化疗所致的白细胞减少症50例。结果显示：显效34例，有效8例，无效8例，总有效率84.0%。静脉给药组和皮下给药组相比无显著差异。全组用药3～16d，白细胞恢复时间2～15d，第3～6天的白细胞平均值与用药前相比均有显著差异（$P<0.05$）。50例中仅有个别患者发生皮疹及全身酸痛，余无异常。作者认为rhG-CSF治疗效果令人满意。首都儿研所[96]对卡介苗（BCG）抗肿瘤治疗时出现的副作用进行了观察。在化疗后生存率方面，BCG免疫组小鼠有70%存活，短棒菌苗对照组仅33%存活，正常对照组100%死亡。结果显示BCG具有抵消环磷酰胺化疗损伤的作用。同时发现BCG还有升高白细胞的作用。天津肿瘤所[97]应用粒-巨细胞克隆形成单位（colony-forming unit of granulocytes and macrophages, CFU-GM）软琼脂培养技术，在体外观察了不同浓度的重组人肿瘤坏死因子（rh-TNF）、重组人干扰素α-2（recombinant human interferon α-2, rh-IFN-α2）和免疫活性肽（immune active peptide, IAP）对9例恶性淋巴瘤和1例睾丸癌患者的骨髓粒-巨造血细胞生长的影响。结果表明：在培养体系中加入rh-TNF-α2 50U/ml或100U/ml，其CFU-GM较空白对照组均明显增多（$P<0.005$）；rh-TNF-α2 1 000U/ml可使CFU-GM减少（$P<0.005$）。IAP似乎对CFU-GM无影响（$P>0.05$）。集落形态学显示：rh-INF和IAP均能增加巨噬细胞为主形成的集落（$P<0.01$）。作者认为，该实验为骨髓移植及肿瘤患者在选择应用这些细胞因子方面提供了一定的佐证。天津市肿瘤医院应用干扰素-α 2b作瘤内（A组）及瘤外（B组）注射，治疗骨、软组织恶性实体瘤及转移癌14例。结果A组12例瘤内注射均显效，B组2例瘤外注射均无效。作者认为，干扰素瘤内注射治疗恶性实体瘤的效果优于其他用药方式，可在术前、术中或配合其他方式应用，作为晚期恶性肿瘤综合治疗手段之一。但应注意在用药后可能有中度及高热发生，瘤内注射局部可能出现水肿、疼痛等现象，应及时加以对症处理。

放射治疗　卫生部放射生物实验室[99]采用C57BL/6小鼠皮下接种Lewis肺癌细胞作为实验肿瘤模型，在荷瘤小鼠肿瘤局部10mGy X线照射前24h先接受75mGy全身照射，发现对肿瘤生长的抑制作用比单纯局部照射时增强。将75mGy全身照射或假照射的荷瘤小鼠脾细胞与Lweis肺癌细胞混合接种于正常小鼠皮下进行Winn试验，观察到照射小鼠脾细胞与癌细胞混合接种的小鼠肿瘤发生率低于假照射小鼠脾细胞与癌细胞混合接种的小鼠，后者肿瘤出现的也较早。此种差别在接种效靶细胞比50∶1的小鼠中更为明显。提示这种抑瘤作用的增强可能是由于低剂量X射线在全身照射后促进机体免疫反应所导致。二军医大[100]为充分发挥TNF与放疗在肿瘤局部相互促进的疗效进行了体外实验研究，将可被放射线转录激活的Egr-1启动子与人TNF的融合基因构建成放射线诱导性的人TNF双拷贝逆转录病毒载体pET_{DC}，经包装细胞Psi-2和Crip的两次包装后，其病毒上清的病毒滴度达4×10^5 CFU/ml。用此病毒上清感染小鼠成纤维细胞株NIH_3T_3和黑素细胞株B16·F10，经G_{418}抗性筛选后，得到的阳性克隆分泌TNF量分别为2.1ng/ml和1.1ng/ml，并经RT-PCR证实有人TNF mRNA的表达。经20Gy的放射线体外照射后，其TNF表达量分别升至13.8ng/ml和5.7ng/ml，即分别为照射前的5.6倍和4.2倍。此结果为其将来瘤体内注射该TNF基因表达载体并辅助局部放疗的体内实验奠定了实验基础。苏州医学院一院[101]对53例皮肤基底细胞癌和鳞癌行单放疗43例，行术后放疗10例，行X线照射27例，^{60}Co常规照射26例，总的5年生存率分别为83.0%及70.4%。基底细胞癌5年生存率为94.4%，鳞癌为77.1%。肿瘤<3cm者的5年生存率为92.0%，3～5cm者为77.3%，>5cm者为66.7%。作者认为，病理类型和肿瘤大小均对预后有影响，单纯放疗有根治和保存功能与美容的优点。吉林省肿瘤医院[102]对66例术后软组织肉瘤患者进行放疗。5～5.5周照射50～55Gy，后1～1.5周照射10～15Gy。该法5年生存率为54.6%，局部复发率为11%，远处转移率为30%。影响5年生存率的主要因素为肿瘤类型、恶性度、部位、分期、大小等。远处转移有中18.2%为肺转移。作者主张术后应该进行化疗。天津市肿瘤医院[103]对肢体局部晚期软组织肉瘤已侵犯主要血管、神经和骨骼的10例患者在局部切除加后放射治疗。其中脂肪肉瘤3例，滑膜肉瘤3例，恶性纤维组织细胞瘤2例，纤维肉瘤及平滑肌肉瘤各1例。肿瘤直径均>5cm，高度恶性者7例。经6～24个月随访，除1例因肺、脑转移死亡，1例肺转移带瘤生存外，余8例均无局部复发和远处转移，仅1例手术创口延迟愈合。作者提出术后瘤床置管、后装^{192}铱(^{192}Ir)放射治疗可有效地控制局部肉瘤复发，并能保留较满意的肢体功能。浙江绍兴市五院等[104]对68例恶性肿瘤患者共92个体表巨大恶性肿瘤进行^{192}Ir后装插置方法治疗。68例中无手术指征22例，已经手术、放疗及化疗等治疗后残留与局部复发者46例，肿瘤大于10cm×8cm×3cm者9例，小于3cm×2cm×1cm者8例，介于两者之间者51例。肿瘤生长在头颈部者35个，胸膜部44个，四肢处13个。每次插置靶区剂量为5～6Gy，间隔7～10d，共4～6次，总剂量为18～36Gy。结果：在插置放疗后3个月，23.9%瘤块消失，缩小>50%者占67.4%，缩小不足50%者占8.7%，总有效率为91.4%(84/92)。治疗后无严重并发症，全身反应也不明显。作者认为该疗法安全简便，肿瘤局部控制也较满意。山东临沂市肿瘤医院[105]对90例经病理及细胞学确诊的晚期恶性癌肿患者应用大剂量顺铂(HD-DDP；120mg/次，3周后重复1次)加^{60}Co外照射治疗，其中20例行姑息性放疗，70例行根治性放疗。结果：9例乳腺癌、8例鼻咽癌、5例甲状腺癌、4例纤维肉瘤及3例喉癌经治疗后CR+PR均为100%；1年生存率分别为88.9%、87.5%、80%、75%及100%。20例肺癌及16例食管癌的CR+PR分别为95%及93.75%，1年生存率分别为65%及81.25%；其余各例效果均较差。注射HD-DDP当天，40例出现呕吐，2d后减轻，13例出现呃逆，6例有乏力、头晕及手足发麻，均自行消失。作者认为该疗法可提高对肿瘤的局部控制率，提高生存率和生存质量。内蒙古医学院一院[106]报道602例恶性肿瘤中有7例合并带状疱疹，年龄39～72岁，60岁以上占57%。右上肢带状疱疹4例，右胸腹部2例，左胸腹部1例。2例于放疗中、4例在放疗后1月内、另1例在放疗后有锁骨上淋巴结复发，再次放疗后1个月内发生带状疱疹，发生部位均不在放射区内，经治疗全部痊愈。作者认为，带状疱疹主要是因局部皮肤的放射刺激和损伤以及放、化疗使机体免疫功能下降而引起，预后多不佳。北医大临床肿瘤学院[107]对33例放疗后免疫功能低下的肿瘤患者用龙东鱼胶丸进行治疗，每丸含去毒河豚肝油0.4ml，每次5丸，每日3次。30d为一疗程。结果表明，龙东鱼胶丸能使放疗后细胞免疫功能低下的患者外周血淋巴细胞数显著增加($P<0.05$)，CD2、CD4、T淋巴细胞数和比率、CD4/CD8比值以及NK细胞杀伤率都非常显著地增加($P<0.01$)。服用该药后，患者一般状况均有改善，睡眠改善，食欲、体重增加，且无任何毒副作用。

药热治疗　上医大肝癌所[108]应用国产高功率聚焦超声(high intensity focused ultrasound，HIFU)治疗兔肝炎性假瘤。结果表明，用HIFU治疗10只兔均获成功。炎性假瘤在影像学检查上具有特征性改变；病理检查证明，靶区在24h后呈大片凝固性坏死，HIFU高温杀伤肝肿瘤的有效性和准确性，为今后开展临床研究提供了实验依据。天津市肿瘤医院[109]用热或热药区域灌注治疗下肢恶性黑色素瘤5例，其中男4例，女1例。年龄39～73岁。肿瘤位于足部4例，小腿1例。4例经髂外动静脉插管，开启循环机，将血液在机内逐渐加温，灌注温度41.5～42℃。持续2h，其中2例在灌注中加入DDP(3.2mg/kg体重)。治疗后第1天即见肿瘤缩小，6d后所有肿瘤均明显缩小或消失，肿瘤细胞有不同程度的脱色。除1例术后有小腿肿胀外其他病人无不良反应。随访2年余，除1例有肺转移外，其余未见复发或转移。作者认为，该疗法对下肢恶性黑色素瘤有明显疗效，并能保留肢体，提高患者生存质量。

癌症止痛治疗　海南省医院[110]用3阶梯止痛治疗方法治疗中晚期癌症病人33例，有效率达100%，其中完全缓解率78.8%，部分缓解率18.2%。其中用1阶梯药物治疗即生效者45.5%，需加2阶梯止痛药物者，占54.5%，需加用吗啡者2例(6%)。所有病例均未发生药瘾，仅1例出现消炎痛过敏，1例肝硬化腹水用可待因后诱发肝昏迷，停药后好转。服用可待因的病人有15例出现便秘，占服该药病人的83%。广州空军医院[111]用3阶梯止痛方法治疗30例晚期癌痛患者，60%得到缓解，对其中骨转移患者癌痛疗效最好，有效率达88%。重庆新桥医院[112]采用不同次数静脉给予^{153}钐-乙二胺四甲撑磷酸盐(^{153}Sm-EDTMP)内照射治疗多发性癌骨转移患者55例，其中包括原发性肺癌32例，原发性骨肿瘤9例，鼻咽癌6例，乳房癌6例，前列腺癌2例。治疗后，总有效率为11.9%。随用药总剂量及次数增加，肺癌全身骨转移癌灶总数逐渐减少，治疗≤2次与≥3次者疗效差别显著($P<0.05$)。经3次以上治疗部分癌灶消失或缩小，但有消化道症状及白细胞轻度降低等副反应。

三、各类肿瘤

(一)老年人肿瘤

卫生部北京医院[113]及浙江省肿瘤医院[114]分别报道57例和50例60岁以上老年人多原发性恶性肿瘤的临床和病理分析结果。其发病率分别占同期老年294例肿瘤患者的15.7%及168例多原发性恶性肿瘤患者的0.7%。平均发病年龄为79岁(60～96岁)及64.2岁(60～77岁)。原发癌灶以2处最多，3处10例，4处3例。发病部位以肺部居首位，发病频率依次为呼吸系、消化系及生殖系，消化系中结肠和胃较多。发生于同一器官或成对器官者21例，同一系统者15例。二组同时性者肿瘤较少，共24例，异时性者最多，共83例。第2癌发生或发现时间大多在首发癌发现后1～3年内。在异时性癌中，52.4%发生在3年之内。平均肿瘤发生时间为7年4个月。发病与多因素有关，该组中有癌家族史者占28.0%，有6例在原放射区内数年后发生第2癌。作者认为，对老年人应警惕有多原发性肿瘤发生的可能，特别对肺、结肠、前列腺及胃等器官尤应注意。由于老年人多原发癌治疗预后尚佳，故主张积极治疗，条件允许者应尽早行手术，或行综合治疗。

(二)小儿肿瘤

广西医大附院[115]报道24例经尸检确诊的小儿恶性组织细胞瘤病(恶性组织细胞瘤病)的临床及病理分析结果。24例中男性20例，女性4例。年龄：55d～15岁，<3岁者12例，占50%。全部患儿有发热、皮肤苍白、贫血等症状，血红蛋白、白细胞及血小板均减低。肝功损害10例。骨髓异常增生17例，2例取材不良，另15例中有核细胞增生活跃者13例，增生降低2例，组织细胞增生7例，组织细胞占有核细胞数36%。临床确诊为恶性组织细胞瘤病者9例，占37.5%；误诊率62.5%。已确诊的9例中7例经化疗及综合治疗无效而死亡，起病至死亡平均72d。24例尸检显示淋巴网状系统恶性增生，病变累及肝、脾、淋巴结、骨髓等，并波及肺、消化道、心、胆、肾、睾丸等。组织细胞异型增生明显，呈多核、巨核、单核、淋巴样变性，部分细胞呈病理核分裂相等。作者认为，该病临床表现多样化，易漏、误诊，故主张对多种组织、多部位、多次进行活检以利早期确诊。广东省医院[116]报道19例经活检确诊的恶性组织细胞增生症(其中仅3例在初诊时确诊，16例被误诊，误诊率84.2%)。19例中，除1例经化疗缓解出院、1年后失访外，2例自动出院，16例均于住院后6个月内死亡，病程最短者10d。作者认为，本病症状多样化，缺乏特异性，早期无血象及骨髓改变，骨髓受损程度常不一致，加上对异常组织特征认识不足，观察不细致是误诊率高的原因。作者主张对可疑本病者应尽早作多部位反复骨穿涂片的活检，对非造血系统组织病损，如皮肤、淋巴结、骨髓等可行局部组织活检，以提高诊断率。广州医学院二院[117]对23例小儿恶性肿瘤进行临床分析。结果小儿恶性肿瘤中以白血病居首位(11/23)，其他依次为颅内肿瘤(4例)、神经母细胞瘤(4例)、恶性淋巴瘤(2例)、原发性肝母细胞瘤及成骨肉瘤(各1例)。临床表现多样化，误诊率高达73.9%(17/23)。多因患者症状、体征不典型而将白血病误诊为贫血；将白血病细胞浸润鼻粘膜误诊为上颌窦囊肿；将颅内肿瘤发生颅内压增高引起呕吐误诊为胃肠道疾患，但行CT检查可以确诊。幼儿不能自述病史和配合检查，辅助检查不及时等对正确诊断也有影响。作者认为，应向小儿或其家长详细询问病史，作全面细致检查，对长期发

热、反复腹痛、不规则呕吐、贫血、淋巴结肿大及原因不明者应多考虑患恶性肿瘤的可能性。武汉市儿童医院[118]分析24例小儿恶性淋巴瘤误诊的原因。24例中入院即确诊者仅2例，误诊22例，误诊率91.5%。将淋巴结肿大误诊为结核和淋巴结炎者11例(46%)；将腹痛、腹块为主的4例误诊为肠蛔虫症1例，腹块待查3例，后经手术证实腹中有乙状结肠恶性淋巴瘤1例，为肠系膜恶性淋巴瘤1例；将水肿为主要表现的误诊为肾炎和上腔静脉综合征，后经淋巴结活检证实为恶性淋巴瘤。作者认为，由于恶性淋巴瘤发病范围广，症状复杂，且无特异性实验诊断方法，故常易漏诊。CT检查有利于早期诊断。对不明原因发热、盗汗、消瘦伴淋巴结肿大者应早作活检以明确诊断。广州儿童医院[119]对110例小儿骶尾部活检标本进行了分析。其中42例畸形，66例肿瘤及2例炎性肿块。表明畸形发病率低于肿瘤发病率，这与国外畸形发病率较肿瘤发病率高的结论相反。国外报道脊柱裂合并脊膜脊髓突出的发生多于脊膜突出。而作者资料显示脊膜脊髓突出与脊膜突出的比为7∶1。作者认为，只有内胚窦瘤而无其他组织成分的肿瘤，不应称为恶性畸胎瘤，因为低分化神经外胚叶组织的骶尾部畸胎瘤应归入恶性畸胎瘤。此外，作者发现1例骶尾部非Hodgkin瘤淋巴(NHL)，为一罕见病例。北京市儿童医院[120]应用流式细胞术和免疫组化技术对63例儿童NHL的DNA含量、免疫表型和核仁组织区相关蛋白进行了研究。结果显示：异倍体率、AgNOR值及增殖指数(PI)随着组织学分级增高而升高，PI亦可作为判断预后的一项定量指标：AgNOR与PI呈正相关；异倍体与二倍体肿瘤累积生存率无显著差异；累积生存率在未定型淋巴瘤＞T细胞淋巴瘤＞B细胞淋巴瘤。作者认为，该研究为儿童NHL的诊断、鉴别诊断、分级及判断预后提供了可靠依据。

(三)重复癌

福建省肿瘤医院[121]报道重复癌37例，其中男14例，女23例。第一癌发生年龄37～78岁(中位59.2岁)。同时性癌(＜6个月)11例，异时性癌(＞6个月)26例。异时性24例间隔0.6～27年，平均5.8年。同时性癌中，8例同时发现，其中6例是在手术中发现。异时性癌中，2例为三重复癌，24例为双重癌。作者认为，重复癌的发生与患者易感性、放射线、内分泌、抗雌激素性药物等因素有关，不易及时诊断，必须与肿瘤的复发及转移相鉴别。对重复癌患者的治疗应持积极态度。无锡市二院[122]报道上消化道同时性重复恶性肿瘤12例，其中食管鳞癌伴胃腺癌9例，食管癌伴平滑肌肉瘤1例，食管癌肉瘤伴胃腺癌1例，食管鳞癌伴胃恶性淋巴瘤1例。其中9例在检查中同时发现，3例在确诊一种恶性肿瘤手术时发现另一种恶性肿瘤。作者认为，对消化道检查应仔细全面，以免遗漏。内蒙古自治区医院[123]报道重复癌10例(男4例，女6例)，年龄为40～77岁。10例中对侧乳腺重复癌3例，乳腺癌合并原发性肝细胞癌和食管中段鳞癌各1例；肺癌合并其他器官癌2例；胃癌合并肝细胞癌1例；上颌窦癌合并胰腺癌1例，结肠腺癌合并肾癌1例。作者对重复癌的治疗持积极态度。西安医大一院[124]报道三原发恶性肿瘤8例(男1例，女7例)，年龄27～48岁，其中43～48岁共7例。肿瘤相继发病间隔最短22个月，最长12年。该组患者生存期长，存活最短者2年11个月，最长27年；存活5年以上7例(其中10年以上3例，现仍有3例存活)。生存期长的原因可能为：(1)多数肿瘤生于体表器官(乳腺、甲状腺、皮肤、眼、鼻、咽、口腔等部位，易于发现；(2)该肿瘤的生物学特性；(3)就诊医院条件好及医师诊治水平高；(4)患者就诊及时。

(四)罕见肿瘤

唐山市工人医院[125]报道黑色素性神经鞘瘤1例。患儿(女，15岁)于1周前右臀右大腿背侧疼痛、肛周及会阴麻木、便秘、排尿困难伴低热、血尿和尿路感染。入院检查：肛周S_2～S_5区左侧温感减弱，右侧消失。MRI示，骶椎$_{1\sim2}$椎管占位，考虑为胚源性占位。术中见肿瘤位于硬脊膜下右背侧，3.5cm×1.5cm×1.5cm，质软，有包膜。完整取出。病理：黑色素性神经鞘瘤继发出血坏死。术后排尿功能恢复，随访10个月正常。该例肿瘤生长于椎管内硬脊膜下，实为罕见病例。北京协和医院[126]报道妊娠后期胎儿先天性淋巴管瘤病1例(出生后尸检证实)。该新生儿腹部膨隆，右下肢增粗，出生后12d因家长放弃治疗而死亡。尸检：下腹膨隆，下腹壁、右下肢皮肤松软，右小腿周径18cm，左小腿周径12cm。右下肢皮下多个多房性囊肿，内含清亮或淡黄液，大腿部囊肿含血性液；右下腹肠系膜及肠道浆膜、后腹膜多发管壁囊肿，含清亮淡黄液。病理诊断：后腹膜及右下肢先天性淋巴管瘤病。该病是一种少见的先天性发育异常性疾患。

参 考 文 献

[1] 原志庆等. 新乡医学院学报 1995;12(4):304
[2]* 杨 骅等. 中华肿瘤杂志,1996;18(3):169
[3] 夏冬洁等. 黑龙江医药 1996;9(2):61
[4] 王四旺等. 第四军医大学学报 1996;17(4):283
[5] 晏振岭等. 河南医科大学学报 1996;31(1):87
[6] 温瑞书等. 河北医学 1996;2(4):319
[7] 傅乃武等. 中国医学科学院学报 1995;17(5):349
[8] 刘宗潮等. 癌症 1996;15(3):164
[9] 谢冰芬等. 癌症 1996;15(3):181
[10] 冯乐平等. 实用肿瘤 1995;(4):10
[11] 陆云飞等. 肿瘤防治研究 1996;22(6):253
[12] 刘继业等. 肿瘤防治研究 1996;23(4):223
[13] 周晓武等. 中华实验外科杂志 1995;12(6):378
[14] 杨俊兰等. 中国肿瘤临床 1995;22(11):811
[15] 张宗曦等. 北京医科大学学报 1995;27(6):463
[16] 鞠佃文等. 中华肿瘤杂志 1996;18(3):165
[17] 彭 涛等. 中华肿瘤杂志 1996;18(3):177
[18] 修方明等. 中国免疫学杂志 1996;12(3):159
[19] 柴彪新等. 兰州医学院学报 1996;22(2):4
[20] 贺银成等. 中华实验外科杂志 1996;13(1):39
[21] 陈道达等. 中华实验外科杂志 1996;13(1):1
[22] 金敖兴等. 癌症 1996;15(4):244
[23] 梁思泰等. 山东医科大学学报 1996;34(3):191
[24] 曹 岩等. 中华实验外科杂志 1996;13(2):89
[25] 谷化平等. 中国肿瘤临床 1995;22(11):801
[26] 王 东等. 第三军医大学学报 1995;17(5):415
[27] 陈宇萍等. 山西医学院学报 1995;26(4):287
[28] 李家良等. 中华肿瘤杂志 1996;18(1):13
[29] 毕会民等. 肿瘤防治研究 1995;22(6):350
[30] 王仰坤等. 肿瘤研究与临床 1996;8(2):76
[31] 顾琴龙等. 中华实验外科杂志 1996;13(1):5
[32] 孙永平等. 首都医学院学报 1995;16(4):271
[33] 丁彦青等. 第一军医大学学报 1996;16(2):104
[34] 庄 荣等. 佳木斯医学院学报 1996;19(2):54
[35] 吴树扬等. 南京医科大学学报 1996;16(1):36
[36] 高淑娟等. 南京医科大学学报 1995;15(4):878
[37] 张保如等. 中国医学科学院学报 1995;17(5):400
[38] 高绪兰等. 白求恩医科大学学报 1996;22(1):16
[39] 陈道瑾等. 实用癌症 1996;11(1):35
[40] 刘鲁闵等. 肿瘤防治研究 1996;23(2):117
[41]* 朱明旺等. 中华放射学杂志 1996;30(3):163
[42] 姜玉新等. 中国医学科学院学报 1996;18(1):11
[43] 陈声波等. 肿瘤防治研究 1996;23(4):229
[44] 徐兆强等. 江苏医药 1996;22(1):15
[45]* 王裕发等. 中国肿瘤临床 1996;23(8):325
[46] 郑 晖等. 综合临床医学 1996;12(4):209
[47] 程炳权等. 宁夏医学 1995;17(6):319
[48] 唐发清等. 湖南医科大学学报 1996;21(4):355
[49] 李和楼等. 肿瘤研究与临床 1996;8(2):79
[50] 李少华等. 中华肿瘤杂志 1996;18(1):34
[51] 梁大强等. 癌症 1995;14(5):343
[52] 杨云梅等. 实用癌症 1995;10(3):166
[53] 余慧清等. 重庆医学 1996;25(4):200
[54] 魏新梅等. 河北医科大学学报 1996;17(2):68
[55] 时国朝等. 上海第二医科大学学报 1996;16(3):199
[56] 刘 银等. 实用肿瘤杂志 1996;11(1):22
[57] 林小莉等. 浙江医科大学学报 1995;24(6):264
[58] 黄 强等. 中华结核和呼吸杂志 1996;19(3):191
[59] 王 青等. 医师进修杂志 1996;19(6):17
[60]* 王亚农等. 中华外科杂志 1996;34(1):29
[61] 张如明等. 肿瘤防治研究 1996;23(2):95
[62] 刘 宏等. 铁道医学 1995;23(16):355
[63] 桂添瑞等. 江西医药 1995;30(15):297
[64]* 王金万等. 中华肿瘤杂志 1996;18(4):285
[65]* 张湘茹等. 中华肿瘤杂志 1995;17(6):454
[66] 毕明宏等. 蚌埠医学院学报 1996;21(3):169
[67]* 许立功等. 中国肿瘤临床 1995;22(11):789
[68] 许宗宽等. 河南肿瘤学杂志 1995;8(3):208
[69] 卫 蓉等. 实用中西医结合杂志 1996;9(7):403
[70] 宫岩华等. 实用肿瘤杂志 1995;10(4):264
[71] 王金万等. 中华肿瘤杂志 1995;17(6):458
[72] 史美琪等. 河南肿瘤学杂志 1995;8(4):256
[73]* 魏菊梅等. 河南肿瘤学杂志 1995;8(3):199
[74] 郭干举等. 河南肿瘤学杂志 1995;8(3):213
[75] 郭胤仕等. 兰州医学院学报 1995;21(4):229
[76] 华新民等. 中国肿瘤临床 1996;23(4):263
[77] 霍跃华等. 黑龙江医药 1996;9(6):338
[78] 袁 兵等. 南通医学院学报 1996;16(3):391
[79] 王在国等. 实用癌症 1995;10(3):175
[80] 文新中等. 兰州医学院学报 1995;21(4):246
[81] 刘 辉等. 福建医药 1996;18(2):26
[82] 喻庆薇等. 实用癌症 1995;10(4):273
[83] 时 德等. 中国肿瘤临床 1996;23(4):266
[84] 卢振霞等. 吉林医学 1996;17(1):3
[85] 赵 朴等. 上海第二医科大学学报 1996;16(3):174
[86] 秦凤展等. 蚌埠医学院学报 1996;21(3):166
[87] 许良中等. 实用肿瘤杂志 1996;11(1):16
[88] 郭凯平等. 湖南医科大学学报 1996;21(4):343
[89] 朱瑞龙等. 肿瘤 1996;16(1):29
[90] 姚德茂等. 中华实验外科杂志 1996;13(2):82
[91] 顾康生等. 安徽医科大学学报 1995;30(4):294
[92]* 杜献堂等. 中华肿瘤杂志 1996;17(6):464
[93] 贾鹏翔等. 西安医科大学学报 1995;16(4):429
[94] 施靖华等. 中国肿瘤临床与康复 1996;3(2):3

[95] 沈　健等. 实用癌症 1996;11(1):53
[96] 凌　科等. 北京医学 1996;18(2):113
[97] 任宝柱等. 中国肿瘤临床 1996;23(2):89
[98] 李　凯等. 中国肿瘤临床 1996;23(2):103
[99] 李修义等. 白求恩医科大学学报 1995;12(6):559
[100] 曹雪涛等. 中华肿瘤杂志 1996;18(3):161
[101] 俞志英等. 苏州医学院学报 1995;15(5):952
[102] 赵　玲等. 实用肿瘤学杂志 1996;10(3):52
[103] 杨　蕴等. 中国肿瘤临床 1996;23(9):614
[104] 马延华等. 综合临床医学 1996;12(4):207
[105] 范士怀等. 山东医药 1996;36(2):23
[106] 郁志龙等. 内蒙古医学杂志 1996;16(4):212
[107] 张珊文等. 中国中西医结合杂志 1995;15(10):628
[108] 程树群等. 中华实验外科杂志 1996;13(3):135
[109] 杨　蕴等. 中国肿瘤临床 1995;22(12):846
[110] 刘　华等. 海南医学 1995;6(4):227
[111] 李爱民等. 癌症 1995;14(6):464
[112] 宛玉华等. 第三军医大学学报 1996;18(2):160
[113] 汪　耀等. 中华老年医学杂志 1996;15(4):208
[114] 潘　浩等. 中华老年医学杂志 1996;15(4):239
[115] 廖　宁等. 新医学 1995;26(11):587
[116] 郑曼蕾等. 广东医学 1996;17(4):261
[117] 陈炎发等. 广州医学 1996;27(4):37
[118] 倪集庚等. 中级医刊 1996;31(2):39
[119] 陈光华等. 中华病理学杂志 1995;24(5):279
[120] 何乐健等. 中华病理学杂志 1995;24(5):282
[121] 陈国英等. 福建医药 1996;18(3):1
[122] 张熔熔等. 苏州医学院学报 1995;15(6):1066
[123] 李艳茹等. 内蒙古医学杂志 1995;15(5):279
[124] 潘曼丽等. 西安医科大学学报 1996;17(2):241
[125] 王新生等. 天津医药 1996;24(4):227
[126] 白云文等. 中国医学科学院学报 1996;18(4):315

文　选

恶性肿瘤患者血清 sIL-2R 临床意义的评估(中国肿瘤临床 1996;23(5):325)　上海市一院王裕发等报道用 ELISA 法测定 365 例肿瘤患者(包括胃癌、肝癌、胰腺癌、结肠癌、乳腺癌、卵巢癌、肺癌、恶性淋巴瘤、白血病)和 230 例相关脏器的良性疾病患者(包括胃溃疡、浅表性胃炎、慢性乙型肝炎、肝硬化、乳腺小叶增生、卵巢囊肿、血液性良性疾病、肺部良性疾病)以及 51 名健康人的血清 sIL-2R 的浓度,发现患者血清 sIL-2R 升高明显,与不伴转移患者相比差异非常显著($P<0.001$)。检测方法:取外周血 2ml,离心取血清,置于−80℃保存,以 ELISA 法测定(试剂由德国 Boehringer Mannheim 公司提供,分析仪为美国 Bio-Rad 公司 3550 酶标仪)。该实验室的 sIL-2R 正常范围为 40～100pmol/L,超出 100Pmol/L 为阳性。该实验室从 1992 年起,检测了近 600 例各类恶性肿瘤及相关脏器的良性疾病患者的 sIL-2R 水平,发现恶性肿瘤患者的水平明显增高,特别是伴有转移肿瘤患者,而良性疾病患者的水平与健康人差异不明显,结果与国外文献报道一致,因而认为 sIL-2R 可作为免疫系统的活性标志之一,对肿瘤患者术后的复发监视具有重要意义。研究还发现,sIL-2R 除小部分是从受激活的正常淋巴细胞表面脱落外,大部分是从恶性肿瘤细胞表面脱落而进入循环血液,由此认为 sIL-2R 可兼作宿主生物学反应及恶性肿瘤的活性标志。

述评　恶性肿瘤病人的复发和转移是临床上十分重要而棘手的问题。如果能早期发现肿瘤复发或转移就可及早进行治疗,其预后仍是较好的。但目前有关检测肿瘤复发或转移的方法不够灵敏,使病人失去了及时再次治疗的机会,十分可惜。该文报道检测血清 SIL-2R 方法对诊断肿瘤复发和转移具有重要意义。

(崔　龙)

髓母细胞瘤的 CT 和 MRI 诊断(中华放射学杂志 1996;30(3):163)　北京神经外科所朱明旺等对经术中病理证实的髓母细胞瘤 40 例行 CT 或(和)MRI 检查,并分析髓母细胞瘤的 CT 和 MRI 影像学特点。其中男 34 例,女 6 例,10 岁以下 22 例(55%),11～20 岁 7 例(17.5%),20 岁以上 11 例(27.5%)。肿瘤最大者 6cm×5cm×5cm,最小者为 3cm×2cm×2cm,平均为 4.3cm×3.6cm×3.7cm。肿瘤多为圆形或卵圆形(占 70%)不规则形占 20%,分叶形占 10%。肿瘤位于小脑蚓部 31 例(77.5%),小脑半球 9 例(22.5%)。26 例(65%)肿瘤边界清楚,14 例(35%)边界不清。30 例(75%)肿瘤内可见囊变,其中 4 例同时伴有钙化,1 例伴出血。髓母细胞瘤好发于男性儿童,常见于小脑蚓部,而成人髓母细胞瘤好发于小脑半球,与小脑半球皮质关系密切。CT 平扫为等或略高密度,增强扫描密度中等或略增强。MRI 扫描 T_1 加权像表现为等或略低于脑灰质信号,T_2 加权像呈等或略高于脑灰质信号,增强扫描可见均

(周镇万)

匀中等或明显增强。对于评价肿瘤的浸润范围、继发改变、与周围组织的关系和肿瘤的定位、定性诊断，MRI明显优于CT。

（崔　龙）

述评　近年来，我国已将CT和MRI检查用于临床和实验室，并取得了一定成绩，但由于其技术要求较复杂，费用较高，仍未能普遍应用。因此，对有关CT和MRI临床诊断疾病的经验仍有不足。该文报道应用CT和MRI诊断髓母细胞瘤经验，对有关临床医师有一定帮助，值得参考。此外，应根据CT和MRI的各自优缺点，选择适当的检查方法明确诊断，并减少病人的痛苦和节省费用。

（周镇万）

榄香烯抗癌作用与诱发肿瘤细胞凋亡（中华肿瘤杂志 1996；18(3)：169）　浙江医大肿瘤所杨骅等报道用四氮甲唑蓝(MTT)方法分析榄香烯对白血病细胞生长的影响。榄香烯是从中药莪术中提取的抗癌有效成分，实验药理学和临床试验都证实该制剂对肿瘤有确切疗效。结果显示榄香烯明显抑制白血病HL-60和K562细胞的生长，对HL-60细胞生长的半数抑制剂量(IC_{50})为27.5μg/ml，对K562细胞的IC_{50}为80μg/ml，而对正常人外周血白细胞(PBL)的IC_{50}为254.3μg/ml。流式细胞术证实榄香烯能阻滞肿瘤细胞从S期进入G_2M期，并导致受影响的肿瘤细胞快速凋亡，且对细胞周期的影响存在时间和剂量的依赖关系。DNA凝胶电泳及透射电镜超微结构观察都发现了榄香烯诱发肿瘤细胞凋亡所导致的生化与形态变化。结果表明榄香烯对肿瘤细胞生长有直接抑制作用，可阻滞肿瘤细胞从S期进入G_2M期，抑制其增殖并迅速导致其凋亡。因而榄香烯诱发肿瘤细胞凋亡是其抗肿瘤作用的重要机制之一。

（崔　龙）

述评　中药有不少成分具有抗肿瘤作用，并在临床实践中收到显著疗效，但因其抑癌机制尚不完全清楚，限制了其推广应用。该文报道榄香烯抗癌机制对开发更多更好抗癌中药的研究也将起到一定的推动作用。有关药理及临床应用方面的问题仍需进一步深入研究。

（周镇万）

鬼臼乙叉甙软胶囊治疗恶性肿瘤的临床验证报告（中华肿瘤杂志 1995；17(16)：454）　中国医科院肿瘤医院张相茹等报道了全国5家医院对口服鬼臼乙叉甙软胶囊进行的临床验证。鬼臼乙叉甙（足叶乙甙，VP-16）是鬼臼毒素的半合成衍生物，其作用位点是拓扑异构酶Ⅱ，形成药物-酶-DNA三者之间稳定的复合物，干扰DNA拓扑异构酶Ⅱ的促DNA损伤后重新修复的作用。全组可评价疗效者110例，VP-16单药口服治疗50例，口服VP-16联合治疗60例，其他相应治疗对照45例。口服VP-16单药治疗小细胞肺癌(SCLC)有效率为50%，高于文献中静脉给药的41%。单药治疗恶性淋巴瘤复治者有效率75%，高于国外Hain Swarth报道的长程口服VP-16对复发淋巴瘤的60%疗效。单药连用5d与连用10～14d的有效率分别为23.1%与59.4%，提示长程治疗效果更好。口服VP-16的剂量限制性毒性为骨髓抑制，其他常见毒副反应为恶心、呕吐和脱发。总之，国产口服VP-16疗效确定，毒性较低，服用方便，可进一步扩大临床使用。

（崔　龙）

述评　应用VP-16单药或联合化疗对110例恶性肿瘤治疗，取得了疗效确切、毒性较低、服用方便的结果，该文报道对VP-16临床应用有重要的参考价值。此外，在郭干举报道57例恶性胸腹水病人应用9种抗癌药物治疗试验中（河南肿瘤 1995；8(3)：213），VP-16的抗癌有效率达92.3%，超过了常用的顺铂的60%及卡铂66.7%，打破了原来认为VP-16不宜在胸腹腔内治疗的限制。述评者总之，对现有的抗癌药物也要不断进行临床实践总结，以便取得新的经验，更好为病人服务。

（周镇万）

卡莫氟治疗消化道恶性肿瘤的临床疗效观察（中国肿瘤临床 1995；22(11)：789）　上海医大肿瘤医院许立功等报道了卡莫氟治疗346例胃肠道恶性肿瘤的前瞻性多中心试验结果。卡莫氟系氟脲嘧啶的潜型衍生物，口服吸收迅速，于体内缓释出氟脲嘧啶，有效血浓度较氟脲嘧啶静脉推注长久，且对骨髓抑制较轻。206例胃癌和140例大肠癌分为单药治疗组、卡莫氟联合化疗治疗组及氟脲嘧啶联合化疗组。各方案有效率：胃癌分别为28.5%、43.3%和25.0%；大肠癌分别为21.6%、22.4%和20.3%。试验结果显示：胃癌卡莫氟联合化疗组效果显著，优于氟脲嘧啶联合化疗组。卡莫氟对不同部位病灶疗效不同，对于胃癌，单药以淋巴结和原发病灶有效率较高，联合用药可提高对腹块疗效，但对肝转移疗效不及氟脲嘧啶。卡莫氟治疗肺及切口转移癌，未见疗效。对于大肠癌，单药仅对淋巴结及肝转移较好，联用丝裂霉素后对腹块和盆腔肿块效果可提高。无论单药或联合用药，卡莫氟对血液系统及消化系统的毒副反应并不严重，但具有一些特殊的毒副反应，例如头昏、及麻木（手麻和口麻）及热感和尿频、尿急等，并有1例发生了皮疹。卡莫氟血中峰值浓度虽较氟脲嘧啶静脉推注低，但其脂溶性较强，易进入神经系统而造成相关的反应，减少用量可使这些反应减轻。此外，卡莫氟可在肝外活化，这为临床使用提供了更有利的条件。

（崔　龙）

述评　应用卡莫氟治疗胃癌与大肠癌取得了较同类药物为优的疗效。但在卡莫氟出现治疗作用的同时也出现了有关神经、精神、泌尿等方面的毒副反应，必须予以重视。这些反应发生的机制尚未完全明了，在处理上也缺乏妥善的办法。在临床上应用卡莫氟治疗时，应当加强观察和及时处理，保证病人安全。

（周镇万）

西艾克治疗恶性肿瘤的临床Ⅲ期试用报告（中华肿瘤杂志 1996；18(4)：285）　中国医科院肿瘤医院王金万等报道了含西艾克（长春地辛，VDS）的联合化疗对1532例肿瘤患者进行的多中心性前瞻性临床Ⅲ期研究。西艾克是长春花碱的衍生物。在799例可评价疗效患者中，总有效率为64.5%，其中对小细胞肺癌、非小细胞肺癌、恶性淋巴瘤、乳腺癌、卵巢癌、食管癌及急性淋巴细胞白血病有较好疗效，其有效率分别为74.1%、52.6%、88.0%、62.6%、59.0%、57.5%及94%。但乳腺癌有效率与Ⅱ期临床比较相对较差，这可能与试验组中既往化疗失败者占46.0%、产生耐药有关。尽管如此，仍接近目前国际公认疗效最好的ADM＋CTX＋5-Fu及ADM＋CTX＋5-Fu＋三苯氧胺的诱导缓解率。非小细胞肺癌对多种抗肿瘤药物不敏感，含DDP与NVB或VDS为主的方案被认为是最好的联合化疗方案之一。该组试验中VDS＋DDP为主的联合化疗有效率与国外结果接近或稍高，且对鳞癌和腺癌均有较好疗效。VDS＋DDP＋平阳霉素治疗食管癌的CR率为57.5%，比Ⅱ期临床疗效高。此外，含VDS的联合化疗对小细胞肺癌、恶性淋巴瘤及急性淋巴细胞白血病的疗效也很突出，有效率为74.1%、88.0%和94.0%。因VDS与VCP无完全交叉耐药性，可作为VCR治疗恶性淋巴瘤和ALL失败或因神经毒性而中止的替换药物。VDS的不良作用有骨髓抑制、胃肠道反应、神经毒性、脱发和静脉炎。该药疗效肯定，血液学毒性较VLB轻，神经毒性较VCR轻，可作为治疗非小细胞肺癌、乳腺癌及食管癌的一线药物和恶性淋巴瘤、卵巢癌、急性淋巴细胞白血病的二线药物。

（崔　龙）

述评　国产抗肿瘤药物西艾克经1532例Ⅲ期临床验证，显示其在联合应用中对小细胞肺癌、恶性淋巴瘤、急性淋巴细胞白血病等7种肿瘤有良好疗效，值得临床推广应用。但也发现该药在治疗中有较严重的血液、神经及消化系统等方面的毒副作用，对病人造成一些不良影响，使其不能完成预定的治疗计划。因此，述评者认为对该药物所发生的毒副反应，应重视并采用中西医药综合治疗措施，加以预防和消除，以进一步提高其治疗效果。

（周镇万）

卡铂和顺铂腔内用药治疗恶性胸腹水的近期疗效观察（河南省肿瘤学杂志 1995；8(3)：199）　河南肿瘤医院魏菊梅等报道采用卡铂（CP）和顺铂（DDP）腔内注射治疗恶性胸腹水88例。DDP组43例（男25例，女18例），其中乳癌术后5例，恶性淋巴瘤7例，肺癌18例，胃癌术后4例，大肠癌术后4例，肝癌3例，平滑肌肉瘤2例。CP组45例，其中肺癌24例，恶性淋巴瘤3例，胃癌术后4例，大肠癌术后7例，肝癌4例，卵巢癌术后2例，食管癌术后1例。以B超测量积液后定位进针，常规抽液后腹腔注入DDP 60～80mg或CP 300～500mg，部分病人同时注入地塞米松10mg，胃复安30～40mg或654-2 20mg。治疗后经胸片和（或）B超证实胸腹水完全消失，症状消失，维持1个月以上为显效；治疗后经胸片和（或）B超证实胸腹水减少50%以上，症状改善，维持1个月以上为有效；治疗后经胸片和（或）B超证实胸腹水减少不足50%或有继续增加者为无效。结果显示：DDP组43例，胸注27例，腹注16例，治疗后显效17例（39.5%），有效19例（44.2%），无效7例（16.3%），总有效率83.7%；CP组45例，胸注26例，腹注19例，治疗后显效11例（24.4%），有效13例（28.9%），无效21例（46.7%），总有效率55.3%。统计学处理差异非常显著（$P<0.001$）。两组毒副作用均为骨髓抑制和消化道反应，DDP组分别为25.6%和55.8%，CP组分别为62.2%和24.4%。对比治疗结果表明DDP用于腔内给药疗效优于CP。

（崔　龙）

述评　临床上对恶性胸腹水应用CP或DDP治疗有着不尽相同的意见。主张应用CP者认为其毒副作用较少，而主张应用DDP者则认为DDP的治疗效果比CP好。该文报道应用CP及DDP治疗恶性胸腹水效果对比，证明DDP的治疗效果优于CP。述评者在临床工作中也有DDP效果较优的印象。

（周镇万）

输注体外活化的自身淋巴细胞治疗晚期恶性肿

瘤(中华肿瘤杂志 1995;17(6):464) 河南医大杜献堂等报道用可在门诊施行的自身淋巴细胞生物学疗法治疗晚期恶性肿瘤。其主要程序是:输注体外用抗CD3单克隆抗体等活化的用甲氰咪胍和低剂量γ射线等去除或抑制T抑制细胞活性的自身淋巴细胞(1×10^9/L～2×10^9/L)。病人同时服用甲氰咪胍以去除或抑制体内T抑制细胞的活性。共治疗患者65例,其中肾癌46例,肺癌7例,肝癌3例,黑色素瘤3例,乳腺癌2例,结肠腺癌3例,纵隔肿瘤1例。65例中,男49例,女16例,年龄13～74岁。共行217人次,除10例18人次在回输时有轻微类似输液反应的寒战伴暂时的轻度体温升高外,未见其他毒性反应。对其中输注治疗3次以上的37例进行临床疗效分析,缓解率(CR+PR)为74%,有效率(CR+PR+MR)为51%,对肾细胞癌和黑色素瘤效果较好。作者认为自身淋巴细胞生物学疗法疗效与文献报道的LAK疗法相似,但费用低廉,副作用和毒性较低。

(崔　龙)

述评　近年来,对晚期恶性肿瘤病人应用生物学疗法的治疗,已经逐渐开展起来,并取得了一些成绩。述评者在应用LAK细胞及TIL治疗的病人中,也观察到病人一般情况有所改善、有食欲增加,疼痛减轻等,但肿瘤体积明显消失者则较少见,仅在1例右下肢恶性黑色素瘤瘤体内局部注射TIL后,见到肿瘤明显缩小,部分破溃处有愈合趋向。该文报道的疗法可在门诊开展,费用较少是其优点。但其实际效果及毒副反应等问题仍待进一步研究。

(周镇万)

软组织肉瘤的治疗和预后分析(中华外科杂志 1996;34(1):29) 上海医大肿瘤医院王亚农等报道了121例四肢和躯干的原发性和局部复发性软组织肉瘤的治疗效果和预后分析结果。年龄15～78岁,平均45岁。肿瘤位于上肢24例,下肢75例,躯干22例。肿瘤平均长径为8.6cm(1～30cm)。原发性肿瘤25例(20.7%),局部复发性肿瘤96例(79.3%)。其中恶性纤维组织细胞瘤32例,占26.4%。肿瘤分级:$G_1$28例(23.1%),$G_2$41例(33.9%),$G_3$52例(43.0%)。手术方式分广泛切除术(包括根治性切除)、局部切除术和截肢术。辅助放疗37例,辅助化疗41例。术后局部复发28例。5年局部控制率为72.3%,肿瘤位于上肢、切缘阳性及辅助化疗者局部控制率较低。全组5年生存率为59.9%,其中96例局部复发肿瘤为59.1%。肿瘤大小、分级、围手术期输血、截肢与未截肢、辅助化疗等对局部控制率无显著影响。影响总生存率的独立预后因素为高分级肿瘤、肿瘤位于上肢、肿瘤≥10cm和围手术期输血。作者认为:(1)广泛切除术是治疗肢体软组织肉瘤的主要手段;(2)局部复发肿瘤经治疗可获得满意效果;(3)避免不必要的围手术期输血有可能提高生存率;(4)较有效的辅助治疗方案有待进一步研究。作者同时提出了软组织肉瘤的治疗策略。

(崔　龙)

述评　该文对121例四肢、躯干原发和局部复发性软组织肉瘤治疗效果和预后因素进行分析,对临床治疗这类肿瘤有重要参考价值。但软组织肉瘤的治疗迄今还不能令人满意的原因是这类肉瘤的早期诊断仍有不少困难,使不少病例未能在早期确诊,及早得到治疗,特别是恶性纤维组织细胞肉瘤的诊断尤为困难,最后仍应依赖组织细胞检查方能确诊。这些影响诊断进而影响疗效的主要因素,值得进一步研讨。

(周镇万)

器官移植

本年度共收集文献130篇，纳入回顾65篇(占50%)，收入文选9篇(占6.9%)。

一年回顾

1996年11月在宜昌召开的全国第5次器官移植会议，对我国器官移植作了总结。至1995年底我国已累计肾移植15976例次，肝移植80例，心脏移植17例，胰肾联合移植3例。肾移植年人/肾存活率最好单位达97%/93%，肝移植存活1年以上3例，最短2年半。心脏移植存活1年以上6例，最长已4年。单肺移植1例已存活17个月。

一、肾移植

(一)基础研究

上海市一院[1]利用聚合酶链反应(PCR-SSP)方法对人类白细胞抗原HLA-DR基因进行分型，均获成功，无假阳性和假阴性，总时间仅5h，为快速配型提供了新的方法，有利于尸肾移植供受者的HLA-DR位点的配型选择。上海长征医院[2]进行了亚低温下肾保存的实验研究，探索了冰晶点上下温度保存对肾脏的影响，测出肾脏的冰晶点为$-2℃$，为肾脏冰晶点以上零度以下的保存提供了实验依据。该院[3]*还研制成功长征-1号多器官保存液，并与UW液进行了对照研究，显示两种保存液无明显区别，但长征-1号液成本低廉，适合国内多脏器移植的应用。解放军85医院[4]采用大鼠离体肾灌流模型，观察Mg^{2+}对CsA的急性肾脏效应的影响。结果显示，适当提高Mg^{2+}浓度能改善离体肾血流动力学和克服CsA对肾脏的影响，因此肾移植术后适当补充Mg^{2+}有防治CsA肾毒性的作用。

(二)长期存活研究

上海市一院[5]*在1993年以前共作肾移植801例，5年人/肾存活率为74.64%及53.02%，通过127例长期应用CsA康复5年以上肾移植受者的临床研究，发现慢性排斥是影响移植肾长期存活的主要因素，因此加强随访、早期诊断、及时调整免疫抑制剂用量是提高存活率的关键。西安医大[6]通过对13例60岁以上高龄患者、10例肝炎、6例糖尿病、7例多囊肾患者肾移植临床分析，证实术后并发症是肾移植失败的主要原因，肾移植前后应积极治疗导致高危的原发病，合理应用免疫抑制剂。上海长征医院[7]对1978～1994年肾移植术后27例死亡病例进行了全身尸体解剖分析，感染占62.96%，感染致死占44.44%，因此感染仍是造成肾移植术后失败的主要病因。该院[8]还测定了24例肾移植患者移植前、后血清垂体-性腺激素及血清微量元素的变化，并对肾移植术后存活3年以上的已婚患者100例进行了性功能及生育功能的调查。结果提示：术后3个月患者的血清垂体-性腺激素及微量元素的异常多能得到纠正，60.94%病人性功能恢复，但此时女性病人应避免妊娠，以免发生移植肾功能恶化及诱发排斥反应。华西医大[9]也调查了47例男性肾移植患者手术前后的性功能变化，证明术后性功能均得到了改善。但性功能受到心理因素的影响，一般未恢复到病前的水平，因此，做好配偶工作也很重要。

(三)排斥反应

广州南方医院[10]应用抗胸腺淋巴细胞球蛋白(ATG)预防肾移植术后排斥反应，100例病人同时应用CsA进行3个月的观察，应用ATG组的急性排斥率为18%，对照组为47%，ATG排斥反应发生率明显降低，肾功能恢复时间也有所提前，且无CsA肾中毒的表现。解放军总院[11]在肾移植术后应用CD3治疗难治性排斥反应，效果满意，急性加速排斥的治愈率为88.9%，有效率为100%；急性难治性排斥反应的治愈率为66.7%，有效率为73.3%；对慢性排斥无效。CD3来源于北京军医科院，每天用

5mg，共6～10d。衡阳医学院[12]对12例肾脏移植受者血中抗粒细胞抗体IgG进行动态测定，了解其与白细胞减少症和排斥反应的关系，发现术后5例抗体阳性的病人，其中3例发生白细胞减少症，3例发生急性排斥反应。抗粒细胞抗体与急性排斥反应的关系值得进一步研究。常州市一院[13]对7例有肾移植超急排斥史的患者在再次肾移植术前预防性使用血浆置换及ATG治疗，结果6例获成功，1例再次发生超急性排斥，提示血浆置换能有效地预防再次超急排斥的发生。重庆新桥医院[14]研究证明，肾移植术后在应用CsA同时服用硫氮唑酮能减少CsA肾毒性，提高CsA血浓度，减少CsA用量，但并不增加急性排斥反应的发生率，效果满意。南京军区南京总院[15]*对48例移植肾组织内$CD4^+$、$CD8^+$细胞进行了临床监测。发现移植肾急性排斥组中$CD4^+$ $CD8^+$比值＞1.3者对激素冲击治疗有效，反之无效。因此，监测肾组织内T淋巴细胞亚群的变化对急性排斥的诊断和治疗有较大的临床意义。常州市一院[16]*采用供体特有骨髓输入和ATG进行治疗，对20例肾移植病人进行诱导特异性免疫无反应性的研究，方法在常规三联免疫抑制剂治疗基础上，应用ATG 14天，停ATG 1周后输入冷藏骨髓，随访5～41个月，结果1～6个月内仅2例发生排斥反应，用大剂量激素可逆转，1例死于肺炎。明显好于对照组，后者8例发生排斥，4例失败。上海长征医院[17]对168例移植肾作了病因及病理组织学的观察，认为造成移植肾无功能的主要原因是排斥反应，感染是肾移植失败的重要病因。通过病理分析认为，超急性排斥反应是由白细胞血栓及纤维蛋白红细胞血栓双重损害作用造成的。

（四）术后并发症

解放军309医院[18]采用聚合酶链反应（PCR）技术及酶联免疫吸附法检测人巨细胞病毒（HCMV）感染，并与排斥反应的关系进行研究。HCMV感染组的排斥发生率为48.7%，未感染组为15.4%，有明显差异，说明HCMV感染与排斥的发生有一定的关系。上海长征医院[19]采用巨细胞病毒（CMV）单克隆抗体对44例肾移植患者外周血白细胞进行了CMV抗原检测，显示28例活动性CMV感染患者中26例阳性，16例无活动性患者中仅1例阳性。作者认为，此方法是早期快速诊断活动性CMV感染较理想的方法。南京医大[20]报道18例肾移植术后并发糖尿病，认为这可能与CsA的应用有密切关系。处理方法主要是减少CsA用量及应用降糖药物。高龄与肥胖是危险因素，可并发感染，治愈率为66.7%，死亡率为16.7%。天津空军医院[21]也分析了385例肾移植患者中14例出现高血糖，其中9例与急性排斥反应时用皮质激素冲击有关，4例与CsA血浓度升高有关。广州南方医院[22]对肾移植后近期发生高热进行了研究，57例中肺部感染占61.4%，肾周脓肿占10.5%，不明原因9例，占15.8%。治愈率71.9%，死亡率22.8%。该文对高热原因、鉴别诊断、治疗和预防进行了讨论。上海长征医院[23]分析16例肾移植后感染情况，其病原菌除细菌外，还有真菌、病毒、放线菌等，同时对各种不同病原菌所引起的病变特征、临床表现进行了较详细的描述。苏州市四院[24]通过对12例肾移植后并发急性呼吸窘迫综合征病人的病因进行了分析。致病菌多为革兰染色阳性菌，病死率高达83%，患者多死于多脏器功能衰竭，因此急性呼吸窘迫综合征是严重的术后并发症，早期应主要防治肺部感染。同济医大[25]在625例肾移植病人中有22例并发上消化道出血，25例移植肾破裂，8例肾周出血。上消化道出血病人中5例为应激性溃疡，6例为胃十二指肠溃疡，11例为尿毒症性胃肠道粘膜糜烂，出血量300～3500ml，5例死亡。因此，肾移植术后消化道出血是严重并发症，故严重者应及时手术治疗。该组4例手术止血均获成功。出血期应严格禁食，采取肠外补充营养。可用去甲肾上腺素及凝血酶冷盐水300～500ml灌肠，3～4次/日，保留30min。同济医大[26]对肾移植术后肾衰进行了综合治疗，包括调整免疫抑制药物用量、行透析治疗、加用扩血管药物及利尿合剂、静脉营养支持及胶体物质的应用。80例病人86.2%肾功能恢复正常。解放军304医院[27]总结了彩色多普勒超声检查移植肾发生急性肾小管坏死的表现，以及少尿期如何应用免疫抑制剂药物的经验。重庆新桥医院[28]应用开搏通治疗肾移植术后红细胞增多症取得了较满意的效果。开搏通使用剂量从25mg/d开始，按病情增减，9例病人服药后2个月血红蛋白明显下降，3个月后有7例红细胞下降至正常。武汉同济医院[29]应用单光子发射计算机断层（SPECT）研究肾移植术后上尿路梗阻。83例肾移植病人中以普通型为主，表现为肾实质早期放射性稀疏区伴肾盂输尿管显像剂滞留，假性梗阻图像可用利尿试验区别。出现排斥反应及急性肾小管坏死时，放射性滞留在肾实质并伴其他功能损伤。广州南方医院[30]报道39例肾移植术后发生尿漏，发病率为6%，21例与手术有关，其次与感染有关。根据尿漏的程度和原因，采取了相应的治疗方法。南京医大[31]报道11例肾移植后发生黄疸，发病率为6.9%。2例肝功衰竭死亡。治疗方法主要是调整免疫抑制药物、保肝、退黄、降酶及支持疗法。

二、大器官移植

在器官移植日益广泛开展之际，应重视脏器来源的问题。中国医科大学[32]* 介绍两种腹部脏器联合快速切取的方法，即肝肾联合原位灌注整块切除术和胰、十二指肠及肾脏原位灌注切取法，并成功进行了1例肝移植，2例肾移植。

（一）肝脏移植

湖北医大[33]进行了常温下（22℃）保存离体肝脏的研究，利用氧载体氟碳乳剂为离体肝提供足够氧，并给以足够能量的脂肪乳剂，使离体肝脏能较长时间（40h）地维持其解毒功能，保持肝细胞线粒体的稳定性。作者证实常温下保存离体肝脏是可能的，避免冷冻对肝脏功能的损害。上海长海医院[34]成功地建立了大鼠减体积性肝移植模型，进行了54次大鼠肝移植，移植鼠7d存活率高达87.5%，证实动物模型稳定实用。该院[35]还用免疫组化染色对移植肝内浸润细胞和免疫球蛋白进行了观察，发现耐受组与排斥组在T细胞浸润方面差异不显著，而B细胞的差异显著。排斥组肝细胞强烈表达 IgG_1，而耐受组未见任何结构表达 IgG_1。作者对免疫耐受问题也进行了探讨。中国医科大学[36]在大鼠原位肝移植模型供肝切取前应用辅酶 Q_{10}（CoQ_{10}），发现它可以降低肝移植鼠的氧自由基，进而减轻肝组织损伤。方法是供肝切取前1h，经腹壁静脉，按10mg/kg注入 CoQ_{10}。天津市三院[37]进行了大鼠胸腺内移植供体脾细胞对延长移植肝存活率的研究，术后不用免疫抑制剂，结果半数以上的大鼠存活超过100d，而对照组仅存活9d左右，说明该法能产生特异性供体无反应性。香港玛丽医院[38]* 报道了23例肝移植，是目前国内最多的一组报告（详见文选）。中山医大[39]从1993～1995年先后为5例终末期肝病患者施行了原位肝移植，有2例已存活半年以上，2例在3个月内死亡，分别死于CMV感染及上消化道出血，其中3例为原发性肝癌病人，还对肝移植治疗原发性肝癌的手术适应证、术中体外静脉转流等问题进行讨论[40]。他们[41]还应用彩色多普勒超声对肝移植术后肝血流动力学和形态变化进行了监测，介绍了肝动脉血栓形成、感染、急性排斥反应等不同声像特征，认为彩色多普勒超声是对术后并发症进行早期诊断的重要手段。

（二）心脏移植

哈尔滨医大[42]* 报道2例终末期心脏病行原位心脏移植，已存活3年和1年，心功能情况良好，首例已恢复工作。作者认为成功的关键是对供心的保护、免疫抑制剂的使用和排斥反应的诊治。福州协和医院[43]为1例终末期扩张型心肌病患者施行原位心脏移植，术后100d出院，已参加工作，术后两次出现排斥反应均得到纠正。上海金山医院[44]和牡丹江心血管病医院[45]介绍应用多普勒超声心动图监测移植心脏心肌排斥反应，对移植心脏与正常心脏的超声变化进行了比较和描述。该法可减少心肌活检的次数，有较大的实用价值。武汉同济医院[46]测定了豚鼠对大鼠异种心脏移植超急性排斥时氧自由基的变化，证实超急性排斥时可产生大量氧自由基，引起组织损伤；而前列腺素 E_1 有一定抗自由基损伤作用，也可稍延迟超排的发生。他们[47]在大鼠心脏移植时检测脾细胞白细胞介素2受体（IL-2R），发现在急性排斥时IL-2R明显升高，并早于排斥反应的心功能变化1～4d，因此测定脾细胞IL-2R水平对早期诊断排斥反应有价值。北京安贞医院[48]应用健康人外周血单核细胞及非紫绀型先天性心脏病患者的心肌细胞作混合培养和制成体外心脏移植急性排斥反应模型，了解IL-2R、IL-2R mRNA在排斥反应中的价值，发现二者均参与心脏移植后的排斥反应，因此监测IL-2R及IL-2R mRNA可以帮助早期诊断排斥反应。

（三）肺脏移植

北京安贞医院[49]于1995年2月23日为1例男性48岁特发性肺纤维化患者行左侧单肺移植，术后半年复查肺功能基本正常，核素扫描左肺通气及灌注良好。术后用三联免疫抑制剂及ATG，术后发生急性排斥3次，用MP冲击有效。中国医大[50]观察了大鼠实验性肺移植术后急性排斥反应的病理改变，术后第2天出现单核细胞浸润，术后第6天血循环严重障碍，肺泡完全坏死。CsA可以抑制排斥反应。

三、小器官移植

南京军区南京总院[51]在1994年3月成功地进行1例同种异体小肠移植，病人存活310 d，供肠无排斥反应。作者采用CsA、雷公藤多苷、甲基泼尼松龙、前列腺素E联合用药行免疫抑制治疗。通过内镜和肠粘膜活组织检查，用PCR技术研究发现移植术后供肠组织向受体组织移居嵌合而无临床移植物抗宿主病的发生。因此，促进细胞移居嵌合可能有利于防止排斥反应的发生。该院[52]为解决小肠移植的技术问题，研究了二步法节段性小肠移植的大动物模型获得成功。作者详细介绍了二步移植的方法，认为与一步法相比，有利于观察移植肠早期存活的情况，并可以通过活检来监测急性排斥反应和进行肠功能的研究。该法可明显减少死亡率。武汉同济医院[53]建立了大鼠肝、小肠联合移植模型，研究肝移植后自然耐受状态对小肠移植物的保护作用。单独小肠移植后14d 100%发生排斥，而肝、小肠联合移植的排斥率明显下降，为55.6%，排斥程度也较轻，证实肝脏对小肠具有保护作用。广东中山博爱医院[54]针对能否应用异种胰腺细胞的问题，以间接免疫荧光法分析人天然抗体与猪胰腺细胞的反应，发现人体内存在着抗猪胰岛细胞的天然抗体，体液免疫在异种猪胰岛细胞移植的排斥中可能起了主要作用，因此移植前必须进行配合试验和研究如何进行胰岛处理才比较理想。上海市一院[55]*采用新生猪胰岛进行了24℃培养、准分子激光照射、－196℃冷冻保存三种预处理，证明通过预处理，新生猪胰岛的致免疫性有显著降低，但平均存活时间各组间以及与未作预处理者比较，无统计学差异，但与应用免疫抑制剂有一定关系。同济医大[56]采用马利兰加环磷酰胺预处理的方法进行了5例异基因骨髓移植，1例未植活，4例植活的病例存活时间为17～21d，但均有不同程度的急性GVHD，2例存活超过1年。湖北医大[57]*应用同种睾丸Leydig细胞移植治疗男性性功能低下症。作者将成人的睾丸Leydig细胞分离、纯化，体外培养后给9例男性性腺功能低下患者行移植术。将2×10^7个Leydig细胞注入受者大腿内侧肌肉内，术后9例睾酮水平均明显升高，性功能有不同程度改善，其中6例达到正常人水平，3例男性第二性征恢复。据此认为，移植睾丸的Leydig细胞是一种有效的方法。华西医大[58]采用兔甲状腺模型研究川芎对移植甲状腺功能和组织结构的影响。实验结果证实，川芎和地塞米松均可对抗兔甲状腺移植的排斥反应，但地塞米松的副作用大。

北京协和医院[59]研究不同剂量CsA对大鼠甲状旁腺异体移植存活时间的影响。结果表明，采用定期短疗程多次强化注射CsA比注射一个疗程的CsA效果显著。西安西京医院[60]采用5种不同的保存液（即DMEM液、脑脊液、生理盐水、Fred液和Eurocollin液），4℃下保存大鼠胚胎脑组织。作者发现无血清DMEM培养液是一种较好的胚胎组织保存液，保存5d，平均细胞存活率达70%以上，而其他保存液效果较差。保存在DMEM液中5d的胎鼠大脑组织植入同种大鼠脑内，6～8周后发现移植物存活，但质量不如新鲜脑组织移植物。哈尔滨医大[61]比较大鼠胎脑组织块移植术和细胞悬液脑实质内移植术。后者优于前者，其成功率高，方法简便，适用于脑移植的基础研究。南京医大[62]对垂体移植兔进行了生物学观察，包括生活习性、生长发育、繁殖功能和抗病能力。结果表明，脑垂体移植后动物生活和特性的变化与靶器官的发育状况和内分泌功能重建程度同向可比，是重要的有价值的移植疗效监测指标。

武汉同济医院[63]对4例亲属（父母供体）脾移植治疗血友病进行了随访，观察脾移植的长期效果。1年内C水平明显上升，1年后仍能显著改善患者的临床出血症状，3例移植脾仍保存良好功能，最长已达4年，是目前国内存活最长的病例。上海市九院[64]应用SD大白鼠，采用游离种植、带血管蒂和吻合血管的淋巴结移植3种方法对淋巴结移植进行了研究。结果显示第1种方法移植物坏死纤维化，后2种存活4周并保持正常结构，恢复局部淋巴引流功能，为治疗淋巴水肿提供了理论依据。昆明红十字医院[65]应用胚胎胸腺移植治疗中晚期恶性肿瘤，包括21例直肠癌，12例胃癌，6例乳腺癌，以及甲状腺癌、胰腺癌、胆囊癌、Hodgkin病、肝癌，共50例。将胚胎胸腺剪成0.5cm×0.5cm×0.1cm薄片，植入受者腹直肌内，术后3个月E-玫瑰花环形成率及淋巴细胞转换率与移植前相比有明显差异，临床症状改善，总有效率为76%。

（闵志廉）

参 考 文 献

[1] 谭建明等. 中华医学杂志 1996;76(5):337
[2] 瞿佩飞等. 中华泌尿外科杂志 1996;17(8):465
[3]* 郑军华等. 中华泌尿外科杂志 1996;17(6):323
[4] 杨 黄等. 中华肾脏病杂志 1996;12(3):161
[5]* 蔡晓晴等. 中华泌尿外科杂志 1996;1(17):8
[6] 薛武军等. 中华泌尿外科杂志 1996;17(7):402
[7] 郑军华等. 中华泌尿外科杂志 1996;17(1):5
[8] 郑军华等. 中华器官移植杂志 1996;17(3):120
[9] 张卫东等. 临床泌尿移植杂志 1996;11(2):111
[10] 于立新等. 中华器官移植杂志 1996;17(2):68
[11] 敖建华等. 中华泌尿外科杂志 1995;16(11):682
[12] 罗志刚等. 中华泌尿外科杂志 1995;16(11):679
[13] 诸葛亚等. 苏州医学 1996;16(1):115
[14] 黄赤兵等. 中华泌尿外科杂志 1996;17(1):11
[15]* 季署明等. 中华肾脏病杂志 1996;4(12):224
[16]* 何小舟等. 中华泌尿外科杂志 1996;17(7):406
[17] 李玉莉等. 中华肾脏病杂志 1996;12(3):138
[18] 廖利民等. 中华器官移植杂志 1996;17(3):123
[19] 徐洪实等. 临床泌尿外科杂志 1996;11(4):233
[20] 张 炜等. 南京医科大学学报 1996;16(2):165
[21] 李丽敏等. 临床医学 1996;16(6):1
[22] 于立新等. 中华泌尿外科杂志 1995;16(11):676
[23] 郑军华等. 中华肾脏病杂志 1996;12(4):207
[24] 吴允孚等. 中国危重病急救医学 1996;8(4):230

[25] 周　平等. 中华器官移植杂志 1996;17(3):117
[26] 刘敦贵等. 中华器官移植杂志 1996;17(3):126
[27] 石益民等. 临床泌尿外科杂志 1995;10(6):339
[28] 王平贤等. 中华器官移植杂志 1996;17(2):82
[29] 周　平等. 中华器官移植杂志 1996;17(2):73
[30] 潘光辉等. 中华器官移植杂志 1996;17(2):76
[31] 钱立新等. 中华器官移植杂志 1996;17(2):78
[32]* 刘永峰等. 中华器官移植杂志 1996;17(2):63
[33] 裘华德等. 中华外科杂志 1996;34(9):533
[34] 严以群等. 中华器官移植杂志 1996;17(2):55
[35] 孙君泓等. 中华器官移植杂志 1996;17(3):36
[36] 崔　宏等. 中华器官移植杂志 1996;17(2):71
[37] 杜　智等. 中华器官移植杂志 1996;17(2):80
[38]* 范　达等. 中华医学杂志 1996;76(4):267
[39] 何晓顺等. 中华器官移植杂志 1996;17(2):60
[40] 黄洁夫等. 中国实用外科杂志 1995;15(12):722
[41] 谢晓燕等. 中国超声医学杂志 1996;12(8):8
[42]* 田伟忱等. 中华器官移植杂志 1996;17(2):53
[43] 廖崇先等. 福建医学院学报 1996;30(1):1
[44] 王亚芬等. 中国超声医学杂志 1996;12(7):13
[45] 陈江华等. 中国超声医学杂志 1996;12(9):1
[46] 王　滔等. 中华器官移植杂志 1996;17(2):58
[47] 夏仁品等. 中华器官移植杂志 1997;17(3):137
[48] 李　岩等. 中华医学杂志 1996;76(7):505
[49] 陈玉平等. 中华医学杂志 1996;34(1):25
[50] 张　林等. 中国医科大学学报 1996;25(3):276
[51] 江志伟等. 解放军医学杂志 1996;21(2):89
[52] 廖彩仙等. 第一军医大学学报 1996;16(2):110
[53] 陈晓毅等. 中华实验外科杂志 1996;13(3):141
[54] 熊　沛等. 中华器官移植杂志 1996;17(3):114
[55]* 张洪德等. 中华器官移植杂志 1996;17(3):111
[56] 张义成等. 中华器官移植杂志 1996;17(3):141
[57]* 钱辉军等. 中华器官移植杂志 1996;17(3):105
[58] 王　学等. 中华实验外科杂志 1995;12(6):342
[59] 何晓东等. 中华实验外科杂志 1996;13(5):293
[60] 杨利孙等. 中华器官移植杂志 1996;17(2):83
[61] 李　晶等. 哈尔滨医科大学学报 1996;30(1):15
[62] 王韦芳等. 中华实验外科杂志 1996;13(4):243
[63] 陈知水等. 中华器官移植杂志 1996;17(2):51
[64] 蔡仁祥等. 中华显微外科杂志 1996;19(1):37
[65] 罗开元等. 中华器官移植杂志 1996;17(3):129

文　选

肝脏移植 23 例报告(中华医学杂志 1996;76(4):267)　香港玛丽医院范上达等总结了 1991 年 10 月～1995 年 7 月间 23 例 24 次原位肝移植的经验。供肝者中 17 例为脑死亡的成人,7 例为活体供肝者。受者 17 例成年病人,6 例患儿。原发病有明显胆管闭锁 5 例,Alagille 综合征 1 例,酒精性肝硬变 4 例、暴发性肝功能衰竭 3 例、原发性胆汁性肝硬变、隐源性肝硬变和多囊肝各 2 例,Wilson 病、继发性胆汁性肝硬变、乙型肝炎后肝硬变和肝细胞肝癌合并自身免疫性肝炎各 1 例。对脑死亡者,供肝采用常规方法切取,并以 UW 液灌洗和保存。7 例活体供肝者,左外侧叶肝脏或左叶肝脏的摘取采用 Tanaka 技术。肝脏冷缺血时间:尸肝平均为 530min(360～600min),活体肝为 117min(79～180min)。对儿童受者,供肝的切取应与儿童上腹腔大小相适应,对成人肝移植,采用标准方法,依次吻合肝上腔静脉、肝下腔静脉、门静脉,最后吻合肝动脉。如成人接受的肝脏体积比所需要的小时,则应采用背驮式(piggy-back)手术方法。在作活体供肝者和儿童移植术中,应保留受者的下腔静脉,吻合供肝肝静脉和受肝肝静脉。11 例成人病例均行胆管端端吻合,所有儿童病例和 6 例成人病例行胆肠吻合术。受者手术时间为 9～21h,平均 13h。移植术后使用的免疫抑制剂包括皮质类固醇、硫唑嘌呤及环孢素 A(CsA)。早期每天测 CsA 浓度,使 CsA 浓度保持在 350～450μg/L。结果:肝移植总存活率为 88%,病人存活率为 92%。最长存活已超过 4 年。2 例死亡原因为原发性移植肝无功能和移植肝严重排斥。作者认为,肝移植在亚洲是可行的,是挽救终末期肝功衰竭病人生命的唯一方法。肝移植手术的成功在很大程度上取决于血管及胆管吻合的精确性。

(朱有华)

述评　这是国内一组数量最多、存活率最好的肝脏移植资料,说明肝脏移植的技术问题已基本解决。目前的主要问题是缺乏脑死亡的供肝者。提高对脑死亡者器官捐赠的认识,是开展此项工作的重要一环。

(闵志廉)

同种睾丸 Leydig 细胞移植治疗男性性腺功能低下症(中华器官移植杂志 1996;17(3):105)　湖北医大一院钱辉军等在动物实验的基础上进行了 9 例人睾丸 Leydig 细胞移植,发现人睾丸 Leydig 细胞能提高患者血睾酮水平，改善男性性功能，恢复男性第二性征。9例患者均诊断为双侧睾丸萎缩伴男性性腺功能低下症。供体年龄20～35岁，热缺血时间在30min以内，冷缺血时间在10h以内。供体睾丸Leydig细胞经过分离、纯化、体外培养与保存后，将Leydig细胞按每个患者给予2×10^7个细胞，一次性注射于患者大腿内侧肌肉群内。如患者血促黄体生成激素(LH)水平不高，则细胞移植后给予人绒毛促性腺激素500U，每周1次，连续10次。所有患者术后均不用任何免疫抑制剂。结果：9例患者注射Leydig细胞后均无任何不良反应，注射后0.5h即可行走自如，3d后即有食欲增强、精神饱满、精力充沛、性欲增强的感觉，同时出现阴茎勃起或勃起增多现象。2例于细胞移植后2周内出现遗精现象，但量少。2例于细胞移植后1个月开始长出稀胡须。1例术后胡须明显增多。9例患者术后1、3个月LH与促卵泡激素(FSH)水平总体呈下降趋势，以LH下降明显，但仍高于正常人，与术前相差显著。血睾酮明显升高，与术前相差非常显著，但升高的程度个体差异较大。作者在人睾丸Leydig细胞移植中通过纯化Leydig细胞，排除了表达HLA抗原的巨噬细胞及血管内皮细胞等，从而进一步降低了移植物的免疫原性，使移植细胞易存活，功能好。形态学观察显示移植细胞具有良好合成睾酮酶活性，血供丰富，类固醇分泌细胞的超微结构完好，移植区无免疫细胞浸润，故术后不须用免疫抑制剂。作者认为，该法手术简便，所需要费用少，且可反复多次进行，是一种新的、有效的治疗男性性腺功能低下症的方法。

（朱有华）

述评　睾丸移植在国内已有较多报道，但大部分报道主要为改善性功能而无生育能力。因此，单纯移植Leydig细胞也能解决以上问题，且不需用免疫抑制药物。该项研究有较大的实用价值，但长期效果还有待进一步观察。

（闵志廉）

两例原位心脏移植术后的远期现状（中华器官移植杂志1996；17(2)：53）　哈尔滨医大二院田伟忱等报道2例原位心脏移植的远期效果，已分别存活3年和1年，心脏功能情况良好。首例已恢复原工作，第2例也拟返原工作岗位。患者均为男性，年龄分别为35岁和32岁。临床诊断分别为扩张型心肌病多发多源室性早搏和克山病(扩张型心肌病样改变)频发多源室性早搏。原位心脏移植术于1992年4月26日和1994年2月8日完成。心脏吻合时间分别为76min和55min；主动脉阻断时间分别为122min和81min；供心热缺血时间分别为6min和11min；冷缺血时间分别为20min和24min；温血持续逆灌时间分别为110min和80min。术后恢复顺利，免疫抑制剂为“三联”用药方案，监测CsA浓度(谷值)调整用药剂量。术后患者均发生数次轻、中度排斥反应，采用甲基强的松龙(MP)冲击治疗得以控制。近期复查，各项心功能指标均良好。作者认为，供心的心肌保护是心脏移植工作的难点。心肌保护措施仍是低温冰盐水浸浴加冷停搏液的间断灌注。在供心开始吻合时即进行含钾温血冠状静脉窦逆行持续灌注，可使供心提前血供和缩短缺血时间。感染是心脏移植患者早期死亡的一个主要原因。因此，术中及术后严格控制内、外源性感染，维护机体抗感染能力，严密监测血细胞数和免疫抑制剂的毒副作用。采用小剂量免疫抑制剂达到抑制排斥效果。对排斥反应的处理原则是早发现早治疗。若患者出现类似感冒症状、乏力、心率快、足踝水肿等，此时心肌活检多能证实为排斥反应，即可用MP冲击治疗。作者还认为，患者精神状态稳定、对治疗充满信心，是术后顺利康复的一个因素。

（朱有华）

述评　这是国内心脏移植比较成功的2个病例，生存期最长已超过3年，为国内开展心脏移植工作提供了有益的经验，但要赶上国外先进水平仍有许多工作要做。

（闵志廉）

肾移植后长期应用环孢素A(CsA)康复5年以上127例临床研究（中华泌尿外科杂志1996；17(1)：8）　上海市一院蔡晓晴等分析该院自1977年4月至1993年12月共做肾移植801例，5年人、肾存活率分别为74.64%(259/347)和53.02%(184/347)。其中长期应用CsA浓度5年以上者127例(男95例，女32例)，年龄16～51岁(平均32.5岁)。原发病为肾小球肾炎123例(占97%)，遗传性肾炎和紫癜性肾炎各2例。移植前血透74例(58.26%)，腹透53例(41.74%)，平均透析时间为7.1个月。首次移植121例，再次移植6例，平均间隔时间为19.7个月。组织配型：ABO血型相同者116例(91.34%)。淋巴细胞毒性试验：<5% 92例(72.44%)，5%～10% 29例(22.83%)，>10% 6例(4.73%)。术后肾功能3d内恢复正常者81例(63.78%)，接近正常者35例(27.55%)，3～7d内接近正常者9例(7.09%)，7d以上者2例(1.57%)。肾移植后康复5年者47例(37.0%)，6、7年者各28例(22.1%)，8年者12例(9.5%)，9年者5例(4.0%)，10年以上7例(5.5%)。术后免疫抑制剂应用方法：移植后先用常规免疫抑制剂1～3d，待

Scr 降至 265μmol/L 以下时调整 CsA 用量，初始剂量 8～9mg·kg^{-1}·d^{-1}，然后根据 CsA 血药浓度及个体差异调整用量。均采用二联用药，即 CsA + pred。结果发现，127 例中急性排斥者 10 例（7.87%），慢性排斥 12 例（9.45%），先后发生急、慢性排斥者 3 例。通过及时调整 CsA 用量、短程皮质激素冲击疗法以及 ALG、CD3、AHTG 等多种药物的应用，所有患者均在 10d～3 个月内 Scr 恢复正常。肝功能损害 22 例（17.32%），发生感染 24 例，其中肺部细菌和（或）霉菌感染 9 例，病毒感染 15 例。研究表明，改善病人术前全身状况、严格组织配型和提高取肾质量、及早诊治慢性排斥反应是提高移植肾长期存活的关键。重视肺部感染和 CsA 肝毒性的防治，并强调定期随访是提高长期康复率的保证。

（朱有华）

述评　随着肾移植工作的深入开展，提高肾移植术后远期存活率是外科医师关心的主要问题。上文提出的如何用好免疫抑制药物防治肾移植排斥反应的经验很有参考价值。

（闵志廉）

移植肾组织 $CD4^+$、$CD8^+$ 细胞检测及其临床意义（中华肾脏病杂志 1996；12(4)：224）　南京军区南京总院季曙明等对该院 1983～1992 年间 48 例肾移植活检组织内 $CD4^+$、$CD8^+$ 淋巴细胞亚群进行了临床监测。移植肾组织内 T 淋巴细胞亚群，采用 4 层 PAP 法免疫酶标法测 $CD4^+$、$CD8^+$ 细胞，计算 $CD4^+/CD8^+$ 比值。根据光镜、电镜及免疫病理检查的结果，全部病例分为 4 组，即移植肾功能稳定组、急性排斥组、急性肾小管坏死和环孢素（CsA）中毒组。分别进行肾组织内 $CD4^+$、$CD8^+$ 细胞的监测，同时测定血尿素氮、肌酐和血 CsA 浓度（谷值）。结果发现，急性排斥反应时肾组织内 $CD4^+$、$CD8^+$ 细胞阳性率较其他 3 组明显增加，$CD4^+/CD8^+$ 比值为 1.36±0.89。该组 20 例经病理确诊为急性排斥，其中 14 例肾组织内以 $CD4^+$ 细胞增加为主，$CD4^+/CD8^+$ 比值＞1.3，激素冲击治疗后 $CD4^+$ 细胞明显降低，从（162.4±30.3）×10^9/L 降为（30.1±7.4）×10^9/L，其余 5 例肾组织内以 $CD8^+$ 增加为主，$CD8^+$ 细胞仍以血管旁分布为特征，冲击治疗后 $CD8^+$ 细胞仍居高不下，其中 4 例移植肾失功能，行移植肾摘除转为透析，1 例因移植肾失功能继发感染而死亡。因此作者认为，移植肾组织内 $CD4^+$、$CD8^+$ 增高、$CD4^+/CD8^+$＞1.3 者对激素冲击治疗有效。反之，$CD4^+$、$CD8^+$ 细胞增高、$CD4^+/CD8^+$＜1.3、$CD8^+$ 细胞持续居高不下、并以血管旁分布为主要特征者揭示预后不良，即使增加激素冲击量亦无显效。总之，移植肾组织活检同时监测组织内 T 淋巴细胞亚群变化，对于肾移植急性排斥的诊断和治疗具有重要的临床意义。

（朱有华）

述评　肾移植术后排斥反应的诊断方法很多，关于外周血 T 亚群的检测曾作过较多的研究。主要以 $CD4^+/CD8^+$＞1 为阳性，提示有排斥反应。该研究进一步分析肾组织内 $CD4^+/CD8^+$ 的变化。在出现排斥时 $CD4^+$、$CD8^+$ 均升高时，强调应分清楚以 $CD4^+$ 升高为主还是以 $CD8^+$ 升高为主，这对预后判断很有价值，可作为临床治疗效果判断标准。

（闵志廉）

长征-1 号多器官保存液对兔肾脏冷冻保存的连续形态学观察（中华泌尿外科杂志 1996；17(6)：323）　上海长征医院郑军华等自 1992 年开始研制成功长征-1 号多器官保存液（简称 CZ-1）液。在完成对兔心脏及肝脏的冷冻保存后的形态学变化观察后，又对兔肾脏 1、24、48、60、64、72、80h 冷冻保存后形态学变化作了研究。并以 UW 液、HC-A 液作为对照组，观察了 CZ-1 液延时低温保存后兔肾组织的光镜及电镜下的形态学变化。结果：(1)光镜下，自 0～60h 肾组织结构基本相似，从 64h 开始 HC-A 液保存肾组织出现明显改变，而 UW 液和 CZ-1 液组较 HC-A 液组轻。(2)电镜下，0～60h 的 3 种保存液保存的肾组织电镜图像基本一致，无明显形态学改变，64h 后肾小管及肾小球的基底膜、内皮细胞、毛细血管基膜、肾小管上皮细胞、系膜细胞及细胞线粒体均有不同程度的改变，UW 液和 CZ-1 液组较 HC-A 液组改变轻；至 72～80h 则肾小管、肾小球基膜失去正常形态结构，内质网明显扩张，线粒体严重变性、肿胀，溶酶体大量增加，核染色质边集，核仁变性，肾小管上皮细胞及系膜细胞变性明显。尤其是 HC-A 液组到 80h 后，肾实质各层次结构不清，甚至崩解，细胞核固缩显著。比较研究结果表明：CZ-1 液冷冻保存肾脏组织的变化以及细胞和细胞器的变性均缓于 HC-A 液组，且与 UW 液组无明显差别。HC-A 液已被证实能有效地保存犬肾在 72h 以内，临床保存尸体供肾在 57h 以内，UW 液已经被证实能有效地保存供肾在 72h 以内。作者认为，根据光镜和电镜所见，对兔肾脏冷冻保存的连续组织形态学观察结果表明，CZ-1 液能保存兔肾脏在 72h 以内。

（朱有华）

述评　此项研究填补了国内多脏器保存液的空白。动物实验及临床应用结果提示，CZ-1 与美国 UW 液无明显区别，但配制较易及价格较低。对肝、胰、肠等的保存效果还须观察证实。

（闵志廉）

骨髓输注和抗淋巴细胞球蛋白诱导对同种异体移植肾特异性免疫无反应性的临床研究（中华泌尿外科杂志 1996；17(7)：406） 常州市一院何小舟等报道采用输注供体骨髓(BM)和抗淋巴细胞球蛋白(ALG)诱导特异性免疫无反应性病例 20 例，并随机抽样 22 例使用常规免疫抑制的尸体肾移植病例作为对照组。骨髓组接受常规三联免疫抑制，剂量为：环孢素 A 5mg/(kg·d)，硫唑嘌呤 1mg/(kg·d)和强的松 0.3mg/(kg·d)。在肾移植次日始用 ALG 作为诱导剂，每天皮下注射 5ml，连续 14d，停用 1 周，于第 7 天输入供体骨髓(1.2～1.5)×10^8 个有核活性细胞输入，输骨髓前常规静注地塞米松 10mg。随访 5～41 个月。对照组常规免疫抑制剂三联用药剂量为：环孢素 A 6mg/(kg·d)，硫唑嘌呤 1.5mg/(kg·d)，强的松 0.6mg/(kg·d)，以后逐渐递减。作者进行了：(1)T 细胞亚群测定；(2)混合淋巴细胞培养；(3)C 反应蛋白测定。结果：骨髓组 1 个月～6 个月发生排斥反应 2 例(2/20)，采用大剂量激素后均逆转；1 例合并败血症性肺炎死亡。对照组同期发生排斥反应 6 例(6/22)，后期排斥反应 2 例，其中 4 例因排斥反应未能逆转而移植肾失功能，有 1 例因合并心衰死亡。结果表明人 1 年成活率两组无明显差别；移植肾 1 年成活率，骨髓组高于对照组($P<0.01$)；排斥反应发生率为骨髓组明显低于对照组($P<0.05$)，且骨髓组常规免疫抑制剂用量较对照组小。观察指标提示，T_H/T_S(CD4/CD8)比值与对照组有显著性差异($P<0.05$)；T_S 细胞(CD8)绝对数均值与对照组有显著性差异($P<0.01$)，增高的 T_S 细胞与 MLC 转化率呈负相关。因此，作者认为 T_S 细胞在特异性免疫无反应性肾移植中起重要作用。

（朱有华）

述评 同种异体肾移植同时输入供体骨髓，以取得特异性免疫无反应性是一种常用的方法。从该研究结果看，近期内可减少急性排斥的发生率，但仍无法停用免疫抑制药物。如果达到真正的免疫无反应性移植，如何提高长期活存效果，还有不少工作要做。

（闵志廉）

腹腔器官联合快速切取的临床研究（中华器官移植杂志 1996；17(2)：63） 中国医大一院刘永锋等在动物实验的基础上，进行了 10 次人肝、肾原位灌洗联合切取、5 次人胰、十二指肠和肾原位灌注联合切取的临床研究。作者根据联合切取的器官分为两种：(1)肝脏、肾脏联合原位灌洗整块切取术。在开腹后先用冰屑敷肝周围，然后通过肠系膜上静脉向门静主干内插管灌洗，迅即在腹主动脉分叉处上方结扎腹主动脉并在近端插管灌洗，在十二指肠上方切断胆总管和切开胆囊底，用低温保存液冲洗胆囊及肝内胆管。游离输尿管并切断，在回盲部靠近结肠剪断其系膜至乙状结肠，将全部结肠移至腹腔外，近小肠系膜根处剪断小肠系膜至 Treitz 韧带处。于膈肌上钳夹切断食管及胸主动脉，再在腹主动脉插管处下方剪断腹主动脉及下腔静脉。沿脊柱前向下锐性游离，连同膈肌、肝、肾、脾、胰全部器官移至冰盐水盆内继续降温。(2)胰、十二指肠及肾脏原位灌洗切取术。先行腹主动脉插管并灌洗，近肝门处剪断门静脉。于腰肌前将所有组织整块向脊柱方向游离，于髂血管处切断输尿管，沿回盲部剪断小肠系膜至 Treitz 韧带并在此处结扎切断小肠。沿胃大、小弯游离至幽门并结扎切断，于肠系膜上动脉开口上方剪断腹主动脉及下腔静脉，沿脊柱前向下游离至腹主动脉插管下方切断，将整块胰、肾、脾移至冰盐水盆内。修剪各器官时应重点保护肝脏血供。胰腺切取及体外游离时一定不要挤压。按上述方法所取器官移植结果均良好。52 例肾移植在开放血流后 5～10min 均有尿液流出。肝移植后 15min 即有金黄色胆汁流出。该法可避免血管损伤，缩短了热缺血时间，提高了器官利用率。

（朱有华）

述评 随着器官移植的开展，多脏器的综合利用问题已受到关注。作者介绍的两种不同组摘取腹腔脏器的方法，可作为开展此项工作的参考。该研究虽证明肾脏移植效果良好，但肝、胰移植质量如何，还需进一步临床验证。

（闵志廉）

麻 醉

本年度共收文献 361 篇，纳入回顾 142 篇(占 39.3%)，收入文选 21 篇(占 5.8%)。

一年回顾

一、麻醉方法

(一)硬膜外麻醉

南京市一院[1]引进德国贝朗公司三孔硬膜外导管，总结临床应用 300 例。初步体会：以该法实施麻醉平面扩散广泛，用药少，阻滞完善的时间短。重庆医大二院[2]报道以按压试验判断硬膜外导管是否置入硬膜外腔的方法。即置管后由导管注入 1～2ml 生理盐水，观察导管内液平下降情况，同时用手指按压穿刺点周围组织，液面停止下降为阳性，说明导管不在硬膜外腔；反之为阴性，说明导管在硬膜外腔。根据临床观察相关性较强。解放军 97 医院[3]* 报道以硬膜外腔持续泵输注和推注伊索显硬膜外腔的三维影像，分析硬膜外单次推注药和持续滴注药在硬膜外腔扩散情况。结果显示：两种注药方法纵向扩散无明显差别，硬膜外腔造影呈节段性充盈，药物可能由黄韧带针孔导管周围漏出。武汉同济医院[4]报道局麻药可乐定加入利多卡因注入兔硬膜外的麻醉效果。结果发现，可乐定可延长感觉和运动阻滞时间，降低血清利多卡因水平，其作用与肾上腺素相似。南京大学临床医学院[5]报道 22 例女性患者硬膜外阻滞下行乳房手术时使用 BIPAP 呼吸机可明显改善肺通气，大大提高 PaO_2。该机有极好的同步性能，患者很易接受。南京医大一院[6]选择 25 例硬膜外阻滞下行择期手术病人辅助用痛力克 15mg 与哌替啶 50mg 作对比观察。结果两药镇静和缓解内脏牵拉反应效果相似，而呼吸抑制、心率增快哌替啶明显。江苏溧水县医院[7]报道在硬膜外阻滞下胆囊切除术 20 例用麻醉辅助药曲马多与哌替啶和芬太尼对比，三药效果相同，但曲马多组 SaO_2 和 RR 变化轻。首都儿科附院[8]报道骶管麻醉用于婴儿胸腹部手术 300 例，其中胸部手术 5 例，上腹部手术 93 例，中下腹手术 202 例，满意率为 86%。解放军 196 医院[9]在硬膜外阻滞下施行脊柱侧弯及后凸畸形矫正术 112 例，年龄 13～52 岁，其中强直性脊柱炎 43 例。脊柱侧弯者在凹面侧进针，后凸者在正中进针，强直性脊柱炎者用钻孔穿刺法，失败率仅为 0.9%。杭州市一院[10]观察了 71 例上腹部择期手术用硬膜外麻醉加全麻和单纯全麻两种麻醉方法的效果，全麻用药量和对循环、呼吸的影响。结果：硬膜外麻醉加全麻，全麻药量明显减少，且循环稳定，术后呼吸功能恢复快。吉林省肿瘤医院[11]报道用静吸复合全麻加硬膜外麻醉对 60 例肝肿瘤行切除术，证明术中循环稳定，应激反应小。北京儿童医院[12]报道对 70 例小儿异丙酚全麻加硬膜外麻醉。用异丙酚气管插管后硬膜外穿刺置管，术中用硬膜外阻滞加少量异丙酚维持。结果：术中平稳，苏醒快，术后恢复快，未见恶心呕吐。硬膜外麻醉加脊麻用于子宫切除[13]和异体肾移植[14]都取得了良好的效果，比单纯硬膜外麻醉用药量小，阻滞完全，脊麻后头痛少。珠海市医院[15]报道硬膜外麻醉加臂丛阻滞用于乳癌根治术，与单纯硬膜外麻醉相比，局麻药量明显减少，麻醉效果好，循环稳定。

(二)脊麻

福建省妇幼保健院[16]报道 100 例脊麻下行剖宫产术。局部用 0.25%～0.3%布比卡因(重比重)3ml，效果满意，无失败，新生儿无窒息。广州铁路医院[17]报道用脊麻对年龄 6～42 岁 4 396 例小儿麻痹后遗症行矫正术。1 次注药成功率占 99.1%，头痛发生率为 1.7%(75 例)，尿潴留发生率 2.03%(89 例)。北京医大一院[18]比较了重比重和轻比重布比卡因脊麻在儿童中的应用，提示重比重比轻比重起效快，维持时间长。南京鼓楼医院[19]报道β-环糊精(β-CD)加丁哌卡因作局麻。结果发现脊麻时间明显延长，其作用机制是β-CD使丁哌卡因形成包含物，因而丁哌卡因释放缓慢，作用延长。北京医大一院[20]采用高位蛛网膜下腔神经阻滞法建立兔去交感肺的实验模型，获得成功。

（三）神经阻滞

苏州市三院[21]、江苏靖江市医院[22]分别报道颈浅丛神经阻滞用于甲状腺手术104例和232例，满意率分别为94.2%和95.6%。新疆石河子医学院[23]报道用含微量钾的利多卡因做家兔臂丛神经阻滞，发现0.5%和0.7%利多卡因加入4mmol K^+后起效时间延长，而对血压、呼吸和血清钾无明显影响。其作用机制有待进一步研究。内江市医院[24]报道用小儿头皮输液针穿过腋动脉后注入局麻药行腋动脉后臂丛阻滞麻醉40例。与常规方法相比较，该法阻滞成功率和尺侧阻滞率明显高于对照组。镇江市二院[25]报道40例择期上肢骨科手术。术前用可乐定，并以布比卡因加利多卡因作臂丛阻滞，结果麻醉过程血压、心率平稳，病人安静。

（四）气管插管法

成都军区总院[26]报道用5种方法预测困难气管插管。经115例成年患者实插，发现开口度≤3cm、颈长≤10cm、舌骨-喉结距≤2.5cm、下颌角≤63度者预示声门暴露困难。这些参数测量简便、实用，对临床有一定指导意义。青岛医学院附院[27]对比了快、慢诱导困难气管插管的优缺点。经200例成人对比观察，结果提示对估计气管插管有潜在困难的患者，尤其中老年男性、体胖颈短者，不宜轻易选用快速诱导插管。在患者自主呼吸存在下，操作者不致心理紧张，有助于避免导管误入食道。医科院整形外科医院[28]报道对16例小儿(5～13岁)困难气管插管用纤维光导塑形芯喉镜，成功地进行了18次气管插管。其中颈胸或颏胸8例，小口畸形4例，张口受限2例，小颌畸形2例。对5岁以下小儿应用该法行气管插管有一定困难。湖北医大一院[29]采用尼卡地平伍用芬太尼减轻气管插管时心血管副反应，取得较好效果，插管后血压、心率变化较小。沈阳军区总院[30]观察了静脉注射硝苯地平预防气管插管副反应的程度。30例患者随机分为对照组、芬太尼组和硝苯地平组。结果硝苯地平可以有效地预防气管插管引起的心血管反应，与芬太尼相比各有优缺点。临床麻醉学杂志[31]综合报道了抑制气管插管心血管反应的药物有硫酸镁、ATP、小剂量芬太尼、芬氟合剂和前列腺素E_1等，且均有明显作用。北京胸部肿瘤结核病所[32]通过对30例开胸病人观察，研究了全麻诱导无通气时限。结果：吸纯氧3min、呼吸停止后无通气安全时限是3min。昆明医学院一院[33]报道了50例年龄1个月～18岁的病人吸纯氧后无通气安全时限与年龄呈直线相关由71～471s。

（五）控制性降压

湖北蒲圻纺织总院[34]研究了可乐定对异氟醚控制性降压效应的影响。20例择期脑外科手术对比观察表明，术前90min口服可乐定能减少降压期间异氟醚的吸入浓度，血糖升高不明显，但不影响血清皮质醇。武汉协和医院[35]报道术前口服可乐定可明显降低硝普钠控制性降压期间儿茶酚胺和抗利尿激素的水平，增加肾素血管紧张素系统的活性，提示可乐定可加强硝普钠的降压作用。福建医学院一院[36]研究了控制性降压生理生化改变。结果表明，20例颅脑手术用硝普钠控制性降压结束时脑脊液(CSF)、血中SOD活性随之增强，LPO则下降，但与对照组相比无显著差异。提示降压范围40%、维持60min对脑及全身组织无明显缺血缺氧损害，相对安全。重庆医大一院[37]研究了ATP控制性降压对器官血流的影响。用ATP后血压下降30%～40%，持续30min，在降压期间右侧颈内动脉、肝动脉和肾动脉血流量无显著变化，门静脉血流量增加。停止降压后15min门静脉血流恢复到降压前水平。武汉协和医院[38]用12条犬对比研究腺苷(ADO)复合潘生丁(DIP)及单纯ADO降压时对心肌血流和代谢的影响。当MAP降至50%持续1h，DIP显著加快ADO的起效速率、心肌血流及氧储备的增加显著高于单纯ADO，提示ADO复合DIP降压有利于维持心肌氧供。重庆西南医院[39]报道应用前列腺素E_1(PGE_1)对9只普鲁卡因复合麻醉犬降压30%，心指数下降12.5%～13%，肺动脉压下降8.9%～12%，PaO_2有下降趋势，与未降压相比无差异，提示犬在普鲁卡因复合麻醉下用PGE_1降压时肺换气功能改变不大。北京友谊医院[40]报道用乌拉地尔控制性降压，经20例观察，全麻组乌拉地尔控制性降压效果个体差异大。用药量大至治疗量的4倍以上，仅30%达到预期效果，且降压维持时间短。对心血管功能正常者用药量达4mg/kg亦难以达到控制性降压的效果。该药对硬膜外组降压效果满意。解放军309医院[41]*选择20例Ⅰ期高血压全麻手术患者，术毕静注可乐定3μg/kg，并与正常血压患者对照。结果：正常血压组和高血压对照组拔管后血压均显著升高，血浆皮质醇和β内啡肽也显著升高，持续至术后4h；而可乐定组上述指标无变化，提示高血压患者于术毕静注3μg/kg可乐定可有效控制全麻恢复期的应激反应，这对减少全麻恢复期心血管并发症有一定临床意义。

(六)其他

北京结核病胸部肿瘤所[42]* 报道针药复合麻醉用于肺叶切除术。结果药物全麻加电针刺合谷和三阳络穴的患者比单纯全麻少用芬太尼 36～85mg/h,血压、心率平稳。上海中山医院[43]* 用低流量循环密闭回路内给药法注入代氟醚和安氟醚,发现用 1MAC 代氟醚对心血管抑制轻。

(刘树孝)

二、麻醉药理

(一)静脉麻醉药

异丙酚　自 1995 年以来,国内开始普遍应用异丙酚。解放军 23 医院[44]报道 8 例全麻成人择期手术单次静注异丙酚 2mg/kg 后,测定了血浆异丙酚浓度。结果药代动力学符合三室开放模型,其药代参数 $T_{1/2}\alpha$、$T_{1/2}\beta$、Vd 与文献报道相近,表明其作用起效快,消除快,连续应用不易产生蓄积效应。上海仁济医院[45]报道 16 例择期手术病人静注异丙酚 2.5mg/kg,观察浓度效应关系。结果全麻组和硬膜外阻滞组分硬膜外阻滞组和全麻组,病人药代动力学无明显差异。维持麻醉状态、清醒状态和催眠状态的血药浓度分别是 2.5μg/ml、1.5～1.9μg/ml 和 (0.94±0.3)μg/ml。血药浓度大于 2.0μg/ml 时,循环呼吸明显受抑制,低于 1.5μg/ml 循环呼吸恢复。北京医大一院[46]报道对 28 例患者的麻醉随机分为氯胺酮-异丙酚组(K 组)和芬太尼-异丙酚组(F 组)各 14 例。结果诱导后 K 组血压和心率下降明显小于 F 组,但气管插管反应明显大于 F 组。K 组麻醉后完全清醒时间较 F 组明显延长,无梦幻和恢复期精神症状。结论是:氯胺酮可减轻异丙酚的心血管抑制作用;异丙酚可有效地控制氯胺酮引起的心血管兴奋和苏醒期精神症状。广州医学院一院[47]对比观察静注咪唑安定 0.28mg/kg、0.40mg/kg 和异丙酚 0.25mg/kg 对 ASA Ⅰ级成年患者呼吸循环功能的影响。结果:异丙酚对 MAP 的影响程度与咪唑安定相似,但有心率减慢趋势;异丙酚和咪唑安定都能引起短暂的呼吸抑制,且异丙酚呼吸停顿发生率比咪唑安定组高,但通气量的恢复快得多。北京医大三院[48]对比观察异丙酚和硫喷妥钠麻醉对人的诱导。发现气管插管时硫喷妥钠组血压稍有升高,而异丙酚组降低,说明异丙酚能抑制插管后心血管反应。北京阜外医院[49]报道 20 例二尖瓣狭窄病人静滴 1.2～2.1mg/kg 睡眠量异丙酚后,体动脉压、肺动脉压和体肺循环阻力指数明显下降,而以体循环明显,使每搏指数和心排血指数升高,对心脏功能有利。

氯胺酮　徐州医学院[50]观察猫神经干局部和静脉使用氯胺酮(KET)对神经干复合动作电位的影响。局部较高浓度 KET 对神经干动作电位有抑制作用,低浓度有兴奋效应,静注 KET 5mg/kg 和 10mg/kg,半数猫有兴奋作用,而无抑制作用。中国医大二院[51]报道 8 例 3.5～6 岁儿童恒速静滴氯胺酮 3mg/(kg·h),测定血中浓度。结果表明,以 3mg/(kg·h)速度滴注,小儿麻醉安全可靠,能保持血中有效浓度的稳定,但因其消除半衰期长,故长时间静滴血中蓄积浓度下降慢。哈尔滨市六院[52]报道 40 例术中和术后寒战患者用氯胺酮 0.3～0.6mg/kg,全组病例均于注药后 2～4min 寒战停止,未见复发,也未见与氯胺酮治疗相关的并发症。武汉协和医院[53]报道为观察氯胺酮并用可乐定对眼压(IOP)、血压和心率的影响,将 34 例 ASA Ⅰ～Ⅱ级择期手术病人分为对照组和可乐定组。可乐定组麻醉前 90min 口服可乐定 4～5μg/kg。结果:术前用苯巴比妥钠和阿托品的常量,氯胺酮对正常眼内压无升高作用;术前口服可乐定降低 IOP,可有效地减弱氯胺酮的心血管兴奋作用。

麻醉镇痛药　镇江市一院[54]报道芬太尼对离体红细胞膜 ATP 酶活性的影响。结果发现,芬太尼浓度＞10μg/L 对人红细胞膜 Na^+,K^+-ATP 酶活性有轻微抑制作用,＞50μl/L 则有明显抑制作用。任何浓度芬太尼对 Mg^{2+}-ATP 酶无明显影响,而对 Ca^{2+},Mg^{2+}-ATP 酶的轻度抑制作用与药物浓度无关,因而主张芬太尼用量不宜强调大剂量。北京协和医院[55]报道阿芬太尼(AF)与苏芬太尼(F)临床应用的对比观察。结果发现,诱导期 AF 对呼吸抑制更快,抑制插管和拔管时心血管反应比 F 强,苏醒比 F 快,因此 AF 对循环动力学的稳定和术后恢复速度均优于芬太尼。北京医大三院[56]报道静吸复合全麻中阿芬太尼对血流动力学的影响。通过 40 例对比观察,发现阿芬太尼能抑制插管时心血管反应,术中循环稳定,术后呼吸恢复快。遵义医学院[57]报道曲马多、芬太尼及哌替啶对肾素-血管紧张素及皮质醇影响的比较研究,结合对血流动力学的观察,认为在维持机体内环境稳定上,曲马多较哌替啶优,且无呼吸抑制作用。北医大三院[58]报道双氢埃托啡(DHE)用于全麻,通过 98 例临床观察,表明在麻醉诱导前静注 0.2μg/kg DHE 可满意抑制插管反应;术中追加 0.1μg/kg 有助于麻醉平稳;手术结束前 1h 停用,术后 20min 可拔管。

其他　解放军总院[59]报道三种苯二氮䓬类药对催眠、遗忘及全麻诱导时血流动力学影响的比较,通过15例安定(D)0.2mg/kg、咪唑安定(M)0.1mg/kg、氟硝基安定(F)0.02mg/kg三组对比观察，结果D组HR增快明显107～114次/分，三组SV和CO无显著变化，M组血压下降(约19%)，射血时间三组均呈缩短趋势。三种药物对循环抑制轻，用于心功能不全患者麻醉诱导有其独到之处。深圳三九医院[60]*报道依托米酯影响琥珀胆碱肌松时效的研究，通过14只大鼠坐骨神经-胫前肌实验发现依托米酯(6mg/kg)能显著延长琥珀胆碱(1.0mg/kg)的肌松时间，但24例病人临床观察对肌松时效无明显影响。大连市医院[61]*报道用人中性粒细胞(PMN)与氟哌利多、咪唑安定、芬太尼、乙咪酯和羟丁酸钠4种不同浓度稀释液孵育后，再追加一定量白色葡萄球菌观察PMN吞噬率，结果5种麻醉药随剂量增大，PMN吞噬率逐渐下降。

(二)吸入麻醉药

上海东方肝胆外科医院[62*,63]报道吸入麻醉药对鼠肝线粒体电子传递链的影响。结果提示安氟醚、异氟醚和七氟醚对鼠肝线粒体电子传递无明显影响，氟烷通过阻断NADH(还原型辅烟酰胺腺嘌呤二核苷酸)向细胞色素C的电子传递，影响NADH相关底物的作用。通过应用离体鼠肝线粒体研究了七氟醚、异氟醚、安氟醚、氟烷对其呼吸功能的影响。结果提示4种药物均可抑制线粒体的呼吸功能，均具有潜在的肝毒性，并以氟烷为甚。解放军总院[64]*报道七氟醚对肾血流的影响。用8条犬依次吸入1%、2%、3%和4%浓度的七氟醚，观察肾血流(RBF)和体血流动力学改变。结果显示随着药量的增加，麻醉加深，RBF和循环功能被抑制。停药30minRBF尚不能随血流动力学的改善而恢复。RBF减少的主要原因系循环功能被抑制。华西医大一院[65]报道异氟醚对血流动力学的影响。通过对8例病人的观察，发现全麻诱导由于应激反应使血液粘度增加，而异氟醚使血液粘度降低。因此作者认为异氟醚对有糖尿病、高血压、心肌梗死等血液粘度及外周阻力高的患者更为有利。北京医大一院[66]通过24例乳癌根治术观察，发现吸入1.0MAC的安氟醚和七氟醚30min胸肺静息顺应性(CRS)明显降低，异丙酚影响较小。上海中山医院[67]报道了代氟醚和安氟醚低流量循环密闭回路的临床观察。结果：等效浓度麻醉维持阶段，代氟醚心血管系统的抑制较安氟醚轻，而其苏醒速度较安氟醚快5～6倍。解放军总院[68]*观察了氧化亚氮(N_2O)排放过程。中断N_2O吸入，用两种不同流量吸入纯氧，结果第1分钟未见N_2O释放，第2分钟出现释放，第4分钟恒定释放，氧流量大，排放快，没有所谓“弥散性缺氧”。

(三)肌松药

北京友谊医院[69]报道急性中度等容血液稀释下(Hct 25%～30%)泮库溴铵药代动力学的变化。结论是血液稀释状态下，患者对泮库溴铵的首剂需求量增大，对维持剂量所需相对减少，多次大剂量给药作用时间延长。医科院整形外科医院[70]报道了安氟醚和异氟醚对泮库溴铵药代动力学的影响，结果安氟醚和异氟醚可使泮库溴铵消除半衰期($T_{1/2}\beta$)和药物残留时间(MRT)明显延长。深圳三九医院[71]报道泮库溴铵和阿曲库溴铵对慢肌和快肌神经肌肉阻滞效应的比较研究。用14只大鼠坐骨神经-比目鱼肌(慢肌)、胫骨前肌(快肌)在体实验模型，以积累给药方法，比较泮库溴铵和阿曲库溴铵对慢肌和快肌神经肌肉阻滞的效应。结果提示慢肌与快肌之间泮库溴铵或阿曲库溴铵神经肌肉阻滞的量-效关系和时-效关系无明显差异。湖南医大二院[72]报道西咪替丁对血清胆碱酯酶活性和琥珀胆碱作用时效的影响。通过对20例普胸和脊柱手术病人对比观察，发现肌注西咪替丁后血清胆碱酯酶活性明显下降，但琥珀胆碱作用时效无显著差异。为减少琥珀胆碱引起的肌颤，湖北医大二院[73]通过大鼠实验，发现卡肌宁前处理后能明显降低琥珀胆碱引起的肌颤，减少长时间反复用琥珀胆碱引起的Ⅱ相阻滞，提高停药后自然恢复率。上海仁济医院[74]通过53例择期全麻患者对比，观察静注美维松的药效，发现美维松的肌松时效与剂量有关，而对心脏病及非心脏病患者的血流动力学参数无明显影响。上海市一院[75]观察罗库溴铵对20例择期手术患者肌松效应和循环的影响。该药起效快(1min左右，接近琥珀胆碱)，心血管反应轻。若用量加大则恢复指数延长。中山医大一院[76]和上海市一院[77]分别报道了哌库溴铵的临床效果。结论是：时效与药量明显相关，对循环功能影响小，无组胺释放。上海长征医院[78]观察20例小儿体循环低温下阿曲库铵的作用，发现其作用明显延长。南京医大一院[79]通过电刺激兔气管平滑肌，观察琥珀胆碱、氨酰胆碱、泮库溴铵及三碘季铵酚对松肌作用的影响，发现：琥珀胆碱、氨酰胆碱及泮库溴铵均直接抑制兔气管平滑肌；对电刺激引起的收缩反应，三碘季铵酚无此作用。作者初步探讨了上述结果的作用机制。

(四)麻醉催醒药

西安西京医院[80]*分别用狗和兔实验探讨多沙普仑的药理作用。发现多沙普仑对呼吸频率影响呈剂量依赖性增加，用药后$ETCO_2$下降，持续时间超过20min；多沙普仑还可使兔心率短暂增快，血压增高；使犬心率增快、血压持续增高15min。该药循环的兴奋作用主要是由该药的中枢兴奋作用所致。

（刘树孝）

三、各种手术麻醉

（一）体外循环心脏手术麻醉

中山医大一院[81]报道对80例心功能Ⅲ～Ⅳ级心脏病人心肌保护的临床研究。分两组：一组采用温氧合血于主动脉开放前根部作末次灌注，另一组为对照。结果：温氧合血组自动复跳率比对照组明显增高，循环稳定。安徽医大一院[82]*向犬主动脉根部灌注氧合血停搏液，观察温血（37℃）和冷血（4℃）的保护效果。结果温血组的乳酸脱氢酶、肌酸磷酸酶、转氨酶、丙二醛明显低于冷血组，提示温血灌注可减轻心肌再灌注损伤。汕头市医院[83]报道120例心脏瓣膜置换术。治疗组于术前行系统的心肌保护治疗，对照组只限术中冷停搏液心肌保护。结果治疗组自动复跳率高，并发症和死亡率低。同济医大心研所[84]报道在12只犬主动脉和左前降支（LAD）阻断后立即分为冷停搏液主动脉根部灌注组（AP）和冷停搏液由右心房逆行灌注组（RP）。心脏缺血60min，RP组冷停搏液在心肌内分布均匀，心功能恢复好，心电图和超微结构均正常，而AP组上述指标有明显改变。重庆新桥医院[85]报道丹参酮有明显的预防家兔心肌缺血再灌注损伤作用，其主要机制是清除氧自由基。湖北医大一院[86]报道20例先天性心脏病患者分别于手术开始及心脏复跳前静注复方丹参。该药可促进缺血再灌注心肌功能的恢复。北京医院[87]报道对39例冠脉搭桥术采用含钾温血持续灌注以保护心肌。结果：心脏自动复跳占97.4%，术后心功能恢复快。武汉同济医院[88]报道40例体外循环心内直视手术患者麻醉后到术后两周内白介素2受体细胞内cAMP含量和cAMP/cGMP比值显著降低，白介素2受体表达及白介素2诱发水平也明显降低，这是导致严重细胞免疫功能障碍的重要因素。浙江医大二院[89]用放免法测定16例低温体外循环围手术期cAMP和cGMP含量的变化，发现心脏承受刺激强度的增减cAMP呈同步改变。作者认为血浆环苷酸系统动态变化可作为体外循环手术患者应激反应强度的参考指标。长沙湘雅医院[90]报道15例心内直视手术病人主动脉阻断期间氧供无明显变化，体温最低时氧耗和氧摄取率则显著降低，而血乳酸含量显著增加，说明组织存在无氧代谢。安徽医大一院[91]报道15例围体外循环（CPB）期间血浆内源性洋地黄样物质（EDLS）变化。结果发现，主动脉阻断＜45min的心脏自动复跳病人与主动脉阻断≥45min的心脏除颤病人比前者EDLS相对较低，提示EDLS降低对心脏自动复跳和减轻心肌损害有积极作用。深圳市医院[92]报道麻醉前口服可乐定可以改善CPB期间的组织灌注，维持PGI_2与TXA_2之间动态平衡。湖南医大二院[93]*报道49例心内直视手术，主动脉阻断开放后血过氧化脂质（LPO）和乳酸脱氢酶（LDH）同功酶升高程度与主动脉阻断时间呈正相关，对心脏复苏有直接影响。北京阜外医院[94]为研究体外循环麻醉管理，将Haemaccel 35（H35）用于心脏直视手术时血液稀释，发现H35维持血浆胶体渗透压时间长于羟乙基淀粉，无过敏反应。北京安贞医院[95]报道100例瓣膜替换术在体外循环前后用氨甲苯酸可明显减少体外循环后出血，未见血栓形成及任何不良反应。中国医大二院[96]报道了40例左向右分流先天性心脏病患儿（20例肺高压和20例对照）的观察结果表明体外循环下手术矫正畸形后，肺呼吸力学指标不能立即改善，血气指标可能有轻度恶化。北京安贞医院[97]报道34例重度肺动脉高压，肺、体收缩压比值（Pp/Ps）≥1.0患者手术时的麻醉处理。作者认为，除注意呼吸管理和适当的血液稀释外，重要的是血管扩张药与正性肌张力药的联合应用。北京阜外医院[98]报道10例双向腔静脉肺动脉吻合术的麻醉处理体会。良好的临床疗效取决于外科、麻醉、灌注等各方面整体水平的提高。上海长海医院[99]*用单次呼吸CO_2曲线对16例体外循环心脏手术进行研究。作者发现术后早期呼吸功能降低的主要原因是肺低灌注导致通气与血流不匹配及CPB引起肺淤血和间质水肿所致气体交换功能下降。北京阜外医院[100]报道18例心脏瓣膜置换术中芬太尼药代动力学变化。结果表明芬太尼符合开放性三室模型，表观分布容积为13.8ml/min，膜肺与鼓泡肺两者对血浆芬太尼浓度无影响，转机后血浆芬太尼浓度迅速下降，可通过氧合器补充芬太尼，但术后需长时间呼吸支持。

（二）神经外科手术麻醉

北京协和医院[101]报道30例肢端肥大症垂体生长激素瘤（垂体瘤）患者全麻手术时血浆生长激素（GH）的变化，并与非垂体瘤患者对比。安氟醚和普鲁卡因麻醉一般不引起垂体瘤患者GH的明显改变；但普鲁卡因麻醉可引起内分泌正常患者GH显著增加；安氟醚麻醉使GH无明显影响。北京空军总院[102]报道65例非垂体瘤开颅病人，40例慢性颅内压高（CICH）病人与25例正常颅内压（NICP）病人麻醉后血清TSH、PRL、GH含量变化。结果：麻醉前CICHT组血清皮质醇水平显著低于NICP组；插管后CICHT组血清TSH、PRL、GH和皮质醇水平显著低于NICP组，表明CICH病人垂体内分泌功能低下。北京中日友好医院[103]报道70例颅内血管手术麻醉时，用压宁定控制插管时的高血压，用硝普钠作术中控制性降压均取得良好效果。四川省医院[104]报道50例颅内动脉瘤夹闭术麻醉控制性降压。对有冠心病患者用硝酸甘油(8例)，对老年患者用异氟醚(12例)或安氟醚(6例)，其余患者用硝普钠(22例)、压宁定(2例)。

(三)胸腹部手术麻醉

沈阳军区总院[105]报道用胸腔镜行54例肺大泡切除、纵隔肿瘤切除及胸膜活检，用双腔管(小儿可用单腔管)气管导管行对侧支气管插管。该法有利于手术操作，又便于控制呼吸，且不需深度麻醉。兰州医学院一院[106]报道64例肺包囊虫病手术的麻醉选择。作者以普鲁卡因静脉为主，对巨大型与破裂感染型者按湿肺进行准备和选用双腔管插管。该组患儿均选用气管内麻醉。常熟市三院[107]报道98例老年胆道疾病急诊手术的麻醉。其中硬膜外麻醉89例，除8例术中血压有明显下降经处理回升外，其他均平稳。济南市医院[108]报道86例腹部脂肪抽吸术，采用静吸复合全麻74例，硬膜外阻滞15例。作者选择$T_{10\sim11}$穿刺(上腹脂肪抽吸)，T_{12}～L_1穿刺(下腹部脂肪抽吸)。15例硬膜外阻滞中6例不能耐受牵拉反应而改全麻，同时由于硬膜外阻滞腹肌张力消失，术者不易掌握抽吸深度，极易穿透腹肌，而损伤内脏。作者认为，麻醉方法应选用肌松不明显的全麻。重庆西南医院[109]报道不同麻醉方式下腹腔镜胆囊切除术(LC)病人血浆肾素(PRA)与血管紧张素Ⅱ(ATⅡ)浓度的变化。作者观察硬膜外阻滞组23例，全麻组21例，对照组硬膜外阻滞开腹胆囊切除(OC)20例。发现两种麻醉下行LC时PRA与血浆ATⅡ浓度明显高于OC组，而以硬膜外阻滞组增高更显著，提示不同麻醉方式下行LC对人体应激系统影响不尽相同。青海省医院[110]报道高原地区35例硬膜外阻滞和全麻不同麻醉方法腹腔镜胆囊切除术围术期SpO_2的变化，结果硬膜外组气腹时心率减慢明显，两组SpO_2明显低于平原地区，术后低于术前，约3～4d恢复。河南医大一院[111]报道40例乳腺手术对比观察硬膜外阻滞和静脉氯胺酮麻醉血氧饱和度的变化。结果两组术中均显示不同程度下降(平均91.1%)，术后1d基本恢复，两组无差异。江苏海门市医院[112]报道126例硬膜外阻滞下阑尾切除术，采用双侧合谷穴注射哌替啶50mg或5%葡萄糖可明显防止术中牵拉阑尾所引起的不良反应。

(四)其他手术麻醉

医科院整形外科医院[113]报道700例整形外科病人术后早期低氧血症，Ⅰ组为婴儿，Ⅱ组为1～3岁的幼儿，Ⅲ组为大于3岁的儿童，Ⅳ组为成人。术后各组早期低氧发生率分别为44.4%、31.7%、17.3%和8.3%。华西医大一院[114]报道215例新生儿手术麻醉，其中硬膜外麻醉145例；安定、氯胺酮55例；全麻气管插管10例。术前常规用地塞米松及局麻5例。广西自治区妇幼保健院[115]报道128例危急剖宫产术应用氯胺酮、利多卡因复合液(KL)静脉麻醉，不做气管插管，平均总用药量各为140mg，间隔用药时间为(28.23±4.12)min，术前静注灭吐灵10mg，术中安静无痛，无内脏牵拉反应，肌松满意，血压、脉搏平稳，无呼吸抑制，无误吸，婴儿无缺氧，子宫收缩良好。

(刘树孝)

四、监测与休克、复苏

(一)监测

上海仁济医院[116]和中国医大临床一院[117]认为围手术期应将心电图、无创血压和脉搏氧饱和度作为常规或基本监测项目；对全身麻醉和气管插管患者应监测呼气末二氧化碳分压；对休克、脱水、出血、老年危重患者和心脏手术等循环不稳定者需同时监测中心静脉压，必要时监测有创动脉压、肺毛细血管嵌顿压及心排出量等。上海市六院[118]综述了病态肥胖患者的监测及处理，提出术前应仔细评估上呼吸道通畅程度，注意心肺病变程度及是否并存糖尿病；气管插管尽可能在上气道表面麻醉下清醒插管；主张选用平衡麻醉，术后防治肺部并发症、血栓形成、伤口感染等；围手术期应持续监测脉搏氧饱和度。武汉协和医院[119]对脊柱弯曲患者围手术期监测及处理进行分析，认为这类患者病理生理特点是有胸廓畸形引起的心肺功能障碍，因此加强心肺、脊髓功能的监测非常重要。其中脊髓功能监测可选用唤醒试验、体感诱发电位或运动径路刺激。医科院整形外科医院[120]以脉搏氧饱和度观察了小儿气管内插管全麻术后早期低氧血症，低氧血症发生率为23.87%，30min时降至9.73%，60min后全部小儿脉搏氧饱和度均恢复至90%以上。认为小儿术后低氧血症主要发生在术后1h内，尤其是前30min内；小儿年龄与术后早期脉搏氧饱和度具有正相关性；芬太尼呈剂量依赖性抑制呼吸中枢对CO_2的敏感性，这可能是术后早期脉搏氧饱和度和芬太尼用量具有负相关性的原因。中山医大一院[121]分析了心肺功能衰竭患者气管插管术的危险性及其监测，结果表明：52%(13/25)静注安定＋喷喉表面麻醉下1次插管不成功，但大多数患者脉搏氧饱和度不下降(22/25)，无1例心搏骤停；静注安定＋吗啡＋肌松剂下停止呼吸插管操作 15～30s，6/8 例脉搏氧饱和度下降，有 3/8 例发生室颤或心搏骤停。作者认为对心肺功能衰竭患者气管插管前应充分给氧，密切监测脉搏氧饱和度，采用安定＋喷喉表面麻醉比肌松的方法更为安全。

(二)休克

关于休克引起重要脏器病理生理改变的研究，中国医大临床一院[122]*研究了川芎嗪对大鼠在体缺氧性肺血管收缩反应的影响。当注入川芎嗪 4mg/kg 和 8mg/kg 后，平均肺动脉压自(3.69±0.55)kPa 分别降至(2.90±3.0k)Pa 和(2.48±0.33)kPa，表明川芎嗪可明显抑制缺氧性肺血管收缩反应，且与剂量有关。上海市六院[123]*采用大鼠肠系膜上动脉阻断模型，探讨磷脂酶 A_2(PLA_2)抑制剂对肠缺血再灌注致多器官功能损伤的保护作用。结果表明：肠缺血再灌注诱发的肠源性内毒素血症、菌血症与肠 PLA_2 活性升高密切相关；预防性静脉给予 PLA_2 抑制剂阿的平 10mg/kg 后，肠 PLA_2 活性及其产生的脂质介质 TXA_2、PGI_2 水平下降，细菌、内毒素易位减少，肝、肺、肾等脏器功能指标明显改善，动物 24h 存活率提高 25%。深圳孙逸仙心血管医院[124]观察了 1,6-二磷酸果糖(FDP)治疗油酸复制的犬呼吸窘迫综合征(ARDS)的效果。应用 FDP 30min 后血流动力学显著改善，肺分流率降低，氧输送增加，血液超氧化物歧化酶升高，丙二醛下降，提示 FDP 可能通过改善心肌能量供应及抑制氧自由基损伤肺微血管作用而具有明显的治疗 ARDS 效果。湖北医大二院[125]*以含不同浓度氯化钾与高渗(7.5%)氯化钠溶液复苏犬失血性休克的结果表明，7.5%氯化钠溶液能有效地逆转出血性休克；但是用 0.5%氯化钾液静注后血钾一过性增高，随后逐渐降低，在注射后 30min 时与注射前水平相同；再静注 1.5%氯化钾液后血钾水平均显著高于注射前，提示应在严密监测血钾静脉滴注氯化钾基础上，以维持血钾正常。北京军区总院[126]用家兔研究了高渗氯化钠(7.5%)对血浆游离血红蛋白浓度的影响。血容量正常时输注 4ml/kg 高渗氯化钠对游离血红蛋白无明显影响；失血性休克时输注高渗氯化钠后平均动脉压显著提高，红细胞平均体积显著缩小，游离血红蛋白显著增多，后者以 10ml/kg 组更明显；对红细胞变性指数及膜上 Na^+，K^+-ATP 酶活力下降和 50%溶血点显著右移均无显著改善。作者认为，休克后红细胞变形性下降，脆性增加，膜内外渗透平衡调节功能下降，在此基础上应用高渗氯化钠使红细胞平均体积在短时间内发生变化是红细胞破坏增加的重要原因。广州医学院一院[127]和上海仁济医院[128]观察血定安对血流动力学和血液影响的结果表明，血定安输注后血流动力学、血液学、血生化和血气分析各项指标与输注前均无显著差异。心内直视术患者在血定安血液稀释后心率、平均动脉压、氧供和动脉氧含量不变；心排出量、心排血指数和氧耗增加；犬在血定安稀释后心率、平均动脉压不变，动脉氧含量和外周循环阻力指数降低，当稀释量≥20ml/kg 时，氧供开始下降。稀释后血 pH 和血钾、钠和氯均无明显变化，对机体凝血功能无明显影响。

(三)心肺脑复苏

北京医大一院[129]将食管气管双腔通气道用于心肺复苏中呼吸道管理，6 例患者皆一次插管成功，导管全部插入食管；1 例插入过深拔出 1cm 后通气顺畅；所有患者各项通气指标正常，未见明显胃胀气。提示食管气管双腔通气道在心肺复苏中是一种有效的保证通气道通畅的工具。徐州医学院附院[130]报道 5 例心肺复苏成功病例。在复苏初期使用标准剂量肾上腺素，无自主循环时再次使用大剂量肾上腺素(2～6mg/次)后且患者自主循环恢复，血流动力学基本稳定，心肺复苏成功，无明显副作用。头部重点低温脱水综合疗法用于脑复苏已取得明显效果。南京军区南京总院[131]*对此进行实验研究，显示该综合疗法可有效地抑制再灌注期谷氨酸和门冬氨酸的升高以及脑含水量与磷酸肌酸激酶的升高，提示兴奋性氨基酸参与缺血后再灌注损伤，尽早采用头部重点低温脱水综合疗法可减轻这种损伤。重庆西南医院[132]在兔“四动脉闭塞”模型上的研究表明，兴奋性氨基酸受体拮抗剂氯胺酮能使缺血再灌注期明显下降的谷氨酸和门冬氨酸水平显著升高，并能明显降低脑组织钙和线粒体钙含量。河北医大二院[133]*报道 1,6-二磷酸果糖(FDP)能降低兔“四血管阻断法”脑缺血再灌注脑组织水含量及细胞内 Ca^{2+}浓度，抑制脂质过氧化物的产生，提高超氧化物歧化酶活性，认为 FDP 对脑缺血再灌注的生物膜有一定稳定作用。徐州医学院附院[134]*探讨交换输血对大鼠全脑缺血再灌注的影响，结果表明交换输血可增强皮质和海马 Na^+，K^+-ATP 酶活性以及皮质 Ca^{2+}，Mg^{2+}-ATP 酶活性，提示交换输血可改善脑组织离子转运功能，减轻脑水肿等。

（邓小明）

五、镇痛

广西医大肿瘤医院[135]应用 0.25%布比卡因或 0.1%地卡因加适量 Vit B_6、Vit B_{12} 于开胸术后止痛，其优良率为 90.38%。上海市吴淞医院[136]比较三种不同镇痛方法对胸部手术后镇痛效果与通气功能的影响，结果：镇痛以硬膜外吗啡最佳，胸腔内布比卡因次之，肌注哌替啶较差，持续时间依次为(27.8±3.62)h、(8.24±1.2)h、(2.5±0.5)h；前两组均能明显改善肺活量。上海中山医院[137]报道，大鼠硬膜外分别注入0.25%丁哌卡因甘油溶液和水溶液后镇痛持续时间分别为(247±12.5)min、(155±11.6)min，差别显著($P<0.01$)；而0.125%丁哌卡因甘油溶液与水溶液之间无显著差别。北京同仁医院[138]报道硬膜外麻醉子宫切除术中分别经导管一次性注入丁丙诺啡0.15mg或吗啡2mg，结果表明丁丙诺啡0.15mg的镇痛作用和瘙痒等不良反应均优于吗啡，瘙痒与镇痛间似存在某种平行关系。上海仁济医院[139]报道腹部手术1 179例硬膜外注射吗啡0.5mg、1.0mg、1.5mg或2.0mg的镇痛效果与并发症。结果表明吗啡1.0～1.5mg组镇痛佳，并发症少2.6%～4.7%；0.5mg组镇痛效果欠佳；2mg组镇痛效果未见明显增加，而并发症明显上升(30.9%)。作者认为1%的1.5mg吗啡可能是术后硬膜外镇痛的最佳剂量。硬膜外注射吗啡最严重并发症是呼吸抑制，即使仅用1mg，尿潴留发生率仍较高。济南军区总院[140]的临床研究提示，硬膜外注射吗啡1mg，伍用东莨菪碱0.4mg，可避免尿潴留等并发症。安徽宁国县医院[141]*应用硬膜外吗啡术后镇痛，可明显缩短皮质醇升高的持续时间，血糖在术后第1天恢复至术前水平，提示硬膜外吗啡术后镇痛能有效地防止机体应激性变化。高乌甲素是从中药高乌头中提取的生物碱。福建中医学院[142]探讨高乌甲素与布比卡因复合液硬膜外注射的术后镇痛效能和副作用，并与高乌甲素、布比卡因和吗啡进行比较。结果显示该复合液硬膜外术后镇痛起效快于单用高乌甲素或吗啡，持续时间长于单用布比卡因，且不良反应少，比吗啡安全。同时亦指出该复合液药理作用的个体差异性，宜常规监测循环、呼吸，以及时防止各种可能的意外发生。

（邓小明）

参 考 文 献

[1] 吴起利等. 中华麻醉学杂志 1996;16(5):232
[2] 但 伶等. 重庆医学 1996;25(4):228
[3]* 江学成等. 徐州医学院学报 1995;15(4):335
[4] 王 鹏等. 临床麻醉学杂志 1996;12(1):6
[5] 屠伟峰等. 中华麻醉学杂志 1996;16(2):68
[6] 葛继荣等. 临床麻醉学杂志,1996;12(4):187
[7] 常荣华等. 临床麻醉学杂志 1996;12(3):132
[8] 马旭波等. 北京医学 1996;16(1):46
[9] 邓奋奎等. 临床麻醉学杂志 1996;12(3):138
[10] 鲁惠顺等. 浙江医科大学学报 1996;25(3):136
[11] 王双燕等. 实用肿瘤杂志 1996;10(3):31
[12] 李海林等. 中华麻醉学杂志 1995;15(10):475
[13] 陈华光等. 天津医药 1995;23(12):753
[14] 王永光等. 临床麻醉学杂志 1995;11(6):350
[15] 乔瑞冬等. 中华麻醉学杂志 1996;16(8):383
[16] 陈小琳等. 福建医药 1996;18(1):28
[17] 张国根等. 广州医药 1996;27(2):15
[18] 杜怀清等. 北京医科大学学报 1995;27(6):474
[19] 汪小海等. 中华麻醉学杂志 1996;16(3):127
[20] 刘毓和等. 中华麻醉学杂志 1996;16(3):131
[21] 张飞霄等. 苏州医学院学报 1995;15(5):861
[22] 刘秀全等. 苏州医学院学报 1996;16(3):541
[23] 潘玉贞等. 中华麻醉学杂志 1995;15(11):517
[24] 周声鳞等. 四川医学 1996;17(2):127
[25] 何绍璇等. 苏州医学院学报 1996;16(3):543
[26] 周乐顺等. 临床麻醉学杂志 1995;11(6):359
[27] 王世泉等. 中华麻醉学杂志 1996;16(2):85
[28] 邓晓明等. 临床麻醉学杂志 1995;11(6):357
[29] 曹径山等. 中华麻醉学杂志 1995;15(11):503
[30] 张铁铮等. 中华麻醉学杂志 1996;16(2):73
[31] 张 岩等. 临床麻醉学杂志 1995;11(6):363
[32] 郭 宏等. 北京医学 1996;18(4):241
[33] 张 毅等. 云南医药 1996;17(3):177
[34] 肖旺频等. 中华麻醉学杂志 1995;15(11):506
[35] 曾邦雄等. 中华麻醉学杂志 1995;15(10):450
[36] 林财珠等. 中华麻醉学杂志 1996;16(2):87
[37] 文 亮等. 中华麻醉学杂志 1996;16(2):76
[38] 毛卫克等. 中华麻醉学杂志 1996;16(1):17
[39] 聂发传等. 中华麻醉学杂志 1996;16(9):439
[40] 刘 瑛等. 中华麻醉学杂志 1996;16(2):79
[41]* 马朋林等. 中华麻醉学杂志 1996;16(3):105
[42]* 邝贤宣等. 中国中西医结合杂志 1996;16(2):84
[43]* 谢国明等. 临床麻醉学杂志 1995;11(6):330
[44] 逢 全. 中华麻醉学杂志 1996;16(7):301
[45] 王祥瑞等. 中华麻醉学杂志 1996;16(7):292
[46] 白 勇等. 中华麻醉学杂志 1996;16(7):295
[47] 欧阳葆怡等. 中华麻醉学杂志 1996;16(7):298
[48] 靳凤玲等. 北京医学 1996;18(1):23
[49] 程卫平等. 中华麻醉学杂志 1996;16(7):307
[50] 宋学军等. 中华麻醉学杂志 1995;15(10):446
[51] 赵 平等. 中华麻醉学杂志 1996;16(4):150
[52] 陶 佳等. 哈尔滨医科大学学报 1996;30(2):185
[53] 张小铭等. 中华麻醉学杂志 1996;16(6):255
[54] 尹 宁等. 中华麻醉学杂志 1996;16(6):253
[55] 叶铁虎等. 中华麻醉学杂志 1996;16(1):40
[56] 李 钊等. 中华麻醉学杂志 1996;16(2):65

[57] 喻　田等. 贵州医药 1996;20(3):131
[58] 靳凤玲等. 中华麻醉学杂志 1996;16(7):320
[59] 穆娅玲等. 中华麻醉学杂志 1996;16(9):473
[60]* 杨又春等. 中华麻醉学杂志 1996;16(4):168
[61]* 刘玉莲等. 中华麻醉学杂志 1996;16(4):177
[62]* 俞卫锋等. 中华麻醉学杂志 1996;16(8):353
[63] 俞卫锋等. 中华麻醉学杂志 1996;16(3):121
[64]* 王　刚等. 中华麻醉学杂志 1996;16(2):55
[65] 刘　斌等. 中华麻醉学杂志 1996;16(8):369
[66] 陈　群等. 中华麻醉学杂志 1996;16(9):452
[67] 谢园明等. 临床麻醉学杂志 1995;11(6):330
[68]* 李桐英等. 中华麻醉学杂志 1996;16(8):346
[69] 张利平等. 中华麻醉学杂志 1995;15(11):486
[70] 薛富善等. 中华麻醉学杂志 1995;15(11):497
[71] 杨又春等. 中华麻醉学杂志 1996;16(6):245
[72] 刘　流等. 临床麻醉学杂志 1996;12(3):127
[73] 沈　惠等. 临床麻醉学杂志 1996;12(2):60
[74] 陈锡明等. 中华麻醉学杂志 1995;15(11):490
[75] 马皓林等. 中华麻醉学杂志 1996;16(9):465
[76] 肖亮灿等. 临床麻醉学杂志 1995;11(6):348
[77] 庄心良等. 中华麻醉学杂志 1996;16(3):119
[78] 李继昌等. 中华麻醉学杂志 1996;16(9):447
[79] 吴倩萍等. 中华麻醉学杂志 1996;16(6):274
[80]* 熊利泽等. 中华麻醉学杂志 1996;16(4):174
[81] 谭洁芳等. 中华麻醉学杂志 1996;16(7):329
[82] 周久华等. 中华麻醉学杂志 1996;16(6):251
[83] 郑　慧等. 中华麻醉学杂志 1996;16(1):21
[84] 傅新平等. 中华麻醉学杂志 1996;16(5):199
[85] 陶　军等. 中华麻醉学杂志 1996;16(5):202
[86] 夏正远等. 中华麻醉学杂志 1996;16(4):153
[87] 王庆文等. 中华麻醉学杂志 1996;16(5):195
[88] 罗爱林等. 临床麻醉学杂志 1996;16(2):68
[89] 柴　莹等. 中华麻醉学杂志 1996;16(3):112
[90] 刘　瑶等. 湖南医科大学学报 1996;21(3):256
[91] 彭章龙等. 中华麻醉学杂志 1996;16(9):112
[92] 石碧明等. 中华麻醉学杂志 1996;16(8):371
[93]* 刘　流等. 中华麻醉学杂志 1996;16(8):351
[94] 方泽旭等. 中华麻醉学杂志 1996;16(3):102
[95] 孙　红等. 临床麻醉学杂志 1996;12(1):18
[96] 张　锦等. 中华麻醉学杂志 1996;16(8):339
[97] 宋　瑞等. 中华麻醉学杂志 1996;16(8):378
[98] 于钦军等. 中华麻醉学杂志 1996;16(9):455
[99]* 徐美英等. 中华麻醉学杂志 1996;16(5):205
[100] 徐凯智等. 中华麻醉学杂志 1996;16(2):51
[101] 龚志毅等. 中华麻醉学杂志 1995;15(10):470
[102] 傅润乔等. 临床麻醉学杂志 1996;12(1):28
[103] 许海峰等. 河北医学 1996;2(4):350
[104] 李德清等. 四川医学 1996;17(4):268
[105] 刘晓江等. 中华麻醉学杂志 1996;16(1):37
[106] 李春林等. 兰州医学院学报 1996;21(3):163
[107] 吴大霆. 苏州医学院学报 1995;15(6):1 180
[108] 王国兴等. 中华麻醉学杂志 1996;16(4):161
[109] 龚建平等. 中华实验外科杂志 1995;12(6):346
[110] 俞文军等. 青海医药 1996;26(5):11
[111] 韩雪萍等. 河南医科大学学报 1995;30(4):404
[112] 范　龙等. 临床麻醉学杂志 1996;12(2):85
[113] 薛富善等. 中华整形烧伤外科杂志 1996;12(3):208
[114] 王　莹等. 华西医学 1996;11(1):105
[115] 覃绍坚等. 临床麻醉学杂志 1995;11(6):354
[116] 杭燕南. 中国实用外科杂志 1996;16(7):429
[117] 盛卓人. 中国实用外科杂志 1996;16(7):385
[118] 徐惠芳. 中国实用外科杂志 1996;16(7):394
[119] 曾邦雄等. 中国实用外科杂志 1996;16(7):396
[120] 薛富善等. 中华麻醉学杂志 1996;16(9):471
[121] 王钢生等. 中国危重病急救医学 1996;8(6):353
[122]* 王俊科等. 中华麻醉学杂志 1995;15(10):456
[123]* 赵　钢等. 中华麻醉学杂志 1996;16(9):444
[124] 黄志勇等. 中华麻醉学杂志 1995;15(11):511
[125]* 王焱林等. 中华麻醉学杂志 1995;15(11):509
[126] 卢家凯等. 中华麻醉学杂志 1996;16(1):9
[127] 赵子良等. 广东医学 1996;17(9):586
[128]* 王珊娟等. 中华麻醉学杂志 1996;16(8):363
[129] 范志毅等. 中华麻醉学杂志 1996;16(2):81
[130] 马正良等. 徐州医学院学报 1996;16(3):270
[131]* 段满林等. 中华麻醉学杂志 1995;15(10):435
[132] 任家顺等. 中华麻醉学杂志 1996;16(8):366
[133]* 张　山等. 中华麻醉学杂志 1996;16(8):359
[134]* 孟　雷等. 临床麻醉学杂志 1996;12(1):14
[135] 温文钊等. 广西医学 1996;18(2):168
[136] 唐　鸣等. 临床麻醉学杂志 1996;12(4):181
[137] 赵建华等. 中华麻醉学杂志 1996;16(3):129
[138] 丁　斌等. 北京医学 1996;18(2):86
[139] 费宝良等. 临床麻醉学杂志 1996;12(4):177
[140] 马永德等. 中华麻醉学杂志 1996;16(6):280
[141]* 童生元等. 临床麻醉学杂志 1996;12(4):179
[142] 陈敏光等. 中国中西医结合杂志 1996;16(9):525

文　选

交换输血对大鼠全脑缺血再灌注损伤的影响（临床麻醉学杂志 1996；12(1)：14）　徐州医学院附院孟雷等以大鼠四血管闭塞法造成全脑缺血模型为实验对象，观察了交换输血对脑缺血再灌注大鼠 ATPase 水平及脑组织含水量变化。实验选用 SD 大鼠 30 只，分为 3 组，每组 10 只。实验组交换输血，对照组不交换输血。血源鼠组提供交换输血所需血液。以 40mg/kg 戊巴比妥钠腹腔注射麻醉后（实验组和对照组）暴露第一颈椎横突的翼小孔，烧灼两侧椎动脉，24h 后夹闭大鼠两侧颈动脉 20min，接着松开血管夹，复灌 30min，全身肝素化（100U/100g），并将血源鼠血从实验鼠股静脉输入，同时以相同的速度从实验鼠股动脉放血 20ml；对照组只进行血管穿刺，不交换输血。血液交换后 15min，断头取脑，留取皮质组织两块各 $1mm^3$，采用四氯化碳-液状石蜡密度梯度法测定脑组织含水量；分别取大脑皮质组织及海马各一块，在 4℃冰浴中进行匀浆，参照 Chen CC 及 Parasadarao 法分别测定 Na^+，K^+-ATP 酶和 Ca^{2+}，Mg^{2+}-ATP 酶。资料的统计学处理采用 t 检验，所有统计学结果以 $P<0.05$ 为差异有显著性。实验结果表明：大鼠缺血 20min 再灌注进行交换输血，可以增强皮质和海马 Na^+，K^+-ATP 酶活性（$P<0.05$），皮质 Ca^{2+}，Mg^{2+}-ATP 酶活性增高（$P<0.05$），但海马 Ca^{2+}，Mg^{2+}-ATP 酶活性无明显变化（$P>0.05$），脑组织含水量无明显影响（$P>0.05$）。作者进一步推论交换输血对改善脑组织的离子转运功能、对减轻脑水肿的程度及其他方面脑组织损害可能有益。认为其机制有如下几个方面：(1)交换输血可以清除及(或)稀释有害物质；(2)输入了能清除有害物质的因子；(3)提供了正常血液中所具备维持内稳态所需的各种物质和因子。

（许　华）

评述　全脑缺血再灌注损伤的机制复杂，目前尚未完全明了，实验与临床中尚无特效药物或方法。交换输血对全脑缺血再灌注损伤影响的研究较少，其机制亦不甚明确。上文研究提示交换输血可改善脑组织离子转运功能，有益于减轻脑水肿等。然而，交换输血对受血者其他方面的影响如各种输血反应等不容忽视。

（邓小明）

温血灌注对心肌的保护作用（中华麻醉学杂志 1996；16(6)：251）　安徽医大一院周久华等用两组犬行动脉根部持续灌注氧合血停搏液，分析温血（37℃）和冷血（4℃）的心肌保护效果。12 只成年杂种犬随机分为Ⅰ、Ⅱ组，全部犬行全麻后建立体外循环，血流降温至（28±3）℃，阻断主动脉 90min；Ⅰ组为温血组，建立冠脉循环后，先灌注氧合高钾停搏液至心肌完全停搏，再持续灌注 37℃氧合低钾温血停搏液，心肌温度（39±3）℃。Ⅱ组为冷血组同Ⅰ组，但其血温为 4℃，同时辅以心肌表面冰屑降温，心肌温度 10～15℃。分别于冠脉转流 0min、60min、90min 从冠脉中采血，测定肌酸磷酸激酶（CPK）、乳酸脱氢酶（LDH）、谷草转氨酶（SGOT）和丙二醛（MDA）。结果显示：(1)升主动脉开放后温血组全部自动复跳，辅助循环平均 10min；冷血组只有 2 只犬自动复跳，4 只电击除颤恢复心律，辅助循环均为 30min。(2)灌注后心肌酶释放与灌注前相比，温血组在 60min 无显著变化（$P>0.05$），90min LDH 和 CPK 呈显著改变（$P<0.05$），但 SGOT 在 90min 仍无显著改变（$P>0.1$）；冷血组中三组酶在 60min 和 90min 均呈显著性改变（$P<0.05$）。(3)温血组与转流前相比，60min 和 90min MDA 有上升趋势，但差异无显著意义（$P>0.2$），冷血组在 60min 和 90min 时 MDA 均有显著性增高（$P<0.001$）。作者认为血浆酶在冷血组中显著增高，且 MDA 也发生显著改变，证实冷血对心肌保护不完善，而温血组全部自动复律，且 MDA 和血浆酶均无显著性改变，从而提示温血优于冷血的心肌保护。

（李永庆）

评述　持续温血灌注，以保护心肌不受低温刺激，心脏停搏前一般没有室颤，可减轻低温缺血和再灌注造成的心肌损害，并且可提供静息心肌细胞充分的氧和代谢底物，有利于能量合成和利用以及细胞修复和再生，从而增进心肌细胞膜的稳定性和完整性。不少实验与临床研究显示，持续温血灌注是安全有效的心肌保护方法之一。然而，持续温血灌注可引起手术野少量出血，干扰手术医师视野，影响操作，这在冠状动脉搭桥术中尤为突出。

（邓小明）

心内直视手术中血清 LPO、LDH 同工酶的变化（中华麻醉学杂志 1996；16：(8)：351）　湖南医大二院刘流等观察心内直视手术中血清过氧化脂质

(LPO)、乳酸脱氢酶(LDH)同工酶的变化来探讨有心肌保护的特殊条件下心肌缺血再灌注损伤对心脏复苏的影响。作者选心内直视手术患者49例,按阻断主动脉时间不同分三组:Ⅰ组阻断<45min 16例,Ⅱ组阻断45~90min 16例,Ⅲ组阻断>90min 17例。分别于主动脉开放前1min,开放后10min、1h、24h取血作LPO、LDH同工酶测定。结果:三组血清LPO均升高,且主动脉阻断的时间越长,LPO升高出现得越早越显著;血清LDH同工酶LDH_1与LDH_1/LDH_2比值在开放主动脉后24h,Ⅰ组升高显著($P<0.05$),Ⅱ、Ⅲ组均升高非常显著($P<0.01$)。作者并观察到随主动脉阻断时间延长,心肌复苏时心律失常的发生率、心肌缺血例数、需用升压药的例数依次为Ⅲ组>Ⅱ组>Ⅰ组;血清LPO变化程度与LDH同工酶变化程度基本一致,并与临床结果相符。表明心内直视手术中血清LPO、LDH同工酶的变化可反映心肌缺血再灌注损伤程度;心肌缺血时间延长,再灌注损伤越重,对心脏复苏不利。

(严晓晴)

述评 LPO与组织缺血再灌注损伤及其损伤程度有关。LDH同工酶是反映心肌受损和受损程度的指标之一。心内直视手术中心肌保护条件下在心肌恢复灌注后LPO与LDH_1和LDH_2均明显升高,而且阻断主动脉时间延长这种变化越明显,与临床观察到的再灌注损伤相一致。近年一些国内外研究证实了上述结果,这为心肌保护液中添加氧自由基清除剂如甘露醇等提供了理论依据。另一方面,如何更有效地保护心肌值得进一步探讨。

(邓小明)

头部重点低温脱水综合治疗法脑复苏机制的研究:对激活性氨基酸变化的影响(中华麻醉学杂志 1995;15(10):435) 南京军区南京总院段满林等用新西兰兔104只,雌雄兼用,静脉复合麻醉气管切开后机械通气保持PaO_2>13kPa,$PaCO_2$4~6.7kPa,脑缺血为兔"四血管"式模型,30min后再灌注30min、180min和360min,随机分为4组。单纯头部重点低温(SHC)组降温与再灌注一同开始,采用头部冰帽和流动冰水浴的体表降温法,均辅用冬眠合剂。甘露醇脱水(MD)组在再灌注后约1min开始脱水(甘露醇1g/kg,每3h 1次)。SHCDCT组为SHC和MD的联合应用,降温和脱水时间不变。不降温动物维持脑温38℃,肛温37℃;降温者脑温降至28℃(30min左右),肛温不低于34℃。动物处死后,0℃环境取颞叶皮质50mg,离心制备去膜脑匀浆(PMS)。余下的颞叶测含水量。PMS中谷氨酸(Glu)和门冬氨酸(Asp)采用液相色谱法测定;PMS中葡萄糖(G)和肌酸磷酸激酶(CPK)测定方法,分别为氧化酶电极法和改良的Olieve法。结果:缺血30min后再灌注30min、180min和360min时Glu均升高($P<0.01$),灌注30min升高最明显,为对照的2.08倍,3组治疗均使其水平显著下降($P<0.01$),以SHCDCT最为有效。Asp在再灌注30min和180min显著升高($P<0.01$),最高值为对照的1.38倍,SHC和SHCDCT治疗明显抑制其升高($P<0.01$),MD无影响。含水量在再灌注30min和180min显著高于未缺血水平($P<0.01$),与Glu变化正相关($r=0.932$,$P<0.01$)。3组治疗均显著减少含水量升高($P<0.01$),同样以SHCDCT最为有效。G在再灌注后递减,依次减少1.84、3.78和4.43,显著低于对照水平($P<0.01$),SHC和SHCDCT显著抑制此变化($P<0.01$),MD无影响。CPK活力在再灌注后显著升高($P<0.01$)。MD无影响。实验结果支持EAA参与完全性缺血后神经元的再灌注损伤。缺血前后和缺血中实施低温确能减少EAA释放,可保护神经元功能。本结果提示:脑缺血后尽早采用SHCDCT,进而减轻再灌注损伤,这可能是脑复苏的重要方法之一。

(翟 蓉)

述评 头部重点低温脱水综合疗法可谓具有我国特色的脑复苏方法。该研究在实验动物证实该综合疗法可抑制脑缺血后再灌注期Glu与Asp的升高,支持EAA参与脑缺血后再灌注损伤。PMS中的Glu与Asp包括代谢中间产物与神经递质,因此,目前一般采用微透析技术测定细胞间液EAA,可代表神经递质。低温的脑复苏脑保护机制可能还包括降低氧耗,减少乳酸蓄积,保护血脑屏障,减轻脑水肿;抑制其他内源性毒性产物对脑组织的损害,减少钙离子内流,阻断细胞内钙超载所引发的一系列有害反应等。缺血性脑损伤机制复杂,需进一步深入研究。

(邓小明)

含钾高渗氯化钠溶液治疗出血性休克犬对血钾浓度的影响(中华麻醉学杂志 1995;15(11):509) 湖北医大二院王焱林等用含不同浓度氯化钾的高渗氯化钠溶液复苏出血性休克犬,观察其对血清钾的影响。健康杂种犬8只,麻醉后行间歇正压通气,连续心电图监测。经左颈外静脉插入Swan-Ganz导管测定血流动力学改变,记录血流动力学各项指标并抽取动静脉血标本。经股动脉放血使MAP降至8kPa并维持30min后记录所有观察指标,静注含0.5%氯化钾的7.5%氯化钠溶液4ml/kg,记录注射后1、5、10和30min时血清电解质浓度及血流动力学变化。待血钾恢复注射前水平后再次注入含1.5%氯化钾的高渗氯化钠溶液4ml/kg，并同前测所有指标。结果：(1)受试犬平均放血(27±2.5)ml/kg造成出血性休克；(2)含低浓度氯化钾的高渗氯化钠溶液静注后血钾呈一过性增高，注射后1min时血钾显著高于注射前值($P<0.05$)，至30min时血钾逐渐降至注射前水平；(3)注射含1.5%氯化钾的高渗氯化钠溶液后，其1、5、10和30min时血钾分别比含0.5%氯化钾的对照值增高63%、24%、17%和15%，均显著高于注射前对照值；(4)第1次注入7.5%氯化钠溶液后血钠在注射后1min时最高，然后缓慢下降，但在30min时Na^+增高更为明显，且一直维持较高水平。作者认为高渗氯化钠静脉注射能逆转休克状态同时亦引起血K^+下降，导致低血钾，低浓度的氯化钾溶液不足以预防静注高渗氯化钠所致低血钾，应在严密监测K^+基础上静注氯化钾以维持血K^+的正常水平。

（李永庆）

述评 高渗氯化钠溶液治疗休克无论是临床或动物试验均显示其有明显的效果，休克输注高渗氯化钠后很快发生低钾血症，作者用0.5%或1.5%氯化钾，7.5%氯化钠4ml/kg输注纠正休克的同时预防低血钾，实验未设计与不用氯化钾的高渗钠治疗对比抗休克的效果，故难以肯定加氯化钾抗休克作用更好。输注高渗钠血钾降低，短时内不可能由尿排出，因而总体钾并不丢失，特别是细胞内钾不会突然降低，这种急性低钾就象过度换气引起急性呼碱低血钾一样，对机体的危害特别是对心血管系统影响较小，而实验中输钾量较大，第1次在30min时间内输入了相当于50kg体重的成人1g钾的量，第2次为3g，输高渗氯化钠治疗出血性休克同时输氯化钾临床意义多大，用量多少均需进一步探讨。

（刘树孝）

针药复合麻醉用于肺切除手术的研究（中国中西医结合杂志 1996；16(2)：84） 北京市结核病胸部肿瘤所邝贤宣等对针药复合麻醉用于肺切除手术进行了临床研究。选择150例行肺癌肺切除术患者，随机分为4组：Ⅰ组(电针刺激加安氟醚复合麻醉)50例；Ⅱ组(安氟醚复合麻醉)50例；Ⅲ组(电刺激加氯胺酮复合麻醉)25例；Ⅳ组(氯胺酮复合麻醉)25例，各组年龄性别无差异。快速诱导插双腔管后，Ⅰ组和Ⅱ组用$N_2O:O_2$为1:1，0.6%安氟醚吸入和静脉滴入1%普鲁卡因维持麻醉，用泮库溴铵或卡肌宁维持肌松。Ⅲ组和Ⅳ组以静注氯胺酮(每25min不超过0.5mg/kg)取代上述的安氟醚。Ⅰ和Ⅲ组用HANS穴刺激仪(新加坡生产)，两组电极同时刺激手术侧合谷与三阳络穴。刺激频率2Hz与100Hz交替刺激，每种频率持续3s，刺激强度为(8～10)mA，全麻后强度增到40mA。病人若出现浅麻醉征象即给予芬太尼(0.1～0.2)mg，监测O_2与N_2O浓度、血压、心率、氧饱和度。结果显示：药物全麻加电针刺激合谷和三阳络穴位的患者比单纯全麻患者芬太尼用量显著减少，Ⅰ组仅7例共用1.4mg，Ⅱ组仅4例未用，总用药量17.6mg；Ⅲ组均未用芬太尼；Ⅳ组有16例共用33.6mg。各组术中血压、心率变化无显著差异，血氧饱和度均在正常范围。作者认为针刺复合麻醉可减少麻醉药用量，从而减轻药物对机体生理功能的影响，并易被患者和外科医生接受，快慢频率交替刺激可延缓耐受性，镇痛效果增强。

（李金宝）

述评 针刺镇痛术用于手术麻醉曾在国内广泛开展，大量实践证明其镇痛作用还不能达到手术无痛，到底临床如何应用，需临床研究证实。上文报道的经验很可贵，针药复合麻醉用于肺切除术能明显减少芬太尼用量，可做为一种麻醉方法。针麻重要的优点是术中生理功能稳定和术后恢复快，并发症少。该文报道两组术中血压心率无显著差异，但术后恢复情况没有对比观察，望今后进行深入观察。

（刘树孝）

依托咪酯影响琥珀胆碱肌松时效的研究（中华麻醉学杂志 1996；16(4)：168） 中国医大临床一院杨又春等通过实验与临床研究探讨依托咪酯对琥珀胆碱肌松时效的影响。实验用Wistar大鼠14只，随机分成实验组和对照组。用乌拉坦0.5～0.6g/kg麻醉后，呼吸机控制呼吸，切断一侧坐骨神经及胫前肌腱，用药理生理多功能仪刺激坐骨神经，参数为0.2Hz、50V、0.2ms方波，通过生理记录仪观察和记录胫前肌颤搐高度(T)的变化。T稳定10min后，实验组先静注依托咪酯0.6mg/kg，对照组静注等量生理盐水，2min后两组均静注琥珀胆碱1.0mg/kg。临床部分ASA Ⅰ～Ⅱ级择期手术患者24例，随机分成对照组和实验组。静注硫喷妥钠5mg/kg和芬太尼4μg/kg诱导入睡后，用加速度仪测定上肢尺神经-拇内收肌的神经肌肉传递功能，选择四个成串(TOF)方式，观察T_1的变化，待T_1稳定3～5min后，对照组静注琥珀胆碱1.5mg/kg，实验组先静注依托咪酯0.3mg/kg，1min后静注琥珀胆碱1.5mg/kg。观察指标：(1)起效时间。琥珀胆碱注毕至T或T_1达最大阻滞的时间；(2)维持时间。琥珀胆碱注毕至T或T_1恢复至25%的时间；(3)肌松药时间。琥珀胆碱注毕至T或T_1恢复至90%的时间；(4)恢复指数。恢复过程中T或T_1自25%至75%的恢复时间；(5)T 或 T_1 最大阻滞。结果：大鼠实验组较对照组维持时间和肌松药总时间显著延长（分别 $P<0.01$ 和 $P<0.05$），恢复指数有延长趋势（延长37%），但无统计学意义；临床部分两组间各肌松时效均无显著差异。作者认为，依托咪酯对琥珀胆碱时效的影响在大鼠和人之间存在差异，原因可能为依托咪酯在大鼠能明显竞争与抑制血浆假性胆碱酯酶，在人则否。

（杜健儿）

述评 由于依托咪酯的代谢需借助各种酯酶的作用，因而早有人注意到其与琥珀胆碱是否有协同作用，观察的结果不一致。该文报道的结果大鼠有增强作用而人不明显，这一结果除需继续探讨其机制外，临床应用时仍需引起注意，特别是用药量相对大时是否绝对无影响，还需提供依据。

（刘树孝）

五种静脉麻醉药对人体中性粒细胞吞噬功能的影响（中华麻醉学杂志 1996；16(4)：177） 大连市医院刘玉莲等以5种常用静脉麻醉药对健康人中性粒细胞(PMN)吞噬功能的影响进行了试验研究。取健康人外周血10ml肝素抗凝，用细胞分离液分离出PMN，以 1×10^6/ml 浓度与5种麻醉药物四种不同剂量的稀释液（氟哌啶醇：0.2、0.1、0.075、0.05mg/kg；咪唑安定：0.4、0.3、0.2、0.15mg/kg；芬太尼：0.05、0.02、0.008、0.004mg/kg；乙醚酯：0.5、0.3、0.2、0.1mg/kg；羟丁酸钠：200、150、100、80mg/kg）和对照组为生理盐水混匀，分别置于24孔培养板内孵育。孵育10min、2h、24h按时取出一块板，分别加等量6～9亿/ml白色葡萄球菌再孵育45min后涂片镜检，按下列公式计算PMN吞噬率：吞噬率＝吞噬细胞数/100PMN×100%。结果显示5种药物剂量增大，PMN吞噬率逐渐下降，与对照组有显著差异。但各组药物不同浓度10min与24h之间无显著差异($P>0.05$)。各种药物对PMN吞噬率比对照组下降20%的药物剂量为氟哌啶醇0.05mg/kg，咪唑安定0.2mg/kg，芬太尼0.008mg/kg，乙醚酯0.2mg/kg，羟丁酸钠150mg/kg。实验证明，这5种麻醉药对人体PMN吞噬功能有一定抑制作用，与剂量正相关。作者认为，在临床应用中，尤其是老人、体弱、肿瘤、感染等患者用以上药物时应低于以上剂量或复合氯胺酮，在围手术期加用抗生素或化疗药物以防术后增加感染机会及引起肿瘤扩散的可能。

（杜健儿）

述评 麻醉药物抑制免疫功能已成为定论而且术后较长时间不易恢复。何种药物抑制明显而且时间长，需要通过临床或动物实验来研究观察，以便临床选用时参考，该研究很有意义。上文报道5种静脉麻醉药对人体中性白细胞吞噬功能的影响证明随剂量增加吞噬率下降明显，但药物与PMN分离液混合孵育10min和24h比较，PMN吞噬率无统计学差异。一般情况下，组织细胞受药物作用影响与药物浓度和药物接触时间有关，因此这一结果尚需进一步研究观察。

（刘树孝）

代氟醚和安氟醚低流量循环密闭吸入全麻的临床观察（临床麻醉学杂志 1995；11(6)：330） 上海中山医院谢国明等用低流量循环密闭回路内注入给药法，比较IMAC代氟醚和安氟醚维持全麻时的循环动力、苏醒情况和不良反应。28例择期胆管手术患者，随机分为代氟醚和安氟醚组，连续监测动脉压和ECG。静脉诱导插管后接Cicero麻醉机用低流量氧250～500ml/min IPPV控制呼吸，在呼出端螺纹管和麻醉机连接处注入麻药。在插管后1min给药2～3ml后根据血压情况每次注入0.2～2ml，使呼气末药浓度在5min内尽快达IMAC值，并维持至术毕。代氟醚组在术毕、安氟醚组在手术结束前15min停注药并开大氧流量至5L/min，以利排出。结果：两组一般情况，手术麻醉时间、诱导和术中静脉用药均无差异($P>0.05$)，两组在首次注入吸入全麻药后插管反应迅速平稳，2～3min恢复至术前水平。切皮前安氟醚组心率和血压分别降至术前的90～83%，代氟醚组则分别降至术前的88%和80%。切皮后2min两组血压心率恢复至术前水平。维持阶段代氟醚组血压在切皮后10、30、60min高于安氟醚组($P<0.05$)，心率在切皮后10min高于安氟醚组($P<0.05$)。从停药到睁眼和握力恢复：代氟醚组为(6.2±1.3)min，显著短于安氟醚组(29.2±6.9)min($P<0.001$)：从停药前到患者说出姓名和生日的时间：代氟醚组为(11.9±2.3)min，短于安氟醚组(40.8±10.3)min($P<0.001$)：从停药到出现记忆的时间：代氟醚组为(26.7±5.6)min，短于安氟醚组(121.8±34.5)min($P<0.001$)。两组间术中维持、停药前、睁眼和握力恢复时的MAC比较无显著差异($P>0.05$)，两组随访均无术中知晓，术后恶心、呕吐总发生率两组无显著差异($P>0.05$)，但轻度恶心代氟醚组高于安氟醚组($P>0.05$)，中、重度恶心安氟醚组高于代氟醚组($P<0.001$)，病人麻醉满意率代氟醚组为100%，安氟醚组为92%，两组24h术后随访肝功(GPT、A/G)、肾功(BUN、Cr)均无异常。通过对代氟醚和安氟醚的观察比较表明：代氟醚在维持阶段对心血管抑制轻，可能与其能增加交感兴奋有关。

（张伟时）

述评 该文报道两种吸入全麻药可能在低流量循环密闭吸入下完成手术,并比较说明代氟醚在维持阶段对心血管抑制轻,恢复清醒快。在其实施过程中,除 O_2 流量属低流量外,术中追加用药根据血压情况注入 0.2～2ml,而不是按机体代谢后补充需要,或按时间平方根原则加给单位剂量,故还非真正低流量紧闭麻醉,有深入探讨的必要。

(王景阳)

多沙普仑对呼吸和血流动力学的影响(中华麻醉学杂志 1996;16(4):174) 西安西京医院熊利泽等分别给予狗和兔不同剂量的多沙普仑,观察用药后呼吸及血流动力学等变化。家兔组:选用中国本兔8只,经戊巴比妥钠麻醉后,按随机顺序分别静脉给予多沙普仑 2.3、4.6、9.2mg/kg。所有剂量均稀释为等量容积,30s 内注射完毕。记录用药后 1～20min 6 个时间点收缩压(SP)和舒张压(DP)的变化。犬组:采用健康杂种犬 5 只,戊巴比妥钠静脉麻醉,气管切开用 Swan-Ganz 漂浮导管测 PAP、PAWP、右房压(RAP),热稀释法测 CO、右股动脉置管测平均动脉压,并监测呼吸频率和 Et CO_2。操作完毕稳定后,静脉注射多沙普仑 2mg/kg,30～60s 内注完,观察记录 1～15min5 个时间点上述参数。心率由Ⅱ导 ECG 推算,体循环阻力和肺循环阻力参照标准公式计算。以上两组均以用多沙普仑前参数为基础值,用后各时间点参数与基础值比较,行配对 t 试验,以 $P<0.05$ 为显著差异。结论:多沙普仑对呼吸的频率影响呈剂量依赖性增加,用药后 Et CO_2 下降,持续时间超过 20min。多沙普仑可致兔心率呈剂量依赖性下降,持续至用药后 1、3min 恢复正常;犬用多沙普仑后 1min,心率轻度增快,3min 后心率显著增快($P<0.05$),至少持续至 15min;多沙普仑使兔血压短暂升高,犬血压显著升高且持续至 15min 以上;多沙普仑显著增加心排出量,有一过性增高体循环和肺循环阻力的趋势,对肺动脉压等无明显作用;多沙普仑有一定的催眠作用,偶可致心率失常。作者认为,多沙普仑致血流动力学改变可能是由于其兴奋了脑干的血管运动区和间接通过交感肾上腺系统而增加了血中儿茶酚胺浓度。建议高血压、心肌缺血及心率缓慢、病窦综合征患者慎用此药。

(许 华)

述评 由于多沙普仑在麻醉中近年来广泛应用,而且又有一定副作用,故对其药效学进行临床和实验研究很有必要。该文报道实验观察多沙普仑对兔和犬呼吸和循环的影响结果,呼吸频率增快持续时间超过 20min,比通常认为的持续时间(5～12min)长文外,特别是观察到呼气末 CO_2 降低达 3.4kPa,证明直接兴奋呼吸中枢。对循环的影响通过 Swan-Ganz 监测做了比较全面的观察。特别要指出的是,实验中 7 例次出现清醒躁动,如将多沙普仑用作催醒药,这一副作用就不理想。

(刘树孝)

硬膜外吗啡术后镇痛对血清皮质醇和血糖的影响(临床麻醉学杂志 1996;12(4):179) 安徽宁国县医院童生元等用放免法测定血清皮质醇含量和用葡萄糖氧化酶法测定血糖浓度,观察比较了硬膜外吗啡术后镇痛时血清皮质醇、血糖和循环系统的变化。选择择期中上腹部手术病人 30 例,随机分为镇痛组和对照组各 15 例。两组病人年龄、体重、心率、血压、麻醉和手术时间无差异。术前禁食 8～12h,麻醉方法均为静吸复合麻醉。气管插管成功后行硬膜外穿刺置入导管备用。手术结束后,镇痛组从硬膜外导管内缓慢注入吗啡 2mg,氟哌利多 2mg(用生理盐水稀释到 10ml);对照组从硬膜外导管内注入生理盐水 10ml。注药后立即拔除硬膜外导管,观察无异常情况后送回病房。术后 3d 两组病人按常规输液,其种类与量两组无显著差异。血标本采集时间为麻醉前、术中、术终、术后 1、3 和 6d。结果:镇痛组血清皮质醇于术后第 1 天即开始下降,而对照组仍持续较高水平,两组相比差异显著($P<0.05$);术后第 3 天,镇痛组恢复正常,对照组开始略有下降,两组相比差异非常显著($P<0.01$)。血糖变化均于术中达高峰,术后第 1 天,镇痛组降至正常水平,对照组仍较术前为高,两组比较有显著性差异($P<0.05$)。上述结果提示:术后的切口疼痛可引起神经-内分泌反应,表现之一为术后皮质醇降解时间延迟,也说明了机体内分泌的变化主要受神经系统的调节,与文献描述一致。总之,硬膜外吗啡术后镇痛能消除患者术后的精神紧张状态,有利于循环功能的稳定,加速皮质醇的降解,降低病人的基础代谢率,对机体有积极的保护作用。

(翟 蓉)

述评 硬膜外吗啡术后镇痛因效果确实、药物对全身影响小而应用日渐广泛。该文报道硬膜外吗啡术后镇痛血清皮质醇升高持续时间短,血糖很快恢复到术前水平,减轻机体应激,对减少术后氧耗、钠水潴留、增强免疫功能有重要意义。因此术后应用硬膜外吗啡镇痛可减少肺部并发症,除不影响咳嗽,又促进排痰外,还可能与增强免疫有关;但吗啡作为硬膜外术后镇痛并发症较多,现已逐渐趋向少用或不用吗啡,而以局麻药加芬太尼持续滴入法镇痛,估计也会使术后应激减轻,究竟效果如何需进一步观察。

(刘树孝)

川芎嗪对大鼠在体缺氧性肺血管收缩反应的影响(中华麻醉学杂志 1995;15(10):456) 中国医大临床一院王俊科等采用大鼠整体肺动脉恒流全血灌注模型,观察川芎嗪对大鼠缺氧性肺血管收缩(HPV)的影响。雄性大鼠9只,行气管切开插管后用微型人工呼吸机行机械通气(空气),经锁骨下静脉注肝素5mg/kg后经右室作肺动脉插管,作为肺动脉灌注通路,其侧壁接压力换能器测肺动脉灌注压,经左室作左房插管,以引流肺循环回流血液。贮血槽预充8~10ml,并在水浴中保温,结扎主动脉,在大鼠循环停止同时即以14ml/min血液恒速灌注肺动脉,引流的血液经左房回贮血槽,建立肺循环后吸空气加4%CO_2,测PO_2、PCO_2、pH及MPAP。稳定10min后改吸3%O_2加4%CO_2加93%N_2混合气。经几次缺氧通气后MPAP开始明显升高,待MPAP达峰值并持续5min,分别将川芎嗪(LT)4、8mg/kg注入贮血槽,全程记录PAP,于缺氧前、缺氧时、缺氧后分别采左房血作血气分析。结果:(1)血气变化:在空气加4%CO_2通气下,pH、PCO_2、PO_2及Hb均在正常范围,3%O_2加4%CO_2加93%N_2通气后pH、PCO_2及Hb无明显变化,但PO_2下降至5.36±0.66kPa($P<0.01$);(2)MPAP在空气加4%CO_2通气时为2.44±0.42kPa组在3%O_2加4%CO_2加93%N_2通气下明显升高,峰值达3.69±0.55kPa,比缺氧前增加1.24kPa($P<0.01$);注入LT 4mg/kg和8mg/kg,MPAP分别下降0.79±0.29kPa和1.20±0.22kPa。LT 4mg/kg可抑制HPA反应的63%,8mg/kg可抑制96%。该试验对影响缺氧性HPV反应的因素(温度、pH、PCO_2及左房压等)均采取了相应措施。作者认为LT对HPV引起的肺动脉高压有明显降压效应。

(张伟时)

述评 用LT治疗肺动脉高压的设想有临床意义。从动物实验结果看,LT有明显的抗HPV作用。该文报道的实验方法较理想,实验结果可靠。目前认为LT有抗血小板聚集作用和解聚作用,并能扩张小动脉,但不引起血压下降。因而对肺栓塞引起的肺高压更为有效和理想,是应用LT的适应证。按大鼠用量4~8mg/kg计算人的常用量为1mg/kg。

(刘树孝)

体外循环心脏手术后早期呼吸功能的变化(用单次呼吸CO_2曲线进行的研究)(中华麻醉学杂志 1996;16(5):205) 上海长海医院徐美英等用单次呼吸CO_2曲线的方法研究了心脏手术中和CPB停机早期呼吸功能的经时变化。选择CPB下行择期心脏手术患者16例,男11例,女5例,年龄54.9±4.6岁。术前均无肺功能异常。用芬太尼10~20μg/kg、安定0.05~0.1mg/kg、泮库溴铵0.2mg/kg诱导插管,术中以芬太尼及0.5~1.5%七氟醚维持麻醉。用Servo 900C呼吸机以10ml/kg潮气量,12次/分,吸气时间33%,吸气末暂停10%,吸氧浓度50%为呼吸参数行控制呼吸,控制$PaCO_2$:4.7kPa。CPB中用纯氧维持气道内0.03~0.05kPa的正压,以膜肺26~28℃中低温,2.4L/(min·m^2)流量行CPB。待复温至直肠温度达35℃时停止CPB,将$PetCO_2$浓度和单次呼吸容量经前置放大器处理后输入计算机,以呼出CO_2浓度相对于呼出气量作图,得到单次呼吸CO_2曲线。显示并储存每一次呼吸的吸入气量、呼出气量、气道内压、胸肺顺应性、气道阻力、分钟CO_2呼出量及死腔率。术后取胸骨切开前(对照值)、胸骨切开后、CPB前即刻,CPB停机后即刻,CPB后1、2、3、4h时的数据,结合各点的血气分析和血流动力学资料,计算a-etDCO_2和A-aDO_2,并作上述参数经时变化的分析。结果显示:$PaCO_2$虽经调节通气量保持在正常范围内,但a-etDCO_2和A-aDO_2在CPB 2h后明显增大,与对照组相比较$P<0.05$。CO_2产生量在CPB后随时间延长而增加,与对照组相比有显著差异,使分钟通气量相应增加,总顺应性在CPB后有降低倾向。VD_{phys}/VT在CPB 3、4h后增大。结论:CPB后早期呼吸功能降低的原因主要是肺低灌注导致的通气和(或)血流不配及CPB引起的肺淤血和间质水肿所致气体交换功能下降故为改善通气功能,必须同时改善循环系统功能。

(杜健儿)

述评 CPB心脏手术后早期呼吸功能损害的原因有心功能不全、肺循环充血、血液淤滞、微血管栓塞、表面活性物质减少、肺间质水肿、慢性肺泡萎缩、溶酶体和肺活性物质释放、肌松药残余作用、支气管痉挛或分泌物阻塞等引起的通气或换气障碍。采用监测单次呼吸CO_2曲线的方法研究CPB后早期呼吸功能损害的原因,主要是肺低灌注导致的通气和(或)血流不配及肺淤血和间质水肿所致的气体交换功能下降。该文强调改善通气功能与改善循环系统应同时进行,这给临床处理CPB后早期呼吸功能不全提供了重要参考。

(刘树孝)

吸入麻醉药对鼠肝线粒体电子传递链的影响(中华麻醉学杂志 1996;16(8):353) 上海东方肝胆外科医院俞卫锋等报道几种吸入麻醉药对鼠线粒体NADH(还原型烟酰胺腺嘌呤二核苷酸)和非NADH电子传递链组分活性的影响,对其在影响线粒体的内呼吸及氧化磷酸化时作用于电子传递链中的具体环节进行了探讨。冰浴中分离雄性大白鼠线粒体，使反应体系中线粒体浓度为 0.22mg 蛋白/ml。用双波长光束分光光度计首先测定以下各种酶的活力：(1)琥珀酸-Cyt C 还原酶；(2)琥珀酸脱氢酶；(3)NADH 脱氢酶；(4)琥珀酸-CoQ-还原酶；(5)NADH-CoQ-还原酶。在反应体系中分别按低剂量(L，1.25μl/ml)和高剂量(H，30μl/ml)加入氟烷、安氟醚和七氟醚，观察其对各组酶活力的影响。结果显示，低、高剂量的氟烷明显抑制 NADH-Cyt C 还原酶的活性，与其他各组相比差异显著($P<0.01$)；不抑制 NADH-脱氢酶、NADH-CoQ-还原酶的活性及琥珀酶系的活力($P>0.05$)。低、高剂量的安氟醚、异氟醚、七氟醚对鼠肝线粒体电子传递链无明显抑制。由此提示，氟烷影响 NADH 相关底物的利用是通过阻断 NADH 至 cyt C 的电子传递而起作用，阻断的位点很可能在 Q 结合蛋白(QPn)或 QPn 与 CoQ 复合体。这为 Rosenberg、Nahrwold 等所发现的氟烷可影响以谷氨酸为底物的线粒体呼吸提供了很好的理论佐证。

(王　珩)

述评　该文深入探讨了吸入麻醉对鼠肝线粒体电子传递链的影响，研究方法科学。结果证明：氟烷对鼠线粒体还原型烟酰胺腺嘌呤二核苷酸的活性产生明显抑制，而安氟醚、异氟醚和七氟醚无明显抑制，进一步说明临床上为什么现多用后三者，尤其七氟醚有后来居上之势。

(王景阳)

血定安对机体血流动力学和血生化影响(中华麻醉学杂志 1996；16(8)：363)　上海仁济医院王珊娟等用血定安对 20 例心内直视术患者和 6 条犬行急性血液稀释，观察血定安对机体血流动力学和血生化的影响。患者用静吸复合全麻后按血容量 10%～15%从桡动脉放血，从颈内静脉注入等量血定安，放血后 30min 开始体外转流；犬用 2.5%硫喷妥钠麻醉后，分 3 次从股动脉放血 10ml/kg，从股静脉输入等量血定安，3 次间隔时间 10～15min。以放血前为基础值，每次测定患者放血后 15min 和 30min、犬每次放血后的平均动脉压(MAP)、中心静脉压(CVP)、心排出量(CO)、心排血指数(CI)、体循环阻力(SVRI)和血红细胞(RBC)、血红蛋白(Hb)、血细胞比容(Hct)、血小板(BPC)、血 pH、血 K^+、Na^+、Cl^-的变化。结果表明：心内直视术患者用血定安行血液稀释后 HR、MAP、DO_2、CaO_2 不变，CO、CI 与 VO_2 增加。犬稀释后的 HR、MAP 不变，CaO_2 与 SVRI 降低，在稀释量<20ml/kg 时 CO、CI、DO_2、VO_2 均增加，当稀释量≥20ml/kg 时，DO_2 开始下降。两组稀释后血 pH 和血 K^+、Na^+、Cl^-均无明显变化，对机体凝血功能也无明显影响。作者认为应用血定安在一定范围内可补充血容量，改善机体循环功能，增加心排出量和氧输送而不干扰体内环境稳定，不影响机体凝血功能。

(李金宝)

述评　血定安是近年来研制成功的改良液体明胶制成的血浆代用品，其扩容作用的优点常与羟乙基淀粉或右旋糖酐媲美。扩容作用的重要指标是 CI 和 DO_2，血定安稀释量<20ml/kg，CI、DO_2 均增加，同时对凝血功能又无明显影响，实属理想；但稀释≥20ml/kg，DO_2 减少，主要原因可能是 Hb 降低、CaO_2 减少所致。因此虽然因血定安因不影响凝血，但大量输入从增加 DO_2 考虑应用并不安全，这给临床应用提供了参考。

(刘树孝)

可乐定对高血压患者全麻恢复期血浆皮质醇β-内啡肽、心钠素及血流动力学的影响(中华麻醉学杂志 1996；16(3)：105)　解放军 309 医院马朋林等通过对高血压全麻手术患者术毕静注可乐定，并与血压正常患者对照，观察可乐定对临床 I 期高血压患者(WHO 诊断标准)全麻恢复期血浆 β 内啡肽(β-EP)、皮质醇、心钠素(ANP)及血流动力学的影响。择期腹腔镜胆囊切除术患者 30 例，其中 10 例术前血压正常为正常对照组，另 20 例为临床 I 期高血压患者。随机分为高血压对照组及可乐定组，每组各 10 例。采用芬太尼、氟哌利多和安定静注，喉头及气管内表麻后插管。术毕不用催醒药。高血压试验组于术毕静注可乐定 3μg/kg，高血压对照组及正常对照组静注生理盐水 2ml。于术前日 16 时、入手术室、手术毕、拔管后、术后 1h 及 4h 取静脉血 4ml，以 2ml 加入含肝素、抑肽酶试管，另 2ml 加入含 EDTA-2 钠、抑肽酶试管，离心后取上清液－20℃保存，采用放免分析法测定血浆 β-EP、皮质醇和 ANP，同时记录收缩压(SP)、舒张压(DP)、平均动脉压(MAP)及心率(HR)的变化。结果：正常对照组及高血压对照组拔管后血浆皮质醇和 β-EP 显著升高并持续至术后 4h，SP、DP、MAP、HR 亦显著升高，术后 1h 虽轻度下降，但术后 4h 高血压对照组再次显著升高。可乐定组拔管后 β-EP、皮质醇无明显变化，术后 1、4h 显著降低；SP、DP、MAP 及 HR 拔管后非但不升高，并且于术后 1、4h 逐渐降至正常范围。血浆 ANP 浓度 3 组变化趋势基本一致，但高血压对照组和试验组各阶段均显著高于正常对照组。以上结果说明：高血压患者于术毕静注 3μg/kg 可乐定可有效控制全麻恢复期的应激反应，保持血流动力学相对稳定，对减少此类患者全麻恢复期心血管系统并发症有一定临床意义。

（翟　苓）

述评　高血压全麻病人术毕静注可乐定 3μg/kg，术后 1、4h 血压心率不升高，保持平稳，β-内啡肽及皮质醇浓度显著降低，减少应激反应。可乐定具有中枢镇静镇痛作用，为高血压患者全麻恢复期防止应激反应、减少恢复期心血管系统并发症的理想药物。可乐定虽然副作用多，如头痛、恶心、心动徐缓、便秘等，但因仅为术后用 1～2 次，副作用发生率并不高。尽管如此，高血压病人术后应用可乐定的价值到底如何尚需要大量临床资料才能做出最后评价。

（刘树孝）

七氟醚麻醉对犬肾脏血流的影响（中华麻醉学杂志 1996；16(2)：55）　解放军总院王刚等给犬吸入不同浓度的七氟醚，观察七氟醚麻醉对肾血流的影响。作者选健康杂种犬 8 只，在静脉麻醉下行左股动静脉置管，并显露左肾动脉，安放日立电磁流量计探头，稳定 20min 后测以下指标：肾血流（RBF）、平均动脉压（MAP）、心率（HR）、中心静脉压（CVP）、心排出量（CO）和每搏量（SV），并计算外周血管阻力（SVR）、肾血管阻力（RVR）、率压积（RPP）、左室作功（LVW）等作为对照值。给犬吸入七氟醚，以 Datex 监测使呼气末浓度分别为 1％、2％、3％、4％；每一种呼气末浓度稳定 30min 后测定并计算上述指标，并于停药 30min 后呼出气七氟醚浓度为 0 时再测定上述指标。结果：与对照组相比，呼出气浓度为 1％时 RBF 无明显改变；2％时 RBF 下降 10％，但无统计学意义；3％、4％时 RBF 明显下降且停药 30min 后无明显回升。循环功能：MAP、HR、CO、RPP 和 LVW 以剂量相关方式降低，停药 30min，CO 恢复较差，仍显著低于对照组（$P<0.05$），其他指标均恢复至对照组水平。CVP、SV 和 SVR 变化不显著。在手术应激状态下证实了七氟醚能减少 RBF，且与剂量呈正相关，这是由于七氟醚扩血管作用使 MAP 下降超过肾自身调节的低限，而且由于应激反应的影响，麻醉结束后肾血流仍处于较低水平，恢复缓慢，这对肾功能代偿较差者可带来不利的影响。

（严晓晴）

述评　上文报道的七氟醚对犬肾脏血流的影响，从血流动力学的角度看没有特异性。即 MAP、CO 以剂量相关方式降低，而肾血流在 MAP 降至一定程度也会减少，七氟醚没有改变肾血流自身调节范围。但比较有临床意义的是吸入 3％（略高于一般维持吸入浓度）RBF 就有明显降低，停吸七氟醚呼气末浓度接近 0RBF 无明显回升，恢复较慢。作者认为恢复慢是由于手术应激反应所致。关于七氟醚对肾损害及代谢后的游离氟的存在是临床应用七氟醚值得考虑的问题。

（刘树孝）

硬膜外腔持续泵输注和推注伊索显时硬膜外腔的三维影像（徐州医学院学报 1995；15(4)：335）解放军 97 医院江学成等人利用 X-TV 和 CT 扫描技术，对 20 例男青年硬膜外腔的三维影像进行了观察。20 例接受下腹部和下肢手术的男青年随机分为泵输组和推注组，入室前 30min 肌注苯巴比妥钠 0.1g，阿托品 0.5mg，于 $L_{2\sim3}$ 间隙旁正中入路以 18GTouhy 针行硬膜外腔穿刺，成功后置入硬膜外导管，每组 4 例取仰卧位、4 例取左侧卧位进行连续观察，2 例接受 CT 扫描。根据分组，2 组病人的硬膜外导管分别连接泵输液管和注射器，以 1ml/min 和 1ml/3s 的速度输注或推注，稀释的伊索显 300 溶液 8ml（伊索显 300 以蒸馏水稀释 1 倍）应用 X-TV 监测连续观察造影剂的扩散和硬膜外冠状面及矢状面图像。2 例接受 CT 扫描者，水平仰卧，于注药前、注药后 3min 和 15min 分别扫描全脊柱矢状面和冠状面片，于 T_{12}、L_2、L_4 椎体中部和 T_{12}-L_1、L_2 和 $L_{4\sim5}$ 椎间盘水平摄横断片。然后经硬膜外腔导管注入局麻药，实施麻醉和手术。硬膜外腔造影剂扩散数据采用 t 检验统计方法处理。X-TV 和 CT 影像显示导管位于硬膜外腔，麻醉效果满意。影像和数据结果分析表明：(1)2 种不同给药方法给药，硬膜外腔的纵向扩散无明显差异；(2)根据硬膜外腔造影剂节段性充盈，后腔在椎体中部水平狭窄，椎间盘水平膨大，前腔在椎体中部水平膨大，有纵隔，在椎间盘水平消失，故推论硬膜外腔是一连续性非等腔径的结构，随椎体节段呈竹节样分布。作者认为，这些解剖特点对硬膜外腔扩散的局部动力学可能有一定的意义。这种竹节样腔径的结构特点对局麻药推注时产生的高压有一定的缓冲作用，同时可能也解释了注药速度对药物扩散无影响的结论以及体位不能调节阻滞范围的原因。作者还强调指出，硬膜外腔注气及推注局麻药物时黄韧带穿刺孔周围局麻药的漏出对麻醉效果有一定的影响。

（许　华）

述评　作者对硬膜外单次注药、分次注药或持续滴入影响平面高度和阻滞质量的研究作了多方面的观察，取得了可喜的成果，结论是一致的，即注药方法虽不同，但相同剂量阻滞范围基本相同。作者报道硬膜外泵输入和推注稀释伊索显时硬膜外腔的三维影像很有价值，并有一些新的发现。国内做了大量硬膜外麻醉，积累了丰富的临床经验，如再通过对硬膜外结构动态的观察研究，将会使我国的硬膜外麻醉质量提高一步。文中提出硬膜外置管注药时药液可能由黄韧带针孔周围漏出，值得注意。

（刘树孝）

1,6-二磷酸果糖对兔脑缺血再灌注损伤的保护效应（中华麻醉学杂志 1996；16(8)：359） 湖北医大二院张山等用兔全脑缺血再灌注模型，观察1,6-二磷酸果糖（FDP）对缺血脑组织的保护作用，并探讨了其可能的作用机制。18只成年大白兔，静脉全麻下控制呼吸，监测平均动脉压并分离双侧颈总动脉及椎动脉，穿线备用。实验动物分为三组，模拟手术组，不阻断血流；对照组结扎两侧椎动脉，阻断双侧颈总动脉15min以后开放，观察120min；实验组阻断血流同对照组，再灌注后先静注10%FDP 350mg/kg，然后静滴10%FDP2mg·kg^{-1}·min^{-1}，120min滴完。再灌注120min后迅速打开颅腔，活取两侧颞叶皮质，测定脑水分、脑皮质Ca^{2+}、脑组织脂质过氧化物（LPO）含量和超氧化物歧化酶（SOD）活性。光镜标本HE染色观察一般结构，电镜标本行透射电镜观察。结果显示，对照组脑水分、Ca^{2+}和LPO均明显高于模拟手术组（$P<0.01$），亦均高于实验组（$P<0.05$）；对照组SOD显著低于模拟手术组（$P<0.01$），亦低于实验组（$P<0.01$）；光镜下对照组神经元和血管周围间隙增大，部分细胞固缩变形，实验组上述病变较轻；电镜结果：对照组线粒体明显扩张，嵴断裂，空泡变性，内质网也明显扩张。实验组上述病变较轻。研究表明，FDP能够降低缺血再灌注脑组织的脑水分含量及细胞内Ca^{2+}浓度，抑制LPO的产生和提高SOD活性，故FDP对脑缺血再灌注后的生物膜有一定的稳定作用，从而有助于保护脑组织的完整性和功能。该研究为临床应用FDP于缺血性脑部疾病和脑缺氧复苏的防治方面提供了可供选择的药物。

（王　珩）

述评 FDP是细胞内一种中间代谢供能物质，通过影响多种酶的活性，对许多代谢通路起着直接的调节作用。动物实验与临床研究表明，外源性FDP对缺氧状况下的器官功能具有保护作用。该研究通过观察脑水分、脑皮质Ca^{2+}、脑组织LPO与SOD的变化，提示FDP对脑缺血再灌注的生物膜有一定稳定作用。但是其作用机制及临床效果值得进一步探讨。

（邓小明）

磷脂酶A_2抑制剂对肠缺血再灌注致多器官功能损伤的保护作用（中华麻醉学杂志 1996；16(9)：444） 上海市六院赵钢等采用雄性SD大鼠，麻醉后剖腹，分离肠系膜上动脉（SMA）并用无创动脉夹夹闭其根部，45min后松夹再灌注。动物随机分为对照（$n=30$）、缺血再灌注（I/R）（$n=30$）及抑制剂（$n=30$）3组。每组动物分别于SMA夹闭前30min（$n=10$）、夹闭末（$n=10$）及松夹后6h（$n=10$）取样。抑制剂组于夹闭前10min静注阿的平10mg/kg（溶于0.5ml生理盐水中），缺血再灌注组静注等量生理盐水，对照组单纯行剖腹术。另选36只大鼠（每组12只），观察动脉再灌注24h存活情况。观察指标有血浆（门、体循环）内毒素含量、肠组织中磷脂酶A_2（PLA_2）活性、血浆血栓素A_2、前列环素I_2变化，测GPT、BUN、PaO_2及pH。结果：(1)肠缺血45min，门静脉内毒素含量升高明显（$P<0.01$），体循环变化不明显。再灌注6h门、体循环内毒素均值均显著升高（$P<0.01$），抑制剂组明显低于缺血再灌注组（$P<0.01$）；(2)肠I/R 6h缺血再灌注组GPT、BUN、PaO_2、pH等参数有显著改变（$P<0.01$），抑制剂组改变较轻（$P>0.05$）；(3)肠组织PLA_2活性，再灌注6h显著升高，抑制剂组较缺血再灌注组低（$P<0.01$），甚至低于伤前水平；(4)血浆$TXB_α$、6-keto-$PGF_{1α}$：各组在单纯缺血期无明显波动，再灌注6h时缺血再灌注组均值显著升高，抑制剂组均值较缺血再灌注组明显低，甚至低于伤前水平（$P<0.01$）；(5)细菌学：血培养阳性率以门静脉血最高，缺血再灌注组再灌注6h菌血症达100%，抑制剂组再灌注6h，门静脉血培养阳性率显著低于缺血再灌注组（$P<0.01$）；(6)动物存活情况：对照组全部存活，缺血再灌注组存活25%，抑制组为50%，但两者并无统计学差异。通过实验作者认为，PLA_2参与了肠I/R损伤过程，阿的平对肠粘膜屏障功能有保护作用，可减轻肠I/R后细菌、内毒素易位及其所引发的全身炎性反应。

（张伟时）

述评 各种原因导致多器官功能不全综合征（MODS）的过程中，胃肠道微生物内稳态、免疫屏障与机械屏障等异常或丧失是肠道细菌与毒素易位、引起菌血症和全身炎性反应（SIR）的主要原因。作为可直接分解生物膜磷脂，并进一步代谢产生血小板激活因子、白三烯和各种前列腺素的共同限速酶。PLA_2在肠缺血情况下被激活，可直接导致缺血组织生物膜破坏，使肠道屏障功能受损。抑制PLA_2可望减轻由此造成的损害。然而，确定起主要作用的PLA_2亚型，可能对指导临床有益。

（邓小明）

临床氧化亚氮排放过程的研究（中华麻醉学杂志 1996;16(8):346） 解放军总院李桐英等通过模拟肺（实验组）和临床组的对比研究，监测同等条件下的 N_2O 排放情况，探讨机体清除 N_2O 的实际过程。实验组以 3 000ml 呼吸囊做模拟肺，行机械通气，N_2O 氧充满模拟肺及麻醉环路，并使 N_2O 与氧混合均匀，呼气末 N_2O 浓度稳定在 50%吸入，5～10min 后停止吸入 N_2O，分别以 3L/min 和 6L/min 纯氧吸入，监测每分钟 N_2O 呼出(E)和吸入(I)浓度以及呼、吸浓度差(E-I)10min 的变化。临床组选 5 例 ASA Ⅰ级非颅脑的头面部手术患者，诱导插管后行机械通气，以同样的方法和条件进行实验。结果发现两组在同一氧流量下，经计算对照，停止 N_2O 吸入后的第 1 分钟无论哪种氧流量，人体内几乎未见 N_2O 的排放，第 2、3 分钟出现排放逐步增加，达 120～190ml。自第四分钟起才有呼吸末 N_2O 浓度下降缓慢，氧流量越大排放越快。作者认为，在中断 N_2O 吸入麻醉后，没有出现 N_2O 立即大量释放的情况，也没有所谓"弥散性缺氧"的机制。为防止其他因素可能导致的低氧性缺氧，仍应吸氧乃至辅助呼吸。

（李金宝）

述评 N_2O 易溶于血中，在 N_2O 麻醉结束时血中溶解的 N_2O 迅速弥散至肺泡内，冲淡肺泡内的氧浓度，可造成弥散性缺氧。所以一般建议 N_2O 麻醉后必须继续吸纯氧 5～10min。尽管该研究提示 N_2O 麻醉停止后吸入纯氧 3L/min 或 6L/min 时不会出现弥散性缺氧，但是有研究显示，N_2O 麻醉停止后吸入空气可导致低氧血症。因此，仍必须吸氧乃至辅助通气。另外，有必要对 N_2O 麻醉停止后吸入不同低浓度氧的影响作进一步研究，以指导临床。

（邓小明）

普通外科

甲状腺、甲状旁腺、乳腺

本年度共收有关甲状腺、甲状旁腺、乳腺疾病文献 324 篇，纳入回顾 121 篇(占 37.3%)，收入文选 19 篇(占 5.9%)。

一年回顾

一、甲状腺

(一)应用解剖

湖南医大[1]提出舌骨大角平面、甲状腺上动脉、甲状软骨上切迹、甲状腺侧叶上极、喉上神经三角是识别喉上神经外支的简便、可靠、实用的解剖学标志，并提出手术中避免损伤喉上神经内、外支方法。

(二)功能检查

中国医大临床一院[2]指出下丘脑及分泌促甲状腺激素释放激素(TRH)的兴奋试验对于了解垂体 TSH 的分泌功能、诊断垂体-甲状腺轴疾病具有重要意义。尤其对临床表现不典型的老年性甲亢，TRH 兴奋试验较为快速、简便而安全，对老年性甲亢有重要的诊断价值。江西医学院[3]认为 TSH、TGA 及 TMA 联合检测对甲亢、甲减、亚急性甲状腺炎和 Hashimoto 甲状腺炎不仅能起到协助诊断的作用，而且对分型、了解甲状腺的功能状态、确定合理的治疗方案也都非常重要。

(三)形态检查

浙江湖州市二院[4]通过 CT-病理对照研究认为，完整强化环是囊性甲状腺瘤的特征性的 CT 表现；低密度区内岛状结节是实体性甲状腺瘤的重要 CT 征象；而甲状腺癌则表现为无明确边界的低密度区或灶周出现半岛状瘤结节，而且 CT 对喉后气管-食管沟的侵犯及颈部淋巴结转移的诊断较其他检查方法更具临床应用价值。解放军 414 医院[5]对甲状腺肿瘤行甲状腺造影和 B 超检查，并与术后病理对照，认为造影对确定肿瘤的良、恶性以及延伸到胸骨后的甲状腺肿瘤有优越之处；超声则能准确地判断肿瘤的囊、实性；如两者联合应用有利于对甲状腺肿瘤的诊断和治疗。辽宁省肿瘤医院[6]通过 184 例甲状腺癌声像图的分析认为，对甲状腺癌超声诊断有价值的依据是：(1)弱回声；(2)形态不规则；(3)边缘模糊不整；(4)钙化。

(四)甲状腺肿

哈尔滨医大二院[7]*报道了 146 例巨大甲状腺肿手术治疗的经验，探讨了气管切开的适应证及临床价值。内蒙古自治区一院[8]将结节性甲状腺肿分成肿块型、肿块卫星型、弥漫型及混合型。对肿块型采用单侧或双侧局部切除或摘除术；对肿块卫星型采用大部切除＋卫星结节摘除；对弥漫型采用一侧或双侧大部切除；对混合型可视具体情况决定其术式。

(五)甲状腺功能亢进症

中山医大[9]对 Graves 病人血中白细胞介素 2 受体(sIL-2R)水平进行研究，结果血清 sIL-2R 与 T_3、T_4 呈正相关，与 TSH 呈负相关。提示除了自身免疫功能紊乱外，甲状腺激素水平可能对 Graves 病患者血清 sIL-2R 水平起重要的调节作用。上海仁济医院[10]对 26 例甲亢病人利用多普勒超声测量甲状腺上动脉(STA)的每分钟血流量以及检测血清 FT_3、FT_4，结果显示甲亢病人的 FT_3、FT_4 与 STA 血流量之间呈正相关，提示甲状腺血流动力学的改变对甲亢的诊断有一定意义。福建福清市医院[11]测定 41 例甲亢患者的血清免疫球蛋白 IgE、IgG、IgM、IgA，结果甲亢患者血清 IgE 水平显著高于对照组，有突眼的 IgE 水平显著高于无突眼者，说明体液免疫参与甲亢的发病过程，IgE 在甲亢突眼的发病中起重要作用。济南军区总院[12]对 56 例男性甲亢及 35 例甲减患者检测血清雌二醇(E_2)、睾酮(T)及甲状腺功能，结果男性甲亢患者血清 E_2 与 T 水平显著增高，甲减患者则明显下降。南京市儿童医院[13]发现甲亢患儿往往伴有不同程度的肾功能改变，且无性别差异。因此对甲亢患儿尤其是病情较重者均应行肾功能检查，最简单、可靠的方法是测 24h 尿蛋白定量以及尿 β_2-微球蛋白。昆明延安医院[14]报道两个家系 5 例甲亢报告，认为甲亢为一自身免疫性疾病，有一定的遗传倾向，可能为常染色体隐性遗传，也可能是显性遗传，属多基因遗传。白求恩医大临床一院[15]指出老年人甲亢常以心血管表现为首发症状，而甲亢症状和体征不明显，易造成误诊、误治。因此，对长期阵发性房颤、顽固性心绞痛、治疗效果不佳者应考虑甲亢的可能。广东省医院[16]指出甲亢最好治疗方法是行甲状腺的大部分切除术，而术前准备及并发症的预防是手术能否成功的关键。术前准备最常用的药物为 Lugol 液或 Lugol 液加心得安；但单用心得安(有报道称可引起急性呼吸道阻塞)应持谨慎态度。解放军 5 医院[17]对甲亢手术采用紧贴甲状腺包膜切断进入腺体小支的方法处理下极血管，其优点是既避开了喉返神经的易损区，又保证了甲状旁腺的血供，而且也避免了因解剖甲状腺下动脉而造成粘连或瘢痕形成而导致的迟发性声带麻痹。广东省医院[18]指出甲亢术后危象的预防有赖于良好的术前准备、轻巧的手术操作及严密的术后监护和规范的术后治疗。天津医大内分泌所[19]对有骨代谢紊乱的中老年女性甲亢患者分组进行传统西药及中西医结合治疗观察，结果在用他巴唑等抗甲状腺药物治疗的同时采用补肾活血中药治疗，较传统西药治疗更有效地防止患者骨质丢失。大连市医院[20]通过 100 例甲亢手术后甲状腺残留量的研究，确定了甲状腺的比重为 1 g/cm^3，两侧残留腺体体积 1 cm×2 cm×3 cm，残留腺体重量即为 12 g，经 3～6 年随访无临床复发和甲低的表现。

(六)甲状腺炎

重庆医大一院[21]指出近年来老年人患慢性淋巴细胞性甲状腺炎(CLT)的报道逐渐增多，因此对老年人甲状腺弥漫性肿大、质韧、坚实，有结节而表面不平，TG、TM 明显增高者应考虑 CLT 的可能。海军总院[22]认为对一个肿大质硬的甲状腺和(或)甲状腺结节病变者，应考虑有 CLT 可能。如患者为中年女性，伴有甲亢或甲减，更应想到 CLT 的存在。浙江医大二院[23]*报道 Hashimoto 病(HD)95 例，发现同时并存甲状腺癌(TC)6 例(6.3%)。HD 并发 TC 的机制可能是恶性肿瘤的发生和发展与机体免疫功能关系十分密切。HD 患者免疫功能障碍明显，易受 TSH 刺激发生恶变。北京复兴医院[24]报道自身免疫性甲状腺炎(AIT)36 例，2 例合并 TC。该文指出将 TMAb、TGAb 阳性作为诊断 AIT 的主要依据是诊断 AIT 较可靠的方法，细针穿刺细胞学检查(FNAB)对其诊断有决定性意义。如临床确诊为 AIT，FNAB 支持，甲状腺素片治疗无效者，要警惕 AIT 合并 TC 的可能。中山医大一院[25]*报道静息型甲状腺炎(ST)8 例，认为 ST 是一种特殊类型的甲状腺炎。其特征是伴有自发缓解性甲亢，甲状腺Ⅰ°～Ⅱ°肿大，T_3、T_4 均升高，^{131}I 吸收率明显下降，病理为弥漫性或局灶性淋巴细胞性甲状腺炎，为一种良性的自限性疾病。

(七)甲状腺肿瘤

安徽医大附院[26]鉴于单发甲状腺囊性结节大多数是良性病变，仅少数为囊腺癌。对 10 例单发性甲状腺囊性结节在 B 超定位下注射无水酒精，治愈 4 例，好转 4 例，无并发症的发生。解放军 163 医院[27]对 45 例甲状腺出血性囊肿穿刺抽吸囊液，经细胞学检查排除恶性病变后，注入冰石甘液，治愈 38 例，无并发症。此法具有操作简易、经济、痛苦轻微、不留瘢痕等优点。浙江金华市医院[28]指出巨大甲状腺腺瘤患者多来自农村或山区、病史长、瘤体巨大、血管变粗、血供丰富、部分甲状腺与周围组织明显粘连及气管受压软化移位等因素，故手术难度较大。作者就麻醉及切口的选择、甲状腺上、下极的处理等介绍了宝贵经验，对有气管软化者主张行气管悬吊术。解放军总院[29]认为甲状腺结节中约 42%～77%为胶质结节，15%～40%为腺瘤，8%～17%是癌。福建莆田市肿瘤医院[30]收治 986 例甲状腺单发结节，全部行手术治疗。术后病理确诊为甲状腺瘤 822 例，Hashimoto 病 19 例，甲状腺肿 65 例，甲状腺癌 80 例，恶性率达 8%。第 1 次手术摘除单纯结节 313 例，病理检出癌肿 32 例，2 周内再次行根治手术 19 例，其中 1 例甲状腺残体内还有癌灶，8 例找到邻近淋巴结转移。所以对单发结节在未确定性质之前，不可采用结节局部切除。湖南醴陵市医院[31]指出从甲状腺结节的性质来看，实性结节较囊性结节癌变率高，单发结节较多发结节恶变率高。平潭县医院[32]认为企图为避免手术的不彻底性而不管何种性质的甲状腺结节一律作腺叶全切除，等于对大部分非癌者作了过多的甲状腺切除，是否必要，值得商榷。中国石油天然气总公司中心医院[33]指出尽管目前甲状腺疾病的辅助检查方法日益增多，但术前

FNAB 及术中冰冻切片病理学检查仍为最有效的定性诊断手段。广州珠江医院[34]通过图像分析技术对30例甲状腺腺癌、8例滤泡性腺瘤患者的肿瘤细胞核面积、DNA 含量及 AgNORs 进行定量分析，结果甲状腺腺癌的每个细胞核的 AgNORs 颗粒数(NOR. N)及其面积(NOR. A)以及每个细胞 AgNORs 面积与细胞核面积的比值均明显高于甲状腺良性病变；DNA 倍体异常是甲状腺腺癌的标志之一。中国医大附院[35]应用免疫组化法于石蜡切片检测甲状腺肿瘤 c-erb-B2 癌基因产物 P185 和 c-ras 基因产物 P21 的阳性率分别为 60.6%和 100%，与良性组相比差异均非常显著。华西医大临床二院[36]检测 100 例甲状腺腺癌患者血清 Tg 升高率，发现乳头型癌为 63.33%，滤泡型癌为 68.75%；而未分化型则不升高。说明血清 Tg 水平既有诊断意义，还能观察甲状腺癌术后有无癌肿转移。福州协和医院[37]应用免疫组化法检测甲状腺肿瘤的增殖细胞核抗原(PCNA)表达，从该组 PCNA 的含量结果，说明肿瘤生物行为可以从瘤组织中 PCNA 的含量反映出来，如有的病例未分化癌最多含量高达 52.69%。上海肿瘤医院[38]* 报道侵犯前上纵隔的晚期甲状腺癌 24 例，治疗方法均为甲状腺癌颈胸联合根治术，对肉眼残留者术后予以放射治疗。5 年生存率为 64.7%，10 年生存率为 46.7%。山西医学院一院[39]认为甲状腺癌与腺瘤术前常难以鉴别，必须常规行术中快速冰冻切片检查确诊。尤其术中发现甲状腺肿瘤与周围粘连、固定、坚硬或瘤组织脆弱易碎时，更要及时作病理检查确诊。北京医院[40]对 92 例甲状腺癌的多种临床因素进行分析，发现多发结节恶性病变可能性与单发结节相近，在乳头状癌中多发结节占 30%，8.7%为左、右两叶同时发现癌灶，因此对于甲状腺多发结节应同单发结节一样重视。中山医大一院[41]* 对近 10 年来因甲状腺乳头状癌而行甲状腺全切除或次全切除的 26 例病人进行了随访，并测量其骨密度(BMD)及 T_3、T_4、降钙素(CT)水平。结果发现 CT 水平有不同程度的降低，其降低的程度与 BMD 降低的程度呈正相关。河南省肿瘤医院[42]指出，甲状腺肿瘤直径≤1.0 cm 称为隐匿癌或微小癌。该病具有青壮年多发、淋巴结转移率高、较少发生远处转移及多中心性等特点。山东荷泽地区医院[43]对 120 例分化型腺癌行患叶＋峡部切除术后，分不服药或服不同剂量的甲状腺片进行观察，结果不服药或小剂量服药组癌易复发。长期大量服甲状腺素片，病人易出现甲亢。长期服甲状腺素片 80～120mg/d，在 6 个月～9 年内不但癌无复发，又确保了甲状腺功能正常。上海肿瘤医院[44]* 对 170 例分化型甲状腺癌伴双颈淋巴结转移的患者进行了分析，发现 77 例对侧甲状腺内术前未扪及肿块，其中 6 例术后病理诊断为隐癌，假阴性率为 7.8%。因此对位于一叶的分化型甲状腺癌的双颈淋巴结转移的病例，可以保留对侧腺叶，以减低全甲状腺切除引起的并发症。解放军 81 医院[45]认为，甲状腺乳头状癌并颈淋巴结广泛转移的患者，对放疗的敏感性很低，对化疗也不甚敏感。因此，只要患者条件许可，不论是局部转移还是有远处转移，都应手术，全部切除原发灶，最大限度地清除颈部转移灶。该组 57 例甲状腺乳头状癌伴颈淋巴结广泛转移的患者作了传统的颈淋巴结清扫术加甲状腺切除，效果满意。河南省肿瘤医院[46]对 38 例甲状腺髓样癌的手术方式采用一侧腺叶加峡部切除与近全叶切除，颈淋巴结清扫采用功能性与根治性。结果两组术后复发率差异均无显著性。湖北省肿瘤医院[47]指出甲状腺髓样癌(MTC)发生于甲状腺滤泡旁细胞，又称 C 细胞，属 APUD 系统肿瘤。检测血清的 CT、CEA 等生物活性物质可作为 MTC 诊断、判定治疗效果、了解术后是否复发或发生广泛转移的标志物。海军总院[48]指出甲状腺双侧癌在同期发生称为同时性癌，如果间隔 1 年以上发生的甲状腺双侧癌，称为异时性癌。手术的方式是行甲状腺全切除术还是行近甲状腺全切除，应根据癌瘤的大小、对甲状腺侵犯的程度加以决定。中山医大一院[49]报道甲状腺鳞状细胞癌 6 例，指出该病甚少见，约占甲状腺恶性肿瘤 1%左右。该病的组织来源是从残留的甲状舌骨或腮裂上皮细胞癌变而来，还是在甲状腺肿瘤增生或炎症的基础上，由鳞状上皮化生而来尚存争议。该病常因局部病灶不能彻底清除，致局部复发，压迫气管而窒息，故预后极差。南京医大一院[50]报道 9 例甲状腺粘膜相关淋巴瘤，认为对老年女性、甲状腺渐进性肿大伴近期内迅速增大病史者应考虑到该病的可能。治疗以手术根治为主，切缘阴性者无需进一步治疗，如阳性需适当辅助化疗和(或)放疗。解放军 260 医院[51]报道 1 072 例甲状腺次全切除术无 1 例发生神经损伤，说明囊内结扎甲状腺上动脉、囊外结扎甲状腺下动脉是安全可靠的。上海华山医院[52]指出甲状腺手术中误伤神经是一严重问题。神经损伤的原因主要有：(1)思想上不重视；(2)技术操作不规范；(3)对喉上神经和喉返神经的解剖不熟悉。

(八)异位甲状腺肿瘤

解放军 118 医院[53]总结了不同部位的异位甲状腺肿瘤共 7 例，指出术前常规同位素扫描、FNAB、手术中快速冰冻切片对确定颈部有无正常位甲状腺及确定相应治疗方案具有重要意义。

二、甲状旁腺和其他

湘潭锰矿医院[54]应用显微外科技术施行同种异体带血管甲状旁腺移植治疗永久性低钙3例，术后停钙后血钙明显回升，术后钙剂逐渐减量至停用，抽搐症状消失。湖北医大一院[55]分析了745例颈部肿块病例，结果炎性肿块41例，先天性肿块272例，良性肿瘤271例，恶性肿瘤161例。其中原发性60例，转移性101例。转移性肿瘤以颈动脉三角和颌下三角多见。

三、乳腺

(一)乳腺炎症

天津市肿瘤医院[56]报道乳腺导管扩张症187例，其主要临床表现为乳头溢液(47例，25.1%)、乳房肿块(140例，47.9%)。该病临床表现酷似乳腺癌，术前误诊率高达88.8%(166/187)。胜利石油管理局胜利医院[57]认为乳腺结核临床表现缺乏特征，当病灶形成肿块后难以与乳腺癌鉴别，该组误诊率63.6%(7/11)。因此，若20～40岁女性，病史较长，乳房脓肿破溃或切开引流后形成慢性窦道，应想到结核的可能。

(二)乳腺增生性疾病

河北医学院四院[58]应用流式细胞术和免疫荧光染色技术，对48例正常乳腺、乳腺囊性增生病和囊性增生癌变的石蜡包埋组织行DNA倍体和癌基因c-erbB-2、抑癌基因P53蛋白表达测定，如果乳腺囊性增生病的多参数(DI、SPF、c-erbB-2、P53)呈阳性，临床应按早期癌处理。吉林省肿瘤医院[59]对乳腺增生症采用三苯氧胺短程治疗，结果完全有效26例，显效32例，有效12例，无效2例。泸州医学院中医院[60]对118例乳腺小叶增生症，采用以疏肝理气、调畅气机为主的中药丸，同时辅以局部手术切除，结果显效84例，有效21例。天津医大[61]*应用免疫组化技术对乳腺导管上皮增生病变的P53和c-erbB-2癌基因产物的表达进行检测，结果提示P53和c-erbB-2在评估乳腺导管上皮不典型增生及其恶变潜能方面具有一定的参考价值。

(三)乳头溢液

江苏淮阴市二院[62]对36例乳头溢液的患者行乳腺导管造影术检查。结果对乳腺导管内乳头状瘤及导管扩张症有重要诊断价值；如果局部导管有狭窄、中断、破坏及充盈缺损，则应考虑乳癌可能。

(四)乳腺肿块

江苏省肿瘤医院[63]应用CT检查85例乳腺肿块病人。结果CT能检出临床和(或)X线不易发现的隐性乳癌；可早期发现腋窝及内乳肿大淋巴结；能充分显示乳内肿块的形态改变，该组CT对乳癌诊断正确性为23/23。乔新民等[64]应用^{99m}Tc-MIBI对121例乳腺肿物患者进行了显像观察，其中乳腺癌70例，良性肿瘤51例。结果灵敏度为91.4%，特异性为68.6%，诊断符合率81.8%，假阳性率31.4%，假阴性率8.6%。上海端金医院[65]随机将43例女性乳腺病变患者的钼靶X线片(双侧摄片)，其中阳性乳腺片45张进行计算机伪彩色处理。结果：伪彩色图像在边缘效应、立体感及病灶内部结构显示等3个方面均明显优于原片($P<0.005$)。对良、恶性乳腺病变的鉴别诊断和提高早期乳腺癌的检出率具有较大的临床价值。上海华山医院[66]对73例乳腺肿块患者均行两侧乳腺钼靶、超声检查，再对肿块行立体定位穿刺，作细胞学检查。结果X线钼靶摄片诊断乳腺癌46例，灵敏度为90.4%；超声诊断乳腺癌48例，准确率为83%；立体定位穿刺诊断恶性病变56例，灵敏度为97%，特异性为93%，准确率为95.9%，无假阳性。天津市二院[67]应用PAS、AB、HID三种粘液染色方法分别进行了乳腺的纤维腺瘤11例、结构不良11例、大导管乳头状瘤10例、浸润性导管癌12例及粘液癌11例的粘液特性分析。结果良性病变3组唾液酸粘液的阳性率明显低于恶性病变2组AB阳性率($P<0.05$)，提示分泌唾液酸粘液增多与乳腺癌生长有关。北医大临床肿瘤学院[68]观察X线摄影和近红外线扫描对经手术病理证实的104例乳腺良、恶性疾病诊断的真实性，并比较各自的优缺点。结果提示：近红外线扫描辅助乳腺X线摄影可以提高乳腺癌尤其是致密型乳腺癌诊断的灵敏度和阳性预期值。广西自治区人民医院[69]行放射三维立体定位乳腺病灶切除活检136例次，一次切除病灶130例次(95.5%)。活检确诊为乳癌32例。提出乳腺X线摄片有异常征象者应是活检的适应证。上海瑞金医院[70]利用ELISA法检测了乳腺小叶增生、良性纤维腺瘤和恶性浸润性导管癌患者血清层粘连蛋白(LN)的含量，结果表明恶性肿瘤病人LN值与正常人及良性病人的LN值之间有显著差异($P<0.01$)。提示LN可作为一项诊断良、恶性乳腺病的参考指标。湖北宜昌医高专[71]报道经病理证实的30例乳腺脂肪坏死。临床上以乳腺包块为主要表现，易误诊为乳腺癌。对疑为乳腺脂肪坏死的病例，其X线诊断特征是囊肿周围可见钙化或不典型钙化，囊肿中央为一大的透光区，边缘薄而光滑。宋希林等[72]指出乳腺错构瘤是一种少见的乳腺瘤样病变，并非真性肿瘤。临床上多以无痛性肿块为唯一

表现，一般孤立单发，边界清，活动好，多位于乳房边缘区。

（五）乳腺良性肿瘤

嘉兴市二院[73]指出乳腺积乳囊肿是生育后妇女一种较为少见的良性乳腺疾病。病因多系乳管梗阻，乳汁不能排出而滞留所致。特点在乳房边缘区可扪及球形或橄榄状的肿块，有明显包膜，边界清楚，光滑而有弹性。天津市肿瘤所[74]报道乳腺腺纤维瘤癌变4例，灶性肉瘤变2例，分别占同期腺纤维瘤总数的0.13%(4/3 019)和0.07%(2/3 019)。乳腺腺纤维瘤癌变和灶性肉瘤变均属罕见，虽比例很小，但仍有一定的恶变率。因此，对多次复发者应提高警惕。

（六）乳腺癌

基础研究　南京鼓楼医院[75]*应用新型造影剂伊索显对12只犬行间接淋巴造影，结果该法能在一定时间内较完整地观察到内乳淋巴引流的全程走行，定位明确，对于早期发现乳腺癌内乳淋巴转移有重要意义。解放军307医院[76]*以抗细胞角蛋白(CK，AE1/AE3)单克隆抗体为探针，采用碱性磷酸酶抗碱性磷酸酶(APAAP)免疫组化技术检测腋窝淋巴结阴性(ANN)乳腺癌病人淋巴结中的微小转移是行之有效的方法。天津市肿瘤医院[77]*采集对169例乳头溢液患者乳头溢液检测CEA、铁蛋白(ET)、降钙素(CT)含量来诊断乳腺癌。结果CEA具有高度特异性(93.7%)及敏感性(85.71%)。北医大一院[78]对17例乳腺良性病变及46例乳腺癌针吸细胞学标本核仁组成区相关蛋白(AgNORs)进行了检测。与良性病变比较，乳腺癌细胞核内AgNORs数目显著增多，每个AgNORs占有平均面积百分比显著减少，提示AgNORs检测有助于乳腺良恶性肿瘤的鉴别。上海医大[79]应用免疫组织化学和原位杂交的方法，探查Ⅰ型纤溶酶原激活物抑制剂(PAI-1)在乳腺肿瘤组织中的分布、活性和含量。结果癌组织中PAI-1的活性($P<0.001$)和含量($P<0.005$)均高于良性乳腺纤维腺瘤及癌旁正常组织。证实PAI-1的检测可能为临床乳腺肿瘤的诊断、预后提供新的指标。南通医学院附院[80]应用IRMA法检测42例乳腺癌患者术前和术后第2周血清CA15-3值。结果血清CA15-3水平与淋巴结转移状态显著相关($P<0.01$)；术前术后CA15-3水平差异有显著性($P<0.05$)；3例有远处转移的病人，其CA15-3值均高于100 U/ml。总之CA15-3是一个较敏感的乳癌监测指标，可用于乳癌的诊断、手术疗效判断及监测肿瘤复发。河北医大[81]应用Southern杂交法检测25例乳腺癌组织中c-myc基因的复制数及多态性。结果表明，c-myc基因扩增与乳腺癌腋窝淋巴结转移及高龄状态发病有关。二军医大[82]研究了55例乳腺癌患者的c-erbB-2癌基因蛋白表达及AgNORs计数，发现c-erbB-2阳性和AgNORs计数>5者，其死亡率分别显著高于阴性者和AgNORs≤5者。表明AgNORs及c-erbB-2蛋白的过度表达不仅各自对乳腺癌有预后的价值，而且两个指标同时使用更有意义。南京鼓楼医院[83]应用免疫组化ABC法检测100例乳腺癌和100例乳腺良性病变组织中P53、c-erbB-2、表皮长生因子受体(EGFR)与ER、PR的表达。结果显示：乳腺癌各种标记阳性率均高于乳腺良性病变。该组的9个病例中，P53、c-erbB-2和EGFR三者或二者共同表达阳性者，其ER和PgR均为阴性，其生存时间均不足5年，表明同时检测上述各种标记对乳腺癌诊断、治疗及预后判断具有重要意义。上海新华医院[84]应用SP免疫组化染色法检测50例乳腺癌和17例乳腺纤维腺瘤nm23基因的表达。结果27例无淋巴结转移的乳腺癌中25例(92.6%)阳性，有淋巴结转移的乳腺癌23例中10例(43.5%)阳性。nm23蛋白表达与乳腺癌的淋巴结转移呈非常显著的负相关($P<0.005$)。北医大三院[85]*以具备雌激素受体的人乳腺癌细胞MCF-7为体外模型，观察三苯氧胺和放线菌素D以及TNF-α对MCF-7细胞分裂增殖的影响，结果放线菌素D对雌激素作用有抑制，但对三苯氧胺和TNF-α作用无拮抗，为临床治疗乳腺癌用药的合理性提供了依据。解放军307医院[86]*采用逆转录多聚酶链反应(RT-PCR)技术检测74例乳癌标本，发现原发乳癌mdr-1基因阳性表达为34.3%(12/35)，复发转移乳癌为59.0%(23/39)。其中32例复发转移乳癌的基因表达状况与多药耐药(MDR)相关药物疗效的总符合率为78.1%，说明用RT-PCR方法检测mdr-1 mRNA水平可以作为预测化疗效果的一个参考指标。上海肿瘤医院[87]*应用分子生物学技术，了解Retinoids的核受体中RARs和RXRs基因在乳腺癌细胞株及乳腺癌肿瘤标本中的表达和分布，结果证明了Retinoids抑制乳腺癌细胞生长主要通过RAR-α。医科院[88]*采用乳腺癌患者的腋下淋巴结细胞与骨髓瘤细胞(SHM-D33)融合，得到分泌高滴度人单抗CM-1的杂交瘤细胞株。CM-1与药物PYM偶联物对移植人乳腺癌的抑制率为95%，显示了CM-1与PYM偶联物对移植人乳腺癌的生长有明显的抑制作用。

发病因素　北医大一院[89]根据国内外有关乳腺癌发病率在增多、似乎年轻病例增多明显的文献报道，指出对年轻病人应注意遗传史的研究。宁夏

医学院附院[90]对宁夏地区100例女性乳腺癌患者进行病例对照研究，发现该地区乳腺癌与初潮年龄早、月经周期短、绝经晚、乳腺增生、初次足月妊娠年龄晚、身体肥胖、高动物蛋白、高脂肪饮食有关。

手术治疗　安徽医大附院[91]指出乳癌手术范围有逐渐缩小的趋势。为了了解乳腺癌对皮肤浸润的概率，探讨手术切除乳房皮肤的适宜范围，随机选择47例乳腺病人，将乳房标本在肿块上方和距肿块1～3cm处各取1～2块带薄层脂肪的皮肤行病理检查。结果仅1例Ⅳ期病人0～2cm皮肤有癌细胞。中国医科院肿瘤所[92]*对有末次月经记录并随诊10年以上的绝经前乳腺癌手术治疗患者218例进行回顾性分析，用Cox回归模型进行多因素分析发现，围排卵期手术组患者总生存率及无病生存率明显优于围月经期手术组($P<0.01$)。天津市肿瘤医院[93]*认为乳腺癌的早诊早治对提高病人的治愈率和降低病死率意义重大。对早期癌的主要临床表现如乳头溢液、乳头糜烂、局限性腺体增厚和直径≤0.5 cm的乳房肿块应引起足够的重视。上海华山医院[94]采用彩色B超和钼靶摄片共检出乳房隐匿性病灶170处，并分别在超声引导下行穿刺定位切除和钼靶摄片立体定位下细针穿刺活检术与定位切除术。超声影像学检查指导手术符合率为90%，并检出了3例隐匿性乳腺癌。辽宁省肿瘤医院[95]指出保留胸神经的乳腺癌改良根治术Ⅱ式(保留胸大肌，切断胸小肌)的适应证是：(1)适用于临床Ⅰ期和腋窝无明显淋巴结转移的Ⅱ期乳腺癌；(2)ⅢA期中锁骨下静脉和胸小肌后无明显淋巴结转移，胸肌未受侵，或经术前化疗或(和)放疗后原发肿瘤明显缩小者。重庆医大一院[96]通过在横切口外侧加作2个三角形切口，避免了在切口外侧方因上下边缘的不等长所形成的皮肤褶皱或“狗耳”畸形。它适用于肥胖、皮肤松弛或估计有过多皮肤的病人，18例手术后美容效果好。浙江金华市中医院[97]对32例早期乳腺癌患者(Ⅰ期15例，ⅡA期12例，ⅡB期5例)行乳腺区段切除加腋淋巴结清扫术。术后常规放疗，腋淋巴结阳性者绝经前给以CMF方案化疗，绝经后ER阳性者给予他莫西芬治疗。结果局部复发率为6.2%，对生存率无影响。辽宁省肿瘤医院[98]认为局部晚期乳腺癌按TNM分期标准系指ⅡB中T3NOMO、ⅢA、ⅢB以及仅有锁骨上淋巴结转移，而无远处转移的Ⅳ期乳腺癌。该组424例的治疗结果证实综合治疗优于单一治疗，尤以术前化疗和(或)放疗＋手术＋术后化疗和(或)放疗组效果最好($P<0.01$)。河南医大一院[99]认为乳癌局部复发再手术的指征是：(1)B超、CT、胸片、ECT检查确认无远处转移者；(2)病灶不固定；(3)局部广泛切除后，游离植皮(20 cm×10 cm))能补救者；(4)必须有放射治疗条件者。天津肿瘤所[100]认为乳腺癌为一好发血行转移的恶性肿瘤，而且在临床较早期即可发生。因此，乳腺癌的治疗必须针对原发癌(包括区域淋巴结转移癌)，采用局部治疗(外科手术或放射治疗)以及针对血行转移癌所采用的全身治疗(化疗或内分泌治疗)，只有采用局部治疗和全身治疗相结合的综合治疗方法，才能全面控制乳腺癌的扩展。上海市九院[101]*采用微波治疗乳腺癌术后上肢淋巴水肿45例，两个疗程后患者主观症状改善，肢体周径、体积及组织张力明显减少($P<0.01$)。

放射治疗　上海肿瘤医院[102]*对2 364例乳腺癌术后行放射治疗的效果进行评价，认为对腋淋巴结有4个以上淋巴结转移时给予区域淋巴结的照射可降低锁骨上区淋巴结转移率，但未能提高生存率和降低局部复发率。因此，该文的结论不支持常规地将放射治疗作为综合治疗的一部分。河南省肿瘤医院[103]分析了100例乳腺癌放疗后引起的放射性肺炎的X线表现，将其分为3种类型：(1)片状浸润型38例；(2)条片型26例；(3)纤维索条型36例。放射性肺炎的X线改变不典型时应注意与肺部转移癌、浸润性结核、感染性炎症相鉴别。白求恩医大临床三院[104]观察了乳腺癌根治术后行区域淋巴结放疗760例患者中80例发生单纯胸壁复发者，对其中40例进行了单纯胸壁放射治疗。该文的结果是乳腺癌胸壁复发经过适时放疗后多数病例能延长生存时间，1年、3年、5年、10年生存率依次为88.8%、66.8%、30.6%、7.6%。

化疗　解放军307医院[105]单用去甲长春花碱(NVB)治疗14例复发转移乳腺癌，单次剂量40～60mg(24.9～33.3mg/m^2)，每周1次，2次为1周期。结果近期客观疗效完全缓解(CR)为0/14，部分缓解(PR)42.9%(6/14)，稳定(SD)14.2%(2/14)，进展(PD)42.9%(6/14)。PR患者中位缓解期5个月。主要不良反应为肌痛和关节痛(占80%)，静脉炎占57.6%。安徽医大一院[106]采用术前化疗(CMF方案：CTX 0.6/m^2，MTX 40 mg/m^2，5-Fu 0.6mg/m^2)、根治或姑息性手术、术中选择患侧腋动脉分支插管达锁骨下动脉皮下埋藏输液器、术后仍按CMF方案的2/3剂量定期给药区域动脉化疗的方法治疗Ⅲ～Ⅳ期乳腺癌患者23例。随访8～38个月，疗效甚为满意。山西医学院二院[107]采用局部温热并热敏性阿霉素微脂粒(HT-Ts-Lip-ADM)治疗乳腺癌40例，以CAF联合方案治疗乳腺癌20例作对照。结果一疗程后HT-Ts-Lip-ADM组CR＋PR 34例，好转

(MR)4 例,SD 2 例,总有效率 85%。CAF 组总有效率 40%。两组比较,HT-Ts-Lip-ADM 组疗效明显提高($P<0.01$)。

内分泌治疗 北医大[108]* 将 874 例女性乳腺癌病人分成应用三苯氧胺(TAM)治疗组(523 例)及未用 TAM 组(351 例)。结果治疗组仅有 8 例病人发生乳腺第二原发癌,发生率为 1.5%。未用组有 13 例病人发生乳腺第二原发癌,发生率为 3.7%。两组间差异有显著性($P<0.05$)。北医大一院[109]认为激素依赖型乳腺癌患者术后服用 TAM 可以改善预后,主要是改善了 NK 细胞活性及增加 T 细胞数量。西安医大一院[110]对 23 例晚期乳腺癌患者单用大剂量甲孕酮:500 mg/次,头 3d,2 次/d,4 d 后为 1 次/d,持续 30 d 为一疗程。近期客观有效率(CR+PR)为 60.8%,以骨转移效果为佳。

特殊类型乳腺癌 北京市肿瘤所[111]指出对 40 岁以下的青年妇女如发现乳腺有局限性区段增厚,质地韧,边界不清,表面粗糙不平,局部皮肤毛孔增大,要考虑到有乳腺癌的可能。如对侧乳腺曾患乳腺癌,或有乳腺癌家族史,更应提高警惕。此时行 X 线摄片常可发现有泥沙样钙化。河北医大四院[112]指出隐性乳癌(OBC)的概念是以腋下肿块为首发症状而未触到乳腺肿块的乳癌。该组 13 例首发症状为腋下肿块,1 例首发症状为左锁骨上多个淋巴结肿大,这是因为锁骨上淋巴结可直接收纳胸壁上部及乳房上部的淋巴液。苏州医学院[113]指出对病理确诊为腋淋巴结转移性低分化腺癌的女性患者,疑为 OBC 者应结合腋淋巴结 ER、PR 及抗人乳腺癌单克隆抗体 M4G3 的检测,绝大多数 OBC 能够确诊。辽宁省肿瘤医院[114]指出炎性乳腺癌(IBC)恶性程度高,既往采用局部治疗后辅以化疗的方法,绝大多数病人的生存期不到两年。该组 26 例 IBC 中 15 例先采用全身化疗再行放疗和手术,继之巩固化疗。2 年和 5 年生存率分别为 54%和 25%。苏州医学院一院[115]报道乳腺外 Paget 病 5 例。1 例位于耻骨联合部,1 例位于外阴部,3 例位于腹股沟阴囊部。乳房外 Paget 病的来源问题长期以来认识不一,但多数认为 Paget 细胞起源于汗腺和(或)导管,并迁延进入表皮。上海中山医院[116]将 40 岁以下(年轻组)151 例与>40 岁(年长组)514 例乳腺癌在肿瘤发生部位、手术方式、淋巴结转移率等方面进行比较,两组无差别。由于年轻组早期就诊率明显高于年长组,因此 6 年随访结果年轻组与年长组的生存率分别为 87.9%和 77.1%($P<0.01$)。北医大人民医院[117]报道原发性双侧乳腺癌 25 例。该病的诊断标准是:(1)两侧乳腺组织中分别找到原位癌成分;(2)两侧乳腺癌病理组织类型不同;(3)如两侧病理类型相同,则先发侧无局部复发,无淋巴道转移及远处转移。山东省肿瘤防治院[118]报道乳腺癌首发头皮转移 1 例。以头皮转移为首发症状,2 年后才出现乳腺症状者罕见。

男性乳腺癌 安徽省立医院[119]报道男性乳癌(MBC)33 例。其临床特点有:(1)发病年龄大;(2)病程长;(3)腋淋巴结转移率较高,该组为 56.6%。与女性乳腺癌一样,ER 阳性预后比 ER 阴性好。癌相关基因蛋白 P21 和 P53 测定可作为 MBC 预后的指标,该组资料表明 P21 及 P53 与 ER、PR 呈负相关。

(七)乳腺肉瘤及其他

河南省肿瘤医院[120]认为恶性纤维组织细胞瘤(MFH)是好发于成年人四肢、躯干和腹膜后深部软组织的一种多形性恶性肿瘤,乳腺原发少见。该文报告 8 例乳腺 MFH,并应用 ABC 法对 8 例乳腺 MFH 进行免疫组化染色。结果抗 α_1-抗胰蛋白酶(AAT)、α_1-抗胰糜蛋白酶(AACT)和波纹蛋白(Vim)阳性率 100%,2 例结蛋白(Des)阳性。该文同意 MFH 来源于原始间叶细胞,在不同情况下可向组织细胞、纤维母细胞和肌纤维母细胞等不同方向分化,构成了 MFH 复杂多样的细胞成分。乳腺 MFH 的理想治疗方案是根治术。新疆医学院一院[121]报道乳腺恶性淋巴瘤骨髓浸润伴骨髓坏死 1 例。

参 考 文 献

[1] 曾志成等. 中国临床解剖学 1996;14(1):38
[2] 岳式君等. 中国医科大学学报 1996;25(4):414
[3] 蔡金来等. 江西医药 1996;31(1):1
[4] 刘 铁等. 中华放射学杂志 1995;29(11):765
[5] 徐春福等. 实用放射学杂志 1995;11(11):645
[6] 梁 凯等. 中国实用外科杂志 1996;16(9):555
[7]* 杨维良等. 中国普通外科 1995;4(6):321
[8] 孙俊平等. 医师进修杂志 1996;19(3):20
[9] 修玲玲等. 中山医科大学学报 1996;17(2):103
[10] 沈又琴等. 上海第二医科大学学报 1996;16(5):325
[11] 林 星等. 福建医学院学报 1996;30(1):73
[12] 罗南萍等. 陕西医学 1996;25(9):556
[13] 石 星等. 江苏医药 1996;22(3):186
[14] 唐 哲等. 云南医药 1996;17(4):312
[15] 杨 萍等. 中国老年学杂志 1996;16(8):212

[16] 杜嘉林等. 广东医学 1996;17(2):98
[17] 康洪林等. 宁夏医学 1996;18(1):13
[18] 杜嘉林等. 实用医学杂志 1996;12(4):238
[19] 朱立群等. 中国中西医结合杂志 1996;16(8):467
[20] 张春福等. 医师进修杂志 1995;18(10):13
[21] 周建中等. 重庆医学 1996;25(2):94
[22] 陈学东等. 临床外科 1996;4(2):89
[23]* 徐少明等. 中华外科杂志 1996;34(7):424
[24] 薛 镭. 中华外科杂志 1996;34(2):95
[25]* 王深明等. 普外临床 1995;10(6):370
[26] 朱化刚等. 安徽医科大学学报 1995;30(4):282
[27] 李小平. 湖南医学 1995;12(6):351
[28] 李曙光. 实用医学杂志 1996;12(4):235
[29] 李江源. 中级医刊 1996;31(2):20
[30] 许金尧等. 普外临床 1996;11(4):256
[31] 曾学良. 中国普通外科杂志 1995;4(6):350
[32] 黄文潭等. 福建医药 1996;18(3):74
[33] 王建利等. 哈尔滨医科大学学报 1996;30(2):188
[34] 佘 力等. 癌症 1996;15(2):144
[35] 王翠芳等. 中国肿瘤临床 1996;23(7):512
[36] 徐惠珍等. 四川医学 1996;17(1):7
[37] 赵文新等. 福建医药 1995;17(5):8
[38]* 吴 毅等. 中华外科杂志 1996;34(4):238
[39] 任 智等. 山西医学院学报 1995;26(4):314
[40] 苏 伟等. 中级医刊 1996;31(1):16
[41]* 王艳林等. 中华肿瘤杂志 1996;18(4):308
[42] 赵 铭等. 中国肿瘤临床 1996;23(9):681
[43] 李建军等. 中国普通外科杂志 1995;4(6):326
[44]* 嵇庆海等. 肿瘤 1996;16(3):403
[45] 夏宏才等. 中国普通外科杂志 1995;4(6):354
[46] 赵 铭等. 河南肿瘤学杂志 1996;9(2):124
[47] 何家林等. 肿瘤研究与临床 1996;8(2):118
[48] 徐光玮等. 中国普通外科杂志 1995;4(6):336
[49] 李晓曦等. 中国实用外科杂志 1996;16(3):152
[50] 徐泽宽等. 普外临床 1996;11(5):315
[51] 马长华等. 中华外科杂志 1996;34(9):574
[52] 张延龄等. 中国实用外科杂志 1996;16(8):462
[53] 曾兴业等. 中华外科杂志 1996;34(5):289
[54] 彭 跃等. 湖南医学 1995;12(6):326
[55] 刘公汉等. 肿瘤防治研究 1996;23(3):171
[56] 石松魁等. 中国普通外科杂志 1995;4(6):329
[57] 戚绍进. 中级医刊 1995;30(12):19
[58] 耿翠芝等. 中国肿瘤临床 1996;23(6):415
[59] 曹秀兰等. 实用肿瘤学杂志 1995;(4):75
[60] 刘振宇等. 实用中西医结合杂志 1996;9(7):407
[61]* 马鸿达等. 天津医药 1996;24(8):467
[62] 周寒松. 临床医学 1996;16(5):12
[63] 沈文荣等. 江苏医药 1996;22(2):93
[64] 乔新民等. 普外临床 1996;11(5):290
[65] 汪登斌等. 中华放射学杂志 1996;30(7):472
[66] 杜 勇等. 临床放射学杂志 1996;15(4):221
[67] 张慧英等. 中国肿瘤临床 1996;23(6):420
[68] 唐瑞英等. 中华放射学杂志 1996;30(6):396
[69] 梁中骁. 广西医学 1996;18(4):351
[70] 成 宏等. 上海医学检验杂志 1996;11(3):171
[71] 张兆祥等. 中国普通外科杂志 1995;4(6):334
[72] 宋希林等. 实用肿瘤学杂志 1996;10(2):35
[73] 陆临渊等. 中国实用外科杂志 1996;16(2):99
[74] 田艳涛等. 实用肿瘤杂志 1996;11(2):93
[75]* 任蓓骏等. 中华放射学杂志 1996;30(6):403
[76]* 吴进冬等. 中华肿瘤杂志 1996;18(4):289
[77]* 张 瑾等. 中国肿瘤临床 1996;23(7):457
[78] 熊 霞等. 中华外科杂志 1995;33(10):609
[79] 唐辉滨等. 上海医科大学学报 1996;23(3):189
[80] 汪意青等. 南通医学院学报 1996;16(3):333
[81] 韩 梅等. 河北医科大学学报 1996;17(1):11
[82] 詹镕洲等. 第二军医大学学报 1995;16(5):415
[83] 黄志勇等. 实用肿瘤杂志 1996;11(3):112
[84] 姜保成等. 上海第二医科大学学报 1996;16(3):156
[85]* 于长隆. 北京医科大学学报 1995;27(6):415
[86]* 刘晓晴等. 中华肿瘤杂志 1996;18(4):263
[87]* 邵志敏等. 中华肿瘤杂志 1995;17(6):425
[88]* 王树惠等. 中国医学科学院学报 1996;18(3):177
[89] 徐玉秀等. 北京医科大学学报 1996;28(3):188
[90] 蔡生荣等. 宁夏医学 1996;18(1):1
[91] 宋海屏等. 中国普通外科杂志 1995;6(4):332
[92]* 张保宁等. 中华肿瘤杂志 1996;18(3):203
[93]* 石松魁等. 中国实用外科杂志 1996;16(4):214
[94] 邹 强等. 中国实用外科杂志 1996;16(4):210
[95] 蒋书玲等. 中国实用外科杂志 1996;16(4):240
[96] 吴诚义等. 中国普通外科杂志 1995;4(6):338
[97] 倪德生等. 普外临床 1996;11(5):300
[98] 蔡玉娥等. 实用肿瘤学杂志 1996;10(2):33
[99] 李孟圈等. 中国实用外科杂志 1996;16(4):219
[100] 李树玲等. 实用肿瘤学杂志 1996;10(2):1
[101]* 蔡仁祥等. 中华理疗杂志 1996;19(1):34
[102]* 沈镇宙等. 实用肿瘤学杂志 1996;10(2):12
[103] 崔怀萍等. 南京医科大学学报 1996;16(1):90
[104] 于开君等. 中国肿瘤临床 1995;22(12):888
[105] 江泽飞等. 中华肿瘤杂志 1996;18(3):208
[106] 曹东升等. 普外临床 1996;11(5):298
[107] 袁瑞香等. 中华理疗杂志 1996;19(1):29
[108]* 邢宝才等. 中华肿瘤杂志 1996;18(2):143
[109] 刘荫华等. 普外临床 1995;10(6):367
[110] 张珍华等. 西安医科大学学报 1996;17(1):106
[111] 王 怡等. 中国肿瘤临床 1996;23(6):393
[112] 陈济人等. 中华外科杂志 1996;34(9):559
[113] 吴德明. 肿瘤 1996;16(2):101
[114] 蒋书玲等. 中国实用外科杂志 1996;16(4):240

［115］ 张军宁等. 实用癌症 1995;10(3):196
［116］ 陈君雪等. 临床外科 1996;4(5):253
［117］ 毛一喷等. 普外临床 1996;11(5):292
［118］ 宋丽华等. 实用肿瘤学杂志 1996;10(2):75
［119］ 徐荣楠等. 中国实用外科杂志 1996;16(4):217
［120］ 刘志红等. 河南肿瘤学杂志 1995;8(3):180
［121］ 李　玲等. 肿瘤研究与临床 1996;8(2):81

文　选

P53 和 c-erbB-2 癌基因产物在乳腺导管上皮增生病变中的表达（天津医药 1996;24(8):467） 天津医大马鸿达等应用免疫组化技术检测 30 例乳腺导管上皮增生（增生组）（其中一般增生（OIDH）18 例，不典型增生（AIDH）12 例）、导管癌（癌组）40 例和 20 例正常的乳腺（正常组）患者的 P53 和 c-erbB-2 癌基因产物的表达及其分布。结果：增生组、癌组和正常组的 P53 蛋白表达率分别为 0%、17.5%和 0%。晚近的研究证实 P53 基因分为野生型和突变型。野生型 P53 是肿瘤的抑癌基因，可能参与正常细胞从 G_0 期进入 G_1 期的负调节，从而控制细胞的增生；突变型 P53 是肿瘤的致癌基因，其产物可促进肿瘤的形成或细胞的恶性转化，并引起正常 P53 抑癌活性的丧失。野生型 P53 蛋白的半衰期仅为 20～30min，而突变型可达 1.4～8h，因此实际检测到的均是突变型 P53 蛋白，故 P53 仅有促癌而非抑癌作用，P53 蛋白的阳性表达与乳腺癌的分化程度有关，分化越差，阳性率越高。增生组、癌组和正常组的 c-erbB-2 蛋白阳性表达率分别为 26.7%、37.5%和 0%，3 组间差异非常显著（均 $P<0.005$）。并且增生组中 AIDH 的 c-erbB-2 蛋白阳性率（50%）显著高于 OIDH（11.1%，$P<0.05$）。AIDH 的 c-erbB-2 蛋白阳性表达率高于导管癌组，可能与标本处理过程有的抗原性丢失严重等有关。c-erbB-2 癌基因可能在导管癌发生的早期阶段比侵袭阶段起着更重要的作用，而一些浸润性导管癌的形成可能主要与 P53 蛋白的作用机制有关。该文的结果提示，c-erbB-2 和 P53 检测在评估乳腺导管上皮 AIDH 及其恶变潜能方面具有一定的参考价值。

述评　乳腺导管上皮细胞增生，尤其是不典型增生通常认为具有癌变倾向，属癌前期病变。目前就其诊断、分级与早期癌的鉴别尚缺乏客观指标。该研究应用免疫组化技术检测乳腺导管不典型增生和导管癌组织 c-erbB-2 基因及 P53 基因蛋白的表达，可望成为评估导管上皮不典型增生及其恶变潜能方面具有一定参考价值的指标。

（吴德敬）

乳腺癌 104 例早期诊断分析报告（中国实用外科杂志 1996;16(4):214） 天津市肿瘤医院石松魁等报道该院 1987 年 1 月～1995 年 10 月收治临床早期乳腺癌 104 例，均为女性，76 例（73.1%）伴有乳腺癌的各种易患因素。该组 104 例中临床触不到肿块的 T_0 癌 82 例，主要表现为乳头溢液、糜烂，乳腺局限性腺体增厚；微小癌 22 例，肿块直径≤0.5 cm。该组全部行手术治疗。病理类型：60 例（57.7%）为早期癌，包括非浸润性癌 45 例，早期浸润性癌 15 例。腋淋巴结转移为 10.7%，5 年生存率为 100%（65/65）。该文指出组织病理学上的早期癌是指非侵犯性的原位癌，而临床早期癌多指乳房触不到肿块的 T_0 癌和肿块直径≤0.5cm 的微小癌。为做到早期诊断，早期治疗，提高乳腺癌的治愈率和生存率，应重视下列几点：(1)提高对早期癌的认识，转变无肿块不能诊断为癌的观念，仔细询问病史，重视易患因素。(2)注意 T_0 癌常见的症状：乳头溢液；尤其是血性溢液：乳头糜烂可能是乳头湿疹样癌，切忌误诊；乳腺局限性增厚，应警惕有隐蔽癌的可能性；其他少见的症状，如轻度乳头凹陷、皮肤凹陷、乳晕区水肿及老年人乳房不适等均应提高警惕；一侧乳房患癌，对侧应定期随访。(3)重视微小癌的早期发现，对任何乳房不明性质的小肿块均应手术检查。(4)联合诊断：应将数种方法（如乳腺 X 线摄影、乳腺导管造影、液晶热图、红外线计算机扫描、乳头溢液涂片、乳头糜烂印片）适当组合，取长补短，提高诊断符合率。

述评　目前对乳房肿块的筛选已取得很大进展。然而在乳癌发生的早期，尚未形成明显包块时如何做出正确诊断仍是临床上亟待解决的课题。该文提出的提高对早期癌的认识，注意 T_0 癌常见的症状、重视微小癌的早期发现及检测手段的联合应用，无疑对乳腺癌的早期检出是十分有益的。晚近开展的超声引导下穿刺定位切除和钼靶摄片立体定位下细针穿刺活检与定位切除术必将有助于乳腺癌的早期发现与早期诊断。

（吴德敬）

腋窝淋巴结阴性乳腺癌患者淋巴结中微小转移的检测及其临床意义（中华肿瘤杂志 1996；18(4)：289） 解放军 307 医院吴进冬等以抗细胞角蛋白(CK)单克隆抗体为探针，采用碱性磷酸酶抗碱性磷酸酶(APAAP)免疫组化技术检测 45 例腋窝淋巴结阴性(ANN)乳腺癌患者的 635 个淋巴结。患者为该院 1980～1983 年行根治或改良根治手术乳腺癌患者(N_0M_0)，均为女性，年龄 24～67 岁。根据 WHO 分期，T_1 期 21 例，原发灶最大径平均值 1.5 cm；T_2 期 22 例，最大径平均值 3.4 cm；T_3 期 2 例，最大径分别为 5.5 cm 和 6.0 cm。结果 45 例 ANN 患者中，9 例(20%)的 14 个淋巴结(14/635)内发现微小转移。原发灶大小与微小转移率关系：T_1 期患者为 9.5%(2/21)，T_2 期为 22.7%(5/22)，T_3 期则为 2/2。T_1 期 2 例 CK 阳性患者中 1 例术后 5 年内复发，而 19 例 CK 阴性患者中仅 1 例复发；T_2 期 5 例 CK 阳性患者中 3 例复发，17 例阴性患者中仅 1 例复发。经 Kaplan-Meier 生存曲线显示 CK 阳性和阴性两组患者的 5 年复发率分别是 44.4%(4/9)和 5.6%(2/36，$P<0.005$)，10 年复发率是 55.6%和 12.8%($P<0.01$)。作者认为，抗 CK 单克隆抗体 AE1/AE3 为探针，采用免疫组化技术检测 ANN 患者淋巴结中的微小转移，可查到常规 HE 染色检查很难发现的微小转移，微小转移的存在对局部复发和远处转移都相关，有微小转移的 ANN 患者无病存活和全部存活明显劣于无微小转移的患者，证实了微小转移的存在与病人的预后相关。

述评 乳腺癌根治术或改良根治术后腋淋巴结的复发率在 10%～20%。腋淋巴结复发是影响乳腺癌患者预后的主要因素之一，其中的 80%会出现远处转移而死亡。该文以 CK 单克隆抗体为探针，用免疫组化技术检测腋窝 ANN 乳腺癌患者，结果 20%患者发现微小转移灶，这为及时化学治疗提供了依据，对提高乳腺癌患者的生存率起了重要的作用。

（吴德敬）

巨大甲状腺肿手术治疗的经验（中国普通外科杂志 1995；4(6)：321） 哈尔医大二院杨维良等报道该院自 1980～1994 年共收治甲状腺腺瘤和结节性甲状腺肿 1 758 例，其中重量＞500 g(肿块直径 8 cm)的巨大甲状腺肿 146 例(占 8.3%)。146 例中女 119 例，男 27 例，平均年龄 44.5 岁。巨大甲状腺肿上极可至下颌角，向下伸延至胸骨后，两侧叶达胸锁乳突肌后缘。由于甲状腺体积极大，使颈部大血管和甲状腺的主要血管在解剖位置上变异，气管推压移位或狭窄，给手术操作带来困难。作者手术治疗的经验归纳如下：(1)麻醉：83 例气管狭窄和移位，采用气管插管全麻；62 例仅有气管移位采用颈丛麻醉；1 例麻醉选择不当窒息死亡。(2)术中操作应注意问题：①切口采用颈前稍长的弧形切口，两角应直至腺上极。对腺下极伸延至胸骨后应在弧形切口下方加垂直切口；②在游离和切除腺体前，先将颈总动脉、颈内静脉牵开；处理上极血管应先结扎、后切断，以防滑脱出血；对甲状腺表面粗大静脉应先缝合止血；在两侧腺体血管处理完毕后，再切断峡部可减少出血；③对上极伸延到下颌角的患者，应先游离甲状腺的侧叶及下极，从而使上极易于显露及处理；④对胸骨后甲状腺肿下极不能托出时，可先行甲状腺上部大部切除，下极包膜内切除部分腺体，再向上牵拉残留下极切除，必要时劈开胸骨；⑤尽量多保留部分后包膜，必要时显露喉返神经以免损伤；⑥结节性甲状腺肿可癌变，术中应注意，尽可能行根治性切除。(3)当术中发现气管有明显软化、狭窄者应行气管切开术。

述评 巨大甲状腺肿手术难度大，并发症发生率高。手术成功与否的关键在于大出血及急性窒息等危及生命手术并发症防治，为此，应注意：(1)必要时选择气管插管全麻；(2)切口应以充分暴露腺体为原则；(3)在游离和切除腺体之前先将颈总动脉、颈内静脉牵开；(4)上极血管应先结扎、后切断；(5)下极和胸骨后腺体的分离应避免撕裂静脉分支，必要时劈开胸骨以充分显露；(6)掌握气管切开适应证；(7)术后充分有效的引流。

（吴德敬）

微波治疗乳腺癌术后上肢淋巴水肿 45 例（中华理疗杂志 1996；19(1)：34） 上海市九院蔡仁祥等采用微波治疗乳腺癌术后上肢淋巴水肿 45 例。该组 45 例均为女性，年龄 41～75 岁；左上肢 26 例，右上肢 19 例。依病情分三级：一级 8 例，可逆性水肿，肢体抬高水肿可以部分消退；二级 30 例，非凹陷性水肿，抬高肢体水肿不消退，有轻度纤维化；三级 7 例，橡皮肿。采用微波机频率 2 450 MHz，功率 100 W，治疗为 1 次/d，持续 1h，连续 20 d 为 1 疗程，间隔 15 d 后进行第 2 疗程治疗。经过两个疗程总时数 40h 的微波治疗辅以弹力绷带绷扎治疗后，该组一级 8 例水肿明显改善，接近正常。二级水肿 30 例患者主观症状、上肢沉重感、烧灼感及肢体活动度均有明显的改善。肢体周径、体积、组织张力有明显变化，治疗前后差异经用配对 t 检验均有显著性意义。丹毒发作频率降低甚至停止发作。三级 7 例橡皮肿效果较差，几乎无明显改善。微波治疗能有效控制感染，消除不利因素，软化局部瘢痕组织，促进血液循环有利于淋巴管再生。局部高热可提高组织中巨噬细胞活性，分解组织中高蛋白而消除水肿。因此，乳腺癌术后出现上肢淋巴水肿患者如无明显癌复发倾向，应及时行微波治疗以防止水肿的进一步发展及丹毒的发作。绑扎能提高淋巴管内压有利于淋巴管再生和侧支循环的建立，而逐渐恢复淋巴引流，维持微波治疗效果。

述评 乳腺癌根治术后上肢淋巴水肿是一种常见的术后并发症，其病因是淋巴回流受阻。上肢淋巴水肿虽有各种治疗方法，但效果均不理想，微波治疗有利于淋巴管再生，有利于淋巴液回流，从根本上消除淋巴水肿的病因，是一种符合生理的治疗方法。

（吴德敬）

2 364例乳腺癌术后放疗的评估（实用肿瘤学杂志 1996；10(2)：12） 上海医大肿瘤医院沈镇宙等报道该院1961～1990年间手术治疗乳腺癌2 364例，其中根治术747例，扩大根治术1 617例，术后437例行放疗，余未行放疗。放疗在1985年以前采用^{60}Co照射，1985年以后采用电子束及^{60}Co照射，根治术后照射锁骨上区及内乳区，扩大根治术单照射锁骨上区，均不照射胸壁部。照射剂量在锁骨上区及内乳区均为5 000～5 500cGy/25次，一般在5周内完成。结果：(1)各期乳腺癌术后放疗组的生存率均低于未放疗组，但无统计学意义。(2)淋巴结无转移组，淋巴结1～3个组及7个以上淋巴结转移组术后放疗与否两组生存率无差别，在淋巴结有4～6个转移组用放疗的远期生存率优于未放疗组。(3)各期乳癌按淋巴结有无转移术后放疗未显示对生存率的影响。(4)两种根治术式术后放疗与否对预后无影响。(5)放疗在淋巴结有4个以上转移组可降低区域淋巴结的复发率，但对局部复发率及远处转移率均无影响。作者指出，该组资料证实，术后放疗仅在淋巴结有4个以上转移组可降低锁骨上区淋巴结转移率，而局部复发率无差别，可能与未照射手术野有关。各期乳癌根治术后放疗未见提高生存率，甚至放疗组生存率还略低于单纯手术组，这可能是放疗后机体的免疫功能受损伤所致，也与癌细胞沿血道播散使治疗失败有关。作者不支持常规地将放射治疗作为综合治疗的一部分。为防癌的血道播散应加强全身性的治疗，对有4个以上淋巴结转移时可给予区域淋巴结照射，同时行化疗或完成化疗后进行放疗。

述评 长期以来对乳腺癌根治性手术后辅助放射治疗是否可以减少局部复发，防止远处转移从而提高生存率，还存在着争论。该组大宗病例分析的结论是术后放疗未能提高生存率，同样也未降低局部复发率。该结论应引起临床医师的重视。乳腺癌是全身性疾病，在局部或区域淋巴结复发的同时，可能已存在亚临床远处转移。因此，应重视全身性化疗及内分泌治疗。

（吴德敬）

侵犯前上纵隔的晚期甲状腺癌24例临床分析（中华外科杂志 1996；34(4)：238） 上海医大肿瘤医院吴毅等报道该院1962～1994年收治侵犯前上纵隔的晚期甲状腺癌24例，其中乳头状腺癌16例，滤泡样、髓样癌各3例，低分化癌2例，约占同期治疗的甲状腺癌2%(24/1 204)。肿瘤直接侵犯前上纵隔5例(20.8%)，淋巴结转移至前上纵隔19例(79.2%)；肿瘤最大直径范围8～12cm，转移淋巴结最大直径范围2～7cm。病变位于气管一侧者10例(41.7%)，累及两侧者14例(58.3%)。24例中伴声嘶7例，呼吸困难1例，吞咽困难1例。治疗方法均为甲状腺癌颈胸联合根治术，肿瘤完整切除16例，肉眼残留8例。术后补充放疗9例，剂量以5 500～6 500cGy为宜。该组5年生存率64.7%，10年生存率46.7%，生存5年以上者均为乳头状腺癌患者。作者指出，肿瘤在侵犯患侧颈内静脉链淋巴结后，可经气管前或气管旁淋巴道转移至对侧颈内深淋巴链，随着肿瘤向下发展，形成前上纵隔转移；肿瘤沿颈内静脉链向下或沿喉返神经向下形成纵隔转移；有甲状腺癌手术史的患者，因淋巴回流通道的改变而产生纵隔转移。因此对甲状腺癌术后复发者、出现声嘶者及对侧颈根部出现转移淋巴结者要考虑有前上纵隔受侵的可能。行前上纵隔淋巴结清扫时，对肿瘤位于气管前者常用正中劈胸至第二、三肋间，横断患侧胸骨，术毕钢丝固定胸骨；对肿瘤偏于一侧者可用胸锁关节切除术术式。对肿瘤外侵，术中损伤无名静脉者，可行一期缝合。对一侧喉返神经受侵犯者，一般予以切除；双侧受累者，尽可能保留一侧，术后作补充放疗，并需行预防性气管造瘘。

述评 甲状腺癌尤其是分化型甲状腺癌其生物学特性是分化好、恶性度低、预后较好。对侵犯或淋巴结转移至前上纵隔的晚期甲状腺癌，不应轻易放弃手术机会，只要患者条件许可，都要积极地争取施行手术切除。目的在于全部切除原发灶，最大限度地清除转移灶。即使切除不彻底，残留少许癌灶，也可为下一步的放疗或核素治疗创造条件。

（吴德敬）

维甲酸核受体和维甲类X受体基因在乳腺癌中表达的研究（中华肿瘤杂志 1995；17(6)：425） 上海医大肿瘤医院邵志敏等指出Retinoids属维生素A，通过与核受体结合能抑制包括乳腺癌在内的上皮源性肿瘤的生长。Retinoids的核受体有两大类

6种，即维甲酸核受体（RARs：RAR_α、RAR_β、RAR_γ）和维甲类X受体（RXRs：RXR_α、RXR_β、RXR_γ）。Retinoids对乳腺癌抑制作用主要表现在ER（＋）的肿瘤细胞，而对ER（－）的肿瘤细胞则无反应。作者应用分子生物学技术检测了RARs和RXRs基因在6种不同的乳腺癌细胞株和18例乳腺癌标本中的表达与分布。结果发现无论是细胞株还是肿瘤标本，ER（＋）的RAR_α mRNA的表达均要明显高于ER（－）者（$P<0.005$），RAR_β mRNA在肿瘤标本中的表达都很低，而RAR_γ mRNA则都有很高表达，与ER状态都无关。在RXRs的表达中，无论细胞株还是肿瘤标本RXR_α几乎都有很高表达，而RXR_γ则相反，均为低表达，均与ER状态无关。实验结果表明，在所有Retinoids核受体中，PAR_α和ER状态呈正相关，在RAR_β、RAR_γ和RXRs中没有发现这种关系，而Retinoids对乳腺癌细胞的抑制作用主要表现在ER（＋）的细胞中，提示Retinoids对细胞的抑制作用主要通过RAR_α实现的。因此在Retinoids的临床应用中，检测肿瘤标本中的RAR_α水平对Retinoids的临床治疗具有指导意义。

（王　毅）

述评　业已证明，Retinoids属维生素A，对包括乳腺癌在内的上皮性肿瘤细胞生长有很强的抑制作用，其抑制作用主要通过RAR_α。最近的实验还证明，维甲酸能使肝癌细胞向正常方面转化，使肝癌细胞的转移潜能降低。随着研究的深入，将进一步展示Retinoids对肿瘤治疗的广阔前景。

（吴德敬）

RT-PCR方法检测临床乳癌组织的多药耐药基因表达（中华肿瘤杂志 1996；18(4)：263）　解放军307医院刘晓晴等指出肿瘤化疗中的多药耐药（MDR）是由于肿瘤细胞中编码为药物外排泵P-170糖蛋白的mdr-1基因过度表达。作者采用逆转录-多聚酶链式反应（RT-PCR）技术，在筛选优化了影响RT-PCR反应体系主要条件的基础上建立了临床乳腺癌mdr-1 mRNA表达的检测方法。应用该方法分别以耐药和敏感的细胞系作为对照检测了74例乳癌标本，结果发现原发性乳癌mdr-1基因表达阳性34.3%（12/35）；复发转移乳癌为59.0%（23/39），两者相差显著（$P<0.05$），其中32例复发性转移乳癌MDR相关药物疗效与mdr-1基因表达总符合率为78.1%（即耐药与敏感组mdr-1基因表达阳性和阴性分别为10/32和15/32）。结果表明，在原发性乳癌组织中mdr-1基因表达阳性率为34.3%，提示多药耐药在部分性乳癌患者中先天存在；复发转移性乳癌比原发性乳癌具有更普遍的耐药性，其mdr-1基因表达阳性率为59.0%，这可能是长期反复使用MDR类化疗药物的结果；mdr-1基因表达水平与乳癌患者化疗的耐受性较符合。因此，应用RT-PCR方法检测mdr-1 mRNA水平可以作为预测化疗效果的一个参考指标。作者认为，应用RT-PCR方法检测mdr-1 mRNA具有相对敏感、特异、方便、快速的特点。

（王　毅）

述评　肿瘤药物敏感试验近年来已越来越多的用于临床，它必将提高疗效而减少无效化疗药物给患者带来的毒副作用。因此，准确、快速的肿瘤化疗药敏试验对指导临床选药、提高疗效具有重要意义。该RT-PCR方法具有灵敏度高、相对定量、结果可靠的优点，但应在临床工作中积累更多经验，以利推广应用

（吴德敬）

三苯氧胺、放线菌素D和肿瘤坏死因子-α对人乳腺癌MCF-7细胞株的体外作用（北京医科大学学报 1995；27(6)：415）　北医大三院于长隆以具有雌激素受体的人乳腺癌细胞株MCF-7为体外模型，观察三苯氧胺和放线菌素D以及肿瘤坏死因子-α（TNF-α）对MCF-7细胞分裂增殖的影响。用荧光流式细胞计（FACS）测定细胞周期，并作细胞簇集试验。结果：(1)常规培养MCF-7时，G_1相占（53.47±1.90）%（标准误）；S相占（29.87±1.44）%；G_2相占（16.66±1.12）%。(2)加入10^{-8}mol/L雌激素，S相增为（53.47±1.90）%，（35.94±0.52）%；加入10^{-6} mol/L三苯氧胺，G_1相达（67.46±2.28）%。(3)放线菌素D为200ng/L时，MCF-7细胞48h内全部死亡，100ng/L时，细胞集落形成受抑，细胞周期无变化。(4)100ng/L放线菌素D与雌激素共同应用时，G_1相为（53.86±0.62）%，S相为（28.22±0.97）%；与三苯氧胺联合作用时，与单独应用相近。(5)TNF-α为10^{-10} mol/L时，G_1相占（69.38±0.44）%；S相占（9.2±0.40）%；10^{-7}mol/L，MCF-7细胞未被杀死。(6)100ng/L放线菌素D与10^{-10}TNF-α共存时，与单独应用相同。实验结果提示雌激素可促使MCF-7细胞进入细胞分裂周期，表现为S相增高；而三苯氧胺则通过抑制细胞周期而使MCF-7细胞分裂延缓，S相明显降低，但无杀死作用。放线菌素D对MCF-7细胞生长的影响远较三苯氧胺明显，可造成肿瘤细胞的死亡。当放线菌素D和雌激素或其拮抗剂共存时，放线菌素D可拮抗雌激素对MCF-7生长的促进作用。放线菌素D和苯氧胺间无拮抗作用，与文献报道的三苯氧胺与5-Fu等化疗药物存在的拮抗作用显然不同。TNF-α使MCF-7细胞的S

相大大地下降，其作用远强于三苯氧胺，作用机制尚不清楚。

（胡志前）

述评 对雌激素受体阳性的乳腺癌患者，近来已广泛的联合应用化疗和内分泌治疗。但两者合并使用是否合理，是否起拮抗作用，观点不全一致。该研究观察三苯氧胺、放线菌素D及TNF-a对人乳腺癌MCF-7细胞分裂增殖的影响，证明了放线菌素D可抑制雌激素作用，但不拮抗三苯氧胺和TNF-a作用，为临床治疗乳腺癌用药的合理性提供了依据。

（吴德敬）

甲状腺癌术后骨质疏松及其防治（中华肿瘤杂志 1996；18(4)：308） 中山医大一院王艳林等对该院近10年来因甲状腺乳头状癌而行甲状腺全切除或次全切除的患者26例进行了随访，并测量其骨密度(BMD)及降钙素(CT)、T_3、T_4、TSH、Ca^{2+}、P^{3-}、颈或胸、腰椎照片。结果，术后未服用甲状腺素片2例及服用甲状腺素片20～40mg/d、半年后自动停药12例均有T_3、T_4降低，TSH升高；26例患者手术前后血Ca^{2+}、P^{3-}水平均正常，但CT均有不同程度的降低，且CT降低的差值与桡骨BMD降低的差值成正相关($r=0.78$，$P<0.005$)；BMD降低者有14例骨质疏松，其中桡骨密度降低6例，尺桡骨均有降低8例，且骨质疏松的发生较实际年龄提早10年左右。作者指出，甲状腺癌术后因大部分甲状腺被切除，其T_3、T_4和CT分泌均随之减少。CT参与骨矿物质的代谢，抑制骨吸收，对维持BMD有一定的影响，因此CT减少越明显，发生骨质疏松的机会就越多；T_3、T_4分泌减少可引起卵巢功能继发不足，导致E_2不足，E_2降低的程度与BMD降低的程度亦成正相关，说明E_2水平越低越易发生骨质疏松。作者认为，骨质疏松的预防应采取如下措施：(1)服用甲状腺素片，使T_3、T_4维持在正常范围内；(2)适当补充CT；(3)如发生卵巢功能低下，则补充尼尔雌醇片和安宫黄体酮；(4)服用适量钙剂及Vit D，注意营养，适当运动与日晒。

述评 骨质疏松症是一种全身性骨骼疾病，其严重性是导致骨脆性增加和容易发生骨折。多种因素(如老年、维生素D缺乏、绝经等)和多种疾病(如多发性骨髓瘤、甲亢、甲旁亢等)均可引起骨质疏松。目前已证实CT的缺乏与骨质疏松的发生有关。该研究也证实了这一点，并提出了防治措施，这对预防甲状腺癌术后骨质疏松的发生有重要临床意义。

（吴德敬）

乳腺癌长期行三苯氧胺治疗对乳腺第二原发癌的影响（中华肿瘤杂志 1996；18(2)：143） 北京市肿瘤所邢宝才等对1985年～1990年间收治的874例女性乳腺癌作回顾性分析，以探讨乳腺癌患者长期应用三苯氧胺(TAM)能否降低乳腺第二原发癌的发病率。874例患者按是否应用，分成TAM组共523例，治疗剂量为每天20mg，服用时间为2～5年，平均随访时间为7.8年(4.5～10年)，有8例患者发生乳腺第二原发癌，发生率为1.5%。未用TAM治疗(对照组)的患者351例，平均随访时间为7.0年(5～10年)，13例患者发生乳腺第二原发癌，发生率为3.7%。TAM组的乳腺第二原发癌发生率明显低于对照组($P<0.05$)。该研究TAM组523例，对照组351例，两组患者在年龄、月经状况、肿瘤大小、腋淋巴结转移及手术方式等方面，差异均无显著性，具有可比性。结果TAM组与对照组乳腺第二原发癌的发病率差异有显著性，提示TAM有预防乳腺第二原发癌的作用。该资料证实，乳腺第一原发癌与第二原发癌的平均间隔时间，TAM组与对照组分别为37个月和26.8个月，但由于病例数较少，两组间隔时间差异尚未见显著性，有待于进一步积累病例进行观察。

述评 三苯氧胺(TAM)通过与雌激素竞争ER，产生抗雌激素作用，发挥抗肿瘤效应。在ER阳性，尤其是绝经后其有效率可达50～60%。同时TAM在抑制癌肿的复发上有着重要作用。作者观察到，长期服用TAM有预防乳腺第二原发癌作用，这一发现可供临床医师借鉴。也有人报道，长期服用TAM可促进子宫体癌、肝癌的发生，应引起注意。

（吴德敬）

分化型甲状腺癌伴双颈淋巴结转移手术方式的探讨（肿瘤 1996；16(3)：403） 上海医大肿瘤医院嵇庆海等分析了该院1956～1990年手术治疗的分化型甲状腺癌伴双颈淋巴结转移的170例。该组行全甲状腺切除者121例，一侧腺叶加对侧次全切除者31例，一叶加峡部切除者18例。86例的双颈淋巴结清扫术一次完成(A组)；38例分二次完成(B组)；另46例作过单侧颈清扫术，随访发现对侧颈淋巴结肿大而再次手术(C组)。作者指出，分化型甲状腺癌双颈淋巴结转移者，如甲状腺两叶均扪及肿块，应行全甲状腺切除。该组术前和术中发现对侧腺叶无肿块的77例，术后病理证实有微小病灶的有6例，假阴性率为7.8%。此外，该院对单侧乳头状癌联合根治术后，长期随访对侧腺叶再发现癌肿6例，占0.97%(6/399)。由此可见多数隐癌长期处于隐匿状态，临床意义不大。因此对部分原发灶局限于一侧腺叶，而对侧腺叶术前、术中未扪及肿块，可将其保留，以减少甲低等的并发症。对双颈淋巴结转移灶的处理，如双侧甲状腺病灶的转移灶融合成块，则双颈手术应一次完成，将癌肿整块切除，才能提高生存率，但术后反应比较严重时，应行暂时性的气管切开，特别是一侧喉返神经麻痹或切除的病例，气管切开应视为常规；对原发灶限于一侧腺叶，转移灶较小，与原发灶无融合者，可在第一次手术后2～4周，再作对侧颈清扫术。该组行全甲状腺切除的患者35.5%发生甲状旁腺功能低下，为降低该并发症，术中尽可能辨认原发灶较轻的一侧甲状旁腺，紧贴甲状腺固有筋膜断扎甲状腺分支血管，以保留旁腺的血供；对无法保留旁腺者应行自体移植。

述评 分化型甲状腺癌伴颈部较大转移灶患者对放疗的敏感性很低，对化疗也不甚敏感。因此，手术处理是主要的手段。甲状腺全切除术术后的并发症较多，尤其是甲状旁腺损伤高达20%～30%，而且术后不能防止局部复发。采用甲状腺近全切除术，疗效与全切除无差别，又可减少并发症的发生。

（吴德敬）

静息型甲状腺炎伴自发缓解性甲亢（普外临床 1995；10(6)：370） 中山医大一院王深明等报道该院1989～1993年诊治8例静息型甲状腺炎(ST)患者。8例中男2例，女6例，年龄39～63岁，均有轻至中度甲亢表现，甲状腺Ⅰ°～Ⅱ°肿大。4例并有结节，无甲状腺痛和触痛，T_3、T_4升高，^{131}I吸收率明显下降。4例TG、TM升高。病理表现为局灶性或弥漫性淋巴细胞性甲炎。其甲亢表现在发病后2～6个月内全部自行缓解，甲状腺功能恢复正常。作者指出自1971年Hamburger首先描述1例"潜在型亚急性甲炎"以来，已有许多学者报道并承认该病是一种独立疾病，它具有慢性淋巴细胞性甲状腺炎(CLT)和亚急性甲状腺炎(SAT)的共同特点，又不完全相同。关于病因及发病机制目前虽仍未明确，但存在3种观点，作者倾向该病为病毒感染和自身免疫反应综合因素的观点。ST的临床经过可分为甲亢（早期）、甲功正常期、甲减期和恢复期，但2/3患者并无甲减期而仅有前两期。病理活检为CLT样改变，但组织纤维化及Hurthle细胞却很少见。从未见到SAT所常见的肉芽肿变。ST应与甲亢、SAT或CLT相鉴别，难以鉴别时，可作病理活检确定诊断。一旦诊断明确，手术和同位素治疗应属禁忌。根据患者甲亢或甲炎表现程度，可早期给予小剂量抗甲状腺药物和心得安或激素治疗。

述评 Hamburger自1971年首先报道该病以来，国外有许多学者报道该病并承认这是一种独立疾病。该病如何与慢性淋巴性甲状腺炎并甲亢的病例在临床和病理上相鉴别，仍需要在今后更多的病例中积累经验。

（吴德敬）

桥本病并发甲状腺癌（中华外科杂志 1996；34(7)：424） 浙江医大二院徐少明等从1976～1994年手术治疗Hashimoto病(HD)95例，发现同时并存甲状腺癌(TC)6例(6.3%)。患者均为女性，平均年龄30.3岁；其中乳头状癌5例，滤泡状癌1例，2例并发甲状腺功能亢进。文献中HD与TC并发率为0.5%～23%，甚至HD、TC、甲状腺恶性淋巴瘤三病可以同时并存。HD与TC并发的机制，作者赞同HD患者免疫功能障碍明显，易受TSH刺激发生恶变。HD并发TC后，多数患者处于亚临床期，为隐匿癌，病理类型以乳头状癌为主。由于并发TC多为亚临床期，即使TC结节较大也易与HD结节相混淆，加上缺少可靠的定性诊断标准和方法，误诊率可高达50%，该组5例被漏诊或误诊。作者认为，术中对可疑结节应作快速切片检查，确定诊断，是避免误诊行之有效的方法。对术前已确诊HD并发TC者应行根治性切除术，同时兼顾HD和甲亢的治疗，手术的方法采用甲状腺近全切除术（无癌侧留下2～3g甲状腺组织），一般可不加颈清扫术，如肿瘤直径在2.0 cm以上或疑有淋巴结转移可加或二次追加颈清扫术。HD并发TC多数属腺内型Ⅰ期病例，手术治疗效果好，术后随访1～17年，无癌复发或转移。对术前未确诊并发TC的HD的治疗以非手术治疗为主，其手术探查的指征，作者赞同Wortsman等提出6条及杨春明提出的4条。

述评 Hashimoto病合并甲状腺癌、甲亢的报道日趋增多，但因癌灶小，被肿大的甲状腺掩盖或医生警惕性不高，使误诊率仍高达50%左右。因此，对Hashimoto病的肿大甲状腺或结节经甲状腺素治疗后不缩小，应积极手术探查，手术的目的是通过冰冻切片明确诊断，根据病理类型选择适宜的手术方式。

（吴德敬）

肿瘤标志物测定在乳腺癌早期诊断中的应用（之二，乳头溢液检测）（中国肿瘤临床 1996；23(7)：457） 天津市肿瘤医院张瑾等对该院1991年～1995年收治169例乳头溢液患者，采集乳头溢液检测肿瘤标志物癌胚抗原(CEA)、铁蛋白(FT)、降钙素(CT)含量来诊断乳腺癌。169例乳头溢液患者经病理证实为良性病变126例(74.56%)，乳腺癌42例(24.85%)，叶状囊肉瘤1例。乳腺癌42例中仅溢液而未触及肿物T_0癌23例(54.76%)，溢液伴肿物19例(45.24%)，其中41例为单导管溢液，血性溢液27例(64.29%)，非血性15例(35.71%)；T_0癌

23例中，血性溢液16例(69.57%)。对照标本：(1)溢液患者血清：良性30例，恶性20例；(2)正常血清：选择30名17～25岁身体健康无乳腺病史的女性；(3)正常乳汁：无乳腺疾病的30名正常产妇。结果：CEA、FT及CT的阳性阈值分别为100 ng/ml、500 ng/ml及100 pg/ml。血清中3组间3种标志物均无显著性差异。该文乳头溢液中乳腺癌组3种标志物含量明显高于良性病变及正常对照组($P<0.05$。)指出，乳头溢液多属病理性，不伴肿物的血性溢液中，癌可占6～18%。因此对不伴肿物的乳头溢液，确定其性质对制定治疗方案十分重要。该文42例乳腺癌CEA、FT及CT的特异性及敏感性：CEA分别为93.7%及85.71%；FT分别为71.4%及61.9%；CT分别为88.78%及36.84%，均明显高于同种标志物的血清含量。23例T_0癌的3组敏感性分别为86.96%、60.87%及35%，证实CEA具有高度特异性(93.7%)及敏感性(85.71%)，T_0癌23例同样CEA具高度敏感性(86.96%)，但3种联合检测对增强诊断作用不大。该法诊断符合率明显优于X线诊断($P<0.001$)。

述评　乳头溢液是乳腺疾病常见的症状，不伴肿物的血性溢液，癌约占6%～18%，及时正确地检出癌肿患者，进行早期手术是改善乳腺癌预后最为重要的措施。该研究证实CEA在乳头溢液中检测乳腺癌的特异性和敏感性分别为93.7%和85.71%。该法标本易采集，无痛苦，是乳腺癌早期诊断的良好方法。

（吴德敬）

乳腺癌月经周期中手术时间选择与预后的关系（中华肿瘤杂志 1996；18(3)：203）　医科院肿瘤医院张保宁等对该院1958年～1984年有末次月经记录并随访10年以上的绝经前乳腺癌手术治疗患者218例进行回顾性分析，以探讨月经周期手术时间与预后的关系。该组123例在围排卵期手术(末次月经周期的第7天至第20天)，95例在围月经期手术(末次月经周期的第0天至第6天、第21天至第40天)。结果围排卵期手术组5年、10年、15年生存率分别为82.9%、78.9%、75.6%，而围月经期手术组分别为68.4%、57.9%、52.6%，前组预后明显优于后组($P<0.05$)。两组无病生存率比较，差异有显著意义($P<0.05$)，尤以Ⅱa、Ⅱb期乳腺癌围排卵期手术组预后优于围月经期手术组。用Cox回归模型进行多因素分析发现围排卵期手术组患者总生存率及无病生存率均明显优于围月经期手术组($P<0.01$)。而按卵泡期与黄体期分组比较预后，无显著性差异。作者指出，通过单因素分析，乳腺癌患者的预后除与原发肿瘤大小、淋巴结转移状况、TNM分期等因素有关外，还与手术在月经周期中的时间有关，但各家文献报道观点不一。作者认为回顾性对照研究方法存在着严重的缺陷，即非随机性。由于存在着选择偏差，其研究结果可能出现假阳性。近年发表有关手术时机选择的文献缺乏一致性，同样手术时间分组却得出不一致甚至是相反的结果。该文建议应有计划开展大规模前瞻性临床随机研究，以便进一步确定绝经前乳腺癌月经周期中的手术时间能否影响预后。

述评　作者探讨乳腺癌月经周期中手术时间的选择与预后的关系。用Cox回归模型进行多因素分析发现，围排卵期手术组患者总生存率及无病生存率均明显优于围月经期手术组($P<0.01$)。从近年发表的文献看，观点众说不一，甚至得出相反的结论。该组病例样本量小，采用回顾性对照研究方法，其结论是否正确、可信，有待于今后有计划开展大规模前瞻性临床随机研究加以证实。

（吴德敬）

间接法内乳淋巴造影的实验研究（中华放射学杂志 1996；30(6)：403）　南京鼓楼医院任蓓骅等应用先灵造影剂对12只犬进行间接内乳淋巴造影的实验研究。经胸骨双侧缘T_5平面以下分成深肌组、浅肌组和皮内组作多点注射，并在注药后5、10、15、20、25min摄侧位胸片，其中2只犬作造影前后CT扫描。结果造影剂注入锁骨中线内侧区域的浅肌层后5～10min，可清晰显示第2、3前肋间的内乳淋巴结及引入淋巴管。CT扫描可提高诊断效果。临床常见转移的内乳淋巴结增大不显著，占手术中的18.5%～20.0%，由于人体内乳淋巴结分布在胸骨旁第1～6肋间隙的深部软组织中，体表难以触及，其淋巴双侧和深浅之间均存在交通支，故传统的影像学检查方法，术前几乎难以作出明确诊断，CT扫描对于这部分隐性转移淋巴结也难以作出明确判断，而这些转移淋巴结又是术后肿瘤复发及计划放射治疗区域的重要定位。该实验证实内乳间接淋巴造影操作简便、安全，定位显示较明确。造影能否成功的关键是选择好注射部位和深度及掌握好摄片时间。该造影可以在一定时间内较完整地观察到内乳淋巴引流的走行全程和其引入淋巴结的形态，较之CT扫描单纯评价内乳淋巴结能提供更多的诊断信息，对于早期发现乳腺癌内乳淋巴转移，制定正确的治疗方案和判断预后具有重要意义。

述评　乳腺癌的病灶在乳房中央及内侧者内乳淋巴结的转移率为22%，Ⅱ、Ⅲ期的患者内乳淋巴结的转移率亦高达17%。多年来乳腺癌患者内乳淋巴结转移灶用传统的影像学检查难以作出明确诊断。该研究应用先灵造影剂伊索显可清晰显示内乳淋巴结部位、轮廓和大小，同时还能观察到内乳与腋下淋巴结的深组交通引流。该法如能应用于临床，为彻底清扫内乳淋巴结提供了影像学的依据。

（吴德敬）

抗乳腺癌人单克隆抗体的制备及其应用的实验研究（中国医学科学院学报 1996;18(3):177） 医科院王树惠等认为人源性单抗是解决单抗在临床诊断和治疗应用中的关键因素。作者用乳腺癌患者术后腋下淋巴结经物理方法得到淋巴细胞，再与大鼠骨髓瘤细胞 SHM-D33 融合，经筛选后得到分泌抗乳腺癌人单克隆抗体的杂交瘤细胞株 CM-1，经 ELISA 和琼脂免疫双扩散法分析 CM-1 细胞株分泌的抗体为人 IgM(λ 轻链)。用 PAP 免疫组化法分析，CM-1 单抗与被测乳腺癌组织（腺癌、导管癌和肉瘤）呈强阳性反应，与乳腺纤维腺瘤、其他肿瘤组织及正常组织均无反应。在裸鼠移植瘤放射免疫显像(RII)中，先建立裸鼠人乳腺癌的移植瘤模型，用人单抗-同位素偶联物^{131}I-CM-1 在荷瘤裸鼠体内定位分析，发现^{131}I-CM-1 与移植瘤呈特异性结合，移植瘤显像清晰，CM-1 单抗亲和力好。同样方法对乳腺癌志愿者腋下淋巴结转移灶定位显像分析，发现在双手注射^{131}I-CM-1 偶联物 3d 后，患者患侧明显显像，术后证实显像部位为转移淋巴结，基本能达到腋下淋巴结转移灶定位，在 RII 诊断中未见不良反应。在裸鼠移植瘤导向治疗试验中，发现应用 CM-1-药物（PYM，平阳霉素）偶联物对移植人乳腺癌的生长抑制率为 95%，而同等剂量的游离药物(PYM)的抑制率为 58%，对动物其他正常脏器未发现毒性改变，显示了 CM-1 与药物 PYM 偶联物对移植人乳腺癌的生长有明显的抑制作用。通过该实验，作者认为用细胞融合的方法可以制备分泌人单抗的人-人杂交瘤。该实验的 CM-1 是一株分泌抗乳腺癌人单抗稳定、特异性好的杂交瘤细胞株，并且以其作为药物导向载体进行人乳腺癌治疗将克服鼠单抗的缺点，显示了其在临床诊断和治疗乳腺癌中的光明前景。

（王　毅）

述评　利用细胞杂交瘤技术制备人单克隆抗体在临床诊断和治疗的应用尚处在研究阶段。该研究获得分泌抗乳腺癌人单克隆抗体的杂交瘤细胞株 CM-1，其稳定性好，特异性强，抗体含量高。CM-1 经放免显像基本能达到腋下淋巴结转移灶定位，与药物偶联对癌有明显抑制作用。

（吴德敬）

腹壁、腹腔

本年度共收集到有关腹壁、腹腔和腹膜后间隙疾病文献88篇，纳入回顾22篇（占25.0%）；列入文选6篇（占6.8%）。

一年回顾

一、腹壁

（一）腹外疝

近年来，随着对腹股沟疝发生机制和腹股沟区生物力学认识的不断深入，腹横筋膜在腹股沟疝修补术中的重要作用愈来愈受到重视。南通医学院二院[1]*观察了18具用福尔马林固定的男尸腹股沟区腹横筋膜弓的局部解剖，发现在腹横筋膜表面有32例（88.9%）存在一明显增厚呈弓状的腹横筋膜弓，一般起于腹内斜肌和腹横肌弓状缘的中、内1/3交界处，呈弓状向下至内环上方。研究发现，在腹内斜肌和腹横肌弓状缘水平可见腹横筋膜弓者17例（53.1%），而位于弓状缘上方水平者15例（46.9%）。腹横筋膜弓最大宽度＜3mm者7例（21.9%）；3～5mm者21例（65.6%）；5mm者4例（12.5%）。腹横筋膜弓最高点距腹股沟韧带上缘垂直距离为28.0±6.7mm。作者在以上研究基础上试行改良腹股沟疝腹股沟管后壁修补法，即在腹股沟韧带上方2.5～3.0mm处，从皮下环内侧脚最高处切开腹外斜肌腱膜至内环处，高位结扎疝囊，紧缩内环后，在精索后方将切开的腹外斜肌腱膜下叶置于腹内斜肌和腹横肌弓状缘深面，并与腹横筋膜弓缝合，内侧与联合腱缝合，这样可能避免以往常规修补腹股沟管后壁方法所带来的缝合张力过大，以及由于解剖结构扭曲等因素所导致的疝复发，尤其适合那些腹外斜肌腱膜较为松弛的患者。但是，要注意并非所有病人都存在腹横筋膜弓，还有些病人腹横筋膜弓的位置较深，如果术中过分地剥离和显露有可能增加一些术后并发症，值得引起注意。

腹股沟疝是一种典型的解剖缺陷性疾病，原则上应该按照解剖结构异常的类型和程度等进行分类。传统的分类方法将腹股沟疝分为斜疝、直疝和股疝。显然，这种分类方法过于笼统，仅仅反映了腹腔内脏器在腹腔外突出的最初薄弱部位所在。解放军282医院和山东肥城矿务局医院[2,3]结合临床实践介绍了腹股沟疝分型的新概念和术式选择，其主要内容基本上是参照近年来国际上对腹股沟疝内环的解剖功能状态、腹横筋膜和腹直肌腱膜的完整性以及量化指标进行分型，Ⅰ～Ⅲ型为斜疝，Ⅳ、Ⅴ型为直疝，Ⅵ型为混合疝，Ⅶ型为股疝。这些分型较为合理，内容丰富，为术式选择和疗效评价提供了客观依据。

腹股沟疝修补术虽然是普通外科小手术，但是这类手术仍然可以发生一些副损伤和手术并发症，尤其是小儿腹股沟疝手术。这些情况虽然多数无生命危险，但是有可能引起一些医患纠纷，本年度有关腹股沟疝手术副损伤和并发症的文献相对较多，显示出人们对这些问题越来越重视的程度。苏州医学院一院[4]介绍了腹股沟疝手术中副损伤的预防和治疗经验，指出腹股沟疝手术神经损伤后常常表现在切口下、内方的小三角区域内有不同程度的皮肤感觉异常、麻木或疼痛，以后如果已经形成神经瘤则有疼痛感且不宜自愈。如果系生殖股神经损伤则疼痛偏向耻骨结节，同时逐渐丧失同侧睾丸悬吊功能和提睾反射，股支损伤的病人可能有股伸肌麻痹现象。熟悉腹股沟区的解剖结构是预防神经损伤的关键。在整个手术操作过程中均应警惕神经损伤的发生，尤其在复发疝、巨大疝、滑动疝修补过程中。如果手术中发现有损伤应及时处理。在外科教科书中很少提及小儿腹股沟疝修补手术后睾丸回升这一手术并发症，多数外科医师对这一问题的出现原因、严重性和处理等知道的并不多。江苏沛县医院[5]*报道7例小儿腹股沟疝修补术后睾丸回升，并结合文献进行分析。7例患儿手术时年龄为2～6岁，睾丸回升侧均为原来腹股沟疝手术侧，其中右侧斜疝4例，左侧斜疝2例，双侧斜疝1例；2例为嵌顿疝急诊手术，均无合并隐睾病史。原手术中6例行疝囊高位结扎、疝囊远端留置原位，1例切除远端疝囊；2例术中切开腹股沟管，4例未切开腹股沟管，1例资料不祥。术中明确有髂腹股沟神经和髂腹下神经解剖者2例，精索血管损伤2例，术后阴囊血肿2例，嵌顿疝术后切口感染1例。术后有明确睾丸在阴囊内记录者5例，未记录睾丸位置者1例，不明确1例。发现睾丸回升而就医时为术后2个月～3年。该组病人均行再次手术探查，术中见患睾体积与对侧等大、质地较软3例；体积＜对侧1/3者1例；＜对侧1/2者1例，其余2例体积与对侧相比无差异。睾丸精索与周围组织粘连较重4例，2例提睾肌僵硬、强直、弹性消失，呈挛缩纤维化外观，1例睾丸嵌塞于阴囊高位粘连的鞘膜囊中。行睾丸固定术5例，经随访3年余除1例睾丸体积略小于对侧外，其余4例未再发生睾丸回升和挛缩纤维化。1例因睾丸附睾不连行睾丸切除术，1例因睾丸质地坚硬疑为睾丸肿瘤而行根治性睾丸切除术，术后病理证实为睾丸萎缩纤维化。现在一般认为术后发生的睾丸回升一般为粘连、缺血挛缩等一些机械性因素造成的，手术中要求细致的解剖、轻柔操作，必要时温盐水湿敷或封闭精索以保护精索血管，避免过度牵拉组织，术中应妥善止血，预防术后局部出血和感染。手术结束时应该检查睾丸位置，务必置睾丸于阴囊的低位。针对一些医疗单位开展了腹股沟疝药物局部注射治疗后未能治愈病例明显增多的现象，重庆医大儿童医院[6]对近1年来收治的13例未愈病儿的手术治疗进行总结和探讨，全组13例均为男性，年龄1～11岁，入院前均有药物腹股沟注射治疗和中药袋局部压迫治疗史，注射次数为1～3次。全组病例中1例注射后发生医源性隐睾，而行精索游离、睾丸固定手术；另外12例行疝囊高位结扎术。手术中探查发现腹股沟管区皮下至精索组织有不同程度的纤维粘连，多数患儿皮下组织与腹外斜肌腱膜由于纤维组织粘连而分界不清，疝囊明显增厚，与提睾肌、精索内筋膜、精索血管、输精管粘连，切开疝囊前壁后发现疝囊后壁多由于粘连而不易提出，以致横断疝囊较困难，甚至破损，向疝囊高位游离时也极易撕裂，增加了术后复发可能性。部分患儿术中见到精索血管不同程度变细，其中3例分离粘连的疝囊壁时未能找到输精管，1例输精管变细，呈一白色细索样结构。该文清楚地显示，小儿腹股沟疝药物注射治疗后的一些严重并发症，对于注射治疗后未能治愈的患儿这些并发症和未能愈合的腹股沟疝的处理是相当困难的；并且即使注射后疝能够治愈的患儿可能也存在一些并发症，应该引起我们的足够重视。在这里我们还是应该再次强调和重申目前国内已经比较公认的小儿腹股沟疝的处理原则：病程在半年以内的患儿部分可能自愈，可以暂时随访观察；病程半年以上的患儿应该首选手术治疗。注射治疗并发症多，严重、复杂，疗效不确实，不能再予以推广应用。

（二）腹壁疾病

脐膨出是一种先天性腹壁发育不全，腹腔内脏通过脐部周围缺损脱出于腹腔外，属于临床上较少见的新生儿外科急症，若延误诊治常常导致肠坏死、肠穿孔或囊膜破裂、内脏脱出等，直接威胁患婴的生命。华西医大一院[7]*报道10例新生儿脐膨出诊断和治疗经验，男8例，女2例，就诊时间在出生后24h内8例，＞24h 2例，除1例为早产儿，其余均为足月儿。按照腹壁缺损程度分为小型8例和巨型2例。小型脐膨出表现为膨出囊较小，腹壁缺损直径小于5cm，膨出内容除1例含有少部分肝脏外仅为肠管；巨型脐膨出膨出囊较大，如胎儿头，腹壁缺损直径分别为6cm和8cm，膨出内容物除肠管外，还有肝、脾和膀胱。有5例伴有1～3种其他畸型（包括肠旋转不良、Meckel憩室、巨结肠、隐睾、脐尿管瘘等）。该组除1例巨型脐膨出因膨出脏器过多，腹壁缺损达8cm需行二期修补术外，均行一期修补术。手术包括囊膜切除、内脏还纳以及缺损腹壁分层缝合等，若内脏复位困难，可先用手法延伸腹壁，使腹腔增大，以减少缝合的张力。9例治愈，1例并发新生儿肺炎和硬肿症死亡。治愈者经3个月～5年随访均生长发育正常。由此可见，争取早期修复是本病处理的关键之一，早期手术肠道积气少，腹胀轻，膨出囊膜弹性良好，无感染，有利于肠管和脏器还纳和一期修补。对于小型和部分巨型脐膨出者可以直接缝合腹膜、肌膜和皮肤；对于膨出脏器较多、腹壁缺损过大者，则以二期修补术为宜，以免强行还纳使腹内压剧增，影响呼吸和循环功能。

二、腹膜

腹膜间皮瘤临床上较少见，临床表现无特异性，诊断极其困难。航天工业总公司711医院[8]总结了1951～1994年国内报道的236例腹膜间皮瘤，这是目前国内最大样本的临床报告。该组病例中局限型56例，弥漫型146例，其他34例；有组织学分型者149例，其中上皮型46例(30.9%)，纤维型27例(18.1%)，混合型72例(48.3%)，未分化型4例

(2.7%)。其主要临床表现为腹部肿块(74.5%)、腹痛(50.6%)、体重下降(41.9%)、腹胀(35%);主要体征为腹部肿块(83.7%)、消瘦(46.5%)和腹水(28.9%)。该病临床症状和体征均无特异性,误诊的病种达30种,最常误诊的疾病是腹膜后肿瘤、胰腺肿瘤、结核性腹膜炎,因而进一步深入研究本病的特异诊断方法和有效的治疗方法是一项重要的研究课题。南通医学院附院[9]介绍了应用超声实时显像仪诊断腹膜病变的经验,检查的49例腹膜病变均经过手术、腹腔镜和病理检查证实,其中结核性腹膜炎诊断符合率71.0%,转移性腹膜癌符合率75.0%,原发性腹膜肿瘤符合率90.0%。作者指出通过超声对腹膜改变、肿块以及周围脏器关系的观察有助于疾病性质的诊断。

北医大[10]采用免疫电镜方法研究大鼠实验性腹膜炎自愈期间垂体前叶ACTH细胞的变化。正常组大鼠ACTH细胞形状不规则,常伸出突起走行于其他内分泌细胞之间,Golgi复合体不发达,粗面内质网轻度扩张,细胞内有大小不等分泌颗粒,呈圆、椭圆、长杆状或不规则形,常沿胞膜分布,分泌颗粒没有或少量金颗粒标记。实验组大鼠按0.65 ml/kg无菌松节油腹腔注射制备实验性腹膜炎模型,注射1d后ACTH细胞超微结构未见明显变化,分泌颗粒的金标密度较对照组明显增多;注射3d后细胞内粗面内质网和核周隙明显扩张,Golgi复合体发达,分泌颗粒的金标密度明显增高;注射5d后粗面内质网亦呈明显扩张,但核周隙无明显扩张,Golgi复合体仍较发达,分泌颗粒的金标密度较对照组明显增高;注射7d后粗面内质网仍略有扩张,分泌颗粒的金标密度仍较对照组高。研究表明在大鼠实验性腹膜炎自愈期间腺垂体ACTH细胞内Golgi复合体发达,粗面内质网扩张,细胞分泌颗粒内ACTH含量明显增多,表明在此期间ACTH细胞分泌ACTH的功能增强,参与了腹膜炎自愈过程的调节。

三、网膜、系膜

临床上大网膜经常作为一种组织移植修复材料应用于创面的修复。近年来人们发现将大网膜移植于脑、脊髓后可以很快形成新生血管,对中枢神经系统的一些缺血性疾病具有明显保护和治疗作用。然而,有关人体大网膜移植后新生血管形成的确切机制尚未完全明了。镇江市一院[11]*针对大网膜移植后具有很快形成新生血管能力的现象,对人体大网膜的血管生长作用进行研究。以外科手术中切除的人大网膜为研究材料,分离、提取脂质血管生长因子(LAF),并与人脂肪组织提取对照比较。大网膜纯化物光谱分析结果显示,吸收峰在255 nm处,表明纯化物质为脂质,高效薄层层析显示有一条特异光带,其Rf值为0.14,表明人大网膜存在丰富的LAF,大网膜纯化脂质不同于人体其他普通脂质。在提取大网膜LAF的基础上,进一步观察了其对兔角膜形成毛细血管的影响,发现在兔角膜基质层注射后第4天开始生长出新血管,由角膜的边缘血管向注射区延伸,第8天形成网状新生血管;而局部注射人体脂肪提取物、人血浆和脓液等均未见出现新生血管形成。组织切片检查发现在兔角膜局部注射LAF后角膜基质形成了丰富的毛细血管;而注射脓液的兔角膜第2天出现角膜混浊、流泪等严重角膜炎症表现,第6天时有1只炎症最严重的角膜出现新生血管,但是待炎症逐渐消退后新生血管也逐渐减少直至消失。该研究表明,人大网膜组织存在丰富的LAF,其理化和生物学特性与人体其他脂肪提取物明显不同,大网膜LAF具有迅速促进组织新生毛细血管形成的能力。

肠系膜上动脉综合征(又称为Wilkies综合征)临床上较为少见。武汉协和医院[12]报道25例,男18例,女7例,年龄10~63岁,均经手术证实为肠系膜上动脉综合征。全组病人均有程度不同呕吐胆汁、体重减轻、营养不良、贫血等。15例有间歇性高位梗阻伴餐后或体位不适。25例病人X线检查均发现十二指肠第一、二部扩张,十二指肠粘膜褶皱呈突然斜行受压,左侧卧位后解除,梗阻近端钡餐往返运动和逆行运动、排空延迟。25例病人均经1~2周保守治疗后择期手术治疗,其中1例行十二指肠移动术(Strong手术),2例行胃空肠吻合术,12例行十二指肠空肠侧侧吻合术,4例行十二指肠空肠Y型吻合术,2例行胃次全切除术,Treitz韧带松解术。25例均获治愈,临床治疗效果满意。现认为肠系膜上动脉综合征主要是肠系膜上动脉分出部位过低,肠系膜上动脉和腹主动脉之间角度狭窄,正常人这个角度约40°~60°,由于十二指肠的第二段在腹膜后位置比较固定,其上升部被十二指肠悬韧带悬吊固定于后腹膜,所以如果肠系膜上动脉与腹主动脉之间角度过小,就可能由于肠系膜上动脉将十二指肠横段和上升段压迫于椎体而造成肠腔狭窄和梗阻。本病的诊断主要依据较典型的临床表现和X线造影检查结果,但应该注意与溃疡病、憩室、炎症和癌症等疾病的鉴别。在手术治疗方式选择上,目前多主张采用十二指肠空肠侧侧吻合术;对于部分胃潴留情况特别严重者可以考虑采用胃空肠吻合术并迷走神经干切断手术;对于同时合并胃溃疡、十二指肠球部溃疡等疾病者行胃次全切除手术。北京医大一院[13]报道13例肠系膜囊肿，其中小肠系膜囊肿6例，结肠系膜囊肿6例，小肠和结肠系膜各有一囊肿1例。12例为良性，1例为低度恶性血管外皮瘤，9例行囊肿完整摘除手术，4例连同囊肿及其相邻的部分肠管、系膜扇形切除，临床疗效满意。怀化地区一院[14]报道原发性肠系膜恶性肿瘤15例，均为各种组织来源的肉瘤，均表现为腹部肿块和腹痛。手术前很难明确诊断，作者强调尽可能将病变肠系膜整块性大范围切除。

四、腹腔

江苏启东市医院[15]报道39例小儿腹部肿块的CT检查、诊断经验。该组病例定位诊断正确率达到95%，定性诊断正确率69.2%。作者指出，CT检查有助于小儿腹部肿块的定性和定位诊断，为临床估计手术切除可能性和制定正确的治疗方案提供依据。哈尔滨医大三院[16]报道40例腹腔原发性恶性淋巴瘤的诊断和治疗经验，指出因临床上常没有特殊的症状和体征，手术前容易误诊。在40例病人中肿瘤完全切除者仅为13例，多数病人在明确诊断时肿瘤已经广泛扩散，失去了手术切除机会，强调早期诊断的重要性。手术后辅助性化疗中以含有阿霉素或表阿霉素的方案为首选。

腹腔动脉的局部应用解剖具有重要的临床意义，正确地掌握腹腔动脉分支类型和解剖变异对指导腹腔手术、腹腔动脉造影术具有重要价值。空军医高专[17]在156具成人尸体上解剖观察腹腔动脉的分支类型，可分为7型，25群。Ⅰ型为胃左动脉、肝动脉、脾动脉形成共干，肠系膜上动脉独立发自腹主动脉，共出现136例(87.18%)。Ⅰ型中1群为不出现副肝动脉和副胃动脉的所谓正常型，2群至10群发出副肝动脉或副胃动脉；Ⅱ型为胃左动脉独自发自腹主动脉，而肝总动脉和脾动脉形成共干后发自腹主动脉，共出现7例(4.49%)；Ⅲ型胃左动脉独立发自腹主动脉，而肝总动脉、脾动脉和肠系膜上动脉形成共干后发自腹主动脉，共出现1例(0.64%)；Ⅳ型为胃左动脉、肝总动脉、脾动脉和肠系膜上动脉共同形成共干后发自腹主动脉，共出现5例(3.21%)；Ⅴ型为胃左动脉和脾动脉形成共干，而肝总动脉和肠系膜上动脉形成共干后发自腹主动脉，共出现3例(1.92%)；Ⅵ型为胃左动脉和脾动脉形成共干，而肝总动脉缺如，出现从肠系膜上动脉出发走行在门静脉背侧的右副肝动脉，共出现3例(1.92%)；Ⅶ为胃左动脉、肝总动脉、脾动脉和肠系膜上动脉均独立发自腹主动脉，只出现1例(0.64%)。上述腹腔动脉的分支类型和解剖变异具有重要的临床意义，例如在Appleby手术前要特别注意确定有无副肝动脉存在，如果忽视了这个问题手术后有少数病人往往引起肝脏的缺血性坏死等严重并发症，这可能是由于没有副肝动脉对肝脏的供血所致；此外在贲门部胃切除术和肝脏部分切除手术中要特别注意有无从胃左动脉发出的左副肝动脉、肝固有动脉或者右副肝动脉发出的副胃动脉。该研究中左副肝动脉出现29例(18.59%)，副胃动脉出现14例(8.97%)，左副肝动脉是肝左叶的营养血管，有人主张术前应作动脉造影，对于腹腔动脉分支类型解剖变异的确认，以及手术方式的选择等具有重要意义。

五、腹膜后间隙

腹部钝性损伤所引起的腹膜后血肿的处理是临床上一个棘手问题，处理中的关键问题是伤员是否合并有腹膜后脏器损伤，是否需要进行腹膜后血肿的探查。蚌埠医学院附院[18]*回顾分析该院1982～1992年间腹部钝性损伤所致腹膜后血肿49例治疗经验，该组病例中手术探查38例，占77.6%。根据Wendell分类：Ⅰ区血肿38例，Ⅱ区血肿7例，Ⅲ区血肿2例，Ⅳ区血肿2例。在探查中发现28例有脏器损伤，其中胰腺损伤8例(胰头伤合并十二指肠伤2例，胰头伤1例，胰体尾伤5例)，肾脏伤9例，十二指肠伤5例，腹腔大血管伤2例，直肠破裂1例，膀胱破裂1例。合并损伤23例(肝破裂5例，脾破裂10例，胃和小肠破裂4例，肋骨骨折伴血气胸2例，腰椎压缩性骨折1例，股骨颈骨折1例)。该组病例中行胰十二指肠切除术1例，胰体尾脾切除术2例，胰腺裂伤修补术5例，十二指肠修补术2例，下腔静脉修补术1例。49例中死亡10例，其中出血性休克2例，严重感染、MOF 5例，多发伤1例，急性肾功能衰竭和呼吸功能衰竭各1例。作者分析指出，钝性腹部损伤所致的腹膜后血肿位置深，腹腔诊断性穿刺阳性率不高，手术中探查也较易遗漏腹膜后重要脏器损伤。对于合并休克的巨大腹膜后血肿，特别是Ⅰ区者应作手术探查，此处血肿往往并发脏器损伤。十二指肠损伤破裂后腹膜后血肿多为黑褐色、污泥状或有气泡存在，这对及时诊断和探查有重要指导意义。当然，除此之外还应注意到那些没有合并骨盆骨折或腰椎骨折的腹膜后血肿、巨大搏动性腹膜后血肿、胃管内有血性液体溢出等。这些情况往往合并有腹膜后重要脏器的损伤，均应引起足够重视，及时探查处理。

原发性腹膜后肿瘤临床上相对较为少见，手术前的定性和定位诊断常有一定的困难。北京医大一院[19]总结41例不同部位腹膜后肿瘤的CT表现，综合评价了CT对原发性腹膜后肿瘤的诊断意义，指出CT定位诊断灵敏度为64.7%，正确性为56.4%，表明CT检查对原发性腹膜后肿瘤的定位诊断较为可靠，对肿瘤性质的判断有一定的帮助，但对肿瘤病理组织学类型的估计则有一定的困难。内蒙古医学院附院、宁夏医学院附院等[20~22]介绍了手术治疗腹膜后肿瘤的临床经验，强调手术前准确的定位、肿瘤与周围脏器关系的明确以及合适的手术入路的选择在决定肿瘤彻底切除中具有重要意义，对于已经不能够一次彻底切除的较大腹膜后肿瘤可以采取肿瘤包膜内切除或者减瘤性手术，部分病人可在此基础上争取施行二期切除，仍然可以取得较好的临床疗效。

（王　强　王元和）

参　考　文　献

[1]* 金国华等. 南通医学院学报 1995;15(4):512

[2] 王永信等. 山西医药 1996;25(1):26

[3] 邹海东. 综合临床医学 1996;12(4):175

[4] 陈易人. 中国实用外科杂志 1996;16(8):465

[5]* 朱继峰等. 天津医药 1996;24(4):238

[6] 周德凯等. 中华小儿外科杂志 1996;17(4):202

[7]* 钟　麟等. 中国修复重建外科杂志 1996;10(1):47

[8] 彭德银. 中国肿瘤临床与康复 1996;3(2):73

[9] 成建萍等. 南通医学院学报 1995;15(4):572

[10]* 虞培玲等. 解剖学报 1996;27(2):195

[11]* 袁志诚等. 江苏医药 1996;22(5):301

[12] 史显武等. 临床医学 1996;16(9):40

[13] 邢墨儒等. 普外临床 1996;11(1):57

[14] 杨隆光. 中国普通外科杂志 1995;4(6):369

[15] 沈　波. 临床外科 1996;4(2):97

[16] 崔淑珍等. 实用肿瘤学杂志 1996;(1):63

[17] 李相万等. 中国临床解剖学杂志 1996;14(1):46

[18]* 吴允明等. 蚌埠医学院学报 1996;21(1):19

[19] 唐光健等. 中华放射学杂志 1996;30(4):229

[20] 和　钢等. 实用肿瘤杂志 1995;10(4):227

[21] 李建中等. 宁夏医学 1996;18(2):83

[22] 葛来增等. 肿瘤防治研究 1996;23(4):247

文　选

小儿腹股沟疝术后睾丸回升（附7例分析）（天津医药 1996;24(4):238）　江苏沛县医院朱继峰等报道7例小儿腹股沟疝修补术后睾丸回升，并结合文献进行分析。7例均为作者1981～1991年收治的患儿，手术时年龄为2～6岁，睾丸回升侧均为腹股沟疝手术侧，其中右侧斜疝4例，左侧斜疝2例，双侧斜疝1例，2例为嵌顿疝急诊手术，均无隐睾史。原手术中6例行疝囊高位结扎、疝囊远端留置原位，1例切除远端疝囊，2例术中切开腹股沟管，4例未切开腹股沟管，1例资料不祥。术中明确有髂腹股沟神经和髂腹下神经解剖者2例，精索血管损伤2例。术后阴囊血肿2例，嵌顿疝术后切开感染1例。术后有明确睾丸在阴囊内记录者5例，未记录睾丸位置者1例，不明确1例。术后发现睾丸回升而就医时为2个月～3年。体检在温暖环境中进行，通过牵拉患睾、使用镇静剂以及加压腹股沟管等，未能发现阴囊内有睾丸或者睾丸始终未能接近阴囊底部，均为单侧阴囊回升。睾丸在阴囊高位4例，皮下环处3例（其中1例在加压后可进入腹股沟管）。该组病人均行再次手术探查，术中见患睾体积与对侧等大、质地较软3例；体积＜对侧1/3者1例；＜对侧1/2者1例，其余2例体积与对侧无差异。睾丸精索与周围组织粘连较重4例，2例提睾肌僵硬、强直、弹性消失，呈挛缩纤维化外观，1例睾丸嵌塞于阴囊高位粘连的鞘膜囊中。行睾丸固定术5例，经随访3年余除1例睾丸体积略小于对侧外，其余4例未再发生睾丸回升和挛缩纤维化。1例因睾丸附睾不连行睾丸切除术，1例因睾丸质地坚硬疑为睾丸肿瘤而行根治性睾丸切除术，术后病理证实为睾丸萎缩纤维化。作者指出，腹股沟疝手术睾丸回升后可能与以下因素有关：(1)术后精索的剥离面和睾丸鞘膜与周围组织粘连；(2)提睾肌缺血、挛缩纤维化；(3)手术时提拉睾丸于高位而术毕时未将睾丸放入阴囊。

（王　强）

述评　在外科教科书中极少提及小儿腹股沟疝手术后睾丸回升这一手术并发症，多数医师对这一问题的出现原因、严重性和处理等了解不多。1994年Surana等报道的627例患儿747例次的腹股沟疝手术中有9例术后发生睾丸回升，平均发生率为1.2%(Br J Urol 1994;73:580)。现在一般认为，术后发现的睾丸回升一般为粘连、缺血挛缩等一些机械性因素造成的。小儿腹股沟疝手术更要求细致的解剖、轻柔操作，必要时温盐水湿敷或封闭精索以保护精索血管，术中应妥善止血，预防术后局部出血和感染。手术中务必注意避免过度牵拉组织，手术结束时务必检查睾丸位置，置睾丸于阴囊的低位。

（王　强　王元和）

新生儿脐膨出的早期修复（中国修复重建外科杂志 1996；10(1)：47）　华西医大一院钟麟等报道10例新生儿脐膨出诊断和治疗经验，男8例，女2例，就诊时间在出生后24h内8例，＞24h 2例，除1例为早产儿，其余均为足月儿。按照腹壁缺损程度分为小型8例和巨型2例，小型脐膨出表现为膨出囊较小，腹壁缺损直径＜5cm，膨出内容除1例含有少部分肝脏外仅为肠管；巨型脐膨出膨出囊较大，如胎儿头，腹壁缺损直径分别为6cm和8cm，膨出内容物除肠管外，还有肝、脾和膀胱。有5例伴有1～3种其他畸型，包括肠旋转不良、Meckel 憩室、巨结肠、隐睾、脐尿管瘘等。该组除1例巨型脐膨出因膨出脏器过多，腹壁缺损达8cm行二期修补术外，均行一期修补术，手术包括囊膜切除、内脏还纳以及缺损腹壁分层缝合等，若内脏复位困难，可先用手法延伸腹壁，使腹腔增大，以减少缝合的张力。9例治愈，1例并发新生儿肺炎和硬肿症死亡。治愈者经3个月～5年随访均生长发育正常。作者指出，早期手术修复对挽救生命极为重要，因早期手术肠道积气少，腹胀轻，膨出囊膜弹性良好，无感染，有利于肠管和脏器还纳和一期修补。对于小型和部分巨型脐膨出者可以直接缝合腹膜、肌膜和皮肤；对于膨出脏器较多、腹壁缺损过大者，则以二期修补术为宜，以免强行还纳使腹内压剧增，影响呼吸和循环功能。

（王　强）

述评　脐膨出是一种先天性腹壁发育不全，腹腔内脏通过脐部周围缺损脱出于体腔外，属于临床上较少见的新生儿外科急症，若延误诊治，常常导致肠坏死、肠穿孔或囊膜破裂、内脏脱出等，直接威胁患婴的生命。争取早期修复是本病处理的关键之一。目前比较一致的看法是除巨型肠膨出或伴有其他严重畸形、全身情况极差、低体重儿外，均应积极争取施行一期修补术，对于巨型脐膨出者，为避免造成腹内压力过高，多主张二期修补术。该文作者对新生儿脐膨出的早期处理、术式选择以及影响手术预后因素的经验和分析等值得在临床工作中借鉴。

（王　强　王元和）

腹股沟区腹横筋膜弓应用解剖学研究（南通医学院学报 1995；15(4)：512）　南通医学院二院金国华等观察18具福尔马林固定男尸腹股沟区腹横筋膜弓的局部解剖，剥离腹股沟区皮肤和皮下脂肪，自髂前上棘水平切开腹外斜肌腱膜至腹直肌外侧缘，然后沿腹直肌外侧缘切开至耻骨结节，将腹外斜肌腱膜翻向外下方，观察腹横筋膜表面腹横筋膜弓的出现率，测定腹横筋膜弓的最大宽度以及腹横筋膜弓最高点距腹股沟韧带上缘的垂直距离。通过对36例腹股沟区解剖发现，在腹横筋膜表面有32例(88.9％)存在一明显增厚呈弓状的腹横筋膜弓，一般起于腹内斜肌和腹横肌弓状缘的中、内1/3交界处，呈弓状向下至内环上方。在腹内斜肌和腹横肌弓状缘的水平可见腹横筋膜弓者17例(53.1％)；而位于弓状缘上方水平者15例(46.9％)。腹横筋膜弓最大宽度＜3mm者7例(21.9％)；3～5mm者21例(65.6％)；5mm者4例(12.5％)。腹横筋膜弓最高点距腹股沟韧带上缘垂直距离为(28.0±6.7)mm。作者在以上应用解剖研究的基础上，试行改良腹股沟疝腹股沟管后壁修补法，即在腹股沟韧带上方2.5～3.0mm处，从皮下环内侧脚最高处切开腹外斜肌腱膜至内环处，高位结扎疝囊、紧缩内环后，在精索后方将切开的腹外斜肌腱膜下叶置于腹内斜肌和腹横肌弓状缘深面，并与腹横筋膜弓缝合，内侧与联合腱缝合，这样可能会避免以往常规修补腹股沟管后壁方法所带来的缝合张力过大，以及解剖结构扭曲等因素所导致的疝复发。

（王　强）

述评　近年来随着对腹股沟疝发生机制和腹股沟区生物力学认识的不断深入，腹横筋膜在腹股沟疝修补术中的重要作用愈来愈受到重视。该研究观察了腹横筋膜弓的局部应用解剖，提出了腹股沟疝修补手术中腹股沟管后壁的改良修补方法，强调将切开的腹外斜肌下叶置于腹内斜肌和腹股沟管后壁的改良修补方法，强调将切开的腹外斜肌下叶置于腹内斜肌和腹横肌弓状缘深面，与腹横筋膜弓缝合，其内侧与联合腱缝合，这样可无张力地修补后壁，避免常规修补方法导致的缝合张力和正常解剖结构扭曲，尤其适应那些腹外斜肌腱膜较为松弛的患者。但是必须要注意，并非所有病人都存在腹横筋膜弓，还有些病人腹横筋膜弓的位置较深，如果术中过分地解剖和暴露，有可能会增加一些术后并发症，应该引起重视。

（王　强　王元和）

腹部钝性损伤致腹膜后血肿（蚌埠医学院学报 1996；21(1)：19）　蚌埠医学院附院吴允明等回顾分析该院1982年～1992年间腹部钝性损伤所致腹膜后血肿49例治疗经验。该组病例中手术探查38例，占77.6％，根据 Wendell 分类：Ⅰ区血肿38例，Ⅱ区血肿7例，Ⅲ区血肿2例，Ⅳ区血肿2例。在探查中发现28例有脏器损伤，其中胰腺损伤8例(胰头伤合并十二指肠伤2例，胰头伤1例、胰体尾伤5例)，肾脏伤9例，十二指肠伤5例，腹腔大血管伤2例，直肠破裂1例，膀胱破裂1例。合并损伤23例：肝破裂5例，脾破裂10例，胃和小肠破裂4例，肋骨骨折伴血气胸2例，腰椎压缩性骨折1例，股骨颈骨折1例。该组病例中行胰十二指肠切除术1例，胰体尾脾切除术2例，胰腺裂伤修补术5例，十二指肠修补术2例，下腔静脉修补术1例。49例中死亡10例，其中出血性休克2例，严重感染、MOF 5例，多发伤1例，急性肾功能衰竭和呼吸功能衰竭各1例。作者指出，钝性腹部损伤所致的腹膜后血肿位置深，腹腔诊断性穿刺阳性率不高，手术中探查也较易遗漏腹膜后重要脏器损伤。对于合并休克的巨大腹膜后血肿，特别是Ⅰ区者应作手术探查，此处血肿往往并发脏器损伤。十二指肠损伤破裂致腹膜后血肿多为黑褐色、污泥状或有气泡存在，这对及时诊断和探查有重要意义。

（王　强）

述评　腹部钝性损伤所引起的腹膜后血肿的处理是临床一个棘手问题，处理中的关键问题是伤员是否合并腹膜后脏器损伤，是否需要进行腹膜后血肿的探查。该文回顾分析了腹部钝性损伤后腹膜后血肿治疗经验，指出腹部钝性损伤所致的腹膜后血肿是否应探查的一个重要决定因素是血肿所在部位。按Wendell分类，Ⅰ区血肿应及时探查和处理。当然，除此之外还应注意到那些没有合并骨盆骨折或腰椎骨折的腹膜后血肿、巨大搏动性腹膜后血肿、胃管内有血性液体溢出、血肿内有气体或胆汁等，这些情况往往合并有腹膜后重要脏器的损伤，均应引起足够重视，及时探查处理。

（王　强　王元和）

大鼠实验性腹膜炎自愈期间腺垂体ACTH细胞的免疫电镜研究（解剖学报 1996；27(2)：195）　北京医大虞培玲等采用免疫电镜方法研究大鼠实验性腹膜炎自愈期间垂体前叶ACTH细胞的变化。正常组大鼠ACTH细胞形状不规则，常伸出突起走行于其他内分泌细胞之间。Golgi复合体不发达，粗面内质网轻度扩张，细胞内有大小不等，分泌颗粒，呈圆、椭圆、长杆状或不规则形，常沿胞膜分布，分泌颗粒没有或有少量金颗粒标记。实验组大鼠按0.65 ml/kg无菌松节油腹腔注射制备实验性腹膜炎模型，注射1d后ACTH细胞超微结构未见明显变化，分泌颗粒的金标密度较对照组明显增多，注射3d后细胞内粗面内质网和核周隙明显扩张，Golgi复合体发达，分泌颗粒的金标密度明显增高；注射5d后粗面内质网亦呈明显扩张，但核周隙无明显扩张，Golgi复合体仍较发达，分泌颗粒的金标密度较对照组明显增高；注射7d后粗面内质网仍略有扩张，分泌颗粒的金标密度仍较对照组高。该项研究显示在大鼠实验性腹膜炎自愈期间腺垂体ACTH细胞内Golgi复合体发达，粗面内质网扩张，细胞分泌颗粒内ACTH含量明显增多，表明在此期间ACTH细胞分泌ACTH的功能增强，参与了腹膜炎自愈过程的调节。

（王　强）

述评　该项研究采用免疫电镜技术，通过细胞超微结构和相对定量方法观察了大鼠实验性腹膜炎自愈期间腺垂体ACTH细胞形态和分泌ACTH量的变化规律，表明在腹膜炎自愈过程中ACTH细胞功能明显增强，参与了自愈过程的调节，对认识腹膜炎的愈合及其调节因素等具有重要意义。有几个问题值得进一步商榷。实验中仅以腹腔内注射无菌松节油后时间的延续作为腹膜炎自愈的指标，并未直接显示腹膜腔内炎症程度与ACTH细胞分泌功能的直接联系。另一方面，腹腔内炎症程度、应激等与ACTH细胞分泌功能的关系，以及外周血ACTH浓度的变化等均有必要进行进一步的探索，这样将使研究结果更富有说服力，实验依据更加充分。

（王　强　王元和）

人体大网膜血管生长作用的研究（江苏医药 1996；22(5)：301）　镇江市一院袁志诚等针对大网膜移植后具有很快形成新生血管能力的现象，对人体大网膜的血管生长作用进行研究。以外科手术中切除的人大网膜为研究材料，分离、提取脂质血管生长因子(LAF)，并与人脂肪组织提取物对照比较。大网膜纯化物光谱分析结果显示吸收峰在255 nm处，表明纯化物质为脂质，高效薄层层析显示有一条特异光带，其Rf值为0.14，表明人大网膜存在丰富的LAF，大网膜纯化脂质不同于人体其他普通脂质。在提取大网膜LAF的基础上，进一步观察了其对兔角膜形成毛细血管的影响，发现在兔角膜基质层注射后第4天开始生长出新血管，由角膜的边缘血管向注射区延伸，第8天形成网状新生血管；而局部注射人体脂肪提取物、人血浆和脓液等均未见出现新生血管形成。组织切片检查发现在兔角膜局部注射LAF后角膜基质形成了丰富的毛细血管；而注射脓液的兔角膜第2天出现角膜混浊、流泪等严重角膜炎症表现，第6天有1只炎症最严重的角膜出现新生血管，但是待炎症逐渐消退后新生血管也逐渐减少直至消失。该研究表明，人大网膜组织存在丰富的LAF，其理化和生物学特性与人体其他脂肪提取物明显不同，大网膜LAF具有迅速促进组织新生毛细血管形成的能力。

（王　强）

述评 临床上大网膜经常作为一种组织移植修复材料应用于一些组织创面的修复。近年来人们发现，将大网膜移植于脑、脊髓后可以很快形成新生血管，对中枢神经系统的一些缺血性疾病具有明显保护和治疗作用。然而，有关人体大网膜移植后新生血管形成的确切机制尚未完全明了。该项实验研究明确证实，人大网膜组织中存在丰富的LAF，能够促进新生血管的形成，表明大网膜存在其组织特异性的血管生长物质，为认识大网膜移植后新生血管形成的机制提供了实验依据。这里当然也应指出LAF可能仅仅属于这类促进新生血管形成物质的一种，在大网膜移植后血管内皮细胞的生成、新生血管的生长、微循环的构筑等方面可能还存在其他一些作用明显的血管活性因子，其作用环节和机制有待于进一步认识。

（王　强　王元和）

肝、胆、胰、脾

Ⅰ. 肝脏外科

本年度共收集文献358篇，纳入回顾117篇（占32.6%），收入文选33篇（占9.2%）。

一年回顾

一、肝癌的基础与实验研究

（一）肝脏损伤的病理生理学研究

肝脏损伤主要是缺血再灌注、抗氧化等方面引起的损伤。三军医大[1]通过观察大鼠肝细胞线粒体丙二醛（MDA）、超氧化物歧化酶（SOD）、谷胱甘肽过氧化物酶、过氧化氢酶及AFP含量，发现维生素E（V_E）能显著提高抗氧化酶尤其是SOD的活性，减轻脂质过氧化损害，改善线粒体功能，但V_E组24月龄大鼠HC线粒体MDA升高显著，提示外源性V_E并不能完全纠正已形成的脂质过氧化损害。中科院药研所[2]*报道了NO在卡介苗加大肠杆菌内毒素（BCG＋LPS）诱导的免疫性肝损伤中起重要作用。当NO合成被NO合成酶抑制剂——单甲基精氨酸（NMMA）抑制时，血浆NO水平降低，肝损伤程度却加重，此作用可被左旋精氨酸逆转。该实验发现NO合成被抑制后，出现血小板聚集与血管阻塞现象，并出现血流动力学改变，使肝损伤程度加重。作者推测，在免疫性肝损伤中NO似有双重作用。氧自由基生成参与肝脏缺血-再灌注损伤。但确切机制未明。最近发现血小板激活因子（PAF）是一种参与其中的重要炎症介质。南京铁道医学院附院[3]观察到肝组织在缺血再灌注损伤后PAF含量升高，且随再灌注时间延长而增高，血清酶学也有类似改变。海风藤酮（PAF拮抗剂）应用之后，肝组织PAF含量未降低，但MDA含量降低，肝功能好转，同时肝脏病理损伤明显减轻，提示PAF拮抗可能是治疗此种损伤的一种方法。肝脏缺血再灌注损伤中除PAF外，肿瘤坏死因子（TNF）、白三烯等也参与其中。上海长征医院[4]观察到D-氨基半乳糖（D-GL）诱发大鼠急性肝损伤模型中毒48 h后大鼠血浆中TNF-α、ALT、AST的活性较正常组升高，应用抗TNF-α单抗中和部分内源性TNF-α后血浆TNF-α、ALT、AST较D-GL组、抗CD_4 McAb组降低（$P<0.01$），肝内MDA、水含量降低，组织学检查也显示其细胞保护作用。二军医大[5]采用大鼠肝缺血再灌注模型观察了线粒体功能及抗氧化酶等的含量变化，证实了肝缺血再灌注后线粒体功能较单纯肝缺血所致线粒体功能损伤更为明显，持续性缺血再灌注后肝线粒体功能受影响程度较间断性缺血再灌注损伤为甚，说明后者对肝细胞线粒体功能影响较轻，与维持正常细胞内Ca^{2+}浓度和SOD活性、LPO（脂质过氧化物酶）无异常增高，从而保持了线粒体正常功能有关。

（二）肝脏的生理学研究

北医大人民医院[6]应用氚标记的吡拉明、甲氰咪胍体外标记——绞链接触法光镜放射自显影技术观察正常大鼠肝细胞及肝内各血管壁组胺H_1、H_2受体的定位分布，发现肝细胞以H_1受体为主，是H_2受体的18倍；肝静脉壁H_1受体也占绝对优势，是肝动脉和门静脉壁上的10倍。H_2受体在各血管壁上呈均匀分布。推测组胺引起门静脉压力增高可能是

通过肝静脉壁上的 H_1 受体介导的缩血管效应。

（三）肝再生的研究

武汉同济医院[7]观察了大鼠肝细胞在缺血损伤同时行肝部分切除后残肝再生的形态学改变，发现缺血后肝切除组大鼠残肝细胞有增殖反应，经丹参处理组的超微结构变化基本与对照组（单纯肝切除组）相同，说明丹参能保护肝细胞免遭或减轻缺血损害，丹参亦可促进肝糖原恢复，为再生提供更多能源；同时丹参组残肝 Kupffer 细胞与上述对照组同样活跃，可能与其对肝再生的影响有关。细胞因子已被证实是肝再生过程中的重要体液调节因素。重庆西南医院[8]* 发现大鼠在 60%～70%肝叶切除术后，再生肝 Kupffer 细胞分泌 TNF-α 在术后 6 h 急剧上升，而 24 h 后又明显下降，低于假手术（SO）组。术后 1 周 TNF-α 恢复到 SO 水平，表皮生长因子（EGF）含量 24～48h 才升高，48 h 后分泌 EGF 下降但仍高于 SO 组。作者认为，Kupffer 细胞在术后 1 周内能大量分泌 EGF，促进肝再生，而 TNF-α 可能仅在肝再生启动中发挥作用。

（四）肝癌的病因学

黄曲霉毒素与乙型肝炎病毒　黄曲霉毒素 B_1（AFB_1）是已发现的最强的化学诱癌剂。中山医大三院[9]用高效液相色谱荧光法精确测定人肝癌组织中 AFB_1 的含量，发现 30 例广东农村肝癌患者手术切除肝组织中 73.3%检出 AFB_1，而正常对照肝组织仅 40%检出微量 AFB_1，说明肝组织内 AFB_1 水平可能是肝癌发生的相关因素之一。北医大[10]利用 HBsAg 转基因小鼠自发致肝癌模型，研究了肝细胞癌及癌旁肝组织 c-myc、TGF-α、HGF、c-met、IGF-Ⅱ等基因的表达水平及 H-ras 基因突变，发现 IGF-Ⅱ在 51%的肝癌组织及 10%的癌旁组织表达，而其他基因无结构或表达异常，推测 IGF-Ⅱ在 HBV 感染导致肝癌的发生及癌变进展中起重要作用。安徽医大附院[11]对 65 例人肝细胞癌标本进行免疫组化测定组织细胞中的HBsAg和 AFP，结果提示二者主要存在于细胞浆中，HBV DNA 可以表达 HBsAg 抗原，致使肝细胞产生 AFP，促发肝细胞癌。肝细胞癌中的 AFP 反映了肝癌的细胞分化状态，比血清 AFP 更具有特异性。三军医大[12]应用地高辛标记探针原位杂交、PCR、PCR-SSCP 分别检测重庆地区（HBV 高感染、黄曲霉素中等含量区）38 例 HCC 中 HBV DNA 及 p53 基因突变，结果表明该地区 HCC 与 HBV 感染密切相关，HBV 可能与黄曲霉素协同作用，共同引起 p53 突变，进而在 HCC 发生发展中发挥重要作用。

癌基因　中国医大[13]应用免疫组化 ABC 与 PAP 法检测 66 例肝细胞癌和 15 例肝硬化组织，根据HBxAg、HBsAg 及 p 21 ras 的表达特点，分析了 HBxAg 与 p 21 ras 的关系，发现 HBxAg 在癌周与癌组织内均有高频率表达，癌组织内 HBxAg 阳性组 p21 的阳性率显著高于 HBxAg 阴性组（$P<0.01$），但癌周组织这种差异不显著，提示 HBxAg 与肝细胞的癌变有密切关系，在调控、调节 ras 基因表达上起重要作用。同济医大[14]在大鼠二乙基亚硝胺（DENA）诱癌过程中采用原位杂交技术检测 N-ras 和 c-myc 的表达状况，发现在癌变过程中 N-ras、c-myc 表达增高，且最早出现于小肝细胞及嗜碱性肝细胞灶，在晚期瘤样结节和肝癌中，c-myc 仍呈高表达，N-ras 在部分癌灶中不表达，作者认为二者的异常表达是大鼠肝癌变中较早出现的分子改变，与肝癌的启动有关，是肝癌形态发生的分子基础之一。作者还认为，该结果支持化学诱癌的启动阶段致使肝细胞正常分化途径阻断的假说。解放军 304 医院[15]应用免疫组织化学（ABC）法对 23 例人肝癌和癌变组织中 P53 突变蛋白进行检测，结果表明，肝癌组织中 P53 蛋白与 HBV、mRNA 表达存在着明显相关性（$P=0.00027$），其表达可引起 p 53基因突变，HBV 可能通过这一机制而引发肝癌。

丙型肝炎病毒　上海长海医院[16]* 研究发现应用 RT-PCR 检测 42 例肝细胞癌组织中 HCV RNA 正、负链时，肝组织中 HCV RNA 正、负链检出率分别为 54.8%和 35.5%。HCV RNA 的正链和负链在肝癌和癌旁肝组织中同时阳性的分别占 45.2%和 31.0%，血清 HCV RNA 和抗 HCV 阴性肝组织中 HCV RNA 检出率仍有 51.3%，肝组织 HCV RNA 与 HBV 感染状态无显著相关，从而推测 HCV 感染是 HCC 的另一病原学因素。血清 HCV RNA 和抗 HCV 阴性时不能排除其感染的可能性。四军医大[17]采用免疫组化方法，检测了 35 例人原发性肝内胆管细胞癌的癌和癌旁组织中 HCV C_{33c} 抗原、核心抗原及 HBxAg 的定位和分布，发现除 HBV 感染外，HCV 感染在胆管细胞癌的发生中可能起重要作用。作者[18]又用 HCV C 抗原单抗的免疫组化技术对 98 例肝硬化和 104 例 HCC 进行 HCV C 抗原检测，发现其较多定位于胞质、胞核之中，且汇管区淋巴细胞、单核细胞等亦呈阳性，推测 HCV 可以进入肝细胞和癌细胞的胞核中，且可直接侵犯汇管区各种细胞，可能通过其 C 基因蛋白的表达产物影响肝细胞基因组调控表达，进而影响细胞的增生、分化而致癌。

其他　长沙湘雅医院[19]应用特异性放射免疫

分析法测定了30例肝硬化、15例肝细胞癌和20例正常人的血清内皮素水平。结果表明，肝硬化组、肝癌组血浆内皮素水平明显高于正常组，肝硬化组中伴有腹水与不伴有腹水组血浆内皮素水平接近，故推测内皮素在肝硬化、肝癌的发生、发展中可能起着一定作用。

（五）肝癌的病理学

泉州市二院[20]应用图像分析技术对42例肝细胞癌细胞DNA含量进行定量测定。分析结果显示，高倍异倍体肝癌体现恶性度更高的生物学行为，肝癌在不同时间均处于浸润与包膜包围反复进行的过程中，高倍和低倍异倍体肝癌在癌周肝硬化和不典型增生上无显著差异，说明肿瘤的发展演变并不影响癌周肝组织的病理改变。近年增殖细胞核抗原（PCNA）抗体的广泛应用，为研究肝癌细胞增殖活性提供了新方法。三军医大[21]采用PCNA免疫组化标记与图像分析技术，对30例人体肝细胞癌与癌旁近癌肝组织的增殖活性进行了定量研究。结果表明，随肝癌分级升高，PCNA标记率有升高的趋势，结合病理形态分析，认为癌细胞PCNA含量增高与低分化癌细胞核增大关系密切，且用图像分析技术显示的PCNA标记数密度较常规计数法更为客观。作者[22]又采用免疫组化、双标免疫组化及图像分析技术观察了27例人肝细胞癌与癌旁肝AFP阳性细胞的量化形态特征及以其PCNA标记率显示的增殖活性，主要结论为：(1)AFP阳性与阴性癌及癌旁近癌肝细胞间难以用量化形态标准区分，核面积与核浆比提示癌旁AFP阳性肝细胞可能为尚无表型转化的癌前细胞；(2)大多数AFP阳性癌组织处于非增殖状态；(3)癌旁近癌肝可见AFP与PCNA双标阳性肝细胞。有关AFP阳性肝癌细胞的增殖活性问题仍需深入研究。三军医大[23]应用免疫组化法检测了88例HCC中nm23-H_1蛋白的表达，发现这个定位于人体17号染色体长臂的转移抑制基因蛋白的表达与HCC体积、组织分型及Edmondson分级无关，而在肝内或肝外转移中起重要作用，有可能成为评价HCC病人预后的新指标之一。HCC突破包膜生长，侵袭门静脉并形成门脉癌栓继而沿门静脉血流形成肝内播散，是HCC侵袭和转移的主要表现。上海市一院[24]以CAS-200型图像细胞仪（ICM）对99例HCC行DNA定量分析后，认为随着DNA增殖水平上升，HCC获得了更强的侵袭性和转移能力，以ICM行DNA定量分析对于揭示HCC是否更具侵袭性和转移潜能有明显价值，其中增殖指数检测有较高敏感性，进一步研究ICM参数对HCC预后的价值是有意义的。二军医大[25]通过对肝癌组织中DNA聚合酶β活力、基因表达、mRNA含量的检测，发现其含量均明显高于正常肝组织，且裸鼠γ射线整体照射后肝癌中该酶活力有暂时性升高，提示该酶在肝癌细胞DNA放射损伤修复和放射治疗中有作用。四军医大[26]用流式细胞仪双参数相关分析法发现HAg18人肝癌相关抗原在4种人肝癌细胞系中均有表达，但表达量不同。G_0-G_1期表达量少，S期居中，G_2-M期抗原量大。在同种细胞的同一细胞系其表达异质性与细胞周期的时相变化有关。在同种细胞的不同细胞群，其表达异质性与细胞周期的时相变化无明显关系，该结果可能对HAb18单抗的肝癌导向诊治有一定启发。另外，上海东方肝胆外科所[27]检测了8例早期肝癌CD_{44} mRNA，发现均有表达，其表达强度与癌肿转移有相似趋向，提示CD_{44v}的表达可能反映癌肿的侵袭转移；早期肝癌CD_{44v} mRNA的表达可能与癌细胞分化程度有关，同时，对于有长期乙肝病史及肝硬化的肝癌患者，即使早期亦应重视其CD_{44v}表达情况及相应发生侵袭转移的可能性，有针对性地使用抗肝癌CD_{44v}的治疗，对进一步提高早期肝癌的治疗效果，减少复发及转移可能有重要的意义。

（六）肝癌的动物模型

国内外建立的诸多人类肿瘤转移模型，除黑色素瘤和结、直肠癌外，其余的转移特征多不确定，建立人癌高转移模型是癌转移机制研究的难点。上海医大肝癌所[28]*采用组织学完整的病人标本，以裸小鼠肝被膜下植入方法，从30例人肝癌标本中筛选出一株人肝癌高转移模型LCI-D_{20}。该瘤株表现为区域侵犯，肝内、淋巴结与肺转移，腹腔种植与血性腹水，并保持分泌AFP的特性。移植瘤细胞与来源人肝癌细胞相似。本模型为原位移植模型，移植瘤的生长与转移，完全模拟了人肝癌的自然过程，为研究人肝癌转移机制和抗转移治疗提供了一个有价值的模型。

（七）肝癌与遗传因素

近年来对肝癌发生的遗传因素观察较多，而分子基础研究较少。浙江医大[29]针对肝癌患者、乙肝病毒携带者和正常人外周血淋巴细胞进行染色体畸变和姐妹染色单体交换（SCE）的分析对比，发现肝癌组的染色体断裂率、SCE率均显著高于对照组和HBV组。染色体的不稳定是靶细胞基因突变的基础，使肿瘤易于发生。肿瘤患者自发及诱变后SCE率较高主要是其体内固有遗传不稳定性的表现，说明DNA反复损伤或修复功能缺陷与肝癌的发生有密切的关系。

（八）肝癌的复发

肝癌切除术后的高复发率是影响其疗效的最重要因素，有关复发的机制尚有待进一步探讨。二军医大[30]*对156例肝细胞癌的癌及癌旁肝组织，检测了淋巴细胞群型、间质及基质糖蛋白，并结合术后病人的生存情况和切除肿瘤标本的病理形态学进行了分析，认为细胞免疫在肝癌免疫中起重要作用。间质和基膜糖蛋白主要分布于癌细胞外周、巢团间质、血管及肿瘤包膜等处。瘤组织内T和T_H细胞居多，间质或基膜糖蛋白表达明显者，术后预后颇佳。肿瘤的数目、体积、有无包膜和子瘤形成及肝门血管是否受累等是可切除肝癌术后复发的主要危险因素，且肝癌术后复发主要是单中心性的。北京医院[31]在荷瘤大鼠模型上观察了单开腹、70%肝切除及输血量对残存肝肿瘤的影响，发现肝部分切除术中输血是残余肿瘤迅速生长的原因，肝部分切除后，机体可能产生免疫抑制因子，抑制免疫活性细胞的增殖，而术中输血加重这种免疫抑制状态，从而造成了有利于肿瘤细胞生长的机体环境。有关这一领域的研究除免疫抑制的因素外，可能与多种生长因子与生长抑制因子间失平衡状态有关。

（九）肝癌的实验治疗

细胞因子治疗的研究　上海东方肝胆外科医院[32]以小鼠移植性肝细胞癌为模型，发现联合应用重组人肿瘤坏死因子（rh-TNF）和足叶乙甙（VP_{16}），可显著抑制肿瘤生长，肿瘤出现广泛坏死，无明显腹水形成，荷瘤小鼠生存时间延长，且对机体的毒性无明显增加，说明两者具有协同抗肿瘤作用。

介入治疗　上海长征医院[33]利用大鼠移植性肝癌模型，经肝动脉注射药物后发现接受羟基喜树碱明胶微球（OPT-ms）治疗后，肿瘤的坏死较对照组及空白明胶微球治疗组更彻底、更广泛，且动物生存期明显延长。解放军总院[34]*对小鼠移植性肝癌给予^{90}钇直接注入肿瘤内，其疗效肯定，剂量达18.5 MBq/cm^{3}以上时，对于直径1 cm的肝癌可造成完全性坏死，获较好疗效。

免疫导向治疗和主动免疫治疗　上海市肺科一院[35]应用MTX在二环已基碳二亚胺作用下，与N-羟基琥珀酰亚胺反应得到MTX活性酯，中间载体HSA与SPDP作用引入巯基，再与MTX活性酯反应得到HS-HSA-MTX，与碘乙酰化单抗Hepama-I反应，获得硫醚键连接的交联物。交联物对靶细胞BEL-7405及对照细胞HeLa的杀伤效率，以MTX克分子浓度计算，IC_{50}分别为2.5×10^{-8} mol/L和6.4×10^{-7}mol/L，而单独MTX对上述两种细胞株不显示选择性杀伤，IC_{50}均为7.1×10^{-8} mol/L。四军医大[36]用激活木瓜酶分别在偏酸性（pH5.5）和偏碱性（pH8.0）条件下消化18 h和1 h，得到F(ab′)$_2$和Fab片段，经DEAE-40HR阴离子交换色谱柱在Wasters 650 E快速蛋白液相色谱系统（EPLC）上建立其相应纯化方法，制备F(ab′)$_2$得率为43～62%，Fab得率为42%，活性用免疫荧光法测定均为1.36×10^{-9}mol/L。上海东方肝胆外科医院[37]应用放射性核素^{131}I标记的抗人小扁豆凝集素结合型甲胎蛋白异质体（AFP-R-LCA）McAb治疗裸鼠人肝癌，肿瘤生长受到明显抑制（85%），优于^{131}I-mIgG及游离^{131}I（46.0%，20.1%，$P<0.05$），表明AFP-R-LCA特异性McAb对人肝癌细胞有较强的亲和力和特异性，可望成为肝癌导向研究的理想载体。上海医大肝癌所[38]用制备的抗乙型肝炎病毒X蛋白（抗HBx蛋白）单抗作为治疗HCC载体，分别在荷人肝癌裸鼠模型和2例原发性肝细胞癌病人中进行实验，裸鼠生存期明显延长，肿瘤生长明显受抑。2例患者症状明显改善，AFP下降明显，B超及CT显示肿瘤缩小显著，其中1例获二期手术切除，除标本边缘尚存少量癌细胞外其余部分均出现坏死。肝癌抗原表达的多样性及分布、数量极不均一性是其严重影响免疫治疗的生物学特征。四军医大[39]*采用肝癌"双弹头组合单抗"免疫导向偶合物[^{131}I-HAb18-ADM]/[^{131}I-HAb25-ADM]，其标记率为49.8%，比放射性6.88×10^4Bq/μg，免疫结合率42.5%。杀伤力显著强于单弹头单抗体偶合物。对荷肝癌裸鼠导向治疗实验，168 h SPECT扫描清楚定位，瘤肝比值为3.725 ± 0.120，表明"双弹头"集中了化、放疗优点，提高了杀伤效应，可较好地消除肿瘤异质性对异向治疗的影响。上海东方肝胆外科医院[40]*将小鼠原发性肝癌细胞（H_{22}）经γ射线照射灭活后与新城疫（NDV）病毒共同孵育，制备出新城疫病毒瘤苗，治疗荷瘤小鼠，结果各免疫组小鼠存活时间显著长于对照组，肿瘤平均直径变小，病理切片显示肿瘤坏死，淋巴单核细胞浸润，纤维组织增生。

基因治疗　上海医大肝癌所[41]分离获得人肝癌浸润性单个核细胞（TIM）后，经RT-PCR扩增反应得到TNF-α cDNA，再克隆到真核细胞表达质粒pSVK$_3$，获得真核细胞表达重组质粒pSVK$_3$-tnf，将其导入人肝癌细胞SMMC-7721中可检测到TNF-α的一过性表达，提示TIM可成为获取TNF-α基因的来源，获得的pSVK$_3$-tnf重组质粒可能用以肝癌基因治疗。中科院上海生化所[42]*将HSV-TK基因（单纯疱疹病毒胸苷激酶基因）导入人肝癌细胞株SMMC7721细胞，对癌细胞体外生长及克隆形成能力均无明显影响，但其对GCV（丙氧鸟苷）敏

感性增加了800倍以上，IC_{50}为0.8 μmol/L；裸鼠腹腔注射GCV可明显缩小转导了HSV-TK基因的SMMC7721/TK细胞形成的皮下肿瘤，提示HSV-TK/GCV系统在肝癌基因治疗中有一定作用。二军医大[43]*将IL-2基因修饰的小鼠胚胎肝细胞BNL、CL_2作小鼠脾内移植(2×10^6/只)后，实验组小鼠肝脏Kupffer细胞对不同靶细胞的杀伤活性显著增强，TNF和NO分泌水平明显增高，Ia抗原表达增加，转移性肝癌小鼠存活期显著延长，表明这种方法可能是肝癌基因治疗的有效途径，肝细胞脾内移植亦是肝脏靶向基因治疗的途径之一。南京军区上海肝病研究中心[44]以阳离子脂质体Lipofection分别介导含IL-2基因的真核表达质粒pME18S-IL-2转染体外培养和已在体内成瘤的小鼠肝癌HAC细胞，结论是脂质体-IL-2基因复合物直接注射入瘤体后可获得局部IL-2基因表达。

其他 研究人肝癌生长调节机制(尤其是抑制因素)对肿瘤的治疗亦有一定意义。上海医大[45]*对外源性单唾液酸神经节苷脂(GM_3)调节细胞生长的途径进行了研究，发现GM_3可明显抑制人肝癌细胞株SMMC-7721细胞的增殖，同时能降低细胞内平均DNA和蛋白质含量，外源性GM_3处理细胞3天后最为明显。GM_3能使c-fos蛋白量短时内剧增，c-myc蛋白量短时内明显减少(c-fos与细胞分化有关，c-myc与正常细胞增殖有关)，提示GM_3抑制细胞增殖可能与抑制RNA、蛋白质合成及影响某些癌蛋白的表达有关。

(沈　锋　王　葵)

二、肝癌的临床研究与实践

(一)肝癌的诊断

血清学诊断 甲胎蛋白(AFP)对原发性肝癌(PHC)的临床诊断具有重要价值。但其敏感性和特异性均有一定限度，对AFP阴性的PHC与其他肝脏占位的鉴别诊断仍有困难。因此，还需寻找其他PHC标记物以弥补AFP的不足。天津肿瘤所[46]对血清α-L-岩藻糖苷酶(α-FUC)与AFP联合检测在PHC诊断中的临床价值进行了探讨。结果表明，α-FUC与AFP之间无相关性，α-FUC可单独呈阳性或与AFP同时呈阳性，尤其对AFP阴性的PHC诊断α-FUC有一定的优势。在36例AFP阴性或低度阳性(其中13例AFP 20～400 ng/ml，23例AFP＜20 ng/ml)的PHC患者中，血清α-FUC的阳性率达80.6%；α-FUC与AFP联合测定，诊断PHC的阳性率可提高到93.9%。福建三明职防院[47]的研究亦表明AFP和α-FUC在PHC病例中两者不相关，且两者表达量的变化与PHC肿瘤大小相关不明显。联合检测PHC患者其敏感性可达92%。解放军471医院[48]对46例PHC和29例其他肝病患者血清铁蛋白(FER)、癌胚抗原(CEA)、铜蓝蛋白(CP)水平进行检测，结果表明：(1)FER水平与AFP无相关性，AFP与FER测定联合应用，敏感性由单测AFP的60.9%提高到80.4%；(2)AFP明显升高，CEA轻度升高者多为PHC；AFP升高不明显，CEA明显升高者常系继发性肝癌。中国医大[49]检测正常对照、肝癌、肝硬化及胃肠道肿瘤各组血清酸性铁蛋白(AIF)水平，结果表明：肝癌组AIF的阳性率为75%，与其他各组相比有显著差异，同时AIF阳性可以覆盖部分AFP阴性患者，与AFP有互补诊断价值。湖北省肿瘤医院[50]对41例PHC和27例转移性肝癌患者的血浆因子Ⅷ相关抗原(ⅧR：Ag)作了检测，发现PHC血浆ⅧR：Ag含量显著高于健康人，其浓度随肝癌病人病情的发展而递增。此外，ⅧR：Ag与AFP无明显相关，前者的阳性率达86.4%，后者仅为59.1%，提示ⅧR：Ag可作为肝癌，尤其是AFP低浓度肝癌患者病情监测的指标。青岛市立医院[51]对PHC和转移性肝癌行手术前后γ-谷氨酰转肽酶同工酶Ⅱ(γ-GT-Ⅱ)检测，结果显示PHC组中84.3%(43/51)的病例术前γ-GT-Ⅱ阳性，转移性肝癌组中40%(2/5)γ-GT-Ⅱ阳性，2例术后肿瘤复发血清γ-GT-Ⅱ也呈阳性，认为γ-GT-Ⅱ在诊断肝癌和监测术后复发方面为一具有应用价值的指标。

影像学诊断 近年来，随着各种影像技术的发展，特别是B型超声检查的普及，已越来越多地检出肝内实质性肿块，如何鉴别肝脏肿瘤的良、恶性就成为一个很重要的课题。同济医大[52]*报道了30例肝脏肿瘤肝动脉超声血管造影的声像图结果，肝脏超声血管造影能够动态显示肝肿瘤的动脉血流灌注，对PHC的诊断率达91%，高于X线血管造影诊断率(77%)和普通切面超声诊断率(70%)；此法对转移性肝癌和肝海绵状血管瘤的正确诊断率亦高于后两者。以往B型超声对门静脉栓子的显示率较高，但对其定性诊断还相当困难。鸡西矿务局总院[53]应用彩色多普勒显示48例门脉癌栓子的血流状况，分析表明：(1)在有癌栓的门脉周围均可见扩张的肝动脉分支；(2)部分可见进入栓子内的滋养动脉；(3)少数形成动脉-门脉分流；(4)门静脉原向肝血流可转变为离肝血流或双向交替出现。故彩色多普勒血流显像通过对门脉栓子周围及内部血流动力学的分析，为肝癌合并门脉癌栓的诊断和鉴别提供

了可靠的依据。济南军区总院[54]报道了应用彩色多普勒血流显像对肝癌的血流研究，结果表明：(1)肝癌常可测得特征性血流，本组特征性血流的检出率，原发性肝癌为78%，继发性肝癌为71%；(2)动脉分支的显示率随肿瘤体积增大而增高(由1条至多条)，血流速度亦随之增快；(3)肝癌的阻力指数RI均＞0.5，RI＞0.5可作为鉴别良、恶性的一个指标；但对于直径小于2cm的肿瘤及位于膈顶部或弥漫性肝癌其特征性血流检出较困难。

中山医大[55]对208例常见肝肿瘤(肝癌100例、血管瘤62例、肝囊肿46例)的磁共振(MRI)表现进行病变形态学和信号强度分析，肝癌 T_1W 在图像上多为偏低信号强度，T_2W 为中高信号强度影。TE＝80 ms以上时，肝癌的信号强度明显低于其他两种病变。作者认为常规扫描自旋回波 T_1W 和含有两个回波的 T_2W 序列基本上满足肝脏病变的诊断要求。建议 T_2W 的两个回波时间TE为30、120 ms。如常规扫描上所述序列仍不能明确诊断，可作多回波序列、T_2W 脂肪压抑或 T_1 增强等进一步检查。云南省医院[56]分析了35例PHC的MRI，指出绝大多数PHC之 T_1W 呈低于周围正常肝实质的信号强度，T_2W 为稍高及高信号。假包膜则是PHC的特征性表现。假包膜在 T_1W 及 T_2W 均为宽约0.5～2 mm的低信号带，部分或完整包绕肿块，由于肝血管瘤和转移瘤不会出现假包膜，故包膜的显示对PHC的诊断有重要价值。同济医大[57]对12例患者比较了快速CTAP、CT、DSA及MRI显示肝脏局限性肿块的能力，研究结果表明：对于直径＜4 cm的病灶，快速CTAP与CT、DSA比较，前者敏感性最高，其差异具有显著性；对于直径＜2 cm的病灶，快速CTAP与MRI比较，前者敏感性较高，其差异具有显著性。因此对于肝脏小病灶的发现，快速CTAP是最敏感的方法之一。由于该研究没有进行手术及病理对照，其特异性如何，有待进一步研究。解放军总院[58]报道8例经手术及病理证实的胆管细胞肝癌，主要观察其CT、MRI及血管造影表现。提出以下征象可提示胆管细胞肝癌：单发分叶状肿块、内有瘢痕结构；注射造影剂后呈轻-中度边缘性增强；血管造影示供血动脉增粗、包埋；合并肝静脉、门静脉侵犯及肝硬化少见。

(二)肝癌的治疗

介入治疗　肝癌经导管化疗栓塞后，由于能使肿瘤缩小，患者寿命延长，或使不能切除的肿瘤变小而能够切除，达到治愈目的，因而得到广泛应用。广东省医院[59]对225例PHC行经导管肝动脉注射碘油抗癌药混悬剂栓塞化疗生存3年以上的48例进行临床分析，认为：(1)早期诊治肝癌仍是提高远期疗效的关键；(2)肿瘤越小，远期效果越好；膨胀性生长的肿瘤栓塞较彻底，肿瘤易缩小，肿瘤血供丰富，边界清楚，无动静脉分流及门脉癌栓，是其血管造影的特点之一；(3)设法保证肝功能始终处于A或B级非常重要；(4)AFP为一有效监测指标；(5)碘油沉积多则效果好，加用明胶海绵则效果增强。同济医大[60]*以无水乙醇碘油乳剂作栓塞剂，行肝节段动脉栓塞术治疗PHC，认为肝节段动脉栓塞的优势在于不仅对主瘤而且对以门脉供血为主的肝内转移灶和包膜内外浸润等均有较强的致坏死作用，且对非癌肝实质损伤小，副作用轻，较常规TAE更适合于肝功能差的患者。解放军117医院[61]比较了肝动脉化疗栓塞与灌注药物对肝癌的疗效，认为前者是治疗肝癌更为有效的手段，并适用于肝癌合并门静脉癌栓者。洛阳市四院[62]认为肝动脉泵栓塞化疗有其优越性：(1)因泵导管在术中直视下放入肝固有动脉，并结扎了胃十二指肠动脉，故疗效确切；(2)由于泵埋藏于皮下，可反复治疗，对病人影响小；(3)操作简便，可在基层医院广泛开展；(4)并发症少。中国医大[63]*进行了肝癌栓塞碘油沉积形态与疗效关系的研究，认为二次栓塞碘油CT表现更能确切反映肿瘤内碘油沉积状态，密实型和环形疗效最好，集簇型和缺损型次之，稀少型最差；碘油沉积量越多疗效越好，碘油沉积量＜30%者重复栓塞未见明显改观。中山医大[64]创用胶体 $Cr^{32}PO_4$-碘化油混悬液进行肝动脉栓塞并内放射治疗中晚期肝癌18例，具有一定疗效，绝大多数病例的AFP有所下降，瘤体缩小或稳定(缩小率平均数为33%)，4/18获得二期切除。此外，经肠系膜上动脉注射胶体 $Cr^{32}PO_4$ 后，门脉癌栓有所缩小，腹水减轻。全组半年生存率61%，3例逾1年。由于本组病例尚少，有待进一步探讨提高疗效的方法。南京铁道医学院[65]进行华蟾酥精微球肝动脉栓塞的实验研究，可能为我国传统抗肿瘤药物的应用开辟了一条新的途径。解放军总院[66]、西安医大[67]采用经肝动脉、门静脉双管栓塞化疗治疗中、晚期肝癌，认为较TAE法更具有防止肿瘤经门静脉扩散、防止门静脉癌栓向肝门部生长的优点。广西医大[68]的研究表明，在肿瘤缩小、AFP降至正常等方面，TAE＋PEI(B超引导下肿瘤无水酒精注射术)组均优于TAE组，且前者局部复发率明显低于后者。认为TAE后加用PEI，可弥补TAE时肿瘤不能完全坏死的缺点，杀死肿瘤内及浸润包膜和包膜外生长的肝癌细胞，达到使肝癌完全坏死的目的。解放军106医院[69]采用肝动脉门静脉双途径灌注化疗和瘤体内无水酒精注射联合治疗中、晚期肝癌，亦获得较好的近期效果。由于肝癌切除术后复发率高，亦有学者将 TAE 用于可切除肝癌的术前治疗，以期减少术后复发，改善预后。但对此目前意见尚不一致。浙江医大[70]*分析了术前 TAE 对肝癌切除术后疗效的影响，结果表明＜0.8 cm 的可切除肝癌术前不宜施行 TAE，而对＞0.8 cm 的肝癌术前 TAE 有利于降低术后复发率，提高5年存活率。云南省医院[71]对难以手术切除的 PHC 患者采用 TAE 治疗的196例巨块型肝癌患者中，20例获得二期切除(10.2%)。术后1、2、3、5年存活率分别为85%、70%、60%、25%。作者提出二期肝切除适应证为：(1)肿瘤缩小1/2，门脉主干无癌栓，无远处转移；(2)AFP 明显下降，甚至趋于正常；(3)全身情况尚好，无明显肝肾功能损害。作者强调当 TAE 使肿瘤缩小，病变转为可能切除时，应不失时机地施行二期肝切除术。中、晚期肝癌患者门静脉癌栓发生率高，且是肝癌患者短期内死亡的重要原因之一。唐山卫校附院[72]采取经皮股动脉穿刺选择肝动脉和脾动脉注入化疗药物治疗肝癌并发门静脉癌栓50例，大多数病人肿瘤缩小，门脉癌栓缩小和消失，且可缓解患者肝区疼痛、腹胀、腹水等症状，并强调重复治疗的重要性。中山医大[73]对20例肝细胞肝癌患者进行了反复暂时性去肝动脉化(RTD)治疗，取得了较满意的疗效，有效率为70%；中位生存期为8.2个月(3～11个月)；术后3、6、11个月生存率分别为100、79.7、44.8%。认为 RTD 是一种有前景的肝癌外科缺血疗法，值得进一步研究、推广和应用。

手术治疗　肝切除术是治疗 PHC 最有效的方法。但单纯手术切除的效果不尽理想，把肝切除作为肝癌全方位、分阶段治疗过程中一个最重要的组成部分较为合理。南京医大[74]对1959～1993年行肝癌切除588例进行回顾分析。1959～1985年施行传统肝切除术142例，手术死亡率11%，术后3年和5年生存率分别为18%、7%。1986～1993年行肝癌切除术446例，以肝段切除及癌肿局部切除为主，采用多种技术改良及高新医疗设备，并予以化疗、免疫治疗等综合措施，手术死亡率＜2%，术后1、3、5年生存率分别为89%、55%、26%。作者强调要注重综合治疗后癌肿的二期切除，重视手术切除后的化疗、免疫治疗为主的综合治疗及术后随访监测和对复发者再手术等。香港大学玛丽医院[75]*总结了过去22年中343例肝癌患者行肝切除术的经验，发现近期手术疗效有明显提高。利用术前 CT 和靛青蓝清除率来评价肝脏储备功能，以此作为手术可行性和肝切除范围的依据；术后经动脉插管化疗栓塞，B 超指引下注射无水酒精，提供了比静脉化疗更有效的方法。1987年以后的患者存活率亦有显著提高，其5年生存率为35%，而复发率却与以前一样。近年用全身化疗结合局部化疗来减少肿瘤复发。由于 PHC 的术后复发仍是影响其长期生存的一个重要因素，对复发性肝癌的早期诊断和正确处理为一重要课题。南京医大[76]作了90例复发性肝癌的研究报道，认为肝癌术后复发的早期诊断依赖于术后 AFP 的监测及 B 超的定期复查；肝切除仍是复发性肝癌的首选治疗，对复发性肝癌的外科治疗，包括术中无水酒精注射和肝动脉插管栓塞化疗是提高肝癌术后长期生存的途径。广西医大[77]还进行了影响小肝癌术后复发的多因素分析，72例小肝癌切除后1、3、5年累计复发率分别为30.5%、44.4%和51.4%，研究提示：(1)术后3年内为复发高危期；(2)肿瘤有包膜和癌周淋巴细胞数增加对复发具有抑制作用；(3)首次手术系根治性切除(切缘至肿瘤的距离≥2cm)，术后 AFP 降至正常者术后复发率低。上海医大[78]报道了17例直径12cm以上的巨大 PHC 病人，经肝动脉结扎＋插管碘油栓塞治疗，其中12例获得二期切除，肿瘤平均最大直径缩小50.59%，肿瘤坏死率为30%～100%。认为行该法2～4次，肿瘤最大直径可缩小至原来的50%左右，此时可作为二期手术时机。二期手术切除后，患者生存时间延长，有些病例效果几乎与小肝癌手术切除相仿。位于肝门区的肿瘤，由于其瘤体紧邻、压迫或已侵及出入肝脏的大血管，采用常规方法进行切除极为困难，故设想把肝脏“搬”出体外，切除病灶，再将其“还原”于腹腔内，此为半离体肝切除。南京鼓楼医院[79]*在动物实验研究的基础上，首次在临床上实施常温下半离体肝切除获得成功。认为半离体肝切除适应证为：中、晚期第2、3肝门区域肝癌、肝尾状叶或累及此部位的肝肿瘤、巨大肝良性肿瘤。三军医大[80]采用全肝血流转流及冷灌注下的半离体肝脏切除术，成功地切除了1例侵及右肝静脉与中肝静脉汇入下腔静脉处及肝后腔静脉的巨块型肝细胞癌。半离体肝切除，由于肿瘤较大，贴紧肝门，其术后疗效有待进一步观察。PHC 切除术中控制血流的方法有多种，选样简便有效的方法对肝切除术甚有帮助。河南省肿瘤医院[81]总结了1980～1993年250例肝癌切除术血流控制的方法，以及不同方法中的出血量、血流动力学的改变和术后血液生化的变化，提出了肝癌切除的不同术式应选择的血流控制的方法，认为周边型的较小肝癌应选择局部血流控制法；位于下腔静脉附近或侵犯下腔静脉的肝癌应选择改良无血切肝术(Bismuth 法)；位于中心部位的较大肝癌如无肝硬化可选择 Pringle 法；如合并有肝硬化，选择性入肝血流阻断应为首选方法。

肝癌破裂的治疗 PHC是我国常见的恶性肿瘤，自发性破裂出血是其严重并发症之一。江苏启东肝癌防治所[82]总结283例PHC自发性破裂的治疗结果。非手术治疗163例，AFP转阴率为0，多数1个月内死亡，半年生存率为1.2%；手术治疗120例，其中单纯止血59例，AFP转阴率为24%，0.5、1年生存率分别为76.1%、3.6%；止血后并用肝动脉插管治疗24例，AFP转阴率为37.5%，0.5、1、2年生存率分别为79.1%、58.3%、17.4%；肝叶切除37例，AFP转阴率为68%，0.5、1、2、3年生存率分别为86.5%、45.9%、26.5%、10.8%。肝癌自发性破裂出血时，手术治疗优于非手术治疗，肝叶切除优于止血治疗。湖北医大[83]、厦门市第一医院[84]、哈尔滨铁路医院[85]、广州南方医院[86]通过对PHC自发性破裂出血的分析，认为通过详细询问病史和体检、腹腔穿刺以及B超检查，可获得正确的诊断。湖北医大认为治疗以肝切除为最佳选择，其次为选择性肝动脉分支结扎、瘤内无水酒精注射、肝固有动脉结扎和瘤内填塞效果差。广州南方医院[7]认为治疗上手术方式宜因病而异，如病变可以切除应尽量争取切除，不能切除时，手术以止血为目的，术式应尽量简单实用，并提出微波凝固术是一种新的有效的止血方法。

肝癌合并胆管内癌栓的诊断和处理 PHC伴有胆管内癌栓的病例也屡有所见。此类病例大多数起病阶段都有上腹隐痛、纳差、乏力等症状，往往不被注意，因癌栓或出血的刺激及并发感染、或迟或早多数会出现右上腹绞痛、发冷发热等胆管炎症状，继而以黄疸为主要症状就诊，极易误诊为胆道良性(如胆石症)或恶性(胆管癌、壶腹周围癌)梗阻性疾患。重庆西南医院[87]报道15例，术前误诊8例。天津医大[88]报道4例，术前均误诊，术后才确诊为肝细胞癌。黄疸型肝癌影像诊断常易误诊，应引起临床医师的高度重视。上海东方肝胆外科医院[89]*分析肝细胞癌胆管内生长(癌栓)的影像学表现，认为其共同表现为充盈缺损，但形态呈多样性，各有其特点，可呈卵圆形、“蚕蛹”形、“烧杯”形、“土豆”形、“高脚酒杯”形和偏心移位形充盈缺损。ERCP为其形态的最佳显示方法。结合其他影像检查方法，有助于作出正确诊断。肝癌合并胆管癌栓者并非手术的禁忌，应积极手术治疗。不能切除者，经肝动脉化疗栓塞治疗为首选。天津医大认为，尽可能清除胆管内癌栓或连同受累胆管一并切除，同时尽力寻找肝叶原发灶，争取行根治性切除，方可获得满意的疗效。重庆西南医院强调手术伊始即应切开胆管，取出癌栓与凝块以解决梗阻，然后切除肝内原发癌灶或不能切除的癌灶行肝动脉化疗栓塞，可避免或显著减少肝坏死及胆瘘并发症。

转移性肝癌 湖北荆沙医院[90]总结了1984～1994年收治的转移性肝癌76例，其中31例为消化道癌肝转移，平均生存期为4个月，45例是非消化道癌肝转移，平均生存期为9.6个月。湖南医大[91]对102例源于消化器官的肝脏转移性恶性肿瘤进行总结分析，其中71例接受了不同方法的治疗，包括肝叶切除，肝动脉一次性化疗栓塞、门静脉或肝动脉插管化疗等，肝肿瘤切除组3年生存率为43.2%；其他综合措施处理组3年生存率为19.4%。认为肝转移性恶性肿瘤无论是来源于何种器官及病理类型，均应立足于切除；对不能切除者采用其他综合性处理办法亦对患者有益。南京医大[92]也认为外科手术是治疗结直肠癌肝转移积极有效的方法，同期手术或分期手术应视术中情况而定。肝转移灶切除后再发，仍应首先考虑根治性切除。四川省肿瘤医院[93]1990～1994年经埋植式给药装置(IDDS)肝动脉门静脉化疗治疗转移性肝癌29例，取得了较满意效果，病人生存期为8～37个月，中位生存期17.8个月。

(三)小儿肝肿瘤

小儿肝脏恶性肿瘤是一种较少见的疾病，分为原发性和转移性两类，以前者居多。早期多无特殊症状，且多以上腹部包块就诊为首发症状。近年来B超、同位素扫描及CT的广泛应用，对于发现小儿肝脏肿瘤、确定部位及鉴别肿块性质有重要价值。华西医大[94]分析了近30年收治的小儿肝脏恶性肿瘤48例，发现小儿肝细胞癌并不比肝母细胞瘤少见，经病理证实的44例中，肝母细胞瘤20例，肝细胞癌24例；AFP测定的阳性率为71%，AKP升高常为本病较恒定的现象；肝母细胞瘤发病年龄明显小于肝细胞癌，肝母细胞瘤手术切除机会大，5年生存率高，预后明显优于肝细胞癌。解放军202医院[95]分析肝母细胞瘤16例，肝成细胞瘤多发于婴幼儿，体检中最早及最多出现的症状为腹部包块，AFP多呈阳性反应；手术切除为本病的主要治疗方法，如能完整切除瘤体，术后疗效好，复发率低。成活病例中病理类型均为胚胎型，AFP于术后多可转为阴性，一旦复发多再显阳性，是判断术后复发与否的有力佐证之一。

三、其他肝脏疾病的诊断与治疗

(一)肝海绵状血管瘤

在诊断上，昆明医学院二院[96]*认为B超、CT、肝核素扫描仍不能鉴别AFP阴性的肝癌和血管瘤时，肝血管造影应列为常规检查。在治疗上，普遍认为直径＞5 cm 的血管瘤首选手术。长沙湘雅医学院[97]*、西安医大[98]、南京医大一院等[99]均主张行肝血管瘤剥脱术，即在海绵状血管瘤与正常肝实质间的间歇性内剥离，出血和并发症少。南京医大一院[98]对肝门区血管瘤用超声刀切除以减少出血，效果很好。陈骥[100]等在超声引导下行酒精注射和光动力作用疗法治疗直径小于 8 cm 的血管瘤。昆明医学院二院[96]*认为对术中探查不能切除的血管瘤可采用肝动脉栓塞、结扎或术后放疗，均有一定疗效。

(二)肝包虫病

诊断肝包虫病首选检查为 B 超。新疆自治区医院[101]报道 931 例肝包虫病，B 超诊断率为 98.8%；肝包虫的并发症有包虫继发感染、破入腹腔、破入胸腔、包虫-胆管瘘、包虫-支气管瘘。B 超能查明它们的病理形态改变，从而优选最佳手术方案。治疗原则仍是积极手术。内蒙古医学院一院[102]*总结了肝包虫内囊摘除术、导管外引流术、包虫囊腔与空肠吻合术、肝叶及部分肝切除术、肝包虫囊肿部分切除、大网膜固定于残腔囊壁加局部腹腔引流术治疗 676 例肝包虫的体会。内蒙古赤峰市医院[103]认为内囊摘除加外囊敞开加缩囊术优于传统术式——内囊摘除、外囊内翻缝合术。广东中山市医院[104]指出胆管-肝包虫-支气管瘘的处理原则：针对瘘管、胸腔感染及感染性包虫残腔行瘘管结扎、胸腔引流和包虫残腔引流。

(三)肝脓肿及非寄生虫性肝囊肿

安徽省立医院[105]报道 B 超诊断肝脓肿准确率为 97.9%；治疗首选经皮穿刺引流，次选手术引流。手术仍是非寄生虫性肝囊肿的主要治疗方法。山东千佛山医院[106]总结了肝叶切除、囊肿切除、囊肿开窗、囊肿被盖部分切除、带蒂大网膜填塞术治疗肝囊肿的体会。山西省医院[107]则在 B 超引导下对肝囊肿穿刺抽液、注射硬化剂，疗效满意。

(四)其他良性肝脏占位病变

安阳市肿瘤医院[108]*报道了用 B 超诊断 211 例肝脏良实性局灶性病变，分别为肝炎性假瘤、肝结核、肝血管瘤弱回声型、肝内局限性低回声脂肪浸润。上海医大肝癌所[109]*报道了 8 例极易误诊为小肝癌的肝脏原发性凝固性坏死。海军总院[110]*报道 4 例肝动脉瘤，认为肝外动脉瘤可采用切除或瘤体近、远端动脉结扎治疗，肝内动脉瘤的最好治疗方法为肝内动脉栓塞。江西婺源县医院[111]、哈尔滨医大一院[112]对临床误诊的肝结核回顾分析，发现肝结核有一定的临床特征，并指出治疗上仍应积极抗痨，局限性病灶亦可手术治疗。

四、肝外伤

外伤史、临床表现、影像学检查结合腹腔穿刺不难诊断肝外伤。青海成人急救中心[113]*提出按损伤严重程度和类型选择不同的处理方法。福建莆田肿瘤医院[114]*以医用胶治疗肝外伤，简便有效。解放军 89 医院[115]认为严重肝外伤的治疗关键是早期诊断，尽早手术探查，具体措施有选择性肝动脉结扎、缝合加大网膜填塞、不规则切除、胆道减压及腹腔引流等。山东日照市医院[116]指出对严重肝外伤不宜作复杂手术者，肝周纱布填塞能提高存活率。四军医大[117]*通过实验揭示血管栓塞的临床价值：(1)病情危重不能耐受手术者可先行肝动脉栓塞止血；(2)可用于肝破裂修补术后仍出血，创伤性胆道出血，创伤性假性动脉瘤及动静脉瘘的治疗。

参 考 文 献

[1] 李　昆等. 中华实验外科杂志 1996;13(1):41
[2]* 王根生等. 中华医学杂志 1996;76(3):203
[3] 史留斌等. 中国危重病急救医学 1996;8(8):457
[4] 陈岳祥等. 中华医学杂志 1995;75(11):703
[5] 孙经建等. 中华外科杂志 1996;34(9):552
[6] 张忠明等. 中华实验外科杂志 1996;13(2):93
[7] 张志伟等. 中华实验外科杂志 1995;12(6):366
[8]* 陈　平等. 第三军医大学学报 1996;18(2):119
[9] 周元平等. 癌症，1996;15(4):315
[10]* 王洛权等. 北京医科大学学报 1995;27(6):423
[11] 常家聪等. 中国普通外科杂志 1996;5(1):11
[12] 王　东等. 第三军医大学学报 1995;17(6):474
[13] 戴朝六等. 中国医科大学学报 1996;25(2):136
[14] 郑　杰等. 癌症 1996;15(4):265
[15] 杨少波等. 癌症 1996;15(4):268
[16]* 崔晓红等. 第二军医大学学报 1995;16(5):401
[17] 王春杰等. 第四军医大学学报 1996;17(4):241
[18] 王春杰等. 第四军医大学学报 1995;16(6):460
[19] 阳惠湘等. 湖南医科大学学报 1996;21(2):129
[20] 叶超平等. 中华实验外科杂志 1996;13(4):211
[21] 张新立等. 第三军医大学学报 1996;18(1):36
[22] 张新立等. 临床与实验病理学杂志 1996;12(1):4
[23] 王　东等. 临床与实验病理学杂志 1996;12(1):8
[24] 郑亚新等. 上海医科大学学报 1996;23(4):257
[25] 蔡建明等. 中华肿瘤杂志 1996;18(1):20
[26] 米　力等. 癌症 1996;15(2):81
[27] 刘鹏飞等. 肿瘤 1996;16(5):532
[28]* 孙邴宪等. 中华肿瘤杂志 1996;18(2):109
[29] 翁立红等. 癌症 1996;15(4):271
[30]* 戴益民等. 中华医学杂志 1995;75(11):666

[31] 孙建华等. 中华肿瘤杂志 1996;18(2):113
[32] 张绍庚等. 实用癌症 1996;11(3):145
[33] 董　生等. 中华放射学杂志 1996;30(1):45
[34]* 龙丽娟等. 中华肿瘤杂志 1995;17(6):461
[35] 潘惠忠等. 肿瘤 1996;16(5):535
[36] 仇　凯等. 第四军医大学学报 1995;16(6):414
[37] 刘　扬等. 第二军医大学学报 1994;15(5):446
[38] 李　君等. 中华医学杂志 1996;76(4):271
[39]* 隋延仿等. 癌症 1996;15(3):168
[40]* 曲增强等. 实用癌症 1996;11(2):73
[41] 冯学胜等. 上海医科大学学报 1996;23(2):107
[42] 戈　凯等. 中华医学杂志 1996;76(3):226
[43]* 曹雪涛等. 中华医学杂志 1996; 76(9): 646
[44] 傅青春等. 中华消化杂志 1996;16(4):196
[45]* 康小伟等. 上海医科大学学报 1996;23(4):289
[46] 何　敏等. 中国肿瘤临床 1996;23(1):21
[47] 张瑞鉴等. 肿瘤研究与临床 1996;8(2):85
[48] 刘　伟等. 临床医学 1996;16(9):4
[49] 姜　敏等. 中国医科大学学报 1996;25(2):155
[50] 蔡　祥等. 临床肝胆病杂志 1995;11(3):158
[51] 余春群等. 临床肝胆病杂志 1995;11(4):202
[52]* 黄道中等. 同济医科大学学报 1995;24(6):439
[53] 王淑云等. 中国超声医学杂志 1996;12(1):13
[54] 李新民等. 中国超声医学杂志 1996;12(8):60
[55] 梁碧玲等. 中山医科大学学报 1996;17(1):50
[56] 戴敏方等. 云南医药 1996;17(2):93
[57] 李　刚等. 临床放射学杂志 1996;15(2):94
[58] 王茂强等. 中华放射学杂志 1995;29(12):845
[59] 陈晓明等. 中华放射学杂志 1995;29(12):876
[60]* 汪　阳等. 中华放射学杂志 1996;30(2):85
[61] 马炬明等. 实用肿瘤杂志 1996;11(4):155
[62] 张文奇等. 河南肿瘤学杂志 1995;8(3):231
[63]* 高思佳等. 中国医科大学学报 1996;25(2):177
[64] 王　捷等. 癌症 1995;14(6):441
[65] 范　健等. 癌症 1995;14(6):434
[66] 杨才华等. 中华外科杂志 1996;34(9):575
[67] 宋蔚青等. 西安医科大学学报 1996;17(2):195
[68] 黎乐群等. Chin J Radiol 1996;30(7):482
[69] 宋子信等. 普外临床 1996;11(5):封三
[70]* 陆才德等. 中华外科杂志 1996;34(7):413
[71] 杨朝良等. 普外临床 1996;11(5):310
[72] 邓福生等. 河北医学院学报 1995;16(6):340
[73] 汪维生等. 肝胆外科杂志 1995;4: 219
[74] 钱建民等. 江苏医药 1996;22(2):75
[75]* 黎卓先等. Chin J Surg 1996; 34(4):234
[76] 李相成等. 江苏医药 1996;22(8):529
[77] 黎乐群等. 实用癌症 1996;11(3):176
[78] 樊　嘉等. 中国实用外科杂志 1995;15(11):664
[79]* 丁义涛等. 实用癌症 1995;10(3):371
[80] 董家鸿等. 中国实用外科杂志 1996;16(8):469
[81] 韩有志等. 河南肿瘤学杂志 1996;9(2):109
[82] 张志浩等. 肿瘤研究与临床 1996;8(2):95
[83] 刘志苏等. 临床外科 1996;4(2):87
[84] 洪　明等. 实用癌症 1996;11(3):201
[85] 吴　波等. 中国急救医学 1996;16(3):41
[86] 周　杰等. 第一军医大学学报 1995;15(3):264
[87] 何振平等. 第三军医大学学报 1995;17(5):452
[88] 陈剑秋等. Chin J Surg 1996;34(1):18
[89]* 程红岩等. 中华放射学杂志 1996;30(7):439
[90] 肖昌蔚等. 肿瘤防治研究 1996;23(2):109
[91] 李铁钢等. 湖南医科大学学报 1996;21(4):337
[92] 李相成等. 南京医科大学学报 1996;16(2):162
[93] 王在国等. 肝胆外科杂志 1995;4:224
[94] 钟　麟等. 华西医学 1996;11(1):82
[95] 李京宁等. 实用肿瘤杂志 1996;11(2):67
[96]* 张炳彦等. 云南医药 1995;16(5):325
[97]* 杨连粤等. 中华实验外科杂志 1996;13(3):137
[98] 王学浩等. 肝胆外科杂志 1996;4(1):6
[99] 刘青光等. 肝胆外科杂志 1996;4(1):11
[100] 陈　骥等. 肝胆外科杂志 1996;4(1):8
[101] 徐明谦等. 新疆医学 1995;25(4):208
[102]* 李冠世等. 内蒙古医学杂志 1996;16(3):137
[103] 赵建民等. 中国普通外科杂志 1996;5(1):30
[104] 师天雄等. 肝胆外科杂志 1996;4(1):19
[105] 王永征等. 肝胆外科杂志 1996;4(1):40
[106] 田　虎等. 山东医药 1996;36(3):29
[107] 牛建刚等. 苏州医学院学报 1996;16(4):781
[108]* 张　靖等. 河南肿瘤学杂志 1996;9(4):307
[109]* 叶颖江等. 中国实用外科杂志 1996;16(2):95
[110]* 徐光炜等. 北京医学 1996;18(1):20
[111] 何怀德等. 江西医药 1995;30(5):267
[112] 陈淑香等. 哈尔滨医科大学学报 1995;29(6):507
[113]* 陈光安等. 青海医药杂志 1994;25(5):13
[114]* 许金尧等. 中国普通外科杂志 1996;5(1):35
[115] 李鹏程等. 肝胆外科杂志 1996;4(1):32
[116] 李叶臣等. 中级医刊 1996;31(7):17
[117]* 王为忠等. 实用放射学杂志 1996;12(2):80

Ⅱ. 胆道外科

共收集文献 322 篇，纳入回顾 104 篇(占 32.3%)，列入文选 21 篇(占 6.5%)。

一年回顾

一、胆石成因研究

近来有关胆石的成因研究文献较多。广州珠江医院[1]*采用硫代巴比妥酸荧光比色法(TBA)测定50例原发性胆管结石患者胆石及胆汁内脂质过氧化物(LPO)含量，结果显示：肝内胆管结石内存在LPO，胆汁内LPO明显高于对照组，提示LPO参与了胆管结石的构成。胆汁中氧自由基诱发的脂质过氧化反应促进了肝胆管结石的形成。测定胆石及胆汁中LPO对判断患者胆汁成石能力有重要的参考价值。北京医大三院[2]*对比研究了胆囊结石与非胆囊结石病人血脂与载脂蛋白(apo)水平。发现结石组 $apoA_1$、$apoC_2$、apoE 显著升高，而血脂与对照组比较无显著意义，提示 apo 是较血脂更重要的成石因素。上海市一院[3]应用亲和层析等方法对胆固醇结石、胆色素结石及胆囊胆固醇息肉等病人的胆汁刀豆球蛋白 A(Con A)结合蛋白(Cps)进行了定量分析，并对不同个体的 Cps 与模拟胆汁相结合量及成核影响进行了比较，结果发现：色素结石及非胆石组胆汁 Cps 浓度明显低于胆固醇结石和胆固醇息肉组，色素结石与非胆石组的成核活性也明显弱于胆固醇结石及息肉组。胆固醇结石组的 Cps 与泡相结合量显著高于色素结石组。作者认为，胆汁 Cps 的增加是胆固醇结石形成的重要原因。山东省千佛山医院[4]观察正常和胆囊结石病人胆囊中淋巴细胞亚群量显著增加，B 细胞和 IgA^+ 细胞增加的比例数量大，Tn 细胞数增加最多，认为细胞及体液免疫显著增强，导致大量粘液分泌、粘膜损害等，可能与结石形成及发展有关。性激素与胆结石形成也受到重视。湖北医大一院[5]采用多元逐步相关回归方法分析胆囊结石形成的高危因素，发现雌二醇(E_2)水平增高或(和)睾酮(T)水平降低有利于胆囊结石的形成，提示内源性性激素可能通过改变血脂浓度影响胆石的形成。解放军 473 医院[6]应用放射免疫法测定胆石症病人血清中有关激素的变化，发现结石病人血清肽 YY(PYY)、胆囊收缩素(CCK)明显升高，术后 CCK 水平明显降低，进一步提示内分泌激素的变化与结石形成有关。解放军 452 医院[7]选用家兔胆色素结石动物模型，观察不同组别成石率及胆汁、血清中免疫复合物(IC)特异性 IgG 含量，发现注入大肠杆菌(死菌或活菌)组成石率明显高于对照组及 ^{60}Co 照射组而成石率与其胆汁血清中 IC、IgG 含量呈非常显著正相关，提示结石的形成与胆汁血清中 IC 的含量有关，IC 的形成以及抗原抗体亲和力等可能是胆色素结石形成的重要因素之一。

二、急性重症胆管炎及胆道梗阻

许多单位对急性重症胆管炎(ACST)以及阻塞性黄疸病人的病理生理进行深入研究，为临床治疗提供理论依据。天津市中西医结合急腹症所[8]*测定 ACST 大鼠肠、肝、肺等组织中氧自由基(OFP)含量、磷脂酶 A_2(PLA_2)活力、肝细胞活力、肠粘膜中二胺氧化酶含量，结果显示：ACST 时大鼠肺微血管通透性明显增加，肝细胞活力和肠粘膜二胺氧化酶活力明显降低，3 种组织中 OFR 和 PLA_2 水平明显增高，提示 ACST 引起多脏器功能损害。重庆西南医院[9]*测定兔胆源性脓毒血症期间肝细胞膜腺苷酸环化酶(AC)活性及其对糖异生激素的反应性，发现肝脏损害从感染叶波及非感染叶，两者肝细胞膜 AC 系统对糖异生激素的反应性先后降低，其结果导致以低血糖为表现的肝功能代谢衰竭。武汉同济医院[10]观察兔胆道梗阻模型的肝脏抗氧化酶系的变化，结果显示胆总管结扎 2 周后肝组织谷胱甘肽过氧化物酶、超氧化物歧化酶及谷胱甘肽含量均明显下降，丙二醛含量明显增加，提示肝脏抗氧化能力受到损害。许多单位对胆管梗阻后重要脏器病理变化进行了研究。武汉同济医院[11]观察了胆总管结扎鼠肾小球系膜细胞和系膜的变化，发现肾小球系膜增殖、系膜增厚、有纤维连接蛋白、层粘连蛋白和IV型胶原沉着、毛细血管血栓形成、肾小球肿胀等病理变化。福州协和医院[12]进一步观察到急性胆管炎时肝细胞线粒体破坏内质网脱颗粒、胆红素颗粒沉着、肾小球弥漫性出血、滤过膜受损等病理改变。北京红十字朝阳医院[13]*报道胆管梗阻可导致多脏器的病理变化过程后认为:胆管梗阻可导致多脏器损害,其程度与梗阻时间成正相关,胆管梗阻解除后受损脏器有不同程度的恢复和逆转,但其恢复的速度和程度与梗阻时间长短密切相关,对临床治疗有理论指导意义。空军西安医院[14]还观察到胆管梗阻后细胞免疫功能抑制,体液免疫功能增强,有利于机体发挥抗损伤、抗感染作用,而尽早解除梗阻是恢复机体免疫功能的关键。北京友谊医院[15]*还观察大鼠胆总管结扎后不同时间胆汁性肝硬化形成过程的病理变化,认为胆汁淤积造成肝细胞损伤坏死,激发小胆管样上皮细胞增殖并分化演变成小胆管,增殖的小胆管和伴随增生的胶原纤维形成结缔组织隔,包围、分割、改建肝小叶而形成假小叶,最终导致肝硬化结节的形成。重症急性胆管炎(ACST)的死亡率仍很高,死亡率与病人年龄、就诊时间、治疗方式及有无并发症等密切相关[16],老年病人死亡率明显高于非老年病人[17]。发病后手术越早死亡率越低,反之死亡率越高[18,19]。手术引流死亡率明显低于非手术者[20,21]。合并多器官功能衰竭(MOF)者死亡率明显高于未合并MOF者[22]。因此对ACST尤其是老年病人应积极抢救,早期手术引流,防止并发症[23]。重视ACST的围手术期处理,保护和改善心、肺、肝、肾等重要脏器功能,积极纠正休克,加强营养和支持治疗是降低死亡率的重要保证[24]。

三、影像学检查

(一)B超

B超是目前最常用的影像学检查方法,其对胆道疾病的诊断阳性率较高。B超对胆囊癌的诊断阳性率为70.3%～85%[25,26],主要表现为胆囊壁不均匀增厚,胆囊腔内突出性肿块,胆囊萎缩伴腔内充满不均匀回声,肝脏侵犯及胆囊增大等。南通医学院附院[27]报道胆囊癌B超误诊率为28%,其原因主要为:萎缩性胆囊炎与胆囊癌不易鉴别,胆囊腺瘤与早期胆囊癌不易鉴别,合并有胆囊结石时其表现易被结石所掩盖等。B超对胆管梗阻的定位诊断与定性诊断率均很高。上海中山医院[28]报道70例肝门部胆管阻塞,B超的定位诊断率为91%,定性诊断率为62.9%,因此认为胆管梗阻的首选检查方法为B超。肝外胆管癌的B超诊断率为58.18%～91%[29,30]。长沙湘雅医院[31]*分析116例肝外胆管癌的B超表现,根据胆管癌的超声图像可分为5类:乳头型、团块型、充填型、壁厚型和截断型。并认为合并胆管结石者是造成胆管癌误诊的主要原因。

(二)CT

CT对胆道系统肿瘤的诊断率高于B超。蚌埠医学院附院[32]总结38例胆囊癌CT检查,准确率达89.47%,并将胆囊癌分为肿块型、壁厚型及腔内型3种类型,认为CT可以明确病变范围,判断肿瘤分期,了解有无扩散,对指导手术治疗具有重要意义。胆管梗阻2周后CT的准确率达85%～100%[33]。南通医学院二院[34]报道31例胆道系统肿瘤的CT诊断准确率为80.6%,作者还总结CT诊断胆管癌的特征性表现为胆管腔内结节,胆管壁不规则增厚及管腔截断。许多作者认为采用薄层CT扫描能提高胆管癌的诊断率[35,36]。

(三)MRI

上海中山医院[37]*报道21例胆道疾病的MRI和MRC表现,并与B超、CT作对照研究。结果表明,MRI及MRC能准确显示胆道梗阻部位及梗阻性质。B超、彩超、CT、MRI和MRC对各种胆道疾病的定位诊断正确率分别为85.7%、90.5%、90.5%和100%;对胆管结石和定性诊断正确率分别为66.7%、83.3%、66.7%和100%;对胆管肿瘤分别为60%、80%、80%和86.7%。以上数据提示,MRI和MRC对胆道疾病具有较高诊断价值。

(四)ERCP

ERCP对胆管疾病的诊断正确率明显优于B超及CT[38,39],它不仅能显示胆管梗阻的部位,还能清楚地反映病变的性质、范围,为治疗提供依据。湖南省医院[40]对163例胆囊切除后综合征行ERCP检查,其手术诊断符合率为92.1%,明显高于B超检查(38.0%)。上海东方肝胆外科医院分析75例肝门胆管癌[41]*及28例转移癌侵犯胆管[42]的ERCP影像表现,结果显示ERCP诊断率明显高于B超及CT,前者的检查意义主要有:(1)能全面反映肿瘤部位、范围;(2)根据肿瘤侵犯胆管的范围提出影像学分型;(3)根据分型为临床选择治疗方 案提供重要依据;(4)在ERCP前提下可行胆管内置管引流术。

四、腹腔镜胆囊切除术

腹腔镜胆囊切除术(LC)已被证明是一种损伤小、恢复快的微创手术,在全国各级医院普遍开展,经过数年的临床应用,有必要对LC进行全面客观的评价。空军西安医院[43]*对4033例LC病人和

3000例剖腹胆囊切除(OC)病人进行比较。两组术前伴随疾病和腹部手术史无显著差异,LC组麻醉时间、手术时间、住院天数、输液天数、恢复工作时间显著短于OC组。LC组手术中,手术后病人并发症和死亡率显著低于OC组。作者认为,LC明显优于OC组,但是总体上讲LC导致胆管损伤的发生率高于OC,西安西京医院[44]报道8例LC后胆管损伤,其原因:(1)术中出血行盲目止血;(2)胆囊三角区粘连严重或结石嵌顿;(3)解剖变异;(4)术者缺乏LC经验。广西自治区人民医院[45]报道3例LC致胆管损伤,其中1例为术中出血反复电凝止血所致,2例为急性胆囊炎局部水肿粘连严重所致。因此,严格掌握LC适应证是减少胆管损伤的关键。术前必要的检查对判断LC的易难程度,指导治疗具有重要意义。许多作者强调术前B超检查的重要性[46~48],认为:(1)B超所显示的胆囊大小、形态、壁厚、囊腔及囊周情况,胆管直径以及结石数目、部位等对选择手术方法提供重要依据;(2)B超显示胆囊壁增厚,胆囊萎缩及结石嵌顿等往往提示LC困难大,并发症多,成功率低,应严格掌握适应证。西安空军医院[49]报道156例LC中转开腹手术,其中因胆囊本身条件或出现并发症者111例,绝大部分为胆囊萎缩、粘连、炎症明显等。成都军区总院[50]*再次强调了ERCP在LC中的重要作用:(1)及时发现胆管结石,减少术后残石率;(2)了解胆管解剖情况,为选择手术方式提供依据;(3)EST与LC结合,避免开腹手术所带来的创伤,减轻痛苦;(4)LC术后出现症状者ERCP发现胆管残余结石同时行EST,并强调有胆绞痛伴黄疸病史或B超胆总管直径大于0.9 cm者,LC前应行ERCP检查。

五、胆管损伤

医源性胆管损伤的发生率近年有上升的趋势,主要由于LC引起的胆管损伤的发生率较高所致。胆管损伤绝大多数发生在胆囊切除术中,许多作者[51~53]分析胆囊切除导致胆管损伤原因:(1)术者对胆囊切除术的潜在危险缺乏足够的认识,尤其是在萎缩性胆囊炎、急性胆囊炎及胆管位置变异时,稍有不慎,易损伤胆管;(2)术中操作粗糙疏漏,未能充分显露胆囊三角的关系,即草率行"胆囊管"结扎切断,造成损伤;(3)术者缺乏经验,技术水平低,临床实践少,应变能力差。因此保持高度警惕,把胆囊切除这一"小手术"当成"大手术"来做,是减少胆管损伤的关键,及时发现胆管损伤是获得早期处理的前提,术中应仔细检查有无胆漏,术后一旦出现进行性加深的黄疸,即应急诊行B超或ERCP等检查,以确定是否有胆管损伤[54]。胆管损伤的处理应根据损伤时间、程度及部位选择合适的手术方法,原则上及时发现及时处理,尽早修复重建胆管的通路[55,56]。总结许多作者的处理方法如下[51~58]:术中及术后早期发现胆管部分损伤,裂口小可行胆管修补加T管引流;胆管横断,两断端间距不大可行端端吻合;或术后1周后发现胆管损伤或晚期胆管狭窄者可行胆管空肠Roux-Y吻合,并且强调:(1)胆管端端吻合不能有张力;(2)胆管空肠吻合口要足够大;(3)T管及内支撑管放置时间要足够长(0.5～2年)。许多作者强调:防止胆管损伤关键是术者思想上高度重视,操作仔细,熟悉解剖,当胆囊三角解剖不清时不要强行去分离结扎胆囊管及胆囊动脉,而直接从胆囊底部分离胆囊,至胆管颈时予切断、结扎。

六、胆管结石及胆管狭窄

胆总管探查后是否能一期缝合一直存有争议。潍坊医学院附院[59]*在比较了犬胆总管一期缝合与T管引流后胆管组织等变化,表明前者局部炎症反应轻,愈合快,无胆漏发生,随后进行30例病人胆总管探查后一期缝合,未发生胆漏,提出只要胆总管下端通畅,肝胆管内无残余结石均可行一期缝合术,这还需更多的病例加以证实。胆管结石尤其是肝内胆管结石的术后残石率仍很高,重庆西南医院[60]*报道749例肝内胆管结石术后残石率为30.25%,同时指出:不同的治疗方法其残石率不同,采用肝叶或肝段切除者术后残石率为19.94%,疗效明显优于其他术式。湖南湘谭市医院[61]报道116例肝内胆管结石,其中采用切肝法治疗57例,占总数的49.14%,术后优良率达94.73%。因此愈来愈多的学者认为[62~64]对于局限于肝段或肝叶并有胆管狭窄的肝内胆管结石,肝切除术是首选治疗方法。解除胆管狭窄是防止术后结石复发的关键,对不同部位的狭窄采用的治疗方法有所不同。天津南开医院[65]采用Oddi括约肌切开成形术治疗胆总管下端狭窄181例,手术死亡率1.7%,术后并发症5.5%。作者指出,术后效果欠佳者主要为下端狭窄未完全解除,认为狭窄段超过2 cm者不宜采用此术式。另外并发症较高也使该术式的应用日渐减少。上海中山医院[66]采用胆总管十二指肠吻合术治疗胆总管下段狭窄,认为引起术后返流性胆管炎的原因是吻合口不够大,导致术后狭窄。作者强调,胆肠吻合口应在2.5 cm以上,一层外翻缝合。肝门部及肝内胆管狭窄目前应用最广泛的仍是狭窄段切开胆管空肠Roux-Y吻合术,其关键是狭窄段必须全部切开,左右肝管引流必须通畅。许多作者[67,68]强调采用胆管整形扩大吻合口，防止术后狭窄。南京铁道医学院附院[69]及浙江湖洲市二院[70]在分析胆肠吻合术后再手术的原因时指出：肝内胆管狭窄未纠正及吻合口狭窄是主要原因，因此在胆管狭窄未能解除前不能轻易行胆肠吻合，胆肠吻合口径要足够大。胆管残余结石的治疗目前仍然首选为纤维胆管镜，其应用简便、有效、安全，可反复进行，取石成功率可达91%[71]。将胆管镜与碎石器械结合起来可进一步提高残石取尽率[72]。胆管合并狭窄时，可应用气囊导管扩张术扩张狭窄，提高取石率[73]。术中应用胆管镜探查取石，可明显降低术后残石率，已作为常规检查方法[74,75]，值得进一步推广。非结石性胆囊炎(AAC)近年来报道逐渐增多。浙江金华市医院[76]*报道51例AAC均采用手术治疗，发现胆囊壁坏死35例，化脓11例，充血水肿5例。AAC发展快且严重，其原因可能与胆囊变异、胆囊缺血、胆囊排空障碍及细菌感染有关。B超为AAC的首选检查手段。作者强调：AAC主要为胆囊缺血引起，进展快，短时间内可引起胆囊坏死和穿孔。因此，一经确诊，应及时手术。

七、先天性胆管畸形

异常胰胆管连接(APBDU)是先天性胆管囊肿的主要原因。解放军245医院[77]*比较79例APBDU和59例正常胰胆管连接病人的胆管囊肿及胆系癌的发病率，分别为26.6%和17.7%，前者明显高于后者。西安医大一院[78]报道APBDU 28例，合并胆管囊肿22例，占78.6%，胆系癌5例，先天性胆管囊肿癌变率为7.15%～21%[79,80]，且绝大多数发生在成年型胆管囊肿，因此强调胆管囊肿一旦确诊宜尽早手术，对预防囊肿癌变有积极意义。由于囊肿肠道内引流术后仍可导致癌变，因此近年来强调行囊肿切除、肝管空肠Roux-Y吻合术[81,82]，仅对于合并有囊肿感染、穿孔等情况时行外引流术，待情况好转后再行二期手术。囊肿一旦癌变，即使切除，其疗效也不佳，平均生存期仅8.5～10个月[79,80]。囊肿切除胆管空肠Roux-Y吻合术后严重并发症之一是逆行感染，许多作者采用各种抗返流技术减少逆行感染的发生。武汉同济医院[83]报道采用带蒂阑尾间置重建胆管手术获得较好效果。术后病儿发育正常，无发热、黄疸、腹痛等症状，认为该种术式更符合生理功能，有良好的抗返流效果，手术简单，值得进一步探讨。Caroli病目前仍是胆管外科的难点，手术方法也无法统一。上海东方肝胆外科医院[84]*报道31例Caroli病的治疗，强调其手术原则是切除肝内囊性病灶，解除梗阻，取尽结石，通畅引流，对于一侧肝叶的囊肿最有效的方法是行肝叶切除，双侧型囊肿则需解除狭窄，切除肝外囊肿，行大口径胆管空肠Roux-Y吻合。

八、胆道系肿瘤

(一)胆囊息肉样病变

近年来胆囊息肉样病变的发病率明显增加，占同期胆囊切除的13.2%[85]，尤其对胆囊腺瘤及腺瘤癌变有了更深的认识。南京军区南京总院[86]报道34例胆囊腺瘤平均年龄为42.88岁，10例伴有癌变的病人平均年龄32.52岁，腺瘤平均直径12.71 mm，癌变腺瘤为16.20 mm，提示腺瘤癌变可以发生于年青人中。他们还进一步报道[87]13例胆囊微腺瘤的病理特点，其平均年龄38.38岁，腺瘤平均直径4.31 mm，单发者9例，多发者4例，有3例癌变，6例伴上皮不典型增生，进一步说明≤5 mm的腺瘤也有较高的癌变率，且伴有不典型增生亦为癌前病变，因此强调凡发现胆囊息肉样病变，以尽早手术为宜。解放军105医院[88]报道15例胆囊腺瘤，其中14例为多发，平均大小为7.81 mm，提示多发性胆囊息肉不一定是胆固醇结晶，也可能是胆囊腺瘤，大小也可以小于1 cm。8例胆囊腺瘤癌变平均年龄33.3岁，其年龄明显低于胆囊腺癌，值得注意。中国医大临床三院[89]对胆囊息肉样病变进行增殖细胞核抗原(PCNA)表达的研究表明：腺癌及腺瘤伴上皮不典型增生者PCNA均呈阳性反应，胆固醇息肉及腺瘤则呈阴性反应，提示PCNA表达可作为腺瘤癌变及腺癌的辅助诊断指标。

(二)胆囊癌

胆囊癌的发病率有逐年上升的趋势，总结一年来多家单位的报道[90～94]，胆囊癌发病率男女之比为1∶1.1～1∶2.93，女性高于男性，平均年龄为52.5～65岁，合并胆囊结石者51.3%～54.5%，提示胆囊结石是胆囊癌的主要原因，但不是唯一的病因。如前所述，胆囊腺瘤癌变、胆胰管连接异常等均为胆囊癌的病因。早期胆囊癌的术前确诊率仍很低，主要是早期无症状或症状不典型，伴随胆囊其他疾病不易发现，检测水平不高等。即使如此，中晚期胆囊癌的术前确诊率仍较低，仅为46.8%～80.0%，主要检查手段为B超、CT、ERCP等。比较而言，B超的诊断率较高，而CT及ERCP对判断病变范围、大小及周围转移情况较有价值。CEA、CA-199、CA-125等血清学检查也有一定帮助。安徽省立医院[93]报道10例胆囊癌行CEA检查均呈阳性。胆囊癌的首选治疗方法为手术切除，除局限于胆囊粘膜的原位癌可行单纯胆囊切除外，其余均应行根治性切除，强调应切除距胆囊周边2 cm以上的肝组织并行肝门淋巴结清扫。但由于手术时大多已处于中晚期，根治性切除率仅为 14.1%～23.1%，绝大多数病人仅能行姑息性切除及胆管引流术，因此术后生存率很低，5 年生存率<5%。因此要提高胆囊癌的切除率及 5 年生存率，关键是要早发现、早诊断、早治疗。许多作者认为：对以下情况者宜尽早行胆囊切除，防止胆囊癌的发生：(1)中年以上合并有胆囊结石者；(2)萎缩性胆囊炎者；(3)胆囊息肉样病变≥7 mm；(4)胆囊造瘘术后；(5)无结石性胆囊炎合并有胆胰管异常连接者。有报道胆胰管异常连接的胆囊癌发生率达 16.3%，而胆囊癌中胆胰管异常连接占 8.7%～15.1%[95]。术中仔细检查胆囊粘膜面有无隆起、变厚，胆囊壁有无厚薄不均等，有异常者及时行术中冰冻检查，也是发现早期胆囊癌的重要途径。

(三)胆管癌

肝脏内胆管癌一般占同期胆管手术的 1.5%～4%[96,97]，均合并有胆管疾病，肿瘤发生于有结石的胆管中。重庆西南医院[96]报道 12 例肝内胆管癌，以往均有胆管手术史，病理切片观察到胆管上皮不典型增生与癌变同时存在，并且往往混杂或移行，提示胆管上皮不典型增生可能为癌前病变。由于无特异性表现，症状易与胆管炎等表现混淆，术前诊断率低，切除率低，预后较差。肝外胆管癌中以肝门部胆管癌发病率最高，达 45.3%～58.7%[98,99]。其病因不明，绝大多数以黄疸为首发症状，B 超为首选检查方法，其诊断胆管梗阻符合率达 100%。欲进一步明确梗阻部位、范围及肿瘤扩散情况则需依赖于 CT、ERCP 及 PTC 等检查。肝外胆管癌的切除率更低，仅为 28.7%～38.0%。浙江医大一院[100]报道 43 例肝门部胆管癌手术切除率为 32.5%，其余行胆管外或内引流术，术后生存期切除组平均 18.3 个月，手术减黄组平均 5.9～10.8 个月。作者强调，要提高胆管癌切除率，关键是要显露出肝门部胆管，为彻底切除肿瘤，必要时可行半肝切除，无法切除的胆管癌可行内镜置胆管金属支架(EMBE)，达到减黄的目的。上海东方肝胆外科医院[101]采用 EMBE 治疗胆管癌 10 例均获成功，黄疸进一步消退。许多作者寻找较特异的肿瘤标记物以提高胆管癌的诊断率。西安西京医院[102]* 应用放射免疫法分析糖类抗原 242(CA242)在胆胰恶性肿瘤诊断中的价值。结果恶性肿瘤检测明显高于良性病变，灵敏度为 80.3%，特异度为 82.4%。作者认为这是一种有应用前景的指标。重庆新桥医院[103]采用 ELISA 法测定胆管癌患者血清胆管癌相关抗原(CCRA)诊断胆管癌的敏感性为 77.8%，特异性为 70%～100%，明显好于其他标记物。福州协和医院[104]* 用图像分析技术对 30 例胆管癌细胞核 DNA 倍体进行分析，结果显示良性组织以二倍体细胞为主，癌变组织 5C 及大于 5C 细胞明显增多，DNA 倍体分布与病理分型、临床分期无关，而高倍体组病人生存期明显低于二倍体组，提示 DNA 倍体分析有助于判断胆管癌的预后。

（周伟平　钱光相）

参 考 文 献

[1] 王友顺等. 临床肝胆病杂志 1996;12(2):104
[2]* 傅贤波等. 中华医学杂志 1995;75(11):656
[3] 陈雨强等. 中华消化杂志 1996;16(4):204
[4] 滕木俭等. 临床肝胆病杂志 1996;12(3):153
[5] 余开焕等. 中华实验外科杂志 1996;13(2):67
[6] 王　清等. 天津医药 1996;24(4):212
[7] 冉崇福等. 中华实验外科杂志 1996;13(4):223
[8]* 许　峰等. 中国中西医结合杂志 1996;16(3):160
[9]* 董家鸿等. 肝胆外科杂志 1996;4(1):53
[10] 刘　海等. 中国普通外科杂志 1996;5(2):92
[11] 蔡红娇等. 中华实验外科杂志 1996;13(4):205
[12] 黄鹤光等. 中华实验外科杂志 1996;13(5):298
[13]* 杨　翔等. 中华实验外科杂志 1996;13(1):43
[14] 方驰华等. 天津医药杂志 1996;24(2):71
[15]* 洪明理等. 首都医科大学学报 1996;17(1):36
[16] 沈建华等. 中国普通外科杂志 1996;5(2):119
[17] 刘兆伟. 苏州医学院学报 1996;16(1):135
[18] 陈修溥等. 福建医药 1996;918(2):48
[19] 袁才章等. 腹部外科 1996;9(2):73
[20] 方国宏. 广东医学 1996;16(12):852
[21] 何庆良等. 福建医药 1996;18(1):75
[22] 李殿菊等. 中国重危病急救医学 1995;7(6):369
[23] 姜学海等. 医师进修杂志 1996;19(2):11
[24] 方茂勇等. 临床医学 1996;16(2):27
[25] 马家莲等. 肝胆外科杂志 1995;4:217
[26] 王　见等. 青海医药 1996;26(7):7
[27] 卞凤英. 南通医学院学报 1996;16(2):230
[28] 刘厚宝等. 中国实用外科杂志 1995;15(12):741
[29] 王宝昌等. 铁道医学 1996;24(1):10
[30] 蔡爱露等. 中国医科大学学报 1996;25(2):210
[31]* 廖锦堂等. 中国超声医学杂志 1996;12(4):41
[32] 陈立发等. 蚌埠医学院学报 1996;21(4):275
[33] 施发表等. 中国实用外科杂志 1995;15(10):638
[34] 巴　奇等. 实用放射学杂志 1996;12(8):467
[35] 靳兆军. 实用放射学杂志 1995;11(5):962
[36] 吴宽尧等. 苏州医学院学报 1995;15(5):962
[37]* 王炳生等. 肝胆胰外科杂志 1996;8(3):127
[38] 邓　勇等. 青海医药 1994;25(5):15

[39] 余宏铸等. 肝胆外科杂志 1995;4(3):212
[40] 胡发庆等. 湖南医学 1995;12(6):326
[41]* 程红岩等. 肝胆外科杂志 1995;4(3):200
[42]* 程红岩等. 中华放射学杂志 1995;29(10):704
[43]* 王克成等. 中华实验外科杂志 1996;13(1):31
[44]* 窦科峰等. 陕西医学杂志 1996;25(3):142
[45] 罗建强等. 广西医学 1996;18(4):428
[46] 吴 波等. 中国普通外科杂志 1996;5(1):45
[47] 倪 琼等. 中国超声医学杂志 1996;12(5):66
[48] 董学新等. 兰州医药 1996;20(3):163
[49] 彭立勋等. 宁夏医学杂志 1995;17(6):361
[50]* 田伏洲等. 肝胆外科杂志 1995;4:207
[51]* 傅由池等. 中华外科杂志 1996;34(1):38
[52] 郑大为等. 临床外科 1996;4(5):268
[53] 梁力建等. 中国实用外科杂志 1996;16(8): 467
[54] 赵晨阳等. 天津医药 1996;24(4):235
[55] 孔家骏等. 青海医药 1996;26(5):19
[56] 何连齐等. 上海医科大学学报 1995;22(6):475
[57] 彭淑牖等. 中国实用外科杂志 1996;16(8):505
[58] 陈建五. 江苏医药 1996;22(3):211
[59]* 李茂竹等. 中国医学科学院学报 1996;18(1):15
[60]* 蔡景修等. 第三军医大学学报 1996;18(1):59
[61] 罗衡桂等. 普外临床 1996;11(4):246
[62] 林博慈. 中国普通外科杂志 1996;5(11):15
[63] 郭奉云. 临床外科 1996;4(5):263
[64] 陈景繁等. 铁道医学 1996;24(2):72
[65] 殷崇福等. 中国实用外科杂志 1995;15(10):621
[66] 朱文莉等. 中国实用外科杂志 1996;16(8):491
[67]* 何依山等. 中国实用外科杂志 1995;15(10):623
[68] 何长林等. 蚌埠医学院学报 1996;2(4):228
[69] 杨德同. 中国实用外科杂志 1996;16(9):545
[70] 赵如钦等. 临床外科 1996;4(4):210
[71] 孟翔凌等. 临床外科 1996;4(5):290
[72] 赵松寿. 兰州医药 1995;19(5):294
[73] 张 海等. 临床医学 1996;16(7):6
[74] 张太义. 中原医刊 1996;23(2):37
[75] 朱 红等. 云南医药 1995;16(5):385
[76]* 许龙堂等. 普外临床 1996;11(1):33
[77]* 吕维富等. 实用放射学杂志 1996;12(1):28
[78] 石景森等. 中国实用外科杂志 1995;15(10):600
[79] 顾红光等. 肝胆外科杂志 1996;4(1):49
[80] 梁力建等. 中国实用外科杂志 1995;15(10):598
[81] 蒋嘉萍等. 江苏医药 1996;22(7):481
[82] 黄生福等. 湖南医药 1996;13(1):35
[83]* 袁继炎等. 同济医科大学学报 1995;24(6):459
[84]* 钱光相等. 中国实用外科杂志 1995;15(10):634
[85] 刘志发等. 南京医科大学学报 1996;16(1):75
[86] 石群立等. 江苏医药 1996;22(8):527
[87] 石群立等. 中国普通外科杂志 1996;5(2):73
[88] 赵成功等. 实用癌症 1995;10(3):199
[89] 洪生明等. 中国医科大学学报 1996;25(4):352
[90] 郭文堂等. 天津医药 1996;24(1):56
[91] 张天玉等. 云南医药 1995;16(5):377
[92] 孟宪魁等. 陕西医学杂志 1995;24(11):653
[93] 陈 炯等. 中国普通外科杂志 1996;5(1):23
[94] 梁秀芝等. 实用肿瘤学杂志 1995;4:67
[95] 张国志等. 综合临床医学 1996;12(4):201
[96] 顾红光等. 第三军医大学学报 1995;17(6):534
[97] 苏缝锡等. 普外临床 1995;10(6):338
[98] 匡久树等. 江苏医药 1996;22(8):561
[99] 孟宪民等. 普外临床 1996;11(1):29
[100] 楼石济. 医师进修杂志 1996;19(2):24
[101] 龚 彪等. 中华医学杂志 1996;76(2):145
[102]* 宁国礼等. 第四军医大学学报 1995;16(6):446
[103] 梁 平等. 第三军医大学学报 1996;18(1):65
[104]* 许春森等. 普外临床 1996;11(5):317

Ⅲ. 胰腺外科

收集有关胰腺外科文献 168 篇，纳入回顾 58 篇(占 34.5%)，收入文选 25 篇(占 14.9%)。

一年回顾

一、胰腺畸形

武汉协和医院[1]报道胃肠道异位胰腺 18 例。临床表现为腹痛、腹块及消化道出血。本病术前诊断困难，对久治不愈的胃、十二指肠溃疡和原因不明的反复消化道出血应考虑到本病的可能性。

二、胰腺外伤

本年度报道胰腺损伤的论文 8 篇共计 174 例，每所医院每年平均处理胰外伤 1～2 例。胰腺位置深在，发病早期症状不明显，易漏诊。应根据伤情采用不同术式处理。淮南市一院[2]35 年期间治疗 49 例，均采用手术治疗。其中 32 例为止血、引流术，5 例胰体尾切除，3 例近端主胰管结扎远端胰空肠吻合，4 例为改良十二指肠憩室化手术，3 例行胰十二指肠切除，2 例行主胰管吻合，死亡 2 例(18.4%)。

三、胰腺炎

(一)基础研究

北京协和医院[3]用猫诱发程度不同的急性胰腺炎，A 组以胰腺间质水肿为主，腹腔淀粉酶为 4 890 U/L，生存期在 7 d 以上；B 组病理为胰腺广泛坏死，腹腔淀粉酶为 13 952 U/L，生存时间 50.4 h；C 组胰腺广泛坏死合并肺、肝损害，腹腔淀粉酶为 23 810 U/L，24 h 全部死亡。腹腔淀粉酶测定对估价急性胰腺病变程度及预后有显著意义，可作为评定急性胰腺炎病变程度及估价预后的重要指标。南京医大一院[4]观察大鼠急性胰腺炎(AP)血浆血栓素 A_2(TXA_2)水平、胰腺血供、胰腺微循环功能状况和病理改变。结果提示：局部缺血和微血管壁通透性增加是 AP 的早期病生改变，介导 AP 由水肿型向出血、坏死型转变；AP 时大量生成的 TXA_2 是病生改变的重要介质。该实验用伊曲康唑和消炎痛选择性抑制 TAX_2 合成酶，两药合用可调控花生四烯酸代谢，抑制 TXA_2，明显改善了胰腺血供、微循环状况和病理生理，验证了该实验药物选择、配伍的合理性及可行性。上海瑞金医院[5]研究急性胰腺炎并发多器官功能不全(MODS)的病人，与无多器官功能不全(NMODS)病人相对照，发现 MODS 时血清磷脂酶 A_2(PLA_2)活性的升高与 4 个脏器的功能下降呈正相关，且与各脏器功能正常者比较有显著差异。PLA_2 对于肺的损伤最显著，肝、肾、心次之，可能原因是 PLA_2 的器官选择性不同所致。MODS 的形成是 PLA_2 直接损伤脏器并通过触发一系列炎症介质的释放间接损伤脏器。MODS 是 PLA_2 毒性作用在器官的具体表现。湖南医大临床二院[6]检测水肿型(AEP)和坏死型(ANP)急性胰腺炎早期血中肿瘤坏死因子(TNF)和纤维连接蛋白(FN)水平。结果提示，AEP 和 ANP 两组病人入院时血浆 FN 水平明显低于正常对照组。入院后第 8 天两组病人 TNF 接近正常，与正常对照组无显著差异。值得注意的是 3 例死亡病例生前血清 TNF 水平异常升高。作者认为，血浆 FN 的检测简易，其水平变化对急性胰腺炎的轻重鉴别和预后的评估有一定临床意义。南京军区南京总院[7]用大鼠研究 Ca^{2+} 拮抗剂维拉帕米(Ver)对急性坏死性胰腺炎肺损伤的防治作用。结果发现，Ver 组 24 h 生存率 80%，ANP 组 40%，但差异无显著意义。肺湿重及肺毛细血管通透性于 ANP 6 h 开始升高，Ver 组较 ANP 组明显下降。ANP 组粒细胞过氧化酶(MPO)逐渐升高，肺脂质过氧化物(LOP)于 ANP 6 h 达高峰，12 h 有所下降。血一氧化氮(NO)于 3 h 达高峰，以后逐渐下降。Ver 组肺 MPO、LPO、血 NO 较 ANP 组显著降低，但 NO 于 12 h 有所回升。上海市一院[8]动态测定急性出血坏死型胰腺炎(AHNP)犬术后 1、6、24 h 血浆血小板颗粒膜蛋白 140(GMP-140)、血小板电泳时间、组织型纤溶酶原激活物活性(tPA:a)和纤溶酶原激活抑制物活性(PAI:a)的变化，以阐明血小板和纤溶功能变化特征，并观察四甲基吡嗪(TMP)对它们的影响。结果发现，AHNP 犬血浆 GMP-140 含量、PAI 活性增高，血小板电泳时间延长，tPA 活性降低，均与假手术组有显著性差异；TMP 治疗组上述变化不显著。结果还发现，犬 AHNP 早期血小板处于高度活化状态，纤溶功能降低，此可能与 AHNP 时胰腺微循环障碍、微血栓形成等病理生理现象的发生有关。TMP 可有效地纠正上述改变。医科院[9]对急性坏死型胰腺炎猴血浆 TXB_2、6-酮-PGF-α 进行动态测定及观察生长抑素对其影响。表明在 ANP 发病过程中，TXB_2 在发病早期(2 h)即明显增加达高峰；6-酮-PGFX-α 随后逐渐增高，到 24 h 达高峰。结果提示 TXB_2 及 6-酮-PGFX-α 在 ANP 的发病过程中可能起重要作用。生长抑素对其有明显抑制作用，可减轻炎症反应。河南医大一院[10]测定急性胰腺炎患者和正常人血浆内血小板 α 颗粒膜蛋白(GMP-140)、血栓烷 B_2(TXB_2)、6-酮-前列腺素 F1(PGXF)-α 和血管假血友病因子(vWF：Ag)。结果显示，急性胰腺炎患者血浆 GMP-140、TXB_2、vWF:Ag 水平较对照组明显升高，6-酮-PGXF-α 水平明显降低。动态观察发现：水肿型胰腺炎患者其血浆 GMP-140、TXB_2、vWF:Ag 水平于发病第 5 天出现下降趋势，水肿型胰腺炎患者其血浆 GMP-140、TXB2、vWF:Ag 水平于发病第 5 天出现下降趋势，出血坏死型胰腺炎上述 3 项指标不仅没有下降趋势，却反而持续升高。该实验提示：胰腺炎患者血小板处于活化状态，内皮细胞功能受损，胰腺组织的血循环障碍与血小板活化状态有密切关系。综合前述各实验均提示，急性胰腺炎从发病角度看属于全身炎症反应综合征范畴，炎性介质在发病中起着关键作用。河南医大一院[11]采用重组人肿瘤坏死因子(rh-TNF)腹腔注射和选择性肠道清洁加小剂量多粘菌素B皮下注射治疗大鼠实验性急性出血坏死型胰腺炎(AHNP)。结果提示外源性TNF能有效地降低AHNP动物的死亡率。选择性肠道清洁加小剂量多粘菌素皮下注射能抑制肠道G^-杆菌，最大限度地减少肠道游离内毒素来源，并能依靠多粘菌素B直接对抗内毒素降低血中内毒素和TNF水平，对AHNP有一定治疗作用。

(二)急性胰腺炎

本年度有关急性胰腺炎的论文约54篇，说明该病仍为普外科讨论的热点之一。北京宣武医院[12]认为CT对早期确诊胰腺炎并判断其严重程度优于Ranson指标。天津医大医院[13]分析该院收治且资料完整的重症急性胰腺炎84例，发现年龄＞60岁、严重的并存疾病、白细胞＞20×10^9 mmol/L、血钙＜1.9 mmol/L、BUN＞7.14 mmol/L、血糖＞8.3 mmol/L、PO_2＜8 kPa、BE绝对值＞4 mmol/L、重度肠麻痹和第1天输液量＞5 000 ml等10项指标对预后有显著影响。其中严重并存疾病、BE绝对值和血糖是决定重症胰腺炎预后的更重要因素。作者还认为该评估预后系统的灵敏度、特异度、预测阳性率、预测阴性率和准确率分别为93.3%、92.6%、87.5%、96.2%和92.9%，优于Ranson、Imrie、姚榛祥和黄志强4种评估系统。山东潍坊益都医院[14]比较了少见的小儿胰腺炎7例，多为腮腺炎及肝胆疾病所诱发。该7例中2例与腮腺炎有关，3例与暴食油腻食物有关，2例与上感有关。以顽固性剧烈腹痛、呕吐为突出症状。误诊为急性胃肠炎的4例，胆肠蛔虫合并感染的3例，后经血、尿淀粉酶和B超检查而确诊。该7例均属水肿型，治疗效果好，无1例发生并发症。北医大人民医院[15]认为老年人急性胰腺炎的特点是：腹膜炎的发生率较高，腹腔穿刺液淀粉酶明显升高。B超发现胰腺炎合并胆石的发生率高，并存疾病较多，胰腺病理改变相对较轻，平均病程长，并发症多。作者认为，对老年急性胰腺炎合并胆石者不应一概认为系胆石症引起，且老年人胰腺病变常较轻，过于积极地针对胆系疾病的外科手术或许是不恰当的。该院[16]又分析急性胰腺炎对肝脏的损害，结果发现91例中有62例合并有肝脏损害，占68.1%。44例轻症胰腺炎伴肝损害者中，42例随原发病好转而于1～5周内肝功能指标恢复正常；18例重症胰腺炎者6例于1～5周内肝功恢复正常，3例于8周内恢复正常。5例于住院期间持续异常或呈一度好转，此5例有并发症，另4例死亡。该组有肝功损害者平均住院天数较同期的无肝损害者明显延长，并发症多，预后差。广州孙逸仙纪念医院[17]分析64例急性胰腺炎病人的肝脏变化也得出相同的结论，即肝功损害与胰腺炎的严重程度成正比，肝功衰竭是重症胰腺炎死亡的重要原因之一。中国医大临床二院[18]分析41例手术治疗重症急性胰腺炎的9例术后死亡原因：4例术后3d内死亡，为急性死亡组；4例术后32～96d死亡，为晚期死亡组；1例术后14d死亡，界于两组之间。急性死亡组特点：年龄轻(平均50.75岁，晚期死亡组平均62岁)，胰外器官损害表现明显，术中见胰腺病变严重。作者认为尽早手术是减少急性死亡的主要手段。晚期死亡原因是胰腺炎迁延、再发、发生胰腺脓肿。防治并发症可减少晚期死亡。中国医大临床一院[19]分析1978～1993年间95例手术治疗的重症急性胰腺炎，其中24例死亡(25%)。术后48 h内死亡15例。死亡原因：感染性休克6例，ARDS 8例，急性肾功能衰竭1例。中期(2周后)为继发腹腔感染的并发症：胰周血管破裂出血2例，脓毒血症5例，应激性溃疡2例。他们认为，延误手术时机、腹腔内感染、应激性溃疡处理不当为导致死亡的主要原因。苏州医学院一院[20]分析1985～1994年期间36例重症急性胰腺炎的病死率：早、中期手术死亡率明显低于晚期手术，分别为＜3d为28.7%，8d为30%，＞8d为40%。36例中死亡11例(死亡率为30.6%)。胰外栽葱式开放引流术明显低于闭式引流术及胰规则性切除术($P<0.05$)。他们认为，重症胰腺炎宜尽早手术，胰外栽葱式开放引流的病死率较低。北京大兴县医院[21]对近9年收治的45例重症胰腺炎进行疗效观察：非手术治疗26例，治愈19例，治愈率为90.5%；中转5例，中转率19.2%；手术24例，治愈率95.8%。术后并发症6例，发生率25%。作者指出，早期胰腺仅有坏死且不合并感染时以保守治疗为主，中期合并感染时以手术治疗为宜，晚期胰及胰周脓肿形成时手术的并发症多，死亡率高。北京医大三院[22]总结1991年2月～1995年8月治疗急性出血坏死型胰腺炎70例(胆源性31例，非胆源性39例)的经验。早期简化手术治疗14例，非手术治疗56例，其中中转手术11例。手术距发病时间9～90d。中转手术原因：坏死组织感染5例，无菌性坏死包块引起胆管及胃肠道梗阻2例，大量胰性腹水1例，巨大假性囊肿破裂出血2例。手术的11例中行坏死组织清除及外引流7例(其中3例采用多个小切口)，囊肿内引流1例，囊肿外引流2例，单纯腹腔置管引流腹水1例。术后腹腔感染9例，消化道瘘1例，胰瘘6例。全组死亡3例(死亡率为4.3%)。早期手术指征为：(1)诊断不明；(2)有严重胆管感染。中转手术指征：(1)

坏死组织继发不可控制性感染；(2)无菌坏死性包块出现并发症；(3)假性囊肿及其并发症；(4)大量腹水经保守治疗不能控制；(5)胆源性坏死性胰腺炎治愈后应择期行胆管手术；(6)坏死性胰腺炎原因不明，尤其是反复发作者应作进一步检查(如 ERCP)，以求发现致病原因。常州市一院[23]介绍 1991～1995 年间采用腹部横切口置双拉链治疗重症胰腺炎 17 例的体会。进腹后切开胰包膜，清除坏死组织，冲洗腹腔，行"三造瘘"，然后将切开的胃结肠韧带之上、下两切缘分别间断缝合在切口上下缘的壁层腹膜、腹直肌前后鞘上。形成底为胰腺、上壁为胃和小网膜，下壁为横结肠及其系膜的盆状腔隙。腔内填充抗生素纱条。将第 1 条拉链缝于腹直肌鞘上，第 2 条拉链缝于切口皮肤上。术后每隔 1～2d 打开拉链开腹清创。结果 14 例痊愈，3 例死亡。上海瑞金医院[24]对 76 例重症胰腺炎评估奥曲肽的治疗价值。ss-1 组为转入前后连续应用奥曲肽治疗的病人，共 43 例；ss-2 组为转入后开始用奥曲肽治疗的病人，共 11 例；Non-ss 组为未用奥曲肽治疗的病人，共 15 例。三组基本治疗方案相同，且均已手术治疗。奥曲肽的剂量为 0.1～0.5mg，每 6～8h 皮下注射一次，疗程 7～14d。3 组的 APACHE Ⅱ 相当($P>0.05$)。结果：(1)病死率下降幅度：ss-1 和 ss-2 组均>Non-ss 组；(2)Binder 并发症积分：ss-1 和 ss-2 组均低于 Non-ss 组；(3)脓毒症发生率及 ARDS 发生率：奥曲肽治疗的两组略低于 Non-ss 组。结果表明，奥曲肽对降低重症胰腺炎病死率，减轻并发症和减少严重并发症的发生率都有较好的作用，但均无显著的统计学意义($P>0.05$)。湖北医大二院[25]对连续收治的 7 例重症急性胰腺炎早期使用 sandostatin，与同期未使用的 11 例作比较，发现用药患者并发症和死亡率都有明显下降，住院时间缩短。作者认为，sandostatin 在重症胰腺炎的治疗中是有价值的。南通医学院附院[26]采用非手术治疗重症胰腺炎 15 例，治愈 13 例，好转 1 例，有效率 93.9%，1 例死于 ARDS 和 ARF。作者认为，非手术疗法主要为全身支持，增强患者机体抗病能力。临床治疗结果提示，非手术疗法是可行的；善得定(即奥曲肽)临床早期应用，其抑制胰外分泌功能作用强，疗效显著。滨州医学院附院[27]分析胰性脑病 9 例，发病率占同期急性胰腺炎的 9.18%，9 例均为重症患者。作者认为，该病诊断有一定困难，要根据临床表现与中毒性休克所致的脑循环障碍、肝肾功能不全引起的脑神经症状、胰腺炎继发糖尿病性酸中毒、电解质紊乱等相鉴别。治疗以积极手术处理原发病灶为主，同时辅以脱水剂和中枢神经营养药物、脑血管扩张剂等。该组死亡率为 66.67%，治愈率为 33.33%。综合国内文献对重症急性胰腺炎仍然认为是外科难题之一，其疗效远不能令人满意。近年来，国内学者纷纷总结临床经验教训，结合动物实验的成果，不断改进治疗方案。现在多数学者认为，重症患者应于 ICU 加强监护治疗一段时间，观察病情变化，积极地支持治疗，使大部分病人从急性期过渡到急性后期，待病灶稳定局限后，在适当时机作晚期手术。这样就使一个很危重的疾病变成一个相对容易处理的疾病。在保守治疗过程中若病情恶化，应早期或急症手术。有下列情况宜立即手术：(1)重症胰腺炎的诊断不明确；(2)病程中出现包块，并出现腹膜炎或感染等表现。

(三)慢性胰腺炎

上海中山医院[28]报道 1984～1993 年收治的 33 例慢性胰腺炎。该病的诊断依据为腹痛、B 超、CT 和 ERCP 的胰腺和主胰管的异常形态以及术中所见和病理检查。该组病例资料不完整，B 超检查仅 26 例有异常发现，CT 检查 19 例中有 16 例发现病变，ERCP 检查 7 例仅半数有异常。全组 20 例进行了手术治疗。手术方式有胰管空肠 Roux-Y 吻合、胰腺假性囊肿空肠 Roux-Y 吻合、胰腺活检及胰十二指肠切除术。13 例行非手术治疗。四川省医院[29]1989～1993 年收治慢性胰腺炎 270 例，其中 60 岁以上老年病例有较完整临床资料并经手术和病理证实共 10 例，其临床特点为：(1)发病较急重，均有发热、白细胞增高、不同部位的腹痛和腹膜炎体征，中毒症状突出；(2)并发症多，如糖尿病、肺炎、冠心病、上消化道出血、胆管结石等；(3)常见多器官功能损害。诊断有赖于生化检查、B 超、CT 及 ERCP 影像学检查。对老年人慢性胰腺炎的手术指征应严格掌握，只有胰(胆)管狭窄、结石、胰腺囊肿等，或腹痛剧烈持续致麻醉剂成瘾者才考虑手术治疗。苏州市四院[30]对 40 例胰腺癌与 20 例慢性胰腺炎的 CT 分析认为：胰腺轮廓改变、局部不规则增大、早期不均匀增强、低密度肿块、胰胆管明显扩张、胆管阻塞端突然中断、肠系膜上动静脉包埋、侵及后腹膜、淋巴结肿大、可确诊为胰腺癌。胰腺均匀增大、胰胆管轻度扩张、胆管阻塞端渐变细、肠系膜上动静脉无侵犯以及后腹膜无明显肿大淋巴结有助于慢性胰腺炎的诊断。山东莱西市中医院[31]误将 4 例胰头假瘤型慢性胰腺炎误诊为胰头癌。他们认为以下几方面有助于鉴别：(1)病史：慢性胰腺炎的病程相对较长；(2)综合分析影像学资料：B 超的慢性胰腺炎边界一般不清楚，CT 根据胰腺钙化影、不规则胰管扩张、胰周有无转移灶及肿大淋巴结等间接征象和胰头癌相鉴别；(3)术中行胰腺肿块多处针吸细胞学或冰冻切片检查是最有效的诊断方法。临床上胰头部肿块恶性肿瘤所占比例虽然较大,但不应忽视炎性肿块或结石等良性疾病的可能性。西安新桥医院[32]提出对胰腺癌血清癌标记物的联合检测有助于两者的鉴别诊断。安徽铜陵市医院[33]报道4例胰管结石,临床表现为剑突与脐之间不规则腹痛,X线腹部平片相当胰腺部位有钙化影,B超有胰管扩张和钙化灶,结合CT检查可明确诊断。手术治疗应切开胰管取石,胰管再与空肠行Roux-Y吻合。胰体尾多块结石则行胰体尾切除。山东泰安市医院[34]报道慢性胰腺炎8例,胰腺肿瘤3例及其他疾病引起的胰源性门脉高压15例,均有脾肿大,内镜示食管胃底静脉曲张,治疗方法包括脾切除的断流术。该病是门脉高压症中唯一能够治愈的疾病。中国医大临床二院[35]报道3例比较罕见的胰管出血,主要病因为慢性胰腺炎。此病诊断要点:(1)有慢性胰腺炎病史,有间歇性腹痛和消化道出血,或同时在上腹触及搏动性包块,闻及血管杂音,并排除了常见的消化道出血原因;(2)B超、CT检查发现胰腺基础病变及充满液体的胰腺囊腔;(3)ERCP发现出血来自Vater壶腹而又除外胆管出血,胰管充盈缺损,胰管中断;(4)腹腔动脉造影显示特征的动脉壁微凹,或造影剂由邻近动脉向胰腺外渗,有时可见造影剂通过胰管进入十二指肠。为提高阳性率,应在腹痛一开始就行动脉造影;(5)术中及病理检查发现有慢性胰腺炎病变,假性动脉瘤和假性囊肿与扩张的胰管之间有血块凝住的通道。3例均经胰体尾切除而治愈。北京协和医院[36]报道罕见的胰头结核8例,结合以前国内报道的15例共23例。该病特点是病人有程度不等的结核中毒症状和右上腹痛。其中4例右上腹扪及包块,3例有黄疸,4例有脾大和脾亢,6例血沉增快。4例患者中3例结核菌素试验呈阳性反应。B超和CT示胰腺有密度不均匀的囊性肿块。ERCP示胆管和胰管走向异常或受压。该组术前考虑到胰腺或腹腔淋巴结核者5例,8例行剖腹探查,术中见胰头包块,活检均证实为结核。有结核脓肿形成者行引流术。术后抗痨治疗,所有患者预后良好。

四、胰腺肿瘤

上海市六院[37]采用免疫组化对53例胰腺癌、53例癌旁胰腺导管上皮不典型增生、11例胰腺内分泌肿瘤进行癌基因产物p21表达的研究。结果发现p21阳性表达率分别为88.7%、100%和9%。胰腺癌中p21弥漫阳性表达者较局限或片状阳性表达及阴性表达者预后好($P<0.01$)。结果提示,ras癌基因突变在胰腺癌早期发生中起重要作用,p21表达与否及表达类型可作为胰腺癌预后的指标。湖南医大二院[38]应用ABC免疫组化法研究41例胰腺癌和10例癌旁上皮BCL-2和P53蛋白的表达。结果:高分化组织学分级I级和临床无转移的胰腺癌BCL-2蛋白阳性表达率明显高于低分化组织学分级III级和伴转移的胰腺癌。高分化、组织学分级I级和未转移的胰腺癌P53蛋白阳性表达率均明显低于低分化、组织学分级III级和伴转移的胰腺癌。提示P53蛋白阳性表达的胰腺癌多恶性度高和预后差,P53蛋白可能是反映胰腺癌生物学行为和预后的重要参数。BCL-2蛋白阳性表示胰腺癌的恶性程度低,预后较好。北京协和医院[39]用重组单纯疱疹病毒胸腺嘧啶激酶(HSV-TK)的基因导入人胰腺癌细胞后,表达产物(酶)能使外加入的无毒性前身药物环鸟苷(ACV)或更昔洛维(GCV)分解产生毒性介质,后者竞争性地阻断了胰癌细胞的DNA合成,使靶细胞彻底死亡,而TK酶基因或其编码的酶以及前身药物本身均无毒性作用。酶基因介导的基因治疗能够特异地杀伤肿瘤而对正常组织乃至整个机体无任何毒性作用。该研究为胰腺癌的基因治疗开辟了新途径,具有重要的理论和应用前景。哈尔滨医大二院[40]采用联合阻断7条犬肠系膜上静脉、脾动静脉和门静脉的方法,研究阻断后阻断区内门静脉血流量的变化及破损门静脉出血量的差异,并观测限定时间内对犬全身状态的影响。结果发现三联阻断能有效地控制犬阻断区内的门静脉和肠系膜上静脉的血流和损伤性出血。南京军区南京总院[41]报道少见的胰腺囊性畸胎瘤、神经鞘瘤、胰母细胞瘤各1例,均经手术和病理证实。北京医大三院[42]报道1例胰头部脂肪瘤。北京中日友好医院[43]报道少见的恶性胰高血糖素瘤1例。患者男性,44岁,有贫血、消瘦、糖尿及游走性皮肤坏死及急性上腹痛等主要症状。肿瘤位于胰尾部而行胰体尾切除,病理报告为恶性肿瘤。上海中山医院[44]报道1例国内罕见的胰腺实性囊性肿瘤。该瘤恶性度较低,临床以上腹肿块巨大、实性、边界清楚为主。治疗则应根据胰腺部位予以不同范围的切除。若有残留肿瘤则于术后行综合治疗,也能获得较长期存活。有关胰腺囊性肿瘤的报道共5篇,以上海仁济医院[45]报道的33例为最多。各医院均有将囊性肿瘤当作假性囊肿而错误地行引流治疗的报道。对胰腺囊性肿瘤只要注意病史分析,意识到肿瘤存在的可能,进行有关检查,并对检查结果予以正确解释,手术探查时对可疑区域选择性地多方位进行活检,可避免误诊。即使是囊腺癌,只要诊治及时,治愈的可能性较大,且预后远优于胰腺导管癌。上海肿瘤所[46]共随访451例病人和

1 552 例对照。研究表明，吸烟人群中发生胰腺癌的危险性上升，并随每天吸烟支数、年限及包年数增加而升高。作者发现，饮绿茶的女性发病危险度下降，但在男性中仅在中度饮茶者中观察到危险度下降。三军医大[47]应用胰腺癌胚抗原(POA)、小分子量胰腺癌胚抗原(mPOA)、结肠胰腺癌相关抗原(PCAAc)、胰腺特异性抗原(PaA)、人弹力蛋白酶I(HEPI)、CA19-9，弹力蛋白酶I(EI)，癌胚抗原(CEA)、抗胰蛋白酶以及核糖核酸酶及同功酶I、II(RNase、RNase I，RNase II)等13项指标对包括胰腺癌在内的763例血清标本进行检测，结果表明，联合检测可显著提高胰腺癌的检出率。他们认为，选择3～4项对胰腺癌相对特异的肿瘤标志物联合检测是临床诊断胰腺癌的重要手段之一。安徽医大附院[48]检测56例胰癌的血清肿瘤标记物CA50、CA19-9和CEA。结果发现，CEA对胰腺癌诊断的特异性低，主要用于良恶性疾病的鉴别，但对CA19-9、CA50检测均阴性的2例，CEA却明显升高，从而使3者联合检测对胰腺癌的阳性率达到100%。可见CEA可作为CA19-9、CA50的补充。3者联合检测具有明显的优越性。他们发现，胰腺癌行姑息性手术患者CA19-9、CA50都明显升高，其胰腺癌灶增大或伴远处转移，说明CA19-9、CA50动态检测是观察胰腺癌疗效、判断预后的重要指标。中国医大临床一院[49]也发现在胰腺癌肿瘤标志物CA19-9、POA、CEA、Ferritin检测时，其中任意3项均呈阳性，其诊断价值较高。3项组合的阳性预测值达到0.9259。因此，在高危或疑为胰腺癌的门诊病人中应用这一联合检测、筛选之后再对有必要的病人进行CT、MRI等影像学检查。本年度报道治疗壶腹周围癌行胰十二指肠切除术病例较多的共3篇[50～52]，分别为177例、93例和90例。3组的手术死亡率分别为7.3%、10.8%和14.4%。造成死亡的手术并发症为胰胆吻合口瘘、腹腔内出血和腹腔内感染。术后胰瘘为胰十二指肠切除术严重的并发症，为此，有的医院[53]采用胰空肠端侧吻合，并于空肠袢内置管吸引的方法，连续11例未发生胰瘘。另一作者[54]采用胰腺套入的吻合而不置胰管支撑引流连续26例，无1例发生胰瘘。因此，避免胰瘘不是采用某种术式，或是否置支撑和引流所能决定的。总结国内外文献，认为降低胰十二指肠切除术的手术并发症和死亡率的关键在于严格掌握手术指征、遵守外科手术操作的各项基本原则、优良的围手术期处理加上固定的术式和建立固定手术人员专业队伍。为了提高胰腺癌的疗效，苏州医学院[55]对21例胰腺癌行动脉灌注化疗，采用5-Fu 1 000～1500 mg、表阿霉素20～40 mg、丝裂霉素10～20 mg，用Seldinger技术，在DSA机下行股动脉插管，将5～7F导管选择性地插入腹腔动脉和肠系膜上动脉，2/3的药物剂量注入腹腔动脉，1/3剂量注入肠系膜上动脉，一次插管为一疗程，每个疗程间隔3～4周，整个化疗过程中辅以白介素II(4 000 U/d)免疫疗法。该组化疗最多的患者共接受5个疗程，症状均有不同程度的缓解。安徽省立医院[56]也报道了用介入化疗法治疗胰腺癌。哈尔滨医大[57]报道由于应用超声、CT、ERCP等方法增加了胰体尾癌的检出率。1975～1993年期间诊治112例，出现症状至确诊时间3～4个月，其中111例因延误早期诊断而发展为进展期癌，仅1例为早期癌。该组105例不能切除(93.75%)，仅切除7例(6.25%)，3例术后生存3年以上。因此，早期诊断、早期根治性切除是理想的治疗手段。北京中日友好医院[58]分析1984～1994年期间胰十二指肠切除94例，其中术前得不到病理诊断的可疑癌患者36例(占38.3%)，其良、恶性经术后病理证实分别为4例和32例。手术并发症率及死亡率分别为25%、5.6%。该作者认为，对胰十二指肠可疑为恶性肿瘤在未获得病理诊断时，在技术条件良好的医院应积极采用胰十二指肠切除术，以防漏诊。但同时也应看到胰十二指肠切除术的创伤大，现阶段也还存在一定并发症及死亡率。作者认为，应在定性诊断上多下功夫，以求找出安全、准确的诊断方法。

（王本茂）

参 考 文 献

[1]* 周有生等. 临床外科 1996;4(4):205

[2] 张云龙. 医师进修杂志 1996;19(2):22

[3]* 赵　平等. 中国医学科学院学报 1996;18(3):195

[4]* 章希炜等. 中华实验外科杂志 1996;13(5):257

[5] 毛恩强等. 上海第二医科大学学报 1996;16(2):135

[6] 胡　伟等. 中华消化杂志 1995;15(6):363

[7] 孙春亮等. 解放军医学杂志 1996;21(3):186

[8]* 王兴鹏等. 中华消化杂志 1996;16(1):22

[9] 杨志英等. 中国医学科学院学报 1995;17: 386

[10] 张连峰等. 河南医科大学学报 1995;30(4):385

[11] 吴飞跃等. 中国普通外科杂志 1996;5(2):68

[12] 梅其在等. 中华放射学杂志 1996;29(11):777

[13] 齐清会等. 中华消化杂志 1995;15(6):364

[14] 李成柏等. 中国危重病急救医学 1996;8(9):546

[15] 顾　晋等. 普外临床 1996;11(1):52

[16] 于　君等. 中华消化杂志 1996;16(4):240
[17] 黄开红等. 广东医学 1995;16(10):666
[18] 刘德成等. 辽宁医学杂志 1995;9(4):195
[19] 高广文等. 中国医科大学学报 1995;24(5):505
[20]* 高　敏等. 苏州医学院学报 1996;16(4):711
[21] 陈立新等. 北京医学 1996;18(3):158
[22]* 宋世兵等. 普外临床 1996;14(4):250
[23]* 董雪伟等. 苏州医学院学报 1996;16(1):119
[24]* 汤耀卿等. 肝胆胰外科杂志 1996;8(3):99
[25] 贾贵生等. 临床外科 1996;4(4):212
[26] 芮　理等. 肝胆胰外科杂志 1996;8(3):101
[27]* 邢　雪等. 中国普通外科杂志 1996;5(2):71
[28]* 胡国华等. 中国实用外科杂志 1995;15(12):735
[29] 邓治平等. 四川医学 1995;16(5):284
[30]* 沈玉英等. 徐州医学院学报 1996;16(3):303
[31] 张淑玲等. 中国普通外科杂志 1996;5(2):118
[32]* 赵晓晏等. 第二军医大学学报 1996;18(1):26
[33] 章崇志等. 肝胆胰外科杂志 1996;8(3):115
[34] 马克忠等. 中级医刊 1996;31(9):24
[35] 王　强等. 中国实用外科杂志 1996;16(8):507
[36] 钟守先等. 中华外科杂志 1996;34(8):476
[37]* 黄新余等. 中华实验外科杂志 1996;13(1):27
[38] 钟　德等. 中华实验外科杂志 1996;13(5):263
[39] 李和伟等. 中华病理学杂志 1995;24(6):345
[40] 葛　欣等. 中华实验外科杂志 1996;13(4):237
[41] 陈穗惠等. 临床放射学杂志 1996;15(4):227
[42] 高　彤等. 中国普通外科杂志 1996;5(1):50
[43] 征革凡等. 中日友好医院学报 1996;10(3):220
[44] 杨　珏等. 中国实用外科杂志 1995;5(12):763
[45] 单　毅等. 中国肿瘤临床与康复 1996;3(1):1
[46] 戴　奇等. 肿瘤 1996;16(1):5
[47] 赵晓晏等. 第三军医大学学报 1996;18(1):26
[48] 于东风等. 安徽医科大学学报 1995;30(4):289
[49] 宋茂民等. 中国实用外科杂志 1995;15(12):756
[50]* 刘训良等. 实用肿瘤杂志 1996;11(3):119
[51] 简志强等. 广东医学 1996;17(6):384
[52] 胡光需等. 黑龙江医药 1996;9(2):109
[53] 邸恩昌等. 河北医药 1996;18(4):199
[54] 梁志鹏等. 中国普通外科杂志 1996;5(2):104
[55] 邵国良等. 江苏医药 1996;22(2):83
[56] 滕安宝等. 中国实用外科杂志 1995;15(12):708
[57]* 王夫景等. 中国普通外科杂志 1996;5(2):78
[58] 王文跃等. 中日友好医院学报 1996;10(3):233

Ⅳ. 脾脏外科

收集有关脾脏外科文献 56 篇，纳入回顾 13 篇(占 23.2%)，列入文选 6 篇(占 10.7%)。

一年回顾

一、基础研究

切脾后动物的肺泡巨噬细胞在形态和功能上均有显著改变，表现为细胞表面伪足减少，变短，溶酶体数量少，酸性磷酸酶活性含量低，肺泡巨噬细胞贴壁延迟，产生过氧化氢和表达白细胞介素 1 水平显著降低。自体脾移植能较好地恢复脾脏对肺泡巨噬细胞发育成熟和功能的调节[1]。检测血清促吞噬素浓度有助于了解自体脾片移植和脾次全切除术后保留的脾组织免疫功能恢复情况[2]。通过临床病例研究发现切脾后自体脾块移植治疗特发性血小板减少性紫癜经 6 个月至 4 年随访，有效率达 89.5%，24 例中除 3 例无效外，无 1 例复发，说明自体脾移植后，可保留脾脏的部分免疫吞噬功能，不会导致紫癜复发。原因可能是移植脾有不同于副脾的独特结构和功能[3]。

二、脾外伤

因脾外伤行手术治疗的报道多达 16 篇，其中苏州市三院[4]8 年间收治的 106 例[4]和深圳市于 5 年间收治的 82 例[5]。两组病例数最多。多数作者主张行保留脾脏的手术治疗方法，其中以应用选择性脾动脉阻断行原位保脾术的方法较为简单易行，成功率也高[6]。另有主张联合应用几种术式行保脾手术，包括粘合胶止血＋部分脾切除；脾动脉结扎，缝合修补术或部分脾切除术；全脾切除后行脾组织移植等。

术式应以先保生命后保脾为基本的处理原则，然后根据脾破裂的程度和技术条件选择保脾术式。

三、脾脏疾病

报道少见的脾脏良性病变，包括脾脏炎性假瘤[7]、巨大海绵状淋巴管瘤[8]、14例脾脓肿行脾切除的报道[9]。切脾治疗小儿地中海贫血24例，总有效率达83.3%[10]。另一组报道小儿血液病34例，包括先天性遗传性球形细胞增多症、地中海贫血、先天性溶血性贫血、原发性血小板减少性紫癜、Gaucher病、Niemann-Pick病、恶性淋巴瘤、原发性脾功能亢进等[11]。该两组小儿病例经随访分别有7例和14例发生严重感染，16例死亡。作者认为，幼儿切脾易发生感染，根据病例分析，提示脾切除术的最佳年龄应在5岁以后。因脾恶性肿瘤（原发性恶性淋巴瘤21例、转移瘤10例）行脾切除者31例，其中以福州市一院[12]报道16例例数最多。脾脏恶性肿瘤的预后差，综合各组切脾的5年生存率为14.29%～19.0%。因良性海绵状淋巴管瘤切脾者仅1例[13]。

（王本茂）

参 考 文 献

[1] 冷建军等. 中华医学杂志 1996;76(7):524
[2]* 张玉新等. 中华外科杂志 1996;34(8):479
[3] 梁志清等. 解放军医学杂志 1996;21(1):59
[4] 周小伟等. 苏州医学院学报 1995;18(6):1142
[5] 侍立志等. 中国实用外科杂志 1996;16(9):553
[6]* 沈继荣等. 临床外科 1996;4(5):257
[7] 张冠军等. 西安医科大学学报 1996;17(2):245
[8] 苏冠琴等. 临床放射学杂志 1996;15(4):245
[9] 黄文广等. 中国实用外科杂志 1995;15(12):751
[10] 陈丽燕等. 福建医学院学报 1995;29(4):377
[11] 宫道华等. 江苏医药 1996;22(7):461
[12] 郑志刚等. 福建医药 1996;22(7):461
[13] 宋阳光等. 中国超声医学杂志 1996;12(8):69

Ⅴ. 门 脉 高 压 症

收集有关门脉高压症文献62篇，纳入回顾20篇（占32.3%），列入文选5篇（占8.1%）。

一 年 回 顾

一、基础研究

重庆西南医院[1]用动物实验观察门奇断流术、门腔分流术、远端脾腔分流术对门脉高压大鼠胃粘膜血流量的影响。结果：门脉高压时虽然整体胃血流处于高动力状态，而粘膜却明显缺血，从而造成粘膜抵抗力降低，构成粘膜缺血病变，这可能是断流术后再出血率高的原因之一。门腔分流术则明显改善了胃粘膜微循环，远端脾腔分流术选择性地改善了胃底部粘膜微循环，提高了粘膜抗病能力。江西宜春地区医院[2]经胃镜检查肝硬化病人的胃粘膜，发现46.5%的病人有门脉高压性胃粘膜病变。结合前述实验，临床工作中见到门脉高压病人大呕血就不应主观地认为一定是食管粘膜下静脉破裂。两种原因引起的呕血治疗方法不同。武汉同济医院[3]研究30例肝硬化门脉高压病人的胃冠状静脉，发现该静脉均有增粗、壁变薄、质地硬、内膜受损、内皮细胞脱落、内膜下层裸露、中膜平滑肌肥大、肌层增厚和管壁纤维化等病变。因而推测“门脉高压性血管病变”对门脉高压症的形成与发展有重要意义。白求恩医大一院[4]用Wistar大鼠行保留胃左静脉的远端脾腔分流术（DSCS）、远端脾肾分流术（DSRS）及结扎胃左静脉的DSCS。结果：保留胃左静脉的DSCS区域性减压效果明显优于结扎胃左静脉的DSCS，术后早期可维持门脉压力。术后40 d FPP开始呈下降趋势。同时染色显影发现脾胰间出现细条状侧支。术后60 d出现条索片状模糊侧支，表明DSCS（或DSRS）随时间的延长而逐渐出现脾胰离断后新的侧支。上海中山医院[5]应用彩超观察8例DSRS前后血流动力学的变化，与14例断流术对照比较。结果：

DSRS 术后 3 周，门脉血流较术前降低 50%。随访 2 年，部分病人 PVF 继续下降。DSRS 与断流比较，PVF 降低更明显（$P<0.01$）。结论：DSRS 后早期 PVF 下降，部分病例有持续下降趋势。DSRS 选择性分流作用不完全。断流术维持 PVF 作用优于 DSRS。武汉同济医院[6]观察人工合成心房肽-III（AP-III）对肝硬化家兔门脉血流动力学影响。结果发现，AP-III 具有降低门静脉压力和减少门静脉血流量的作用，对减少侧支循环血管破裂出血应有一定作用，而对肝功和平均动脉压无明显影响。解放军 148 医院[7]分析 30 例肝炎后活动性肝硬化病人血清 IV 型胶原（IV-C）及层粘连蛋白（LN）含量与食管静脉曲张程度的相关性。结果发现，两者的血清水平不但能反映肝硬化和门脉高压的程度，而且是预测肝硬化上消化道出血的有效指标。武汉同济医院[8]测定肝硬化门脉高压家兔血浆内皮素含量，结果发现，其含量显著低于正常对照组，且与 FPP、PVF 存在显著负相关，与内脏动脉阻力存在显著正相关。结果表明：作为目前已知最强的内源性缩血管活性物质——内皮素与肝硬化门脉高压、高动力循环状态存在密切联系。血浆内皮素含量下降是产生高动力循环状态的原因之一。广州孙逸仙纪念医院[9]用彩色多普勒监测奥曲肽降低门脉压力的动物实验。结果发现，门脉注入白芨后，门脉扩张，血流速度减慢，血流量增加，门脉压力升高。外周静脉注入奥曲肽后，门脉内径稍缩小，血流量稍减少，血流速度显著加快，门脉压力显著下降。说明奥曲肽可显著降低门脉血流速度，有助于评价奥曲肽对门脉高压的疗效。

二、临床研究

武汉同济医院[10]对门脉高压症病人血清肝炎病毒标志物进行了分析，其中外科手术组 67 例。内科治疗组 67 例，资料显示 HBsAg、HBeAg、HBcAb、IgM 及 HBcAb 与 HBsAg 同时阳性的比率分别高达 70.9%、22.1%、37.6%及 60.5%，说明2/3以上的肝炎后肝硬化门脉高压病人存在着乙肝病毒的现行感染，约 1/3 为慢性乙肝急性发作期或处于乙肝的急性期。外科手术组与内科治疗组的 HBV 及丙肝病毒（HCV）血清标志物均无显著性差异，说明有手术指征的病人 HBV、HCV 感染状况仍未得到控制。这可能是肝功 A 级而术后疗效差的一个原因。对这部分病人除非在抢救致命大出血行手术治疗外，如病情允许，经适当的抗病毒治疗后再行手术治疗对病人更有利。经颈静脉肝内门体分流术（TIPSS）是近年发展起来的一项放射介入治疗门脉高压症消化道出血和腹水的新技术。TIPSS 原用于肝功 C 级、不宜手术、等待肝移植而呕血的病例，是一种权宜措施。它创伤小，分流成功率高，近期疗效确切。由于累积了丰富的经验而使其适应证日益扩大。国内于 90 年代开展了该项疗法。本年度收集有关 TIPSS 论文 8 篇共 242 例，其中以南京军区南京总院[11]用国产器械穿刺置管的成功率较高，报道例数（146 例）最多，因而经验也最丰富。TIPSS 虽然是治疗门脉高压并发症的一大进步，然而随着时间的推移远期发生通道狭窄和闭塞的病例却日渐增多。国外报道 1 年后的通道狭窄和闭塞的发生率高达 50%（Dohrenwend M，et al. Gastroenterology，1994；106：A885）。今后需研究并防治分流道狭窄和阻塞的措施，以提高远期疗效。本年度有关门脉高压症呕血的治疗报道仍以断流术居绝对优势，计 12 篇，约 451 余例，其中以蚌埠市二院[12]报道的 114 例为最多。术后 5～10 年随访 93 例，占 88.5%，累积出血复发 13 例，占 13.2%，该组附加了肝动脉鞘剥离，经术后肝穿复查 51 例，肝病好转 35 例，占 68.6%；同期未行肝动脉鞘剥离 63 例，术后肝穿 33 例，病变好转 6 例占 18.1%。改进断流术的报道计有经腹直视下胃冠状静脉栓塞术 50 例，再出血率 8.6%[13]。另一组 106 例的再出血率为 18%[14]。应用放射介入行双介入栓塞治疗门脉高压出血及脾亢 20 例，术后 3 例出血复发[15]。单纯脾动脉介入法栓塞 15 例[16]。国内各种断流术的缺点在于切断了胃左静脉，失去胃左与奇静脉之间的天然选择性分流通道，故出血复发率高于日本的报道。有关分流术的报道仅 3 篇，其中两篇于脾肾分流的同时附加了断流术，或附加了脾动脉和脐静脉吻合的肝动脉化手术[17]。另一组与单纯脾肾分流作对照，结果表明，联合手术的术后止血效果、肝功改善、脑病发生率、术后生存率均优于单纯脾肾分流术[18]。本年度收集治疗布加氏综合征的报道 6 篇。该病已由手术治疗转为放射介入法治疗。白求恩国际和平医院[19]报道 12 例，10 例为下腔静脉段闭塞，2 例为狭窄。对前者用 Brokenbrough 穿刺针行闭塞段穿通术，对肝静脉完全闭塞者应用 Rups-100 肝穿装置行穿通术，尔后行经皮球囊导管成形术（PTA）及血管内支架置入术。结论：（1）节段性狭窄闭塞的合理治疗方法是 PTA 后置入内支架，可有效地阻止发生再狭窄；（2）对合并肝静脉阻塞的，如肝内侧支循环建立较好，一般只需开通一支肝静脉也能获得满意临床效果；（3）对下腔静脉闭塞段较长，腰升、胸腹壁静脉侧支循环建立较好的，下腔静脉可不必处理，只需开通阻塞的肝静脉就可以解除影响病人生存的肝后性门脉高压。总之，血管内支架置入治疗布加氏综合征是近年出现的一种治疗手段，且已显示出广阔的应用前景。目前存在的问题是放置支架后仍有内膜过度增生的情况。今后应进一步探索更优良的支架结构和材料。上海中山医院[20]对1962～1991年间门脉高压症术后死亡的47例进行分析，发现基本死因中腹腔感染12例，肺部感染3例，上消化道再出血14例，直接死于肝衰9例；腹腔内出血、术式选择不当、消化道瘘、切口裂开继发系腔吻合口撕裂、肝癌伴门静脉癌栓、原因不明术后休克各1例。其中肝功C级病人死于肝衰者明显高于A、B级病人。

（王本茂）

参考文献

[1] 刘吉奎等. 第三军医大学学报 1996;18(2):116

[2] 董 军等. 江西医药 1995;30(5):286

[3]* 杨 镇等. 同济医科大学学报 1996;25(4):309

[4] 陈 光等. 中华实验外科杂志 1996;13(2):118

[5] 郑 起等. 中华外科杂志 1995;33(10):611

[6] 余 庆等. 中华实验外科杂志 1996;13(5):295

[7] 王仲祥等. 山东医药 1996;36(6):6

[8] 余 庆等. 中华实验外科杂志 1996;13(3):143

[9] 罗葆明等. 中华医学杂志 1996;76(3):200

[10]* 彭志海等. 普外临床 1995;10(6):351

[11]* 吴性江等. 解放军医学杂志 1996;21(4):305

[12] 周 恒等. 临床医学 1995;15(6):1

[13] 芮宗道等. 铁道医学 1996;24(1):17

[14]* 马 中等. 第四军医大学学报 1996;17(2):127

[15]* 刘福全等. 中华放射学杂志 1995;29(11):773

[16] 王成红等. 新疆医学院学报 1995;18(4):267

[17] 马克忠等. 山东医药 1996;36(6):15

[18] 顾才校等. 普外临床 1995;10(6):253

[19] 崔进国等. 中华放射学杂志 1996;30(9):611

[20] 徐维刚等. 上海医学 1996;19(6):355

文 选

裸小鼠原位移植建立人肝癌高转移模型（中华肿瘤杂志 1996;18(2):109） 上海医大肝癌所孙邢宪等采用组织学完整的病人标本，以裸小鼠被膜下植入方法，从30例人肝癌标本中筛选出一人肝癌高转移株LCI-D20。标本移植后第一代动物尸解发现肉眼可辨的肝内播散灶、腹腔淋巴结与腹腔种植转移。取肺植入裸鼠皮下，建立LCI-D20高转移模型，鼠间连续传代成功率100%，传代间期20d，已传至16代共72只鼠。病理切片示均有肺、淋巴结及肝内转移，其中50只有腹腔种植转移。此模型显示了高转移性，自发性肝、淋巴结及肺转移率为100%。将该株细胞种植于肝被膜下后，早期呈肝内浸润性生长，逐步侵犯周围脏器，常突破腹壁肌层在皮下生长，晚期形成血性腹水，并有肝内、淋巴结、肺及腹腔种植转移。光镜下见瘤细胞呈多角形、巢状、间质粗梁型，电镜下呈幼稚型、分化低。血清AFP为(908±291.4)ng/L，HBsAg、HBeAg、HBsAb、HbeAb及HBcAb均为阴性。DNA Index值为1.62($n=3$)，瘤源标本为1.71，异倍体核型。纵观国内外建立的诸多人类肿瘤转移模型，除黑色素瘤和结直肠癌系外余均为散发性的，建立人癌转移模型是一难点。该文根据组织学完整的瘤块原位移植原理，得到了形态上低分化、异倍体核型、胞浆内微丝发达、细胞间连接差、易于游走的瘤株，其移植、生长、转移完全模拟了人肝癌自然过程，且保持了分泌AFP之特性，移植生长及转移的潜伏期短，为研究人肝癌转移机制与抗转移治疗提供了一理想模型。

（王 葵）

述评 人肝癌动物模型的建立一直是该方面研究的难点，既往裸鼠人肝癌模型一般仅能将某些细胞系作直接注入种植或组织块移植传代。该工作建立的具有转移特性的人肝癌模型无疑具有十分重要的意义，为研究肝癌的侵袭性生长的体内机制及其抗肝癌转移治疗研究提供了难得的动物模型。该单位此后的大量研究均在该模型上进行。由于裸鼠本身的特点，加上异种间移植，在研究人肝癌转移确切的机制方面仍有不足，模型的稳定性亦需要更长时间观察。总之，该模型的建立是国内肝癌生物学研究方面的一个重要进步。

（沈 锋）

肝细胞癌和癌旁肝组织中HCV RNA正、负链的检测（第二军医大学学报 1995;16(5):401） 二军医大崔晓红等报道了用RT-PCR检测42例肝细胞癌(HCC)患者的肝癌及癌旁组织中HCV RNA

的正、负链。HCV引物为HCV5′端非编码区(5′-NCR)序列。结果显示血清HCV RNA和抗HCV的检出率分别为2.4%、7.1%,HBsAg、抗HBe和HBV DNA的检出率分别为88.1%、33.3%和14.3%;肝组织中HCV RNA正、负链的检出率分别为54.8%和35.7%,HCV RNA正、负链在肝癌及癌旁肝组织中同时阳性的分别占45.2%和31.0%;肝组织HCV RNA与血清和肝组织中HBV标志物无显著相关;3例抗HCV阳性者(其中1例血清HCV RNA阳性)肝组织HCV RNA均阳性,抗HCV阴性者肝组织HCV RNA检出率为51.3%(20/39)。该文显示了5′-NCR序列在HCC患者体内具有高度保守的特征,选用5′-NCR引物能使RT-PCR对HCC患者体内的HCV RNA有更高的检出率。该文不仅证明了HCV可在肝癌和癌旁肝组织中存在与复制,而且说明这些结果不是来自阳性血清的污染而造成的假阳性。肝组织中HCV RNA与血清HBV标志物状态和肝组织中HBV DNA无显著相关,提示HCV感染可能在我国HCC发生中起一定的病原学作用,而且血清HCV RNA和抗HCV检测阴性时亦不能完全排除体内存在HCV感染的可能性。HCV可在肝细胞浆及核中复制与表达,但并不整合于宿主细胞DNA,其致癌机制尚有待进一步研究。

(王 葵)

述评 该研究结果有两个方面意义,一是发现血清HCV RNA和抗HCV阴性者癌周及癌组织中HCV RNA仍有51.3%的阳性率。该结果似表明,HCV感染对肝癌的发生具有一定特异性,说明HCV具有肝癌病原学意义;二是表明当血清HCV RNA和抗HCV为阴性时尚不能排除HCV感染的可能性,有助于对临床情况的判断,但缺乏实际诊断意义。本研究提供了肝癌与HCV感染具有相关性的较直接的实验依据,但对HCV感染致癌的分子学机制尚待进一步研究。

(沈 锋)

肝癌组织的间质反应与术后肿瘤复发机制的探讨(中华医学杂志 1995;75(11):666) 二军医大戴益民等对人肝癌组织进行了纤维粘蛋白(Fn)、层粘连蛋白(Lam)、IV型胶原和淋巴细胞分化抗原的定位观察。随机收集肝细胞癌手术标本156例,取癌与癌旁连接处及癌旁肝组织进行病理观察,采用酶复合物法(PAP和ABC法)进行免疫组化染色。结果显示:肝癌手术切除后复发率53.2%(83/156),其中86.7%(72/83)为肝内复发,属同侧肝叶或近切缘(1 cm)复发者41例,对侧肝叶复发者14例;复发肝癌和首发肝癌在组织学特征和癌细胞分化程度上并无显著意义;男性的复发率较女性高;肿瘤数目多或伴子瘤或多结节、直径大于5 cm、有包膜侵犯、或门静脉分支癌栓形成的可切除肝癌,术后复发率明显高于单发、直径小于或等于5 cm、有包膜呈膨胀性生长及无肝内血管侵犯者,且后者无瘤生存时间长,而切缘是否距肿瘤灶1 cm以上与复发率无明显关系。间质和基膜糖蛋白的免疫组化染色显示成熟糖蛋白(Fn、Lam、IV型胶原)的多少与肝癌分化、恶性进展和术后复发等生物学特性有关。Fn主要出现在高分化癌细胞周围和癌梁间的血窦壁、Lam和IV型胶原主要定位于癌巢内血管网的腔壁,尤以非癌界面的癌组织间质为主,表明分化高的肝细胞癌有较高的细胞粘着力。该文结果还表明,细胞免疫在抗肝癌免疫中起重要作用,肝癌局部浸润的细胞主要是T淋巴细胞,而且T或T_H细胞浸润明显者,肿瘤生长相对缓慢,术后复发晚。作者认为,术后肝癌复发可能与手术操作导致某些粘着力差的癌细胞或细胞团迁移与残留有关。

(王 葵)

述评 肝癌的预后与T细胞浸润状况及其亚群分布状态的关系,既往早已有较多报道。该项研究的主要特色是发现间质和基膜糖蛋白似可增加肝癌细胞的粘着性,防止其转移,是目前有关肝癌细胞转移中细胞-间质相互作用的较重要文献,但与其相佐的观点是,癌组织依靠与间质间的粘附是其侵袭性生长的一个重要步骤,粘附、脱粘附、再粘附、再脱粘附是其转移的基本机制。如果按该研究的观点,分化高的肝癌才有较高的粘着力,那么分化低、易转移的癌细胞如何在其他部位粘着产生转移,值得进一步研究探讨。

(沈 锋)

乙肝肝炎病毒基因转基因鼠的肝脏肿瘤癌基因及生长因子(北京医科大学学报 1995;27(6):423)

北医大人民医院王洛权等报道了胰岛素样生长因子(IGF-II)在HBV转基因鼠发生的肝细胞癌及癌旁肝组织中的表达。以HBV表面抗原基因与白蛋白启动子基因融合构建白蛋白-HBV融合基因,显微注射DNA于受精卵,移植于假孕鼠受体,建立50-4系HBV转基因鼠。在13～20月龄处死详查各脏器病理变化。共研究肝细胞癌35例,癌旁肝组织10例,用PCR-SSCP检测H-ras第2外显子突变,35例肝癌及10例癌旁组织均未见有提示突变的电泳条带。Northern印迹检查的35例肝癌中有18例(51%)有IGF-II的表达,所有样本均未见有c-myc、TGF-α、HGF和c-met的表达。10例癌旁组织中1

例有IGF-II的表达。目前国外已建立了在肝脏特异表达c-myc、H-ras、T抗原、TGF-α等基因的转基因鼠，动物均在不同时间发生肝癌，无疑癌基因表达本身可诱发肿瘤，而且发现TGF-α表达后还要通过激活c-myc或IGF-II基因共同致癌。作者推测HBV感染致肝癌病理机制中IGF-II起重要作用。IGF-II基因在动物胚胎期肝脏高度表达，出生后表达关闭，正常成年动物肝脏不能检测到其表达，而且IGF-II主要是通过IGF-II/M-6-P受体结合起作用，再连接于G蛋白通过细胞内信息传递控制细胞的增生及分化。有报道人肝癌组织和肝硬化病例也可见IGF-II表达，提示IGF-II在癌前病变开始出现表达，可能与癌变进展有关。

（王　葵）

述评　HBV感染导致肝细胞癌发生的机制目前仍不完全清楚，较合理的推测是肝炎后肝硬化结节中肝细胞内某些癌基因或生长因子基因的异常激活。具有一定代表性的是IGF-II基因的表达，国外学者及该文作者在不同实验模型上均证实了这一现象，人肝癌也有类似特征。问题的关键是包括IGF-II在内的生长因子如何与特异性受体结合，多种因子间如何形成刺激信号网络，这种信号的胞内信号传递按何机制诱导细胞的异常增生？该项研究仅证实了IGF-II基因表达这一现象，尚需进一步研究揭示其详细机制。

（沈　锋）

双弹头组合单抗免疫导向治疗肝癌的实验研究（癌症 1996；15(3)：168）　四军医大隋延仿等报道了制备肝癌“双弹头组合单抗免疫导向偶合物[^{131}I-HAb18-ADM]/[^{131}I-HAb25-ADM]对荷肝癌裸鼠的治疗。以肝癌单克隆抗体HAb18、HAb25为载体，以^{131}I及阿霉素（ADM）为“双弹头”，应用间接交联方法及氯胺T法，制出双弹头组合单抗，比较双弹头组合单抗偶合物与单弹头单抗偶合物的不同生物学特性和诊治价值。体外细胞毒实验表明：各结合物对SMMC-7721细胞杀伤50%细胞所需ADM浓度（IC50）值：HAb18-ADM为0.44 μg/ml，HAb25-ADM为0.49 μg/ml，双弹头组合单抗为0.20 μg/ml。经统计学处理表明双弹头单抗偶合物对人肝癌细胞毒性显著强于单弹头单抗偶合物（$P<0.05$）。各偶合物对胃癌细胞未见明显毒性。在裸鼠SMMC-7721肝癌模型中作导向定位研究，SPECT扫描显示双弹头组合单抗特异浓集于瘤区。ADM抗体免疫组化ABC法染色瘤组织呈阳性，其他组织呈阴性。图像分析示双弹头和单弹头单抗瘤组织灰度值分别为72.75和43.36，非瘤组织为29.20，说明双弹头单抗在体内结构稳定，导向及定位性能良好，偶合物在瘤区呈高浓聚。双弹头偶合物在肝脏中瘤与非瘤组织放射性比值（T/NT）为3.735±0.120。导向治疗实验表明，荷瘤裸鼠予以单弹头或双弹头的多种组合进行导向治疗，各治疗组瘤组织均有程度不等的变性坏死，尤以双弹头单抗组为著。该文根据HCC抗原多样性及不均一性特征，将两种特异性高、亲和力强的肝癌单抗（HAb18和HAb25）分别同时携带^{131}I、ADM进行导向治疗，发挥了化、放疗协同作用，疗效显著。

（王　葵）

述评　目前单克隆抗体导向治疗面临的主要难题有二，一是单抗的特异性，二是药物偶联问题。在未发现肝癌特异性抗原（TSA）前，应用对肝癌具有相对特异性单抗进行导向治疗仍有一定前途，作者将两种识别特异性不同的单抗协同应用可能更为有效。在药物偶联问题上作者用ADM和^{131}I双弹头偶联单抗，应当优于单种药物的抗癌作用。当然，肝癌的治疗还存在药敏问题，上述两种药物合用是否较优有待进一步研究。该工作较原有肝癌导向治疗方法有一定的优越性。

（沈　锋）

新城疫病毒瘤苗对荷瘤小鼠的主动免疫治疗作用（实用癌症 1996；11(2)：73）　上海东方肝胆外科医院曲增强等报道了将小鼠腹水型肝癌细胞（H_{22}）感染新城疫病毒（NDV），制备病毒瘤苗进行主动性免疫治疗的实验。将小鼠分为空白对照组（G_1）、H_{22}肝癌腹腔接种第1、4、7天开始治疗组（G_2、G_3、G_4）。G_1组每次免疫时皮内注射PBS 0.1 ml，G_2、G_3、G_4组每只小鼠每次免疫剂量为1.5×10^7个病毒瘤苗细胞，1周后重复免疫1次，治疗后连续观察60d。结果表明，G_1组小鼠30d内全部死亡；G_2组5只存活>60d，其中3只荷瘤，2只无瘤，平均存活52.6d，显著长于其他组。NDV瘤苗免疫治疗组瘤块形成缓慢，明显小于空白对照组（$P<0.05$），而在瘤块出现前（4 d内）即应用主动免疫治疗的G_2组疗效尤明显，肿块推迟甚至完全停止发展。种植肿瘤后24d，G_2组肿瘤重量及直径较G_1、G_3、G_4组轻和小。病理观察见G_2组荷瘤存活小鼠肿瘤细胞坏死，其间及周围可见大量淋巴、单核样细胞浸润，并有纤维组织增生。肿瘤免疫以细胞免疫为主，而局部淋巴细胞浸润程度直接反映机体抗肿瘤状态。病理提示，病毒疫苗能通过激活宿主的抗肿瘤免疫系统，使其识别并作用于该种肿瘤细胞使其变性、坏死。该文结果说明早期开始治疗效果较好，反之，即使宿主抗肿瘤免疫系统被激活也不足以将其消灭，只能延缓其生长。作者

认为，此种瘤苗有望成为一种新的辅助治疗方法，清除残余癌细胞或较小转移灶，以预防或减少肝癌术后的复发。

（王　葵）

述评　用病毒感染肿瘤细胞是目前肿瘤疫苗制备方法中的一种，其中新城疫病毒应用较多，但该疫苗对肝癌治疗作用的报道则甚少。该工作的特色是较系统地观察了该疫苗的体内作用效果，提示该方法可能成为临床生物治疗的一种有效疗法。该工作尚未能表明用疫苗进行的免疫治疗是否能诱导特异性的抗肿瘤免疫应答。如再增加一些必要的对照组，观察免疫后动物 T 细胞对 H_{22} 瘤系的体外特异性杀伤等，可将该项研究引向深入。

（沈　锋）

钇-90 玻璃微球内辐射治疗小鼠移植肝癌的实验研究　（中华肿瘤杂志 1995；17(6)：461）　解放军总院龙丽娟等研究观察了钇-90 玻璃微球瘤内注射对小鼠移植性肝癌的疗效及其与剂量的关系。将 70 只荷 H_{22} 肝癌的 BALB/c 小鼠随机分为 7 组（每组 10 只），分别给药（MBq/cm^3）。A 组：37，B 组：18.5，C 组：14.8，D 组：11.1，E 组：7.4，F 组：3.7 及 G 组（对照组）0。A、B 组大部分小鼠肿瘤结节从逐渐缩小到不能触及，其余各组肿瘤生长趋势受抑，并随剂量增大，肿瘤生长率明显降低，各组统计学处理差异显著。治疗组中剂量最低组（3.7 MBq/cm^3）坏死率最低，为 30%，对照组坏死率仅 13%。当剂量达 18.5 MBq/cm^3 时，已能使直径为 1.0 cm 的肿瘤被彻底杀死。ECT 扫描及 FH_{408} 自动定数检测均未发现钇—90 外漏；病理示 A、B 组大部分肿瘤完全坏死，无存活肿瘤细胞，C、D、E、F 组镜下显示片状坏死，均不同程度见到存活肿瘤细胞，G 组仅表现为小片点状坏死，其他脏器无损害，也未见骨髓抑制。研究结果表明，钇—90 直接注入肿瘤内治疗肝癌疗效肯定，剂量较小时，仅形成肿瘤部分坏死，不能完全控制住肿瘤生长，因此局部达到适当的剂量是治愈肿瘤的关键。钇—90 内辐射治疗肿瘤简便、有效、毒副作用小，值得临床借鉴。

（王　葵）

述评　肝癌的瘤体内直接作药物注射是一个非常适合于肝癌治疗的途径，同位素的局部注射是其中一种，经过较深入研究发现，钇—90 的杀伤范围、平均组织穿透力和半衰期等特性较其他同位素可能更适合于肝癌治疗，国内外已有类似报道。该研究对钇—90 应用的疗效与剂量关系作了较深入的工作，对临床具有较好的借鉴作用。如增设一些其他同位素治疗组，则更有说服力。另外，剂量与疗效在一定范围内呈正相关是一个易被接受的观点，如在实验中设计更高剂量组观察其对小鼠的毒性反应，可使研究更为完整。

（沈　锋）

外源性神经节苷脂 GM_3 对人肝癌细胞生长的抑制作用（上海医大学报 1996；23(4)：289）　上医大康小伟等报道了外源性 GM_3 对 SMMC-7721 人肝癌细胞生长及细胞内 RNA 和蛋白质含量的影响，并对 GM_3 对细胞中 c-fos 和 c-myc 癌基因蛋白表达的影响进行了观察。当 GM_3 浓度为 10 mg/L 时细胞生长抑制率为 28.81%，浓度为 20 mg/L 和 30 mg/L 时细胞形态发生改变，浓度 40～100 mg/L 时大量细胞死亡；正常条件下随着培养时间增加，细胞内平均 RNA 和蛋白含量逐渐增加，GM_3 加入后，单个细胞内两者含量较对照组减少，以处理后 3 d 时最明显，可能是 GM_3 促使一些细胞进入静止期。c-fos 蛋白与细胞分化有关，应用抗 c-fos 多克隆抗体进行 ABC 染色，发现 GM_3 处理 15、30 和 45 min 的细胞染色增加率分别为 38.24%、284.91%和 108.82%，表明 GM_3 可使 c-fos 蛋白快速、短暂性表达，提示 GM_3 通过诱导 c-fos 快速表达调节细胞生长、分化。应用抗 c-myc 单抗进行 ABC 染色，发现经 GM_3 处理 15、30 和 45 min 细胞内 c-myc 蛋白量只有对照组的 46.73%、40.19%、18.69%。c-myc 蛋白与正常细胞增殖有关，GM_3 可在短时间内降低细胞内其表达量，可能与 GM_3 抑制细胞增殖有关。从实验结果推测，一定浓度的 GM_3 能抑制细胞增殖，且 GM_3 调节细胞生长可能与癌基因蛋白表达变化有关。

（王　葵）

述评　既往已有较多研究发现神经节苷脂 GM_3 对肝癌细胞的体外生长具有抑制作用，但其机制尚不完全清楚。该研究观察了 GM_3 处理对肝癌细胞系癌细胞内 RNA、蛋白质合成和几种癌基因表达的影响，初步表明了 GM_3 抑癌作用的机制涉及上述 3 个方面，具有一定的研究意义。当然，已有实验表明，GM_3 抑癌作用的机制是多方面的，就该研究发现的现象，也需要在 GM_3 处理与基因激活之间的信号传导机制方面进行深入探讨，可能对揭示肝癌细胞生长分化的确切机制更有意义。

（沈　锋）

一氧化氮在小鼠肝损伤中的作用（中华医学杂志 1996；76(3)：203）　医科院营养与食品卫生所王根生等研究了 NO 在以 BCG（卡介苗）加 LPS（大肠

杆菌内毒素)诱导免疫性肝损伤中的作用。小鼠注射BCG后12 d,可使血浆NO、GPT、GOT中等度升高;注射NO合成酶抑制剂——NMMA,可使NO水平显著降低,且对GPT、GOT水平无显著影响,而注射NO合成酶底物——左旋精氨酸对NO等上升无显著影响;小鼠注射BCG 12d后静注微量LPS可导致前述3项指标显著升高,若再予NMMA,NO水平的升高受抑,GPT等水平急剧升高,若此组小鼠同时注射左旋精氨酸,可见GPT等水平降至BCG+LPS组水平,而NO仍有上升,如其剂量增加至2倍于NMMA,BCG+LPS诱发NO上升完全逆转,GPT等显著下降。病理示肝坏死程度与血浆NO及转氨酶升降基本一致。体外实验表明,肝巨噬细胞通过释放NO对肝细胞产生毒性。该文表明NO在BCG+LPS致免疫性肝损中起保护作用,而在化学性肝损伤中作用甚微。NO的合成被NMMA抑制时肝损伤加重,但可被左旋精氨酸逆转。已知NO合成抑制会导致血小板聚集和血管阻塞现象及血流动力学变化使内脏血管或肝动脉血流减少,肝损加重,由此可见,在免疫性肝损伤时NO作用似有两重性,有待深入研究。

(王　葵)

述评　该研究的主要结果是发现了NO作用的双重性。从目前国内外学者的研究分析,该结果是合理和准确的。肝损伤实际上可理解为多因素导致的肝实质细胞凋亡,而NO和TNF-α是两种重要的致肝细胞凋亡因子,这是NO负性作用的一方面。新近的资料亦表明,NO在其发生毒性作用的同时可诱导肝细胞内热休克蛋白(HSP)70的基因表达,该物质对TNF-α的微血管栓塞和细胞毒性具有确切的保护作用,可保护肝细胞防止进一步的损伤,该观点可能对上文的结果作进一步的推测和说明。

(沈　锋)

肝叶切除后Kupffer细胞分泌的TNF-α及EGF在肝再生作用的探讨　(第三军医大学学报 1996;18(2):119)　重庆西南医院陈平等报道KC分泌的一些细胞因子在肝再生中的作用及其机制。大鼠分为切除全肝70%组(PH)、正常对照组(SO),分别在术后6、24、48、72h及7d切除肝脏,分离KC细胞,培养24h取上清液,测定TNF-α及EGF。结果表明,术后48h内残肝增长较慢,术后3～7d增长明显,1周时达高峰,相当于SO组重量,PH组KC上清液中TNF-α术后6 h急剧上升,24h又明显下降,低于SO组,术后1周恢复到SO组水平。切除术后KC上清中EGF含量24h内变化不大,但术后24～48h,其含量高于其他时相点数倍以上,术后48h KC分泌EGF含量渐下降,但仍高于SO组。目前大部分学者认为,细胞因子在肝再生启动过程中发挥重要作用,EGF是KC分泌的具有促进肝细胞增殖的细胞因子,但大鼠肝切除术后1周残肝不再增长,说明KC分泌EGF虽很高,但肝再生已中断,其原因尚不清楚。TNF-α是KC在感染、创伤等应激状态下分泌大量的细胞因子之一。该实验表明,肝切除术后KC迅速分泌大量TNF-α促进肝再生,在其分泌受抑制时期(术后24h～7d)正是肝细胞迅速增殖之时,所以TNF-α可能仅在肝再生启动中发挥作用。

(王　葵)

述评　肝部分切除后肝再生的细胞因子调控机制至今尚不完全清楚,主要研究重点在于对Kupffer细胞在肝切除后产生的细胞因子的认识。作者发现,EGF在肝再生中起着持续性刺激作用,而TNF-α则在肝切除早期刺激肝再生,其浓度下降似意味着肝再生过程的中止。国外亦有类似报道,应当说这是国内一项有关肝再生机制研究方面的重要工作。从新近资料推测,TNF-α在肝再生中的角色较EGF更重要,而Kupffer细胞产生的抑制性因子TGF-β在产生的时相上可能要晚于、但持续时间长于TNF-α。因此,肝再生的中止可能是TGF-β的抑制作用超过TNF-α的刺激作用所致。

(沈　锋)

单纯疱疹病毒胸苷激酶基因在肝癌基因治疗实验中的初步应用(中华医学杂志 1996;76(3):226)

中科院上海生化所戈凯等报道了HSV-TK基因在肝癌基因治疗中的应用。将转染含HSV-TK基因的重组逆转录病毒包装细胞感染人肝癌细胞株SMMC-7721,得到含完整病毒基因组及HSV-TK基因的SMMC-7721/TK细胞。实验表明,此细胞与野生型SMMC-7721细胞体外生长和克隆形成能力无明显差异。在5μmol/L GCV(丙氧鸟苷)浓度下,SMMC-7721/TK生长受抑,形态改变,细胞膜变形呈现树枝状突出等,而野生型细胞无明显变化。GCV对野生型细胞的IC_{50}为700μmol/L,对SMMC-7721/TK转染细胞的IC_{50}为0.8μmol/L。裸小鼠接种两种癌细胞后腹腔注射GCV,SMMC-7721/TK细胞皮下种植肿瘤的体积在9d内缩小至治疗开始时的(37±19)%,而野生型细胞种植治疗后反而增大至开始时的(189±68)%,停药7d后,前者又略有增大。HSV-TK可催化一些核酸类似物GCV、ACV等磷酸化,但对哺乳动物细胞无明显毒性。该研究表明,HSV-TK基因导入对人肝癌细胞体外生长及克隆形成能力无明显影响,而使肝癌细胞对GCV细胞毒的敏感性增加了800倍以上,并且腹腔注射可明显缩小皮下肿瘤，提示 HSV-TK/GCV 系统在肝癌基因治疗中确有一定作用。

(王　葵)

述评　HSV-TK 基因疗法是我国药政部门批准的第一个人体临床基因治疗方案，用以恶性脑瘤的治疗，表明该方法的临床前研究已达相当成熟水平。为提高该疗法的疗效，目前国内有较多的有关病毒载体的选择、转染效率、旁观者效应的证实等研究工作。对象也扩展到除脑瘤外的多种其他恶性肿瘤，肝癌也不例外。作者的工作基本体现了国内该项研究的一个重要方面，就是 HSV-TK 方案应用于肝癌治疗的前期工作。从作用机制等方面理解，HSV-TK 方案有其缺陷，但从基因治疗逐步发展的角度看，该方法仍不失为较成熟、有一定应用价值的基因疗法。

(沈　锋)

白细胞介素 2 基因修饰的鼠肝细胞脾内移植对肝脏免疫功能的影响(中华医学杂志 1996;76(9):646)　二军医大曹雪涛等报道了将表达载体 BMG-Neo 或 BMGNeo-IL-2 分别导入鼠胚胎肝细胞 BNLCL2，筛选得到 BNL-Neo 和 BNL-IL-2。后者分泌 IL-2 水平为 58.9 ng/ml。将两种转基因肝细胞移植入鼠肝后，检测受体鼠肝巨噬细胞(Kupffer 细胞)的免疫功能，发现对照组肝巨噬细胞对多种靶细胞和 H_{22} 腹水型肝癌细胞的杀伤活性低下，LPS 刺激后有所升高；脾内移植 BNL-IL-2 肝细胞后两周，肝巨噬细胞对靶细胞有一定程度杀伤活性，LPS 刺激后，杀伤活性显著高于对照组($P<0.01$)。对照组肝巨噬细胞分泌 TNF、NO 水平低下，LPS 刺激后有所升高，实验组则分泌水平较高，LPS 刺激后更明显。对照组肝巨噬细胞仅表达一定水平 Ia 抗原，实验组表达明显增加，提示其抗原提呈能力得到增强。体内实验表明，一次性脾内移植 2×10^6 IL-2 基因修饰肝细胞能使结肠腺癌肝转移小鼠存活期延长 20%，甚至长期存活，而对照组荷瘤后两周内死亡。TNF、NO 是肝巨噬细胞杀伤肿瘤细胞的重要介质，且实验组 Ia 表达升高，表明该方法能显著地激活肝内抗肿瘤免疫反应。该方法安全性好，可通过多次重复治疗提高疗效。国外报道新生大鼠肝细胞对逆转录病毒介导的基因转染敏感性较高，据该作者推测免疫原性较弱的新生儿甚至胎肝细胞代替自体肝细胞，可能是一条更加简便的治疗途径。

(王　葵)

述评　以 IL-2 为代表的细胞因子基因治疗已有较多的研究。该研究主要目的是探讨脾内注入转 IL-2 基因肝细胞后对肝脏 Kupffer 细胞免疫功能的促进作用，证实脾内注射为一合理的细胞因子基因治疗途径。从结果看，该法是比较理想的，从临床应用的角度推测亦是可行的。该工作需进一步解决的关键问题有二，一是异体肝细胞移植的排斥问题，二是尚未证实对自体肝细胞癌的治疗作用。第一个问题作者提出用新生儿或胎肝作为受体细胞，但其基因转染效率尚待证实；第二个问题则首先需在自体而非移植性肝癌模型上进一步研究。上述两个问题的解决是该方法应用于临床的先决条件。

(沈　锋)

肝细胞癌胆管内生长的影像学表现(中华放射学杂志 1996;30(7):439)　上海东方肝胆外科医院程红岩等应用逆行胰胆管造影(ERCP)、超声(US)、CT 和 MRI 检查分析肝细胞癌胆管内生长的影像学表现，共 14 例，其中男 13 例，女 1 例，年龄 31～63 岁；影像检查时 4 例肿瘤已切除 3～7 个月，2 例影像学上未能检出肝内肿瘤，8 例肿瘤尚未切除。结果发现，ERCP 检查上共同表现为胆管内充盈缺损，但充盈缺损在形态上各有特点：(1)小卵圆形，表现为肝总管或(和)左肝管内边缘模糊、密度均匀的卵圆型充盈缺损，梗阻侧肝内胆管无扩张或轻度扩张；(2)蚕蛹形，呈轻度膨胀、略显分叶状的长条形充盈缺损，主体密度均匀，边缘清晰，肝内胆管轻、中度扩张，以梗阻侧显著；(3)烧杯形，表现为肝总管近侧宽、远侧窄的充盈缺损，左、右肝管中度扩张；(4)土豆形，呈明显膨胀型、分叶状充盈缺损，内部密度不均，肝内胆管中度扩张伴肝管移位；(5)偏心移位性狭窄样充盈缺损，表现为轻度膨胀性条索状充盈缺损，肝总管移位，一侧边缘缺损，一侧呈细线状，肝内胆管轻度扩张；(6)高脚酒杯形，肝总管高度膨胀性、杯口样充盈缺损，边缘细线状，其充盈缺损形似酒杯。CT 和 MRI 仅显示 3 例胆管梗阻，其特点为肝内原发癌和胆管癌栓表现为相同的密度或信号，超声则在胆管内有絮状回声或透声较差。作者认为，肝细胞癌胆管内生长的影像学诊断以 ERCP 最佳，综合应用各种影像学检查方法，并结合临床表现(如黄疸等)可作出正确诊断。

评述　肝细胞癌侵犯血管形成癌栓较常见，而侵犯胆管形成胆管内癌栓则较为少见。胆管内癌栓的形成与肝细胞癌的大小似无内在联系，无包膜的小肝癌亦可伴有胆管内癌栓，有时甚至在影像学上发现肝内占位之前即已形成，此时以阻塞性黄疸为首发症状，诊断不易确立。作者对肝细胞癌合并胆管内癌栓的影像学表现进行了分析，特别是在 ERCP 上的表现类型，有助于胆管内癌栓的正确诊断。临床上还需结合 AFP、肝炎标志物等检测结果以及慢性肝病史进行综合分析。

(王　义)

肝细胞肝癌手术切除探讨(中华外科杂志 1996;34(4):234)　香港玛丽医院黎卓先报道该院22年中共收治1 975例肝癌患者,其中343例(17.4%)成功施行了肝切除手术。343例患者70%为HBV携带者,73%伴有肝硬化,78%的患者肿瘤直径超过5 cm。作者的经验是:(1)以吲哚蓝潴留率和CT扫描来评价肝功能余肝容量,并由此评估术后衰竭的危险性。(2)采用双侧肋缘下切口或伴向胸骨延长以取代胸腹联合切口。术中B超帮助判断病变范围及与邻近血管的关系。借助超声刀和氩气刀切割肝脏及行创面止血,少用肝门阻断,以利于术后肝功能的恢复。(3)右肝巨大癌肿侵犯膈肌、后腹膜腔及右肾上腺或在游离肝时因癌肿体积巨大引起门静脉过度扭转而易致余肝血供停止。作者主张放弃切除前的右肝游离,而用超声刀分割肝组织至下腔静脉前面,将肝右叶移向一侧,再控制所有肝短静脉及右肝静脉,即"前途径"法。(4)肝癌患者手术前后给予支链氨基酸可减少术后并发症的发生,促进肝功能恢复。(5)术后所有患者均作随访,1年内每月复查AFP及B超,以后间隔2~4个月。对可疑的病例可行肝动脉造影或碘油CT。(6)肝内单发性复发而肝功能尚好者,或肝外转移的单发病变,可再次切除;肝内多发性复发的患者多选择TAE。(7)近年试用腹腔镜超声技术在剖腹探查前能发现隐匿的肿瘤,并能对余肝容量作视觉评估,有利于决定手术方案。(8)术后辅助性化疗在预防复发方面的效果尚不肯定,有待进一步研究。作者近年通过上述方法,显著提高了肝癌患者的存活率,其1989年以后的1、3、5年存活率分别为68%、40%和35%。

述评　作者总结了行肝切除术治疗肝细胞肝癌的临床经验,这些经验大部分在肝脏外科界已形成共识。术前准确地评估肝脏储备功能和余肝容量对提高肝癌切除率和减少术后并发症有重要的意义。对贴近第三肝门的右肝巨大癌肿采用经"前途径行肝切除"不失为一种有效的方法,国内对这种不游离肝周韧带的原位肝切除的经验尚不多。术后密切随访以尽早发现亚临床复发是提高肝癌患者存活率的关键。术前TAE或术后辅助性化疗在减少术后复发方面的价值尚有待进一步研究。

(王　义)

肝动脉、门静脉双重栓塞术治疗肝癌对肝脏储备功能的影响(中国肿瘤临床 1996,23(1):35)　西安医大一院李晓明等经腹肝动脉门静脉双重插管行化疗栓塞治疗10例原发性肝癌,同时对术前术后肝脏储备的功能指标的变化作了观察。10例原发性肝癌均经病理活检证实,已无手术切除可能。其中男9例,女1例;平均年龄52岁;肝功能child A级6例,B级4例。肝动脉插管经胃十二指肠动脉或胃右动脉,导管插至靶肝叶的动脉分支内;门静脉经胃网膜右静脉、回结肠系膜静脉或结肠中静脉分支插入导管,均经美蓝染色法确定导管位置。栓塞化疗一般选用40%碘化油和丝裂霉素、表阿霉素的混合乳剂在术中或术后3 d内进行。通过CT扫描计算肝实质栓塞率(PHER),核多功能仪测定肝动脉门静脉主干的血液参数以及胰高血糖素负荷试验(GLT)等指标评价肝脏储备功能。结果显示,10例患者的PHER为8.36%~47.8%。其中接近或超过40%的4例,其血浆cAMP基础浓度术前术后无显著变化,经胰高血糖素负荷后,cAMP浓度显著降低,但未出现黄疸、腹水等明显肝功能损害。另4例经胰高血糖素负荷后,血浆cAMP降至90 pmol/ml以下的患者出现一过性的黄疸、腹水。患者术前肝动脉门静脉血流灌注指数与肝硬化时改变相似,8例中2例肝动脉门静脉血流均增加,3例肝动脉血流增加,门静脉减少,另外3例则相反。结果表明,双重栓塞虽可造成肝实质细胞的损害,降低肝脏储备功能,但尚在代偿范围内;双重栓塞后cAMP低下时应注意加强保护肝功能;双重栓塞后肝脏血流的改变尚不规律,有待进一步研究。

述评　肝癌门静脉血供的存在是肝动脉栓塞化疗效果不佳的原因之一。近年不少学者采用术中肝动脉门静脉双重栓塞治疗难以切除的肝癌,取得了一定的疗效,但并发症亦随之增加。作者通过对肝脏储备功能的测定,评价这一疗法的安全性,有一定的临床指导意义。影响去肝血管治疗肝癌效果的主要因素仍是栓塞后侧支循环的建立。反复栓塞虽可阻断部分建立的侧支循环,但亦造成肝功能的损害,有时反会使病情恶化。此外,对于术前估计无法切除的肝癌,因该疗法需剖腹进行,故亦并非十分适宜。

(王　义)

术前肝动脉化疗栓塞对肝细胞癌切除术疗效影响的探讨(中华外科杂志 1996,34(7):413)　浙江医大二院陆才德等回顾性对照研究了可切除肝癌术前TAE治疗对预后的影响。作者将77例经手术和病理证实的原发性肝癌分为栓塞组(A组,$n=26$)和非栓塞组(B组,$n=51$),每组按肿瘤直径再分为A1、B1(3~8 cm)、A2、B2(>8.0cm)两个亚组。栓塞组除2例为术中肝动脉结扎置管外,余均为经皮股动脉穿刺选择性肝动脉插管。栓塞剂为碘油,部分病例加用明胶海绵。化疗药采用顺铂(40~50mg/次)、阿霉素(40~50mg/次)和丝裂霉素(8~10mg/次)。插管次数A1组均为1次,A2组为1~4次,间隔3

～4周。手术距TAE日期A1组平均39.2d，A2组91.3d。随访结果术后1、2、3年无瘤存活率A、B两组无显著差异。其中A1组与B1组相差不显著，而A2组与B2组相比较有显著差异($P<0.05$)。术后1、3、5年存活率A组与B组及A1组与B1组无显著差异，A2与B2组分别为91.6%、82.5%、53.0%和77.8%、30.1%、0%，差别有显著意义($P<0.05$)。作者据此认为，8cm以下可切除肝癌术前TAE治疗对减少术后复发，提高5年存活率无益，有时反而不利。但对8cm以上的大肝癌，特别是估计切除困难者，先行TAE可使肿瘤坏死缩小，能减少术后复发，提高5年存活率。

述评 术后复发是影响肝癌预后的主要因素。术后复发的原因与术前存在肝内转移和门静脉癌栓及手术操作所致癌细胞沿门静脉播散有关。部分复发是肝癌多中心起源的结果。关于术前TAE对可切除肝癌术后复发及预后的影响，国内外学者均有研究报道，结论不一。作者研究发现，8cm以上的大肝癌先行TAE有利于减少复发，改善预后，对临床有一定的参考价值。但迄今这方面的研究在肝病背景、肝硬化程度、肿瘤大小、部位、生物学特性以及全身情况这方面尚缺乏严格的对照，术前TAE的确切临床意义尚须进一步的临床前瞻性对比研究。

（王　义）

肝动脉超声血管造影对肝脏肿瘤的诊断及其与病理检查的对比分析(同济医科大学学报 1995；24(6)：439)　武汉同济医院黄道中等对30例肝脏肿瘤肝动脉超声血管造影的声像图结果与病理检查进行了对比分析。其方法是在选择性肝动脉X线血管造影的同时，B超全程监视病灶内部及其周围回声的改变，观察造影剂在病灶区显示回声增强的起始时间、分布范围、发展情况及造影剂在病灶区的持续时间。30例肝脏肿瘤中原发性肝癌22例，肝海绵状血管瘤5例，转移性肝癌3例。其中10例经手术病理证实，其余经X线血管造影、血AFP检查证实。结果91%(20/22)的原发性肝癌表现为病变区造影剂快进快出，局部回声增强呈“满天星征”。80%(4/5)的海绵状血管瘤病灶区边缘造影剂充填呈结节状回声增强，并向中心扩散。4例表现为病灶周边造影剂充填回声增强，而病灶中心无明显变化，其中3例为转移性肝癌，1例为巨块型肝癌。通过对部分病例的病理学检查发现，肿瘤的上述声像图表现与肿瘤血管的数量、形态、结构及其在肿瘤内的分布有关。比较几种不同影像检查方法，发现超声血管造影对原发性肝癌的诊断率(91%)大于X线血管造影诊断率(77%)和普通切面超声诊断率(70%)。作者认为，肝动脉超声血管造影能够显示原发性肝癌、转移性肝癌及肝海绵状血管瘤的不同声像图，对鉴别病变的良、恶性具有重要价值。此外，由于是在B超显示病灶的前提下行血管造影，克服了X线血管造影的盲目性，有助于某些小病灶的定性、定位诊断，并能克服呼吸运动、脊柱等因素对图像的影响。

述评 某些甲胎蛋白阴性的肝脏肿瘤，难得出肯定性结论时，行选择性肝动脉血管造影或碘油CT常能帮助诊断。近年发展起来的超声血管造影提高了B超的定性诊断价值。作者将两者结合，在B超显示病灶的情况下，观察造影剂的分布及血流状况，使X线肝动脉造影更具针对性。结合造影时声像图变化有助于提高对某些微小病灶、小血管肿瘤的检出率和诊断符合率，值得进一步积累经验。

（王　义）

肝癌多模式治疗的远期疗效(中华外科杂志 1996；34(9)：518)　上海中山医院周信达等报道了该院1958～1994年30余年间共收治原发性肝癌患者2 388例，男女性别比为8.1：1，中位年龄48岁。其中1 650例(69.1%)行手术切除，根治性切除(完整切除肿瘤、肉眼无门静脉癌栓、余肝和切缘无残癌)占82.5%。切除以外的外科治疗(包括液氮局部冷冻、肝动脉结扎和(或)肝动脉插管化疗或合并放疗、微波治疗和激光治疗等)620例(26.0%)，内科治疗73例(3.1%)，未治疗45例(1.9%)。作者从以下几个方面进行了探讨：(1)小肝癌手术切除率显著高于大肝癌，手术死亡率明显低于大肝癌；小肝癌组细胞分化较好，单结节肿瘤比例及肿瘤包膜完整比例均较大肝癌组高，门静脉有癌栓比例显著低于大肝癌组；小肝癌组切除后5、10年生存率分别达到61.9%和45.4%，显著高于大肝癌组(分别为20.4%和20.0%)；(2)液氮局部冷冻治疗肝癌后无手术死亡，术后并发症少，全组191例肝癌冷冻后5年生存率为37.9%，其中56例小肝癌患者达53.1%，与小肝癌切除后的5年生存率相仿；(3)不能切除肝癌经综合治疗后肿瘤缩小获二期切除者，其5年生存率达66.0%，此治疗模式为部分不能切除肝癌患者提供了治愈希望；(4)肝癌切除术后疗效尚不满意的原因之一是术后复发率较高，本组147例肝癌复发再切除者5年生存率达51.4%；肝癌切除术后长期定期随访，早期发现亚临床复发和转移并积极行再手术，是进一步提高远期疗效的重要途径；(5)30余年间肝癌预后的变迁表明，采用AFP加B超在高危人群中普查是发现小肝癌的有效途径。1983～1994年间肝癌疗效较前期疗效有明显提高，可能与小肝癌比例和手术切除率增加有关；术后复发或转移癌再切除,以及不能切除大肝癌缩小后二期切除,对提高疗效起一定作用。

(孙经建)

述评 该文系统回顾总结了 2 388 例原发性肝癌多模式治疗的远期疗效,认为早期发现小肝癌、早期手术切除可使患者获得长期生存,二期切除是提高不可切除肝癌疗效的重要途径,对根治性切除术后亚临床复发和转移的再手术能进一步提高疗效。但问题的关键是如何早期发现小肝癌。对于术后病人可以做到定期复查而发现亚临床复发灶,面对普通人群,即使是高危人群,也难以得到普查。因此,目前肝癌病人就诊时仍然是多数属中晚期。另一个问题是如何提高不可切除大肝癌的二期切除率,目前的主要途径是提高 TAE 的疗效。

(王　义)

肝癌栓塞后碘油沉积形态与疗效关系的研究(中国医大学报 1996;25(2):177)　中国医大高思佳等报道了 1991 年 10 月～1993 年 9 月 45 例肝癌病人经 1～3 次肝动脉栓塞术后碘油沉积情况,并分析其与疗效的关系。45 例均按 Seldinger 法常规行肝动脉造影及化疗栓塞术。随访时间 6～24 个月。以 CT 所示肿瘤最大切面为肿瘤面积。以肿瘤缩小率为观察疗效指标。肿瘤内碘油 CT 形态分为 5 型,即密实型、环型、缺损型、集簇型和稀少型。将疗效分为显效、有效、稳定和无效,分别示肿瘤缩小率>50%、50%～25%、<25%和无缩小或增大,以显效和有效计算有效率。首次 TAE 术后,密实型和环型疗效最好,有效率为 66.7%;缺损型和集簇型有效率分别为 33.3%;稀少型疗效最差。第 2 次栓塞后密实型和环型病例明显增加,有效率提高;而稀少型经再次栓塞,形态几乎无改变,肿瘤未见缩小。第 3 次栓塞,各类型病例碘油沉积形态变化不明显,有效率处于较稳定状态,但密实型和环型病例肿瘤进一步缩小。多数病例都能达到 2 年以上生存率。缺损型有半数在栓后 1 年内原发灶有碘油丢失,碘油缺损处病灶局部复发增大并肝内出现转移灶。稀少型多数在半年内病灶即增大,预后不良。研究结果表明,栓塞 1 个月后碘油沉积量和 CT 形态与疗效有显著相关性。两次栓塞后的碘油 CT 表现更能确切反映肿瘤内碘油沉积形态。密实型和环型疗效最好,重复栓塞可使肿瘤进一步缩小,缺损型和集簇型疗效次之,2 次栓塞非常重要,有望使之转为密实型而提高疗效;但稀少型重复栓塞仍未显治疗效果,故此型应放弃 TAE,及时采取手术或局部硬化疗法等。碘油沉积量越多疗效越好。碘油沉积量<30%者,重复栓塞也未能提高疗效。

(孙经建)

述评 经导管肝动脉注射碘油抗癌药物混合剂治疗中晚期肝癌是目前公认的有效治疗手段。关于肝癌碘油栓塞后碘油沉积与疗效关系的研究亦有报道。上文动态观察栓塞后碘油沉积量及形态并探讨其与疗效的关系,对于预后判断和治疗方法的选择具有实际意义。由于影响碘油沉积量及形态的因素颇多,如何根据肿瘤的组织类型、血供特点及肿瘤的大小等来改进栓塞技术以提高疗效,尚需做进一步探讨。

(王　义)

半离体切肝术的实验研究与临床应用(实用癌症 1995;10(3):171)　南京鼓楼医院丁义涛等报道了动物实验中肝原位、肝半离体两种术式的血流动力学和生化的改变。结果表明,两组动物的存活数、血流动力学及生化改变均相似。在此基础上,首次在临床上施行常温下半离体切肝术获得成功。患者男性,39 岁,上腹部隐痛 1 月余,B 超、CT 示肝右叶第二肝门部占位,AFP 值增高,诊断为原发性肝癌。术中探查见右叶膈顶部见 12cm×12cm×12cm 范围癌肿,占据 VII、VIII 段及 IV 段部分。术中 B 超证实肿瘤侵及中肝静脉、右肝静脉及腔静脉后方。切开膈肌与心包,游离肝上段下静脉直至右心房,于其下方钳夹并横断腔静脉,将肝脏小心向前下方翻转至切口外,使肝后段腔静脉向前弯曲约 90°,至此,肝脏后方、腔静脉后壁及侵犯至腔静脉后方的肿瘤均清楚显露。将肝肿瘤连同腔静脉后方病灶、右肝静脉及部分下腔静脉管壁一并切除,修补下腔静脉后端端吻合腔静脉。全肝阻断时间共 39 min。病理报道:肝细胞性肝癌,切缘未见癌残留。患者术后恢复良好,随访 16 个月健在,且 AFP 转阴。作者认为位于第二、三肝门区肿瘤的处理极为困难,如肿瘤已侵及主肝静脉、下腔静脉,往往难以获得根治性切除,而半离体切肝术为之提供了可能;其适应证为位于第二、三肝门区、肝尾状叶的肝肿瘤,用常规方法不能切除者。若预计需较长时间的无血切肝期,选用本法宜谨慎。

(孙经建)

述评 肝脏后方显露困难,使侵及第二肝门处以及包绕肝后段腔静脉的病灶难以得到根治性切除。半离体切肝术为之提供了一种切实可行的方法,拓宽了肝癌切除的手术适应证,故具有实用价值。鉴于该术式血流动力学改变较一般肝叶切除变化为大,且有发生心衰、肺水肿等严重并发症的可能,故应严格掌握其手术适应证。该文是半离体切肝术的初步体会,有待积累更多的经验。

(王　义)

肝节段动脉栓塞治疗原发性肝癌（中华放射学杂志 1996；30(2)：85） 同济医大汪阳等在动物实验基础上，通过临床疗效观察和病理检查评价以无水乙醇碘油乳剂作为栓塞剂，行肝节段动脉栓塞治疗中晚期肝癌的效果，并探讨其操作技术。4例无水乙醇碘油乳剂选择性栓塞正常狗肝动脉前后的门脉血流动力学的观察显示，栓塞剂沉积于终末动脉分支和扩张的肝窦内，而且在周围汇管区的门脉内也见到滴状的栓塞剂。动脉内栓塞剂沉积愈多，门脉内出现栓塞剂的机会也愈多。采用同一栓塞剂，行肝节段动脉栓塞术治疗原发性肝癌患者34例，其中单结节型肿瘤24例，多结节型10例(含单结节伴子灶者)。治疗前肿瘤平均直径为(7.8±3.3)cm。随访3～18个月，24例非手术患者中有6例出现局部复发，尚存活21例。10例患者接受二期手术，切除标本的病理特点是：肿瘤边界清楚，肿瘤组织完全坏死4例。镜下可见坏死组织中有许多栓塞剂残留。6例不完全坏死，残癌组织散布于坏死区的周边，变化反应明显，周围有较厚的纤维结缔组织包裹。作者认为，此种近旁组织的改变是由于瘤旁门脉小支被栓塞的结果，它不足以导致弥漫性肝损害，因而是安全的。由于肝节段动脉栓塞术能达到门脉双重栓塞，且对非癌肝实质损伤小，副作用轻，较常规TAE更适合于肝功能差的患者。作者还比较了同轴导管法、直接法、药物辅助法等3种不同的栓塞技术，认为均能取得良好疗效。

（孙经建）

述评 肝动脉栓塞术(TAE)是非手术治疗中晚期肝癌的首选疗法。由于门脉参与肝癌的供血，特别是肿瘤周边部位，包膜浸润癌巢及小的肝内转移灶均以门脉供血为主，因此，单纯TAE不能完全阻断肿瘤血供和杀灭所有癌细胞。肝节段动脉栓塞的优势在于不仅对主瘤而且对以门脉供血为主的肝内转移灶和包膜内外浸润均有较强的致坏死作用，对非瘤组织损伤小，故更适合于肝功能差的患者。该方法在肝癌较大者疗效较差，如何提高治疗效果，尚需做进一步观察。

（王　义）

肝切除术中、术后防治出血的体会（实用肿瘤学杂志 1996；10(3)：23） 吉林省肿瘤医院金炎等施行58例肝切除术，认为肝切除术中出血的主要原因是肝静脉破裂、门静脉损伤和肝创面出血。预防方法是：确保麻醉效果，切口选择得当，术野暴露开阔，病侧肝脏充分游离，便于操作止血。防治肝左静脉损伤的方法：(1)离断左肝时仔细剥离出肝左静脉，先结扎1次，然后钳夹切断，断肝后再缝扎1次；(2)在切线近侧肝静脉走行处环绕缝扎后再切肝；(3)如不慎撕破肝左静脉，先压迫止血，再于破裂处的近端连同肝组织一并缝扎，切勿慌乱钳夹。防治肝右静脉损伤的方法：(1)切肝前先连同肝组织一起缝扎，肝离断后再缝扎1次；(2)切肝中将肝右静脉对夹离断，断肝后再缝扎血管断端；(3)如肝右静脉损伤出血，则开胸压迫下腔静脉和肝右静脉近端，缝合破口。防治肝短静脉出血的方法：(1)右半肝要充分游离，显露右后方肝短静脉，逐一分离并双重结扎；(2)在断肝时逐一结扎或缝扎；(3)如破裂出血，可用无损伤血管钳夹裂口处下腔静脉直接修补；(4)对紧贴下腔静脉的肿瘤可在下腔静脉肝上和肝下预置阻断带，必要时行无血切肝。防治门静脉出血的方法：(1)对该区肿瘤切除应贴近肿瘤剥离；(2)如损伤门静脉则阻断肝门后缝补。作者认为，术后出血的主要原因是术中止血不彻底、残面过多无供血肝、膈下感染及凝血机制障碍。应采用相应措施预防和处理。

（潘泽亚）

述评 肝脏术中发生大出血的主要原因是过度牵扯肝脏、撕裂肝内大血管；或在游离肝脏，或探查、切断进程中方法不妥，捅破或损伤大血管；也有因对肝内解剖不熟悉，术中误伤大血管等。根据长海医院肝外科统计，出血最多部位依次是肝短静脉及右肾上腺血管、肝右静脉、肝左静脉、门静脉等。作者提出预防出血的主要措施是临床应予借鉴正确的方法。

（吴伯文）

单侧入肝血流选择性阻断肝切除术（中国实用外科杂志 1996；16(3)：146） 中山医大一院梁力建等报道了采用单侧入肝血流选择性阻断肝切除术20例。作者采用入肝血流阻断切除原发肿瘤76例，其中采用Pringles法56例(肝门组)，单侧入肝血流选择性阻断20例(单侧组)。单侧入肝血流阻断的手术要点是：解剖肝十二指肠韧带，分出右肝或左肝动脉；沿门静脉向肝门方向解剖分出在门静脉和右门静脉，然后根据肿瘤的位置分别阻断。对两组进行了比较，结果如下：手术时间(min)；单侧组200±42.87，肝门组179±67.06($P>0.05$)；阻断时间(min)；单侧组23±10.37，肝门组16±6.40($P<0.01$)；术中出血量(ml)，单侧组1 421±1 287.79，肝门组952±967.30($P>0.05$)；术中输血量(ml)；单侧组1471±929.65，肝门组1 083±793.22($P>0.05$)；术后1d ALT(nmol/L)；单侧组4 149.9，肝门组6 397.6($P<0.05$)；术后7d TBIL(μmol/L)；单侧组29.75，肝门组36.06($P<0.01$)；术后并发症及死亡总数；单侧组5，肝门组15，($P=0.8499$)。结果显示，采用单侧入肝血流阻断法与肝门阻断法比较，

在手术时间、术中出血量、术中输血量、术后各种并发症(包括死亡)方面,其差异均没有统计学意义,说明单侧血流阻断法亦具有肝门阻断法的优点;但术后 TBIL 和 ALT 的比较表明,单侧阻断对肝功能的损害轻,且较容易恢复。其优点在于:(1)手术时直视下将患侧肝动脉、门静脉分别阻断而保留健侧肝血流,阻断确切,避免了健侧肝缺血缺氧,有利于病人术后肝功能恢复;(2)术中可根据手术需要选择性阻断病变侧血流和决定阻断血流时间,可从容操作;(3)术中挤压肝癌癌灶可引起经门静脉的扩散,而单侧选择阻断有利于防止术中扩散和术中取出属支的门静脉癌栓;(4)此法所需时间不多,解剖一侧肝动脉、门静脉约需 15 min,不会造成其他损伤。

(潘泽亚　吴伯文)

述评　肝门阻断的应用保证了肝脏手术的顺利进行。Pringles 法阻断肝门(即术中阻断肝十二指肠韧带)目前在肝脏外科领域里已得到公认和推广应用,只要严格控制每次阻断时间在 15～20 min 内,间歇时间不少于 3～5 min(保证充足输血的前提下),术后肝功能恢复正常不会受太大的影响。作者提出了单侧入肝血流选择性阻断的方法,通过比较,与 Pringles 法无明显差别(只是术中始终保证了健侧肝的血供,术后肝功能恢复较快),阐明了该法的可行性和合理性。对于肝脏手术有经验、肝门解剖较熟悉的医生,此种方法是可以采用的。

(吴伯文)

肝创伤的程度、类型与处理选择(青海医药杂志 1994;25(5):13)　青海省成人急救中心陈光安等分析了 50 例肝外伤并提出按损伤严重程度和类型选择不同的处理方法。其中闭合伤 38 例,开放伤 12 例,合并失血性休克 36 例。结果 48 例治愈,1 例死于失血性休克,1 例死于术后多器官功能衰竭。除 1 例发生腹腔脓肿外,均无严重并发症。作者认为:肝包膜下血肿及浅裂伤属 O-I_A 级(Shafton 法分级),可行保守治疗;深裂伤、贯通伤、中央型破裂伤属 I_B-II 级损伤,常伴有肝内大血管、肝胆管的损伤,应在直视下清创、结扎血管和胆管,采用明胶海绵或带蒂大网膜填塞,出血凶猛时行肝动脉结扎术,应注意缝合时不可残留死腔,中央型破裂应注意有否肝后静脉与腔静脉损伤;星芒状裂伤、多肝段损伤属 II～III 级损伤,应选择清创性肝切除或多肝段联合切除和(或)肝动脉结扎术,结扎创面血管及胆管,大网膜覆盖,以不缝合或对拢缝合为优;肝门区损伤属典型 III 级损伤,胆管、肝管撕裂或横断在无缩短时可行端端吻合,以"T"管作内支撑,防止狭窄,否则行胆、肝管空肠 Roux-en-Y;肝破裂伤并肝后静脉损伤属 IV 级损伤,死亡率达 75%,该组 1 例肝门阻断的右半肝切除后仍有无法控制的出血,遂用纱布绷带填塞压迫止血成功;另 1 例沿肝破裂口扩创后直视下行腔静脉修补术,手术成功,但术后第 4 天死于 MOF。故肝破裂并肝后静脉损伤仍是肝破裂中最严重的损伤,也是处理中最棘手的问题之一。

(潘泽亚)

述评　肝外伤病例由于伤情的复杂性和创伤类型的多样化,在临床处理中也比较混乱。为了对复杂肝损伤能正确处理,同时对伤情程度有正确估计,目前临床仍多以 Shafton 法分为 0～IV 级,结合损伤类型选择正确手术方式,以减少死亡率,提高疗效。临床医师,特别是青年医师应该建立对肝外伤正确认识和估计其分级分类的概念,以及正确选择术式,这样才能普遍提高肝外伤救治水平。

(吴伯文)

医用胶治疗肝脏破裂伤(中国普通外科杂志 1996;5(1):35)　福建莆田肿瘤防治院许金尧等采用 508 系列 ZT、TH 胶、康神医用胶治疗外伤性肝破裂 26 例,疗效满意。该组男 17 例,女 9 例,平均 29.5 岁。右肝损伤 20 例,左肝 6 例。肝膈面破损 21 例,脏面 2 例,脏面膈面混合伤 3 例,不规则碎裂 9 例,伴失血性休克 18 例。2 cm 左右浅的肝裂伤在吸除渗血、施压对合伤口后涂胶于伤口,维持对合 2 min后即粘合;较深伤口在清除积血后在伤口最低处注入粘合剂 2～4 ml,挤压对合而粘合;长而深的伤口,用等长略宽的带蒂或游离大网膜沾附医用胶后快速贴入伤口,对合挤压 2 min 即可;无法看清的深在伤口,依手指的感觉探查,先用干纱布填塞止血,视伤口大小用网膜片或明胶海绵沾吸粘合剂少量,快速取出伤口内的干纱布后,将粘胶物填入伤口底部,按与伤口长轴垂直的方向挤压肝脏,产生止血效应。术中在肝膈下间歇常规置管引流。结果:26 例术后均有低热和不同程度的 SGPT 值升高,出院时均正常;18 例随访 1～5 年,B 超和肝功能正常;发生胆瘘 3 例,经引流后治愈,1 例并发早期肠粘连,于术后第 7 天再次剖腹松解。作者认为:医用胶在与组织聚合反应过程中可产生创面止血、管道栓塞和创面粘接功用,采用医用胶可认为是一种改良的填塞、缝合结合法,简便而有效。

(潘泽亚)

述评　医用胶用于肝脏外科已多年,国内近年报道也不少,普遍认为,术中应用对肝创面止血有疗效,主要优点是简便、疗效好。对于中度和重度肝外伤,以及肝叶以上的肝切除手术,仍然应以彻底清创、缝合止血和缝闭胆漏以及正确的引流为术中治疗的主要手段，对于创面小的渗血，结合采用医用胶辅助治疗应是正确的方法。

（吴伯文）

肝损伤经导管动脉造影及栓塞止血的动物实验研究（实用放射学杂志 1996；12(2)：80） 西安西京医院王为忠等通过对24只犬的肝损伤后行动脉造影同时行栓塞止血治疗的实验研究，以观察肝损伤时的造影改变及栓塞止血效果。实验结果显示：(1)肝损伤时动脉造影显示均有不同程度造影剂外溢和小动脉分支移位、拉直、血管中断等走行改变。(2)肝动脉栓塞后损伤较轻的表现为活动出血停止和肝创面出血明显减少；损伤较重的喷射状动脉出血亦停止。(3)栓塞后再次造影示远端小动脉像消失，近端略有扩张，肝动脉分支呈“枯枝”状，造影剂外溢减少。栓塞后4周重复造影示栓塞动脉再通，局部小血管分支紊乱增多。(4)有2只犬因过量栓塞死于急性肝衰，1只犬死于异位栓塞。作者认为：(1)肝动脉造影诊断肝损伤的指标：深部裂伤大出血时，显示大剂量造影剂外溢，肝裂伤口周围有大片造影剂；而表浅裂伤出血不多时，为局限斑点状造影剂外溢；造影剂最早溢出部位或溢出最多部位常为肝损伤所在，同时伴有血管分支走行改变或血管中断。(2)肝损伤时动脉造影的选择：只能是对疑有肝损伤、病情相对稳定、又不能确定是否手术，或可延迟手术时间，需进一步明确诊断时。(3)血管栓塞的临床价值：①大出血的病人，一般情况危重或衰竭，不能耐受紧急外科手术，可先行动脉栓塞止血，为以后手术创造条件；②作为一种非外科手术的治疗措施，如肝脾损伤，包括肝破裂修补术后仍出血者、创伤性胆管出血，创伤性假性动脉瘤及动静脉瘘等。(4)肝动脉栓塞存在的问题：①肝损伤时常伴门静脉及胆管损伤，栓塞后出血危险仍存在，胆管损伤胆汁外溢引起胆汁性腹膜炎和肝脓肿；②引起胆囊动脉栓塞致胆囊梗死；③异位栓塞。作者认为，明胶海绵是一种较理想的栓塞剂。

（潘泽亚　吴伯文）

述评　对于肝外伤的处理，原则上应该是及时诊断，早期手术治疗，特别是中度以上的肝外伤，常常是症状突出，确诊不难，应及早手术处理。而对那些症状相对较轻，病情也相对稳定的或诊断有疑问的肝外伤病例，可行肝动脉造影和栓塞治疗，以取得较好疗效。该研究总结的肝动脉造影栓塞治疗肝外伤出血的指征和体会值得采用。

（吴伯文）

严重肝损伤胆漏再次手术的体会（中华创伤杂志 1996；12(4)：254） 武汉同济医院易继林总结了8例严重肝损伤单纯缝合术后大量胆汁外溢而再次手术的体会。8例均为男性，14～46岁。均为严重肝损伤在基层医院行单纯缝合和填塞术。术后发生胆漏时间最短为8 h，最长为15 d。其中7例是采用胆总管切开，置入导尿管并注射生理盐水，找到破裂胆管对其结扎，胆总管置“T”管，原肝损伤死腔内彻底止血，置橡皮引流管1根，术后均于3～5周内痊愈；另1例为肝右叶中央型粉碎破裂，当地医院仅作单纯缝合加明胶海绵填塞，术后因黄疸、高热、腹痛，CT报道肝右叶大量肝组织粉碎、坏死，其间有多处死腔，腔内为胆汁，术后8周行非典型右半肝切除，胆总管切开“T”管引流术后1月痊愈。作者体会：(1)迅速充分显露术野，判断肝损伤类型；(2)妥善处理肝创面，彻底止血和结扎破裂胆管；(3)肝组织严重毁损时应行“清创性肝切除”，该方法适应下列情况：①局限于一整叶、段或半肝的严重撕裂伤或毁损伤；②该区域的主要肝动脉、门静脉支干和肝胆管断离；③较大的肝静脉撕裂或离断；④彻底清创或肝动脉结扎后仍继续有大量出血；(4)对严重肝损伤，除术中结扎创面破裂胆管外，加用胆总管“T”管引流，胆漏的发生明显减少；(5)寻找破裂胆管可采用经胆总管内置入导尿管注射生理盐水，创面有生理盐水溢出而找到破裂胆管；(6)对长期不愈的胆漏如已形成瘘管，可作瘘管切除或瘘管空肠“Y”型吻合。

（潘泽亚　吴伯文）

述评　严重肝外伤的死亡率仍高达50%以上，其主要原因是出血不能控制，严重的合并伤及合并胆漏术后感染等因素。作者提出止血清创要彻底、妥善以及正确处理胆漏并发症。如采用胆管减压引流，避免术后发生胆瘘等措施，对减少死亡率是能起到很有效的作用。

（吴伯文）

巨大肝海绵状血管瘤的外科治疗（云南医药 1995；16(5)：325） 昆明医学院二院张炳彦等总结了12例肝海绵状血管瘤的诊断和治疗。12例中男5例，女7例，平均41岁；其中3例无临床症状与体征，9例有右上腹不适和疼痛，同时自诉上腹扪到包块5例，7例体检可扪到肿大肝脏，10例AFP阴性，全组8例B超检查有2例误诊为肝癌，6例CT检查3例误诊为肝癌，3例肝核素扫描不能分辨肝占位病变性质；12例中11例手术，1例癌肿体积过大，估计手术危险性大而未手术治疗。随访0.5～20年，均未发现血管瘤复发。各种辅助检查的诊断价值：(1)B超：小的海绵状血管瘤，超声影像比较典型，诊断不困难。大的血管瘤由于超声影像表现不典型，不易与肝癌鉴别。(2)CT：平扫图像很难与原发性肝癌鉴别，必须采用增强扫描。瘤体直径小于 3 cm 者则 CT 检查准确性低。(3)肝脏放射性核素扫描：有部分病例仅提示肝脏占位性病变而不能分辨性质。(4)肝血管造影：5 例做了选择性腹腔动脉造影均有典型的肝海绵状血管瘤的表现，如早期着色呈斑点状，着色以边缘为明显，并经久不消，直到血管造影静脉相期着色现象仍存在，所以肝血管造影对诊断肝海绵状血管瘤有重要价值。治疗上，大部分肝海绵状血管瘤体积小，生长缓慢且不恶变，又无临床症状，不需外科手术治疗。但大的肝海绵状血管瘤则容易疼痛和自发性破裂，所以对巨大的单发性肝海绵状血管瘤均应采取外科切除治疗；如果肝海绵状血管瘤特大，已波及全肝或呈多发弥散状，不能行根治性切除时，可行肝动脉结扎；对不能手术切除的特大和弥漫性肝血管瘤患者，可采用肝动脉栓塞治疗或放射治疗。

（潘泽亚　吴伯文）

述评　由于先进的影像检查技术如 MRI、DSA、CT 及核素肝扫描等在临床的普遍应用，肝海绵状血管瘤的诊断已不困难。在治疗上，普遍认为直径＞5 cm 的肝海绵状血管瘤首选治疗方法应是手术切除。对术中探查不能切除的血管瘤，可采用肝动脉栓塞、结扎或术后放疗等方法，但其疗效不十分理想。

（吴伯文）

巨大肝血管瘤手术切除方法的改进（中华实验外科杂志 1996；13(3)：137）　长沙湘雅医院杨连粤等介绍了一种改良的限制性局部肝切除治疗巨大肝血管瘤的手术方法。其操作要点是确定相对无血管的切肝平面，通常距血管瘤边缘小于 1.0 cm；切肝时勿需考虑解剖性肝叶或肝段的全部切除。作者将 44 例肝后大血管瘤分为限制性局部切肝和解剖性切肝 2 组，各 22 例。结果如下：(1)肝门阻断时间，限局切(17.1±8.4)min，规则切组(27.5±13.1)min (P＜0.05)；(2)术中失血量，限局切组(986.7±877.6)ml，规则切组(983.3±980.4)ml(P＞0.05)；(3)术中输血量，限局切组(919.4±501.3)ml，规则切组(1 206.3±1 064.4)ml(P＜0.05)；(4)并发症，限局切组主要为反应性胸腔积液和膈下脓肿，发生率为 19.0%，规则切组主要为反应性胸腔积液、膈下脓肿、肺部感染、张力性气胸，发生率为 31.8%(P＞0.05)。作者认为，这种手术方法合理，操作简便，手术安全可靠，术中出血少，术后主要并发症低，余肝实质保留多。其理论依据是，肝血管瘤起源于肝内胚胎性血管错构芽，瘤体的增大不是细胞增生和肥大的结果，而是由相互连通状如海绵的血窦扩张所致，其压迫周围肝实质形成一纤维性包膜包裹血管瘤，构成与正常肝组织间的界限，受压的肝组织与血管瘤间形成一明显的无血管区，为限制性局部切除提供了理想的可切平面，在此平面切肝不会伤及主要血管、胆管，也不会因此而切入瘤体。该术适应证为单发性及相距较远的多发性巨大肝血管瘤，而病变超过半肝者则不宜采用该法，而以解剖性肝切除为妥。作者认为，手术关键点：(1)充分显露和游离肝脏；(2)术中常规阻断第一肝门，使瘤体血供减少，瘤体缩小；(3)游离肝脏时尽量避免挤压瘤体；(4)必要时可采用术中 B 超引导帮助定位。

（潘泽亚　吴伯文）

述评　根据肝海绵状血管瘤组织结构特点，手术切除采用瘤体与正常肝之间的相对无血管区进行分离切除，以减少术中出血，这一方法值得采用。但是巨大肝血管瘤的切除难点应该是如何将瘤体从紧贴第一、二、三肝门处安全地分离切断，而且术中如何保护瘤体的完整性，避免切破或从瘤体中切割。该文为肝脏大血管瘤的切除提供了可借鉴的经验。

（吴伯文）

676 例外科肝包虫病防治的体会（内蒙古医学杂志 1996；16(3)：137）　内蒙古医学院一院李冠世等总结了 676 例肝包虫病的外科治疗。其中 328 例行内囊摘除术，292 例行导管外引流术，43 例行肝包虫囊腔与空肠 Y 型吻合术，8 例行肝叶及部分肝切除术，5 例行肝包虫囊壁部分切除、大网膜固定于残余囊壁、外加局部腹腔引流术。作者体会：(1)肝包虫囊腔与空肠行 Y 型吻合术只适用于具有胆汁漏且无明显囊腔感染的肝脏前下方包虫；手术技巧上注意：①在吻合处的肝包虫囊壁上切掉一块直径 3 cm 的囊壁，与空肠行 Y 型吻合，不能行囊腔与空肠的线状 Y 型吻合。②吻合部位以选择在包虫囊壁带有薄层肝组织为佳，以利于吻合口愈合。(2)行肝包虫导管外引流时注意：①防止包虫囊腔渗液沿导管外壁漏入腹腔；②术后要防止引流管拨管过早及引流管引流不畅。(3)巨大肝包虫选择内囊摘除术治疗时往往胆漏机会较多，故应根据情况选择导管外引流或包虫囊腔-空肠 Y 型吻合。(4)在防止肝包虫术中发生过敏性休克上，除强调用三通管采集包虫液和切口周围纱布保护防止囊液流入腹腔外，还应避免以刮匙搔刮囊壁。(5)术中所用杀死包虫的药物如 4%福尔马林、95%酒精等，有时会引起过敏性休克，故在往囊腔内注入这些药物之前，应先把它们洒一些在保护切口周围的纱布上，观察 3 min，无过敏反应则继续进行手术。

（潘泽亚）

述评　肝包虫病外科治疗术式的选择非常重

要，它直接影响到该病的外科治疗的疗效及术后并发症的发生。作者通过大宗病例对肝包虫囊腔-空肠Y型吻合术、导管外引流术及内囊摘除术这3种术式适应证和注意点作了细致的探讨，总结了几条有价值的经验，值得临床借鉴。

（吴伯文）

肝动脉瘤的诊断和治疗4例报道（北京医学 1996；18(1)：20） 海军总院徐光炜等报道4例肝动脉瘤。其中肝外动脉瘤1例，右上腹包块入院，无症状，剖腹探查时确诊，行动脉瘤切除术；另3例为肝内动脉瘤，均有肝内动脉瘤破裂出血，发生胆管出血，有2例表现为急性胆囊炎症状，3例均经肝内动脉栓塞治疗成功。形成肝动脉瘤的确切机制尚不清楚；肝动脉瘤男性多于女性，且多数在肝外(80%)，少数在肝内(20%)；多无特殊症状和体征，肝内动脉瘤破裂出血，发生血性胆汁，临床表现似胆囊炎。B超、CT、MRI对诊断有很大帮助，当发现在胰腺上方、肝门小网膜孔处有肿块，肿物壁有环形钙化，钡餐示十二指肠外压变形时都应怀疑肝动脉瘤；血管造影可确诊。治疗上肝外动脉瘤可采用动脉瘤切除或瘤体近远端血管结扎治愈；肝内动脉瘤如果病变局限，可行肝叶或肝部分切除；但病人往往多次出血，体质弱，不能耐受手术则考虑行肝动脉结扎止血，在正常情况下，肝动脉结扎能安全可靠地控制出血，但是如果迷走动脉存在，则疗效不佳。作者认为，采用肝动脉栓塞则是一种治疗肝内动脉瘤破裂出血的较理想方法，因为一旦栓塞成功即可止血，止血效果可经血管造影得到证实。

（潘泽亚 吴伯文）

述评 肝动脉瘤是临床上较罕见的疾病，文献报道也少见。由于本病有并发破裂出血的可能，临床应予重视。作者对肝内、外不同的肝动脉瘤的不同处理，取得较好疗效，有助于对本病的认识和正确处理。

（吴伯文）

肝脏原发性凝固性坏死8例临床分析（中国实用外科杂志 1996；16(2)：95） 上海医大肝癌所叶颖江等对8例肝脏凝固性坏死作了回顾性分析。男7例，女1例；无症状仅在体检时发现3例，肝区不适4例，右肩背痛1例。8例均经手术切除。病理表现：(1)大体上：灰白结节、质实、松脆、多发或单发，多结节间互相融合或隔以纤维结缔样组织，有包膜，与正常肝组织分界清楚。(2)组织学上：中央大片凝固性坏死，周围纤维组织增生包裹坏死区，病灶边缘有的可见类上皮细胞或巨细胞反应，周围汇管区炎性细胞浸润。作者认为，B超与CT极易将其误诊为小肝癌。肝脏原发性凝固性坏死特点是：(1)发病率低，占同期收治肝占位病变的0.5%，占良性占位病变的5.8%；(2)平均发病年龄比肝癌小，以40岁以下成年男性多发；(3)无肝硬化及肝炎病史；(4)AFP阴性；(5)右叶多发；(6)CT动脉造影缺乏丰富的血循环，平扫、增强、延迟各时相始终为低密度；(7)B超形态不规则，结节状，断面呈葫芦状，内部回声呈短线状。作者强调，与其他肝占位病变如肝癌、炎性假瘤、结核性肉芽肿等尤其是局灶性增生结节的鉴别非常重要。治疗时应注意：(1)临床及病理学已确诊的，则不必手术。有症状者，保肝对症处理；无症状者不需处理，预后佳。(2)针吸活检不能确诊者，病人同意手术时可行剖腹探查。良性则局部切除，不能确诊则送病检，若恶性则根治性切除。(3)不能确诊时、患者不同意剖腹术者，应密切随访。

（潘泽亚）

述评 肝脏原发性凝固性坏死的报道甚少，CT和B超检查也难以与甲胎蛋白阴性肝癌相鉴别。上文总结的有关本病的临床与影像检查特征，有助于对本病的认识和诊断，在治疗上提出的原则是正确的，对临床工作有借鉴意义。

（吴伯文）

肝脏良性实质性局灶性病变的B型超声诊断（河南肿瘤学杂志 1996；9(4)：307） 河南安阳市肿瘤医院张靖报道1990～1994年以B超诊断21例极似原发性小肝癌的肝脏良性实质性局灶性病变。诊断肝炎性假瘤1例，经手术、病理证实；肝结核2例，经超声引导下针吸细胞学证实；肝血管瘤弱回声型10例，经CT证实；肝内局限性低回声脂肪浸润8例，经CT检查及临床超声随访观察证实。肿块最大直径2.7cm，多为1.5～2.5cm。肿块内部均为低回声。作者认为，本组病例单从病灶内部回声与小肝癌无法鉴别，必须结合肿块全貌及病灶周围间接征象与临床进行全面分析，才能正确诊断。声像图特征与病理类型有密切关系：(1)小肝癌的声像图特征：①多呈圆形或椭圆形；②肿块内部回声减低。小肝癌周围间接征象：①肿块有占位效应；②肿块后方回声增强；③肿块外周有声晕。另外，原发性小肝癌多是在肝硬化基础上发生的，多伴有肝硬化的图像改变。(2)肝血管瘤弱回声型少见，占10%，即使其内部回声低甚至无回声，其周边仍有十分纤细的回声带可供鉴别；以超声随访，肿块无生长表现。(3)肝内局限性低回声脂肪浸润灶，酷似弱回声肿块，但外形不规则，不呈圆块型，无占位效应，均有脂肪肝背景。(4)肝结核结节未钙化前亦呈低回声肿块，无占位效应，无包膜，无低回声暗环。(5)肝炎性假瘤，结节与周围肝组织分界清，无周边低回声晕带，肿块内部回声更均匀、更细腻，肿块后方回声无明显增强。

（潘泽亚）

述评 随着CT、MRI、DSA及B超等先进检查技术的临床普遍应用，越来越多地发现肝脏良性实质性局灶性病变。作者对这些良性局灶性病变B超声像图特征作了归纳和分析，为提高对这些病变认识和诊断提供了一定的帮助，但这些特征仍缺乏高度特异性，有些病变甚至在术中都难以准确鉴别，因此，最后确诊仍需依靠病理学检验。

（吴伯文）

医源性胆管损伤的原因及处理探讨（中华外科杂志 1996；34(1)：38） 西安西京医院傅由池等系统地分析了该科1965年6月～1994年10月收治的74例医源性胆管损伤病例的有关资料，并着重探讨了胆囊切除术造成的肝外胆管损伤的发病原因：(1)对胆囊切除术本身是一种充满潜在危险性的手术这一点缺乏足够的认识，胆囊解剖变异、胆囊颈解剖结构不清、手术麻醉不完善、术野暴露不充分等问题使手术充满了危险。(2)手术者操作粗疏，或经验不足且又自负，如片面追求速度，不仔细解剖胆囊三角等。(3)术者缺乏经验，技术水平低，这种情况多见于年轻医师。在处理方面，作者认为如术中发现胆管损伤应当立即修复(修补或对端吻合)，如为术后数天发现或多次修复重建手术失败者，最宜进行规范的胆管空肠吻合Roux-Y吻合术。

述评 医源性胆管损伤是一个临床常见的问题，尤以在胆囊切除术时易于发生。胆囊切除术在我国开展非常普遍，与诸如胰十二指肠切除术等相比多数病例手术并不复杂，但在不少医务人员尤其是年轻医师的意识中并未引起足够重视。该文通过对病例的客观分析，提出"对胆囊切除术本身是一种充满潜在危险性的手术这一点缺乏足够的认识"为医源性胆管损伤发生的首要原因，并强调预防为重点，即一旦损伤后，术中或术后及时发现和正确采用该文所主张的处理方法，是决定病人预后的重要措施，这对我们的临床工作具有极其重要的指导意义。

（刘鹏飞）

阑尾间置重建胆管手术治疗胆总管囊肿及其疗效观察（同济医科大学学报 1995；24(6)：459） 武汉同济医院袁继炎等应用阑尾间置重建胆管手术治疗先天性胆总管囊肿7例(年龄1～7岁)。他们在常规切除胆囊和胆总管囊肿后，应用带蒂阑尾代替胆管，将阑尾近端与肝总管对端吻合，远端与十二指肠行粘膜对粘膜吻合，术后均顺利恢复。经1～3年的随访，所有患儿生长发育正常，没有出现诸如发烧、黄疸、腹痛等胆管逆行感染症状。B超检查提示，肝内胆管无扩张，其中3例接收了单光子发射型计算机断层扫描(SPECT)检查，显示肝脏胆汁分泌功能正常，排泄通畅。该文重点讨论了手术操作要点和注意事项：(1)应首先探查阑尾有无病变，了解其长度和口径是否符合需要；(2)要确保间置阑尾有良好的血供，保护好阑尾动脉，并适当游离回盲部以减轻阑尾血管蒂的张力。阑尾转移至肝门时还应注意避免血管蒂扭曲受压和张力；(3)阑尾应在距其基底部约0.5cm的盲肠处切断，使阑尾近端呈喇叭形，以利于和肝总管吻合；(4)阑尾的两端开放后，应保持阑尾清洁，用抗生素液冲洗阑尾腔；(5)术中一定要放置1根硅胶引流管于间置阑尾腔中，并通过两个吻合口，以防手术后的胆漏或吻合口狭窄；(6)阑尾远端与十二指肠吻合最好采用Lich抗反流措施。

述评 对于先天性胆总管囊肿的治疗我们一般采用囊肿切除、胆肠吻合术进行治疗。但无论是哪种方式的胆肠吻合术，都存在着肠内容物反流入胆管，引起术后逆行性胆管感染的问题。许多年来，虽然国内外众多学者设计了很多抗反流的术式，却仍然没有一种术式能非常满意地解决逆行胆管感染的问题。作者采用阑尾间置重建胆管的术式来解决这个问题，取得了一定的效果。关于这个问题，近年来国外学者也进行了一些研究，结果与此相仿。此术式的远期效果尚有待进一步观察。

（刘鹏飞）

新肿瘤标志CA242对胰胆恶性肿瘤的诊断意义（第四军医大学学报 1995；16(6)：446） 空军465医院宁国礼等应用免疫放射法分析了66例胆胰恶性肿瘤患者、74例胆胰良性疾病患者血清中(IRMA)糖类抗原242(CA242)的含量，以探讨其在胆胰恶性肿瘤诊断中的价值。结果发现，CA242在胆胰恶性肿瘤患者血清中的含量为(33.527±19.982)U/ml，而在良性胆胰疾病患者血清中的含量为(8.437±5.987)U/ml，恶性肿瘤组显著高于良性疾病组($P<0.01$)。以12 U/ml为界值，CA242诊断胆胰恶性肿瘤的灵敏度为80.3%，特异度为82.4%。据此，作者认为CA242为临床较早诊断胆胰恶性肿瘤提供了重要的依据，它可以作为一种较为理想的肿瘤标志物用于临床。

述评 胆胰恶性肿瘤的早期诊断是一个久未解决的难题，许多学者对此也作出了巨大的努力，相继发现了CEA、CA19-9等标志物对胆胰恶性肿瘤的早期诊断价值，但因其存在着敏感性、特异性等问题，尚不能使人们对胆胰恶性肿瘤的早期诊断达到一个令人满意的程度。对此，人们仍然在进行着不懈的努力。作者在这方面进行的工作具有一定的探索意义，但其确切的诊断价值尚需进一步研究予以证实。

（刘鹏飞）

急性非结石性胆囊炎病因探讨（普外临床 1996;11(1):33） 浙江金华市医院许龙堂等回顾性分析了1975～1993年手术治疗的急性非结石性胆囊炎(AAC)51例，并结合文献对AAC的发病原因进行了探讨。从该组病例来看，AAC主要病因是胆囊缺血、胆囊排空障碍和细菌感染等，胆管本身异常(胆囊扭转)仅1例。胆囊缺血的原因可能是创伤、严重感染、输血或血制品、癌肿等因素激活了Hageman因子，这种内源性凝血启动因子启动凝血，而凝血过程中所产生的活性成分能裂解缩胆囊素，产生血管活性物质，导致局部的血管痉挛和损害，使胆囊血液灌流不足并发生AAC。各种刺激因素(如胃溃疡、胃手术、糖尿病、雌激素增高等)引起的胆囊排空障碍可导致胆囊内胆汁淤积，使胆盐浓度增高，其化学性刺激引发胆囊的急性炎症改变，尤其胆囊颈部粘膜的充血水肿，引起胆囊管梗阻，从而发生AAC。继发性的胆囊细菌感染可使胆汁酸盐解离，它对组织的刺激性更大，反过来，损伤的粘膜又可加快加重细菌对胆囊组织的破坏，形成恶性循环。除了上述几种主要因素外，作者还讨论了其他致AAC的可能病因。关于AAC的治疗，作者倾向于及时手术切除病变的胆囊。

述评 AAC的发生近年有逐渐增多的趋势，因为其发病率不是很高，常常不被门诊急诊医师所重视，尤其是对其处理常会令一些经验不足的医务人员感到无所适从。该文通过对AAC发病原因的探讨，得出该病以手术治疗为宜的结论，对指导门诊急诊工作，提高诊治质量有一定的意义。

（刘鹏飞）

异常胆胰管连接与先天性胆管囊肿和胆系癌（实用放射学杂志 1996;12(1):28） 解放军254医院吕维富等回顾性分析了2 748例ERCP资料，筛选出79例异常胆胰管连接(APBDU)所合并的先天性胆管囊肿和胆系癌患者，并对他们的临床和ERCP表现特征进行了系统的研究(与59例正常胆胰管连接但却合并了同类疾病的患者作比较)。结果发现：在APBDU组，先天性胆管囊肿和胆系癌的发生率分别为26%和17%，明显比对照组高，前者多在囊状扩张的胆总管下段见明显的缩窄段。肝外胆管囊状扩张的复杂型APBDU较多合并其他胆胰系病变，说明此类APBDU对胆胰系的病理影响较大。另外，APBDU所合并的胆系癌以胆管癌为多。

述评 该文探讨的APBDU在临床上并不鲜见。作者从放射学角度分析了它与先天性胆管囊肿和胆系癌的关系，发现它们的关系较为密切。这种结果对于临床医师来说不无指导意义，它提示胰胆管造影发现有胆胰管连接异常的患者，应该警惕胆系癌的问题，因为目前对于胆系癌尚无有效的早期诊断手段，所以该文进行的探索具有一定的实际意义。

（刘鹏飞）

胆管探查后胆总管一期缝合术的实验研究与临床应用（中国医学科学院学报 1996;18(1):15） 潍坊医学院附院李茂竹等通过实验和临床观察研究了施行胆总管探查后一期缝合术的可能性。在实验研究方面，他们建立了犬的动物模型，对比观察了胆总管一期缝合术和传统的T管法在光镜及电镜下的胆管组织学变化。结果发现：一期缝合者没有出现胆汁渗漏，胆总管无明显扩张现象；而胆总管的炎症反应、胆总管粘膜的糜烂及溃疡、胆总管粘膜上皮细胞内线粒体、内质网等细胞器的损害等等病理变化在胆总管一期缝合组也均较T管组轻。在临床应用方面，他们对30例患者实施了胆总管探查后的一期缝合术(均置腹腔引流管)，结果全部患者均无胆漏发生，切口一期愈合。随访1～6个月，未发现异常反应，B超等检查显示胆总管下端通畅。据此，作者认为：只要胆总管下端通畅(无狭窄)，肝胆管内无残余结石，均可行一期缝合术，AOSC也不必作为胆总管一期缝合的绝对禁忌证。

述评 胆总管切开探查后应常规放置T管引流，胆总管不能一期缝合，这已是许多年来为人们所认同的传统观念。关于胆总管探查术后一期缝合胆总管的问题，以前也曾有人报道，但绝大多数学者对此均持谨慎态度，认为应该严格控制适应证。作者从实验和临床两个角度探讨了胆总管探查后一期缝合问题，得出了较为满意的结论。但笔者认为要得出最终的结论，尚需进行大量实验及临床研究，以作出客观的评价。如果绝大多数胆总管探查患者能实施一期缝合，这对社会、对患者本身均有明显的好处，所以，这方面的研究工作是很有意义的。

（刘鹏飞）

胆源性脓毒症导致肝细胞膜腺苷酸环化酶失敏（肝胆外科杂志 1996;4(1):53） 重庆西南医院董家鸿等报道通过兔右侧叶肝管开口近端结扎肝总管，并向梗阻近端肝管内注入2×10^8 *E. coli*/0.2ml大肠杆菌液诱发脓毒症，在伤后12h、24h和48h，参照Salomon的方法测定右侧叶(非感染肝叶)和左侧叶(感染肝叶)肝细胞膜腺苷酸环化酶(AC)活性及其对激素的反应性。结果显示：在胆源性脓毒症组

(BS 组)感染肝叶,伤后 12h 起两种激素(胰高糖素、肾上腺素)刺激的 AC 活性均呈进行性降低,至伤后 48h 膜 AC 对两种激素刺激已不再出现明显的反应,在伤后的 12h 非感染肝叶,胰高糖素刺激的 AC 活性只是轻度降低,至伤后 48h 对两种激素仍保留一定的反应性。BS 组动物感染肝叶 AC 活性从伤后早期而呈进行性显著降低。虽然在严重胆系感染的强烈攻击下感染肝叶细胞膜 AC 活性及激素刺激的 AC 活性均呈全面一致的进行性降低,但作为严重胆系感染的远达效应器官的非感染性肝叶 AC 系统各功能组分的改变却显示不同的时间和程度差异,随脓毒症病程演进,其改变的序列是胰高糖素刺激 AC 活性、肾上腺素刺激 AC 活性、氯化钠刺激 AC 活性及基础 AC 活性。该研究结果提示,随胆源性脓毒症病程演进,肝脏损害从感染肝叶波及非感染肝叶,两者肝细胞膜 AC 系统对糖异生激素的反应性先后减低。

(晏建军)

述评 胆源性脓毒症是胆管外科一种常见而危重的病症,可引起机体一系列严重而复杂的病理生理改变。大量研究表明,随胆源性脓毒症病程演进,感染肝叶和非感染肝叶肝细胞对胰高糖素和肾上腺素的反应性进行性降低,致患者持续的低血糖。该研究通过结扎兔肝总管并向肝管内注入 *E. coli* 大肠杆菌制成胆源性脓毒症模型,检查胆源性脓毒症期间肝细胞膜 AC 活性及其对激素的反应性,提出胆源性脓毒症导致 AC 失敏,从而引起肝细胞糖异生反应失常。对今后的有关研究提供了一定的理论依据。

(钱光相　晏建军)

胆管梗阻再通前后病理转归的研究(中华实验外科杂志 1996;13(1):43)　北京红十字朝阳医院杨翔等。应用大鼠分组分期制作胆管梗阻模型及胆管十二指肠内引流(胆管再通)模型,分别进行胆管梗阻期及解除梗阻后期的连续性研究。在胆管不同梗阻时期及不同恢复期对心、肺、肝、肾的病理改变进行光镜和电镜观察。结果表明,梗阻性黄疸可导致多脏器损害,以肝脏损害最为明显,其损害程度与胆管梗阻时间呈正相关,表现为进行性加重的肝细胞坏死,由细胞水肿变性到肝小叶的点状、灶状、小片状和大片状坏死。肾脏表现为肾小球肿胀、萎缩,肾乳头髓袢部的肾曲管上皮变性坏死,肾曲管内胆栓形成。肺脏则表现为间质性肺炎和肺组织的灶状出血。心脏表现为心肌细胞肿胀,多部位炎细胞浸润,心肌灶状坏死,并出现不同程度的心内膜炎及心瓣膜炎,表明在梗阻性黄疸时,心脏功能改变的特点有其病理解剖学基础。胆管梗阻解除后,受损脏器可以得到不同程度的恢复和逆转,但其恢复的速度和程度与梗阻时间的长短密切相关。如梗阻时间较短,胆管再通可使受损脏器得到明显的恢复和好转。但梗阻时间过长,即使在胆管再通后的短时间内,受损脏器仍处于不可逆状态,并非随梗阻的解除而迅速恢复。

(晏建军)

述评 梗阻性黄疸是一种较常见的外科病症。该文通过大鼠制作的胆管梗阻模型及胆管再通模型,在不同梗阻时期及不同恢复时期内对心、肺、肝、肾的病理改变进行了光镜和电镜的对比观察、研究,表明胆管梗阻解除后受损脏器能不同程度的恢复和逆转,但其恢复的速度和程度与梗阻时间的长短密切相关,并提出胆心综合征的实质不仅包括功能性因素,也包括器质性因素。临床上对梗阻性黄疸患者的治疗应及早而有效地解除胆管梗阻,预防和治疗梗阻性黄疸所致的多脏器损害。该研究对指导临床工作提供了很有意义的理论依据。

(钱光相　晏建平)

血清脂质、载脂蛋白与胆汁类脂水平及胆囊结石类型的关系(中华医学杂志 1995;75(11):656)　北医大三院傅贤波等为确定胆囊结石易患人群高危因素与防石因素的血清学指标,对比研究了胆囊结石患者(结石组)47 例与非胆囊结石患者(对照组)19 例的血脂与载脂蛋白水平。胆囊结石类型的血脂特点、血脂、载脂蛋白(apo)水平与胆汁中类脂水平及胆固醇饱和指数的关系。结果发现,结石组 apo A_1、C_2、E 均显著升高;而总胆固醇(TC)、甘油三酯(TG)、低密度脂蛋白-胆固醇(LDL-C)、高密度脂蛋白-胆固醇(HDL-C)、HDL-C/TC、LDL-C/HDL-C、apo A_2、B、C_3 水平,结石组与对照组比较均无显著差异,表明 apo 是较血脂更灵敏的指标。胆固醇结石组以 LDL-C、LDL-C/HDL-C、apo B 水平升高为特点,而胆色素结石组以 TG、apo C_2 升高为特点。血清中 TC、LDL-C、apo B、C_2、C_3 与胆囊胆汁内胆固醇含量和(或)胆固醇饱和指数呈正相关。apo E 与总胆管胆汁中卵磷脂含量呈负相关,均系成石的高危因素。HDL-C 与胆囊、总胆管胆汁中卵磷脂、总胆管胆汁中胆盐含量呈正相关,系防石因素。通过研究,作者提出,血清胆固醇及其相应载脂蛋白是胆囊结石高危因素,且 apo 是区分结石与非结石更为灵敏的指标。

(晏建军)

述评 胆囊结石发病有逐年增高趋势,如何在健康人群中筛选出易感人群并采取预防措施，防结石于未然是今后防治胆囊结石的方向。高危人群预测工作的难点是采取胆汁困难。因此，寻求能反映胆汁成石倾向的血清学指标有着重要的现实意义。该文通过较系统的对比，研究了血清脂质、apo 与胆汁类脂水平及胆囊结石类型的关系，提示血清中 TC、LDL-C、apo B、C_2、C_3 及 apo E 均系成石的高危因素，而 HDL-C 系防石因素。作者的结论为进一步临床研究并指导胆囊结石的防治有临床意义。

（钱光相　晏建军）

先天性肝内胆管扩张症的术式选择（中国实用外科杂志．1995；15(10：634)　上海长海医院钱光相等认为先天性肝内胆管扩张症的外科治疗困难，其术后疗效与合理的手术方式有直接关系。具体手术方式的决定应根据该病的类型，系单侧或双侧型，是否有肝外胆管扩张，有无肝门区胆管的狭窄等而决定。因此，充分掌握肝内外胆管的情况对决定合理的手术方式十分重要，避免了手术的盲目性。肝内胆管扩张症的范围、特征及有无肝门胆管狭窄的全面显示，须依赖合理的影像诊断。目前临床常用的方法有：B 超、CT、MRI、ERCP 及 PTC 检查等，其中 MRI 对小儿先天性肝内胆管扩张有特殊诊断价值。具体手术方式的选择：(1)单纯左侧肝内胆管扩张，可行左侧肝叶（左半肝或左外叶）切除术。(2)右侧肝内胆管囊状扩张，治疗较左侧困难，如条件许可亦可施行右肝叶或右半肝切除术。右侧肝管近肝门区中央型肝胆管扩张、肝总管及右肝管无狭窄者，可行肝总管胆总管空肠吻合术。如为右前叶或右后叶胆管囊状扩张，常合并该叶胆管开口狭窄及肝胆管结石，可施行右前叶或右后叶肝切除术。(3)双侧肝内胆管扩张症，大多伴有肝外胆管扩张对无肝门胆管的中央型双侧肝胆管扩张，可切除肝外扩张胆管后行肝管空肠吻合术；合并有肝总管或左、右肝管开口狭窄者，需充分切开肝门区狭窄胆管后再行肝门胆管空肠吻合；合并有一侧肝管开口明显狭窄、结石及肝实质损害较重者，可行该侧肝叶切除；双侧肝内胆管多发囊状扩张并双侧肝内胆管多处狭窄，尚无良好有效的治疗方法。

（晏建军）

述评　先天性肝内胆管扩张症又称 Caroli 病，临床并非罕见。它可累及单侧或双侧肝内多处胆管，常同时伴有肝外胆管扩张。易于并发化脓性肝胆管炎、肝脓肿及肝内外胆管结石，少数病例可能发生恶变。本症外科治疗困难。作者通过具体病例资料的分析并结合其丰富的临床经验，提出了各型先天性肝内胆管扩张的具体手术方式的选择；先天性肝内胆管扩张症的术后疗效与合理的手术方式有直接的关系，而充分掌握肝内外胆管的情况对决定合理的手术方式十分重要，可避免手术的盲目性。该文对广大外科医师如何处理先天性肝内胆管扩张症的手术治疗具有指导作用。

（钱光相　晏建军）

实验胆汁性肝硬化形成机制的病理研究（首都医科大学学报 1996；17(1)：36）　北京友谊医院洪明理等通过结扎 Wistar 大鼠胆总管制备胆汁性肝硬化模型，取结扎术后 1～86 d 不同时间的肝脏标本，用光镜和电镜观察肝硬化形成过程的病理和超微病理变化。发现胆总管结扎术后第 1 天即见有胆汁淤积造成的肝细胞变性坏死，到第 3 天则十分明显，同时有炎细胞浸润、巨噬细胞集结等，由此激发汇管区小胆管样上皮细胞增殖并分化演变，大多数分化成小胆管，少数分化成小结节状肝细胞。到第 35 天（个别动物第 21 天），小胆管和伴随出现的成纤维细胞、胶原纤维和毛细血管等共同形成膜样间隔，与邻近增生的间隔相互连接、包绕、分割，改建原来的肝小叶直至形成假小叶。在此阶段，小胆管样上皮细胞和小胆管数量逐渐减少，而成纤维细胞、毛细血管和胶原纤维增多。在纤维隔周围或其间常见新生的小肝细胞团。到 56d、86d 所有标本已是典型的胶原纤维增生和肝细胞结节形成的肝硬化病理肝组织。

（晏建军）

述评　胆管梗阻致胆汁淤积性肝硬化是胆管外科经常遇到的临床问题，就其形成机制已有许多基础研究报道。该文以结扎大鼠胆总管为模型，通过光学显微镜及电镜对胆汁性肝硬化过程中肝细胞的变性坏死、小胆管样上皮细胞的增殖、分化及演变，胶原纤维增生和结节形成等进行了一系列动态观察。对探讨本型肝硬化形成的机制有一定的理论指导意义。

（钱光相　晏建军）

肝门部胆管癌的影像学分型及其与治疗的关系（肝胆外科杂志 1995；4：200）　上海东方肝胆外科医院程红岩等分析了 75 例肝门部胆管癌的影像分型和治疗间的关系，总切除率为 20%，各型切除率分别为Ⅰ型 36.8%，Ⅱ型 37.5%，Ⅲa 型 37.5%，Ⅲb 型 27.3%和Ⅳ型 0%。Ⅰ、Ⅱ型胆管癌切除率较高，Ⅳ型胆管癌失去手术切除机会。未能切除的主要原因有局部或远处的转移，侵犯肝动脉和（或）门静脉。对不能切除的胆管癌患者，经内镜放置胆管引流管是一种较好的姑息性疗法。对阻塞性黄疸较重者放置引流管可立刻进行减黄治疗，对有肝内胆管感染者可通过ENBD注射抗生素等药物治疗，较之周围用药控制感染效果更佳。放置引流管的原则是将引流管的前端尽可能地放置于右肝管内，因为右肝管引流量大于左肝管(但Ⅲb型以引流管放置于左肝管内为宜)。肝门部胆管癌的影像分型对选择治疗方案的价值在于它可较全面地了解肿瘤侵犯的范围和影像特点。

(晏建军)

述评 肝门部胆管癌的发病率在临床上有逐渐增多的趋势，但患者就诊时常已为晚期，手术切除率低。临床上采用影像学检查(尤其是ERCP)可以帮助明确诊断并行影像学分型，了解肿瘤侵犯的范围和影像特点，对治疗方案的选择可提供重要的参考依据。同时，对不能手术的晚期患者经内镜放置胆管引流管是一种较好的姑息性疗法，可延长患者的生命。

(钱光相 晏建军)

肝胆管结石患者胆石及胆汁脂质过氧化物测定的临床研究(临床肝胆病杂志 1996；12(2)：104) 广州珠江医院王友顺等采用硫代巴比妥酸荧光比色法(TBA法)测定50例原发性肝胆管结石患者胆石及胆汁中的脂质过氧化物(LPO)含量，并以胆囊结石患者及正常人群为对照组。结果显示：肝胆管结石的LPO为(18.40±0.84)nmol/g，明显高于胆囊结石对照组(1.96±0.26)nmol/g($P<0.01$)，说明肝胆管结石存在大量LPO。LPO参与了肝胆管结石的构成。肝胆管结石组胆汁LPO为(133.85±13.72)nmol/ml，明显高于胆囊结石组及正常对照组($P<0.01$)，说明肝胆管结石患者胆汁氧自由基诱发的脂质过氧化反应很强，且胆汁中的LPO含量与胆石中的LPO含量呈显著正相关，表明胆汁中的脂质过氧化反应促进肝胆管结石形成。提出胆汁中高脂质过氧化物状态及其脂质过氧化反应是肝胆管结石形成的重要条件。临床测定胆石与胆汁LPO含量对判断患者成石能力有重要的参考价值，为临床应用超氧化物歧化酶防治肝胆管结石提供了理论基础。

(晏建军)

述评 肝胆管结石的成因及机制至今尚不十分清楚，但人们发现新鲜胆石中存在由氧自由基诱发的脂质过氧化反应。该文采用TBA法测定原发性肝胆管结石患者胆石及胆汁中LPO的含量，发现肝胆管结石患者胆石及胆汁中LPO的含量均明显高于胆囊结石患者及正常对照组，为探索肝胆管结石的成因及预防途径提供了一定的理论依据。

(钱光相 晏建军)

ERCP及ES对腹腔镜胆囊切除术的辅助作用(肝胆外科杂志 1995；4：207) 成都军区总院田伏洲等统计和分析了886例腹腔镜胆囊切除术(LC)的临床资料。院内组407例，在LC前选出其中116例可疑胆总管结石者行ERCP检查，其中有32例证实为胆管结石，3例胆管蛔虫，将其中25例不适合LC者改为开腹手术。3例胆管蛔虫者先行内镜胆管取出(ERBA)，7例胆总管结石经分析有把握经ES取尽结石，先行ES取石，然后再行LC。本组病例术后胆管残石仅2例(0.5%)，1例经ES取石后治愈出院，另1例经ERCP发现左肝内胆管结石，胆总管残留结石，经开腹手术治愈。院外组479例因术前无条件行ERCP检查，LC术后胆管残石率为3.3%(16/479)，明显高于院内组($P<0.01$)，其中3例合并肝内胆管结石者均行再次开腹胆管手术，另13例为胆总管小结石，均由ES取石顺利治愈。两组病例对照，证明ERCP及ES与LC相结合更能充分发挥微创外科的积极作用，避免LC的盲目性及术后并发症。

(晏建军)

述评 LC具有创伤小、术后伤口疼痛轻、恢复快等优点，但其并发症高是一个值得重视的问题，对LC术前可疑胆管结石患者行ERCP检查有十分重要的临床意义和必要性，ERCP和ES与LC的有机结合，对减少LC术后的并发症有积极的辅助治疗作用，并可有效地避免LC的盲目性，充分发挥微创外科的积极作用。在有条件的医院有推广应用价值。

(钱光相 晏建军)

116例肝外胆管癌超声显像分析(中国超声医学杂志 1996；12(4)：41) 长沙湘雅医院廖锦党等回顾性分析了116例肝外胆管癌的超声显像表现，其中超声检查确诊或拟诊为胆管癌96例，漏诊6例，误诊14例，诊断符合率为82.8%。作者将96例胆管癌声像图分成5类：乳头型、团块型、充填型、壁厚型和截断型。96例胆管癌中呈低回声37例，中等回声22例，高回声37例。各种回声水平在各型中所占比例无显著性差异($P>0.05$)。根据作者的经验，提出在超声检查时，应顺着扩张的肝管或胆管延伸方向仔细追踪其远端有无病变，尤其当胆囊萎陷或变小时应特别注意对肝门部的上段胆管病变的检查，往往可获得较高检出率。而对中下段病变采取胃肠道准备、改变体位，必要时做脂餐试验，可提高病变显示率。通过漏诊和误诊病例分析，作者认为以下几点值得注意：(1)对有胆管结石病史的患者，不能只满足于已有的阳性发现，而忽略了胆管内其他声像的改变。(2)有胆管内、外引流术史的患者采用饮水排气，或服用胆管扩张药物、改变体位等方法是必要的。(3)胆管内高回声团块伴声影并非结石特有，高回声型胆管癌后方亦可有弱声影。采用改变体位或脂餐试验以观察其是否移动，降低仪器增益观察其与胆管壁的关系等方法与胆管结石鉴别。(4)不断积累经验。

(晏建军)

述评 超声检查由于具有快速、直接动态观察，无创伤且可反复进行等优点，已广泛应用于临床各种疾病的诊断。在胆管外科中，对结石患者，超声检查已作为一种首选的方法。该文通过回顾性分析116例肝外胆管癌超声显像表现，提出胆管癌声像图分成乳头型、团块型、充填型、壁厚型和截断型共5类，并结合自己的经验，提出在超声检查时应顺着扩张的胆管延伸方向仔细追踪其远端，对有胆囊萎陷或变小特别注意肝门部胆管的检查，对中、下段病变采用胃肠道准备、改变体位，必要时行脂餐试验等方法可提高检出率和显示率，对临床具有较高的指导价值。

(钱光相　晏建军)

749例肝内胆管结石外科治疗的临床分析(第三军医大学学报 1996;18(1):59)　重庆西南医院肝胆外科中心蔡景修等回顾性分析了手术治疗肝内胆管结石749例的临床资料，显示肝内胆管结石的分布仍以左肝内胆管多见，占46.33%。肝内胆管结石同时合并肝胆管狭窄占64.82%，肝胆管癌占1.47%。肝叶或肝段切除373例(49.80%)，其中左肝叶或肝段切除占89.91%。在各术式中，肝叶或肝段切除优于肝叶或肝段切除加胆肠吻合术及其他术式，效果相差非常显著($P<0.005$)。术后残石率仍较高，占30.25%，尤以右肝内胆管结石残石率最高，达48.91%，但左肝内胆管结石和肝叶或肝段切除后残石率较低，分别为19.02%和19.94%。肝叶或肝段切除术后并发膈下感染和胆瘘较多，主要原因有：(1)肝切除时创面污染较重；(2)肝断面肝组织大块缝扎，缺血、坏死；(3)肝胆管狭窄未解除或有残石梗阻；(4)胆管内未置T形管引流或T形管引流不通畅；(5)腹腔引流不畅或引流管拨除过早。

(晏建军)

述评 肝内胆管结石的外科治疗仍然是胆管外科至今没有完全解决的问题，尤其是右肝内胆管结石合并肝胆管狭窄，手术难度大、残石率高、疗效差。该文就大宗病例资料对肝内胆管结石的临床特点、手术方式的选择及操作要点、术后疗效和并发症等进行了详细的分析和总结，并对术后常见的膈下感染和胆瘘的原因进行了讨论，具有较强的临床指导意义。

(钱光相　晏建军)

磁共振和磁共振胆管成像对胆管疾病的诊断价值(肝胆胰外科杂志 1996;8(3):127)　上海中山医院王炳生等对该院1995年8月～1996年6月收治的21例各种胆管疾病的磁共振成像(MRI)和磁共振胆管成像(MRC)表现进行了总结性分析，并与B超、电脑彩超、CT作了前瞻性对照研究。结果发现：(1)壶腹癌表现为胆总管和胰管均扩张的“双管征”、胆总管下端侧壁充盈缺损；(2)肝门胆管癌表现为肝门部软组织块影，或胆管壁增厚、管腔不规则狭窄，在T_1加权像病灶大多为低信号，在T_2加权像大多为高信号或混合高信号，注入Gd-DTPA后增强扫描，病灶不同程度地强化，且在磁共振胆管成像上，可见肝门胆管内充盈缺损，或胆管局限性环状缩窄；(3)胆管结石在MRC上可显示胆管狭窄或扩张部位，胆管内的多角形或圆形充盈缺损。作者研究表明：B超、电脑彩超、CT、MRI和MRC对各种胆管疾病的定位诊断正确率分别为85.7%、90.5%、90.5%和100%；对胆管结石的定性诊断正确率分别为66.7%、83.3%、66.7%和100%；对胆管癌肿则分别为60%、80%、80%和86.7%。

(刘　扬)

述评 胆管梗阻性病变在临床上甚为多见，各种治疗新技术的应用对胆管疾病的定位及定性诊断提出了更高的要求。在行MRI常规检查时同步行MRC，则对胆管梗阻的部位和胆管的形态提供了更多的信息，从而提高了对胆管癌肿的诊断水平。由于MRI具有无创伤、可任意断层、高度的软组织分辨力和血管显像能力等优点，加用MRC时，不需要注射造影剂，不受肝功能和血清胆红素水平的影响，能清晰显示出完整的胆管树图像，避免了PTC、ERCP、CT等某些不足，因此它对胆管癌肿有较高的诊断价值，值得深入研究。

(钱光相　刘　扬)

胆管癌DNA倍体的预后意义研究(普外临床 1996;11(5):317)　福州协和医院许春森等应用图像分析技术系统地研究分析了该院1984～1994年手术切除的30例胆管癌患者DNA倍体与各种临床类型、组织病理学特征及其预后意义的关系。结果表明，良性增生组织以二倍体细胞为主，癌变组织五倍体及五倍体以上细胞明显增多，DNA倍体分布与病理分型、临床分期无关。Ⅲ期胆管癌二倍体组平均生存期32个月，高倍体组为14个月($P<0.05$)，二者相差显著。作者认为，DNA倍体分析是判断胆管癌预后的有效指标。

(刘　扬)

述评　肿瘤细胞恶性增殖的一个明显特征是染色质增多，DNA含量增加，DNA倍体发生变化，出现多倍体、异倍体核型。因此，DNA含量的测定可作为直接反映肿瘤增殖能力的生物学指标，并有利于判断预后。自动图像分析技术能保留完整组织形态与病理常规同步进行，其精确度高，速度快，且数据处理及输出自动化，为分析肿瘤生物学特性提供了一种新型定量指标，值得进一步在临床上推广应用。

（钱光相　刘　扬）

急性重症胆管炎大鼠肠、肝、肺功能损伤的病理生理机制及中药的保护作用（中国中西医结合杂志 1996；16（3）：160）　天津市中西医结合急腹症所许锋等对大鼠急性重症胆管炎（ACST）时重要脏器功能损伤的病理生理机制及中药活血清解灵合剂的保护作用进行了研究，结果发现：ACST时大鼠肺脏、肝脏和肠粘膜功能受到严重损伤，表现在肺微血管通透性明显增加，肝细胞活力和肠粘膜二胺氧化酶活力明显减低，三种组织中的氧自由基（OFR）和磷脂酶 A_2（PLA_2）水平明显增高。中药组的治疗效果最佳，而减压组和氨苄组的疗效较差。作者认为，在ACST时，不同组织中OFR与 PLA_2 的水平并不相同，肝脏的OFR及肠管的 PLA_2 最高，肺脏和肝脏中的OFR高于外周血中的OFR，说明OFR和 PLA_2 的产生主要发生在器官水平，单纯测定血浆中的含量难以反映各器官内的真实水平。

（刘　扬）

述评　近年来，氧自由基（OFR）和磷脂酶 A_2（PLA_2）在急性胆管炎时多器官功能衰竭中发挥的重要作用日益受到重视。OFR是一种终末损伤性介质，主要来源于肠、肺组织中的中性粒细胞（PWN）。肝脏OFR主要由肝巨噬细胞和线粒体耗氧产能代谢中产生，在多器官损伤中占有关键地位。PLA_2 是一种炎性介质，在肠粘膜中含量非常丰富，可以直接或间接通过介导血小板活化因子作用于二棕榈卵磷脂造成肠损伤。中药活血清解灵合剂可能通过减毒抑菌和抑制多种细胞因子的过度分泌而发挥作用，但临床应用尚待进一步研究。

（钱光相　刘　扬）

手术治疗肝内胆管炎性狭窄117例临床分析（中国实用外科杂志 1995；15（10）：623）　解放军454医院何依山等总结分析了该院普外科1980～1994年收治的合并肝内胆管狭窄的肝内胆管结石患者117例，并采用联合手术方法进行了治疗和随访。结果表明：（1）肝内胆管炎性狭窄比胆总管狭窄更常见；（2）胆管结石所致的胆管壁炎症、溃疡、修复性纤维组织增生及瘢痕收缩是胆管狭窄的病理过程和原因；（3）对肝胆管炎性狭窄者术前应有能显示全部肝内胆管系统的X线造影片，并需多种体位的投影照片，做定位诊断，以了解狭窄病变的部位、程度、范围和胆管系统的形态，以避免手术的盲目性；（4）解除梗阻、去除病灶、通畅引流是联合手术的核心和关键。外科手术主要在于解除一级或二级肝胆管分支开口的狭窄；三级以上分支开口的狭窄已深入肝实质中，需行肝部分切除术；（5）具体手术如下：①汇合部及左右肝管狭窄者采用切开整形，胆总管下端横断，胆肠内引流，套叠式人工瓣膜（32例）；②汇合部及左肝管狭窄者采用胆总管汇合部左肝管切开，左半肝切除，左肝外叶切除，左肝内胆管、胆总管、空肠Roux-Y双吻合，套叠式人工瓣膜，胆总管T管引流或（和）肝管U管支撑引流术（73例）；③汇合部及右肝管狭窄者采用胆囊切除，肝方叶舌形切除，右肝管二级分支狭窄切开成形，胆肠Roux-Y吻合套叠式人工瓣膜，U管引流术（12例）；（6）术后随访效果良好。

述评　肝内胆管炎性狭窄是肝胆管结石所致的一种严重病理改变，在外科临床较为多见，目前手术尚无定型，疗效不一，要做到解除梗阻、去除病灶、通畅引流并非易事。该文总结了117例肝内胆管炎性狭窄手术治疗的临床经验，并获得了良好的疗效，值得临床医师借鉴。

（钱光相　刘　扬）

腹腔镜胆囊切除与剖腹胆囊切除疗效的比较研究（中华实验外科杂志 1996；13（1）：31）　空军西安医院王克成等总结分析了该医院1992年2月～1994年10月施行的4 033例腹腔镜胆囊切除术（A组），并与同期3 000例剖腹胆囊切除术（B组）进行了对比研究。结果表明：A组麻醉时间、手术时间、住院天数、输液天数、恢复工作时间显著短于B组（$P<0.01$）。A组手术中、手术后并存病的并发症和死亡率显著低于B组（$P<0.01$），A、B两组术前伴随疾病和腹部手术史比较无显著差异（$P>0.05$）。作者认为，腹腔镜胆囊切除在适应证、手术操作、并存病、术后恢复、降低并发症和死亡率方面明显优于剖腹胆囊切除术。

（刘　扬）

述评　腹腔镜切除胆囊以其省时、术后恢复快、患者痛苦少及手术创伤小等优点倍受腹部外科重视，但其引起的胆管损伤及腹腔出血仍是人们关注的焦点，如果手术操作谨慎、适应证选择严格、及时中转开腹手术等方面处理妥当，其优点甚多，且受伴随疾病（如糖尿病、肝、肾、心功能不全等）影响较小，易于使更多患者受益。

（钱光相　刘　扬）

脾脏及促吞噬肽对肝硬化过程中不同细胞因子基因表达的调控作用（中华实验外科杂志．1996；13(3)：147）　中山医大汪谦、同济医大夏穗生等用多种细胞因子 cDNA 探针（IL-a、IL-β、TNF-a、TGF-β、b-FGF、ras、胶原 I、胶原 II），采用分子杂交技术（Slot　blot 和 Dot blot）观察了 SD 纯系大鼠肝硬化诱导不同时期各种细胞因子的基因表达状况，并比较切脾组、促吞噬肽（Tuftsin）组和单纯 CCl 4 组之间的差异，作者探讨了脾脏在肝硬化形成过程对细胞因子基因表达的调控方式和机制。结果发现：(1)在肝硬化过程中脾脏从整体上促进 RNA 的转录；(2)对 8 种细胞因子的基因表达，脾脏表现为促进、抑制和无反应 3 种状态；(3)在肝硬化不同时期脾脏的作用方式不同，早期促进 TGF-β，抑制 ras，中晚期促进胶原和 ras；(4)在各种细胞因子基因表达的相互影响方面，相关分析证实脾脏对 ras 和 TGF-β 的调控具有重要意义，二者与多种基因的表达呈显著相关。结果表明，脾脏参与了对肝硬化形成具有重要作用的多种基因的转录过程，脾脏对多种细胞因子基因转录的影响表现为持续性、多态性和相关性等特点。脾脏对 ras 癌基因的调控作用表明了脾脏抗肿瘤双向性的机制，中晚期肝硬化脾脏促进 ras 基因的表达，提示与肝硬化继发肝癌的发生有一定的联系，严重肝硬化仍以切除脾脏为妥。

（张怡杰）

述评　该实验结果显示脾脏在肝硬化进展的不同时期表现为促进、抑制和无反应 3 种状态：早期促进 TGF-β，抑制 ras，中晚期促进胶原和 ras，提示与肝硬化继发肝癌有一定联系。因此，严重的肝硬化仍以切除脾脏为妥。此观点与上海市一院分析 107 例肝硬化行脾切除的结果不尽相同（临床外科 1996；4(2)：70）。他们发现切脾后肝功能Ⅱ级和Ⅲ级的肝硬化病人严重感染的发生率明显高于肝功能Ⅰ级的病人，且有反复发作的倾向。这种观点不一致的矛盾应如何适从，尚有待进一步研究才能解决。

（王本茂）

检测血清促吞噬素浓度应用于脾保留术后疗效观察的研究（中华外科杂志 1996；34(8)：479）　广州军区总院张玉新、重庆西南医院马宏敏等为了解脾保留术后的脾功能状况及远期疗效，选用了具有特异性反映脾功能的血清促吞噬肽（tuftsin）浓度作为评价指标，采用反相-高效液相色谱（RP-HPLC）检测方法，检测了脾损伤、肝炎后肝硬化脾大脾亢、良性血液病三组 40 例患者保脾手术前后及 10 例对照组血清促吞噬素浓度的变化，对三组保脾术后近、远期的临床疗效进行了观察研究。结果发现：应用 RP-HPLC 法检测血清促吞噬素浓度，具有检测方法快速简便、结果精确可靠的优点，有临床实用价值。脾损伤组脾移植和脾大脾亢组脾次全切除术后可保持基本正常的血清促吞噬素浓度，良性血液病组脾移植术后仅能维持明显高于全脾切除而低于正常的血清促吞噬素浓度。根据观察结果，作者认为，不仅损伤的正常脾脏有保留价值，而且良性病变的脾只要掌握恰当的手术适应证，选择性地有效保脾可以收到较好临床疗效。

（张怡杰）

述评　当今是否只有脾脏才能产生血清促吞噬素，其他器官是否也能产生促吞噬素尚有争议；良性血液疾病（该组为原发性血小板减少性紫癜）是否可行保留部分脾脏的手术？对这两个问题尚缺少确切的证据。因此，外科医师对这两个观点宜采取谨慎的态度。

（王本茂）

应用选择性脾动脉阻断行原位保脾术的探讨（临床外科 1996；4(5)：2577）　浙江湖州菱湖医院沈继荣等应用选择性脾动脉阻断行原位保脾术，取得了良好的效果。全组 8 例中，外伤性脾破裂 6 例，病理脾 2 例。行单纯脾修补术 1 例，半脾切除 3 例，半脾切除加修补 1 例，半脾切除加脾包膜移植 1 例，脾大部切除 2 例。有 5 例脾动脉重新开放。作者认为，脾动脉选择性阻断后，脾内贮血循脾静脉回流入体循环，脾内压降低，脾内含液体成分减少，组织结构纤维成分相对增多，脾脏缩小，富有弹性，行脾修补或部分脾切除缝合脾创面不易发生脾组织切割撕裂，止血彻底，安全可靠。该方法解决了保脾手术操作技术上的难题。术后脾动脉重新开放，确保了脾脏的血供。

（张怡杰）

述评　作者提出行保脾手术时先行选择性脾动脉阻断，提高了手术的安全性和保脾的成功率，方法简单易行。外科医师可试用，如效果确切可推广。

（王本茂）

脾切除治疗原发性血小板减少性紫癜的探讨（北京医科大学学报 1995；27(6)：469）　北医大一院严仲瑜等对该院 1981 年 3 月～1993 年 5 月间行脾切除的 42 例血小板减少性紫癜（ITP）病人进行了回顾性分析，对手术疗效进行了评估。全组病人男性 12 例，女性 30 例，病期 2 周～12 年不等，平均 40 个月。临床表现有皮肤粘膜紫癜、鼻衄及齿龈出血等症状，有3例病人肋下可触及肿大的脾脏。术前血小板均在$80\times10^9/L$以下。手术中脾脏增大16例，切口及脾创面明显渗血30例。全组术后22例加用激素，常规应用抗生素，无手术死亡。全部病人均随访1年以上。结果发现，手术总有效率为76.2%，其中显效29例(64.3%)，良效5例(11.9%)，无效10例(23.8%)。血小板计数由术前平均$26\times10^9/L$上升至$151\times10^9/L$，差异显著。作者认为，脾脏切除是治疗ITP的有效手段，手术疗效与骨髓巨核细胞计数和皮质激素治疗反应有关；皮质激素是治疗ITP的重要药物，应用激素后出血症状改善、血小板不再继续下降者脾切除后有效率高；血小板计数过低不是脾切除的禁忌证，但对急性型病例，不宜轻易选用脾切除治疗。　　（张怡杰）

述评　该组手术治疗的有效率为76.2%，说明尚有24%左右的病人对手术的疗效不理想。若今后采用作者指出的条件，即宜从术前骨髓巨核细胞数、对皮质激素治疗的反应，以及年龄、病期等诸方面综合衡量。有条件时，可动态观测铬-51标记血小板在脾脏滞留情况。如将以上条件作为选择手术治疗的指征可能对提高疗效有益。

（王本茂）

延迟性脾破裂23例分析(中国普通外科杂志1996;5(1):13)　上海长海医院吴建卫等对23例延迟性脾破裂患者的临床诊治经过进行了分析。全组病人平均36.5岁，受伤至确诊时间24～32 d不等，平均5.5d。脾包膜下血肿破裂16例，中央型破裂7例，均经B超、CT及手术证实。临床表现以突发左上腹疼痛为多见(14例)，多数病人腹穿抽出不凝血(18例)。全组行脾修补术22例，保守治疗1例；1例脾修补术后3周死于多器官功能衰竭。作者结合文献分析认为，对临床不典型病例，应采集可靠的病史并加以分析，严密观察病情变化，不断地搜寻临床证据，排除干扰，细致查体分析。多部位重复腹穿、腹腔灌洗及反复B超、X线检查，对脾破裂早期诊断尤为重要。治疗方面，保守治疗应受重视，对手术方法，应积极争取脾修补术，对难于修补者行脾部分切除术。临床证实，多数脾破裂采用保脾手术可获成功。这样势必对维持机体正常免疫功能大有改观。

（张怡杰）

述评　对左上腹部闭合伤的伤员，经治医师思想上要有延迟性脾破裂这种伤情的概念，才有可能对病史进行详细的询问，细致密切地进行观察和检查，方不致于发生漏诊而延误对伤员的治疗。

（王本茂）

门静脉血流动力学与门静脉显影状况间的关系(中国超声医学杂志1995;11(11):843)　武汉同济医院彭志海等报道了24例肝炎后肝硬化门静脉高压症患者，应用Diasonic Spectra双功能彩色多普勒超声仪与间接门静脉数字减影血管造影检查，对门静脉显影效果评定标准分为Ⅳ级。Ⅰ级：差，门静脉主干未显影或显影不佳；Ⅱ级：尚好，门静脉主干显影好；Ⅲ级：良，门静脉主干及左右支显影好；Ⅳ级：优，门静脉主干、左右支及肝内2级以上分支显影。结果发现：不同门静脉显影级别门静脉高压症患者的门静脉主干内径较正常人明显扩张，血流平均速度明显减慢；门静脉显影Ⅰ级及Ⅱ级患者的门静脉主干流量与正常人的相应指标比较明显增高；Ⅲ～Ⅳ级患者的门静脉主干流量与正常人相比无显著性差别，Ⅳ级患者的门静脉主干流量均值与正常人相比几乎无差别。该组患者的自由门静脉压均显著高于正常值。门静脉高压症患者的门静脉系统血流状态主要表现为血管内径扩张，血流速度减慢。门静脉显影Ⅳ级的形成机制主要以门静脉血流出道受阻为主，门静脉系统显影越差，门静脉系统的高动力血流状态越重(门体分流指数与自由门静脉压升高两者间有明显的相关性，随着门静脉系统的压力升高，分流指数逐渐增大，当压力与分流指数达到某一点时，压力不再继续升高，而是稍有下降)。彩色多普勒血流显像与间接门静脉数字减影血管造影结合应用，可系统全面地了解门静脉系统的影像学及血流动力学变化，此两种方法结合应用优缺点可以互补，应积极倡用。

（胡先贵）

述评　彩色多普勒血流显像可测量门脉系统的各种血流动力学指标，而与门脉数字减影血管造影门脉显像的分级之间有一定的联系；因此彩超的检查指标可以说明门脉高压症的血流动力学状态以及门脉血流受阻的程度。鉴于彩超多普勒检查属无创性，在经验累积的基础上应能取代血管造影。只有在需要明确门脉系统及其侧支的具体解剖时才行血管造影较为妥当。

（王本茂）

双介入栓塞治疗门脉高压食管、胃底曲张静脉出血及脾功能亢进(中华放射杂志1995;29(11):773)　北京铁路总院刘福全等报道了20例经CT、胃镜、钡餐及实验检查证实为肝硬化食管、胃底静脉曲张及脾功能亢进患者，应用经皮经肝穿刺曲张静脉栓塞术及部分脾栓塞术进行双介入栓塞治疗门脉高压引起的食管、胃底曲张静脉出血及脾功能亢进，成功17例。随访6～18个月，14例无再次出血，3例分别在栓塞后3、8及14个月发生再出血;脾功能亢进完全缓解,栓塞后白细胞及血小板3个月、红细胞9个月稳定在正常范围;12例病人经曲张静脉栓塞后门静脉压力明显升高,再经脾动脉栓塞后门静脉压力显著下降,与双栓塞前无显著差异;静脉曲张15例较前明显减轻,2例静脉曲张消失,肝功能较前有一定的恢复。双介入栓塞可引起一些并发症,如脾栓塞综合征、转氨酶升高、黄疸、胸腔积液、腹腔出血等,但经对症处理后在短期内都恢复。双介入时,曲张静脉栓塞阻断了供应曲张静脉的血流,使门静脉血流缓慢增高,同时进一步加重脾功能亢进。而部分脾栓塞可有效减少脾实质,使脾动脉流入脾脏的血流减少,进而减少流入门脉的血流,弥补了静脉曲张栓塞后引起的门脉压力增高的不足,降低了门脉内形成血栓的机率,缓解了脾功能亢进的症状。上述治疗门静脉高压食管、胃底曲张静脉出血及脾功能亢进的双栓塞疗法对病人是安全有效的。

(胡先贵)

述评 双介入法能在短期内控制消化道出血并纠正脾亢,对不宜或拒绝手术治疗的病例有其可取之处。然而多数资料显示,其长期疗效因血管再通、侧支循环形成而症状复发。该组病例不多,且随访时间最久者仅18个月。因此,尚需累积更多的病例资料才能判断其确切的疗效。

(王本茂)

食道胃底静脉栓塞及脾切除治疗门脉高压症的疗效观察(第四军医大学学报 1996;17(2):127) 西安西京医院马中等报道了该院自1986年11月~1995年1月对106例门脉高压症患者采用食道胃底静脉栓塞及脾切除,其中男79例,女27例。有上消化道出血史75例,食道中度至重度静脉曲张82例。术前肝功能按Child标准分级:A级54例,B级47例,C级5例。栓塞剂应用α氰基丙烯酸正酯(TH胶)。术后8.5年累积死亡8例,其中死于术中肺栓塞1例,术后肝衰3例,肝癌1例,再出血3例。5年及7年生存率分别为93.5%和88%;术后再出血13例,术后1年,3年及5年再出血率分别为1.9%、7.8%和18.0%。食管静脉曲张减轻、消失率可达84.2%。术后肝性脑病3例,其中2例为轻度,治疗后好转,1例因反复发作肝昏迷于术后4年死亡。在直视下行胃冠状静脉TH胶栓塞术,不但将食管贲门周围的曲张静脉阻断,而且使食管胃壁静脉丛的反常血流阻断,从而比较彻底地阻断了冠状静脉与奇静脉之间的交通,达到止血目的。TH胶栓塞血管不易再腔化,有永久的栓塞作用,因此,食管胃底静脉栓塞及脾切除术断流作用较完全,栓塞效果持久可靠,即刻控制食管静脉曲张出血疗效确切,尤其适用于急诊门静脉高压症出血而需急诊手术的患者。异位栓塞是胃冠状静脉栓塞术最为严重的并发症,发生率约为1.5%,经改进后的手术方法使栓塞范围局限于门脉高压症的出血好发部位食管下端、贲门及胃底部,术中强调三阻断和三结扎,可防止发生异位栓塞。

(胡先贵)

述评 该方法的优点在于取代贲门周围血管离断的手术操作,创伤范围小,节约了手术时间。如果采取防范措施似可防止异位栓塞等严重并发症。然而本法需切断胃冠状静脉,丧失了其发挥自然的选择性门奇分流作用,难于防止食管曲张静脉破裂和出血复发的机会。

(王本茂)

经颈内静脉肝内门体分流术治疗门脉高压症的疗效观察(解放军医学杂志 1996;21(4):305) 南京军区南京总院吴性江等报道该院160例门脉高压症患者中145例施行经颈内静脉肝内门体分流术(TIPSS)治疗,成功率为93.79%,并发症约为17.93%,其中腹腔内出血4例,胸腔内出血1例,食管静脉曲张再出血3例,急性肝功能衰竭4例,轻度肝性脑病14例,术后1个月内死亡率3.45%。术后门静脉压力和门体压力梯度分别下降33.57%和62.52%。术后随访112例,随访时间20.4±10.05(1~34)个月。超声多普勒诊断为分流道狭窄或阻塞21例,出血或腹水复发14例。经直接门静脉造影证实原发性肝癌致分流阻塞3例,分流道内膜增生11例,再行分流道扩张内支撑5例,行断流术4例,另2例拒绝治疗。死亡的11例中,原发性肝癌3例,肝功能衰竭8例。术后1年狭窄或阻塞率和死亡率分别为16.67%和8.89%,术后2年分别为25%和22.5%。术前存在肝脏严重损害、肝脏占位性病变和门静脉血栓病人视为TIPSS治疗的禁忌证。肝内分流道多建于肝右静脉与门静脉左支之间,内支撑覆盖分流道肝静脉近心端,分流道短而直,内支撑完全覆盖内膜损伤的肝静脉端,分流道肝静脉端狭窄率低。TIPSS作为门静脉高压症治疗方法的补充,特别适用于无手术指征或断流术后再出血患者。

(胡先贵)

述评 该院为我国开展TIPSS最早、病例最多和经验最丰富的医院。此技术是治疗门脉高压症所致呕血的一大进步,特别适用于无手术条件或断流术后再呕血的病例。然而随着时间的推移,远期发生肝内通道狭窄和闭塞的病例日渐增多。国外报道,1

年后通道狭窄和闭塞的发生率高达50%。今后需研究防治分流道狭窄和闭塞的措施，以提高TIPSS的远期疗效。

（王本茂）

门脉高压性血管病变研究（同济医科大学学报 1996;25(4):309） 武汉同济医院杨镇等报道了30例肝硬化门静脉高压症患者，经纤维内窥镜证实食管中度或重度静脉曲张，均行脾切除加贲门周围血管离断术。术中取一段胃冠状静脉，采用免疫组化技术，辅以形态观察，发现肝硬化患者胃冠状静脉明显增粗，壁变厚，质地变硬。镜下表现为：(1)血管内膜受损，内皮细胞脱落，内膜下层裸露伴组织水肿，血细胞与内膜粘附；(2)中膜平滑肌增殖肥大，平滑肌层增厚；(3)管壁中纤维结缔组织和细胞外基质明显增多，管壁因而纤维化和硬化，并显著增厚；(4)血管周围组织的细胞成分增多。因胃冠状静脉直接与门静脉相通，故其病理变化能代表门静脉和其他分支的变化。表明肝硬化门静脉高压症可合并"门脉高压性血管病变"。门静脉系统血管壁的病理变化与门静脉高压症有直接关系，它是由血管内血流动力学紊乱、门静脉血液中毒性物质增多、血管活性物质改变等多种因素综合作用的结果，它属于门静脉高压症的一个组成部分。

（胡先贵）

述评 该研究表明门脉高压时胃冠状静脉有组织学上的病理变化。作者以此推理认为静脉病变对门静脉压的形成和发展有相辅相成的关系。由于本病的病理和病理生理十分复杂，这种推理尚有待实验证实。

（王本茂）

磷脂酶A_2对急性胰腺炎并发多器官功能不全的作用（上海第二医科大学学报 1996;16(2):135） 上海瑞金医院毛恩强等观察了磷脂酶A_2(PLA_2)在急性胰腺炎并发多器官功能不全(MODS)中的变化，探讨其作用。32例急性胰腺炎患者，分为无多器官功能不全组(NMODS)10例和多器官功能不全组(MODS)22例，后者都伴有2个或2个以上器官功能不全。其中肝功能不全18例，肺功能不全9例，肾功能不全5例，心功能不全17例。PLA_2检测采用改进pH速率变化测量法。结果表明，肺功能下降时(PO_2 9.5±1.87kPa)，血清PLA_2活性为(3.93±1.10)U，较对照组增高($P<0.01$)。肝功能下降时相应的PLA_2活性为(3.27±1.25)U，较对照组增高($P<0.05$)。血清BUN(10.90±3.21)mmol/L时，PLA_2活性为(3.79±0.81)U，较对照组增高了($P<0.005$)。心率(114±12)次/分时，PLA_2活性为(3.06±1.55)U，较对照组增高($P<0.05$)。上述结果表明，MODS时血清PLA_2活性的升高与四个脏器的功能下降呈正相关，且与各脏器功能正常患者比较有显著差异。PLA_2对于肺脏的损伤最显著，肝、肾、心次之，原因可能是PLA_2的器官选择性不同而致。PLA_2在MODS中的作用机制：一是直接损伤脏器；二是触发一系列炎症介质的释放，后者以不同的机制作用于机体。由于PLA_2在MODS时已有显著升高，因此其在MOF的发生中起连续作用。

（陈立兵）

述评 该临床研究提示，急性胰腺炎的发病机制中磷脂酶A_2在触发全身炎症介质的释放并继而引起一系列的全身反应中居重要地位。研究抵御磷脂酶A_2的物质将是治疗重症胰腺炎的新途径。

（王本茂）

腹腔液淀粉酶测定估价急性胰腺炎病变程度及预后的作用（中国医学科学院学报 1996;18(3):195） 北京协和医院赵平等通过动物急性胰腺炎模型寻找在发病初期评定急性胰腺炎病变程度及估价预后的指标。22只成年杂种猫，麻醉后取上腹正中切口进腹腔，从胆囊抽取2～4 ml胆汁加入等量5%胰蛋白酶(混合液)，解剖出主胰管并行穿刺，注入混合液。A组：7只，剂量0.8ml/kg；B组8只，剂量为1.0ml/kg；C组7只，1.2ml/kg。结果：(1)生存时间：A组中1只术后5d死亡，余生存时间均超过7d。B组术后(50.4±6)h全部死亡。C组术后(11±4)h全部死亡。各组生存时间存在显著差异($P<0.01$)。(2)淀粉酶测定：A、B组注入混合液24h血淀粉酶分别为(2 203±1 000)U/L和(2 015±1 100)U/L；C组注入后10h为(33 226±250)U/L。A、B、C组腹腔液淀粉酶在30min均明显增高，分别为(4 890±1 010)U/L、(13 952±3 500)U/L、(2 3810±5 900)U/L，各组间成倍增长($P<0.01$)。(3)组织病理检查：A组胰腺小叶间质水肿、出血及血管扩张，7d时胰腺苍白，质地较硬，胰腺间质纤维组织增生，炎细胞浸润，部分腺泡萎缩。B、C组大部分腺泡细胞结构消失。小叶间质明显出血、水肿。C组动物术后10h还见肝细胞肿胀，肝血窦淤血，肺间质充血，炎性细胞浸润。该实验表明，腹腔液淀粉酶浓度不同可以敏感地反应胰腺坏死的程度和预后。腹腔液淀粉酶越高，胰腺坏死的程度越严重，在均未接受治疗的条件下，生存时间越短。因此腹腔液淀粉酶浓度的测定可以做为评定胰腺坏死程度和估价预后的指标。

（陈立兵）

述评:怎样找到一个便捷而客观评价急性胰腺炎轻重的指标,始终是临床医师关心的一个重要问题。该动物实验的结果值得临床应用以考验其准确性。检查时尚应注意腹腔渗液的颜色,颜色越深病情越重。

(王本茂)

胰性脑病——附9例报道(中国普通外科杂志 1996;5(2):71) 山东滨州医学院附院邢雪等报道武汉同济医院1986~1990年4年间收治的9例胰性脑病(PE),并对诊断与治疗进行了讨论。临床资料:男3例,女6例,年龄19~73岁。除具有急性胰腺炎的症状与体征外,均出现不同程度的一般性脑病症状和精神障碍。有脑膜刺激征与颅内压增高5例,脑脊髓症候群3例。9例符合重症胰腺炎的诊断标准。但脑电图、脑脊液、颅脑CT均阴性。9例均行手术治疗。术后应用胰岛素,并使用脱水剂、脑血管扩张剂及中枢神经营养药物。结果:死亡6例,死亡率66.67%。同期不伴发脑病的急性胰腺炎死亡率为28.08%($P<0.01$)。作者指出:(1)PE病因尚不明确,多数作者认为系大量胰酶逸脱入血,引起脑血管病变,从而引起多种精神神经症状。近年逐渐认识到磷酯酶A_2在PE发生中的作用。其被激活后可将胆汁内的卵磷脂变成溶血性卵磷脂,破坏细胞膜的磷脂层,引起脑组织出血、软化与脱髓鞘病变。(2)目前本病诊断仅依靠病史、症状、体征和排它性诊断,尚无明确的诊断标准。为此需与中毒性休克所致的脑循环障碍、肝肾功能不全引起的脑神经症状、胰腺炎继发糖尿病性酸中毒、电解质紊乱等相鉴别。(3)处理原发病为治疗的关键,一经确诊,即行手术治疗。手术的目的除控制感染、防止并发症外,清除逸脱入腹腔内的胰酶亦为必不可少的措施。非手术治疗尚无特异性药物。(4)重症胰腺炎一旦并发PE,其死亡率高达67%~100%。

(陈立兵)

述评 南京医科大学对胰性脑病18例进行动态髓鞘碱性蛋白(myelin basic protein,MBP)测定,提示血清MBP值高低与胰腺炎程度呈相关趋势(钱祝银等,南京医科大学学报 1995;15(2):304)。动物实验亦提示血清中MBP值与脑脊髓的病变明显相关。MBP是CNSS髓鞘膜主要成分之一,具有显著的组织和细胞特异性,当疾病引起神经组织细胞破坏时,MBP即进入CSF,少部分可进入血液。因此,测定血清MBP可望成为早期诊断脑病的可靠生化指标。及早应用善得定、抑肽酶抑制胰酶,用丝氨酸蛋白酶抑制剂加贝酯(gabyexale)以及磷脂酶A_2抑制剂依他地酸,能消除胰性脑病病因,缩短病程,缓解神经症状。

(王本茂)

急性出血坏死型胰腺炎患者手术治疗意义的探讨(普外临床 1996;11(4):250) 北京医大三院宋世兵等总结了1991年2月~1995年8月治疗急性出血坏死型胰腺炎(AHNP)70例的经验。胆源性31例,非胆源性39例。早期简化手术治疗14例,术式包括对有胆管疾病者仅行胆囊切除和(或)胆总管切开引流,胰腺被膜适当切开,不作胰腺游离及坏死组织清除,部分患者胰腺表面放置引流管1~2根,且术后尽早拔除;选择性胃或空肠造瘘,术后不冲洗。早期非手术治疗56例,其中中转手术11例。中转手术原因:坏死组织感染5例,无菌坏死性包块致胆管及胃肠道梗阻2例,大量胰性腹水1例,假性囊肿1例,巨大假性囊肿破裂出血2例。11例中,行坏死组织清除及外引流7例;囊肿内引流1例,外引流2例;单纯置管引流1例。术后发生腹腔感染9例,消化道瘘1例,胰瘘6例。全组死亡3例,死亡率为4.3%。早期手术指征有:(1)诊断不明,疑为其他急腹症;(2)伴有严重胆管炎。中转手术的指征有:(1)坏死组织继发不可控制性感染。判断标准:①体温持续升高,加强抗感染不能控制;②肠麻痹持续存在;③腹部包块压痛加重,范围扩大;④胰外器官损害加重或出现胰性脑病;⑤坏死包块有继发感染征象。(2)无菌性坏死包块出现并发症(压迫症状、继发感染、出血、破裂)。(3)胰腺假性囊肿及其并发症。(4)大量腹水经保守治疗不能控制。(5)胆源性坏死性胰腺炎治愈后应尽早择期行胆管手术。作者对早期手术及中转手术的患者均采取"简化手术"原则,目的是在尽量减少创伤的情况下,解除胆管梗阻,引流胰性毒物,减少胰性渗出向腹膜后发展。

(陈立兵)

述评 晚近发现重症急性胰腺炎患者早期行手术治疗的器官衰竭、腹腔感染的发生率及死亡率均明显高于早期内科治疗的患者。因此,越来越多的病情不重的患者采用非手术治疗可以治愈。但是该作者指出仍有部分患者在疾病发展的过程中需要手术治疗,并分别指出早期需行手术治疗的指征及保守治疗过程中中转手术的指征,该组经验可供借鉴。

(王本茂)

急性胰腺炎胰腺微循环功能障碍的研究(中华实验外科杂志 1996;13(5):257) 南京医大一院章希炜等动态观察了大鼠急性胰腺炎(AP)模型胰腺微循环功能改变,探讨其与胰腺病理改变、血浆血栓素2(TXA_2)水平间的关系。取健康SD大鼠128只,对照组36只,AP组46只,治疗组46只。采用腔内置管十二指肠闭袢法制作大鼠AP模型。治疗组于模型制备后1 h给予消炎痛3 mg/kg和伊曲康唑5 mg/kg灌胃，此后在动物处死前每隔3 h追加半量。对照组行胃切开缝合术。除观察存活率外，均于模型制备后12 h和24 h各取大鼠6只进行各指标观察。结果发现，与对照组相比，AP组血浆TXA_2进行性上升($P<0.01$)，与此同时，胰腺血供进行性减少($P<0.01$)，血管壁通透性进行性增加($P<0.01$)。与AP组相比，治疗组血浆TXA_2水平进行性下降($P<0.01$)，血供及血管通透性进行性改善($P<0.05\sim0.01$)，治疗组胰腺病理改变较AP组显著改善($P<0.05\sim0.01$)。24h动物死亡率治疗组为10%，AP组为50%($P<0.05$)。上述结果表明，局部缺血和微血管壁通透性增加是AP的早期病理生理改变，并介导AP由水肿型向出血坏死型转变；AP时大量生成的TXA_2是这一病理改变的重要介质。伊曲康唑和消炎痛两药联合应用可调控花生四烯酸代谢，抑制TXA_2合成，可使胰腺血供、微循环及病理改变明显改善。

(陈立兵)

述评　该实验从调控炎性介质以改善胰腺微循环的角度来治疗急性胰腺炎，对临床有参考和试用价值。

(王本茂)

急性胰腺炎的早期CT诊断和预测价值(中华放射学杂志 1995;29(11):777)　北京宣武医院梅其在等搜集1991年7月～1994年2月急性胰腺炎(AP)住院病人86例，应用CT分组和Ranson分类早期预测AP的严重度，比较两种分类法的敏感性和特异性，以找出较为可靠的确定重症AP的方法。全组男40例，女46例，年龄30～83岁。根据临床症状、血及尿淀粉酶水平做出AP的早期诊断。根据出院诊断将病例分为轻度AP(48例，病程中无并发症)和重症AP(38例，病程中有局限性并发症或其他需ICU治疗的并发症发生)。Ranson分组：依病人计分数将其分为3类，1类(0～2分)为轻度AP，2类(3～5分)和3类(≥6分)为重症AP。CT分组：根据Balthazar分级将AP分为5级。A级：胰腺及胰周脂肪显示正常；B级：胰腺局限或弥漫肿大，无胰周脂肪炎性改变；C级：有胰腺本身和胰周脂肪炎性改变；D级：胰周有一个间隙积液；E级：胰周有2个或多个间隙积液。A、B、C级(无胰周蜂窝组织炎)分为轻症AP。将D、E级(有胰周蜂窝组织炎)分为重症AP。将上述两种分类与临床经过比较，结果表明，CT分组和Ranson分类预测重症AP的敏感性、特异性和准确指数分别为92.1%、90%、82.1%和97.3%、52%、49.3%，两种预测方法的特异性和准确指数有非常显著的组间差异($P<0.005$)。CT分组结合Ranson分类预测重症AP的准确指数为83.2%，不比CT优越多少($P>0.05$)。胰周脂肪结缔组织的炎性反应是CT影像预测AP严重度的病理基础。该组胰周积液40例，其中81.5%呈重症经过，其假囊肿、脓肿和死亡的发生率分别为15%、10%和15%。作者认为，胰外蜂窝组织炎是重症AP的早期CT表现和诊断标准，也是预测并发症发生的主要危险因素，其准确性明显优于Ranson分类。

(陈立兵)

述评　CT诊断胰腺炎是解剖定位、判断病变范围、注射对比剂以明确胰腺有无坏死及其他并发症的最佳检查手段。缺点是价格昂贵，需搬动病人至CT室。临床工作者应根据病人临床表现结合C-反应蛋白水平，有选择性地对重症病人进行CT检查以节约费用。

(王本茂)

重症胰腺炎手术时机与术式选择探讨(苏州医学院学报 1996;16(4):711)　苏州医学院一院高敏等分析了该院1985～1994年间手术治疗的急性重症胰腺炎(SAP)36例，探讨手术方式和手术时间与预后的关系。(1)临床资料：男14例，女22例，年龄19～80岁。发病至手术时间与病死率的关系：<3d 21例，8d 10例，>8d 5例。3组病死率分别为6例(28.7%)、3例(30%)、2例(40%)，>8d组明显高于前2组($P<0.05$)。手术方式与病死率的关系：胰被膜切开、皮管引流、三造瘘术11例，死亡5例(45.5%)，胰外栽葱式开放引流23例，死亡5例(21.7%)，胰规则切除、腹腔引流加三造瘘术2例(50%)。(2)关于SAP的手术时机选择：由于SAP病变较复杂，手术时机难以把握。近年来多数学者认为，SAP有无继发感染是决定手术与否的关键，提出以胰腺坏死是否并发感染为分界的"个体化治疗"方案。该文早、中期两组手术病死率明显低于后期手术组，故认为SAP手术治疗的关键时机在发病后<1周。SAP的术式选择：手术治疗的目的是充分引流和清除坏死病灶。胰外栽葱式引流术的特点是：胰被膜广泛切开、松动胰床胰表面栽植15～20根雪茄引流、头尾部及胰两侧面各放置双套管或硅胶管引流，可较好地将坏死组织、毒素和胰酶渗出物引流，减少术后并发症的发生。

(陈立兵)

述评　该组36例中死亡11例，死亡率高达30.5%。而采取保守治疗的死亡率仅7%(芮理等，肝胆胰外科杂志 1996;8(3):101)，可供借鉴。目前看来，根据临床表现及腹部体征决定是否手术、选择合适的手术时机和手术方式的意见是可取的。不宜固定于某一种治疗方式。

（王本茂）

奥曲肽对重症急性胰腺炎的治疗价值（肝胆胰外科杂志 1996；8(3)：99） 上海瑞金医院汤耀卿等对该院1992年2月～1996年1月间收治的76例重症胰腺炎(SAP)病例进行了回顾性分析，以评价奥曲肽用于SAP治疗的价值。SAP均经手术明确诊断。男42例，女34例，年龄25～80岁。所有病例基本治疗方案相同，包括禁食、胃肠减压、液体治疗和胃肠外营养。根据是否使用奥曲肽(善得定)治疗及奥曲肽治疗开始的时间分为3组：SS-1组为转入前后连续应用者(43例)，SS-2组为转入后开始使用者(11例)，NON-SS组为未使用者(15例)。奥曲肽剂量为0.1～0.15 mg，皮下注射，6～8 h一次，疗程7～14 d。结果：(1)根据病死率下降幅度比较疗效：作者采用Knaus方程预测SS-1、SS-2及NON-SS组的病死率分别为39.7%、35%、43.6%，3组实际死亡率分别为17.8%、18.2%、30.7%，SS-1组死亡率下降了21.9%，SS-2组下降了16.8%，NON-SS组下降了12.9%。奥曲肽治疗的两组病死率下降幅度大于NON-SS组($P>0.05$)。(2) Binder并发症评分：3组平均积分如下：SS-1组12.1±2.8，SS-2组11.5±2.7，NON-SS组15.9±3.1，奥曲肽治疗两组积分低于NON-SS组($P>0.05$)。(3)脓毒症发生率：SS-1组、SS-2组和NON-SS组分别为27.9%、45.5%、60%($P>0.05$)。(4)ARDS发生率：SS-1组、SS-2组和NON-SS组分别为41.8%、36.4%、60%($P>0.05$)。上述结果表明，奥曲肽在降低SAP病死率、减轻并发症和减少严重并发症发生率方面具有较好的作用，未达到统计学显著性意义的原因可能是受到样本量偏小的局限。作者认为，奥曲肽应在“个体化”治疗原则的基础上应用，其主要适应证为：(1)未感染的SAP非手术治疗；(2)感染的SAP围手术期；(3)少数有转为坏死性倾向的水肿型胰腺炎。

（陈立兵）

述评 北京协和医院用猴研究重症急性胰腺炎提示TXA_2及PGI_2在发病过程中可能起重要作用，生长抑素对其有明显抑制作用，可减轻炎症反应。上海瑞金医院和湖北医大二院应用奥曲肽治疗重症急性胰腺炎的初步经验均提示它对本症有治疗作用。今后应对奥曲肽的治疗作用进一步研究。鉴于该药价昂，不应用于治疗急性水肿型胰腺炎。

（王本茂）

急性重症胰腺炎置双拉链术式创口处理（苏州医学院学报 1996；16(1)：119） 常州市一院董雪伟等介绍1991～1995年间采用腹部横切口置双拉链治疗急性重症胰腺炎17例的体会。男8例，女9例，年龄35～70岁。14例痊愈，3例死亡。术式：上腹横切口，切断肝圆韧带、胃结肠韧带，切开胰包膜，充分引流胰头、胰尾后间隙，清除胰腺及周围坏死组织，冲洗腹腔，常规切除胆囊，胆管减压引流，减压性胃造瘘，营养性空肠造瘘。然后将切开的胃结肠韧带之上下两切缘分别间断缝合在切口上下缘的壁层腹膜、腹直肌前后鞘上，形成底为胰腺、上壁为胃和小网膜、下壁为横结肠及其系膜的盆状腔隙。腔内填充抗生素纱条。将第一条拉链缝于腹直肌鞘上，第二条拉链缝于切口皮肤上。一般术后每隔1～2 d打开拉链进腹，清除胰周积液和胰腺及胰周坏死组织，更换填充之纱布。用盐水棉球擦拭胰腺坏死组织。术后约30 d坏死组织脱落，肉芽组织增生，创口逐渐愈合。此时可拆除拉链，但仍需尽量保持切口敞开，直至胰坏死组织完全脱落，肉芽新鲜，胰周无积液积脓，全身情况良好，可行切口分层缝合。该组10例作切口缝合，2例行再次手术扩创，2例未经缝合而自行愈合，2例并发胰瘘未作缝合，并发切口疝3例。作者认为，该术式可保持腹腔的屏障作用，同时充分引流小网膜腔内的胰腺坏死渗液，使感染局限，随时开启拉链，在病房床边进行清创，清除胰腺坏死组织及有害物质，减少了胰消化酶对其他脏器的损害，降低了败血症、胰周脓肿等并发症的发生。如发现切口敷料被浸湿应及时开链清创，更换敷料。该组4例未作切口分层缝合者中3例发生切口疝，说明应加作后期切口分层缝合。

（陈立兵）

述评 腹腔内严重感染经剖腹处理，术中遗有残余病灶、脓腔或坏死组织清理不彻底，估计需多次手术清创者，可采用拉链关腹，以避免敞开式引流对腹腔生理的干扰。

（王本茂）

慢性胰腺炎的诊断与治疗（中国实用外科杂志 1995；15(12)：735） 上海中山医院胡国华等对1984～1993年该院收治的33例慢性胰腺炎进行了回顾分析。上腹部疼痛为主要临床表现，占78.8%，其他症状包括食欲下降、恶心、呕吐、脂肪泻、上腹部包块和黄疸。B超检查78.8%患者有胰腺或胰管改变，CT检查中有84.2%患者有胰腺改变，而ERCP检查仅有50%病人有胰管改变。有20例患者进行了手术治疗，手术方式有胰管空肠Roux-Y吻合4例，胰腺部分切除或胰十二指肠切除术3例，胰腺假性囊肿空肠 Roux-Y 吻合 2 例，胆管相关手术 5 例，剖腹探查或胰腺活检术 4 例，其他 2 例；13 例病人行非手术治疗。33 例病人中有 18 例得到随访，随访时间 2～10 年。其中非手术病例 8 例，手术病例 10 例。手术病例中 6 例行胰腺部分切除或胰管空肠吻合术，术后均无腹痛或偶有轻度腹痛；3 例胆管手术后病人有 2 例无腹痛，1 例仍有明显疼痛；另有 1 例剖腹探查病人仍有较严重的腹痛。作者认为，影像检查在慢性胰腺炎的诊断中具有重要地位，B 超、CT 检查可对胰腺病变的程度作出判断和筛选。慢性胰腺炎的手术治疗目的主要为缓解难以忍受的疼痛，保留胰腺功能和排除胰腺恶性占位病变，手术方式的选择应以吻合引流为主，切除病变组织为辅。鉴于国内慢性胰腺炎的主要病因是胆管结石，手术时同时处理胆管病变可提高治疗效果。

（张怡杰）

述评 慢性胰腺炎的诊断依据为腹痛、B 超、CT 和 ERCP 可见胰腺和主胰管的异常形态，以及术中所见和病理检查。该组 33 例中 B 超只发现 26 例有异常，CT 检查 19 例中有 16 例发现病变，3 例未见异常，ERCP 仅检查 7 例，其中只有半数异常。因此，该组 33 例中至少有 7 例资料欠完整而诊断不明确，只有 26 例可诊断为慢性胰腺炎。

（王本茂）

胰腺外伤 33 例手术分析（苏州医学院学报 1996；16(2)：289） 苏州医学院一院管洪庚等报道了该院 1980～1993 年收治的 33 例胰腺外伤，男 22 例，女 11 例，年龄 17～59 岁，其中闭合性伤 24 例，开放伤 9 例。按 Ducas 分类：Ⅰ°：单纯实质性小挫伤 6 例；Ⅱ°：挫裂伤，主胰管完整者 15 例，其中头部挫裂伤 2 例，全胰挫裂伤 2 例，体尾挫裂伤 11 例；Ⅲ°：横断伤，胰腺断裂伴主胰管断裂者 9 例，其中头颈部 1 例，体尾部 8 例；Ⅳ°：合并十二指肠损伤或大血管损伤 3 例。术前 17 例作血清淀粉酶测定，8 例升高；14 例作 B 超检查，确诊 8 例；CT 检查 4 例均确诊。对以上病例分别进行了清创、引流及胰体尾切除术。全组出现并发症 21 例（共 28 例次），主要包括 ARDS、胰腺炎、应激性溃疡、胰瘘、创口感染和腹腔内出血。该组死亡 3 例，1 例死于胰瘘，2 例死于大出血。作者对确诊胰腺外伤的辅助诊断的价值进行了评价，并提出术中仔细探查是防止漏诊的关键。处理原则是，对Ⅰ°损伤给予缝合，局部疝作引流；对体尾部断裂伤以切除为主；合并脾外伤时多作脾切除术；对于头颈部胰腺损伤，行头部横断面封闭，体尾侧作空肠 Roux-en-Y 吻合，再加十二指肠引流。作者主张对Ⅱ°以上胰腺损伤术后一段时间内行静脉高营养等支持治疗。

（唐　岩）

述评 该组 36 例死亡 11 例，死亡率高达 30.5%。而采取保守治疗的死亡率仅 7%（芮理等，肝胆胰外科杂志 1996；8(3)：101），应引为借鉴。

（王本茂）

胃肠道异位胰腺的诊治（临床外科杂志 1996；4(4)：205） 武汉协和医院周有生等报道该院 1982～1994 年间经手术探查及病理证实的胃肠道异位胰腺 18 例进行研究，其中男 14 例，女 4 例，年龄 17～58 岁，临床主要表现常与异位胰腺的部位及有无并发症相关。上腹疼痛、消化道出血、腹块是该组最常见的症状；伴发胃癌 2 例，胃溃疡 1 例，十二指肠球部溃疡 7 例；胰腺异位于胃窦部 6 例，十二指肠球部 4 例，空肠 7 例，回肠 1 例。治疗方法：胃癌根治、空肠部分切除、胃空肠吻合 2 例，胃大部切除、胃空肠吻合 8 例，部分肠切除 8 例。作者对胃肠道异位胰腺的临床特点、诊断和治疗方法进行了讨论，认为异位胰腺临床少见，可以发生在消化道的任何部位，主要表现为上腹部隐痛合并消化道出血，位于幽门部的异位胰腺常引起幽门或十二指肠梗阻。由于异位胰腺临床症状缺乏特异性，术前诊断困难，常误诊为胃溃疡、胆囊炎等。因此对久治不愈的溃疡病和原因不明的消化道出血，应考虑到本病的可能。X 线检查显示出由腺管构成的导管征或脐样凹陷的特征，有利于该病的诊断。内镜检查有助于上消化道尤其是十二指肠第二部以上位于粘膜或肌层的异位胰腺明确诊断。异位胰腺由于可引起消化道出血和腹痛，并可发生胰腺癌、胰岛细胞瘤而产生相应症状。因此临床无论有无症状，一般都应给予切除，以免发生并发症，甚至发生恶变。

（唐　岩）

述评 异位胰腺若引起腹痛、消化道出血、梗阻或黄疸等临床症状而施行手术治疗时，应想到有本病的可能性，才会考虑与恶性疾病相鉴别，并按良性疾病范围予以切除，否则切除范围过大，有可能对病人造成意想不到的损失。

（王本茂）

胰腺囊性肿瘤的诊断和治疗（北京医科大学学报 1996；28(2)：134） 北京医大一院杨尹默等报道该院 1966～1994 年收治胰腺囊性肿瘤 20 例，其中男 3 例，女 17 例，平均年龄 51.9 岁。以偶然发现上腹部肿物入院者 6 例，以上腹疼痛不适经体检或影像学检查发现上腹部肿物入院者 13 例，以阵发性低血糖疑为胰岛细胞瘤者 1 例。B 超检查 20 例，CT 检查16例，除1例直径1 cm肿瘤外，均提示胰腺囊性占位，其中2例见肿瘤内蜂房样结构，2例肿瘤内呈囊实性改变，1例可见肿瘤内钙化。20例均经手术治疗，术中确诊良性肿瘤9例，恶性肿瘤7例，均为囊腺癌，以上16例得以正确治疗。术中误诊为假性囊肿4例，其中2例因冰冻活检未见有囊内上皮组织，另2例主观判断误诊，4例均误行内引流术治疗，术后因症状无缓解而行第二次手术治疗，才获正确诊断。作者分析认为：(1)对于中年女性，无胰腺炎、创伤及酗酒史的胰腺囊性疾病患者，应考虑胰腺囊性肿瘤可能；(2)CT对胰腺肿物部位、性状多可做出正确诊断，但定位仍有相当局限性；(3)术中冰冻活检为最可靠依据，但阴性不能完全除外胰腺囊性肿瘤；(4)粘液性囊腺瘤可恶变为囊腺癌，浆液性囊腺瘤无潜在恶性。对于胰头部良性肿瘤如确诊粘液性或不能除外粘液性者，应行肿瘤摘除，摘除困难者应行胰十二指肠切除术，确诊位于胰头的浆液性囊腺瘤摘除困难时不应行胰十二指肠切除，可带瘤生存；而对于胰体尾良性肿瘤，即使明确为浆液性也应切除，以防瘤体增大引起症状或粘液性囊性瘤恶变；(5)囊腺癌因切除率较高，预后良好，故即使伴有孤立性转移灶也应积极手术治疗。

（胡志浩）

述评　胰腺囊性肿瘤和胰腺假性囊肿是两种性质截然不同的病变，病因、病理、治疗方法和预后各异。临床医师应予仔细鉴别，若误将囊性肿瘤当作假性囊肿处理，必将导致处理上的失败。

（王本茂）

胰腺癌血清学诊断的临床评价（第三军医大学学报 1996；18(1)：26）　重庆新桥医院赵晓晏等报道该院对763例患者血清标本进行了13项肿瘤标志物检测，并以270名健康献血员作正常对照。患者血清标本中，胰腺癌143例，肝/壶腹癌125例，胃肠道癌120例，胰腺炎105例。检测的标志物有胰腺癌胚抗原(POA)、小分子量胰腺癌胚抗原(mPOA)、结肠胰腺癌相关抗原(PCAAc)、胰腺特异性抗原(PaA)、人弹力蛋白酶Ⅰ(HEP Ⅰ)、CA19-9、弹力蛋白酶Ⅰ(EⅠ)、癌胚抗原(CEA)、α1抗胰蛋白酶(α1AT)检测药盒和建立的甘氨酰-脯氨酸二肽氨基肽酶(GPDA)、核糖核酸酶及同功酶Ⅰ、Ⅱ(RNase、RNaseⅠ、RNaseⅡ)等。结果提示：血清POA、mPOA、PCAAc、PaA、CA19-9、RNase及RNaseⅠ对胰腺癌具有较好的诊断价值，敏感性为66.7%～80.8%，特异性88.5%～96.69%。作者认为，检测的标志物中，某些指标与肿瘤的部位、大小及肿瘤细胞的分化程度有一定关系；单项检测中CA19-9、POA、mPOA、PCAAc、RNase及RNaseⅠ与胰腺癌的相关性较好，联合检测可显著提高胰腺癌的检出率。

（胡志浩）

述评　多种肿瘤标志物联合检查可显著提高胰腺癌的检出率。该文资料表明单项标志物对胰腺癌诊断的敏感性为25%～80.8%，两项可达75%～96.7%。3项以上联检可达100%，其诊断正确率>92%。因此，两项指标均阳性可排除良性疾病，3项指标均阳性可排除非胰腺恶性肿瘤。在门诊工作中可对疑有胰腺癌的病人采取联合检测、筛选之后再对必要的病人进行CT、MRI或ERCP等影像检查，这样不仅可减轻病家的经济负担，还能减少漏诊、误诊，以避免过分依赖昂贵的影像检查来确定诊断。

（王本茂）

癌基因ras产物p 21在胰腺癌、胰腺导管上皮不典型增生及胰腺内分泌肿瘤中的表达（中华实验外科杂志 1996；13(1)：27）　上海市六院黄新余等报道该院采用免疫组织化学方法对53例胰腺癌、5例癌旁胰腺导管上皮不典型增生、11例胰腺内分泌肿瘤进行癌基因产物p 21表达的研究。该组53例胰腺癌中，男43例，女10例，平均年龄54岁。11例胰腺内分泌肿瘤中胰岛素瘤5例，恶性胰岛细胞瘤4例、胰类癌2例，其中男6例，女5例，平均年龄38岁。实验采用免疫组织化学ABC方法。结果发现，53例胰腺癌中p 21表达阴性6例，阳性表达47例(88.7%)，其中弥漫性阳性表达24例，局灶性或片状阳性者23例。5例胰腺癌旁导管上皮不典型增生者均为阳性，其中3例为弥漫性阳性。11例胰腺内分泌肿瘤中5例胰岛素瘤、4例恶性胰岛细胞瘤均为阴性，2例类癌中1例阴性，另1例弱阳性，阳性表达率为9%。统计学检验表明p 21表达与胰腺癌病理分级无关，但与临床分期有相关性。p 21弥漫性表达中79.1%可行肿瘤切除术(R0或R1)，而6例阴性表达者67%为姑息性手术。弥漫性阳性表达者12例中有9例(75%)生存大于1年，而阴性表达或局灶、片状阳性表达者18例中仅5例(28%)存活超过1年。在7例胰腺癌转移者原发灶中弥漫性阳性5例，局灶片状阳性表达2例，而转移灶中仅1例为弥漫性阳性，表明原发灶与转移灶之间p 21表达有明显差异。作者认为ras基因突变在胰腺癌早期发生中起重要作用，p 21表达与否及表达类型可作为胰腺癌预后的指标。

（金　钢）

述评　胰腺癌的ras癌基因突变及其蛋白产物表达不仅可作为胰腺癌诊断和鉴别诊断的分子生物

学手段，还与判断其预后有关。因此，检测癌基因 ras 产物 p 21对临床诊治胰腺癌有些指导意义。

（王本茂）

胰腺癌与慢性胰腺炎鉴别的 CT 研究（徐州医学院学报 1996;16(3):303） 苏州市四院沈玉英等对该院 1988～1993 年经手术及病理证实的 40 例胰腺癌与 20 例慢性胰腺炎的 CT 表现进行了分析对照。胰腺癌的 CT 表现为胰腺轮廓改变，局部不规则增大，早期不均匀增强，低密度肿块，胰胆管明显扩张，胆管阻塞端突然中断，肠系膜上动静脉包埋、侵犯及后腹膜淋巴结肿大。慢性胰腺炎的表现为胰腺均匀增大，胰胆管轻度扩张，胆管阻塞端渐进变细，肠系膜上动静脉无侵犯及后腹膜无明显肿大的淋巴结等。有 2 例胰腺癌误诊为慢性胰腺炎，胰腺炎中有 2 例误诊为胰腺癌。大部分病变可通过 CT 确定诊断。

（张怡杰）

述评 根据作者指出的胰腺癌和慢性胰腺炎之间的 CT 影像学差别，可大致将此两种疾病作出初步鉴别。外科医师尚需根据病人的年龄、性别、病史特点、血清胰癌标记物的联合检测，以及术中发现和细胞学检查，才能准确地诊断这两种疾病。

（王本茂）

177 例胰及壶腹部肿瘤切除术的回顾（实用肿瘤杂志 1996;11(3):119） 南京医大一院刘训良等报道该院 1961～1994 年间共施行胰及壶腹部肿瘤切除术 177 例，男 127 例，女 50 例，年龄 23～81 岁。病变部位：胰头部 49 例，胰体尾部 9 例，Vater 壶腹部 86 例，胆总管下端 24 例，十二指肠部 9 例。其中行胰十二指肠切除术者 143 例，全胰切除 14 例，胰体尾切除 99 例，十二指肠乳头切除成形或肿瘤局部切除 11 例。总切除率 36.3%，手术并发症占 32.2%。主要并发症：感染 43 例次（切口感染、腹腔感染），胰瘘、胆瘘 6 例次，消化道出血和腹腔内出血 13 次，其他 6 次。因并发症再次手术者 10 例（17.5%）。177 例中手术后 30 d 内或住院期间死亡 13 例（7.3%）。死亡主要原因包括消化道出血 4 例，肝、肾功能衰竭 3 例，腹腔内出血 2 例，胰瘘、胆瘘、ARDS 及腹腔内感染各 1 例。病理类型：腺癌 112 例，绒毛管状腺癌或腺瘤恶变 22 例，乳头状腺癌或腺瘤恶变 13 例，囊腺癌 7 例，胰岛细胞瘤、类癌及神经鞘瘤各 1 例。131 例根治性切除的恶性肿瘤病人获得 1～23 年的随访。术后 1、2、3、5 年生存率分别为 71%、52.1%、39.2%、28.1%，姑息手术者术后平均生存 6.2 个月，探查活检者生存期仅 3.8 个月。作者认为，根治性切除术至今仍是胰及壶腹部肿瘤唯一可望治愈的方法。即使病变不能根治，肿瘤切除在解除病人的疼痛和黄疸方面也是一种很好的姑息治疗。通过该组资料提示，这类手术是安全的，可以显著改善病人的生活质量和延长生存期。作者强调对病变不能切除而行姑息性手术者应争取术中活检。

（唐 岩）

述评 该院 1980 年底以前的手术并发症发生率和死亡率分别为 47.6%和 19%，均明显高于 1980 年底以后的 27.4%和 3.7%。1986 年以后成立了胰腺专业组连续施行 63 例胰十二指肠切除而无 1 例死亡。这与国内外文献主张对此类复杂病例固定术式和手术人员的必要性相一致。该组 5 年生存率为 28.1%，是把壶腹周围癌混在一起的缘故。今后应按解剖部位和病理类型分别统计为妥。

（王本茂）

胰体尾癌（附 112 例报道）（中国普通外科杂志 1996;5(2):78） 哈尔滨医大二院王夫景等报道该院 1975～1993 年收治胰体尾癌 112 例，其中男 79 例，女 33 例，平均年龄 49 岁，40～69 岁占 80.4%。主要症状为腹痛者 104 例，上腹不适 29 例，腰背痛 26 例，食欲不振 13 例，乏力 13 例，消瘦 18 例，恶心、呕吐 15 例，黑便 3 例，腹泻 5 例，上腹肿块 29 例。术前 BUS 检查 108 例，其中 88 例显示胰体尾部占位，7 例未见异常，13 例误诊为腹膜后肿块。ERCP 检查 44 例示胰体尾胰管狭窄、梗阻，呈鼠尾状，怀疑胰体尾部占位；3 例未见异常。CT 检查 19 例均见直径＞3 cm 的胰体尾部占位。112 例均术前诊断为胰体尾部占位性病变，胰癌可能性大，均行剖腹探查术，切除率 6.25%，其中 3 例已存活 3 年；105 例未能切除，分别根据组织活检、细针穿刺或术中所见肿块性质确诊。该组病例中 105 例曾被误诊，作者认为其原因有：(1)缺乏对胰尾癌早期症状的认识；(2)缺乏有价值的临床流行病学资料以发现高危人群；(3)胰体尾癌早期症状缺乏特异性；(4)术前检查未能提供确切的证据；(5)并存的胰腺炎掩盖了胰癌。故建议早期诊断应注意：(1)该病 40～69 岁多发；(2)对上腹痛、腰背痛及食欲不振等症状应提高警惕；(3)BUS 和 CT 有助于早期发现，ERCP 有助于诊断；(4)超声引导下细针穿刺细胞学检查；(5)葡萄糖耐量试验、弹力蛋白酶检查及 CEA、POA、CA19-9、转肽酶测定有参考价值。因手术切除率低，故早期诊断、早期根治性切除是治疗的关键。

（胡志浩）

述评 胰体尾癌确诊时多为晚期，手术切除率低而疗效极差，这与国内外文献报道一致。鉴于该病的发病率有日益增多的趋势，临床医师应根据该作者提供的经验，对可疑就诊者行腹部B超、胰癌血中标记物的联合检测以及CT检查，以期获得早期诊断。因为早期胰癌的根治性手术是当今提高疗效的唯一手段。

（王本茂）

胃、十二指肠、空肠、回肠

收集文献 530 篇，纳入回顾 212 篇（占 40.0%），收入文选 36 篇（占 6.8%）。

一年回顾

一、胃

（一）基础研究

北京协和医院[1]通过对 21 例感染性休克患者胃粘膜 pH 值与氧输送（DO_2）变化的观察探讨了感染性休克时胃粘膜 pH 值与 DO_2 的相关性及临床意义。结果发现，死亡组的 pH 值随病程发展呈明显下降趋势，而存活组 pH 值变化不明显。在存活组，当 DO_2 小于临界值（640 ml · min^{-1} · m^{-2}）pH 值随 DO_2 或氧耗量（VO_2）的下降而减少，呈明显相关性。而在死亡组却没有这种相关性存在。从而进一步证实了组织氧供需之间的相互关系及氧供减低时 VO_2 与 DO_2 的依赖性存在。作者认为，对一部分感染性休克的患者来讲，仅以提高 DO_2 为治疗原则是不够的。在感染性休克的治疗中，组织氧利用障碍是影响预后的主要因素。上海长征医院[2]通过对 32 例危重患者进行 pH 值测定，并同时给予 APACHE Ⅱ评分，发现死亡组入 ICU 时明显低于存活组，尤其是在入 ICU 12h 后 pH 值降低更显著。而 APACHE Ⅱ评分仅在入 ICU 12h 后高于存活组。APACHE Ⅱ在有无脓毒血症间无明显差异，而 pH 值则相差显著。从而表明测定胃粘膜 pH 值对危重患者有重要预警意义。上海华山医院[3]通过建立 *ex-vivo* 鼠胃腔模型，观察硝普钠对内皮素（ET）所致的胃粘膜损伤后的损伤指数。结果表明，硝普钠具有减轻 ET 所致的胃粘膜损伤作用，并且可以抵消 ET 引起胃粘膜 Na^+，K^+-ATP 酶活力降低的影响。上海新华医院[4]通过对 14 例先天性肥厚性幽门狭窄肥厚肌层 NADPH 组织化学分析，发现肥厚的环状肌中 NADPH 缺如或减少，推测肥厚肌中一氧化氮减少或缺如以致幽门肌失松弛，导致幽门梗阻。上海仁济医院[5]测定了 159 例胃病患者血浆及胃粘膜细胞内维生素的改变。结果表明，老年胃病患者血浆维生素的改变以 Vit B_{12} 和 β-胡萝卜素为主；胃癌区粘膜细胞内 β-胡萝卜素的降低幅度不如中青年明显，而老年慢性萎缩性胃炎患者 β-胡萝卜素又低于中青年。中山医大三院[6]以狗为实验对象，观察了胃小弯和胃底部浆肌层切开术后胃组织内胆碱能纤维和壁细胞超微结构的变化。结果表明，术后胃固有层粘膜下层和肌层内的胆碱能纤维明显减少，壁细胞的泌酸功能受到极度抑制，提示该术式能有效地去除壁细胞的迷走神经支配。重庆大坪医院[7]对照研究了犬胃高选迷切加胃窦粘膜切除术（HSV-MA）后胃窦的组织形态学和运动功能。结果表明，HSV-MA 和 HSV 相似，可完全保持重建的胃窦的组织学结构和运动功能。HSV-MA 作为一种手术方法，对治疗慢性十二指肠溃疡并降低其复发率有较好的临床应用前景。

（二）幽门螺杆菌感染及意义

广州市一院[8]研究了低剂量三联疗法[CBS（德诺）120mg、阿莫西林 0.25g、甲硝唑 0.2g，平均每天 4 次，疗程 2 周]，治疗 25 例确诊为幽门螺杆菌（HP）感染的十二指肠溃疡，并和单用 CBS4 周对照。结果表明，三联疗法组溃疡愈合率、根除率显著高于对照组，值得推荐。湖南医大二院[9]对 525 例胃疾病患者行病理及 HP 检查，结果发现 HP 阳性率及肠化生率随年龄增长而增加（$P<0.05$）。HP 阳性的肠化生患者平均年龄明显低于 HP 阴性者，提示 HP 感染是肠化生发生的一个重要危险因素。本年度关于幽门螺杆菌感染与胃癌相关性的文献较多，但结论不一，尚需进一步验证。上海新华医院[10]* 用 LSAB 免疫组化法对 20 例胃癌、22 例异型增生、30 例肠化生及 13 例正常组织进行了 ras-P21 和突变型 P53 蛋白表达的检测。结果表明，HP 感染与ras-P21和突变型 p53 过度表达存在着明显的相关性，提示 HP 感染参与了 ras 原癌基因激活和 p53 抑癌基因的失

活，基因突变可能是HP致癌作用的机制之一。浙江医大二院[11]采用酶联免疫吸附测定法(ELISA)观察了慢性胃炎和胃癌患者的HP感染率及HP抗体水平，并与正常组进行比较，发现慢性胃炎和胃癌患者HP感染阳性率及血清HP抗体水平显著高于正常对照组，提示HP感染与慢性胃炎和胃癌均有关。但不同分化程度的胃癌患者HP感染阳性率及HP抗体水平却不同。北京天坛医院[12]对照研究了HP感染与胃癌的关系，结果显示胃癌的不同分布部位及不同的组织学类型与HP的检出率无明显相关，故作者认为胃癌是一种多因素的疾病，HP感染不是胃癌发生的独立或必须因素，某些致癌因素可能在某些特殊HP菌株感染的基础上或与其共同作用下导致胃粘膜癌变。泰山医学院[13]采用PCR技术对56例胃癌、60例胃炎及12例正常胃粘膜组织作了HP的检测。结果提示，胃炎的发生与HP感染明显相关，胃癌的发生与HP感染有一定的关系。从胃癌的发生部位来看，贲门癌HP感染率极低，而胃窦部及小弯区的癌组织中HP感染率高，与HP易感部位在胃窦部及小弯区是一致的。从病理分型看，分化型(腺样型)的癌组织中感染率较高，低分化型(弥漫型)中感染率较低。2例粘液癌未测到HP。浙江临安县医院[14]经胃镜取材做尿素酶试验，结果显示HP阳性率在健康人和胃癌患者分别为20.7%及100%，有高度显著性差异。在237例胃癌术后标本的癌灶、癌周粘膜内的HP检出率分别为11.2%和95.1%，故作者认为HP感染和胃癌有密切关系。

(三)先天性疾病

上海市二院[15]报道新生儿先天性胃壁肌层缺损合并穿孔13例。13例中有11例确诊后即行手术治疗，存活2例，死亡9例，未手术2例死亡。13例均作病理检查为先天性胃壁肌层缺损。作者分析认为，新生儿胃穿孔的发生原因是在新生儿期胃壁肌层发育不全基础上，患儿吮吸、啼哭、吃奶、呕吐、洗胃、面罩加压给氧使胃压升高达一定压力即可发生胃破裂。此外，围产期窒息缺氧也可使胃粘膜缺血、坏死而发生穿孔。该病一旦确诊，只要病情允许，应立即手术。金华市医院[16]报道4例幽门前瓣膜症，均为有孔瓣膜型，梗阻症状于出生1个月后出现。瓣膜位于胃窦部1例，行单纯瓣膜切除术；幽门部2例，行瓣膜切除加幽门成形术；合并溃疡1例，行胃部分切除Ⅰ式吻合术。随访1～7年，均无异常。

(四)胃外伤

中国医大临床一院[17]报道外伤性胃破裂68例的治疗体会。其致伤特点为常发生于上腹部穿透伤，以刀伤或低速火药枪伤多见，也常发生于交通事故损伤，并常伴随膈肌、肝、结肠损伤。作者总结认为，上腹部外伤只要有手术适应证，应及早剖腹探查，术中探查范围要广，大部分胃破裂伤可行缝合修补引流术，若损伤范围大，可行胃部分切除术。常见并发症有腹腔脓肿、脓胸、胃瘘、胃出血及肠梗阻等，同文献报道相似。

(五)少见类型胃炎

蚌埠市一院[18]对40例疣状胃炎(VG)进行了临床病理分析，结果表明幽门螺杆菌(HP)是VG的主要病因之一。VG发病与胃酸增高有关，十二指肠球溃疡是VG的主要诱因之一，胆汁反流可能为VG的发生发展提供有利条件。只要经正规积极治疗，病变可完全消退，即使轻、中度肠化生者亦同样如此。胃镜检查是诊断本病的最佳手段。东风汽车公司医院[19]对33例胃嗜酸性肉芽肿(GEG)进行临床病理分析，认为GEG是在慢性胃炎或胃溃疡的基础上机体对食物或药物产生的局部过敏反应。由于反应强度不尽相同，导致了大体形态差异，给诊断造成困难，因而常误诊为胃溃疡或胃癌。强调胃镜挖掘式活检对术前确诊及术后多部位取材对排除癌变的重要性，并主张手术治疗中应避免穿孔、出血乃至癌变的遗漏。江苏常州市医院[20]报道胃结核病4例，认为有下列表现者应考虑本病：(1)青壮年具有不典型溃疡病史，按溃疡治疗1～2个月无效，并出现幽门梗阻者；(2)其他部位有结核感染灶时和(或)有结核病的临床表现者；(3)腹部可扪及包块。手术适应证是：(1)并发幽门梗阻；(2)并发消化道穿孔或上消化道出血，内科治疗难以控制。术后要坚持正规抗痨治疗。解放军91医院[21]在396例活检胃粘膜炎症病变中，79例(19.9%)找到异型增生灶。其检出率为糜烂性胃炎8.0%，浅表性胃炎10.9%，萎缩性胃炎38.4%，慢性溃疡18.9%，提示胃粘膜灶性异型增生与萎缩性胃炎关系密切。而检测增殖细胞核抗原(PCNA)和核仁组成区嗜银蛋白(Ag-NOR)可帮助判断胃粘膜灶性异型增生情况。

(六)胃梗阻

平顶山矿物局总院[22]对慢性胃扭转14例误诊误治进行了分析，其中误诊为慢性胃炎7例，胃溃疡3例，膈疝1例，胰腺囊肿(B超误诊)1例，后者经剖腹探查证实，并行胃固定术，CT证实胰腺无异常。故作者建议凡是有上腹部不规则性胀痛不适、饱胀、反酸、嗳气、恶心、呕吐者，应想到本病可能，宜及早行上消化道钡餐检查，及时确诊，避免误诊误治。河北邢台市医院[23]报道胃部环形胰腺并逆行性胃套叠1例，患者为8岁男性儿童，以阵发性腹痛、呕吐、消瘦为主要症状。手术探查见胰腺位置上移，胰头位于胃窦及十二指肠近端，自胰头胃侧发出1支宽2cm带状胰腺组织，自后向前与胃窦融合并包饶在一起，幽门及十二指肠近端受胰头压迫右移，遂行单纯胃空肠吻合术。

（七）胃良性肿瘤

山东省立医院[24]报道胃良性肿瘤45例，其中胃平滑肌瘤29例，胃腺瘤样息肉16例。胃平滑肌瘤应行手术治疗；胃腺瘤样息肉若直径＜2cm，可行胃镜电灼切除，对伴有出血、梗阻或直径＞2cm的息肉，多发息肉或疑有恶变者，则需手术切除，术中应作冰冻切片检查，排除恶变。广东梅州市医院[25]报道胃神经鞘瘤2例，好发部位在胃的中1/3沿胃小弯和胃大弯的后壁，其典型特征是容易坏死，肿瘤内常形成多发性囊肿而使肿瘤迅速扩大。因有恶变可能，故主张一经确诊，即行手术根治。海军总院[26]应用免疫组化法对42例胃内分泌细胞肿瘤及瘤旁粘膜的病理生物学行为进行探讨。结果发现，胃内分泌瘤可分为两型：一型伴慢性萎缩性胃炎A型，瘤旁粘膜内分泌细胞增生及异型增生较明显，肿瘤多局限于粘膜内及粘膜下层，患者多伴有高促胃液素血症及胃窦G细胞增生；另一型为伴有慢性萎缩性胃炎B型或不伴有萎缩性胃炎，其瘤旁粘膜内分泌细胞变化较轻，肿瘤浸润性强，大部分侵犯到胃肌层或浆膜层。

（八）少见类型胃恶性肿瘤

深圳蛇口医院[27]*应用免疫组化ABC法，对52例胃肠道类癌进行8种多肽/胺类神经内分泌激素、两种上皮细胞性标记物的研究。结果发现：胃肠原位激素胰多肽、生长抑素、蛙皮素、促胃液素、5-羟色胺较多表达于组织形态分化好的类型。血管活性肽的表达随肿瘤组织形态分化降低而明显增多，并与肿瘤的浸润和转移有关。异位激素降钙素的表达主要分布于肿瘤组织分化较低的类型。癌胚抗原的表达随肿瘤组织形态分化的降低呈大幅度上升，且与肿瘤的浸润有关；神经特异性烯醇化酶与角蛋白的表达与组织分化无相关。结果提示应用多种抗原标记对胃肠道类癌的良恶性判断很有帮助。南京医大一院[28]报道胃类癌8例，其临床特点为以息肉样形态出现多见，恶性程度依据有无转移判断。其转移最常见的是区域淋巴结转移（33%）和肝脏转移（25%）。因有相当多的转移率，治疗上应争取早期手术切除，并根据恶性肿瘤的手术原则处理。北京红十字朝阳医院[29]报道原发性胃恶性淋巴瘤13例。其诊治经验如下：(1)平均发病年龄较胃癌提前10年；(2)腹痛与慢性胃炎及溃疡相似；(3)消化道出血的出现率高，腹部包块的出现率较胃癌高，手术切除率高。治疗以手术为主，按胃癌根治术进行，但应注意：(1)易与周围组织非浸润性粘连，故应采取比胃癌更积极的态度；(2)肿瘤界限不如胃癌明显，且常为多中心发生，可适当扩大切除范围，并检查切缘及胃腔内有无肿瘤残留。因其对放疗、化疗均敏感，故术后可选用放化疗，以消灭可能存在的亚临床病灶。海南医学院附院[30]报道胃腺棘癌1例，显微镜下可见鳞癌和腺癌两种恶性成分共存。作者认为，内镜下活检需多处取材方可提高检出率。上海长海医院[31]*探讨了超声内镜（EUS）对上消化道隆起病灶的诊断价值，结果表明：(1)上消化道隆起病灶以胃居多，其次为食管，十二指肠最少；(2)EUS对上消化道隆起病灶的总诊断符合率为97.75%，明显高于胃镜（64.61%）和钡餐造影（52.08%）；(3)EUS对上消化道息肉的诊断符合率低于胃镜，对迷走胰腺和静脉曲张的诊断符合率则与胃镜相当；(4)EUS系目前确诊粘膜下肿瘤的最佳方法，发现的最小肿瘤仅0.5cm。本年度收集到有关消化道平滑肌肿瘤的文献3篇。广东潮阳市医院[32]报道特大胃外型胃平滑肌肉瘤1例，大小约30cm×35cm×20cm，重约5 500g。江苏大丰县医院[33]报道消化道平滑肌肿瘤38例，其中发生于食管5例，均为良性；胃肠道33例，22例为胃平滑肌肉瘤。武汉同济医院[34]报道胃平滑肌瘤27例。作者认为肿瘤直径＜5cm，若仅有消化道出血症状应按良性对待；若同时有年龄＜35岁、体重下降、腹部包块等情况中的1项，则应怀疑为恶性。肿瘤直径＞5cm者即使冰冻切片检查不支持恶性诊断，仍以行胃大部切除为宜。

（陈泉宁　方国恩）

（九）胃癌

流行病学、统计学及病因学　1992年世界卫生组织（WHO）将慢性萎缩性胃炎、肠上皮化生、胃粘膜不典型增生、胃溃疡、胃息肉及残胃列为胃癌前期病变。对这些病变的患者进行随访观察可以早期发现胃癌，改善患者预后，提高5年生存率。长沙湘雅医院[35]*在1980～1991年以胃镜检查为主随访了879例胃癌前期病变患者，检出胃癌34例，其中早期癌14例，占44%，明显提高了该组胃癌患者的早期癌诊断率。以流式细胞仪（flow cytometer，FCM）检测48例胃癌前病变细胞DNA含量，检出非整倍体16例，其中2例1年后发展为胃癌。提出胃镜与FCM结合随访有利于胃癌的早期诊断。西安西京医院[36]选择62例胃粘膜异型增生病例，其中癌变及未癌变各31例，均有完整的随访资料。对随访前后的标本，采用DNA、核仁组成区嗜银蛋白（AgNOR）、胃癌相关抗原（MG_7Ag）等生物学标志进行定量图像分析，并运用模糊数学理论和判断方法，验证3项指标单独或综合分析判断胃粘膜异型增生癌变的概率，建立了计算机软件系统，再进行样本回代验证。结果胃粘膜异型增生随访癌变组与未癌变组预测判别符合率分别为93.5%和98.3%，表明建立的判别模式软件对胃粘膜异型增生是否癌变有预测价值。上海市六院[37]对1175例胃癌资料应用单因素及多因素分析(Cox模型)验证1987年公布的国际统一新TNM分期法的预后价值。结论是：该分期法在准确描述肿瘤临床、病理扩展程度的同时，尚能较好地体现胃癌的生物学行为。分期法中的T、N、M 3项指标单个或综合分析，其分期与预后具有比较协调的一致性。苏州医学院一院[38]用电感耦合高频等离子体发射光谱分析(ICP-AES)测定36例胃癌组织中的微量元素铝、钙、铜、镁、锰、铁、锌、磷。用Logistic回归分析方法，分析了年龄、性别、吸烟、饮酒、是否高盐饮食，是否喜食咸菜以及上述各种微量元素在胃癌组织中的含量。结果表明，铜含量升高、锌含量降低、喜食咸菜这3种因素与胃癌发生有关。空军总医院[39]报道给Wistar大鼠自由饮用0.06%盐酸二甲胺和亚硝酸钠的混合水溶液共56周，可诱发胃粘膜肠上皮化生、异型增生、胃粘膜腺体囊状扩张，表明二甲亚硝酸胺的前体物二甲胺和亚硝酸盐能诱发大鼠胃粘膜癌前病变。重庆新桥医院[40]*报道对不同胃大部切除术后大鼠残胃在亚硝基胍诱癌剂的刺激下发生胃粘膜改变情况。结果显示，Billroth Ⅰ、Ⅱ式胃癌前病变明显多于对照组，其中Ⅱ式残胃癌发生率最高。PAFPG式(pylorus and antrosero mucular flap-preserving gastrectomy)接近对照组。提示残胃癌前病变和癌变与胃手术改变胃内环境有关，其中十二指肠、空肠内容物向胃反流以及胃粘膜屏障和胃粘膜抗氧化能力受损可能起着重要作用。

病理　增殖细胞核抗原(proliferating cell nuclear antigen，PCNA)作为一种近年发现的细胞增殖标志物已开始用于肿瘤细胞动力学及肿瘤临床研究。西安西京医院[41]对44例胃部手术标本进行了PCNA半定量检测。结果发现，有淋巴结转移组PCNA高表达占68.4%(13/19)，显著高于无转移组的8.7%(2/23)，低分化型胃癌PCNA高表达者占68.4%(13/19)，显著高于高、中分化型胃癌的24%(6/25)。白求恩医学临床三院[42]检测了PCNA在正常胃粘膜、轻度不典型增生、中～重度不典型增生胃粘膜及早期胃癌细胞中的表达情况。结果显示，正常胃粘膜中阳性细胞主要分布在胃腺颈部粘液细胞增殖带，粘膜上皮细胞则为阴性。随着不典型增生的加重，阳性细胞增多。PCNA标记指数(PCNA阳性细胞数/1 000个细胞)在中～重度不典型增生与早期胃癌间无明显差别，而在其余组间比较则差异显著。1978年Goldstein报道急性粒细胞白血病细胞的低密度脂蛋白受体(LDLR)活性升高，以后相继发现乳腺癌、肝癌等多种实体癌LDLR活性也升高。山东医大[43]用放射性配体分析法对人上皮样胃癌细胞株与人正常上皮细胞的LDLR进行了测定比较。结果：胃癌细胞株LDLR最大结合量较正常细胞显著增加，胃癌细胞LDL的内移及降解量较正常细胞亦明显增加，提示胃癌细胞株LDLR介导的LDL的代谢率增加，LDLR数量增加。重庆西南医院[44]应用免疫组化方法检测了胰腺癌相关抗原Span-1和Ypan-1在110例胃癌及343例胃粘膜肠上皮化生组织中的表达情况。span-1是一种大分子糖蛋白，抗Span-1单抗是以胰腺癌细胞株SW1990为免疫原制备而成。有报道此单抗对胰腺癌的检测阳性率为81.3%～90%，在胃癌中阳性率为67%。另一抗Ypan-1单抗是以胰腺癌细胞株Capan-2为免疫原制备而成，在胃癌中表达阳性率为90%。重庆西南医院的检测结果显示Span-1和Ypan-1在胃癌组织的阳性率分别为72.7%和65.5%。两种抗原在Ⅲ型胃粘膜肠化生(柱状细胞含有硫酸粘液)中阳性率分别为79.0%和75.2%。提示Ⅲ型肠化生与胃癌关系密切，应视为胃癌前病变。新乡市医院[45]报道286例胃术后标本中，胃切缘硫酸性肠化阳性者在长期生存患者中低而在短期生存者中高。而且在胃癌复发组中硫酸肠化阳性切缘显著高于未复发组中的硫酸肠化阳性切缘。应用流式细胞仪对18例硫酸肠化和非硫酸肠化组织细胞DNA含量和增殖指数测定结果表明，硫酸肠化细胞的异倍体率和增殖指数均显著高于非硫酸肠化细胞。作者建议，切除标本中切缘有硫酸肠化者应视为术后吻合口复发高危人群。西安西京医院[46]报道了用该院制备的抗结肠癌单抗MC_5-Ag(第四军医大学学报 1988;9:74)检测了64例有随访结果的胃粘膜异型增生标本。其中癌变30例，未癌变34例，前者MC_5-Ag阳性率明显高于后者。表明MC5-Ag阳性的异型增生与胃癌关系密切。上海中山医院[47]用放免法测定52例胃癌切除标本和18例正常胃粘膜组织中hEGF(human epidermal growth factor)的含量，结果：前者hEGF含量明显高于后者；胃癌进展期高于早期；弥漫型高于肠型；淋巴结转移阳性者高于阴性者；近期随访死亡组的hEGF含量较高。结论是：胃癌组织中可产生过量的hEGF，并与肿瘤浸润、组织分化程度、淋巴结转移相关。上海瑞金医院[48]应用免疫组化LSAB (labelled streptavidin biotin)法对60例胃癌组织进行了P-选择素(P-selectin)检测。结果也显示P-选择素可作为判断胃癌生物学行为和了解患者预后的指标。江苏省肿瘤医院[49]*对侵及固有肌层胃癌228例临床病理进行了分析。全组分为浅肌组和深肌组，两组在淋巴结转移率、转移度、术式和预后间都存在着显著差异。提出浅肌组的R2和深肌组的R2+选择为其合理术式(浅肌组癌浸润不超过固有肌层的1/2,深肌组癌浸润超过固有肌层1/2,但未穿透)。中国医大临床一院[50]*分析了该院1980～1988年3 099例胃癌根治性手术淋巴结转移情况的病理检查结果。发现少数病例淋巴结转移并非按由近及远的顺序发生，在近处淋巴结尚未出现转移时，远处已发生转移，即跳跃性转移。这种转移的发生率随着原发病变的大小、浸润深度及病期增加而增高，与大体类型及组织学分化程度有关，弥漫型分化差者发生率高。暨南大学医学院[51]*应用人羊膜成功地筛选了侵袭性较强的胃腺癌细胞亚系，并比较了母、亚两亚系某些生物学特性。结果：(1)羊膜基底膜可作为筛选某些肿瘤细胞亚系的有效侵袭滤膜；(2)胃腺癌细胞亚系具有肿瘤异质性；(3)该法筛选的亚系较母系细胞具有更明显的高侵袭力和高转移力。

免疫　近年来，有文献报道精氨酸具有组织特异性免疫刺激作用，可改善机体免疫功能。浙江医大二院[52]观察了术后早期肠道摄入精氨酸对胃癌根治术病人免疫功能的作用。术后6～8h置管经肠道给予复合营养要素和25%精氨酸液30g/d。手术前、后检测了CD_3、CD_4、CD_8、NK细胞活性、淋巴细胞计数、补体C3皮肤迟发性超敏反应试验、免疫球蛋白。结果表明，不同剂量的精氨酸均能增强肿瘤病人术后免疫功能。精氨酸30g/d组较15g/d组可达到更好的免疫反应状态。苏州医学院一院[53]报道了进展期胃癌患者的脾脏免疫抑制活性研究。该实验用^{3}H-TdR参入法检测由PHA诱导的正常人淋巴结细胞转化率，在诱导转化过程中分别加入进展期胃癌患者的脾静脉血清、脾细胞培养上清及根治术前、后的外周静脉血清。结果：(1)患者脾静脉血清较自身术前外周血清具有更高的免疫抑制活性；(2)患者脾细胞培养上清有显著的免疫抑制活性；(3)联合脾切除后7～10d,外周静脉血清中免疫抑制活性显著降低。提示进展胃癌患者脾脏产生了免疫抑制因子，且介导了机体免疫抑制状态的形成。

北京医大临床肿瘤学院[54]报道了用^{131}I标记的抗胃癌单抗对裸鼠腹膜的胃癌亚临床种植灶进行导向治疗。给裸鼠腹腔内注射人胃癌BGC-823细胞2×166个/0.2ml,第24小时给药。设^{131}I-3H11胃癌单抗体组、5-Fu和^{131}I非胃癌抗体对照及生理盐水对照组。结果显示，放免导向治疗有效地抑制了裸鼠腹膜种植瘤的发生，5-Fu组对种植瘤的生长有抑制作用，但效果不如放免治疗组，每只裸鼠单项使用^{131}I-3H11 9.25MBq,此剂量对裸鼠未产生毒副作用。哈尔滨医药工程技术研究所[55]报道了抗胃癌生物导向药物(IgY-RicinA)的大鼠长期毒性试验研究。IgY-RicinA是以IgY为导向载体。连接蓖麻毒蛋白A(RicinA)链的一种新型抗胃癌药物。为保证临床用药安全，进行了毒性试验研究。结果表明，IgY-RicinA临床的10倍、50倍、100倍剂量长期(8周)给Wistar大鼠静脉注药时，对大鼠的一般状态、体重没有影响，血常规、血液生化指标的个别指标有一过性的增高或下降，并且在停药后2周恢复正常。白求恩医大临床三院[56]采用^{99m}Tc-ccM单抗(鼠-人联合抗体)对10例胃癌病人和4例非胃癌病人进行放射免疫显像(RII)研究。注入^{99m}Tc-ccM(555～1 480 MBq或0.5～1.5mg)后，胃癌阳性率60%,肝转移阳性率50%,全部良性病变均显示阴性。最佳显像时间为注入抗体后8h。高分子量肿瘤相关糖蛋白抗原(TNG 72)在病人血清中的含量与放免显像肿瘤阳性检出率明显相关。北京肿瘤所[57]*报道采用手握式γ探测仪(Oncoprobe Ⅱ TM)及^{131}I标记的小鼠抗人胃癌单克隆抗体3H11进行放免探测的体外模型实验和胃癌病人放免导向手术临床试验。体外模型显示Oncoprobe Ⅱ TM探测^{131}I的效率为3.3%,探测灵敏度为3×10^{5}靶细胞，最小分辨距离为1.8cm。胃癌病人术中探测判断胃壁肿瘤浸润的灵敏度、特异性及准确率分别为96.4%、96.7%及95.5%。探测判断转移淋巴结的灵敏度、特异性及准确率分别为99.2%、97.7%及98.8%。表明Oncoprobe探测可有效地检出临床癌灶，指导胃癌根治术施行。对胃癌病人血清可溶性白细胞介素2受体(sIL-2R)水平的检测研究，1995年已有不少报道。本年度广东医学院附院[58]报道了sIL-2R水平与红细胞免疫功能的相关研究。作者采用双抗体夹心ELISA法和红细胞C_3b酵母多糖法检测47例胃癌病人血清sIL-2R水平与红细胞免疫功能的变化，并与正常对照组40例相比较。结果表明：胃癌病人血清sIL-2R水平增高，红细胞免疫功能低下。血清sIL-2R水平与红细胞C_3b受体花环率呈负相关($r=-0.67$, $P<0.01$)。

癌基因　在癌基因方面，某个癌基因及其表达与胃癌的关系已有报道。其中有一些是近几年的报道，另外还有一些是新发现的癌基因与胃癌关系的报道。本年度的报道表明，从研究单个癌基因转向同时检测多个癌基因有一定进展。北京医大人民医院[59]研究发现,胃粘膜非典型增生组织中 p21 ras 阳性率最高,胃癌组织中 p21 ras 表达水平随 DNA 倍体成倍增加而逐渐下降,低于非典型增生组织,提示 p21 ras 过度表达主要出现在细胞表型发生明显转化之前。福建医学院一院[60]报道 p21 ras 阳性胃癌淋巴结转移率高,nm23 低表达淋巴结转移率亦高。对 p53 及其表达产物的检测与胃癌细胞的恶性程度、淋巴转移相关性的研究还有一些报道。西安西京医院[61]报道了 p53 基因真核表达载体的构建及其转移胃癌细胞后对胃癌细胞的影响,较以前的报道又进了一步。该研究显示 p53 转移胃癌细胞后,P53 蛋白获得表达,G_1 期细胞比例明显增多,S 期细胞明显减少,而且有一定比例的凋亡细胞群。同时流式细胞仪检测结果亦显示,细胞表面肿瘤相关抗原表达明显降低,说明 p53 可在体外成功地抑制肿瘤生长和诱导肿瘤细胞分化。对 C-erbB2 原癌基因的研究今年仍有报道[62]*。黄石市三院[63]报道用俾士麦棕法和免疫组化法检测了 57 例胃癌组织中肥大细胞(MC)和 C-erbB2 基因蛋白。结果之一表明,C-erbB2 蛋白表达低。胃癌间质 MC 越高肿瘤分化越好,转移机会越少。对 c-myc 癌基因在胃癌和癌前病变中的表达仍有报道[64]*。上海仁济医院[65]研究了人胃癌 DNA 与 c-myc、c-Ha-ras 基因甲基化的改变。DNA 甲基化(DNA methylation)在调节基因表达及维持细胞正常分化中起重要作用,恶性肿瘤形成进程中或多或少地有 DNA 甲基化水平降低或甲基化形成改变。该研究检测了 21 例进展期胃癌组织、癌旁组织和周围正常组织总 DNA 甲基化水平及特定癌基因位点的 DNA 甲基化水平。结果:总基因 DNA 甲基化水平以癌组织最低,癌旁和正常组织无差异。癌基因的低甲基化在胃癌发生中具有重要作用。80 年代末期国外对 c-met 原癌基因的报道开始出现,北京市肿瘤所[66]*报道了 c-met 原癌基因表达与胃粘膜病变的关系。结果表明,c-met 基因蛋白过量表达与胃粘膜的高度增殖状态有关。福州协和医院[67]*报道了 P16 蛋白在胃癌中的表达及临床意义。该研究用免疫组化 S-P 法,检测 63 例胃癌手术标本中的 P16 蛋白表达,并进行随访调查。结果 P16 蛋白高表达者 5 年生存率明显高于 P16 蛋白低表达者。西安西京医院[68]报道采用蜡膜介导热启动 PCR 等技术检查了 APC(adenomatous polyposis coli)和 MCC(mutated in colorectal carcinoma)中的两种抑癌基因在胃癌组织中的缺失。结果:44 例胃癌组织中有 29 例为 APC 基因杂合型,其中 8 例(27.6%)存在缺失。MCC 基因 25 例杂合子中 2 例(8.4%)发生缺失。上海新华医院[69]*和北京肿瘤所[70]*分别报道了胃癌多基因表达及变异的研究。结论是:胃癌病变是多基因异常累积所引起的渐进性过程,基因改变的数目、种类及方式与肿瘤的恶性表型密切相关。多基因表达的检测对胃癌的诊断、恶性程度的判断及预后的估计有一定的意义。解放军 203 医院[71]报道应用原位分子杂交技术检测 88 例胃癌组织中 K-ras、H-ras、C-myc 和肿瘤抑制基因 nm23(H1)mRNA。结果显示,K-ras、H-ras mRNA 在细胞膜内侧,C-myc mRNA 在细胞核内,nm23(H1)mRNA 在胞浆内。4 种癌基因表达与组织学类型无关。nm23(H1)的表达与胃癌病人有无淋巴结转移有关。西安西京医院[72]报道胃癌细胞多药耐药性的系列研究,包括:(1)胃癌耐药细胞系的建立及生物特性分析;(2)新耐药分子的发现及其单克隆抗体的研制;(3)耐药细胞 cDNA 表达文库的建立及耐药分子编码基因克隆分析中的用途。他们用淋巴细胞杂交技术,在建立的 3 628 个杂交瘤中发现了 MGr1-Ag 耐药分子(注:MGr1-Ag 为该研究人员自己命名,意义不详),初步证实它是一种与胃癌多药耐药发生有关的新的耐药糖蛋白,主要位于耐药细胞的细胞膜上,分子量 110 kD 左右。中国医大肿瘤所[73]应用限制性酶切片段长度多态性分析方法,对胃癌患者及正常人群进行了胃的正常分化基因-胃蛋白酶原基因(PGC)的多态性研究,并利用其多态性对胃癌高危人群进行了肿瘤风险个体识别的初步尝试。其中对携带胃蛋白酶原 C 基因 EcoRI 稀有片段的 4 名胃癌高发家族成员(第 2 代),通过胃镜病理检查追踪随访,2.5 年后,其中 1 名发现早期胃癌。用人胃癌抗原免疫动物后取得的有杀伤效应的细胞常因为 MHC 不匹配的限制,不能有效识别和杀伤人胃癌细胞。西安西京医院[74]将人胃癌细胞系 SGC7901 与 BALB/c 鼠脾细胞进行融合,筛选出一株同时表达 H-2 kD 抗原(BALB/c 鼠 MHC-I 分子)及胃癌抗原 MGb2-Ag 的杂交瘤。经混合淋巴细胞毒试验证明,此杂交瘤细胞能被鼠特异性淋巴细胞识别并杀伤。

内分泌相关研究　有关胃癌组织中有雌激素受体(ER)存在已有较多报道。西安唐都医院[75]、青岛医学院附院[76]对胃癌组织中 ER 及临床意义进行了研究探讨。湖北医大一院[77]不仅检测了胃肠癌中的雌激素受体,还检测了孕激素受体(PR),前两个单位报道胃癌分化差转移性强的 ER 阳性率高,预后差。后一单位报道在结肠、直肠癌中 ER、PR 阳性,则表示预后好,而且该研究中的 189 例胃肠癌组织中未发现有 ER 阴性而 PR 阳性病例。另外,本年度还有有关雌激素受体的表达与上皮生长因子及受体表达关系、与 p53 表达的关系、与胃癌组织中肥大细胞数量的关系的研究报道。它们之间可能存在一定的相关性，但并无直接因果关系的证据。河南医大二院[78]应用嗜银染色和免疫组化方法对 69 例胃癌中的内分泌型癌细胞进行研究，并分析了激素产物。结果显示内分泌型癌细胞阳性率为 36.23%(25/69)，其中分泌血清素最常见，分泌生长抑素和促胃液素居第 2、3 位。他们还报道了这些内分泌型细胞多出现于分化程度差的胃癌，并可能与淋巴结转移有关[79]。北京军区总院[80,81]报道了胃窦粘膜分泌激素的类型与胃癌关系的病理学研究。对 63 例胃癌癌旁粘膜神经内分泌细胞的定量研究发现癌旁粘膜基本上分为二类，一类是胃窦无萎缩、G 细胞增生型；另一类为胃窦萎缩、G 细胞减少而胰高血糖素(GLU)阳性细胞增生型。在病理状况下，某些激素，如促胃液素、GLU 的增加可能起到了促癌因子作用。内蒙古自治区医院[82]亦报道了胃窦部 G 细胞及其激素在消化性溃疡和胃窦癌时的变化。其结果与前几年国内外有关报道相似。他们还进一步研究了神经内分泌细胞 CgA(chromogranin A)表达和 CgA mRNA 的表达。177 例胃癌中 5 例有 CgA mRNA 表达，7 例有 CgA 蛋白表达，其中 4 例同步表达。这一结果表明，部分胃癌组织中存在神经内分泌标志物 CgA mRNA 的表达，还有储存分泌 CgA 蛋白的能力。

生化 中国医大临床一院[83]应用原子吸收方法检测胃癌患者血清、组织中血细胞硒的含量，发现血清中的硒含量明显较非胃癌患者对照组低，而胃癌组织中硒含量显著升高。认为这是机体内硒迁移所致，以利硒发挥抗癌作用。河南医大一院[84]用 5-5′二硫双硝基苯甲酸比色法测定了 85 例老年慢性单纯性胃炎、慢性萎缩性胃炎、胃癌患者全血、胃窦和胃癌组织中谷胱甘肽还原酶(glutathione reductase, GR)的活性。结果提示，细胞内 GR 活性降低致氧自由基水平增加，可能是引起细胞衰老及癌变的原因之一。重庆医大[85]采用酶组织化学、免疫组织化学法及电镜技术研究芳香硫酸酯酶、β-半乳糖苷酶及溶菌酶在胃癌细胞中的分布与癌细胞的分化和浸润关系。结果发现，粘液细胞癌中 3 种水解酶的反应强度均高于低分化及高分化腺癌，其癌周的纤维组织及平滑肌消失，提示粘液细胞癌能分泌多种水解酶，破坏癌周间质，有利于癌细胞的浸润和扩散。安徽医大一院[86]测定了 30 例胃癌术后未出现复发者和 34 例胃癌术后复发或转移者血清中的 Cu/Zn 比值，结果术后复发者血清 Cu/Zn 比值显著高于未复发组。再结合血清 CEA、CA50 的检查，对胃癌术后复发或转移的监测很有价值。

诊断 白求恩医大预防医学院[87]报道采用 ICP-AES 法检测血清中 24 种元素的含量，探讨胃癌与对照组间微量元素含量的差异。结果胃癌组血清中 Cu、Cr、Mn、Mo、Ni 显著增高，而 Ca 降低，Cr/Zn、Cu/Zn 比值显著增高，Ca/Cu、Mg/Cu、Ca/Cr、Ca/Mg 比值显著降低。作者提出，血清 Ca、Mg、Cu、Fe 4 种元素可作为胃癌临床辅助诊断指标。他们还检测了头发中 24 种元素的含量并应用于胃癌的辅助诊断。头发中 Cu、Fe、Zn、Ni、Al、B 等对胃癌的辅助诊断有较大价值，认为多种元素谱的分析比单个元素和元素比值谱对胃癌的诊断更为准确。北京医大三院[88]* 探讨了 ^{31}P-核磁共振波谱(phosphous nuclear magnetic resonance spectroscopy, ^{31}P-NMRS)对胃癌的诊断可能性，并分析比较了胃癌组及对照组血清中 a、b、c 三个主要峰的位移和强度差别。作者认为，该法的敏感性为 80.36%，特异性为 81.03%，可作为胃癌诊断的检查方法。白求恩和平医院[89]* 报道了抗上皮细胞膜抗原(EMA)单抗对胃癌骨髓微小转移灶的检测价值。对 65 例胃癌患者的骨髓血进行了检测，阳性率为 58.46%(38/65)。随访结果，EMA 阳性患者 3 年生存率明显较低，而且死因与血行转移有关。福建莆田县医院[90]* 研究了唾液 CEA 检测对诊断胃癌及癌前病变的意义。对 58 例 CEA 阳性者做胃镜活检，确诊 4 例早期胃癌，1 例晚期胃癌、47 例癌前病变，占总数的 90%。唾液取材方便，无创，此法可作为普查粗筛指标。西安西京医院[91]报道了免疫聚合酶链反应技术(PCR)的建立及在检测非核酸物质-肿瘤相关抗原的应用。首先制备了肿瘤单克隆抗体-重组 DNA 嵌合体(MG 或 MC-PXJ19)，以此将抗原抗体反应的特异性同 PCR 技术的高敏感性相结合，建立了免疫聚合酶链反应技术(免疫 PCR 技术)，胃癌单抗(MG 系列)及结肠癌单抗(MC 系列)均为该院制备。基础研究中以该技术检测胃印戒细胞癌株 KATO Ⅲ 细胞上肿瘤相关抗原，并与 ELISA 法比较其敏感性，结果表明，KATO Ⅲ 细胞数目在 20 个时即可出现阳性结果，敏感性较 ELISA 法高出 10 倍。若以 0.25%戊二醛固定相同数量(2×10^6/ml)KATO Ⅲ 细胞后加入 MG-PXJ19 嵌合体及单独 MG，分别用免疫 PCR 及 ELISA 法进行检测，免疫 PCR 检测结果呈阳性所需 MG-PXJ19 为 3.8×10^{-14} mol，而 ELISA 法为 3.0×10^{-11} mol。临床研究中以该技术分别检测了 416 例胃癌、46 例结肠癌患者，其血清诊断阳性率分别为 83.3%及 72.9%，明显高于其他检测方法。将

PCR 扩增产物进行定量研究表明，胃癌伴发转移者明显高于不伴有转移及早期癌肿患者。此外，该方法还可用于高危人群普查、胃癌术后监测等。

治疗　上海瑞金医院[92]和衡阳医学院肿瘤所[93]分别报道了硒、锗和大蒜对甲基硝基亚硝基胍(MNNG)诱发大鼠胃癌的保护和治疗作用。结果表明上述 3 种物质对大鼠胃癌及癌前病变有抑制和逆转作用。上海消化病所[94]报道了天然 β 胡萝卜素对胃癌前期病变的逆转作用。将 43 例胃镜活检证实的中、重度萎缩性胃炎、肠化及不典型增生，随机分 3 组：(1)口服天然 β 胡萝卜素组，30mg/d；(2)口服合成 β-胡萝卜素组：30mg/d；(3)口服安慰剂 2 粒。结果：口服天然 β-胡萝卜素组 4 种病变均减轻。口服合成 β 胡萝卜素组未见明确变化。天然胡萝卜素中有 α 胡萝卜素和 β 胡萝卜素的异构体，推测 β 胡萝卜素组的抗癌作用可能有异构特异性，即仅有某些异构体才有抗癌作用。本年度有几篇文献报道分析了老年人胃癌的治疗体会，指出老年患者症状隐匿、组织分化较好者多，应重视早期检查，积极防治，特别注意加强围手术期的处理。有 5 篇有关青年胃癌的报道，共报道了 279 例青年胃癌并分析了其临床及病理特点。一般认为，青年胃癌的年龄≤30 岁。其临床特点主要是症状隐匿，病变进展快，淋巴转移率高，预后差。病理以浸润浆膜及浆膜外为主，低分化癌多见，恶性程度高。男性还是女性发病率高尚无定论。

上海市一院[95]* 报道了 82 例早期胃癌的诊治体会，认为要加强高危人群的定期检查，主要手段是胃镜。82 例病人手术后随访 1、3、5 年，生存率分别是 100%、99%和 97%，提出手术方法应为根治性 R_2。哈尔滨医大三院[96]报道了对 31 具尸体进行解剖，用普鲁士蓝染色胃淋巴系统方法，对胃脏侧最终淋巴结与腹主动脉旁淋巴结的联系及腹主动脉旁淋巴流向进行观察研究，发现胃淋巴主要以 3 个径路从脏侧淋巴系统向壁侧回流，即腹腔动脉干淋巴结径路、肠系膜上动脉旁淋巴结径路和左膈下动脉旁淋巴结径路，其中以腹腔动脉干径路为主要径路。回流至壁侧的淋巴区域，主要为腹腔动脉干上缘至肾静脉下缘之间的腹主动脉外侧、前侧及腹主动脉腔静脉间隙和肾静脉下缘至肠膜下动脉上缘之间的腹主动脉前侧及腹主动脉腔静脉间。此结果可为胃癌根治术中腹主动脉旁淋巴结的清扫提供参考。中国医大肿瘤所[97]报道了胃癌合理根治术式的探讨。分析了 143 例全胃切除病例，随访率为 100%。10 例早期胃癌皆无淋巴结转移，作 R_2 以下手术。全胃癌预后差，淋巴结转移广泛，如有第 4 站转移者应行 R_3 手术。其余各部胃癌有第 2 站转移者应行 R_3。北医大一院[98]报道了进展期胃窦癌淋巴结清扫合理性探讨。作者对 23 例进展期胃窦癌患者进行了 R_3 手术，并行第 16 组淋巴结清扫，发现 26%患者有第 16 组淋巴结转移，并认为对进展期胃窦癌采用 R_2 不充分，可能有 1/33 的患者有肿瘤转移灶残瘤。作者提出，应扩大根治范围，对部分病例应行第 16 组淋巴结清扫。这些病例包括：肿瘤最大径＞8cm，浆膜受侵犯，肿瘤呈浸润性生长及 N2 淋巴结有转移者。浙江湖州市二院[99]报道了 120 例全胃加联合脏器切除与 148 例无联合脏器切除治疗中晚期胃癌的比较分析。联合脏器切除 3～5 年生存率高，但手术后并发症及死亡率高。提出对高龄、体弱或心肺功能差患者要慎重。对是否合并脾切除，有学者认为进展期胃癌脾脏具有免疫抑制作用，且脾门有较高的淋巴结转移率，提出Ⅲ、Ⅳ期行全胃切除合并脾切除是适宜的。福州协和医院[100]* 报道 1972 年 6 月～1993 年 12 月共手术治疗 280 例胃癌侵犯邻近脏器的患者。第 1 组为胃癌和受侵犯脏器完全切除者 93 例，第 2 组为胃癌和受侵犯脏器不完全切除者 55 例，第 3 组为仅切除胃癌原发灶者 132 例。3 组术后 5 年生存率分别为 32.7%、7.7%和 8.2%。第 1 组 5 年生存率显著高于第 2 组和第 3 组($P<0.05$)，第 2 组和第 3 组 5 年生存率相似($P>0.05$)。作者认为，对胃癌侵犯邻近脏器的患者，只要没有肝脏血行转移、腹膜种植和淋巴结广泛转移等不能治愈的因素，都应积极将胃癌和受侵犯脏器一并切除，以达根治目的；对有不能治愈因素存在者，则应争取切除胃癌原发灶，以提高生存质量和延长生存期。另外，还有关于晚期胃癌未能手术切除及胃癌旷置手术的报道。对于未能切除者行介入治疗和化疗，其生存期中位数平均为 9～13 个月。重庆市急救医疗中心[101]报道 8 例未能手术切除胃癌的介入治疗结果，有效率为 87.5%，较通常报道的常规化疗和放疗有效率明显提高，平均生存期为 8.9 个月。他们的方法是经股动脉穿刺插管，腹腔动脉造影，了解病变和肿瘤血管，选择性插管进入靶血管，一般采用卡铂 400mg，表阿霉素 50mg，5-Fu 1g、丝裂霉素 10～20mg。每次选用 3 种药，复治时交替使用，间隔 1～2 个月重复治疗。邢台市医院[102]报道晚期贲门癌未能手术切除病例 102 例行介入性化疗的疗效观察。患者经股动脉穿刺，选择性腹腔及胃左动脉造影，了解肿瘤血供后，灌注丝裂霉素 10mg，5-Fu 1000mg，顺铂或卡铂 400mg。其中 70 例灌注 3 次，30 例 2 次，2 例 1 次。102 例中 97 例有不同程度肿块缩小，食管狭窄改善；3 例肿块无明显缩小，2 例肿块继续增大。西安医大临床一院[103]和华西医大一院[104]分别报道了胃癌术前选择性动脉介入化疗的疗效观察。共进行了45例，化疗药物主要是丝裂霉素、阿霉素、5-Fu，灌注1周后复查，如无缩小，3周后再次介入灌注。在介入灌注化疗后10～20d，40例经手术切除，术中发现肿瘤病灶周围有不同程度的纤维化，浸润粘连减轻，肿瘤易剥离，切除较容易，出血少。胃癌和有转移的淋巴结中，癌细胞有不同程度的坏死。作者认为，术前行选择性动脉介入化疗(selective arterial perfusion chemotherapy，SAPC)抗癌效果好，毒副反应小，不仅可提高胃癌的手术切除率和根治率，对减少或防止术中癌细胞的医源性扩散、种植和术后复发均有重要意义。华西医大一院[105]、解放军总院[106]和浙江医大一院[107]分别报道了热疗和卡铂、顺铂对胃癌细胞杀伤作用的实验研究和临床应用。作者提出，43℃、30min以上的单独热疗有直接杀伤癌细胞作用，而低于42℃不适宜。华西医大一院对进展期胃癌根治术毕采用腹腔内加热低渗液顺铂灌注腹腔治疗46例，术后1年生存率显著高于对照组。无切口延迟愈合、吻合口瘘及肠粘连梗阻发生，疗效满意。上海长征医院[108]报道了胃癌术后化疗时机的选择研究。作者对48例胃癌患者术后不同时期和化疗前后外周血NK细胞活性和T细胞亚群进行了检测。结果显示，肿瘤切除后第2周和第3周患者免疫功能均有明显改善，但二者无明显差别($P>0.05$)。说明术后免疫功能恢复到一定程度后稳定在一定水平。因此从免疫状态看，术后1周左右开始化疗是合适的。另外化疗前后免疫指标变化提示，化疗对患者免疫功能确有损害作用。海南省医院[109]报道大剂量醛氢叶酸(CF)配合氟尿嘧啶(5-Fu)治疗晚期胃肠道癌的疗效观察。CF每次200mg，5-Fu 1g于CF滴至一半时用，连用5d，21d后重复，总有效率为47.1%。该法毒性小，病人能耐受，生存期延长。重庆大坪医院[110]报道了三苯氧胺治疗BorrmannⅣ型胃癌的疗效观察。Ⅳ型胃癌组织中雌激素受体(ER)阳性率高，该组报道了21例，其中11例ER阳性。三苯氧胺每次10mg，每日2次，服用3～6个月，化疗采用MFC方案(丝裂霉素、5-氟尿嘧啶及阿糖胞苷)。结果11例ER阳性病人1年生存率81.8%；10例ER阴性者1年生存率为50%。作者提出三苯氧胺治疗Ⅳ型ER阳性病人有一定疗效，更确切的疗效有待于更多的病例和较长时间的随访观察。多药抗药基因(MDR1基因)的检测和P-糖蛋白表达水平的观察能从分子水平客观地判断肿瘤细胞的化疗敏感性，而后者表达水平的观察更为方便和实用。福建医学院一院[111]应用S-P免疫组化方法研究了81例原发性胃癌P-糖蛋白的表达变化的关系。结果发现，P-糖蛋白染色阳性率为28.4%，其阳性与胃癌的CEA表型相关与胃癌的分化程度无关。癌旁正常粘膜胃腺底部P-糖蛋白阳性率为7.4%，提示化疗前的胃癌患者自发地存在P-糖蛋白表达，可能是部分患者在治疗初始阶段即对化疗缺乏敏感性的一种标志。贵阳医学院附院[112]报道了胃癌、直肠癌术中放疗的近期临床急性反应观察。胃癌切除肿瘤后手术暂停，给予12Mev的电子束，一次性照射2 500Gy。术中放疗后1～2个月未发现明显急性放射反应。无吻合口瘘、胆管炎、空肠损伤等征象。西安医大临床一院[113]报道41例多发胃癌的临床病理特点。作者选择41例多发胃癌患者的98个癌灶为研究对象。对患者年龄、性别及癌灶所占分区、癌灶间距离、组织学类型、淋巴结转移特点、多发早期癌和多发进展期癌的区别等进行相关分析。结果提示，多发胃癌的临床病理特征为：多见于高龄男性，早期胃癌中出现概率高，癌细胞分化程度较高，主、副癌灶间距离比较靠近，淋巴结转移率明显高于同期其他单发癌。作者认为，临床报道多发胃癌发生率低的原因，与对其认识及诊疗水平有很大关系，所以应对高危患者进行全面仔细的内镜检查，以利于早期发现。治疗方法亦有别于单发癌，胃的切除范围和淋巴结清扫范围应大于单发胃癌。衡阳医学院一院[114]对12例AFP阳性胃癌的临床和病理学特点进行了研究。作者认为，这种胃癌恶性程度高，易发生肝转移。由于肝和胃组织均由胚胎的原始前肠衍化而来的，所以肝和胃在起源上有密切关系，原发性胃癌可能因分化障碍而产生AFP。术后化疗以丝裂霉素较敏感，化疗方案应以其为主要药物。上海长海医院[115]报道了老年贲门癌、胃体癌的围手术期处理探讨。作者分析了1983年1月至1991年5月60岁以上高龄贲门癌、胃体癌病人160例。结果显示，高龄贲门癌、胃体癌发病率有增多趋势，因体质弱、伴随病多，处理较复杂。作者提出针对高龄患者的特点，应全面、详细询问病史，认真体检，加强围手术期处理，是减少并发症、降低手术死亡率的关键。单纯高龄并不是手术禁忌证。

(毕建威　方国恩)

(十)术后并发症

北京医大一院[116]对术后反流性胃炎与慢性胃炎的病理组织学进行了对照研究，结果表明胃小凹增生、间质水肿、毛细血管扩张充血是反流性胃炎的主要病理组织学特征，反流积分的高低可代表反流性病变的严重程度。上海长海医院[117]报道了胃切除术后12例严重反流性胃炎及反流性食管炎的治疗经验。其主要症状为手术后上腹部灼痛、吐胆、食欲减退与消瘦。胃镜检查可见残胃有弥漫性炎症、水肿、吻合口糜烂。12 例再次手术采用 Roux-en-Y 或 Tanner-Roux-19 术式,术后病人均恢复正常工作与生活。北京协和医院[118]鉴于胃大部切除术后病人由于钙、维生素 D 吸收不良,增加了骨软化和(或)骨质疏松的发生率,研究了毕Ⅱ式胃大部切除术对血钙和 25(OH)Vit D 水平的远期影响。结果发现,血浆游离钙、血清总钙、25(OH)Vit D 和白蛋白的水平在病人组较对照组明显降低,骨密度在两组间尚未显示明显差异。江苏启东市医院[119]报道了毕Ⅱ式胃切除术后输出袢内疝 8 例,发生率为 0.28%,均为输出袢空肠嵌入输入袢空肠与结肠之间的间隙内。作者认为,预防关键是:(1)消除吻合口后间隙。可将输入袢系膜与横结肠系膜固定 2～3 针;(2)输入袢不宜过长,过长易发生吻合口后疝,以 10cm～12cm 为宜;(3)术式尽量采用毕Ⅰ式,若采用毕Ⅱ式则尽量采用结肠后吻合。华西医大一院[120]总结了对胃食管反流(GER)行 Nissen 胃底折叠术 21 例,对 5 例出现的并发症进行了分析讨论。其中并发食管下端狭窄 2 例,发生原因一般为包裹过紧或(和)包裹过长所致;并发食管裂孔疝复发及旁疝 3 例。作者认为,其发生原因多系患儿反复呕吐,造成营养不良、贫血及低蛋白血症,致创口愈合能力差,加之肺部感染咳嗽,膈肌张力增加,以致缝合处裂开。因此,术前应纠正营养不良,防治肺炎;术中勿损伤迷走神经干,避免腹部胀气;缝合膈肌脚应采用不吸收缝线间断全层缝合;注意张力不宜过大,术后应行胃肠减压,避免腹胀。兰州军区总院[121]报道 55 例全胃切除术,无吻合口瘘发生。预防吻合口瘘的主要体会是:(1)重视围手术期处理,改善患者的全身状况;(2)预防膈下感染;(3)采用空肠代胃 Y 型瓣式吻合术;(4)可靠的吻合、良好的血供。吻合口无张力是预防吻合口瘘的关键;(5)吻合器吻合可提高吻合质量;(6)注意选择切口,使之显露满意,操作方便。皖南医学院弋矶山医院[122]对胃大部切除术并发胆总管损伤 11 例进行了分析,均行再次手术解除梗阻。作者提出预防措施如下:(1)十二指肠胼胝性溃疡或溃疡穿孔修补术后粘连紧密,不要勉强切除,可采用溃疡旷置术;(2)胃癌合并周围淋巴结转移,局部粘连固定解剖结构不清时,可作姑息性切除术;(3)游离胃十二指肠动脉及周围血管时如发生出血,切忌盲目钳夹或缝扎止血;(4)仔细辨清解剖结构,分离十二指肠球部,不要牵拉过度,使胆总管移位;(5)手术结束时应仔细检查有无胆总管损伤。南京鼓楼医院[123]报道采用国产 GF-1 型管状吻合器和 XF 残端闭合器行胃切除 1143 例,发生术后早期吻合口大出血 3 例,均再次手术止血治愈。作者认为,术后早期出血以吻合口出血可能性大,再手术时宜采用胃切口探查而避免经吻合口探查,术后早期吻合口大出血多与器械钉合不全有关。长沙湘雅医院[124]总结胃切除术后胃肠道瘘 14 例的治疗经验,认为治疗关键在于早期诊断、及时手术、充分引流、控制感染,给予营养支持,并维持水、电解质和酸碱平衡。天津医大总院[125]总结了近 10 年来 864 例行胃大部切除的患者出现术中及术后早期并发症者 26 例的治疗经验,其中 4 例的术中并发症分别为肝十二指肠韧带横断、残胃与回肠吻合、脾损伤、结肠中动脉损伤各 1 例;另 22 例术后早期并发症为十二指肠残端瘘 12 例,吻合口排空障碍 8 例,出血 2 例。作者认为,术中应暴露充分,注意解剖标志,确认各重要组织间的关系,才能避免术中损伤周围组织器官。对于术后并发十二指肠残端瘘,应清除腹腔积液,加强引流,控制感染及纠正水电解质酸碱平衡,而对于吻合口排空障碍应不失时机地行胃镜检查,判断排空障碍的性质,然后再决定治疗方案是很重要的。

二、胃十二指肠溃疡

(一)应激性溃疡

北京天坛医院[126]采用冷束缚法建立大鼠应激性溃疡模型,以探讨胃肠激素与应激性溃疡发病的关系。结果表明,实验组促胃液素、胰高血糖素水平明显高于对照组,生长抑素水平明显低于对照组。提示促胃液素、胰高血糖素、生长抑素可能从不同的角度参与了应激性溃疡的发生过程。湖南省儿童医院[127]报道小儿并发应激性溃疡 71 例,均发生于入院后 1～5d,不伴全身出血倾向,63 例均以胃管内注入西咪替丁为主要治疗措施。71 例中,存活出院 35 例,死亡 36 例。作者认为,内环境失调易致应激性溃疡;应激性溃疡是重症患儿病情加重或恶化的标志之一。安徽全椒县医院[128]报道胃粘膜病变致大出血手术保胃治愈 18 例。其经验为手术处理该病所致大出血时,一定要在直视下找到粘膜病变区域内的出血点,确切予以缝扎。再根据出血区域的解剖位置选择性结扎阻断胃左、右动脉,胃网膜左、右动脉或胃短动脉。中山医大三院[129]报道采用胃去动脉术治疗各种原因引起的急性胃粘膜病变(AGML)13 例,11 例即刻止血,2 例无效。其中 1 例发生再出血,3 例死亡。临床分析提示,低血压、肝功能损害、严重感染、酸中毒、尿毒症等是 AGML 的危险因素。对门静脉高压性 AGML,该手术疗效较差,应慎重选用。外科治疗 AGML 的目的主要是控制致命性大出血。其手术指征是经保守 12～24h 以上仍无好转迹象,或每日输血超过1 000ml才能维持血压时，或止血后又反复出血者，应尽早手术。比较各种术式，胃去动脉术具有简单、迅速、安全等优点，较其他术式略优。

（二）消化性溃疡

山东医大附院[130]采用放免法测定了13例胃溃疡、21例浅表性胃炎、7例萎缩性胃炎患者和9名正常人的血浆、胃液和胃粘膜组织的内皮素（ET）含量。结果表明，胃溃疡患者的胃粘膜组织和胃液ET浓度显著高于正常人、浅表性胃炎和萎缩性胃炎患者。胃液中的ET可能直接来源来于胃窦和胃底粘膜细胞的合成和释放，提示在某些条件下，内源性ET释放增加可能是胃溃疡形成的始动因子和促动因子之一。上海仁济医院[131]以双同位素标记试餐SPECT技术检测活动性十二指肠溃疡（DU）患者和健康志愿者的胃排空功能，并以放免法测定其空腹和餐后促胃液素（GAS）和胃动素（MOT）水平。结果表明，DU患者多存在胃排空异常，表现为延迟相消失，固体和液体食物半排空延迟。空腹及餐后MOT水平均高于对照组，可能是胃排空延迟反馈调节的结果，但胃排空延迟并未导致GAS过度释放。上海市六院[132]应用^{99m}T-植酸钠的鸡肝固相食物进行显像和排空时间-放射性曲线的检测与对照，初步探讨胃溃疡（GU）及十二指肠球部溃疡（DU）和胃排空的关系。结果显示：(1)健康人胃排空时间为（51.5±12.8）min；(2)GU组中4例＞90min，1例＜30min，9例在健康人正常范围内；(3)DU组中14例＜30min，4例＞90min，2例在健康人范围内。从而说明GU、DU两组患者胃排空时间与健康人比较有明显差异，并需增加例数进一步研究。吉林长春市中心医院[133]对4例胰源性消化性溃疡（ZES）进行临床分析，认为该病临床表现主要为顽固性的溃疡病症状，常合并穿孔、呕血、黑便、腹泻等。血清促胃液素测定对该病诊断有重要意义。治疗上可以给予组织胺受体拮抗剂抑制高酸，但最可靠的方法是去除促胃液素的靶器官——全胃切除术。浙江开化县医院[134]报道胃霉菌性溃疡20例，由于霉菌的毒素作用，使溃疡加深加大，且常边缘隆起，表面污秽，在胃镜下酷似胃癌，易误诊。由于其溃疡面积大，并发大出血或穿孔的机会较多，且有时与胃癌难以鉴别，故以外科手术治疗为宜。江西上饶地区医院[135]报道胃溃疡伴嗜酸性肉芽肿形成21例，其临床特征为：(1)好发于中年以上的男性；(2)均有胃溃疡病史；(3)以上消化道出血求治的占33.3%；(4)纤维胃镜检查均发现为孤立性巨大溃疡，多数边缘隆起，中心凹凸不平，或有白苔，极似胃癌，应行手术切除，既可切除病灶，减少出血，亦可明确诊断。浙江金华市医院[136]报道外科治疗胃溃疡出血90例，对比同期治疗的十二指肠溃疡出血98例，GU组有以下特点：平均年龄偏大，溃疡病程长，无症状患者多，并发症多，反复出血机会多，大出血不易自止，溃疡病灶大，毕Ⅰ式胃大部切除术多，围手术期并发症发生率高。故作者建议对GU出血年龄偏大者应早期手术，以减少围手术期并发症，降低死亡率。

三、十二指肠

（一）组织病理学

白求恩国际和平医院[137,138]观察了52例纤维胃镜咬取的十二指肠降部粘膜标本，组织学显示98%有慢性炎症，80%为萎缩性炎症。按粘膜绒毛高度和萎缩程度分轻、中、重3级，结合临床，中、重度萎缩性十二指肠炎可作为小肠吸收不良的诊断依据。52例中，胃表层上皮化生（MGE）、Brunner腺增生分别为21%和50%。组织化学染色证实，十二指肠杯状细胞含混合性粘液。作者进一步对20例吸收不良综合征十二指肠降部粘膜绒毛病理及微绒毛超微结构进行观察。结果表明，吸收不良综合征组绒毛高度降低，宽度增加，陷窝深度加深；微绒毛密度及高度减低，表面积缩小，与对照组比较均有显著性差异。故十二指肠降部粘膜活检可用于吸收不良综合征的诊断。

（二）先天性畸形

江苏徐州市儿童医院[139]报道12例先天性十二指肠隔膜症，隔膜位于十二指肠降段4例，水平段2例，升段6例，其中双隔膜1例。8例行隔膜切除，4例行Weitzman十二指肠梗阻改良手术。Weitzman改良术式为：将盲肠、升结肠翻向左侧，游离远侧十二指肠和近侧空肠，近隔膜处行十二指肠壁侧侧吻合，然后把盲肠、升结肠放回右侧腹；近端空肠放在右上腹，其余小肠放在中腹部。作者认为，Weitzman改良手术简单，疗效好，无术后并发症，值得推荐。福州协和医院[140]总结了小儿十二指肠梗阻76例的诊治经验，认为新生儿期十二指肠梗阻多为先天性严重畸形所致，以肠旋转不良、十二指肠闭锁或狭窄及环状胰腺多见。手术治疗以简单有效为原则，对于十二指肠闭锁和狭窄可采用捷径吻合，环状胰腺行十二指肠空肠吻合术为宜；肠旋转不良均采用Lodd改良术式，一般还附加阑尾切除；对肠系膜上动脉综合征首选手术治疗，采用十二指肠松解术比沿用已久的十二指肠空肠吻合术更好。

（三）十二指肠损伤

青海省医院、白求恩医大临床一院、徐州市一院、邢台矿务局总医院等四家医院[141~145]共报道十二指肠损伤83例。其特点为：(1)多发生于腹膜后，早期缺乏典型的症状体征，诊断困难，易漏诊；(2)多合并有严重的多发性脏器损伤，伤情严重；(3)十二指肠愈合能力较差，加之消化酶的腐蚀，易发生十二指肠瘘；(4)如延误诊断，死亡率明显增加。诊断要点为：(1)凡右上腹有外伤史者，应考虑到十二指肠损伤的可能；(2)术中发现右上腹膜后有血肿、水肿者，十二指肠侧方有胆汁染色、局部有捻发音者，横结肠系膜根部肿胀、肠系膜脂肪坏死、淤斑，后腹膜蜂窝组织炎或上腹后腹膜穿刺出肠内容物者均应行十二指肠探查。作者强调手术治疗越早越好，根据损伤的部位及程度不同，选择不同的手术方式。四川宜宾地区二院[146]介绍了十二指肠空肠双造瘘体外转流的方法治疗十二指肠损伤5例，即通过体外挤压转流器将引流出的十二指肠液转流至空肠中，效果满意。作者认为，该方法对十二指肠减压引流彻底，手术创伤小，能回输大量消化液，后期又能作空肠管饲，尤适用于有严重合并伤的病例，但因例数尚少，有待更多临床实践检验。湖南益阳医院[147]报道采用空肠浆膜贴补法修复十二指肠破损9例。作者认为，空肠袢浆膜贴补法修复十二指肠破损具有血运好、愈合能力强而快、抗感染及抗消化液腐蚀性强等优点，且操作简便，对病人打击小，不失为一种安全简便的手术方法。

(四)十二指肠憩室

北京医大一院[148]总结了24例十二指肠憩室并发症的外科治疗经验。其中16例合并胰胆管疾患，2例憩室并发出血，1例憩室并发穿孔，5例并发有顽固性上消化道症状。小的憩室可行单纯内翻缝合术，不会导致十二指肠梗阻。作者认为，对于胆管开口于憩室内而行憩室切除有困难的，若非憩室癌变、难以控制的大出血或憩室穿孔，不宜选择切除手术，可以选择胆总管十二指肠吻合术、毕Ⅱ式胃大部切除加迷走神经切除，或在憩室壁上行壶腹开口成形术。对于憩室穿孔应切除憩室，充分引流腹膜后间隙，必要时加行胃造瘘和空肠造瘘预防十二指肠瘘。位于有胆胰疾患的壶腹周围憩室则应切除，如有乳头狭窄需加作乳头成形术。而对于仅有非特异的上消化道症状患者，手术治疗后症状消失率不高，应严格掌握手术指征。浙江医大一院[149]和青海省医院[150]共报道十二指肠憩室56例。作者总结手术指征为：(1)长期腹痛伴胃肠道症状，经内科保守治疗无效的十二指肠憩室炎；(2)憩室出血，经内科治疗不能控制；(3)憩室穿孔；(4)憩室癌变；(5)并发胆道、胰腺疾病的十二指肠乳头旁憩室。手术方法：(1)以憩室切除最为理想；(2)对于胆管、胰管开口于憩室内、估计切除憩室困难者，则应采用憩室旷置手术，即胃部分切除和胃空肠吻合术；若憩室较小者可单作内翻缝合术。

(五)肠系膜上动脉压迫综合征

白求恩医大临床三院[151]报道十二指肠上动脉压迫综合征35例，其中19例采取外科手术治疗。其诊断依据为：(1)患者有明显右上腹或脐周痛，腹痛随体位改变，仰卧位、站立位时加重，转为左侧位、俯卧位或膝胸位时缓解或消失，且伴频繁呕吐；(2)患者多为消瘦体型。仰卧时上腹部闻及收缩期吹风样杂音，转为俯卧位时消失；(3)X线钡餐检查是诊断本病的关键依据；(4)术中可发现十二指肠近段明显扩张并有逆蠕动。对该病首先采取内科保守治疗，若效果不明显可行十二指肠空肠吻合术或胃大部切除附加屈氏韧带松解术。无锡市二院[152]手术治疗肠系膜上动脉压迫综合征5例，均系内科治疗无效，呕吐严重，消瘦明显而施行手术治疗。行结肠后十二指肠空肠吻合术5例，其中1例附加屈氏韧带切断松解术，疗效满意。

(六)十二指肠癌

南京军区南京总院[153]报道12例手术前经内科诊断为Vater乳头癌的患者。作者指出，对Vater乳头处出现自发性出血灶或糜烂者应高度警惕早期Vater乳头部癌之可能，应常规做活检和细胞刷检，以求早期诊断和手术切除。山东荷泽医高专[154]报道原发性十二指肠恶性肿瘤19例，其中腺癌16例，平滑肌肉瘤、恶性淋巴瘤及间皮肉瘤各1例。作者认为，该病早期诊断关键在于足够的警惕性，遇有下列情况应疑有该病：(1)不明原因的上腹部不适、疼痛或反复上消化道出血；(2)无明显溃疡病史而出现高位小肠梗阻者；(3)出现黄疸，B超提示胆总管下端阻塞而又无结石或胰头病变者。治疗以手术为主，应采取胰十二指肠切除术。对于十二指肠第1、3、4段早期肿瘤，也可作局部肠管切除术但距瘤缘至少应2～3cm。广东医学院附院[155]报道原发性十二指肠恶性肿瘤23例，因缺乏特征性表现，早期诊断比较困难。作者建议对原因不明的上腹痛、饱胀、厌食、消瘦及贫血者常规行内镜检查。治疗原则是：早期诊断早期手术，最有效的手术方法是根治性胰十二指肠切除术。西安西京医院[156]报道原发性十二指肠球癌2例，均为腺癌，临床表现主要为上腹疼痛、纳差、消瘦、餐后饱胀呕吐或黑便，无特征性表现。故应提高对本病的认识，争取早期诊断及手术，改善本病的预后。

四、空肠、回肠

(一)结构、功能、生化

北京协和医院[157]研究了手术应激时用谷氨酰胺双肽强化的肠外营养液对肠粘膜结构和肠道细菌移位的影响。结果发现,双肽组血浆谷氨酰胺浓度、空肠粘膜厚度和绒毛高度均高于传统肠外营养组,而其肠道细菌移位率显著低于传统肠外营养组,从而表明在大鼠60%肠切除后,含谷氨酰胺双肽的胃肠外营养液可改善其肠粘膜代偿性增生和减轻肠道细菌移位。西安西京医院[158]应用大鼠全肠外营养(TPN)模型,观察TPN过程中表皮生长因子(EGF)对小肠谷氨酰胺摄取及肠道免疫功能的调节作用。结果表明,在TPN过程中加用EGF可防止肠道谷氨酰胺水平下降,提高肠道对谷氨酰胺的摄取率,并可有效防止粘膜淋巴细胞IL-2活性的下降,减少细菌移位。提示EGF具有防止TPN后肠粘膜屏障损伤和细菌移位作用。解放军304医院[159]*研究了口服谷氨酰胺(Gln)对烫伤大鼠小肠功能和结构的影响。结果显示,烫伤后小肠二胺氧化酶(DAO)水平降低,血浆DAO和血浆内毒素(LDS)水平升高;标准饲料(C)组血浆Gln在伤后2d和5d降低,而Gln饲料(G)组各时点均增加;Gln+精氨酸(G+A)组在2d降低,C组血浆丙氨酸、精氨酸和血氨较其他两组低。病理检查见C组伤后小肠绒毛萎缩变短,固有层慢性炎性细胞增多,肠壁变薄,而G组和G+A组小肠粘膜厚度接近正常,从而表明口服Gln可能对烫伤大鼠小肠粘膜结构和功能有保护作用。厦门市中山医院[160]利用高效液相色谱仪测定不同热缺血温度下肠粘膜组织中高能磷酸化合物腺苷池(包括ATP、ADP、AMP)含量,利用公式求出能量价(EC)。结果发现,热缺血对组织EC有明显影响,且温度越高,影响越大。肠移植物在血流再通0.5h肠粘膜中EC恢复不到50%是肠移植物活性不良的标志。北京医大心血管所[161]采用大鼠小肠原位灌流的缺血再灌注(I/R)模型,探讨了蛋白激酶C(PKC)在大鼠小肠缺血预处理(PC)中的作用。结果显示,PC明显减轻了I/R后肠粘膜病理损伤,减少了脂质过氧化产物丙二醛(MDA)产生及乳酸脱氢酶(LDH)漏出,并减少了肠道微血管壁对Evans蓝的渗出。而PKC抑制剂Polymyxin B和H_7可完全阻断这种保护作用,从而表明PC对I/R的小肠组织和血管床有保护作用,其机制涉及PKC的激活。浙江医大二院[162]研究了血清过氧化脂质(S-LPO)与家兔实验性绞窄性肠梗阻的关系,结果显示绞窄性肠梗阻家兔组的S-LPO含量显著高于单纯性肠梗阻家兔组和对照组,且与肠绞窄时间呈直线正相关,从而揭示绞窄性肠梗阻家兔体内脂质过氧化反应急剧增强,S-LPO含量检测可作为诊断绞窄肠梗阻的辅助指标之一。

(二)先天畸形

河北医大二院[163]总结了106例Meckel憩室并发症的诊治体会,其中出血37例,梗阻36例,穿孔33例。特点是多发生于2岁以内男性婴幼儿,发病部位在右下腹近腹中线处。临床表现主要为腹痛、发热、呕吐、腹胀及出血。采用TcO-闪烁照像可以提高Meckel憩室合并出血的阳性诊断率。治疗原则是:在早期诊断的基础上尽早手术治疗,这是提高治愈率、减少病死率及术后并发症的关键。中山医大一院[164]报道通过开放的卵黄管小肠套叠脱出3例。因脐环部组织致密,扩展性差,脱出肠管极易嵌顿并绞窄坏死,故及时诊断与处理非常重要。对于卵黄管残留病变,一经诊断应及时手术治疗,从而可预防小肠通过开放的卵黄管套叠脱出的发生。

(三)小肠外伤

河北医大三院[165]对小肠破裂延误诊断95例进行了分析。作者认为,延误诊断的原因为:(1)合并其他损伤,病情危重复杂,小肠破裂的症状体征不明显或被掩盖;(2)浆肌层破裂致小肠迟发性穿孔;(3)医生经验不足。故早期诊断关键在于提高警惕,严密仔细观察病情变化,尤其是多发伤、病情危重者,经反复检查不能排除肠破裂时应立即剖腹探查。南京铁道医学院附院[166]报道外伤性肠破裂34例。作者认为早期诊断有赖于:(1)详细询问病史,全面、仔细而有重点地查体;(2)腹腔穿刺是早期正确诊断的最重要手段。正确的穿刺方法和反复、多部位穿刺是提高穿刺阳性率的关键;(3)影像学检查一旦发现膈下有游离气体,诊断基本成立;(4)对于诊断难以确定而又有探查指征时,应积极行剖腹探查。一旦诊断明确,均需积极手术治疗。其预后与伤后早期正确诊断、早期合理治疗密切相关。

(四)Peutz-Jeghers 综合征

重庆市三院[167]鉴于消化道出血是P-J综合征的主要并发症及死因,对4例收治的P-J综合征进行临床分析,并复习文献,发现消化道出血与胃酸对息肉的腐蚀有关。胃酸的降低减少了息肉出血的可能性,故胃大部切除可作为多发性胃肠P-J综合征的治疗手段之一。山东德州肿瘤医院[168]报道Peutz-Jeghers综合征伴小肠鳞癌1例。患者为25岁未婚女性,术中空肠近段见一11cm×10cm肿物,侵入浆膜,与周围肠管粘连成团。术后病理报告为"P-J综合征，空肠鳞状细胞癌、I级”。作者分析认为，空肠鳞癌可能来源息肉化生恶变，也可能与P-J息肉无关，属于伴发。

（五）急性坏死性肠炎

广西妇幼保健院[169]对69例急性坏死性肠炎进行了临床分析，认为该病可能与肠道非特异性感染及机体过敏反应等有关。治疗原则：(1)应早期诊断及早治疗；(2)早期绝对禁食对本病十分重要；(3)对中毒性休克患儿应进行抗休克治疗；(4)疑为肠坏死、肠穿孔及大量血便者，必须采取紧急手术治疗；(5)抗感染中，应合用抗厌氧菌药物灭滴灵。山西医学院一院[170]报道新生儿坏死性小肠结肠炎(NEC)15例。作者认为，NEC有2种类型；一型多发生于早产儿、低体重儿，主要由于缺氧引起；另一型多见于晚期新生儿和幼婴，主要由于细菌感染引起。该病以人工喂养儿多见，男婴发病率明显高于女婴，早期诊断与治疗是决定NEC预后的关键。预防早产及缺氧，防治感染性病变及提倡母乳喂养是减少和防治NEC的重要措施。

（六）肠伤寒穿孔

哈尔滨医大一院[171]对72例肠伤寒穿孔进行了分析，均行手术治疗。穿孔部位多发生于回肠末段50cm内，多为单发，腹腔内有中等量淡黄色稀薄无味渗液，大网膜一般不下降包裹病灶。手术以采取探查切口为宜，术式可选择单纯穿孔修补术或局部肠段切除术，术后继续给予抗菌药物治疗2周。福建将乐县医院[172]对剖腹探查疑为肠伤寒穿孔的病人采用快速Widal反应术中检查作为诊断的主要依据，若为阳性，仅行穿孔修补术，效果满意，值得基层医院借鉴。

（七）肠梗阻

上海市七院[173]对23例绞窄性小肠梗阻临床及X线表现进行了分析。作者总结认为，该病较多出现的X线征象有：(1)小跨度蜷曲肠袢；(2)小肠内长液平征和串珠征；(3)小肠扭转时则可迅速出现：①小肠功能麻痹，主要有“气柱扁宽无力征”；②小肠曲解剖位置异常；③腹腔内积液使腹直线模糊消失；④结肠完全无气征。山东东营市医院[174]对966例老年肠梗阻行临床分析后认为：老年肠梗阻病因以肠粘连、肠扭转及肿瘤为多见，临床表现不典型，易延误诊断，且病死率高，术后并发症多，应引起临床重视。湖南宁远县医院[175]总结了253例粘连性肠梗阻的外科治疗经验。作者认为，手术时机选择在单纯性肠梗阻转化为肠绞窄之前作出正确判断，及早手术，对于儿童、老年人更应采取比较积极的态度。手术方式大部分仅需行粘连松解肠减压或部分坏死肠段切除吻合即可。对于复发性粘连性肠梗阻及广泛粘连性肠梗阻则应行小肠排列术为佳。武汉铁路医院[176]采用小肠系膜穿管肠折叠术治疗粘连性肠梗阻32例，疗效满意。该手术操作简单，术后症状轻，恢复快，特别适用于重症病人及反复多次手术、广泛粘连的病例，是一种疗效较好的术式。哈尔滨市六院[177]采用小肠内置管Noble排列术治疗严重粘连性小肠梗阻5例，效果满意。作者认为对适应证的选择应慎重，只有对那些严重粘连又多次手术多次梗阻的病人或慢性腹腔感染经常出现梗阻的病人、保守治疗无效的情况时才考虑。术中分离肠管应尽量不损伤肠壁及血循环。术后拔管时间须依消化道恢复通畅情况而定，一般1～2周。拔管前口服石蜡油，然后缓缓拔出。烟台毓璜顶医院[178]采用兔自体大网膜脂肪细胞加199细胞培养液回植入腹腔的方法，观察肠粘连预防效果。结果实验组兔腹腔内均无粘连，而对照组全部有肠粘连，证明自体脂肪细胞移植能有效地预防腹腔内粘连。

（八）恶性肿瘤

中国医大临床一院[179]应用免疫组化方法对小肠良恶性病变标本中的P53蛋白表达进行了检测，结果显示：小肠癌P53蛋白阳性率高达75%，癌旁组织为21.1%，7例小肠腺瘤仅1例阳性，16例正常小肠组织中无P53蛋白表达。P53蛋白表达强度与小肠癌的分化程度、浸润、转移及预后明显相关，从而表明p53基因突变、缺失在小肠癌的发生、发展过程中可能起了重要的作用。p53基因突变是肿瘤具有较强浸润性及高转移率的标志之一。有基因突变的患者预后较差。中国医大临床一院[180]应用免疫组化法对小肠良恶性病变中P21蛋白表达进行了研究。结果显示：小肠癌P21蛋白的阳性率为38.89%，癌旁组织为68.42%，正常的小肠组织P21蛋白为阴性。这表明基因突变主要发生在小肠癌的癌前病变，对小肠癌的早期诊断具有重要意义。P21蛋白表达与小肠癌的分化程度、发生部位、浸润、转移及预后无关，表明在小肠癌发展过程中可能存在其他致癌机制。长沙湘雅医院[181]分析了29例小肠肿瘤的超声诊断，结果发现，超声检查肿块显示率为86.2%，声像图的体征表现为“假肾征”或“靶环征”，同时可发现肠梗阻、胆道梗阻及转移浸润等间接征象。作者认为，超声诊断小肠肿瘤虽易误诊为其他部位肿瘤，但漏诊少，肿块显示率高，尚可发现周围及远处脏器有无转移，此对诊断小肠肿瘤，特别是外生性肿瘤有其独到之处。广东汕头市二院[182]对15例原发性小肠肿瘤进行临床分析，临床表现主要为腹痛、腹部包块及消化道出血，早期无特殊表现，常并发急腹症就诊。因此对反复便血、腹部包块、不明原因上消化道出血者应仔细反复检查，包括全消化道钡餐、纤维内镜、超声检查及肠系膜上动脉造影等。一经确诊，即行手术。良性肿瘤可行局部肠管切除，恶性肿瘤应行受累肠管系膜区域淋巴结一并整块切除。术后辅以化疗、放疗、免疫治疗等，以提高生存率。浙江金华市医院[183]报道原发性小肠腺癌27例，其中十二指肠腺癌19例，空肠、回肠腺癌8例。作者认为，十二指肠腺癌由于多为结节隆起型，易阻塞十二指肠乳头而引起阻塞性黄疸。而空肠和回肠腺癌多为浸润型，易引起肠腔狭窄及周围粘连，主要表现为腹部肿块及肠梗阻。治疗关键在于早期发现、早期手术治疗。山西省儿童医院[184]报道小儿小肠原发性肿瘤15例，其中十二指肠1例，空肠4例，空回肠交界处2例，回肠8例。恶性肿瘤8例，其中淋巴肉瘤4例，平滑肌肉瘤2例，恶性血管瘤2例；良性肿瘤7例，分别为淋巴管瘤3例，血管瘤2例，纤维瘤1例，腺瘤1例。作者认为，小儿小肠肿瘤和成人相比，绝大多数为先天因素，相当一部分来源于中胚层残留组织或迷走组织，少数良性肿瘤尚有恶性倾向。临床表现主要为腹痛、肿块、便血和食欲不振。诊断一经明确，都应用手术切除治疗。

五、消化道出血

（一）常见原因的消化道出血

吉林通化市医院[185]报道上消化道出血行急诊内镜检查115例，其出血病因占前3位的分别为：消化性溃疡（54.7%）、急性胃粘膜病变（23.47%）和胃癌（10.4%）。浙江省建工医院[186]报道急诊内镜检查诊断上消化道出血122例，出血病因占前3位的分别为：消化性溃疡（40.92%）、癌肿（18.9%）、浅表性胃炎（9.8%）。作者认为，急诊内镜检查是上消化道出血最有诊断意义的措施，可以了解出血原因、病变部位及范围，并能进行内镜下止血治疗及检测HP，且有利于判断预后和选择适当的治疗方法。江苏如东县医院[187]报道老年人上消化道出血130例，并与106例60岁以下病例对照。结果表明：老年组主要症状为上腹部饱胀、厌食，病因以胃溃疡、炎症、癌肿占前3位。老年上消化道出血特点为小量持续出血和（或）间歇性黑便，部分病人表现为大出血，出血不易控制。南京钟阜医院[188]对32例门脉高压合并胃底食管静脉大出血者行急诊手术治疗，分别为切脾断流术及非切脾断流术两组。结果表明，非切脾组术中失血量小，术后无并发症，疗效优于切脾组。故作者认为，非切脾断流术创伤小，尤其适用于Child C级病人。解放军总院[189]报道4例经自发性胃-肾静脉分流道逆行栓塞胃底静脉曲张。其中2例行单纯胃底静脉曲张栓塞术，另2例与经颈静脉肝内门腔静脉内支架分流术（TIPSS）联合进行。结果4例均获成功，无并发症。故作者认为，该项技术安全可行，对闭塞胃底静脉曲张有良好效果，与TIPSS术中胃冠状静脉栓塞联合应用可减少误栓并发症，加强栓塞效果。西安西京医院[190]报道采用TIPSS治疗门脉高压合并上消化道出血6例，结果表明TIPSS具有创伤小、并发症少和适应证广的优点，用于治疗门脉高压合并上消化道急性大出血较为安全，尤其是能使Child C级患者平稳度过手术期，为患者后续治疗赢得了时间。

（二）少见原因的消化道出血

上海华山医院[191]报道采用选择性动脉造影诊断血管发育不良引起消化道出血17例，其中结肠病变10例，小肠7例。造影表现为动脉期可见到血管丛，静脉早期充盈和引流静脉增粗，并与同名动脉相伴行，若在肠腔内见到外溢的造影剂，更能明确诊断。大连医大一院[192]报道少见原因的消化道出血15例，认为血管造影在诊断中有重要价值，手术时机以出血期探查为宜，术中探查要仔细、全面，必要时可配合相应的检查，如术中胃镜、肠镜、美蓝动脉注入等。对于高龄患者的消化道出血，在排除胃肠道恶性肿瘤后，还应注意结肠血管畸形所致的出血。解放军总院[193]报道胃肠道血管畸形和血管瘤28例，其中血管畸形11例，血管瘤17例，术前内镜、选择性腹腔动脉造影、胃肠道钡餐和术中内镜检查的阳性率分别为63.2%（12/19）、78.0%（7/9）、61.5%（8/13）、和100%（11/11）。

通过多种检查方法的配合应用，可防止多发病灶的漏诊。治疗以手术切除为首选，明确病灶多发与否是手术治疗后是否再出血的关键。哈尔滨医大一院[194]报道小肠出血22例，其中7例术前未能明确诊断，通过术中探查、小肠内窥镜检查或肠系膜上动脉造影明确诊断5例，1例通过再次手术切除弥漫性肠段方治愈，另1例于切皮时发现出血，终止手术，术后诊断为血液系统疾病。作者认为，单纯寄希望于术中探查明确诊断决定术式并非明智之举，术前应通过多种诊断措施的联合应用尽量明确诊断。西安医大二院[195]报道Dieulafoy病2例。作者指出，对有上消化道大量出血的患者应想到本病的可能，行纤维胃镜检查时应仔细，尤其是对胃贲门部小弯侧的检查。对上消化道出血不止的病例盲目进行毕Ⅱ式手术有害无益。

六、消化道异物

延边医学院[196]报道吃生山楂后形成胃石的病人12例，均在消化道钡餐检查时发现，最大约6.5cm×8.5cm，经口服发泡剂治疗后胃石均消失。吉林市医院[197]报道胃石经上消化道钡餐检查误诊为胃癌6例，后经胃镜检查诊断为胃石。故作者认为，病史采集需全面，当临床及钡餐检查诊断为胃癌时，仍应行胃镜检查明确诊断，方能避免误诊。广州市二院[198]报道消化道异物病人71例。作者认为，对于较小且不十分锐利的异物可在密切观察下进行保守治疗，但时间不应超过2～3周。对胃内较大或锐利不易通过幽门及十二指肠且易损伤消化道的异物，以及影响进食、腹痛加剧或便血甚至出现腹膜炎体征者，应及早手术。食管异物在确诊后均应早期手术治疗，以防异物穿破食管导致食管周围的大血管或重要器官损伤。

七、手术方式的改进

(一)关于手术操作及器械改进

河南省济源钢厂医院[199]使用国产GF-Ⅰ型管形消化道吻合器行食管与胃肠吻合236例，其中食管中下段癌112例，贲门癌124例。由于对手术方法做了改进，有效防止了吻合口瘘、出血、狭窄及胸腔感染等并发症。其方法是：(1)断胃后于癌肿上方1cm处用10号线结扎食管，可防止切开食管时胃内容物反流出切口污染及减少癌细胞播散；(2)直视下于离开肿瘤上缘约3cm处全层荷包缝合食管，荷包缝线必须在同一平面，在缝线远端3mm处剪断食管，从而确保吻合质量。

(二)关于重建手术

河北医大四院[200]*对109例全胃切除消化道重建术式进行了探讨，认为娓谷式食管空肠吻合术及自行设计的空肠间置成型代胃术的术式虽较为复杂，但其容量贮存、延缓食物排空功能较好，且食物经过十二指肠较符合生理通道，并未增加术后并发症的发生率，值得推广。上海仁济医院[201]对72例全胃切除术作了总结分析，作者认为全胃切除术的指征是：(1)病变侵及全胃；(2)残胃癌或残胃复发癌；(3)病变位于胃的远近两端或侵犯胃的两个区以上，或虽局限于一个区，但有向他区扩展趋势或有淋巴结转移者。手术径路以经腹为主，重建术式的选择根据患者全身状况、病变性质和胃癌的临床病期及术者经验来选用更为合理，同时需加强围手术期处理，降低手术死亡及术后并发症发生率。武汉同济医院[202]*报道幽门再造式胃大部切除术345例，疗效满意，表明该术式是治疗胃十二指肠溃疡有效、安全、简便的术式。其解剖学基础是带蒂胃浆肌瓣包绕吻合口所形成的胃十二指肠间狭窄段。为减少吻合口梗阻发生率，作者强调术中应准确量取吻合口直径及完善止血等要点。南昌市一院[203]*为预防胃大部切除术后反流性胃炎，对胃大部切除术后行毕Ⅰ式吻合的病例取25cm空肠作胃十二指肠顺蠕动间置术，对行毕Ⅱ式者改为结肠前Roux-Y吻合术，疗效满意。作者比较后认为，这两种术式在防止术后反流性胃炎和溃疡复发及倾倒综合征等并发症方面明显优于毕Ⅰ、Ⅱ式手术。虽然Roux-Y胃空肠吻合术操作相对比较简单，但间置空肠胃十二指肠吻合术更优越，更完善，更接近正常生理状态。浙江龙泉市人民医院[204]报道施行胃癌全胃切除“B”型空肠代胃术20例，取得良好效果。作者总结时认为，该术式有以下优点：(1)“营养小胃”作用，具有食物贮存、排空、吸收的良好功能；(2)抗反流作用，可有效防止碱性十二指肠液、胰液、胆汁的反流，避免了反流性食管炎及吻合口炎的发生；(3)预防倾倒综合征作用，可缓解食物进入小肠的速度；(4)手术操作简单，组织创伤小。

(三)关于防止反流

重庆西南医院[205]*采用高选迷切(HSV)加保留胃窦浆肌层的半胃切除术治疗消化性溃疡50例。结果表明该术式具有HSV和胃大部切除术的优点，并可以避免HSV复发率高和胃大部切除术所致的胆汁反流，是目前治疗消化性溃疡比较理想的术式，值得临床推广应用。解放军157医院[206]采用自行设计利用移植带蒂空肠浆肌片重建幽门括约肌及带蒂空肠段重建胃的术式行手术62例，结果表明该术式能较好地解决目前临床上存在的全胃切除术后恢复胃肠道正常连续性与反流性食管炎之间的矛盾，同时避免了以往术后病人常见的营养不良、倾倒综合征和无法正常舒适进食等术后并发症，为全胃切除术后胃肠道重建提供了一种符合生理要求的新术式。浙江舟山市医院[207]行间置空肠胆管十二指肠吻合术12例。作者认为，胆肠吻合以端侧为佳，可避免盲端综合征及结石的复发；间置空肠以30～40cm长为宜，并加行套叠、肌瓣、活瓣或人工乳头等抗反流装置，是当前比较理想的手术方式。

(四)短肠综合征

河北衡水地区二院[208]用小肠倒转术治疗短肠综合征2例，疗效满意。作者复习文献后认为，倒转长度以8～14cm较为合适，倒转位置应尽可能靠近残留小肠的远端，以最大限度发挥残留小肠的功能。回盲瓣留存的病人应行残留小肠端端吻合，以充分发挥回盲瓣的作用，在未能保留回盲瓣的病人，应争取行小肠升结肠吻合，以便充分利用升结肠并促使其代偿肥大。

(五)十二指肠溃疡

广东医学院附院[209]*对十二指肠球部溃疡穿孔行毕Ⅱ式手术时对残端处理的方法进行了如下改进：(1)解剖肝十二指肠韧带，行Kocher切口，松解十二指肠，使十二指肠及胰头得以充分游离，保证了十二指肠的良好血运，同时显露了胆总管，避免了胆道的损伤；(2)开放远端作腔内引导分离瘢痕；(3)利用十二指肠浆肌瓣覆盖，加强十二指肠残端的闭合，从而减少了处理十二指肠残端时的周围组织器官损伤及十二指肠残端瘘的发生。上海中山医院[210]报道经腹腔镜迷走神经切断加胃小弯前壁浆肌层切开缝合术(Tayler术)治疗十二指肠球部溃疡病人10例。结果表明，腹腔镜Tayler手术治疗十二指肠溃疡比剖腹高选迷切手术对患者损伤小，疼痛轻，恢复快，瘢痕小，显示了微创手术的优越性，且与剖腹手术具有同样良好的效果，值得推荐。鉴于迷走神经变异而致高选择性迷走神经切断(HSV)不完全引起术后复发率高，武汉协和医院[211]设计一改进HSV方法，并用狗进行了实验研究。其方法如下：上腹正中切口，进腹后，首先在胃角附近的胃前壁找到“鸦爪”神经支，然后找到拉氏神经分出3支“鸦爪”的部位，自此向上采用逆行边游离、边切断加移动牵引线的方法，确保了支配胃底、胃体的分支完全被切断，然后牵开并保护好迷走神经前干、肝支、后干、腹腔支后，以CO_2激光环形照射或环切食管贲门与胃连接部的浆肌层，把所有变异的迷走神经完全彻底除去。结果证明，该手术切断胃底、体迷走神经支配完全，胃窦“鸦爪”支迷走神经保留完好。湖北枣阳市一院[212]采用上述术式治疗十二指肠溃疡22例，疗效满意，随访3～24个月，疗效属Visick Ⅰ级13例，Ⅱ级9例。

(陈泉宁　方国恩)

参考文献

[1] 刘大为等. 中华外科杂志 1996;34(2):87
[2] 陶　红等. 中国危重病急救医学 1996;8(1):28
[3] 陈员根等. 上海医学 1996;19(5):266
[4] 李明磊等. 徐州医学院学报 1996;16(2):144
[5] 房静远等. 实用老年医学杂志 1996;10(1):26
[6] 许瑞云等. 广东医学 1996;17(7):483
[7] 王代科等. 第三军医大学学报 1995;17(5):425
[8] 李渝元等. 新医学 1996;27(5):245
[9] 卿笃信等. 湖南医学 1996;13(4):193
[10]* 陈军贤等. 癌症 1996;15(4):253
[11] 吴勤动. 浙江医科大学学报 1996;25(3):112
[12] 朱玉群等. 首都医科大学学报 1996;17(1):49
[13] 李　伟等. 肿瘤防治研究 1996;23(3):135
[14] 何建沫等. 实用肿瘤杂志 1996;11(2):79
[15] 金建敏. 上海医学 1995;18(12):707
[16] 朱再生. 中华小儿外科杂志 1996;17(3):146
[17] 单吉贤等. 中国实用外科杂志 1995;15(11):670
[18] 岳　玉等. 实用医学杂志 1996;12(1):11
[19] 王子强等. 胃肠病学和肝病学 1996;5(1):53
[20] 王厚泽等. 中国实用外科杂志 1996;16(29):79
[21] 王仰坤等. 中国肿瘤临床 1996;23(9):657
[22] 卢占兴等. 中原医刊 1996;23(8):46
[23] 鲁　北等. 实用放射学杂志 1996;12(9):569
[24] 徐　健. 山东医药 1996;36(6):19
[25] 吴祖光. 广东医学 1996;17(4):264
[26] 虞积耀等. 肿瘤防治研究 1996;23(4):203
[27]* 徐　洪等. 河南医科大学学报 1995;30(4):358
[28] 孙耀明. 南京医科大学学报 1995;15(4):911
[29] 宋家琨等. 山西医药 1996;25(4):264
[30] 莫　青等. 海南医学 1996;(3):203
[31]* 金震东等. 中国超声医学杂志 1995;11(11):839
[32] 郑远航等. 广东医学 1996;17(9):647
[33] 丁维龙等. 南通医学院学报 1996;16(2):221
[34] 韦　伟等. 中国实用外科杂志 1995;15(12):739
[35]* 张桂英等. 湖南医科大学学报 1995;20(6):591
[36] 胡家露等. 中华消化杂志 1996;16(1):14
[37] 高仁中等. 四川医学 1995;16(5):277
[38] 陈卫昌等. 苏州医学院学报 1995;15(5):903
[39] 李春启等. 癌症 1996;15(1):24
[40]* 陈　华等. 第三军医大学学报 1995;17(5):429
[41] 戴　林等. 第四军医大学学报 1996;17(3):169
[42] 梁雨茶等. 实用肿瘤学杂志 1995;(4):1
[43] 吕　涛等. 山东医科大学学报 1996;34(1):7
[44] 房殿春等. 胃肠病学和肝病学 1996;5(1):27
[45] 原志庆等. 癌症 1996;15(4):247
[46] 刘　杰等. 癌症 1996;15(2):121
[47] 王　宇等. 上海医科大学学报 1996;23(4):243
[48] 陈金联等. 上海医学 1996;19(5):249
[49]* 陈环球等. 江苏医药 1996;22(1):17
[50]* 徐惠绵等. 中国实用外科杂志 1995;15(10):615
[51] 黄　丹等. 临床与实验病理学杂志 1996;12(1):61
[52] 彭承宏等. 中国实用外科杂志 1996;16(8):479
[53] 张全键等. 苏州医学院学报 1995;15(6):1026
[54] 吕大鹏等. 北京医科大学学报 1996;28(2):154
[55] 余　琼等. 黑龙江医药 1996;9(2):65
[56] 刘淑清等. 中国老年学杂志 1996;16(4):234

[57]* 刘宝国等. 中国肿瘤临床 1996;23(9):659
[58] 陈 垦等. 实用癌症 1996;11(2):97
[59] 王 月等. 实用癌症 1996;11(2):79
[60] 张 声等. 癌症 1996;15(11):26
[61] 赵亚刚等. 第四军医大学学报 1996;17(4):300
[62]* 龚志军等. 中华肿瘤杂志 1996;18(4):299
[63] 张友元等. 肿瘤防治研究 1995;22(6):359
[64]* 刘尚梅等. 肿瘤防治研究 1996;23(3):157
[65] 房静远等. 肿瘤 1996;16(2):92
[66]* 王金莹等. 中华医学杂志 1996;76(5):359
[67] 郑宇辉等. 福建医药 1996;18(3):13
[68] 刘宝瑞等. 中华肿瘤杂志 1996;18(1):3
[69]* 朱回林等. 上海第二医科大学学报 1996;16(4):233
[70]* 高崇峰等. 中华医学杂志 1996;76(9):671
[71] 李 功等. 临床与实验病理学杂志 1996;12(1):27
[72] 樊代明等. 胃肠病学和肝病学 1996;5(1):8
[73] 袁 媛等. 中华医学杂志 1996;76(1):69
[74] 张筱茵等. 第四军医大学学报 1996;17(4):305
[75] 惠延平等. 实用肿瘤杂志 1996;11(2):85
[76] 李玉军等. 肿瘤防治研究 1995;22(6):363
[77] 彭善友等. 武汉医学杂志 1996;19(4):219
[78] 崔广林等. 中华实验外科杂志 1996;13(4):207
[79] 崔广林等. 中华老年医学杂志 1995;14(6):333
[80] 王鲁平等. 肿瘤研究与临床 1996;8(11):1
[81] 王鲁平等. 中华病理学杂志 1995;24(5):303
[82] 刘锦涛等. 内蒙古医学杂志 1996;16(4):203
[83] 孙明军等. 辽宁医学杂志 1995;10(4):184
[84] 李白云等. 河南肿瘤学杂志 1995;8(3):194
[85] 易永芬等. 中华实验外科杂志 1996;13(1):3
[86] 潘跃银等. 实用癌症 1996;11(1):7
[87] 王孟才等. 实用肿瘤学杂志 1996;10(3):3
[88]* 周丽雅等. 中华消化杂志 1996;16(1):35
[89]* 赵增顺等. 中华消化杂志 1995;15(6):342
[90] 熊洪翔. 中国免疫学杂志 1995;11(6):352
[91] 樊代明. 胃肠病学和肝病学杂志 1996;5(1):19
[92] 明学志等. 中华外科杂志 1996;34(4):221
[93] 苏 琦等. 癌症 1996;15(3):172
[94] 朱舜时等. 中华消化杂志;1996;16(1):56
[95]* 胥幼群等. 上海医学 1995;18(10):563
[96] 薛英威等. 中华外科杂志 1996;34(8):485
[97] 刘春莲等. 中国医科大学学报 1995;24(5):524
[98] 刘荫华等. 普外临床 1996;11(5):279
[99] 沈梓云等. 实用肿瘤杂志 1996;11(3):135
[100]* 张祥福等. 中华外科杂志 1995;33(10):603
[101] 赵 卉等. 重庆医药 1996;25(3);170
[102] 张孟增等. 实用放射学杂志 1995;11(10):611
[103] 刘亚民等. 实用放射学杂志 1995;11(12):716
[104]* 肖乾虎等. 普外临床 1996;11(5):281
[105] 陈立新等. 中国肿瘤临床 1996;23(7):464
[106] 李继华等. 癌症 1995;14(6):450
[107] 陈卫星等. 癌症 1995;14(6):418
[108] 施靖华等. 实用癌症 1996;11(1):43
[109] 刘 华等. 癌症 1996;15(3):201
[110] 何双梧等. 四川医学 1995;16(6):357
[111] 叶圣华等. 福建医学院学报 1996;30(2):129
[112] 文小平等. 贵阳医学院学报 1996;21(1):41
[113] 潘曼丽. 实用癌症 1995;10(4):236
[114] 李汉贤. 实用癌症 1995;10(4):239
[115] 马立业等. 中国实用外科杂志 1996;16(7):403
[116] 王洪涛等. 新乡医学院学报 1995;12(4):325
[117]* 华积德等. 中国实用外科杂志 1996;16(5):275
[118] 张伯红等. 北京医学 1996;18(3):137
[119] 沈 忱等. 临床外科 1996;4(5):277
[120] 郎诗民等. 四川医学 1996;17(1):12
[121] 李文惠等. 兰州医学院学报 1996;22(1):27
[122] 王金生等. 腹部外科 1995;8(4):183
[123] 曾 平等. 腹部外科 1995;8(4):150
[124] 杨连奥等. 腹部外科 1995;8(4):152
[125] 王鹏志等. 腹部外科 1995;8(4):147
[126]* 梁丕霞等. 首都医学院学报 1995;16(4):287
[127] 祝益民等. 湖南医学 1996;13(4):205
[128] 董怀松. 河北医药 1996;2(4):313
[129] 许瑞云等. 中华外科杂志 1996;34(1):36
[130] 高 扬等. 山东医药 1996;36(6):1
[131] 王承党等. 上海第二医科大学学报 1996;16(2):80
[132] 滕天申等. 中华消化杂志 1996;16(3):155
[133] 崔广威等. 吉林医学 1995;16(6):347
[134] 毛善魁. 浙江医学 1996;18(5):293
[135] 刘宜现. 江西医药 1996;31(4):223
[136] 许龙堂等. 普外临床 1995;10(6):361
[137] 邓平非等. 临床与实验病理学杂志 1996;12(1):46
[138] 谷成明等. 中华消化杂志 1996;16(3):145
[139] 崔传玉. 徐州医学院学报 1996;16(3):317
[140] 郑光海. 福建医药,1996;18(2):32
[141] 孙家骏等. 青海医药 1995;25(5):1
[142] 孙家骏等. 青海医药 1996;26(8):5
[143]* 王有德等. 普外临床 1995;10(6):355
[144] 甄宗礼. 徐州医学院学报 1995;15(4):424
[145] 李凤菊等. 河北医药 1996;18(4):216
[146] 江 伟等. 腹部外科 1996;9(2):69
[147]* 李卫民. 湖南医学 1 996;13(4):215
[148]* 乔岐禄等. 中国实用外科杂志 1995;15(11):674
[149] 王 正. 浙江医科大学学报 1996;25(4):188
[150] 郑大为等. 青海医药 1995;25(5):43
[151]* 李葆君等. 白求恩医科大学学报 1996;22(1):62
[152] 杨继昌. 苏州医学院学报 1996;16(1):130
[153] 沈国钧等. 江苏医药 1996;22(8):542
[154] 张庆忠等. 实用肿瘤杂志 1995;10(4):241
[155] 张梅丽等. 实用医学杂志 1995;11(12):808

[156] 王 萍等. 陕西医学 1995;24(10):585
[157] 白满喜等. 中华医学杂志 1996;76(2):112
[158] 宋维亮等. 普外临床 1996;11(4):223
[159]* 黎君有等. 解放军医学杂志 1996;21(2):91
[160] 尹震宇等. 中华实验外科杂志 1996;13(4):229
[161] 刘秀华等. 北京医科大学学报 1996;28(2):86
[162] 李 星等. 浙江医科大学学报 1996;25(3):104
[163] 林文举等. 河北医科大学学报 1996;17(5):284
[164] 周 李等. 中山医科大学学报 1996;17(3):235
[165]* 邸恩昌等. 河北医科大学学报 1996;17(5):287
[166] 范 新. 铁道医学 1995;23(6):357
[167] 汪 涛等. 普外临床 1995;10(6):359
[168] 穆殿斌等. 肿瘤研究与临床 1996;8(1):35
[169] 郭先鸣. 广西医学 1996;18(4):424
[170] 常桂珍等. 山西医学院学报 1996;27(1):72
[171] 曲 欣等. 中国急救医学 1996;16(3):39
[172] 黄林新等. 腹部外科 1995;8(4):178
[173] 王晋祖. 临床医学 1996;16(8):9
[174] 李学民等. 中国危重病急救医学 1996;8(9):552
[175] 欧阳德群等. 湖南医学 1995;12(6):371
[176] 邹一夫. 腹部外科 1996;9(2):75
[177] 宋惠林等. 中国实用外科杂志 1996;16(7):420
[178] 张素兰等. 中华实验外科杂志 1996;13(5):302
[179]* 葛春林等. 中华肿瘤杂志 1996;18(4):279
[180] 葛春林等. 中国医科大学学报 1996;25(4):384
[181] 张卫华等. 中国超声医学杂志 1996;12(1):23
[182] 张仕义等. 广西医学 1995;16(10):659
[183] 楼善贤等. 中国肿瘤临床 1995;22(12):893
[184] 崔彦北等. 山西医学院学报 1995;26(4):320
[185] 赵 虹等. 吉林医学 1996;17(4):227
[186] 邓中秀等. 浙江医学 1996; 18(3):166
[187] 孙中云等. 南通医学院学报 1995;15(4):573
[188] 易永祥等. 南京医科大学学报 1995;15(4):866
[189] 张金山等. 中华放射学杂志 1996;30(3):171
[190] 晋援朝等. 第四军医大学学报 1995;16(6):469
[191] 蒋义斌等. 上海医学 1995;18(10):582
[192] 胡 祥等. 中国实用外科杂志 1996;16(2):86
[193] 宋少柏等. 中国实用外科杂志 1996;16(8):482
[194] 姜洪池等. 腹部外科 1996;9(2):63
[195] 郝安民. 河北医药 1996;18(2):67
[196] 张龙海等. 延边医学院学报 1996;19(1):30
[197] 谢延侠等. 吉林医学 1995;16(6):372
[198] 高锦平等. 广州医学 1996;27(2):7
[199] 孔凡军等. 中国实用外科杂志 1995;15(11):680
[200]* 李 勇等. 中国肿瘤临床 1996;23(5):366
[201]* 朱柏元等. 临床外科 1996;4(4):193
[202]* 胡元龙等. 临床外科 1996;4(4):196
[203] 段为民等. 江西医药 1996;31(4):235
[204] 周大元等. 实用癌症 1996;11(3):207
[205]* 孙念绪等. 中国普通外科杂志 1995;4(6):345
[206] 吴印爱等. 广东医学 1996;17(6):374
[207] 郭新海. 武汉医学杂志 1995;19(4):215
[208] 朱其甲等. 综合临床医学 1996;12(3):143
[209]* 戴 东等. 中国实用外科杂志 1996;16(5):283
[210] 陈君雪等. 中华外科杂志 1996;34(7):421
[211] 陈道达等. 中华实验外科杂志 1995;12(6):354
[212] 陈贞信等. 中华实验外科杂志 1996;13(3):159

文 选

小肠破裂延误诊断 95 例分析（河北医科大学学报 1996;17(5):287） 河北医大三院邸恩昌等报道该院 1974～1993 年于伤后 12h 以上才确诊和手术的小肠破裂 95 例，占同期收治小肠破裂的 39.1%，其中男 78 例，女 17 例，平均年龄 29 岁。撞击伤 60 例，压砸伤 28 例，坠落伤 7 例。临床表现为腹痛、腹胀 81 例，恶心、呕吐 27 例，肠鸣音减弱或消失 41 例。合并肝破裂 2 例，脾破裂 3 例，结肠破裂 6 例，肾挫裂伤 15 例，胸部损伤 14 例，颅脑损伤 13 例，骨盆骨折 30 例，脊柱骨折 35 例。合并 2 个部位以上损伤 15 例，伴休克 31 例。延误诊断时间 12～24h 70 例，25～72h 20 例，3d 以上 5 例。受伤 12h 后才就诊者 21 例。空肠破裂 43 例，回肠 52 例，浆肌层破裂 3 例，破裂口＜1cm 71 例，＞1cm 16 例，肠管断裂 3 例。2 处以上破裂 2 例，伴肠系膜裂伤 7 例。术后并发败血症 4 例，DIC 2 例，急性呼吸窘迫综合征 3 例，急性肾衰 4 例，中毒性心肌炎 1 例，肺部感染 8 例，肠瘘 3 例，切口感染 66 例，膈下脓肿 8 例，肠间及盆腔脓肿 21 例。全部施行了手术治疗，治愈 87 例，死亡 8 例。作者分析延误诊断原因有：(1)合并伤复杂，小肠破裂症状、体征表现不明显；(2)合并脊柱、骨盆骨折及肾挫伤时，腹膜外、腹膜后血肿明显，影响对不典型肠破裂症状、体征的判断；(3)浆肌层破裂和肠破裂口较小者，腹膜炎体征出现较晚；(4)有关医师经验不足。建议对小肠破裂应提高警惕，严密观察，对任何外伤患者经反复检查不能排除肠破裂时应行剖腹探查术。

（杨 宁）

述评 小肠在腹腔中分布广泛，相对表浅，又无骨骼保护，故小肠破裂在腹部闭合伤中最常见。由于损伤部位、程度以及合并其他损伤、休克及就诊时间等因素，常导致早期诊断延误，使术后并发症和死亡率升高。上文结合此病的病因、症状、并发症、破裂部位和类型，着重分析了延误诊断的原因，在临床工作中应引起重视。另外，术中对整个系膜和小肠仔细检查，系膜缘血肿即使不大，也应打开检查，以免遗漏小的穿孔。

（方国恩）

十二指肠上动脉压迫综合征35例临床分析（白求恩医科大学学报 1996；22(1)：62） 白求恩医大三院李葆君等报道该院1965～1993年收治十二指肠血管压迫综合征35例，其中男12例，女23例，年龄12～84岁，其中16～40岁27例。病程16h～30年。症状：进食后上腹胀痛31例，伴恶心、呕吐30例，上腹部可触及包块8例，有胃型及振水音者10例。经X线钡餐检查发现有十二指肠扩张及淤滞者30例，有5例以急性肠梗阻入院，急诊手术发现有肠系膜上动脉压迫改变。治疗：16例内科保守治疗，19例外科手术治疗，其中2例死亡。复发者21例。并发食管炎2例，十二指肠球炎2例，胃溃疡5例，出血性胰腺炎1例。作者认为，临床上对具有间歇性高位肠梗阻症状的病人应考虑此病可能。具有明确诊断意义的临床改变有：(1)随体位改变的明显的右上腹或脐周痛，多为慢性间歇发作，伴频繁呕吐；(2)消瘦体型，上腹膨隆，仰卧时上腹听诊可闻及吹风样杂音，俯卧时消失；(3)X线钡餐检查见十二指肠横段呈“刀切样”突然梗阻，边界锐利，邻近幽门肠段扩张，肠蠕动增强，左侧或俯卧位时可加速钡剂通过；(4)术中发现肠系膜上动脉跨越十二指肠处的近端十二指肠明显增宽，触及十二指肠前的肠系膜上动脉时有紧张感。此病大多采取内科保守治疗，效果不明显者可行十二指肠横段远端空肠侧侧吻合术，对并发胃十二指肠溃疡、慢性胃炎者可行胃大部切除加屈氏韧带松解术。

（杨　宁）

述评 十二指肠血管压迫综合征又称肠系膜上动脉压迫综合征、十二指肠淤滞症，临床诊断并不十分困难。其发病机制不十分清楚，有肠系膜上动脉压迫的机械因素，也可能有十二指肠本身的动力因素，因为小部分十二指肠淤滞症行十二指肠空肠吻合、解除机械压迫因素后，症状并未得到明显改善。治疗首先行内科保守治疗，无效时可行外科手术治疗。手术方式以十二指肠横段空肠Roux-Y吻合为首选，其他尚有屈氏韧带松解术等，根据情况选用。大部分病人症状可得到改善。对于十二指肠淤滞症尚需要进一步深入研究其确切的发病机制，以便在临床上找到对该病更合理的治疗方法。

（方国恩）

十二指肠损伤32例临床分析（普外临床 1995；10(6)：355） 白求恩医大临床一院王有德等报道该院1980年3月～1994年7月间收治的十二指肠损伤32例，其中男29例，女3例，14～58岁29例，＜12岁2例，＞65岁1例。腹部开放伤7例，闭合伤25例，其中坠落伤7例，挤压伤8例，撞击伤7例，打击伤3例。全部患者均有明显上腹痛，恶心、呕吐者28例，有明显腹膜炎者29例，伴休克者10例。26例行腹穿，抽出不凝血者20例，胆汁样液和脓性渗出液各1例，阴性4例。腹透22例，发现8例有膈下游离气体，其中7例行X线摄片，发现腹膜后气泡、右肾显影、腰大肌轮廓模糊者3例。B超检查13例、CT检查3例均未能诊断十二指肠损伤。损伤部位：十二指肠球部6例，降部8例，介于两者之间2例，横部9例，升部1例，介于降部和横部之间5例，广泛损伤1例。依Lucas法分类，Ⅰ～Ⅳ类分别为2例、24例、5例和1例。合并肝破裂10例，胰腺损伤、胃破裂各6例，肠破裂、脾破裂各3例，右肾破裂2例，胆囊破裂、下腔静脉破裂、右肾动脉断裂各1例。所有病例均依损伤分类进行手术治疗，其中十二指肠缝合术22例，十二指肠“憩室化”手术4例，十二指肠空肠吻合术3例，十二指肠吻合术、十二指肠血肿清除或加胃空肠吻合术各1例。术后并发十二指肠瘘4例，肠梗阻、胰瘘、腹腔脓肿各2例，胰腺炎1例，死亡4例。作者认为，对腹部创伤患者应警惕十二指肠损伤可能，除临床表现外，应作如下检查：(1)腹穿或腹腔灌洗；(2)淀粉酶；(3)腹透或腹部X线摄片；(4)B超和CT诊断合并伤。术中若发现：①腹膜后气肿、血肿；②十二指肠侧壁有胆汁染色；③后腹膜及横结肠根部肿胀；④腹膜腔后穿刺抽出肠内容物等应切开后腹膜探查十二指肠。Ⅰ类损伤无需治疗或仅行血肿清除或加胃肠吻合术；Ⅱ类多需简单清创和单纯修补术，但对范围较大、炎症明显的挫伤应加空肠袢浆膜覆盖、带蒂游离肠片移植修补或空肠与十二指肠缺损吻合术；十二指肠“憩室化”手术可用于Ⅲ、Ⅳ类损伤，但后者常因胰腺损伤严重需行胰十二指肠切除术。

（杨　宁）

述评 十二指肠损伤在临床上较少见，诊疗不当死亡率较高。早期诊断、及时治疗是降低死亡率的关键，特别是伤情复杂时尤为重要。术中应完整探查十二指肠，这样可减少腹膜后十二指肠破裂的漏诊。

损伤在壶腹部时应置"T"管引流胆总管。约有1/3十二指肠损伤累及胰腺，可依损伤程度不同选择不同术式。术式以简单有效为宜，如Berne手术、Vaughn手术或胰十二指肠切除术等，范围较大的手术应根据情况选用。无论施行何种手术，必须注意十二指肠腔内减压、充分引流、维持水、电解质平衡以及营养支持，这些都是保证治疗成功必不可少的条件。

（方国恩）

十二指肠憩室合并症的外科治疗（中国实用外科杂志 1995；15(11)：674） 北京医大一院乔岐禄等报道该院1965～1992年经手术治疗的十二指肠憩室24例(男14例，女10例)，年龄36～77岁，平均54.3岁。16例合并胰胆管疾患，2例表现为反复呕血、黑便及多次大便隐血阳性，5例有顽固的上消化道症状，长期内科治疗效果不佳。经钡餐造影诊断17例，ERCP诊断6例，1例以溃疡病穿孔探查见憩室穿孔。术中见憩室位于十二指肠降部20例(83%)，其中18例位于降段胰侧，2例位于横部，2例位于降部与水平部交界处。憩室直径1.3～6cm。多数单发，最多者5个。共行憩室切除11例，内翻缝合4例，胆囊切除14例，括约肌成形术8例，胰管成形、乳头切除、毕Ⅱ式胃大部切除各1例。术后死亡2例，1例为憩室穿孔者术后十二指肠瘘，1例术前曾患肝炎，术后肝衰。手术并发症：2例十二指肠梗阻保守治疗治愈，1例胃溃疡出血行胃大部切除术后治愈。随访18例，有1例术前有胆管结石，行胆囊切除、胆总管切开取石，未切除壶腹部憩室，术后仍有胆管炎症状，另2例行憩室切除后仍有上消化道症状，但较术前减轻。作者认为，十二指肠憩室手术治疗指征为：(1)癌变；(2)大出血；(3)穿孔。手术方式有胆总管十二指肠吻合术、毕-Ⅱ式胃大部切除加迷走神经干切断及憩室壁成形术等可供选择。

（李际辉）

述评 十二指肠憩室的发病率并不低，大部分无症状而未被发现，只是病人出现症状或因其他疾病进行检查时才被发现。对该病的诊断一般依靠钡餐造影或ERCP检查。病人如无症状，可不做特殊治疗，该文归纳的手术适应证亦是目前所公认的，供大家参考。对于有些病人虽无上述并发症，但消化道症状明显而又无其他原因可解释的，仍应考虑手术治疗。手术方式很多，应根据具体情况选择。手术以简单有效为宜。内翻缝合、憩室切除及食物改道等手术选用较多，胰侧憩室切除损伤范围较大，严重并发症多，应慎用。

（方国恩）

口服谷氨酰胺对烫伤大鼠小肠功能和结构的影响（解放军医学杂志 1996；21(2)：91） 解放军304医院黎君友等通过测定烫伤后早期胃肠补充谷氨酰胺(Gln)大鼠血和组织中的某些指标，观察Gln对烫伤后肠道粘膜结构和功能的影响。随机将Wistar大鼠分成标准饲料组(C)，加Gln组(G)，加Gln和精氨酸组(G+A)，健康对照组。99℃致背部30%Ⅲ度烫伤，伤后2h C组7.35%复合氨基酸2ml灌胃；G组给Gln 0.5g；G+A组给Gln 0.5g+精氨酸0.2g。按伤后10h、2d、5d、8d时相点(各6～9只大鼠)测定指标。结果显示，C组Gln在2、5d降低($P<0.05$)；G组在各点均有升高，10h和5d增加显著($P<0.05$)；G+A组除2d外，各点均高于健康组。血浆丙氨酸10h后均升高($P<0.05$)，G和G+A组高于C组。G组和G+A组血氨浓度高于C组。实验组小肠二胺氧化酶(DAO)水平在10h、2d、5d、8d降低，血浆DAO升高，与健康组有显著差异。血浆LPS升高以C组明显，但C组、G组间有显著差异。3组血浆TNF均升高，无显著差异。谷胱甘肽(GHS)水平3组均有不同程度的降低。C组DAO、LPS、TNF间的变化呈高度相关。镜检显示，C组伤后小肠粘膜绒毛萎缩、变短，固有层慢性炎细胞增多，肠壁变薄；而G和G+A组粘膜上皮散布少量慢性炎细胞，小肠粘膜厚度接近正常。实验提示，早期胃肠营养中补充Gln，使血中保持较高的浓度，减少细胞内Gln的释放，保证为蛋白质的合成提供氮源。同时，保护肠粘膜的完整性。补充Gln可改变血浆与小肠的DAO。由于血浆DAO与LPS，小肠DAO与LPS，血浆LPS和TNF，小肠DAO与TNF之间的相关性，从而对小肠粘膜的结构和功能可能有一定的保护作用。

（印 慨）

述评 长期禁食或全胃肠外营养会导致医源性肠道饥饿综合征，造成肠粘膜萎缩、肠粘膜完整性受到破坏等。早期胃肠道营养及口服谷氨酰胺(Gln)能保护肠道粘膜，防止肠道细菌和毒素移位等作用。该实验进一步证实，烧伤早期胃肠营养中补充Gln，具有降低烧伤后的分解代谢、降低肠粘膜氧耗、改善粘膜下血量和减轻再灌注损伤，使肠道粘膜重量增加、绒毛数量和高度增加等作用，保护了肠粘膜结构和功能的完整性。然而，目前应用的Gln半衰期较短，应用受到限制。稳定的Gln剂型将对临床营养补充更有价值。

（方国恩）

胃切除术后碱性反流性胃炎和食管炎12例诊治体会（中国实用外科杂志 1996；16(5)：275） 上海长海医院华积德等报道了胃切除术后12例严重

反流性胃炎和食管炎的治疗经验。该组病例中男性11例，女性1例。首次胃切除病因有胃十二指肠溃疡11例，贲门癌1例。11例良性病变行胃远端切除后，毕Ⅱ式胃空肠吻合；1例贲门癌行胃近端切除，食管胃吻合。主要临床症状为手术后上腹部灼痛、吐胆、食欲减退与消瘦。纤维胃镜检查可见残胃有弥漫性炎症、水肿、吻合口糜烂，并可见胆汁反流。需行再次手术的时间应距首次胃切除3～6个月，手术方式改为Roux-en-Y胃肠吻合术10例，改Tanner-Roux-19型吻合手术1例，1例贲门癌术后病人行Roux-en-Y胃空肠端侧吻合加空肠空肠端侧吻合术。术后完全恢复者8例，有3例疼痛症状减轻，呕吐症状消失，1例贲门癌手术病人术后完全恢复，但2年后癌症复发并转移死亡。作者认为，该病发病机制系由于原通道的贲门或幽门切除后，碱性胆汁反流入胃或食管，胆盐破坏了胃的正常粘膜屏障，致氢离子逆向扩散，引起粘膜损害而产生炎症、糜烂，甚至溃疡形成，同时产生一系列症状。诊断依据：胃切除术后有烧心样剑突下疼痛或胸骨后疼痛；明显吐胆并混有食物；胃纳差，体重减轻；贫血而又未发现吻合口溃疡。再次手术的原则：将含有碱性胆汁的十二指肠液引离残胃或食管，从根本上消除胆汁反流入胃或食管。

（陈泉宁）

述评 胃十二指肠溃疡病、胃癌行胃切除术重建消化道后，由于贲门或幽门被切除，失去了单向活瓣作用，发生胆汁反流入胃或食管，并不少见。病情严重者，需行手术治疗。手术原则是将含有碱性胆汁的十二指肠液引离残胃或食管，从根本上消除胆汁反流入胃或食管。作者采用Roux-en-Y手术及Tanner-Roux-19型手术治疗严重反流性胃炎和食管炎，取得比较好的疗效，值得借鉴学习。

（方国恩）

小肠癌P53蛋白表达与其临床及预后关系的研究（中华肿瘤杂志 1996；18(4)：279） 中国医大一院葛春林等应用免疫组化法检测了小肠良、恶性病变标本中的P53蛋白表达。临床资料：小肠癌72例（十二指肠癌51例，空肠癌9例，回肠癌12例），癌旁组织19例，淋巴结及肝转移癌6例，小肠腺瘤7例，正常小肠组织16例。结果显示，72例小肠癌阳性率为75％，其中"卌"24例，占阳性病例的44.4％。癌旁组织阳性率为21.1％，无"卌"。小肠腺瘤阳性率为14.3％，正常小肠组织中无P53蛋白表达。经检验相互间有显著差异（$P<0.01$），表明p53基因突变、缺失在小肠癌的发生、发展过程中可能起了重要的作用。按高、中、低分化小肠癌分析，阳性率分别为69.7％、78.3％、81.4％，无显著性差异，但在中、低分化腺癌中阳性细胞数量明显增多，而高分化腺癌中阳性细胞数较少，分化程度与蛋白的表达强度有关。小肠癌发生的部位与p53阳性率及表达强度无明显关系。72例小肠癌中19例有淋巴结、肝或周围组织转移，与无转移者相比，p53阳性率和表达强度明显提高，其中6例转移癌阳性率为100％，4例为强阳性。此结果表明p53基因突变与小肠癌浸润、转移相关，是肿瘤具有较强浸润性的标志之一。随访57例根治术后患者，发现P53蛋白阳性患者的累积生存率明显低于阴性患者，并随着表达强度的增加逐步下降，说明p53基因突变、缺失对患者的预后有明显不利影响。

（印 慨）

述评 近来的研究表明，野生型p53基因是细胞生长的负调节因子，是一个肿瘤抑制基因。然而，当p53基因丢失或突变失活后可造成转化细胞和肿瘤细胞的生长优势，在某些肿瘤的发生和发展中起着相当重要的作用。突变后的p53其半衰期延长，代谢稳定性增加，细胞内水平增高，在恶性细胞中堆积并能够被检测出来。同时突变体通过与内源性野生型P53蛋白结合抑制野生型p53的正常功能并可竞争性结合p53的正常底物而起干扰作用，最终导致细胞转化和肿瘤发生。检测小肠肿瘤组织中的P53蛋白，探索其与肿瘤浸润和患者生存率的关系，对肿瘤患者的临床治疗和判断预后有重要的意义，同时也为肿瘤转移机制的研究提供了重要的信息。

（方国恩）

全胃切除消化道重建术式探讨（中国肿瘤临床 1996；23(5)：366） 河北医学院四院李勇等对根治性全胃切除术后109例消化道重建术式进行了探讨。该组病例行单纯全胃切除22例，全胃合并其他脏器切除如下：脾17例，脾胰体尾61例，脾胰体尾部分横结肠3例，脾胰体尾 肝左叶部分切除2例，脾胰体尾 左肾上腺2例，胰十二指肠切除2例。消化道重建术：(1)Roux-Y式食管空肠吻合术47例；(2)Lahey式食管空肠吻合术25例；(3)木尾谷式食管空肠吻合术20例；(4)Child式消化道重建2例；(5)作者自行设计的"空肠间置"成型代胃术15例。无手术死亡病例，术后发生ARDS 2例，肺炎4例，腹腔感染5例，吻合口瘘3例，肠梗阻1例。术后3年生存率为50.65％，5年生存率39.29％。作者认为，除年老体弱及心、肺、肝、肾等重要脏器功能不全或严重营养障碍、重度贫血不宜行此类手术外，全胃切除的标准选择如下：(1)癌肿侵犯2个或2个以上分区者（按AMC分区法划分）；(2)胃体癌；(3)全胃癌；(4)多发性胃癌；(5)术中发现病灶的另一端有淋巴结转移者，如胃窦癌第1、2组淋巴结有转移或贲门癌第5、6组淋巴结有转移；(6)残胃癌。比较各种消化道重建方式，作者认为Roux-Y式及Lahey式食管空肠吻合术式较为简单，但其代胃功能不甚满意，而木尾谷式食管空肠吻合术及作者自行设计的空肠间置成型代胃术的术式较为复杂，但其容量贮存、延缓食物排空作用较前者为好，且食物经过十二的指肠较符合生理通道，并未增加术后并发症的发生率，患者术后生活质量较高、故值得推广应用。

（陈泉宁）

述评 近年来，随着手术技术、麻醉技术、围手术期处理水平的提高，广谱抗生素的应用，大大降低了全胃切除术的并发症发生率及死亡率而使全胃切除术的比率有所提高。全胃切除后消化道重建的方式是长期以来一直探讨的问题，合理的术式应具有一定的食物贮存功能；避免或减轻反流性食管炎；延缓食物进入空肠远端，防止发生倾倒综合征等。木尾谷式食管空肠吻合术及作者自行设计的空肠间置成型代胃术比较符合以上要求，但术式较为复杂，随之产生的问题也不少，应根据具体病例合理选择重建的术式。

（方国恩）

有关全胃切除术若干问题的探讨（临床外科 1996;4(4):193） 上海仁济医院朱柏元等对72例全胃切除术作了分析。其中男性54例，女性18例；腺癌48例(66.7%)，未分化腺癌18例(25%)，类癌1例(1.4%)，Hodgkin病1例(1.4%)，溃疡4例(5.6%)。胃癌标本中淋巴结有转移者57例(83.8%)。72例全胃切除术经腹切口53例，经胸腹联合切口14例，经胸切口5例。切除范围行单纯全胃切除44例，联合脏器切除28例。绝对根治13例，相对根治22例，姑息性切除37例。消化道重建方式：食管十二指肠端端吻合术1例，食管空肠袢端侧吻合并空肠侧侧吻合术17例，空肠单腔代胃术2例，食管空肠Roux-en-Y吻合术11例，食管P型空肠袢Roux-en-Y吻合术33例，食管B型空肠袢Roux-en-Y吻合术3例，食管空肠Roux-en-Y吻合术并十二指肠空肠端侧吻合术5例。术后出现并发症11例(15.2%)，其中与消化道重建有关的特殊并发症2例(吻合口瘘、反流性食管炎各1例)，一般并发症9例(肺部感染3例，蛛网膜下腔出血、左肺不张、胸腔积液、肋软骨炎、腹腔脓肿、粘连性肠梗阻各1例)。经治疗痊愈5例，死亡6例(8.3%)。作者认为下列情况应行全胃切除：(1)病变侵犯全胃(皮革胃、胃多发性癌、息肉或溃疡)；(2)残胃癌或残胃复发癌；(3)病变位于胃的远近两端；(4)病变侵犯胃的两个区以上，估计残胃无明显功能者；(5)病变局限于胃的1个区，但有向它区扩展趋势或有淋巴结转移者。手术径路以经腹径路为主，但当病变累及食道下端时，则以胸腹联合切口径路为宜。当病变与胰体尾、脾、左肝叶有直接浸润时，常需联合脏器切除，对联合脾切除应取谨慎态度。消化道重建方式应根据患者全身情况、病变性质、胃癌的临床病期及术者的经验而定。作者倾向推荐食管P型空肠袢Roux-en-Y吻合及食管空肠Roux-en-Y吻合术并十二指肠端侧吻合术。

（陈泉宁）

述评 近年随着对肿瘤认识的不断深入及手术麻醉技术提高，对胃癌治疗多主张采取比较积极的态度，即使对较晚期的胃癌或胃癌术后复发者，如条件许可仍主张行手术治疗，以延长病人生命，提高生存质量。作者总结的全胃切除术的手术指征、手术径路及手术方式，具有参考意义。至于手术方式的选择，应根据病人具体情况及术者的技术条件而定，以简单有效为宜，过于复杂的手术方式可能得不偿失。

（方国恩）

高选迷切加保留胃窦浆肌层的半胃切除对防止胆汁反流的价值（中国普通外科杂志 1995;4(6):345） 重庆西南医院孙念绪等报道用高选迷切加保留胃窦浆肌层并缝合于胃体的半胃切除(HSV＋PALPHG)治疗消化性溃疡50例(胃窦浆肌层套入法的毕Ⅰ式吻合)并与B-Ⅰ、Ⅱ式各10例、HSV 20例进行比较。所有病人均于术后3个月、1年行胃镜、放射性核素、胃液胆酸测定和胃粘膜组织检查。结果显示，B-Ⅱ组胆汁反流严重，胆酸明显升高，胃粘膜炎性反应重，2例出现肠上皮化生，4例发生倾倒现象，3例发生吻合口溃疡。B-Ⅰ组胆汁反流、胆酸含量以及胃粘膜炎症反应亦较术前明显，2例发生吻合口溃疡，2例发生倾倒现象。HSV组术后胆汁反流、病理与术前对比无变化，但3例发生了严重胃潴留，4例溃疡复发。HSV＋PALPHG组术后病理和胆酸测定与术前比较变化不大，且未发生胃潴留、溃疡复发和倾倒现象。该结果证实HSV＋PALPHG具有和胃大部切除、HSV同样的降酸效果，而且由于保留了含神经、血管的胃窦浆肌层、十二指肠幽门的正常解剖和功能，使幽门能适应性开闭，残胃在胃窦浆肌层的带动下蠕动增强，增大了胃十二指肠间的压力差，不会发生胃潴留和胆汁反流等并发症，而防止胆汁反流是避免反流性胃炎和残胃癌的关键。此外，该术式还可防止因迷切不完全和G细胞过度分泌促胃液素所致的复发。作者认为，该术式是目前治疗消化性溃疡较理想的术式，值得临床推广运用。

（陈泉宁）

述评 胃部分切除术是在我国目前治疗消化性溃疡广泛采用的一种方法，但由于幽门切除术后胆汁反流，易引起反流性胃炎。高选迷切治疗消化性溃疡由于不需要附加胃引流术，不但起到一定降酸效果，而且胆汁反流发生率也很低，故被欧美国家广泛应用。但该术式常由于迷走神经切除不完全，复发率较高。作者总结了以上两种术式的优缺点，设计了HSV＋PALPHG术式治疗消化性溃疡，并取得了满意疗效。但病例尚少，远期确实疗效尚需进一步观察。

（方国恩）

十二指肠球部溃疡穿孔术中残端处理的改进（中国实用外科杂志 1996;16(5):283） 广东医学院附院戴东等报道该院1989～1994年73例伴十二指肠球部严重变形并有巨大瘢痕的球部溃疡穿孔急诊行包括溃疡在内的毕Ⅱ式手术时，十二指肠残端处理的改进。其中男48例，女25例，平均年龄61岁，病程10～15年。58例采用硬膜外麻醉，15例全身麻醉。术中先缝合穿孔，彻底冲洗腹腔。常规结扎切断胃右动静脉及胃网膜右动静脉，横断幽门。切开十二指肠侧腹膜并分离十二指肠及胰头侧后方充分显露胆总管。术者左手食指伸入十二指肠腔内并将其稍用力提起，沿肠壁分离至瘢痕远侧1cm处。若瘢痕与胰头分离困难，可留部分肠壁于胰腺表面并剥除肠壁粘膜。在瘢痕与正常组织交界处横断十二指肠，保留病灶对侧的半周肠壁1cm，并将此段肠粘膜剥除。用3.0肠线将未保留肌瓣侧全层与保留肌瓣侧粘膜与粘膜肌层间断缝合并严格将粘膜翻入腔内，将保留之肌瓣覆盖于缝合上方并用1号丝线固定。按Moynihan法行胃大部切除、胃空肠吻合，胃管送入输入袢20cm。经上述处理的73例病人无残端瘘、腹腔残余感染、切口感染等并发症，平均术后10d痊愈出院。作者认为，此术式的主要改进有：(1)解剖肝十二指肠韧带，做Kocher切口松解十二指肠；(2)开放远端经腔内引导分离瘢痕；(3)利用十二指肠浆肌瓣覆盖加强残端的闭合。此改进使十二指肠无张力并具有良好血供，避免了对胆总管及周围组织的损伤，并用病灶对侧有良好血供的肌瓣加固残端助其愈合。

（杨 宁）

述评 十二指肠残端破裂是毕Ⅱ式胃大部切除术后近期的严重并发症，重者可危及病人生命。常由于十二指肠残端缝合不严密，局部血液循环不良和输入袢梗阻引起。十二指肠球部溃疡伴有局部变形、瘢痕形成者，术后常因局部血供不良、张力较大等因素引起十二指肠残端瘘。上文介绍的改进方式用十二指肠浆肌瓣覆盖加强残端，作Kocher切口松解十二指肠改善血运，结果证明可有效防止残端并发症，对球部溃疡伴球部严重变形并有巨大瘢痕者手术治疗时有一定的参考价值。应强调的是，术后必须有效解除十二指肠腔内压力，这是防止十二指肠瘘发生的关键性措施。

（方国恩）

幽门再造式胃大部切除术345例报道（临床外科 1996;4(4);196） 武汉同济医院胡元龙报道18个医疗单位推广运用幽门再造式胃大部切除术345例。幽门再造包括：(1)相当于正常幽门口径的小吻合口；(2)胃粘膜瓣；(3)胃十二指肠一层套入式吻合；(4)取自胃窦体交界部的胃浆肌瓣包绕吻合口全周。第1阶段(1987～1989年)167例，术前并发症有52例(31.1%)，术后并发症有22例(13.2%)，再次手术5例。第2阶段(1990年～1994年6月)178例，术前并发症44例(24.7%)，术后并发症6例(3.4%)，再次手术2例。第2阶段术后并发症及再手术率明显降低。全组总的术前并发症率33.9%，术后并发症率8.7%，再手术率2.0%。术后并发症主要有饱胀、呕吐、出血、吻合口梗阻。全组无吻合口瘘，无手术死亡。该术式“再造幽门”替代幽门功能的解剖学基础是带蒂胃浆肌瓣包绕吻合口所形成的胃十二指肠间狭紧段，它能有效延缓残胃的食物重力性排空及防止十二指肠逆蠕动的通过，而且浆肌瓣对吻合口有保护作用。该术式术后近期主要并发症是吻合口梗阻。为减少其发生率，术中要强调准确测量吻合口宽度，保证吻合口内半周径为2.6cm，完善止血，保护浆肌瓣血供及浆肌瓣包绕松紧适度等要点。作者认为，幽门再造式胃大部切除术是治疗胃十二指肠溃疡有效、安全、简便的方法。

（陈泉宁）

述评 胃大部切除术是目前治疗胃十二指肠溃疡的常用方法之一。胃十二指肠吻合比较接近正常解剖生理，操作简单，是一种较好的消化道重建术式，但用于治疗十二指肠溃疡常受到一定限制，勉强吻合易发生吻合口瘘或狭窄。作者采用带蒂胃浆肌瓣包绕吻合口延缓食物排空及防止碱性肠液反流，同时对吻合口又有良好的保护作用，降低了术后并发症，提高了十二指肠溃疡病毕Ⅰ式重建率。另外，带蒂胃浆肌瓣在局部所起舒缩功能如何？文中未见说明。因而需积累更多临床资料，科学地说明该术的有效性，再行推广较妥。

（方国恩）

胃肠道类癌临床病理与免疫组织化学研究(河南医科大学学报 1995;30(4):358)　深圳蛇口医院徐洪等分析了上海中山医院 1969～1987 年诊断或“考虑”类癌的手术标本 52 例(其中男性 35 例,女性 17 例),年龄 29～82 岁。前肠(胃、十二指肠)18 例,中肠(小肠、2/3 结肠)7 例,后肠(乙状结肠、直肠)27 例。早期癌(局限于粘膜及粘膜下)19 例,进展期癌(浸润至肌层以下)33 例,其中伴淋巴结转移者 20 例。所有病例均经 3 位以上病理医生复验证实并符合下列条件之一:(1)有典型的类癌组织学图像;(2)银染阳性或神经内分泌抗原标记阳性。作者应用 ABC 法,选用 8 种多肽/胺类神经内分泌激素、2 种上皮细胞性标记物对肿瘤组织进行免疫组化染色。结果表明:胃肠原位激素胰多肽、生长抑素、蛙皮素、促胃液素、5-羟色胺较多表达于组织形态分化好的类型;血管活性肽的表达随肿瘤组织形态分化降低而上升显著($P<0.05$),并与肿瘤的浸润和转移有关($P<0.05$)。异位激素降钙素的表达主要分布于肿瘤组织形态分化较低的类型($P<0.05$)。癌胚抗原的表达随肿瘤组织形态分化的降低呈大幅度上升($P<0.001$),且与肿瘤的浸润有关($P<0.05$)。神经特异性烯醇化酶与角蛋白的表达与组织分化无相关性。作者认为,应用 Gould 的类癌组织分化标准分型,进行系列多肽/胺类、上皮细胞性标记物的免疫组化研究,有助于对胃肠道类癌进行良恶性判断。

(杨　宁)

述评　类癌系源于嗜银细胞的低度恶性肿瘤,以胃肠道最为多见。若无“类癌综合征”表现,术前一般不易确诊。以往临床多通过测定 24h 尿内五羟乙酸(5-HIAA)来帮助诊断,但 5-HIAA 不升高者对类癌的诊断没有意义。该文研究结果不但为诊断胃肠道类癌提供了证据,还为判断该肿瘤的良、恶性及恶性程度提供了理论依据,在类癌的临床诊断及基础研究工作中均有一定的参考意义。

(方国恩)

33 例胃癌术前行 HSAPC 的疗效分析(普外临床 1996;11(5):281)　华西医大一院肖乾虎等报道 33 例经病理组织学确诊胃癌患者,于术前行高选择性动脉插管化疗(HSAPC)。其中胃底贲门癌 4 例,胃体癌 8 例,胃窦癌 19 例,残胃吻合口癌 2 例。采用经股动脉插管至腹腔动脉或肠系膜上动脉起始部,造影确定胃癌主要供血动脉,超选择插入导管并灌注化疗药物。选用 FAM 方案,剂量按公斤体重计,60kg 体重患者,约予 FudR 1 000mg,ADM 40mg,MMC 14mg,一次经导管注入。HSAPC 术后 10～12d 行手术探查,切除标本送病理学检查,用光镜观察癌细胞的变性、坏死等情况,判断标准采用点计数与直接计数的方法,计算出镜下变性、坏死细胞占所有癌细胞之构成比,≤25%为无效,25%～50%为轻度有效,50%～75%为中度有效,≥75%为明显有效。对照组 10 例采用相同抗癌药物及临床常用剂量于术前行全身静脉化疗,测相同指标。用 Wilcoxon 秩和检验和 χ^2 检验作统计学处理。结果表明,行 HSAPC 后临床症状均有不同程度改善,副反应轻微,血象、免疫球蛋白及 T 细胞变化不明显,对照组则多有恶心、呕吐、血象下降,临床症状仅 2 例暂时缓解。术中见治疗组原发灶缩小,浸润程度减轻。分析术后病理检查结果发现原发灶和淋巴结中的癌细胞均有不同程度变性坏死,其近期有效率分别为 95.65%和 80.00%,对照组为 20%和 0%,两组比较差异显著($P<0.05$)。HSAPC 对分化程度低的胃癌比分化程度高者效佳。作者认为,胃癌患者术前行 HSAPC 近期抗癌效果好,毒副反应轻,不仅能提高手术切除率及根治率,而且对减少或防止术中癌细胞的医源性扩散、种植及术后复发均有重要的临床意义。

(薛　琪)

述评　全身静脉化疗由于抗癌药物分布无特异性,不但抗癌效果差,且易产生严重的毒副反应,降低患者对手术的耐受性。近年来,国内外开展的用介入法行腹腔动脉选择性灌注化疗药物治疗胃肠道癌肿,针对性强,可以增加抗癌药物在癌组织中的浓度,提高抗癌效果,增加手术切除率,并大大减轻了抗癌药物的全身毒副作用。作者的该项研究取得了满意结果,有实用价值。对其可能产生的并发症应注意避免。

(方国恩)

胃癌侵犯邻近脏器手术切除的疗效评价(中华外科杂志 1995;33(10):603)　福州协和医院张祥福等对该院 1972 年 6 月～1993 年 12 月间 280 例胃癌侵犯邻近脏器施行不同术式的 5 年生存率进行了比较,以探讨对这类患者的最佳治疗方案。男性 215 例,女性 65 例,男女之比为 3.3∶1,平均年龄 55.9 岁。完全切除组(胃癌和受侵犯脏器完全切除)93 例,不完全切除组(胃癌和受侵犯脏器未能完全切除)55 例,仅切除胃癌组(仅切除胃癌原发灶)132 例。结果表明,术后总的 1 年、3 年、5 年生存率分别为 73.1%、27.6%和 12.8%,其中完全切除组分别为 90.5%、54.8%和 32.7%,不完全切除组分别为 66.7%、19.6%和 7.7%,仅切除胃癌组分别为 64.0%、15.9%和 4.4%。完全切除组 5 年生存率显著高于其他两组($P<0.05$),不完全切除组和仅切

除胃癌组5年生存率相似($P>0.05$)。侵犯邻近脏器而施行联合脏器切除(包括完全切除和不完全切除组)总的5年生存率为21.6%(19/88)。胃癌侵犯一个脏器的5年生存率为15.5%,完全切除和不完全切除的5年生存率分别为36.6%(15/41)和8.3%(3/36);侵犯两个脏器的5年生存率为2.7%,完全切除和不完全切除的5年生存率分别为12.5%(1/8)和0(0/3),提示胃癌侵犯的脏器越少,5年生存率越高($P<0.05$)。在胃癌侵犯一个或两个脏器中,完全切除组生存率高于不完全切除组($P<0.05$)。在联合脏器切除术中联合胰体尾及脾切除预后最好,5年生存率为24.0%(12/50)。联合结肠系膜、部分肝叶及部分结肠切除组的5年生存率分别为22.2%(4/18)、15.4%(2/13)和16.7%(1/6)。作者认为,对胃癌侵犯邻近脏器者,只要没有肝脏血行转移、腹膜种植和淋巴结广泛转移等不能治愈的因素,都应积极将胃癌和受侵犯脏器一并切除,以达根治目的;对有不能治愈因素者,应争取切除原发灶,以提高生存质量和延长生存期。

(陈泉宁)

述评 目前我国胃癌的早期诊断率较低,约16.9%~22.3%的患者在确诊时肿瘤已侵犯邻近脏器。对于这类患者的术式选择是一个有争议的问题,目前多主张采取较积极的态度,能切除者尽量行联合脏器切除术,即使达不到根治亦应行病灶姑息性切除。这样可以延长病人的生存时间,提高病人的生活质量。该文的研究得到了类似结果。但是,手术时除了考虑肿瘤本身的侵犯和转移范围以外,还要考虑病人的体质条件和承受手术的能力,如病人条件差,手术过大病人难以承受,则对病人反而不利。应根据具体情况慎重对待,既要考虑局部因素,也要考虑全身条件。

(方国恩)

胃癌淋巴结跳跃性转移的临床病理分析(中国实用外科杂志 1995;15(10):615) 中国医大一院徐惠绵等分析了21例胃癌淋巴结跳跃性转移(SM)的临床病理特点。1980~1988年间行胃癌根治术309例,D2手术179例,D3 130例,清除淋巴结送病理检查,光镜检查淋巴结有无转移及淋巴结的免疫组织学反应,即淋巴窦内组织细胞增生(SH)及淋巴结副皮质区淋巴滤泡增生(FH)程度。结果显示,SM发生率6.8%(21/309),44个SM阳性淋巴结中,发生于7、8a、12组为35个(79.5%)。21例SM病例,手术共清除淋巴结287个,其中转移淋巴结44个,非转移淋巴结243个,两组淋巴结SH(−)百分率(77.3%、64.2%)高于SH(+)百分率(18.2%、29.6%)及SH(++)百分率(8.8%、6.2%),而FH程度两组差别不大。该组SM发生率随原发病变的大小、浸润深度及病期增加而增高,并与大体类型、组织分化程度有关,尤其是浸润型癌、组织学未分化癌及弥漫性生长方式病例,SM发生率明显高于其他类型。提示SM发生与淋巴结组织免疫学反应有关,当胃癌区域淋巴结SH增生低下时易发生SM。SM阳性淋巴结在7、8a、12组发生率高,术中发现上述某组淋巴结肿大,但未发现近侧组转移征象时,应警惕SM的发生。SM的发生率与原发胃癌的病理类型及病期有关。当有前述SM发生率明显增加因素时,提示应扩大淋巴结清除范围,防止SM淋巴结残留,以提高胃癌手术的根治率。

(薛 琪)

述评 胃癌淋巴结清除术达到绝对根治的原则是:清除淋巴结的组站数应大于或等于淋巴结转移的组站数。一般来说,胃癌淋巴结转移沿胃周淋巴引流顺序发生,但少数病例淋巴结转移并非按由近及远顺序发生,当近处淋巴结尚未出现转移时,远处已发生了转移,故易造成转移淋巴结残留,以致根治手术失败。该文研究表明,胃癌淋巴结的跳跃性转移发生率并不低,而这种淋巴结转移与淋巴结本身免疫功能低下、肿瘤的组织学类型及生长方式均有一定关系,这对外科医师在行胃癌根治术时对清扫范围的选择有一定的参考意义。

(方国恩)

侵及固有肌层胃癌228例临床病理分析(江苏医药 1996;22(1):17) 江苏省肿瘤医院陈环球等报道对该院1978年6月~1989年6月间收治的228例侵及胃壁固有肌层胃癌(Pm胃癌)228例进行临床病理研究。男179例,女49例,平均年龄57.3(32~73)岁。发病以50~59岁年龄组居首位。肿瘤部位依次为胃窦62.70%,胃体27.63%,胃底9.65%。病理组织学分类依次为管状腺癌(67.11%)、粘液腺癌和低分化腺癌。全组淋巴结转移率、转移度分别为47.81%、15.47°,其中N1 45.61%、17.20°,N2 19.58%、13.23°,N3 10.11%、8.68°。该组3、5、10年生存率分别为84.21%、71.93%和68.18%。浅肌组(浸润不超过固有肌层1/2)和深肌组(浸润超过固有肌层1/2)在转移率方面存在显著性差异,但N1、N2组淋巴结转移率和转移度在深肌组显著增高。淋巴结阴性的浅肌组较深肌组的3年生存率明显增高,但5、10年生存率无差异。淋巴结阳性的两组3年、5年、10年生存率无差异,浅肌组3、5年生存率高于深肌组,浅深肌组行R_2手术的均较R_1手术生存期长,提示浅肌组R_2和

深肌组 R_2^+ 为理想术式。

（李际辉）

述评 目前，对于胃癌侵及胃壁肌层的深入研究较少。该文分别研究了胃癌侵及胃壁浅、深肌层、淋巴结转移情况及其对预后的影响，并对浅、深肌层胃癌的手术方式进行了探讨，有一定的参考价值。然而，肿瘤侵及到胃壁浅、深肌层是术后病理确定的，往往术前、术中难以肯定，以此来指导确定术中手术方式的选择价值有限。在实际工作中，可根据眼观病变深度，确定个体化手术方案为宜。把 Pm 视为早期和晚期胃癌之间的中间期胃癌是合适的。

（方国恩）

粘膜和粘膜下胃癌（普外临床 1996；11（5）：284） 北京中日友好医院王岩等报道 1984～1992 年间的粘膜层（M）和粘膜下层（SM）胃癌 35 例。男 25 例，女 10 例。年龄 32～70 岁，平均 56 岁。22 例有慢性胃病史 2～30 年，26 例临床表现以上腹痛为主，8 例表现为上消化道出血、进食阻噎感。胃镜检查 32 例，诊断正确率 87.5%，上消化道造影检查 15 例，诊断正确率 80%。M 癌 20 例未见淋巴结转移，SM 癌 15 例，淋巴结转移 5 例，全组淋巴结转移率 14.3%。该组多发性早期胃癌有 3 例，占 8.6%。该组均行 R_1 或 R_2 手术，29 例获随访，随访死亡 3 例，1、3 及 5 年生存率分别为 100%、95.8%、85%。作者认为，病变位于 M 或 SM，同时没有周围淋巴结转移者，才能称为早期胃癌。早期胃癌并非无临床症状。对 50～60 岁男性，既往有较长时间的慢性胃病史，突然症状加重而用以往疗法不能缓解者；对既往无胃病史，近期出现上腹痛、黑便等症状者，提示有早期胃癌可能。早期胃癌诊断较困难，内镜、X 线、病理相结合是提高早期胃癌正确诊断率的重要手段。需注意多发性早期胃癌。M 癌淋巴结转移率低，SM 癌则较高，淋巴结转移率与病程早晚成正比，故术前判断胃癌浸润深度及淋巴结转移情况是决定能否行胃癌缩小手术的重要因素。早期胃癌缩小手术应坚持根治性原则，用内镜等方法局部切除手术应慎重，对 M 和 SM 癌一般应行包括周围淋巴结清扫在内的胃癌根治术。

（薛 琪）

述评 该文研究结果给我们两方面的提示，一是传统概念的早期胃癌可以有淋巴结转移，一般报道 M 癌淋巴结转移率为 3.4%，SM 癌为 15%～27%，该组 SM 癌淋巴转移率为 33.3%，提示早期胃癌亦应行包括附近有转移淋巴结在内的根治术。二是早期胃癌有 97%的患者存在不同程度的临床症状，只要提高警惕，合理选择不同检查方法，提高早期胃癌的诊断率是可以做到的。这对于提高胃癌患者术后长期存活率具有十分重要的意义。

（方国恩）

早期胃癌的诊断及外科治疗体会（上海医学 1995；18（10）：563） 上海市一院胥幼群等总结 82 例早期胃癌的临床资料。男 56 例，女 26 例。年龄 30～76 岁，平均 55 岁。病程较长者均有胃病史，多数有慢性胃窦炎和胃溃疡病史。主要突出症状是上腹隐痛、黑便。无明显阳性体征。胃镜检查 76 例，胃镜医师肉眼观察下确诊胃癌 24 例，怀疑胃癌 12 例，胃粘膜病理活检确诊胃癌 66 例，胃肠钡餐检查 41 例，确诊胃癌 21 例。82 例均行手术切除，其中行 R_0、R_1、R_2 手术分别为 8、36、36 例，另 2 例行全胃切除。切除标本病理检查示粘膜内癌 50 例，淋巴结转移 1 例（2%）；粘膜下癌 32 例，淋巴结转移 4 例（13%）。该组除 6 例失去随访外，其余 76 例均获随访，随访时间 10 个月～10 年以上。其中 2 例分别于术后 2、4 年死于胃癌复发，其余均健在。作者认为，早期胃癌无典型症状和体征，是容易误诊的主要原因。对上腹部不适、经常隐痛的病例应积极建议内镜检查，以明确胃内病变性质，提高早期胃癌的检出率；对平素有“老胃病”的病例，尤其是有癌前期病变者要定期检查，定期随访；胃镜是诊断早期胃癌的主要依据，胃镜医师肉眼观察与病理有一定距离，要特别重视胃粘膜活检的病理诊断。早期胃癌通过外科手术是可以根治的，手术方式应采取包括转移淋巴结在内的根治性手术。

（薛 琪）

述评 如何提高胃癌术后长期存活率，就目前的医疗水平而言，发现早期胃癌并对早期胃癌采取适当的手术治疗是成功的关键。作者提出的对于上腹不适、经常隐痛的病例以及对高危人群定期进行胃镜结合病理检查，值得重视，这对于发现早期胃癌有一定意义。当然研究出特异的检查方法在普通人群中进行普查，尚需作出更大的努力。由于早期胃癌亦可发生淋巴结转移，因此，手术方式应选取包括转移淋巴结在内的根治性手术，才能提高术后存活率。

（方国恩）

超声内镜对上消化道隆起病灶的诊断价值（中国超声医学杂志 1995；11（11）：839） 上海长海医院金震东等报道超声内镜（EUS）对 178 例上消化道隆起性病灶的诊断与鉴别诊断，并与胃镜、钡餐造影和 CT 进行比较。结果表明，上消化道隆起性病灶的发生以胃居多（69.1%），其次为食管（25.84%）和十二指肠（5.06%），病种均以粘膜下肿瘤居多，分别占该部位隆起性病灶总数的60.87%、35.77%、88.89%。178例EUS诊断的病例，均经胃镜检查，其中48例行钡餐造影，12例经CT扫描。作者发现，EUS对病灶诊断的总符合率为97.75%，明显高于胃镜(64.61%)和钡餐造影(52.08%，$P<0.01$)。对息肉的诊断符合率为85.7%，略低于胃镜(90.5%)，对迷走胰腺和静脉曲张的诊断符合率与胃镜相当，均为100%。图像分析表明，壁外脏器和壁外良性肿瘤压迫显示完整清楚的消化道管壁结构，恶性肿瘤则致结构层次的完整性消失，可见不规则低回声灶侵犯。80例粘膜下肿瘤有76例(95%)呈低回声，平滑肌瘤有完整或基本完整包膜，内部多(73.33%)呈均匀低回声，平滑肌肉瘤包膜完整者占60%，内部呈不均匀回声(93.33%)且多有无回声区(86.67%)，其所在胃壁多有"断裂征"。发现的最小粘膜下平滑肌瘤仅0.5cm。息肉呈源于粘膜的低回声灶，其实质回声均匀，迷走胰腺源于粘膜下层，低回声或中等强度回声，静脉曲张呈圆形、类圆形及管状、成簇状向腔内隆起。作者认为，由于EUS对消化道壁能准确分层，根据隆起物与消化道壁的关系很容易将粘膜下肿瘤或源于粘膜的病灶与壁外压迫性隆起鉴别，同时可以显示脏器或病灶，明确隆起物的性质，其对上消化道隆起性病灶的诊断和鉴别诊断有较高的价值。

(印　慨)

述评　上消化道隆起病灶主要是指源于消化道粘膜下组织的肿瘤，也可以是消化道管壁外的脏器和(或)肿瘤压迫所致。超声内镜能清楚地显示消化道管壁的各层结构，在此基础上根据病灶与它们的关系易于诊断肿瘤的起源，并与壁外的压迫鉴别，同时根据病灶内部回声，对肿瘤的性质、良恶性等可做出一定的判断，是目前诊断上消化道粘膜下肿瘤的最佳方法。但是，对于粘膜病变，胃镜可以直视并可钳取活检，准确性更高一些；CT可显示更大范围的病变关系，在实际应用时各有所长，可酌情选择。

(方国恩)

手握式γ探测仪(Oncoprobe)在胃癌放射免疫探测研究中的初试(中国肿瘤临床 1996；23(9)：659)　北京市肿瘤所刘宝国等采用Oncoprobe Ⅱ进行体外模型和胃癌病人的放射免疫导向手术的临床实验，对Oncoprobe的实用性进行了评估。用^{131}I标记抗胃癌MAb3H_{11}、^{131}I-3n与人胃癌细胞BGC823温育建立体外模型。临床实验19例患者，胃镜下于瘤体周围粘膜内注入^{131}I-3H_{11}，3～10d后施行手术。体外实验显示，Oncoprobe探测^{131}I的效率为3.3%，探测灵敏度为3×10^5靶细胞，最小分辨距离1.8cm。在19例胃癌的98个胃癌及胃壁部位探测中，37个部位被判为阳性，病理证实35个，61个部位被判为阴性，病理证实59个，因此，Oncoprobe用于判别胃癌及胃壁浸润的灵敏度、特异性及准确率分别为94.6%(35/37)、96.7%(59/61)、95.9%(94/98)。作者共探测淋巴结163枚，119枚被判为阳性，病理证实118枚，44枚判为阴性，病理证实43枚。Oncoprobe用于判别淋巴结转移的灵敏度、特异性、准确率分别为99.2%(118/119)、97.7%(43/44)、98.8%(161/163)。术中探测发现的最小转移淋巴结仅0.04g，某些转移淋巴结内镜下仅见微小的局灶性癌巢。探测根治术后吻合口及手术野，2例检出术后遗留的转移淋巴结，1例预报吻合口残留病灶，半年后该部位复发。该文提示，在胃癌放射免疫导向手术的施行中，借助高灵敏度的Oncoprobe有助于制定合理的手术方案，提高治愈率及改善患者的生存质量。

(印　慨)

述评　肿瘤放射免疫导向手术(RIGS)对提高肿瘤根治手术成功率和改善患者生存质量均有重要的意义，它在临床的应用日趋增多。高效率及高敏感度的Oncoprobe是保证其成功的重要条件之一。有人报道，RIGS应用于临床并将术中探测结果与体外显像比较，该技术的灵敏度与特异性均优于体外放免显像。该文作者在国内较早将RIGS应用于胃癌的治疗，这对我国的胃癌外科治疗工作会有一定的促进作用。

(方国恩)

血清^{31}P-核磁共振波谱(NMRS)对胃癌诊断意义的研究(中华消化杂志 1996；16(1)：35)　北京医大三院周丽雅等采用VXR-300超导核磁共振仪测量人血清标本，探讨^{31}P-核磁共振波谱(NMRS)对胃癌诊断的可行性。血清标本114例，其中胃癌56例，健康对照58例，两组年龄、性别分布比较无显著差异。结果显示，胃癌和健康对照的3个主要的^{31}P-NMRS谱峰a、b、c之间相应谱峰的化学位移Sa、Sb、Sc相差很小($0.5>P>0.2$)，故Sa、Sb、Sc两组平均值之间差异无显著性。由于谱峰b和c部分重叠，故用a的面积分值与b、c的总面积积分值之比值(a/bc)表示胃癌患者相对于健康对照的谱峰强度变化，可见胃癌组a/bc的平均值为对照组的1.7倍($P<0.01$)，两组间a/bc平均值比较差异有非常显著性($P<0.01$)。按恶性肿瘤组80%的分布以a/bc ≥0.14为阳性值，在56例胃癌患者中，阳性45例，而58例对照中，阳性11例。应用本法检测的敏感性为80.36%，特异性为81.03%，假阳性率为

18.97%，假阴性率为19.64%，阳性预测值为80.36%，阴性预测值为81.03%，正确指数为61.4%。实验结果表明，肿瘤细胞恶性增殖促进细胞代谢，从而使与磷脂合成或分解有关的磷酸脂酶和磷酸二脂酶含量增加，同时消耗能量使细胞能量成分如磷酸肌酸和三磷酸腺苷含量减低，这种磷代谢物含量的变化可通过一些特殊的肿瘤因子释放入血而检测出来。采用此法对胃癌诊断的敏感性、特异性均达80%以上，并且取材方便，无创伤，并能反复检测，故可作为胃癌诊断的新方法。

（印 慨）

述评 核磁共振波谱学是一种非侵入性的检查人体多种组织代谢变化的新方法。测得的核磁共振波谱中，谱峰的形成和强度与被测样品中不同代谢物的化学成分及浓度变化有关。恶性肿瘤组织中磷酸脂酶及磷酸二脂酶特异性增加，磷酸肌酸、三磷酸腺苷等细胞能量成分减少，因此肿瘤患者血浆核磁共振波谱可有特征性改变。该方法为首次报道，对胃癌诊断有较高的敏感性和特异性。但其临床实用价值如何，有待通过临床实践进一步验证。

（方国恩）

抗上皮细胞膜单克隆抗体对胃癌骨髓微小转移灶检测的临床价值（中华消化杂志 1995；15(6)：342） 石家庄白求恩国际和平医院赵增顺等采用抗上皮细胞单克隆抗体（抗EMA单抗）为探针表达胃癌患者骨髓血中的微小转移灶，判断胃癌播散程度。65例患者，男性53例，女性12例，年龄20～72岁，病程为1～15个月。采用1：30抗EMA单抗，并对每例病人作CEA对照性研究。结果显示，总阳性率为58.64%(38/65)。根据肿瘤的部位，贲门部阳性率为75%(18/24)，胃体部61.54%(16/26)，贲门部与胃体部癌阳性率无显著差异，而贲门部和胃体、胃窦部之间有显著差异($P<0.005$)。根据TNM分期，$T_2N_2M_0$阳性率为38.89%(14/36)，$T_3N_2M_0$为79.17%(19/24)，$T_3N_2M_1$为100%(5/5)。手术结果表明，侵及浆膜和未侵及者阳性率间有显著性差异($P<0.025$)；低分化腺癌阳性率为66.67%(38/57)，高分化腺癌为0(0/8，$P<0.005$)；按年龄分组，20～39岁阳性率为100%(6/6)，40～59岁为77.27%(17/22)，60岁以上者40.54%(15/37)，3组间比较$P<0.005$。65例胃癌患者CEA检测阳性率为20%(13/65)，与EMA相比有显著差异，$P<0.01$。对全组病人经13年随访，38例EMA阳性者1、2、3年生存率分别为94.73%(36/38)、60.53%(23/38)、23.68%(9/38)。死亡的27例中，16例死于局部复发和腹腔内广泛转移，11例死于全身转移恶病质。27例EMA阴性者其1、2、3年生存率分别为100%(27/27)、88.89%(24/27)、66.67%(18/27)，仅3例死于腹腔内广泛转移，4例死于吻合口复发及合并出血。两组间2、3年生存率有显著差异($P<0.01$)。研究表明，年轻者，病变位于胃体、贲门，TNM分期越晚，EMA阳性率越高。与CEA对照结果说明其对胃癌阳性检出率也有明显提高。EMA阳性者与EMA阴性者2、3年生存率有显著差异。阳性者中40%死于全身转移，而阴性者中死因与此无关，提示阳性患者有潜在血行转移，也说明本研究对胃癌预后判断有重要的价值。

（印 慨）

述评 恶性肿瘤血行转移的后果是严重的，在死于癌症的患者中，有80%～90%病人可在许多器官中发现转移灶。因此，肿瘤转移的早期发现，对患者的治疗和评估预后均有重要意义。上皮膜抗原是从人乳脂小体膜中分离出来的一种蛋白，它广泛存在于各种上皮细胞膜系结构中及其发生的肿瘤细胞膜上和胞质内。该文用抗上皮膜抗原抗体组化染色的方法来检测骨髓中胃癌微小转移灶，在临床有较高的应用价值，对于胃癌患者的治疗及预后的评估均具有参考意义。

（方国恩）

胃癌前病变的随访研究（湖南医科大学学报 1995；20(6)：591） 长沙湘雅医院张桂英等报道该院对在1980～1991年间经胃镜与病理检查证实的胃癌前期病变共879例进行随访研究。其中胃粘膜不典型增生98例，胃溃疡246例，肠上皮化生123例，胃息肉89例，残胃167例，慢性萎缩性胃炎156例。男662例，女217例，年龄21～84岁，40～60岁者占63%。随访6个月～11年，其中6个月～3年者占67%。以内镜随访为主，检查2～9次不等，多数在3次以上。用常规病理及流式细胞仪(FCM)联合诊断，并进行DNA定量测定。共检出胃癌34例，其中早癌14例，占41.18%。总癌变率为3.87%；胃粘膜不典型增生癌变居首位，占9.18%(9/98)，其中轻度不典型增生癌变率为0，中度6.45%，重度35%；胃息肉癌变率4.49%(4/89)；胃溃疡癌变率4.47%(11/246)；肠上皮化生癌变率2.44%(3/123)；残胃癌变率2.40%(4/167)；慢性萎缩性胃炎癌变率1.92%(3/156)。对48例癌前期病变行FCM检测，非整倍体率为33.3%，显著高于正常组的0，其中2例随访1年中发展为癌。作者认为胃镜与FCM结合随访，更有利于胃癌的早期诊断。

（李际辉）

述评 目前，我国胃癌的总体治愈率尚不理想。

提高治愈率和延长生存期的最有效手段是胃癌的早期发现和治疗。胃粘膜上皮的癌变系一渐进过程，在发展为恶性肿瘤前常经历多年的癌前变化。1972年世界卫生组织已将慢性萎缩性胃炎、肠上皮化生、胃粘膜不典型增生、胃溃疡、胃息肉及残胃列为癌前期状态。进行大规模的人群普查无疑是发现早癌的方法，但限于经济条件和文化背景，实施较为困难，对癌前病变的密切随访更切实可行。手段以胃镜为主，检查及取材要全面，结合FCM检测固然可取，但目前尚难普及。

（方国恩）

不同胃大部切除术后大鼠残胃对亚硝基胍诱发胃癌的影响（第三军医大学学报 1995；17(5)：429）重庆西南医院陈华等报道不同胃手术后胃内环境改变对致癌剂MNNG诱发大鼠胃癌前病变及癌变的影响，以及胃粘膜电位差(PD)和还原型谷胱甘肽(GSH)的变化，探讨残胃癌发生机制。将120只Wistar大鼠随机分为保留幽门胃窦浆肌瓣胃切除术(PAFPG)组、Billroth Ⅰ(B-Ⅰ)组、Billroth Ⅱ(B-Ⅱ)组和对照组。术后1个月起在大鼠饮水中加入MNNG溶液，浓度为120mg/L，对18周后仍存活的72只大鼠作实验观察。各组胃腺癌发生率：对照组为9.1%，PAFPG组12.5%，B-Ⅰ组23.5%，B-Ⅱ组47.0%，其中B-Ⅱ组明显高于对照组($P<0.05$)。残胃粘膜萎缩、肠腺化生、胃小凹增生、腺体囊性扩张及组织分化异常的发生率，B-Ⅰ式和B-Ⅱ式手术组均高于对照组，尤其以B-Ⅱ式组发生率更高。PAFPG术后残胃粘膜组织学变化接近对照组。胃粘膜PD和GSH变化以B-Ⅱ组明显，B-Ⅰ组次之，PAFPG组接近正常对照组，且下降程度均以吻合口周围较胃体明显。提示残胃癌前病变和癌变与胃手术改变内环境有关，其中十二指肠、空肠内容物向胃反流，以及胃粘膜屏障和胃粘膜抗氧化能力受损可能起重要作用。

（李际辉）

述评 残胃被列为一种癌前期状态。各种不同手术方式的残胃，其远期随访发生癌变的机会不同，已经引起了人们的重视。目前认识到残胃癌的发生可能与胃手术后十二指肠、胃内容物向胃反流引起胃内环境改变以及粘膜屏障抗氧化能力受损等因素有关。这些认识在实际工作中有指导意义。在行胃手术时，应选择尽量避免或减少肠内容物反流的术式。上文研究显示的保留幽门胃窦 浆肌瓣术式及其他作者研究显示的Roux-Y术式，残胃癌的发生率均较低，不失为行胃切除术时的参考术式。

（方国恩）

胃癌P选择素表达的临床意义（上海第二医科大学学报 1996；16(5)：328） 上海瑞金医院陈金联等应用P选择素单克隆抗体免疫组化LSAB法，对60例胃癌患者检测P选择素在胃癌组织中的表达。其中男性45例，女性15例。患者年龄(62.0±6.8)岁。肠型30例，弥漫型30例。高分化9例，中分化19例，低分化18例，未分化14例。浸润深度T_1 6例，T_2 21例，T_3 28例，T_4 5例。淋巴结转移阳性37例，阴性23例。标本均经10%福尔马林固定，常规石蜡包埋，每个蜡块作4μm厚切片2张，1张HE染色证实胃癌，另1张作免疫组化检测。此外10例正常胃组织作对照。免疫组化采用链霉亲和素-生物素酶标法(LSAB)。P选择素单抗(SZ-51)购自苏州医学院。结果判断：以整张切片中阳性(黄褐色)染色血管≥5条为阳性，其中≥5条为+；≥10条为++；≥20条为+++。结果：60例胃癌组织阳性染色32例，阳性率53.3%。10例正常胃组织均未见阳性染色。P选择素在癌组织血管内皮上阳性表达主要位于中等大小动、静脉，而毛细血管未见表达。此外，肿瘤细胞膜上也可见表达。肿瘤浸润达浆膜层者P选择素阳性率显著高于浸润至肌层和浆膜下层($P<0.01$)。淋巴结转移者P选择素阳性表达率为70.3%，显著高于无淋巴结转移的26.1%($P<0.01$)。晚期胃癌(Ⅲ、Ⅳ期)P选择素阳性表达率为80%，显著高于Ⅰ、Ⅱ期胃癌的表达率26.7%，$P<0.01$。而性别、年龄、胃癌组织学分型、分化程度与选择素阳性染色之间未见显著差异($P>0.05$)。提示P选择素表达与胃癌浸润深度、淋巴结转移、TNM分期密切相关。

（柯重伟）

述评 恶性肿瘤的转移是一个相当复杂的多环节过程，发现几种细胞粘附分子的改变与胃癌浸润转移有关。关于选择素与肿瘤转移关系的研究较少，曾有关于肾癌、恶性黑色素瘤等的报道。该作者研究了P选择素与胃癌的关系，在肿瘤浸润深度、淋巴结转移及TNM分期等方面显示出两者的密切关系，提示P选择素可能参与了胃癌的转移过程。P选择素粘附分子受体，在内皮细胞、血小板及癌细胞上均可表达，通过介导这些细胞的粘附作用促进肿瘤的转移过程。开展这方面的研究工作，对于认识肿瘤的转移机制以及促进临床的防治具有积极意义。

（方国恩 柯重伟）

幽门螺杆菌感染在胃癌及癌前病变中p21和p53同步检测的对比分析（癌症 1996；15(4)：253）上海新华医院陈军贤等用LSAB免疫组化法检测幽门螺杆菌(HP)并探讨胃癌及癌前病变组织中ras癌基因和p53抑癌基因蛋白产物表达在胃癌发病中

的作用及机制。采用胃癌20例,异型增生(胃粘膜或萎缩性胃炎伴异型增生)22例,肠化生(胃溃疡或萎缩性胃炎伴肠化生)30例,正常对照胃粘膜组织13例。结果,HP在正常胃粘膜、肠化生、异型增生组的检出率分别为30.8%(4/13)、73.3%(22/30)、72.7%(16/22),与正常组织比较有显著差异($P<0.01$)。胃癌检出率45.0%(9/20),略高于正常组织。ras-p21和p53在各组织中的表达为:胃癌为65%、60%,异型增生为54.5%、45.4%,肠腺化生为36.6%和13.3%,与正常组织比较$P<0.01$。在所有病变组织中,HP阳性病人的p21和p53阳性率分别为41.6%和27.7%,明显高于HP阴性病人($P<0.01$)。胃癌、异型增生及肠化生组HP阳性病人的p21和p53表达增强,明显高于HP阴性病人。研究表明,肠化生和异型增生的HP阳性率明显高于正常组织,说明HP感染与异型增生和肠化生组织关系密切,而胃癌由于癌变后组织化学异常,HP失去有利的生长环境而死亡或迁移,其检出率与正常组织相比无显著差异。从胃癌、异型增生、肠化生3种组织的p21阳性病例分析,p21表达在HP感染组明显高于无HP感染组,提示HP感染病人的发生率远高于无HP感染病人,说明HP感染可能具有致ras原癌基因点突变的作用。在HP阳性表达组织中HP感染可能也通过致p53基因突变而参与致癌作用。

(印 慨)

述评 胃癌的病因十分复杂,胃溃疡、萎缩性胃炎、肠化生等被认为是与其发生可能有关的慢性疾病。而这些慢性疾病均存在幽门螺杆菌(HP)感染,因此HP与胃癌的关系日益引起重视。众多流行病学资料显示HP感染是胃癌致病过程中的重要因素。现代分子生物学研究表明,原癌基因普遍存在于正常体细胞中,被激活后出现突变或过度表达,编码转化蛋白引起细胞癌变。该研究支持HP感染在胃癌发生中起一定的作用,其作用机制可能与其致p21、p53等原癌基因突变有关。

(方国恩)

胃癌多基因表达及病理(上海第二医科大学学报 1996;16(4):233) 上海新华医院朱回林等检测了75例胃癌组织中多种基因表达的变化及其与病理特征、预后的关系。材料取自该院1986~1991年手术切除的标本,均经常规10%福尔马林固定,石蜡包埋。其中男性58例,女性17例,平均年龄59.3(33~80)岁。早期胃癌10例,进展期65例。切片除HE染色外,同一蜡块连续切片,进行免疫组化染色,用Feulgen染色的切片在图像分析仪上进行DNA含量测定和倍体分析。免疫组化方法:p53(DO-7)抗体、EGFR抗体、Pan-ras抗体和c-erbB-2多抗前3者采用LSAB法,c-erbB-2用ABC法,4种抗体浓度分别为1∶5、1∶700、1∶20和1∶100。结果判断:光镜下呈明显棕色反应即为阳性,根据染色深浅和阳性细胞百分数,将强度判断为+、++、+++。结果:p53、c-erbB-2、EGFR、ras在癌组织中的表达阳性率分别为41.3%(31/75)、18.7%(14/75)、61.3%(46/75)和46.7%(35/75)。p53和c-erbB-2表达分别主要出现于胃粘膜癌变早期和晚期,前者在肠型胃癌中呈高表达(52.6%),后者在高分化胃癌中阳性率较高(28.9%)。EGFR和ras表达与胃癌浸润转移指标呈正相关。ras表达与EGFR表达呈正相关,而与c-erbB-2呈负相关。65例进展期胃癌的生存分析显示,ras、EGFR表达和DNA倍体类型及浸润转移指标对胃癌预后有显著影响。Cox模型多因素分析显示,DNA倍体、EGFR表达、淋巴结转移和远处转移是影响胃癌预后的独立因素。作者认为,多基因表达的检测对胃癌的诊断、恶性程度的判断及预后的评估有一定意义。

(柯重伟)

述评 目前认识到,胃癌的发生是一种多因素综合作用的结果,从分子生物学的水平来看,可能包含多个基因突变。1995年Tahara等提出将分子标志分为3类:(1)帮助诊断:如p52、c-erbB-2、APE等;(2)判断恶性程度:如EGF/TGF,α-EGFR等;(3)预测转移倾向:如nm23和CD_{44}等。作者从不同角度分别研究了多个基因与胃癌的关系,符合目前有关胃癌分子生物学的研究方向,所得结论对于胃癌研究工作者有一定参考意义。

(方国恩 柯重伟)

胃癌组织中多种癌基因变异的观察(中华医学杂志 1996;76(9):671) 北京医大临床肿瘤学院、北京市肿瘤所高学峰等检测了33例胃癌组织中多种癌基因和抑癌基因的结构改变。33例标本均来自外科手术切取物,癌组织和相应的癌旁粘膜组织经病理切片证实。方法采用Southern杂交、PCR/SSCP及DNA序列分析。结果:大多数胃癌组织(70%)存在1个或1个以上的基因改变。有1、2和3个以上基因变异的个体分别为9例、9例和5例,其余10例没有检测出基因异常。有1个标本共检测出5个基因改变:c-met、c-erbB-2基因的扩增,nm23-H1、p53基因的杂合性缺失以及p53基因的点突变。一个基因异常者与无基因异常者,在临床病理特征方面无差异。2个或2个以上基因有改变者大多数是分化程度低、有淋巴结转移、临床分期为Ⅲ期的患者。不同个体基因异常的种类和方式不同。其中c-met基因重排2/33例(6%)，扩增8/33例(24%)。c-erbB-2扩增1/33例(3%)，AKT-2扩增2/18例(11%)。抑癌基因p16的纯合性缺失6/33例(18%)，nm23-H1和p53的杂合性缺失分别是5/17例(29%)和2/13例(15%)。p53第5～8外显子点突变的检出率为20/33例(61%)。癌基因的扩增和重排多发生于胃癌进展期，而p53基因的点突变可发生于癌变各期。有随访结果的14例患者中，生存2年以上的有8例，其中2例未检出基因异常，6例有1个基因异常。而存活2年以下的6例患者中，除1例未检测出基因异常外，其余都有2种或2种以上的基因异常。作者认为，胃癌癌变是多基因异常累积所引起的渐进性过程，基因改变的数目、种类及方式与肿瘤的恶性表型密切相关。

（柯重伟）

述评 胃癌的发生和发展是多因素、多阶段的过程。各种癌基因和抑癌基因的异常累积是癌变的重要环节。已有研究表明，酪氨酸激酶活性生长因子受体、类癌基因的扩增和过度表达、c-Ha-ras基因的点突变以及抑癌基因p53、APC、DCC的杂合性缺失及点突变在胃癌癌变的不同阶段起作用。但各种基因异常之间的关系及其在胃癌癌变中的作用还缺乏系统认识。作者的研究结果表明，p53基因点突变存在于各个临床分期，提示p53基因突变在肿瘤启动期和进展期都起作用；c-met蛋白的过度表达与癌前病变期胃粘膜的快速增殖有关；抑癌基因的缺失与淋巴结转移、肿瘤分化程度低有关。通过研究，充分了解癌变过程中基因变异的特点，对肿瘤的诊断和治疗将有重要意义。

（方国恩　柯重伟）

胃癌组织c-erbB-2蛋白表达的临床意义（中华肿瘤杂志 1996；18(4)：299） 上海华东医院龚志军等采用免疫组织化学ABC法检测了97例全胃癌c-erbB-2蛋白的表达情况。研究对象来自1991年上海肿瘤医院手术切除的112例胃癌标本，均有完整的病史和石蜡块标本保存。男73例，女24例，年龄(57.44±9.97)岁。高、中分化腺癌42例，低分化腺癌55例；镜下癌细胞浸润粘膜层1例，固有肌层14例，浆膜层80例，侵犯邻近组织2例；69例有淋巴结转移，24例癌细胞侵犯小静脉，42例侵犯淋巴管。TNM分期：Ⅰ期9例，Ⅱ期22例，Ⅲ期60例，Ⅳ期6例。手术方式：绝对根治手术69例，相对根治手术17例，姑息手术11例。采用ABC法：(1)石蜡切片厚5μm，常规二甲苯脱蜡，梯度酒精水化；(2)0.05%胰蛋白酶消化20min；(3)P185单克隆抗体，1：100，60min，4℃冰箱过夜，TBS洗涤；(4)生物素化马抗鼠IgG，1：200，30min，TBS洗涤；(5)ABC试剂，1：100，60min，TBS洗涤；(6)0.04% DAB-H_2O_2液显色5～10min，清水洗涤；(7)苏木素复染，封片。以TBS代替P185单克隆抗体作空白对照。随访96例，1例术后35个月失访，作死亡处理；随访截止时间1994年10月31日，存活38例，存活者中位随访期38个月。结果：在本组中，c-erbB-2染色阳性者30例，30.92%；c-erbB-2阳性者淋巴结转移率为89.7%，明显高于c-erbB-2染色阴性者，$P<0.05$；c-erbB-2表达与患者年龄、性别、肿瘤大小、Borrmann分型、癌细胞分化程度、浆膜浸润及血管、淋巴管侵犯等无显著差异。单因素、多因素分析表明，c-erbB-2蛋白表达者预后较差，$P<0.05$。因此，认为检测c-erbB-2蛋白的表达将有助于制定个体化治疗方案，有可能提高患者的生存期。

（柯重伟）

述评 c-erbB-2原癌基因是定位于人类染色体$17q^{21}$上，编码分子量为185 000的跨膜糖蛋白，具有酪氨酸蛋白激酶活性，它可能和未知配体结合后通过酪氨酸蛋白激酶活性的增加而导致细胞恶变。c-erbB-2原癌基因的激活或编码蛋白的过度表达在乳癌中已被公认为是一个较强的预后因子，但在胃癌中的作用尚未肯定。该作者认为c-erbB-2蛋白与淋巴结转移相关，是一个较强的预后因子。学术界对c-erbB-2蛋白与胃癌的关系，目前看法尚不一致，有待进一步研究与观察。但有一点可以肯定，原癌基因的检测将有助于肿瘤个体化治疗方案的制定，有利于延长胃癌患者的生存期。

（方国恩　柯重伟）

c-met原癌基因表达与胃粘膜病变的关系（中华医学杂志 1996；76(5)：359） 北京医大临床肿瘤学院、北京市肿瘤所王金莹等研究了c-met基因过量表达的意义及其与胃粘膜病变的关系。157例标本来自胃镜活检组织。经病理证实，基本正常胃粘膜3例，浅表性胃炎30例，萎缩性胃炎33例，慢性萎缩性胃炎伴肠上皮化生31例，慢性萎缩性胃炎伴异型增生30例，胃腺癌30例。试剂：抗met基因蛋白抗体为抗$P50^{met}$，免疫组化染色试剂盒为北京中山生物技术有限公司分装的美国Zymed公司产品。应用S-P法：标本经中性甲醛液固定、石蜡包埋。5μm厚切片贴于覆粘合剂的玻片上，切片经0.3%过氧化氢封闭内源性过氧化物酶15min，0.1%胰蛋白酶消化20min，正常马血清孵育40min后加抗$P50^{met}$(S-19，1：100)，4℃过夜。次日加生物素化二抗(1：100)，室温30min，S-P复合物(1：100)，室温

16min。然后用0.05%四盐酸二氨基联苯胺-过氧化氢显色。阴性对照以PBS代替一抗，阳性对照为已知胃癌阳性病例标本。结果：c-met基因的过量表达在浅表性胃炎为10%(3/30)，萎缩性胃炎为12.1%(4/33)，肠上皮化生为32.3%(10/31)，异型增生为33.3%(10/30)，胃癌为33.3%(10/30)。c-met基因阳性表达率在肠化生为54.8%，异型增生为56.7%，胃癌为53.3%，明显高于两种单纯性慢性胃炎的病变，$P<0.05$。c-met基因阳性表达部位明显见于胃腺上皮的腔面膜上。在慢性胃炎粘膜，c-met阳性表达细胞主要集中于腺颈部。在3例正常胃粘膜中，有2例在胃腺颈部也见弱阳性表达。作者认为，c-met基因过量表达与胃粘膜的高度增殖状态有关，c-met基因蛋白持续的过量表达可能是与胃粘膜细胞癌变相关的一种基因异常改变。

（柯重伟）

述评 c-met原癌基因是编码190kD的跨膜糖蛋白，它选择性地表达在人类的某些上皮组织，目前初步确定c-met基因的扩增和过量表达与某些肿瘤有关。胃粘膜癌变是一个经历多阶段病变的缓慢演进过程，可能涉及多种原癌基因的激活和抑癌基因的失活。1990年，Houldsworth等首先从23例原发性胃癌组织中查到1例有c-met扩增。此后，Soman等应用反转录-多聚酶链反应法在胃镜活检的不同病变组织中检测到TPR-met mRNA的过量表达。国外研究及该作者的研究均显示c-met原癌基因的异常表达可能在胃癌的发生、发展中起作用。但c-met基因表达与胃癌细胞分化程度以及病人预后等关系如何，尚需进一步研究证实。

（方国恩　柯重伟）

c-myc癌基因在胃癌和癌前病变中的表达（肿瘤防治研究 1996;23(3):157） 医科院肿瘤医院刘尚梅等采用生物素标记的c-myc癌基因为探针，检测70例胃标本中c-myc癌基因mRNA的表达。其中原发性胃癌48例，胃良性病变22例。实验首先将携带c-myc的PBR322质粒转化到HB101菌中，用常规方法提取并纯化质粒。经限制性内切酶HindⅢ和EcoRⅠ作用，得到8.5kb的c-myc基因片段。加入生物素-补骨脂，用光促DNA标记法得到Bio-c-myc探针。组织切片厚5μm，经蛋白酶K消化，4%多聚甲醛溶液固定后再杂交。杂交中含Bio-c-myc探针0.1μg/ml，37℃环境杂交16～18h。切片清洗后，加入链霉亲和素和生物素-碱性磷酸酶，分别作用20min。再加入底物NBT和BcIP显色。结果：70例标本中，48例胃癌的c-myc癌基因表达阳性总数为29例(60.40%)；22例胃良性病变的c-myc癌基因表达阳性总数为6例(27.27%)，$P<0.05$。且该6例均有不典型增生，占良性病变不典型增生的46.15%(6/13)。在48例胃癌的癌旁上皮中，c-myc癌基因高表达阳性占37.5%，其中19例有不典型增生的癌旁上皮，表达阳性占78.95%，而无不典型增生的癌旁上皮表达阳性只占10.34%。c-myc癌基因表达与胃癌的组织学类型、分化程度、生长方式、发生部位、侵犯深度、淋巴结转移及腹膜播散等之间未见有明显相关性。作者认为c-myc癌基因的高表达与胃粘膜上皮的异型增生有关，与胃癌预后的关系有待进一步探索。

（柯重伟）

述评 c-myc癌基因定位于人第8号染色体的长臂上、编码439个氨基酸的核蛋白，其表达水平涉及细胞的增殖，与细胞分裂速率密切相关。c-myc基因的活化可能是癌变的前提条件之一。胃癌的发生是一个长期复杂的过程，在这一过程中可能有许多因素参与，就基因来说，c-myc基因活性化可能参与了胃癌的发病过程，该研究发现的胃癌及不典型增生的c-myc基因高表达明显增高即是例证。上文结果对于探索胃癌发生机制及胃癌的基因诊断均有一定的参考意义。

（方国恩　柯重伟）

大鼠应激性溃疡与促胃液素、胰高血糖素和生长抑素的相关性研究（首都医学院学报 1995;16(4):287） 北京天坛医院梁丕霞等采用冷束缚法建立大鼠应激性溃疡模型，以探讨胃肠激素与应激性溃疡发病的相关性。用Wistar大鼠126只，实验组(63只)置于(4±2)℃，对照组(63只)置于(18±3)℃，3h后释放正常饲养，分别于束缚即刻和放养12、24、48、72、96、120h断头取血检测。结果显示，冷束缚3h后，胃粘膜表面有点片状出血糜烂，实验组在各时间段均表现为高促胃液素、高胰高血糖素和低生长抑素血症。统计分析结果显示，血清促胃液素水平：冷束缚后0～96h明显高于对照组($P<0.01$或$P<0.05$)；血清生长抑素水平：冷束缚后0～48h应激组明显低于对照组($P<0.01$)；血清胰高血糖素水平：冷束缚后12～48h应激组明显高于对照组($P<0.01$)。促胃液素是很强的促胃酸分泌激素，可使胃壁细胞最大限度地分泌盐酸。生长抑素对促胃液素释放有强力的抑制作用。胰高血糖素使血糖升高，抑制促胃液素和组胺刺激胃酸的分泌。该研究观察到应激性溃疡时高促胃液素、高胰高血糖素、低生长抑素水平，显示了它们之间的相关变化，表明它们或作为神经递质，或作为激素从不同角度参与了应激性溃疡的消长过程。此结果为进一步研究和防治

应激性溃疡提供了重要的参考资料和手段。

（印　慨）

述评　“应激性溃疡”是泛指各种应激状态下发生的胃肠道溃疡及出血性病变。现多认为在应激状态下，促胃液素大量分泌导致胃酸过多和胃粘膜的血流灌注量降低，造成严重的急性胃粘膜病变，粘膜屏障破坏。生长抑素是一种14肽神经肽，能抑制多种激素释放，对促胃液素分泌有很强的抑制作用，胰高血糖素对胃酸分泌的抑制也可能是通过胃底腺区局部分泌生长抑素起作用。上文同时检测了应激性溃疡时3种胃肠激素的消长关系，显示应激性溃疡时促胃液素、胰高血糖素升高，生长抑素降低，提示生长抑素对促胃液素的反馈抑制减弱可能是应激性溃疡发生机制之一。研究结果对应激性溃疡的防治有一定的指导意义。

（方国恩）

p53基因点突变与胃癌细胞恶性程度及临床预后的关系（中华医学杂志 1995；75(11)：679）　北京医大临床肿瘤学院、北京肿瘤所吕有勇等研究了60例胃癌、30例异型增生和33例肠上皮化生病变中基因的改变，探讨了与胃癌发生、发展密切相关的某些基因的结构和表达异常，以及p53基因的异常与胃癌细胞恶性表型的关系。所有标本，包括胃癌、癌旁及正常胃粘膜组织均为手术标本。术后及时取1～2g，－70℃保存。细胞系均为国内建立的人胃癌细胞BGC-823、MGC-803、GC-7901、PAMC-82。作者的实验方法采用聚合酶链反应/限制性内切酶长度多态性（PCR/RFLP）、PCR/单链构象多态性（SSCP）、DNA序列分析、免疫组化及原位杂交，用S-P染色法显示p53和met基因表达产物。结果显示胃癌中存在着多种基因结构及表达的异常，主要表现为H-ras低甲基化（45%）、过量表达（38%），met、erbB-2、EGFR、akt2基因扩增，扩增率分别为24%、29%、21%、11%。APC、p53、p16基因缺失和p53基因点突变，其中p53基因点突变的频率为58%，异型增生为20%，肠上皮化生为6%。突变多发生在第143、174、175、223、245和280位，其中第174和280位的突变在胃癌实体瘤和培养细胞中都能检测到。突变的方式为AT→GC转换，缺失G或C及碱基转换。免疫组化显示p53染色阳性为54%，与SSCP得到的结果相似。用染色体原位杂交和Northern杂交分析发现，p53基因缺失、低表达在胃癌细胞中也较普遍。met基因过量表达在肠上皮化生和异型增生中呈持续高水平表达，阳性率分别为54.8%和56.7%。另外，结果也显示在恶性程度较高的，如伴有淋巴结转移、有瘤栓或低分化的病例中有多个基因变异，其中在p53基因有异常的肿瘤多表现为低分化和高转移率，而且病人术后生存期明显低于p53基因未突变组。该文的结果提示，p53基因异常与胃癌的发生、发展密切相关。erbB-2有可能作为判断胃粘膜病变是否癌变的指标之一。met基因异常与胃粘膜病变进一步恶化相关。

（柯重伟）

述评　近年来的研究证明，细胞的恶变，不仅需要激活细胞癌基因及细胞癌基因的表达，同时还需要抗癌基因的失活。抗癌基因与肿瘤发生的关系已日益受到人们的重视。作者的研究涉及胃癌中存在的多种基因结构及表达的异常，并进一步在胃癌标本中证明p53点突变发生的频率远远高于其他受检的基因，认为p53基因突变是导致细胞癌变的一个重要原因。然而，胃癌的发生是一个多基因、多阶段的复杂的病变过程，开展多基因与胃癌关系的研究，对进一步探讨胃癌的发生机制可能具有更重要的意义。

（方国恩　柯重伟）

p53和p21过度表达与胃癌淋巴结转移呈正相关（中国肿瘤临床 1996；23(9)：639）　福建医学院一院张声等应用S-P免疫组化方法研究p53和p21表达变化与胃癌组织分型、浸润深度及淋巴结转移的关系，同时测定增殖细胞核抗原（PCNA）染色与p53和p21表达的关系。材料取自90例原发性胃癌切除的标本。新鲜标本常规福尔马林固定、取材、石蜡包埋，厚度5μm切片，HE染色。p53和p21、PCNA免疫组化染色采用链霉菌素-生物素免疫组化技术。p53阳性标准：p53基因染色呈颗粒或团块状分布在胃癌细胞核，胃癌细胞核阳性染色＞10%时为染色阳性，即过度表达。p21阳性标准：p21染色为胞质弥漫分布型表达，当阳性胞质染色的细胞数＜15%时为－，16%～60%为＋，＞61%为++。细胞增殖活性PCNA定级：阳性核染色＜25%为Ⅰ级，26%～50%为Ⅱ级，51%～75%为Ⅲ级，＞76%为Ⅳ级。88例原发性胃癌标本中，阳性p53染色为43例（48.9%）。周围非肿瘤部分的组织未见染色。管状、低分化腺癌p53阳性率较高，但无统计学差异。p53阳性染色与肿瘤浸润程度呈正相关。p53过度表达与胃癌淋巴结转移也呈显著相关，p53阳性肿瘤的淋巴转移率（93%）明显高于阴性的肿瘤（60%，$P<0.05$）。88例原发性胃癌标本中，阳性p21染色为63例（71.6%），周围非肿瘤部分的组织未见染色。肿瘤浸润深度在p21阳性和阴性染色之间无显著差异。p21表达变化与肿瘤组织分型和淋巴转移显著相关。PCNA标记分数与p53和p21阳性染色均呈正

相关。进一步的分析发现 p53 过度表达和 p21 过度表达对胃癌淋巴结转移率的共同贡献为以 p53 过度表达为主的独立的联合作用。

（柯重伟）

述评　p53 基因最初被认为是一个具有显性转化作用的癌基因。近年来的实验已证明那些具有转化作用的 p53 基因都是突变体，而野生型 p53 则具有明显的抑制细胞转化作用。p53 突变体通过与内源性野生型 P53 蛋白结合抑制野生型 p53 的正常功能，并竞争性结合 p53 的正常底物而起干扰作用，最终导致细胞转化和肿瘤发生。目前不少研究已显示了 p53 基因表达与胃癌的密切关系。p21 表达变化与肿瘤病理学特征间的关系，目前各家报道不完全一致。作者联合研究了 p53、p21 基因表达与胃癌的关系，显示出以 p53 为主的这两个基因与胃癌密切相关。该结果对探讨胃癌的发生机制、估价病人预后有参考意义。

（方国恩　柯重伟）

阑尾、结肠、直肠、肛管

收集有关阑尾、结肠、直肠及肛管文献约700篇，纳入回顾329篇(占47.0%)，收入文选39篇(占5.6%)。

一年回顾

一、阑尾

(一)B超诊断阑尾炎

本年度有5篇报道[1~5]，共461例。贵州省黔南自治州医院[1]*对怀疑急性阑尾炎241例的超声诊断与手术病理结果对比。结果显示B超诊断急性阑尾炎的敏感性为82.8%，特异性为91.8%，准确性为85.1%，假阳性率3.2%，假阴性率35.6%，阳性预测值96.8%，阴性预测值64.4%。

(二)老年急性阑尾炎

本年度有3篇[6~8]共221例。六里坪铁路医院[6]报道108例，占该院收治急性阑尾炎5.98%(108/1 806)。该组发生穿孔34%，感染中毒性休克3例，伴随各种疾病11例，其中心血管疾病6例，呼吸系统疾病2例，感染性休克3例。96例手术，发生并发症10例，其中切口感染6例，肠麻痹3例，肺部感染1例。长沙铁路医院[7]报道104例，治愈103例，死亡1例，死于急性心肌梗死，术后发生并发症17例，其中感染15例。

(三)小儿急性阑尾炎

安徽医大附院[9]报道214例，占同期急性阑尾炎例数9.7%(214/2 204)。该组误诊率为20.6%，误诊原因：(1)症状及体征不典型；(2)小儿多无主诉能力或病史不可靠；(3)查体不全面。该文总结了提高早期诊断率的经验：(1)对小儿急性阑尾炎不能单凭病史和消极等待典型表现；(2)可有比较明显的消化道症状；(3)右下腹压痛范围常较广泛；(4)查体要轻柔、反复多次；(5)B超对化脓性坏疽性阑尾炎及阑尾周围脓肿有帮助；(6)要注意与小儿肠系膜淋巴结炎、肠炎、肠套叠等病鉴别；(7)对急腹症患儿，若经过6h以上观察仍不能排除阑尾炎而体征无改善或反而加重者应及时剖腹探查，宁可切除正常阑尾，亦不要误诊而致阑尾穿孔。

(四)腹膜外急性阑尾炎

解放军139医院[10]报道经手术证实的87例。分型如下：沿腰大肌上行型24例；回盲部周围型20例；穿越脊柱型26例，其中水平横卧脊柱11例，阑尾尖端指向脾区6例，指向左腹股沟9例；腹中型9例；髂窝型8例。病例特点：(1)均有两次以上急性发作史，病史较长；(2)诊断多不明确；(3)阑尾腔内有粪石梗阻61例。云南玉溪医院[11]报道40例，占3.98%(40/1 006)。病理类型：无单纯性阑尾炎；化脓性阑尾炎16例(40%)；坏疽性阑尾炎24例(60%)，伴穿孔22例(占55%)，较一般阑尾炎穿孔率(13%～18%)为高。重庆大渡口医院[12]报道异位阑尾炎5例，其中腹膜外2例，左位1例，肝下1例，壁内1例。

(五)围手术期并发急性阑尾炎

解放军148医院[13]报道24例。原手术情况：剖胸手术4例，腹腔手术12例，盆腔手术6例，腹股沟及下肢手术各1例。发生时间在术后1～7d，平均2.5d。术中证实单纯性8例，化脓性10例，穿孔6例，形成脓肿3例。术后切口感染8例，无其他并发症或死亡。

(六)误诊为阑尾炎的病例

本病原有4篇[14～17]计47例。其中2篇[14～15]为结肠肿瘤误诊为阑尾炎，计34例；1篇[16]为5例盲肠憩室病误诊为阑尾炎；1篇[17]为8例右下腹直肌纤维组织炎误诊为阑尾炎。

(七)阑尾结核

湖北三峡医学院[18]*报道阑尾结核15例，占0.27%(15/6 621)。以青年人(≤34岁者共12例)和女性(共 11 例)多见,常继发于腹腔其他部位结核。显微镜下发现增殖型 11 例,溃疡型 4 例,临床误诊 14 例(93%),与慢性阑尾炎、回盲部结核或肿瘤、阑尾的癌瘤等不易鉴别。该病主要靠病理确诊,因此凡切下阑尾都应常规作病理检查,以防误诊或漏诊。海南林业职工医院[19]报道 1 例 36 岁女性阑尾结核,经阑尾切除及抗痨治疗痊愈。病理报道为阑尾结核及阑尾系膜淋巴结结核。

(八)阑尾粘液囊肿

本年度有 3 篇[20~22]共 16 例。武汉协和医院[20]报道 6 例。特点:(1)有急慢性阑尾炎或阑尾周围脓肿病史,尤其是时间长,反复发作者,或急性炎症消退后右下腹仍有包块;(2)肿块发展缓慢,常为表面光滑,有弹性,境界清楚,可活动,可有轻微压痛;(3)B 超提示囊肿;(4)钡灌肠见盲肠内下方有一半圆形压迹,压迹规则整齐,常伴阑尾不显影。此外,CT 检查不仅能发现囊性肿物,还能看到肿块与周围脏器的解剖关系。

(九)阑尾炎与大肠癌并存

本年度有 4 篇[23~26]共 39 例。吉林省肿瘤医院[23]* 报道经手术及病理学检查证实的阑尾炎与大肠癌并存 24 例。该 24 例入院时均诊断为大肠癌,其中回盲部癌 8 例,横结肠癌 7 例,降结肠癌 6 例,直肠癌 3 例。术前诊断大肠癌并存阑尾炎者仅 4 例(16.7%)。山东聊城医院[24]报道阑尾炎与盲肠癌并存 9 例,可能与下列因素有关:(1)盲肠癌的存在使胃肠道功能紊乱,阑尾肌肉、血管反射性痉挛,致阑尾组织破坏改变;(2)癌肿浸润、腔内种植及阑尾淋巴结反应性增生等造成阑尾腔阻塞;(3)癌肿干扰机体免疫系统使阑尾易感染;(4)肿瘤继发坏死感染波及阑尾;(5)肿瘤的生长使阑尾血液及淋巴循环受阻;(6)癌肿致肠管狭窄,近端肠管压力升高,阑尾排空功能障碍,导致急性阑尾炎。哈尔滨市一院[25]报道 5 例右半结肠癌并存急性阑尾炎,3 例在术中发现肿瘤,急诊行右半结肠切除术,2 例在阑尾切除术后 2~4 个月经结肠钡检查为结肠癌再行右半结肠切除术。

(十)腹腔镜阑尾切除术

本年度有 4 篇[27~30]共 242 例。湖北省医院[27]采用内凝法,Dixon 结扎阑尾残端及自制阑尾移出钳用于电视腹腔镜阑尾切除术 114 例。该法对避免阑尾系膜血管出血、阑尾残端瘘、肠粘连以及粗大、化脓、坏疽穿孔及阑尾移出腹腔时穿刺孔感染效果满意。由于阑尾残端粘膜内凝破坏其分泌功能,用自制圈套器结扎阑尾根部后切除,不做荷包缝合包埋,无 1 例发生术后阑尾系膜出血和阑尾残端瘘。湖北省医院[28]报道腹腔镜下小兜阑尾切除术 13 例,男 9 例,女 4 例,年龄 5~14 岁。12 例术后 2~4d 出院,1 例术后 12d 出院。

(十一)阑尾附带切除术

安徽当涂人民医院[31]报道为 70 例腹部手术患者行附带阑尾切除术,术前均无阑尾炎征象。行上腹部手术附带切除阑尾 11 例;行盆腔手术时切除阑尾 20 例;行嵌顿性疝手术时切除 12 例;在其他手术时切除 27 例。58 例行病检,19 例(32.76%)阑尾有异常。该文认为:过分强调附带阑尾切除有误导青年医生重手术、轻诊断的不良倾向,且增加术后并发症发生;只有患者同时伴有阑尾炎的诊断依据,或有其迹象者才考虑附带阑尾切除术。

(十二)阑尾切除术后再手术

西安医大一院[32]报道 48 例,分为 4 种类型:(1)阑尾切除术后近、远期并发症,共 34 例(70.83%);(2)漏诊盲肠、升结肠癌 6 例(12.50%);(3)误切,误将脂肪垂当阑尾切除 1 例(2.08%);(4)难以断定与阑尾切除是否有关 7 例(14.58%)。江苏丰县医院[33]* 报道因误诊误治等原因再次手术者 20 例,占同期阑尾切除术的 1.1%。再次手术原因:阑尾动脉结扎线滑脱 1 例,腹壁切口裂开 3 例,阑尾残端炎 1 例,粘连性肠梗阻 5 例,腹腔脓肿 3 例,结肠癌 2 例,Meckel 憩室炎合并穿孔 2 例,回肠胰腺异位症 1 例,左侧卵巢囊肿蒂扭转 1 例,右输尿管结石 1 例。文中还对该病发病原因及预防作了讨论。

(十三)阑尾术后并发症

阑尾切除术后炎症性肿块　江苏省肿瘤医院[34]报道 34 例。12 例经非手术治疗,肿块缩小,仅残留小的硬结。22 例手术治疗:16 例行局部切除;4 例误诊为回盲部结核,行回盲部切除;2 例肿块位于盲肠,疑为盲肠癌行根治性右半结肠切除。22 例均痊愈,病理报道均为炎性肿块。

切口感染　江苏宝应卫生院[35]报道碘伏用于阑尾炎穿孔性腹膜炎一期缝合 55 例,切口均一期愈合,无 1 例发生腹腔残余脓肿。江苏东山医院[36]运用 0.05%洗必泰溶液冲洗或揩擦阑尾炎阑尾切除术伤口,经 1 012 例临床观察,仅 1 例皮下感染(0.1%),而对照组 3 例发生切口感染(3%),2 例发生肠梗阻。江苏如皋卫生院[37]探讨阑尾切除术后切口感染的预防问题。河北张家口市二院[38]报道阑尾切除术后并发症的防治问题。

(十四)其他

成都市三院[39]报道急性阑尾炎诊断现状:河南

省肿瘤医院[40]报道卵巢恶性肿瘤阑尾转移；武汉大咀卫生院[41]报道局麻小横切口倾斜位直视下行阑尾切除术；山东济南市医院[42]报道了阑尾手术切口缝合方法的改进。

二、大肠息肉及息肉病

(一)腺瘤癌变的研究

长春医大临床学院[43]应用三维结构(3-D)再构成计算机系统，以0.2mm间隔连续切片，HE染色，对50例经纤维结肠镜切除的大肠腺瘤各种异型上皮的体积及分布规律进行研究。其中癌变17例(34%)，其平均体积为单纯腺瘤的3.4倍。用常规方法切片，仅检出14例有癌变，漏诊率18%。为提高腺瘤癌变检出率，至少应以0.6mm间隔连续切片。该法对准确判定断端有无癌浸润也有重要意义。河南医大附院[44]分析经结肠镜检出的271例结肠腺瘤，提示腺瘤恶变多见于绒毛状腺瘤，尤其是直径>2cm、广基无蒂及外形呈颗粒菜花状者。癌变多见于直肠及乙状结肠。

(二)经内镜摘除大肠息肉

本年度有5篇[45~49]共摘除息肉766枚。广西自治区医院[45]报道经内镜微波治疗肠息肉614枚，治愈率100%。出血4例(0.65%)，穿孔1例(0.16%)。作者认为微波治疗费用低，对宽基、有蒂的息肉均适用，且操作简单、安全、疗效高，值得推广。海南省医院[46]也报道内镜微波治疗消化道息肉84例共104枚，无1例发生出血及穿孔。微波治疗安全性明显优于高频电灼治疗。

(三)家族性结肠息肉病

本年度有3篇[50~52]共34例。安徽医大附院[50]*报道家族性结肠息肉病(FAP)22例，5例行全大肠切除、回肠造口术；12例行全结肠切除、直肠粘膜剥脱、回肠肛管吻合术；5例行全结肠切除、回直肠吻合术。平均随访4.5年，疗效满意。解放军107医院[51]采用改良Soave-Boley手术治疗FAP11例，除1例术后胃扭转死亡外，余11例随访6～13年(平均8.5年)，效果良好。术后早期大便次数较多，1年后1～2次/d，肛门收缩，排便感觉和自控力良好。此外，上海医大肿瘤医院[53]还作了“遗传性非息肉病性大肠癌”的专题讨论。

(四)黑斑息肉综合征

本年度有3篇[54~56]共9例。过去我国已报道325例(中国外科年鉴1995:156)，连同本年度9例共334例。

三、结肠、直肠及肛管癌

(一)基础研究

APC基因　北京医大一院[57]*应用免疫组化方法检测大肠癌、腺瘤、移行粘膜及正常粘膜的APC基因蛋白产物P300APC。P300APC阳性率分别为20%、66.7%、66.7%、70%，差别有显著意义。15例大肠腺瘤中，4例伴重度非典型增生者P300APC染色呈阴性($P<0.01$)。表明：P300APC的低表达是大肠肿瘤发生的重要早期事件。

转化生长因子　北京医大临床学院[58]*探讨了12例人结、直肠癌组织、癌旁及正常肠粘膜组织中TGF-α、β mRNA表达程度及其基因变化，研究结果初步表明：人结、直肠癌组织中TGF-α mRNA表达的增加和TGF-α mRNA表达的降低，可能通过自分泌和旁分泌生长调控作用同结、直肠癌的发生和进展有密切关系。北京医大临床学院[59]还表明TGF-α、β分别作为正、负生长调节因子在HT_{29}细胞自分泌生长调节中可能具有重要作用。TGF-α、β平衡失调同结、直肠癌发生、发展具有密切关系。

nm23基因　福建医学院一院[60]应用免疫组织化学方法对83例不同分期的大肠癌及其正常粘膜组织和12例大肠腺瘤进行转移抑制基因nm23表达产物的研究。结果表明：nm23在大肠癌肿瘤的发生、发展、转移及预后有重要作用。福州协和医院[61]的研究也认为nm23基因在直肠癌浸润和淋巴结转移过程中发挥负性调控作用，检测直肠癌组织中nm23基因表达有助于对直肠癌生物学行为进一步了解和对患者预后的判断。

肿瘤浸润淋巴细胞(TIL)　广州医大一院[62]*以单克隆抗体及免疫组化技术分析观察了70例大肠癌患者癌周TIL的分布及表型特征。结果：癌周间质中单个核细胞的浸润主要以淋巴细胞为主，其中又以抑制/细胞毒T细胞($CD8^+$)占优势。TIL与肿瘤组织分型之间无明显关联，但随着Dukes分期的增高，TIL各亚群除$CD8^+$外均明显受到抑制。

程序性细胞死亡(PCD，亦称细胞凋亡)　苏州医学院[63]观察了无血清培养对人大肠癌SW620PCD的影响，结果提示表皮生长因子是人大肠癌SW620PCD的一个负调控因子。

表皮生长因子(EGF)　沈阳军区总院[64]用放射免疫法定量检测结、直肠癌病人手术前后尿和唾液中EGF含量的变化。结果：术后病人血清和唾液中EGF含量较术前显著降低，趋近正常，但尿

EGF术前术后比较无显著性差异，因此认为EGF在结直肠大肠癌的发生发展中起主要作用。

肿瘤坏死因子(TNF)　长沙湘雅医院[65]检测结直肠癌、良性疾病患者及健康成人外周血T细胞亚群和TNF水平，并对其手术前后的变化进行动态观察。结果：TNF与T细胞亚群间未发现相关性，说明结直肠肿瘤的疾病进展尚与患者整体免疫功能及免疫活性细胞、免疫调节因子等相关。广州南方医院[66]用生物活性测定法观察了LPS、IFN-γ及LPS+IFN-c诱导正常人和中晚期大肠癌患者外周血单核细胞(PBN)释放TNF的动态变化。结果提示：中晚期大肠癌患者PBN释放TNF的能力受到抑制或损害，经适当诱导可在一定程度上改善和提高TNF产量。

结直肠癌缺少基因(DCC)　重庆西南医院[67]采用聚合酶链反应(PCR)和限制性片段长度多态性分析技术，对41例大肠癌组织和DCC杂合性缺少进行研究。结果提示：DCC基因杂合性缺少多发生于大肠癌的晚期，DCC基因杂合性缺少的检测有可能成为大肠癌病人预后评价的指标。北京中西结合医院[68]也认为对DCC基因表达的检测可以作为判断大肠癌恶性表型及预后的一项分子生物学指标。解放军总院[69]报道了"DCC基因研究进展"。此外，浙江医大[70]报道了"大肠肿瘤错配修复基因缺陷的研究状况"。

(二)普查

北京军区总院[71]*采用免疫羧化胶乳法和一组抗人大肠癌相关抗原的单克隆抗体，对554例人粪便中一组大肠癌相关抗原进行测定。结果：28例大肠癌阳性率为92.9%，5例绒毛状腺瘤均为阳性，4例管状腺瘤阳性率为50.0%，11例炎性息肉阳性率为18.2%，结肠炎、上消化道病变及正常人均为阴性。认为该法适用于群体大肠癌普查。北京军区总院[72]认为序贯法粪隐血试验的敏感性与试纸法、免疫法无区别，但其特异性明显优于试纸法和免疫法，且操作省时、经济，可供大肠癌普查选用。福建三明职防院[73]认为大肠癌单克隆抗体金标斑点法从粪便中快速检测大肠癌较血清学简便可行。上海临床检验中心[74]认为检测大便隐血的免疫胶乳凝集抑制试验用于人群中结直肠恶性肿瘤的筛检有良好前景。解放军331医院[75]报道大肠粘液中双糖残基及粪便CEA检测对大肠癌诊断的价值，认为这两种检测有较高的阳性率及较低的阴性率，适合于对高危人群进行大肠癌普查。此外，浙江肿瘤所[76]评价了GOS试剂盒检测直肠粘液T抗原筛检大肠肿瘤，能否应用于人群大肠肿瘤筛查尚待进一步研究验证。浙江肿瘤所[77]报道了无症状人群中早期检测大肠癌的研究现状。

(三)放射免疫

血清促胃液素　重庆大坪医院[78]用放射免疫法检测43例大肠癌病人根治术前后血清及癌组织中促胃液素水平。提示大肠癌对促胃液素具有自分泌促生长作用及旁分泌促生长作用，证实了人体内部分大肠癌细胞受促胃液素调控。为大肠癌病人应用抗促胃液素治疗提供实验依据。重庆大坪医院[79]*测定了大肠癌组织中促胃液素、生长抑素和多胺水平，也证实人体内大肠癌细胞的生长受到促胃液素的调控。南通医学院[80]报道了促胃液素在大肠癌细胞内分布及其临床意义。

癌胚抗原　河北省医院[81]对结肠直肠疾病患者血清CEA、CA19-9和CA-56水平进行测定，发现恶性疾病组的肿瘤标志物水平明显高于良性疾病组；还发现肿瘤标志物联合测定阳性者进展期癌组占96.67%(29/30)，在炎性疾病组全部阴性，故推荐以此作为两者的鉴别标准。常州市医院[82]也认为以上联合检测是有价值的。北京肿瘤医院[83]*对63例结直肠癌患者术前血清中的CEA和CA242进行检测。结果：CA242阳性率较CEA高，尤其是对结肠癌的检出率比直肠癌者更为显著($P<0.05$)，提示这种联合检测是大肠癌的有效辅助诊断方法。广州市二院[84]提出联合应用Ag-NOR定量和CEA标记，更能全面反映大肠癌的生物学行为，可望作为客观参数。苏州医学院二院[85]研究^{131}I-C50放免导向诊断大肠癌，初步表明放免显像对大肠癌原发、转移及复发病灶均有较高的诊断价值。山东千佛山医院[86]报道结肠腺癌CEA的超微结构定位，提示CEA在结肠细胞表面的分布失去极性可能是腺癌细胞的特点。此外还有2篇有关CEA[87]及CA19-9[88]的文章。

硒与免疫功能　上海瑞金医院[89]*研究大肠癌患者硒与免疫功能关系，提示适量补硒能促进人体细胞免疫功能，大肠癌可能与局部低硒以致免疫力降低有关。

(四)病理及免疫

流式细胞分析　河南医大二院[90]*测定人大肠癌癌旁移行粘膜细胞核形态及DNA含量，提示癌旁移行粘膜客观存在，为潜在恶性，与大肠癌的发生有密切关系。此外，还有两篇报道"大肠癌中心灶、癌旁和淋巴结转移灶细胞DNA倍体的流式细胞计量术分析"[91]及"大肠上皮细胞癌变过程中

DNA 含量倍体水平变化特点及生物学意义。[92]

粘液组织化学研究 哈尔滨医大三院[93]对大肠中分化腺癌手术切除标本 32 例进行 HID-AB、GOS、COA 等粘液组化分析。结果：大肠中分化腺癌组织中酸性粘液占优势，其中硫化粘蛋白优势占半数以上，提示大肠中分化腺癌中酸性粘液较正常粘膜有增多倾向，以硫化粘蛋白为主，此点可为大肠癌的原发与继发、腺瘤与癌变的鉴别诊断提供依据。此外，山东省医院[94]报道了"大肠粘膜粘液变化在大肠癌及大肠息肉诊治中应用分析"，哈尔滨医大三院[95]报道了"直肠粘液腺癌的临床及病理学特征。"

多胺水平测定 多胺是细胞内调节代谢的生物活性物质，具有促进细胞增殖的作用，与恶性肿瘤的发生、生长与复发有一定关系。重庆大坪医院[96]检测了 43 例大肠癌组织及癌旁粘膜中多胺（精脒、精胺）水平。结果表明精脒参与了大肠癌细胞的增殖和分化，精脒水平与精脒/精胺比值反映了大肠癌细胞的增殖活性。此外，暨南大学附院[97]报道了关于大肠癌旁粘膜的研究进展。

p21 ras 这是近年来发现的一种很有价值的判断预后的指标，它能促进肿瘤细胞浸润性生长和淋巴结转移。江西医学院一院[98]对 90 例大肠腺癌 P21 ras 的表达与淋巴结转移状态的关系进行了研究。结果提示：大肠腺癌 P21 ras 的阳性表达与淋巴结转移密切相关，这对判断淋巴结转移、选择手术方式和拟定辅助治疗措施等方面起着指导作用。

多向耐药基因（multidrug resistance，MDR-1） 北京医大一院[99]研究 MDR-1 基因的 mRNA 表达水平与大肠癌患者临床特征的关系。结论：MDR-1 mRNA 高表达的大肠癌细胞可能较相对低表达的大肠癌细胞具有更强的扩散转移能力；MDR-1 基因的作用可能不仅限于细胞耐药性，还影响细胞的其他生物学行为。

原位树突状细胞 树突状细胞（dendritic cell，DC）是体内主要的抗原提呈细胞（antigen-presenting cell，APC），它与表达 S-100 蛋白质并与 T 细胞功能密切相关。广州医学院一院[100]用 S-100 蛋白质抗体对 144 例结直肠癌组织和 31 例正常大肠粘膜进行 ABC 免疫组化染色。结果：结直肠癌原位 DC 较正常大肠粘膜明显增多（$P<0.01$），随着癌的浸润及淋巴结转移，原位 DC 减少，提示 DC 在增强机体抗肿瘤免疫及阻止癌的浸润、转移方面有重要意义。

Ki-ras 基因突变 ras 基因在结直肠肿瘤的突变率约 50%，并发生于早期阶段。浙江医大[101]*的研究认为从粪便 DNA 检测 ras 基因突变对早期发现结直肠肿瘤具有实际应用前景。此外，还有 3 篇有关大肠癌基因的报道[102～104]。

定量形态学 上海瑞金医院[105]*应用自动图像分析技术对大肠癌及其癌前病变进行细胞定量形态学的研究，认为各形态学参数随细胞异型性增加呈连续性、进行性的变化。定量研究肯定了大肠癌发生发展的腺瘤-癌模式；定量形态学参数可作为大肠癌及其癌前病变的客观诊断标准；重度不典型增生和癌有较多相似特性，要高度警惕其癌变可能并予及时处理。

血清透明质酸（HA） 上海长征医院[106]测定 28 例结、直肠癌患者的血清 HA 浓度，旨在探讨结直肠癌侵袭性和根治手术对血清 HA 浓度的影响。结果显示，Dukes C 期或伴有淋巴结转移患者的血清 HA 浓度分别显著高于 Dukes A、B 期者。进一步提示了 HA 可能是结直肠癌等肿瘤细胞侵袭潜能相关因子之一。

脂肪酸 广东医学院[107]应用毛细管柱气相色谱法分析比较了 15 例大肠癌患者癌组织与癌周围正常组织脂肪酸组成情况。脂肪酸在组织中分布的差异可能与肿瘤的发生发展有关。

红细胞免疫测定 上海长海医院[108]观测 50 例大肠癌患者红细胞免疫变化。结果：大肠癌患者红细胞免疫功能明显低下；大肠癌患者红细胞免疫功能同肿瘤病理类型、病程、转移途径、血清 CEA 水平有关；大肠癌根治术后患者红细胞免疫功能明显提高。提示红细胞免疫测定可作为大肠癌患者判定的病情、预后的辅助指标。

（五）诊断

直肠腔内超声 上海瑞金医院[109]将 30 例直肠肿块患者术前经直肠腔内超声诊断与其手术、病理诊断作对照分析，诊断符合率 93.33%（28/30）。30 例中恶性肿瘤占 83.33%（25/30），良性肿瘤占 6.66%（2/30），炎性肿块占 10%（3/30）。对肿瘤浸润深度判断有误者共 7 例，占 23.3%。北京医大一院[110]*应用术前内镜超声检查，对 30 例直肠癌进行 Dukes 分期，癌的浸润深度与病理诊断的符合率为 86.7%（26/30）；根据癌浸润深度及淋巴结有无转移进行 Dukes 分期，正确率达 76.7%（23/30）。该检查对决定直肠癌手术治疗的方式有重要意义。山东医大附院[111]对 71 例直肠良、恶性肿瘤进行经直肠、阴道腔内超声检查。对浸润深度判断的符合率为 93.7%，对淋巴转移检测的符合率为 92.1%。经直肠和经阴道联合超声检查既可清晰显示直肠壁

受侵层次及肠周淋巴转移状况，又可对癌肿浸润直肠-阴道间隙、阴道壁及阴道周围淋巴转移作出判断，使直肠腔的术前分期更准确。

CT　哈尔滨医大三院[112]*提出新的直肠癌术前CT分期方法(I-IV)。该组81例直肠癌术前CT分期正确率为72.8%。上海长征医院[113]对结肠、直肠癌的分期作了文献综述。

(六)误诊原因分析

齐齐哈尔市一院[114]报道结肠癌并发贫血24例，血红蛋白均低于正常值。5例患者曾因贫血经过各种检查，如骨髓穿刺、血清铁蛋白测定、B超、CT及消化道钡餐及结肠镜等检查，有3例诊断为缺铁性贫血，用铁剂治疗有效，但停药后再次贫血。其他患者贫血原因不明，后经纤维结肠镜或钡灌肠确诊为结肠癌，确诊前病程为1～12个月，平均5.4个月。凡原因不明的贫血患者应考虑到结肠肿瘤的可能，尤其是右半结肠癌。江苏中医院[115]报道回盲部肿瘤误诊20例(阑尾炎15例、克隆病2例、肠结核2例及慢性肠套叠1例)。此外还有4篇直肠癌误诊分析[116～119]。

(七)青年人大肠癌

本年度有7篇[120～126]计324例。浙江医大医院[120]*报道儿童及青春期(<20岁)大肠癌31例，男19例，女12例。平均年龄18岁(11～20岁)。症状出现至确诊时间平均4个月(0.5～14个月)。有家族史3例，根治性切除21例，姑息性切除3例，活检7例。结果：存活时间2～54个月，存活>1年19例，无5年生存病例。

(八)老年人大肠癌

本年度有7篇[127～133]。北京医院[127]报道38例>80岁大肠癌，认为手术方案以肿瘤楔形切除术为主，在围手术期予患者短期全肠外营养支持治疗。5年生存率为56.3%。行楔形切除术58.3%(7/12)，根治性手术66.7%(2/3)。解放军总院[128]*随访老年人大肠癌102例，3年、5年以上存活率各为58.8%及35.3%，认为生存时间主要取决于肿瘤分期，而且化疗以延长生存期。

(九)大肠癌性梗阻

本年度有15篇[134～148]计399例。宁夏自治区二院[134]报道左半结肠癌急性梗阻一期肠切除吻合25例，随访18例，术后1年死亡5例，其中DukesC_2期4例，D期1例；3年死亡6例，其中C_2期4例，C_1期2例。存活>5年7例，其中C_1期3例，B期4例。浙江医大附院[148]对结肠癌并发急性肠梗阻处理原则和术式选择作了专题讨论。

(十)多原发癌

本年度有3篇[149～151]共185例。广州市肿瘤医院[149]报道双原发癌156例，占同年收治的全部恶性肿瘤的0.5%。第一原发癌的发病部位以鼻咽部最常见，其次是大肠、肺、宫颈、乳腺。治疗以放疗及手术为主。第二原发癌好发部位依次为肺、大肠、鼻咽、乳腺及胃，治疗方法以单纯手术、手术加化疗及单纯放疗为主。结果：156例都获5年以上随访，5年生存率为34.6%(54/156)。新疆自治区肿瘤医院[151]报道1例多原发癌，为乙状结肠癌、颈部皮肤恶性肿瘤、膀胱癌及鼻梁部皮肤鳞癌。

(十一)化疗

上海瑞金医院[152]采用亚叶酸和5-Fu联合化疗直肠癌262例，经随访，生存逾5年者87例，66例为术后辅助化疗，21例为治疗组，均系Dukes D期病例。结果：辅助化疗组总的5年生存率为66.67%，治疗组总有效率52.38%。表明这种联合化疗不论作为辅助或治疗均是安全和有效的选择。此外，有关腹腔化疗文献[153～156]、肠腔内化疗[157～158]、Fu保留灌肠[159]、5-Fu门静脉插管化疗[160]也有报道。军医科院[161]还报道了“多药耐药基因在大肠癌中的检测及其临床意义”。

(十二)热化疗

广州[162]对中晚期直肠癌进行腔内微波热化疗，观察治疗前后超微结构改变。结果提示癌细胞的膜系统是热化疗的主要靶器官之一。

(十三)放疗及热放疗

白求恩医大三院[163]报道直肠癌根治术后会阴部或原肛门处复发15例，采用放射同时加温治疗20例，单纯放疗31例，对比说明前者治疗能提高近期疗效，不增加局部皮肤的放射反应及并发症。此外还有“直肠癌术前热放疗综合治疗的光、电镜变化”[164]及“术前放疗对直肠腺癌及正常粘膜上皮细胞超微结构的影响”[165]等文章报道。

(十四)手术治疗

局部切除术　本年度有2篇[166～167]，共40例。山东聊城医院[166]应用局部切除术治疗早期直肠癌24例，结果5年无瘤存活率和局部控制率均为95.8%，认为对高或中度分化肿瘤无淋巴管或静脉侵犯、距肛缘11cm之内、局限于粘膜或粘膜下层、或侵犯到肌层但未穿透肌层者均可行局部切除术。

前切除术　本年度有5篇[168～172]共121例。南京医大二院[168]报道前切除术治疗中、下段直肠癌41例，肿瘤远侧肠管平均切除2.6cm，随访结果：5年生存率69.2%。认为影响5年生存率的因素主要

是肿瘤的组织类型、恶变程度和Dukes分期，而与手术类型无关。北京铁路总院[169]认为前切除术成功的关键是吻合时仔细操作，保持吻合口绝对无张力状态，下切缘距瘤下缘的距离要＞3cm，同时要特别注意侧方淋巴结清扫。

腹腔镜直肠癌切除术　四川德阳市电镜治疗中心[173]报道腹腔镜直肠癌切除术31例，均行淋巴清扫，＜10枚30例，＞10枚1例。直肠切断缘无癌残存。Dukes A期21例，B期6例，C期4例。随访3～24个月，无肿瘤复发亦无吻合口狭窄，仅1例术后1年死于高血压脑出血。大便在1月后基本恢复，1～2次/天。

其他保肛手术　河北任丘石油总院[174]报道直肠癌保留肛门绑扎或吻合术31例，近期效果好。南京铁道医学院[175]应用Welch手术治疗低位直肠癌16例，13例长期随访，5例死于术后1～4年，8例存活中仅1例带病生存，其余7例无局部复发转移。徐州市医院[176]报道保留肛管外括约肌治疗低位直肠癌12例，术后1～2年死亡2例，长期生存8例。福建石狮市医院[177]报道改良Bacon术治疗直肠癌6例，随访4个月～3年，未发现复发和死亡。此外，还有3篇保肛手术文章[178～180]。

Miles手术　成都军区总院[181]就125例直肠癌行Miles手术会阴切口行一期缝合，创口愈合优良率达88%。黑龙江省医院[182]也有类似报道。福建医学院[183]分析Miles术会阴部切口缝合引流时间以8d左右为佳。重庆西南医院[184]研究Miles术前后的尿动力学，认为手术后期(6个月后)才出现的排尿障碍提示有肿瘤复发的可能。解放军94医院[185]对11例低位直肠癌采用Miles术后结肠平滑肌游离移植原位重建肛门，术后效果满意。新疆医学院二院[186]对20例低位直肠癌Miles术后做会阴部结肠套叠或人工肛门。随访结果：40%有会阴部复发和远处转移，1年生存率为100%。

扩大根治术　哈尔滨医大临床三院[187]对211例直肠癌行扩大淋巴结清除术，对术后随访＞5年的200例的生存率与一般根治术进行对比，前者5年、10年生存率均明显高于后者(前者为68%及47%，后者为42.9%及24.1%)。浙江医大[188]对60例晚期结直肠癌行联合脏器切除，5年生存率达30.0%，提示无明显远处转移而局部近邻脏器浸润的结直肠癌宜行联合脏器切除，可获得较好的疗效。北京医大[189]对27例盆腔恶性肿瘤行全盆腔脏器切除术，手术死亡率为3%，平均生存期16个月，复发率41%，术后全部病例症状缓解，80%体重增加，生活质量改善。湖北潜江、江汉石油管理局医院[190]对4例侵及女性生殖系统的直肠肛管癌患者，采用双侧髂内动脉丝裂霉素灌注及明胶海绵栓塞并结扎，盆腔后位器官整块切除治疗，存活1年者3例，1例术后5年至今未复发。此外，还有2篇[191,192]结肠癌浸润邻近脏器扩大切除术的报道。

（十五）复发及转移

哈尔滨医大三院[193]*分析该院180例直肠癌局部复发，发现最多的是吻合口复发，其次为肠管本身、淋巴结残留、肿瘤周围组织及会阴部。该组再次手术病灶切除率为69.4%，根治率达45%，病灶切除及根治切除后的3年生存率分别达22.5%及36.4%。山东兖州矿务局总院[194]*报道结直肠癌肝转移同期切除6例，术后1年无死亡，3年存活4例(66%)，5年存活2例(33%)。浙江医大二院[195]分析了53例大肠癌肝转移的CT表现，对边缘结节征、车轮征、牛眼征及钙化性肝转移等征象作了讨论，所有转移癌均在术后2年内作CT检查发现，其中9例术中同时发现肝转移，而另44例术后2年内AFP均阴性。上海瑞金医院[196]用裸鼠人结肠癌细胞肝转移模型，观察术后早期大剂量大容积5-Fu腹腔化疗预防肝转移的疗效。结果：术后早期每公斤体重5-Fu40mg及NS40ml，1次/d，连续2d的腹腔化疗可使裸鼠肝转移发生率降低40%，平均每只裸鼠肝转移癌数目减少50.89%，生存时间延长48.21%。浙江嘉兴市一院[197]*报道结直肠癌卵巢转移8例，均为腺癌，7例卵巢包膜完整。8例均未发现有其他脏器转移。行卵巢癌切除术后生存6个月～3年，平均生存12.5个月。空军杭州医院[198]报道乙状结肠癌手术致腹壁种植转移1例。此外还有12篇[199～210]有关结直肠癌复发及转移的报道。

（十六）少见的大肠肿瘤

平滑肌肉瘤　解放军54642医院[211]报道直肠平滑肌肉瘤15例，男12例，女3例，年龄36～68岁。均经手术治疗。随访中5例死亡，8例术后3～9年无复发，失访2例。江西省医院[212]报道结肠系膜平滑肌肉瘤瘤体内蛔虫1例。

恶性淋巴瘤　本年度有5篇[213～217]共56例。天津市肿瘤医院[213]*报道结肠原发性恶性淋巴瘤28例，男18例，女10例，平均年龄40岁(4～70岁)。均经手术治疗，随访20例，5年生存率为58.3%。浙江医大一院[214]报道5例，占同期大肠癌的0.93%(5/539)。发生在盲肠3例，直肠2例，均经手术治疗。随访2例死亡，生存1～2.5年2例，5年以上1例。

恶性黑色素瘤 本年度有4篇[218~221]* 共11例。河南省肿瘤医院[218]* 报道5例，均为女性，年龄19～52岁。肿瘤位于结肠1例，直肠4例。均经手术治疗。随访6～71个月，死亡2例，3例存活（>5年2例）。

Paget病 河南许昌市直公疗医院[222]报道肛门周围皮肤Paget病3例，男2例，女1例，均经病灶局部切除，1例18个月死亡，2例健在（1例>7年）。

直肠小细胞分化癌 广西民族医院[223]报道2例，均经病理证实，病因不清，可能与人获得性免疫缺陷病毒有关。经Miles术治疗后分别存活16个月和24个月。

乙状结肠肝细胞腺癌 北京北京医院[224]报道1例，男，63岁。因便血入院。乙状肠镜检查距肛门13cm可见一突向肠腔肿块，行乙状结肠切除。病理：癌细胞大，多边形，嗜伊红性细颗粒状胞质，呈髓样或梁状排列，有丰富的血窦，甲胎蛋白阳性。术后10个月复查无复发。

（十七）预后

本年度有4篇文章。广东省医院[225]对202例大肠癌组织病理因素与预后进行分析。预后与癌的组织分化类型、浸润深度、淋巴结的转移有关。高、中、低分化癌三组间的预后有明显不同（5年生存率为63.33%、45.71%与22.86%），未浸润肌层和无淋巴结转移的预后比浸润肌层与有淋巴结转移的预后要好（$P<0.01$）。哈尔滨医大三院[226]* 探讨了直肠癌预后的6种因素，认为P53与直肠癌的预后无明显相关性，而P21基因表达阳性者其预后佳。哈尔滨医大三院[227]认为直肠癌5年生存率与肿瘤大小、肿瘤侵犯肠管周长范围、病变大体类型、淋巴结转移、临床分期和治疗方法有非常显著相关性（$P<0.005$）。福建医学院[228]应用免疫组织化学方法研究，表明HLA-DA是大肠癌的一个预后指标，表达阳性者其预后较好。此外，浙江医大[229]报道了大肠癌国内外研究现状。实用肿瘤杂志[230~233]、中国实用外科杂志[234~243]对大肠癌的诊治都有专题讨论。

四、炎症性疾病

天津医大[244]应用图像分析仪对21例炎症性疾病（IBS）观察治疗前后其粘液分泌和粘膜腺体的变化。结果：粘液含量减少可用于区别IBS和非特异性慢性结肠炎。AB-PAS染色对观察和测量粘液含量具有一定意义。徐州职工医院[245]报道16例溃疡性结肠炎（UC）气钡双重造影的X线表现，其中颗粒状粘膜10例，溃疡9例（浅表性6例，粘膜下3例），结肠袋消失3例，肠管狭窄2例及肠管缩短3例。上述表现可合并存在。该组7例有1种以上的X线表现。河南医大一院[246]* 报道246例UC的内镜所见：全部病变呈连续性分布。粘膜充血、水肿占82.4%，伴糜烂及浅表溃疡占78.8%，其他病变为假息肉、粘膜桥和粘膜萎缩性病变。分布范围以直肠乙状结肠最多，占54%。2例癌变（0.8%）。经活检和随访证实结肠镜确诊率为96.4%。无锡市医院[247]用鱼油烯康治疗UC16例，有效率达81.5%。用药物保留灌肠治疗UC有7篇文章[248~254]，共393例。此外，青海省医院[255]报道小儿UC 2例，男4岁，女6岁，均经手术及病理检查后证实。洛阳职工医院[256]报道克隆病（CD）误诊4例（男3例，女1例），年龄25～62岁。误诊为急性弥慢性腹膜炎1例，肠梗阻1例，回盲部肿瘤2例。由于术后出现肠瘘而致全身衰竭死亡1例，其余3例经随访4～7年，均无明显肠道症状。广东医学院二院[257]报道CD 12例，均经手术、内镜及病理证实。苏州医学院一院[258]报道缺血性结肠炎7例（男2例，女5例），平均年龄61（45～71）岁。均早期经结肠双重造影检查确诊。7例均出现指压迹征象。治疗2周后复查，病变肠管部分恢复正常。江苏镇江市医院[259]用硝苯地平治疗25例缺血性结肠炎，获得满意疗效。随访20例，复发率为32.1%。

五、先天性肛肠疾病

（一）先天性巨结肠

浙江医大儿童医院[260]采用改良直肠环钳斜吻合术治疗先天性巨结肠（HD）311例，效果良好。摘除了闸门综合征，无吻合口瘘；由于采用了四壁分别牵引，直肠内翻满意。该法对巨大直肠尤为适用。广东新会市医院[261]采用经腹-会阴肛部镶嵌式斜端吻合术治疗HD 7例，3例发生小肠结肠炎等并发症，其中1例死亡，另4例术后随访1月～1年，均无并发症。江苏丰县医院[262]对57例HD行根治术，18例术后发生与根治术有关的并发症，2例发生2种以上的并发症。北京医院[263]报道5例成人HD，5例肠管均无神经节，其中4例病变在直肠，1例在回盲部，均行手术治疗，效果良好。安徽医大一院[264]报道7例成人型巨结肠，4例为先天性，3例为后天性。术前漏诊3例。建议先天性成人型巨结肠以分二期手术为宜。北京安贞医院[265]* 采用改良Soave手术治疗10例结肠良性疾患，其中5例为成人先天性巨结肠，效果良好。

(二)先天性畸形

先天性肠旋转异常　华西医大一院[266]*报道61例(男28例,女33例),发病年龄:56例为3个月内婴儿,2例分别1岁半及6岁,3例为9岁。中肠扭转13例,表现为高位肠梗阻,死亡6例,因就诊较晚、肠缺血坏死及中毒性休克所致。十二指肠梗阻45例,全部Ladd手术治愈出院。右结肠系膜疝3例,均延误诊断,1例未手术而死亡,另2例手术痊愈。

直肠肛管畸形　河北医学院[267]收治3个月以下小婴儿肠重复畸形19例,主要表现为腹部肿块、渐进性肠梗阻及便血。治疗以手术切除畸形肠管为主,其中16例均甲级愈合痊愈出院。青海省儿童医院[268]报道34例先天性直肠肛管畸形,分别行肛门成形术、直肠环切术、骶会阴肛门成形术、狭窄环松解术及腹会阴肛门成形术。33例痊愈出院,1例自动出院。

直肠狭窄　徐州市儿童医院[269]报道19例,男7例,女12例,<1岁10例。先天性直肠狭窄12例,继发于UC 4例,继发于Soave术3例。行Pena术11例。1例有肛周污染,1例继发肛周狭窄,其他手术效果不佳。此外,河北遵化市医院[270]报道先天性肠闭锁21例的手术治疗;上海儿科医院[271]报道盲肠正常位置的肠旋转不良3例;北京仁和医院[272]报道横结肠异位畸形1例。

六、肛管、直肠及结肠损伤

(一)肛管、直肠损伤

安徽医大一院[273]报道肛门直肠损伤35例。外伤19例,医源性损伤16例。直肠穿孔25例,肛门皮肤撕裂伤8例,直肠壁血肿2例。35例均复诊行手术。死亡2例,其中失血性休克1例,中毒性休克、呼衰1例。安徽全椒县医院[274]报道肛管直肠损伤16例。其中单纯直肠损伤9例,复杂性肛管直肠损伤7例。全部病例手术治疗,直肠修补加骶前引流9例,不加骶前引流2例,乙状结肠造口、肛管直肠修补加骶前引流5例。重庆医大二院[275]报道直肠损伤27例。主要诊断方法:直肠检查4例,直肠镜或乙状结肠镜检查8例,剖腹探查15例。治疗:一期单纯修补5例,乙状结肠造口4例,修补加乙状结肠造口18例。结果:死亡1例,骶前感染3例,肺部感染及尿道狭窄各1例。

(二)结肠、直肠损伤

青海省医院[276]报道创伤性结肠损伤62例。行一期手术39例,无并发症及死亡;二期手术23例,其中1例发生腹腔脓肿,经保守治疗而愈;1例术后死于多器官功能衰竭。云南省医院[277]*报道60例穿透性结直肠损伤。结果68%病人行一期闭合术,临床效果满意。广东医学院附院[278]报道结直肠损伤26例,均经手术治疗,治愈24例,死亡2例,1例为刀刺伤右腰部致腰大肌、右肾、肝曲结肠穿透伤并发失血性休克、严重腹腔感染致败血症死亡;另1例车祸致胸腹联合伤、血气胸、横结肠穿孔,严重腹膜炎、败血症、休克、急性肾衰死亡。此外,广东罗定市创伤中心[279]报道了双侧髂内动脉结扎治疗骨盆骨折大出血13例,其中12例疗效满意。

七、肛管直肠疾病

(一)麻醉

山东中医药大学附院[280]对103例肛肠手术患者使用俯卧位下腰麻与肛门痔瘘手术同步实施,以有效地控制麻醉阻滞范围。结果证明,俯卧位下穿刺注药并行痔瘘手术,可避免过度变动患者体位,无操作困难,证明其完全可达到控制和稳定麻醉阻滞范围的目的。南京海军医高专[281]探讨了影响骶管麻醉的解剖学及操作技巧。

(二)痔

武汉协和医院[282]*采用改进的痔环切术治疗复发痔100例,效果满意。主要改进:(1)自制纱布塞替代软木塞;(2)将齿线近端粘膜直接缝合固定于纱布塞外端,替代用大头针固定;(3)纱布塞外端牵引线固定于自制肛门手术专用架上,替代助手以手持续牵拉;(4)环切痔粘膜前,于预计切断处的近端扎止血带,并将止血带经粘膜暂时缝合固定于纱布塞;(5)在扎止血带处远端1.5cm处环形切断粘膜。福州市一院[283]采用中西医结合改良式齿形分段剥扎术治疗环状混合痔573例,取得较好效果。该术式保留了大部分齿线区及肛管皮肤的完整,并使肛管皮肤附着于联合纵肌上,为有效地防止术后粘膜外翻与肛管狭窄,保持正常排便生理功能创造了有利条件。佳木斯医学院一院[284]对220例嵌顿痔患者行急诊痔切除术,效果良好。上海金山医院[285]报道微波组织凝固治疗痔的实验及临床观察。南京中医院[286]探讨了硬化剂注射治疗内痔的几个问题。此外有5篇[287~291]报道因注射消痔灵所致肠坏死及出血,共7例。

(三)肛周脓肿及肛瘘

免疫学研究　解放军91医院[292]*测定肛瘘和肛周脓肿患者的唾液、直肠粘液、血清的免疫球蛋白。结果显示,两组的IgA值明显低于正常人组,而两组的 IgG 及 IgM 无明显差异，说明 IgA 的降低可能是肛瘘发病的一个重要因素。解放军 54864 医院[293]对 87 例成人肛瘘和肛周脓肿患者进行免疫学检测，结果：在查血清、唾液和直肠分泌物中 IgA 含量以口服中药组和局部涂药组患者较术前有较大幅度的升高，其临床疗效显著，若将二者综合应用则效果更佳。

肛周脓肿　浙江中医院[294]对肛周脓肿 492 例采用一次性切开内口或挂线治疗，经 5 个月至几年随访，一次性治愈 488 例，肛瘘形成 4 例，经再次手术治愈。安徽蚌埠市三院[295]经肛隐窝切开引流治疗中央脓肿 102 例，近期治愈率为 96%，好转率为 4%；随访 3～20 个月，远期治愈率为 95%。秦皇岛市二院[296]对 38 例婴幼儿肛周脓肿行保守治疗，经 1～3 年随访，37 例痊愈，仅 1 例行肛瘘切开挂线术，提示自愈倾向明显。该文支持该病病因为新生儿时期体内性激素一次性分泌旺盛的学说。

肛瘘　北京医大[297]对 128 例小儿后天性肛瘘行直肠内修补术，成功率为 90.6%。安徽泗县二院[298]采用一次性双挂线治疗高位多发性肛瘘 117 例，治愈率为 100%。北京中日友好医院[299]采用主灶切开对口引流法治疗复杂性肛瘘 40 例，全部治愈。唐山卫校医院[300]采用手术治疗女孩后天性直肠外阴瘘 63 例，行瘘管切除修补术 39 例，单纯瘘管结扎 24 例。随访 54 例中仅 1 例近期复发。广西中医学院一院[301]采用内口封闭药物腔管治疗高位肛瘘 75 例，疗效满意。哈尔滨市肛门直肠医院[302]报道由括约肌间沟手术入路保存肛管括约肌功能治疗 25 例肛瘘，治愈 23 例，无效 2 例。此外，上海[303]对肛瘘的病因作了文献综述，南京中医学院[304]报道了挂线疗法的现代临床应用，南京市中医院[305]报道了高位复杂性肛瘘手术后遗症的防治。

(四)肛裂

临安锦城镇医院[306]用糜蛋白酶经内括约肌注射治疗陈旧性肛裂 165 例，随访 3 个月～2 年，疗效显著优于对照组。药液直接注入内括约肌内，使变性增生的肌纤维和弹性纤维溶解吸收。上海长征医院[307]用自行研制的复方维生素 E 霜治疗肛裂 180 例，治愈 146 例，好转 28 例，有效率为 96.7%。该制剂对促进肛裂的愈合有良好作用。南阳痔瘘专科医院[308]报道松解疗法治疗肛裂 500 例，有效率达 100%，350 例长期随访，6 例复发。药物用 0.75%布比卡因 10ml，亚甲蓝 2ml，糜蛋白酶 5ml，维生素 K_3 4ml，加水至 25ml。在肛管周围注射行扩肛治疗。此外，湖南省中医院[309]对肛裂的治疗作了文献综述。

(五)直肠脱垂

齐齐哈尔市一院[310]报道消痔灵注射治疗直肠脱垂 35 例，其中 3～8 岁患儿最多，共 15 例。结果：一次注射成功 33 例。

八、其他

(一)结肠造口

解放军 230 医院[311]报道"鱼口"状腹膜外腹壁潜道可检性人工肛门术，共 23 例，除 4 例在早期有粘膜水肿外翻外，无 1 例感染及其他并发症。此外有 2 篇[312,313]腹膜外结肠造口术，共 131 例，无 1 例发生腹腔内疝、造口旁疝、造口结肠坏死等并发症。武汉协和医院[314]报道结肠造口梗阻 12 例，其原因：造口部肠管水肿 3 例，肠管与皮肤形成挛缩 3 例，腹壁腱膜开口过小 1 例，肠管突出皮肤过长而外翻形成环状狭窄 1 例，肠管回缩 2 例，肠段肠脂垂缩窄 1 例，造口肠管坏死 1 例。均经相应手术治疗，除 2 例再度狭窄行结肠造口成形术外，其余 10 例随访 6 个月～1 年，未再发生梗阻。此外，哈尔滨医大三院[315]报道了人工控制肛门节制力的动物实验。

(二)便秘

昆山陆相卫生院[316]分析 500 例胆囊结石病史中，便秘≥2d 的占 50.4%，便秘≥3d 出现胆绞痛发作者占 32%；采用抗生素加导泻类中西药可显著改善其胆绞痛发作症状；每天定时排便可减少胆绞痛发作频率。济南军区肛肠中心[317]对 17 例肠运输缓慢型便秘病人行结肠次全切除加盲肠直肠吻合术，近期疗效满意。广州市一院[318]用欧车前亲水类粘胶治疗慢性便秘患者 22 例，显效 18 例，有效 4 例，总有效率为 100%。蚌埠市二院[319]用长效心痛定、莨菪浸膏片治疗肠激惹综合征 54 例，显效 29 例，有效 18 例，无效 7 例。此外，珠海中医院[320]报道 2 例直肠孤立性溃疡综合征；上海长海医院[321]报道了肛肠动力学改变性疾病的外科诊治。

(三)结肠气囊肿

本年度有 3 篇，共 9 例。上海长海医院[322]报道 6 例，1 例误诊为乙状结肠多发性息肉，行病变肠段切除，余 5 例经纤维结肠镜检查确诊，并以热活检钳夹破>1cm 的气囊肿治愈。

(四)结肠血管扩张症

北京友谊医院[325]*报道 7 例手术治疗，男 4 例，女 3 例，平均年龄 60(51～77)岁。其中 2 例术后发生了再出血，原因是病变切除范围不够。提出切除范围应包括内镜、血管造影及手术探查任何一种检查所发现的病变部位，至少应是三种检查方法发现病变范围的相加，以防再出血。

(五)结肠穿孔

本年度有3篇，共19例。上海华东医院[326]*报道结肠粪性穿孔4例(男1例，女3例)，平均年龄57.5(40～78)岁。穿孔部位：盲升结肠交界处1例，升结肠1例，乙状结肠2例。均行手术治疗，治愈3例，死亡1例。4例病理检查均为炎性改变。南海市九江医院[327]报道自发性大肠穿孔2例(粪性穿孔)。均为男性，年龄为60岁及65岁，均经手术治疗，1例在术后数小时死亡，1例术后恢复良好。安徽省立医院[328]小儿结肠穿孔13例(男10例，女3例)，年龄2d～7岁。新生儿7例穿孔部位：盲肠1例，升结肠3例，横结肠3例，降结肠6例。12例手术，1例未手术。死亡5例，死亡率38.5%。死亡原因：(1)延误手术时机；(2)原发病重笃；(3)术后严重并发症。

(六)白血病性回盲肠综合征

这是一种多发生在白血病治疗过程中的消化道并发症。中国铁道总公司西安医院[329]*报道5例(男4例，女1例)，年龄20～61岁，<25岁3例。5例皆为复发白血病，经多个疗程化疗未缓解者。5例均有腹痛、腹泻、发热及腹膜炎体征，3例有急性阑尾炎体征，5例中3例行阑尾切除，2例非手术疗法均于近期内死亡。

参 考 文 献

[1] 孙　建.中国超声医学杂志 1995;11(12):937
[2] 吴　鹰等.云南医药 1996;17(1):41
[3] 罗朝勇等.贵阳医学院学报 1996;21(2):157
[4] 周永弟等.中国超声医学杂志 1996;12(7):64
[5] 蔡武伦等.中国农村医学 1996;24(6):23
[6] 王德华等.铁道医学 1996;24(3):176
[7] 曹学文等.湖南医学 1995;12(6):376
[8] 杨长禄等.中原医刊 1996;23(6):45
[9] 方茂勇等.安徽医科大学学报 1995;30(4):303
[10] 王振河等.中华实验外科杂志 1996;13(1):8
[11] 陈绍礼.临床医学 1996;16(3):24
[12] 鲍教洪.重庆医药 1996;25(3):74
[13] 郭金龙.临床医学 1996;16(7):9
[14] 张　珉等.浙江医学 1996;18(5):285
[15] 陈龙度等.南通医学院学报 1996;16(3):384
[16] 方依琛等.福建医药 1996;18(3):109
[17] 韩木春.中国农村医学 1996;24(3):22
[18]* 张兆祥等.中华结核和呼吸杂志 1996;19(4):236
[19] 李世昌.中国实用外科杂志 1996;16(2):122
[20] 李劲松等.中国肿瘤临床 1995;22(11):834
[21] 虞朝梭等.临床医学 1996;16(3):21
[22] 吴国柱等.实用老年医学杂志 1995;9(5):221
[23]* 刘峻峰等.实用肿瘤学杂志 1996;10(3):36
[24] 赵守国等.辽宁医学杂志 1995;9(4):221
[25] 禹　宏等.哈尔滨医药 1996;16(3):25
[26] 季　武.贵州医药 1996;20(4):234
[27] 杨志奇等.临床外科 1996;4(4):207
[28] 曹　琳等.中华小儿外科杂志 1996;17(4):244
[29] 海云良.湖南医学 1996;13(4):218
[30] 龙　云等.实用医学杂志 1996;12(1):36
[31] 王镗澜.安徽医学 1996;7(2):50
[32] 张青山.陕西医学杂志 1996;25(3):146
[33]* 王宗喜.临床医学 1996;16(3):53
[34] 陈卓吾.苏州医学院学报 1995;15(5):858
[35] 沈红东.江苏医药 1996;23(1):70
[36] 徐立新等.苏州医学院学报 1995;15(6):1032
[37] 田学洵等.南通医学院学报 1996;16(1):59
[38] 昝大鸣等.河北医药 1996;18(3):164
[39] 杨一愢等.四川医学 1996;17(1):39
[40] 丁　惠.实用肿瘤杂志 1995;10(4):240
[41] 王进超.腹部外科.1995;8(4):162
[42] 许汝仑等.中级医刊 1996;31(6):35
[43] 张元德等.中华病理学杂志 1995;24(6):363
[44] 李甸源等.河南肿瘤学杂志 1996;9(4):259
[45] 白先慧.广西医学 1996;18(4):384
[46] 韦　红等.临床医学 1996;16(2):37
[47] 王建营等.蚌埠医学院学报 1996;21(3):191
[48] 陈秉乾.铁道医学 1996;24(1):58
[49] 徐美章.中国农村医学 1996;24(4):19
[50]* 何长林.蚌埠医学院学报 1996;21(1):21
[51] 于永山等.综合临床医学 1995;12(4):216
[52] 陈淑香等.哈尔滨医科大学学报 1995;30:244
[53] 莫善兢.腹部外科 1996;9(2):50
[54]* 宋希林等.实用癌症 1995;10(3):201
[55] 林纯良等.广东医学 1996;17(3):206
[56] 肖　澜等.重庆医药 1996;25(4):255
[57]* 徐文怀等.普外临床 1996;11(1):21
[58]* 朱兆文等.解剖学报 1996;27(3):290
[59] 朱兆文.解剖学报 1996;27(3):282
[60] 杨春康等.癌症 1996;15(4):262
[61] 王　川等.福建医学院学报 1996;30(2):126
[62]* 潭　敏等.癌症 1996;15(4):287
[63] 毛棣华等.中华物理医学杂志 1996;18(1):12
[64] 刘光明等.中华实验外科杂志 1996;13(1):23
[65] 许湘宁等.湖南医科大学学报 1996;21(2):147
[66] 赵东辉等.第广州学学报 1996;16(1):25
[67] 罗元辉等.解放军医学杂志 1996;21(2):109
[68] 胡大新.实用肿瘤学杂志 1996;10(1):24

[69] 郭　伟等. 肿瘤 1996;16(5):559
[70] 黄　建等. 中华医学杂志 1996;76(9):717
[71]* 王桂云等. 实用癌症 1996;11(3):158
[72] 武于涛等. 实用肿瘤杂志 1995;10(4):223
[73] 张瑞鉴等. 江西医药 1995;30(5):269
[74] 吕绳凯等. 上海医学检验杂志 1996;11(1):15
[75] 李定明. 癌症 1996;15(1):35
[76] 孙其荣等. 实用肿瘤杂志 1996;11(3):115
[77] 刘希永等. 实用肿瘤杂志 1996;11(1):45
[78] 何双梧等. 第重庆学学报 1996;18(1):56
[79]* 何双梧等. 中华医学杂志 1996;76(2):151
[80] 江春平等. 江苏医药 1996;22(8):553
[81] 赵双罗等. 天津医药 1996;24(7):401
[82] 吴秀梅等. 南京医科大学学报 1996;16(2):191
[83]* 吴健雄等. 中华肿瘤杂志 1995;17(6):438
[84] 彭文明等. 实用肿瘤学杂志 1996;10(1):39
[85] 邢春根等. 苏州医学院学报 1996;16(3):427
[86] 周利华等. 山东医科大学学报 1996;34(1):25
[87] 韵文萍. 青海医药杂志 1996;26(3):44
[88] 赵继宗等. 癌症 1996;15(2):141
[89]* 郁宝铭等. 中华外科杂志 1996;34(1):50
[90]* 任景丽等. 河南医科大学学报 1996;31(1):61
[91] 周振英等. 河南肿瘤学杂志 1996;9(2):81
[92] 王　强等. 解放军医学杂志 1996;21(4)273
[93] 王静芬等. 哈尔滨医科大学学报 1996;30(3):251
[94] 王丙军等. 中国肿瘤临床与康复 1996;3(1):29
[95] 王锡山等. 肿瘤防治研究 1995;22(6):374
[96] 何双梧等. 中华实验外科杂志 1996;13(1):11
[97] 柳　鑫等. 中华实验外科杂志 1996;13(4):253
[98] 涂云忠等. 实用癌症杂志 1996;11(2):88
[99] 李　勇等. 北京医科大学学报 1996;28(3):213
[100] 刘思纯等. 广东医学 1995;16(11):725
[101]* 干月波等. 浙江医科大学学报 1995;24(6):241
[102] 秦慧莲等. 中华肿瘤杂志 1996;18(3):173
[103] 莫益群等. 中华肿瘤杂志 1996;18(4):241
[104] 刘　节等. 实用癌症 1995;10(4):219
[105]* 张浩波等. 上海医学 1995;18(12):686
[106] 许洪卫等. 解放军医学杂志 1996;21(2):131
[107] 黎运源等. 癌症 1995;14(5):340
[108] 刘连杰等. 中华实验外科杂志 1996;13(1):13
[109] 张晓燕等. 中国超声医学杂志 1996;12(8):27
[110]* 张澜波等. 中华消化杂志 1996;16(3):142
[111] 戴　勇等. 中华医学杂志 1996;76(7):548
[112]* 刘瑞宝等. 实用肿瘤杂志 1996;(1):31
[113] 王　强等. 普外临床 1996;11(1):11
[114] 霍跃华等. 黑龙江医药 1996;9(1):44
[115] 邵信保. 苏州医学院学报 1995;15(5):856
[116] 崔德炎. 贵阳医学院学报 1996;21(2):145
[117] 曹　勇. 腹部外科 1995;8(4):174
[118] 周卫平等. 海南医学 1996;6(4):267
[119] 曹小林. 河北医药 1996;2(3):225
[120]* 朱再生等. 天津医药 1996;24(5):302
[121] 卫耀兰等. 河北医药 1996;2(2):132
[122] 卜建石等. 第武汉学学报 1995;16(6):473
[123] 赵洪川等. 中日友好医院学报 1996;10:6
[124] 谢博遥等. 贵州医药 1996;20(2):94
[125] 胡进勇等. 南通医学院学报 1996;16(3):375
[126] 傅开明. 陕西医学杂志 1996;25(2):117
[127] 陆　旭等. 实用老年医学杂志 1996;10(4):170
[128]* 宫桂华等. 中华老年医学杂志 1995;14(6):323
[129] 吴文溪等. 实用肿瘤杂志 1995;10(4):219
[130] 王淑惠. 中国老年学杂志 1996;16:20
[131] 蔡金梅等. 实用老年医学杂志 1996;10(4):189
[132] 王逸希. 临床医学 1995;15(5):37
[133] 张　伟等. 吉林医学 1996;17(3):136
[134] 王　健等. 宁夏医学 1996;18(4):238
[135] 姜　戎. 肿瘤防治研究 1995;22(6):388
[136] 许利健等. 江苏医药 1996;22(2):85
[137] 马命举等. 河南肿瘤学杂志 1995;8(3):222
[138] 蔡　群. 实用肿瘤杂志 1996;11(3):137
[139] 俞国定. 实用肿瘤杂志 1996;11(4):170
[140] 王　军. 河北医药 1996;2(3):245
[141] 邓贵生等. 中原医刊 1996;23(3):18
[142] 蒋玉华等. 南通医学院学报 1996;16(3):387
[143] 刘训钰. 中国肿瘤临床与康复 1996;3(1):61
[144] 马忠武. 内蒙古医学杂志 1996;16(2):110
[145] 周先亭等. 中国实用外科杂志 1996;16(7):427
[146] 叶盈珊. 上海医学 1996;19(9):525
[147] 梁伟雄. 癌症 1996;15(4):273
[148] 钱　礼. 浙江医学 1996;18(5):269
[149] 李　威等. 中华肿瘤杂志 1996;18(4):296
[150] 吴心愿等. 肿瘤 1996;16(2):103
[151] 王海江等. 新疆医学院学报 1996;19(1):23
[152] 郁宝铭等. 中国实用外科杂志 1995;15(12):725
[153] 冯国光等. 中华实验外科杂志 1996;13(1):25
[154] 卿三华等. 中华肿瘤杂志 1996;18(2):92
[155] 卿三华等. 第广州学学报 1996;16(1):22
[156] 王　强等. 上海医学 1996;19(9):554
[157] 吕军吉等. 中华外科杂志 1996;34(1):54
[158] 赵平伟等. 普外临床 1995;10(6):377
[159] 温　固等. 中国肿瘤临床 1996;23(1):63
[160] 陈铮鸣等. 中华肿瘤杂志 1995;17(6):467
[161] 陈立军等. 癌症 1995;14(6):407
[162] 周　杰等. 中华理疗杂志 1996;19(2):72
[163] 姜德福等. 白求恩医科大学学报 1996;22(4):409
[164] 龙庆山等. 实用肿瘤学杂志 1996;10(1):46
[165] 车向明等. 西安医科大学学报 1996;17(1):70
[166] 孙瑞利等. 河南肿瘤学杂志 1996;9(3):198
[167] 张建国等. 青海医药杂志 1995;25(5):7
[168] 汪宝林等. 南京医科大学学报 1996;16(5):485

[169] 李力军等. 中国肿瘤临床与康复 1996;3(2):35
[170] 胡光霁等. 黑龙江医药 1996;9(1):42
[171] 黄家栎等. 苏州医学院学报 1996;16(1):126
[172] 杨忠民等. 苏州医学院学报 1995;15(5):852
[173] 曾祥武等. 中国实用外科杂志 1995;15(12):752
[174] 王巨泽等. 中国实用外科杂志 1995;15(10):607
[175] 陈 凯等. 铁道医学 1996;24(1):32
[176] 沈 鹏等. 徐州医学院学报 1996;16(2):176
[177] 林水进等. 福建医药 1996;18(1):46
[178]* 王兴贤等. 云南医药 1995;16(5):374
[179] 张仁明等. 河北医药 1996;2(3):268
[180] 王诗建等. 中国农村医学 1995;23(10):24
[181] 刘家邦等. 临床外科 1996;4(4):220
[182] 胡光霁等. 哈尔滨医药 1995;15(4):31
[183] 李樟寿等. 福建医学院学报 1995;29(4):375
[184] 甘 露等. 第重庆学学报 1995;17(6):481
[185] 胡阶林等. 实用癌症 1995;10(4):249
[186] 王闽全等. 新疆医学 1996;26(2):89
[187] 赵家宏等. 实用肿瘤杂志 1996;11(3):107
[188] 方士昌等. 实用癌症 1996;11(3):199
[189] 万远廉等. 北京医科大学学报 1995;27(6):450
[190] 向其林. 临床外科 1996;4(4):222
[191] 傅庆才等. 中国实用外科杂志 1995;15(10):625
[192] 于翕珊. 中国实用外科杂志 1995;15(12):733
[193]* 董新舒. 实用肿瘤学杂志 1996;10(1):13
[194]* 宋 炜等. 肿瘤研究与临床 1996;8(1):58
[195] 余日胜等. 实用肿瘤杂志 1996;11(4):162
[196] 冯国光等. 上海第二医科大学学报 1996;16(4):237
[197]* 陆松春等. 实用肿瘤杂志 1995;10(4):244
[198] 孙在典. 实用肿瘤学杂志 1996;10(1):60
[199] 刘 兵等. 中国实用外科杂志 1995;15(12):744
[200] 张连阳等. 肿瘤 1996;16(2):122
[201] 钱呈兴等. 实用癌症 1996;11(2):138
[202] 张培达等. 天津医药 1996;24(1):48
[203] 刘 明. 内蒙古医学杂志 1996;16(4):208
[204] 李啸峰等. 实用肿瘤学杂志 1995;10(4):61
[205] 陈道达等. 中国实用外科杂志 1995;15(12):712
[206] 王代科等. 中国实用外科杂志 1995;15(12):714
[207] 王舒宝. 中国实用外科杂志 1995;15(12):716
[208] 朱慰祺. 中国实用外科杂志 1995;15(12):717
[209] 柴志康. 中国实用外科杂志 1995;15(12):719
[210] 冯国光等. 中国实用外科杂志 1995;15(12):720
[211] 宋学东等. 山西医药 1996;25(2):124
[212] 陈东平. 实用癌症 1996;11(1):58
[213]* 崔庆贵. 中国肿瘤临床 1996;23(6):449
[214] 张宏志等. 实用肿瘤杂志 1996;11(2):90
[215] 夏梦华. 实用肿瘤杂志 1996;11(4):181
[216] 郭贵然等. 腹部外科 1996;9(2):61
[217] 吴俊伟等. 中国实用外科杂志 1996;16(2):105
[218]* 姬社青. 河南肿瘤学杂志 1996;9(2):132
[219] 彭立明等. 中国实用外科杂志 1996;16(4):227
[220] 卢晓明等. 实用肿瘤杂志 1996;11(1):37
[221] 葛 斌等. 齐齐哈尔医学院学报 1996;17(1):63
[222] 常昭岳. 山西医药 1996;25(3):180
[223] 曾家耀. 肿瘤防治研究 1995;22(6):384
[224] 陈 辉等. 中华肿瘤杂志 1996;18(2):108
[225] 刘文青等. 癌症 1995;14(5):377
[226]* 赵家宏等. 实用肿瘤学杂志 1996;10(1):10
[227] 李瑞林等. 哈尔滨医科大学学报 1996;30(1):63
[228] 杨春康等. 福建医学院学报 1995;29(4):341
[229] 郑 树. 普外临床 1996;11(1):1
[230] 郑 树. 实用肿瘤杂志 1996;11(3):97
[231] 徐文怀等. 实用肿瘤杂志 1996;11(3):100
[232] 莫善兢. 实用肿瘤杂志 1996;11(3):101
[233] 申文江. 实用肿瘤杂志 1996;11(3):104
[234] 郑 树等. 中国实用外科杂志 1996;16(3):129
[235] 王 辉. 中国实用外科杂志 1996;16(3):130
[236] 徐文怀. 中国实用外科杂志 1996;16(3):132
[237] 宋廷惠. 中国实用外科杂志 1996;16(3):133
[238] 莫善兢. 中国实用外科杂志 1996;16(3):134
[239] 喻德洪. 中国实用外科杂志 1996;16(3):137
[240] 邵永孚等. 中国实用外科杂志 1996;16(3):138
[241] 郁宝铭等. 中国实用外科杂志 1996;16(3):140
[242] 卿三华等. 中国实用外科杂志 1996;16(3):142
[243] 喻德洪. 中国实用外科杂志 1996;16(3):159
[244] 王新允等. 天津医药 1996;24(8):471
[245] 乔泮芹. 徐州医学院学报 1996;16(2):193
[246]* 张连峰等. 中原医刊 1996;23(8):43
[247] 郭继忠等. 苏州医学院学报 1995;15(6):1174
[248] 张 健. 临床医学 1996;16(4):33
[249] 蒋金仙. 苏州医学院学报 1996;16(4):682
[250] 王华英. 贵阳医学院学报 1996;21(3):243
[251] 邱菊红等. 江西医药 1996;31(4):254
[252] 李又平等. 宁夏医学 1996;18(4):225
[253] 王玉诊. 安徽医学 1996;17(4):61
[254] 周永球等. 实用中西医结合杂志 1996;9(6):364
[255] 李万业. 中级医刊 1996;31(3):42
[256] 代建新. 中原医刊 1996;23(9):43
[257] 黄文权. 实用放射学杂志 1996;12(5):293
[258] 刘 琰等. 苏州医学院学报 1995;15(6):1022
[259] 杨元龙等. 实用老年医学杂志 1996;10(2):92
[260] 熊启星等. 浙江医科大学学报 1996;25(1):14
[261] 张耀光等. 广东医学 1995;16(12):849
[262] 王义勇等. 江苏医药 1996;22(2):89
[263] 张 锦. 中级医刊 1995;30(11):13
[264] 朱化刚等. 安徽医科大学学报 1996;31(2):136
[265]* 文 纯等. 普外临床 1996;11(1):60
[266]* 胡廷泽等. 四川医学 1995;16(5):265
[267] 牛爱国等. 河北医学院学报 1995;16(6):351

[268] 李玉梅. 青海医药杂志 1996;26(8):47
[269] 李　林等. 江苏医药 1996;22(1):49
[270] 齐贺光. 河北医药 1996;2(3):256
[271] 王康安. 实用放射学杂志 1996;12(3):158
[272] 宋戈峰等. 中国实用外科杂志 1995;15(12):750
[273] 金小干等. 安徽医学 1996;17(5):29
[274] 董怀松. 河北医药 1996;2(1):27
[275] 谭忠宜等. 重庆医学 1996;25(3):160
[276] 陈光安等. 上海医学 1996;19(7):385
[277]* 胡瑞祥. 临床外科 1996;4(1):18
[278] 陈小岚等. 广东医学 1996;17(8):506
[279] 梁庆芝等. 中华创伤杂志 1996;12(4):258
[280] 张济东等. 中国肛肠病杂志 1996;(3):6
[281] 丁义山等. 中国肛肠病杂志 1996;(3):3
[282]* 陈道达等. 中国肛肠病杂志 1996;(3):14
[283] 邓正明等. 中国肛肠病杂志 1996;(3):10
[284] 刘玉荣等. 佳木斯医学院学报 1996;19(2):71
[285] 金护申. 中华理疗杂志 1996;19(1):37
[286] 巢玉秀等. 中国肛肠病杂志 1996;(3):31
[287] 艾卫民等. 中国肛肠病杂志 1996;(3):22
[288] 蒋泰珍. 中国肛肠病杂志 1996;(3):25
[289] 卢宜伟. 中国肛肠病杂志 1996;(3):23
[290] 谢辉全. 中国肛肠病杂志 1996;(3):23
[291] 李贵信. 中国肛肠病杂志 1996;(3):7
[292]* 张志波等. 中国肛肠病杂志 1996;(1):5
[293] 刘百羽等. 中国肛肠病杂志 1996;(1):3
[294] 江　浩. 中国农村医学 1996;24(7):50
[295] 陈文淑等. 中国肛肠病杂志 1996;(1):10
[296] 徐泽环. 中国肛肠病杂志 1996;(1):17
[297] 王　平等. 中国肛肠病杂志 1996;(1):19
[298] 王正风. 中国肛肠病杂志 1996;(1):16
[299] 安阿镈等. 中国肛肠病杂志 1996;(1):13
[300] 霍文信等. 河北医科大学学报 1996;17(5):264
[301] 凌朝坤等. 中国肛肠病杂志 1996;(1):8
[302] 闫树君等. 哈尔滨医药 1996;16(2):12
[303] 张东铭等. 中国肛肠病杂志 1996;(1):30
[304] 谷云飞等. 中国肛肠病杂志 1996;(1):33
[305] 李柏年. 中国肛肠病杂志 1996;(1):35
[306] 万一平等. 中国肛肠病杂志 1995;(5):13
[307] 王来根等. 中国肛肠病杂志 1995;(5):17
[308] 陈　伟等. 中原医刊 1996;23(3):32
[309] 贺执茂等. 中国肛肠病杂志 1995;15(5):33
[310] 刘　荣等. 齐齐哈尔医学院学报 1996;17(1):66
[311] 李继先等. 中华外科杂志 1996;34(4):253
[312] 邓高里. 浙江医学 1995;17(6):359
[313] 陈浩东等. 江苏医药 1996;22(6):437
[314] 柴新群等. 临床外科 1996;4(2):109
[315] 贾尔民等. 哈尔滨医科大学学报 1996;30(3):262
[316] 倪学臻等. 苏州医学院学报 1996;16(1):66
[317] 刘勇敢等. 新乡医学院学报 1996;13(2):198
[318] 李瑜元等. 中华消化杂志 1996;16(3):186
[319] 葛丽娟. 蚌埠医学院学报 1996;21(3):193
[320] 金礼贵. 广东医学 1996;17(4):243
[321] 喻德洪等. 中国实用外科杂志 1996;16(5):270
[322] 喻德洪等. 腹部外科 1996;9(2):53
[323] 刘宁青等. 中国实用外科杂志 1996;16(2):113
[324] 何广大等. 山西医药 1996;25(2):140
[325]* 张仲良等. 北京医学 1996;18(3):134
[326]* 尹照环. 上海医学 1995;18(10):594
[327] 陈俊典. 广东医学 1996;17(9):623
[328] 徐　兵. 临床医学 1996;16(3):10
[329]* 陈　娟. 临床医学 1996;16(8):16

文　选

急性阑尾炎B超误诊分析(中国超声医学杂志 1995;11(12):937)　贵州省黔南自治州医院孙健对241例怀疑急性阑尾炎的超声诊断与手术病理结果作了对比,并对误诊原因进行探讨。241例中男102例,女139例,年龄16～65岁。从发病到超声检查的时间平均3.25d(4 h～14 d)。超声检查采用EVB-26型超声仪,3.5MHz和5.0MHz线阵式探头。结果:术前超声诊断急性阑尾炎154例,手术病理证实为急性阑尾炎149例,克隆病1例,盆腔炎1例,正常3例。超声未发现阑尾异常的87例中,31例具有典型的急性阑尾炎临床表现而行手术,全部证实为急性阑尾炎。另56例确诊为右输尿管结石15例、附件炎及盆腔炎19例,胆囊炎及胆石症5例,宫外孕2例,其余15例症状自行缓解。统计中这56例均作为阴性。结果显示:B超诊断急性阑尾炎的敏感性为82.8%,特异性为91.8%,准确性为85.1%,假阳性率3.2%,假阴性率35.6%,阳性预测值96.8%,阴性预测值64.4%。180例手术病理证实的急性阑尾炎病例中,发病时间≤12h的48例术前B超检出34例(70.8%),13h～3d的102例中B超检出95例(93.1%),≥4 d的30例中B超检出25例(83.3%)。从阑尾炎的病理类型看,单纯性阑尾炎和阑尾穿孔后的检出率明显低于化脓性和坏疽性阑尾炎,而单纯性阑尾炎与阑尾穿孔、化脓性与坏疽性阑尾炎之间检出率无明显差异。假阳性5例中,克隆病1例,声像图显示阑尾增粗同时有盲肠壁增厚;

盆腔炎1例显示阑尾盲端周围有液性暗区；手术为正常的3例中1例声像图示阑尾盲端有炎症表现，另2例系将髂腰肌纤维当成了阑尾。假阴性31例中，右下腹胀气影响阑尾显示14例，阑尾异常增粗2例，其中15例超声未显示阑尾，手术证实阑尾高位或后位9例，阑尾盲端局限性炎症4例，阑尾穿孔2例。

述评 单纯性急性阑尾炎诊断一般不难，但对老、幼及妇女阑尾炎，诊断有困难时，行B超检查可帮助确定阑尾部位、病变轻重、确定是否手术和选择何种切口。虽然B超诊断阑尾炎的敏感性及准确性都在90%以上，但要警惕该文所提出的假阳性及假阴性。

（喻德洪）

阑尾结核15例临床病理观察（中华结核和呼吸杂志 1996；19(4)：236） 湖北三峡学院医学院张兆祥等分析阑尾结核15例，占0.27%(15/5 621)。女11例，男4例。除1例为3岁女童外，其余14例年龄17～55岁，平均29.3岁。病程1d～2年12例，平均6个月。其余2例无症状(在行其他手术时一并切除阑尾)，另1例记录不全。临床表现：(1)反复右下腹持续或间歇性疼痛者8例，其中4例伴右下腹肿块，界限不清，活动度差；3例分别伴有发热、盗汗、消瘦、乏力、闭经等症状。原有肺结核及子宫内膜结核各1例。手术所见：阑尾炎症状不明显，回盲部呈纤维性粘连，大网膜、肠、肠系膜及肝处有粟粒状结节。(2)呈急性阑尾炎表现4例。(3)1例半年前因阑尾炎术后伤口不愈形成瘘，切除瘘管后伤口仍不愈，且又形成盲肠腹壁瘘，再次行瘘管和阑尾残端切除术。(4)因输卵管妊娠和直肠癌手术时，见阑尾轻度充血、稍增粗而一并切除阑尾者2例。临床诊断：除在作其他手术时偶然切除阑尾的2例外，其余13例诊断为急性和慢性阑尾炎者9例，阑尾及肠结核、回盲部肿瘤、阑尾腺癌及残留阑尾伴盲肠腹壁瘘各1例。病理：增殖型11例，溃疡型4例。该文认为，有以下表现时应考虑到慢性结核的可能：(1)有肺或腹、盆腔结核史，伴类似慢性阑尾炎的右下腹痛者；(2)右下腹慢性持续或间歇性疼痛，伴发热、盗汗、消瘦或右下腹包块者；(3)手术见肠及腹膜有粟粒状结节或回盲部增厚变硬伴阑尾粘连者；(4)阑尾炎术后伤口长期不愈，形成窦道或瘘管者。

述评 结核杆菌虽可侵犯各个组织器官，但以侵犯肺、淋巴结、肾、膀胱、骨骼及回盲部多见，而单独发生阑尾结核罕见。由于其临床表现缺乏特异性，临床诊断困难，误诊率高。述评者同意该文的观点，对所有切除的阑尾，无论肉眼观察是否正常都应送病理检查，这将提高少见而重要的疾病的检出率。

（喻德洪）

大肠癌并存阑尾炎24例分析（实用肿瘤学杂志 1996；10(3)：36） 吉林省肿瘤医院刘峻峰等分析大肠癌并存阑尾炎24例(男10例，女14例)，年龄30～81岁，平均58岁，>50岁者18例，占75%。24例入院时均诊断为大肠癌，其中回盲部癌8例，横结肠癌7例，降结肠癌6例，直肠癌3例。术前诊断大肠癌并存阑尾炎者仅4例。临床表现：转移性右下腹痛者18例(75%)，体温37.5℃以上者2例，37～37.5℃者16例(66%)。有不完全性肠梗阻者12例，近期有大便习惯改变及粘液血便者10例。手术方式：右半结肠切除术7例，横结肠切除术5例，左半结肠切除术5例，Dixon及Miles术各1例，肠短路吻合术3例，单纯肠造口术2例。病理：大肠腺癌21例，粘液腺癌3例。单纯性阑尾炎16例，化脓性阑尾炎8例。Dukes分期：C_1期12例，C_2期10例，D期2例。大肠癌与阑尾炎并存的可能性：(1)回盲部肿块增长到一定程度时可阻塞阑尾开口，引起阑尾的继发炎症；由于肿块的压迫也可导致阑尾血运和淋巴循环受阻。(2)回盲部癌组织本身常发生坏死并继发感染，这种感染可向周围扩散而引起阑尾炎。(3)远离回盲部的大肠癌当生长到一定程度时，可引起完全性或不完全性肠梗阻，导致肠腔内压增高，影响阑尾正常引流并易发生肠道菌群改变，也可导致阑尾炎。误诊原因：(1)大肠癌病人多系老年人，易忽视其他疾病；(2)这类病人多系中晚期大肠癌，均有不同程度的贫血，术前多无明显白细胞增高或增高不明显；(3)对大肠癌与阑尾炎并存的关系缺乏认识，警惕性不高。

述评 大肠癌并存急性阑尾炎病例在临床上并不少见，国内外文献报道占10%～25%，因此在诊治过程要注意：(1)对40岁以上的阑尾炎患者应详细询问病史，常规行直肠指诊及大便隐血试验，如有可疑应行纤维结肠镜或钡灌肠检查；(2)阑尾切除术中若发现阑尾病变与临床症状不符，必须探查回盲部甚至远端结肠；(3)阑尾切除后仍有腹痛、腹胀、贫血、发热、便血、切口不愈或有瘘管者，应警惕结肠癌的存在。

（喻德洪）

阑尾切除后早期再手术的原因分析与预防（临床医学 1996；16(3)：53） 江苏丰县医院王宗喜报道阑尾切除后因误诊误治等原因再次手术者20例，占同期阑尾切除术的1.1%(20/1 820)。20例中男12例，女8例，平均年龄40(7～70)岁；二次手术间隔1～56d，其中2次手术19例，3次手术1例，无手术死亡。再次手术原因：阑尾动脉结扎线滑脱1例，腹壁切口裂开3例，阑尾残端炎1例，粘连性肠梗阻5例，腹腔脓肿3例，结肠癌2例，Meckel憩室炎合并穿孔2例，回肠胰腺异位症1例，左卵巢囊肿蒂扭转1例，右输尿管结石1例。该组因误诊误治再次手术者7例，占再次手术的35%，为阑尾切除后再次手术的首位原因。2例Meckel憩室炎误诊为急性阑尾炎，术中阑尾轻度充血水肿，右下腹有少许渗出液，切除阑尾后第2天出现腹膜炎体征，腹穿抽出少许脓液，再次手术证实为憩室炎合并穿孔。2例肝区结肠癌误诊为慢性阑尾炎，切除阑尾后症状不消失，逐渐出现梗阻症状，钡剂灌肠确诊后再次手术治愈。腹腔脓肿仍是再次手术的重要原因之一，因此术中正确操作对预防腹腔脓肿的发生很重要。处理不当造成早期再手术2例，1例阑尾残留近2cm，1例阑尾系膜结扎线滑脱引起腹腔内出血，因此对阑尾切除术的关键步骤的操作需认真细致的处理，切勿仓促草率。粘连性肠梗阻5例，2例索带粘连压迫肠管，3例肠管与大网膜、膜壁粘连成角，因此术中要重视肠粘连的预防。

述评　西安医大一院张青山等(陕西医学1996;25(3)46)也分析了48例阑尾切除术后再次手术的原因，48例分为4种类型：(1)阑尾切除术后近、远期并发症34例，占70.83%；(2)漏诊盲肠、升结肠癌6例，占12.5%；(3)误诊脂肪垂当阑尾切除1例，占2.08%；(4)难以断定与阑尾切除是否有关者7例，占14.55%。因此对阑尾切除术不能掉以轻心，疏忽大意，只要思想上重视，操作正规，许多并发症是可以预防的。

(喻德洪)

家族性腺瘤样息肉病22例手术分析(蚌埠医学院学报1996;21(1):21)　蚌埠医学院附院何长林等报道22例(男10，女12)家族性腺瘤样息肉病(FAP)。平均年龄25(18～39)岁。16例有家族性遗传病史，有一家庭父亲患病，其子女6人中有3人患病，均在该院诊治。临床表现：主要为大便带血、次数增多、贫血、消瘦，乏力等。部分患者大便时有肿物脱出。腹部检查无阳性体征，直肠指诊可扪及数量、大小不等的肿块。诊断方法：全部患者行乙状结肠镜检查后再行纤维结肠镜检查16例；结肠气钡造影检查6例；术中纤维结肠镜检查3例(2例术前纤维结肠镜检查未能插过肝曲，1例气钡造影不清)。治疗：根据大肠息肉分布情况选择下列术式：(1)全大肠切除、回肠造口术5例，平均随访12年，排便次数频繁，造口周围糜烂。该5例均为10年前的病例，现仅在直肠下端息肉已发生癌变时使用此术。(2)全结肠、直肠上端切除、回直肠吻合5例。5例中4例术后均有多次复发，需电灼或摘除，随访平均4年，能控制排便，每日2～3次。如直肠息肉<10个，可行该术，但术后应每6个月复查一次并及时处理病灶。(3)全结肠切除、直肠粘膜剥脱、回肠肛管吻合术12例。随访平均4.5年，能控制排便，每日排便4～5次。作者认为，全结肠切除、直肠粘膜剥脱、回肠肛管吻合术是治疗FAP的主要术式，并可获得较满意疗效。

述评　解放军107医院于永山(综合临床医学1995;12(4):216)也报道采用改良Soave-Boley手术治疗FAP11例，获得良好效果。Soave手术优点是能切除全部病变结肠，防止术后息肉复发和癌变的可能，同时又保留了肛管括约肌功能，术后并发症少。近年来为了减少排粪次数，而试探了各种回肠贮袋手术，由于盆腔贮袋术操作较复杂，并发症发生率亦高。因此，对FAP究竟采用何种手术，仍需根据病人情况及术者的技术情况决定，不必追求某一种术式。

(喻德洪)

完全显性P-J综合征家系调查(实用癌症1995;10(3):201)　山东省肿瘤防治院宋希林等报道一家成员中5名患P-J综合征。例1为先证者，例2～5为例1的长子、次子、三子及小女儿。据此调查了该患者上一代家族成员的发病情况，并且在以后20余年的时间里对先证者的子女进行了随访、随诊。该文报道的5人中发生胃癌及直肠癌各1例，家庭成员癌发生率为40%，且有2例伴发腺瘤性息肉，其中1例恶变，这是否可以认为P-J综合征患者的消化道癌肿是经过“错构瘤→腺癌→癌”的发生发展过程，尚需进一步讨论。

述评　P-J综合征在我国并不少见，本年度有3篇，共9例。据中国外科年鉴统计，至1995年，在文献上已有344例报道。一般P-J综合征的息肉为错构瘤，很少恶变，该文有1例腺瘤性息肉癌变，是并存还是恶变，值得进一步研究。

(喻德洪)

一家2例Gardner综合征报道(腹部外科1996;9(2):58)　河北唐山机车厂医院田介兵等报道一家姐弟俩Gardner综合征。例1姐28岁，便血及腹泻2年，近2个月药物治疗无效。其舅死于胃多发性息肉癌变全胃切除术后。体检：右鼻唇沟处有1cm×1cm×1cm的骨性肿物，左前额及颈左侧皮肤可触及黄豆大小结节各1个。纤维结肠镜见全结肠满布大如蚕豆，小如米粒息肉样隆起。病理符合腺瘤性息肉。X线颅片见右上颌骨0.5cm×0.5cm骨瘤。

入院后(1991 年 7 月)行全结肠切除,回直肠吻合术,术中电灼直肠息肉 6 枚。术后大便每日 1～2 次,随访至今健在,工作生活正常。例 2,弟 27 岁,间断脓血便 1 个月入院(1993 年 9 月)。体检:左下颌骨有一骨性肿物 1cm×1cm×1cm 大小。纤维结肠镜检见全结肠有大小不等息肉,病检为腺瘤性息肉。X 线颅片示左下颌骨有一骨瘤。入院后行全结肠切除、回直肠吻合术,术中电灼直肠息肉 3 枚。随访 1.5 年,工作生活正常。只要明确结直肠内有多发性腺瘤性息肉,还伴有一种或两种以上结肠外损害,即可确诊为 Gardner 综合征。前者主要依据症状如便血、腹泻、消瘦、贫血等,家族史阳性,内镜或 X 线检查结肠内有息肉。后者主要靠体检及 X 线检查。如骨瘤、骨疣、囊肿、胃肠道息肉,还要注意肠外表现。鉴别诊断主要是:家族性腺瘤性息肉病、非家族性结肠内多发腺瘤、慢性结肠炎所致假性息肉病及 Peutz-Jeghers 综合征。手术有三种:全结直肠切除,永久性回肠造口术;全结肠切除、回直肠吻合术,残留于直肠的息肉术中或术后电灼;全结肠切除回肠袋形与肛管吻合术。该文认为第 2 种手术在理论上合理,实践中可行,不失为一种可接受的方法。

述评 Gardner 综合征为临床少见病,而一家 2 例以上病例更少见。该征除有三大特征外(结肠多发性息肉、软组织肿瘤及骨瘤),有的还有牙齿异常及结肠的恶性肿瘤,如甲状腺瘤、十二指肠壶腹周围癌及肾上腺瘤,因此在体检时也要重视颈部及腹部的检查。

(喻德洪)

肠道脂肪瘤 10 例分析(铁道医学 1996;24(4):225) 北京丰台铁路医院庞有成报道北京两所医院肠道脂肪瘤 10 例(男 7,女 3),平均年龄 55.7(34～68)岁。发生部位:横结肠 5 例,升结肠 2 例,盲肠 1 例,降结肠 1 例,回肠 1 例。临床表现及并发症:慢性腹泻 8 例;腹痛、腹胀、恶心及呕吐 7 例;腹部包块 2 例。不全肠梗阻占 60%,肠套叠占 40%,瘤体均>4cm。术前全部病人均误诊,误诊为大肠癌 6 例,腺瘤性息肉恶变 2 例,肠结核及克隆病各 1 例。10 例手术效果满意,无 1 例复发。病理检查:肿瘤平均直径 3.6(1.8～6.5)cm,均为单发,肿瘤自粘膜下层向肠腔突出生长,呈凸形或椭圆形,部分有粗短蒂,其中 9 例表面有程度不同的糜烂、出血或坏死,质地较软,切面呈淡黄色或棕黄色,与周围组织界线清。光镜组织形态及类型:绝大部分为成熟性脂肪瘤,仅有 1 例为纤维脂肪瘤;10 例均为粘膜下层肿瘤,未见肌壁间或浆膜下型。镜下均可见程度不同的出血、坏死及炎性细胞浸润。作者认为下列几点应怀疑肠道脂肪瘤:(1)年龄>50 岁者,在排除癌肿后应多考虑肠道脂肪瘤;(2)对原因不明的间断性发作性腹痛或腹泻经药物治疗不见好转者;(3)成人慢性肠套叠;(4)无明显诱因反复发作性肠梗阻者;(5)钡灌肠可见圆形或椭圆形肿瘤,分叶状,表面光滑,边缘整齐,尤其透光度强者更有助于诊断;(6)内镜检查提示有蒂或无蒂性粘膜下隆起性病变,表面光滑或形成浅表性溃疡者。

述评 大肠脂肪瘤虽然在大肠良性肿瘤中发病率仅次于大肠腺瘤占第二位,但实际上此病十分少见。因为它无特殊临床表现,因此给临床医生在术前诊断上带来一定困难。述评者收集国内文献(1949～1994 年)只有 30 例,连同王强报道 5 例(中国医科大学学报 1995;24(5):543)及上文 10 例,也只有 45 例。大肠脂肪瘤虽属良性,但有引起肠套叠或出血等并发症之可能,故一经确诊,特别是>2cm 直径者,应予切除。若诊断不明,又不能排除大肠癌的可能时,更应尽早手术。

(喻德洪)

大肠癌术后纤维结肠镜检查的价值(肿瘤防治研究 1996;23(2):88) 广州市肿瘤医院吴雪强报道了该院 1985～1993 年 126 例大肠癌术后的纤维结肠镜检查。大肠癌术后至肠镜检查时间 2 个月～20 年。术式:右半结肠切除 10 例,横结肠及左半结肠和乙状结肠切除分别为 13 例、7 例及 37 例。Dixon 术式 54 例,Miles 术式 5 例。症状:便血 59 例,腹痛 25 例,腹部肿块 7 例,腹泻 5 例,大便变细 3 例,无症状 27 例。肠镜检出复发癌 18 例(14.5%),多原发癌 10 例(7.9%),息肉 14 例(11.1%),息肉恶变 1 例(0.7%),吻合口炎、慢性结肠炎等良性病变 52 例(40.5%),正常 32 例(25.4%)。18 例(14.5%)复发癌均在术后 2 年内检出,80%在 3 年内死亡。比一般报道的 4.7%～14%高,认为大肠癌术后 2 年内应每 3～6 个月行肠镜检查 1 次。该组检出 10 例多原发癌,占 7.9%,与国内外报道的相似。大肠癌术后患者大肠息肉的发生率在 11.7%～28.8%,该组为 11.1%,腺瘤性息肉属癌前病变。故认为大肠癌术后应定期行肠镜检查,以早期检出复发癌、多原发癌、大肠息肉等病变。

述评 大肠癌术后复发癌的发生率较高,一般报道为 4.7%～14%,尤以近年来保肛手术的增加,术后癌复发率亦增高,并且大肠癌术后多原发性大肠癌及大肠息肉的发生率亦较高。为了早期检出癌局部复发及多原发性大肠癌和大肠息肉,如患者在术前未行纤维结肠镜检查者,术后半年内应行纤维结肠镜检查。术前已行纤维结肠镜检查者,术后 1 年内应行纤维结肠镜检查。目前纤维结肠镜是诊断早期大肠癌的最好方法。

（孟荣贵）

免疫胶乳法检测人粪便中大肠癌相关抗原的应用价值（实用癌症 1996;11(3):158） 北京军区总院王桂云等报道用免疫胶乳法和一组抗人大肠癌相关抗原的单克隆抗体，对554例人粪中一组大肠癌相关抗原进行测定。门诊及住院患者204例，其中大肠癌28例，绒毛状腺瘤5例，管状腺瘤4例，炎性息肉11例，慢性结肠炎64例，上消化道恶性肿瘤18例，良性疾病74例。另350例为正常对照组。试剂：(1)一组抗人大肠癌相关抗原单克隆抗体（$SC_{13}A$、SC_6、SC_{15}）鼠腹水（大肠癌相关抗原$SC_{13}A$、SC_6、SC_{15}混合物统称SC系列）及一组大肠癌相关抗原纯品(2mg/ml)；(2)10％羧化聚苯乙烯胶乳，颗粒直径为0.8μm；(3)自制1％致敏羟化聚苯乙烯胶乳；(4)0.85％氯化钠甘氨酸缓冲液。方法：将抗人SC系列单克隆抗体鼠腹水，按不同稀释度致敏羟化聚苯乙烯胶乳；同时将SC系列纯品按不同稀释度作棋盘滴定；确定致敏免疫胶乳抗SC系列浓度并测定SC系列的灵敏度；在方格玻璃板上依次滴加0.85％氯化钠甘氨酸缓冲液、粪液、1％致敏胶乳各一滴，不停的摇动3min后看结果。强阳性(＋＋)：胶乳颗粒完全呈团块；阳性(＋)：呈小凝块；阴性(－)：呈均匀的悬液。其阳性率：大肠癌为92.9％，绒毛状腺瘤5例均为阳性，管状腺瘤为50％，炎性息肉为18.2％。而结肠炎、上消化道良性疾病及恶性肿瘤、正常人均为阴性。该方法操作简便，批内、批间实验重复性好。大肠癌相关抗原直接分泌于肠腔，并保持了肿瘤组织SC系列抗原决定簇的主要特性，因此粪便检测的准确性明显高于血清中相关抗原的测定。

述评　早期检出大肠癌及癌前病变大肠腺瘤的，一直是人们研究的热点。上文报道了用免疫胶乳法检测人粪便中大肠癌相关抗原，对检出大肠癌及大肠腺瘤性息肉均有较高的阳性率。如用该法来普查大肠新生物将会起到很好的作用，并且该法容易掌握推广，成本又低。但上文未提及用来普查早期大肠癌的问题，希望能应用于普查。

（孟荣贵）

大肠癌组织中促胃液素、生长抑素和多胺水平的测定（中华医学杂志 1996;76(2):151） 重庆大坪医院何双梧等测定了43例大肠癌及10例正常大肠粘膜的促胃液素、生长抑素和多胺的含量。标本采集及保存：取癌组织及距肿瘤边缘2cm处粘膜3g，用冰等渗盐水洗净，置液氮中保存。正常大肠粘膜取法相同，标本保存1～10个月。标本液制备及测定方法：(1)促胃液素及生长抑素：从液氮中取出组织标本，切取2块各重500mg。取1块组织于等渗盐水中煮沸5min灭活肽酶后，剪碎，加0.1mol/L盐酸2ml，冰浴下匀浆，再加0.1mol/L盐酸3ml，4℃下酸化2h，低温下离心10min，取上清液于-40℃下保存待测。测定前加2mol/L的NaOH中和至pH7.2。另一块组织用改良Lorry法测定蛋白定量。用放射免疫法测定促胃液素及生长抑素的含量。(2)亚精胺及精胺：从液氮中取500mg组织，剪碎，加0.2mol/L高氯酸2ml，冰浴下匀浆，超声波处理10s，再加0.2mol/L高氯酸3ml，4℃下离心15min，用0.45μm滤膜过滤上清液，-30℃以下保存待测。用反相高压液相色谱法测定亚精胺及精胺含量。结果：癌组织及癌旁粘膜中促胃液素含量均明显高于正常粘膜($P<0.05$)，癌组织中生长抑素含量明显低于癌旁粘膜及正常粘膜($P<0.001$)。癌组织中亚精胺含量明显高于正常粘膜($P<0.05$)，癌组织中亚精胺/精胺值均显著高于癌旁粘膜及正常粘膜($P<0.001$)。大肠癌及癌旁粘膜中促胃液素含量高，提示大肠癌细胞具有自分泌促生长作用，促胃液素在癌周具有更高的敏感性，从而导致癌肿的蔓延增大，证实大肠癌细胞的增长受到促胃液素的调控。生长抑素有抑制癌的生长作用，癌组织中生长抑素低，从而使肿瘤生长。

述评　大肠癌的发病率有上升的趋势，故大肠癌的生长、发展一直是人们研究的热点，也是对病人预后的一个至关重要的问题。该研究结果表明，大肠癌组织及癌旁粘膜的促胃液素含量明显增高，促胃液素有促进大肠癌细胞的增长作用，反之在大肠癌组织中抑制癌细胞生长作用的生长抑素降低，这是癌细胞生长较快的机制之一，故在此基础上如能更深一步的研究，即如何提高癌组织及癌旁粘膜的生长抑素，降低促胃液素，从而达到延缓或抑制大肠癌生长的目的，这对大肠癌的治疗及预后将会起到更好的作用。

（孟荣贵）

大肠肿瘤APC基因产物的检测（普外临床 1996;11(1):21） 北京医大一院徐文怀等采用免疫组化方法检测了大肠肿瘤中APC基因蛋白产物的表达特征。实验选择30例大肠癌及相应的移行粘膜、正常粘膜和15例大肠腺瘤标本。癌肿Dukes A、B、C期分别为3例、22例、5例；大肠腺瘤中4例伴重度非典型增生。试剂采用鼠抗人P^{300APC}。结果显示：各组织类型P^{300APC}表达阳性率分别为正常粘膜70％，移行粘膜66.7％，腺瘤66.7％，癌20％，癌与其他相比有显著性差异($P<0.01$)。4例伴重度非典

型增生腺瘤中P^{300APC}阳性为0/4例，余者阳性为10/11例，两者有显著性差异($P<0.01$)。在Dukes分期关系中，A期阳性表达为1/3例，B期为5/22例，C期为0/5例，C期与A、B期相比相差明显，但例数较少。作者认为，APC基因为一种抑癌基因，其在伴有重度非典型增生的腺瘤和大肠癌中呈显著性低表达状态，表明APC基因蛋白产物的表达同大肠癌的演进过程密切相关，为大肠组织上皮细胞恶性转化的重要早期事件。该方法简便、灵敏、重复性好，为大肠腺瘤的随访和肠镜检查时机提供了理论依据。

（印　慨）

述评　APC基因为结肠息肉病基因，它的突变或缺失与大肠肿瘤的生长有密切关系。目前虽不能单独作为大肠组织细胞癌变的特异性标记物，但可作为一项辅助性的检测指标。

（喻德洪）

转化生长因子α、β在人结直肠癌、癌旁及正常肠粘膜组织中mRNA表达及其基因变化的分析（解剖学报 1996;27(3):290）　北京医大临床一院朱兆文等用分子生物学方法探讨了12例人结直肠癌、癌旁及正常肠粘膜组织中TGF-α、β mRNA表达程度及其基因表达。结果发现，TGF-αmRNA的表达由高到低依次为癌、癌旁及正常肠粘膜组织，但癌组织及癌旁肠粘膜组织间无显著差异($P>0.05$)。此外，1例病人的癌旁组织TGF-αmRNA的表达明显升高，并高于其相应的癌组织。TGF-β mRNA表达由高到低的顺序与TGF-α mRNA相反，表现为正常肠粘膜组织、癌旁肠粘膜和癌组织，前两者间无显著性差异($P>0.05$)，而与癌组织间有显著性差异($P<0.05$)。2例癌旁组织中，TGF-β mRNA表达高于其相应的正常组织。研究还发现，TGF-α mRNA表达可能与基因扩增有关，引起TGF-βmRNA表达变化的机制尚不清楚。研究结果表明，人结、直肠癌组织中TGF-α mRNA表达的增加和TGF-β mRNA表达的降低，可能通过自分泌和旁分泌生长调控作用同结、直肠癌的发生和进展有密切关系。

（印　慨）

述评　目前认为，除原癌基因的激活和抑癌基因的灭活外，生长调控失衡是结、直肠癌发生和发展的另一重要特征。上文说明，TGF-α,β作为生长调控的正性和负性转化生长因子，在结、直肠癌发展过程中有着重要的调控作用。

（喻德洪）

大肠癌患者癌周组织免疫细胞的分布及其意义（癌症 1996;15(4):287）　中山医大一院谭敏等应用单克隆抗体和免疫组化技术分析观察了大肠癌患者癌周浸润淋巴细胞(TIL)的分布和表型特征。70例大肠癌患者、Dukes B期36例，C期14例，D期20例，无A期患者。对照组为20例结肠炎性病变。单抗试剂为：CD3(标记T细胞)、CD8(抑制和杀伤性T细胞)、CD4(辅助和诱导性T细胞)、CD 25(标记IL-2R阳性细胞)、CD 56(NK细胞)，Dako　M(巨噬细胞)。结果显示，癌周组织浸润的单核细胞主要为CD3细胞，多呈片灶状不均匀分布，NK与巨噬细胞极少，约占TIL 6%，且分布稀疏。$CD4^+$和$CD8^+$细胞分布与$CD3^+$细胞基本一致，以$CD8^+$居多，约占$CD3^+$ 70%，$CD8^+ : CD4^+$为1.4∶1。$IL\text{-}2R^+$表达明显低于相应的炎性疾患，仅占TIL 10%以下。炎性疾患中浸润总数及各亚群细胞数除$CD8^+$外均明显多于大肠癌组($P<0.01$或$P<0.001$)。随着Dukes分期的增高，$CD4^+/CD8^+$比例明显下降，NK、巨噬细胞及$IL\text{-}2R^+$细胞数均明显降低($P<0.01$或$P<0.001$)。不同的组织类型(腺癌、粘液癌、未分化癌)TIL各亚群分布无明显差异($P>0.05$)。与无肿瘤转移者比较，转移者癌周$CD8^+$亚群明显增多，$CD4^+$相对减少，$CD3^+$总数无明显变化，同时NK、巨噬细胞、IL-2R阳性细胞减少($P<0.01$或0.05)。实验表明，肿瘤周围TIL以抑制功能为主，且多处于明显的低活性状态，这对肿瘤的生长、浸润和转移有明显的影响。结果提示，术前通过内镜获取癌旁粘膜检测TIL数目和活性，可为临床制定手术方式、范围及辅助治疗措施提供重要的依据。

（印　慨）

述评　肿瘤原发灶周围的TIL是防止肿瘤转移的第一道屏障，过去多应用外周血的观察方法，而上文直接采用癌旁组织原位观察，分析TIL的分布、表型特征，讨论了大肠癌局部免疫细胞分布变化及意义，对临床有帮助。

（喻德洪）

结直肠癌病人粪便及组织中Ki-ras基因突变的研究（浙江医科大学学报 1995;24(6):241）　浙江医大肿瘤所于月波等采用PCR-RFLP方法研究了中国人结直肠癌ras基因突变的背景，并在病人粪便DNA中检测了该突变基因。材料：结直肠癌组织标本35例，每例取癌组织和切缘粘膜组织，其中13例取离癌肿1cm处大体观正常粘膜；另获取患者粪便标本18例、正常人粪便标本8例。抽提标本DNA后测序分析。结果显示：35例结直肠癌组织中有12位密码子突变者11例，占31.4%，突变有无与肿瘤部位、分化程度和临床分期无关。其中6例经序列分析证实，3例12位密码子氨基酸呈GIy→Asp突变，2例呈GIy→Val突变，1例呈GIy→Cys突变，35例中未发现13位编码Asp的密码子突变。35例中，61位密码子突变者1例，占2.9%。13例癌旁粘膜中检得Ki-ras12位密码子突变3例。18例癌患者粪便中，检出Ki-ras12位密码子突变者6例，占33.3%。与癌肿组织的检测结果比较，4例粪便DNA有突变的患者其肿瘤组织也都有相应的突变，两者的结果完全吻合。

8例正常人粪便中均未检出Ki-ras基因突变。结果提示，Ki-ras基因突变是中国人结直肠癌发生发展过程中的早期基因事件，同时研究还表明从粪便DNA检测ras基因突变，对早期发现结直肠肿瘤具有实际应用前景。

（印　慨）

述评　结、直肠癌如能早期发现、早期治疗则预后较佳，ras基因在结直肠肿瘤的突变率约50%，其中近90%是Ki-ras12位、13位和61位密码子的点突变，并发生于结直肠肿瘤的早期阶段。作者采用聚合酶链反应-限制性片段长度多态分析（PCR-PFLP）方法，研究了国人结直肠癌组织中Ki-ras基因突变，并从粪便中检测ras基因突变，对早期发现结直肠肿瘤具有实际应用前景。

（喻德洪）

CEA和CA242在大肠癌诊断中的意义（中华肿瘤杂志 1995;17(6):438）　北京医科院肿瘤医院吴健雄等对63例结直肠癌患者术前血清中CEA和CA242进行检测。男36例，女27例，平均年龄53.3(27～82)岁。标本均经病理确诊。CA242是一种唾液酸化的新型粘蛋白类的糖类肿瘤相关抗原，能被CA242单克隆抗体识别，在消化道恶性肿瘤的病人血清中常有升高，阳性界值为17U/ml。结果：正常人血清CEA的最高值为7.3ng/ml，CA 242仅1例阳性(22U/ml)，大肠癌病人血清CA242的阳性检出率明显高于CEA者，而两者联合检测的阳性率与CEA比较，差异有非常显著意义($P<0.01$)。CEA及CA242在结肠癌患者血清中的阳性率明显高于直肠癌患者，其中CA242在结肠癌患者血清中的阳性率与直肠癌患者之间差异有显著意义($P<0.05$)。该组大肠癌病例中，对9例有肝转移者联合检测CEA和CA242，结果7例阳性，其中5例两标志物均为阳性，其阳性率与无肝转移者相比，虽无显著差异，但明显增高。在临床分期中，DukesC+D期者CEA及CA242的阳性率均较A+B者高，但亦无统计学显著差异。结果提示：(1)大肠癌病人血清中CA242的检测比CEA有更高的灵敏性，两者的联合检测具有更高的阳性检出率，且可降低假阳性率；(2)联合测定CA242和CEA能显著提高大肠癌的检出率，提高诊断的准确性，其中对结肠癌更为明显；(3)对较晚期病例，尤其是伴有肝转移者具有较明显阳性检出率；(4)联合检测CEA及CA242是大肠癌的有效辅助诊断指标，有助于判断病期和制定治疗方案。

述评　CA242在消化道恶性肿瘤病人血清中常出现升高，它不同于CA19-9、CA50、CA12-5、CA15-3及STN等，是一种有更高特异性和灵敏性的新型独特的肿瘤相关抗原。本年度也有学者提出CEA、CA19-9和CA-50联合检测胃肠道癌阳性率较高（南京医科大学学报 1996;16(2):191；天津医药 1996;24(7):401)。因此，对结直肠癌的诊断及鉴别要结合临床综合分析，不能单凭一种癌标志物的测定结果而下结论。

（喻德洪）

大肠癌患者硒与免疫功能关系的研究（中华外科杂志 1996;34(1):50）　上海瑞金医院郁宝铭等将大肠癌患者44例分为治疗组与对照组（附表）。

附表　44例大肠癌患者一般情况

分组	例数	性别(男/女)	中位年龄(岁)	结肠癌(例)	直肠癌(例)	Dukes分期(例)			
						A	B	C	D
治疗组	22	15/7	58	7	15	7	7	7	1
对照组	22	12/10	58.5	6	16	9	4	4	5
总计	44	27/17	58.5	13	31	16	11	11	6

对两组各10例分别测定了T淋巴细胞亚群、NK和LAK活性，各6例测定T淋巴细胞亚群，各6例测定NK和LAK活性。同时从35例大肠癌手术切除后的标本中取大肠肿瘤和正常组织测定硒含量。其中男20例，女15例，中位年龄54(28～85)岁。结肠癌9例，直肠癌26例。Dukes分期：A期10例，

B 期 7 例，C 期 13 例，D 期 5 例。治疗组于术前 7d 给予硒力口服液（100 μg/10ml），每日 2 次，每次 20ml，术后第 4 天起继续给予服用 7d；随后再次测定血硒浓度及其他免疫指标。对照组除不给予硒外均同治疗组。血硒测定：44 例大肠癌患者入院后血硒平均值为（0.81±0.14）μmol/L，低于正常值 1.23 0.95～1.50μmol/L，差异非常显著（$P<0.01$）。手术前，治疗组与对照组血硒浓度均低于正常值。手术后，对照组血硒低于正常组，而治疗组升高到正常范围。血硒水平在大肠癌 Dukes 分期之间无显著差异。组织硒测定：大肠癌患者癌组织中硒含量（22.13±1.76）μmol/g，低于正常大肠粘膜的（24.30±1.96）μmog/g，差异非常显著（$P<0.01$）。组织硒水平在大肠癌 Dukes 病理分期之间无显著差异。

述评　硒的抗癌机制目前仍不太清楚。上文资料提示，大肠癌可能与局部低硒以致免疫力降低有关。望能继续深入研究此课题，进一步阐明临床上补充适量硒对大肠癌的治疗作用。

（喻德洪）

人大肠癌癌旁移行粘膜细胞核形态及 DNA 含量的测定（河南医科大学学报 1996；31（1）：61）　河南医大二院任景丽等通过对 20 例大肠癌手术切除标本的癌组织、癌旁 1～2cm 处移行粘膜及 6 例体检正常人大肠粘膜作为对照，采用显微分光光度计（MSP）和计算机图像分析系统对上述组织的细胞核 DNA 含量及细胞核形态进行了测定，所有大肠癌患者均未经放疗和化疗，组织经 10%福尔马林固定，石蜡包埋，切片厚 3～5μm，分别做 HE 和 Fonlgen 染色后进行分析。结果表明，光镜下移行粘膜（TM）腺体呈单层排列，腺细胞无异型性。细胞核及 DNA 含量测定结果表明，正常大肠粘膜与小淋巴细胞 DNA 含量之间无明显差异（$P>0.05$），大肠癌细胞核 DNA 含量分布弥散，大于 4C，的异倍体细胞占 85%，TM DNA 含量峰值在 4C，大于 4C 的异倍体细胞占 58%，DNA 均值明显高于小淋巴细胞和正常大肠粘膜（$P<0.01$）。DNA 是细胞生长增殖过程中重要的物质，细胞核 DNA 含量可以反映细胞的增生程度。该实验用 MSP 检测了人大肠癌、TM、正常粘膜细胞核 DNA 含量的变化，表明正常粘膜细胞核 DNA 含量均小于 4C，TM DNA 在 4C 处形成一个高峰，且大于 4C 的细胞明显增多占（58.3%），提示 TM 有异常增生。图像分析亦表明 TM 上皮细胞核面积和核图表明显高于正常，提示 TM 细胞有核增大趋势，可能已有一定的异型性，只是组织学检查未能反映出来。人大肠癌与正常粘膜之间存在过渡性粘膜组织，称之为移行粘膜（TM）。国内外学者对 TM 进行了大量的研究，但对于 TM 是否客观存在及其意义，观点不一。通过该研究发现，TM 具有恶性肿瘤的特征性趋势，其潜在恶性与大肠癌的发生有密切关系，对切缘有 TM 改变的患者应加强追踪随访。

（张　卫）

述评　对于肿瘤术后早期复发的诊断、预后判断及肿瘤的切除范围等问题是目前研究较多、争论较多但尚无定论的问题。作者通过显微分光光度计（MSP）和计算机图像分析系统着重对大肠癌癌旁移行粘膜细胞的核形态及 DNA 含量进行测定，从而提出了 TM 客观存在、具有潜在恶性、与大肠癌的发生有密切关系的结论，对大肠癌的复发、预后判断及肿瘤切除范围的选择有一定的指导意义。但作者未进行同一病例中正常粘膜与癌组织、癌旁粘膜的对照分析，是该文的不足之处。

（喻德洪）

大肠癌及其癌前病变定量形态学研究（上海医学 1995；18（12）：686）　上海瑞金医院张浩波等报道应用自动图像分析仪对 65 例大肠癌伴不同程度不典型增生的大肠腺瘤以及正常肠粘膜进行了细胞定量形态学指标的测定研究。作者对 8 项细胞定量形态学指标进行多元逐步分析，筛选出核面积、面积差异度、核长轴、核形状因子作为判断指标，建立判断式的值随细胞异型性的加重逐渐增大，亦显示出从正常粘膜发展至癌是一个连续性变化的发展过程；考核判断公式的诊断符合率，正常粘膜和腺癌的符合率为 100%，重度不典型增生无 1 例被错判为腺癌，各级不典型增生均有一定的错判率，诊断符合率为 58.3%～80.0%，判断准确性和病例选择有关，增加病例数能提高准确性。总的判断符合率为 84.6%。作者认为，各形态学参数随细胞异型性增加呈连续性、进行性变化，定量地肯定了大肠癌发生发展的腺癌-癌模式；定量形态学参数可作为大肠癌及其癌前病变的客观诊断标准：重度不典型增生和癌有较多相似特性，要高度警惕其癌变可能并予以及时处理，定量形态学检测具有客观性强、重复性好的特点，可弥补主观病理检测的不足，使组织细胞图像得到较客观正确的反映，使诊断更可靠，并能从定量化的角度研究肿瘤的发展规律。对掌握大肠癌的发生发展规律以及癌与癌前病变的诊断标准，对大肠肿瘤的早期诊断和及时治疗具有重要意义。

（高章元）

述评　肿瘤病理学研究从定性描述走向定量分析，该研究代表着病理学形态研究的一个发展方向。

随着研究的深入，将会发挥更大的作用。

（喻德洪）

内镜超声检查应用于直肠癌术前分期诊断（中华消化杂志 1996；16(3)：142） 北京医大一院张澜波等应用术前内镜超声检查(EUS)对30例直肠癌患者进行Dukes分期。扫描时采用水充盈法、气囊法或二者结合的方法。结果：(1)EUS对诊断癌浸润肠壁深度及淋巴转移与病理诊断的符合率：①癌浸润肠壁深度的诊断：30例中，病理诊断侵及粘膜下层2例，EUS判断符合率为100%；侵及固有肌层8例，EUS诊断符合7例，另有1例EUS判断过浅，符合率为87.5%；侵及外膜或浆膜20例，符合17例，判断过浅3例，符合率为85%。总符合率为86.7%(26/30)。②淋巴结转移的诊断：30例中，病理诊断淋巴结有转移10例，其中5例EUS判断正确，另5例为假阴性，符合率为50%；无转移的20例中18例EUS判断正确，另2例为假阳性，符合率为90%。总符合率为76.7%(23/30)。(2)Dukes分期结果：根据癌浸润深度与有无淋巴结转移，病理诊断Dukes A期9例，EUS符合率为100%；Dukes B期11例，其中9例EUS判断与病理相符，另2例EUS判断为Dukes C期，符合率为82%。Dukes C期10例，符合率为50%(5/10)。Dukes分期符合率为76.7%(23/30)。影响术前Dukes分期准确率的主要因素是EUS对肠周有无肿大淋巴结及肿大淋巴结性质的判断。仔细反复的扫描有助于肿大淋巴结的发现，但判断肿大淋巴结是否为转移淋巴结时，则受转移病灶占据淋巴结大小的影响。

述评 上海瑞金医院张晓燕(中国超声医学杂志 1996；12(8)：27)也将直肠肿块患者30例术前EUS与其手术、病理结果作对照分析。证实该组有3例为炎性肿块，超声检出2例；27例为直肠肿瘤，超声检出26例，故有2例为假阴性，无假阳性，诊断符合率为93.33%(28/30)。以上两文说明EUS对诊断直肠肿瘤及决定手术方式是有意义的，有条件的医院应该开展这项检查。

（喻德洪）

直肠癌术前CT分期方法及其应用（实用肿瘤学杂志 1996；1：31） 哈尔滨医大三院刘瑞宝等对81例直肠癌术前进行CT分期，并与术后病理分期比较。病人中男61例，女20例，平均年龄54(31～72)岁。CT检查前全部经活检诊断为直肠癌。CT检查与手术间隔3～14d，平均9.8d。术后病理：高分化腺癌2例，中分化腺癌69例，低分化腺癌3例，粘液腺癌5例，乳头状腺癌2例。直肠癌术前CT分期标准：Ⅰ期：病变侵犯深度为粘膜层到肌层，无肿大淋巴结及远处器官转移；Ⅱ期：病变侵犯深度为侵及或侵出浆膜层，无肿大淋巴结及远处转移；Ⅲ期：有肿大淋巴结(肠旁：直径＞10mm；盆腔：直径＞15mm)或融合成团的淋巴结，无远处器官转移；Ⅳ期：出现远处器官转移。CT判定肠壁受侵深度总正确率为76.5%。CT判定转移性淋巴结的敏感性为62.9%，准确性75.5%，特异性为81%。直肠癌CT分期结果：Ⅰ期23例，Ⅱ期42例，Ⅲ期14例，Ⅳ期3例。CT分期与病理分期符合率为：Ⅰ期73.9%(17/23)，Ⅱ期68.3%(28/41)，Ⅲ期78.6%(11/14)，Ⅳ期100%(3/3)。总分期正确率为72.8%(59/81)。有关病变侵犯深度的判定，作者认为：(1)病变区的外缘光整是病变侵及肌层以内的直接征象($P<0.01$)；(2)“毛刺”状或“索条”状改变是判定病变侵及或侵出浆膜层的征象($P<0.01$)；(3)病变伴腔外肿块不能做为病变侵及浆膜层的直接征象($P>0.05$)；(4)病变与周围组织器官粘连者亦不可做为病变侵及浆膜层的直接征象($P>0.05$)，但是可做为判定器官受侵的重要前提条件。

述评 上文对CT判定直肠癌侵犯肠壁的深度及征象对照病理进行了探讨，81例直肠癌术前CT分期正确率为72.8%，这对临床选择治疗方式、判定治疗方案、估计预后提供依据是有益的。

（喻德洪）

儿童及青春期大肠癌预后因素（天津医药 1996；24(5)：302） 浙江金华市医院朱再生等回顾该市3所医院18年来＜20岁大肠癌31(男19，女12)例，中位年龄18(11～20)岁。腹痛28例，呕吐、腹泻、便秘、腹胀等19例，贫血11例，体重减轻、食欲下降9例，便血7例，肿块3例。症状出现至确诊间期0.5～14个月，中位间期4个月。家族史：1例父亲患左半结肠癌，1例爷爷患胃癌，1例母亲患卵巢癌。肿瘤部位：盲肠3例，升、横、降及乙状结肠分别为5例、4例、3例、6例，直肠10例。病理：印戒细胞癌、粘液腺癌分别为9例、8例，高、中、低分化腺癌4例、7例、1例，乳头状腺癌2例。分群：印戒细胞癌、粘液腺癌及低分化癌为高群，原位癌及分化好的为低群。结果：至目前为止，随访全组均已死亡，存活时间2～54个月，存活＞1年19例，2年、3年、4年分别为12、8、2例，无5年生存者。其中1例化疗后二重感染而死亡，1例死于车祸。

述评 上文资料说明，儿童及青春期大肠癌大多分化差，恶性程度高，一旦临床出现症状就有深层浸润及远处转移。值得注意的是，诊断间期并非为肿瘤早期，因此对小儿诉述胃肠道症状时，不能掉以轻心，凡经短期治疗不见好转者，就应作全消化道检查，直至除外恶性肿瘤。

（喻德洪）

老年人大肠癌102例术后随访（中华老年医学杂志 1995;14(6):323） 解放军总院宫桂华等总结102例老年人大肠癌术后1～17年随访结果。男93例，女9例，手术时年龄60～85岁，平均67岁。所有病例均经病理检查确诊，血便39例(38.2%)，其中病变在直肠的26例(66.7%)；腹痛17例(16.7%)；腹部包块6例(5.9%)；大便习惯改变7例(6.9%)；消瘦或贫血6例(5.9%)。102例中，右半结肠25例，横结肠12例，左伴结肠28例，直肠37例。Dukes分期：A期12例，B期64例，C期26例。其中查体发现的27例中，A期11例(40.7%)经病理证实均为息肉癌变；B期15例(55.6%)，C期1例(3.7%)。存活＞5年36例(35.3%，5～16年，平均8年5个月)，＞3年60例(58.8%)，死亡30例。5年、3年以上存活组和死亡组 Dukes C 期分别为11.1%、10.0%和63.3%。差异非常显著($P<0.001$)；3年内死亡者，其中 Dukes C 期占88.2%，说明生存时间主要取决于手术时肿瘤分期。多原发癌22例(21.6%)，其中大肠多原发癌11例(10.8%)，均采取手术治疗。56例(54.9%)中、晚期患者术后行辅助化疗，对化疗的耐受性良好。3年、5年以上存活组及死亡组化疗率分别为61.7%、75.0%和43.3%，5年以上存活组化疗与未化疗疗效有显著差异($P<0.05$)，说明化疗可延长术后生存期。

述评 上文资料说明，老年人中晚期大肠癌术后行辅助化疗对化疗的耐受性良好。化疗能延长术后生存期及提高生存质量，因此化疗不应以年龄为限，而应根据各生理功能参数而定。

（喻德洪）

直肠癌术后局部复发及其治疗（实用肿瘤学杂志 1996;1:13） 哈尔滨医大三院董新舒报道1975～1995年间该科共收治直肠癌1 532例，其中局部复发180例，占11.7%，复发时间均在术后2年内。第1次术前原发病灶的部位在腹膜返折以下者占68.3%(123/180)。病理类型中，除外第1次在外院手术病理诊断不详的50例，大体类型中有浸润倾向者占90.8%(118/130)，组织分型中，中低分化腺癌及粘液腺癌占83.9%(109/130)。第1次术式：Miles术111例，Dixon术43例，各种类型的拉出术15例，Hartmann术6例，局部切除术3例，造口术2例。局部复发形式：会阴部33例，淋巴结31例，吻合口或拉出肠管40例，肠旁组织47例，其他形式复发少见。复发病例的治疗：该组中111例进行了第2次手术治疗，占全部病例的61.7%。111例中复发病灶予以切除者77例，切除率为69.4%。77例中根治切除者50例，根治率为64.9%。其他病例分别行动脉结扎、动脉插管化疗等姑息治疗。随访结果：对1993年前122例随访，其中病灶切除及根治切除的5年生存率分别为22.5%及36.4%。作者主张原发灶远端正常肠管的切离线必须距肿瘤下缘3 cm以上，特殊类型应＞5cm才能保证肠管本身不残留癌组织。目前应用吻合器片面地扩大 Dixon 手术适应证的范围，往往使部分病例发生吻合口复发；该组中43例为 Dixon 术后复发病例，说明肠管本身切除不足是其原因。尚有一部分病例为了行拉出术，使得近端肠管或其周围的结缔组织切除不足，导致术后复发。

述评 Dixon 手术后局部复发与第1次手术的不彻底有关，如肿瘤远近端肠管切除不足，肠旁组织切除不足，淋巴结清除范围不足。因此要绝对掌握 Dixon 手术适应证，不能因为有了双吻合器的问世，而忽视了根治性。保肛手术要在保命的前提下进行，不能因为保肛而丧失生命，这些惨痛的经验教训是值得我们重视的。

（喻德洪）

结直肠癌卵巢转移(附8例报道)（实用肿瘤杂志 1995;10(4):244） 浙江嘉兴市一院陆松春等报道该院1987～1993年共收治女性结直肠癌164例，其中8例卵巢转移，转移率4.9%。患者平均年龄42.6(39～52)岁，均未绝经。Dukes 分期：B期1例，C期4例，D期3例。原发癌在乙状结肠4例，盲肠2例，横结肠与直肠各1例。2例于原发癌根治术中发现有卵巢转移；5例术中未发现，分别于术后6、8、10、16、及19个月发现，平均11.8个月发现盆腔肿块，再次手术证实为卵巢转移性癌；另1例诊断为卵巢肿瘤作切除术，术后住院期内出现急性肠梗阻，肠镜检查时证实原发灶为乙状结肠癌。8例中双侧卵巢转移3例。该组8例均为腺癌，其中1例乙状结肠癌直接浸润左侧卵巢，包膜不完整，7例卵巢包膜完整，且有3例为双侧，推测血道转移比较合理。8例均未发现有其他脏器转移。作卵巢癌切除术后生存6个月～3年，平均生存12.5个月。作者强调术中应常规仔细检查两侧卵巢，尤其对 Dukes C、D 期绝经前妇女。该组8例中有3例记录中无卵巢检查情况记载，2例有记录的也仅简单描述为“正常”，说明经治医生对结直肠癌可发生卵巢转移的认识不足，此外对可疑或与原发癌同一侧而外观正常的卵巢可先切除作冰冻切片，如发现有转移再作另一侧切除，如无转移可保留另一侧卵巢。对已绝经的妇女可放松两侧卵巢预防性切除的指征。同样，在卵巢肿瘤切除，尤其是两侧卵巢肿瘤切除时，应仔细检查胃与结直肠，特别是乙状结肠与盲肠。该组 8 例中由乙状结肠与盲肠癌转移至卵巢占 3/4，文献中也有类似报道。

述评　卵巢转移最常见的来源是子宫内膜、乳腺、胃及结直肠粘膜的恶性肿瘤，有关结直肠癌卵巢转移已引起临床重视。目前认为，凡是 Dukes C、D 期病人，不论其卵巢外观是否受侵犯，应同时切除卵巢，特别是对绝经前的病人。凡绝经者，无论病变处于何期，同时切除卵巢也是适宜的。此外，对于仅切除结肠癌而保留卵巢者，需密切随访，包括盆腔超声或 CT 扫描(contemporary surgery 1991;38:15)。

（喻德洪）

结直肠癌肝转移同期切除 6 例报道（肿瘤研究与临床 1996;8(1):58）　山东兖州矿务局医院宋炜等自 1980～1991 年共收治结直肠癌 357 例，术中证实有肝转移 23 例(6.4%)，对其中 6 例适合手术切除者作了同期切除。男 5 例，女 1 例，平均年龄 40.6 (23～57)岁。原发癌位于横结肠 1 例，乙状结肠 3 例，直肠 2 例。Dukes 分期：B 期 4 例，C 期 2 例。病理：腺癌 4 例，粘液腺癌 1 例，印戒细胞癌 1 例。6 例中 CEA 阳性 2 例。肝脏转移灶位于右叶 5 例，左叶 1 例。转移灶直径＞5cm 1 例。在原发癌根治切除的同时，对 4 例孤立性肝转移灶病人行肝右叶不规则楔形切除，2 例多发病灶行左、右半肝切除，术后均采用化疗、免疫、中药等辅助治疗措施。治疗结果：6 例手术无死亡，恢复顺利。术后 1 年内无死亡，3 年存活 4 例(66%)，5 年存活 2 例(33%)。作者认为，预后主要决定于结直肠癌的生物学特性，与性别、年龄、原发病灶部位、肝转移灶部位及切除方式无关，但与下列因素有关：(1)转移结节数目越少越好；(2)转移灶直径＜5cm 者优于＞5cm 者；(3)CEA 水平＞200ng/ml 明显比＜200ng/ml 差；(4)切缘长度，阴性切缘＞1cm 者明显优于＜1cm 者；(5)Dukes 分期，B 期优于 C 期；(6)高分化比低分化好。此外，发现 3 年、5 年生存者均是孤立性肝转移灶、直径＜5cm、行楔形切除及 Dukes B 期者。

述评　结直肠癌伴肝转移时，应采取积极措施，能手术者，尽量同时切除肠原发灶及肝继发灶，这可提高生存率，甚至使疾病痊愈；对不能切除的原发灶也应考虑其他姑息性治疗，如肝动脉插管灌注抗癌药物或肝动脉结扎术。对不能手术切除而又无法作肝动脉插管者，可采用化疗、姑息性放疗及中药治疗，也可收到一定疗效。

（喻德洪）

老年人乙状结肠癌并扭转急诊手术 68 例治疗体会（临床外科 1996;4(2):113）　威海文登医院邹可进报道老年人乙状结肠癌并扭转 68 例，男 45 例，女 23 例，平均年龄 75(65～89)岁。急性型 49 例，突发左腹痛，持续阵发性加剧，停止排便排气，腹胀明显，可见巨大肠型式包块，左腹部压痛，可遍及全腹，如合并肠坏死，可有腹膜炎体征。亚急型 19 例，一般发病 2～3d，反复发作，发作时左腹有包块，如无肠坏死，一般无腹膜炎征。68 例都有排便习惯改变、血便、不全梗阻、肠绞痛病史。43 例腹平片有结肠梗阻特征，25 例钡灌肠有典型的“鸟嘴”样征。治疗：均急诊手术，术中见肠扭转度数为 280°～960°，平均 390°，逆时针扭转 42 例，顺时针扭转 26 例；68 例全部行左半结肠切除术；一期横结肠直肠吻合 36 例，32 例合并肠坏死均一期肿瘤全切除，远端肠管缝闭，近端造口；术后 1～3 个月行二期吻合术有 21 例。结果：2 例死于急性心肌梗死，1 例死于重度感染性休克多器官衰竭，余 65 例均康复出院，无 1 例吻合口瘘及直肠闭端瘘等并发症发生。术后常规放疗加化疗。全部病例除 5 例肝有转移死于术后 1～2 年，其中死于 2 年内心肌梗死 3 例，死于脑溢血 2 例；余下病例的一期肿瘤切除，一期与二期吻合随访，5 年存活率分别为 48%与 31%，3 年复发率分别为 32%与 46%。

述评　上文报道老年人乙状结肠癌合并扭转在急诊下行左半结肠切除，一期与二期吻合，5 年存活率较高，复发率较低，说明一期切除肿瘤，一期与二期吻合后果较好。

（喻德洪）

结肠原发性恶性淋巴瘤 28 例报道（中国肿瘤临床 1996;23(6):449）　天津市肿瘤医院崔庆贵等报道结肠原发性恶性淋巴瘤 28(男 18，女 10)例，平均年龄 40(4～70)岁，均符合 Dawson 诊断标准。自首发症状到就诊时间最长 6 年，最短 2h。临床表现及诊断：腹痛及体重减轻 12 例，腹部肿块 13 例，排便习惯改变 4 例，不全梗阻 7 例，完全梗阻 3 例，便血及贫血各 3 例。全组均无浅表淋巴结肿大，胸片无纵隔淋巴结肿大。除 2 例因合并穿孔致弥漫性腹膜炎而白细胞计数增高外，余均正常。术前钡灌肠 10 例，均提示回盲部占位。B 超检查 5 例，提示升结肠癌 4 例，Wilm 瘤 1 例。纤镜检查并活检 5 例，病理诊断结肠恶性淋巴瘤 3 例，结肠癌 2 例。全组除活检而确诊恶性淋巴瘤 3 例外，术前皆误诊。术中所见及病理：肿物位于盲肠 24 例，乙状结肠 1 例，直肠 3 例。均为隆起型，穿透浆膜 20 例。临床分期：按 Ann Arbor 分期标准：I_E 期 23 例(病变仅侵犯淋巴结外单一器官)；II_E 期 5 例(病变局限侵犯淋巴结以外器官及膈肌同侧1个以上的区域淋巴结)。治疗与结果：行右半结肠切除术24例，乙状结肠切除术1例，Miles手术3例。全组病例术后均辅以放疗及化疗。随访20例，5年生存率58.3%，存活5年以上者均为I_E期病人。

述评 大肠恶性淋巴瘤分原发性及继发性两种，原发性占胃肠道恶性肿瘤1%～4%，侵及结肠0.5%和直肠0.1%，但侵及肛管极少见。继发性大肠恶性淋巴瘤更比原发性多10倍。与癌的鉴别：(1)位于直肠病变便血症状较重，而直肠刺激症状和粘液分泌较癌为轻；(2)直肠指诊时，其肿块质软，介于癌和绒毛状腺瘤之间；(3)位于回盲部者80%可扪及包块；(4)一般自觉症状较轻，全身症状重，70%～80%伴有发热，少数合并肝脾肿大；(5)因本病起源于粘膜下层，往往肠腔狭窄不明显，此点与肠癌不同(实用肿瘤1996;11(2):90)。本病易误诊的原因：(1)发病率低；(2)早期缺乏特异症状；(3)粘膜下病变，大便隐血多阴性；(4)钡灌肠及内镜检查率均较低。因此对本病要提高警惕。

(喻德洪)

大肠原发性恶性黑色素瘤5例(河南肿瘤学杂志1996;9(2):132) 河南省肿瘤医院姬社青等报道大肠原发性恶性黑色素瘤5例，均为女性，中位年龄48(19～52)岁。肿瘤部位：结肠肝曲1例，直肠4例，肿瘤大小1～10cm。大体类型：结节、菜花型4例，息肉型1例。原发灶色素少见，仅1例息肉型呈灰褐色。自症状出现到确诊时间1～12个月，中位时间3个月。主要症状：便血3例，大便习惯改变2例，右上腹包块1例。肿瘤分期：Ⅱ期2例，Ⅲ期3例，最初诊断依靠活检4例，其中1例误诊为平滑肌肉瘤。手术治疗：右半结肠根治性切除1例，经腹会阴切除3例，后盆腔脏器摘除并侧方淋巴结清扫1例。合并卵巢切除者4例。术后病检均为恶性黑色素瘤，S100-P免疫组化染色阳性。区域淋巴结及直肠系膜灶性转移3例，术后均给予化疗及免疫治疗。随访中继发肝、肺转移2例，腹股沟淋巴结转移1例。5例随访6～71个月，2例死亡，3例存活，其中2例存活5年以上。直肠肛管恶性黑色素瘤预后恶劣，5年生存率一般不超过10%。与预后有关的因素有：(1)肿瘤本身的高度生物学侵袭性；(2)诊断时肿瘤常已较大，多为晚期；(3)局部血运丰富，易致血行扩散。因此只望早期诊断提高存活率。

述评 恶性黑色素瘤好发于皮肤、眼睛，肛管为第3位。起源于结、直肠的恶性黑色素瘤较少见，而结肠恶性黑色素病变少见。有人认为，影响本病预后的主要因素是肿瘤的大小及侵犯深度。当肿瘤侵犯深度超过2mm时，病人术后多难以生存2年以上。早期诊断和早期手术为主的综合治疗是改善生存率的主要措施。

(喻德洪)

影响直肠癌预后的因素的新探讨(实用肿瘤学杂志1996;10(1):10) 哈尔滨医大三院赵家宏等探讨了影响直肠癌预后因素：(1)患者年龄对预后的影响：青年期直肠癌因其具有特殊的形态学特点，故其预后明显较壮老年直肠癌差。如青年5年生存率为21.4%，而壮老年为54.1%；(2)大体分型对直肠癌预后的影响：肿瘤的大体类型与临床医生结合最密切的病理学因素，将肿瘤分为两型，限局型及弥漫型，前者的5年、10年生存率各为78.5%及66.1%；后者为48.8%及15.2%；(3)细胞核DNA含量对直肠癌预后的影响：DNA的倍体性与预后关系密切，整倍体者预后明显好于非整倍体者；(4)脉管侵袭对直肠癌预后的影响：该文采用第Ⅷ因子免疫组化染色的方法对脉管侵袭的研究结果表明，此方法脉管侵袭的检出率高达87%，而且脉管侵袭的有无与预后关系密切。有脉管侵袭的死亡率为34.6%，而无脉管侵袭者为10.7%；(5)雌孕激素受体(ER、PR)对直肠癌预后的影响：ER、PR表达与直肠癌的预后也有一定的关系，其中表达阳性者生存期低于表达阴性者；(6)p53及p21基因表达对直肠癌预后的影响：p53、p21基因表达的研究结果表明p53与直肠癌的预后无明显相关性，而p21基因表达阳性者其预后差，指出作为基因对预后判定的意义p21具有一定意义。

述评 刘文清等(癌症1995;14(5):377)也探讨了影响大肠癌预后的组织病理因素，认为预后与癌的组织分化类型有关、浸润深度、淋巴结的转移有关。高、中、低分化癌3组间的预后有明显不同，5年生存率分别为63.33%、45.71%及22.86%。未浸透肌层和无淋巴结转移的预后比浸透肌层和有淋巴结转移的预后要好得多。因此，直肠癌的预后因素较多，但我们要重视与临床医生有关的临床及病因等因素综合分析。

(喻德洪)

溃疡性结肠炎的内镜检查(附246例分析)(中原医刊1996;23(8):43) 河南医大一院张连峰等报道过去5年的结肠镜检查中，结合临床表现和活检符合溃疡性结肠炎(UC)诊断者246例，占结肠镜检查总数的2.73%。246例中男141例，女105例，平均年龄40.3(7～81)岁。临床症状：粘液或粘液脓血便181例(73.5%)，腹泻106例(43%)，其他伴腹痛47例，伴发热31例，伴皮肤损害及关节炎5例，伴消化道大出血及失血性休克3例。症状出现至检查的病程最短几天，最长28年，<10年者215例(87.3%)，10～20年19例(7.7%)。内镜所见：全部病变呈连续性分布；粘膜充血、水肿伴颗粒占82.4%；伴糜烂及浅表溃疡占78.8%；其他病变为假息肉、粘膜桥和粘膜萎缩性病变。分布范围：直、乙状结肠炎133例(54%)；左侧结肠炎40例(16.2%)；全结肠炎73例(30%)；临床以急性期和慢性活动期多见，有210例，占85%；静止期41例；2例癌变，发生率为0.8%，均为进展期；3例伴多发性憩室；并发中毒性巨结肠2例。经活检和随访证实结肠镜确诊率为96.4%。该组246例UC有以下特点：(1)发病率低，占结肠镜检查总数的2.73%；(2)病程短，10年者有215例，占87.3%；(3)病变累及范围以左侧结肠多见，该组直乙结肠炎和左侧结肠炎相加为189例，占76.8%；(4)癌变和中毒性巨结肠发生率低，该组占0.8%，远较欧美4%～10%为低。

述评 UC是一种非特异性炎症性肠病，病变主要在结肠的粘膜和粘膜下层，因此内镜加活检是可靠的诊断方法，此外还可了解病变范围及帮助鉴别诊断。该文介绍内镜检查较详细，值得阅读全文。

（喻德洪）

改良Soave手术治疗结肠良性疾患的体会（普外临床 1996;11(1):60） 北京安贞医院文纯等采用改良Soave手术治疗10例结肠直肠良性疾病。计结肠息肉病3例，成人先天性巨结肠5例，直肠骶骨瘘并发臀部及下腰部多发瘘道1例，直肠阴道瘘合并多发肛瘘1例。手术方法：腹部组：在盆底腹膜返折之上环形切开直肠的浆肌层至粘膜下层，从粘膜下层向下分离，将粘膜与浆肌层分开，至尽可能低的水平。(2)会阴组：充分扩肛后，在齿线上0.3～1cm环形切开直肠粘膜，沿粘膜下间隙向上分离，使全部直肠粘膜与肌鞘分离，上下汇合后，将正常结肠或小肠由无粘膜的直肠浆肌管道拉下。于拉下的肠管与直肠浆肌管道之间放置橡皮管引流条，一般放2～3d。放置引流后腹部组术者将盆底上方横断的直肠浆肌层切缘与拉下的结肠固定数针，将拉出的结肠与肛门皮肤固定数针。脱出的结肠要注意血运，保留3～5cm，15～20d后，用电刀切除脱出肛外的结肠。结果：10例术后恢复顺利。3～5d自行排便。一般术后大便每天3～5次，2～3d后大便逐渐恢复至每天2～3次。10例随访，除1例术后仅1.5个月，其余随访1～15年，患者均表示满意。

述评 Soave手术即直肠粘膜剥离，直肠肌管内结肠拖出术。该手术优点是不必解剖盆腔，只需作直肠粘膜剥离，腹腔污染少，不损伤神经组织和内、外括约肌。Soave术原为治疗小儿先天性巨结肠方法，现已扩大用于结直肠良性疾患。文中有些经验值得我们重视，但是保留肛外结肠要15～20d，似太长，一般在1周左右即可切除。目前还有作者采用Boley改良术，即将拖出的结肠多余部分切除，断端与粘膜切端作吻合。

（喻德洪）

先天性肠旋转异常的诊断和外科治疗（四川医学 1995;16(5):265） 华西医大一院胡廷泽等报道先天性肠旋转异常61例，其中男28例，女33例。发病年龄：56例为3个月内婴儿，2例分别为1.5岁及6岁，3例为9岁。病理分型、主要症状及结果：(1)中肠扭转13例，其中5例并发Ladd纤维带(从盲肠至右侧腹壁的纤维带)压迫十二指肠，1例并发环状胰腺。表现为高位肠梗阻、呕吐是最早出现的症状，部分晚期病例有腹膜炎及全身中毒症状。死亡6例，主要是就诊较晚、肠缺血坏死及中毒性休克。(2)十二指肠梗阻45例。盲肠停留于右上腹，Ladd纤维带压迫十二指肠而发生梗阻。梗阻常是不完全性，呕吐呈间歇性，腹胀不显。全部经Ladd手术治愈出院，即彻底切断连于盲肠与右腹壁之间的纤维带，以解除对十二指肠的压迫。盲肠任其自由的置于左下腹。(3)右结肠系膜疝3例。其特点为盲肠常位于右上腹，小肠被结肠系膜包裹成团，局限于右侧腹部。主要症状为慢性部分性肠梗阻表现，有时可突发急性肠梗阻，甚至肠狭窄。3例均延误诊断。1例婴儿未及时手术而死亡，尸检证实诊断。另2例均以解脱被包裹的小肠，切开Ladd纤维带，封闭疝囊口而治愈。

述评 先天性肠旋转异常除发生上述3种表现的外科疾病外，还可发生其他的异常，因此临床医生掌握该病的病因及病理解剖学知识是十分重要的。

（喻德洪）

60例穿透性结直肠损伤的治疗（临床外科 1996;4(1):18） 云南省医院胡瑞祥报道穿透性结直肠损伤(PCI)60例(男42例，女18例)，平均年龄38岁。损伤程度按两级分类：Ⅰ级损伤：单纯穿孔，肠系膜血管无损伤，腹腔污染少，穿孔周围肠壁损伤少，不需要切除肠段，不合并多脏器损伤，外伤至手术时间<8 h；Ⅱ级损伤：肠壁损伤较大或多处穿孔，腹腔污染较重，肠系膜及血管损伤，肠活力有疑问，修补困难，需要作肠切除肠吻合术，或伴有多脏器损伤，外伤至手术时间>12h。损伤部位及程度：右半及横结肠开放性损伤20例，闭合性损伤10例；左半结肠开放性损伤13例，闭合性损伤8例；直肠开放性损伤3例，闭合性损伤6例；Ⅰ级损伤开放性损伤

14 例，闭合性损伤 13 例；Ⅱ级损伤开放性损伤 22 例，闭合性损伤 11 例。手术方法：在 36 例开放性损伤中，25 例行一期闭合术（69.4%），11 例行外置造口术（30.6%）。24 例闭合性损伤中，16 例行一期闭合术（66.7%），8 例行外置造口术（33.3%）。结果：采用一期闭合术的有 41 例，其中 5 例出现术后并发症（1 例肠瘘，3 例伤口或腹腔感染，1 例腹壁切口裂开），其余 36 例均一期愈合。19 例外置造口者，1 例发生腹腔多发性脓肿，1 例败血症，其余 17 例恢复痊愈。该组 2 例病人死亡，在一期闭合组与外置造口组中各发生 1 例，这 2 例病人均合并有多脏器损伤，死亡率为 3.3%。两种手术方法术后并发症发生率的比较，经统计学分析，$P>0.05$，说明两种方法术后并发症的发生率差异无显著性意义。

述评 该文对比资料说明，外置造口并不比一期闭合术优越，因此对穿透性结直肠损伤病人，若条件许可，应尽量采用一期闭合术。

（喻德洪）

采用改进的痔环切术治疗复发痔（中国肛肠病杂志 1996；(3)：14） 武汉协和医院陈道达等采用改进的痔环切术治疗复发痔 100 例（男 49 例，女 51 例），年龄 21～73 岁。患者均患Ⅲ期复发痔，多伴有严重出血、感染、痔块脱出，影响正常生活和工作。其中合并肛瘘 5 例，肛裂 11 例，直肠息肉 7 例。曾采用传统痔环切或半圈痔切除或痔核切除术后复发 15 例；行枯痔、冷冻、激光或采用治疗机治疗、药物注射治疗等复发 85 例。痔环切术的主要改进为：(1)自制纱布塞替代软木塞；(2)将齿线近端粘膜直接缝合固定于纱布塞外端，替代用大头钉固定；(3)纱布塞外端牵引线固定于自制肛门手术专用架上，替代助手以手持续牵拉；(4)环切痔粘膜前，于预计切断处的近端扎一止血带，并将止血带经粘膜暂时缝合固定于纱布塞；(5)在扎止血带处远端 1.5cm 处环形切断粘膜、皮肤，粘膜间断缝合暂不打结，剪除固定线，松除止血带，再将间断缝合线逐一打结。术中出血少，无 1 例输血。术后常规持续导尿 3～5d，仅术后当晚需注射止痛剂，术后 8～9d 出院。术后 14d 有 2 例肛门创口突然出血约 200ml，经肛门部纱布填塞压迫止血而愈。4 例创口感染，其中 3 例经用抗生素、坐浴治愈；另 1 例并发溃疡，经久不愈，术后 2 年经激光治愈。1 例肛门狭窄经控制大便避免便秘及干结即可，无需手术治疗。

述评 痔环切术的主要并发症是粘膜外翻及肛管狭窄。因此，应在齿线附近作环形切口，尽量多留肛管皮肤，以防粘膜脱出；术后应常规作直肠指诊，如有狭窄倾向，需定期扩肛，以防术后肛管狭窄。作者提出常规持续导尿 3～5d，似无必要，若术后未留置橡皮管止血，则疼痛轻，术后 6h 又限制饮水，一般都可自行排尿，故应尽量减少持续导尿，以防尿路感染。有条件医院可试用该法。

（喻德洪）

肛瘘与肛周脓肿患者免疫球蛋白的实验研究（中国肛肠病杂志 1996；(1)：5） 解放军 91 医院张志波等对 87 例肛瘘与肛周脓肿患者和 32 例正常人的免疫球蛋白进行测定，并对其与免疫功能的关系进行探讨。观察组（肛瘘和肛周脓肿患者）87 例（男 62 例，女 25 例），年龄 12～64 岁。对照组（正常人）32 例，年龄 17～22 岁。抽取受试者晨空腹静脉血 3ml，离心取血清；取禁食、水 0.5h 后自然吐出的唾液 1ml；用注射用水 0.1ml 滴入齿线区，5s 后吸取 0.1ml。结果见附表。

附表 观察组与对照组免疫球蛋白测定结果（G/L×S）

组别	例数	血清			唾液			直肠粘液		
		IgG	IgA	IgM	IgA	IgA	IgM	IgG	IgA	IgM
对照组	32	12.8±3.21	3.40±0.46	1.23±0.45	2.65±1.54	1.82±1.03	1.03±0.85	2.07±1.18	0.94±0.41	0.87±0.53
观察组	87	10.87±6.29	2.38±0.27*	1.10±0.36	2.47±1.95	1.0±0.4*	0.79±0.54	1.88±1.20	0.69±0.34*	0.76±0.41

* $P<0.01$

一般认为，全身及肠道局部免疫功能不全可能与肛瘘的发病有关。IgA 是由浆细胞合成的一种免疫球蛋白，有血清型 IgA 和分泌型 IgA 两类。血清型 IgA 存在于人的血清中，约占各类 Ig 总量中的 10%～20%，主要由粘膜部位的淋巴组织中的浆细胞产生。分泌型 IgA 大多数存在于各部位粘膜面上和分泌液中，由粘膜下的浆细胞产生，免疫作用较强，构成粘膜的主要防护屏障。肛管直肠局部粘膜感染，主要是血清 IgA 参与的局部免疫反应，常表现在 IgA 的变化上。该实验结果可看出，患者血清、唾液、直肠粘液中 IgA 含量明显低于对照组。部分患者有肠炎、腹泻和糖尿病史，均全身免疫功能低下，肠道局部血清 IgA 大量丢失，可能是肛瘘发病的一个重要因素。

述评 该研究说明肛瘘与肛周脓肿患者免疫球蛋白的降低是肛瘘发病的一个重要因素，这是可喜的，希望有更多的临床医生能从事肛肠常见病的病因研究，从基础方面，提高治愈率。

（喻德洪）

结肠血管扩张症（北京医学 1996；18(3)：134） 北京友谊医院张仲良等报道结肠血管扩张症 7(男 4，女 3)例，平均年龄 60(51～77)岁。病史 1～14 年。主要表现为间断便血，色暗红或鲜红，多数病人伴有贫血，术前血红蛋白最低者仅 30g/L，平均血红蛋白 70g/L。住院输血量最多者达 16 600ml，平均输血量 4 500ml。7 例中 5 例术前发生失血性休克。术前行钡灌肠检查 6 例，5 例未能发现病灶，1 例误诊为结肠癌。术前行纤维结肠镜检 7 例，6 例诊断正确，1 例误诊为结肠癌，诊断正确率为 85%。术前 6 例行肠系膜动脉造影，5 例诊断正确，1 例未能发现病灶，诊断正确率为 83%。病变局限于升结肠者 4 例，行右半结肠切除术治愈；局限于降结肠 1 例，行左半结肠切除术治愈。病变分布全结肠 1 例，两侧结肠 1 例，由于内镜、血管造影及手术探查所发现病变部位不一致，而分别行盲肠切除和右半结肠切除，结果此 2 例术后均发生再出血，再出血率为 28.5%。7 例手术标本均经病理证实为结肠血管扩张症，本组手术无死亡。病理特点是粘膜下血管异常扩张、淤血及多灶性粘膜出血，多发生于老年人，是血管退行性变所致。该文有 2 例术后发生了再出血，多由于内镜、血管造影及手术探查所见病变部位不一致，而术者过于相信手术所见，忽略了该病的病理特点，造成切除范围不够，术后发生再出血。作者提出，切除范围应该包括内镜、血管造影及手术探查任何一种检查所发现的病变部位，至少应该是此三者发现病变范围的相加，以防再出血。

述评 结肠血管扩张症又称结肠血管发育异常、肠道动静脉畸形、动静脉瘤样扩张。本症并非少见病，约占下消化道出血 25%，过去对此病认识不够，近来开展了选择性肠系膜动脉造影，将胃肠道血管畸形的诊断提高到了一个新阶段，作者提出的 2 例术后发生再出血的教训，值得重视。

（喻德洪）

结肠粪性穿孔 4 例报道（上海医学 1995；18(10)：594） 上海华东医院尹照环报道结肠粪性穿孔 4(男 1，女 3)例，平均年龄 57.5(40～78)岁。穿孔距手术时间 8～94h，平均 36h。穿孔部位：升盲结肠交界处 1 例，升结肠 1 例，乙状结肠 2 例。其中 1 例于 7 年前在乙状结肠同一肠段内有穿孔史。全组病例均有腹痛、腹肌紧张、反跳痛和肠音减弱。X 线检查气腹 3 例，无气腹 1 例。穿孔直径最小为 0.3cm，最大的占肠周半圈。该组除 1 例为单纯穿孔修补外，其余 3 例分别作穿孔部位肠段切除、右半结肠切除，乙状结肠远端穿孔处外造口及腹腔引流。4 例病理检查均为炎性改变，无特异性病灶。4 例中治愈 3 例，死亡 1 例，死亡率为 25%。一般认为，慢性便秘是产生穿孔的主要因素，穿孔部多位于硬粪块处或其近端肠段内。该组有明确便秘史 3 例，用力大便后穿孔 1 例系高龄女性。全组 4 例肠腔内均可扪到干粪块。穿孔全在粪块所在结肠区域内，与文献报道一致。乙状结肠和乙直肠交界处易穿孔的原因：(1)该肠段内易积留粪便；(2)结肠远端尤其在老年人中，血液供应较差；(3)乙直肠处肠腔最窄，腔内压力 0.49～9.8kPa (5～100cmH_2O)。本病并无临床特征，术前难以确诊。凡长期有便秘史的患者发生腹膜炎时，尤其在腹部扪到肿块且腹部 X 线平片有气腹和钙化粪块或粪影时，应考虑有粪性穿孔可能。穿孔大小对死亡无直接影响，预后与穿孔至就诊早晚有密切关系。作者建议对单纯穿孔修补的病例，术后应作纤维结肠镜检查，确定有无多发性粪性溃疡存在，以防再发生穿孔。

述评 结肠粪性穿孔是一种少见的致命性急腹症，预后差，术后早期多死于严重的感染性中毒休克。预后差与下列因素有关：(1)病人多已高龄并伴有其他内科疾病；(2)穿孔一旦发生病人全身情况迅速恶化；(3)手术时病人均已有腹膜炎存在，病情重笃。改善本病预后的关键在于提高对该病的认识，做到早期诊断和手术。

（喻德洪）

白血病性回盲肠综合征 5 例临床分析（临床医学 1996；16(8)：16） 中国铁道建筑总公司西安医院陈娟报道白血病性回盲肠综合征 5 例(男 4，女 1)，年龄 20～61 岁，<25 岁 3 例。5 例均为复发白血病，其中急性淋巴细胞白血病 2 例，急性非淋巴细胞白血病 2 例，1 例为淋巴肉瘤白血病。5 例均为复发后化疗多个疗程未缓解病例，在治疗中均长期大量应用广谱抗生素。临床表现：5 例均有持续性脐周痛，3 例有转移性右下腹痛，4 例有腹泻及稀水样便 1 例有稀血便，每日 10～20 次。5 例均有发热，弛张热型，体温 39～40.5℃。脐周有弥漫性压痛，3 例有右下腹压痛及反跳痛，临床类似急性阑尾炎体征。实验室检查：Hb40～65g/L，WBC(0.3～0.8)×10^9/L。血培养 1 例金黄色葡萄球菌(+)，4 例(-)。骨髓细胞学检查示粒增生明显受抑，各阶段细胞比例均减少。血片分类示白细胞总数均减少，中性粒细胞比例明显减少，淋巴细胞相对增多。治疗及预后：化疗过程中突发腹痛、腹泻后立即停用化疗，同时按一般肠道感染治疗

无效。3例并发“急性阑尾炎”而行手术切除，2例保守治疗，5例均于近期内死亡。作者提出诊断该综合征依据：(1)恶性血液病复发或未缓解病例长期大量应用广谱抗生素。(2)病程中突然腹痛、腹泻。腹痛呈弥漫性，可转移到右下腹部；腹泻为水样便或血便。(3)再次高热，弛张热型。(4)白细胞减少明显，血小板减少，骨髓粒系增生减低，中性粒细胞比例显著下降。(5)病理检查回盲部出现坏死，或可见白血病细胞浸润。

述评 白血病性回盲肠综合征又称为中性粒细胞减少性回肠结肠炎、坏死性肠病及出血性小肠结肠炎，是一种多发生在白血病的治疗过程中的消化道并发症，虽少见，但它是一种凶险的外科急腹症，临床类似急性阑尾炎体征。临床医师对该综合征应有足够认识。

（喻德洪）

动脉、静脉、淋巴

文献 115 篇，纳入回顾 49 篇（占 42.6%），列入文选 9 篇（占 7.8%）。

一 年 回 顾

一、静脉疾病

（一）下肢深静脉瓣膜功能不全（PVI）或下肢静脉倒流性疾患

诊断　根据临床表现，下肢静脉曲张及 PVI 诊断并不困难，但为进一步评价静脉瓣膜功能，选择合理的治疗方案，必须实施各种辅助检查。目前常用的检查方法包括静脉测压、各种无损伤检测及各种方式的静脉造影。无损伤血管检查因其简便、无痛苦而为越来越多的医生和患者所接受。重庆医大[1]应用光电容积描记（PPG）结合空气容积描记检测 44 例（57 条）下肢静脉曲张患者和 12 例（24 条）正常人，并与静脉造影和多普勒超声作对照。结果表明：PPG 检测静脉瓣膜功能敏感性为 96.5%，特异性为 100%，诊断正确率为 97.5%，对深静脉 3～4 级返流 PPG 的符合率为 86.7%。上海市九院[2]对随机选出的 139 例（153 条）下肢深静脉倒流性疾病的无损伤检测结果与深静脉造影和术中直视作比较。结果表明：其检测深静脉主干通畅性的准确率为 100%，可替代造影术；对倒流性病变的诊断准确率为 85% 左右，但对病变范围的判断准确率仅为 50%。作者认为，无损伤检测具有一定的诊断准确率，但目前尚不能完全替代深静脉造影，只是筛选和随访的可靠方法之一。解放军 455 医院[3]运用彩色多普勒超声检测下肢静脉病 76 例（89 条），分别与临床体检、静脉造影和术中直观情况相比较，认为其具有较高的诊断准确率，可作为造影前的筛选手段，与顺行静脉造影结合使用可代替腘静脉穿刺造影。下肢静脉测压是一种较老的静脉检测方法，其应用价值较为肯定。南京鼓楼医院[4]应用下肢运动静脉压（AVP）测量对 220 条下肢静脉进行了检查，认为无损伤检查和静脉造影虽已得到广泛开展，但要令人信服地说明外科重建术后血流动力学改善的结果，AVP 仍是最佳标准之一。尽管如此，不可否认下肢深静脉造影术仍是目前诊断下肢深静脉系统病变最可靠的方法。徐州市三院[5]采用下肢静脉顺行造影法常规检查下肢静脉曲张 104 例，根据造影结果分为单纯大隐静脉曲张、大隐静脉曲张伴交通支瓣膜功能不全、深静脉瓣膜功能不全 3 种类型，对不同类型选择不同的手术方式，效果满意。经皮腘静脉插管造影术是一种不同于顺行和逆行静脉造影的方法，国内已有多家医院应用。蚌埠市二院[6]用此法检查 39 例患者，认为其能弥补顺行和逆行造影的不足，对指导手术部位和手术方式的选择很有帮助。

治疗　本年度有 20 篇文献介绍下肢深静脉瓣膜功能不全的治疗体会。股浅静脉瓣膜戴戒缩窄术因其操作简单，并发症少，仍有较多医院应用，尤其是在基层医院应用较多。昌邑市医院[7]、安徽省医院[8]、吉林市医院[9]、上海市九院[10]共报告此类手术 109 例，其中昌邑市医院将戴戒术与瓣膜修复成形术结合应用，均取得较好效果。腘静脉肌袢代瓣术是另一种应用广泛的治疗下肢深静脉瓣膜功能不全的手术方式。上海市九院[10]、上海同仁医院[11]和黑龙江省农场总院[12]共报告了 403 例，取得了良好效果。其中上海同仁医院是采用自体髂胫束腱袢形成术取代半腱肌－股二头肌肌袢，以保持半腱肌和股二头肌的完整性，不致影响屈膝功能，并能解决肥胖粗壮病人肌袢长度不够问题。上海市九院[13]*综合国内 24 所医院施行该手术 1 216 例的资料，认为下肢深静脉倒流性病变为本手术的适应证，其中绝大多数为原发性深静脉瓣膜功能不全。经长期随访，证明该手术疗效良好，操作简便，易于推广，是治疗严重倒流的首选方法。在曲张浅静脉治疗方面，西安医大二院[14]报道应用脲素注射法治疗单纯性下肢静脉曲张 148 例，随访 1～7 年，无 1 例复发。作者认为，脲素是一种人体相容物质，无毒副作用，可多次、大剂量应用。其作用机制是使血管内皮细胞发生无菌性炎变，最终被纤维结缔组织替代而达到治疗目的，并无血栓形成，是一种简便、安全、可靠而有效的治疗方法。

(二)深静脉血栓

血流滞缓、静脉壁损伤和高凝状态是经典的静脉血栓形成的三大因素，本年度有数位作者对此作了研究分析，为三大因素赋予了具体内容。上海市九院[15]通过对 176 例下肢深静脉血栓患者的危险因子进行分析，发现有明显危险因子的占 89.8%，未发现任何危险因子的仅占 10.2%。各项危险因子中，以外伤手术为主，占 43.8%，且以下肢外伤手术最易诱发，其次为妇产科手术和腹部手术；感染也是常见的危险因子，占 18.8%，以下肢浅静脉炎多见，下肢腹股沟淋巴结炎、丹毒、蜂窝织炎、尿路感染及肾炎、肝炎亦可并发；其余危险因子依次为动脉硬化、高血压、冠心病和脑血栓(13%)、妊娠分娩(4.5%)、药物(3.9%)以及肿瘤和遗传性因素等。佳木斯医学院一院[16]检测 46 例深静脉血栓患者的凝血因子Ⅴ基因型，发现携带突变基因 1691A 者深静脉血栓的相对危险性显著增大，认为凝血因子Ⅴ基因突变 1691(G→A)是静脉血栓的主要危险因子之一。关于深静脉血栓的治疗，中国医大二院[17]采用手术取栓法治疗急性下肢深静脉血栓形成 6 例，收到较好疗效。作者认为早期诊断、早期治疗是本病的治疗原则，手术取栓适于病程在 72h 之内者，一般不超过 7d。术中全身肝素化和术后长期抗凝、祛聚治疗对提高疗效非常重要。解放军 107 医院[18]报道综合治疗慢性下肢深静脉血栓 187 例，对发病后半年经保守治疗无效的单纯节段性血栓行静脉转流加暂时性动静脉瘘术治疗，对全肢主干型、多节段型和小腿深静脉血栓者均行药物保守治疗，包括尿激酶、蝮蛇抗栓酶、脉络宁、肠溶阿司匹林、潘生丁及中草药等，总治愈率为 50.8%，有效率为 86.8%。解放军 89 医院[19]应用健侧大隐静脉-患侧股静脉转流治疗晚期髂股静脉栓塞，也取得良好疗效。

二、动脉疾病

(一)动脉慢性闭塞性疾病

血栓闭塞性脉管炎　该病发生于中小动脉，且常为多节段之广泛病变，治疗往往比动脉硬化性闭塞症来得困难。中医中药是治疗本病的有效手段之一，汕头龙湖医院[20]报道了 100 例血栓闭塞性脉管炎的分型论治，应用中医辨证分型将脉管炎分成气滞血淤型、湿热型和热毒型，对症施治，取得较好疗效，尤其是第Ⅰ、Ⅱ期病变。手术仍是治疗中晚期脉管炎的有效手段。阜宁县医院[21]应用自体大网膜移植治疗 8 例坏死型脉管炎，均获痊愈。广东医学院三院[22]总结了 90 例腰交感神经节切除术治疗血栓闭塞性脉管炎的远期疗效，指出影响疗效的主要因素是病程长短和分期，Ⅲ期病变和病程太长者疗效不佳，此法可作为动静脉转流术或动脉旁路移植术的辅助术式。

动脉硬化性闭塞症　原位静脉旁路术是治疗下肢动脉硬化性闭塞症的理想方法之一。上海中山医院[23]报道了 28 例，严重缺血肢体挽救率为 100%，1～5 年的血管累积通畅率分别为 92%、88%、78%和 71%。上海长海医院[24]*则将血管镜技术应用于瓣膜切除和静脉属支的检查，并且应用了“共同流出道”和“生物复合移植物”两项新技术，对减少吻合口内膜增生、改善远端肢体的血供起到了一定作用。徐州市三院[25]使用国产软式大隐静脉剥脱器及加压冲洗法破坏瓣膜，施行原位旁路术 9 例，效果满意，表明在设备条件相对较差的医院，也可以开展一些血管外科方面的工作。

其他动脉闭塞性疾病　除了较常见的下肢动脉闭塞性疾病外，其他一些部位的动脉闭塞性疾病本年度也有数篇报道。上海中山医院[26]*针对各种不同类型的主髂动脉闭塞症，分别采用动脉硬化内膜切除术、主-髂或主-股动脉旁路术、解剖外途径旁路术和顺序旁路术，手术死亡率为 3.2%，5 年通畅率为 84.2%，二期 5 年通畅率达 96.5%。北京安贞医院[27]采用左肾静脉下控制腹主动脉、腹主动脉切开逆行血栓内膜切除、腹主动脉-双股(髂)动脉人造血管转流术及腋动脉-双股动脉转流术治疗近肾动脉腹主动脉闭塞症 25 例，治愈好转率达 84%。近年来放射介入治疗技术的发展为动脉闭塞性疾病的治疗开辟了一条新的有效途径。武汉同济医院[28]*报道了 134 例应用经皮穿刺血管腔内球囊成形术(PTA)治疗头臂动脉狭窄闭塞症，取得良好效果。山东医大附院[29]也运用经皮腔内血管成形术治疗了 5 例多发性大动脉炎，病变部位包括胸主动脉和肾动脉，疗效满意。

(二)动脉急性栓塞症

动脉急性栓塞的手术仍以 Fogary 导管取栓术最为简便、有效。南京医大一院[30]报道了 5 例，其中 4 例采用 Fogarty 导管取栓术，1 例作骼-股动脉搭桥术，术后辅以抗凝、溶栓等综合治疗，取得满意效果。在药物溶栓方面，则倾向于动脉穿刺置管、大剂量、短时间局部给药的方法。内蒙古自治区医院[31]*报道了 20 例，尿激酶用量为 10～90 万 U，疗效满意，无 1 例出现并发症。

（三）动脉瘤

动脉硬化和外伤是动脉瘤发生最常见的原因，腹主动脉瘤则是最为常见的动脉瘤之一。浙江医大一院[32]治疗腹主动脉瘤 16 例，指出瘤体直径达 6cm、小于 6 cm 但出现伴随症状或半年内瘤体直径增长超过 0.7cm，1 年内增长超过 1cm 者均应手术治疗。本年度文献中对特殊部位动脉瘤的治疗有很好的经验总结。北京安贞医院[33]*介绍了 11 例难以控制近、远心端血流的复杂周围动脉瘤的治疗体会，值得借鉴。上海中山医院[35]报道了手术治疗 36 例 37 侧颈动脉体瘤，均在无颈动脉内转流条件下进行，术式包括单纯瘤体切除、肿瘤连同部分颈内、颈外动脉及颈总动脉分叉部切除和自体大隐静脉移植术，并就如何降低脑神经和脑血管并发症的发生率作了较为深入的探讨。北京安贞医院[35]收治 23 例颈部动脉瘤，应用了无低温、无转流颈动脉重建术。条件是术前颈动脉压迫能耐受 20～30min，造影见颈内动脉颅外段有 1.5cm 以上的正常部分可供血管吻合。全组除 1 例外均未出现并发症，无死亡。北京邮电医院[36]*报道了少见的锁骨下动脉瘤的治疗经验，对手术径路和术式选择等问题作了详尽阐述。

三、血管损伤

本年度有关血管损伤的论著较多，湖北黄冈二院[37]和余杭市一院[38]分别报道颈部大血管损伤救治 5 例和 12 例。解放军 202 医院[39]和蚌埠医学院附院[40]分别报道了四肢血管损伤 15 例和 44 例。损伤原因除外伤之外，医源性损伤也是很重要的原因。共有 4 篇文献报道了 28 例医源性血管损伤，其中北京邮电医院[41]*报道了 10 例手术损伤和穿刺插管损伤。安徽医大附院[42]则报道手术损伤多见于下腔静脉，对此应引起足够重视。

四、血管瘤

血管瘤多见于青少年，常对患者的容貌外观和肢体功能带来一定影响，尤其是大面积或深及肌肉的血管瘤治疗十分棘手。白求恩医大三院[43]*报道了 278 例手术治疗肌肉海绵状血管瘤，对此有较为丰富的经验。银川市口腔医院[44]和遵义医学院一院[45]分别报道用辐射凝固法和铜针及直流电治疗血管瘤，取得一定效果。

五、实验研究

随着用血管重建术治疗缺血性疾病的广泛开展，缺血器官的再灌注损伤问题也日益受到重视。上海中山医院[46]通过对犬下肢缺血再灌注脂质过氧化损伤的研究，发现其机制主要为氧自由基介导的脂质过氧化反应。超氧化物歧化酶(SOD)有减轻自由基介导的脂质过氧化损伤的重要作用；缺血再灌注损伤发生于一定的缺血时限后，一般为 6h。缺血时间越长，再灌注后过氧化反应越强。动静脉转流术治疗广泛性动脉闭塞症在临床上具有一定效果，但对其作用机制-直有争议。解放军 107 医院[47]通过对兔肢体缺血模型行分期动静脉转流术后微循环的观察，发现术后 3 周已可见到经静脉吻合支的正常血流，术后 3～8 周血液流速和流量逐步恢复至正常，认为在严格掌握手术适应证和精心操作的前提下，动静脉转流术是治疗肢体动脉广泛性闭塞症的首选方法。血管内膜增生的机制和防治问题是血管外科领域中的难点之一，上海仁济医院[48]应用动物模型研究自体静脉移植平滑肌细胞的周期动力学，指出移植静脉平滑肌增殖、移行的控制应着力于移植术后 2 周内。北京阜外医院[50]报道了用尿激酶原基因疗法防治血管吻合口内膜增生的实验研究，发现用浸泡过尿激酶原质粒的缝线进行血管吻合，其基因可在吻合口组织中表达出有生物活性的尿激酶原，并能有效抑制吻合口内膜增生。

（曹贵松　包俊敏）

参 考 文 献

[1] 乔正荣等．中华实验外科杂志 1996;13(2):78

[2] 朱雯霞等．中华实验外科杂志 1996;13(5):271

[3] 李智方等．临床外科杂志 1996;4(1):22

[4] 刘长建等．中国实用外科杂志 1996;16(9):530

[5] 葛　玮．普外临床 1996;11(1):62

[6] 姜洪宾等．河北医学 1996;2(2):121

[7] 李国楼等．山东医药 1996;36(1):8

[8] 胡何节等．安徽医学 1996;17(2):17

[9] 刘维藩等．吉林医学 1996;17(2):85

[10] 黄新天等．普外临床 1996;11(4):244

[11] 谈志秋等．临床外科杂志 1996;4(2):85

[12] 吴双滨等．哈尔滨医科大学学报 1995;29(5):428

[13]* 张培华等．临床外科杂志 1996;4(2):75

[14] 徐　泉等．中国普通外科杂志 1996;5(2):97

[15] 杨景文等．上海医学 1996;19(2):90

[16] 关　月等．中华心血管病杂志 1996;24(4):296

[17] 戴显伟等.中国实用外科杂志 1996;16(9):537
[18] 于永山等.综合临床医学 1996;12(1):34
[19] 任志勇等.中华显微外科杂志 1996;19(1):30
[20] 杨嘉成.广东医学 1996;17(1):43
[21] 邓国忠等.铁道医学 1995;23(6):345
[22] 袁 正等.新医学 1996;27(4):186
[23] 符伟国等.中华外科杂志 1996;34(9):549
[24]* 景在平等.中华外科杂志 1996;34(7):391
[25] 葛 玮等.江苏医药 1996;22(8):557
[26]* 王玉琦等.中华外科杂志 1996;34(7):394
[27] 苑 超等.中华外科杂志 1996;34(7):388
[28]* 漆剑频.同济医科大学学报 1995;24(6):453
[29] 刘同涛等.山东医药 1996;36(1):17
[30] 陈国玉等.江苏医药 1996;22(8):556
[31]* 马和平等.中华放射学杂志 1996;30(2):105
[32] 潘松龄等.浙江医科大学学报 1996;25(1):38
[33]* 吴庆华等.心肺血管病杂志 1996;15(1):9
[34] 符伟国等.中国实用外科杂志 1996;16(2):82
[35] 吴庆华等.临床外科杂志 1996;4(5):251
[36]* 汪忠镐等.中华外科杂志 1996;34(6):359
[37] 胡定谦.武汉医学杂志 1996;20(1):31
[38] 吕雄根等.浙江医学 1996;18(5):283
[39] 陈洪勋等.中国实用外科杂志 1996;16(9):559
[40] 刘生光等.临床外科杂志 1996;4(5):293
[41]* 卞策等.中国实用外科杂志 1996;16(4):225
[42] 孟翔凌.中华创伤杂志 1996;12(3):194
[43]* 臧广生等.心肺血管病杂志 1996;15(1):14
[44] 刘 涛.宁夏医学杂志 1995;17(6):330
[45] 王 波等.贵州医药 1996;20(1):38
[46] 徐 欣等.上海医科大学学报 1996;23(5):391
[47] 曲 明等.中华实验外科杂志 1995;12(6):362
[48] 张柏根等.中华外科杂志 1996;34(7):405
[49] 陈良万等.中华医学杂志 1996;76(3):187

文 选

腘静脉肌袢代瓣膜术 1 216 例报道(临床外科杂志 1996;4(2):75) 上海市九院张培华等总结了国内 24 所医院施行腘静脉肌袢代瓣膜术 1 216 例(1 353 条患肢)的临床资料,其中诊断为原发性下肢深静脉瓣膜功能不全者占 97%以上,其余为下肢深静脉血栓形成后遗症完全再通者和先天性下肢深静脉无瓣症。特殊检查包括下肢深静脉顺行造影、深静脉逆行造影、经皮腘静脉插管瓣膜功能定位检测、双向多普勒超声血流仪检测、下肢静脉压测定及同位素回流时间测定等。手术方法为半腱肌与股二头肌形成肌袢,手术同时或术后行大隐静脉剥脱和交通支结扎,术后应用溶栓和祛聚药物 3～5d。全部病例疗效满意者占 85%以上,并发症有深静脉血栓形成、腓总神经损伤和暂时性麻痹、创口感染、暂时性膝关节功能障碍及短期内小腿肿胀加重等。该手术适应证为深静脉倒流性疾病,包括原发性下肢深静脉瓣膜功能不全和深静脉血栓形成后完全再通者。据 4 879 例下肢造影结果分析,前者占 55%以上,为主要手术适应证。为解决肥胖、粗壮患者肌袢长度不够问题,该手术尚有自体阔筋膜、自体跖肌腱、自体大隐静脉置入碳素纤维代肌袢等改进方式,疗效满意。深静脉瓣膜重建术有多种方式,应依深静脉病变的范围和程度而定。Kistne r 分级 3 和 4 级,即倒流至膝和膝以下者为瓣膜重建术的适应证。该手术是治疗严重倒流性病变的首选方法,在其他手术无法施行时,该手术是唯一可供选用的方法。10 余年临床实践说明,该手术操作简单,不涉及腘静脉腔内,远期疗效良好,是治疗下肢深静脉倒流性病变理想的手术方法。

(赵 瑄)

述评 自 80 年代初期以来,各种各样的瓣膜重建手术在全国各地许多医院得到了较为广泛的开展。然而有些手术的疗效并不如人意,其意义如何也有待进一步探讨。国内张培华等自 1981 年起倡用的肌袢代瓣膜术,迄今已积累了许多经验,是诸多瓣膜重建术中适应证较宽、方法较简便、疗效较为满意的一种,但也存在着肌袢粘连、肢体肿胀、神经压迫、影响膝关节稳定性等一系列并发症。因此,瓣膜重建术的适应证似应严格掌握,各种特殊检查手段对评价瓣膜功能确有帮助,但肢体的临床表现仍是决定手术方式的第一要素。

(曹贵松 包俊敏)

原位旁路术治疗下肢动脉缺血症(中华外科杂志 1996;34(7):391) 上海长海医院景在平等应用原位旁路术治疗下肢动脉缺血症 28 例(37 条肢体),其中 21 条为血栓闭塞性脉管炎,16 条为动脉硬化闭塞症。全部吻合技术成功率和吻合原始通畅率均达 100%,随访 34 条肢体吻合口通畅。该术式最常用的流入道为股动脉,最常用的流出道为胫后动脉内踝段。将大隐静脉从汇入股静脉处剪下,从其近端将血管镜导入,瓣膜切除器从远端导入,在血管镜直视下由近至远逐一切除瓣膜，并仔细寻找静脉属支开口，标记后切开结扎每1根属支静脉。吻合顺序是先远端后近端。在远端吻合口处将动脉与其相邻的1根或2根静脉纵行吻合建成“共同流出道”，此为解决远端流出道难题的有效方法。在无足够长的自体静脉移植物时，可在PTFE移植物和“共同流出道”之间置一段自体静脉，构成“生物复合移植物”，以减轻吻合口处的内膜增生，提高吻合口的通畅率。如远端胫后动脉及其相邻静脉不能成为良好的流出道时，可改用胫前动脉、足背动脉及腓动脉，也可直接将大隐静脉远端用作流出道。流入道除选用股浅动脉外，还可选用腘动脉、股深动脉及腹主动脉。如流入道动脉有局段狭窄，可先行动脉内膜切除术。术中肝素化，术后1周内肝素抗凝，续用香豆素类抗凝剂半年以上。原位下肢动脉旁路术的优点有：静脉瓣膜切除彻底，可直视下准确定位静脉属支，避免了逆转式旁路术中全程游离大隐静脉所致的热缺血损伤，血管镜在术中可监测移植物和吻合口的质量。

（赵　珏）

述评　动脉旁路术是目前治疗下肢动脉缺血性疾病常用的一种较为有效的方法，但仍存在着远端流出道条件差、移植物远期通畅率低等问题。作者通过血管镜技术彻底切除移植静脉瓣膜、定位结扎静脉属支，并应用“生物复合移植物”、“共同流出道”技术对28例37条肢体行原位旁路术，取得了手术肢体91.9%(34/37)的救治率，效果良好。原位动脉旁路术与倒转式旁路术相比手术创伤小，移植物口径较匹配，但对瓣膜切除、属支结扎的要求较高，有条件的单位可以选用。

（曹贵松）

主髂动脉闭塞症的重建术术式选择（中华外科杂志 1996；34(7)：394）　上海中山医院王玉琦等报道了主髂动脉闭塞症31例的治疗经验。根据动脉闭塞的部位，作者将该症分为单纯主髂动脉狭窄或闭塞和主髂股动脉狭窄或闭塞两大类型，前者特点是病变局限于髂外动脉以上，股动脉以下流出道基本正常；后者特点是病变广泛，除累及主髂动脉外，还伴有股动脉及其远端动脉的狭窄或闭塞，远端流出道条件差。下肢动脉存在超过管腔直径50%的狭窄或闭塞即可出现临床症状，间歇跛行是动脉重建术的相对指征，即严重的、100 m以内的间歇跛行可积极考虑手术。足部静息痛、坏疽和溃疡则是手术的绝对指征。腹主动脉和下肢动脉造影可显示病变的部位和范围，为动脉重建术所必不可少。踝/肱(A/B)指数可反映肢体血流动力学状况，对掌握手术指征更为重要。腹主动脉下段及两髂动脉狭窄或闭塞，而下肢动脉流出道基本正常时可采用腹主动脉至闭塞远端髂动脉或股动脉人造血管旁路移植术。对伴有下肢动脉闭塞的主髂动脉闭塞，如股动脉闭塞远近端侧支循环丰富，A/B指数＞0.5时，可先做主-髂或主-股动脉旁路，如术后A/B指数明显提高，可暂不做下肢动脉重建，反之则必须加做股-腘以远的动脉旁路术。此术式称为二期顺序动脉旁路术。如股动脉闭塞远近端侧支循环稀少，A/B指数＜0.5或有静息痛、足部坏疽或溃疡，则应做一期顺序动脉旁路术。如病变位于一侧髂动脉并伴有下肢动脉闭塞，可做解剖外途径旁路即股-股旁路术，加股-腘自体大隐静脉旁路术。如主髂动脉闭塞且不能耐受开腹手术时，可行腋-股动脉旁路术，必要时加做股-腘动脉旁路术。动脉硬化内膜切除术适用于病变局限的主动脉分叉、髂外动脉或股总动脉闭塞。

（包俊敏）

述评　主髂动脉闭塞症是全身动脉硬化的一种表现，病情复杂，治疗困难。该组的经验表明，将临床表现、多普勒超声、踝/肱血压指数和动脉造影结果加以综合分析，正确掌握手术适应证，再根据不同病例选择不同的手术方式可以取得较好效果，该手术组的5年通畅率达到了84.2%。这方面的经验有临床参考价值。腋-股动脉旁路术的远期通畅率不高，尽量少用。

（曹贵松）

血管内局部溶栓的疗效与影响因素（中华放射学杂志 1996；30(2)：105）　内蒙古自治区医院马和平等采用股动脉或股静脉穿刺，大剂量尿激酶(400 U/min)和短时间(平均3.1 h)血管内局部灌注溶栓的方法，对20例血管阻塞性疾病患者进行了治疗，阻塞血管再通或部分再通16例(80%)。髂动脉和下肢动脉阻塞16例中有13例阻塞再通，其中9例髂动脉阻塞全部或部分再通，7例股、腘动脉阻塞仅4例再通；2例肾静脉及1例肺动脉阻塞溶栓后再通，1例大脑中动脉阻塞未再通。病程为0.5～1.5年。平均尿激酶用量30.9万U，溶栓时间为30min～4h。16例再通者中，导管尖端置于血栓中11例，接触血栓近心端5例。所有患者临床症状均改善，无1例出现并发症。有5方面因素影响经导管局部溶栓术的疗效：(1)选用导管应以能深入血栓内增加溶栓剂与凝块接触面积者为宜，一般选用5 F端孔或多侧孔导管，导管尖端位置以接触或深入血栓内部灌注为最佳；(2)采用大剂量短时间溶栓，既可增加尿激酶接触血栓的有效浓度及渗透速率，又能在一定程度上预测疗效；(3)病程越长，血栓机化率越高，溶栓疗效越差;病变长度也有影响,但主要取决于病程;(4)髂动脉以上阻塞再通率高于股、腘及其以下动脉;陈旧或机化的血栓以及动脉粥样硬化闭塞并血栓形成者,溶栓效果较差,术中可将导丝能否通过血栓段作为判断疗效的可靠指标;(5)溶栓后肝素化治疗 3～7d,静滴尿激酶 1 周～2 周,口服抗凝剂 6 个月以上能增强和巩固疗效。

(赵志青)

述评　作者介绍的血管内局部溶栓法,其要点在于大剂量短时间用药、溶栓导管接触或深入血栓两点,除对急性血栓有良好疗效外,对长达 1.5 年的慢性病变也取得了较为满意的效果。究其原因,大凡导丝能通过者,则血栓机化不完全;溶栓导管深入或通过血栓,除药物作用外还兼有机械扩张作用。因此,决定溶栓效果的关键因素还是血栓本身的性质,即病程长短及机化程度。因存在个体差异,其绝对时间很难界定,但一般认为,长达数月甚至年余的陈旧血栓溶栓效果确实不理想,有动脉硬化性病变者也难以用溶栓法来解决血管的狭窄或闭塞。近年来有组织型纤溶酶原激活物(t-PA,包括东菱克栓酶等)问世,它与血栓中的纤维蛋白有高度亲和力,其溶栓作用比尿激酶强,有条件者可以采用。

(曹贵松　包俊敏)

穿刺插管所致动脉损伤 10 例分析(中国实用外科杂志 1996;16(4):225)　北京邮电医院卞策等分析了 10 例因经皮血管穿刺所致的医源性血管损伤病例,损伤部位为肱动脉和股动脉各 5 例。假性动脉瘤 7 例,血栓形成、栓塞及血栓和动静脉瘘各 1 例。伴有高血压和动脉硬化者各 3 例。损伤的发生与操作人员的熟练程度、使用导管等的质量及术后处理方法密切相关。主要原因:(1)患者因素:存在血管壁、血小板、凝血功能异常者,易发生出血并发症;高血压、冠心病、肥胖女性及小儿因动脉较细,穿刺困难,易发生损伤并发症。(2)医源性因素:操作用的导管等器械不精确或技术上不足,易造成血管损伤。操作中或操作后数小时内,当局部出血、血肿、血管内膜撕破、血栓形成时,造成远侧肢体苍白,脉搏减弱或消失,容易作出早期诊断;但有时血栓形成缓慢,临床症状不明显,往往延误诊断。故应及时观察分析,也可作多普勒检查,必要时行血管造影。一旦确诊,以早期手术为妥。方法包括单纯动脉瘘孔修补 1 例,动脉修补加静脉结扎 1 例,自体大隐静脉补片 2 例,动脉切开取栓 1 例,应用自体大隐静脉、Dardik 脐静脉、Gore-Tex 人造血管作动脉重建各 1 例,局部加压包扎 2 例,疗效满意。动脉重建术成功的关键在于彻底清创,吻合时内膜对合整齐,重建后血管长度适中而无张力,跨越关节部位避免受压,止血彻底。对于稳定的、缓慢增大的假性动脉瘤,不伴有巨大血肿,无局部皮肤缺血表现的可用局部加压包扎。

(董　雷)

述评　随着各种血管造影和血管介入治疗的开展,动脉穿刺插管造成的动脉损伤发生率也呈上升趋势。上文报道的 10 例医源性动脉损伤有一定的代表性。损伤中,以局部血肿和假性动脉瘤最为常见。出现这些并发症的原因固然与操作人员的熟练程度、导管的质量和病人的基础疾病有关,但与围手术期处理存在不当之处也有一定关系。一旦确诊为动脉损伤,应及早手术治疗,大多能取得满意疗效。

(曹贵松)

锁骨下动脉瘤诊治经验(中华外科杂志 1996;34(6):359)　北京邮电医院汪忠镐等报道了 7 例锁骨下动脉瘤(SAA)的诊治经验,其中男性 4 例,女性 3 例,年龄 12～44 岁,病程 3d～13 年。所有病例均有锁骨上窝部肿物或肿胀,另有上肢无力、手指麻木、局部触及搏动性肿物、局部有震颤和血管杂音、局部压痛及桡动脉搏动减弱等表现。动脉造影证实,病变位于胸廓内段 1 例,胸廓外段 6 例。创伤引起的假性动脉瘤 4 例,动脉硬化引起的真性动脉瘤 2 例,病因不明的 1 例。手术在全麻下进行。胸廓外段 SAA 选择经锁骨上或涉及锁骨下的 S 切口。胸廓内段 SAA 选择经左第 3 肋间前胸切口。6 例手术病例中,4 例行瘤体切除加人造血管置换术,2 例行补片修补术。术后上肢缺血症状消失,桡动脉搏动恢复或接近正常,未出现手术并发症。随访 1～12 年(平均 5.3 年),有 1 例(16.7%)大动脉炎患者术后 1 年患肢症状复发,另有 1 例行锁骨部分切除、锁骨下动脉修补术后 10 年发现锁骨截骨处骨瘤,再行锁骨切除术,术后随访 2 年无复发。作者认为,动脉造影对 SAA 的诊断及手术方式选择是必要的,但须知造影所见的管腔常不能代表动脉瘤的大小。有症状或瘤体较大的 SAA 均应行手术治疗,瘤体切除加人造血管移植的疗效较好,自体大隐静脉口径匹配欠佳而不选用,直径 6～8mm 的膨体聚四氟乙烯和涤纶人工血管可达到良好疗效。锁骨切除及断端的处理应取谨慎态度。动脉瘤体旷置加颈动脉-锁骨下动脉旁路移植术虽较简便,但只在局部解剖无困难时才可选用。

(徐　斌)

述评　锁骨下动脉瘤并不多见,一旦遇到,治疗比较困难。病因中,动脉硬化性和创伤性占多数。动脉造影是明确诊断的主要手段,手术是该病的有效治疗方法。一般是先控制动脉瘤近、远侧血流,然后切除动脉瘤并行血管移植术,效果较好。在不得已情况下,也可旷置瘤体行颈动脉与锁骨下动脉的旁路移植术。近年来也有报道通过介入手段将口径相仿的血管支架植入瘤腔而取得较好疗效。这是动脉瘤治疗的一种新进展,值得注意。

(曹贵松)

头臂供血动脉狭窄和闭塞的经皮血管内成形术治疗(武汉大学学报 1995;24(6):453) 武汉同济医院漆剑频报道了134例应用经皮穿刺血管腔内球囊成形术(PTA)治疗头臂动脉狭窄/闭塞的效果。其中男性82例,女性52例,年龄37～80岁,病变位于锁骨下动脉120例,无名动脉8例,颈总动脉3例,颈外动脉1例,椎动脉2例。狭窄126例,闭塞8例。在PTA治疗前所有病例均行诊断性动脉造影,造影时测量病变近远端动脉内压力差,若压力差大于20kPa则有PTA指征。PTA时,先将导丝通过狭窄段,用导管交换技术置球囊导管于狭窄段扩张成形。扩张压力为2～6个大气压,每次球囊扩张20～60s,然后抽尽球囊内造影剂,间隔30～60s后再重复扩张3～5次。PTA后行血管造影,观察狭窄处扩张情况。在134例中,125例(93%)经PTA治疗获得早期治疗效果,其中动脉狭窄均得到满意扩张,动脉残留狭窄最高为20%。术后有84例随访3～16个月,仅有1例(1.2%)在术后3个月出现再发狭窄而症状复发。16例复查血管造影显示血管狭窄或闭塞处轻度血管壁不规则,无复发性狭窄。因此,作者认为,PTA与外科手术相比,具有操作简便、手术危险小、并发症少、效果好等优点。只要适应证掌握正确,PTA治疗头臂动脉狭窄和闭塞可明显改善狭窄动脉的血流状况和解除临床症状。

(徐　斌)

述评　PTA治疗动脉狭窄和闭塞性疾病近年来应用日渐增多,范围也越来越广,它具有操作简便、手术创伤小、术后恢复快等突出优点,对头臂供血动脉等外科手术并发症相对较多的病变尤具应用价值。但PTA的适应证较窄,对长段或多节段病变,对扩张导管无法通过的完全性闭塞,PTA是无能为力的。再者,PTA后血管内膜增生、继发血栓形成、原发病变再进展引起的动脉再狭窄问题也不容忽视,为解决这一问题有不少方法,但效果不一。近来有用铱-192(^{192}Ir)短时间(20～45min)局部治疗来减少成形区再狭窄的报道,认为电离辐射可抑制血管壁的增生反应,这些问题有待进一步研究(中国医学论坛报1997年4月24日6版)。

(曹贵松　包俊敏)

复杂的周围动脉瘤的外科治疗(心肺血管病杂志 1996;15(1):9) 北京安贞医院吴庆华等报道了治疗11例难以控制近远心端血流的复杂周围动脉瘤的体会。其中假性动脉瘤8例,真性动脉瘤3例。动脉瘤位于椎动脉1例,无名动脉1例,颈内动脉2例,髂总动脉3例,髂内动脉1例,股总动脉2例,股深动脉1例。11例病人均表现为搏动性肿块,8例假性动脉瘤增长迅速,局部疼痛。除3例动脉瘤突然破裂或患者一般情况差,未做动脉造影外,其他患者均行动脉造影。术前对于假性动脉瘤巨大,疼痛剧烈,血压较高,有破裂危险的患者,用硝酸甘油或硝普钠等控制血压在14.67～16/9.33～10.67kPa之间。动脉瘤的常规手术方法是首先控制动脉主干的近远心端及进入瘤体的较大分支。但对于特殊部位的动脉瘤,如位于颅底的颈内动脉瘤,瘤体巨大不易控制。既往的方法是,在瘤体切开后,用纱布填塞压迫止血,然后逐步缝扎分支血管,出血多。作者在尽可能控制血流的情况下,直接切开瘤体,在有效的负压吸引配合下,寻找出血处,准确地插入Fogarty导管,球囊注水后就可以控制出血。完全控制出血后,尽可能实行瘤体切除及血管的修补或重建,方法包括动脉破口修补术、补片移植修补术、人造血管或自体大隐静脉移植血管重建术、自体动脉端端吻合以及缝扎或结扎术。对估计术中瘤体随时可能破裂、有致命性出血可能的一些周围动脉瘤,首先建立体外循环,以备瘤体破裂后紧急处理。应用Fogarty导管、体外循环、高负压吸引寻找出血处、术中快速输血等方法果断破瘤,为难以控制出血的复杂的周围动脉瘤手术提供了有效方法。

(董　雷)

述评　各种血管手术,包括动脉瘤的手术治疗,都有赖于良好的显露和妥善的远近端血管的控制,这是手术成功的关键之一。某些特殊部位的动脉瘤,远近端血管难以控制,谓之复杂的周围动脉瘤,其处理就会困难得多,术中大量出血是不可避免的。作者在文中介绍了手术治疗复杂的周围动脉瘤的几种有效方法,这对该类病变的处理是必不可少的,值得在实际工作中借鉴。完善细致的术前检查是设计手术的前提,而充分的思想、物质准备,则是手术成功的必要条件。

(曹贵松　包俊敏)

手术治疗肌肉海绵状血管瘤278例(心肺血管病杂志 1996;15(1):14) 白求恩医大临床三院臧广生等报道了手术治疗278例肌肉海绵状血管瘤,其中头颈部15例,躯干35例(臀部13例),下肢144例,上肢75例,多发9例。83.66%发生在肌肉丰富的臀部、下肢和上肢。多见于青少年,10岁以下占

21.6%，30岁以下占92%。260例(93.5%)术前施行了各种血管造影，包括静脉造影，这对动脉造影、局部穿刺造影和骨髓静脉造影，这对全面了解血管瘤的全貌不仅具有诊断价值，对手术治疗也有很大的指导意义。造影也是检查术后效果的客观指标。278例施行328例次手术，2次手术20例，3次手术7例，4次手术4例，5次手术1例。手术效果优良率为80%。该病属先天性疾病，发病缓慢，故青少年就诊率高；多发生在横纹肌，婴幼儿时不易被发现，走路或运动后始出现症状；随年龄增长，发展速度增快，症状加重至影响正常工作或劳动。目前治疗方法很多，如冷冻、激光、放射治疗、同位素敷贴、硬化剂及口服激素等，但各有其适应证，各有其局限性，尤其是对深在肌肉纤维内与重要神经、主干血管关系密切的肌肉海绵状血管瘤，上述方法无效，只有手术才有可能改善症状或治愈。成人组病情严重，范围广泛，手术难度大，伤残率高。儿童组相对病情轻，因病变随年龄增长而加重，且此类血管瘤不能自行消退，因此应及早手术。手术原则是：争取切除彻底，防止复发，最大限度保存肢体功能。应在造影指导下设计手术，瘤体巨大者可分次手术。

（董　雷）

述评　这是一篇例数较多的肌肉海绵状血管瘤的治疗经验总结。术前进行血管造影了解血管瘤的全貌对手术有重要指导意义。肌肉海绵状血管瘤以及早行手术切除为好。争取彻底切除和最大限度保存肢体功能是手术治疗的原则。切除前应先常规结扎主要供血动脉。即使该组治疗取得了80%的优良率，仍不应忘记术中发生难于控制大出血的危险性(该组有2例死亡)。必须提高警惕，设法加以防范。

（曹贵松）

神经外科

本年度(1995.12～1996.11)共收集到有关论文515篇(占29.1%),其中列入一年回顾150篇,文选34篇(占6.6%)。

一 年 回 顾

一、颅脑损伤

(一) 实验研究

本年度特点是近年来重视和开展从基础理论上探讨颅脑损伤的实验研究的单位多了,其中有:重庆野外所[1]用家兔枕部受撞击的脑对冲伤模型,观测伤后脑组织中α_1及β肾上腺素受体(α_1-AR及β-AR)活性动态变化。发现伤后24 h内β-AR显著降低,α_1-AR伤后30 min显著增加,3 h后逐渐下降。α_1-AR与β-AR比值显著增大。伤后早期应用α_1-AR阻滞剂可明显降低脑创伤后的脑含水量。上海长征医院[2]用猫自由落体(1×3 kg·m)打击左侧颅骨外致颅脑伤,测两侧大脑皮质和海马突触质膜N-甲基-D-天冬氨酸受体(NMDAR)的最大结合容量(Ro)和平衡解离常数(Kd)。实验证明颅脑伤后早期兴奋性氨基酸使NMDAR过度激活,可直接损伤神经细胞膜上Na^+、Ca^{2+}、K^+通道,引起细胞内Ca^{2+}超载和Na^+蓄积,参与了继发性脑损伤的形成过程。上海中山、瑞金医院[3]应用兔大脑中动脉阻断(MCAO)模型,分离出线粒体,测出其Na^+,K^+-ATP酶,Ca^{2+},Mg^{2+}-ATP酶活性,测其丙二醛含量。发现丙二醛含量显著增加,随缺血时间延长而递增。线粒体ATP酶活性则下降,也随缺血时间的延长而递减。相关回归分析发现线粒体内丙二醛含量与ATP酶活性间呈显著负相关。广州珠江医院与重庆西南医院[4]用7 000 r/min锥形砂轮钻头在大鼠左顶作开放伤模型,测定伤后72 h内大脑皮质Na^+,K^+-ATP酶活性和Na^+、K^+与脑含水量的改变。结果提示酶活性在伤后30 min即显著下降,72 h达最低值,伴大脑皮质内Na^+含量显著升高。电镜观察细胞和细胞突起水肿明显。重庆野外所[5]以大鼠为脑撞击伤模型进行了早期伤后神经细胞电压依赖性钙离子通道电流(ICa)的改变及其机制研究,发现兴奋性氨基酸EAA(谷氨酸和天门冬氨酸)可使神经元ICa明显增加,钙通道阻滞剂对ICa有明显抑制作用。伤侧海马CA_1区及损伤灶边缘区皮质分离到神经元的ICa明显高于健侧和对照组。伤侧脑皮质、海马、中脑等部位出现脑损伤早期诱导型一氧化氮合成酶(iNOS)阳性神经细胞,用EAA释放抑制剂(BW1003c87)、尼莫地平可使阳性细胞明显减少。同时发现谷氨酸受体在c-fos的表达中起重要作用,用钙通道阻滞剂也可使c-fos阳性细胞减少。重型颅脑伤患者,伤后早期血清及脑脊液EAA含量明显增加,尼莫地平可减轻脑水肿及缓解颅内压的升高。上海长征医院[6]报道了大鼠中度液压冲击伤(1.5～1.7 ata)致脑伤后,伤区脑组织IL-2样活性在伤后即开始升高,10 d后达高峰,为13600 U/g·脑组织,随后逐渐至原来水平。最高时IL-2样活性约为正常时的9倍。重庆新桥医院[7]用猫作实验动物,用自由落体冲击成脑中度伤(1 250 cm·g)和重型伤(2000 cm·g)模型。测脑温和局部脑血流量(rCBF)。伤后24 h中度脑伤皮质温度平均下降2.1℃,白质下降1.7℃;重度脑伤皮质温度平均下降3.3℃,白质下降2.6℃。rCBF(ml/100 g·min)中度伤24 h皮质下降为23.86,白质为11.43;重型伤24 h皮质下降为34.35,白质为20.61。脑温与rCBF呈一致性变化,二者有良好相关性($P<0.01$)。上海长征医院[8]在液压中度脑伤(1.6 ata)脑组织中测Na^+,K^+-ATP酶反应、无机磷Pi和液蛋白。同时测脑含水量。Na^+,K^+-ATP酶活性(μmol·g^{-1}·h^{-1}):假手术组为270±1.15,液压伤侧脑组织内酶活性为1.06±1.01,与假手术组相比,$P<0.05$;非损伤侧脑组织内酶活性为1.53±1.09。脑

组织含水量(%),假手术组为 78.05±1.08,损伤侧脑含水量为 79.59±0.74,$P<0.05$;非损伤侧为 79.25±0.61。说明脑损伤后组织内 Na^+,K^+-ATP 酶活性下降可能与继发性脑损伤水肿发展有关。广州珠江医院[9]检测大鼠脑损伤急性期脑微血管中 5-羟色胺(5-HT)和多巴胺(DA)的含量。伤后 0.5 h 5-HT 上升至峰值(134.84±22.05) ng/mg,6 h 为(64.82±4.36) ng/mg,与对照组的(35.83±3.53) ng/ml 相比,$P<0.01$;DA:0.5 h 为(202.62±34.66) ng/mg,1 h 达高峰(708.61±34.66),6 h 为(416.14±29.33) ng/mg,与对照组的(71.39±8.03) ng/g 相比,$P<0.01$;同时测脑含水量也相应增高,说明伤后 5-HT 和 DA 明显升高,严重影响微血管舒缩功能,损害血脑屏障,可能是损伤性脑水肿发生与发展的重要因素之一。深圳市沙井人民医院[10]以 800 cm·g 自由落体能量冲击兔右额顶部致伤,伤后 5 min 静脉滴注 0.1%利多卡因糖盐水液,6 h 后收集标本,监测脑脊液中 LDH、磷酸肌酸激酶(CK)活性、谷氨酸(Glu)和受伤脑组织内 Na^+、K^+、Ca^{2+},并用干湿法测脑含水量。注射 0.1%利多卡因组的 CK(U/L)为 528.75±60.58,LDH(U/L)为 43.13±4.63,Glu(mg/L)为 1.183±0.306,Na^+ 为(142.8±2.15) μmol/L,K^+ 为(607.45±30.63) μmol/L,Ca^{2+} 为(1.268±0.047) μmol/L,以上指标均显著低于未注入利多卡因的致伤组,说明伤后持续应用利多卡因可稳定血管张力,降低脑血流量和颅内压;抑制兴奋性氨基酸,减少 Ca^{2+} 内流;稳定细胞膜以维护细胞内外离子浓度、神经递质、生物酶的正常空间分布,有利于细胞代谢功能,减轻脑组织继发性损害。济南军区总院[11]以自由落体冲击猫右额部致脑损伤,能量为 40×200 cm·g。伤后 30 min 内静脉滴注地塞米松(5 mg/kg 体重)。12 h 后处死动物,取出整个大脑测含水量和测脑脊液内血管加压素(VP)含量。颅脑伤组脑含水量(%)为 77.98±0.58,大剂量地塞米松(大地)组为 76.93±0.75,两组相比有显著差异,$P<0.01$;大剂量组与对照组的 75.99±0.40 相比,$P<0.05$。脑脊液内 VP 含量(ng/L),颅脑伤组 2、6 和 12 h 分别为 155.15±68.58、144.85±45.53 和 143.43±40.62,大剂量组分别为 84.79±28.71、82.87±26.36 和 73.09±30.47,两组相比有显著差异,$P<0.01$。说明伤后早期应用大剂量地塞米松,能抑制脑脊液中 VP 含量过分升高,减轻脑水肿。重庆新桥医院[12]应用经颅超声多普勒(TCD)检测猫大脑中动脉(MCA)的血流动力学变化,并与颅内压(ICP)、压力容积指数(PVI)及容积压力反应(VPR)比较。TCD 能较好反映脑损伤后血流动力学变化,以此可推测 ICP 及脑顺应性的改变。重庆野外所[13]用自由落体 750 cm·g 撞击大鼠左顶硬膜外致脑损伤,以膜片钳技术的全细胞方式记录神经 Ca^{2+} 通道电流(ICa)。伤侧 ICa 较健侧平均增加 68.5%。用 10 μmol/L 尼莫地平灌流后,伤侧下降率为 55.0%,健侧下降率为 21.6%。说明尼莫地平对创伤后神经元 Ca^{2+} 电流的抑制作用较正常神经元更明显,对阻止 Ca^{2+} 内流,减轻神经细胞膜损害有一定作用。

(二) 临床实验室检测

苏州医学院一院[14]* 应用经颅多普勒超声(TCD)检测 32 例急性颅脑损伤患者并与颅内压(ICP)对照,结果表明搏动指数(PI)、血管阻力系数(RI)较血流速度更能反映 ICP 的变化。但 PI>1.0、RI>0.6 时,应考虑 ICP 升高,但当 ICP 升高并有脑血管痉挛时,单凭血流速度变化评价 ICP,可以导致误诊。广州珠江医院[15]总结了自 1989～1994 年收治重型颅脑伤(GCS<8 分)488 例,分为尼莫地平治疗组 346 例,常规治疗组 142 例。前者颅内压升幅较小,临床恢复良好率达 80.1%,死亡率仅 18.2%;后者恢复良好率为 56.3%,死亡率为 33.8%。两组相比,$P<0.01$。广州南方医院[16]测定了 52 例严重颅脑损伤患者血浆丙二醛(MDA)含量:GCS 计分为 3 分的 9 例,均值为(9.945±1.975)nmol/ml;4 分的 11 例均值为(9.824±2.399)nmol/ml;5 分的 11 例均值为 8.526±2.637;6 分的 8 例均值为 7.646±3.185;7 分的 13 例均值为 7.938±2.348;与 15 分的 27 例均值为 3.762±0.811 的相比差异显著($P<0.01$)。并与 32 例患者测得的颅内压参数呈正相关($r=0.46$,$P<0.01$)。南通医学院二院[17]在 48 例重型颅脑伤患者中,于伤后 24 h、3 d、7 d 检测空腹血浆中血栓素 B_2、6-酮 $PGF_{1\alpha}$ 和过氧化物歧化酶(SOD)含量,以探讨三者与继发性脑损伤的关系。结果:TXB_2 含量(pg/ml)24 h 为 394.2±57.3,3 d 为 673.2±94.4,7 d 为 405.3±69.3,与正常值 136.0±81.8 相比,$P<0.01$;6-酮 $PGF_{1\alpha}$ 含量(pg/ml)24 h 为 384.2±50.2,3 d 为 531.6±49.5,7 d 为 350.4±45.3,与正常值 125.1±74.8 相比,$P<0.01$;SOD 含量(pg/ml)24 h 为 57.4±20.3,3 d 为 80.7±30.5,7 d 为 104.2±57.5,与正常值 369.4±104.2 相比,$P<0.01$。苏州医学院一院[18]* 测定 28 例脑外伤患者血清 T_3、T_4、TSH、γ·T_3 的含量,T_3、T_4、TSH 明显低于对照组,γ·T_3 明显高于对照组,提示对病情判定、预后估计有一定参考价值。重庆医大一院[19]* 对 68 例急性期颅脑伤患者血清中心钠肽(ANP)、脑钠肽(BNP)、内源性洋地黄物质

(EDLS)、抗利尿激素(ADH)含量及血、尿渗透压，血、尿钠浓度作同步监测，并在 GCS≤8 分的患者中行促甲状腺素释放激素(TRH)刺激试验，观察 ANP、BNP、EDLS、ADH 反应。ANP、BNP 浓度显著低于对照组，EDLS 和 ADH 浓度显著高于对照组；ANP、BNP 浓度降低与脑伤严重程度相关不明显，而 EDLS、ADH 的浓度升高则与伤情有关。福建医学院一院[20]测定了 30 例急性颅脑外伤患者血浆内皮素(ET)动态变化。轻型(10 例)24h 为(2.78±0.49)pg/ml，5 d 和 12d 无变化，与对照组均值(2.41±0.49)pg/ml 比较，无统计学意义；中型(10 例)，基本接近正常；重型(10 例)24h 为(5.50±1.35)，5d 为(4.3±0.57)pg/ml，12d 仍有(3.44±0.56)pg/ml。有助于判断伤情和预后，进一步寻找有效的 ET 转化酶抑制剂、特异性受体阻滞剂及制备抗血清，可能为治疗急性闭合性颅脑损伤提供新的方法。西安医大二院[21]对 62 例急性颅脑伤患者脑脊液行脑型肌酸激酶同工酶活性测定，当天 62 例均值为 11.88±4.80，第 1 天(51 例)为 21.66±19.92，第 2 天(45 例)为 13.43±7.81，与对照组均值 3.55±0.77 相比差异显著，$P<0.01$；第 3 天(40 例)为 11.33±6.48，与对照组比，$P<0.05$；7d 后(36 例)均值为 7.55±5.17，差异不显著($P>0.05$)。与脑损伤严重程度和预后有相关性，但与颅内压增高无关。天津医大总院[22]* 对 51 例重型急性颅脑伤患者进行了伤后 7 d 内 PaO_2 和肺泡动脉氧分压差($PA\text{-}aO_2$)连续测定，低氧血症发生率为 68.6%。PaO_2 与 GCS 显著正相关($r=0.52, P<0.01$)，与预后呈显著负相关($r=-0.64, P<0.01$)。$PA\text{-}aO_2$ 均值为(6.03±1.99)kPa，明显高于正常值(2.45±1.17)kPa，$P<0.05$。

（三）临床资料分析

西安西京医院[23]* 对 50 例 GCS≤8 以下的重型颅脑伤患者进行颅内压(ICP)和脑灌注压(CPP)监护治疗，并与病情、诊断和手术方式相似的另一组 50 例未行监护治疗的作对比分析。监护组中术前如 ICP>5.33kPa，CPP<6.67kPa(脑功能损害危险阈值)，只要时限短，在形成脑疝前及时清除颅内血肿和行广泛减压，使 ICP 降至正常，CPP>8kPa，仍可获得较好预后。术后持续维持监护可及时调整治疗措施和评价预后。监护组死亡 7 例，死亡率为 14%，而未行监护组的死亡 14 例，死亡率为 28%。恢复良好监护组 28 例(56%)，未监护组 19 例(38%)。无锡 101 医院[24]* 总结分析 10 年中双瞳孔散大患者 122 例，认为如双瞳散大超过 60min 的颅内血肿，即使手术清除血肿，也难挽救；少于 30min 的患者，应争分夺秒尽快手术，大部分患者可获得挽救。在伤后 30min 内双瞳散大的患者，死亡率高达 92.7%；如伤后超过 1 h 才散大，应及时手术。广泛脑挫裂伤、弥漫性轴索损伤、高血压脑出血和蛛网膜下腔出血引起的双瞳散大者，不宜手术；70 岁以上 9 例，全部死亡。重庆西南医院[25]报告了 1988～1992 年收治的因车祸致颅脑外伤的患者 292 例，占同期脑外伤的 40.6%，属惯性损伤(inertia injury)者 265 例(89%)，死亡 70 例(23.9%)。江苏常熟一院[26]报告了 1992 年 6 月～1995 年 6 月间收治的严重颅脑伤 140 例诊治情况。伴有颅内血肿 106 例(76%)，原发脑干伤 13 例，广泛脑挫裂伤 14 例。109 例手术，死亡 22 例；非手术治疗 31 例，死亡 14 例，总死亡数 36 例(26%)。存活的 104 例中，恢复良好 87 例，轻残 11 例，重残 6 例，无植物生存。江西宜春地区医院[27]在近 4 年中收治上矢状窦损伤 17 例，其中前 1/3 者 4 例，中 1/3 者 7 例，后 1/3 者 6 例。横断伤 1 例，裂伤 10 例，挫伤 6 例。临床治愈 9 例，有不同程度偏瘫及后遗症者 7 例，死亡 1 例。海南省人民医院[28]* 报告重型伤 22 例，于伤后 24 h 内开颅清除血肿并行天幕切开脑基底池引流。术前已有沟回疝者 14 例，死亡 5 例；无脑疝者 8 例，死亡 1 例。术后基底池脑脊液引流量每日在 100 ml 以下者 7 例，死亡 5 例；引流量每日在 100 ml 以上者 15 例，死亡 1 例。恢复良好 13 例，生活自理 1 例，需人照顾生活 2 例，死亡 6 例(27.2%)。大连医大一院[29]* 报告了自 1988 年 4 月～1993 年 4 月收治的严重颅脑伤伤后并发非酮性高渗性糖尿病昏迷 8 例的诊治情况，平均年龄 61.4 岁，入院时均为特重型伤、广泛脑挫裂伤和多发性颅内血肿。血糖 16.7～56.2 mmol/L，尿糖 4＋，尿酮体(－)。8 例均手术清除颅内血肿和坏死脑组织。确定为非酮性糖尿病昏迷后，停用甘露醇、激素、速尿等药物，用 0.45%低张盐水 500 ml 快速输入，每小时输入胰岛素 5～10U，连续监测血糖调整胰岛素用量。死亡 5 例(62.5%)，3 例死于高糖高渗性糖尿病，2 例直接死于伤后脑干功能衰竭。苏州医学院一院[30]* 对 40 例严重颅脑伤(GCS4～7 分)随机分为早期胃肠外营养组(PN 组)和传统延迟性胃肠内营养组(EN 组)两组，比较两组蛋白质、氨基酸代谢和免疫功能的改变，并进行预后分析。PN 组获较高氮平衡，PN 组死亡率明显低于 EN 组且生存质量较高。北京宣武医院[31]* 报道了 1992 年 1 月～1995 年 7 月 1 379 例(2 843 人次)重症颅脑伤和开颅手术患者血清渗透压(血渗值)监测结果，输注甘露醇后血渗值比正常上限上升 15～20 mmol/kg · H_2O 时的量最合适；血渗值在输入甘露醇后升高超过 300 mmol/kg · H_2O 时并发症增加，320 mmol/

kg·H_2O 为急性肾衰的临界值，330 mmol/kg·H_2O 为非酮性高渗糖尿病昏迷的警戒值。说明血渗值和颅内压动态监测对维持液体容量和解决补液与脱水间矛盾，这对估计预后均有重要意义。天津脑科医院[32]自 1988 年 3 月～1995 年 3 月收治急性外伤性脑干血肿和(或)出血 30 例，均经 CT 确诊，占同期急性脑损伤 2 929 例的 1.0%。经人工冬眠、高压氧和脱水降压等非手术治疗，结果死亡 17 例(56.7%)，植物生存 2 例(6.7%)，重残 1 例(3.3%)，中残 3 例(10%)，良好 7 例(23.3%)。

颅内血肿的诊疗。本年度报告特点之一是县一级及基层医院开展报道的较多，说明颅脑伤的救治在我国已普及到基层。其中较有代表性的报道有：天津市脑科医院[33]* 总结了自 1988 年 3 月～1994 年 2 月经 CT 确诊的 237 例急性硬脑膜下血肿资料，用 Logistic 回归分析方法研究表明，入院时的 GCS 评分和瞳孔大小及光反应与患者预后密切相关，为治疗提供依据。黑龙江鹤岗卫校附院[34]采用以侧裂动脉为中轴去骨瓣 7cm×8cm，骨窗前界达颞窝及额骨隆突，去除蝶嵴外侧部，下界靠颅底，后界达乳突的扩大颞下开颅术，清除额颞部复合血肿和坏死脑组织，并术后开放引流侧裂池脑脊液，自 1986 年 2 月～1995 年 10 月共治疗 46 例，恢复良好 29 例(63.1%)，中、重残各 2 例，死亡 13 例(28.3%)。江西德安县医院[35]1987～1995 年共收治急性颅内血肿 50 例，手术治疗 34 例，硬脑膜外血肿 16 例，全部治愈，硬脑膜下血肿 27 例中死亡 4 例，脑内血肿 7 例中死亡的 3 例均为脑干损伤，未施行手术。湖南宁远县医院[36]对 1990～1993 年收治的 31 例外伤性颅内血肿，经血肿清除和骨窗减压术，良好 18 例，中残 3 例，重残 1 例，死亡 9 例。山西柳林县医院[37]1992 年 2 月～1995 年 5 月间治疗急性外伤性颅内血肿 20 例，均有脑疝。其中硬脑膜外血肿 18 例，硬脑膜下血肿 2 例。经开颅探查、清除血肿和去骨瓣减压，治愈 16 例，死亡 4 例(20%)。成都华西医大一院[38]近 10 年来收治了外伤性小脑内血肿 14 例，均经 CT 证实，其中急性型(3d 内出现脑压迫症状)11 例，亚急性型 1 例，慢性型(14d 以上)2 例。手术治愈 8 例，死亡 1 例。非手术治疗 5 例，4 例均好转。1 例 86 岁的小脑蚓部血肿直径 4 cm，10d 后死亡。江西医学院一院[39]1986 年 8 月～1992 年 12 月收治 CT 片上血肿量<10ml 的后颅窝小血肿 21 例，均因颅内压增高症状而手术治疗。术中见血肿压迫左侧横窦者 4 例，右侧横窦受压 7 例，位于窦汇者 2 例，右侧横窦乙状窦交界处 2 例，小脑内血肿 6 例。21 例术后头痛、呕吐等症状均立即解除，术后恢复顺利。

本年度对非手术治疗颅内血肿有较大量病例的文章有 3 篇。安徽淮南一院[40]报道 1988～1995 年 6 月收治颅内血肿 620 例，276 例非手术治疗，34 例因病情变化而中转手术。血肿量<20 ml 小型者 214 例，20～40 ml 中型者 52 例，>40 ml 的大型血肿 10 例。小型中 4 例因急性脑肿胀中转手术，除抢救无效死亡外，余均经非手术治疗治愈。中型中 24 例中转手术，3 例死于消化道出血，1 例死于肺炎，2 例死于急性肾功能衰竭。大型 10 例，6 例中转手术，4 例非手术治疗痊愈。共死亡 10 例，病死率为 4.14%。作者认为在密切观察中如意识有进行性恶化或出现新的神经系统症状，CT 复查血肿增大，中线移位>0.5 cm，幕上血肿>40 ml，幕下血肿>10ml，意识有恶化时，应及时中转手术。包头市二院[41]1989 年 1 月～1994 年 12 月采用中西结合方法治疗经 CT 证实的急性外伤性颅内血肿 150 例(3 d 内中转手术者未计入)。血肿量<20ml 的 104 例，20～30ml 的 46 例，30～40ml 的 46 例。中线结构移位<0.5cm 的 48 例。急性期给 20%甘露醇 250ml，2～4 次/日，静滴，地塞米松 10～20mg，1～2 次/日，静滴，复方丹参 16～20ml，加入 10%葡萄糖液 250～500ml，静滴。并给予能量合剂、胞二磷胆碱、抗生素、H_2 受体阻滞剂、Ca^{2+} 拮抗剂等。恢复期服用血府逐瘀汤、针灸、理疗等综合治疗。CT 随访，血肿 3～7d 液化，20～30d 大部吸收，最长 60d。痊愈 139 例(92.6%)，好转 11 例(7.4%)，无重残及死亡。重庆医大二院[42]1984 年～1993 年收治 30 例外伤性多发性脑内血肿。血肿 4 个者 8 例，3 个者 9 例，2 个者 13 例；多位于双额、双颞和一侧额、颞和对侧枕叶。血肿量 18～48ml。脑室及环池轻度受压 17 例，明显受压 6 例，中线结构移位<3mm。治疗用 20%甘露醇、止血剂、速尿、地塞米松、能量合剂和维生素 C。全组无死亡，出院前 CT 复查，血肿均吸收，临床症状消失。适应证主要有：意识清醒、嗜睡可考虑非手术治疗，一旦恶化即需中转手术；中线结构移位>5mm 者，需考虑手术；环池≤3mm 者即中转手术，因此，作者强调 CT 随访的重要性。

对慢性颅内血肿的治疗方法有所改进的有：广东省人民医院[43]采用床边快速锥颅冲洗及硅胶管引流 3～7d，治疗 103 例，均拔管后伤口愈合，步行出院。CT 复查，脑复位满意，恢复正常。江苏溧阳人民医院[44]报道 85 例分两组治疗。一组 26 例用钻颅血肿冲洗引流的传统方法，另一组 59 例用钻颅单纯血肿反复彻底冲洗，将局部纤溶物质及纤维蛋白降解物质尽可能冲洗干净后，一期缝合头皮切口，不留引流。作者认为后者术后恢复快，不会造成颅内积气，较引流法为优。河南新乡医学院一院[45]对42例慢性硬脑膜下血肿，钻孔1～2个，扩大骨窗至2.5 cm×2.5cm，尽可能把术野中血肿内层撕破，使脑脊液和血肿腔相沟通，可促使受压脑组织膨胀，有利于消除血肿腔。术后3d复查CT，19例血肿完全消失，23例血肿腔明显缩小。

60岁以上老年颅脑伤分析中病例数较多的有：常州市一院[46]报道的重型颅脑伤76例，死亡46例(60.53%)。作者认为早期临床表现不典型，易延缓诊治；对心、脑血管及呼吸道并发症，应予重视。安徽省立医院[47]收治重度伤274例，手术219例，血肿清除病死率为54.61%(83/152例)、手术减压病死率为68.66%(46/67例)，非手术病死率74.55%(41/55例)，总病死率为62.04%(170/274例)。植物生存23例(8.39%)。天津医大二院[48]报道了9例老年人弥漫性轴索伤，占同期(1985～1992年)老年急性闭合性脑损伤151例的6%。7例死亡，1例植物生存，1例轻残。

有关高压氧治疗脑外伤疗效分析的论文有：南通医学院[49]报道106例，治疗压力为0.15 mPa，1次/日，10次为1疗程。疗效比较：1～7d内开始治疗，治愈39/45例(86.7%)；8～15d治愈30/40例(75.0%)；15d以上，治愈13/21例(61.9%)。因此作者认为应改变过去要在伤后2周再行高压氧治疗传统观念，只要排除颅内活动性出血和血肿未清除者，其他脑伤患者应在1周内接受高压氧治疗。河北沧州人民医院[50]自1993年10月～1994年11月对161例各型脑外伤进行高压氧治疗。1次/日，10d 1个疗程。其中重型伤54例，手术15例；中型伤71例，手术16例；轻型伤36例。伤后1～3 d治疗者，治愈率96.83%；4～7 d治疗者，治愈率85.07%；7 d以上治疗者，治愈率67.74%。南京急诊医学会脑复苏研究中心[51]报告了用高压氧治疗持续植物状态32例，全部符合美国制定的植物状态标准。1次/日，每10次为1疗程。共3～13个疗程。恢复认知规律有：①眼球能有目的地追视目标(eye tracking)；②按吩咐作简单动作(obeying commands)；③能与外界交流(communication)。具备以上3项为基本痊愈11例(34.4%)；①与②恢复者为显效5例(15.6%)；仅仅恢复到①为有效者9例(28.1%)；无效7例(21.9%)。总有效率达78.1%。

二、颅内肿瘤

(一) 实验研究

天津市神经病学所[52]对50例颅内肿瘤的冰冻标本，进行突变型P 53蛋白单抗和Ki-67LI单抗检测，发现突变型P 53蛋白的表达阳性率：低度恶性胶质瘤为18%，高度恶性胶质瘤为53.8%，转移癌为100%。P 53蛋白表达阳性的肿瘤中Ki-67LI阳性比例为70%，其中位数为1.39%，均数为5.19±9.0%。因此，检测突变型p 53基因不仅是病理诊断标志之一，且对胶质瘤的病因探讨、预后估计和确当的治疗方法选择都有重要的临床意义。苏州医学院[53]检测68例星形细胞瘤、12例少枝胶质细胞瘤、5例室管膜瘤、4例胶质细胞增生和5例正常脑组织的P 53蛋白和增殖细胞核抗原标记指数(PCNA-LI)的表达情况。星形胶质瘤中P 53蛋白有过度表达的21例(24.71%)，其中I级1例(1/13)，II级7例(7/28)，III级以上12例(12/27)；室管膜瘤、胶质细胞增生和正常脑组织均未见过度表达。PCNA-LI阳性的均数在正常脑组织为13.40%，胶质细胞增生为21.07%，少枝胶质瘤为22.60%，室管膜瘤为20.59%，星形细胞瘤为26.11%。复发星形胶质细胞瘤4例，PCNA-LI平均为56.6%。苏州医学院二院[54]检测45例脑肿瘤标本中P-糖蛋白的表达阳性率：原发性胶质瘤为13/28例，脑转移瘤1/2例，脑膜瘤、听神经瘤和垂体瘤等良性肿瘤0/13例。表达强度与恶性程度呈正相关。可为进一步开展肿瘤个体化疗药敏预测作准备。因P-糖蛋白是一种由多耐药基因编码的能量依赖性膜生物泵，可泵出肿瘤细胞内的抗癌药而导致肿瘤的耐药性。天津总医院[55]实验表明4种人脑胶质瘤原代培养细胞上清液(SN)，可显著抑制植物凝集素(PHA-P)刺激的患者自体和异体外周淋巴细胞(PBL)增殖。用抗转化生长因子β_2(TGF-β_2)单抗可显著降低胶质瘤SN的免疫抑制活性。人脑胶质瘤体外细胞系应用TGF-β_2单抗免疫组化染色呈阳性反应，正常脑组织呈阴性反应，说明人脑胶质瘤可自体分泌免疫抑制因子抑制患者的自身免疫功能。上海长海医院[56]对56例脑瘤患者，其中26例为脑膜瘤；胶质细胞瘤I、II、III～IV级各10例(除1例为少突胶质瘤外，均为星形细胞瘤)，于入院时和术后3、6、8 d采集血和脑脊液标本，与13例非脑瘤患者作对比；术中取肿瘤周围组织和肿瘤组织作对比，测生长抑素(somatostatin，SS)含量(ng/L)。脑瘤患者静脉血术前为88.24±2.48，术后为88.21±2.01，非脑瘤患者为88.21±2.01，相互间比较无明显差异($P>0.05$)。瘤组织和脑组织中含量(ng/L)：脑膜瘤内为0.54±0.08，瘤周脑组织为1.22±0.11；I级胶质瘤内为0.25±0.06，瘤周为1.09±0.10；II级胶质瘤内为0.20±0.07，瘤周为1.04±0.12；III～IV级胶质瘤内为

0.14±0.04，瘤周为1.06±0.09，脑膜瘤与胶质瘤内SS含量相比有明显差异（$P<0.05$）；I、II级与III～IV级胶质瘤间相比，差异显著（$P<0.01$）。脑脊液中SS含量（ng/L）术后第3、6天分别较术前88.32±0.03降至67.68±0.04和73.76±0.02，第8天已恢复至88.31±0.03。提示脑瘤组织中SS含量的降低与脑瘤的发生、发展及生长有密切关系。天津医大总院[57]检测了50例胶质瘤和4个恶性胶质瘤体外细胞系，以及正常脑组织表皮生长因子（EGF）mRNA表达量（%）。正常脑组织（7例）为1.84±1.50，胶质瘤I级（6例）表达量为1.87±0.85，II级（15例）表达量为4.84±1.93，III级（11例）表达量为10.41±4.45，IV级（18例）表达量为14.12±9.72，胶质瘤体外细胞系为14.40±3.70。III、IV级和体外细胞系与I、II级和正常脑组织含量相比，差异显著（$P<0.01$）。且EGF表达与胶质瘤的恶性分级呈正相关。提示胶质瘤可合成EGF，并参与肿瘤的发生、发展过程。苏州医学院二院[58]采用RT-PCR法，从人脑胶质瘤单抗杂交瘤细胞系SZ_{39}中克隆出348 bp的重链可变区（V_H）和318 bp轻链可变区（V_L）cDNA片断。又采用重组DNA技术，将V_H和V_L与人IgG_1重链CH_1和轻链k恒定区基因拼接构建表达载体即嵌合抗体（$PHEN_1$-SZ_{39} Fab/Hu）和单链抗体（PHN_1-SZ_{39}ScFv），而后将此二载体传染至大肠杆菌HB_{2151}中表达。结果表明，两者表达产物均为可溶性，以ELISA和Western blot法检测，均与人脑SHG_{44}体外细胞系的细胞膜表面抗原发生特异性结合，与亲本抗体SZ_{39}特异识别180 000膜抗原的条带相一致。这为经基因工程改造的人源化、小分子单抗今后的临床应用提供了实验依据。天津医大总院[59]以脑荷G_{422}胶质母细胞瘤的昆明小鼠为实验动物，在45℃烤箱内加热30min，然后室温下恢复2、6、12、24和48h，用在41℃和43℃烤箱内加热30min，室温下恢复6h处死的荷瘤鼠为对照，剥取肿瘤，结果：用41℃和43℃加热30min的G_{422}胶质瘤鼠，在琼脂糖凝胶电泳中，未见有细胞凋亡的DNA降解梯形图谱（DNA Ladder）出现。45℃加热30min，室温下恢复2h后鼠脑即可见清晰的DNA Ladder，6～12h仍明显，以后减弱。透射电镜观察超微结构，在加热45℃ 30min组，2h后可见有典型的凋亡小体（APO小体），并见胞浆严重退变，脂滴形成，胞膜消失。12和24h时仍可见APO小体，但是较6h为轻，48h时标本则难以见到凋亡典型表现。加热45℃ 30min，在恢复2～48h时，G_0+G_1期峰前可见明显具有细胞凋亡特征性的亚二倍体峰，48h时峰值明显降低。作者又在所建的多胶母细胞系加热45℃ 30min试验中，加热后2和6h可见G细胞c-myc（原癌基因）mRNA水平有一过性升高，与对照组比$P<0.01$；在12和24h，c-myc水平逐渐下降，达到或低于对照组水平。实验发现c-myc mRNA水平升高和典型的细胞凋亡的出现在时相上相伴随，两者间有某种内在联系。苏州医学院一院[60]观察到人脑胶质瘤浸润淋巴细胞（TIL）体外增殖能力和抗瘤活性均在培养30d后达高峰。在裸鼠体内肿瘤局部转输TIL，对肿瘤生长有明显抑制作用。IL-2可提高TIL的抗瘤作用，同时可增进TIL向肿瘤内的聚集。长春白求恩医大一院[61]*从8例胶质瘤患者切除的瘤体中，采用机械破碎与酶消化相结合，一步不连续密度梯度离心法分离提取、培养肿瘤浸润淋巴细胞（TIL）和胶质瘤细胞，再用CD3抗体和含rIL-2改良的IMDM培养基培养可得杀伤细胞即αCD3AK细胞；从周围血分离出外周淋巴细胞（PBL），用rIL-2刺激培养成LAK细胞。这种细胞体外实验证明较未用CD3抗体者的细胞毒性明显提高，是一种高效广谱抗肿瘤效应细胞，且αCD3AK细胞较TIL来源广泛，制备操作简单，可在体外大量培养供临床反复应用，因此αCD3AK细胞具有广阔的临床应用前景，可能代替TIL细胞，成为过继性免疫治疗的主要抗肿瘤效应细胞。

（二）胶质瘤的诊疗

广州医学院二院[62]报道1988年10月～1994年3月经病理确诊的颅内肿瘤582例，按世界卫生组织（WHO）分类，神经上皮组织肿瘤252例（43.30%），其中星形细胞瘤166例（28.52%），胶质母细胞瘤27例（4.64%），混合胶质瘤21例（3.81%），室管膜瘤15例（2.58%），髓母细胞瘤15例（2.58%），其他如脉络丛乳头状瘤4例，松果体瘤3例和少枝胶质瘤仅1例。脑膜瘤136例（23.37%），神经鞘瘤48例（8.25%），垂体腺瘤28例（4.81%），颅咽管瘤25例（4.30%），血管母细胞瘤16例（2.75%），转移瘤61例（10.48%），囊肿10例（1.72%），其他6例（1.03%）。发病年龄30～60岁共433例，20岁以下78例，61岁以上71例，男女比例为1.32∶1。上海瑞金医院[63]*提出了4种罕见的新的脑瘤，即多型性黄色星形细胞瘤（plemorphic xanthoastrocytoma，PXA）、中央型神经细胞瘤（central neurocytoma，CN）、胚胎发育不良型神经上皮瘤（dysembryplastic neuroepithetial tumor，DNT）和婴儿成纤维节细胞胶质瘤（desmoplastic infantile ganglioglioma，DIG）。作者对他们的病理形态、免疫组化及分子生物学技术上的诊断和临床特征方面作了初步描述，并依据《WHO肿瘤分类》（第2版）一书将此4种肿瘤单独列出，以引起国内广大神经外科和病理学者的注意。长沙湘雅医院[64]自90年代以来根据CT、MRI等定位装置，采用实时扇面B超仪，探头置于头皮或硬脑膜外行多平面扫描，共行52例活检，符合率达98.1%，该法比CT引导立体定向脑组织活检更为方便、省时和经济。

有关化疗方面的论文有：浙江省人民医院[65]将ACNU50mg或BCNU25mg为一单位溶于25ml生理盐水中，对54例恶性肿瘤，采用超选择性脑动脉插管(6F)行灌注治疗，剂量为2～3mg/kg体重，速率为100mg/50ml/30min或125mg/125ml/60min。灌注期间每15min经导管注入20%甘露醇10ml和罂粟碱1mg。每4～6周重复一次。26周后随访，胶质瘤45例，肿瘤完全消失1例，肿瘤缩小50%为缓解，34例，病情稳定，肿瘤缩小<50%8例，无效2例；淋巴瘤4例均完全消化；转移瘤完全消失1例，消失<50%1例。北京中日友谊医院[66]*于1987年11月～1991年2月对55例星形细胞瘤III或IV级术后分3组治疗，A组14例，行放射化疗，随后每隔3～6个月行患侧动脉内灌注ACNU；B组16例单纯行放射化疗；C组25例单纯放射治疗。近期疗效(CT扫描比较)：有效率：A组63%，高于C组的28%，$P<0.01$。1、2、3年生存率：A组分别为93%、62%、50%；高于C组的51%、13%、13%，$P<0.01$；B组1、2年生存率尚高于C组，但无统计学差别。南京81医院[67]自1992年2月起，采用VM_{26} 60 mg/(m^2·d)稀释在500 ml生理盐水中静滴，3～5 d为一疗效，4～6周重复和Me-CCNU 80mg/m^2，每疗程第1日口服，6～8周重复的联合化疗治疗II～IV级脑胶质瘤13例和恶生淋巴瘤2例(再加强的松)。近期疗效(2个疗程)：完全消失1例，肿瘤缩小≥50%，症状缓解6例，有效7例(46.7%)；肿瘤缩小25%～50%1例，<25%4例，临床症状恶化，肿块增大明显3例。长春白求恩医大[68]对恶性脑肿瘤6例(室管膜瘤III～IV级3例，转移腺癌2例，少枝胶质瘤1例)于术后10d内给予VM_{26} 300 mg/(m^2·d)静脉滴注，连续6d，1年后CT随访，2例腺癌未见新的病灶，3例胶质瘤与术前相比无明显增大，1例缩小。

有关立体定向后装治疗的论文有：海军总院[69]报告了1988年1月～1994年1月对400例脑深部肿瘤行462次立体定向间质放疗手术，无手术死亡。术后随访2～5年的270例中，颅咽管瘤115例，有效率为91.4%，星形细胞瘤I～II级105例，有效率为76.2%。上海长征医院[70]报告了在CT引导下立体定向间质内铱-192(^{192}Ir)放射治疗丘脑胶质瘤26例，其中I级7例，II级15例，多胶母细胞瘤4例。无手术死亡。随访最长3年5个月，死亡12例(42.3%)。其中I级2例，II级6例，多胶母瘤4例均死亡。济南军区总院[71]用^{192}Ir立体定向后装治疗间变型星形细胞瘤11例，基底节区7例，胼胝体2例，三脑室内2例。9例随访12个月以上，无死亡，5例肿瘤有不同程度增大，4例未见增大。安徽省立医院[72]采用^{192}Ir治疗脑肿瘤15例(丘脑部5例，松果体区4例，额、颞深部6例)。其中星形细胞瘤I～II级11例，松果体区生殖细胞瘤3例，转移性鳞癌1例。随访18个月，松果体区4例中，肿瘤消失1例，缩小>50%3例。另8例中有3例缩小，2例保持原状，2例增大；3例肿瘤直径>40 mm为疗效不满意，其中1例已死亡。温州医学院一院[73]报道44例脑深部神经胶质瘤，采用立体定向技术，用^{32}P行内放射治疗，其中30例联合甲氨喋呤(MTX)瘤内化疗。随访6～48个月，临床症状体征消失13例，改善22例，无效或恶化9例。囊性较实质性好，联合化疗较单纯内放疗疗效好。

X-刀和γ-刀治疗。广州南方医院[74]*应用X-刀治疗颅内肿瘤和AVM128例。年龄11～78岁，以肿瘤直径<3.5cm者为主。随访1～6个月，其中CT失增强效应48例，缩小或囊性变65例，无变化13例。山东淄博万杰医院[75]自1994年8月～1995年12月，采用X-刀治疗胶质瘤68例，经病理证实的I～II级14例，III～IV级者23例。病灶直径在2.3～5.5cm间。中心剂量15～25Gy，采用1～5个等中心，放射弧数5～25个，分3～5次完成，每日1次，随访3～15个月，平均9.6个月。经临床症状、CT、MRI评定，总有效率79.4%(54例)，无效率20.6%(14例)。高度恶性胶质瘤有效率39.2%(9/32例)，低度恶性胶质瘤有效率88.8%(30/45例)。山东淄博万杰医院[76]*总结了1993年10月～1995年10月2 600例γ-刀临床治疗经验。适应证有：脑血管畸形直径<3.0cm，瘤体<3.0cm的良性颅内肿瘤，脑转移瘤，低度恶性直径<3.0cm脑胶质瘤，恶痛、三叉神经痛、强迫症、焦虑症、帕金森病和癫痫等功能性神经外科疾病。并提出了在靶灶的立体定向和影像学定位，剂量计划设计和具体执行治疗中的注意事项。上海γ-刀医院[77]对48例经手术、放疗、化疗后复发的胶质瘤进行γ-刀治疗，瘤径11.3～69.8mm。肿瘤中心剂量22～55Gy，平均32Gy；周边剂量11～20Gy，平均15Gy；照射等中心1～15个，平均7个。40例获随访，时间9～22个月，平均14个月。至最后一次随访时，16例死亡，12例恶化，3例症状好转，9例无加重。40例存活时间2～22个

月，平均10.9个月。肿瘤体积小的疗效好。

安徽医大附院[78]报道了1992年7月～1993年5月16例脑胶质瘤患者，在手术切除肿瘤中向瘤床壁直接浸润注射IL-2 2～4万U，深度为2～3cm，术后1～3d每天经导管再向瘤床注入IL-2 2万U，总量8～10万U。术后常规服用CCNU化疗。除1例脑干星形细胞瘤患儿死亡外，15例随访1年以上，疗效稳定，CT、MRI复查8例，未见复发，其中3例Ⅳ级星形细胞瘤随访已达13～17个月，尚存活，已超过平均生存期8个月。上海仁济医院[79]对1975年4月～1992年7月间，经手术并获随访的201例颅内星形细胞瘤，进行了生存期影响因素的分析，发现Karnofsky评分、手术方式、术后治疗和病理分级作为单一因素时，对生存期有影响，具有统计学意义。COX回归多因素分析，年龄、肿瘤部位、手术方式、术后治疗和病理分级，具有统计学意义。结果提示，在手术全切基础上，辅以有效术后治疗最有影响。

（三）脑膜瘤

江苏省肿瘤防治所[80]用石蜡包埋脑膜瘤27例，检测DNA含量，包括DNA指数(DI)、DNA倍体分类、S期细胞比率(SPF)和超二倍体细胞比率(>2C%)。每份样品分析1～2×10^4细胞。异倍体检出率为51.9%(14/27例)。一般实体瘤为60%～100%；DI值偏低为1.21±0.46，DI≤1.25组病例占88.9%(24/27例)；在倍体分类中，近二倍体(ND)比例偏高占14.8%；二倍体和ND病例占63%；四倍体组和非整倍体组的SPF分别为24.2%和24.6%，明显高于对照组(8.5±3.9)%，$P<0.01$；各组>20%为(33.3±11.2)%，高于对照组(20.4±4.6)%，$P<0.05$。因此，有学者认为脑膜瘤是交界性肿瘤，DNA含量分析可为澄清肿瘤性质提供可靠依据。脑膜瘤的病理分类中，9%为恶性，复发时可增至36%。这部分病理报告良性但易恶变的患者，就是DNA分析中具异倍体的患者。长沙湘雅医院[81]*报道按作者等自己建立的四级分类法，评价经不同入路切除不同部位鞍区脑膜瘤38例的所获显露程度。经眶颧额颞下入路对鞍旁脑膜瘤切除显露为最佳入路；经翼点入路则对鞍上脑膜瘤显露良好，均应作为首选入路。上海长征医院[82]自1975年8月～1994年10月收治侧脑室内脑膜瘤16例，占同期颅内肿瘤的2.8%。肿瘤直径4.5～11cm。均达全切除，其中完整取出5例，分块切除11例。上皮细胞型6例，纤维型5例，砂粒体型2例，3例未分型。除1例术后迟发性出血再手术，并发肺部感染死亡外，15例均治愈。江西医学院一院[83]自1972年～1992年共收治蝶骨嵴脑膜瘤45例，蝶嵴内1/3者12例，中1/3者8例，外1/3者23例，累及整蝶嵴者2例。全切除40例，部分切除5例。1990年后的32例术前均行颈外动脉结扎，全切除31例，死亡1例。1990年前13例术前未行颈外动脉结扎，全切除9例，死亡3例。内蒙古医学院一院[84]自1981～1993年共收治桥脑小脑角(CPA)脑膜瘤16例，占同期颅底脑膜瘤的23.2%，占CPA肿瘤的18.7%。采枕下旁入路13例，枕下正中入路3例。分块全切除9例，大部切除3例，部分切除2例。治愈9例，好转5例，无变化1例，术后肺炎死亡1例。随访9例，恢复工作8例，生活自理1例。湖北十堰太和医院[85]报告自1965年8月～1995年8月收治的21例恶性脑膜瘤不同治疗方法和肿瘤类型的疗效。单纯手术术后2.1年复发7/8例，死亡6例；手术＋放疗(40～60 Gy)，平均4.2年复发4/6例，死亡3例；手术＋化疗(BCNU100mg/m^2×3d，6～8周重复1次)4例复发3例，平均3.6年，死亡3例；手术＋放疗＋化疗3例，复发1例，时间为5.8年。

（四）垂体腺瘤

北京协和医院[86]*报告了1979年7月～1992年3月经蝶显微手术切除垂体GH腺瘤212例。大腺瘤144例，微腺瘤68例。GH基础值均超过5μg/L葡萄糖抑制试验不被抑制。总治愈缓解率72.5%，大腺瘤缓解率由1986年前的31.4%上升到69.1%；微腺瘤从44.4%上升到80.5%。由于1例在术中出现心脏意外死亡，死亡率为0.5%。广东省人民医院[87]自1994年10月至1995年12月对直径≥10mm(12例)和≥40 mm(6例)的大和巨大垂体腺瘤经蝶手术，13例获得全切除或近全切除。大部切除4例，部分切除1例。无死亡，术后均作放疗，恢复满意。北京协和医院[88]报道了1979年4月至1995年2月经影像学证实的较为少见的部分空蝶鞍合并垂体腺瘤15例占同期垂体瘤的1.6%。其中肢端肥大症6例，库欣病5例，泌乳素腺瘤3例，无功能腺瘤合并自发性脑脊液漏1例，14例经蝶显微手术达到治愈和缓解，无脑脊液漏发生。1例催乳素腺瘤经服溴隐亭症状好转。西安西京医院[89]分析了大型垂体腺瘤术后癫痫持续昏迷，其中GH瘤8例，GH12～28μg/L；PRL瘤4例，PRL27～46μg/L。巨大型7例，大型5例，均突破鞍隔向鞍上和鞍旁生长。均在全麻下经额颞入路行肿瘤切除术。持续癫痫在术后2～45d出现。每次发作数秒至数分钟，呈全身强直阵挛性发作，间歇期患者昏迷，时程为2～10d，平均5d。抗痫药物首选安定10～20mg静注和苯巴比妥钠0.1～0.2g肌注，无效时再静注阿米妥钠 0.25～0.75mg 或安定 50mg 溶于生理盐水 100ml 缓慢静滴。维持抗痉剂用苯巴比妥钠 0.1g 肌注加苯妥英钠 0.2g 鼻饲，3 次/日。5 例因癫痫反复发作而出现急性肾衰、肺部感染而死亡，7 例存活者中 1 例中残外，均恢复良好。山东省立医院[90]自 1993 年 10 月至 1994 年 4 月，用 γ-刀治疗垂体瘤 100 例，随访 78 例 6～12 个月，49 例复查了 MRI，12 例复查了血 PRL，10 例查了 GH。症状和肿瘤生长的控制率 96.15%，其中缓解率(34 例)43.60%，改善率(33 例)42.30%，无变化(8 例)10.26%，加重(1 例)1.28%，死亡(2 例)2.56%。上海妇产科医院[91]自 1985～1992 年收治 41 例妊娠有垂体瘤的患者，发生率为周期分娩人数的 1.02%，孕前已服溴隐亭而受孕者占 85.77%，孕期出现神经症状者 16 例(39.03%)，孕期继续服用溴隐亭者 30 例(73.17%)，胎、婴儿均无不良反应；哺乳期母乳喂养率占 75%，婴儿也无异常，说明孕期内和哺乳期服用溴隐亭是安全的。

（五）颅咽管瘤

北京解放军总院[92]报告经蝶窦入路切除有蝶鞍扩大靠近鞍底的颅咽管瘤 10 例。3 例肿瘤全切除，3 例次全切除，3 例囊性者行部分切除和持久引流。另 1 例因未能在蝶窦入路找到肿瘤，再经颅手术。无手术死亡，平均随访 2.7 年，情况良好。南京医大一院[93]报告了自 1988 年 3 月～1994 年 12 月收治的 22 例＜14 岁的颅咽管瘤 22 例，以颅内高压、视力障碍(72%)和内分泌紊乱(50%)为主要临床症状。手术大部切除 15 例，部分切除 7 例，11 例作瘤腔脑室分流术。

（六）三脑室区肿瘤和生殖细胞瘤

白求恩医大三院[94]报告了 8 例经右侧脑室造瘘-中帆入路行第三脑室肿瘤全切除 2 例，大部分切除或部分切除 6 例。4 例为星形细胞瘤，2 例为颅咽管瘤，胶样囊肿和脉络丛转移癌各 1 例。术后 1 年内复发 2 例。北京军科院医院[95]对 43 例生殖细胞瘤进行放疗和手术等综合治疗，手术切除 19 例，全切除 3 例，大部切除 7 例，部分切除 9 例。放疗全脑剂量 40～60 Gy，平均 50.67 Gy。症状显著改善 11 例，改善 30 例，无改善 2 例。随访中出院后死亡 2 例，恢复正常工作、学习 14 例，生活自理 12 例，部分生活需人照顾 4 例，3、5、10 年生存率分别为 70%、50% 和 20%。

（七）中、颅后窝底肿瘤切除

南京军区总院[96]经颧颞入路，截断颧弓，磨去颅中窝底外侧、外耳道上壁、部分岩骨，低位颞下入路切除上斜坡、岩斜坡、颅中窝底肿瘤 6 例。这一入路显露良好，颞叶牵拉少，能安然保护脑干、脑神经和下丘脑。武汉同济医院[97]对桥脑小脑角扩展到岩骨尖或上斜坡及颅中窝时，采用岩骨入路切除位于该区的听神经瘤 7 例，脑膜瘤 2 例，三叉神经鞘瘤和胆脂瘤各 1 例。患者取侧卧位，以外耳道为中心，从耳前颧弓开始，作向后上弧形到耳乳突后 1cm 下降的切口。做骑跨横窦的颞枕骨瓣。切除或磨除乳突和部分岩骨，充分显露乙状窦和硬脑膜窦角。切开乙状窦前颅后窝硬脑膜，岩上窦电凝，结扎切断。向幕上延伸硬脑膜切口，必要时切开小脑幕切迹。显露肿瘤后，保护好 V、VII 脑神经，可分块切除肿瘤。术毕尽可能缝合硬脑膜并取带蒂骨瓣翻转到岩骨缺损处。北京天坛医院[98]* 报告了 1991 年 1 月～1994 年 12 月手术切除直径≥4 cm 的大型听神经瘤 140 例。无术后死亡，肿瘤全切除率 84.3%，面神经保留率 87.3%，术前有听力者听神经保留率 64.1%。绝大多数(96%)的病例采用一侧枕下乙状窦后入路。无锡 101 医院[99]报告自 1972 年 5 月～1992 年 5 月收治的枕大孔区肿瘤 15 例，术前确诊仅 3 例。髓内型 2 例均为星形细胞瘤；髓外颅脊或脊颅型 13 例，其中脑膜瘤 2 例，脊膜瘤 5 例，血管母细胞瘤 3 例，脊索瘤、髓母细胞瘤和神经鞘瘤各 1 例。随访 13 例，时间 1～2 年，痊愈 5 例中脊膜瘤 3 例，神经鞘膜瘤和血管母细胞瘤各 1 例；3 例好转为脑膜瘤、脊液瘤和血管母细胞瘤各 1 例；5 例死亡。

（八）脑干肿瘤

西安西京医院[100]报告 1964～1994 年间收治脑干肿瘤 47 例。中脑 2 例，脑桥 21 例，延髓 2 例，中-桥脑交界处 7 例，桥-延髓交界区 12 例，全脑干 3 例。17 例手术治疗，7 例好转，2 例无变化，1 例恶化，死亡 7 例。病理检查星形细胞瘤 I～II 级 5 例，III～IV 级 9 例，3 例未作病理检查。武汉财贸医院[101]经第四脑室底入路切除位于脑桥和延脑区肿瘤 12 例。取坐位作枕下颅后窝正中切口，肿瘤全切 8 例，部分切除 4 例。星形细胞瘤 I～II 级 8 例，3 例位于延髓部的神经鞘瘤，1 例位于脑桥的极形成胶质瘤。无手术死亡。随访 1～2 年，症状全部消失 3 例，8 例有不同程度改善，1 例死于肿瘤复发。哈尔滨医大一院[102]显微手术切除位于中脑 1 例、脑桥 4 例和延髓 3 例的脑干肿瘤，胶质增生 1 例，星形细胞瘤 I～II 级 7 例。随访 2 月～3 年，4 例主要功能恢复，3 例生活自理，死亡 1 例。

（九）颅内其他良性肿瘤

北京天坛医院[103]报告了 11 年来脉络丛乳头状瘤 29 例，占同期(1982～1992)颅内肿瘤 8 090 例的 0.36%。儿童期多见于幕上脑室内，成人多见于四脑室和桥小脑角。手术全切除21例,近全切5例,大部及部分切除3例,手术死亡率13.8%。随诊24例,生存19例,6年以上5例。作者认为放疗对预防复发有一定作用。山东省立医院[104]自1975～1994年收治脑血管网质细胞瘤62例。位于小脑半球42例,四脑室和小脑蚓部12例,桥小脑角6例,颞、顶叶各1例。57例随访1～13年,全切除的51例,除1例死亡外,余均痊愈。江西医学院[105]介绍了用Dolenc入路切除海绵窦内肿瘤25例,获得良好显露。源自窦内的神经纤维瘤5例,脑膜瘤3例,血管瘤2例。窦外入侵的脑膜瘤3例,垂体瘤4例,神经纤维瘤4例,脊索瘤、皮样囊肿、生殖细胞瘤和鼻咽癌各1例。方法是:卧位,头偏向健侧35°,后屈45°。切口从眉弓中部上1.5 cm处开始作额颞或冠状切口。皮瓣筋膜向前下方翻转,骨膜下暴露眶上缘、眶外侧缘及颧骨、颧弓。第1骨孔在额骨颧突后、第2孔在颧弓根上方和第3孔眶上缘中部,2与3孔间钻第4孔和第5孔。骨瓣连同颞肌和颧弓一起翻向颞下方。硬膜外切除蝶骨大、小翼和颅中窝底部直达园孔和卵园孔外侧,切断硬膜中动脉和游离第5脑神经第2、3支,切除眶板外侧及眶外侧壁直至眶上裂。9例神经纤维8例全切,6例脑膜瘤4例全切,1例次全,1例部分切除。术中未损伤颈内动脉。大部分III、IV、V和VI脑神经也未损伤。

(十) 颅内其他恶性肿瘤

北京天坛医院[106]报告了原发性颅内恶性淋巴瘤40例。以儿童(28%)和50岁以上老年人(38%)多见。瘤程短,平均4.6个月。额叶14例,颞叶8例,顶叶12例,丘脑3例,小脑半球2例,小脑蚓部2例。肉眼下全切、近全切15例,大部切除16例,部分切除8例,活检1例。无症状出院19例,好转11例,无改变4例,加重4例,死亡2例。术后半年内死亡3例,其余病例经术后化疗、放疗存活4～20个月,未行化疗、放疗只存活4～9.7个月。

(十一) 转移瘤

重庆西南医院[107]1976～1994年收治脑转移瘤70例,单发灶34例,多发灶36例。23例有肿瘤病史(32.9%)。52例中查明病灶来源,其中来自肺38例,乳腺6例,黑色素3例,肾3例,股部纤维肉瘤和胸膜间皮瘤各1例。47例行肿瘤切除术,1例行CT立体定向活检及^{192}Ir后装瘤内放疗。手术组48例中好转35例,自动出院10例,死亡3例。未手术的22例中放疗和化疗各1例,余均自动出院。吉林省医院[108]1991年2月～1995年5月共手术治疗脑转移瘤68例,年龄为32～73岁,其中40～60岁45例(66.6%)。未查到原发灶的占16.17%,来源于肺癌的42例(61.76%),肝癌的4例(5.88%),其他部位的11例(16.17%)。除7例为颅内多灶转移外,单灶转移61例,有9例为小脑转移(13.3%)。术中向瘤腔内贴敷浸有噻替派的明胶海绵,术后均系统抗肿瘤治疗,随访中8例存活在1年以上。

三、脑血管病

本年度治疗方法以血管内介入疗法为主要手段。

(一) 颅内动脉瘤

北京天坛医院[109]对50例囊性动脉瘤进行了光镜和电镜观察,基本病理学表现为中膜缺如、弹力板断裂。瘤体中可见脂肪颗粒、内膜增厚。一次出血20例(40%),2次9例,3次4例。瘤径<1.5cm 34例(68%),1.5～2.5cm 8例(16%),>2.5cm 8例(16%)。术前33例出血中29例(71%)瘤径<1.5cm,>2.5cm的16例破裂出血仅4例(25%),有显著差异($P<0.05$)。瘤径>1.5cm的囊性动脉瘤内多有血栓形成,因血流易成涡流、流速缓慢之故,对防止破裂有益,但也易形成占位,因此对含血栓的巨大动脉瘤,除夹闭瘤蒂外还应切除瘤体,解除对周围脑神经组织的压迫。北京神外所[110]报告囊性动脉瘤20例。用微弹簧圈17例和用可脱性球囊3例。15例颈动脉入路,途径短,成功率高。其中后交通动脉7例,前交通动脉5例,前、中动脉分叉及中动脉处3例,海绵窦段2例,基底动脉、大脑后动脉和椎动脉颅内段各1例。瘤径1.5～50mm。完全栓塞,载瘤动脉通畅14例;栓塞瘤体90%,载瘤动脉通畅3例;瘤体与载瘤动脉完全闭塞1例;单纯载瘤动脉栓塞2例。无1例出现栓塞后并发症和死亡。术后随访3～6个月无1例再出血或症状加重。北京神外所[111]*用自制钨弹簧圈血管内栓塞治疗椎动脉动脉瘤2例,基底动脉瘤4例,内听动脉瘤1例,大脑后动脉瘤7例,均告成功;无1例死亡及永久并发症。北京神外所[112]首次报告1例24岁男性基底动脉双侧两个动脉瘤,采用自制机械性可脱性微弹簧圈一次血管内栓塞治愈。北京医院[113]*用钨丝机械性可脱性弹簧圈系统弹簧圈(MDS-N和Spiral)栓塞18例21个动脉瘤,16个动脉瘤栓塞成功,100%闭塞9个,95%～98%闭塞5个,80%闭塞2个。5个未成功。并发出血1例,弹簧圈游走1例,眼动脉瘤栓塞后出现压迫失明1例。重庆西南医院[114]*1977～1993年6月收治10例外伤性动脉瘤,2例胼周动脉瘤,分别于伤后25和33 d再次出现昏迷和颅内高压症状,经头颅CT和颈动脉造影确诊后手术。1

例症状一度改善但因肺部和颅内感染死亡，另1例痊愈出院。

（二）脑血管畸形（AVM）

深圳红十字医院[115]1989～1994年在显微外科技术操作下行AVM切除术27例。幕上26例，幕下1例。<2.5cm直径的小型病灶6例，其中4例位于颞叶深部、基底节或侧脑室等处，并因出血致脑疝；直径2.5～5cm的中型病灶18例，12例有颅内出血；直径5～6cm的大型病灶3例。24例全切，3例部分切除。随访4个月～5年，2例残疾者需人照顾外，余均能生活自理或工作。南通医学院附院[116]报告了AVM并发颅内血肿行急症手术34例。幕上32例，幕下2例。全切除19例，次全切除7例，夹闭供血动脉2例，单纯血肿清除二期手术6例。术后死亡4例（11.8%），30例出院后24例获随访，恢复工作11例，自理生活9例，尚需人照料3例，死亡1例。北京天坛医院[117]*报告1980～1994年手术治疗大脑后动脉AVM 50例，并发颅内血肿26例。26例供血动脉位于P_4段，16例位于P_3段，6例位于P_2段，2例位于P_1段。主要引流静脉入上矢状窦25例，入Galen静脉20例，对$P_{2,3}$段供血的血管畸形采用经颞叶梭状回入路，大脑镰-小脑幕入路用于P_4段近中线的病灶。本组无手术死亡，术后31例（62%）视野无改变，5例视野改变，视野缺损加重者14例（32%）。上海华山医院[118]报告1979年3月～1994年11月采用显微手术治疗AVM 310例，其中胼胝体AVM 19例；20个病灶，膝部3个，体部2个，压部15个，都有蛛网膜下腔出血。胼周动脉为主要供血动脉，大脑后动脉分支亦参与供血。1例结扎供血动脉，19个AVM均完整切除，无死亡。哈尔滨医大一院[119]*1992年2月～1993年4月，用单纯真丝线段、IBCA、PVA或乙醇和乙烯雌酚、微弹簧圈联合栓塞剂栓塞治疗AVM 33例，病灶完全被栓塞者16例（49%），栓塞75%以上者8例（24%），栓塞50%～75%者4例（12%），栓塞面积<50%者5例（15%）。1例死亡。辽宁省人民医院[120]1993年1月～1994年1月收治幕下AVM 4例，小脑上动脉供血2例用真丝段，右小脑前下动脉供血1例用微弹簧圈6枚和12 cm长线段8根。基本消失2例，栓塞面积在50% 1例。另1例椎基动脉供血，因微导管不能到位，术中出现血管痉挛而终止手术。解放军总院[121]*报告18例大、中型混合性脑膜AVM用微钨螺旋圈和IBCA或聚乙烯醇颗粒等材料栓塞治疗。其中7例经2次栓塞后，畸形血管团消除80%～95%，随访3个月～3年，头痛与癫痫均缓解。北京医院[122]*对1979～1995年治疗的11例非大脑大静脉（Galen静脉）的脑动静脉瘘（AVF）的诊疗标准和治疗原则进行了探讨。AVF为先天性脑血管畸形（AVM）中的一种特殊类型，占同期收治AVM 353例的2.8%。为单支或多支病灶处供血动脉直接与静脉相通引流入上矢状窦、Galen静脉或窦汇。8例用IBCA或NBCA栓塞治疗，其中1例经3次栓塞缩小后手术切除残余AVM；2例以弹簧圈栓塞瘘口；1例在球囊栓塞失败后夹闭供血动脉。AVF解剖治愈8例，恢复良好；植物生存1例，死亡2例。成都华西医大一院[123]报告4例脑室内海绵状血管瘤，位于侧脑室和三脑室内各1例，四脑室内2例。瘤径0.5～4cm，平均1.7cm。该病属血管畸形的一种，文献报告发生率为0.4%～0.9%，占脑室内占位病变数的3.5%～4%。在显微技术的操作下均行完整切除。2例四脑室内者，1例因脑干受损中枢衰竭，另1例因严重感染而死亡，余2例均恢复良好。山东省医学影像所[124]1992年4月～1995年10月用可脱性球囊治疗颈内海绵窦瘘（CCF）42例。41例球囊充填材料采用浓度为180mg/ml水溶性非离子型造影剂，1例用HEMA。结果：既闭塞瘘口，又保持颈内动脉通畅者36例（85.7%），闭塞瘘口及颈内动脉者6例。全部随访观察2个月以上，均无瘘口再通。长沙湘雅医院[125]1985～1994年收治经CT或/和MRI证实的自发性颅内血肿54例，其中7例保守治疗好转，47例除11例急诊开颅血肿清除外，36例中31例经显微外科手术，作血肿清除同时行AVM切除20例，清除血肿同时行动脉瘤切除和夹闭动脉瘤颈8例，血肿清除同时行肿瘤切除3例，单纯血肿清除6例。术前血管造影未能确诊而术中发现有动脉瘤3例，海绵状血管瘤2例，静脉性血管畸形2例，毛细血管扩张1例，肿瘤合并出血3例。

（三）高血压脑出血

高血压脑出血的外科治疗方法有手术清除、钻颅血肿引流和溶解血凝块等。将本年度有代表性的文章列下。天津解放军271医院[126]总结了78例高血压基底节出血5h内手术治疗的结果，年龄38～76岁，平均血压22.3/12.6kPa（168/94mmHg）。GCS≥9、中线结构移位≤1cm的48例无死亡，生活自理及部分自理46例（95.8%），卧床2例（4.2%）；GCS≤8、中线结构明显移位的30例中，死亡12例（40%），生活自理及部分自理的14例（46.7%），卧床4例（13.3%）。高龄患者中16例并发消化道出血和2例肺部感染，9例死亡，1例术后1周死于心肌梗死，2例死于再出血。太原解放军264医院[127]采用小骨窗开颅，于发病后24 h（23例在6 h内）内清除高血压脑出血共56例。年龄45～77岁。浅昏迷7

例，中度昏迷28例，深度昏迷21例，其中脑疝15例。结果：良好31例，中残8例，死亡17例(脑衰竭10例，肺部感染4例，消化道出血1例，多器官功能衰竭2例)。北京海军总院[128]报告1986～1992年在CT引导下立体定向清除高血压脑出血103例的诊治经验。手术时间在发病后6～7 h最好，脑室外引流及尿激酶溶凝，反复腰穿及适当向蛛网膜下腔注氧是治疗脑室内出血最佳方法。术后恢复良好27例(26.2%)，轻残33例(32.0%)，重残34例(33.0%)，植物状态1例(1.0%)，死亡8例(7.8%)。

(四) 硬脑膜动静脉瘘

硬脑膜动静脉瘘(DAVF)是一种颅内少见的血管疾病，占颅内动静脉畸形的10%～15%，大多发生在横窦(67%)和海绵窦(19%)。天津脑科医院[129]报告1990～1994年收治11例DAFV，均行血管内栓塞治疗。瘘口可多处，本组位于海绵窦及附近7例，硬脑膜、窦汇、小脑幕、额枕头皮各1例，供血以颈外动脉为主，颈内动脉和椎动脉均可联合供血，引流也很复杂。11例中颈外动脉插管栓塞10例，其中眼上静脉暴露插管栓塞2例。另1例单独眼上静脉入路栓塞。栓塞物包括IBCA、真丝微粒、球囊、线段、弹簧圈(Coil)和Ivalon。1次栓塞治愈5例，2次栓塞4例，3次栓塞1例，栓塞后造影瘘口无显影。另1例经4次栓塞仍有余瘘，但症状改善。栓塞后1例有轻度失语，1例对侧肌力弱。上海华山医院[130]报告1例前颅窝DAVF，经两次急症手术清除血肿、股动脉插管、血管造影方明确诊断，第3次冠状瓣切口，低额叶带眶嵴游离骨瓣开颅。电凝切断前、后筛动脉，切除筛板周围硬脑膜并电凝额叶底面的畸形血管。再取自体颞筋膜修补硬脑膜，生物胶加固后闭颅，术后复查DAVF消失，眼动脉恢复正常。北京医院[131]报告经血管内治疗11例Galen静脉动脉瘤样畸形，5例为先天性，主要是通过介入治疗栓塞瘘口；5例为继发性，主要是栓塞脑实质或硬脑膜的畸形血管；另1例仅根据MRI作出诊断，未行治疗，5例治愈，3例临床症状好转，2例发生自发血栓。

四、脑脓肿及结核瘤

本年度报道极少。南京医大一院[132]报告1984年1月～1994年10月收治脑脓肿82例。均经CT发现。位于额叶22例，颞叶30例，枕叶5例，小脑8例，额、颞叶4例，颞顶叶7例，顶枕3例，基底节区3例，垂体1例。多发囊肿5例，合并胶质瘤2例。钻孔抽脓者47例，开颅1次切除29例，先钻孔抽脓再切除囊肿者2例，4例药物治疗。术中培养31例阳性，其中金葡菌14例，链球菌6例，大肠杆菌4例，奇异变形杆菌5例，绿脓杆菌2例。4例死亡，2例脑疝术后死于脑干功能衰竭，2例多发脓肿于术后2～3个月死于全身衰竭；56例随访1～3年，7例复发再次手术中有3例死亡；2例合并胶质瘤者于18个月和26个月复发死亡；余均正常工作和学习。广州珠江医院[133]1987～1995年收治了脑脓肿31例共33个脓肿，其中额叶6个，颞叶15个，顶叶8个，基底节区2个，小脑半球1个，枕大孔区硬脑膜下1个。病原菌：变形杆菌8例，大肠杆菌6例，绿脓杆菌3例，多菌源感染3例，无菌生长2例，病原菌不明2例。6例行1次或多次穿刺抽脓术，有1例多达5次，5例痊愈，1例死亡；5例穿刺抽脓加脓肿切除术；4例行穿刺抽脓置管引流，均治愈；9例行脓肿摘除术，6例痊愈，3例死亡；7例单纯抗炎治愈。有关颅内结核瘤的诊治有：重庆西南医院[134]报道的27例和天津脑科医院[135]报道的14例。年龄平均为26和23岁。以颅内高压和癫痫为主要症状。病史中有结核者易考虑到，但均为少数。目前诊断以CT和MRI扫描为主，病灶多位于额、顶枕及小脑桥脑角。但仅少数能出现成熟期特征性的“靶环症”(即：中央钙化或增强，周边呈环状增强)，因此误诊率较高。作者认为若遇环形病灶内组织密度与周围组织近似，但临床症状较CT所示病变程度为轻应考虑为结核瘤。如有持续发热、盗汗、血沉增快等全身性结核活动期表现者暂不宜手术，应以抗结核为主，一线药物有能通过血脑屏障的异烟肼、利福平、吡嗪酰鞍、乙胺丁醇等。二线药物有链霉素、卡那霉素、卷曲霉素、环丙沙星、乙硫异烟肼和环丝氨酸。结核瘤呈局限病灶，主张手术切除，术前应抗痨2周。重庆西南医院手术全切除13例，开颅活检7例，脑室外引流5例，脑室腹腔分流2例。治愈15例，好转4例，死亡5例，自动出院3例。天津脑科医院抗痨治疗6例，痊愈5例，1例经治疗6周无好转行手术；手术9例，病灶均切除。术后应用WHO短期(6个月)化疗。基本用药为异烟肼、利福平、链霉素、吡嗪酰鞍，少数用乙胺丁醇，该组无死亡。

五、癫痫的外科治疗

本年度的报道中，有关用手术和γ-刀治疗难治性癫痫的文章有：成都军区总院[136]报道使用多处软膜下横切加癫痫灶切除治疗功能性顽固性癫痫18例。经6～26个月随访，完全控制发作14例，发作次数减少3例，无变化1例，疗效较满意。广州中山医大三院[137]1987～1990年手术治疗难治性癫痫34例，其中15例为顽固性全身性大发作，10例有攻击性精神异常，作了胼胝体切开加瘤灶切除。术前均行CT、ECT扫描和常规EEG检查，发现有痫灶4例，余均为大脑半球萎缩、血流减少和弥漫性异常表现。单纯切开胼胝体前部6例，切开胼胝体前部加额叶病灶切除5例，胼胝体后部切开加枕叶病灶切除3例，胼胝体前部切开加顶叶畸形血管切除1例，手术无死亡，随访1年以上13例，半年以上2例。优者（无癫痫再发作及再服抗痫药）8例，良者（癫痫发作已减少70%以上，已无大发作）6例，有效者（癫痫发作减少50%以上）1例。术后无症状加重或不变者。武汉同济医院[138]*采用术中用皮质电图痫灶定位，颞叶前部切除治疗5～12岁儿童颞叶癫痫12例。无手术死亡。术后无明显神经功能障碍。经2～3年随访，痊愈4例，癫痫发作减少60%以上6例，无明显变化1例，失访1例。天津医大二院[139]于1994年7、8月间用γ-刀治疗2例顽固性癫痫。1例为13岁男孩，双额颞EEG示棘慢波，右额颞为著。用MRI定位，γ-刀4和8mm直准器切开胼胝体前2/3及前连合处。总剂量60Gy，边缘剂量42Gy；用8mm准直器，总剂量70Gy，边缘剂量35Gy损毁双侧杏仁核。3个月后未再有癫痫发作，无任何并发症。另1例20岁男性患者强直性大发作2～5次/日并持续已8年，EEG各导联中，高幅θ波，右额颞见棘波。在MRI立体定位下，用8mm准直器，中心剂量100Gy，70%等剂量沿胼胝体中线分布行胼胝体前2/3切开术。同时用14 mm准直器，总剂量30Gy，50%同剂量线包括左额后邻近中央区从皮质到皮质下3.8cm×2.4cm×3.5cm软化灶区及周边皮层照射。术后每日服用苯妥英钠300mg，9个月随访，有3次发作先兆，但未出现癫痫发作。武汉同济医院[140]*1982～1995年收治1567例癫痫患者，经EEG、SPECT、MRI、CT检查，结合临床确诊为枕叶癫痫者21例。单凭EEG诊断易误诊。19例在脑皮质电图（ECOG）监测下，行枕叶病变及周围脑区致痫灶切除术，18例能控制癫痫，1例癫痫控制不满意，再行胼胝体切开术后得到控制；另2例作了颞叶切除术，服药能基本控制。病理：18例为星形细胞瘤，1例错构瘤，1例皮质异位，1例栓塞性AVM。

六、脊髓肿瘤

山西医学院一院[141]分析总结了1985～1992年收治的130例原发性椎管内肿瘤，其中颈段26例，胸段73例，腰段13例，圆椎部7例，马尾11例。其中神经鞘瘤43例（33.3%），脊膜瘤31例（23.8%），上皮样囊肿18例（13.9%），皮样囊肿及畸胎瘤各5例（3.8%）；髓内肿瘤中星形细胞瘤7例（5.3%），室管膜瘤6例（4.6%），血管瘤8例（6.2%），脂肪瘤3例（2.3%），其他有节神经瘤2例，上皮囊肿和室管膜囊肿各1例。全切除81例，大部切除36例，单纯活检13例。平均住院日34 d，痊愈9例，明显进步40例，好转48例，总有效率78%，无变化23例，恶化3例，死亡2例。术后复发者5例，复发时间1～8年。上海华山医院[142]*报道了1988年5月～1994年12月经显微手术治疗58例颈髓髓内肿瘤，其中室管膜瘤30例，星形细胞瘤9例，少枝胶质瘤2例，血管母细胞瘤11例，海绵状血管瘤、神经鞘瘤和脂肪瘤各2例。肿瘤全切除50例，次全切除7例和大部切除1例。遇脂肪瘤时，应用CO_2激光切割或气化。出院时改善者45例，不变者4例，加重者8例，1例死于呼吸功能障碍。北京医院[143]报道两例经颈胸联合入路纵劈胸骨向下牵拉主动脉弓，用高速电钻或气钻磨除病变前方锥体中央2/3达后纵韧带，切除韧带，以切除颈胸交界处脊髓腹侧硬脊膜外脊索瘤和骨化的后纵韧带。术野显露充分，疗效满意。北京海军总院[144]采用在两侧椎板近关节处，以高速微型钻切断椎板，剪断上下端棘上、棘间和黄韧带，将1至5个（平均2.8个）椎板和棘突整块切除。椎管内手术完成后，在每一椎板左右断端和近关节突处钻孔，用双粗丝线固定，上、下端棘突也以粗丝线固定。共行31例，随访6个月～2年，无1例发生脊柱畸形和锥体滑脱。上海华山医院[145]*报告1985～1995年61例脊髓圆锥马尾肿瘤的手术治疗。全切除48例，次全切除4例，大部切除9例。术后好转率85.2%，其中马尾肿瘤全切率91%，好转率91%。15例圆锥区肿瘤全切除9例，好转10例。文章对不同性质肿瘤的手术方法和注意点进行了讨论。江苏金坛医院[146]报告了16例椎管内硬膜外恶性淋巴瘤，术前完全截瘫10例。均行手术全切或部分切除加椎板减压术。术后14～21d行放疗+化疗。好转7例，其中术前已截瘫者仅有1例，未截瘫的6例均有改善。恶化死亡5例，未改善4例。平均生存期为15.5个月，最长者29个月。山东医大附院[147]报告了1991～1995年4例椎管内肠源性囊肿，3例位于下颈及上胸段，1例位于腰骶部与马尾神经粘连。颈、胸段的3例中2例在腹侧和侧方的硬膜下髓外，另1例在髓内，全切1例，次全切2例，部分切除1例。症状改善3例，随访1～3年，基本恢复2例，扶拐行走1例，无变化1例。南京脑科医院[148]采用脊神经根囊腔内引流治疗脊髓空洞症9例。方法是在椎管内硬膜下确定囊腔最膨大处脊髓后正中无血管区诊断性穿刺，确诊无误后于该处纵形切开1～1.5 cm直至囊腔。将相应节段患侧背脊神经根分离至神经根穿出椎间孔处硬脊膜袖套的远端并切断。然后将游离神经根置入空洞内1～2 cm。随访1～6年，神经根痛消除或减轻5例，7例已恢复工作，生活自理，无严重并发症和死亡。南京儿童医院[149]1989～1994年共收治新生儿骶尾部畸胎瘤28例。显型23例，隐型1例(便秘、尿潴留、直肠指检可触及骶前肿块)、混合型4例。均分别于出生后2 h～30 d，平均14 d，经骶尾部完整切除肿瘤。病理检查27例为良性，1例为恶性。如有恶性卵黄囊存留时血中甲胎球蛋白(AFP)阳性，因而藉AFP以鉴别有无恶性，经测定，25例为阴性，3例为阳性(其中1例为恶性，2例为假阳性)。作者认为骶尾部畸胎瘤具有潜在恶性变，其恶性率与年龄呈正相关，新生儿期手术优点：包膜完整，与周围组织粘连不紧，出血量少，瘤不易破溃，除巨大隐型瘤外，可避免腹骶联合手术的复杂性。必须切除尾骨，因Henson氏结节是多能细胞集中点，术中防止损伤骶神经和阴部神经，尽量保护提肛肌、肛门外括约肌及臀肌，肿瘤切除后应将这些肌肉复位。对已恶变者，为提高存活率，巩固疗效，术后应采用化疗及放疗等综合治疗，随访24例，恶性的1例术后1年复发死亡；1例良性7个月复发，再次手术切除肿瘤及尾骨后与其他22例同样生存良好。

山东医大附院[150]报道了1965～1993年间收治的颅底凹陷293例，约占同期神经外科收容住院的1.8%。年龄7～60岁，11～40岁260例(88.8%)，以走路不稳、上肢无力和颈枕部疼痛为主要症状。282例颅颈侧位片显示枢椎齿状突超过腭枕线3～20 mm。环枕或颈椎融合203例(69.3%)，颈椎脱位31例(10.6%)，扁桃体下疝123例(42%)等。293例中258例行颅后窝充分减压手术治疗，术后明显好转44例，好转194例，有效率92.3%，无效11例(4.3%)，死于术后脑水肿3例。随访1～20年，恢复健康142例(74.7%)，无变化33例(17.4%)，加重12例(6.3%)，死亡3例(1.6%)。

(朱　诚)

参考文献

[1] 杨志林等．中华神经外科杂志，1995；11(6)：341
[2] 于明琨等．中华神经外科杂志，1995；11(6)：347
[3] 卞留贵等．中华神经外科杂志，1995；11(6)：348
[4] 王清华等．第一军医大学学报，1995；15(3)：231
[5] 宁　可等．第三军医大学学报，1996；18(4)：353
[6] 钱锁开等．中华实验外科杂志，1995；12(6)：375
[7] 黄其林等．中华创伤杂志，1996；12(1)：21
[8] 陈志刚等．中华创伤杂志，1996；12(2)：82
[9] 柯以拴等．中华创伤杂志，1996；12(2)：84
[10] 刘立波等．中华实验外科杂志，1996；13(3)：183
[11] 刘子生等．中华实验外科杂志，1996；13(4)：235
[12] 刘立杰等．中华创伤杂志，1996；12(4)：247
[13] 宁　可等．中华创伤杂志，1996；12(3)：157
[14]* 韩　震等．苏州医学院学报，1995；15(6)：1041
[15]* 徐如祥等．第一军医大学学报，1995；15(2)：71
[16] 彭玉平等．第一军医大学学报，1995；15(4)：338
[17] 张勇华等．江苏医学，1996；22(5)：313
[18]* 何二平等．苏州医学院学报，1996；16(3)：446
[19]* 张文川等．中华创伤杂志，1996；12(2)：96
[20] 康德智等．福建医学院学报，1995；29(4)：324
[21] 师　蔚等．综合临床医学，1996；12(3)：31
[22]* 张　赛等．天津医药，1995；23(12)：707
[23]* 张文德等．第四军医大学学报，1996；17(2)：123
[24]* 胡开树等．中华神经外科杂志，1996；12(2)：124
[25] 朱　刚等．第三军医大学学报，1996；18(2)：155
[26] 朱业余等．临床医学杂志，1996；16(1)：11
[27] 刘文星等．中国危重急救医学，1996；8(9)：564
[28]* 刘　健等．中华创伤杂志，1995；11(5)：309
[29]* 赵炳纯等．中华创伤杂志，1996；12(1)：53
[30]* 王之敏等．中华神经外科杂志，1995；11(6)：344
[31]* 丁育基等．中华外科杂志，1996；34(4)：224
[32] 靳永恒等．天津医药，1995；23(11)：678
[33]* 靳永恒等．中华神经外科杂志，1996；12(1)：44
[34] 姜美义等．综合临床医学，1996；12(4)：193
[35] 王春华．江西医药，1995；30(5)：293
[36] 朱剑勇．湖南医药，1996；13(1)：49
[37] 车应勤等．江西医学院学报，1996；27(3)：221
[38] 吴　革等．华西医学，1996；11(1)：71
[39] 邹安琪等．江西医药，1996；31(3)：172
[40] 李志祥等．蚌埠医学院学报，1996；21(4)：256
[41] 胡景元等．实用中西医结合杂志，1996；9(6)：341
[42] 张宣文等．重庆医学，1996；25(2)：85
[43] 林晓风等．广东医学，1996；17(5)：302
[44] 史　丹．苏州医学院学报，1995；15(6)：1149
[45] 杨建军等．新乡医学院学报，1996；13(2)：130
[46] 龚德生等．江苏医学，1995；21(11)：729
[47] 魏建军．蚌埠医学院学报，1996；21(4)：256
[48] 王敬岩．中华老年医学杂志，1996；15(2)：92
[49] 沈光宇．南通医学院学报，1996；16(1)：153
[50] 苏海涛．中级医刊，1996；31(4)：27
[51] 谢康民等．徐州医学院学报，1996；16(1)：153
[52] 彭　琼等．中华神经外科杂志，1996；12(2)：79

[53] 米如玮等．苏州医学院学报，1996；16(3)：408
[54] 孙林泉等．中华神经外科杂志，1996；12(2)：93
[55] 徐小华等．中华神经外科杂志，1996；12(2)：88
[56] 路红社等．第二军医大学学报，1995；16(5)：426
[57] 李建国等．中华神经外科杂志，1996；12(2)：75
[58] 黄　强等．中华肿瘤杂志，1996；18(4)：259
[59] 张亚卓等．中华神经外科杂志，1996；12(4)：222
[60] 清蔚然等．中华神经外科杂志，1996；12(4)：226
[61]* 鞠　砚等．中华神经外科杂志，1996；12(4)：230
[62] 林　英等．广东医学，1996；17(8)
[63]* 程　越．实用癌症杂志，1996；11(3)：215
[64] 廖大光等．中国神经精神病杂志，1996；22(3)：129
[65] 卢　刚等．中华神经外科杂志，1996；12(4)：213
[66]* 左焕琮．中华神经外科杂志，1996；12(4)：201
[67] 王　琳等．实用癌症，1995；10(3)：191
[68] 刘　伟等．吉林医学，1995；16(6)：326
[69]* 刘宗惠等．中华神经外科杂志，1995；11(6)：318
[70] 丁学华等．功能性和立体定向外科杂志，1996；9(1)：18
[71] 张荣伟等．功能性和立体定向外科杂志，1996；9(2)：47
[72] 林岩崇等．中华神经外科杂志，1996；12(4)：216
[73] 修　波等．中国神经精神疾病杂志，1996；22(1)：7
[74]* 杨开军等．第一军医大学学报，1996；16(1)：56
[75] 隋邦森等．功能性和立体定向神经外科杂志，1996；9(2)：4
[76]* 王学峰等．功能性和立体定向神经外科杂志，1996；9(1)：25
[77] 王恩敏等．功能性和立体定向神经外科杂志，1996；9(2)：1
[78] 徐培坤等．中国神经精神疾病杂志，1996；22(1)：50
[79] 王　勇等．肿瘤，1996；16(5)：395
[80] 周振英等．江苏医药，1995；21(11)：760
[81]* 袁贤瑞等．湖南医科大学学报，1996；21(2)：137
[82] 丁学华等．上海医学，1996；19(3)：179
[83] 徐庚生等．江西医药，1996；31(4)：200
[84] 张占普等．内蒙古医学，1995；15(5)：275
[85] 涂汉军等．中国神经精神疾病杂志，1996；22(2)：119
[86]* 苏长保等．中国医学科学院学报，1995；17(5)：333
[87] 林晓风等．实用医学杂志，1996；12(5)：296
[88] 苏长保等．中华神经外科杂志，1996；12(2)：207
[89] 张文德等．中国神经精神疾病杂志，1996；22(1)：16
[90] 尹连虎等．山东医科大学学报，1996；34(1)：76
[91] 程蔚蔚等．中华妇产科杂志，1996；31(9)：537
[92] 张　纪等．中华神经外科杂志，1995；11(6)：322
[93] 练棣华等．南京医科大学学报，1996；16(1)：87
[94] 索　新等．白求恩医科大学学报，1996；22(3)：274
[95] 张柏年等．中华神经外科杂志，1996；12(4)：219
[96] 邬祖良等．江苏医药，1995；21(11)：722
[97] 陈劲草等．同济医科大学学报，1996；25(4)：326
[98]* 罗世祺等．中华神经外科杂志，1996；12(2)：96
[99] 蔡学见等．江苏医药，1995；21(11)：719
[100] 刘卫平等．第四军医大学学报，1996；17(3)：229
[101] 张光璞等．中华神经外科杂志，1995；11(6)：359
[102] 叶远柱等．哈尔滨医科大学学报，1996；30(2)：129
[103] 王集生等．中华神经外科杂志，1995；11(6)：325
[104] 王志刚等．山东医药，1995；35(11)：30
[105] 徐庚生等．中华外科杂志，1996；34(9)：553
[106] 杨　峻等．中华外科杂志，1996；34(2)：102
[107]* 冯　华等．第三军医大学学报，1995；17(6)：542
[108] 訾树声等．实用肿瘤学学报，1995；(4)：57
[109] 赵继宗等．中华神经外科杂志，1996；12(4)：234
[110] 尚京伟等．中华放射学杂志，1996；30(1)：33
[111]* 吴中学等．中华放射学杂志，1996；30(9)：587
[112] 王忠诚等．中华神经外科杂志，1996；12(1)：3
[113]* 黄胜平等．中华放射学杂志，1996；30(9)：591
[114]* 王宪荣等．中华神经外科杂志，1996；12(1)：22
[115] 李　柏等．中华神经外科杂志，1996；12(1)：28
[116] 蒋太鹏等．中华神经外科杂志，1996；12(4)：251
[117]* 赵继宗等．中华神经外科杂志，1996；12(1)：17
[118] 陈衔城等．中华神经外科杂志，1996；12(1)：9
[119]* 黄正松等．中华神经外科杂志，1996；12(1)：5
[120] 邹建军等．辽宁医学，1996；10(4)：215
[121]* 李宝民等．中华神经外科杂志，1996；12(1)：13
[122]* 戴琳孙等．中华放射学杂志，1996；30(9)：582
[123] 冯章超等．华西医学，1996；11(1)：69
[124] 刘作勤等．中华放射学杂志，1996；30(9)：599
[125] 陈立华等．中华神经外科杂志，1996；12(1)：32
[126] 刁宝利等．天津医药，1996；24(7)：432
[127] 周玉宝等．中国危重急救医学，1996；8(2)：116
[128]* 于　新等．功能性和立体定向神经外科杂志，1995；8(3)：7
[129] 孙瑞发等．天津医药，1995；23(12)：724
[130] 黄荣华等．中华神经外科杂志，1996；12(1)：51
[131] 沈春森等．中华外科杂志，1996；34(8)：488
[132] 程　刚．南京医科大学学报，1995；15(4)：907
[133] 段传志等．临床医学，1996；16(8)：25
[134] 林江凯等．第三军医大学学报，1996；18(1)：81
[135] 刘春生等．中华结核和呼吸杂志，1996；19(3)：155
[136] 陈明忠等．功能性和立体定向神经外科杂志，1996；9(2)：11
[137] 胡裕全等．广东医学，1995；16(10)：672
[138]* 鲍文公等．中华小儿外科杂志，1995；16(6)：338
[139] 郑之高等．功能性和立体定向神经外科杂志，1995；8(3)：29
[140]* 李　龄．中华神经外科杂志，1996；29(4)：211
[141] 刘跃亭等．山西医药，1996；25(4)：257

[142]* 徐启武等. 中华神经外科杂志,1996;12(3):137
[143] 申存琪等. 中华神经外科杂志,1996;12(3):145
[144] 沙　成等. 中华神经外科杂志,1996;12(3):150
[145]* 毛仁玲等. 中国神经精神疾病杂志,1996;22(3):150
[146] 李振中等. 苏州医学院学报,1996;16(1):148
[147] 徐广明等. 中国神经精神疾病杂志,1996;22(3):171
[148] 常　义等. 功能性和立体定向神经外科杂志,1996;9(1):30
[149] 邢美芬等. 江苏医药,1996;22(7):463
[150] 周茂德等. 山东医科大学学报,1996;34(3):239

文　选

脊髓圆锥、马尾肿瘤的手术治疗(中国神经精神病杂志,1996,22(3):150)　上海华山医院毛仁玲、徐启武报道了1985年9月～1995年2月收治的61例脊髓圆锥和马尾肿瘤。男41例,女20例。年龄14个月～69岁。病程1.5个月～32年。突然发病3例,余均为隐匿起病,13例为复发者。圆锥部9例,其临床表现有:下肢和马鞍区感觉减退,大小便障碍,下肢肌力减退和肌萎缩,肌束震颤,性功能减退等。马尾肿瘤46例,主要有腰部和下肢疼痛,下肢肌力减退和感觉障碍,肌张力增高和腱反射亢进等。同时累及圆锥和马尾者为下肢及腰骶部疼痛,下肢肌力和感觉减退,马鞍区感觉减退和大小便功能障碍等。病理:圆锥区为星形细胞瘤、成血管细胞瘤、表皮囊肿各2例,海绵状血管瘤、畸胎瘤、室管膜瘤各1例。马尾区神经鞘瘤32例(恶性1例),脊膜瘤5例(恶性1例),硬膜外囊肿2例,表皮囊肿、成神经细胞瘤、恶性淋巴瘤、转移瘤、纤维软骨瘤、脊索瘤、脂肪瘤各1例。圆锥和马尾区均累及的6例中脂肪瘤5例,室管膜瘤1例。48例行MRI,6例行CT扫描,9例行脊髓碘油造影,3例行脊髓DSA检查。61例在全麻下行肿瘤切除术,全切48例(马尾区42例),次全切除4例,大部切除9例。瘤径0.6～13cm。4例脂肪瘤伴有骶尾部皮下脂肪瘤、脊柱裂和脊膜膨出。住院11～28d。术后症状改善或消除者52例(85.3%),不变8例(13%),加重1例(1.6%)。

述评　圆锥及马尾区肿瘤主要影响下肢肌力、感觉和大小便功能。确定手术以不损及和加重功能障碍,并在去除病灶后能获得改善症状和提高生存质量是病家和医护人员的职责。这一区域的手术关键是细心、耐心游离肿块,小心止血。本组病例总的疗效还是满意的。体会和经验也有一定的指导意义。

(卢亦成)

显微手术治疗颈髓髓内肿瘤(中华神经外科杂志,1996,12(3):137)　上海华山医院徐启武等报道了自1988年5月～1994年12月,显微手术治疗58例颈髓髓内肿瘤。男35例,女23例。7～64岁,病程1～168个月。轻型12例,主观症状和体征轻,受累肢体肌力大于4°;中型27例,有明显不适和疼痛,受累肢体肌力3～4°,功能明显障碍,但无生命危险;重型19例,肌力0～2°,丧失生活自理能力,有呼吸功能障碍可危及生命。所有患者经MRI检查,肿瘤位于颈、延髓部11例,C1～4者31例,C5～7者5例,颈、胸髓者11例。继发脊髓空洞和/或延髓空洞者45例(77.6%)。手术中遇海绵状血管瘤,应严格在绿色或黄白色胶质增生带内分离,显露和电凝杨梅状紫黑色肿瘤,待皱缩后游离切除;遇神经鞘瘤时,先切断来自根动脉的供血动脉,先切除中心部分,再分离周边部分,直至全切肿瘤;遇脂肪瘤,应用CO_2激光切割、气化,但仅肿块缩小,不可能全切,期待改善症状;胶质瘤和血管母细胞瘤则常规切除。获全切除者50例,次全切除7例,大部切除1例。瘤径1.5～17 cm。病理:低恶性少枝胶质瘤2例,恶性星形细胞瘤和室管膜瘤各1例;血管母细胞瘤11例,海绵状血管瘤、神经鞘瘤和脂肪瘤各2例。术后并发呼吸障碍8例,脑积水2例,上消化道出血1例。死亡1例,平均住院25.8d。出院时,症状改善45例,不变4例,加重8例。

述评　过去认为颈髓髓内肿瘤手术十分危险,自应用显微技术和麻醉改进后,即使高颈位髓内肿瘤,如本组58例中全切除率达86.2%,术后症状改善达77.6%,疗效还是满意的。作者阐述各类型肿瘤手术的操作要求,供同行在处理同类病例时作参考。

(卢亦成)

枕叶癫𤺥21例报告(中华神经外科杂志,1996,29(4):211)　武汉同济医院李龄报道了自1982～1995年1567例住院的癫痫病例中的21例枕叶癫痫手术治疗情况。年龄2～31岁。病程3～17年。临床症状:幻视16例,发作性黑朦12例,眼部扯拉或运动感5例;上腹部抬高、呕吐8例,眩晕3例,复杂性幻视4例,耳鸣2例,尿失禁2例。枕叶癫痫源性症状有:快速双侧眨眼或/和睑颤动15例,眼偏转合并头偏转14例，对侧偏转11例，同侧偏转10例。EEG：17例有颞叶明显的暴发性活动，包括尖波、棘波和尖、棘波复合，仅2例痉波限于枕叶。17例中有9例是双侧无关联，只有一侧的定位意义。SPECT发现18例局限放射性稀疏和缺损，2例为放射性浓集。CT和MRI 20例均有枕叶局限性病变。19例在枕叶脑皮质电图(ECOG)监测下，行枕叶病变切除和病灶切除术。病理：18例为星形细胞瘤，1例为错构瘤，1例栓塞性动静脉畸形。结果：18例癫痉控制满意。1例控制不满意，又作胼胝体切开术，癫痉获得控制；2例作了颞叶切除术，服药后能明显减少发作次数，并基本控制。但其中1例智能低下，需照料。

述评 枕叶癫痉确系少见，特别是先兆症状不明显易于误诊，作者根据21例分析认为快速眨眼或眼睑颤动乃起始发作症状，在早期诊断中有一定提示，EEG有痉样放电和幻视者应考虑枕叶癫痉。CT和MRI可辅助诊断。ECOG下作痉灶和病灶切除是目前最好治疗方法。作者提示的诊疗中注意事项，有较实用的临床意义，可供读者参考。

（朱　诚）

小儿颞叶癫痫的手术治疗（中华小儿外科杂志1995，16(6)：338） 武汉同济医院鲍文公等报道了自1992年1月～1993年3月收治以颞叶癫痉症状就诊的5～12岁的儿童患者12例。病程1～3年3例、4～5年3例、6～10年6例。局部发作发展至全身发作并意识障碍者5例，由精神运动性发作发展至全身性发作1例，开始即有意识不清随之进入梦样状态或自动症6例。发作频率20次/日1例，1～10次/日5例，1～2次/周4例，1～2次/月2例。无明显神经系统异常者6例，运动障碍、视野缺损、精神轻度异常、幻嗅、听幻觉各1例，其中平衡障碍伴眩晕3例。经CT确诊颞叶病变8例，4例阴性者中3例行SPECT检查均在患侧颞叶有放射性稀疏。服药1年以上，均未能抑制癫痉。智商均在中度以上水平。所有病例EEG显示颞叶不同部位均有痉样放电。术中用脑皮层电图(ECOG)，时间至少20 min，痉样放电在颞前4例，颞中4例，颞后2例。病变切除后再次在颞叶内侧面有痉样放电3例。如位于颞后病灶按Falconer方式作颞前切除。术中见脑瘢痕1例，伴蛛网膜囊肿2例，皮质下囊变2例，蛛网膜下腔浑浊伴脑回变小3例，脑穿通畸形1例，皮质局限性黄变、硬化2例，并存脑膜脑粘连3例，脑室旁憩室1例。胶质增生、AVM各2例，血管母细胞型脑膜瘤1例，皮质发育异常4例。无手术死亡，经2～3年随访，痊愈4例，癫痉发作减少60%以上6例，无变化1例，1例失访。

述评 最理想的治疗方法是在皮层电图指引下切除痉灶，应用最广为颞前切除术，以毁损杏仁核和海马这两个易于产生痉样放电的低阈值结构，并可减少对边缘系统的影响，提高发作阈值。作者病例虽少，但发现和诊疗中的体会，有一定的参考价值。

（朱　诚）

自制微弹簧圈血管内栓塞颅内后部循环动脉瘤（中华放射学杂志，1996；30(9)：587） 北京市神外所吴中学等报告用自制微弹簧圈栓塞治疗后部循环动脉瘤14例。男9例，女5例，年龄11～46岁，平均26岁。14例均有蛛网膜下腔出血史及头痛，有神经系统症状者13例。14例均行DSA全脑血管造影，包括双侧椎动脉造影。发现椎动脉瘤2例，基底动脉下段动脉瘤1例，中段2例，多发椎-基动脉瘤1例(1个在左大脑后动脉起始段，另1个在右小脑上动脉起始段)，内听动脉瘤1例，大脑后动脉瘤7例。直径4mm 1例，10～12mm 9例，12～25mm 3例，＞25mm 1例。12例用游离弹簧圈，2例用机械可脱性弹簧圈栓塞。13例完全闭塞，1例基底动脉巨大动脉瘤大部栓塞。13例载瘤动脉通畅，1例多发性动脉瘤左大脑后动脉起始段闭塞。侧枝好，无不良反应。本组栓塞后无永久性并发症，无死亡。12例随访6～27个月，除1例基底动脉巨大动脉瘤栓塞不全尚有症状外，无1例复发。后循环动脉瘤较少见，手术困难，微弹簧圈栓塞治疗创伤小，效果确实，特别是机械可脱性微弹簧圈的应用，扩展了血管内栓塞治疗后部循环动脉瘤的治疗范围。MRI及MRA检查优于CT，可为血管造影提供线索，DSA全脑血管造影为本病诊治提供了确定性手段。作者提出基底动脉中下段动脉瘤，加用30°～60°斜位，可避开骨质影像影响。应选用发育较好的一侧椎动脉入路。对防止微导管并发症，提出了自己的体会。

述评 后部循环动脉瘤手术治疗难度大，近年发展起来的血管内栓塞治疗为其治疗开辟了新途径。本文报告了14例栓塞治疗经验，可供参考。本组14例中12例用的是游离弹簧圈，此种弹簧圈因不可抑制，术中难以调整，近年已被可脱性弹簧圈所代替。国产机械可脱性弹簧圈为本文作者单位研制，尚需继续改进，预期能有临床应用前景。

（张光霁）

机械性可脱式弹簧圈栓塞治疗颅内动脉瘤（附18例报告）（中华放射学杂志，1996；30(9)：591） 北京医院介入神经放射学研究中心黄胜平等报告了1995年3月至1996年3月对均可手术的18例21个动脉瘤选择栓塞治疗的结果。18例中Hunt分级

Ⅰ、Ⅱ级17例，Ⅲ级1例。1例急性期治疗，其余为非急性期治疗。前交通动脉瘤6个，后交通动脉瘤4个，颈内动脉瘤-眼动脉瘤4个，大脑中动脉瘤4个，颈内动脉瘤2个，基底动脉尖端动脉瘤1个。动脉瘤＜5mm 5个，5～10mm 10个，11～25mm 5个，＞25mm 1个。18例20次栓塞。1次栓塞16例，其中包括双侧大脑中动脉和双侧眼动脉各1例。2次栓塞2例，1例为双侧动脉瘤，1例第1次弹簧圈不能解脱失败，第2次成功。100％闭塞9个，95％～98％闭塞5个，80％闭塞2个，均保留载瘤动脉通畅。5例栓塞治疗失败，其中插管未成功2例；1例因瘤颈宽弹簧圈不能存留；1例因有正常血管开口于瘤体上不宜栓塞，1例导管穿破瘤壁出血改为手术治疗。手术并发症3例，1例穿破出血；1例瘤径宽冲出一个弹簧圈，栓塞大脑中动脉水平段，因侧枝好未引起神经功能障碍；1例眼动脉巨大动脉瘤，栓塞后失明。作者认为血管内治疗动脉瘤侵袭性小，可脱性微弹簧圈柔软，充填能力强，有一定致栓性，可有效的栓塞颅内动脉瘤，并保留载瘤动脉通畅。弹簧圈栓塞治疗颅内动脉瘤主要并发症有：血管破裂、弹簧圈游走、血栓形成和巨大动脉瘤栓塞后出现占位症状。熟练的技术、轻柔操作、正确测量动脉瘤大小、选择合适的弹簧圈、全身肝素化可大大减少并发症的发生。有占位症状的巨大动脉瘤适合球囊闭塞载瘤动脉。

述评　1995年世界介入疗法组综合报道的栓塞治疗的结果显示，75％的颅内动脉瘤可以免除开颅手术，其中有一半患者可达到解剖治愈。因此，栓塞治疗目前已成为颅内动脉瘤治疗的重要方法。但因技术及设备要求较高，国内还只限于少数具备较好条件的医院才能开展。本文总结的18例可手术治疗的动脉瘤行MDS治疗，有一定推广意义，可供国内读者参考。

（张光霁）

外伤性胼周动脉瘤（中华神经外科杂志，1996；12(1)：22）　重庆西南医院王宪荣等报告2例减速性颅脑伤所致的胼周动脉瘤。例1系男性，41岁，入院前25d跌伤，枕部着地，外院留观，头颅CT扫描无异常，伤后25d晨，患者昏迷，呕吐，入院查体示昏迷，双瞳直径3mm，光反应迟钝，右上下肢瘫。头颅CT示左额叶深部及脑室积血。急诊开颅经额中回入路，清除额叶及脑室内血肿，术后意识好转。第9天行左侧颈动脉造影，发现左胼周动脉有黄豆大动脉瘤，无蒂；术后21 d再次开颅经纵裂入路，见动脉瘤位于大脑镰游离缘下方，电凝切除动脉瘤。病理示假性动脉瘤。例2系女性，13岁，入院前40d从10m高处跌下，后头部着地，原发昏迷30min，当地治疗10d后下床活动。伤后33d，患儿突诉头痛，即刻昏迷，抢救后意识好转入院，当时查体嗜睡，颈强直，无定位体征，行左侧颈动脉造影，证实为左胼周动脉瘤，次日开颅额中回入路清除额叶内血肿，发现动脉瘤位于胼周动脉与其分支接交处，无蒂，电凝切除动脉瘤。病理诊数据为假性动脉瘤。术后恢复顺利。作者提出胼周动脉损伤的机制有两种可能，一是胼周动脉主干直接与大脑镰游离缘相撞致伤，另一种可能是减速伤脑侧方移位时，胼周动脉主干与分支相连处成剪力，使动脉牵引损伤。外伤性动脉瘤有明确的头部伤史，动脉瘤破裂可使病情再度恶化。本组2例病例具有相同的CT表现，均示动脉瘤同侧额叶内血肿伴脑室积血，故有典型的脑外伤史和临床经过，首次CT正常，病情恶化后复查CT提示额叶内血肿伴侧脑室内出血，即应考虑胼周动脉瘤，进一步行CAG以确诊。外伤性动脉瘤随时间而增大。应尽早夹闭或切除动脉瘤。手术效果优于保守治疗，不伴脑内血肿或仅有纵裂内积血，可由纵裂入路，便于控制载瘤动脉减少出血，伴有脑内血肿和脑室内积血者，取额中回入路，清除血肿后即可见动脉瘤，动脉瘤无蒂，需电凝胼周动脉切除之。（高国一）

述评　外伤性动脉瘤少见，并发破裂出血延误治疗常带来不良后果。本文提供的2例胼周动脉瘤救治经验，均有明确的外伤史，伤后2～3周突发颅内出血，出血来源难以用外伤直接作用引起解释者，应考虑行血管造影，以明确原因，及时治疗，可供临床参考。

（张光霁　朱　诚）

大脑后动脉动静脉畸形手术入路探讨（中华神经外科杂志，1996；12(1)：17）　北京天坛医院赵继宗等报告1980～1994年手术治疗的大脑后动脉动静脉畸形50例，男33例，女17例，平均年龄31.8岁。以颅内出血为首发症状者为26例，占52％，CT扫描发现有脑内血肿10例，术前有视野缺损19例，肢体运动存在不同程度的障碍8例。全部病例经股动脉插管脑血管DSA造影，P_1段AVM 2例，P_2段6例，P_3段16例，P_4段26例，畸形直径＜2.5cm 10例，2.5～6.0cm 24例，＞6cm 16例。参加供血的动脉为大脑中动脉18例，大脑前动脉16例，小脑上动脉2例，颈外动脉9例。引流静脉为Galen静脉者20例，上矢状窦25例，横窦14例，乙状窦5例。本组50例开颅显微外科手术切除畸形血管，其中P_1段、P_2段和P_3段血管畸形采用颞部开颅，P_2和P_3段经颞底面楔形切除畸形血管。P_4段血管畸形手术入路有两种，近中线者采用大脑镰-小脑幕入路，近凸面者采用顶枕开颅。术后全部经过脑血管造影复查，全切畸形血管46例占92%，畸形血管部分残存者4例占8%，无手术死亡。10例术前视野正常者术后出现视野缺损。术前视野缺损的19例中，4例术后加重，5例有所好转，10例无改善。对23例随访24～108月，患者全部参加了正常工作，5例术前有癫痫发作者，术后1年停用抗癫痫药，未再发作。另有1例抗癫痫药减量。15例中有视野变化者，恢复正常6例，视野改善4例，无改善5例。作者认为畸形血管破裂出血是大脑动脉血管畸形的主要表现，手术切除畸形血管是处理大脑后动静脉畸形的最好办法，本组选用颞部入路处理P_2、P_3段血管畸形，经颞叶梭形回切入，尽量在颞前区找到供血动脉，予以结扎，再切除畸形血管团，可避免对视路的损伤，顶枕入路用于P_4段位于在脑凸面内的血管畸形，如合并血肿，可清除血肿并切除畸形血管。大脑镰小脑幕入路处理位于中线或不伴有血肿的P_4段血管畸形，自枕叶内侧面探查，于距状裂上2.0cm处切开皮层，切除病灶，术中注意避免损伤大脑内静脉和大脑大静脉。手术切除大脑后动脉血管畸形可能出现的神经功能损害为失语和偏盲。作者指出大脑后动脉血管畸形是发生率较高的脑血管畸形，如选择适当的手术入路，全切畸形血管并最大限度地降低术后神经系统缺损是可能的，尤其是手术切除畸形血管团后，有可能使部分患者的癫痫得以抑制，是比较理想的治疗方法。　　　　（高国一）

述评　颅内动静脉畸形治疗方法主要有手术切除、血管内栓塞和立体定向放疗。三者各有其适应证和优缺点。迄今为止，手术切除仍为最彻底的方法。大脑后动脉动静脉畸形多见，位置深，手术有一定难度，术后易致的神经功能障碍主要是偏盲和失语。选择适当的手术入路，术中尽可能减少脑组织的损伤，是减少神经功能障碍的最主要措施，本文提供的经验可供参考。

（张光霁　朱　诚）

血管内栓塞脑动静脉畸形（中华神经外科杂志，1996；12(1)：5）　哈尔滨医大一院黄正松等报道血管内栓塞治疗脑动静脉畸形（AVM）33例的经验。男性15例，女性18例，平均年龄30.6岁。病变位于额叶6例，顶叶3例，顶枕叶4例，基底节区4例，幕下4例。首发症状以脑出血或蛛网膜下腔出血15例，癫痫发作12例，进行性神经功能障碍3例，头痛起病3例。栓塞前均行头颅CT或MRI检查，部分患者术前、术后还作了ECT和TCD对比检查。15例单纯应用真丝线段混悬液，2例联合应用NBCA，2例联合应用PVA颗粒，13例联合用乙醇和乙烯雌酚，1例并用微弹簧圈。结果：完全栓塞16例，75%以上者8例，50～75%之间4例，＜50%者5例。作者认为采用5～0的丝线混悬液作栓塞材料，具有无毒、生物相容性好的特点。在这种混悬液中加入代血浆可增加液体粘稠度。防止线段沉淀；加入白蛋白是因为其有双相性可吸附丝线表面电负荷，消除静电，且产生相互排斥力量，防止线段聚集成团；加入罂粟碱是免于导管刺激和反复注入液体引起的脑血管痉挛。并发并有微导管前端破裂2例，未发生神经功能缺损；正常灌注压突破综合征，防止方法是对巨大的高血流低阻力型，并伴有动静脉分流，尤其是具有深 部引流静脉者，采取分期逐步栓塞法。

（白如林）

述评　作者单位自1992年2月至1994年4月间，用真丝线段混悬液为主要栓塞材料，对33例AVM作血管内介入栓塞治疗，疗效尚属满意。提出的对高流低阻型采取分期逐步栓塞的见解，有一定临床参考意义。

（张光霁　朱　诚）

混合性脑膜-脑动静脉畸形的血管内栓塞治疗（中华神经外科杂志，1996；12(1)：13）　解放军总院李宝民等报告18例大、中型混合性脑膜-脑动静脉畸型的诊断与血管内治疗。6例有发作性头痛，4例有癫痫，8例表现为蛛网膜下腔出血。10例行增强CT扫描，见相应部位的脑内及颅板下异常不规则高密度影。MRI检查4例提示脑内及头皮有流空现象。17例经股动脉、1例经患侧颈内动脉插管；确认供血来源后，分别对颈外、颈内或椎基动脉系统供血的畸形血管团进行栓塞。颈外系统病变用聚乙烯醇颗粒栓塞，颈内或椎基动脉系统病变用微钨螺旋圈辅助NBCA或IBCA栓塞，对较大的畸形血管团1月后二次栓塞残余病灶。18例共栓塞46次，经一次栓塞后使畸形团减少70%～80%5例，40%～60%12例，20%1例；第2次栓塞后缩小80%～95%以上7例，40%1例。随访3个月至3年未见复发。作者认为，对颈外动脉系行栓塞时，应缓慢、低压和间断注入栓子，防止栓子逆流误栓颅内血管。对脑内AVM可先向畸形团内送入数个微钨螺旋圈，可使病变内形成网状支架结构。栓塞材料首选NBCA或IBCA。大型脑AVM应控制血压以防止发生正常灌注压突破综合征。

（白如林）

述评　混合性脑膜-脑动静脉畸形临床上治疗较困难，治愈率较低。作者经血管内栓塞治疗18例，畸形血管团消除80%～95%；随访3个月～3年，未见复发，是国内治疗例数较多疗效也较好的一组病例。所总结的经验和采取的措施，可供参考和采用。

（张光霁　朱　诚）

非 Galen 静脉脑动静脉瘘的诊断和治疗（中华放射学杂志，1996；30(9)：583）　北京医院戴琳孙等对 11 例非 Galen 静脉的脑动静脉瘘（AVM）的诊断标准及治疗原则进行了探讨。11 例中，男 4 例，女 7 例，年龄 22 个月～35 岁，平均 12 岁。有占位症状 4 例，癫痫 3 例，出血 5 例。8 例行 NBCA 或 IBCA 栓塞治疗，其中 1 例行手术切除 AVM，2 例行弹簧圈栓塞和另 1 例球囊栓塞术失败后行手术夹闭供血动脉。结果：解剖治愈 8 例，其中 6 例术后 10d 至 5 个月行造影复查，未见复发，植物生存状态 1 例；死亡 2 例。非 Galen 静脉 AVF 是脑 AVM 中的一个特殊类型，与 Galen 大脑大静脉动脉瘤样畸形（VGAM）鉴别有：多发生在儿童，VGAM 多见于婴儿；无脑脊液循环障碍；Galen 静脉扩张，无胚胎残余镰窦。单纯栓塞治愈率高。DSA 是确诊本病的直接手段，可以明确供血动脉、瘘口及扩张静脉球的部位和静脉引流方向。治疗此病的原则应选择较安全可靠的材料栓塞瘘口部位，静脉球及扩张的引流静脉不予处理。为防止正常脑灌压突破（NPPB）发生，对脑 AVF 患者的术中、术后治疗性降压是一项重要措施，至少持续 48～72h，对于多发性脑 AVF 应分次栓塞以减少并发症的发生。

（白如林）

述评　非 Galen 静脉的脑 AVF 是脑动静脉畸形的一种特殊类型，可单独存在，也可以伴有 AVM。目前以有带导管的 Zepline 导引导管、带球囊的 Grapwine 双腔显微导管以微弹簧圈栓塞 AVF 最为合适。本文 11 例脑 AVF 行栓塞治疗取得较好效果，并提出诊断标准和栓塞治疗中的注意点，值得在临床上进一步验证和推广。

（张光霁　朱诚）

立体定向血肿排空术治疗高血压脑出血的若干问题探讨（功能性和立体定向神经外科杂志，1995；8(3)：7）　海军总院于新等报告 1986 年 6 月至 1992 年 6 月行 CT 引导立体定向清除高血压脑出血 103 例的治疗经验。男 74 例，女 29 例，年龄 37～90 岁，平均年龄 59.5 岁，高血压史平均 35 年。入院时 GCS 3～5 分 47 例，6～9 分 37 例，10～12 分 19 例，已有呼吸不规则者 35 例，一侧瞳孔散大者 30 例，双侧瞳孔散大 7 例，血肿位于壳核、丘脑共 75 例，皮质下 10 例，小脑 15 例，脑干 3 例，血肿量 20～100ml 之间 84 例，血肿破入脑室 20 例。卒中 7h 内手术 8 例，12h 内手术 13 例，12～24h 手术 43 例，2～3d 手术 31 例，4～17d 手术 8 例。本组行单道入路清除血肿 90 例，双道入路清除血肿 13 例，抽吸液状血肿 13 例，余 90 例用排空器清除，粉碎抽吸量＞80％ 73 例，60％～80％者 17 例，术后当日或次日行 CT 复查对残存血肿多余 10ml 者行尿激酶溶凝血块治疗，术后血肿腔再出血 3 例，肺炎 5 例，消化道出血 6 例。死亡 8 例，病死率为 7.8％。术后 2～72 个月随访恢复良好 33 例，轻残 23 例，重残 17 例，死亡 8 例。作者指出本手术可适用于各种年龄、各出血部位及各种出血量的患者，特别适用于高龄及危重患者的抢救。手术最好在发病 6～7h 内尽早进行，危重患者可于 6h 内进行。手术中穿刺靶点应选择在血肿腔中心部位或偏后，液态血肿可经穿刺抽吸完成，在 CT 下进行操作，可详细掌握血肿排空的进展情况，术中避免脑组织受损，小的脑干血肿的排空应使用外径小于 3mm 的穿刺针。术后血肿腔内置管有较大价值，既要测压，又可引流残余空气或液体。术后 12h 内应常规 CT 复查。血肿腔内再出血是术后最常见的并发症，发生率为 4％～16％，术中应在定向仪下精确定位，仔细操作，选择血肿的中心或偏后的位置为靶点外，血肿排空速度以 1～2ml/min，估计排出量的 60％～80％为宜，以预防再出血的发生。高血压脑出血时血肿破入脑室是造成不良后果的主要原因，治疗上可清除脑室血肿后行脑室外引流及尿激酶溶凝治疗，并反复腰穿放出含血脑脊液及适当向蛛网膜下腔注入氧气以冲开小凝块，促进脑脊液循环，疗效良好。

（高国一）

述评　立体定向血肿排空治疗高血压脑出血，目前应用较广，效果较好。本文报告 103 例的治疗经验，提出在出血后 6 h 手术，穿刺靶点应在血肿中心或偏后，控制排空速度，总排出量 60％～80％为宜，剩余血肿以尿激酶溶凝治疗等，均有较大参考价值。术后再出血是穿刺治疗的最大问题，近年来应用脑内镜穿刺排空血肿，加激光或电凝止血效果较好。脑内镜治疗应为今后的发展方向。

（张光霁　朱　诚）

脑转移瘤 70 例临床报告（第三军医大学学报，1995；17(6)：542）　西南医院冯华等对该科 1976～1994 年收治 70 例脑转移瘤进行总结，男 44 例，女 26 例，平均 51.5 岁。23 例有肿瘤病史 CT 多表现为一个或多个圆形块影，边缘清晰，少数形状欠规则。单发转移灶 34 例，多发转移灶 36 例。转移灶位于幕上 61 例，小脑 7 例，脑干 2 例。幕上转移灶不论单发或多发大多位于脑中动脉分布区。47 例行开颅肿瘤切除术，1 例行 CT 立体定向活检及后装瘤内放疗。

手术组48例中好转35例。作者认为对颅内占位的患者，有以下特点应考虑转移瘤可能：中年以上，起病较急，颅压增高及神经系统损害体征发展迅速，一般情况较差；CT发现颅内病灶尤其是多发病灶，肿瘤边界清楚而水肿明显，主要位于大脑中动脉分布区，增强效应明显且主要为环状增强；血及脑脊液肿瘤标志物阳性；体检或辅助检查发现其他部位肿瘤。脑转移瘤仍应采取积极的手术治疗。手术适应证：一般情况良好；位于非功能区表浅部位的单发或同一入路可切除的2个或3个病灶；原发肿瘤已切除，病情稳定；原发肿瘤未切除，但因颅内压增高，可先切除脑转移瘤，再处理原发灶；多发病灶或肿瘤位于深部重要功能区，为缓解颅压可行减压手术。

（陈志坚）

述评 脑转移瘤是颅内恶性肿瘤中除胶质瘤外最常遇到的棘手问题之一。虽近年来γ-刀、X-刀等新治疗方法报道较多。但对单灶性非功能区仍以手术切除和病理检查确诊为主要的神经外科治疗方针。作者的70例总结，虽然病例数不算太多，也可概括诊疗全貌和要点，可供同行在实际工作中参考。

（卢亦成　朱　诚）

大型听神经瘤的手术治疗（中华神经外科杂志，1996；12(2)：961）　北京天坛医院罗世祺等报告了1991年1月～1994年12月手术切除的大型听神经瘤140例（直径≥4 cm）。平均年龄40.1岁，平均病程3.5年。一侧肿瘤138例，双侧2例。患者行CT、MRI检查，其中MRI检查的优点是利用其三维成像可见肿瘤推挤造成脑干移位和肿瘤钻入内听道的情况。主要症状有头痛、视乳头水肿、听力丧失或减退、咽反射迟钝或消失、走路不稳及共济障碍、一侧肢体力弱及病理征阳性。135例采用一侧枕下入路，5例采用颞枕小脑幕入路。61例肉眼下切除肿瘤，79例显微手术切除，无术后死亡，肿瘤全切除率84.3%，面神经保留率87.3%，术前有听力者听神经保留率64.1%。本组5例术后出现血肿，其中3例于手术部位，2例为远隔部位的幕上硬膜外血肿；9例术前后组脑神经麻痹，无咳嗽反射，术后行气管切开术；5例术后伤口皮下积液。110例随访6个月～4年，生活自理皆好。作者总结了肿瘤全切除和保留面神经的经验，同时强调术前、术后处理也至关重要：①危重患者可先行侧脑室-腹腔分流缓解颅压后再开颅手术；②术后密切观察病情变化，及时发现和清除术后血肿；③术前有后组脑神经麻痹者术后宜早期行气管切开；④伤口皮下积液在炎症已控制的情况下可行囊腔-腹腔分流术。

（陈志坚）

述评 该组为近年来巨大听神经瘤报道的较多的病例数，且疗效较优，所总结的诊疗体会有一定参考价值。

（卢亦成　朱　诚）

200例垂体GH腺瘤经蝶手术疗效观察（中国医学科学院学报，1995；17(5)：333）　北京协和医院苏长保等对该科1979年7月～1992年3月施行经蝶显微外科切除的有手术前后GH测定对比的200例垂体GH腺瘤进行总结分析。男95例，女105例，平均36.6岁。大腺瘤132例，微腺瘤68例。1986年后138例（B组，1986年前为A组）在手术方法上进行了改进。光镜检查：嗜酸细胞瘤117例，嫌色细胞瘤17例，混合型66例。189例免疫组化染色均为GH细胞腺瘤。作者认为局限于鞍内或轻度鞍上发展肿瘤最适于经蝶窦手术切除。CT示瘤内有低密度区，提示部分坏死或囊性变，即使明显向上发展也利于经蝶手术；作者采用Hardy经口鼻蝶窦入路显微外科技术，B组改良了手术方法，包括以环形刮匙反复刮净残余瘤组织，改进切除顺序，瘤腔内反复冲洗，局限于鞍内的微腺瘤或大腺瘤，可切除部分瘤周垂体组织，增高颅内压使鞍隔下降以便进一步切除肿瘤的残余部分。作者以血GH基础值<5 mg/L为治愈，6～10 mg/L为缓解，较术前下降>50%为进步。B组微腺瘤治愈缓解率为80.5%，大腺瘤为69.1%，A组分别为44.4%和31.4%，B组疗效无论微腺瘤或大腺瘤均明显优于A组（$P<0.01$）。作者认为对前叶功能无明显减低，局限于鞍内或轻度鞍上发展的病例切除瘤周围垂体组织，这样不致增加术后垂体功能不足的发生率；微腺瘤和大腺瘤局限于鞍内或轻度鞍上发展者疗效好，侵蚀性腺瘤疗效较差。术后并发症为可逆性短期多尿和尿崩、脑脊液鼻漏，继发颅内感染、鼻出血等。

（陈志坚）

述评 经蝶窦切除垂体腺瘤，北京协和医院是国内最早开展此手术的单位之一，累积至1992年总结的有关GH瘤200例，也是同期国内病例最多的一组。有关手术适应证、诊疗等体会，对指导临床有重要的参考价值和意义。

（卢亦成　朱　诚）

鞍区脑膜瘤手术入路的选择与评价（湖南医科大学学报，1996；21(2)：137）　长沙湘雅医院袁贤瑞等总结了鞍区脑膜瘤共38例，鞍上型中起源于蝶骨平板8例，鞍结节3例，鞍隔2例；鞍旁型中起源于内侧蝶骨嵴16例，全蝶骨嵴7例，岩-斜坡-蝶区2例。手术入路按作者等自建的4级分类法评级：Ⅰ级显露最好，无需牵拉脑组织；Ⅱ级需间断牵拉脑组织，但无损伤；Ⅲ组对脑组织牵偏重，有伤痕；Ⅳ级牵拉损伤脑组织重，有不同程度脑水肿。经眶颧额颞下入路：12例为Ⅰ级，8例为Ⅱ级；翼点入路：2例为Ⅰ级，8例为Ⅱ级，1例为Ⅲ级，1例为Ⅳ级；纵裂与双额下入路：1例为Ⅲ级，2例为Ⅳ级；1例额眶入路为Ⅰ级；1例枕下入路为Ⅱ级，1例乙状窦前-天幕入路为Ⅲ级。手术后均无死亡，其中31例为全切除。鞍旁型脑膜瘤中的蝶骨嵴部有23例，经眶颧额颞下入路的20例中，Ⅰ级12例，Ⅱ级8例，因能在颅底部形成宽阔的操作空间，不需牵拉硬脑膜即可切除颅底病变的骨质，可自然显露眼眶、颞下窝和海绵窦及临近区域，经翼点入路的3例难以达到这些要求。鞍旁型中的岩-斜坡-蝶区2例，1例经枕下入路为Ⅱ级，1例经乙状窦前-天幕入路为Ⅲ级。鞍上型脑膜瘤首选经翼点入路，该种方法可避开颈内动脉和视神经的阻碍而将肿瘤分片切除，对脑组织损伤轻，费时少，而经眶颧额颞下入路，手术成角迂回，并有损伤重要结构的危险。经双额纵裂入路的损伤较大，传统的经额或颞入路，易导致脑牵拉伤。手术中良好的显露还有赖于显微外科技术条件下的肿瘤的分片切除和术者技术熟练程度。

（黄承光）

述评 鞍区脑膜瘤系颅底肿瘤，可跨属前、中、后颅窝。作者用4级评分法来评价手术入路和显露良否的标准，认为鞍旁型经眶颧额颞下入路显露良好，脑组织受牵拉损伤少，鞍上型宜选翼点入路，较传统经额颞入路为优，有一定的科学性和可信性，是有新意的临床研究工作方向，有一定的指导性意义。

（卢亦成　朱　诚）

2 600例γ-刀临床应用技术经验（功能性和立体定向神经外科杂志，1996年；9(1)：25）　山东淄博万杰医院伽玛刀中心王学峰等报告2 600例γ-刀临床应用技术经验。适应证的选择：①脑血管畸形：作者认为对于畸形血管巢直径＜3.0 cm，无论其病史及部位如何均可首选γ-刀治疗，对于较大血管巢(直径3.0 cm以上)可酌情选择显微外科手术、介入栓塞治疗或γ-刀联合治疗；②颅内良性肿瘤：认为瘤体小(＜3.0cm)，形态规则，边界清晰，尚未危及脑干、丘脑、视神经等重要神经功能区域者可直接选择γ-刀治疗，如听神经瘤、三叉神经瘤、颈静脉球瘤、脊索 瘤和脑膜瘤，尤其是鞍旁、海绵窦、蝶骨嵴、嗅沟、斜坡等处手术切除困难的脑膜瘤更是γ-刀良好的适应证；对垂体微腺瘤、瘤体与视神经交叉有影像学上可见间隔的垂体大腺瘤、实质性颅咽管瘤均可直接选择γ-刀治疗；已明显压迫视神经交叉的肿瘤宜行手术治疗或手术后γ-刀可辅助治疗术后残瘤；③颅内恶性肿瘤：认为颅内单发或多发、容积小、边界清晰的脑转移瘤，是γ-刀治疗良好的适应证。对于浸润性生长、在影像学上无明显边界的胶质瘤，治疗较困难。对于边界清楚、病变平均直径不大于3.0cm、手术困难或无条件手术者，可选择γ-刀治疗，尤其是低度恶性胶质瘤、较大肿瘤，可手术、放疗、化疗、γ-刀等联合治疗；④功能性神经外科疾患：认为(a)丘脑腹后内侧核毁损治疗恶痛；(b)三叉神经半月神经节γ-刀毁损治疗三叉神经痛；(c)内囊前肢γ-刀毁损术治疗强迫症和焦虑症；(d)丘脑腹外侧核、原状核头等单、多靶点毁损治疗帕金森病；(e)采用PET、CT、MRI、EEG等联合检查手段确定致癫痫灶，对于明确的局限性致盪灶行γ-刀治疗。

（丁学华）

述评 γ-刀主要治疗颅内3cm以内的良性肿瘤和血管畸形，对颅内恶性肿瘤如单发或多发的3 cm以内的转移瘤也有较好的治疗效果。作者总结了2 600例γ-刀临床应用技术经验，提出了手术适应证，并对靶灶定位、剂量、计划设计等技术操作问题进行了总结，具有一定的临床参考意义。

（卢亦成　朱　诚）

X-刀治疗颅内肿瘤及脑血管畸形128例报告（第一军医大学学报，1996，16(1)：56）　广州南方医院杨开军等报告X-刀治疗128例颅内肿瘤和血管畸形。男72例，女56例，年龄11～78岁，脑膜瘤19例，胶质瘤32例，脑转移瘤18例，听神经瘤10例，垂体腺瘤11例，颅咽管瘤7例，松果体区肿瘤5例，血管母细胞4例，脑动静脉畸形12例，其他肿瘤10例。病灶体积超过30cm^{3}者15例，占11.7%，后期均行手术治疗。肿瘤直径0.6～8.2cm，大部分病灶直径小于3.5cm。所有病例均经CT或MRI、DSA造影检查，部分病例经手术或活检术确定病理性质。

治疗效果与并发症。X-刀治疗有效：①CT扫描表现病灶失增强效应、囊性变或肿瘤缩小，甚至消失；②病灶周围脑水肿减轻，临床症状改善；③活检或手术证实病灶区组织已坏死。X-刀治疗后的并发症：①病灶周围神经结构严重受累，出现局灶性神经障碍症状；②出现严重脑水肿、颅高压征。治疗效果：128例随访时间1～6个月，复查发现肿瘤在1～6个月内大部分有CT扫描失增强效应。肿瘤明显缩小或囊性变仅多于见于胶质瘤、脑转移瘤等。部分脑转移瘤表现肿瘤消失。由于随访时间短，动静脉畸形患者，绝大部分未表现出治疗效果。另有17例采用X-刀联合手术治疗，发现术中出血少，肿瘤均表现出程度不等的变软、供血减少等。病理见肿瘤内细胞成分减少，胶原性物质增多，小血管多闭塞。作者认为保证X-刀治疗效果及预防并发症关键是病例选择和优化治疗计划。病例选择主要考虑：①无严重颅内高压征；②病灶是活性细胞成分；③经严格影像学检查或活检手术确诊；④小病灶、非功能区，治疗效果好，并发症少，应为首选。对于大病灶应采用X-刀与手术相结合的联合方法，治疗效果更好。

（丁学华）

述评　X-刀治疗颅内肿瘤和血管畸形，目前已取得一定经验和疗效，治疗仍以中小病灶为主，对于较大病灶能否为X-刀的适应证仍应进一步积累临床资料以便提高治疗效果。

（卢亦成　朱　诚）

立体定向脑瘤间质内放疗手术方法探讨（中华神经外科杂志，1995；11(6)：318）　北京海军总院刘宗惠等报告400例脑深部肿瘤采用定向肿瘤间质内放射诊疗技术，其中鞍区198例，丘脑及基底节区125例，大脑半球深部及颅底区40例，第三脑室后15例，脑室内10例，小脑半球内7例，脑干内5例。方法：采用CT立体定向引导向肿瘤内注入核素，其中注入^{32}P胶体磷酸铬187例次，^{90}Y 125例次，后装机^{192}Ir行瘤内近距离内放射50例。诊疗结果：400例共行462次内放疗，术后近期症状好转或改善，无严重并发症和手术死亡。4例术后发生出血，3例颅咽管瘤放疗后出现一侧动眼神经麻痹，术后1个月皆恢复，4例内放疗后出现垂体功能低下，均经保守治疗后逐渐恢复，3例出现脑脊液漏经缝合治愈。随访2～5年的270例中有颅咽管瘤15例，肿瘤消失，恢复工作学习90例，占78.2%，肿瘤明显缩小或囊中消失，残留钙化斑块而症状改善15例，占13.0%，肿瘤增大（实体）10例，占8.6%，其中3例又接受了开颅手术切除肿瘤，有效率为91.2%。胶质瘤（Ⅰ～Ⅱ级）105例，肿瘤消失30例，占28.5%，明显缩小50例占47.7%，轻度缩小或部分囊性变10例，占9.5%，肿瘤增大又行手术切除9例，占8.5%，6例死亡，占5.8%，显效率为76.2%。作者提出间质内放射疗法的适应证是：①位于脑深部或脑主要功能区不能手术切除的肿瘤；②手术切除后残留的恶性肿瘤瘤块；③术后复发的恶性肿瘤或已作过外放疗无效的肿瘤。

（丁学华）

述评　采用立体定向内放射治疗脑深部良性和恶性肿瘤是一种较稳妥的方法。作者报告400例经治疗后大多数肿瘤得到控制，预后较好，值得试行。

（卢亦成　朱　诚）

恶性胶质瘤同步放射化学治疗继以动脉灌注嘧啶亚硝基脲治疗观察（中华神经外科杂志，1996；12(4)：201）　北京中日友好医院左焕琮等报告了1987年11月～1991年2月手术治疗55例恶性胶质瘤。（Kernoham分级Ⅲ～Ⅳ级）分为3组：A组（14例），采用ACNU、VCR和尼卡地平治疗继以放疗的同步放射化学治疗，随后每3～6个月经患侧动脉灌注ACNU一次（2 mg/kg）；B组（16例），单纯同步放射化学治疗；C组（25例），只行放疗。所有患者在同步放射化学治疗或放射治疗前及治疗结束后1个月CT脑增强扫描。近期效果：A、B两组30例中，有效（肿瘤面积缩小）19例（63%），C组25例中，有效7例（28%），$P<0.01$。经随访和Kaplan-Meier法统计累积生存率，1、2、3年生存率，A组分别为93%、67%和50%；B组为75%、31%和13%；C组为51%、13%和13%。A组和C组差异显著，A组与B组相比仅3年生存率差异显著，B组和C组无显著差异。A组中位生存期为33个月，B组为17个月，C组为11个月。同步放射化学治疗的主要毒副作用为胃肠反应、肝脏和造血功能的损害。作者将结果与日本设乐等的结果进行比较，同步放射化学治疗结合ACNU动脉灌注治疗可显著提高恶性胶质瘤的治疗效果，特别是患者的2年生存率明显提高，但是半数以上的患者仍然在治疗后3年内死亡。

（张晓鹏）

述评　恶性胶质瘤的治疗是神经外科中最棘手的问题之一。由于恶性胶质瘤细胞对放疗相对不敏感，而血脑屏障的存在使化疗的选择受到限制，所以治疗效果不理想。作者用放疗结合ACNU、VCR和尼卡地平综合治疗，继以ACNU定期动脉内化疗，提高了患者的2年生存率，这是一个有益的尝试。但是对患者的3年生存率的提高无帮助，提示采用统一的治疗方法对恶性胶质瘤的治疗效果有限，放疗和化疗的个体化问题值得进一步探讨。

（卢亦成　朱　诚）

四种新脑肿瘤的临床病理诊断（实用癌症杂志，1996；11(3)：215）　上海瑞金医院程越提出4种新的脑肿瘤应作为独立的病理类型：①多形性黄色星形细胞瘤（plemorphic xanthoastrocytoma，PXA），患者年龄多小于40岁，术中见肿瘤呈片状覆盖于软脑膜上，瘤底常有囊性变，并可向脑实质内浸润。镜下细胞排列成束，异形明显，核大染色深，有怪核、多核及巨核细胞。胞质丰富，含脂质空泡，间质血管周围有淋巴浸润，但无血管内皮细胞增生及片状坏死，嗜银染色瘤周见网状纤维产生，GFAP蛋白S-100阳性。可含有神经节分化细胞。Keper(1979)首次报道，PXA 患者(10%～25%)术后存活数月至 25 年，优于间变性星形细胞瘤，WHO 分类为 2 级。术后加放疗；②中央性神经细胞瘤(central neurocytoma, CN)，为神经上皮肿瘤，15～35 岁多见，位于侧脑室或三脑室内，CT 或 MRI 可见钙化。光镜下见细胞大小一致，含丰富毛细血管网，血管周围常有无细胞的纤维区。胞质淡染或透明，形成核周空晕，细胞间界限不清。胞核园，染色质清晰，均匀呈点状，核仁小或无。电镜下胞浆内含突触间隙，突触内含神经分泌颗粒和微管。免疫组化：突触囊泡蛋白(synaptophin)及神丝蛋白(neuroilament protein)染色阳性。有神经节细胞分化特征，PCR 检测有致肿瘤基因 N-myc 扩增现象。切除术后预后良好，无随脑脊液播散；③胚胎发育不良型神经上皮瘤(dysembryoplastic neuroepithelial tumor)，来源于神经上皮，是多位于额、颞叶皮质内的良性肿瘤，有长期癫痫症状。镜下见多样成份瘤细胞，有少突星形胶质和神经节细胞，免疫组化可证实有节细胞存在，常有钙化，但无异形细胞、核分裂和坏死。可形成错构性质的多灶性肿瘤。瘤灶切除后，癫痫症状可控制或消失；④婴儿成纤维型节细胞胶质瘤(desmoplastic infantile ganglioglior, DIG)，发生于 1 岁以下的婴儿，多位于大脑额叶和顶叶，质地坚韧，与硬脑膜相粘连，镜下细胞形态似间质细胞，排列成束，混杂大量胶质成分，GFAP 染色阳性。1987 年 Vandan Berg 首次报道 11 例，以后陆续有 20 余例报道，切除后预后良好。

(张晓鹏)

述评 4 种新肿瘤均为罕见，除 PXA 有复发和恶变外，预后都较好，为避免误诊为恶性肿瘤和术后不必要的化疗和放疗，有必要单独列出，且已被列入 1993 年版的《WHO 肿瘤分类》一书中。

(朱 诚)

抗 CD3 抗体活化细胞免疫表型变化对抗胶质瘤活性的影响(中华神经外科杂志，1996；12(4)：230) 白求恩医大一院鞠砚等报告了取 8 例手术切除的星形细胞瘤Ⅱ～Ⅲ级肿瘤标本，同时取患者外周静脉血。从肿瘤组织中分离浸润淋巴细胞(TIL)和外周血淋巴细胞(PBL)。在抗 CD3 抗体包被的培养瓶中用含 γ-IL-2 的 TMDM 培养基中培养 PBL 得 α-CD3AK 细胞；单用 γ-IL-2 处理 PBL 得 LAK 细胞。TIL 在抗 CD3 抗体包被的培养瓶中培养得 $CD3^+$ TIL，取患者胶质瘤细胞和 U-251MG 细胞作为自体和异体肿瘤靶细胞，U-937 细胞为对照，用 ^{3}H-TdR 标记，将上述效应细胞和靶细胞以 20:1 效靶比在 37℃，5%CO_2 条件下培养 18h，经过收集自动液闪计数仪检测，计算各效应细胞的细胞毒活性。结果经抗 CD3 抗体处理的 TIL 细胞中 $CD3^+$ 和 $CD27^+$ 细胞明显减少，其他表型变化不明显，而经抗 CD3 抗体和 γ-IL-2 处理的 PBL(α-CD3AK)中，$CD57^+$、$CD8^+$ 和 $CD4^+$ 细胞明显增高，$CD27^+$ 细胞显著降低。细胞毒高活性 $CD3^+$-TIL 和 α-CD3AK 细胞对胶质瘤细胞的杀伤作用明显提高。作者指出，淋巴细胞表型与其抗肿瘤活性密切相关，而恶性胶质瘤患者的细胞免疫功能低下，表现为 $CD3^+$NK 细胞减少和 $CD4^+/CD8^+$ 比值倒置。经抗 CD3 抗体处理的 TIL 和 PBL 中，$CD57^+$-NK 细胞增高，$CD3^+$-TIL 和 α-CD3AK 细胞对自体和异体胶质瘤细胞的杀伤作用明显提高。抗 CD3 抗体活化 T 细胞的机制是 T 细胞受体(TCR)和 CD3 分子组成 TCR-CD3 复合体，外来抗原被 TCR 识别后，信号经 CD3 分子传入细胞质内，启动胞质的蛋白激酶 C 和内质网钙离子库，使胞质内的钙离子增多，磷酸肌醇产生增多，蛋白激酶 C 转位，CD3 组合磷酸化产生活性。

(张晓鹏)

述评 恶性胶质瘤的治疗效果与机体的抗肿瘤细胞免疫活性密切相关。作者尝试用抗 CD3 抗体刺激 TIL 和 PBL，得到的 CD3-TIL 和 α-CD3AK 细胞对自体和异体胶质瘤的杀伤作用较普通淋巴细胞显著提高，方法虽然较繁琐，但可能有较好的临床应用前景。

(卢亦成 朱 诚)

急性硬膜下血肿及其预后评估(中华神经外科杂志，1996；12(1)：44) 天津脑外科医院靳永恒等对 CT 确诊的 237 例急性硬膜下血肿患者的有关临床指标和预后进行分析研究。其中男 193 例，女 44 例，年龄 1～80 岁，平均年龄 39 岁。伤因有车祸 156 例、坠落伤 56 例、打击伤 13 例、砸伤 10 例、挤压伤 2 例。血肿部位有额叶 29 例，颞叶 62 例，顶叶 12 例，枕叶 9 例，颅后窝 6 例，波及 2 个以上部位 119 例。预后相关因素：年龄＞60 岁者死亡率高达 65%；血肿波及 2 个以上脑叶者死亡率 39%，颅后窝血肿死亡率为 50%，血肿局限于枕叶者死亡率仅 22%；GCS 3 分组和 8 分组的死亡率分别为 82.9%和 20%；双瞳散大对光反应消失、单瞳散大对光反应消失及双瞳等大对光反应存在者的死亡率分别为 92.0%、43.5%、3.7%，针对患者年龄、性别、受伤至入院时间、入院时 GCS 评分、血肿部位、瞳孔变化、病理反射及治疗方法等 8 个临床指标和预后，通过 Logistic 回归分析表明，入院时 GCS 评分和瞳孔变化是评估预后的重要因素。作者认为急性硬膜下血肿常伴有严重的脑挫裂伤，残死率很高。在预测与预后相关的诸多因素时，不能依赖某一因素判断预后，应筛选2个以上的指标进行综合判断。脑外伤后早期GCS评分和瞳孔变化是最可靠的预后指标，其他指标应从临床角度与其结合进行综合分析。本文结果提示应尽早从入院时GCS评分和瞳孔变化的指标中预测急性硬膜下血肿患者的预后。

（董吉荣）

述评 硬膜下血肿多伴有脑脞裂伤，是急性颅内血肿中最多见且预后差别较大的颅脑损伤。作者通过预测的多项因素，确定GCS评分和瞳孔变化是最关键性指标，对早期治疗有一定参考意义。

（江基尧 朱 诚）

血清渗透压监测在颅脑重症治疗中的应用和意义（中华外科杂志，1996；34(4)：224） 北京宣武医院丁育基等对1 379例颅脑重症和开颅手术病例连续进行2 843次血清渗透压动态监测。其中男875例，女504例；年龄2～85岁；脑胶质瘤364例，颅脑损伤363例，高血压脑出血121例，脑膜瘤78例，动脉瘤60例，垂体腺瘤52例，其余脑瘤、血管畸形、脑脓肿等313例，选择正常人30例测定值作为本组的参考值。每日实际液体入量为(3 450±341)ml，每24 h分别静脉给予氯化钾3～4.5g、钠6.5～9g、葡萄糖150g、甘露醇100～200g。使用全自动渗透压压力计测定血清渗透压，应用颅内压监护仪于甘露醇使用前后不同时段测定颅内压。结果表明甘露醇滴注15min后血清渗透压开始升高，颅内压开始下降，30～60min达到峰值，加用速尿作用时间延长；使血渗值达到298mmol/kg·H_2O时的甘露醇剂量是降低颅内压的最合理剂量。经连续动态测定，手术后12h内颅内压处于较低水平，术后12～24h开始升高，并于36～48h达到峰值。本组发生急性肾衰5例，高渗高血糖非酮症昏迷14例，明显低于对照组。作者认为血清渗透压是机体内环境稳定的重要指标之一。因血渗值与甘露醇浓度呈正相关，动态监测血渗值能反应血中甘露醇的浓度及降颅压效果。颅脑伤死亡病例分析发现血渗值不能超过340mmol/kg·H_2O、血钠不能超过155mmol/L。甘露醇的用药间隔时间应为6～8h，减药应采用“减量不减次”的方式。血渗值320mmol/kg·H_2O为临界值，必须参照其他指标严密监测并及时纠正，以防发生急性肾衰及高渗高血糖非酮性昏迷。纠正高血渗的安全速度应为每小时2～3mmol/kg.H_2O，因下降速度过快易导致脑水肿。

（董吉荣）

述评 作者通过测定血清渗透压和颅内压并作对比，显示甘露醇治疗的正确时间和剂量，以达到既维持颅脑伤后伤员的有效循环量和机体内环境稳定，又能控制颅内压和脑水肿。是一篇较有临床研究价值的文献。

（江基尧 朱 诚）

早期胃肠外营养对重症脑外伤预后及氮代谢的影响（中华神经外科杂志，1995；11(6)：344） 苏州医学院一院王之敏等对40例严重脑外伤患者进行对照研究，比较早期胃肠外营养(PN)和传统延迟性胃肠内营养(EN)对氨基酸代谢、免疫功能及预后等方面的影响。选择年龄20～50岁、入院时GCS 4～7分的单纯颅脑伤患者40例，随机分成2组。PN组伤后24～48h接受胃肠外营养，用Harris-Benedict公式推算静息代谢消耗，Clifton公式计算每天的热能需要量，采用糖脂双能源，静脉用氮0.15 g·kg^{-1}·d^{-1}，按比例加入胰岛素、维生素、微量元素和电解质配成全营养液，深静脉持续滴注。EN组伤后6d鼻饲胃肠内营养液，含热量4.184kJ/ml，热氮比为600：1。测定尿氮量，计算氮平衡；伤后测定血清白蛋白、转铁蛋白、前清蛋白、纤维连接蛋白和多种游离氨基酸；测定免疫球蛋白、T细胞亚群等免疫指标；记录伤后10 d内发生的感染性并发症、死亡率、伤后3个月的GOS评分。结果表明PN组摄入热量和氮显著高于EN组，两组伤后均为负氮平衡，白蛋白均低于正常；PN组转铁蛋白、前清蛋白、氨基酸浓度均高于EN组；血清免疫球蛋白、淋巴细胞计数、CD4细胞亦高于EN组；PN组死亡率明显低于EN组，预后较好。作者认为颅脑伤患者能量消耗大，对脂肪的氧化能力增加，对葡萄糖的利用能力减弱，应控制糖的用量。糖脂比为1:1的配制在脑外伤早期胃肠外营养较安全。早期PN能有效地促进肝脏蛋白质合成，有利于创伤修复；能升高血清氨基酸浓度，促进支链氨基酸/芳香氨基酸(BCAA/AAA)比值趋于正常。PN组营养支持后细胞免疫功能改善，肺部感染发生率降低，提高了严重脑外伤的生存率。

（董吉荣）

述评 作者进行了一项有重要意义的临床研究，从3个月的预后情况来监测伤后早期经深静脉滴注的要素营养液能达到维持伤员代谢的需要，且能提高免疫功能。对重型颅脑损伤早期营养支持有重要的指导意义。

（江基尧 朱 诚）

脑基底池引流在重型颅脑损伤的价值（中华创伤杂志，1995；11(5)：309） 海南省医院刘健、高立达报告重型颅脑损伤22例，GCS评分均在8分以下，无原发脑干伤，无其他合并伤。于伤后24 h内采取开颅清除血肿并行天幕切开脑基底池引流。术后测定乳酸浓度和红细胞含量以了解伤情变化。除6例死亡外，其余16例GCS平均5.6分，术后7d GCS平均12.3分，说明经手术处理及基底池外引流后患者意识明显好转；脑脊液(CSF)乳酸含量及红细胞含量术后均有明显好转；CSF引流量存活组平均为179ml，死亡组平均为70ml，说明每日平均引流量愈多，成活率愈高；本组病例在住院治疗1个月后统计，恢复良好13例，生活能自理者1例，需人照顾者2例，死亡6例，死亡率为27.2%。作者发现每日平均引流量大于100ml可作为该法对此类患者术后预后估计的一个辅助参数。天幕切开及基底池引流的作用为：有效降低颅内压，缓解脑血管痉挛和减轻局部酸中毒，减少外伤性脑积水的发生率，解除脑干受压，可代替脑室穿刺引流或反复多次腰穿引流血性CSF。应注意：基底池引流宜尽早进行，引流时间一般7～8d，引流高度应适当调节，避免感染，保持引流通畅。

（陈志坚）

述评 作者对严重颅脑伤并发颅内血肿的患者，在行血肿清除同时，行天幕切开和基底池引流术，并测定脑脊液中乳酸含量和红细胞数。以脑脊液引流量100ml/d作为评估预后的辅助参数。实质上反映了脑干受损和肿胀程度。有一定新意，但脑疝患者有时切开天幕切迹较困难，无钩回疝者又不一定都要切开天幕切迹。尚需在临床中积累病例，进一步予以评价。

（江基尧　朱　诚）

颅脑损伤合并非酮性高渗性糖尿病性昏迷（中华创伤杂志，1996；12(1)：53）　大连医大一院赵炳纯等报道8例重型颅脑伤后非酮性高渗性糖尿病性昏迷(NHDC)。其中男7例，女1例；年龄39～70岁，平均年龄61.4岁；车祸伤6例，跌伤1例，棒击伤1例；入院时GCS 3分1例，4分3例，5分4例。入院CT扫描均有颅内血肿、严重脑挫裂伤和脑水肿改变，环池与基底池消失，中线结构明显移位。8例均行开颅血肿与坏死脑组织清除术。术后第1天血糖均高于16.7mmol/L，4例血钠高于150mmol/L；术后第2天血糖均大于33.4mmol/L，血钠均大于150mmol/L。尿糖均为强阳性，尿酮体阴性；红细胞比容偏高，血浆非蛋白氮升高。发生上消化道出血4例，体温均在38.5℃以上。依据血糖、血钠等结果确定NHDC后停用甘露醇、速尿、激素等药物，用0.45%低张盐水快速输入，并小剂量给予胰岛素，连续测定血糖、血钠。本组死亡5例(62.5%)，其中2例死于脑干功能衰竭，其余3例死于颅脑伤和高糖高渗的共同作用。作者认为严重颅脑伤是引起NHDC的重要原因。昏迷前的神经症状可因脱水加重。确诊NHDC的主要检验依据有血糖＞33.3mmol/L、血钠＞150mmol/L、血浆渗透压＞350mmol/L、尿糖强阳性、尿酮体阴性、BUN/Cr＞30/1等。如有高糖高渗血症，应立即停用甘露醇、速尿、苯妥英钠、激素等诱发NHDC的药物；积极治疗高热、肺炎、上消化道出血等颅脑伤后并发症；经胃管注入是一较好方法，不主张大量快速输注低张盐水或糖水；血糖部分下降后，应采用小剂量胰岛素治疗。

（董吉荣）

述评 重型颅脑损伤后非酮性高渗性糖尿病性昏迷(NHDC)发生率并不高，一旦发生却很难治愈。本文提出颅脑伤后NHDC的临床诊断标准及防治措施，有一定参考价值。

（江基尧　朱　诚）

双瞳散大患者手术治疗经验（中华神经外科杂志，1996；12(2)：124）　解放军101医院胡开树等总结10年来双瞳散大患者122例，GCS 3～5分89例，6～8分33例。双瞳散大时间：＜30min 18例；30～60min 63例；＞60min 41例。双瞳散大速度：＜30min 15例，30～60min 39例，＞60min 68例。手术组99例，非手术组23例。手术组死亡63例(63.3%)，植物生存18例(18.2%)，重残8例(8.1%)，中残5例(5.1%)，恢复良好5例(5.1%)，两组死亡率经卡方检验，$P>0.05$，无显著差异。作者认为双瞳散大时间大于60min不宜手术，小于30 min应争分夺秒尽快手术；短期内颅内压速度增高所致的继发性脑干伤远远重于缓慢颅内压增高对脑干的损伤，因此以脑胜裂伤为主的半小时内双瞳散大者不宜手术，伤后60min双瞳散大且以血肿或单侧脑挫裂伤为主的应及时手术；广泛性脑挫伤、DAI、蛛网膜下腔出血及高血压脑出血所致的双瞳散大不宜手术；单纯颅内血肿、硬膜下积液、单侧或局限性脑挫伤应及时手术；对青少年颅内血肿患者，只要及时手术仍可争取较好的效果，而老年人(大于70岁)双瞳散大不宜手术。

（陈志坚）

述评 瞳孔的变化对颅脑伤的伤情评估和预后，素有定论，作者通过10年临床观察，回顾性总结122例，很有说服力。实质上从瞳孔这一体征的表现，反映出脑干受损的严重程度。

（江基尧　朱　诚）

重型颅脑损伤持续颅内压、脑灌注压监护的临床研究（第四军医大学学报，1996；17(2)：123） 西安西京医院张文德等对 50 例重型颅脑损伤患者（GCS 3～8 分）及 50 例伤情与诊断和手术方式基本相似的另一组患者进行颅内压(ICP)连续监测对比研究。结果表明，监护组除 8 例 ICP 压力＜2.00kPa，CPP＞9.33kPa 外，余 42 例均有不同程度 ICP 增高与 CPP 降低。这些患者分别为创伤性颅内血肿、广泛性脑挫裂伤、继发性脑水肿或脑肿胀等，均采取积极的手术及综合治疗，预后良好，死亡率 14%。非监护组治疗与监护组相同，预后较差且并发症多，死亡率 28%。作者认为：对具有占位效应的重型颅脑外伤患者，虽 ICP＞5.33kPa，而 CPP＜7.32kPa，但只要时限短，在形成脑疝之前及时手术清除血肿或作广泛解压，并给予有效的药物治疗，使 ICP 降至正常，维持有效的脑血流量（CPP＞8kPa），仍可获得较好的预后；作者主张应连续行 ICP 与 CPP 监护 1 周左右，能及时发现术后并发症；ICP 与 CPP 监护对颅脑损伤全程治疗有指导作用；ICP 与 CPP 监护可作为评定预后的可靠标准。

（陈志坚）

述评 颅脑伤后引起颅内压增高的主要病理变化是并发颅内血肿和继发性脑水种和脑肿胀，发展到超过颅内代偿容积，可以发生脑疝，压迫脑干。因此，伤后颅内压的监测，特别是在一些原发伤较轻，继发性病理改变尚未到形成压迫出现症状前，是一种关键性诊疗措施。作者用对比的方法，证明了这一观点，对临床有很好的参考价值和意义。

（江基尧 朱 诚）

严重脑外伤后动脉血氧分压与肺泡动脉氧分压差的变化及意义（天津医药，1995；23(12)：707～709） 天津医大总院张赛等连续测定了 51 例急性重型脑外伤患者伤后 7d 内动脉血氧分压（P_aO_2）和肺泡动脉氧分压差（$P_{A\text{-}a}O_2$）的变化，动态观察了两者的变化与伤情及伤后 1 个月时按 GOS 评分分为良好和中残、重残和植物状态及死亡组，在 GCS 3～4 分、5～6 分和 7～8 分组中与预后之间的关系。男 37 例，女 14 例。年龄 16～73 岁，平均 40±16 岁。结果发现，伤后 24h 内 P_aO_2 为（9.77±2.44）kPa，显著低于正常值的（11.98±2.99）kPa，其中 P_aO_2＜10.64 kPa 者 35 例，占 68.6%，GCS 3～4 分（(9.26±2.62)kPa）和 5～6 分（(9.4±2.03) kPa）组显著低于 GCS 7～8 分组（(11.92±3.02) kPa）；$P_{A-a}O_2$ 为（6.03±1.99）kPa，显著高于正常值的（2.45±1.17）kPa。并发现，P_aO_2 与 GCS 间呈显著正相关（$r=0.52, P<0.01$），$P_{A-a}O_2$ 与 GCS 间呈显著负相关（$r=-0.62, P<0.01$）；P_aO_2 与预后呈显著负相关（$r=-0.64, P<0.01$），$P_{A-a}O_2$ 与预后呈显著正相关（$r=0.68, P<0.01$）；伤后 24 h 内 P_aO_2 与 $P_{A-a}O_2$ 间呈显著负相关（$r=-0.59, P<0.01$）。即伤情愈重，P_aO_2 越低，$P_{A-a}O_2$ 越高，预后越差，病死率越高。

不同预后组间比较发现，P_aO_2 明显降低，伤后 7 d 内进行性下降，而 $P_{A-a}O_2$ 在伤后 24 h 内明显高于正常值，伤后 3～7 d 呈进行性升高。重残和植物生存组伤后 24 h 内 P_aO_2 明显低于正常值，随后呈上升趋势，至伤后 7 天时接近正常水平，而 $P_{A-a}O_2$ 伤后 7 d 内显著高于正常值，随时间延长呈下降趋势。良好和中残组伤后 7 d 内 P_aO_2 保持在正常范围，而 $P_{A-a}O_2$ 在伤后前 8 d 高于正常值，伤后第 4 天恢复至正常值范围。

作者认为，重型脑外伤后早期低氧血症发生率高，伤情愈重，发生率愈高，通气/血流失调是导致低氧血症的重要病理生理变化之一。脑外伤后低氧血症引起的脑缺氧可加重脑水肿，使颅内压升高，直接影响患者预后。说明重型脑外伤后早期测定和连续观察 P_aO_2 和 $P_{A-a}O_2$ 有助于判断伤情及评估患者的预后。

（于明琨）

述评 该项临床研究工作，方法简便，仅在伤后 24 h（术后 6 h 以上）内及以后 7 d 内，每日晨 8 时，在患者保持自主呼吸＞20 min 作动脉血气分析，同时将体温、吸氧浓度及血红蛋白含量资料，进行综合分析，对早期判断伤情、预后及调整救治措施均有重要临床意义，有普及推广的价值。

（江基尧 朱 诚）

颅脑外伤急性期血中利钠因子和 ADH 浓度变化及其临床意义（中华创伤杂志，1996；12(2)：96～98） 重庆医大一院张文川等为阐明急性颅脑外伤（ACI）患者水盐失衡发生机制及寻找治疗新途径，用放免分析法对 68 例 ACI 患者血中心钠肽（ANP）、脑钠肽（BNP）、内源性类洋地黄物质（EDLS）、抗利尿激素（ADH）含量（ng/L）作了同步监测，同时测定了血、尿渗透压及血、尿钠浓度，并在 GCS≤8 分的病例中行促甲状腺激素释放激素（TRH）刺激试验，观察血中 ANP、BNP、EDLS、ADH 反应。68 例中，男 51 例，女 17 例。年龄 4～60 岁，平均 27.8 岁。伤后未使用过糖皮质激素或甘露醇。入院时 GCS＞8 分组 35 例，GCS≤8 分组 33 例。TRH 刺激试验组 20 例，其中男 13 例，女 7 例，系入院当时静脉取血后，立即静注 TRH 0.3 mg，分别在

30 min、60 min 静脉取样测定血 ANP、BNP、EDLS、ADH 浓度，正常反应峰值在刺激后 30 min 内出现，并超过基础值的 2.5 倍。结果：①血 ANP、BNP、EDLS、ADH 浓度，血、尿渗透压及血、尿钠浓度与脑损伤程度关系：外伤组血 ANP、BNP 显著低于对照组，对照组血 ANP 和 BNP 含量分别为 335.05±19.79 和 24.64±1.93，GCS＞8 分组分别为 296.81±38.11 和 18.47±0.14，GCS≤8 分组分别为为 302.41±19.48 和 18.61±1.25，外伤两组间无显著差异；外伤组血 EDLS 浓度显著高于对照组，对照组为 268.67±10.52，GCS＞8 分组为 394.12±19.62，GCS≤8 分组为 491.39±15.31，GCS≤8 分组显著高于 GCS＞8 分组。外伤组血 ADH 浓度显著高于对照组，GCS≤8 分组显著高于 GCS＞8 分组，其中对照组为 66.25±3.33，GCS＞8 分组为 78.82±15.22，GCS≤8 分组为 121.57±3.61。外伤组血渗透压、血钠浓度均显著低于对照组，尿渗透压、尿钠浓度均显著高于对照组；GCS≤8 分组与 GCS＞8 分组之间血、尿渗透压均无显著差异，血钠、尿钠浓度则有显著差别。血渗透压、尿渗透压、血钠、尿钠浓度(mmol/L)，对照组分别为 326.05±5.90、554.12±25.24、142.18±2.17 和 284.12±6.77，GCS＞8 分组分别为 289.28±9.41、715.19±22.17、143.02±1.01 和 300.28±7.44，GCS≤8 分组分别为 302.21±4.91、730.02±20.11、133.40±0.54 和 370.65±6.59；②ACl 患者低血钠情况分析：本组低钠血症(血钠浓度＜135 mmol/L)患者共 27 例。特重伤组(GCS 3～5 分)、重伤组(GCS 6～8 分)、中型伤组(GCS 9～12 分)和轻型伤组(GCS 13～15 分)低钠血症发生率分别为 80%(8/10 例)、73.91%(17/23 例)、11.11%(2/18 例)、5.8%(1/17 例)。低钠血症与无低钠血症者之间血 ANP、BNP 浓度无显著差异，而血 EDLS、ADH 浓度则显著升高，低钠血症与无低钠血症患者血 EDLS 浓度分别为(513.64±19.75) ng/L 和(389.61±24.46) ng/L，血 ADH 浓度分别为(130.87±4.32) ng/L 和(82.66±7.41) ng/L。血 EDLS 浓度与血钠浓度呈负相关($r=-0.884, P<0.01$)，血 ADH 浓度与血钠浓度呈负相关($r=-0.867, P<0.01$)；③TRH 刺激试验结果：TRH 刺激后 ANP、BNP 血浓度增高，正常反应率分别为 70%(14/20 例)和 65%(13/20 例)。EDLS 血浓度度无显著变化。60 min 后 ADH 血浓度由基础值的(132.40±2.84) ng/L 降为(89.47±4.00) ng/L($P<0.01$)。作者认为，ACl 患者 ANP、BNP、EDLS、ADH 血浓度变化是多因素作用的结果，其中下丘脑垂体功能受损起主要作用。ADH 浓度增加后，EDLS 浓度对抗性增加。ACl 患者静脉给予外源性 TRH 可以抑制 ADH 的分泌和刺激 ANP、BNP 的分泌。低钠血症在 AC1 患者中较常见，血 EDLS 与 ADH 浓度增高直接参与了低钠血症的形成，而血 ANP、BNP 浓度降低未直接影响到血钠浓度，但对 ADH 分泌抑制作用减弱。结果提示，在治疗外伤性脑水肿时，应注重适量钠盐的补充。

(于明琨)

述评 脑损伤后下丘脑-垂体-靶细胞间均可有不同程度的影响，由于水、电解质的失衡，反馈地作用于下丘脑，故在临床研究中总结此类资料，对广大医务工作者有良好的启发作用。在治疗脑损伤后脑水肿时，要重视适量补充水和钠盐，可检测血、尿钠浓度和渗透压。

(江基尧　朱　诚)

脑外伤患者血清 T_3、T_4、rT_3、TSH 测定及其临床意义(苏州医学院学报，1996；16(3)：446～448) 苏州医学院一院何二平等用放免分析法测定了 28 例脑外伤患者伤后血清 T_3、T_4、rT_3 及 TSH 的变化，分析了其与伤情及预后的关系。28 例中，男 18 例，女 10 例，平均年龄 46±10.2 岁。其中单纯硬膜外血肿 6 例，单纯硬膜下血肿 5 例，合并脑挫伤 17 例。正常对照组 20 例。单纯硬膜外血肿组、单纯硬膜下血肿组和合并脑挫伤组术前血 T_3 含量(nmol/L)分别为 1.24±0.16、1.06±0.14 和 0.81±0.12，均显著低于对照组 1.98±0.36，rT_3 含量(nmol/L)则分别为 56.32±11.65、60.34±9.93 和 70.67±13.54 均显著高于对照组 39.14±9.58；而术前血清 T_4(nmol/L)和 TSH 含量(mU/L)仅合并脑挫伤组显著降低，分别为 70.21±14.53 和 3.24±0.39，对照组为 90.35±11.32 和 4.95±0.68。伤情愈重，术前血清 T_3、T_4 与 TSH 的降低及 rT_3 的升高越明显，重型组(GCS 3～8 分)各项激素水平与轻型组比较有显著差异，其 T_3、T_4、TSH 和 rT_3 含量分别为(0.74±0.13) nmol/L、(64.25±10.31) nmol/L，(3.46±0.23) mU/L 和(71.35±14.64) nmol/L。与存活组比较，死亡组术前 T_3、T_4 和 TSH 含量均有显著降低，分别为(0.73±0.09) nmol/L、(72.64±10.35) nmol/L 和(3.33±0.34) mU/L，rT_3 则显著升高，为(73.59±11.25) nmol/L。存活组 22 例各激素的动态观察发现，术前血清 T_3、T_4 和 TSH 明显降低，rT_3 明显升高；术后 T_3、T_4 在 4 d 时降至最低点，以后逐渐回升，2 周时接近正常；而术后 TSH 逐渐回升，rT_3 逐渐降低，2 周时两者基本正常。上述结果提示，脑外伤后血清甲状腺素水平的变化与伤情、血肿的类型以及脑组织损伤情况有关，在一定程度上反映了病情的轻重及患者的预后。

（于明琨）

述评 在有脑挫裂伤时，血 T_3、rT_3、T_4 和 TSH 都与对照组有统计学上差异，但 T_4、TSH 在单纯硬膜外和硬膜下血肿中，则与对照组无统计学上差别。在重型伤中 T_3、rT_3、T_4、TSH 与轻型伤间统计学上有明显差异，轻、中型伤间则无差异。血清中测得的上述参数作为客观指标，对判断伤情、估计预后和指导临床治疗都有重要参考价值。

（江基尧　朱　诚）

钙拮抗剂尼莫地平救治重型颅脑损伤的临床研究（第一军医大学学报，1996；16(2)：71）　广州珠江医院徐如祥等报告钙拮抗剂尼莫地平对重型颅脑伤的治疗作用。本组共 488 例病例，年龄 8～67 岁，入院 GCS 评分 3～8 分，分为常规治疗对照组和常规＋尼莫地平(Nim)组。常规治疗对照组予常规治疗处理，常规＋Nim 组在常规治疗的基础上加用 Nim 治疗。成年人每日每公斤体重 0.1～0.2mg，儿童为每日每公斤体重 100～250μg，均缓慢静滴，10～15d 为一疗程。治疗期间观察颅内压、脑水肿及其他生理指标，部分患者检测脑脊液钙调素(CaM)水平。CT 动态扫描显示尼莫地平治疗组脑水肿程度较常规治疗组有明显减轻，持续时间缩短，＋Nim 组伤后 3、7d CaM 水平降低，与常规治疗对照组差别显著，伤后 1 周，Nim 治疗组患者意识转清醒明显高于常规治疗组，伤后 3 个月，GOS 评分恢复良好者比例明显高于常规组，而重残、植物生存率和死亡率明显低于常规治疗组。作者认为，本文资料提示钙拮抗剂是治疗重型颅脑伤，减轻继发性损害的有效的治疗方法之一，其治疗作用的机制主要是阻滞细胞膜上钙离子通道开放，减少钙内流及解除脑血管痉挛，降低血脑屏障的通透性。作者提出最大限度发挥尼莫地平的治疗作用，尽可能避免和减少不良反应的要点包括：伤后尽早用药；避免尼莫地平针剂原液从外周血管输入，以免引起血压急剧下降和严重静脉炎；脑水肿严重者应加强脱水利尿措施。

（高国一）

述评 近年来有关 Ca^{2+} 拮抗剂尼莫地平对继发性脑损伤的作用，从基础研究到临床应用报道甚多。该文系对严重颅脑伤较多病例组的前瞻性对比探讨分析，从 CT 到临床观察，肯定对减轻继发性脑损害的作用和疗效，并提出了应用中的注意点，对临床工作有重要的参考价值。

（江基尧　朱　诚）

经颅多普勒超声检测颅脑损伤后颅内压的临床价值（苏州医学院学报，1995；15(6)：1041）　苏州医学院一院韩震等应用经颅多普勒超声检测 32 例急性颅脑损伤颅内动脉血流速度，并与颅内压作对照。其中男 23 例，女 9 例，GCS 评分 7～13 分，病程小于 24h。根据颅内压分为增高组(H)20 例，ICP 大于 19.6kPa 和正常组(N)12 例，ICP 小于 19.6kPa，并设正常对照组。常规经颞窗测定双侧大脑中动脉血流速度(VMCA)及颈部颈内动脉颅外段血流速度(VICA)，计算机处理数据。每次 TCD 测定后即以 Quick 法查相应的 ICP 值。结果 H 组与 N 组的大脑中动脉血流速度无明显差异，脉动指数(PI)差异显著，血管阻力指数(RI)差异显著，大脑中动脉血流速度频谱示 H 组中 7 例为正常图形，13 例为高阻力图形。作者指出 TCD 检测系无创伤检查，既往已有资料表明可用来区别正常脑压性脑积水和颅高压性脑积水。本组资料提示 H 组的 PI、RI 均较 N 组明显增大，当 PI 大于 1.0，RI 大于 0.6 时，提示颅内高压。H 组中 13 例 VMCA 出现收缩峰尖锐，舒张峰低平的高阻力频谱，而 N 组中无上述变化，说明通过 TCD 了解 ICP 时，应观测血流频谱形态。本研究组中 9 例 VMCA 大于 120cm/s，VMCA/VICA 大于 3，提示伴有脑血管痉挛。本组 ICP 资料 N 组与 H 组无明显差异，可能与 H 组中并存脑血管痉挛有关，提示当 ICP 增高合并脑血管痉挛时，单凭血流速度变化评价 ICP 的情况可能会导致误诊。

（高国一）

述评 TCD 检测系无创伤性方法，由血流速度、脉动指数、血管阻力指数等指标可反映颅内脑的顺应性变化。该项研究对临床上评估有无颅内高压有一定的参考意义，但尚需收集更多病例，从中探求出规律。

（江基尧　朱　诚）

胸心外科

本年度收到有关胸心外科文献538篇，纳入回顾者162篇(占30.1%)，收入文选32篇(占6%)。

一年回顾

一、创伤

(一) 胸部创伤

宁夏自治区医院[1]收治胸部创伤230例，致伤原因以交通事故最多，98例(42.6%)，次为锐器伤33例(14.3%)。闭合性胸部伤197例(85.65%)，开放性伤33例(14.35%)。采用非手术治疗162例(70.43%)；手术治疗68例(29.56%)，其中开胸手术15例，占全组病例的6.25%；闭式引流术36例，腹部手术14例，颅脑手术1例，其他手术2例。作者分别对血气胸、连枷胸、心脏创伤及胸腹联合伤的处理进行了讨论，提出对于迟发性血胸，一旦确诊应作闭式引流，置管时间亦应适当延长；浮动胸壁范围不大的连枷胸，采用胸带固定可以获得与胸壁固定架相同的效果。心脏穿透性创伤的治疗以急症手术为主，在纠正休克的同时进行剖胸手术，及时解除对心脏压迫和控制出血。黑龙江省林业总医院[2]对92例创伤性浮动胸壁的治疗进行了分析，认为呼吸困难与肺挫伤的程度并不一致，肺挫伤并非呼吸困难的唯一重要因素，重症胸壁浮动可引起呼吸困难；一些重症患者适合手术内固定治疗，该组应用后获得了良好效果；作者根据胸壁浮动的形态特点，将浮动胸壁分为轴线型与孤岛型，对诊断和治疗有指导意义。武汉铁路中心医院[3]总结10年来32例创伤性浮动胸壁治疗的体会，其中闭合性伤31例，开放性伤1例；入院时严重呼吸困难、明显反常呼吸12例，伴休克10例，死亡4例，治愈28例。大范围浮动胸壁、明显反常呼吸运动行临时牵引外固定12例，同时作气管切开吸痰、供氧、抗休克治疗。9例在处理胸内脏器损伤的同时作胸壁内固定术。作者认为单纯浮动胸壁无反常呼吸或合并轻度肺挫伤，其反常呼吸幅度不大，可不作固定。但重度反常呼吸运动，常由严重肺挫伤引起，患者有明显缺氧临床表现，应在疏通气道的同时作浮动胸壁固定。固定方法是采用骨科斯氏针，小儿用克氏针，横穿2～3根断肋后缘，两端分别固定上下正常肋骨前缘并穿通皮肤，约两周待胸壁稳定后拔除。唐山市工人医院[4]对47例锐器伤的急救处理进行了分析。47例中30岁以下占73%，刀刺伤38例，枪伤9例。伤后有休克症状32例，心包填塞7例，血气胸38例。治疗以单纯胸腔闭式引流15例，手术探查29例。其中合并心脏大血管伤10例。作者提出胸部锐器伤的急救处理原则：(1)时间第一，抢救条件其次，紧急情况下则在急诊室内开胸止血，可利用血胸血自体回输；(2)对危及生命的脏器损伤优先处理；(3)复合伤处理从速从细；(4)对合并空腔脏器的复合伤口要严密处理；(5)对特殊部位的心脏大血管损伤，常规方法不易修补者，紧急建立体外循环进行修复。成都市二院[5]治疗胸部刀刺伤98例，其中穿透伤79例(81%)，30例入院时病情危重，生命体征不稳定，行紧急剖胸探查，17例发现有胸内脏器伤27处，13例为心脏刺伤(13%)，刺伤在右室9例，左室3例，右房1例，死亡1例。作者对胸部刀刺伤的急救处理进行了讨论，认为胸前刀刺伤伴生命体征不稳定者，均应考虑心脏大血管伤的可能，应在检查、明确诊断及纠治休克的同时，积极准备剖胸探查，不要贻误抢救时机。深圳市红十字会医院[6]分析44例肺挫伤的治疗经验，44例中双侧肺挫伤9例，单侧35例，合并多发性肋骨骨折33例，血气胸25例，肺破裂出血2例。其他系统脏器创伤有：颅脑损伤18例，肝破裂2例，脾破裂1例及肾挫伤3例，骨盆、四肢骨折15例。患者入院时表现病情危重，有急性呼吸衰竭者14例，住院时呈昏迷、半昏迷或休克状态者18例。采用呼吸机治疗14例；并发急性呼吸窘迫综合征(ARDS)共7例。全组治愈

39例，治愈率88.6%，死亡5例，死亡率为11.4%，其中3例死于ARDS。作者对重症肺挫伤的治疗及ARDS的防治作了分析讨论，提出对呼吸窘迫症状明显者，应尽早行气管插管，呼吸机辅助呼吸，必要时给予呼气末正压通气；保持呼吸道畅通，防治呼吸道感染是关键。浙江医大湖州市第二教学医院[7]救治胸部创伤后ARDS 254例，其中严重型67例，占26.40%。该组53例行动脉血气分析动态监测，其中42例入院时PaO_2<7.0kPa，即确诊为ARDS。11例入院后2～4d出现ARDS表现，血气分析PaO_2 6.3～4.7kPa，$PaCO_2$ 7.8～16.2kPa，行气管切开机械通气治疗53例。作者对机械通气治疗的要点、连枷胸的处理以及控制大量晶体液输入、皮质激素的应用等方面进行了讨论。西安西京医院[8]通过撞击伤建立兔肺挫伤模型，研究肺挫伤后呼吸功能的变化。撞击后动物出现呼吸暂停，然后逐渐出现缓慢而微弱的呼吸。15min后呼吸频率加快，潮气量降低；血氧分压逐渐下降，24～48h最为明显，生理死腔/潮气量、肺泡动脉血氧分压差及肺内分流增大；撞击后肺顺应性降低，肺阻力升高。病理改变为肺表面斑片状出血、水肿、实变；光镜下见肺泡壁破裂、肺泡腔及肺间质出血水肿、白细胞浸润。实验结果说明肺顺应性下降可能是肺出血、水肿为主的多因素综合作用的结果。全肺阻力增加与气道内分泌物潴留、支气管痉挛及肺顺应性下降密切相关。上海长海医院[9]采用放射配基结合分析法，研究大鼠肺挫伤模型肺组织糖皮质激素受体(GR)的变化，并检测与其变化相关的皮质醇(GC)含量和磷酯酶A2(PLA2)的活性。结果发现，致伤后肺组织GR含量进行性降低，后期亲和力下降；同时PLA2活性明显升高。两者呈显著的负相关($r=-0.84,P<0.01$)。表明肺挫伤后有继发性GR异常，由此所致的受体水平的GC功能不全，对肺挫伤的病理生理发展起重要作用。西安西京医院[10]通过胸部撞击伤致兔肺挫伤模型，检测动脉血浆血栓素(PGI2)和6-酮-前列腺素$F_{1\alpha}$(6-酮-$PGF_{1\alpha}$)，探讨胸部撞伤致肺损伤时血栓素A2(TXA2)-前列腺环素(PGI2)的作用。结果显示，胸部撞击伤可致肺间质及肺泡腔内水肿充血、肺泡隔变薄、破坏；撞击后30h，TXB2及TXB2/6-酮-$PGF_{1\alpha}$升至高峰；撞击后48h，6-酮-$PGF_{1\alpha}$升至高峰。说明胸部撞击伤后产生肺水肿、出血可导致ARDS，撞击后TXA2和PGI2平衡失调与肺损伤的病理改变相关联。

(二)膈肌损伤及创伤性膈疝

西安西京医院[11]报告胸部刀刺伤合并膈肌破裂25例，其中左侧胸部伤23例，右侧2例。85%的患者有合并伤，经急诊处理和手术治疗，除2例死亡外，其余23例治愈。作者就胸部刀刺伤合并膈肌破裂的特点、临床诊断、急救治疗等问题进行了讨论，认为胸部刀刺伤多发生在左侧，与左侧胸腔内有心脏等重要器官，在格斗时易成为目标以及大多数人右手持械有关。在野战条件下，对胸部穿透伤伴有腹部症状的伤员，均应视为胸外伤合并膈肌破裂进行救治。江苏省灌云县医院[12]救治急性创伤性膈肌破裂33例，占同期431例胸外伤的7.7%，死亡3例，死亡率为9.1%。左侧膈肌破裂18例，右侧15例，破口1～15cm。合并血气胸30例，肋骨骨折10例，创伤性膈疝5例。32例合并腹内脏器破裂。剖胸探查7例，胸腹联合切口1例，分别开胸开腹2例，剖腹探查23例。膈肌破裂口均直接缝合修补。作者对膈肌破裂的诊断进行了讨论，提出对严重的胸腹复合伤的患者，术中一定要仔细探查膈肌，防止漏诊，杜绝迟发性膈疝发生。关于是开胸还是剖腹探查，认为关键在于明确损伤的脏器部位及休克的原因，对伤后短期内(2～3h)出现大量血胸需开胸探查修补膈肌外，余均可作剖腹修补。延边医学院附院[13]收治胸部刺伤致膈肌破裂32例，刺伤左胸25例，右胸7例。30例采用胸部切口，2例采用胸腹联合切口进行修补。作者提出对早期诊断膈肌破裂的体会：(1)对第4前肋水平以下刺伤，要注意刺伤方向，高度警惕膈肌破裂可能；(2)刀刺胸部伤引起膈肌破裂常有血胸、血气胸，闭式引流后仔细观察引流物性质；(3)X线检查发现膈下游离气体时有诊断意义。赣州市人民医院[14]综合分析29家医院收治的创伤性膈疝110例。其中开放伤11例(占10%)，闭合伤99例(占90%)。膈疝位于左侧96例(87.27%)，右侧11例(10%)，膈心包疝3例(2.73%)。治愈77例(70%)；术中死亡6例，术后72h内死亡11例，急症未及手术死亡16例，共死亡33例，死亡率30%。作者对创伤性膈疝的早期诊断进行了讨论，认为除仔细询问病史及体检外，胸部X线是诊断本病的关键。腹腔脏器疝入胸腔后，可使膈肌升高，伤侧膈影模糊并中断，膈上出现囊状阴影，纵隔向健侧移位。X线钡餐检查可确诊。对手术径路作者主张首选经腹探查，除处理腹内脏器破裂出血外，应常规探查双侧膈肌是否完整，以免漏诊。该组手术治疗78例中，15例创伤性膈疝被漏诊。内蒙古医学院一院[15]手术治疗创伤性膈疝30例，除2例为手术后并发膈疝外，余均为创伤所致。左侧25例，右侧5例。作者对创伤性膈疝发生的机制作了分析。对病程长、膈肌裂口大的患者，认为经胸径路有利于分离粘连和修补膈肌，且有利于肺复张及胸腔冲洗、引流。膈肌缺损较大者，可用自体带蒂胸壁肌肉或游离阔筋膜片或医用涤纶片修补。

（三）气管、支气管创伤

长春白求恩医大一院[16]收治创伤性气管、支气管断裂13例，其中10例伤后早期行手术修补治疗。全组患者均有受撞击伤或挤压伤史，伤后早期症状以呼吸困难、发绀及颈部皮下气肿为主。该组8例在全麻下行支气管镜检查，结果发现3例气管下段膜部不完全撕裂；5例主支气管断裂（其中3例完全性断裂均为右侧，2例膜部撕裂）。8例入院后因血气胸行闭式引流，1～3d内复查胸片有不同程度的“垂肺征”，其中2例有支气管“中断征”；2例X线片示“横膈连续征”。术中对完全性断裂的断端修剪后行端端吻合（3例），对不完全断裂可采用带蒂纵隔胸膜修补（7例）。作者指出对此种损伤应力争早期确诊，手术治疗可获得满意的治疗效果。重庆医大一院[17]报告8例创伤性支气管断裂诊断治疗的经验。4例于伤后5h以内、1例于伤后6d施行支气管修复手术，结果8例中5例手术后痊愈。3例延误诊断3～6个月，其中1例死亡，另2例合并肺部感染和脓胸未治愈。认为早期诊断和手术治疗可减少肺和胸腔感染的机会，及时挽救患者生命和恢复呼吸功能。四川简阳市人民医院[18]手术治疗支气管断裂5例。急诊入院3例，受伤至手术时间3h～7d；晚期病例2例，分别于伤后3～7个月手术。2例支气管完全断裂行端端吻合术；1例部分断裂行支气管裂口缝合术；2例行支气管袖式切除对端吻合术。全组手术后均痊愈，肺叶复张，肺功能恢复。作者对晚期病例手术操作注意事项进行了讨论，提出远侧支气管残端切开后，用导管吸净支气管内潴留的胶冻样分泌物，并按摩不张肺叶帮助吸引，插入口径适合的导管，连接另一麻醉机呼吸囊进行鼓肺，若有肺脏层纤维板形成阻碍肺复张，应予以剥脱；吻合口应以胸膜片环绕覆盖。

二、胸壁、胸膜疾病

（一）胸壁肿瘤

广西医大附院[19]收治经病理确诊的胸壁肿瘤58例。其中恶性肿瘤40例，良性肿瘤18例；骨肿瘤23例，软组织肿瘤35例；原发性肿瘤50例，转移瘤8例。该组53例经手术切除，单纯肿瘤切除24例，切除后遗留大块胸壁缺损需作修补者29例，缺损面积为8.5cm×7.5cm至18.0cm×22.0cm，缺损肋骨均在2根以上。采用转移带蒂肌瓣填塞修补缺损10例，其中胸大肌肌瓣6例，背阔肌肌瓣4例；单纯应用钢丝网修补7例，有机玻璃塑形修补6例，应用自制牛心包膜加钢丝网修补6例。全部切口均Ⅰ期愈合，恢复良好。作者指出胸壁肿块B超检查可确切了解肿瘤大小、范围，是实质性还是囊性，肿瘤内有无坏死、液化，有无包膜，与周围组织分界是否清楚，是否合并患侧胸腔积液等，还可作B超定位肿瘤穿刺细胞学检查。全身骨骼ECT检查则对判断原发性与转移性肿瘤，以及多发性骨髓瘤的诊断有重要的价值。作者推荐采用牛心包膜加钢丝网修补胸壁大块缺损优点较多，如组织相容性好，韧性大，拉力强，不易老化，内面光滑不引起胸膜反应、粘连，以及材料易得，制备容易，保存方便，不影响术后X线、B超等检查，不妨碍胸膜腔穿刺等。西安医大二院[20]报告原发性胸壁肿瘤20例。其中良性肿瘤16例，占80%，恶性肿瘤4例，占20%。良性肿瘤均行手术切除，恶性肿瘤4例中1例因肿瘤广泛仅做活检，余3例行广泛手术切除，胸壁缺损采用涤纶布修补2例，另1例胸骨缺损采用两侧胸大肌互相对拢缝合修补。作者对胸壁肿瘤性质的诊断推荐经皮肿瘤穿刺活检，方法简便，50%以上胸壁肿瘤患者可获确诊。对恶性肿瘤的切除范围及遗留缺损的修复进行了讨论，认为涤纶布修补组织相容性好，可以拉紧与胸壁缺损缝合形成稳定的胸壁支架。中山医大肿瘤医院[21]总结应用钼钛合金不锈钢片Ⅰ期修复5例胸壁肿瘤切除后大面积缺损的经验。作者对胸壁大块缺损修复的适应证、方法和缺损修补材料的选择等进行了讨论。认为钛板修复缺损有刺激性小、容易成形等优点。常熟市一院[22]手术治疗胸壁巨大海绵状血管瘤2例。1例为42cm×20cm；1例为25cm×20cm。术后2例均治愈。作者提出胸壁巨大海绵状血管瘤手术的难点在于：瘤体范围的估计，术中止血，肿瘤切除的彻底性，胸壁缺损的修复及术后并发症的处理。为此术前应作X线片、CT或血管瘤造影等检查进行充分的预备和估计。手术的主要危险是大量出血，游离肿瘤要谨慎，完全切除有困难时可行姑息性切除。武钢职工一院[23]采用抗压耐高温惰性金属钛铬模具变温高压成型，以0.3mm颗粒状磷钙为内层基质，涤纶、真丝网为增强连接物，以丙烯树酯粘连，材料外层采用羟基磷灰石喷涂，研制成一种骨修补材料——植入性人工肋骨和胸骨，通过8例患者临床应用，具有可塑性好，骨结合强，安全，无毒副作用，使用寿命长等优点，为胸壁骨缺损时较理想的骨性修补材料。

（二）先天性漏斗胸

南京市儿童医院[24]采用改良胸骨翻转术治疗小儿漏斗胸34例。其中33例为带腹直肌蒂胸骨翻转术；1例为带胸廓内动静脉蒂胸骨翻转术。作者认为带腹直肌蒂胸骨翻转术属自体骨移植，它愈合力强，矫形满意，心肺受压解除彻底。带腹直肌蒂腹壁上动脉分支可营养移植的胸骨。手术的体会是：(1)：用细线锯斜行横断胸骨为宜，翻转后游离胸骨断面须用骨刀削成斜面，使重叠缝合，固定较稳定，不致于局部塌陷或骨不愈合；(2)肋骨断端缝合后需用分离的骨膜包裹缝合，以利于肋骨断面愈合；(3)切勿损伤5、6、7肋软骨、腹直肌连接部以及腹壁上动脉，游离双侧腹直肌蒂约3～4cm，使翻转胸骨后肌蒂无张力，血运良好；(4)术毕翻转胸骨后残腔须放置引流管，以低负压持续吸引，以减少胸骨后残腔积血和渗血。北京协和医院[25]采用Wada手术治疗成人漏斗胸10例。平均年龄18岁，术前用胸部CT片测量胸廓指数，其平均胸廓指数为0.28±0.09，肺功能平均1秒用力呼气量(%FEV_1)为71.6%，最大呼气中间流量(MMF)为2.3L/s，最大肺活量(%FVC)为67.8%。胸廓指数越大，肺功能越好。手术中保护胸廓内动脉，行胸骨翻转，其中2例保留双侧胸廓内动脉，6例仅保留一侧动脉。作者指出，根据严重患者术后长期随访，肺功能可有改善，但多数患者维持术前水平。故认为胸廓翻转术主要用于矫正外观畸形，对肺功能的改善并不是主要目的。成人胸骨翻转术后并发症较为多见，常见的有发热、气胸、胸骨缺血、坏死等。低热与术后胸骨残留的软组织坏死吸收有关，充分有效的引流极为重要。吉林空军医高专[26]在15具小儿尸体标本上，对胸骨、腹直肌血供进行了观察，对带腹直肌蒂胸骨翻转治疗漏斗胸的应用解剖进行研究。胸骨血供来自胸廓内动脉发出的胸骨支、骨膜支。胸廓内动脉的位置恒定，距胸骨外缘0.6±0.1cm处下行，移行于腹壁上动脉。腹直肌由腹壁上、下动脉、肋间动脉供血。腹壁上动脉起点距正中线1.3±0.4cm处，外径1.2±0.4mm，入肌点至起点距离3.2±1.1cm，入肌点距正中线2.1±0.6cm。腹壁上、下动脉在腹直肌内发生吻合。术中切断肋骨分离腹直肌上端时，应保护腹直肌结合部、胸廓内动脉、腹壁上动脉，保证术后侧枝循环的建立。处理胸骨时应保留骨膜，既可保存骨膜动脉又利于术后胸骨的血供，促进愈合。

(三) 脓胸

吉林医学院附院[27]采用简化式胸膜剥脱术治疗慢性脓胸48例。其中局限性脓胸38例，全脓胸10例，6例合并支气管胸膜瘘。简化式胸膜剥脱术，手术方法是仅剥除脏层胸膜纤维板，而把壁层胸膜纤维板清创后用电刀纵横切开予以保留。结果48例慢性脓胸，术后切口感染4例，经短期换药治疗治愈。其余均治愈。作者认为，这种简化的胸膜纤维板剥脱术的优点：(1)松解壁层纤维板对胸壁的束缚畸形；(2)慢性脓胸的壁层纤维板较厚，血运较丰富，清创后壁层纤维板富有生机，易与复张的肺互相粘连，减少了术后漏气及血胸发生的机会；(3)起到充填残腔的作用。该组6例合并支气管胸膜瘘中5例采用引流支气管缝扎术治愈，认为与保留有新鲜创面的壁层纤维板有关。内蒙古自治区医院[28]应用纤维板剥离粘连松解术治疗小儿脓胸27例。其中局限性脓胸6例，全脓胸21例，同时行肺叶或肺楔形切除术4例，脓胸清创术1例，支气管胸膜瘘修补术3例。作者认为小儿脓胸，全身中毒症状重，手术宜尽早进行，不论病程长短，均可采用肺纤维板剥离及松解术。梅河市医院[29]对多根多处分段肋骨切除胸廓成形术治疗慢性脓胸11例做了分析。手术方法是剥脱并切除脏层纤维板，在脓腔表面投影部位的每根肋骨的横突段、中间段、胸骨旁段等3处行骨膜内切除2～3cm长的肋骨段，视脓腔大小及肺复张的程度，可适当地延长或缩短肋骨切除的长度。11例术后全部治愈。这种改良式胸廓成形有以下优点：(1)：加压包扎后基本保持了骨性胸廓的相对连续性和稳定性；(2)被保留的壁层纤维板对脓腔起充填作用，又避免切除纤维板而引起渗血过多；(3)只需切除部分壁层纤维板，对患者打击较轻，术后肺功能较术前有不同程度的改善和提高；(4)应用范围广，并发症少，Ⅰ期手术成功率高。重庆西南政法大学医院[30]报告脓胸72例，其中手术治疗42例。手术包括：闭式引流术36例，脓胸扩创纤维板剥脱术3例；带蒂大网膜脓腔填塞2例，带蒂背阔肌瓣移植术1例。作者对手术适应证及注意事项做了讨论。

三、纵隔肿瘤

苏州医学院一院[31]对144例经手术治疗的原发性纵隔肿瘤进行分析。肿瘤的类型有胸腺肿瘤47例，畸胎瘤34例，神经源性肿瘤21例，纵隔囊肿17例，胸骨后甲状腺肿9例，其他5例。该组103例良性肿瘤均手术切除成功。41例恶性肿瘤中，20例完整切除，13例行部分切除，8例行探查活检术。术中损伤无名静脉1例，术后切口感染3例，气管切开机械通气4例。作者认为胸腺瘤合并重症肌无力者，正中胸骨切口不宜太高，以胸骨切迹为宜，为术后气管切开留有余地。并发重症肌无力危象者，应尽早气管切开，施行辅助呼吸，恶性胸腺瘤术后应行局部放疗。自贡市四院[32]手术治疗纵隔肿瘤75例，其中神经源性肿瘤27例，畸胎瘤20例，胸腺肿瘤13例，间叶组织肿瘤11例，其他4例。手术完整切除肿瘤51例，大部分切除14例，总切除率86.7%。术中误伤上腔静脉1例，无名静脉5例，修补成功4例；脊柱旁肿瘤窝出血4例，再次开胸止血2例。手术死亡3例，均为恶性畸胎瘤，死亡率4%。作者总结的体会：(1)充分估计手术难度，做好术前准备；(2)采用暴露充分的切口，手术切口部位应尽量以接近瘤体和术者最熟悉的途径为宜；(3)术中随时注意解剖位置的变异，分块切除巨大肿瘤时需小心辨认解剖关系；(4)坚持轻柔操作，直视分离，避免盲目钳夹，对粘连紧密者可大部切除后再酌情处理。福建医大二院[33]报告原发性纵隔肿瘤65例，其中胸腺瘤(21例)为最多，其次为神经源性肿瘤(12例)。作者分析指出当X线检查发现纵隔病变或胸片未发现异常而临床上高度怀疑有纵隔病变时，均应术前常规予以胸部CT检查。原发性纵隔肿瘤一旦确诊，无明显禁忌症应及早手术，争取切除肿瘤。合肥市一院[34]复习9例经手术病理证实的恶性胸腺瘤的CT表现，对肿瘤的大小、形态、边缘、密度及肿瘤与邻近组织结构的关系等进行讨论，认为胸腺瘤如出现下列征象提示恶性可能：(1)肿瘤较大(最大径＞9cm)，内有大小不等的低密度区；(2)肿瘤形态不规则，边缘毛糙，凹凸不平；(3)肿瘤与邻近胸膜、大血管、心脏分界不清。如出现下列现象之一则恶性诊断基本成立：(1)肿瘤在短期内明显增大；(2)肿瘤已侵犯肺实质；(3)出现转移灶。盐城市一院[35]报告胸腺瘤38例，其中恶性胸腺瘤20例，良性18例。手术切除全部肿瘤25例，部分切除8例，探查5例。作者指出胸腺瘤是唯一在手术切除后预后不能完全按组织学良恶之分可以预测的肿瘤，而与临床症状，尤以手术时肿瘤的分期有密切关系。对恶性胸腺瘤术后应常规辅以放疗或化疗，以提高疗效。汕头大学医学院一院[36]分析手术治疗胸腺瘤38例，其中良性25例，恶性13例，合并重症肌无力15例。术后并发重症肌无力危象6例。结果表明：单纯良性胸腺瘤手术效果好，恶性者手术切除率低，单纯手术疗效差，术后加放射治疗效果较满意。肿瘤及胸腺的广泛切除对重症肌无力效果不肯定，术后易并发重症肌无力危象。作者认为短期应用较大剂量糖皮质激素可在预防重症肌无力危象中起重要作用。北京医院[37]对40例胸腺肿瘤放射治疗的远期效果进行了分析，其中经病理诊断35例，上皮细胞为主型12例，淋巴细胞为主型2例，混合型10例，未分化型11例；恶性16例，良性19例。全组有24例肿瘤侵袭纵隔、心包或胸膜，8例合并上腔静脉压迫症，8例有重症肌无力。手术加放疗20例，其中肿瘤切除干净者仅1例，其余均有术后肿瘤残留；单纯放疗20例。放疗用8mV X射线，少部分加用了电子射线。肿瘤接受剂量：26～44Gy 6例，50～58Gy 9例，60～70Gy 20例，72～80Gy 5例。全组患者的1、10、15年生存率分别为64.5%、28.6%、11.55%。统计表明：手术加放疗组各年龄段疗效高于单纯放疗组，其中5年生存率两组差异有显著性。故作者认为手术应视为首选方法，对肿瘤较大或有侵袭者亦应施行手术，尽可能多的切除肿瘤，同时术后给予放疗，效果较好。对不适合手术的病例，单纯放疗仍可获得一定效果。福建省心血管所[38]分析该所39例胸腺瘤的临床资料，探讨胸腺瘤的病理分型与重症肌无力的关系。39例中重症肌无力14人，无重症肌无力25人。病理报告为上皮细胞型11人，其中重症肌无力7人；淋巴细胞型9人，其中重症肌无力4人；混合细胞型19人，其中重症肌无力3人。表明上皮细胞及淋巴细胞型胸腺瘤患者较混合型更易患重症肌无力。作者指出这种差异产生的机制尚不明确。有报道认为胸腺瘤伴有重症肌无力患者，其胸腺有3个基因点与乙酰胆碱基因α-亚单位非常相似，而胸腺瘤不伴有重症肌无力则无此表现。徐州医学院附院[39]报告异位胸腺瘤1例。术前经CT、B超、X线片检查，见右胸后纵隔肿块，其中有高密度钙化影，拟诊“畸胎瘤”。胸腔肿块穿刺细胞学检查考虑为神经母细胞瘤及胸腺瘤。手术切除后病理诊断为胸腺瘤，髓质型，Ⅳ期。异位胸腺瘤诊断困难，因此对起源于纵隔的肿块经各项临床资料分析未能明确诊断者，都应尽快剖胸探查，切除肿块以便明确诊断。江苏肿瘤医院[10]对46例原发纵隔恶性淋巴瘤进行了临床分析。该组以儿童、青年及非何杰金氏淋巴瘤患者多见。合并上腔静脉综合征占28.26%，淋巴肉瘤白血病占23.91%，心包受侵占6.5%，喉返神经麻痹占4.3%。该组治疗结果表明，何杰金氏淋巴瘤预后较非何杰金氏淋巴瘤为佳。合并淋巴瘤白血病、脑膜侵犯后病情发展快，预后差。解放军总院[11]报告经手术切除并病理证实为胸内甲状腺肿20例。胸内甲状腺肿是指肿大的甲状腺部分或全部位于胸廓入口以下。绝大多数胸内甲状腺肿是由颈部甲状腺肿大延伸而来，真正起源于胸腔的迷走性甲状腺肿极少。该病多发生在40岁以上的女性患者，其主要症状是气管受压引起的呼吸困难、喘鸣等。X线胸片、CT、核素扫描是常用的诊断方法。作者提出手术切除为首选的治疗方法，可以采用颈部领式切口、纵劈胸骨法和开胸法三种手术径路。解放军105医院[42]报告2例少见的纵隔肿瘤，经手术和病理证实为纤维肉瘤和良性间叶瘤。作者指出良性间叶瘤较少见，发生于纵隔尤为罕见。其X线表现为轮廓清晰，密度均匀之实质性肿块，如有软骨或骨的成份，可见钙化或骨化。有些作者认为良性间叶瘤可能是一种错构瘤。

四、肺部疾病

(一) 支气管肺癌

纤维支气管镜检查在肺癌病理诊断及定位诊断中具有重要价值,目前这种检查已在多数地区得到普及。重庆新桥医院[43]对1 453例纤支镜(FB)检查并经病理证实的肺癌作了分析总结。其中1 324例FB下发现肺癌直接或间接征象,阳性率91.1%,另8.9%无异常发现。1 283例或(和)刷检或FB检查后找到癌细胞,诊断率88.3%。其中以鳞癌最多,626例(48.8%),小细胞癌288例(22.4%),腺癌182例(14.2%),其他187例(14.8%)。肺癌发生部位以上叶为多,占45.9%,下叶占29.0%。右肺多于左肺。新疆医学院一院[44]报告3 800例次纤支镜(FB)检查的结果。其中经病理证实为肺癌患者980例。鳞癌450例(45.91%),小细胞未分化癌200例(20.4%),腺癌180例(18.4%),大细胞未分化癌200例(20.4%),腺癌180例(18.4%),大细胞未分化癌10例(1.02%),肺泡细胞癌8例(0.82%),粘液细胞癌5例(0.51%)。作者认为FB检查阳性率的高低取决于多种因素,如与操作者取材技术及病理细胞诊断技术有关;同时还与病变生长方式、部位有着密切关系。纤支镜检查不能只局限于活检或刷检,应扩大检查项目,如深部刷检,术后痰、冲洗液及肺泡灌洗液检查,有条件者可在B超、CT及X线引导下经皮针吸肺活检。西安铁路中心医院[45]对32例拟诊肺癌患者采用经纤支镜针吸、钳检、刷检及支气管肺泡冲洗进行对照分析,结果表明针吸、钳检、刷检阳性率相近,但明显高于冲洗。针吸术尤其有助于支气管腔外压性肺癌及肺转移癌的诊断,且操作简单、安全,副作用少,可提高肺癌的诊断率。上海胸科医院[46]对术后确诊为肺癌的100例患者的术前纤支镜检查与术后病理检查的结果进行比较,并分析其造成诊断不一致的原因。该组100例经纤支镜病理检查,有11例在术后获重新诊断,有5例最终诊断为混合型,其余6例术后病理与纤支镜完全不一致。分析其原因有以下几点:(1)混合型肺癌呈灶型、区域性生长,而活检部位较局限;(2)癌组织散在分布于支气管粘膜、间质或坏死组织上,其结构紊乱,难以确诊;(3)活检所获取的病理组织受机械挤压。广西医大一院[47]采用带侧孔针经胸壁穿刺活检诊断肺癌21例。其中20例获正确诊断,诊断正确率95.2%(20/21),1例假阴性。除1例穿刺部位疼痛外,无1例发生气胸及咯血。作者认为采用此法不用更换针蕊,为封闭式操作,能防止体外气体进入胸腔,亦可防止胸水外溢。重庆新桥医院[48]应用模拟机定位经胸肺穿刺诊断肺癌92例,其中周围型肺癌77例,中央型12例,双肺弥漫型3例。肿块最大10cm×10cm,最小1.5cm×1.0cm,84例找到癌细胞,阳性率91.3%。术后9例并发气胸,发生率9.8%。作者认为模拟定位经胸肺穿刺具有阳性率高、并发症少且病人痛苦小之优点,是诊断周围型肺癌的重要方法之一。上海肺科二院[49]总结104例肺癌患者术后病理组织学诊断结果,分析术前胸部CT纵隔淋巴结诊断的精确度,以及CT检查的淋巴结与摘出淋巴结长径的实测值相比较,进一步探讨CT对肺癌纵隔淋巴结转移的诊断价值。研究结果发现转移阳性淋巴结长径为9.9mm(鳞癌转移阳性的平均长径为12.5mm,腺癌转移阳性的平均长径为8.3mm),证明CT诊断用长径10mm以上为转移阳性的标准值是可用的。西安医大二院[50]分析48例经病理证实、直径≤3cm小肺癌的CT表现,认为支气管壁的局限性增厚,管壁内面不平或有小的局部隆起,管腔狭窄变形及单侧性肺门区小肿块是早期中央型肺癌的主要征象;分叶征、棘状突起、空泡征和胸膜凹陷征是周围型小肺癌的主要特征;薄层CT扫描是诊断小肺癌的有效方法。重庆西南医院[51]分析100例肺腺癌的表现,并对照病理切片解释其征象,旨在提高对肺腺癌的认识。该文对肿瘤的分叶征、空气支气管征、瘤肺交界面的CT表现及病灶周围的常见病变,如各种不同表现的毛刺、病灶周围的肺间质改变的CT表现及病理基础进行了分析与探讨。强调了这些征象在肺腺癌CT扫描中的特异性表现。上海市一院[52]采用免疫放射法对45例经临床及病理证实为肺癌患者及41例其他呼吸系统疾病患者的血清鳞癌抗原(SccAg)进行测定。结果肺癌组SccAg(>1.5ng/ml)阳性率为60%,非肺癌组为14.6%($P<0.01$);其中肺鳞癌最高为89.5%,腺癌为16.7%($P<0.01$)。测定SccAg对肺癌诊断的敏感性为60%,尤其是肺鳞癌为89.5%;特异性为85.4%。SccAg阳性率随肺癌病期进展而上升,Ⅱ、Ⅲ、Ⅳ期分别为50%、64.7%、82.4%。因此,测定血清SccAg值有助于肺癌尤其是肺鳞癌的诊断。蚌埠医学院[53]用免疫放射法(IRMA)测定133例肺癌患者血清中CYFRA21-1水平(CYFRA21-1是细胞角蛋白19的片段),与血清神经元特异性烯醇化酶(NSE)作比较,初步观察发现5例非小细胞肺癌患者血清CYFRA21-1在治疗过程中明显高于肺良性疾病患者($P<0.001$)和正常对照组($P<0.001$);在肺癌患者,血清CYFRA21-1水平升高主要出现在非小细胞肺癌组,尤其是鳞癌组,阳性诊断率分别为52.8%和72.1%,明显高于

小细胞肺癌组(27.3%)($P<0.001$);在非小细胞肺癌组,血清CYFRA21-1与肿瘤临床分期相关。作者认为检测血清CYFRA21-1对非小细胞肺癌特别是鳞癌的诊断、预后及疗效判断具有重要临床价值。湖南医大湘雅医院[54]对129例经病理确诊的肺癌患者的核素骨显像检查的结果,分为未经手术治疗与经手术切除肺叶治疗的两组进行比较,发现两组间骨转移率无显著性差异,但不同病理类型肺癌的骨转移有显著性差异($P<0.01$),认为肺癌患者作骨显像对病程和治疗有重要意义。重庆大坪医院[55]总结1 000例肺癌的临床资料,分析了误诊原因。其中79.4%的肺癌患者被误诊,早期误诊率高,多发生在基层医院,主要与下列因素有关:(1)肿瘤生物学特性。许多肺癌病例恶性程度大,转移早,早期症状轻微,不典型。该组有318例发现时已属晚期;(2)医生经验不足,警惕性不高。有180例肺癌误诊为肺部炎症,174例误诊为肺结核,109例误诊为慢性支气管炎;(3)患者就诊延误,平均延误诊断时间4.7个月。以上提示应对肺癌高危人群定期普查;在群众中加强防癌知识宣传教育,有病及早就医;改善基层医院设备,提高技术力量和对肺癌的警惕性,减少误诊率。天津市胸科医院[56]对100例70岁以上肺癌患者临床资料进行分析。病理分型:鳞癌42例,腺癌32例(包括细支气管肺泡癌3例),小细胞癌19例,未定型7例。Ⅰ期8例,Ⅱ期14例,Ⅲa期35例,Ⅲb期27例,Ⅳ期16例。纤支镜检查86例,确诊59例(68.6%),其余为各种穿刺等确诊。作者指出对70岁以上老年肺癌手术治疗应取积极态度。天津医大总院[57]对30例老年人细支气管肺泡癌(BAC)的诊断与治疗进行分析,主要临床症状与其他肺部疾病相似。手术、痰细胞学检查、纤支镜肺活检、支气管肺泡灌洗液细胞学检查有助于BAC的确诊。该组手术切除率为70%,其中Ⅰ、Ⅱ期患者为100%。认为对老年人BAC的手术治疗,特别是孤立性结节型,应持积极态度。华西医大一院[58]对46例青年肺癌的临床病理作了分析,其误诊率为73.91%,手术切除24例,切除率52.17%,已发生转移36例,转移率78.26%。强调对青年肺癌应综合应用影像学、细胞学检查以早期诊断,早期手术治疗,提高生存期。北京结核病胸部肿瘤所[59]*手术治疗原发性支气管肺癌3 568例,手术切除率90.3%,死亡率0.89%,术后并发症发生率8%。病理分型为:鳞癌48.7%,腺癌22.9%,小细胞癌15.4%,腺鳞癌10.1%,大细胞癌1.3%。该组失访250例,随访率为93%。切除术后5年生存率34.6%,10年生存率为23%。作者指出病理分期、组织类型及纵隔淋巴结转移是影响预后的主要因素。该组Ⅲ期患者1 251人,占42.6%,5年生存率Ⅲa期为19%,Ⅲb期为6%。主张对Ⅲa期非小细胞癌应积极手术治疗。南通市肿瘤医院[60]报告外科治疗原发性肺癌658例。其中行全肺、肺叶、楔形切除569例。剖胸探查术89例。肺切除组1、3、5、10年生存率分别为74.3%、53.0%、42.6%、34.3%,生存>15年3例。作者认为术前化疗、放疗在Ⅲ期肺癌中可缩小手术范围,提高切除率。术后5年生存率与分期、年龄、肿瘤病理类型、癌肿生长部位密切相关。北京结核病胸部肿瘤所[61]*总结手术切除474例小细胞肺癌的治疗效果。将综合治疗的226例与单纯手术的248例进行对比分析。初步评价手术前、后综合治疗对预后的影响。全组1、3、5年生存率分别为82.94%、34.63%、22.38%。综合治疗组5年生存率34.5%,单纯手术组5年生存率11.54%。结果显示:小细胞肺癌预后与TNM分期关系密切;综合治疗优于单纯手术($P<0.01$);术前治疗较术后治疗预后差($P<0.01$);手术适应证为Ⅰ、Ⅱ期及部分Ⅲa期病例。辽宁省肿瘤医院[62]*对410例Ⅲ期非小细胞肺癌的治疗进行分析。其中300例采用综合治疗,手术前后结合化疗或放疗57例,术后化疗202例,术后放疗19例,术后放疗及化疗22例;并与单纯手术组110例作比较,术后1、3、5年生存率分别为63.00%、22.82%、21.20%和40.00%、8.62%、8.25%,前者明显高于后者,其中以术后结合化疗、放疗组最佳,5年生存率分别为22.72%和30.00%。N0组最优,N2组最差。术中主动清除肺门及纵隔淋巴结者明显优于未清除者。作者指出对Ⅲ期非小细胞肺癌患者不应失去综合治疗机会,强调术中应主动清扫肺门及纵隔淋巴结。解放军总院[21]*对局限性肺切除在肺癌治疗中的作用进行评价。该组局限性肺切除56例,其中姑息性切除27例。29例T1N0M。周围型肺癌行根治性切除。后组病例术后5年生存率为71.4%,与该院同期T1N0M肺癌行肺叶切除的5年生存率(75.3%)无明显差别。因此,作者认为对过去曾行肺切除手术、心肺功能低下或高龄的T1N0M周围型肺癌患者行局限性肺切除是一种较好的选择。河南省肿瘤医院[64]对115例原发性肺腺癌手术治疗效果做了分析。术后1、3、5年生存率分别为67.0%、35.4%、21.8%。无手术死亡。作者认为根治性手术是重要的治疗手段,但不能控制潜在性微转移灶。对腺癌独特的临床特点、影响疗效因素、N2淋巴结清除以及全身综合治疗等有关问题进行讨论。上海市肺科一院[23,24]分别对进展期左上叶肺癌及右上叶肺癌的外科治疗进行总结。采用不同术式的气管支气管成

形术治疗进展期左上叶肺癌19例，右上叶肺癌87例。术后1、3、5年的生存率分别为84.2%、46.2%、40%和84.7%、57.4%、3.5%。作者认为不同术式气管支气管成形术治疗进展期左上叶或右上叶肺癌有其临床实用性，值得推广。江苏省肿瘤医院[67]总结248例Ⅲ期肺癌外科治疗的效果，并对手术适应证进行探讨。该组术后5年生存率为20.6%。影响生存率的主要因素如下：(1)P-TNM分期：Ⅲa期和Ⅲb期预后差别明显，5年生存率分别为24.6%和9.2%，Ⅲa期中T3N0M0预后最佳，Ⅲb期中仅T4N0M0预后较好，T4N2M0、T3-4N2M0无术后生存3年者。(2)N2转移的水平，有1组N2转移的预后明显优于2组以上的N2转移者。(3)病理类型：Ⅲa中非小细胞癌预后优于小细胞癌，Ⅲb中仅鳞癌预后较好。(4)切除术式：Ⅲa根治切除病例的预后优于姑息性切除者，但Ⅲb中两者生存率相近。(5)综合治疗对预后可能有益。作者建议对T3N0－1M0、T1-2N0M0和T4N0-1M0(鳞癌)应采取积极手术治疗。对T3N2M0和Ⅲa期中的小细胞癌手术治疗应慎重，对T4N2M0和Ⅲb期中的腺癌不宜手术，仅在避免单纯探查或其他疗效无效时，作为姑息性切除的最宽适应证。广州医学院一院[68]*报告150例Ⅲb和Ⅳ期肺癌外科治疗的体会。全组病例均有肺外侵犯或转移，其中恶性胸腔积液和(或)心包积液67例，上腔静脉压迫综合征27例，同侧锁骨上淋巴结转移15例，同侧肋骨转移或侵犯34例，脑转移7例。术后1、3、5年生存率分别为73.1%、32.1%、8.6%。作者认为Ⅲb、Ⅳ期肺癌的某些转移或侵犯症状及体征，并不是手术的绝对禁忌证。对此类肺癌患者手术切除原发灶及其转移病灶，尽管仅仅是减症手术或姑息性手术，但可以减少病人的肿瘤负荷，为其后续的化疗、放疗及其他支持治疗创造了有利条件，对减轻病人的痛苦，提高生活质量，延长生存期具有明显意义。南京胸科医院[69]报告主动脉窗型肺癌45例外科治疗的体会，占同期手术治疗左侧肺癌的14.29%(45/315)。该组病例均为Ⅲ期中央型肺癌，其中Ⅲa 29例，Ⅲb 16例。手术切除率62.22%，探查率37.28%。3年生存率23.08%。主动脉窗型肺癌因其特殊的解剖部位，易侵及动脉干、肺静脉、心包、神经、隆凸等，造成手术探查率高，全肺切除率高。术后化疗和(或)放疗是一种较好的综合治疗方法。上海市胸科医院[70]*采用心包内处理肺血管行肺切除，治疗Ⅲ期中央型肺癌208例，占同期肺癌切除术的10%。1、3、5年生存率分别为37.0%(77/208)、26.3%(50/190)、17.4%(30/172)。作者认为此方法可以提高肺切除率，降低探查率，提高手术安全性。对手术适应证、手术操作要点和术后处理进行了讨论。上海长征医院[71]经心包内处理肺血管全肺切除及心房部分切除治疗肺癌16例。术中见肺动脉、肺静脉均受累者8例，肺静脉受累者6例，2例作左心房部分切除。15例恢复良好，1例术中大出血致心脏停搏，复苏后并发脑水肿昏迷死亡。作者亦认为心包内处理肺血管全肺切除可提高手术切除率，且手术过程较安全可靠。濮阳市人民医院[30]行心包内全肺切除术23例，占同期全肺切除术的43%(23/54)，术后1、3、5年生存率分别为39.1%、22.2%、18.2%。作者对手术操作注意事项作了讨论。上海市肺科一院[73]*采用肺切除并行肺动脉或左心房成形术治疗中央型肺癌共14例，术后1、2年生存率分别为71%(10/14)、57%(4/7)，手术近期效果满意。认为此术式扩大了肺癌手术指征，提高了手术切除率，部分患者得以避免全肺切除，术后生活质量改善。青岛铁路医院等[74]对24例中央型肺癌施行支气管成形肺叶切除术。其中右上肺叶9例，右肺中叶5例，左肺上叶10例。T2N1MO 11例，T3N1-3M0 13例。作者认为对某些高龄、心肺功能较差的中央型肺癌患者施行此术式，既可最大限度地保留同侧健肺，减少对心脏的负担，又能缩小或消灭死腔，减少术后并发症，并能获得与全肺切除同样的彻底性。山东医大附院等[75]经肋间切口支气管残端结扎行肺切除术治疗肺癌86例。其优点为开胸快，关胸简单，不需切除肋骨，创伤小，出血少。支气管残端结扎法简单可靠，且避免术中血液返流入支气管，减少了肺部并发症。山东省胸科医院等[76]*经腋下"S"形切口行各种术式肺切除术130例。作者认为采用此切口的优点为不需或很少切断肌肉，不去除肋骨，对组织创伤小、出血少。切口为"S"形，可充分地暴露术野，操作简单，术后不影响美观，术后切口疼痛轻，Ⅰ期愈合率高，并发症少，咳嗽有力，康复快。江苏省肿瘤医院等[35]收治76例70岁以上原发性肺癌外科手术治疗。其中肺叶切除57例，袖状肺叶切除9例，肺楔形切除7例，全肺切除3例。手术死亡率为1.3%，并发症发生率27.6%(21/76)。作者认为对70岁以上原发性肺癌的外科治疗，应选择无严重心肺功能障碍的Ⅰ、Ⅱ期非小细胞肺癌患者，以肺叶切除为首选术式。术后应重视血氧饱和度监测，及时发现和处理低氧血症。济南军区总院[78]分析经手术及病理证实、年龄小于40岁的原发性肺癌62例，其中手术切除50例，切除率为80.6%，术前误诊率为77.4%。病理类型以腺癌多见(46.8%)，其次为小细胞癌(21.0%)。术后1、3、5年生存率分别为79.6%、41.9%和24.1%。作者认为早期诊断、早期手术治疗是提高青年人肺癌生存率的关键。天津胸科医院[79]手术治疗第二原发肺癌13例，占同期原发性肺癌手术1 279例的1%。作者指出，肺癌初发现时即已有肺内转移是不多见的。因此在不同侧肺、或不同肺叶、或同肺叶不同肺段内同时出现两个互不相连的孤立块影时，在排除其他脏器转移癌时，即应考虑多源原发性肺癌的可能。同期第二原发性肺癌治疗原则与单一原发性肺癌相同，心肺功能允许者可行根治性切除，对非同期第二原发性肺癌，如肿瘤孤立亦应积极手术治疗。重庆西南医院[80]报告多原发性肺癌3例。认为多原发性肺癌有误诊为转移或复发可能，而失去根治机会，而根治后病人生存期较长，5年生存率可达40%。所以熟悉多原发肺癌的诊断标准，提高对多原发肺癌的诊断能力有临床实际意义。重庆新桥医院[81]*观察肺癌术后早期机体免疫功能的变化，对根治性切除的11例肺癌患者采用单抗致敏红细胞花环法、全血培养花环法、微量LDH释放法及单向免疫琼酯扩散法分别检测手术前、后不同时期的外周血T淋巴细胞亚群、淋巴细胞介素2受体、NK细胞活性及血清免疫球蛋白的改变。结果表明：(1)根治术后OKT3、OKT4、OKT4/OKT8比值均较术前显著增加($P<0.01$)，而OKT8则显著减少($P<0.01$)。(2)根治术后淋巴细胞介素2受体、NK细胞活性及免疫球蛋白也显著增加($P<0.01$)。提示根治性切除能恢复肺癌患者的免疫平衡。江苏省江原医院等[82]对87例晚期肺癌患者采用支气管动脉与肺动脉双途径介入化疗，术后平均生存18个月。与此同期单纯支气管动脉介入治疗200例，术后平均生存10.5个月，经过双途径介入化疗大部分病人临床症状缓解，提高了生活质量，部分病人重新获得了手术机会，生存期较单纯支气管动脉介入治疗明显延长，是一种有效的姑息治疗手段。白求恩医大三院[83]采用支气管动脉化疗治疗老年人肺癌40例。其中Ⅱ期20例，Ⅲ期16例，Ⅳ期4例。小细胞癌8例，腺癌20例，鳞状细胞癌12例。支气管动脉插管后，依次灌注地塞米松10mg、阿霉素30～60mg，丝裂霉素10～20mg、顺铂30～60mg，在灌注时用袖带式血压计将非插管的三个肢体动脉血流间断阻断。治疗结果，显效16例，有效24例，总有效率达100%。四川省肿瘤医院[84]对动脉灌注化疗加静滴VP-16治疗95例中晚期肺癌的疗效随机分为单纯BAI(对照组)及BAI+静脉化疗(观察组)两组进行观察研究。结果：对照组42例中13例完全缓解，14例部分缓解；观察组53例中23例完全缓解，26例部分缓解，有效率分别为64.29%、92.54%($P<0.01$)。观察组取得较好疗效的主要原因是VP-16作用于细胞增殖周期的M期，为细胞周期特异性抗肿瘤药物；BAI+静滴VP-16在有效治疗原发灶的同时，也积极治疗临床尚未发现的亚临床转移灶，能降低远处转移发生率。北京军区总院[85]对92例肺癌患者术中纵隔各区注射油酸多相脂质体液(PL)，以抑制或杀灭纵隔淋巴系统内残存的癌细胞，防治肺癌纵隔淋巴途径转移。方法是随机分成治疗组和对照组。治疗组术中纵隔内(气管前后，隆突下，主动脉弓上下，前后纵隔及胸主动脉周围)注射PL液200ml；而对照组纵隔内不注射任何药物，术后复查和辅助化疗两组相同。结果表明治疗组和对照组癌死亡率和3年累积生存率差异非常显著($P<0.01$)。治疗组均未发现纵隔淋巴结转移；而对照组纵隔淋巴结转移率为15.9%。纵隔内注射PL液是一种有效的辅助治疗方法，对防治纵隔淋巴结转移和提高远期生存率，降低死亡率有重要价值。浙江省人民医院[86]对经皮肺穿刺注射无水乙醇治疗肺癌进行动物实验研究和初步临床应用。在动物实验基础上，24例肺癌在透视引导下，经皮肺穿刺注射无水乙醇治疗，每个肿块治疗2～7次，间隔7～30d。结果病理表现为非特异炎症、坏死、纤维化和癌巢周围癌细胞退变。临床上有效率为85.7%，未发现严重并发症。因此，经皮肺穿刺注射无水酒精是安全、有效、易于操作的治疗肺癌的方法。河南省人民医院[87]报告25例N2小细胞肺癌化疗-手术-化疗综合治疗的效果。术前2～3周化疗一疗程，然后手术，术后一年半内行5～6疗程化疗。手术切除率为92%(23/25)。1～5年生存率分别为52%(13/25)、36%(9/25)、28%(7/25)、24%(6/25)、12%(3/25)。认为化疗-手术-化疗综合治疗N2小细胞肺癌是一种值得倡导的有效方法。河南医大一院[88]采用ADMV(ADM+DDP+MMC+VP-16)方案联合化疗，观察62例中晚期非小细胞肺癌近期疗效。CR 2例，PR 18例，NR 32例，PD 10例，总有效率(CR+PR) 32.6%(20/62)。河南医大二院[89]应用卡铂和足叶乙甙(CE方案)联合用药治疗肺癌38例。其中小细胞肺癌26例，非小细胞肺癌11例，有效率分别为80.8%和41.7%。且毒副作用小，患者一般可耐受。提示CE方案可作为对小细胞肺癌化疗的最佳方案之一。北医大肿瘤学院[90]对59例难治性肺癌行化疗并用异搏定和(或)三苯氧胺的疗效进行观察。常规联合化疗无效的35例为组1(G1)；缓解后复发和(或)转移的24例为组2(G2)。异搏定(VPL)和(或)三苯氧胺(TAM)始于化疗前3日，持续至化疗后4日止。VPL及TAM剂量各为60～120mg/d，均分3次口服。该组治疗结果显示难

治性肺癌并用VPL和(或)TAM,可部分改善疗效及1～3年生存率。广州南方医院[91]在体外实验中研究了8种化疗药物作用后的人肺腺癌细胞(GLC-82)对LAK细胞的敏感性。GLC-82细胞本身对化疗药物不敏感,经药物作用24h后用^{3}H-TdR释放法检测LAK细胞对其杀伤率。结果表明:顺铂(CDDP)、卡铂(Carbo)、丝裂霉素(MMC)及长春新碱(VCR)处理后的GLC-2细胞对LAK细胞的敏感性增强;环磷酰胺(CTX)、足叶乙甙(VP-16)及5-氟脲嘧啶(5-Fu)则无明显影响。实验提示:对化疗不敏感的肺腺癌用CDDP、Carbo、ADM、MMC及VCR后加用LAK细胞可提高肺癌治疗的有效率。河南永城县人民医院[50]采用大剂量顺铂胸腹腔灌注治疗恶性胸腹水74例(其中胸腔积液36例),完全缓解(CR)35例,部分缓解(PR)29例,总有效率(CR+PR)达86.49%,疗效满意,毒副反应轻。顺铂剂量为80～120mg加生理盐水100～150ml,每周1次,连续剂量为80～120mg加生理盐水100～150ml,每周1次,连续3次无效停药。北京结核病胸部肿瘤医院[93]对80例胸液细胞学证实的胸膜转移之肺癌患者应用亚甲蓝、新菌抗癌剂(NBAC)、丝裂霉素(MMC)胸膜腔内给药治疗。结果显示NBAC治疗癌性胸液的显效率68%,有效率89%,与MMC组比较有显著差异($P<0.05$),NBAC是较有效的控制癌性胸液生长的药物。安徽医大[52]采用75mGy一次全身X线照射后,小鼠实验性肺肿瘤转移结节明显减少;与低剂量环磷酰胺(CTX)合用,抗肿瘤转移作用亦较强。荷瘤小鼠75mGy照射后,脾脏NK细胞活性、LAK细胞活性以及对白细胞介素Ⅱ(IL-2)的反应性明显增强或升高;与CTX合用时上述抗肿瘤免疫功能也增强。结果表明:75mGy X线全身照射可通过激活体内抗肿瘤免疫而具有有效的抗转移效果,它为探讨小剂量照射临床应用的可能性提供了可靠的实验依据。广州南方医院[95]对102例肺癌患者随机分为两组。A组(化疗+中药)及B组(单用化疗)所用化疗方案大致相同。A组所用中药遵循辨证施治分为肺脾气虚、肺热痰湿、肺胃阴虚和气滞血瘀型。治疗结果:A组和B组总有效率按WHO标准分别为52.1%和35.2%($P>0.05$),1年生存率分别为69.4%和66.7%($P>0.05$);2年生存率分别为56.3%和15.8%($P<0.05$);在观察期内死亡的患者中,中位生存期分别为13个月和9个月。结果提示A组患者中位生存期及2年以上生存期的延长可能与中医药的疗效密切相关,但中药与化疗结合未能明显提高疗效。广州医学院一院[96]分析报告肺癌脑转移108例的临床表现、病理、诊断和治疗,对诊断和外科治疗进行了讨论。认为单个脑转移瘤,只要位于可切除部位,患者一般情况尚好,应首选手术切除加术后全脑放射治疗。对术后复发的单个脑转移瘤仍可切除。对两个彼此相邻的转移瘤可通过一个骨窗一并切除;有较大转移瘤将引起脑干受压威胁生命者的多发脑转移瘤亦有手术切除指征。南通医学院附院[97]对10例肺癌合并脑转移患者,一期剖胸,开颅切除肺癌、原发病灶和脑转移灶,无手术死亡,亦未发生其他严重并发症。经随访已死亡的4例,平均生存期8.25个月,目前仍存活6例,最短8个月,最长近3年,平均存活1年4个月。作者认为,对于周围型肺癌合并脑转移估计肺癌原发病灶能切除、脑转移为单发性转移且全身情况良好者应积极争取胸颅一期根治性切除手术,术后辅以化疗等,可延长生命,提高疗效。上海市一院[98]报告22例肺癌皮肤转移,18例原发癌及全部转移瘤均经组织病理证实。其特征表现为:8例(36%)有多发和多灶性皮肤转移;大多数转移灶在原发肺癌确诊前已发现且其表现特殊,常误诊为皮脂囊肿、血管瘤、带状疱疹、皮肤纤维瘤和皮肤感染。转移性病变(16例)常位于头皮、颈及胸部,患者预后不佳。解放军总院[99]对18例肺癌心包转移致心包压塞的临床特点、诊断和治疗进行分析。认为接诊医生高度重视、仔细体格检查及常规心脏超声检查是早期发现心包转移关键。推荐心包内针管抽液法是救治心包压塞的有效方法,可留置反复抽液和投药,抽液应彻底。

(二)肺转移性肿瘤

上医大肿瘤医院[100]总结20年112例转移性肺癌患者冷冻治疗的经验。该组1、3、5、10年总生存率分别为80.37%、41.8%、28.01%和17.28%。无瘤间期与术后生存率明显相关。多因素分析也证明无瘤间期是转移性肺癌冷冻治疗的最重要的影响预后的因素。该组冷冻治疗转移性肺癌5年总生存率较文献报道的手术切除肺转移平均生存率高,显示冷冻治疗有一定优越性。该组资料表明,转移性肺癌冷冻治疗安全有效,多数病例可延长生存期。广州中山医大肿瘤医院[101]手术治疗肺转移瘤40例,其中肉瘤肺转移13例,癌肺转移27例,无手术死亡。术后1、3、5、7和10年生存率分别为89.5%、38.9%、28.6%、16.6%和7.6%。肉瘤和癌肺转移瘤切除后5年生存率分别为25.0%和31.3%。作者对手术适应证、手术方法和影响预后的因素进行了讨论。主张对肺转移瘤不论是孤立性或单侧多发性,还是双侧肺转移瘤均应积极争取外科治疗。在临床上估计可以切除,且及早切除肺转移瘤可能获得较好治疗效果时,就不必去考虑转移瘤的倍增时间(TDT)和无瘤间期(DFI)。中山医大肿瘤医院[102]采用经胸骨正中切口行双肺肿瘤同期切除术5例，配以经典的单侧后外侧切口肺切除术5例，用PEMS 2.0统计软件包，配对比较了两种术式在下述几方面的差异：(1)两种术式对术后连续7d的 PO_2 与 PCO_2 的影响基本一致，主要表现在术后第2天 PO_2 稍微下降，但两组间无明显差异；(2)两种术式在手术时间、术后住院天数和生活质量等方面也不存在显著差异。此结果提示：病人能很好的耐受双侧肺同期部分切除术。接受这一术式之后还可再次安全地接受第二次肺手术。该组患者中位生存期已超过12个月，生存期最长的已超过3年。因此，在治疗双侧肺多发转移癌上，经胸骨正中切口双侧肺肿瘤同期切除术值得倡导与推广。

(三) 肺部其他恶性肿瘤

上海市肺科一院[103]收治肺部癌肉瘤15例。占该院同期4 251例肺部恶性肿瘤的0.35%。15例中，鳞癌混合纤维肉瘤4例，鳞癌混合软骨肉瘤1例，鳞癌混合多形细胞瘤7例，腺癌混合软骨肉瘤1例，未分化小细胞癌混合软骨肉瘤1例。行全肺切除6例，肺叶切除8例，剖胸活检1例。术后1、3、5年生存率为66.7%(10/15)、53.3%(8/15)、42.9%(6/14)，7年生存2/7，术后生存最长时间达8年1个月。作者对癌肉瘤的组织来源、病理与临床表现的关系及诊断、治疗和预后进行了讨论。北京中日友好医院[104]报告肺原发恶性纤维组织细胞瘤3例。占该院同期肺肿瘤切除的0.2%。作者对此症的病理特点、诊断及治疗进行了讨论。手术切除为首选，预后多不良。湖北省肿瘤医院[105]报告肺基底细胞样癌8例。肺基底细胞样癌恶性程度高，预后差。此类肿瘤有类似皮肤基底细胞癌的部分形态学特征，而生物学行为又为高度恶性。该组8例中5例术后生存不足5年，3例术后生存不足2年。河北医学院四院[106]外科手术治疗12例原发性支气管粘液表皮样癌，均经病理证实。占同期原发性肺部恶性肿瘤的0.99%(12/1 214)。3年生存率为80.0%。作者根据临床资料并结合文献复习，认为此瘤是原发性支气管低度恶性肿瘤的一种，手术切除是唯一有效的治疗方法。

(四) 肺部良性肿瘤

邯郸医高专[107]报告经手术病理证实的肺炎性假瘤35例。病变直径2～12cm，按主要细胞类型和组织结构分为4型：假乳头瘤型48.5%(17/35)、组织细胞型34.3%(12/35)、浆细胞型11.5%(4/35)、假淋巴瘤型5.7%(2/25)。作者认为了解本病的病理变化、临床表现及X线影像特征，有助于本病的诊断。白求恩医大二院等[108]对22例经手术病理证实的炎性假瘤20例的X线征象进行了分析。炎性假瘤X线表现可见肺内圆形或椭圆形肿块，密度均匀，边界清楚，但少数病例形态不规则，属包膜不完整引起；部分炎症假瘤X线可见边缘呈分叶状；瘤体边缘呈毛刺样改变；假瘤包膜或临近胸膜粘连形成“桃尖征”等等。因炎性假瘤应和周围型肺癌、结核瘤及肺囊肿鉴别，对疑难病例可行肺穿刺活检。平度市人民医院[109]及昆明延安医院[110]分别报告肺炎性假瘤23例及8例，均经手术切除、病理证实。认为炎性假瘤误诊率高，减少误诊的措施：(1)熟练和全面了解肺炎性假瘤的临床特点和病理形态及X线特征；(2)充分利用多种检查手段，如断层胸片、CT、纤支镜及痰检等；(3)尽早开胸探查。炎性假瘤部分可恶变，手术切除是首选治疗。白求恩医大二院[111]外科治疗肺内型错构瘤21例。错构瘤发病年龄与肺癌患者近似，但症状较轻且无进行性加重。为了减少术前误诊率并与肺癌相鉴别，作者强调术前影像学和纤支镜检查之重要性。认为肺内型错构瘤临床上属良性，但也应尽早手术治疗。手术方式以单纯肿瘤摘除和局部切除为主，术中应行冰冻病理切片检查，作为决定术式的依据。南京医大一院[5]治疗肺隔离症12例，均经手术及病理证实。其中叶内型9例，叶外型3例。12例中异常血管起源于胸主动脉9例，腹主动脉3例，异常血管直径0.3～1.0cm。单支者10例，2支者2例。全组治愈，无并发症。作者认为支气管造影术、CT扫描、逆行主动脉造影有助于明确本病诊断，并为手术提供可靠的依据。本病一经发现即应手术切除为宜。术中要注意处理异常血管，如有可能，应仔细分离多根异常血管。

(五) 肺结核病

长春市结核病院[112]采用空洞清除术治疗重症肺结核巨大空洞(40cm以上)90例，作者就手术设计依据手术适应证和禁忌证进行了讨论。治愈率98.9%，一次手术治愈率96.7%，痰菌阴转率100%。手术操作简单易行，不经正常胸膜腔，创伤小，不能耐受全麻者可在局麻下进行。切除肋骨短而少，胸廓变形轻微，手术成功率高。尤其适合因心肺功能不全而不能耐受肺切除术的巨大空洞病例。江苏镇江市一院[113]外科治疗结核性毁损肺115例。该组无术后早期死亡。术后长期生存113例，死亡2例，1例因对侧肺炎死于呼吸衰竭；1例死于术侧锁骨下动脉瘤。作者认为：术前有支气管胸膜瘘或空洞破裂、胸腔内污染者应采用彻底分期胸廓成形术。患者健侧内有陈旧病变或手术后纵隔有明显移位时，可作局限性胸廓成形术。承德医学院附院[114]收治胸膜结核瘤 25 例。该组结核病变直径 1.5～6.0cm。单发性病灶 17 例，伴有卫星病灶者 8 例。手术治疗 11 例，非手术治疗 14 例。作者认为单纯胸膜结核直径大于 3cm，经正规抗结核治疗病灶无缩小，或仍有中毒症状者应手术治疗。复合型肺胸膜结核瘤应积极手术，手术前排除肿瘤，以便选择小切口下单纯切除结核病灶。浙江宁海人民医院[115]回顾分析了 30 例酷似中央型肺癌的肺结核，表现为肺门部孤立性肿块的肺门淋巴结结核 19 例；表现为支气管狭窄阻塞性肺不张的支气管结核 11 例。作者提出了有诊断价值的 X 线新征象，同时分析了误诊原因，简述了与中央型肺癌的鉴别要点。江苏省肿瘤医院[116]对 23 例肺结核合并肺癌患者的临床资料作了分析，认为下述情况下应高度怀疑结核并发肺癌的可能：(1)老年肺结核患者，以往长期大量吸烟，临床症状突然加重、恶化，抗痨治疗无效；(2)原有肺结核老人，最近胸片出现异常阴影而又不能用结核复发、播散解释者；(3)活动性肺结核治疗中，X 线上出现病灶增大，或出现新阴影；或某一浸润性吸收，而其他部位阴影持续存在或扩大。

五、食管疾病

(一) 食管癌与贲门癌

中国医科院肿瘤所[117]* 于 1984 年在河南林县食管癌高发区进行了食管癌普查，X 线检查 177 例，均为细胞学发现有鳞癌细胞者。X 线诊断早期癌 122 例，高度可疑早期癌 21 例，阴性 34 例。所有病例作了 X 线与食管镜的对照观察。X 线诊断的准确性为 81.4%，敏感性为 84.3%，假阳性为 4.4%，假阴性 14.1%。以上结果表明 X 线检查在早期食管癌的诊断中有较重要的作用，但是最后的诊断需内镜与病理证实。核磁共振检查(MRI)近年来逐渐增多，但对于食管肿瘤的临床诊断价值意见不一。中国医大二院[118]报告 31 例检查结果表明 MRI 扫描评价食管肿瘤外侵程度不十分准确，判定肿瘤切除可能性不可靠，对纵隔及食管旁淋巴结检出率低，不能鉴别良恶性，因此认为 MRI 检查对食管肿瘤选择治疗方案帮助不大。而解放军总院[119]对 26 例食管癌术前 MRI 检查，结合手术及病理，认为对食管切除可能性的准确判断率较高。通过 MRI 检查与手术对比，主动脉受侵诊断符合率为 92%，气管支气管受侵符合率为 96%，淋巴结转移符合率为 88%。作者认为对术前食管造影长度大于 4cm 的胸段食管癌病人可进行 MRI 检查，以了解肿瘤浸润情况，判断切除率。近年来有报道采用经食管超声检查食管癌患者以探讨手术切除可能性。江苏省肿瘤医院[120]报告应用经食管超声(TEVS)对 15 例食管癌病人进行术前检查，并与 X 线钡餐造影、纤维食管镜检查进行比较，同时与术中探查和术后病理诊断对照。认为 TEVS 不仅能对食管癌作出诊断，还可弥补以往常规检查之不足，对术前判断肿块能否切除有一定帮助。在估计食管癌的预后方面有实验与临床研究。沈阳军区总院等[121]对 167 例手术切除的食管鳞癌组织标本，用免疫组化方法 S-100 蛋白染色观察了郎格罕细胞(LC)在肿瘤不同部位中的形态、数量及分布特点，以及与病理分期的关系。结果发现 LC 在癌巢内淋巴滤泡中的数量随食管癌的 TNM 分期增大而明显增多，Ⅲ、Ⅳ期病变癌巢内的 LC 均值比Ⅱ期者显著增加，呈正相关。由此提示，癌巢内 LC 增多的患者生存期较短；而癌巢周、癌旁粘膜及间质内 LC 增多的患者生存期较长。新乡市中心医院[122]统计了 342 例手术切除贲门腺癌，其中单纯手术组 231 例。术后化疗 47 例，其 1、3、5 年生存率分别为 89.4%、46.8%和 29.8%，术后化疗的 3、5 年生存率高于单纯手术组，但无统计学意义。术中化疗 54 例，1、3、5 年生存率分别为 87.1%、63.0%和 38.9%，其 3、5 年生存率显著高于单纯手术组($P<0.01$)。临床病理分期研究显示：对临床Ⅱ期和有淋巴结转移的贲门腺癌，术中局部注射加全身化疗有重要的临床意义。西安唐都医院[123]采用荧光分光光度法和离子交换柱层析法分别测定 38 例食管癌、贲门癌病人手术前后血清总肌酸激酶(CK)和同功酶 CK-MB 值，并与 18 例肺手术病人、20 例正常人进行对照。结果提示：(1)食管癌、贲门癌本身不引起血清 CK 及 CK-MB 变化；(2)食管胃吻合术后血清总 CK 升高，主要来源于胸壁损伤骨骼肌；(3)总 CK 对食管围术期急性心肌梗死(AMI)诊断缺乏特殊性，而 CK-MB 可作为围术期 AMI 诊断的特异性酶学指标。在食管癌外科治疗方面趋向颈部消化道重建。河南省肿瘤医院[124]分析了 1979～1994 年 3 714 例胸段食管癌外科治疗的资料，其中前 10 年(1 666 例)颈部重建术仅占 8.8%，而后 5 年(2 048 例)颈部重建已增至 94.1%，成为该院手术治疗胸段食管癌的常规标准术式。作者认为该术式对彻底根治肿瘤，清除颈胸区域淋巴结，减少术后并发症，降低手术死亡率，提高术后生存质量均有必要和实用意义。主张对食管癌病例选择颈部吻合术，并进一步扩大淋巴结清除范围。重庆大坪医院[125]1988 年 2 月至 1995 年 9 月采用颈胸骨劈开途径治疗上段食管癌 39 例，切除 34 例，效果满意。作者认为这种径路对上段食管癌显露好，大多在直视下操作，食管与胃吻合方便。此手术方法于肿瘤部位直视切除，下段食管

则采用拔脱取除。食管内翻拔脱术治疗食管癌有多篇报道，比较一致的意见是该手术方式具有下列优点：手术创伤小，失血量少，避免了开胸手术对心肺功能影响和胸内吻合口瘘等重大并发症的发生，术后恢复较快等。但因其不能对肿瘤局部浸润和区域淋巴结进行清扫，所以不适于中晚期食管癌。西安医大一院[126]采用食管内翻拔脱术治疗食管、贲门癌35例，其中27例心肺功能不全者均恢复顺利。江苏省武警部队医院[127]应用食管内翻拔脱术治疗食管癌25例，术后1年均健在，3年健在20例。说明食管内翻拔脱术对于早期高位食管癌和高龄心肺功能不全者仍不失为安全、有效的方法。辽宁省肿瘤医院[128]报告应用食管内翻拔脱咽胃吻合术治疗下咽及颈段食管癌30例，除5例保留喉外，切除范围包括喉、下咽及全部食管和一侧甲状腺。作者选择从后上纵隔将胃底上提到舌骨及环状软骨水平并未发生困难。机械吻合在食管外科中已应用多年并肯定了其效果。解放军总院[129]总结了1 605例的应用经验，其中食管胃颈部吻合35例，超胸顶吻合58例，弓上吻合835例，弓下吻合677例。术后发生吻合口瘘16例(1%)，其中颈部吻合口瘘发生率为14.3%(5/35)，胸内吻合口瘘发生率0.7%(11/1 570)，前6年胸内吻合口瘘发生率1.4%，近8年胸内吻合口瘘发生率0.3%。术后发生吻合口狭窄16例(1%)，狭窄明显者经扩张后均恢复正常饮食。作者认为机械吻合是减少吻合口瘘的有效方法之一。江苏省如皋市人民医院[130]用吻合器经胸行颈段食管胃吻合82例，无手术死亡，亦无吻合口瘘。术后随访4年，无吻合口复发癌或重度狭窄，1、2、3年生存率分别为84.5%、61.5%、52.6%。术后X线检查，65例颈段食管残留不足2.5cm，17例颈段食管残留3～2.5cm。与以往经胸食管胃吻合相比较，此方法可以切除病变以上较多食管。上海中山医院[131]为解决用吻合器或手工缝合施行食管胃或食管肠吻合时切开食管腔后食管内容物污染，手工缝合时食管吻合部不能满意撑开，食管粘膜显露欠佳等不足，采用该院首创的食管手术导管施行了100例食管胃或食管肠吻合术，术中利用食管导管冲洗、支撑、扩张、阻断和吸引食管腔。食管导管能支撑着食管，防止食管回缩，并能扩张开食管吻合和吸去吻合时流入食管腔内的渗血，术野十分清楚。吻合时能清楚显露食管粘膜层和胃粘膜层的对合情况，不仅便于吻合术操作，而且可降低术后吻合口瘘、吻合口狭窄的发生率。该组100例无吻合口瘘及狭窄。青岛市市立医院[132]总结了97例结肠代食管术，包括食管癌及食管良性狭窄，全组无手术死亡。作者认为结肠代食管优越条件较多，有足够长度可上提至咽下，特别对食管良性狭窄治疗效果无可置疑。结肠代食管的一个严重问题是颈部吻合口瘘发生率高。上海市胸科医院[133]报告1961～1983年22年间外科治疗临床上少见的未分化癌39例，占该院同期外科治疗原发性食管癌3 804例的1%。随访至1994年底，全组病例均死亡，42%病例于术后6个月内死亡，42%病例7～24个月内死亡，术后5年生存率15%。作者讨论了食管未分化癌的病理形态，提出近年来电镜下的未分化癌，实际上是包括低分化鳞癌和腺癌、未分化大细胞癌和小细胞癌。由于细胞分化不良，单纯手术切除预后差，应在严格掌握手术指征的同时，术前进行放疗，术后加强综合治疗，以提高其5年生存率。山西省肿瘤医院[134]对食管癌根治性放射治疗后复发性患者进行手术治疗39例，效果满意。放射治疗至手术时间1年以上34例(87.1%)，2年以上2例，3年以上3例。手术切除35例，属根治性切除者31例，占88.6%，术后1、3、5年生存率为85.7%、42.8%、28.6%。作者认为在放疗设备日益普及的情况下，这种手术的开展和应用具有重要意义。安阳市肿瘤医院[135]报告24例食管癌根治性放射后复发的外科治疗，切除率为91.6%，手术死亡率8.2%。术后1、3、5年生存率分别为72.7%、36.8%、18.1%。术后生存期限接近于单纯食管癌切除术，因此认为食管癌放疗后复发病人无远端转移，无食管穿孔，全身情况较好者，进行手术治疗优越于全程放疗。南通市肿瘤医院[136]手术治疗70岁以上食管癌、贲门癌182例，其中食管癌切除90例(93.8%)，贲门癌76例(88.4%)。平均3～5年生存率分别为50%和33.8%。术后并发症30.1%，手术死亡率5.4%。鉴于老年肿瘤病人具有代谢率低、癌细胞倍增时间相对较长、术后复发率低等特点，作者认为高龄患者只要肿瘤无远处转移，为改善机体状况，纠正合并症，应积极争取手术，以延长患者生存期。近年来电视胸腔镜手术逐渐增多，其适应证也由早期自发性气胸肺大疱切除向肺叶切除、食管切除等难度较大的手术发展。沈阳军区总院[137]应用电视胸腔镜为8例胸段食管癌患者进行手术切除，除1例因肿瘤外侵术中转为剖胸手术外，7例手术经过顺利，取得较满意的近期效果。手术时间和术中出血量少于常规剖胸手术，手术创伤小，术后恢复快。对于Ⅰ-Ⅱ期食管癌适宜胸腔镜手术切除。除外科手术治疗外，放疗、化疗及综合治疗也有较多报道。山东医大附属医院等[138]报告体外照射加腔内照射40例，并与60例单纯体外照射者作对照。结果显示腔内组肿物消退、粘膜恢复均明显优于单放组。腔内组能较好地利用两种不同的剂量分布，提高肿瘤区局部剂量，避免食管癌病人放疗后远期反应，提高病人的生存率及生存质量。汕头大学医学院肿瘤医院[139]分析了伴锁骨上淋巴结转移的食管癌53例放疗结果，其中13例同时接受化疗。1、3年生存率为3.1%和10.3%，但上段的生存率高于中、下段。作者认为伴有锁骨上淋巴结转移的食管下段癌为晚期，对上段病变放射剂量应尽可能达到根治水平，同时资料提示合并化疗对提高生存率可能有帮助。河南医大一院[140]为32例晚期食管癌经动脉数字减影血管造影证实靶血管后，经食管动脉灌注化疗药物顺铂、丝裂霉素和平阳霉素。32例共进行76例次动脉灌注化疗。近期疗效：完全缓解1例，部分缓解12例，稳定14例，进展5例，总有效率40.6%。2例出现脊髓损伤，研究结果表明食管动脉灌注化疗是治疗晚期食管癌有效的新疗法。苏州市三院[141]采用电化学治疗晚期食管癌26例，通过直流电场的作用，在肿瘤及其周围部位发生电解、电泳、电渗运行，组织代谢发生紊乱，蛋白变性、沉淀坏死，导致癌细胞破灭。电化学治疗后1～2周行食管钡透，表明梗阻现象均有不同程度缓解，第2～7天进食明显改善，且多经1次治疗奏效，总有效率达84.6%。荷泽地区人民医院[142]报告综合治疗晚期食管癌126例。采用化疗与放疗同步进行，并和单纯放疗组114例作对照。结果表明放疗结束时放化疗综合组占39.6%，单放组占12.2%。远期疗效1年生存率两组无明显差异，但2、3年生存率综合组显著高于单放组。说明化疗与放疗同步进行能使晚期食管癌获得较大裨益。山西省肿瘤医院等[143]分析了44例食管多中心癌及上消化道重复癌，认为第一癌、第二癌的治疗均可根据病情选择手术或放疗，并配合化疗及免疫治疗，效果优于局部复发的再程治疗。尤其是异时发生者，治疗效果明显高于单发组食管癌。其生存率是十分令人鼓舞的，该组异时发生者1、3、5、10年的生存率分别为100%、48.14%、33.33%及10.37%。食管癌的手术并发症仍然是比较棘手的问题，对各种并发症的治疗也有较多报道。河南省肿瘤医院[144]报告食管癌切除食管胃颈部吻合术后颈部瘘16例，其中胃壁坏死穿孔5例。全组均采用保守治疗，15例治愈，1例胃壁大片状坏死死亡。作者认为颈部瘘原因较为复杂，预防应从多方面着手，治疗上强调对胃壁坏死以及严重的吻合口瘘应置负压吸引管引流，同时要警惕瘘入胸内。山西省肿瘤医院[145]统计1964年4月～1994年12月，食管癌手术切除4 741例。其吻合口瘘发生率2.6%，死亡率为17.9%。30年间A组(1964～1987年)和B组(1988～1994年)吻合口瘘分别为3.8%、1.7%，死亡率分别是24.4%、6.7%。表明近年吻合口瘘的预防和治疗方面有了很大进展。作者认为由于广泛使用吻合器，使吻合口瘘的发生率大大降低。山东省肿瘤防治研究院[146]对67例吻合口狭窄患者应用纤维内镜引导下的食管腔内冷冻术和食管扩张术综合治疗取得明显的疗效。腔内冷冻40例，局部狭窄的平均直径由0.3cm增加到冷冻后的1.03cm；扩张术27例，狭窄处的平均直径由0.27cm增加到1.02cm。上海长征医院[147]介绍采用多途径冲洗疗法治疗12例食管术后脓胸，其中10例由吻合口瘘所致。冲洗方法包括生理盐水加抗生素持续或间断经口服食管内冲洗，电视透视或内窥镜引导鼻胃管经吻合口瘘口置入脓肿冲洗，B超或CT引导穿刺置细管冲洗，脓腔上下置管或“Y”型胸管或粗胸管内置细管冲洗等。全组无一死亡，吻合口瘘平均愈合时间19.7d，表明冲洗疗法可起到控制感染、加速脓胸愈合的作用。解放军82医院[148]报告食管癌根治术后并发膈疝8例。均系经左胸行根治性手术，食管胃弓上吻合术者。其中1例合并吻合口瘘，1例无症状未手术，其余6例经手术治愈。膈疝多由于术中胃膈孔缝闭不牢所致，多发生于胃左前壁和胃膈三角处，所以此处的缝合尤为关键，另外对根治术后一些并发症要积极及时纠正，防止呃逆、剧咳、剧吐诱发膈疝形成。新乡医学院一院[149]提出只要在主动脉弓以上施行食管胃吻合术，均应行预防性胸导管结扎，阻断部位应限于主动脉膈肌裂孔上方5cm以内，以染色法指导最为确切、理想。该院1990～1995年行中上段食管癌根治术280例，术中全部行胸导管预防性结扎，术后无1例发生乳糜胸。河南安阳市肿瘤医院[150]1991年10月～1993年12月在食管癌切除中常规施行胸导管结扎，术后乳糜胸发生率0.81%(5/616)，与作者前期食管癌术后乳糜胸发生率0.80%(19/2 379)比较无统计学差异。结果表明，常规胸导管结扎不能减少乳糜胸的发生率。作者认为食管癌术中不宜常规行胸导管结扎，只有在术中不排除胸导管损伤可能或高度怀疑损伤时才施行预防性结扎。江苏丰县人民医院[151]采用带血管蒂小肠浆肌片修补食管破裂5例均获痊愈。破裂位置在食管中下段，小肠血管蒂小肠浆肌片愈合能力好，抗感染能力强，材料充足，取材方便，是修补食管破裂的一种有效治疗方法。上海长征医院[152]*为4例空肠移植重建食管术后发生肠咽吻合口并发症患者再次手术，恢复了吞咽功能或语言功能。1例因吻合口狭窄和喉部损伤严重，反复发生吸入性肺炎而于术后3周应用自体喉气管移植，成功地重建食管通道；3例吻合口高于喉上口者，发生咽下困难，均再次行吻合口成形术，将肠咽吻合口缘向下纵剖开2～2.5cm，使吻合口底部降低，形成一个无底的新梨状窝，其平面接近于正常的食管开口，喉咽部恢复近似正常的漏斗状，容量增大而恢复了吞咽功能。广东汕头市中心医院[153]报道了18例食管癌术后少见并发症，其中包括机械性幽门梗阻5例，吻合口主动脉瘘4例，胸胃前壁坏死穿孔1例，其他有气管内转移癌窒息、移植空肠段坏死穿孔、进食时突然误吸入气管窒息、化脓性心包炎、胸腔出血二次手术止血未成死亡、肺部感染突然咯血致窒息、气管内癌残瘤致呼吸衰竭、脑皮层缺氧强烈躁动等。该组并发症抢救无效死亡者10例。北京协和医院[154]分析10例食管癌术后急性呼吸衰竭的发病特点和治疗。强调高龄、长期吸烟、慢性肺部疾病患以及有胸内并发症者容易发生。多出现于术后48～72h。除辅助通气外，彻底清除呼吸道内分泌物，控制肺内感染，早期发现并处理胸内其他病变是抢救成功的关键。术前肺功能检查需结合临床分析。对食管癌术后急性呼吸衰竭，预防比治疗更重要。

（二）食管腐蚀性狭窄

重庆大坪医院[155]报告采用自行设计的食管腔内加压置管法对7例严重碱性食管腐蚀伤的病人进行了早期食管腔内加压置换术。球囊内压维持在3.33kPa，置管时间为4个月，拔管后经食管吞钡造影，食管镜检查显示食管管腔通畅，食管功能接近正常，随访6个月至2.5年，未见食管再狭窄。为早期预防腐蚀伤后瘢痕狭窄提供了一种新的方法。河南省肿瘤医院[156]治疗32例食管腐蚀性狭窄，其中11例采用食管扩张术，19例行瘢痕食管切除食管重建术（包括咽胃吻合术6例、食管胃颈部吻合术12例、结肠移植术1例），2例行术后再狭窄切除术。全组无手术死亡，94%的病例术后饮食完全恢复正常。作者对扩张术的应用、瘢痕食管是否切除、重建术式要点以及术后再狭窄等问题进行了讨论。重庆大坪医院[157]报告预防及治疗102例食管腐蚀伤后瘢痕狭窄的经验。采用预防性手术30例，包括改良食管腔内置管18例，15例成功，3例失败；食管腔内加压置管7例及循环式扩张5例均治愈。已形成瘢痕狭窄或结肠重建食管术后吻合口狭窄78例，手术方法有结肠代食管45例，切除瘢痕段食管行食管胃吻合11例，颈阔肌皮瓣修复狭窄13例，背阔肌岛状皮瓣1例及其他类型手术5例。作者认为早期采用食管腔内置管可预防大多数病例后期发生瘢痕狭窄。已形成广泛瘢痕狭窄而病变在主动脉弓下缘以下者，可切除瘢痕食管，行食管胃吻合术；高于主动脉弓以上者，可行瘢痕段食管旷置，用结肠重建食管；局限于颈部的狭窄或吻合口狭窄难以用成形手术修复者，采用颈阔肌皮瓣修复是值得推广使用的方法。

六、电视胸腔镜外科

电视胸腔镜外科（VATS）近几年来在国内有较快的发展和进步。广州医学院一院[158]应用VATS行肺大疱、自发性气胸、肺癌、恶性胸水、脓胸、血胸、纵膈肿瘤等手术230例。对手术操作要求作了讨论。认为此项技术术后并发症少，手术时间短，术后恢复快，是一项很有发展前途的技术。香港中文大学威尔斯亲王医院[159]对胸腔镜下肺门解剖进行了研究。该组应用VATS行肺切除术60例，其中原发性肺癌52例，肺转移癌1例，肺结核3例，肺炎性假瘤2例，支气管扩张1例，硬化性血管瘤1例。行单肺叶切除55例、双肺叶切除2例、全肺切除2例以及肺段切除1例。术后出现并发症10例。术后平均住院时间为7.2d。作者认为采用VATS方法进行肺门解剖肺切除术是可行的。但由于此方法是通过一个较小的切口进行操作，因而常有一些特殊的并发症，需引起重视。广州医学院一院[160]应用VATS行肺叶切除术21例，其中16例为肺癌患者。手术效果满意，无重大合并症。作者认为VATS下作肺叶切除术是可行的，目前在技术尚不成熟阶段，要严格掌握手术适应证。沈阳军区总院[161]报告VATS下手术34例，其中自发性气胸16例，纵隔良性肿瘤7例，肺结节、球形病灶7例，胸膜疾病2例，外伤性血气胸、食管平滑肌瘤各1例。手术时间25～130min，平均57.7min。术后置胸腔引流管时间24～48h，平均住院9.2d，术后3例发生并发症，均非胸腔镜特发性并发症。无手术死亡。香港中文大学威尔斯亲王医院[162]采用VATS行胸腺切除治疗重症肌无力10例。其中3例伴有胸腺瘤，该组无术中并发症及手术死亡。术后平均住院时间为4.1d。平均随访观察10个月，所有病例的临床症状均有所改善。作者认为，与胸骨切开胸腺切除术相比，VATS具有创伤小、术后恢复快之优点。山东省立医院[163]报告32例经胸腔镜检查及组织学证实的胸膜间皮瘤患者在胸腔镜下图像及组织学特点，与胸部X线、CT、胸液细胞学和经皮穿刺胸膜活组织检查等方法阳性率进行比较，显示胸腔镜对胸膜间皮瘤的诊断率为100%。其他检查方法阳性率分别为：胸部X线13%、胸部体层摄片33%、胸膜腔充气造影38%、胸部CT 61%、胸液细胞学15%及经皮穿刺胸膜活检24%。认为VATS是诊断胸膜间皮瘤的首选方法。

参 考 文 献

[1] 许 勇等. 宁夏医学杂志 1995;17(6):358
[2] 王国清等. 中华胸心血管外科杂志 1995;11(6):342
[3] 王国清等. 中国胸心血管外科杂志 1996;3(1):29
[4] 杜绍琴等. 综合临床医学 1996;12(3):141
[5] 冯流辉等. 中国胸心血管外科临床杂志 1996;3(3):158
[6] 龚立宏等. 临床外科杂志 1996;4(5):272
[7] 吴义平等. 中国危重病急救医学 1996;8(3):181
[8] 牛立志等. 第四军医大学学报 1996;17(3):225
[9] 王 军等. 中华实验外科杂志 1996;13(2):105
[10] 王雪松等. 解放军医学杂志 1996;21(3):180
[11] 王红兵等. 中国危重急救医学 1996;8(6):341
[12] 吴震洲等. 河南医科大学学报 1995;30(4):433
[13] 车成日等. 中华胸心血管外科杂志 1995;11(6):114
[14] 高品旗等. 中华胸心血管外科杂志 1995;11(5):302
[15] 刘志东等. 中华创伤杂志 1995;11(6):376
[16] 李志军等. 中华创伤杂志 1996;12(2):123
[17] 李法荫等. 中华创伤杂志 1996;12(4):219
[18] 张同钦. 中国胸心血管外科临床杂志 1996;3(3):165
[19] 茅乃权等. 中华胸心血管外科杂志 1995;11(5):298
[20] 李淳成等. 临床外科杂志 1996;4(5):261
[21] 戎铁华等. 癌症 1995;14(5):362
[22] 吴晔明. 综合临床医学 1996;12(1):42
[23] 袁永生等. 中华实验外科杂志 1996;13(4):215
[24] 戴 约等. 江苏医药 1996;22(8):536
[25] 弋 烽等. 综合临床医学 1996;12(3):137
[26] 李祥鹏等. 中国临床解剖学杂志 1995;13(4):252
[27] 邹本峰等. 吉林医学 1996;17(2):77
[28] 赵晓东等. 内蒙古医学杂志 1995;15(5):301
[29] 李景染等. 吉林医学 1996;17(2):90
[30] 穆国福等. 重庆医学 1996;25(1):37
[31] 赵 军等. 苏州医学院学报 1995;15(5):844
[32] 罗 南等. 四川医学 1996;17(4):251
[33] 房太勇等. 福建医药杂志 1996;18(3):42
[34] 陈 兵. 安徽医科大学学报 1996;31(4):287
[35] 刘国锋等. 江苏医药 1996;22(4):276
[36] 许哲仪等. 中国肿瘤临床与康复 1996;3(1):9
[37] 王德昌等. 中华肿瘤杂志 1996;18(2):96
[38] 陈 雷等. 福建医学院学报 1995;29(4):371
[39] 朱述阳等. 徐州医学院学报 1996;16(1):61
[40] 李 婕. 河南肿瘤杂志 1996;9(4):294
[41] 梁朝阳等. 中华胸心血管外科杂志 1996;12(2):74
[42] 徐振华. 实用放射学杂志 1995;11(10):631
[43] 吴国明等. 河南肿瘤学杂志 1996;9(2):98
[44] 黄学焕等. 新疆医学院学报 1995;18(4):246
[45] 黄陆平等. 铁道医学 1996;24(3):143
[46] 韩保惠等. 实用肿瘤杂志 1996;11(2):87
[47] 周鸿江. 实用肿瘤杂志 1996;11(4):187
[48] 吴国明等. 肿瘤防治研究 1995;22(6):339
[49] 顾文昌等. 上海医学 1995;18(10):605
[50] 刘希明等. 西安医科大学学报 1996;17(1):97
[51] 王 健等. 第三军医大学学报 1996;18(3):219
[52] 陈 钦等. 中国肿瘤临床 1996;23(4):240
[53] 郭华北等. 中国肿瘤临床 1996;23(4):236
[54] 孙守正等. 癌症 1995;14(5):366
[55] 周德韶等. 重庆医学 1996;25(2):69
[56] 张金铭等. 中国肿瘤临床 1995;22(12):849
[57] 钟殿胜等. 中华老年医学杂志 1996;15(4):199
[58] 张荣生等. 华西医学 1996;11(1):53
[59]* 李世业等. 中华胸心血管外科杂志 1995;11(5):273
[60] 许文照等. 南通医学院学报 1996;16(1):34
[61]* 白连启等. 中华胸心血管外科杂志 1996;12(4):211
[62]* 王寒冰等. 中华胸心血管外科杂志 1996;12(3):156
[63]* 初向阳等. 中华胸心血管外科杂志 1996;12(4):209
[64]* 许金良等. 中华胸心血管外科杂志 1995;11(6):339
[65]* 丁嘉安等. 中华胸心血管外科杂志 1995;11(5):275
[66] 丁嘉安等. 中国肿瘤临床 1995;22(11):761
[67]* 许 林等. 中华胸心血管外科杂志 1996;12(2):81
[68]* 杨德康等. 中华胸心血管外科杂志 1995;11(5):296
[69] 赵一昕等. 中华胸心血管外科杂志 1996;12(1):14
[70]* 林 强等. 中国肿瘤临床 1996;23(9):622
[71]* 咨作为等. 第二军医大学学报 1995;16(5):449
[72] 常银江等. 新乡医学院学报 1996;13(1):66
[73]* 丁嘉安等. 中华结核和呼吸杂志 1995;18(6):327
[74] 任善镐等. 山东医药 1996;36(5):25
[75] 李希波等. 山东医药 1996;36(2):18
[76]* 王传庆等. 山东医药 1996;36(3):23
[77] 许 林等. 实用老年医学 1996;10(3):126
[78] 寇仁业等. 实用癌症杂志 1995;10(4):267
[79] 卢嘉科等. 中华胸心血管外科杂志 1995;11(5):299

[80] 李妍瑜等. 中华放射学杂志 1996;30(9):643
[81]* 张国强等. 中华胸心血管外科杂志 1996;12(2):86
[82] 缪建华等. 肿瘤防治研究 1995;22(6):394
[83] 张澍滑等. 中国老年医学杂志 1996;16(2):74
[84] 席晓秋等. 中国肿瘤临床 1996;23(4):293
[85] 刘吉福等. 中国肿瘤临床 1996;23(4):294
[86] 袁建华等. 临床放射学杂志 1996;15(4):239
[87] 杨光煜等. 中国肿瘤临床 1996;23(4):277
[88] 王丽萍等. 河南肿瘤学杂志 1996;9(4):284
[89] 刘俞波等. 河南医科大学学报 1996;31(1):85
[90] 刘叙波等. 中国肿瘤临床 1996;23(4):229
[91] 康世均等. 中国肿瘤临床 1996;23(5):309
[92] 董玉芝等. 河南肿瘤学杂志 1995;8(3):220
[93] 王敬萍等. 中华结核和呼吸杂志 1995;18(6):339
[94] 金敖兴等. 中国肿瘤临床 1996;23(5):305
[95] 李金翰. 中国中西医结合杂志 1996;16(3):136
[96] 何　启等. 中国神经精神病杂志 1996;22(2):75
[97] 陈　建等. 中华肿瘤杂志 1996;18(1):67
[98] 孔今城等. 上海医学 1996;19(2):77
[99] 汪建新等. 中国危重急救医学 1996;8(5):294
[100]* 相加庆等. 中华外科杂志 1995;33(10):639
[101]* 黄植蕃等. 中华胸心血管外科杂志 1996;12(2):84
[102]* 吴一龙等. 癌症 1995;14(5):359
[103] 徐志龙等. 中华肿瘤杂志 1996;18(2):119
[104] 陈郁生等. 中华结核和呼吸杂志 1996;19(4):245
[105] 姚楚云等. 肿瘤防治研究 1996;23(1):14
[106] 张合林等. 实用癌症杂志 1996;11(1):24
[107] 刘现军等. 肿瘤防治研究 1995;22(6):365
[108] 刘文烈等. 吉林医学 1996;17(4):222
[109] 李　鹏等. 山东医药 1996;36(2):6
[110] 郭喜平等. 吉林医学 1996;17(2):83
[111] 吴延虎等. 江苏医药 1996;22(9):653
[112]* 魏成宽等. 中华胸心血管外科杂志，1996;12(1):16
[113] 朱养荣等. 中华胸心血管外科杂志 1996;12(2):111
[114] 张　旭等. 中国胸心血管外科杂志 1996;3(2):95
[115] 章家铭等. 实用放射学杂志 1996;12(8):457
[116] 成　卫等. 南京医科大学学报 1996;16(4):392
[117]* 周纯武等. 肿瘤防治研究 1996;30(1):1
[118] 尹家兴等. 中华胸心血管外科杂志 1995;11(6):346
[119]* 张全亮等. 中华胸心血管外科杂志 1996;12(1):22
[120] 邱宁雷等. 江苏医药 1996;22(3):173
[121] 侯维平等. 中华外科杂志 1996;34(7):430
[122] 李启驹等. 中华肿瘤杂志 1996;18(2):137
[123]* 孟　毅等. 中华胸心血管外科杂志 1995;11(5):290
[124]* 许金良等. 中华肿瘤杂志 1996;18(1):45
[125] 蒋耀光等. 中华胸心血管外科杂志 1995;12(2):91
[126] 贺定超等. 西安医科大学学报 1995;16(4):449
[127] 孙　江等. 南通医学院学报 1996;16(3):352
[128] 李莲英等. 实用肿瘤学杂志 1996;10(2):53
[129]* 孙玉鹗等. 中华胸心血管外科杂志 1996;12(1):20
[130] 冒志明等. 中华胸心血管外科杂志 1996;12(2):89
[131] 仇德惠等. 上海医科大学学报 1996;23(2):114
[132] 郭　杰等. 中华胸心血管外科杂志 1996;12(3):158
[133]* 吴怀申等. 中华肿瘤杂志 1995;11(6):447
[134]* 马炎炎等. 肿瘤研究与临床 1996;8(2):103
[135] 师晓天等. 河南肿瘤学杂志 1995;8(4):294
[136] 高　俊等. 南通医学院学报 1996;16(3):343
[137]* 曲家骐. 中华外科杂志 1996;34(2):84
[138] 吕惠兰等. 山东医药 1996;36(5):29
[139] 陈志坚等. 癌症 1995;14(5):388
[140] 王志良等. 综合临床医学 1995;12(2):88
[141] 倪川明等. 苏州医学院学报 1995;15(5):846
[142] 高忠民等. 中国肿瘤临床与康复 1996;3(2):69
[143] 程宝贞等. 山西医药 1996;25(3):186
[144] 王文光等. 河南肿瘤学杂志 1996;9(4):262
[145] 原和平等. 肿瘤研究与临床 1996;8(2):88
[146] 杨瑞森等. 实用癌症杂志 1995;10(3):183
[147] 李建秋等. 中国胸心血管外科临床杂志 1996;3(2):79
[148] 李向阳等. 实用癌症杂志 1995;10(4):278
[149] 李汉臣等. 新乡医学院学报 1996;13(2):114
[150] 周福有等. 中国肿瘤临床 1996;23(2):97
[151] 李建光等. 中华胸心血管外科杂志 1995;11(5):292
[152]* 孙耀昌等. 中华胸心血管外科杂志 1995;11(5):285
[153] 李学明等. 中华胸心血管外科杂志 1996;12(3):131
[154] 张志庸等. 中华胸心血管外科杂志 1995;11(5):277
[155] 范士志等. 中国胸心血管外科临床杂志 1996;3(1):1
[156] 许金良等. 中华胸心血管外科杂志 1995;11(5):283
[157]* 蒋耀光等. 中华创伤杂志 1996;12(4):213
[158] 何建行等. 中华外科杂志 1996;34(2):73
[159] 严秉泉等. 中华外科杂志 1996;34(2):69
[160] 何建行等. 中华外科杂志 1996;34(2):76
[161] 曲家祺等. 中华胸心血管外科杂志 1996;12(1):2
[162] 严秉泉等. 中华外科杂志 1996;34(2):543
[163] 薛主福等. 中华结核和呼吸杂志 1996;19(3):165

七、心脏大血管创伤

心脏外伤尤以穿透伤为危急重症，62%～84%病人在入院前已死亡，但如能生存到达医院并经积极治疗其预后尚佳。本年度收到心脏外伤论文12篇，报告心脏穿透伤58例，死亡8例，死亡率为13%，其中3例未能手术死亡。湖南医大[1]报告10例心脏穿透伤，按Ivatury法分成四类，作者认为临床表现血压下降迟早会发生，但特征性Beck三联症(血压下降、静脉压上升和心音遥远)仅见少数。以下三点有助诊断：(1)简短病史询问和伤道检查，特别注意朝向或斜向心脏的伤道；(2)出现难以纠正的休克或/和Beck三联症；(3)心脏比邻位穿透伤出现休克或/和Beck三联症应以警惕。作者认为心脏枪弹贯穿伤比刀刺伤更严重，预后恶劣。常用前外侧及正中切口，前者适用于心跳停止或左心损伤者，后者适用于右心损伤及主、肺动脉损伤。纠正休克和及时手术，修补心脏裂口，是诸多作者强调的治疗措施[2～5]。即使循环稳定的病人，凡高度怀疑心脏穿透伤者，也应积极手术[1]。当然，对于心脏停跳时间短的病人，不应轻易放弃手术，因为这类病人多发生在青壮年，其伤前心功能多数是良好的，成功的希望大[4]。对于心脏裂伤不应只满足于修补止血，应作全面、仔细的检查，防止遗漏其他部位损伤[5]。心包穿刺术作为诊断及抢救措施，即使在心脏停搏的患者，抽出20ml血液即可获得明显改善。有些作者强调在术前作心包穿刺，对解除心脏压迫起到了极好的效果，为手术赢得了宝贵时间[3,5]。但心包穿刺有一定的限度，若心包腔内有凝血块，可造成25%的假阴性。反复穿刺可刺破心肌或冠状血管，在较大心肌裂口患者，则因大量出血，不但不能起到缓解作用，反而延误病情，一旦诊断成立，迅速开胸手术是抢救成功的关键[2]。安徽宿县地区医院[6]报告28例心脏钝性伤，包括心肌挫伤22例，心包裂伤1例。临床表现有胸痛、呼吸困难或其他器官损伤的表现，26例于伤后24h内作心电图检查，ST段与T波改变者12例，房性早搏5例，室性早搏5例，下壁心肌梗死及完全性右束支传导阻滞1例。3例24h仅表现为窦性心动过速，72h后心电图出现T波变化2例，其中1例有下壁心肌梗死表现。超声检查：1例室间隔缺损，4例心包积液。全组治愈25例，死亡3例，死亡原因为腔静脉栓塞、成人呼吸窘迫综合征和急性心衰。作者认为心脏钝性伤以合并损伤症状为主，往往缺乏外部损伤证据，心电图检查可为心脏钝性伤提供比较可靠的诊断依据，可出现非特异性心电图异常，包括ST-T波改变、心肌梗死图形、传导异常和心律紊乱，但ECG正常不能排除心脏损伤；超声检查有助于评价心脏结构及功能；作者认为心包穿刺宜慎用。上海中山医院[7]报告20例心脏大血管创伤后晚期后遗症的治疗经验，其中穿入性损伤9例，闭合性损伤6例，医源性损伤5例。病变有瓣膜损伤8例，心脏异物5例，假性动脉瘤和动静脉瘘4例，右心室动脉瘤伴室缺、晚期心脏压塞和右下肺弹头、术后缩窄性心包炎各1例。早期取异物、引流4例，择期手术15例，包括11例体外循环进行瓣膜及动脉瘤手术，19例痊愈出院，1例动脉导管假性动脉瘤感染破裂死亡。作者认为早期诊断及早期或择期手术可取得良好的效果。西安西京医院[8]报告心脏闭合性损伤晚期并发症及后遗症7例的治疗经验，主要依靠二维超声和彩色多普勒确立诊断。迟发性纤维囊性血心包和缩窄性心包炎各1例，行部分心包切除；室壁瘤合并室间隔穿孔1例，行室壁瘤切除及室间隔穿孔修补术；二尖瓣关闭不全1例，行二尖瓣替换术；三尖瓣关闭不全3例，保守治疗1例，行三尖瓣修复及换瓣术各1例，全组均康复出院。作者认为对心脏闭合性损伤都应作长期随访观察，这类病变的手术时机、手术方式和方法应根据伤情和病变来决定。湖南医大[9]报告2例闭合性损伤致主动脉瓣破裂，1例为右冠瓣基部横形撕裂，另1例为右冠瓣撕裂，均经换瓣手术治愈。

八、先天性心脏病

(一)动脉导管未闭

动脉导管未闭(PDA)的外科治疗方法包括结扎术、切断术、体外循环下封闭术等，目前已累积大量经验。尽管不少作者强调某种术式的优点，但有关手术适应证和方法，基本已有共识。上海长海医院[10]*报告69例复杂PDA的治疗经验，包括大型导管、动脉瘤样扩大、窗型、导管钙化、合并肺动脉高压等，早期死亡2例(2.9%)。作者强调应根据不同类型，采用不同的手术方法，一旦导管破裂可进行补片修补或带环涤纶人造血管套入移植方法，可取得良好效果。直径小于1cm PDA进行栓塞术，是近几年国内开展的一种新的介入治疗。上海长海医院[11]应用国产装备，采用Porstmann方法，用泡沫海绵，通过半轨道进行栓塞，导管平均直径为0.55cm(0.4～1.0)，5例成功4例，1例导管直径1cm者栓塞失败。山东医大附院[12]对Porstmann栓塞术进行改进，术中建立股动脉→主动脉→PDA→肺动脉→右室轨道，再用可控导管将事先压缩的塞子送至PDA

处行栓塞术。作者认为该方法适应证广,创伤小,可减少对股动脉的损伤,简化手术方法。临床应用 4 例,成功 3 例,1 例因塞子太小而失败。北京阜外医院[13]报告应用 Rashkind 法,用双伞封堵 PDA 18 例,PDA 狭窄部 3~8mm,应用堵伞直径 12、17mm 二种,全部获得成功,随访 3~17 月,各项检查证明,未见有残余分流及再通发生。作者认为,此方法操作简单,可控制释放封堵伞,如选择不合适可以回收。如有残余漏,可以在一定时期进行第二次补充封堵。本方法仅有 12、17mm 二种封堵伞,对直径>8mm 的 PDA 不能适用。在胸腔镜下进行 PDA 阻断法,在国内外报导逐渐增多。南京军区福州总院[14]报导采用电视胸腔镜手术(VATS)治疗 PDA 21 例,19 例成功,2 例因肺动脉高压及小血管出血改为开胸结扎术。并发症:1 例出现可逆性声音撕哑,2 例胸腔少量气胸,未作处理,1 例 3d 后发现再通,再次行 VATS 获得成功。随访 1~19 个月,未发现再通及其他异常。作者认为 VATS 手术年龄小于 18 岁为宜;选择钽钉比钛钉为好,尤其是肺动脉压偏高患者。作者认为预防残余分流时应注意:(1)钛或钽钉的长度应超过 PDA 直径;(2)钽钉的张力较佳,故选用钽钉;(3)如 PDA 直径较粗者可以选择套扎加金属钉闭合。白求恩和平医院[15]报告 12 例采用 VATS 手术治疗经验,强调要选择良好的进胸切口,为预防再通,介绍采用结扎和钛夹钳夹结合的方法,无 1 例再通。

(二)房、室间隔缺损

本年度房间隔缺损(ASD)的文献不多。上海胸科医院[16]*报告在 2 355 例 ASD 修补术后再通者 10 例,再通率 0.425%。再次修补 9 例,全部成功,1 例再通较小者未手术。作者分析再通发生原因:(1)早年(50~70 年代)应用低温麻醉技术,手术时间仓促,缝针针距大小一不,边缘缝合过少,易造成再通,本组 4 例属此情况;(2)合并右肺静脉异位引流,采用直接缝合;(3)合并二尖瓣病变,手术时房隔留孔减压,因血流冲击,形成病理性再通 2 例;(4)巨大 ASD,缝合时张力大,形成再通;(5)缝针过密,同一水平缝针眼连贯撕裂 1 例;(6)ASD 部分边缘菲薄,易发再通。北京儿童医院[17]报告 42 例 ASD 合并畸形的术中处理经验,常见的有左上腔静脉、肺动脉瓣狭窄、肺静脉异位引流等。作者强调在 ASD 手术时,应充分考虑合并畸形存在可能,应常规检查及正确处理。广东心研所[18]报告心导管介入治疗纽扣式补片关闭 ASD 3 例成功。作者认为应选择 ASD 直径球囊测量小于 30mm 为宜,补片大小应选择对角线等于或大于实际测量 ASD 直径的 2 例。注意事项:(1)超声测定 ASD 直径小于 20mm 为宜;(2)轨道一定要放于左上肺静脉,保证长鞘直顺,避免弯折,减少张力及补片滑向二尖瓣机会;(3)补片摆放过程拉力不能过大,以免将补片拉过右房而致手术失败;(4)如补片滑出到右房,应更换大的长鞘,再用对折长导丝或花蓝,以套入鞘内取出,防止肺栓塞。广州军区武汉总院[19]报告 25 例原发孔 ASD 的治疗经验,手术除二尖瓣前瓣裂隙修补外,2 例行乳头肌劈开,腱索延长,2 例行交界缝合。作者推荐补片基部缝在三尖瓣隔瓣根部至冠状静脉窦右侧,采用带垫片的褥式缝合,牢固可靠;对三尖瓣关闭不全,单纯瓣环扩大者用 DeVega 环缩至 2.5 横指,交界增宽者作交界缝合,隔瓣裂隙作修补术。本组早期死亡 1 例,随访 1~14 年,1 例Ⅲ度房室传导阻滞 1 年后死亡。上医大儿科医院[20]报告部分型房室管畸形 35 例的治疗经验,作者强调修补 ASD 采用 Pacifico 法为佳。将冠状静脉窦置入重建后的左房,避免了房缺残余分流和传导阻滞的并发症。修补房室瓣的发育异常而伴返流的矫治仍是对心外科医师的挑战,原则是纠正瓣叶的卷缩、腱束的过短或过长,并将二尖瓣裂命名为隔交界,二尖瓣视为三尖瓣叶结构,任何一处交界有增宽反流均需加以修补,以达到抗返流的目的。

沈阳军区总院[21]*报告 2 169 例室间隔缺损(VSD)的手术经验,并将其分为六型:(1)围膜部型,占 70.1%;(2)肺动脉下型,占 17.6%;(3)隔瓣后型,占 11.5%;(4)肌部型,占 0.23%;(5)左室右房通道型,占 0.3%;(6)多发缺损型,占 0.4%。作者认为此分类有利于手术径路设计,围膜部、隔瓣后和窦部缺损采用右心房切口,肺动脉下型在儿童和成人采用肺动脉横切口,婴儿采用右室漏斗部横切口,右心室切口仅用于圆锥间隔缺如和肌部缺损。修补方法改进主要是缺损补片修复应用一圈带垫片褥式缝合。本组残余 VSD 发生率为 0.46%,永久性高度传导阻滞为 0.09%,手术死亡率为 0.74%。作者对 271 例严重肺动脉高压病人的手术指征选择,手术前后处理作了详细的介绍与评述。湖南医大二院[22]报告 41 例直径>15mm VSD 的手术修补经验,合并主动脉瓣脱垂(AVP)及主动脉瓣关闭不全(AI)分别为 29.3%及 19.5%,而 VSD 伴 AI 者属干下型占 50%,AVP 常为一进行性病变,年龄越大,主动脉瓣修复可能性越小。作者主张 4 岁以前进行手术,对于轻度 AVP 或 AI,补片修补 VSD 即可。先心合并肺动脉高压是相当常见,平均压超过 5.33kPa (40mmHg)的病例约占 5%~25%,其中重度肺动脉高压(肺体动脉高压比值 Pp/Ps>0.75)的临床处理有一定难度，直接影响治疗效果与预后。北京友谊医院[23]对先心病合并肺动脉高压临床处理的有关问题进行了述评，根据目前国内外研究成果，提出四个方面的要求：(1)准确评估肺动脉压和肺血管病变的严重程度，强调应从临床症状、体征及心导管材料出发综合评定，并估计肺血管病变的性质与程度；(2)严格掌握重症肺动脉高压的手术适应证，尤其三尖瓣前分流所致的肺动脉高压，其器质性成分更加严重，手术更应慎重；(3)应特别重视肺动脉高压患者的肺保护；(4)严密妥善进行术后处理。中国医大一院[24]报告307例VSD修补术，死亡率为2.9%，其中24例合并重度肺动脉高压(Pp/Ps≥0.8)，病死率28%，作者认为以下三项：(1)Pp/Ps＞95%，或Rp/Rs＞0.75，或Qp/Qs＜1.4；(2)VSD收缩期杂音＜Ⅲ级，无细震颤，二尖瓣无舒张期杂音或有Graham-Steels杂音；(3)当Pp/Ps≥0.8，心胸比率＜0.53，胸片呈右室扩大型，尤以(1)、(3)项者，禁忌手术，有(2)、(3)两项，而Rp/Rs＜0.75，手术要慎重；而Rp/Rs＞0.75，但以VSD Ⅲ级以上全收缩期杂音伴细震颤，二尖瓣有舒张期杂音提示有大量左向右分流，左室大，要争取手术。西宁省心血管病医院[25]报告高原地区103例VSD合并肺动脉高压手术结果，手术死亡率为4.8%。作者认为高原地区居民长期居住在低氧环境中，由于胎儿肺动脉分支肌性化，致使正常人都有不同程度的生理性肺动脉高压，因此，该地区肺动脉高压偏多、偏早，且易合并其他畸形，主张尽早手术。上海胸科医院[26]介绍VSD合并重度肺动脉高压修补术体外循环的经验。作者强调高流量灌注，维持正常胶体渗透压，采用优质人工心肺机和微孔过滤器，合理用药等措施，保护体外循环稳定。北京阜外医院[27]研究前列腺素E_1(PGE_1)对先心病肺动脉高压的作用，结果提示PGE_1用药剂量和用药效果与肺血管病变程度呈负效应。广东省心研所[28]报告2例VSD修补术后左室-右房通道形成2例。2例均为膜周型缺损，1例行补片修补，另1例直接缝合。其原因可能是缝线撕裂心房面菲薄的膜部组织。临床诊断主要依据术后出现胸骨左缘3、4肋间收缩期杂音以及较明显的和进行性的右心功能不全表现，超声检查时应注意与三尖瓣返流鉴别。

(三) 主动脉窦瘤及主动脉窦瘤破裂

本年度发表主动脉窦瘤破裂论文5篇，104例病人仅死亡2例，因此手术治疗已趋成熟。浙江医大一院[29]报告41例主动脉窦瘤破裂，其合并畸形：VSD 15例，主动脉关闭不全11例，ASD 1例。40例痊愈出院，1例死亡。4例术后第1～15天发现有不同程度残余瘘杂音，其中1例术后7d再手术修补成功。6例同期作主动脉瓣悬吊成形术后，3例主动脉瓣关闭不全纠正满意，其中1例随访6年，因出现严重主动脉瓣关闭不全而手术。余3例成形术后仍有轻度至中度主动脉瓣关闭不全。作者强调作右室(右房)及主动脉根部双切口，以便牢靠修补窦瘤破口及良好的主动脉瓣处理。对于瘤囊残端缝合，其他作者[30,31]强调缝针一定要穿过健康的主动脉壁组织，如不能明确，必要时切开主动脉确认后再缝合，残端闭合后，应再以涤纶片覆盖其上，并与周围组织缝合固定以增强局部的坚固性。

(四) 法乐四联症

随着外科、麻醉、灌注及围术期处理技术的改进，手术效果的提高，法乐四联症(TOF)根治术的适应证逐渐放宽，在我国从婴幼儿到成人均可进行TOF根治手术，并获得满意效果。北京阜外医院[31～35]近5年来对近千例患者实施TOF根治术，无1例因肺血管发育差或左心室过小而实施姑息性手术[32]，360例5岁以下TOF根治术，手术死亡率1.11%。作者的主要经验是术前纠正贫血，心脏畸形纠正满意，心肺保护良好及正确术后处理[33]*。麻醉的经验：应用氯胺酮5mg/kg和东莨菪碱0.01mg/kg作为基础麻醉，用芬太尼10～15μg/kg，潘库溴胺0.2μg/kg静注，作为诱导与维持麻醉。作者认为，针对术前缺氧、易脱水、酸血症等改变，作相应处理，密切监测血氧饱和度，防治转流前缺氧发作及低血压，是保证麻醉平稳的关键[34]。TOF根治术体外循环，作者认为鼻咽温降至17～20℃(平均18.89±2.56℃)，动脉灌注流量20～50ml·kg^{-1}·min^{-1}(平均37.6±13.0ml·kg^{-1}·min^{-1})，稀释后血红蛋白44～110g/L(平均68.7±12.6g/L)，心肌保护从主动脉根部灌注冷含钾停跳液10ml/kg，每隔30min重复灌注，此种方法适用于婴幼儿紫绀型心血管病手术，术后肺部并发症明显降低[35]。术后处理的经验：积极纠正术前营养不良、贫血等，术后常规使用多巴胺及多巴酚丁胺辅助心功能，重视纠正低钙血症，严格根据血浆胶体渗透压值〔范围2.27～2.67kPa(17～20mmHg)〕、血红蛋白和血细胞比容结果输全血或血浆，早期控制输入量，加强利尿，监视重症患儿的心脏功能及畸形矫治的情况，并指导低心输出量等并发症的处理[36]。关于TOF采用补片重建右心室流出道(RVOT)，其中尤其是跨瓣环补片(TAP)采用材料选择以及加宽标准等，各家经验并不一致。北京阜外医院[37]认为TAP加宽肺动脉与RVOT，产生肺动脉瓣返流，将影响远期右心功能，应用自体心包缝制单瓣，由于钙化及瓣失灵，导致RVOT狭窄，远期效果不理想，作者推荐深低温液氮保存的新生儿同种带瓣主动脉、肺动脉作为TAP的材料，术后9个月检查证明，同种瓣组肺动脉瓣返流分数为40.12%±2.56%，而自体心包肺动脉的返流分数为70.00%±10.61%，前者明显低于后者。广州军区武汉总院[38]报告52例小儿TOF，采用四种补片方式进行TAP重建RVOT，生存47例，随访1～12年，发现随着术后生存时间延长，患者右心室的适应性不断改善，生存者对肺动脉瓣关闭不全有较好的耐受性，长期存活46例，活动和生长发育与同龄儿童相同或接近。作者推荐补片材料以自体心包为优选。广东省医院[39]报告432例TOF根除术，其中219例应用戊二醛处理的牛心包补片重建RVOT，本组死亡38例(其中32例用牛心包重建RVOT)，死亡率8.8%。采用牛心包补片扩大RVOT 219例获得随访，随访时间2个月至12年3个月，远期死亡3例，均因感染性心内膜炎死于术后2～4个月。作者认为除个别病例因感染或缝合技术不当造成牛心包片出现问题须再次手术外，其余病例未发现牛心包片自身退行性变而造成室壁瘤样改变，证明其耐久性良好。北京儿童医院[40]认为TAP重建RVOT时，根据主肺动脉和右心室不同的组织结构分别采用自体心包加宽主肺动脉，用0.6mm厚的Gore-tex补片加宽RVOT，将两补片于肺动脉瓣环处连接，使RVOT重建更为合理。TOF肺动脉瓣缺如的治疗经验[41,42]，共报告9例，手术8例，重建RVOT的方法，4例用自体心包，1例用同种异体主动脉带无冠瓣叶，1例主肺动脉根部切断，近心端关闭，避开冠状动脉，远端和左右肺动脉游离后直接与右室切口吻合，另1例见左肺动脉起于升主动脉，切断其后缘与主肺动脉切口吻合，前缘与跨环补片吻合。8例病人均获成功。上海新华医院[43]报告136例TOF中3例左肺动脉缺如，2例采用自体心包跨瓣补片重建RVOT，1例采用同种异体主动脉带瓣管道连续，均获成功。作者强调TOF伴左肺动脉缺如术后易引起肺动脉高压，应加强呼吸道护理，过度通气、利尿及扩血管药物应用；其次应预防术后低氧血症，主要是由两侧肺均存在通气与血液比例失调所致，加强右心功能的支持尤为重要。解放军总院[44]报告9例合并单侧肺动脉缺如的先心病，其中7例为TOF，术后因急性心功能不全死亡2例，余5例术后均并发低心排综合征。作者的体会是：(1)无论采用补片或外管道疏通RVOT都必须带瓣，以应付术后肺血管阻力的升高；(2)围术期的主要危险在于心功能不全，尤其是右心。早期肺血管扩张药物应用，强心、利尿处理，防止缺氧和酸中毒，术中心肌保护均需积极处理，术后能否纠治低心排综合征已成为决定病人命运的关键；(3)全组除死亡病例外，术后2日内呼吸机均能撤除，说明术后肺功能并不受到明显影响。

(五) 其他复杂先心病

全腔静脉-肺动脉连接术(TCPC)是改良Fontan手术又一新的改进，多数作者采用侧隧道TCPC，但术后心律失常发生率仍较高。沈阳军区总院[45]报告3例改用心房内管道施行TCPC，其中2例为单心室，1例为三尖瓣闭锁，手术方法常规将上腔静脉远心端与右肺动脉行端侧吻合，然后选用直径>1.5cm人工血管，将下腔静脉与主肺动脉吻合。作者认为该方法与内隧道TCPC相比，其优点是右房组织损伤小；大部分下腔静脉直接引流入左肺动脉，血流动力学合理；更适用于伴共同心房和(或)共同房室瓣等复杂畸形，选用1.5cm以上人工血管无需再更换，术后心律紊乱明显减少。上海新华医院[46]报告6例永存动脉干手术治疗经验，年龄2～4岁，按Van Praagh分型，Ⅰ型2例，Ⅱ型4例。伴其他心内畸形3例，5例手术成功。作者比较详细地介绍了手术方法及经验。西安西京医院[47]统计不同类型先天性心脏病3 168例，发现永存左上腔静脉畸形(PLSVC)67例，发生率为2.11%，PLSVC引流部位：①经冠状静脉窦引流入右心房57例；②经冠状静脉窦引流入右心房伴右上腔静脉缺如1例；③引流入冠状静脉窦开口于左心房2例；④直接引流入右心房1例；⑤直接引流入左心房6例。PLSVC术中处理：暂时阻断闭塞52例，结扎5例，切开右心房插管10例，其中单纯为了引流PLSVC 7例，建立心房内隧道，将PLSVC导入右心房2例，修补原发孔，ASD补片下缘向左心房后壁弯曲缝合，将PLSVC折流向右心房1例。作者认为：(1)越是复杂先心，合并PLSVC的发生率越高；(2)PLSVC术前确诊困难，术中探查甚为重要；(3)PLSVC的手术处理原则固然取决于其引流部位类型，但与右上腔静脉间有无交通，对术式有决定性影响。北京阜外医院[48]报告19 027例先心病心内直视手术，发现合并永存左上腔静脉(PLSVC)326例，同时有右上腔静脉(RSVC)缺如9例，其中TOF及VSD各3例，ASD、右室双出口(DORV)、单心室-单心房(SV-SA)各1例。手术结果：2例(TOF、SV-SA各1例)因低心输出量综合征而死亡。存活病人中，预激综合征1例，完全右束支阻滞1例，交界区心律1例。作者认为对于PLSVC合并RSVC缺如以及PLSVC入冠状静脉窦继发性扩张，可导致各种心律失常发生，因此，作者得出以下启示：(1)若术中通过各种方式将 PLSVC 转路，使其绕过冠状静脉窦口而入右心系统，也许是一种因冠状静脉窦扩张而引起心律失常的很好的防治方法；(2)对于内科原因不明的心律失常，是否提供了又一诊治途径。上海新华医院[49]报告 5 例 DORV，VSD 远离二大动脉开口，其中：(1)3 例房室顺序一致，不合并其他严重心内畸形者，用 Gore 补片建立 VSD-主动脉内隧道，RVOT 直接缝合 2 例，跨肺动脉瓣环心包补片扩大 RVOT 1 例；(2)1 例房室顺序不一致者经右房修补 VSD，同种异体带瓣主动脉瓣管道(homograft)建立右室-肺动脉心外管道；(3)1 例房室顺序一致合并严重心内畸形者作改良 Fontan 术。手术 4 例成功，1 例死亡。南京军区总院[50]在 150 例先天性心血管畸形标本的观察与测量中，检出先天性三尖瓣畸形 25 例(16.05%)，其中 Ebstein 畸形 6 例，三尖瓣发育不良 14 例，三尖瓣缺如 1 例，三尖瓣瓣叶或/和腱索骑跨 4 例。作者从解剖学方法探求三尖瓣畸形及其功能的影响，并明确各类畸形的病理诊断标准，对三尖瓣发育不良予以分类。

九、后天性心脏病及大血管病

(一) 心脏瓣膜病

瓣膜成形术　本年度收集瓣膜成形术文献共 19 篇，其中二尖瓣闭式扩张 2 篇，直视成形术 2 篇，球囊扩张 16 篇。对二尖瓣狭窄病例，国内总趋势是球囊扩张替代二尖瓣闭式扩张术。中国医大一院报告[51]540 例二尖瓣狭窄闭式扩张术，术后出现关闭不全者 84 例(18%)，早期死亡率为 1.5%。145 例 1～14 年，属优良者 34%，改善者 43%，稍改善者 11%，无变化者 3%，加重者 4%。术后 5 年内死亡率为 5.5%，再狭窄者 11%；5～10 年死亡率为 1.5%，再狭窄者 4.7%。瓣膜直视成形术近几年已引起重视，但鉴于我国以风心病为主，在技术上存在一定难度，其经验在积累之中。河南医大二院[52]报告 326 例心脏瓣膜成形术结果，其中 46 例为闭式扩张术后。风心病 263 例，退行性变 63 例。采用综合成形技术，根据病变进行瓣叶、瓣下结构及瓣环成形。手术结果：风心病死亡 5 例(1.8%)，5 例术后再狭窄再次手术治疗，退行性变组无死亡及再手术。风心病组 182 例(占 70.5%)，随访 1～8.4 年(平均 5.7 年)，6 例死亡，存活 176 例中杂音消失 145 例，心功能Ⅰ级 67 例，Ⅱ级 75 例，Ⅲ级 24 例，Ⅳ级 10 例。退行性变组随访 56 例，心功能Ⅰ级 34 例，Ⅱ级 16 例，Ⅲ级 5 例，Ⅳ级 1 例，无死亡。作者强调要准确判断病变性质和特征，具有强烈的成形意识，手术方法个别化，不同病变采取不同术式方可收到理想效果。该作者另文介绍 87 例重度二尖瓣狭窄直视切开成形术经验，早期死亡 2 例，随访结果良好[53]。二尖瓣狭窄球囊扩张(PBMV)术在我国已获推广，本年度文献内容的特点是：以基层单位开展 PBMV 的经验为主[54,55]，亦取得较好的成绩。在探索 PBMV 有关研究及特殊病人方面使用，取得了进展。广州珠江医院[56]比较双球囊法及 Inoue 法各 131 例的即时疗效及并发重度二尖瓣关闭不全，证明二尖瓣口面积增加及跨瓣压差降低的幅度在两组间无明显差异，重度以上二尖瓣关闭不全(≥3/4)在双球囊组为 5 例，单球囊组为 7 例，无统计学差异。研究证明，PBMV 可以减轻三尖瓣的返流[57]，二尖瓣前瓣厚度小于 5mm 时 PBMV 疗效明显好于 5mm 以上者[58]。成都军区总院[59]对 9 例二尖瓣重度狭窄伴重度心力衰竭者施行 PBMV，全部获得成功，在短期内心功能迅速恢复至Ⅰ～Ⅱ级，运动耐量明显增加，心衰症状缓解率达 100%。大连医大一院[60]报告 16 例风心病二尖瓣闭式扩张术后再狭窄者行 PBMV，二尖瓣口面积由 $0.98\pm0.20cm^2$ 增加到 $1.91\pm0.49cm^2$($P<0.001$)，左房平均压及跨瓣压差均降低($P<0.001$)。并发症：二尖瓣返流 1 例，返流加重 1 例，4 例发生房间隔水平分流，3 例扩张时球囊破裂。作者认为，这类病人可以取得良好的结果，但操作中房间隔穿刺及二尖瓣口扩张有时将面临困难，应慎重对待。

心脏瓣膜替换术　历经多年，国内心脏瓣膜置换手术已经成熟，在几个大的医疗中心，手术成功率与国外已经差异不大。但对我国以风心病为主的国家，接受手术时机普遍偏晚，遇到的临床问题与发达国家不尽相同，仍有许多问题，值得探索。重庆医大一院[61]通过 52 例二尖瓣病变患者左心功能测定，证明 MR 为主与 MS 为主的血流动力学变化程度基本无差异，而 MR 为主组左心功能减退较 MS 为主组明显，有统计学显著差异，而两组间血流动力学参数与左心功能参数经直线相关分析，MS 组无相关性，而 MR 组均有相关性，提示 MR 组左心功能减低与血流动力学关系密切。作者认为 MR 为主患者，一旦出现症状，左室肥厚劳损，尤其 $CI\leqslant 2.02min^{-1}\cdot m^{-2}$，应及时手术，以免心肌结构发生不可逆性病理损害。另一项研究证实[62]，Ⅳ级心功能组血流动力学和左室功能改变普遍重于＜Ⅳ级组。因此，风心病二尖瓣病变术前临床心功能与三个方面改变密切相关：(1)心脏增大程度；(2)心脏泵血能力；(3)肺血管和相关的病生改变。北京阜外医院[63]分析 145 例成人主动脉瓣置换术病例的临床病理，病因中风湿性占 44%，感染性心内膜炎

17.0%，先天性二叶瓣等19.5%，马凡氏综合征10%，还有少见的病因，如特发性主动脉瓣脱垂(5.7%)、主动脉夹层瘤(1.3%)、多发性大动脉炎、白塞病等。这有助于了解我国主动脉瓣病变的病因、分布状况。中山医大一院[64]报告1 000例瓣膜替换术经验，其中AVR 12.8%，MVR 66%，DVR 20.6%，三尖瓣替换(TVR)0.6%，同期行三尖瓣环缩术48例。早期死亡率9.5%，其中1991年前为10.3%，1992年以后212例手术死亡率为6.6%。出院905例，随访3个月到18.6年，平均7.8年，晚期死亡127例(1.8%人·年)。死亡原因：心源性65例，抗凝出血15例，生物瓣衰环17例，心内膜炎13例，恶性肿瘤2例，意外1例。生存778例，心功能恢复Ⅰ级为61%，Ⅱ级29%，Ⅲ～Ⅳ级者10%。作者认为为进一步提高手术效果，要采取综合措施：(1)选择适当的手术时机；(2)完善改进体外循环技术；(3)加强术中心肌保护；(4)对适宜病例应保留二尖瓣的瓣下结构；(5)加强术后监护。北京阜外医院[65]总结745例人工生物瓣膜替换手术的经验，分析死亡原因与围术期并发症，结果示围术期共死亡98例，死亡率为13.2%。主要死亡原因依次为：低心输出量综合征和心力衰竭47例，脑部并发症14例，严重室性心律失常9例，肾功能衰竭8例，人工瓣膜心内膜炎5例，左室破裂3例。围术期主要并发症依次为：低心输出量综合征和心力衰竭58例，二次开胸止血25例，脑部并发症21例，严重室性心律失常13例，肾功能衰竭10例，人工瓣膜心内膜炎10例，心包填塞8例。本组病例与同期人工机械瓣膜手术相比，死亡率大致相当，总的并发症发生率略为偏低，但与人工瓣有关的死亡及并发症则明显减少。作者认为，如能解决生物瓣耐久性问题，相信人工生物瓣替换手术越来越多地被医生及病人所接受。广东省心研所[66]报告41例风湿性二尖瓣及主动脉瓣置换术同时作三尖瓣成形术，占同期911例瓣膜替换术的4.5%。三尖瓣功能性病变扩大29例，采用DeVega环缩。12例为三尖瓣交界粘连、融合，瓣叶增厚，呈器质性狭窄或(和)关闭不全，4例狭窄行交界切开，8例狭窄伴关闭不全，行交界切开加DeVega环缩，早期死亡3例(7.3%)，晚期死亡1例，37例随访3～75个月，发生脑栓塞1例，抗凝过量出血3例，2例三尖瓣中度返流，心功能Ⅰ级31例，Ⅱ级5例，Ⅲ级1例。作者强调三尖瓣成形术的重要性。沈阳军区总院[67]报告14岁以下儿童施行二尖瓣、三尖瓣或主动脉瓣替换术27例，全部为先天性心脏病，合并心内畸形16例。6例生物瓣，21例机械瓣。其中24例使用成人型人工瓣，3例使用小型人工瓣，早期死亡3例，随访2个月～16年，晚期死亡4例，其中3例为生物瓣衰退死于心衰，1例机械瓣术后2个月死于心律失常。作者对瓣膜选择、缝瓣技术方面均有改进，主张儿童低强度抗凝比较安全可靠。北京阜外医院[68]报告二尖瓣闭式扩张术后瓣膜替换术229例，其中急诊手术5例，择期手术224例，两次手术间隔为12.95±6.79年。MVR 208例，DVR 21例，总手术死亡率为7.42%，近3年死亡率仅为0.88%(1/113)。作者分析近年手术死亡率下降原因：(1)掌握好手术时机；(2)麻醉、体外及手术技术改进，重视心肌保护；(3)尽量缩短手术时间，减少心包内游离，缩短止血时间；(4)合理的术后监测及正确处理。其他[69,70]有关再次瓣膜替换术的报道，在二尖瓣口显露、心肌保护、心腔排气及防治出血并发症等方面作了经验介绍，对再次换瓣手术病人，建议采用右前外进胸，股动脉——右房转流建立体外循环，经左房切口行再次二尖瓣替换，可避免原切口粘连、出血[70,71]。二尖瓣置换保留瓣下结构的临床意义逐渐被接受，本年度有3篇论文介绍该项技术。北京解放军总院[72]报告11例，手术技术：(1)瓣膜及腱索原位法，采用三种方法，将前瓣叶缝至环上；(2)前瓣叶及其相应腱索移位法，将前瓣叶切下，修整成二组保留腱索附着的关瓣叶，缝于后瓣环上。其他报告[73,74]采用前瓣叶修剪后翻转缝于后瓣环上，临床初步结果满意。

(二) 心律失常的外科治疗

近几年在我国已引起重视的一个课题，尤其面对大量的心房纤维颤动(Af)病人，如能在换瓣等手术的同时，对Af进行外科手术治疗，这将十分赋予实际意义。上海长海医院[75]报告10例风心病二尖瓣疾患伴Af病人施行迷宫手术和二尖瓣转换或成形术。手术方法：改良Cox法，切除右心耳，切口中部向下沿右侧壁止于三尖瓣环1.0cm处，冷冻处理，距右房界嵴1cm纵行切开右房壁达上、下腔静脉口，于卵圆窝后缘切开房间隔至右房顶部加房间隔右侧冷冻，切开左房，环绕两侧肺静脉开口切开左房完全隔离肺静脉口，于左右下肺静脉开口中点左房后壁处向二尖瓣后瓣环切开，并冷冻，左心耳切除缝闭。术前、术中及术后1个月进行电生理检查，证明术前心外膜标测，右房为颤动，尤以右房下部颤动波细密，左房多为扑动；术后心律及电生理检查，9例术后未用抗心律失常药物，无1例有Af或房扑发作，1例在术后3周内有房扑3∶1、4∶1传导，经电复律纠正，1个月后心内电生理检查不能诱发房性异位节律。全组随访1～6个月，无1例复发。作者认为，风心病Af术前电生理不同于Cox观察病例，与

Cox 手术相比，有 5 个方面改进，治疗效果达到了 Af 治疗的三个理想水平。哈尔滨医大二院[76]报告 3 例迷宫手术，参考 Cox 等所设计手术方法，对操作进行了改良，主要将需要冷冻的部位改为注射无水酒精，沿肺静脉开口周围先用 Prolene 缝线连续褥式缝缩，使肺静脉周围形成一圈轻度隆起（隆起环），并沿隆起环注入无水乙醇，同时在二尖瓣环及左心耳各自到隆起环之间的心肌组织，在右心耳到隆起环之间连线及该连线到上腔静脉窦房结内侧之间，分别注入无水酒精。3 例中 1 例为窦性心律，另 2 例术后出现房扑，服用乙胺碘呋酮可维持窦律。作者指出该项手术的改良：(1) 结合二尖瓣替换，略加改变原右房-房间隔径路切口；(2) 无水乙醇注射及缝缩代替冷冻及大部分左房切口；(3) 变心耳切除为结扎。中日友好医院[77]报告 1 例改良迷宫手术，亦获成功。西安唐都医院[78]报告 2 例左心室壁瘤伴室性心动过速治疗经验，经过标测，切除室壁瘤及间隔突出部折返区心内膜及部分心肌，用高频电刀烧灼切缘，2 例均获成功。

（三）冠状动脉病外科治疗

随着我国经济的发展和生活水平的提高，冠心病的发生率逐步增高，外科手术治疗也逐年增多，开展手术的单位有所增加。北京中日友好医院[79]、北京红十字朝阳医院[80]、西安医大一院[81]分别报告 30 例、39 例和 26 例，总死亡率为 3%。北京阜外医院为国内施行冠心病旁路术最多的单位，并对 6 例有心梗史伴严重左室功能不全，EF≤30%的病人施行了旁路术[82]，死亡 1 例，存活者心功能恢复至 Ⅰ～Ⅱ 级，取得了比较好的效果。其经验是：必须完全心肌再血管化，并尽量缩短心肌缺血时间；辅助心功能包括用 IABP；术后充分供氧防治心律失常，强心利尿，维持水电平衡；心肌保护强调采用综合性措施。西安医大一院[83]总结了冠心病外科治疗中应用 IABP 67 例的经验，占手术病人的 14.5%。在单纯旁路术、室壁瘤切除、旁路术并室壁瘤切除术、旁路术并换瓣术四类手术中 IABP 的比例分别为 8.1%、23.6%、13.8%和 28.3%，其中因室壁瘤大或合并心梗后室间隔穿孔、左室 EF＜30%、冠脉病变广泛或合并其他手术，在停止体外循环前后预防性安置 IABP 20 例；术终低心排综合征、脱离体外循环困难 31 例；术后出现低心排综合征 6 例；围术期急性心梗或心肌缺血 10 例。早期死亡 21 例，18 例为心源性，1 例为 IABP 所致的急性主动脉夹层动脉瘤并发症，2 例为糖尿病昏迷。作者指出，预防性应用 IABP，可降低重症病人的手术死亡率，IABP 可使术后低心排综合征及左心功能不全得以改善，降低手术死亡率。上海长海医院[84]报告 4 例瓣膜替换术中冠状动脉急性阻塞的诊断和处理，1 例马凡综合征行 Cabrol 手术，1 例主动脉瓣病变伴单支右冠状动脉畸形行 AVR 术，2 例风心联合瓣膜病行双瓣置换术，术毕均表现为心脏复苏困难，出现左冠状动脉急性阻塞表现，紧急作大隐静脉前降支旁路，均顺利脱机，但 2 例风心病因停机后出血或滴注凝血酶原复合物过快，出现严重低血压、心脏骤停，复苏无效死亡。作者分析了术中急性冠脉阻塞的原因，提出诊断和处理方法。南京市一院[85]为 2 例广泛前壁心梗和 1 例前间壁心梗后发生巨大室壁瘤的病人施行了心内补片左室重建术，取得了成功。介入治疗冠心病在我国已较普遍开展，但 PTCA 术后狭窄问题仍是影响疗效的关键。解放军总院[86]成功地建立了犬冠状动脉血管损伤后再狭窄的模型，对研究再狭窄的机制及其防治有重要意义。哈尔滨医大心研所[87]试在球囊扩张同时，在球囊表面进行射频加温，研究射频球囊成形术对再狭窄的作用。实验结果表明该项技术对防止再狭窄可能是一项有希望的措施。北京阜外医院[88]应用血管内超声成像评价 PTCA 的疗效，根据 8 例临床研究结果，认为该技术可区别病变血管腔内的斑块及钙化程度，准确识别夹层的范围，并为复杂冠心病选择合理的介入治疗方式及判断是否需要进一步介入治疗提供帮助。

（四）大动脉瘤的外科治疗

主动脉夹层动脉瘤的诊断一般无特殊困难，但如对其认识不足也常导致误诊。国内近年文献报告的 44 例误诊分析[89]，结果显示：因剧烈胸背部疼痛误诊为急性心梗 15 例，心绞痛 3 例；因急性中上腹剧痛误诊为急腹症 14 例，腹痛肿块待查 2 例；因心脏杂音误诊为风心病、主动脉瓣关闭不全、大动脉炎等 7 例；因夹层血肿影响分支动脉，误诊为脑血栓形成、肾炎尿毒症各 1 例。因此，临床医师很有必要对主动脉夹层复杂多变的症状及体征有充分的认识，并作相应的检查，尽早明确诊断。协和医院[90]报告 42 例腹主动脉瘤和 7 例胸腹主动脉瘤的治疗经验，手术治疗腹主动脉瘤 40 例，无早期死亡；胸腹主动脉瘤手术 4 例，死于低温麻醉室颤 1 例，另 3 例非手术治疗者，2 例死于动脉瘤破裂。因此，有症状者或动脉瘤直径较大者，应积极准备手术。上海中山医院[91]报告 114 例腹主动脉瘤切除人造血管移植术后，随访发现 18 例并发吻合口动脉瘤，发生时间为术后 2 周至 12 年，9 例行再手术治疗，死亡 1 例，9 例拒绝手术者随访 6 年，5 例于发病后 2 年内死亡，其中 4 例因动脉瘤破裂死亡，1 例因动脉瘤胸瘘致大出血死亡。作者认为吻合口动脉瘤的病因是综合性的，术后长期随访绝对必要，B超和CT检查对确诊最有价值，一经确诊，应立即手术。

（五）心脏肿瘤

哈医大二院[92]报告76例心脏粘液瘤的手术治疗，左房70例，右房5例，右室1例。超声心动图诊断假阳性2例，术中发现二尖瓣狭窄；假阴性1例，误诊为二尖瓣狭窄伴左房血栓。作者指出，一经诊断，必须及早手术，即使出现发热、心衰等也应及早手术。江西医学院一院[93]报告1例罕见的右房间皮肉瘤。福建心研所[94]报告6例心脏原发性恶性肿瘤，手术治疗4例，3例为粘液肉瘤，1例为软组织恶性肿瘤。北京阜外医院[95]报告7例左室原发性肿瘤的外科治疗，淋巴管瘤、粘液瘤各2例，脂肪瘤、淋巴管囊肿各1例，横纹肌肉瘤1例。4例完整切除，2例因肿瘤与二尖瓣乳头肌相延续，无分界，仅作部分切除，另1例因肿瘤呈浸润性生长，切除后尚有残留。无手术死亡，随访1个月～11年，1例恶性肿瘤于术后1年半死亡。作者指出，左室肿瘤多为良性，且多能获得满意的手术疗效。

十、体外循环和心肌保护

（一）体外循环

流量是体外循环的重要参数之一。在对深低温暂停循环技术长期研究的基础上，近年国内外诸多单位倾向于采用深低温低流量技术。上海新华医院[96]对10例先心病采用了中度低温低流量体外循环技术，即高流量降温和复温、中低温（肛温25.9±0.74℃）、低流量（1.24±0.11 $L \cdot min^{-1} \cdot m^{-2}$）灌注。结果表明体外循环各时限血气分析均在正常范围，血乳酸值未升高，静脉血氧饱和度均在80%以上，提示该项技术是可供临床选择的一种体外循环方法。近年，国内应用体外循环心脏不停搏技术施行心内直视手术的单位增多。广东心研所[97]应用这一方法施行小儿法乐三联症矫治术27例，死亡1例。术中发生室颤3例，电击复跳，术后并发脑气栓1例。作者指出，应用这一方法应重视防止术中室颤及动脉气栓的发生。广西柳州工人医院[98]报告28例，其中二尖瓣置换术7例，术中最低体温29～34℃，降温过程中发生短暂室颤4例，无手术死亡及并发症。作者指出降温过程宜将预充液先加温至30℃，以免温度过低发生室颤。广西医大一院[99]报告应用该种方法施行二尖瓣置换术26例，术后因肺部感染死亡1例。作者认为，该方法避免了心肌缺血和再灌注损伤，心肌保护效果优于停跳者。近年来体外循环心脏直视手术后的美观问题日益受到人们的重视。北京阜外医院[100]采用右外侧第4肋间剖胸建立体外循环，施行房、室缺修补等手术37例，年龄8个月～8岁，无手术死亡及并发症，胸液量也明显少于常规正中切口。作者认为该方法可安全有效地替代正中切口纠正一些较简单的心脏畸形，其美观效果明显优于正中或双乳腺下的皮肤切口。北京阜外医院[101]报告了血代（Haemaccel，德国产）在40例体外循环预充中的应用观察，指出血代半衰期仅4～6h，在体内无蓄积，一次用量可达2 000ml，对凝血功能、电解质无明显影响，过敏反应少（0.03%），是一种比706代血浆还理想的胶体溶液。国内目前已有许多单位在体外循环期间应用抑肽酶，以减少术后出血和渗血量，浙江医大二院[102]报告大剂量抑肽酶（6万U/kg）可分别减少出血量和输血量50%左右。而空军南京医院[103]和南京铁道医学院附院[104]报告了小剂量抑肽酶也可使术后出血量减少，表明小剂量抑肽酶有着相似的效果。

体外循环对机体免疫功能的影响在本年度共有5篇报道[104～108]，分别为体外循环对风心病瓣膜置换病人免疫功能和T淋巴细胞免疫功能的影响，以及对机体免疫功能、对红细胞免疫调节因子、白介素2受体及自然杀伤细胞的影响。5篇文章的观察指标多有重复。结果表明体外循环对机体免疫功能的影响是一过性的，多于术后7～14d恢复正常，而在这期间应防止感染，保护和增强机体免疫功能。心脏直视术后心力衰竭是手术死亡的主要原因，左室辅助装置是抢救成功的有效措施。国内有关临床报告较少，而实验研究仍在探索。广东省人民医院[109]报告自制气动式左心辅助循环装置行山羊左房-降主动脉转流，辅助时间6～43.5h，山羊清醒后，佩带左心辅助泵自然站立及走动，但在尸检时发现单向瓣膜支架有血栓依附，提示该装置虽可起到左心辅助的作用，但在体试验并不理想。北京阜外医院[110]实验研究了逆行左室插管转流对严重缺血左心辅助的作用，结果表明该方法可明显减少左室容量负荷，改善缺血后的左心功能。

（二）心肌保护

良好的心肌保护是保证手术成功的关键。本年度有关心肌保护的实验研究和临床应用研究的论文有30余篇。相关的研究内容主要有下列几方面：一是心脏停搏液添加剂对心肌的保护作用，包括克罗卡林（三磷酸腺苷敏感性钾通道特异性激动剂）[111]、葛根素（中药根中的提取物）[112]、腺苷[113]、复方丹参（临床应用研究）[114,115]、鹿茸精[116]、牛磺酸[117]（基础和临床研究）、山莨菪碱（临床研究）[118]等，从发表的资料看，上述对缺血心肌均有不同程度的保护作用，但与既往研究内容有较多的重复。二是冷血、温血停搏液对心肌保护作用的研究及复跳前控制性温血灌注的应用研究[119~123]。从实验和临床对比研究结果看,以持续温血灌注作用最佳,其次为间歇冷血灌注,控制性温血灌注也有较明显的作用。福建省心研所[124]对30例心内直视手术病人,采用体外循环不降温,而主动脉则阻断,用小量晶体含血(HCT 25%左右)的冷停跳液(8~10℃)连续灌注保护心肌,心脏表面不置冰屑降温,取得了比较满意的临床效果。三是其他研究。同济医大心研所[125]研究了实验性冠状动脉分支阻塞时,顺灌冷停搏液,同时以2kPa压力堵塞冠状静脉窦,结果表明该方法可提高心肌保护作用,对心肌无损伤。长沙湘雅医院[126]采用了缺血预处理的方法保护心肌,实施心脏手术15例。从心肌酶谱、心电学、临床循环功能的检测结果评价其心肌保护作用,其结果要优于对照组。

十一、心脏直视手术后并发症

(一) 继发性出血及防治

继发性出血是心脏直视术后早期常见的并发症。天津医大总院[127]报告9例再次开胸止血者(其中2例有心包填塞),4例为活动性出血,5例为手术野渗血,6例于再手术后发生了并发症,其中4例死亡。青岛医学院二院[128]也报告了10例,其中活动性出血6例,创面渗血4例,发生心包填塞3例,再手术后均痊愈。由此可见,约有50%的继发性出血系渗血所致。为利用心包和纵隔引流管的血液,北京阜外医院[129]研究了术后回输引流的问题,回输组22例,未回输组20例,结果发现,术前、术后定时检测的血红蛋白、红细胞、红细胞压积及血小板,在两组间无差异;引流血纤溶活性明显低于库血,而Ⅷ因子含量高于库血;回输组库血用量1 100±700ml,未回输组则为1 800±1 030ml($P<0.05$)。回输组回输引流血液200~1 300ml,平均380±230ml,无1例发生溶血、肾功能衰竭、败血症等并发症。作者认为,应用简单回收系统(Alium 2050,美国),回输未经洗涤的心包及纵隔引流血是安全及经济的,并可减少库血用量。上海长海医院[130]报告了再次心脏瓣膜手术后出血的防治,结果显示,用药组(抑肽酶组、凝血酶原复合物组和二者合用组)与对照组相比,术后18h内的出血量和输血量分别显著减少35%~54%和33%~42%($P<0.05\sim0.01$);无严重出血(胸液<1 000ml/18h)者较有严重出血(≥1 000ml/18h)者,术后早期多脏器功能衰竭发生率显著降低($P<0.05$),早期死亡率也较低;大剂量抑肽酶(5~7kIU/kg)与凝血酶原复合物的作用相似;单用与二者合用的效果相似。主张再次心脏瓣膜手术中应常规用大剂量抑肽酶。为防止再次心脏手术后胸骨后广泛粘连,减轻手术困难程度和术后广泛渗血,湖北医大一院[131]报告了硅橡胶(厚度0.1~0.2mm)替代心包防止粘连的实验研究和临床应用结果。动物实验术后6、12、18个月处死动物,见心脏-硅橡胶-切口背面无任何粘连,心包腔内无积液,病理检查未见有组织异物反应或炎性反应;临床应用25例,其中1例于术后3年再手术,未见有替代心包处粘连。作者认为该种方法简单、经济,宜推广应用。

(二) 心脏直视术后上消化道出血

本年度共有4篇报道[132~135],共43例,死亡6例。沈阳军区总院[132]报告心脏直视术后上消化道大出血20例,发生率为0.26%,其中瓣膜替换术5例,非紫绀先心病3例,紫绀先心病12例。早期症状为呕血者5例,血便或柏油便15例,3例胃镜检查可见溃疡出血点,4例内科治疗无效而行手术治疗,除1例年老衰弱病人拒绝手术死亡外,余均治愈。作者指出,术后上消化道出血以应激性溃疡最为常见,胃镜检查有诊断和治疗作用,保守治疗无效或大出血休克或胃肠穿孔时应手术治疗。苏州医学院一院[133]报告瓣膜替换术后并发应激性溃疡大出血12例,出血时间在术后8~14d,4例急诊胃镜检查明确诊断,11例保守治疗1周左右血止,1例3d后行全胃切除术,无死亡。作者指出此类病人应立即静注Vit K_1并中止抗凝治疗,而后按内科方法止血,保守治疗2~3d无效者,应手术治疗。

(三) 其他并发症

北京阜外医院[136]回顾分析了1976年5月~1991年12月间的2 218例瓣膜替换的围术期死亡及并发症的相关因素,手术死亡率为10.1%,主要死亡原因:低心排综合征39.7%,严重室性心律失常14.7%,人工瓣心内膜炎9.8%,脑部并发症7.6%,肾功能衰竭5.8%,瓣膜血栓2.7%,左心室破裂2.7%。单因素和多因素分析显示:心肌保护不满意、手术年代、主动脉阻断≥120min或CPB≥160min、既往瓣膜手术史、心胸比率≥0.7、术前心功能Ⅲ级及Ⅳ级、主动脉瓣狭窄、术前肺动脉高压差,均与围术期死亡显著相关。围术期主要并发症发生率:严重室性心律失常20.2%、低心排综合征13.5%、术后出血5.7%、脑部并发症3.1%、肾功能衰竭2.2%、人工瓣心内膜炎1.8%、肺部感染0.9%、心包填塞0.8%、纵隔感染0.63%、人工瓣瓣周漏0.6%、人工瓣血栓形成0.54%。福建省心研所[137]报告5例心脏直视术后延迟关胸,其中法四矫治术1例,二尖瓣替换术4例,延迟关胸时间28~38h,4例治愈。延迟关胸的原因为低心排和心律失常。作者认为此方法对抢救高危病人有一定的临床意义和实用价值。南京军区总院也报告3例应用该方法的经验[138]。北京阜外医院[139]报告42例先心病心内直视术毕一过性Ⅲ度房室传导阻滞(AVB),其中6例在术后0.5～13d出现。36例心脏复跳时即为Ⅲ度AVB者(其中11例再次转机,行二次心内手术),术后平均5.8d(0.5～44.0d)心律开始转为窦性心律。全组42例中,14例在自主窦律恢复当天即变为稳定性窦律,28例平均需要8.8d(1～81d)的窦律与传导阻滞的交替过程。3例死于与Ⅲ度AVB无关的并发症。作者指出一过性Ⅲ度AVB的产生原因主要为术中损伤传导系统造成局部出血、水肿所致,一旦出现Ⅲ度AVB,应先安置临时起搏器,帮助自主心律的转复。南京儿童医院[140]报告心内直视术后重度脑损伤6例,2例死亡。广东省心研所[141]报告心脏手术后多器官衰竭38例,发生率为1.0%。死亡23例,受累器官均在3个以上,初发受损器官以心脏最多见(71%),全组感染79%,病程1周以上感染率达100%。作者指出心脏术后多器官衰竭有其特殊性,心功能不全是主要始因,感染期是病程进展的必经期,治疗效果欠理想,应从预防着手。

(朱家麟　徐志云)

参考文献

[1] 张位星等. 湖南医科大学学报 1995;20(5):504
[2] 蒋振斌等. 中华创伤杂志 1995;11(6):359
[3] 阎树禹等. 中国急救医学 1996;16(4):46
[4] 孙山岳等. 山东医药 1996;36(4):11
[5] 李建强等. 广东医药 1996;17(3):215
[6] 郎宇璜等. 中华胸心血管外科杂志 1996;12(1):35
[7] 蒋振斌等. 中华创伤杂志 1996;12(4):221
[8] 刘维永等. 中华创伤杂志 1996;12(4):209
[9] 罗会昭等. 中华胸心血管外科杂志 1996;12(4):225
[10]* 孙道华等. 中华外科杂志 1996;34(5):273
[11] 秦永文等. 中华外科杂志 1995;16(5):444
[12] 杨光季. 山东医科大学学报 1996;34(1):56
[13] 戴汝平等. 中华放射杂志 1996;30(8):532
[14] 肖　海等. 中华外科杂志 1996;34(2):82
[15] 李晓辉等. 中华胸心血管外科杂志 1996;12(1):5
[16]* 张　卫等. 中华胸心血管外科 1996;12(3):139
[17] 高国庆等. 北京医学 1996;18(3):148
[18] 黄奕高等. 临床心血管病杂志 1996;12(4):236
[19] 张荣华等. 临床外科 1996;4(5):259
[20] 陈张根等. 心肺血管病杂志 1996;15(3):142
[21]* 刘建实等. 中华外科杂志 1996;34(5):261
[22] 刘　锋等. 湖南医科大学学报 1996;21(2):161
[23] 王天佑. 中华外科杂志 1996;34(5):259
[24] 肖德绵等. 中华外科杂志 1996;34(5):265
[25] 祁秉文等. 中华外科杂志 1996;34(5):267
[26] 钱金蓝等. 中华外科杂志 1996;34(5):270
[27] 潘世伟等. 中华外科杂志 1996;34(5):276
[28] 詹秋鹏等. 广东医学 1995;16(12):797
[29] 陈　军等. 浙江医科大学学报 1996;25(4):174
[30] 赵希斌等. 中国循环杂志 1996;11(1):53
[31] 谢世奎等. 河北医科大学学报 1996;17(3):138
[32] 刘迎龙等. 中国循环杂志 1996;11(8):449
[33]* 刘迎龙等. 中国循环杂志 1996;11(8):449
[34] 常勇男等. 中国循环杂志 1996;11(8):457
[35] 李桂芬等. 中国循环杂志 1996;11(8):461
[36] 宫路佳等. 中国循环杂志 1996;11(8):464
[37] 桂龙升等. 中国循环杂志 1996;11(3):148
[38] 张殿堂等. 中华外科杂志 1996;34(4):245
[39] 吴若彬等. 中华外科杂志 1996;34(8):493
[40] 李仲智. 北京医学 1996;18(4):241
[41] 徐志伟等. 中华胸心血管外科杂志 1996;11(5):263
[42] 张兆光等. 中华胸心血管外科杂志 1996;12(1):39
[43] 郑景浩等. 心肺血管病杂志 1996;15(3):145
[44] 王冬青等. 中华胸心血管外科杂志 1996;11(5):265
[45] 张仁福等. 中华胸心血管外科杂志 1996;12(3):132
[46] 傅惟定等. 中华胸心血管外科杂志 1996;12(2):68
[47] 梁继河等. 中国循环杂志 1996;11(5):289
[48] 潘世伟等. 中国循环杂志 1996;10(12):723
[49] 傅惟定等. 中华胸心血管外科杂志 1996;11(5):267
[50] 吴　波等. 临床与实验病理学 1996;12(2):115
[51] 谷春久等. 辽宁医学 1996;10(1):23
[52] 庄世才等. 中华胸心血管外科杂志 1996;12(2):100
[53] 庄世才等. 中华胸心血管外科杂志 1996;12(3):163
[54] 陈树平等. 医师进修杂志 1996;19(9):23
[55] 郑远明等. 四川医学 1996;17(2):85
[56] 傅向阳等. 第一军医大学学报 1996;15(3):202
[57] 尤润生等. 中国超声医学杂志 1996;12(9):65
[58] 孙华保等. 实用医学杂志 1996;12(5):282
[59] 张　鑫等. 中国危重病急救医学杂志 1996;8(7):401
[60] 旅朝霞等. 中华心血管病杂志 1996;24(4):288
[61] 温剑虎等. 中国胸心血管外科临床杂志 1996;3

(3):172
[62] 冯 滨等. 中华胸心血管外科杂志 1996;12(3):135
[63] 谭慧琼等. 中华心血管病杂志 1996;23(5):372
[64] 钟佛添等. 中山医科大学学报 1996;17(2):116
[65] 罗 军等. 中国循环杂志 1996;11(4):218
[66] 张镜方等. 中华胸心血管外科杂志 1996;12(4):193
[67] 朱洪玉等. 中华外科杂志 1996;34(7):433
[68] 刘迎龙等. 中国循环杂志 1996;11(1):15
[69] 褚衍林等. 中华外科杂志 1996;34(4):247
[70] 杨一峰等. 湖南医科大学学报 1996;20(5):475
[71] 黄达德等. 中华胸心血管外科杂志 1996;12(11):348
[72] 王冬青等. 中国循环杂志 1996;11(8):507
[73] 乔 凌等. 中国胸心血管外科临床杂志 1996;3(2):87
[74] 江 萍等. 白求恩医科大学学报 1996;22(3):226
[75] 李 莉等. 中华心血管病杂志 1996;24(1):24
[76] 莫绪明等. 中华胸心血管外科杂志 1996;10(11):260
[77] 刘 鹏等. 中日友好医院学报 1996;11(3):225
[78] 孙国庆等. 第四军医大学学报 1996;17(4):313
[79] 王凤林等. 中日友好医院学报 1996;10(3):221
[80] 肖 锋等. 中华医学杂志 1996;76(3):239
[81] 刘建林等. 中国循环杂志 1996;11(3):184
[82] 宋 虎等. 中国循环杂志 1996;10(10):597
[83] 萧明弟等. 中国循环杂志 1996;10(10):600
[84] 朱家麟等. 中华外科杂志 1996;33(10):618
[85] 陈 鑫等. 中华胸心血管外科杂志 1996;11(5):314
[86] 杨水祥等. 解放军医学 1996;21(2):142
[87] 周玉杰等. 中国循环 1996;10(12):735
[88] 樊朝美等. 中华心血管病杂志 1996;24(3):197
[89] 王庆学. 医师进修杂志 1996;18(10):44
[90] 管 珩等. 心肺血管病杂志 1996;15(1):2
[91] 徐 欣等. 中华心血管病杂志 1996;23(5):375
[92] 徐 东等. 哈尔滨医科大学学报 1996;29(5):399
[93] 万可华等. 江西医药 1996;31(3):158
[94] 陈问泓等. 福建医药 1996;18(2):38
[95] 胡盛寿等. 中华胸心血管外科杂志 1996;12(3):149
[96] 黄惠民等. 上海第二医科大学学报 1996;16(3):195
[97] 张镜芳等. 中华小儿外科杂志 1996;16(6):341
[98] 王 奇等. 广西医学 1996;18(4):406
[99] 何 巍等. 中国胸心血管外科临床杂志 1996;3(1):32
[100] 刘迎龙等. 中国循环杂志 1996;11(5):286
[101] 李桂芬等. 中国循环杂志 1996;10(10):624
[102] 何忠良等. 浙江医科大学学报 1996;25(1):27
[103] 马 游等. 江苏医药 1996;22(9):68
[104] 吴 熹等. 中华胸心血管外科杂志 1996;12(3):146
[105] 刘广洛等. 中华胸心血管外科杂志 1996;11(6):329
[106] 黄 毅等. 中华胸心血管外科杂志 1996;12(3):143
[107] 吕 琪等. 中华胸心血管外科杂志 1996;11(6):326
[108] 王 奇等. 中华胸心血管外科杂志 1996;11(5):269
[109] 李世光等. 中华胸心血管外科杂志 1996;12(2):119
[110] 曾 佩等. 中华胸心血管外科杂志 1996;12(2):117
[111] 张 怀等. 中华胸心血管外科杂志 1996;12(2):115
[112] 何建新等. 中国循环杂志 1996;11(7):411
[113] 岳红文等. 中国循环杂志 1996;11(3):164
[114] 卢 成等. 中华实验外科杂志 1996;12(6):373
[115] 顾家珍等. 中华实验外科杂志 1996;13(5):282
[116] 王孝铭等. 哈尔滨医科大学学报 1996;30(2):99
[117] 屈立新等. 心肺血管病杂志 1996;14(4):211
[118] 姚松朝等. 心肺血管病杂志 1996;14(4):204
[119] 刘中民等. 中华胸心血管外科杂志 1996;12(4):199
[120] 杨鸿生等. 中华胸心血管外科杂志 1996;11(6):355
[121] 朱 平等. 中华胸心血管外科杂志 1996;11(6):333
[122] 张瑞成等. 辽宁医学 1996;10(2):73
[123] 巫国勇等. 广东医学 1996;16(10):654
[124] 他 彤等. 心肺血管病杂志 1996;14(4):208
[125] 林乌拉等. 中国循环杂志 1996;10(12):739
[126] 蓝鸿钧等. 中华实验外科杂志 1996;12(6):370
[127] 陈胜喜等. 湖南医科大学学报 1996;21(4):321
[128] 张 鹏等. 中华胸心血管外科杂志 1996;12(3):165
[129] 刘了良等. 山东医药 1996;35(11):13
[130] 赵康丽等. 中华外科杂志 1996;34(8):497
[131] 于伟勇等. 中华胸心血管外科杂志 1996;11(6):323
[132] 高尚志等. 中华胸心血管外科杂志 1996;12(1):30
[133] 费诚鉴等. 中华胸心血管外科杂志 1996;11(5):295
[134] 陈勇兵等. 苏州医学院学报 1996;16(4):705
[135] 赵树森等. 广东医学 1996;17(5):341
[136] 冯树新等. 中华胸心血管外科杂志 1996;12(4):

216
[137] 罗　军等. 中国循环杂志 1996;11(3):159
[138] 陈　同等. 中华胸心血管外科杂志 1996;11(5):294
[139] 潘世伟等. 中国循环 1996;11(5):287
[140] 景　华等. 中华胸心血管外科杂志 1996;11(5):283
[141] 任　振等. 江苏医药 1996;22(1):13
[142] 熊卫萍等. 广东医学 1996;17(7):459

（朱家麟　徐志云）

文　选

胸膜间皮瘤的诊断治疗(中华肿瘤杂志 1996;18(1):48)　中科院肿瘤医院张德超等报告了 1963～1994 年 40 例胸膜间皮瘤的诊断治疗。其中男性 23 例,女性 17 例。平均年龄 45 岁,2 例有石棉接触史。临床表现常见胸痛、咳嗽、气短、发热、消瘦、贫血等。体征为心律快,患侧呼吸音减弱或消失,局部肿块,胸部局限性压痛,杵状指等。X 线表现常为胸腔单发肿块,胸膜局部增厚或有单个、多个结节影。亦可见胸膜弥漫增厚伴大小不等多个结节影。可并发胸水、肋骨破坏、肺不张等。胸水细胞学或肿块针吸活检 22 例,11 例阴性,5 例确诊,5 例可疑,1 例诊为滑膜肉瘤。40 例中 36 例手术治疗,3 例未能切除而行探查活检。切除方式有肿瘤切除、肿瘤合并部分胸壁、部分肺切除、胸膜剥脱合并肺切除、胸膜全切除。33 例切除者中,10 例行综合治疗,包括术前或术后放疗和(或)化疗。病理结果:12 例未注明良恶性,14 例恶性胸膜间皮瘤,8 例纤维型胸膜间皮瘤,1 例胸膜纤维肉瘤,2 例胸膜间皮肉瘤,1 例混合型间皮瘤,2 例胸膜良性间皮瘤。10 年生存 7 例,5 年生存 7 例,3 年生存 18 例,1 年生存 21 例,失访 10 例,最长生存 12 年 1 个月。作者认为本病术前、术中乃至冰冻切片检查确诊均有困难,影像学诊断符合率 50%,10 例行冰冻切片检查,只有 3 例诊断为胸膜间皮瘤。对局限型者,无论良恶性、体积大小,均主张外科切除。对弥漫型者治疗上主张不一,现多采用综合治疗。良性者预后好,但亦可在长期生存后复发。局限型胸膜间皮瘤切除应有足够的范围,并须综合治疗。

（钟　镭）

述评　胸膜间皮瘤有局限性和弥漫性两种。局限型病理学检查以良性多见，主张手术切除，但术后有易于复发的恶性倾向。弥漫型多为恶性，原则上不主张手术切除，但若病变局限于部分胸腔或一侧胸腔，患者一般情况尚好，可酌情考虑给予扩大切除或胸膜全肺切降。本文报告手术治疗胸膜间皮瘤 33 例，多数为恶性弥漫型者，手术切除范围足够大，并结合化疗和放疗等综合治疗，取得了一定疗效。

（徐志飞）

原发性纵隔肿瘤的外科治疗(中华肿瘤杂志 1996;18(1):55)　湖南省医院罗伟成等 1973～1995 年对 90 例原发性纵隔肿瘤行外科治疗。其中男性 49 例,女性 41 例,年龄最小 5 岁,最大 64 岁。63.3%患者无临床症状,常见症状为胸闷、胸痛、咳嗽、重症肌无力等。病理类型:胸腺瘤 38 例,占 42.3%;畸胎瘤 19 例,占 21.2%;神经纤维瘤 9 例,占 10.0%;其他肿瘤 24 例,占 26.5%。良性肿瘤 67 例,占 74.4%;恶性肿瘤 23 例,占 25.6%。肿瘤完全切除 70 例,占 77.8%;基本切除 6 例,占 6.7%;探查 12 例,占 13.3%。随访 3 个月至 13 年,完全切除者无 1 例复发。作者指出,本病常无典型症状和体征,是在 X 线检查时发现的,但详细询问病史和体检,特别是不要遗漏有鉴别意义的病史和体征在诊断中仍属重要。认真全面阅读分析胸部 X 线照片,从中可能发现对诊断和鉴别诊断很有价值的资料,有助于正确诊断。CT 对本病的诊断、鉴别诊断有重要价值,不但有准确定位和一定的定性价值,还能准确了解肿瘤与周围脏器的关系及其外侵情况。治疗上:(1)要重视开胸后的探查以证实、补充或修正术前诊断。对于后纵隔胸主动脉旁肿瘤，应警惕胸主动脉瘤。当动脉瘤内形成血栓抽不出血时易误诊。(2)上前纵隔肿瘤常与上腔静脉、无名静脉关系密切，谨防大出血。粘连紧密，无法分离者，可将大部肿瘤切除后术野显露良好时，将遗留肿瘤与部分血管一并切除。(3)后纵隔脊柱旁肿瘤由于手术中牵拉、压迫，椎管内出血或破坏脊髓血供，而易造成脊髓损伤。

（钟　镭）

述评　原发性纵隔肿瘤在临床上并不少见。纵隔良性肿瘤一般均能完全切除,效果满意。而恶性纵隔肿瘤，由于纵隔内有多种重要脏器，往往不能切除或难以彻底切除。该文报告X线胸片检查容易误诊，近年来CT、MRI的广泛应用，定位诊断不困难。对巨大纵隔肿瘤，先做大部切除，以保证术野显露良好，再切除残留肿瘤，避免损伤邻近器官，值得借鉴。对于后纵隔肿瘤侵犯椎体或发自椎间孔的神经源性肿瘤，最好与神经科合作手术，以防椎管内出血或脊髓损伤。

（徐志飞）

转移性肺癌冷冻外科治疗20年回顾（中华外科杂志 1995；33：639） 上海市肿瘤医院相加庆等总结1973～1993年112例转移性肺癌冷冻治疗经验。其中男72例，女40例，平均年龄55岁。原发灶以大肠癌最多，其次为软组织肉瘤及乳癌。转移灶少于3枚和多于3枚者分别为38例和74例。单侧转移和双侧转移分别为60例和52例。转移灶最大直径大于3cm和小于或等于3cm者分别为71例和41例。单纯冷冻摘除78例，肺叶切除加冷冻摘除34例。手术方式：以特制环钳夹住转移灶并切开表面正常肺组织，用杯形器倒入液氮使肿瘤直接浸泡在液氮中，根据肿瘤直径给予不同冻融周期；肿瘤摘除后基底部再冻融一次；对于肺门部靠近大血管或支气管的肿瘤先行肺叶切除，再将肺肿瘤灶冷冻摘除。对于双侧肺转移者，通常间隔1个月左右2次开胸冷冻。全组术后30d内死亡1例，死于呼吸功能衰竭；冷冻后休克6例均经对症治疗后缓解。术后随访101例（90.17%），1、3、5和10年生存率分别为80.37%、41.81%、28.01%和17.28%；主要死因为脑、肺、肝转移。预后因素分析发现无病间期（DFI）对预后有显著影响；DFI大于24月者生存率显著高于DFI小于2年者；年龄、性别、原发灶部位、转移分布、直径、个数、手术类型、手术次数对预后无显著影响。作者还发现肺叶切除加冷冻组与单纯冷冻组疗效无明显差异，而局限切除或冷冻摘除可保留较多正常肺组织，手术安全并可耐受多次手术。对于双侧肺转移分次开胸手术较正中胸骨劈开有对肺功能损害小、下叶后段病灶显露好等优点。本方法由于环钳阻断转移灶周围血流、气流，肿瘤直接浸泡在液氮内，降温快，复温慢，有利于冻杀肿瘤，又使体温不至下降过低引起心脏颤动，待肿瘤形成冰球后摘除还可减少术中医源性播散。

（赵学维）

述评 转移性肺癌临床上较多见，在排除全身其他部位有转移及原发灶能得到彻底切除或切除后原发灶已得到控制的情况下，肺内转移灶仍主张行局部切除，但切除的范围不宜过大。上文报告用冷冻法治疗转移性肺癌，并取得一定疗效，值得探讨。但冷冻法仍需开胸，而且有一定并发症，是否能比转移瘤局部切除效果更好，缺乏理论依据。随着胸腔镜日益广泛应用，既不开胸，又能切除转移瘤，可能更为理想。

（徐志飞）

电视胸腔镜手术230例（中华外科杂志 1996；34：73） 广州医学院一院何建行等报告1994年4月～1995年12月完成电视胸腔镜手术230例。病种和术式以自发性气胸、肺大疱、肺叶切除、肺楔形切除、胸水、心包积液的诊断和处理等最为常见。常用的手术体位为标准侧卧位加抬高腰桥，麻醉多为气管双腔管插管单肺通气；常用3个1.5cm的手术切口，必要时可延长任一切口。术中尽量使用常规手术器械，必要时使用一次性器械。结果：30例自发性气胸除1例复发外，其他均效果良好。肺大疱切除术53例；肺叶切除术21例，其中肺癌16例，患者选择Ⅰ期肺癌患者或年龄大、肺功能差、肿瘤5～6cm，肺癌术前CT均未发现纵隔有肿大的淋巴结，目前术后远期效果尚待随访。肺楔形切除33例，胸水诊断和处理15例，心包开窗术8例，肺病灶活检和诊断9例，均明确诊断。纵隔肿瘤摘除5例，急性脓胸4例，晚期肺癌术前分期45例。术后并发症：持续漏气4例，其中1例再开胸修补，切口感染4例，复张性肺水肿1例，诱发哮喘大发作2例，心律失常1例，均经对症处理后治愈。手术住院总费用，46%患者因采用传统手术器械为主而同一般开胸手术相仿，其他因使用一次性手术器械而明显高于传统术式，但因监护时间缩短和抗生素使用减少而增加不多。作者认为自发性气胸、肺大疱、肺楔形切除等适宜胸腔镜手术，肺叶切除、大的良性纵隔肿瘤以及贲门食管疾病可作为相对适应证。恶性纵隔肿瘤、Ⅱ期以上肺癌及中晚期食管癌的根治术等为手术禁忌证。一次性手术器械具有快速、切割整齐和安全等特点，但费用高。使用传统手术器械可降低手术费用，有利于胸腔镜技术的推广。

（赵学维）

述评 电视胸腔镜应用日益广泛，它具有不开胸、损伤小、痛苦小、恢复快等优点，对于胸心外科某些病种具有良好的适应证。本文报告230例电视胸腔镜手术治疗的经验，取得了一定的疗效，说明电视胸腔镜具有一定的应用前景，但也应把握好适应证。文中用胸腔镜行肺叶切除治疗肺癌，未能行标准的淋巴结清除，不符合肺癌根治的原则；用于广泛胸膜剥脱需慎重考虑。术前分期决定能否手术切除肿瘤不十分准确。使用胸腔镜加用一次性手术器械，费用也会明显高于传统开胸手术，因此应客观看待一种新的手术方法。

（徐志飞）

经腋下切口剖胸肺切除术的探讨（山东医药 1996；36：223） 山东省胸科医院王传庆等于1989年至1994年间经腋下“S”形切口剖胸行各式肺手术130例。其中肺癌87例，肺结核15例，肺良性肿瘤21例，其他病变7例。手术方法：在腋前线与腋后线间取“S”形切口，上端起自腋后线第3肋间，下端止于腋前线第7肋间；切开皮肤皮下后沿胸大肌与背阔肌间隙向前后推开，沿固有胸壁与前锯肌之间隙钝性分离，根据病变位置选择相应肋间用电刀切除肋间肌进胸。全组左侧59例，其中全肺切除11例，上叶切除25例，下叶切除13例，胸膜剥脱术7例，“V”形肺切除3例；右侧71例，其中全肺切除13例，上叶切除（含袖式）29例，中叶切除1例，下叶切除21例，胸膜剥脱术5例，“V”形肺切除2例。开胸时间10～18min，关胸8～15min，出血量30～50ml。刀口Ⅰ期愈合119例，Ⅱ期愈合11例。术后皮下气肿和伤口感染分别为3例和2例。作者认为该切口不需要或很少切断肌肉，不需要切除肋骨，具有损伤小、出血少、手术时间短等优点，术后疼痛轻，恢复快且不影响美观，根据需要切断上或下一根肋骨可扩大术野显露。但该切口仍不能完全取代后外切侧口，对于肺质差、胸膜腔完全闭锁粘连、肿瘤累及胸壁者仍主张选择后外侧切口。

（赵学维）

述评 开胸手术选择切口的原则为胸内病变部位暴露好，组织损伤小。本文报告经腋下切口剖胸行肺切除，具有损伤小，且能完成两侧各种术式的肺切除，具有术后痛苦小、恢复快等优点。作者有选择地选择此种切口的方法合理，值得参考。但对胸腔内粘连广泛，心包内处理肺血管及需较广泛清除胸内淋巴结者，还是以后外切口为好。因其暴露良好，操作方便，如遇大出血也便于处理。

（徐志飞）

进展期左上肺癌的外科治疗（中华胸心血管外科杂志 1995；11：275） 上海肺科一院丁嘉安等于1979年至1992年采用不同术式的气管支气管成形术治疗进展期左上肺癌19例。其中男18例，女1例，平均年龄56.7岁。纤支镜检查均见典型肿瘤表现。病理为鳞癌15例，腺癌2例，腺鳞癌1例，未分化小细胞癌1例。TNM分期：Ⅰ期（T2N0M0）4例，Ⅱ期（T2N1M0）4例，Ⅲa型7例（T2N2M0 2例、T3N0M0 3例、T3N1M0 1例、T3N2M0 1例），Ⅲb期4例（T4N1M0 1例、T4N2M0 3例）。根治切除14例，姑息切除（支气管切端镜检癌残留）5例。术后并发症：乳糜胸1例，经胸导管结扎术治愈；肺不张1例，经纤支镜吸痰治愈。全组随访1～11年，术后1、3、5、10年积累生存率分别为84.2%、46.2%、40%、33.3%；其中根治切除术后1、3、5、10年积累生存率分别为83.3%、57.1%、42.9%、33.3%，姑息切除为85.7%、33.3%、33.3%，无10年生存率；除1年生存率外，3～5年生存率根治切除组明显高于姑息切除组。进展期左上叶肺癌是指肿瘤侵犯超越左上叶支气管口时可侵犯左主支气管、下叶支气管甚至隆突，并常累及左肺动脉，因此根据不同病变可选择不同手术方式：(1)左上叶主支气管楔形切除适用肿瘤仅侵及左上叶口者；(2)左上叶袖式切除适用肿瘤侵及左主支气管或支气管近端者；(3)左全肺及部分隆突切除适用于肿瘤侵及左主支气管距隆凸0.5cm或气管下侧壁者；(4)左袖式全肺切除适用于肿瘤侵及气管隆凸而右主支气管端未受累者。全组6例同时行左肺动脉袖式切除或成形术。作者还对手术及麻醉要点、并发症的预防以及手术效果等问题进行了讨论。

（赵学维）

述评 进展期左上肺癌的手术治疗，由于主动脉弓的遮档，左上叶和左下叶几乎在同一水平开口于左主支气管，因此行袖状左上叶切除和左全肺隆突袖状切除均比较困难。本文报告19例进展期左上肺癌，根据病变情况不同采用四种手术方式，手术方法合理，无严重并发症及住院死亡，取得较好的近期与远期疗效。但文中报告行左上叶主支气管楔形切除及左上叶袖状切除，14例中有5例切端癌残留，影响了远期生存，对切端癌残留者应扩大切除范围，必要时行左全肺切除，以保证达到根治的目的。

（徐志飞）

474例小细胞肺癌的治疗分析（中华胸心血管外科杂志，1996；12：211） 北京结核病胸部肿瘤所白连启等报告1957年至1991年手术切除小细胞肺癌（SCLC）474例。全组分为单纯手术组（248例）和综合治疗组（226例）。综合治疗组分别在术前、术中及术后化疗和（或）放疗。放疗在术前或术后1个月进行，剂量20～40Gy。化疗采用COM、VPCO、CE-CAP方案，术前1～4个疗程，术后2～4个疗程。全组Ⅰ、Ⅱ、Ⅲa、Ⅲb和Ⅳ期分别占23.42%、26.79%、39.03%、6.96%和3.80%。中央型和周围型分别为79.7%和 20.3%。术式：全肺切除209例（44.09%），肺叶或双肺叶切除248例（52.32%），其他17例（3.59%），N2及部分N0和N1病例均做纵隔淋巴结清扫。手术死亡率1.05%，死亡原因为急性心梗、急性肺动脉栓塞及支气管胸膜漏。结果：全肺切除术后1、3、5年生存率（80.58％、31.07％、22.84％）与肺叶或双肺叶切除后1、3、5年生存率（84.62％、38.06％、24.31％）无明显差异。综合治疗组1、3、5年生存率为91.03％、46.19％、34.54％。综合治疗组5年生存率Ⅰ、Ⅱ、Ⅲa、Ⅲb和Ⅳ期分别为57.50％、42.86％、25.89％、12.50％和0；单纯手术组分别为19.70％、14.08％、6.85％、0和0。综合治疗组中术前治疗者(68例)1、3、5年生存率分别为89.71％、33.84％、19.59％，术后治疗者(168例)分别为91.61％、48.86％、40.72％。3、5年生存率术后治疗者高于术前治疗者。作者认为对于SCLC，以手术治疗加化疗或(和)放疗的综合治疗明显优于单纯手术治疗，而术后化疗或(和)放疗较术前为好。TNM分期是影响预后的重要因素，手术适应证应为Ⅰ、Ⅱ期及部分Ⅲa期病例，Ⅲb及Ⅳ期不宜手术治疗。

（赵学维）

述评 小细胞肺癌恶性程度高，易血行及淋巴远处转移，单一手术治疗效果不佳。近二十年来采用手术、放疗和/或化疗等综合治疗，明显提高远期疗效，已成为共识。本文报告474例小细胞肺癌的治疗，资料较全，分期及各种疗法的观察较细，提出对小细胞肺癌的各种不同情况采取不同的治疗方案有一定的科学性。特别提出术后化疗的五年生存率较术前化疗为宜，值得参考。

（徐志飞）

肺转移瘤的外科治疗（中华胸心血管外科杂志 1996；12(2)：84） 广州肿瘤医院黄植蕃等报告近20年外科治疗肺转移瘤40例。男26例，女14例，年龄15～68岁。其中肉瘤肺转移13例，癌肺转移27例。孤立性转移25例，单侧多发转移14例，双侧多发转移1例。38例1次开胸切除肺转移瘤，2例2次开胸切除，其中胸骨正中劈开一期行双侧肺转移瘤切除1例，肺楔形切除24例次，肺叶切除16例次，全肺切除2例。切除病灶数量最多达11个。全组无手术死亡，无严重并发症。2例失访作死亡计算，随访率95％，术后1、3、5、7和10年生存率分别为89.5％、38.9％、28.6％、16.6％和7.6％。肉瘤和癌肺转移切除术后5年生存率分别为25.0％和31.3％。单侧及双侧多发性共15例与孤立性25例切除效果无明显差异。本组14例同侧多发性肺转移瘤切除中，有9例术前影像学显示为孤立性病灶，1例双侧多发性转移灶，术前显示右2左1，而术中发现并切除右4左3共7个病灶。作者主张，对单侧或双侧多发性肺转移只要排除肺外转移，仍应积极争取手术治疗，手术中应仔细探查，谨防遗漏病灶。手术可行楔行切除，切缘应有适当正常肺组织，靠近肺门或有淋巴结转移时应选择肺叶甚至全肺切除，并清扫淋巴结。

（陈海泉）

述评 目前肺转移瘤的手术治疗较以往更为积极，作者提出不论是孤立性的或单侧多发性的，或双侧肺转移瘤，在肺外无转移情况下均应争取手术治疗。其目的是去除肿瘤病灶，为其他辅助治疗创造条件，以达到延长患者生存期及改善患者生活质量之目的。目前电视胸腔镜的开展为部分肺转移瘤患者提供了创伤小、可切除多个病灶的新途径，尚有待进一步深入研究。

（孙耀昌）

肺切除并行肺动脉或左心房成形术治疗中心型肺癌（中华结核和呼吸杂志 1995；18(6)：327） 上海市肺科一院丁嘉安等报告了1992年1月至1993年8月14例中心型肺癌采用肺切除并行肺动脉或左心房成形术的治疗方法。14例均为男性。平均年龄57.7岁。鳞癌10例，腺癌3例，小细胞癌1例。左侧9例，右侧5例。Ⅱ期3例(T2N1M0)，Ⅲa期7例(T2N2M0 4例，T3N0M0 2例，T3N2M0 1例)，Ⅲb期4例(T4N2M0)。14例中4例行右全肺切除及部分左心房切除术。作者认为：本术式的关键在于掌握左心房切除范围。由于左心房容积缩小加上肺切除术后肺血管床减少，术后易发生不易控制的肺水肿。左心房切除范围的依据是：(1)左心房预切线近端阻断后心电图及血压无急性变化；(2)左心房切除不得＞1/4，即切除心房壁直径不宜＞5cm；(3)高龄及心肺功能降低者应严格掌握。术后监测血压、中心静脉压及尿量。控制输液量及速度。10例行肺动脉成形术，其中行左上叶切除及肺动脉部分或楔形切除术4例，左袖式上叶切除及肺动脉袖状切除术5例，右上叶切除及右肺动脉成形术1例。作者提出，如癌肿侵犯局限肺动脉周长＜1/4，可行肺动脉部分切除，切端纵行缝合；肺动脉周长癌肿侵犯1/4～1/2，切端应横形缝合；肺动脉受累范围较长或超过血管周长1/2时，应作肺动脉袖状切除。左肺动脉切除最长5cm吻合并无困难。术后均未用抗凝药，经肺血流同位素扫描，吻合口血流通畅。作双袖式切除时，应先吻合支气管，再吻合肺动脉。

（钟　镭）

述评 上叶肺癌侵犯一侧肺动脉主干，按常规方法往往需要行一侧全肺切除，对于肺功能较差者，术后易产生呼吸功能不全。本文报告对受侵肺动脉采用袖状切除、部分或楔形切除术，既切除了肿瘤侵犯的部分，又保留了正常的肺组织，符合肺癌外科治疗的“两个最大限度”的原则，提高了患者术后生活质量。作者对中心型肺癌手术中部分左心房切除者，提出了切除的范围、方法及术中术后监测的指标，具有一定参考价值。

（徐志飞）

经心包内肺切除术208例报告（中国肿瘤临床 1996;23(9):622） 上海胸科医院林强等报告1989～1993年对肺癌行经心包内肺切除208例。占同期肺癌手术的9.39%，男166例，女42例，平均年龄57岁。其中鳞癌116例，腺癌58例，鳞腺癌28例，小细胞癌6例。全肺切除162例（左侧108例，右侧54例）；肺叶切除46例（左上叶12例，左下叶13例，右中上叶切除10例，右下切除11例）。心包内结扎肺动脉51例，占24.5%。心包内结扎肺静脉180例，占86.5%，部分心房切除6例。3例因癌肿同时侵犯上腔静脉行人工血管上腔静脉置换术。术前准备和常规肺切除相同。46例肺叶切除者无并发症。162例全肺切除者，10例一度出现肺水肿，20例出现窦性心动过速，16例因纵隔摆动而出现胸痛、心悸和气促，8例出现心衰，经强心利尿处理心功能恢复代偿。手术结果：死亡4例，1例于左侧胸膜、全肺切除术后第3天，因肺梗塞而死亡。另3例因呼吸循环衰竭而死于术后1周内。1年生存率为37%(77/208)，3年生存率为26.3%(50/190)，5年生存率为17.4%(30/172)。心包内肺切除在技术上无特殊困难，可提高手术切除率，提高手术的安全性，增加5年生存率。作者体会在作肺叶切除时应仔细确诊肺静脉所回流的肺叶。处理肺动脉时暴露要充分，避免损伤肺动脉后壁。术后定时短暂开放引流管，少量放出胸液以免纵隔摆动，同时注意体液平衡，防止心律失常、肺水肿和ARDS。

（陈海泉）

述评 心包内肺切除术，即经心包内处理肺血管肺切除术，为肿瘤已侵犯肺门淋巴结与血管粘连严重的Ⅲ期中央型肺癌患者提供了手术切除的机会。该组经验表明，心包内肺切除术在技术上无特殊困难，甚至更为安全，不仅可提高手术切除率，亦增加术后5年生存率。但应指出，在心包内肺切除的同时应彻底清除胸内及纵隔淋巴结，切除受侵犯的邻近组织如部分心包、心房等，术后结合综合治疗，方能获得较好的远期疗效。心包内肺切除术不需要许多特殊的设备，可以在基层医院推广应用，作者的经验值得推荐。

（孙耀昌）

心包内处理肺血管及心房部分切除治疗中心型肺癌（第二军医大学学报 1995;16(5):449） 上海长征医院答作为等报告了1987年5月～1993年12月对16例较晚期肺癌采用心包内处理肺血管及心房部分切除的方法作全肺切除术。16例全部为男性，平均年龄57岁，均为中心型，病变以左上叶为主者占50%，其次为右中、下叶，合并有肺不张或阻塞性炎症8例。CT扫描检查显示隆突下或主肺动脉窗淋巴结肿大者8例。T3N2M0 7例，T3N1M0 4例，T2N3M0 1例，T2N2M0 4例。肿块直径＞5cm者13例。肺静脉受累6例，肺静脉、肺动脉同时受累8例，单纯肺动脉受累2例。全部作心包内处理肺血管全肺切除，其中2例行左心房部分切除。病理报告：鳞癌10例，腺癌3例，小细胞癌2例，粘液表皮样癌1例。15例恢复出院，近期效果良好，手术死亡1例。作者指出，采用心包内处理肺血管行全肺切除不仅扩大了手术指征，提高了手术切除率，而且手术也较安全。此类病人均属较晚期，但还能使部分患者得到根治性治疗，其预后明显优于单纯探查术，有其一定的临床意义。手术一般从膈神经后方纵形切开心包，心包与肺血管根部和肿块粘连者，亦可从膈神经前方切开心包，再沿血管根部方向剪开，游离肺血管。肺静脉根部难于游离者可行部分左心房壁切除。左心房切除不超过1/3对血液动力学无明显影响。对于全身情况差及心肺功能不全者手术应慎重。对于心房部分切除者，术后应严格控制补液量及补液速度，防止心衰、肺水肿的发生。

（钟　镭）

述评 目前相当部分的肺癌患者就诊时已为晚期，给手术彻底切除带来困难，以致影响了手术成功率。对中央型肺癌侵犯至肺血管根部常规方法不能切除或切除不彻底。作者采用心包内处理肺血管及左心房部分切除方法进行全肺切除，是提高晚期肺癌切除率的主要方法之一，同时也达到根治要求。只要局部解剖熟悉，手术并不困难，且较为安全，但在心包内游离肺血管时要耐心细致，检查器械的可靠性，以避免意外损伤致大出血。

（徐志飞）

空洞清除术治疗重症肺结核（中华胸心血管外科杂志 1996;12(1):16） 长春市结核病院魏成宽等报告1983年1月～1993年12月对90例重症肺结核行空洞清除术治疗。男58例，女32例。年龄19～68岁。病程1.5～3年26例，3～6年28例，6～9年22例，9年以上14例。空洞位于右上肺54例，左上肺36例，空洞4～6cm 34例，6～8cm 44例，8cm以上12例。咯血46例，排菌88例，反复感染21例，余肺有结核病灶58例。手术采用后外切口，显露并切除空洞部位肋骨，2～4肋骨后段，保留完整肋间肌瓣，前端剪断，结扎肋间血管，翻向后方。显露空洞外侧壁，作一个充分大"+"字切口，清除坏死物，以碳酸溶液棉球、生理盐水棉球涂擦内壁，再以碘酒、酒精消毒。查找引流支气管和空洞壁血管，缝合止血。生理盐水反复冲洗后，将带蒂肋间肌瓣移植于空洞残腔内。若充填不足，可游离肩胛下肌群，带蒂移植于空洞残腔内。局部置抗生素和抗痨药，肩胛下腔置引流管，切口一次缝合，加压包扎7周。一次手术治愈87例，占98.9%，痰菌阴转率100%。重症肺结核的巨大空洞多位于胸膜下，壁厚而硬，局部胸膜腔闭锁。空洞内干酪肉芽层中有结核菌，纤维层几乎无结核菌，外周肺不张层无结核菌。这些特点为此种手术提供了可能性。此手术优点是简单易行，创伤小，不经正常胸膜腔，不损伤肺功能，胸廓变形轻微，局麻下亦可进行。作者认为，病程短，病情轻，空洞局部胸膜无明显增厚，胸膜腔未闭塞；或病人全身情况差，不能承受此手术者为禁忌证。手术中应注意：(1)彻底清洁空洞残腔和杀死残存结核菌；(2)查找并缝合引流支气管；(3)周围小空洞一并清除；(4)肋骨切除范围与空洞范围适当；(5)注意保护肋间血管；(6)防止污染周围正常组织；(7)肩胛下腔引流要充分；(8)术后加压包扎6～7周；(9)术后继续抗结核和消炎治疗。

（钟　镭）

述评　该文报告空洞清除术治疗重症肺结核，其治愈率达98.9%，效果满意。手术设计合理，理论依据充分，手术适应证明确。对不能承受肺切除或病变范围与程度不适于肺切除的巨大纤维空洞性肺结核，治疗较困难。作者采用的空洞病灶清除术具有创伤小、手术方法简单易行、效果良好的特点，对全身情况较差及心肺功能不全的巨大纤维空洞肺结核患者，是值得借鉴的一种外科治疗方法。

（徐志飞）

局限性肺切除在肺癌治疗中的作用（中华胸心血管外科杂志 1996；12(4)：209）　解放军总院初向阳等报告1970至1992年对肺癌患者共行局限性肺切除56例。其中根治性切除29例，为T1N0M0周围型肺癌，男26例，女30例，平均年龄63.1岁，其中年老体弱、心功能低下者22例，既往有同侧或对侧肺叶切除术，肺功能低下者5例；术中冰冻检查误诊为良性病变，术后病理诊断为肺癌者2例。姑息性切除组27例，均为晚期肺癌。男19例，女8例，平均年龄53.8岁。肺段切除2例，楔形切除25例，其中肺门、纵隔淋巴结广泛转移，呈冰冻状态25例，胸膜广泛转移，患者不能耐受胸膜全肺切除者2例。根治性楔形切除要求切缘距肿瘤2cm以上，姑息者要求原发灶局部完整切除。结果全组患者无手术死亡及严重并发症。根治性切除组，鳞癌11例，肺泡癌8例，腺癌5例，类癌2例，瘢痕癌2例，大细胞癌1例。1例术后1年发现第二肿瘤，病理类型不同，4例术后4年以上发现第二肿瘤，病理类型相同和不同各2例。此5例均为二次原发肺癌，再行局限性肺切除，其中3例末次手术后生存5年以上。全组病例术后1、3、5年生存率分别为96.6%、81.8%和71.4%，局部复发仅1例，姑息性切除组肿瘤直径平均3.8cm。病理检查：腺癌11例，鳞癌8例，肺泡癌7例，大细胞癌1例，大部分患者1年内死亡，1年生存率44.4%，无生存3年以上者。作者认为，本组T1N0M0周围型肺癌行根治性局限性切除的5年生存率与同期肺叶切除者结果相近，但术后生活质量较好，局部复发率很低，对年老、体弱、心功能低下者，局限性切除是一个较好的选择。

（陈海泉）

述评　对心肺功能不全的高龄肺癌患者，行局限性肺切除术，特别是根治性局限性肺切除术，符合肺癌手术治疗的两个"最大"的原则。局限性肺切除既切除了癌灶，又清除纵隔转移淋巴结，为术后综合治疗创造了条件，因此其术后5年生存率与同期肺叶切除者相近。目前电视胸腔镜的广泛开展，为此类肺癌患者提供了创伤更小的手术途径，在胸腔镜下行局限性肺切除不仅可作治疗性操作，亦可作诊断性检查，排除部分不适合局限性肺切除患者，免受探查之苦。

（孙耀昌）

经胸骨正中切口双侧肺肿瘤同期切除术的进一步配对研究（癌症 1995；14(5)：359）　广州肿瘤医院吴一龙配对比较了经胸骨正中切口双肺肿瘤同期切除与经典的单侧后外侧切口肺切除术在手术创伤与术后生活质量方面的差异。本组男4例，女1例，年龄26～53岁，4例肺转移癌，1例为双肺原发性肺鳞癌。取同期经后外侧切口肺切除术的病人5例为对照组，年龄28～53岁。患者平卧，双腔管麻醉全胸骨劈开。先探查一侧胸腔，根据转移瘤的数目、大小、位置，分别行肺楔形切除或肺叶切除，术毕置胸腔引流管，封闭胸膜腔。同样处理对侧胸腔。胸骨后置纵隔引流管，缝闭胸骨及皮肤。平均每例切除病灶5.8个，其中两例分别作了左上叶与右下肺叶切除术，无手术死亡。对照组中上肺叶切除4例，右下肺叶切除1例。采用PEMS 2.0统计软件进行统计学处理，生活质量采用Karnofsky评分法。结果，两种术式对术后连续 7d 的 PaO_2 与 PCO_2 的影响基本一致，主要表现在术后第二天 PO_2 稍微下降，但两组之间差别在统计学上无显著意义；两组在手术时间、术后住院天数和生活质量方面也不存在显著差异性。研究组中位生存期已超过 12 个月，生存期最长的已超过 3 年。其中 2 例分别在术后 12、19 个月出现一侧新的转移灶，再次行单侧开胸肺切除术，情况良好。作者认为，在治疗双肺多发转移癌上，经胸骨正中切口双肺肿瘤同期切除术值得倡导与推广。

（陈海泉）

述评 经胸骨正中切口同期切除双侧肺肿瘤，既减轻了患者分次手术的创伤及痛苦，又减轻经济负担，而且具有一定的治疗效果，为双肺转移癌的治疗提供了一个新的治疗途径。目前微创手术径路切除胸内肿瘤或修复胸内器官正在世界范围内展开。对双侧转移癌的外科治疗指征虽然争论颇大，但采用微创径路切除双侧肿瘤在不增加患者机体负担情况下，为综合治疗创造了条件，延长患者的生存期。今后对这种治疗途径将会有新的研究，此法值得推荐应用。

（孙耀昌）

肺癌根治术后早期抗体免疫功能的变化（中华胸心血管外科杂志 1996；12(2)：86） 重庆新桥医院张国强等报告 11 例肺癌术后早期机体免疫功能的变化。男 10 例，女 1 例，平均年龄 51 岁，于术前、术后 1、7、14、21、28d 取外周血：(1)用致敏红细胞花环法（间接法）测定 T 淋巴细胞亚群 OKT3，OKT4，OKT8；(2)用全血培养花环法测定淋巴细胞介素 2 受体（IL-2R）；(3)用微量 LDH 释放法测定 NK 细胞活性；(4)用单免疫琼脂扩散法测 IgG、IgA 及 IgM 含量。结果：(1)OKT 系统：术后 1～7d $OKT3^+$、$OKT3^+$ 细胞迅速恢复并明显超过术前水平($P<0.01$)。$OKT8^+$ 细胞从术后第 1 天即开始减少($P<0.01$)。$OKT4^+/OKT8^+$ 比值术后第 1 天显著减少；术后 2 周迅速超过术前水平；(2)IL-2R，术后第 1 天显著减少($P<0.01$)，术后 1 周恢复到术前水平，2～4 周较术前显著增多($P<0.01$)；(3)NK 细胞活性：术后 1～7d 明显降低($P<0.01$)，术后 2 周迅速恢复，且较术前显著增加；(4)IgG、IgM、IgA 术后第 1 天较术前显著下降($P<0.01$)，术后 1 周基本接近术前水平，术后 2 周明显高于术前水平($P<0.01$)，术后 2～3 周达最高($P<0.01$)。作者认为术后第 1 天 $OKT4^+/OKT8^+$ 比例失调，NK 细胞活性下降，IL-2R 表达障碍，IgG、IgA、IgM 含量减少，可能与手术创伤、麻醉使机体产生免疫抑制有关。术后第 1 周 $OKT4^+/OKT8^+$ 比值升高，NK 细胞活性、IL-2R 表达及免疫球蛋白也增加，说明机体免疫力恢复。因此认为手术对肺癌免疫具有双重作用。

（陈海泉）

述评 肺癌术后免疫功能的恢复对预后有着重要的影响。以往研究表明多数肺癌患者处于免疫抑制状态，免疫功能降低。作者检测手术前后不同时期的外周血 T 淋巴细胞亚群、淋巴细胞介素 2 受体、NK 细胞活性及血清免疫球蛋白的改变，观察肺癌术后早期免疫功能的变化是可行的，对治疗有一定的指导价值：即对那些免疫功能降低显著者，术前、术后应行免疫支持治疗，有利于患者免疫功能的迅速恢复。

（孙耀昌）

原发性支气管肺癌的外科治疗（中华胸心血管外科杂志 1995；11(5)：273） 北京结核病胸部肿瘤所李世业等报告 1957 年至 1991 年间治疗原发性肺癌 3 568 例，男 2 973 例，女 595 例；年龄 18～88 岁。鳞癌 1 735 例，腺癌 818 例，腺鳞癌 362 例，小细胞癌 550 例，大细胞癌 45 例，其他 57 例。P-TNM 分期：Ⅰ期 1 230 例，Ⅱ期 748 例，Ⅲa 期 1 258 例，Ⅲb 263 例，Ⅳ期 68 例。手术切除 3 222 例，其中全肺切除 969 例，单纯肺叶切除 1 986 例，袖式肺叶切除 216 例，其中同期行肺动脉成形术 26 例，楔形或肺段切除 51 例，探查 346 例。手术死亡率 0.89%，主要死因：心衰 6 例，呼衰 14 例，肺动脉栓塞 8 例，脑血管意外 4 例。并发症发生率 8.32%，主要有心律失常、呼衰、肺不张、胸内出血、脓胸、肺动脉栓塞、上消化道出血及支气管胸膜瘘。随访至 1991 年底，随访率 93%，切除组 3、5、10 年生存率分别为 49.93%、34.62%和 22.79%。按 P-TNM 分期，分期越高，生存率越低。肺鳞癌术后预后最好，与其他类型相比 $P<0.01$。支气管残端癌残留者 49 例，术后辅以化疗和放疗，其 5 年生存率分别为 24.5%，49.5%。本组纵隔淋巴结转移 911 例，其中 695 例术后辅以放疗，5 年生存率 20.22%，未放疗组 216 例，5 年生存率 17.19%，二组差别不显著。作者认为对肺间纵隔淋巴结转移者进行广泛清除，术后辅以放疗，不仅能减少局部复发，并能增加长期存活。对Ⅲa 期非小细胞患者应积极采取手术治疗。尽管远期效果不能令人满意，但对改善生活质量，延长生存期仍有积极意义。

述评 原发性支气管肺癌的治疗目前仍以手术治疗为首选，手术要求操作规范，即在病肺切除后，必须清扫相关胸内淋巴结及其他区域肿大可疑淋巴结，以达到根治的目的，提高术后 5 年生存率，提高患者术后生活质量。该组报告的经验表明，袖式肺叶切除术5年生存率与单纯肺叶切除术5年生存率相近，分别为48.65%及49.65%，充分证明了袖式肺叶切除术的实用性，既能彻底的切除肺癌病变组织，保留了有功能肺组织，又保证了患者的术后生活质量。

（孙耀昌）

Ⅲ期肺癌外科治疗生存率及手术适应证探讨（中华胸心血管外科杂志 1996;12(2):81） 江苏肿瘤医院许林等报告1970年至1987年间外科治疗Ⅲ期肿瘤248例。全组男175例，女73例，年龄32～72岁。术中常规作肺门、纵隔淋巴结清扫。根治性切除177例，姑息性切除71例。Ⅲa期183例，Ⅲb期65例。单纯手术治疗组107例，术前或(和)术后综合治疗组141例。结果术后3年生存率为29.4%，5年生存率为20.6%。影响生存率的主要因素如下：(1)TNM分期：Ⅲa和Ⅲb期预后差别明显，5年生存率分别为24.6%和9.2%($P<0.05$)。Ⅲa期中T3N0M0预后最佳，与T3N2M0相比，$P<0.01$，与T1-2N2M0相比，$P<0.05$。Ⅲb期中仅T4N0M0预后较好，T4N2M0、T3-4N3M0无术后生存3年者；(2)N2转移的水平，有一组N2转移的预后明显优于2组以上N2转移者($P<0.05$)，Ⅲb中N2病例术后无1例存活3年；(3)病理类型：Ⅲa中非小细胞癌预后优于小细胞癌，Ⅲb中仅鳞癌预后较好；(4)切除术式：Ⅲa根治性切除病例的预后优于姑息性切除者，但Ⅲb中综合治疗组3、5年生存率优于单纯手术组，但均$P>0.05$；(5)综合治疗对预后可能有益。作者认为对T3N0-1M0和T4N0-1M0(鳞癌)采取积极手术治疗，对T3N2M0和Ⅲa期中的小细胞癌手术治疗应慎重，对T4N2M0和Ⅲb期中的腺癌不宜手术，仅在为避免单纯探查或其他疗法无效时作为姑息性切除的最宽适应证。

（陈海泉）

述评 目前对Ⅲ期肺癌的外科手术治疗的适应证意见尚不统一，这是由于当今肺癌手术治疗仍存在不足之处，主要为手术率低，剖胸率、并发症发生率和死亡率高。作者提出，Ⅲ期肺癌的手术指征应根据不同的病理类型决定，如对Ⅲ期非小细胞肺癌应持积极态度，特别是非小细胞肺癌的Ⅲa期应作根治性切除，这是正确的。术前化疗、放疗或化、放结合的诱导治疗，可使部分患者的肿瘤病灶缩小，再手术切除，这是对Ⅲ期肺癌患者进行综合治疗的一个途径。值得推广并有待进一步深入研究。

（孙耀昌）

Ⅲb和Ⅳ期肺癌外科治疗的体会（中华胸心血管外科杂志 1995;11(5):296） 广州医学院一院杨德康报告150例Ⅲb、Ⅳ期肺癌外科治疗体会。男58例，女52例，平均年龄48岁。恶性胸腔积液和/或心包积液67例，上腔静脉压迫综合征27例，同侧锁骨上淋巴结转移15例，同侧肋骨侵犯或转移34例，脑转移7例。病理类型包括鳞癌68例，腺癌47例，小细胞未分化癌12例，其他23例。手术：全肺切除14例，心包内全肺切除32例，肺叶切除50例，袖式肺叶切除36例，袖式肺叶切除加肺动脉成形3例，隆凸切除重建15例。纵隔和/或同侧前斜角肌、锁骨上窝淋巴结清扫42例，全胸膜剥离加心包部分切除者32例，胸膜壁层病灶切除加电灼35例，病变肋骨切除34例，脑转移病灶切除4例，另3例脑转移灶在肺切除后作化疗。术中上腔静脉误伤出血3例；左房损伤出血2例，均成功止血。术后月内死亡8例，死于肺部感染3例，肺功能衰竭5例。其余142例术后均作放疗和/或化疗。术后1、3、5年生存率分别为73.1%、32.1%、8.6%。作者体会对Ⅲb、Ⅳ期肺癌病人术前应严格选择，术后积极处理，防治肺部并发症，积极开展心包内全肺切除、隆凸切除重建、袖式肺叶切除、肺动脉成形等是手术治疗的重要技术保证。作者认为对Ⅲb、Ⅳ期肺癌部分病人采用扩大性或减状性外科治疗，是对晚期肺癌病人进行综合治疗的一个重要手段。为后续治疗创造了有利条件，对延长病人寿命，提高生活质量均有明显意义。

（陈海泉）

述评 对Ⅲb、Ⅳ期肺癌的外科手术治疗，多数作者持慎重态度。对Ⅲb期小细胞肺癌、腺癌则不宜采用手术治疗，因为不适当的扩大手术，其结果是增加并发症和死亡率，降低术后生活质量和生存率。对Ⅲb期非小细胞肺癌的手术治疗亦应严格掌握手术适应证，术前应仔细周密制定计划，术中尽可能的做到彻底切除或相对彻底地切除肺癌及清除胸内淋巴结，这样才能为综合治疗提供有利条件。

（孙耀昌）

Ⅲ期非小细胞肺癌的综合治疗（中华胸心血管外科杂志 1996;12(3):156） 辽宁省肿瘤医院玉寒冰等报告410例Ⅲ期非小细胞肺癌外科治疗体会。男：女为3：1，年龄24～76岁。鳞癌206例，腺癌170例，腺鳞癌18例，巨细胞癌13例，其他3例。T3N0M0 86例，T3N1M0 94例，T1-2N2M0 200例，T4N1M0 21例。常规进行肺切除或支气管成形术(其中姑息切除31例)。无手术死亡。生存与术式关系不明显。57例术前化疗，总有效率33.33%，其中腺癌达35%。243例术后辅以化疗或放疗，术后1、3、5年生存率为61.4%、17.65%和16.67%，其中202例术后化疗者1、3、5年生存率为59.09%、

20.08%和14.29%；19例术后放疗者1、3、5年生存率为73.68%、31.25%、30.00%。单纯手术切除110例，1、3、5年生存率仅为40%、8.25%和8.62%。综合治疗组与单纯手术组相比差异显著($P<0.025$)，其中术后结合化疗或放疗组生存率最佳。肺门及纵隔淋巴结有无转移对术后生存率有明显差异，即N0优于N1，N1优于N2。肺门及纵隔淋巴结清扫与否对术后1年生存率有显著差异，分别61.05%和44.05%($P<0.05$)。综合治疗对N0组生存率提高明显，N2组则不明显，N1组虽然有提高，但统计学无明显差异。作者认为术前化疗虽然在提高生存率方面不优于其他综合疗法，但为部分病人争取了手术切除的机会，对Ⅲ期(T1-4N1-2)非小细胞肺癌，应尽可能切除胸内病变，包括肺内病变及肺门和纵隔淋巴结，术后再辅以放疗或化疗。

(陈海泉)

述评 当前对肺癌的治疗均主张以手术为主的多学科综合治疗。该文对Ⅲ期非小细胞肺癌的综合治疗进行了分析研究，证实了术后5年生存率综合治疗组明显优于单纯手术组；术中彻底清除肺门及纵隔淋巴结者明显优于未清除者。因此对Ⅲ期非小细胞肺癌的手术应该持积极态度，术中尽可能切除胸内病变，清除肺门及纵隔淋巴结，术后常规辅以化疗、放疗，争取提高术后长期生存率，改善患者生活质量。这个经验值得向同行推荐。

(孙耀昌)

原发性肺腺癌及其外科疗效(中华胸心血管外科杂志 1995;11(6):339) 河南省肿瘤医院许金良等报告1983至1991年外科治疗原发性肺腺癌115例。男78例，女37例，平均年龄52.7岁。术前有症状者102例，体检发现13例。65岁有长期吸烟史，78例曾被误诊为肺炎、肺结核、肺良性肿瘤等。本组手术切除99例，其中行肺叶或双肺叶切除84例，全肺切除15例，探查术16例。TNM分期：Ⅰ期37例，Ⅱ期25例，Ⅲa期45例，Ⅲb期8例。无手术死亡。并发症：脓胸、肺不张与切口感染各1例。随访至1992年底，随访率92.2%，1、3、5年生存率分别为67%、35.4%、21.8%。TNM分期越高，长期生存率越低，淋巴结转移越广泛，其长期生存率越差。作者认为，由于临床症状无特异性，X线征以孤立性结节或浸润影为多，易与其他肺部疾病混淆。纤支镜或痰细胞学检查阴性率低，故易被误诊，对高度怀疑癌症者，经短期治疗无改善者应尽早剖胸探查。手术切除是重要的治疗手段，早诊断、早手术对提高腺癌的切除率与生存率至关重要。肺腺癌淋巴结转移率高，即使病灶不大也可较早出现纵隔淋巴结转移，因此，术中常规清除纵隔区域淋巴结尤其是隆凸下淋巴结群实属必要。腺癌易转移复发，作者主张短期化疗-手术-化疗或放疗。

(陈海泉)

述评 肺腺癌在原发性支气管肺癌中约占20%～30%，肺腺癌的特点为淋巴结转移率高，血行转移早，对化疗、放疗的敏感性差，因此对肺腺癌应尽量做到早诊断、早手术。作者提出的对Ⅰ、Ⅱ期肺腺癌应积极争取手术切除，Ⅲ期患者如能达到相对根治也应力争手术的观点是正确的，当然术中应彻底清除肺门及纵隔淋巴结，术后仍应化疗、放疗等综合治疗，部分患者仍可获得长期生存及较好的术后生活质量。

(孙耀昌)

食管腐蚀伤后瘢痕狭窄的预防与治疗(中华创伤杂志 1996;12(4):213) 重庆大坪医院蒋耀光等报告预防及治疗102例食管腐蚀伤后瘢痕狭窄的经验。男67例，女35例，年龄2～32岁，平均22.8岁，21例为12岁以下儿童。吞服强碱94例，吞服强酸8例。食管腐蚀伤后瘢痕狭窄的预防手术方式包括：(1)改良食管腔内置管18例，置管时间一般均在3～4个月，15例成功，3例扩张无效而改行结肠代食管；(2)食管腔内加压置管术，治疗时注入空气，使气囊对食管产生3.3kPa压力，共治疗7例，3～4个月拔管后均恢复正常饮食；(3)循环式扩张共5例，均治愈。已形成瘢痕狭窄的手术治疗包括：(1)结肠代食管术45例，术后发生颈部吻合口瘘10例，移植结肠部分坏死2例，喉返神经损伤3例，结肠吻合口瘘1例。术后死亡3例，死亡率为6.7%。后期发生颈部吻合口狭窄3例，经颈阔肌皮瓣修复治愈；(2)切除瘢痕段食管，用胃重建食管11例；(3)局限性瘢痕狭窄手术方法包括：①3例胸段食管局限性狭窄，行食管纵切横缝食管成形术治愈；②采用颈阔肌皮瓣修复颈部食管狭窄13例；③其他手术5例。作者认为：腐蚀伤早期采用食管腔内置管，可预防大多数病例后期发生瘢痕狭窄。已形成广泛瘢痕狭窄而病变在主动脉弓下缘以下者，可切除瘢痕段食管，行食管胃吻合术；高于主动脉弓以上者，局限于颈部的狭窄或吻合口狭窄难以成形手术修复者，采用颈阔肌皮瓣修复是值得推广使用的方法。

(李建秋)

述评 因误服强酸或强碱所致食管腐蚀性灼伤临床上并不少见，且大多数患者导致瘢痕狭窄而严重影响正常饮食，目前尚无理想的药物预防狭窄，仍多采用手术治疗。该文介绍的数种手术疗法包括预防性食管腔内置管，这是很宝贵的经验。尤其是颈阔肌皮瓣修复颈部食管狭窄。结肠代食管手术后狭窄是临床医生感到棘手的难题，作者用颈阔肌皮瓣修复13例均获得成功是十分可喜的。此种方法是治疗颈段食管狭窄较理想的方法，值得推广。

（答作为）

食管癌根治性放疗后复发的外科治疗（肿瘤研究与临床 1996;8(2):10） 山西省肿瘤医院马炎炎等报告1985至1993年12月对39例食管癌根治性放射治疗后复发的患者进行手术治疗，其中男性32例，女性7例，年龄36～71岁。放疗剂量60～80Gy，放疗后至手术时间最短1年，最长3年，其中1年以上34例，2年以上2例，3年以上3例。手术切除35例，切除率为89.7%。探查4例。在35例切除病例中，属根治性切除者31例，占88.6%，姑息切除4例，术后发生吻合口瘘4例，肺炎3例，纵隔脓肿2例，术后并发症为23%。手术死亡率为10.3%，切除死亡率为11.4%。在切除的35例中，标本内无癌残留6例，鳞状上皮细胞癌28例，腺癌1例，有淋巴结转移者6例，转移率17%。4例探查者均在1年内死亡。切除组35例术后1、3、5年生存率为85.7%、42.8%、28.6%。作者认为：(1)一般根治性放疗后患者的症状均有不同程度的缓解，但多数患者1年内再度出现进食梗噎、疼痛等症状；(2)对放疗后出现复发征象的患者，只要有明确症状及X线片表现均应按病变复发处理；(3)尽管根治性放疗后手术难度很大，对复发的患者在无禁忌症的情况下仍应首选手术治疗；(4)手术前应常规进行支气管镜和CT检查，以排除气管膜部或支气管是否受累以及主动脉弓、降主动脉、静脉与肿瘤关系；(5)手术中要细致耐心地解剖分离病变部位与周围重要器官，尽可能锐性分离。一旦发现周围器官损伤要及时修补。手术尽可能切除肿瘤外侵的周围组织器官，尽可能做到颈、胸、腹三区域淋巴结清扫；(6)采用吻合器进行吻合，减少了术后并发症的发生。手术治疗结果令人满意。

（李建秋）

述评 食管癌根治性放射治疗的病人，一般来说多为较晚期不宜手术者，放疗后复发再手术多持慎重态度。该文39例复发者手术切除35例，可见其手术治疗具有很大价值。由于放疗后食管病变部位组织结构发生改变，对手术带来困难，并发症也较多，作者提出手术操作中的注意事项可供参考。作者认为放疗后复发的患者在无禁忌症的情况下仍应首选手术治疗，这种观点也是积极和可取的。

（答作为）

39例食管未分化癌的外科治疗（中华肿瘤杂志，1995;17(6):447） 上海胸科医院吴怀申等报告1961～1983年治疗食管未分化癌39例，男28例，女11例，年龄21～66岁，平均51.8岁。术前病理诊断率62%。瘤体均位于胸段食管。经右胸食管切除和左颈食管胃吻合术26例；经左胸食管切除和胸食管胃吻合术13例。手术死亡率为13%，包括吻合口瘘致全身衰竭3例，脓胸和呼吸衰竭各1例。食管切缘癌残留4例，占10%，PTNM分期：Ⅰ期1例，占3%，Ⅱa期10例，占26%，Ⅱb期4例，占10%，Ⅲ期21例，占54%，Ⅳ期3例，占8%。随访至1994年底，全部病例死亡。术后生存期2～300个月，中位生存数7个月，术后5年生存率15%。作者就食管未分化癌的发生率、病理组织学诊断、治疗和预后进行讨论，认为：(1)食管未分化癌临床上较少见，占食管癌0.3%～1.5%；(2)光镜对细胞分化的观察是有限的，近年来由于电子显微镜的应用，对“未分化癌”的概念产生质疑，很少使用“未分化癌”这个病理学诊断，代之为：低分化鳞癌或腺癌、未分化大细胞癌或小细胞癌、燕麦细胞癌与腺癌混合型等。如何统一病理组织学的诊断，有待病理学家进一步探讨；(3)本病的术前诊断主要依靠病理学、光束纤维食管镜作为术前常规检查，阳性率高且准确。术前已确诊为未分化癌，先放疗后手术较为合适。手术方式主要根据病变部位和术者习惯而定，应力争施行淋巴结根治手术。术后应辅以化疗、放疗、免疫、中医药和心理综合治疗；(4)食管未分化癌预后差。

（李建秋）

述评 食管未分化癌临床上少见，其恶性程度高、预后差是众所周知的，该文病例数较多，统计显示未分化癌单纯手术切除预后不良。本病临床上无特殊，诊断主要靠病理学。由于电子显微镜的应用对“未分化癌”的概念产生质疑，提出不能笼统使用“未分化癌”这个病理学诊断的意见，值得讨论。如何统一病理诊断有待病理学家进一步探讨。鉴于未分化癌手术治疗预后差，作者提出严格掌握手术指征，术前进行化疗，术后加强综合治疗，均是值得同道参考的意见。

（答作为）

术前核磁共振检查对胸段食管癌切除可能性的估计（中华胸心血管外科杂志 1996;12(1):22） 解放军总院张全亮等自1993年6月至12月，对26例胸段食管癌进行MRI检查。术前全部患者均进行了上消化道气钡双重对比造影。术前MRI检查判断肿瘤不可切除的标准为：胸主动脉、气管支气管受侵，肝脏或其他远处转移。结果显示：MRI术前对胸主动脉受侵的诊断敏感度、特异度和诊断符合率分别为100%、90%和92%；对气管支气管受侵的诊断敏感度、特异度和诊断符合率分别为100%、96%和96%;对淋巴结转移的判断敏感度、特异度和诊断符合率分别为50%、95%和88%。作者认为:(1)MRI能准确地判断肿瘤的部位和大小,较CT更准确。MRI不能发现早期局限于粘膜或粘膜下层的肿瘤;(2)MRI对食管肿瘤侵犯主动脉的判断,单纯以食管肿瘤段与主动脉间脂肪层的消失与否来判断主动脉是否受侵不够准确。以食管肿瘤段与胸主动脉间接触角大于45°,食管、主动脉和脊柱间三角区的脂肪消失为标准,其敏感度、特异度及诊断符合率高;(3)MRI检查尚无食管肿瘤侵犯气管支气管的分期,仅当气管支气管受侵,壁厚薄不均,腔内凹凸不平,作为不能手术切除的指征;(4)MRI对淋巴结转移判断力较低,故其术前TNM分期的准确性较差;(5)MRI能区别肿瘤与放射治疗后引起的纤维化;(6)MRI对食管癌切除率的判断,以肿瘤外侵程度最为重要,特别是肿瘤对于胸主动脉、气管、支气管以及左心房等的侵犯。MRI术前能较准确地判断中晚期食管癌肿瘤的外侵程度,对其可切除性的估计较为准确。

(李建秋)

述评 近年来核磁共振检查日益广泛,对食管癌患者作MRI检查也时有报道,但对其应用价值意见不一。食管癌经X线钡餐造影及内窥镜检查基本上能明确诊断并估计切除的可能性,而MRI检查价格较高,故常规检查实无必要。该文通过对比分析认为MRI对肿瘤是否侵犯胸主动脉、气管、心房等判断有较大帮助,对早期食管癌不能作出准确判断,认为长度大于4cm的胸段食管癌患者可进行MRI检查的意见可供参考。

(答作为)

空肠移植重建咽食管肠咽吻合口并发症的处理(中华胸心血管外科杂志 1995;11(5):285) 上海长征医院孙耀昌等报告自1979年～1992年11月,4例在空肠移植重建食管术后发生肠咽吻合口并发症,经再次手术恢复了吞咽功能或语言功能。例1空肠上端与左侧咽腔行端侧吻合,术后1周能经口进食,但呛咳、不能讲话和经口鼻呼吸。6月后在全麻下行喉咽成形术。术后3d即可讲话,吞咽偶有呛咳,1个月后进食无呛咳,至今吞咽功能正常,发音较轻。例2空肠上端和左梨状窝咽侧壁吻合,用部分肠壁覆盖咽后壁创面。患者术后进食呛咳、咽下困难。于术后36d再经左颈径路进入喉咽腔,切除臃肿粘膜,将吻合口向下纵行剖开,与周围粘膜缝合。术后经训练后,下咽无呛咳,至今吞咽、语言和呼吸功能正常。例3移植空肠上端与梨状窝侧壁吻合,术后第10天下咽困难。术后40d经左颈径路,将肠咽吻合口下方肠管向下纵剖2.0cm,切除部分肠粘膜,使吻合口下移2.0cm。近期随访,除进食稍慢外,余均正常。例4行带蒂空肠远端小血管吻合移植代食管术,术后第12天进食时严重呛咳,此后多次发生吸入性肺炎。行喉气管自体移植重建食管通道。随访6年至今,生活正常,仍参加工作。作者的体会是:(1)对咽腔狭窄严重者术前应作内窥镜检查,了解咽部毁损情况,精心设计手术方案;(2)吻合口部位尽可能放在最低位;(3)吻合时将肠管纵剖开2.0～2.5cm,呈喇叭口状,使吻合口底部形成漏斗状。

(李建秋)

述评 空肠移植重建食管治疗咽食管化学性烧伤,手术技术要求较高,并需要显微外科技术吻合小血管,故此项工作国内开展尚不普遍。由于吻合位置高于喉上口等原因,可能发生吞咽不畅及误服。该文作者再手术使吻合口底部降低,形成一个无底的新梨状窝,从而恢复吞咽功能,此经验值得借鉴。作者创造性地对1例因狭窄致反复吸入性肺炎患者采用自体喉气管移植重建食物通道,获得成功。但此种方法,正如该文所述,只有在不得已的情况下方能采用。

(答作为)

电视胸腔镜食管癌切除术8例初步报告(中华胸心血管外科杂志 1996;(34):84) 沈阳军区总院曲家骐等报告1995年3月以来经电视胸腔镜手术(VATS)行胸段食管癌切除8例。男6例,女2例,年龄42～72岁,平均58.4岁。中下段食管癌2例,中段食管癌6例。肿瘤长度4.0～8.0cm,均为鳞癌。术中清除淋巴结16组,2例4组有淋巴结转移。按国际食管癌分期标准ⅡA期5例,ⅡB期2例,T4N0M0 1例(术中转常规剖胸手术)。胸部手术时间65～130min,平均83.6min。术中出血量150～500ml,平均270ml。术后并发症2例,1例术后腹部切口裂开,1例颈部切口感染。无手术死亡。手术操作要点:术前准备与常规右胸、腹、颈三切口食管癌切除相同。VATS食管癌手术分三步进行:(1)胸腔镜游离胸段食管和淋巴结清除;(2)腹部切口游离胃和切断食管;(3)颈部胃、食管吻合。胸部VATS手术:患者取左侧卧位,前倾15°,在胸部切3～5个1.5cm小切口。充分显露后纵隔,确认肿瘤无外侵后,解剖分离奇静脉,用血管夹或7号线结扎后切断食管游离自正常部位开始,上方达胸膜顶,下至食管裂孔。食管全部游离后,进行胸内淋巴结检查和清除。作者认为VATS食管癌手术使经右胸三切口食管癌切除对患者的损伤降低到普通外科手术的创伤，可以做到根治性切除病变，术后恢复快，可作为某些食管癌手术的选择使用方法。VATS食管癌手术病例主要限于Ⅰ～Ⅱ期食管癌，凡胸部CT显示有肿瘤外侵或纵隔淋巴结肿大者，均不作为VATS手术适应证。同胸部其他疾病胸腔镜手术一样，经VATS进行胸段食管癌游离和淋巴结清除手术，应当严防术中损伤。

（李建秋）

述评 电视胸腔镜手术是胸外科手术的一次革命，由于创伤小、恢复快等优点，近年来发展迅速，临床报道日益增多，对于自发性血胸、气胸、肺大疱切除等有显著的优越性。随着手术操作技术的熟练，胸腔镜手术的适应证也在逐渐扩大。该文报告应用胸腔镜施行食管癌切除8例，除1例改剖胸外，7例获得成功，避免了开胸的创伤，有利于恢复及减少并发症，这是非常可喜的，作者介绍的胸腔镜食管癌手术操作要点值得同道借鉴。此种手术方法适宜于肿瘤无外侵的Ⅰ～Ⅱ期患者。

（答作为）

机械吻合在食管外科中的应用（1 605例经验总结）（中华胸心血管外科杂志 1996；12(1)：20） 解放军总院孙玉鹗等自1980年8月至1994年2月使用管状吻合器对1 605例食管癌和贲门癌切除后进行机械吻合。其中男1 281例，女324例。年龄28～81岁，平均年龄55.5岁，其中50～69岁者1 184例，占73.8%。食管癌1 044例，贲门癌561例。食管胃颈部吻合35例；超胸顶吻合58例；弓上吻合835例；弓下吻合677例，其中食管空肠吻合21例。弓上吻合多使用28号吻合器，弓下吻合则多使用31号吻合器。术后有81例发生各种并发症（5%），其中死亡15例，占并发症例数的18.5%，占全组病例的0.93%。胸内吻合口瘘11例（0.7%），其中前6年8例（1.4%），近8年3例（0.3%）。因吻合口瘘死亡9例，死亡率为81.8%。吻合口瘘死亡占总死亡数的60%。术后3、5、10年生存率分别为51.5%、25.7%、14.8%。作者认为：1.在食管和贲门癌手术中，最严重且较常见的并发症是吻合口瘘，使用吻合器进行机械吻合后，胸内吻合口瘘逐年减少，机械吻合确实是减少吻合口瘘的有效方法之一。机械吻合减少胸内吻合口瘘的原因是：(1)缩短吻合时间，胸腔及吻合区感染的机会减少；(2)食管与胃粘膜对位整齐，组织反应轻，有利于吻合口的愈合。颈部吻合口瘘发生率仍很高，可能与下列因素有关：(1)胃血运障碍，影响吻合口愈合；(2)少数患者胃体积较小，颈部吻合张力过大。2.吻合口狭窄的发生及程度与吻合器型号无关。3.吻合器的机械故障，只要吻合前认真检查，合理安装，是可以避免发生的。

（李建秋）

述评 管状消化道吻合器机械吻合在食管外科中应用多年并取得较成熟的经验，对减少吻合口瘘的效果也较肯定。目前国内已普遍使用。该文的机械吻合报告证实了吻合口瘘的发生率低于手工吻合，机械吻合发生瘘常由机械故障造成，只要认真检查，正确安装，一般不会发生吻合口瘘。对于颈部机械吻合，操作有一定困难，效果也不确切。该组吻合口瘘达14.3%，说明颈部吻合是否适宜采用机械吻合器尚有待进一步研究。

（答作为）

胸段食管癌切除颈部重建术的应用和评价（中华肿瘤杂志 1996；18(1)：45） 河南省肿瘤医院许金良等自1979年4月至1994年12月，对3 714例胸段食管癌患者施行外科治疗。全组男2 484例，女1 230例，年龄26～76岁。胸上段501例，胸中段2 818例，胸下段395例。全组手术切除率93.3%，采用颈部重建术2 055例，胸内重建术1 400例。胃代食管术3 442例，结肠代食管术23例。以1989年为界对前10年（1 666例，前组）和后5年（2 048例，后组）进行对比分析。结果显示：(1)手术切除率由前组的91.1%提高到后组的95.1%；(2)颈部吻合比例由早年的8.8%增加至近年的94.1%；(3)颈部重建者食管切端癌残留发生率明显低于胸内重建者；(4)前组颈部吻合口瘘的发生率高，而后组颈部重建组吻合口瘘脓胸与肺部感染的发生率均低于胸内吻合组；(5)后组手术死亡率占1.3%，前组占3.7%；(6)前组3、5年生存率分别为50.3%与32.4%，而后组3年生存率为52.1%。结果表明，颈部重建术已成为手术治疗胸段食管癌的常规标准术式。作者认为食管切除长度绝不能满足于癌上、下5cm，胸段食管癌原则上应作全胸段食管或食管全长切除。为便于胸上段癌及淋巴结的清除，采用右颈＋右胸后外侧胸腹联合切口，显露满意，操作方便。颈部吻合技术的改进，尤其是胃经原食管床技术的应用，有效降低了吻合口瘘、脓胸或肺部感染等并发症的发生率和手术死亡率。术前半量放疗可提高根治性手术切除率，为颈部重建食管创造有利条件，扩大了手术指征。

（李建秋）

述评 60年代在上海等地有对食管癌采用颈部消化道重建术，但由于其手术创伤大，切口多，国内其他地方应用甚少。随着医疗条件的改善，颈部重建术已成为治疗胸段食管癌一种趋势。该文报道颈部重建术已达94.1%，成为常规标准术式。作者通过比较，阐述颈部重建术的优点，特别是切除范围彻底，便于颈胸段淋巴结的清除。因此应积极提倡此术式，少用或不用胸内吻合。

（答作为）

用食管导管施行食管、胃、肠吻合术100例报道（上海医科大学学报 1996；23（2）：114） 上海中山医院仇德惠等自1991年4月至1993年4月，应用食管手术导管为100例食管癌或贲门癌切除病人施行食管胃颈部吻合，弓上吻合、弓下吻合和食管空肠吻合术，术后无吻合口瘘与吻合口狭窄发生。食管手术导管由一根长65cm，外径0.5cm的硅橡胶导管构成，它含有四个腔室，分别为前气囊通腔、后气囊通腔、冲洗通腔和吸引通腔。各通腔互不相通。导管由导管头部、导管体部和导管尾部组成（具体构成请参阅原著），食管手术导管的功能为手术中利用食管导管冲洗、支撑、扩张、阻断和吸引食管腔。食管手术导管于术前患者清醒时由鼻孔插入，术中调整管端使其位于食管近缘。作者认为用传统方法施行食管胃或食管肠吻合术，无论用吻合器或手工缝合均存在着切开食管腔后食管内容物外溢污染术野的不足之处。食管手术导管有循环冲洗装置可将后气囊前至吻合口缘的食管腔冲洗干净，并且后气囊阻断了食管腔，唾液不再污染术野。用食管手术导管施行食管胃或食管肠吻合术，吻合前可先行切除病变的食管部分，食管横断后由于食管手术导管充气后足以支撑食管，防止食管回缩至食管床，并可使食管吻合部满意撑开，有利于食管胃或食管肠吻合。食管手术导管外径与常用胃管粗细相同，且韧性好，故较常用胃管方便、可靠。食管手术导管较常用胃管更易固定在食管腔内合适位置。

（李建秋）

述评 食管癌术后吻合口瘘及吻合口狭窄是食管癌手术中最常见的严重并发症之一，为减少此类并发症，不少学者在吻合方法上作了许多改进或采用吻合器吻合。该文作者针对切开食管腔后食管内容物污染及手工缝合时食管吻合部不能满意撑开等情况，首创食管手术导管施行100例食管吻合，无1例发生吻合口狭窄或吻合口瘘，这是十分可喜的。如果这种导管使用方便，易于手术者掌握，则不失为一种良好的减少并发症的工具，值得临床推广。

（答作为）

92例创伤性浮动胸壁的临床分析（中华胸心血管外科杂志 1995；11（6）：342） 黑龙江省林业总院刘野樵等对自1979年10月至1993年12月期间的92例创伤性浮动胸壁的治疗进行了分析。其中男81例，女11例，年龄19～63岁。手术内固定治疗21例均获治愈。非手术治疗71例，其中非固定治疗63例，棉垫胸带包扎固定8例。气管切开4例，死亡3例。近年来普遍认为患者呼吸窘迫主要是肺挫伤所致。但作者认为胸壁浮动的病理意义尚应探讨：（1）一些患者的呼吸困难与肺挫伤的程度并不一致。肺挫伤并非呼吸困难的唯一原因；（2）一些前、侧重症胸壁浮动患者，胸部反常呼吸运动幅度很大，外固定有缓解作用；手术内固定后呼吸困难可迅速消失。说明胸壁浮动也是造成患者呼吸困难的重要原因。作者将浮动胸壁分成轴线型和孤岛形。轴线型是多根肋骨单处骨折或多段骨折，大部分折断肋骨只有一处是不稳定的完全性骨折。骨折点纵行线状排列，胸壁以此线为轴异常活动。此型对呼吸干扰不大。孤岛型是相邻肋骨多根、多段骨折，造成一定面积的胸壁软化。此型反常呼吸运动对呼吸干扰严重。采用棉垫胸带包扎，作者认为其目的主要是辅助患者咳痰、排痰和减轻疼痛，而不是固定胸壁。手术内固定的适应证：（1）前、侧胸壁大面积孤岛型浮动胸壁；（2）开胸处理胸内损伤时同期内固定；（3）双侧重症浮动胸壁；（4）大范围浮动胸壁合并胸骨骨折者。

（钟 镭）

述评 3根以上相邻的肋骨发生多根多处（或多段）肋骨骨折者常产生“浮动胸壁区”，通常称为“连枷胸”，即作者称之为“孤岛型”浮动胸壁。若多根单处肋骨骨折，或不相邻的肋骨多根多处肋骨骨折，一般“浮动胸壁”不明显。对“浮动胸壁”的治疗目前一般主张对面积不大的“浮动胸壁”区行厚敷料胸带包扎法治疗，对“浮动胸壁”范围大，反常呼吸运动明显，且造成伤员呼吸窘迫时应采用手术内固定治疗，或在剖胸探查术同时行内固定治疗。固定方法较多，可应用钢丝、克氏针、肋骨抱合器，以及合成涤纶缝线网状缝合（用于粉碎性肋骨骨折）等固定法。手术内固定术纠正反常呼吸运动效果确切，可改善伤员呼吸功能，值得推荐。

（孙耀昌）

食管癌贲门癌病人围术期的血清肌酸激酶及其同功酶MB（中华胸心血管外科杂志 1995；11（5）：290） 西安唐都医院孟毅等测定食管癌、贲门癌病人手术前后血清CK及CK-MB活力，探讨其来源以及在食管围术期对急性心肌梗死（AMI）的诊断意义。全组食管癌30例，贲门癌8例，均采用后外侧切口进行食管胃部分切除、食管胃吻合术。肺疾病手术对照组18例，其中肺癌15例，结核球3例，均采用外侧切口行一侧肺叶或全肺切除术。正常对照组20例为健康献血员。于手术前1周内，术后24、72、120h抽取静脉血测定血清CK及CK-MB活力。结果表明，术前各组CK及CK-MB活力无差异（$P>$

0.05)；术后食管癌组、贲门癌组、肺疾病组CK总活力均较术前有意义升高。作者认为，术前食管癌、贲门癌病人血清总CK及CK-MB与正常人和肺疾病组相比较无明显差异，表明尽管有癌组织浸润性生长、扩展可累及食管壁全层，但并不引起血清CK及CK-MB的变化。术后血清总CK明显升高，而CK-MB变化不明显，且术后同一采血时间各手术组之间无明显差异，表明3组胸壁损伤范围相同，术后血清总CK升高可能主要来源于胸壁切口损伤的肌肉组织。CK-MB升高不明显则可能与胸壁肌肉中MB含量少、半衰期短等有关。后外侧切口剖胸术，食管手术后血清总CK活力升高，其变化趋势与AMI引起的变化相一致，而CK-MB升高幅度明显低于AMI组病人。因此，食管胃吻合术后所致总CK升高，对围术期AMI诊断缺乏特异性，而CK-MB仍不失为围术期AMI诊断的特异性酶学指标。

（李建秋）

述评 胸部手术可引起血清肌酸激酶（CK）及其同功酶MB改变，对此已有不少报道。该文作者通过测定食管癌、贲门癌患者手术前后血清CK及CK-MB活力，提出了较有意义的观点，即食管胃吻合术后血清总CK升高主要来源于胸壁损伤骨骼肌，其CK变化与心肌梗死引起的CK变化趋势一致，CK-MB则变化不明显，从而提示CK-MB可作为围手术期心肌梗死诊断的特异性酶学指标，此观点可能在临床上具有实际意义。

（答作为）

小儿法乐四联症围术期处理经验——附360例临床资料（中国循环杂志 1996；11(8)：464） 北京阜外医院官能佳等回顾总结了该院自1993年1月至1995年9月期间收治的360例3个月至5岁小儿法四围术期处理的经验。平均年龄2.76±1.49岁，平均体重11.45±3.25(5～12)kg，平均血红蛋白166.6±35.0(84～286)g/L。术前328例经心脏超声确诊，32例重症患儿经心血管造影检查确诊。135例(37.50%)合并其他心血管畸形。全组均在全麻低温体外循环下行心内畸形根治术。全部采用涤纶片修补室缺，自体心包片加宽右室流出道至肺动脉。其中26例重度肺血管发育不良者使用液氮保存的同种带瓣升主动脉片做跨环补片。本组出现术后并发症30例(8.33%)，其中低心排综合征8例，Ⅲ°AVB 6例，灌注肺6例，败血症3例，其他7例。死亡4例(1.1%)，灌注肺2例，心包填塞和呼吸衰竭各1例。作者认为本组患儿治疗满意，死亡率低与下列因素密切相关：组织一组训练有素的专职小儿心外科、心内科、麻醉科、体外循环科医护人员，建立符合小儿不同年龄组的手术治疗常规是提高治疗效果的基本保证。术前积极纠治营养不良、贫血，控制感染，提高患儿对大手术的承受能力，可降低术后部分并发症的发生率；术后常规使用多巴胺或多巴酚丁胺维持心脏功能，重视纠正低钙血症；严格根据测定的血浆胶体渗透压值、血红蛋白和血红细胞比容结果输血或血浆，早期控制出入量（出＞入），加强利尿；运用床旁超声多普勒评价重症患儿术后早期心脏功能及畸形矫治情况，并指导低心排出量等并发症的处理。

（于伟勇）

述评 儿童至成人法乐四联症的外科治疗在我国已广泛开展，积累了丰富的经验，但婴幼儿法四的外科治疗有其一定的特殊性，特别是麻醉、体外循环和术后处理等。该文360例为国内报道较多的一组病例，手术死亡率仅为1.1%。表明该单位已具备了比较成熟的经验。文中所述的围术期处理方法和措施，很有借鉴和推广价值。

（朱家麟）

右外侧剖胸法体外循环下心脏畸形直视手术37例报告（中国循环杂志 1996；11(5)：286） 北京阜外医院刘迎龙等报道采用右外侧剖胸法施行体外循环下心脏畸形直视手术37例的手术效果。全组男22例，女15例，年龄5月～8岁，平均4.2岁。其中Ⅱ孔型房间隔缺损16例，室间隔缺损18例，心房、室间隔缺损、房间隔缺损合并部分肺静脉引流及法乐四联症各1例。心胸比例平均为0.57。术前均经心电图、超声心动图和X线胸片检查，除1例房间隔缺损合并部分肺静脉畸形引流漏诊和1例法乐氏四联症误诊外，均在术前明确诊断。手术方法：取右侧抬高45°卧位。在右侧腋后线至腋前线之间作长约6～8cm斜形切口，其前端位于右侧乳头右下6cm。经第四肋间进胸，沿膈神经前2cm，纵形切开心包，显露心脏，建立体外循环。一般经右心房斜形切口行房间隔或室间隔缺损修补手术。房间隔缺损中直接缝合8例，涤纶补片修补8例；室间隔缺损中直接缝合14例，补片修补4例；法乐四联症经右心室切口用补片修补室间隔缺损、自体心包片加宽右心室流出道。术后4～8h拔除气管插管，无手术死亡及手术并发症。作者认为，采用右外侧剖胸法行体外循环下心脏畸形直视手术，损伤小且切口瘢痕不易显露，易为患者接受。成功的关键在于施行主动脉插管，应从第四肋间入胸。这种切口适用于诊断明确的Ⅱ孔型房间隔缺损、膜部小室间隔缺损等。

（王志农）

述评 右外侧剖胸法体外循环下心脏畸形直视

手术，切口瘢痕不易显露，可以满足一部分病人美容的需要。在国外也选择性进行此类切口。作者报告了7例的经验，手术均成功，其经验值得借鉴。但此类切口应在有经验的单位开展，严格掌握手术指征，术前必须明确诊断，因为此种切口的改进对病人带来的利益，远非目前国际上推崇的“微创切口手术”那样的意义重要。对于如法乐四联症等较为复杂的心脏畸形，采用右外侧剖胸法体外循环，对手术本身是否有利，值得商榷。

（朱家麟）

左心室原发性肿瘤的外科治疗（中华胸心血管外科杂志 1996;12(3):140） 北京阜外医院胡盛寿等报道1982～1994年左心室原发性肿瘤7例及手术治疗结果。男5例，女2例。间歇性心慌6例，心前区疼痛4例，反复晕厥发作3例伴肢体动脉栓塞1例。X线胸片大致正常1例，有肺淤血伴左心室增大6例。经心脏超声、心室造影或核磁共振确诊为左室占位性病变伴左室流出道梗阻5例，轻、中度二尖瓣关闭不全3例。结果：2例因肿物与二尖瓣乳头肌相沿续，作部分切除，1例与室间隔呈浸润性生长，肿物切除后有少量残余，其余均完整切除。病理检查确诊为淋巴管瘤、粘液瘤各2例，脂肪瘤、淋巴管囊肿各1例，横纹肌肉瘤1例。无手术死亡。术后症状消失6例，1例减轻，1例心前区残留杂音。随访1月～11年3月，除1例横纹肌肉瘤因复发猝死外，余6例中偶有心悸2例、无症状4例。作者认为，左心室原发性肿瘤以良性居多。其临床表现以左室流出、流入道梗阻的相应症状最为常见。大多数肿瘤组织的诊断依赖术后的病理检查。除肿瘤巨大且广泛浸润心肌，或恶性肿瘤已有多处转移外，有临床表现的左心室肿瘤均应手术治疗，恶性肿瘤术后需进行放射性治疗。

（王志农）

述评 心脏的原发性肿瘤较为少见，左心室的原发性肿瘤更罕见。原发性心脏肿瘤大多为良性，其中又以左房粘液瘤较为常见，恶性肿瘤很少，仅占5%～8%左右。一般良性肿瘤手术切除的可能性较大，而恶性肿瘤往往无法切除或者手术效果不佳。近年来有报道采用心脏移植治疗心脏原发性肿瘤。本组报告了7例左心室原发性肿瘤，例数相对较多，手术效果也较满意，作者的经验很有参考价值。但对于心脏原发性恶性肿瘤，如何早期诊断，进一步治疗以提高病人的生存率，还有待于进一步深入研究。

（朱家麟）

1 000例心脏瓣膜替换术的临床经验（中山医科大学学报 1996;17(2):116） 中山医大一院钟佛添等报告1 000例心脏瓣膜替换术的临床经验。男548例，女452例，年龄4～57岁，平均33.1岁。换瓣原因：风湿性瓣膜病变907例，先天性瓣膜脱垂、狭窄、发育不全或裂开54例，感染性心内膜炎16例，再次换瓣15例，Ebstein畸形6例，心肌梗死乳头肌断裂2例。术前心功能：Ⅱ级91例，Ⅲ级528例(52.8%)，Ⅳ级381例(38.1%)。手术均在中低温体外循环下进行，1977年以前采用局部冰屑和冰袋停跳，1978年后采用间断主动脉根部或冠状动脉开口直接灌注停跳液，1992年后对巨大心脏或病情重者在主动脉阻断后和术毕复跳前加温血灌注各1次。主动脉瓣替换术（AVR）128例，二尖瓣替换术（MVR）660例，主动脉瓣、二尖瓣双瓣替换术（DVR）206例，三尖瓣替换术（TVR）6例，同期行三尖瓣环缩术48例，左房血栓清除术135例。早期死亡95例(9.5%)，其中MVR 9.1%，AVR 6.4%，DVR 12.6%，TVR 17%。死亡率高低与心功能分级密切相关。此外，1991年以前死亡率为10.3%，1992年以后死亡率仅6.6%。术后随访3个月至18.6年，平均7.8年，死亡127例(1.8%病人·年)。晚期生存的778例，61%心功能恢复至Ⅰ级，29%至Ⅱ级，10%仍在Ⅲ～Ⅳ级之间。作者认为要进一步减少换瓣术后并发症，提高手术效果，除选择好适当的手术时机外，还应完善和改进体外循环技术，如适当应用膜式肺、离心泵和超滤技术，同时加强术中心肌保护和对适宜病例保留二尖瓣瓣下结构，加强术后监护，这一点对左室巨大、病情重和转流时间长者尤为重要。

（邹良建）

评述 该文报告为国内较大一组换瓣病例，病例中术前心功能Ⅲ级以上者占90%以上，手术早期效果在近几年已达国内先进水平，但晚期存活病人仍有10%心功能在Ⅲ～Ⅳ级之间，这可能与手术时机的选择、部分病例未积极处理合并的三尖瓣病变有关。术后晚期可发生顽固性右心衰，心功能恶化。因此，术中保护心肌，积极有效的处理三尖瓣病变，以及适当保留二尖瓣的瓣下结构等措施仍然是换瓣手术应予高度重视的技术问题。尤其是二尖瓣关闭不全，左室已出现心功能不全再手术，是术后慢性心衰的常见原因。作者提出的如何提高手术成功率及术后生存质量，许多经验值得重视。

（朱家麟）

二尖瓣狭窄闭式扩张术后的瓣膜替换术（中国循环杂志 1996;11(1):15） 北京阜外医院刘迎龙等报告该院自1977年11月～1993年12月行二尖瓣闭式扩张术后瓣膜替换术229例。男148例，女

81例，平均年龄43.95±8.16(28～65岁)。择期手术224例，两次手术间隔时间为13.0±6.8年。5例因闭式扩张术后二尖瓣撕裂，行急诊二尖瓣替换手术。瓣膜替换的原因：二尖瓣再狭窄106例；再狭窄合并关闭不全52例；二尖瓣合并主动脉瓣及三尖瓣病变4例；二尖瓣合并主动脉瓣病变33例；二尖瓣合并三尖瓣病变31例；二尖瓣病变合并冠心病3例。心功能Ⅰ级1例，Ⅱ级40例，Ⅲ级161例，Ⅳ级27。术前房颤，占86.5%，心胸比率为0.6±0.1。均在中度低温体外循环下手术，二尖瓣替换术208例，二尖瓣及主动脉瓣双瓣替换术21例，同期左房血栓清除31例，三尖瓣DeVega成形术31例，冠状动脉旁路移植术3例，左房折叠1例。手术所用生物瓣31枚，机械瓣219枚。阻断循环时间为64.1±26.5(29～129)min，术后胸液551.9±388.5ml。早期死亡17例，死亡率为7.4%，1987年前死亡率为23.7%，近3年下降至0.9%。死亡原因：低心输出量综合征4例，心室颤动4例，肾功能衰竭3例，感染性心内膜炎及胸骨后感染各2例，呼吸衰竭及术中广泛渗血各1例。作者指出近年来闭式扩张术后瓣膜替换术明显增加，但手术死亡率与普通瓣膜替换术相似，其原因为：(1)掌握手术时机，及时行瓣膜替换术，在心功能未到Ⅳ级前手术风险可大大降低；(2)麻醉、体外循环和手术操作技术改进及重视心肌保护；(3)尽量缩短手术时间，减少不必要的心包内游离，采用右房、房间隔切口显露二尖瓣较满意；(4)合理的术后监测和处理可减少术后并发症发生。

（邹良建）

评述 早在50年代我国就已开展二尖瓣闭式扩张术，到70年代末至80年代初闭扩手术量已达高峰。由于二尖瓣再狭窄或关闭不全或累及其他瓣膜，因此，近年来这类病人大多数都需要进行再次手术，在未来的几年中可能还将是瓣膜外科的一项重要工作之一。这类手术的主要困难是心包粘连，游离时较易出血，术后渗血较多，此外二尖瓣显露有一定困难，暴力牵拉二尖瓣有可能发生左室破裂。本组病人的数量较大，疗效满意，确属不易。作者对于手术时机的选择、心包粘连的处理、手术切口的选择以及围术期处理等方面的经验值得学习与借鉴。

（朱家麟）

心房纤颤迷宫手术及其电生理评价（中华心血管病杂志1996；24(1)：24） 上海长海医院李莉等报告10例风心病二尖瓣疾患伴房颤病人施行迷宫手术和二尖瓣替换或修复术后电生理检查结果。男5例，女5例，平均年龄41岁。房颤持续3个月至3年，术前心功能Ⅲ级9例，Ⅳ级1例。术中电生理检查标测房颤心外膜电图，同步电击复律后测定窦房结恢复时间(SNRT)和房室结传导功能，术后心脏复搏时复测上述指标。术后1个月复查心内电生理高频猝发或程控刺激诱发房扑或房颤。手术系Cox迷宫手术基础上改良的七刀四冻术式，心肺转流时间为216.3±30.9min，阻断主动脉时间为139.8±17.58min。结果：10例术前心外膜标测右房均为颤动，左房多为扑动，窦房结功能和房室结传导功能术前、术后均正常，右房内传导时间和房间传导时间均大于正常，但手术前后对比无显著性差异。术后10例均恢复窦性心律，其中1例在术后2周有2∶1房性心动过速，自动转为窦律；1例在3周内有心房扑动呈3∶1、4∶1传导，用直流电电击复律。7例术后1个月电生理检查房室激动顺序正常，不能诱发房扑、房颤。10例随访1～6个月(平均3.5个月)无1例复发。作者指出：七刀四冻术式较Cox经典迷宫术式有5点改进：(1)取消右房至左房顶部切口，避免窦房结动脉损伤；(2)在房间隔卵圆窝后缘切开向上延伸至房间隔顶部，向下至卵圆窝下缘，以免房室传导损伤；(3)经界嵴后作右心房静脉窦部切口并延伸至上、下腔静脉，以阻断右房内环绕上、下腔静脉开口的微折返环；(4)冷冻房间隔上缘，阻断左、右心房大折返环路。(5)不作右房至上腔静脉前切口，防止损伤运动性心动过速反应区。术后消除房颤或房扑成功率高且不需服用抗心律失常药物，同时电生理检查窦房结功能正常，心房和心室传导顺序正常，房室结传导功能正常。作者认为迷宫手术是安全和有效的，对于风心病慢性房颤病人应选择施行二尖瓣手术同时作迷宫手术。

（邹良建）

评述 手术治疗房颤近5年逐渐兴起，但同时手术治疗瓣膜病和房颤是近2年的事。国内已有不少单位开展这一手术，例数均不多。全国总例数估计在100例左右，主要问题是手术复杂，难度较大。目前迷宫手术治疗房颤尚未定型，有些方面尚需改进。该项研究发现风心病瓣膜病人的房颤，左房多为扑动，而右房多为颤动。这对改进手术方法提供了电生理基础。

（朱家麟）

先天性三尖瓣畸形及其功能影响（临床与实验病理学杂志1996；12(2)：15） 南京军区总院吴波等报告156例先天性心血管畸形标本中25例(占16.02%)先天性三尖瓣畸形及其功能影响。年龄最小为妊娠27周早产儿，最大者32岁，88%为小于1岁的病例。其中Ebstein畸形6例，三尖瓣发育不良14例(重度4例、中度2例、轻度8例)，三尖瓣缺如

1例，三尖瓣瓣叶或/和腱索骑跨4例。无三尖瓣畸形的动脉导管未闭、次发孔房缺等58例病例作为对照组。测量每例房室孔径比(右/左)、大动脉孔径比(PA/Po)、心室肌壁厚比(右/左)、心室半径比(右/左)、流入/流出道长比。结果：Ebstein畸形的6例中，5例有隔瓣或/和后瓣下移，下移为0.4～2.8cm，平均0.86cm，前瓣无下移，但较正常增大，有2例造成右室流出道狭窄，1例因瓣叶基底部及部分光滑部与心室壁紧密粘连，致使瓣叶出现相对移位，测量结果类同以往描述的Ebstein畸形的改变。14例三尖瓣发育不良轻度、中度者心脏构筑改变轻微，而重度者则伴有右房室环及右心室发育不良。1例三尖瓣缺如其右房室孔存在，周径0.6cm，但未见瓣膜及乳头肌结构，右心腔狭小。三尖瓣瓣膜及腱索骑跨4例均发生在室间隔缺损病例。2例前隔联合部瓣膜向左室骑跨，2例腱索部分附着于缺损边缘，部分附着于左室壁。作者认为由于基底部及部分光滑部瓣叶与心室壁紧密粘连，从而产生瓣环的相对移位，其产生的血流动力学改变及心脏构筑变化与Ebstein畸形类似，可称之为粘连型Ebstein畸形。此外，Ebstein畸形与狭义的三尖瓣发育不良在心脏构筑和血流动力学的改变方面存在显著的差别。三尖瓣发育不良者，尤其是重度者，其房室孔较小，并伴有右室发育不良，右室各部比例正常，一般不发生血液返流，因此，心脏各部测量有助于两者鉴别。关于三尖瓣闭锁，如能在闭锁的右房室孔部找到瓣膜或张力装置的残迹即可诊断，若无上述结构者，则应归入单心室或共同房室通道类。

(邹良建)

评述 作者从病理解剖的角度，研究先天性三尖瓣畸形、三尖瓣发育不良、三尖瓣瓣膜及腱索骑跨、三尖瓣闭锁等畸形的病理解剖特点与功能改变，无疑对临床诊断与手术设计有重要的参考价值。本文25例中三尖瓣发育不良占56%，其它畸形例数较少，有待进一步积累和深入研究。

(朱家麟)

电视胸腔镜手术治疗动脉导管未闭(中华外科杂志 1996;34(2):82) 南京军区福州总院肖海等报道电视胸腔镜(VATS)手术治疗21例动脉导管未闭。全组男11例，女10例，年龄2～16岁，平均5.8±5.9岁。均无紫绀，胸骨左缘二、三肋间均可闻及Ⅲ级以上连续性机械样杂音。胸部X线片示肺动脉段突出。心电图均有不同程度心肌肥厚。心脏超声提示导管直径在0.3～1.2cm，其中管状15例，漏斗状6例。手术方法：单腔气管插管插入右侧支气管内；以左侧第四肋间为中心，分别在第三、五或六肋间做3～4个长约0.5～2cm的切口，向胸腔注入200～1000ml的CO_2气体。分别送入Trocar，小心游离导管，避免损伤小血管；血压降至10/6kPa左右，在导管两端分别钳闭，力度适中，避免过快。8例采用国产钽钉，其余采用进口钛钉。术中有2例分别因肺动脉高压和小血管出血转为常规开胸手术，余操作顺利。手术时间平均80min，出血少于20ml。均未放置胸腔闭式引流管。术后1例出现可逆性的声音嘶哑，2例少量气胸；1例术后3日再通，再次行VATS成功。平均住院7d。随访1～19个月，未发现再通及其他异常。作者指出，VATS治疗动脉导管未闭是一种安全可靠、创伤小、术后疼痛轻、患者恢复迅速的新方法，适用于年龄小于18岁的儿童及青少年，对肺动脉压较高者，可采用钽钉以防松弛，术中超声心动图监测有助于避免残余分流的发生。

(王志农)

述评 目前动脉导管未闭开胸手术的死亡率已很低，并发症也少。与开胸手术相比，电视胸腔镜(VATS)创伤较小、出血少、手术时间短，是一种较为安全、经济的治疗手段；目前其操作已较为规范，尤其适用于各年龄组的儿童。作者在本文介绍的一些操作方法、手术指征等经验，值得借鉴。

(朱家麟)

高原地区室间隔缺损合并肺动脉高压手术疗效观察(中华外科杂志 1996;34(5):267) 青海省心血管病院祁秉文等报道103例高原地区(海拔2261m以上)室缺合并肺动脉高压的外科治疗体会。男52例，女51例，年龄2～29岁，平均15.5岁。合并PDA 23例，ASD 8例，ASD伴PDA 1例，二尖瓣关闭不全3例。5例有心衰史，7例有活动后紫绀，4例心脏杂音未闻及。术前均经X线和超声心动图检查确诊。术前右心导管检查65例，术中肺动脉测压32例。肺动脉平均压均大于6.7kPa，其中12例为12.0～16.0kPa，全肺阻力(TPR)在140～160kPa·s/L，双向分流5例，其左向右分流和右向左分流分别占肺循环血流量的40%～70%和15%～30%，肺体动脉压比值(Pp/Ps)为0.91～1.21，吸氧后TPR下降为70～110kPa·s/L。手术均在中度低温体外循环下进行。修补室缺经右房切口90例，右室切口9例，肺动脉切口4例。室缺大小为1.2～3.0cm，其中膜周部92例，漏斗部11例。修补方法：采用涤纶片全部间断褥式缝合或部分间断褥式加部分连续缝合。4例合并重度肺动脉高压(Pp/Ps＞1.0)者采用人工单向活瓣再造补片法。合并畸形均同期处理。术后死亡5例(4.8%)，均死于肺部感染和心律失常，其中1例为行单向活瓣补片者。Ⅲ°房室传导阻滞1

例，术后20d恢复窦性心律。随访3个月～3年，平均2～3年，心功能Ⅰ级93例，Ⅱ级4例，Ⅲ级1例（晚期死于心衰）。作者指出，高原地区空气氧分压低，正常人都有不同程度的生理性肺动脉高压，因此，室缺病人肺动脉高压偏多、偏早，且易合并其他心脏畸形。围术期处理应重视：(1)尽可能采用右房和肺动脉切口；(2)术前、术后应用扩血管药；(3)对重度肺动脉高压伴紫绀者，可采用人工单向活瓣补片。

（于伟勇）

述评 目前单纯室缺的外科治疗效果很好，死亡率已降至1%以下，但合并肺动脉高压者，手术死亡率明显升高，可高达5%～30%。在高原地区，室缺合并肺动脉高压者较多且发生较早，影响手术预后。本文作者在这方面积累了较丰富的经验，值得推崇。围术期应用前列腺素E1和NO可降低肺动脉压，有助于提高手术成功率。

（朱家麟）

2 169例室间隔缺损的外科治疗（中华外科杂志 1996；34(5)：261） 沈阳军区总院刘建实等报道1964年～1993年2 169例室缺手术治疗经验。男1 171例，女998例，年龄16月～47岁，平均8.0岁。室缺类型：围膜部1 520例，肺动脉下380例，隔瓣后249例，肌部5例，左室右房通道7例，多发型室缺8例。术前心导管检查提示严重肺动脉高压271例，其中Heath-Edwardsf分级Ⅰ级18例，Ⅱ级18例，Ⅲ级8例，Ⅳ级轻者7例。手术方法：经右房切口修补1 369例，右室切口668例，肺动脉切口132例。直径＜1.0cm的围膜部和隔瓣后室缺，采用带垫片褥式缝合；直径＞1.0cm应用补片修复；肺动脉下室缺，采用直接缝合或用补片修复；小梁部多发室缺，经左室切口以补片修复。围术期处理：合并肺动脉高压，全肺阻力大于64.0kPa·s/L者，术前应用硝普钠（儿童10mg/日，成人25mg/日，以2～3$\mu g\cdot kg^{-1}\cdot min^{-1}$速度静脉输注）17～20日，并间断吸氧；心脏复跳后开始持续静滴硝普钠3～7日（2～6.5$\mu g\cdot kg^{-1}\cdot min^{-1}$），停药后改用酚妥拉明；辅助呼吸至少18h。结果：术后出现并发症63例，死亡16例；晚期死亡2例，为二尖瓣关闭不全、心衰所致；明显的残余室缺10例，7例再次手术纠正，1例自愈，2例死亡；术后Ⅲ°房室传导阻滞5例，2例为永久性。随访3月～29年，心功能恢复Ⅰ级2 073例，Ⅱ级32例，Ⅲ级10例。作者指出，对有症状或大室缺、反复发作肺炎和心衰者应立即手术；严重肺动脉高压的手术适应证须综合判断，动力性肺动脉高压，手术后肺动脉压力可恢复正常；阻力性肺动脉高压，如平静状态下无紫绀，动脉血氧饱和度＞85%，左向右分流量占肺循环血量＞30%，全肺阻力/体循环阻力＜75%，应用硝普钠10～15d重复心导管，如左向右分流量增加和全肺阻力下降者，可手术治疗。室缺合并动脉导管未闭可同期处理，于转流开始动脉压下降，即行结扎，但要防止误扎降主动脉。

（王志农）

述评 这是一篇有关室缺外科治疗的大组病例报道，术后早期死亡率为0.74%，并发症亦较少，效果令人满意。室缺合并肺动脉高压的外科治疗，一直是许多学者研究的热点，国外有报道强调合并肺动脉高压者，如肺循环阻力/体循环阻力大于0.5，最好在1岁以内手术。本文作者重点介绍了各种类型室缺的手术适应证、修复方法及围术期处理，提出室缺合并严重肺动脉高压手术适应证应综合判断，即使是阻力性肺动脉高压，经硝普钠治疗10～15d后应重复心导管检查，如左向右分流量增加和全肺阻力下降者，仍可手术治疗。并将室间隔缺损分为围膜部、肺动脉下、隔瓣后、肌部、左室右房通道及多发性6型，以利于手术径路的设计，其经验值得借鉴。

（朱家麟）

心房内管道行全腔静脉-肺动脉连接术（中华胸心血管外科杂志 1996；12(3)：132） 沈阳军区总院张仁福等报告该院用心房内管道施行3例TCPC的成功经验。男2例，女1例，年龄分别为12、21、25岁。术前诊断：AⅢ型单心室伴肺动脉瓣狭窄(PS)、AⅡ型单心室伴PS、三尖瓣闭锁伴PS各1例。均有运动性心悸、气短、紫绀，胸骨左缘2～3肋间可闻及3/4级收缩期杂音。ECG均为窦性心律，2例电轴左偏，右房大及左室肥厚各2例，1例伴心肌劳损。均经超声心动图、右心造影确诊，主肺动脉及其分支发育良好。距上腔静脉入口处上方0.5cm切断上腔静脉，在邻近上腔静脉开口处切开右肺动脉上缘，行上腔静脉与右肺动脉端侧吻合，缝闭近端上腔静脉。于右心耳至下腔静脉之间作右房壁斜切口，无房缺者剪除部分卵圆窝组织。选一根人工血管，其一端与下腔静脉口吻合。以连续缝合将切开的右房壁缝于相应的人工血管上，使右房完全闭合。于主肺动脉右侧缘行纵切口，闭合肺动脉瓣口后，行人工血管与肺动脉切口端侧吻合。3例术后均应用小剂量多巴胺及异丙肾上腺素，循环稳定，肝脏未见明显肿大，未发生心律紊乱。术后随访3个月至4年，康复满意。作者认为：TCPC手术操作简单，右心房压力较改良Fontan手术低，减少了心律失常发生率。而心房内管道法与右房内侧隧道法相比，优点为：①右房组织损伤小；②心房内管道与主肺动脉吻合，该吻合口与上腔静脉-右肺动脉吻合口保持一定距离，使大部分下腔静脉血直接引流入左肺动脉，防止了上下腔静脉血流对撞，减少了耗能；③选用直径 1.5cm 以上的人工血管，即使发育至成人也无需更换；④更适用于伴有共同心房和(或)共同房室瓣、肺静脉异位引流等复杂心脏畸形。

(梅　举)

述评　从改良 Fontan 术发展到全腔静脉肺动脉连接术，使单心室等复杂先心病的手术疗效明显改善，但其术后心律失常和肺静脉回流梗阻等远期并发症仍较高。心房内管道全腔静脉-肺动脉连接术采用人造血管直接连接下腔静脉和右肺动脉，这种手术具有右房操作少，对右房组织损伤小，人造血管内血流的涡流状态减少，右房的压力较 Fontan 术低等优点。作者国内首次介绍此项手术，3 例均获成功，经验可供借鉴。

(郝家骅)

复杂动脉导管未闭的外科治疗(中华外科杂志 1996;34(5):273)　上海长海医院孙道华等报告该院 1976 年 3 月～1993 年 10 月 69 例复杂 PDA 的外科治疗。男 28 例，女 41 例，年龄 9～37 岁(平均 26.5 岁)。胸骨左缘第 2 肋间闻及连续性机械性杂音 37 例，仅有收缩期杂音 19 例，舒张期杂音 13 例。超声心动图检查均提示有 PDA。导管类型：窗型 9 例，动脉瘤型 13 例，粗大导管 15 例，假性动脉瘤 3 例，导管钙化 3 例，导管再通 5 例，有导管炎史 5 例，合并重度肺动脉高压 16 例。动脉导管直径 1.9～3.1(平均 2.1)cm。对合并心内畸形 8 例均先处理 PDA，术后 2～3 周再处理心内畸形。全组均体表降温，在结扎 PDA 时降压，同时阻断导管上缘的主动脉。单纯结扎导管 51 例，加垫圈或垫片结扎导管 9 例，左心转流下切断导管缝合 5 例，补片修补结扎导管 2 例，带环涤纶人造血管套入主动脉内结扎 2 例。术后早期死亡 2 例(2.9%)，1 例为导管炎游离导管时破裂出血致死；1 例为假性动脉瘤术后 76h 突然主动脉出血死亡。术后随访 5 个月～16 年，杂音均消失。作者认为：(1)对动脉瘤型、窗型、粗大导管以及合并肺动脉高压者，不直接分离导管，经主动脉后侧，在导管上、下缘的胸主动脉近、远端各套一索带，同时将两根 10 号丝线及 1 根涤纶线分次套过导管后壁，由导管上下缘拉出。结扎导管时先降压至 8～10.7kPa，并阻断其胸主动脉近、远端索带。重度肺高压者从心包内阻断肺动脉。结扎时加垫片。(2)对导管钙化、再通、假性动脉瘤、导管炎者，在左心转流下切断导管或经主动脉切口缝合导管口。(3)一旦出血，立即阻断导管上、下端胸主动脉及肺动脉，破口小于 0.5cm 者直接缝合，大于 1.0cm 者迅速建立左心转流，从胸主动脉内缝闭导管开口。若导管或主动脉多处破裂，破口甚大，补片失败及假性动脉瘤或大血管损伤者，采用带环涤纶人造血管套入结扎法，安全有效。

(梅　举)

述评　PDA 是一种常见的先心病，外科治疗复杂，因此它仍是目前较棘手问题之一。对导管直径小于 1.0cm 者，多主张直接结扎，动脉导管直径大于 1cm 者，一般要求切断缝合。动脉导管钙化、动脉导管再通合并感染性心内膜炎、心内畸形者，一般均在体外循环下经肺动脉切口处理，手术比较安全。对于 PDA 合并心内畸形造成严重肺动脉高压者，一期手术的危险性较高，分期手术较安全，但是对此观点目前还有不同看法。

(郝家骅)

先天性永存动脉干的外科治疗(中华胸心血管外科杂志 1996;12(2):68)　上海新华医院傅惟定等报道该院 1989 年 1 月至 1993 年 12 月 6 例先天性永存动脉干的手术治疗。男 5 例，女 1 例，年龄 2～4 岁 8 个月。胸骨左缘 3、4 肋间闻及Ⅲ～Ⅳ级收缩期杂音。胸片示肺动脉段突出 5 例。术前超声检查和左、右心导管及造影检查明确诊断，显示有大室缺、共同动脉瓣骑跨于两心室上并发出肺动脉，肺动脉/主动脉压力比为 0.75～0.88。Van Praagh 分型：Ⅰ型 2 例，Ⅱ型 4 例，Ⅰ型中伴主动脉弓中断 1 例，另有 3 例伴其他心内畸形。手术方法：体外循环转流时阻断肺动脉，经右室切口修补室缺，主动脉开放后重建右室-肺动脉流出道。1 例在深低温停循环下处理主动脉弓中断，切断导管，肺动脉端缝合后游离中断主动脉弓两侧，作端端吻合，重建右室流出道。右室-肺动脉外管道用同种带瓣主动脉 3 例，同种带瓣肺动脉 1 例，涤纶生物瓣管道 2 例。手术成功 5 例，1 例术后严重感染自动出院后失访。5 例术后肺动脉/主动脉压力之比为 0.3～0.6，均存活。随访 5 个月～4 年 8 个月，5 例呼吸道感染及慢性心衰症状消失。超声示主动脉、二尖瓣轻度返流 1 例，1 例残余室缺分流已愈。作者认为：(1)分离肺动脉总干时主动脉插管应高位，分离要在离共干瓣环约 1cm 处，避免损伤共干瓣膜、冠状动脉开口；共干缺损可采用直接缝合，或用心包片修补，或连接一段同种带瓣主动脉。(2)室缺的修补经右室切口，上缘缝针先后穿过切口上缘肌层、补片及外管道后壁，打结形成“三明治”样固定。(3)右室流出道重建时应注意充分游离左右肺动脉，带瓣管道与右室切口缝合时加缝心包片，使之成自然弧度，以避免右室流出道梗阻。管道粗细长度应适当，并避免管道在胸骨后受压。

（梅　举）

述评　永存动脉干是一种少见的严重的先天性心血管畸形，病理改变主要为肺动脉接受共同干的血液，易产生肺动脉高压。患儿约75%在1岁内死亡，故主张早期行根治术。在我国永存动脉干根除手术仅在起步阶段，病例数不多，本文报告的手术经验，将对我国开展此项手术具有积极的推动作用。文献报告，一般主张在婴幼儿期手术，手术死亡的术前因素：年龄太大，中或重度动脉干瓣膜关闭不全；肺/体循环血流比值低，肺血管阻力高，间侧肺动脉闭锁等。带瓣管道的阻塞将影响远期效果。

（郝家骅）

永存左上腔静脉畸形（PLSVC）的临床意义与手术处理（中国循环杂志 1996；11(5)：289）　西安西京医院梁继河等报告3 168例先心病中合并PLSVC者67例(2.1%)。男40例，女27例，年龄3.3～36(平均10.6)岁。确诊方式：超声心动图发现12例，心导管及造影20例，术中探查发现35例。先心病中PLSVC以右室双出口为最常见(14.0%)。PLSVC在左心耳上方和左肺静脉前方直接汇入左房6例，其中2例存在冠状静脉窦(CS)，4例缺如，称为完全型无顶CS综合征；2例汇入CS而后者开口于左房；直接汇入右心房顶部者1例；经CS引流入右心房者58例，其中1例右上腔静脉完全缺如。术中PLSVC阻闭试验阴性者57例，先继续阻闭，待心内畸形修复完毕心脏复苏后，对引流入左心房的PLSVC予以结扎，对引流入右心房者松开并去除阻断带。另10例发现阻闭试验阳性即松开阻断带，待CPB开始，上下腔静脉阻断后，切开心房，直视下行PLSVC插管，其中7例引流入右房者，未作特殊处理，2例为无顶CS综合征者作左心房内隧道，将PLSVC导向右房，1例开口于左房者作房缺补片时将其开口导向右心房(心房内折流术)。手术死亡4例，2例为右室双出口，术后死于严重低心排综合征，与PLSVC无关，另2例均为大型室缺合并严重肺高压，漏诊PLSVC，致失血、体外循环灌注平衡受影响、心肌保护欠佳以及阻断时间过长等，术后因严重低心排综合征死亡。PLSVC处理不当的死亡率为3%(2/67)。作者认为：(1)PLSVC的漏诊会给术者造成困惑，给患者带来危险，PLSVC引流入左房者，手术处理有一定困难；(2)除术前超声心动图、右心导管及造影可明显诊断外，术中常规进行心外探查对于发现PLSVC甚为重要；(3)PLSVC阻闭试验阴性者可予结扎，阻闭试验阳性而又引流入左房者，则要将房间隔部分切除，应用心包在打通的左右心房内做成板障，将PLSVC、右上腔静脉、下腔静脉隔向右房。

（梅　举）

述评　永存左上腔静脉(PLSVC)在先心病中的发生率约2%，其术前漏诊率较高，明确诊断主要依据术中探查。术中的漏诊会增加手术的难度与危险。文中2例漏诊致死病例值得引以为鉴。所以在术中应重视对PLSVC的探查。对右上腔静脉发育好者，则先行PLSVC阻断试验，以决定能否将其直接结扎。对PLSVC引流左房又不能结扎者，则应进行手术处理。具体方法有：①以补片分隔将PLSVC引流入右心房；②左房内通道或内隧道法将其引流入右房；③将PLSVC与右房直接吻合。作者报告PLSVC 67例，对诊断、病变类型及术中处理，总结了很好的经验，值得借鉴。

（郝家骅）

先天性心脏病合并永存左上腔静脉及右上腔静脉缺如畸形9例报告（中国循环杂志 1995；10(12)：723）　北京阜外医院潘世伟等报告19 027例先心病心内直视手术病人合并永存左上腔静脉(PLSVC)326例，其中同时合并右上腔静脉缺如(RSVC)9例。男6例，女3例。年龄3～17岁。法四、室缺各3例，房缺、右室双出口、单心室伴单心房各1例。在无创性检查中，提示有PLSVC 6例，未疑有RSVC缺如。5例心导管检查仅1例疑有RSVC缺如。心电图：6例有冠状静脉窦(CS)心律，P-R间期均>0.12s。手术在低温体外循环下进行。术中证实此症，其中RSVC远心段缺如2例(合并奇静脉入右房)，近心段或完全缺如7例。PLSVC经CS入右房8例，入左房顶1例。建立体外循环时经PLSVC直接插管5例，经CS插管4例。术后2例死于低心排综合征。术后存活病人中心电图为预激综合征1例，完全性右束支阻滞1例，交界区心律1例。随访8个月至3年，心电图无进一步变化。作者指出，临床对此症认识不足是漏诊原因的关键，超声心动图和右心导管造影有助于诊断；建立体外循环时可采用：直接行PLSVC插管，经CS插管，将右心吸引器放入CS内吸引，或深低温停循环。由于PLSVC入CS者可引起CS口明显扩大，继发明显的心律紊乱，故认为宜将PLSVC转路入右房，有利于防治远期的心律紊乱。

（徐志云）

述评　先心病合并PLSVC比较多见(1.7%～4.3%)，但同时合并RSVC缺如极为少见(1.0%～

4.3%)。其诊断主要依靠心脏彩超检查、右心导管和造影，在可疑病人中，同时行上腔静脉造影可确诊。是否直接作 PLSVC 插管，可视手术复杂性而定，较复杂手术应作直接插管。对于 PLSVC 是否需改道，目前尚未见有报道，而理论上应作改道手术，以有利于预防远期心律紊乱。

（张宝仁）

主动脉内球囊反搏术在冠心病外科的临床应用（中国循环杂志 1995；10(10)：600） 北京阜外医院萧明弟等报告该院 1972 年至 1993 年期间共施行冠心病外科手术 462 例，67 例(14.5%)于术中或术后接受 IABP 治疗，其中 22 例为单纯旁路移植术(CABG)，29 例 CABG＋室壁瘤切除术(VA)，11 例单纯 VA，4 例 CABG＋瓣膜替换术，分别占上述各类手术总数的 8.1%、23.6%、13.8%和 28.2%。施行 IABP 的原因：(1)室壁瘤大或合并梗死后室间隔穿孔，左室射血分数＜30%，冠脉造影示病变广泛及远端血管较细，或合并其他手术等，在停止体外前预防性安置 IABP 共 20 例；(2)术终脱离体外循环困难或停机后的心肌收缩力差、血压低、左房压或肺动脉压高 31 例；(3)回监护室后，药物不能改善的低心输出量综合征 6 例；(4)围术期发生急性心肌梗死或心肌缺血 10 例，其中 2 例急诊再次行 CABG。结果：早期死亡 21 例，其中 18 例为心源性，1 例死于安置 IABP 所致的急性主动脉夹层动脉瘤并发症，2 例死于糖尿病性昏迷。IABP 并发症 2 例，1 例为夹层动脉瘤，另 1 例为股动脉处人工血管感染所致的假性动脉瘤。作者根据该组结果，指出预防性应用 IABP 有利于危重病人顺利康复，20 例中无 1 例心源性死亡；对于难脱离体外循环或停机有低心输出量综合征、左心室功能不全者，应及早应用 IABP，若拖延过久，将影响治疗效果，术中安置 IABP 的 31 例中仅 7 例死亡，而在 ICU 内安置的 6 例中就有 4 例死亡。对于围术期心梗者，应用效果较差，10 例中有 7 例死亡。强调应提高吻合口和移植血管通畅率，以及完全的再血管化。

（徐志云）

述评 IABP 是目前最为常用的心室辅助装置，在冠心病外科治疗中更为常用，特别是对高危病人预防性应用 IABP 后，死亡率有了明显的降低。应用成功的关键是要掌握适应证，尽早使用。该文为我国报道例数最多的一组病人，取得了较好的疗效。可以预计，随着我国冠心病外科治疗病人的逐渐增多，IABP 应用也相应增加，其经验将更加丰富，疗效也有更进一步的提高。

（朱家麟）

冠状动脉分支阻塞时冷停搏顺灌加控制压力冠状静脉窦堵塞对心肌保护的研究（中华实验外科杂志 1995；12(6)：370） 武汉同济医大蓝鸿钧等采用犬体外循环模型，在中度低温(30±1℃)体外循环下，阻断升主动脉的同时用束带阻断左冠状动脉前降支起始部，顺行灌注冷晶体停搏液，压力 7.84kPa，剂量 20ml/kg，每 20min 加灌 1 次，主动脉阻断 120min，然后复温，开放升主动脉和松开前降支阻断束带，心脏电击或自动复跳，辅助循环 40min，再观察 60min。根据在心脏停搏期冠状静脉窦是否用气囊阻塞，实验随机分 3 组：A 组不阻塞，B 组加压 2kPa 阻塞，C 组加压 4kPa 阻塞。结果：停机后 60min，A、B、C 3 组心排量恢复百分比分别为(37±9)%，(79±19)%和(59±17)%；校正 CO 恢复百分比分别为(58±10)%、(95±21)%和(90±17)%；B、C 组均显著优于 A 组($P<0.01$)。心脏停跳 120min 后左室心肌 ATP 含量保存百分比，A、B、C 3 组分别为 38%、32%和 41%，各组间无显著差异。A、B、C 3 组主动脉开放后冠状静脉窦血心肌酶升高百分比，CPK 分别为 368%、619%和 362%，LDH 分别为 559%、571%和 471%，GOT 分别为 255%、318%和 245%，各指标各组间比较均无显著差异。超微结构检查：A 组心肌肌原纤维部分溶解断裂；线粒体肿胀，空泡形成，嵴排列紊乱。B 组心肌肌原纤维排列较齐，肌丝清晰，A、I 带清晰；线粒体少许空泡形成，嵴排列整齐。C 组肌原纤维排列较 B 组紊乱，A、I 带少见，线粒体空泡较多，嵴排列较 B 组紊乱；细胞间距增宽，毛细血管明显扩张。上述结果表明，在冠状动脉分支阻塞时，冷停搏灌注同时加用压力堵塞冠状静脉窦，对缺血心肌有保护作用，尤以加用 2kPa 压力效应好。

（于伟勇）

述评 1991 年有人提出采用热血停跳液来保护心肌的方法，解决了无氧代谢心肌保护的缺陷，应该是个突破，然而临床应用时有许多实际问题尚待解决。特殊病例及超过 3h 长时间阻断主动脉和心肌保护方法，仍然是目前研究的重点。本文介绍的冠状动脉分支阻塞是一种心肌保护方法，提供了一种新的思路，然而心肌灌注时冠状静脉窦阻塞可能带来的副作用，以及从分子水平评价该方法的价值，距离临床应用，尚须做进一步的研究。

（朱家麟）

儿童瓣膜替换术（中华外科杂志 1996；34(7)：433） 沈阳军区总院朱洪玉等报告该院 1979 年 2 月至 1995 年 4 月对 14 岁以下儿童行二尖瓣、三尖瓣或主动脉瓣替换术 27 例的经验。年龄 2～14 岁，平均10.4岁。均为先心病,有合并心脏畸形者16例。5例曾作过心脏手术。术前心功能Ⅱ级4例、Ⅲ级15例、Ⅳ级8例。18例在中低温CPB下手术,9例在常温CPB下手术。24例使用成人型人工瓣,即二、三尖瓣位置生物瓣≥24号,机械瓣≥25号,主动脉瓣≥21号;3例用小型号人工瓣。用机械瓣21例,生物瓣6例。二尖瓣置换12例,其中2例幼儿采用倒置的21号C-L主动脉瓣;三尖瓣置换11例;主动脉瓣置换4例。术后早期死于低心排出量综合征3例,均为6岁合并心脏畸形、心功能Ⅳ级的儿童,其中二尖瓣替换2例,三尖瓣替换1例。另有3例低心排出量综合征,作了气管切开,延长辅助呼吸5~7d后好转。随访2个月~16年,晚期死于生物瓣衰退并发的顽固性心衰3例,1例机械瓣替换术后2个月死于心律失常。存活的20例中,心功能Ⅰ级14例,Ⅱ级5例,Ⅲ级1例。2例幼儿二尖瓣替换后分别随访2年和5年,发育正常,运动量增加。作者主张儿童换瓣首选机械瓣,并尽量选用较大型号,但应防左室流出道梗阻;对二尖瓣环太小者,缝瓣环线可部分固定在左房壁上,使人工瓣成斜位状植入;对主动脉环偏小者,在无冠状窦处可缝在主动脉壁上,以植入较大号人工瓣;而三尖瓣替换,则在房间隔一侧绕过冠状静脉窦缝合固定瓣环,以防损伤传导束。影响早期死亡的直接因素为年龄、术前心功能和合并心脏畸形。术后应采用低强度抗凝治疗。

(徐志云)

述评 儿童瓣膜替换术是瓣膜外科中的难点之一。其关键要选择合适的人工瓣型,既要考虑瓣号过小影响儿童的生长发育,又要考虑瓣号过大引起植入困难、左室流出道梗阻,同时尚需考虑不同瓣膜病变对心室负荷的影响,避免植入较大型号所产生的心室负荷过重。生物瓣在儿童中衰败快,应首选机械瓣。本组手术死亡率为11%,疗效较好,在选瓣、缝瓣及术后处理等方面,积累了很好的成功经验。

(朱家麟)

145例成人主动脉瓣置换术病例的临床病理分析(中华心血管病杂志 1996;23(5):372) 北京阜外医院谭慧琼等报道1988年~1993年单一主动脉瓣替换术145例的临床病理分析结果。全组男127例,女18例,年龄19~62岁,平均41岁。病因的诊断主要根据手术所见和病理组织检查,结合病史、体征及辅助检查确定。在主动脉瓣病变的病因中,风湿性占44.0%,细菌性感染占17.6%,先天性二叶主动脉瓣钙化占16.4%,马凡氏综合征占10.0%,其他占12.0%。病变仅累及主动脉瓣者以感染性、先天性二叶主动脉瓣钙化及风湿性常见;病变累及升主动脉根部者以马凡氏综合征、主动脉粥样硬化及升主动脉夹层瘤常见;而同时累及主动脉瓣和升主动脉根部者以马凡氏综合征和多发性大动脉炎多见。作者认为,单纯主动脉瓣病变是一组多病因的疾病,随着风湿热发病率的降低,主动脉瓣病变中风湿性比重也降低,而以非风湿性为主,主动脉瓣病变病因不同,临床表现各异,瓣膜的病理形态学改变取决于病因、损伤和修复过程。

(王志农)

述评 单纯的主动脉瓣病变与二尖瓣病变的病因不同,国外以非风湿性疾病为常见,我国仍占一定的比例,而单纯的主动脉瓣膜狭窄多见于先天性二叶主动脉瓣畸形钙化。作者分析了145例成人主动脉瓣置换术病例的病因,以及病因与病损部位和年龄的关系,认为单纯主动脉瓣病变是一组多病因的疾病,随着风湿热发病率的降低,主动脉瓣病变中风湿性比重也将降低。本文的观察结论对临床手术治疗的选择有一定的参考价值。

(朱家麟)

360例5岁以下小儿法乐四联症根治术报告(中国循环杂志 1996;11(8):453) 北京阜外医院刘迎龙等报告该院1993年1月至1995年9月360例3个月至5岁(平均2.8岁)的患儿行法四根治术的经验。体重5~19kg,平均11.5kg。术前诊断主要依据临床表现和心脏超声,其中32例重症患儿经心血管造影评价肺血管发育及心内畸形情况。手术在深低温(鼻咽20℃,肛温27~28℃)和低流量(20~40ml·kg^{-1}·min^{-1})CPB下进行。心肌保护采用Thomas冷停跳液顺灌和心肌表面冰屑降温,经房间隔置入左心引流管。疏通右室流出道,用涤沦片及5-0 Prolene线连续缝合修补VSD,用自体心包或同种新生儿带瓣升主动脉(26例),加宽右室流出道。跨瓣环补片138例。同期纠正Ⅱ孔型ASD 44例,单心房2例,PDA 19例,其他11例。主动脉阻断时间25~128(57.3)min,CPB 43~184 (81.0)min。手术死亡4例(1.1%),灌注肺2例,呼吸衰竭及心包填塞后MOF各1例。非致死性并发症26例,其中低心排综合征8例,一过性Ⅲ°AVB 6例,灌注肺4例。作者指出,该院近3年对小儿法四的手术适应证有所放宽,没有因肺血管发育差或左心室小而列入手术禁忌症而不予根治,手术死亡率仅为1.1%。其经验是:(1)围术期心功能保护,包括转流前纠正酸中毒和避免低血压,缩短开胸至转机时间及主动脉阻断时间,复跳后小剂量多巴胺辅助循环等;(2)围术期保护好肺脏,包括降温和复温缓慢均匀,深低温、低流量,避免体外循环中高血红蛋白和低胶体渗透压，重症患儿使用超滤等；(3)彻底纠正心脏畸形，特别是预防室缺残余漏，保证右室流出道通畅，尽量保证三尖瓣和肺动脉瓣的功能等；(4)术前纠正贫血；(5)合理的术后处理，包括适当补充血容量，合理使用利尿剂，辅助呼吸加PEEP 8～16h，小剂量多巴胺辅助循环 2～3d，术后强心利尿 3～6 个月。

(徐志云)

述评 该文为国内报道最多的一组 5 岁以下法四根治术。其手术死亡率仅为 1.1%，达到国际先进水平。其成功的原因是文中所述的 5 条经验，值得同道借鉴和思考。如能对 5 岁以下小儿法四的肺血管发育和左室容积进行回顾性或前瞻性的临床研究，则对小儿法四适应证的选择极有帮助，也有助于证实作者的观点。

(张宝仁)

心脏直视手术后回输胸腔引流血的研究(中华外科杂志 1996；34(8)：497) 北京阜外医院赵康丽等从 1995 年 6 月至 8 月对 42 例心脏直视手术患者进行术后回输心包及纵隔引流血的对照研究。回输组 22 例，平均年龄(48.9±10.6)岁，冠状动脉搭桥术 5 例，心脏瓣膜替换术 17 例；对照组 20 例，平均年龄(44.5±12.3)岁，冠状动脉搭桥术 6 例，心脏瓣膜替换术 14 例。全部患者术后放置心包和纵隔引流管，回输组连接 Alium 2050 简单回收系统。经 20U 滤过系统输血器回输。术后常规输注库血，平均储存时间 5d。回输组在术后 4～6h 引流血量达 200ml 以上者立即回输其引流血。对照组术后输注平均储存时间 5d 的库血。结果：术前、术后立即、术后 24h 和 7d 血红蛋白浓度、红细胞压积、红细胞计数及血小板计数两组间均无显著差异($P>0.05$)。术后 4～6h 引流血 FDP 含量为(14.8±8.6)mg/L，显著低于库血(>2 000mg/L，$P<0.001$)，Ⅷ因子含量为 0.38±0.20，显著高于库血($P<0.05$)。术后 4～6h 两组在各时点的引流血量无显著差异，但回输组库血用量(1 100±700ml)显著少于对照组(1 780±230ml)，减少 40%。回输组引流血回输量为 200～1 300ml，平均(380±230)ml，无 1 例发生溶血、肾功能衰竭、败血症和感染性休克等并发症。作者认为回输术后早期未经洗涤的心包和纵隔引流血，既不增加术后出血量和感染的危险性，又可明显减少术后库血的需要量，因此是安全的。

(于伟勇)

述评 心脏直视手术的输血问题已引起重视，作者介绍的回输引流血不仅能减少术后早期同种异体库血的用量，而且还可减少与输血有关的各种传染病，因此具有很明显的经济和社会效益。这项工作在临床上开展已有 20 年，但至今并没有普遍应用，其原因主要是回输血的质量和安全性以及回输血系统本身的费用等问题未得到很好解决。作者的研究显示采用 Alium 简单回收系统回输未经洗涤的引流血，减少术后库血用量 40%，并无感染、继发出血和溶血等并发症。这种方法安全经济，很有推广应用价值。

(郝家骅)

法乐四联症合并冠状动脉畸形的外科治疗(中国循环杂志 1996；11(1)：18) 北京阜外医院王巍等报告 6 例法四合并冠状动脉畸形的外科治疗。男 4 例，女 2 例，平均年龄为 6.47±4.35 岁(2 岁 10 个月至 14 岁)。临床症状与体征、胸部 X 线检查均符合法四。5 例行右心室造影发现室缺均为嵴下型，右室流出道中度到重度狭窄，3 例肺动脉瓣狭窄，2 例左心再循环显影提示单支冠状动脉畸形，均发自左冠状窦。3 例术前超声心动图检查提示冠状动脉异常。手术均在全麻低温体外循环下进行。术中所见：右冠状动脉开口缺如 3 例，左冠状动脉开口缺如 1 例，此 4 例均靠对侧冠状动脉的巨大侧支供血；另 2 例左前降支起自右冠状动脉。异常的冠状动脉交通支走行：4 例经过右室流出道，1 例经过主、肺动脉间隔，1 例横过主肺动脉。2 例异常冠状动脉未对右室流出道切口造成影响，手术按常规方法进行；2 例在右室流入道做切口，矫正心内畸形后，以自体心包片加宽修补流入道；1 例与异常冠状动脉平行作右室流出道横行切口，另有 1 例因左右冠状动脉交通支形成蔓状血管丛从而无法在右室作切口，故未能手术。5 例行根治术的病人均痊愈出院。作者指出：为了避免给手术带来困难以及术后并发症的发生，术前必须明确诊断。超声心动图检查可作为初步的筛选或确诊，当发现冠状动脉开口缺失、一侧冠状动脉增粗或在异常部位特别是右室流出道发现冠状动脉应引起高度警惕，若不能确定，应在行右心导管检查的同时将导管通过室缺进入骑跨的主动脉根部进行造影，或行选择性冠状动脉造影。在行根治术时，所作切口应既能有效地显露和修补室间隔缺损和疏通右室流出道，又要避免损伤异常走行的冠状动脉，一旦损伤应果断地行冠状动脉旁路移植术。

(邹良建)

述评 法四合并冠状动脉畸形高于其他先心病，为 2%～9%，其中与右室流出道切口相关的畸形约为 3%。尽管术前漏诊率极高，但几乎均可在术中确诊，故不主张术前作冠状动脉造影。随着手术治疗法四的切口改进，多数可以通过右房或肺动脉切口修补室缺及重建右室流出道，因此，右室异常走行的冠状动脉畸形相对影响较小。作者报告6例法四并冠状动脉畸形的治疗经验，提出了作右室切口的原则，以及术中的处理经验，仍有参考价值。1例未能手术的病人可能为早期经验不足所致。

（朱家麟）

三尖瓣替换术及其早期死亡原因探讨（中国循环杂志 1995；10(12)：726） 解放军总院刘明辉等报告该院1986～1994年700例心脏瓣膜替换术中三尖瓣替换术(TVR)17例(2.4%)，其中男6例，女11例，年龄9～52岁。风心病12例，Ebstein 畸形4例，右房恶性间皮瘤1例。术前心功能Ⅱ级1例，Ⅲ级9例，Ⅳ级7例。12例是在行三尖瓣成形术失败的情况下被迫采用TVR。同期行二尖瓣置换7例，二尖瓣和主动脉瓣置换4例，二尖瓣成形和冠脉旁路术各1例。采用生物瓣4例，机械瓣13例，其中双叶瓣10例，国产GK型碟瓣3例。术后死亡5例(29.4%)，4例死于术后广泛渗血、严重低心输出量综合征和急性肾衰，1例于术后16d猝死。5例死亡者术前心功能Ⅳ级4例，Ⅲ级1例，其中4例为风心病，1例为右房恶性间皮瘤。死亡组CPB时间(195±20min)和主动脉阻断时间(137±25min)均明显长于生存组($P<0.01$)。作者指出，TVR死亡率高，应尽量避免换瓣，但当器质性三尖瓣病变经成形后失败时，应及时换瓣；所用人工瓣以组织瓣为好。本组手术死亡率高的原因主要为：主动脉阻断和CPB时间长，术前有重度心功能衰竭和肝功能损伤。

（徐志云）

述评 三尖瓣替换术主要见于严重的先天性畸形、风湿性病变、心脏肿瘤累及三尖瓣以及细菌性心内膜炎。因三尖瓣替换后易发生传导阻滞、血栓栓塞、瓣周漏等，而且术前常有明显的右心衰竭及内脏功能障碍，故死亡率高，晚期效果也较差，只有在努力作成形术失败或器质性改变极严重下才采用换瓣术。对风湿性病变绝大多数可采用成形方法，包括乳头肌和腱索切开、瓣叶加宽和瓣环成形等。应重视成形术的方法改进，可减低风心病三尖瓣替换率。

（朱家麟）

三尖瓣替换术（中华胸心血管外科杂志 1996；12(2)：65） 上海市心血管病所任长裕等报告该所1979～1993年10月为31例原发性三尖瓣病变患者施行三尖瓣替换术(TVR)。男18例，女13例。年龄10～42(平均23)岁。病变类型：三尖瓣下移畸形23例，三尖瓣严重发育不良6例，Uhl病1例，感染性心内膜炎1例。术前均有心悸、气急，其中22例有紫绀。15例有右心功能不全表现，11例有房颤。术前心功能Ⅱ级6例，Ⅲ级19例，Ⅳ级6例。手术均在中度低温体外循环心脏停跳下施行。合并房缺均予缝闭。合并预激综合征的2例中，1例为B型，行Kent束切断术。23例三尖瓣下移畸形的后瓣叶均呈螺旋形下移5cm以上，均有较大的房化右心室。6例三尖瓣发育不良者，瓣叶极菲薄，纤索纤细，呈严重关闭不全。手术先剪除三尖瓣及其腱索，置入人工瓣膜，选用侧斜碟瓣3例，生物瓣28例。5例人工瓣膜放置在正常瓣环上，26例则将人工瓣膜固定在冠状静脉窦的上方，将冠状静脉窦移至人工瓣的心室侧。手术死亡率16.1%，其中1例死于穿刺所致的高压性气胸，1例死于缺氧，另3例分别死于气管切开部位大出血、肾衰和心律失常、低心排致全心衰。26例出院者随访中，3例生物瓣者分别于术后48d、6年、11年死于心衰，另1例术后4年6个月突然死亡。术后5年生存率66.6%(16/24)，10年生存率63.6%(7/11)。作者认为，三尖瓣隔瓣和传导束与冠状静脉窦关系密切，换瓣术易致心律失常，因此，将人工瓣膜缝合在冠状静脉窦上方的心房壁上较为安全；新创瓣膜较原瓣环为大，常需选用30mm以上的瓣膜。该组约50%病人术前有右心功能不全的表现，因此手术死亡率高。该组病人术后随访最长者达13年以上，未发现因生物瓣钙化、退行性变而功能失调。因此，作者认为在青少年中应用生物瓣替换三尖瓣不必作为禁忌证，TVR以生物瓣较为安全。

（梅 举）

述评 原发性三尖瓣病变多数可以行成形术纠正，成形失败或病变严重者则需行TVR。因三尖瓣与房室传导束的解剖关系密切，行TVR时，要重视避免传导组织的损伤。作者主张将人工瓣缝于冠状静脉窦的右房侧，以免引起严重心律失常和三度房室传导阻滞。由于TVR后血栓形成的发生率较二尖瓣高，所以生物瓣较机械瓣为优，可以避免术后长期抗凝，并降低血栓栓塞的发生率。这些经验，为目前普遍推崇，值得借鉴。当然，从瓣膜寿命及生物瓣术后衰坏率高考虑，选择大号双叶瓣也为大家所接受，但在术后抗凝治疗方面应多加重视。

（朱家麟）

前列腺素E1对先天性心脏病合并肺动脉高压的血液动力学效应（中华外科杂志 1996；34(5)：276） 北京阜外医院潘世伟等报告37例先心病合并肺动脉高压患者应用前列腺素E1(PGE1)后的血流动力学改变。男20例，女17例，平均年龄8.04±8.60(1.4～39)岁。心内畸形：VSD 23例，ASD 1例，PDA 5例，VSD合并ASD或PDA共5例，其他3例。在吸入空气和/或给氧条件下加用PGE1进行试验。PGE1经右心导管直接注入肺动脉，剂量为100～200mg/kg，输注15min。根据吸氧后患者全肺阻力的变化分为两组：<60kPa·s/L者为低阻力组，共17例；>60kPa·s/L者为高阻力组，共20例。在低阻力组，用药后肺动脉平均压、全肺阻力、肺循环时间明显下降或缩短($P<0.05$)，但血压、体循环阻力、心率却无明显变化；在高阻力组，虽然肺动脉平均压明显下降($P<0.05$)，但全肺阻力和肺循环时间却无明显改变，血压、体循环阻力却显著下降($P<0.05$)，心率也有所上升。该组研究发现，PGE1对低阻力组肺循环影响较大，而对体循环影响较小；在高阻力组，PGE1对肺循环影响较小，体循环影响较大。因此，根据PGE1的药代动力学特性，就有可能区分肺血管的病变性质，即动力型肺高压和阻力型肺高压。该组研究还发现，PGE1降低肺动脉压作用明显优于吸氧，但在增加肺循环血量和降低全肺阻力方面吸氧作用却更明显。因此，利用PGE1和吸氧的协同作用，既可以更好地解除肺血管收缩，降低肺动脉压，又能克服各自的副作用。该组研究还发现PGE1用药剂量与肺血管病变程度呈负相关，即病变越轻，PGE1用药剂量越大；病变越重，PGE1用药剂量却越小。

（梅　举）

述评　先天性心脏畸形合并肺动脉高压术后死亡率高，并发症严重，因此对围术期肺动脉高压的处理可提高手术疗效。本文研究证明，PGE1虽具有相对选择性扩张肺血管作用，对低肺阻力患者肺血管扩张作用较明显，而对高肺阻力患者的肺血管扩张作用则不理想，甚至反而影响体循环。根据文献报道，PGE1等药物和NO有降低肺动脉的作用。人们发现唯一能既降低PAP，又减少Qs/Qt（肺内混合静脉血分流率）的物质是NO；吸入80ppm NO 30min后，PAP、PVR下降16%～28%，而吸入90% O_2后，PAP未变，PVR仅下降15%，而Qs/Qt值上升，说明吸入O_2导致肺内混合静脉血分流量增加。以上研究说明，PGE1或O_2对先心肺高压肺血流动力学改善有其局限性，因此，建议用NO治疗先天性心脏病合并肺动脉高压症。

（朱家麟）

泌尿外科

本年度共收集泌尿外科发表论文600余篇，纳入回顾260篇(占39.7%)，收入文选38篇(占6.0%)。

一年回顾

一、肾上腺疾病

连云港市二院[1]采用特异激发光、低背景光的干涉荧光分析法测定尿液去甲肾上腺素(NE)及肾上腺素(E)，用作嗜铬细胞瘤患者定性及定位诊断。经对10例手术证实的嗜铬细胞瘤患者的尿标本检查，结果与手术及病理报告相符。上海瑞金医院[2]分析影像学检查对101例嗜铬细胞瘤定位诊断的价值。B超检查100例，符合、不完全符合及不符合率分别为93%、5%和2%。CT检查76例，符合和不完全符合率分别为94.7%和5.3%。^{131}I-MIBG检查17例，符合和不符合率分别为88.2%和11.8%。认为对嗜铬细胞瘤的定位检查常规选用B超和CT。当B超、CT对嗜铬细胞瘤定位有困难，或高度怀疑多发或恶性倾向时，需借助^{131}I-MIBG。白求恩医大第三临床学院[3]对48例儿茶酚胺症进行了临床分析，其中嗜铬细胞瘤47例，肾上腺髓质增生1例。定性主要依靠尿中NE和E测定，定位检查主要依靠B超和CT。手术治疗为最佳方案。48例全部手术治疗，术后有35例血压恢复正常，3例死亡。浙江医大一院[4]报告无症状性肾上腺肿瘤34例，其中腺瘤8例，嗜铬细胞瘤3例，髓质脂肪瘤7例，囊肿6例，节神经细胞瘤4例，皮质癌5例，转移癌1例。施行手术切除肿瘤32例。建议对经详尽的生化检查而无功能的肾上腺实质性肿瘤，直径>3.5cm者应予切除，<3.5cm者则作CT随访。武汉协和医院[5]*对12例肾上腺嗜铬细胞瘤患者在术中连续监测血压及心率，结果在麻醉早期血压、心率均有不同程度的下降；分离肿瘤时血压、心率明显增加，而切除肿瘤后早期血压明显降低。南京医大一院[6]*采用①控制血压；②纠正心律失常；③解决扩容问题；④改善一般情况及心理准备工作；⑤密切观察各项生命指标的变化等围手术处理方法治疗81例嗜铬细胞瘤，使手术成功率达97.4%，效果满意。华西医大一院[7]报告29例(45例次)特殊类型或表现的嗜铬细胞瘤，肾上腺外11例次，恶性或恶变者12例次，双侧或多发性6例次，无功能性及隐匿型4例次，复发性8例次，家族性2个家庭4例次。对这类嗜铬细胞瘤需充分的术前准备，使手术更顺利平稳。解放军89医院[8]报告超声诊断并经手术证实的家族性嗜铬细胞瘤合并甲状腺髓样癌3例，临床罕见。武汉协和医院[9]报道42例肾上腺髓质外科疾病，其中嗜铬细胞瘤33例(78.0%)，肾上腺髓质增生7例(4.7%)，髓质骨髓脂肪瘤2例(4.7%)。福建医学院协和医院[10]报告肾上腺皮质癌20例，其中无功能肿瘤12例，平均年龄49.7岁；功能性肿瘤8例，平均年龄8.8岁。功能性肿瘤中皮质醇症5例，性征异常3例。该组病例存活1年以上、2年以上和5年以上分别有8例、7例和2例，预后差。南京鼓楼医院[11]报告无功能肾上腺肿瘤30例，占肾上腺肿瘤的37.97%。28例行手术切除，术中未发现血压波动。B超检查为主要诊断方法。解放军总院[12]报告5例经病理证实的肾上腺神经母细胞瘤。治疗上对肿瘤局限者以手术切除为主，有远处转移者作综合性化疗；放疗有利于缩小肿瘤或切除不净而残留较大的肿瘤组织，增加手术切除机会。安徽医大附院[13]*报告9例经手术和病理证实的肾上腺髓性脂肪瘤，诊断主要依靠CT和B超，动脉造影对该病与肾肿瘤鉴别有较大价值。治疗仅需作单纯肿瘤切除。青岛医学院附院[14]报告肾上腺囊肿9例，其中皮样囊肿3例，假性囊肿4例，上皮样囊肿2例。

二、肾脏疾病

(一)肾脏肿瘤

北京医大一院[15]*对12例恶性肾脏肿瘤组织中的细胞间粘附分子和血管细胞粘附分子基因转录水平进行了研究,发现细胞间粘附分子的阳性表达率为100%,血管细胞粘附分子的阳性表达率为75%。提示恶性肾脏肿瘤细胞中存在活化的细胞间粘附分子和血管细胞粘附分子基因,并可能影响肿瘤与宿主的免疫反应。中国医大第一临床学院[16]对53例肾细胞癌(RCC)组织中P53蛋白进行了检测。16例P53蛋白表达阳性,RCC组织中P53蛋白表达与细胞类型、分期和预后均无相关性。上海仁济医院[17]对54例RCC作了增值细胞核抗原(PCNA)和P53蛋白表达的研究。PCNA阳性反应计算出的增值指数(PI)与RCC的分级之间有显著的差异。P53蛋白阳性10例(18.3%),PI与P53蛋白阳性表达呈正相关。认为PCNA的表达是评价RCC预后的有用指标,P53蛋白可作为反映RCC水平的一个依据。北京医大一院[18]对30例肾癌和9例正常肾组织进行IL-6 mRNA表达的研究,上述标本均获阳性表达。癌组织表达较正常肾组织明显增强,其中10例超过正常10倍以上。癌组织IL-6 mRNA高表达与血沉有关,血沉快者IL-6表达率高。IL-6高表达者临床上有红细胞增多症趋势。北医大一院[19]*应用IL-6依赖株增殖反应测定法和Northern印迹法测定GRC-1肾细胞癌细胞系和BIU-87膀胱移行细胞癌细胞系培养上清液中IL-6活性水平及IL-6 mRNA的表达,发现这两种细胞均能表达IL-6 mRNA,并具有自发性分泌IL-6的能力。北医大人民医院[20]检测41例泌尿系肿瘤患者的红细胞免疫粘附功能,肿瘤组红细胞膜C_{3b}受体明显降低,膜IC水平升高。该检查对评价病人的预后具有一定的意义。中国医大第一临床院[21]对55例RCC组织中C-erbB-2蛋白进行了检查,发现C-erbB-2蛋白表达率为21.8%,与肿瘤直径相关。随肿瘤的级期增高,其阳性表达率呈递减趋势。颗粒细胞癌阳性表达率明显高于透明细胞癌。提示C-erbB-2癌基因可能参与了RCC发生的初始事件,而与晚期事件无关。北医大一院[22]用逆转录-多聚酶链反应技术研究了2例正常肾、18例RCC和1例肾盂癌mdr1 mRNA表达状况。结果2例正常肾和15例(83.3%)RCC表达mdr1 mRNA基因。mdr1基因的表达与RCC分级无关。RCC mdr1基因的高表达奠定了RCC内在耐药的基础。上海长海医院[23]对17例RCC浸润淋巴细胞(TIL)杀伤肿瘤细胞的活性进行了测定并进行表型分析。TIL对自体细胞和Raji细胞的杀伤活性分别为57.87%±5.88%和37.39%±10.88%,明显高于外周血淋巴细胞(PBL)的杀伤肿瘤活性(22.39%±8.84%)。TIL中CD3和CD8细胞分别为69.93%±6.80%及40.21%±6.80%,均高于PBL中的CD3和CD8细胞。TIL对K562细胞的杀伤活性为26.89%±12.79%。提示活化的TIL有显著的杀伤肿瘤活性,且对自体肿瘤的杀伤活性更为明显。南京鼓楼医院[24]通过体外实验观察环孢素A(CsA)对RCC细胞多重耐药性的逆转作用。发现CsA10mg/L、20mg/L、40mg/L对长春新碱(VCR)和阿霉素有显著的增效作用。增效幅度随CsA浓度升高而增强。增效倍数对VCR为3.0~355.7倍,对阿霉素为5.4~47倍。提示CsA对RCC-925肾癌细胞的多重耐药性具有显著的逆转作用。解放军94医院[25]对41例肾脏肿瘤的影像学检查与手术、病理作对照分析,发现静脉肾盂造影(IVU)和逆行肾盂造影、肾动脉造影、B超、CT诊断的正确率分别88.2%、100%、89.5%、和96.6%。福建省立医院[26]对71例肾占位病变的B超、CT和MRI检查进行比较。结果:B超检出率为92.5%,CT检出率为90.9%,MRI检出率为100%。认为B超在肾占位病变的筛选和确定诊断中有重要作用,单纯肾囊肿以选择B超为宜。西安医大二院[27]对76例RCC的CT检查进行了分析,诊断符合率为93%,CT分期准确率为84.2%。上海市六院[28]对102例B超诊断为RCC的病例进行了分析,病理证实为RCC者94例(92%)。Ⅰ、Ⅱ、Ⅲa、Ⅲb、Ⅲc、Ⅳa、Ⅳb期B超符合率分别为95%、33%、50%、67%、75%、71.4%和83.3%。天津医大总院[29]回顾性分析了50例肾脏恶性肿瘤的超声表现。超声准确地诊断了肾脏肿瘤,无假阳性和假阴性。超声对肿瘤的病理定性完全准确率达76%,不完全准确率2%,性质待查14%,定性错误8%。B超对肾脏肿瘤的诊断,尤其发现偶发肿瘤有重要价值。上海华山医院[30]*治疗RCC伴静脉癌栓15例,其中肾型10例,肝下型4例,肝上型1例。B超和CT总确诊率为73%。手术14例均完整取出癌栓,术后13例接受5-FU加丝裂霉素(MMC)方案化疗。随访3~60个月,1例肝下型和2例肾型无瘤生存分别为36、43、52个月,余均在2年内死亡。认为癌栓水平除肝上型外,对预后影响不大。北京宣武医院[31]对24例肾动脉栓塞加根治性肾癌切除术与22例单纯性肾癌根治术的生存率进行了对比,发现肾动脉栓塞对提高肾肿瘤病人的远期生存率无明显影响。武汉市三院[32]应用大剂量顺铂(150mg/m^2)经超选择性肾动脉化疗加碘化油、明胶海绵或钢丝环行肾动脉栓塞治疗 RCC 8 例，结果 6 例缩小，症状缓解；2 例栓塞后完整剜出肿瘤。随访 2.5～5.5 年，存活 7 例。死亡 1 例。该法安全有效，能最大限度保留肾组织和功能。本溪市钢铁公司医院[33]对 20 例 RCC 病人进行了 24 次导管化疗及肾动脉栓塞治疗。12 例病人术前采用了明胶海绵栓塞，8 例病人采用无水酒精行姑息性栓塞。20 例病人平均生存时间在 25 个月以上，8 例行姑息性栓塞者平均生存 14 月。上海长海医院[34]联合应用 TIL 和 IL-2治疗 RCC 17 例，随访 3～15 个月，平均 9.7 个月，13 例无转移者均无瘤存活，有转移的 4 例中，完全缓解 1 例，部分缓解 1 例，死亡 2 例，效果满意。华西医大第一临床学院[35]用 IL-2 和 LAK 细胞输注治疗 RCC 14 例。全组 $T_{2\sim4}$期者 11 例，5 例有远处转移。治疗后经 22 个月以上随访，4 例死亡，其余存活。中山医大一院[36]将 61 例资料完整的小儿肾母细胞瘤(WT)统一按形态学分类，统计流行病学、形态学、临床症状、治疗等 29 个与 WT 有关的因素并输入 CE CoX 模型分析。结果有 8 个单因素，即血尿、分期、分型、分化、肿瘤包膜浸润、血管瘤栓、淋巴结转移、治疗方式与 WT 预后有关。多因素 CoX 模型分析提示临床分明、组织分化及治疗方式三个因素与 WT 的预后有关。河北医学院四院[37]报告成人 WT 4 例，采用根治性肾切除术，术后给予放疗或化疗，2 例于半年和 1 年半死亡，余 2 例存活。北京红十字朝阳医院[38]报告肾脏恶性纤维组织细胞瘤，认为手术是治疗本病的唯一手段。2 例病人均在术后 1 年内死亡。

（二）肾脏其他疾病

深圳市人民医院[39]对 171 例肾损伤进行了临床分析。94.7%为闭合性损伤，92.4%的患者有血尿，26.3%出现休克。139 例行保守治疗，32 例行手术治疗。死亡 5 例，占 2.9%，均为多器官损伤并有休克患者。166 例痊愈出院。以为 CT 可较准确地诊断肾损伤程度，并可同时了解腹腔脏器损伤情况，B 超可用于轻伤者筛选诊断。西安西京医院[40]报告 225 例闭合性肾损伤的诊断和治疗，有合并伤 79 例，占 35.11%，休克发生率为 15.56%。诊断上首选 B 超。认为经腹切口探查、腚胭脂试验可作为术中判断对侧肾功能的可靠依据。早期处理中，及时纠正休克、防止严重并发症的发生极为重要。常熟市二院[41]对 35 例手术治疗的严重肾损伤进行了临床分析。单纯肾严重破裂 17 例(48.6%)，合并肾内外脏器损伤者 18 例(51.4%)。11 例行肾修补术，22 例切除肾脏，2 例死亡。重庆医大儿童医院[42]采用 Anderson-Hynes 肾盂成形术治疗小儿先天性肾积水 53 例 63 只肾，术后 46 例 54 肾获得半年至 10 年的随访，全部病例症状消失，肾积水明显改善，肾功能存在或恢复，效果满意。北京空军总院[43]* 报道 7 例非肿瘤性肾脏占位图像，全部经手术证实。除 2 例肾皮质脓肿者外，另 5 例不需手术治疗。认为临床医师需熟悉肾脏占位病变的图像诊断特征，并结合临床综合考虑，才能作出正确诊断。解放军 202 医院[44]报告肾皮质脓肿 13 例，其中 10 例有肾外感染。根据脓肿大小分二组：脓肿 3～5cm 为 Ⅰ 组，9 例，除 1 例怀疑肾脏肿瘤行肾切除外，余 8 例经保守治疗痊愈。脓肿＞5cm 为 Ⅱ 组，4 例，经抗炎治疗 3 周无好转而行手术治疗，1 例行肾切除，3 例行脓肿切开引流术。河南医大一院[45]采用 CT 导向经皮穿刺抽出囊液后注入无水酒精治疗单纯性肾囊肿 30 例(32 个囊肿)，3～6 个月复查，23 个囊肿完全消失，8 个囊肿较术前残留腔缩小，但未完全消失，仅 1 例较术后残留腔扩大，效果满意。中国医大第二临床学院[46]应用囊肿去顶减压术治疗成人多囊肾 63 例。一次手术能去顶 600～800 个囊肿。远期随访 36 例，3 例1 年内死亡，16 例病情稳定，17 例病情明显改善。四川德阳电视腹腔镜手术治疗中心[47]应用电视腹腔镜行肾切除 10 例，其中肾积水 7 例，多囊肾 3 例。10 例手术均获成功，平均住院 7d，病人痛苦小，恢复快。常州市二院[48]应用腹腔镜技术治疗泌尿外科疾病 8 类 40 例，其中经腹途径 14 例，经腹膜后途径 26 例，均获成功。浙江建德市一院[49]采用自体血 30 ml 加庆大霉素 16 万 U 肾周注射治疗肾下垂 15 例。治疗后取头低脚高位卧床 1 周。复查下垂肾升高近 2 个椎体、1 个椎体和无改变分别有 3 例、9 例和 3 例，疗效满意。天津市脑系科中心医院[50]应用介入性血管内支撑器治疗肾动脉狭窄 1 例，治疗后病人血压下降，症状明显减轻。

三、结石

广西医大一院[51]观察维生素 B_6 和芭蕉芯提取液对实验性高尿酸症小鼠体内草酸钙结晶的抑制作用，发现服用维生素 B_6 及芭蕉芯提取液的小鼠肾脏草酸钙结晶明显少于成石组。说明它们都具有抑制实验性高尿酸症小鼠草酸钙结晶形成的作用。武汉同济医院[52]在动物膀胱草酸钙结石模型上利用同位素示踪技术观察三聚磷酸钠、锌、铁对草酸钙结石生长的影响。三磷酸钠能明显抑制结石生长，锌能轻度抑制结石生长，铁对结石生长无明显影响。厦门市一院[53]通过动物实验观察米糖麦麸对大鼠尿钙排泄的影响。证实了两者具有降低高钙食物组尿钙排泄的作用，并可使尿草酸排泄稍有增加，对血钙、血尿酸及尿酸无明显影响。湖北医大一院[54]*对96例尿路结石并发急性肾功能衰竭患者行急诊手术治疗。根据结石部位不同，采用引流、造瘘、输尿管镜取石及手术取石加引流等方式，结果死亡7例，术后并发尿瘘6例，其余治愈。咸林医学院[55]报告上尿路结石并发急性肾衰46例，均行急诊手术。采用膀胱镜下插管引流、肾输尿管切开取石、肾造瘘等治疗。除3例术后发生尿瘘外，其余病人均治愈，无死亡病例。上海华山医院[56]采用输尿管肾盂和肾下极肾盂肾盏联合切开取石倒U吻合，治疗复发性肾结石伴肾盂输尿管交界狭窄16例，平均随访4.5年，除1例肾积水稍改善，1例肾积水无改善并结石残留外，其余效果良好。安徽金寨医院[57]采用腰背部直切口行肾盂切开取石和输尿管切开取石20例，术中顺利取出结石，肌肉损伤小，出血少，恢复快。但暴露不够满意，使其受到一定限制。零陵地区医院[58]应用肾盂肾实质联合切开治疗复杂性巨大鹿角形结石58例(69例)，效果满意，并发症少。江西分宜县医院[59]采用一次分侧手术同时处理双侧上尿路结石32例，均一次手术取石成功。南京军区福州总院[60]对47例肾结石患者体外冲击波碎石(ESWL)治疗前后血肌酐、尿素氮(BUN)、尿n-Z-酰-β-葡萄糖苷酶(NAG)、血$β_2$-MG进行了观察，发现肌酐、BUN属正常范围，这对评价肾功能方面意义不大。而尿NAG、$β_2$-MG则明显升高提示肾组织有损伤，值得临床注意。解放军260医院[61]对高能量(12～16kV)和低能量(6～11kV)ESWL治疗尿路结石进行了对比分析，两者碎石效果(高能量组1912例，有效率99.5%，低能量组2 438例，有效率为98%)无显著差异，但高能量组并发症明显高于低能量组，提示低能量ESWL治疗尿路结石具有疗效可靠、并发症少的优点。南京军区总院[62]应用低能量ESWL治疗肾结石512例，1.5cm以下和大于1.5cm的结石一次性粉碎率为82%和43%。治疗后CT、B超检查未发现肾包膜下出血及其他异常。认为低能量碎石是一种安全有效的方法。苏州医学院二院[63]应用ESWL治疗肾及输尿管结石528例，平均随访26.3月，复发结石30例(5.68%)，原位复发21例，占复发结石的70%。认为采用低压将结石裂解成粉末状、维持足够的尿量促进排石、防止尿路感染是减少ESWL后结石复发的重要措施。广州医学院一院[64]用静脉肾盂造影和逆行造影方法确定结石位置，用国产JT-ESWLⅡ碎石机及HX920型碎石机治疗泌尿系统阴性结石233例，首次碎石率91%，疗效满意。认为X线定位碎石机，只要在尿路造影协助下，治疗阴性结石可同样取得良好效果。蚌埠医学院附院[65]对42例透光结石和135例半透光结石行ESWL治疗。采用大剂量利尿法IVU、逆行输尿管插管法等在X线下结石定位后碎石。总有效率、结石排尽率和肾功能改善率分别为99.67%、96.8%和94.36%，效果满意。广州医学院一院[66]对21例小儿肾及输尿管上段结石行ESWL治疗，3例输尿管下段结石在输尿管镜直视下用APL弹道腔内碎石后，留置输尿管支架管，再行ESWL碎石，全部治愈，无并发症。浙江省医院[67]报告特殊类型尿路结石ESWL治疗情况。其中髓质海绵肾结石、肾盏旁憩室伴结石3例，肾盂源性囊肿伴结石2例，输尿管折叠伴结石2例，经ESWL治疗后均无结石排出，值得临床注意。上海瑞金医院[68]应用体外冲击波碎石术(ESWL)治疗输尿管结石引起的肾绞痛44例，在冲击治疗500次时因石碎或结石移动，肾绞痛缓解。其中42例1次碎石，排石完全。四川广元急救中心[69]应用ESWL治疗泌尿系取石术后复发性结石112例，结石粉碎率为100%，效果理想。广西医大一院[70]报告上尿路结石经ESWL治疗后仍需开放手术者37例，其中肾切除10例。提示经ESWL治疗后再行开放手术时需行肾切除的可能性高于未经ESWL治疗者，值得注意。上海市九院等[71]*对1924例经ESWL和(或)手术治疗的输尿管结石进行了分析。比较其治疗结果、住院天数、费用等，按结石的大小、停留时间、IVU显影情况等将结石分类。对造影剂能通过的输尿管结石应首选ESWL治疗，结石嵌顿时间长、肾功能差的输尿管结石不宜采用ESWL治疗。遵义医学院附院[72]应用输尿管镜治疗输尿管结石126例，取石成功率为90%。该手术具有创伤小、疗效满意及病人恢复快的优点。苏州医学院一院[73]应用输尿管肾镜直视下套石篮取石法治疗189例输尿管结石，总有效率为92.1%，并发症发生率为7%(高热4例，输尿管穿孔8例，输尿管粘膜脱垂1例)。应用此术时应正确掌握适应证，减少并发症的发生。

四、泌尿及男性生殖系感染

青海省医院[74]报告43例黄色肉芽肿性肾盂肾炎。该病以女性多见(74.4%)，表现为患侧腰痛、发热、腰部肿块、血尿及尿路刺激症状等。小便中有不同程度的白细胞增多，尿培养以大肠杆菌居多。影像学检查提示肾内实质性肿块。术前常误诊为肾癌。手术切除患肾效果较好。广东省医院[75]对78例尿路感染病人进行中段尿培养和药敏观察。其中中段尿培养阳性65例(82%)，复合感染9例(14%)。菌群分布革兰阴性菌58%，以大肠埃希菌最常见。革兰阳性菌感染占42%，以D群链球菌最常见。云南省医院[76]用PCR技术诊断泌尿系结核。在确诊的27例尿标本中，PCR法阳性率85.18%，阳性率高于涂片法。广西医大一院[77]用PCR方法及前列腺涂片镜检法检测79例男性慢性尿道炎及前列腺炎患者淋球菌感染情况。结果PCR阳性22例，PCR阳性而涂片阴性10例。PCR检测结果明显优于涂片法。温州医学院二院[78]对57例L型细菌前列腺炎患者口服红霉素0.3 mg，每日4次或四环素0.5 mg，每日3次，共15 d。经复查，治愈36例，好转21例，效果满意。温州市二院[79]对108例慢性前列腺炎标本进行L型和细菌型细菌培养。检出细菌55例，其中细菌型13例，L型9例，细菌加L型33例。细菌总检出率L型为76.4%，细菌型为83.6%。若前列腺液培养同时作L型培养可提高阳性率。汕头大学医学院二院[80]对60例确诊为慢性细菌性前列腺炎患者分别用菌必治经会阴前列腺注射及肌注治疗，结果前列腺注射组有效率为90%，肌注组为46.6%。提示经会阴前列腺给药疗效优于全身用药。成都军区总院[81]对74例经不同方法治疗失败的难治性慢性前列腺炎患者行前列腺射频治疗3h×3次，辅以口服环丙沙星0.2～0.25×3周。61例治愈或有效。认为该方法较传统疗效好，是治疗难治性慢性前列腺炎的新方法。洛阳轴承公司医院[82]应用射频治疗慢性前列腺炎127例，治愈50例(39.4%)，有效66例(51.9%)，近期有效率为91.3%。山东东营市胜利医院[83]用锌离子体外电导入法治疗慢性前列腺炎40例，主观症状改善26例(65.0%)，前列腺液镜检改善21例(52.5%)，而且能提高前列腺液锌含量，可作为慢性前列腺炎的综合治疗措施之一。深圳市新安医院[84]*联合应用前列腺局部注射及尿道张力性药物灌注治疗100例支(衣)原体感染所致的顽固性慢性前列腺炎及非淋菌性尿道炎患者，治愈95例，显效3例，无效2例，效果满意。山西长治市医院[85]报告13例砂眼衣原体泌尿生殖器感染，其中38.46%并发淋球菌感染。用四环素总剂量28～56 g，3周为一疗程，同时辅以10%洁尔阴外洗，全部治愈。

五、输尿管疾病

(一) 输尿管肿瘤

西安西京医院[86]分析了7例原发性输尿管癌的CT表现。7例均有输尿管扩张、积水，梗阻端输尿管增粗、增厚，腔内软组织包块，CT值为30～57 Hu。2例肿块自输尿管口向膀胱内突出，输尿管壁毛糙。区域淋巴结肿大各2例。认为CT扫描不受肾功能、肠胀气及病人体质因素影响，有利于肿瘤分期估计，是较为合理的诊断方法。上海中山医院[87]报告原发性输尿管癌26例，均为移行上皮细胞癌，主要临床表现为血尿和腰痛。排泄性尿路造影、膀胱镜检查及逆行输尿管造影是诊断的主要方法。手术治疗以患肾、输尿管全段及膀胱袖状切除为主，放疗和化疗是术后可供选择的辅助治疗。华西医大一院[88]报告原发性输尿管癌31例，左侧17例，右侧14例；多发瘤5例，单发26例(上、中、下段输尿管分别为6例、4例和16例)。输尿管癌的诊断较困难，尿路造影、膀胱镜检查及输尿管镜检查是最重要的诊断手段，治疗首选术式为患侧肾输尿管全切及膀胱袖状切除。浙江医大一院[89]分析24例输尿管肿瘤的外科治疗结果，手术治疗23例，其中输尿管全长切除10例，肾及部分输尿管切除6例，部分输尿管切除及输尿管膀胱再植4例，部分输尿管切除及端端吻合2例，肿瘤未能切除1例。18例随访5～34个月，术后继发膀胱肿瘤7例，4例死于肿瘤远处转移。

(二) 输尿管其他疾病

江苏金湖县医院[90]报告医源性输尿管损伤11例。损伤原因：子宫全切7例，妊娠子宫破裂2例，直肠癌根治术1例，阑尾切除1例。以妇科手术损伤输尿管最常见。治疗上根据损伤部位、确诊时间及肾功能情况等决定，尽可能保存肾功能，恢复尿路通畅。白求恩医大第二临床学院[91]报告输尿管损伤7例。损伤原因：子宫切除3例，卵巢切除2例，腰部外伤1例，直肠癌切除术1例。盆腔手术是输尿管损伤的主要原因。武汉同济医院[92]报告小儿闭合性输尿管损伤5例，4例为意外撞伤或压伤，1例为殴打伤。1例伤后发生无尿2 d，以急性肾衰住院，余4例至伤后1个月才出现症状。5例均接受手术治疗，肾功能恢复正常。蚌埠铁路中心医院[93]对30例肾盂输尿管交界狭窄(UPJO)施行离断性肾盂输尿管成形术(14例)、肾盂瓣成形术(9例)和肾盂输尿管Y-V成形术(7例)。三者成功率分别为92.9%、77.8%、和57.1%。以离断性肾盂成形术最理想。滨州医学院附院[94]对41例UPJO病人的治疗情况进行了临床分析。9例因患肾功能丧失而行肾切除术，32例行肾盂成形术，其中29例行肾盂离断成形术，3例行Y-V成形术。离断性肾盂成形术术后肾积水明显改善，肾盂输尿管交界处(UPJ)蠕动良好，而Y-V成形术肾盂缩小不明显，UPJ蠕动差。结果证明离断肾盂成形术为首选。重庆西南医院[95]以狗为实验对象，观察尿流量对输尿管活动的影响。结果表明，肾盂输尿管的排尿能力随尿量增加而增加，但过量增加(每侧≥5 ml/min)时，排尿能力下降，甚至消失。

北京医大一院[96]*报告15例19侧先天性巨输尿管，左侧9例，右侧2例，双侧4例。手术治疗11例14侧，其中输尿管成形再植12例，肾、输尿管切除2例。输尿管梗阻段病理检查有胶原纤维组织增生，纵肌减少，环肌肥厚或慢性炎症等改变。哈尔滨医大一院[97]报告腔静脉后输尿管6例。手术治疗方法是输尿管和下腔静脉交界处钝性分离，在扩张的上段输尿管横断，将输尿管从腔静脉后拉出复位吻合，获得成功。北京医大一院[98]报告小儿输尿管息肉并发肾积水5例，手术切除病变段后行端端吻合。1例发生吻合口瘘，5个月后再次手术，其余恢复良好，肾积水有不同程度改善。苏州市二院[99]采用经尿道电切术治疗成人输尿管囊肿16例。方法是切开囊肿顶部组织，并逐渐向四周扩展，切尽尿道侧囊壁，保留近侧囊壁约0.5～0.8cm。16例均顺利恢复出院，随访病人症状消失，肾积水减轻或消失。河北省职工医学院附院[100]报告左输尿管囊肿经尿道口反复脱出致感染性休克1例，临床十分罕见。浙江医大一院[101]介绍经尿道行输尿管切除术7例，其中肾盂癌5例，输尿管中段癌1例，慢性肾盂肾炎伴大出血1例。方法是肾切除后在膀胱镜下插入橄榄头输尿管导管将输尿管内翻套叠于膀胱，用电切镜切除输尿管，然后将输尿管拖出尿道外，结果均获得成功，无尿瘘、出血感染等并发症。随访9～24个月，病人均生存。湖北宜昌市医院[102]应用膀胱腰大肌固定及膀胱输尿管吻合术治疗输尿管长段缺损9例，术中能顺利完成操作，术后病人无膀胱排空障碍，效果满意。

六、膀胱疾病

（一）膀胱肿瘤

上海市肿瘤所[103]*在1987～1989年对上海市区开展了一次基于全人群的膀胱癌病例-对照研究，共调查男女新发病例337例，对照398例。结果显示，吸烟者膀胱癌危险度显著升高，尤其烟龄在43年以上者，其危险度可高达2.5倍以上。职业暴露于有机溶剂者发生膀胱癌的危险性也显著升高，而遗传、尿路感染史与膀胱癌的关系也较为密切。浙江金华市医院[104]对同期年龄≤40岁(31例)与年龄≥41岁的膀胱癌患者的预后进行分析。结果显示，在肿瘤的分期、分级、多发性肿瘤的发生率、肿瘤的复发率及肿瘤的病死率等方面，年轻组明显优于中老年组，提示年轻组患者有较好的预后。天津市泌外所[105]*应用转化生长因子-β_1(TGF-β_1)放免分析方法对18例膀胱癌及9例正常膀胱粘膜进行了研究。结果显示，膀胱癌组织中TGF-β_1蛋白表达含量明显高于正常膀胱粘膜。T_1和T_2期TGF-β_1蛋白表达量明显高于Ta组，G_3组高于G_1组。认为TGF-β_1蛋白表达对膀胱癌的生物学行为有重要影响，这对评估膀胱癌预后具有重要意义。北京医大泌外所[106]用现代生物学方法，对膀胱肿瘤的TGF-α和p53的表达进行了研究。34例膀胱癌中29例TGF-α mRNA表达；13例癌旁组织中6例无表达，6例低表达，1例高于自身肿瘤表达。14例膀胱癌中有4例p53高表达，2例低表达，2例正常和6例未见表达。膀胱癌TGF-α基因的高表达可能是膀胱癌发生发展的早期信号，p53基因的变异表达可能主要参与癌细胞的分化，它可能与膀胱癌的恶性变有关。广州医学院二院[107]对58例膀胱癌和6例非癌膀胱粘膜标本进行rasp21及P53蛋白产物检测。膀胱癌标本中，37例P21和33例P53检测阳性，对照组阴性。P21和P53表达阳性率随膀胱癌病理分级、临床分期上升而升高，表达强度也随之增强。P21和P53阳性者的复发率和死亡率均明显高于阴性表达者。西安唐都医院[108]检测24例石蜡包埋的膀胱癌组织中Ha-ras癌基因第12位密码子的点突变，15例呈阳性(62.5%)。提示Ha-ras癌基因第12位密码子的点突变率随膀胱癌的级别、期别升高而升高，可作为判断肿瘤的恶性程度、进展和预后的监测指标。白求恩医大第二临床学院[109]对42例膀胱癌和癌旁组织中ras基因P21蛋白进行了检测。癌旁组织中P21蛋白阳性率为73.8%，癌旁组织中阳性率为14.3%。P21蛋白阳性率随肿瘤的分级和分期的升高而增高。癌组织中P21蛋白阳性易复发，提示预后不良，值得注意。重庆新桥医院[110]对29例膀胱癌标本检测了Ha-ras癌基因第12位密码子突变和ras P21在膀胱癌中的表达。突变阳性率为34.5%，ras P21阳性率为62.1%，两者均与肿瘤分级、分期及膀胱癌复发密切相关。天津医大二院[111]对32例膀胱癌组织ras基因进行了检测。总阳性率37.5%，初发癌阳性率35%，而复发癌为41%。广州珠江医院[112]对55例膀胱癌及癌旁组织标本进行了P53突变蛋白表达的检测及AgNOR计数。55例膀胱癌中33例P53高表达，而55例癌旁粘膜中，13例P53弱表达。P53表达阳性的膀胱癌组织中，每核AgNOR颗粒平均数较P53表达阴性者明显增多。提示抑癌基因P53的突变是肿瘤增生异常活跃的因素之一，与膀胱癌的浸润和转移能力密切相关。湖北恩施医专附院[113]对52例膀胱癌的p53基因外显子5～8及突变体P53蛋白进行了检测。结果发现15例外显子5～8突变，23例有p53过度表达蛋白，且基因突变频率随肿瘤分化程度愈差、浸润深度愈深而增加。提示膀胱癌的发生与p53基因突变有关。天津医大二院[114]对32例膀胱癌组织p53基因表达进行了检测，发现32例膀胱p53基因蛋白的阳性表达率为50%，G_1、G_2和G_3期分别为30%、44.4%和69.2%。复发的12例膀胱癌组织P53阳性率为75%。说明p53基因表达水平与膀胱癌的生物学行为及病理学分级密切相关。浙江鄞县医院[115]对110例膀胱癌标本进行P53检测，总阳性率40.9%。P53阳性强度与肿瘤分级有关，而与分期无关。初步随访显示，P53阳性病例复发转移比例转高而存活概率较低。江西医学院二院[116]对56例膀胱癌组织的C-erbB-2产物及表皮生长因子受体(EGFR)进行了检测。C-erbB-2及EGFR的阳性表达率分别为35.6%和55.4%，均随肿瘤的分级上升而升高，但C-erbB-2与EGFR无相关性。多发性肿瘤易出现多次复发，肿瘤多次复发者死亡率高于单次复发。解放军第三医院[117]*联合应用人工合成的c-Ha-ras、c-myc反义寡聚脱氧核苷酸(ASO-r，ASO-m)对人膀胱癌细胞株进行作用，发现ASO-r、ASO-m能明显抑制癌细胞中ras P21、myc P53的表达，抑制了癌细胞DNA合成及生长繁殖，经ASO-r、ASO-m处理后癌细胞裸鼠致瘤能力下降。这一结果表明，针对多个癌基因联合应用反义寡聚脱氧核苷酸，可能给膀胱癌的治疗提供新的途径。北京医大泌外所[118]采用逆转录病毒载体Zip/hIL-2基因导入人膀胱癌细胞系EJ细胞中，在体外建立了具有分泌hIL-2活性的细胞株EJ/IL-2。放射线灭活后EJ/IL-2细胞丧失增殖能力，但仍能维持一定水平的hIL-2分泌活性达2周左右。为临床制备灭活的转基因瘤苗提供了初步经验。徐州医学院附院[119]研究31例膀胱癌血清可溶性白介素受体(SIL-2R)以及血清STL-2R对自然杀伤细胞毒因子(NKCF)活性的影响。结果膀胱癌血清SIL-2R明显高于正常人，且随肿瘤分期增加而增高。血清SIL-2R通过抑制NHCF活性而表达。提示血清SIL-2R能反映机体肿瘤细胞免疫活性水平。武汉协和医院[120]对28例膀胱癌、6例腺性膀胱炎、12例前列腺增生症(BPH)和20例健康人血清尿及组织中SIL-2R水平进行测定。结果膀胱癌组血清SIL-2R水平明显高于各对照组，尿中SIL-2R无显著性差异。膀胱癌组织中SIL-2R水平低于BPH病人膀胱组织中SIL-2R水平，故认为血清SIL-2R测定可作为膀胱癌早期诊断的辅助手段。重庆大坪医院[121]*报道转染IL-2 cDNA制备的膀胱肿瘤基因瘤苗诱导抗肿瘤作用。在同基因小鼠体内同时接种肿瘤细胞和阳性转染克隆细胞或接种肿瘤细胞后在不同时间再接种阳性转染克隆细胞，可抑制肿瘤形成。先接种阳性克隆细胞，可诱导免疫保护，再次接种肿瘤细胞时不形成肿瘤。作者认为基因瘤苗诱导的抗肿瘤作用对提高膀胱肿瘤患者的免疫功能，抑制术后残留细胞和多中心病变，提高疗效有重要的应用价值。哈尔滨医大二院[122]*用抗人膀胱癌单克隆抗体BDI-1与苦瓜毒素(MD)通过化学交联制备的抗人膀胱癌免疫毒素(BDI-1-MD)在体外可特异地杀伤人膀胱癌细胞；在载瘤裸鼠体内可明显地抑制人膀胱癌的生长。临床对18例膀胱癌患者施行膀胱灌注免疫毒素的导向治疗，随访8～28个月，平均12.5个月，17例未复发，表明BDI-1-MD在清除膀胱内小于1cm小瘤灶及防止术后复发方面有明显效果。天津医大二院[123]对23例膀胱癌尿中葡萄氨基聚糖的主要成分硫酸肝素(HS)和透明质酸(HA)进行测定。发现若肿瘤浸润，则HS和HA均明显升高。当尿中HS排泄量超过1.6 mg/d，则肿瘤预后不良，而HA排泄量超过0.8 mg/d，则肿瘤已发生了浸润。中国医大一院[124]采用免疫组化方法对47例膀胱癌中nm23基因产物二磷酸核苷激酶(NDPK)的表达进行了检测，总阳性率72.34%。阳性率在低分化和浸润癌中较高。nm23蛋白对于判断膀胱癌的恶性程度可能是一个有价值的标记物。白求恩医大第一临床学院[125]应用膀胱移行细胞癌(TCC)单抗19A211和M344对51例102个膀胱TCC肿瘤进行免疫组化染色。结果在Ⅰ、Ⅱ、Ⅲ级膀胱TCC中，19A211抗原阳性率分别为82.4%、77.7%和37.5%；M344抗原阳性表达率分别为88.2%、83.3%和37.5%；19A211和M344联合检测Ⅰ、Ⅱ、Ⅲ抗原阳性表达率分别为100%、88.8%和68.8%。结果表明19A211和M344适于膀胱TCC的诊断，特别有利于Ⅰ、Ⅱ级表浅膀胱TCC的诊断。宁波市二院[126]对78例膀胱癌进行超氧化物歧化酶(SOD)免疫组化研究，发现膀胱癌组织中SOD标记阳性程度明显高于癌旁组织和正常上皮组织。分化程度越差，其SOD阳性率及阳性程度亦越高。SOD阳性率以腺癌最高，鳞癌次之，移行细胞癌最低。表明膀胱癌组织中的生物学特性、分化程度和预后与SOD含量有关。蚌埠医学院附院[127]对58例膀胱癌进行了β_2微球蛋白(β_2-M)表达的定量研究。正常尿路上皮细胞β_2-M全层阳性，随肿瘤细胞异型性增加，β_2-M的表达逐渐减少直至阴性。佳木斯医学院[128]用直接法分析11例膀胱癌的细胞遗传学改变，其染色体数目异常范围为2～4倍体。非浸润性膀胱癌为2倍体，浸润性为2～4倍体。染色体结构异常主要为缺失、易位和等臂染色体。浙江医大[129]观察了14例膀胱癌病人手术前后及15例正常人外周血淋巴细胞染色体畸变和脆性位点。发现手术前后患者的脆性位点表达率、染色体总断裂率均明显高于对照组，而且膀胱癌组各脆性位点检出频率显著高于对照组。认为脆性位点表达率可作为膀胱癌的一个易患性指标。武汉协和医院[130]应用递增阿霉素剂量的方法，体外诱导产生了一株人膀胱癌 TCC 耐药亚株 BIU-87/ADM。此细胞株对阿霉素的相对耐受度较亲本提高了 6.3 倍。阿霉素类似物柔红霉素、表阿霉素和天然生物碱如长春新碱等有明显的交叉耐药性。与亲本细胞相比，耐药亚株生长速度减慢，倍增期延长，汇合密度降低，细胞异型性明显，有巨细胞形成。75%的耐药亚株 P-糖蛋白过表达，并有 mdr1 基因表达。广州南方医院[131]分析了 50 例临床可疑膀胱癌病人的 CT 检查情况，并与手术和病理对照。CT 诊断膀胱癌的敏感性为 97.9%，特异性为 33%，准确性为 94%。CT 分期与病理相符的准确率为 78.3%。北京医院[132]对 121 例表浅性膀胱癌进行回顾性研究。术后复发 60 例，术后 1、2、3 和 5 年无瘤率分别为 86.8%、76.8%、73.5%和 68.6%。多发瘤、直径>1cm 和细胞恶性分级高者无瘤率低，术后 6 个月内肿瘤复发者再发机会高。天津医大二院[133]* 对 178 例复发性膀胱癌进行回顾性分析。结果显示复发高峰时间为后术第二年(32.6%)，复发次数以单次者居多(59.0%)，肿瘤期级是影响肿瘤复发、转移、死亡的最主要因素，多发性肿瘤易出现多次复发，多次复发者死亡率高于单次复发者。上海新华医院[134]对 61 例膀胱癌病人在进行经尿道膀胱肿瘤电切(TUR-BT)同时行基底部活检，其中 7 例(11.5%)肿瘤浸润深肌层，4 例再次手术时改用其他方法，均存活 2 年以上。认为此方法对明确肿瘤的分期及指导治疗，改善患者的预后有重要意义。重庆西南医院[135]对 27 例表浅膀胱癌患者用卡介苗(BCG)灌注，观察膀胱壁 T_3、T_4、T_8、IL-2R 及尿中肿瘤坏死因子(TNF)的含量变化。实验结果表明，BCG 灌注后膀胱壁有大量淋巴细胞浸润，T_4/T_8 比值由灌注前的 0.6L 至 1.9L。20 例患者膀胱壁形成淋巴肉芽肿，粘膜下散在的淋巴细胞表面广泛表达IL-2R。灌注后 24 h 尿中 TNF 含量显著升高。重庆医大一院[136]用 BCG(60 mg)+IL-2(10 000U)和丝裂霉素 C(20 mg)行膀胱灌注，以预防膀胱癌术后复发。平均随访 33 月，无肿瘤复发者 BCG+IL-2 组为 26 例(86.7%)，而丝裂霉素 C 组为 23 例(76.7%)($P<0.001$)。说明 BCG+IL-2 较丝裂霉素 C 能更有效地防止膀胱癌术后复发，且可减少 BCG 剂量。浙江绍兴市二院[137]对 35 例膀胱癌病人用蛇毒行膀胱灌注，预防表浅膀胱癌术后复发，平均随访 5 个月，复发率为 14.3%，效果满意。福建医学院一院[138]* 应用红色诺卡菌细胞壁骨架(N-CWS)行膀胱灌注，预防膀胱癌术后复发，并与丝裂霉素C(MMC)进行随机对照观察。N-CWS 组 45 例，1 年和 5 年无癌生存率分别为 87.4%和 66.7%，1 年和 5 年复发率分别为 12.5%和 33.3%。MMC 组 1 年和 5 年无癌生存率分别为 84%和 52%。1 年和 5 年复发率分别为 16%和 48%。N-CWS 疗效高于 MMC 而副作用明显减少。浙江金华市医院[139]对 20 例膀胱癌术后病人在直肠粘膜下注射干扰素100 万 U 预防复发，经平均 3 年复查，无 1 例复发。认为此方法可达到预防膀胱癌复发的目的。南京医大一院[140]报告 64 例膀胱癌术后灌注小剂量顺铂发生过敏 6 例，其中 2 例发生过敏性休克，应引起临床重视。南京医大一院[141]采用一期开放切除术治疗膀胱癌合并前列腺增生症 14 例，平均随访 51.3 个月，无 1 例膀胱癌复发，前列腺窝亦无肿瘤种植，效果满意。山东滨州医学院附院[142]对 12 例膀胱癌患者施行回肠折叠式输尿管抗反流的低压回肠代膀胱术，随访 3～29 个月，患者获得近似生理状态的排尿，无尿失禁和残余尿，无明显输尿管反流，效果满意。天津医大二院[143]采用全腹膜外式回肠膀胱术治疗 13 例膀胱癌患者，12 例术后恢复顺利，1 例术后 3 周出现尿漏，加强引流后自愈。术后随访 6～8 个月，无肾积水。该术式简单、合理、并发症少。山东临沂市医院[144]报告膀胱腺癌 38 例，其中原发性 12 例，脐尿管膀胱癌 6 例，继发性 20 例。34 例随访 1～10 年，5 年生存率为 17.64%。对膀胱腺癌病人主张根治性膀胱全切除。福建医学院二院[145]报告膀胱内翻性乳头状瘤 10 例，临床少见。1 例行开放手术，9 例行 TUR-BT，效果满意，无复发。

（二）膀胱其他疾病

长沙湘雅医院[146]* 报告 5 例原发性膀胱颈功能障碍患者，表现为排尿时膀胱颈开放不良，病变为逼尿肌膀胱颈协同失调，可命名为非神经原性逼尿肌膀胱颈协同失调。治疗上可应用高选择性 α 受体阻滞剂，效果不佳者应尽早行经尿道膀胱颈内切开或 TURP。杭州市一院[147]报告腺性膀胱炎 10 例，膀胱部分切除 6 例，经尿道电切及电灼各 2 例，治疗后 8 例痊愈；另 2 例作进一步治疗，1 例电灼后 3 个月复发，改作膀胱部分切除术，另 1 例因移行上皮乳头状癌再发行膀胱全切。随访 3 年，恢复良好。天津医大二院[148]采用经尿道电切电灼术治疗腺性膀胱炎 13 例，10 例随访 5～6 年，9 例 1 次手术成功，1 例再次电切治愈。上海长征医院[149]报告腺性膀胱炎 8 例，行膀胱部分切除 5 例，电切 2 例。手术治疗 7 例随访 0.5～7 年，无复发。抗生素治疗 1 例，症状也逐渐消失。广州珠江医院[150]报告外伤性闭合性膀胱破裂43例。其中腹膜内型17例，腹膜外型24例，混合型2例。93.0%合并其他器官损伤。认为对外伤性膀胱破裂应积极手术。普宁华侨医院[151]施行保留部分膀胱三角区及尿道的近全膀胱切除术，用以代替膀胱行膀胱扩大术6例，术后患者均能控制排尿。成都军区昆明总院[152]用甲醛溶液行膀胱灌注，治疗放射性膀胱炎所致顽固性血尿2例，获得治愈。福建清流妇保所[153]采用从肛门挤入开塞露治疗小儿直肠内粪块阻塞而压迫尿道内口所致的急性尿潴留22例，全部有效。

七、前列腺疾病

（一）前列腺肿瘤

西安医大二院[154]*对322例前列腺疾患人群进行前列腺特异抗原（PSA）特征的研究，发现血清PSA浓度与年龄明显有关（$r=0.301$，$P<0.0001$），且随年龄增长而增高。各年龄组的上限：20～49岁组为2.71 ng/ml，50～59岁组为5.01 ng/ml，60～69岁组为6.05 ng/ml，70岁以上组为7.92 ng/ml。PSA年龄特异性参考值可以提高诊断前列腺癌（PC）的特异性。深圳市红十字医院[155]对60例前列腺增生症（BPH）患者的血清PSA进行检测，并分析腺体体积和患者年龄对PSA的影响程度。结果表明PSA随体积和年龄增长而升高，其中年龄对PSA影响的主要原因是伴随的前列腺体积增加。苏州市二院[156]采用放免法对27例PC、104例BPH及115例正常人的血清PSA进行检测。结果表明PSA与年龄无相关性。PC组PSA高于BPH组及正常组。BPH组与正常组PSA水平无显著差异。上海华山医院[157]*对21例PC和68例BPH患者的血清PSA、前列腺特异抗原密度（PSAD）进行了检测分析，比较了它们在PC诊断中的作用。结果显示：①PSA对PC诊断的敏感度高，特异性、阳性预测值低，而PSAD可显著提高诊断的特异性和阳性预测值；②PSAD界值由0.15提高到0.40时，其敏感度无明显降低，而特异性、阳性预测值明显升高；③PSAD＞0.15，特别是＞0.40者，应高度怀疑PC，需作穿刺活检进一步确诊。北京医大一院[158]用酶联免疫法测定前列腺疾病血清PSA。结果PC组PSA水平显著高于其他前列腺疾病组。此法筛选PC，敏感性达91.18%，特异性为79.67%。BPH组PSA水平随年龄增加而增高。解放军总院[159]应用酶联免疫检查法测定47例PC患者血清PSA值。发现PSA对PC诊断的敏感性为89.36%，对PC临床分期、肿瘤分级具有参考价值，并可作为有价值的PC疗效监测指标。天津医大二院[160]对38例PC和15例BPH组织切片中的MDR-PGP与突变P53的表达进行了比较研究。38例PC中MDR-PGP和突变P53的阳性表达率分别为71.8%和60.5%，而BPH分别为20.0%和0%。MDR-PGPG和突变P53阳性表达率在高、中、低分化PC中分别为53.8%、30.8%，78.5%、71.4%和81.1%、72.7%。提示①MDR-PGP的过度表达是PC产生抗药性的主要机制；②MDR-PGP和突变P53的过度表达是PC细胞适存、转化、增殖与进展的重要方式。上海华山医院[161]对28例PC标本中H-ras基因第十二位密码子点突变及其基因产物P21表达进行了检测，28例中仅发现2例点突变，13例P21蛋白表达阳性。P21蛋白表达与PC病理分级、临床分期及预后有相关性。中国医大第一临床学院[162]应用免疫组化方法研究表皮生长因子受体（EGF-R）在30例PC及10例BPH组织中的表达。BPH中仅2例弱阳性，而PC中17例阳性，其中4例浸润癌全部为阳性。提示EGF-R的表达与PC的发生有关。并与癌组织浸润相关。湖北医大一院[163]*对28例PC和26例BPH组织中转化生长因子β1（TCF-β_1）的表达进行了检测。TCF-β_1在癌性上皮的染色强度及范围明显高于或大于BPH的腺上皮的染色强度和范围。提示TCF-β_1对PC和BPH的发生和发展有重要的生物学作用。上海长海医院[164]对30例PC、30例前列腺非典型增生（PD）标本进行了核定量参数、DNA含量的定量测定。结果PD核面积明显高于正常细胞，而低于PC。PD_1～PD_3细胞核DNA含量均值呈递增现象。PC组织分化程度越低，细胞核DNA含量越高。提示DNA含量变化与PC和PD的细胞分化异常密切相关。南京鼓楼医院[165]采用免疫组化ABC法检测BPH和PC各30例石蜡标本中抗增殖细胞核抗原（PCNA）的表达。PCNA阳性细胞百分率：BPH组为27.5、4.2%，PC组为49.6、8.9%。认为PCNA可能成为评价PC内分泌治疗预后的重要指标。广东南海市医院[166]应用银胶染色技术对7例PC癌组织及癌周组织和20例BPH组织的细胞核核仁变化进行了观察分析。发现癌细胞的核仁组成区嗜银蛋白、核仁平均面积和核仁最大直径均明显高于癌周组织和BPH组织。这对PC的病理诊断和鉴别诊断有重要价值。北京医院[167]通过高磁场MR成像，评价快速自旋回波序列和脂肪抑制术在前列腺检测中的价值。结果20例PC均位于前列腺周围带。典型的PC在T_1像与正常前列腺组织呈信号，而在T_2像上表现为周围带内异常低信号灶。加脂肪抑制术比不加脂肪抑制术会获得更好的图像质量。结论：

MRI 对发现周围带 PC 是敏感的，对分期有重要价值。快速自旋回波加脂肪抑制术是较理想的前列腺 T_2 成像方法。浙江医大一院[168]将 18 例 BPH 和 19 例 PC 的 CT 与病理检查进行对照研究。BPH CT 表现为前列腺体积增大，轮廓规则，部分病例可见低密度影。增大前列腺突入膀胱，肿块呈中央型，过缘光整，有时可呈双侧对称的"双峰征"。而 PC CT 表现为前列腺增大且失去正常轮廓，多数精囊腺不对称，膀胱精囊角消失或形成软组织肿块。累及膀胱表现为膀胱壁不规则增厚，凸入膀胱者多呈偏侧型肿块，边缘不光整。盆腔淋巴结直径＞15mm，后腹膜淋巴结＞10mm 可认为 PC 转移。苏州医学院二院[169]对 25 例 PC 进行了临床分析。认为去势结合小剂量舒泰或磷酸雌二醇氮芥治疗效果较好，同位素全身放疗对骨转移所致的骨痛有镇痛作用。上海长海医院[170]报告前列腺肉瘤 6 例，占同期前列腺恶性肿瘤的 7.22%。2 例行根治性前列腺摘除术，前列腺微波热凝固治疗加电切及膀胱造瘘各 1 例，2 例仅行活检。微波热凝固治疗加电切的 1 例，随访 6 年仍存活。根治性前列腺摘除术后随访 2 年仍存活。余均在 8 个月内死亡。

（二）前列腺其他疾病

北京医大泌外所[171]对 20 具尸检正常的前列腺和 20 例 BPH 标本的组织结构成分进行了形态学定量研究。发现 BPH 是以基底细胞增生肥大为特点，BPH 间质所占的比例较正常前列腺明显增加。同时间质的构成成分也发生变化，平滑肌占间质的面积百分比明显高于正常前列腺。结果提示中国人的 BPH 组织构成比例可能不同于西方国家。北京医大泌外所[172]对 15 例 BPH 和 12 例正常前列腺组织标本中胰岛素样生长因子-Ⅰ(IGF-Ⅰ) mRNA 的表达情况进行了研究。13 例 BPH 和 9 例正常前列腺标本中有 IGF-Ⅰ mRNA 表达，IGF-Ⅰ在上皮的表达强于间质，尤其以基底细胞表达最明显，IGF-Ⅰ mRNA 在 BPH 组织中的量多于正常前列腺。重庆大坪医院[173]对 30 例 BPH、10 例青年正常前列腺(YNP)和 8 例老年非增生前列腺(ONP)组织的表皮生长因子受体(EGFR)、睾酮(T)及雌二醇(E2)的含量进行了分析，发现 BPH 组织中每毫克蛋白 EGFR 含量显著高于 ONP 组，且 EGFR 与 T 之间相互调节关系较 ONP、YNP 组显著加强。提示 BPH 中 EGFR 生物活性的提高及其与性激素调节关系的改变与 BPH 的发生有密切联系。北京医大泌外所[174]* 对 20 例 BPH 和 12 例正常人前列腺组织中癌蛋白bc1～2的表达进行了检测。结果表明，正常前列腺的外周区 bc1～2 蛋白主要位于腺体的基底细胞，前列腺增生组织中的上皮基底细胞和大部分腔上皮细胞均呈强阳性，阳性的细胞数和染色强度均高于正常前列腺组织。具有抑制细胞凋亡的 bc1-2 蛋白在 BPH 组织中的过表达，提示 BPH 的发生可能与上皮细胞可以不依赖激素的生长和(或)细胞寿命延长、凋亡的细胞数目减少有关。大连市友谊医院[175]对 85 例 BPH 病人的逼尿肌功能进行了尿流动力学观察，将前列腺梗阻性膀胱分为正常、反射亢进、低顺应和高顺应 4 种类型。尿流动力学检查可判断逼尿肌功能状态及其损害程度，能准确掌握手术时机。强调在逼尿肌尚未发生功能障碍之前，及时解除梗阻，最大限度地减少膀胱逼尿肌的去神经损害。暨南大学医学院附院[176]在内镜下对 235 例正常男性成人和 304 例 BPH 病人的后尿道形态学进行了观测，膀胱颈最高点至精阜距离正常人和 BPH 病人分别为 2.6cm 和 3.8cm，这对临床治疗有一定指导意义。兰州医学院二院[177]将前列腺增生来源的上皮细胞和成纤维细胞在体外进行培养，并观察花粉提取物对细胞的体外作用。发现花粉提取物可明显地抑制前列腺增生的上皮细胞或成纤维细胞的增殖，且上皮细胞的反应更为敏感。白求恩医大第二临床学院[178]对耻骨上前列腺摘除术 1 000 例进行了分析。结果发现 67.5%的患者合并有内科疾病，术后并发症发生率为 23.8%，其中 80%是由心、脑及糖尿病引起。手术死亡率 9.2%，死亡原因主要为内科疾病及出血所致，须注意防治。北京友谊医院[179]应用改良 Madigan 前列腺切除术治疗 BPH 50 例，钝性分离前列腺与尿道之间的组织，切除整个增生的腺体组织，同时也能将突入膀胱内中叶予以切除，而且保留完整尿道与膀胱颈，术后渗血少，膀胱冲洗后冲洗液很快清亮，并发症少，疗效满意。泰州市四院[180]报告 32 例耻骨上经膀胱保留后尿道前列腺切除术治疗 BPH，手术时间平均 42 min，术中平均出血 40 ml，术后恢复快，排尿通畅，平均最大尿流率＞18 ml/s，效果良好。临河铁路医院[181]采用耻骨后保留尿道前列腺切除术治疗 BPH 47 例，平均住院 10.5 d，术后 1 年平均最大尿流率 22ml/s，随访 2 个月～3.5 年，均无排尿不畅及尿道狭窄等情况。常州市二院[182]采用经尿道前列腺切除术治疗高危 BPH 49 例，全都安全渡过手术期，近期疗效满意。新乡医学院一院[183]应用耻骨后前列腺联合部切开治疗 BPH 37 例，平均住院 14 d，所有病人症状明显改善，排尿通畅。北京安贞医院[184]对 42 例重度 BPH 患者行经尿道非接触式激光治疗，对术后 6 个月以上者进行随访，疗效良好者占 75%。认为如能熟练掌握手术操作技术，激光治疗重度 BPH 仍是安全、有效的治疗方法。解放军451医院[185]应用激光经尿道非接触式照射治疗BPH 206例，其中13例需再次手术，占6.3%，其原因为尿道狭窄(2例)、膀胱颈部挛缩(1例)、腺体残留(8例)、继发出血(2例)，腺体残留为最主要原因(占61.5%)。汽化范围和深度值得研究。南京市鼓楼医院[186]应用SLT接触式Nd:YAG激光经尿道治疗BPH 324例，随访284例，总有效率为89.5%。该方法具有操作简便、精确、安全、并发症少和无需输血等优点。解放军总院[187]采用经尿道微波针组织间消融术治疗BPH 25例。术后前列腺症状评分下降了16.8～4.1分，最大尿流率增加了6.7～1.9 ml/s，残余尿减少了66.7～37.2 ml，前列腺体积减小1.1～1.7 ml。北京友谊医院[188]采用经尿道前列腺消融术治疗BPH 70例。在直视下将特制针式电极插入前列腺组织内，将射频能量传入，局部温度达65～100℃。术后随访半年，I度PSS症状评分、生活质量评分、最大尿流率和残余尿明显改善，前列腺体积缩小，效果满意。武汉同济医院[189]观察了不同射频温度对各种组织的影响，证实50℃以下的射频热疗只能引起前列腺组织出现以水肿为主的病理改变，50℃以上才能引起不可逆性凝固坏死，对指导治疗有积极意义。常州市一院[190]对120例BPH病人在尿道射频热疗前行直肠超声动态检查，将前列腺增生分为6度。其中Ⅰ度12例，Ⅱ度35例，ⅢA39例，ⅢB35例，Ⅳ度8例。Ⅰ度、Ⅱ度治疗有效；Ⅲ度B、Ⅳ度者无效；Ⅲ度A患者最大尿流率＞10 ml/s，残余尿量在100 ml以下者可能有效。预测结果与随访结果符合率平均为83.8%。江西医学院一院[191]*对11例射频热疗及12例未行射频治疗的人前列腺标本的病理学和PSA免疫组化表达进行观察。结果表明，射频可使邻近尿道的前列腺组织变性坏死，平滑肌断裂，PSA表达明显减弱，继尔纤维组织增生修复。山东金乡医院[192]应用镍钛记忆合金螺旋导管治疗BPH 30例。结果14例急性尿潴留均一次成功，16例排尿因难者术后残余尿减少，最大尿流率平均增大10.1 ml/s，无手术并发症。认为该方法是一种简便、安全有效的治疗方法。广东茂名市石油化工医院[193]对183例耻骨上经膀胱前列腺摘除术后病人作尿流率检查。有排尿困难者27例，经尿道内镜检查、尿流动力学全套检查，其原因包括膀胱颈后唇抬高(8例)、瘢痕狭窄(5例)、窝口逢扎过紧(4例)、前列腺残留(2例)、神经性膀胱(3例)、原因未明5例。认为手术技术是引起排尿困难的主要原因，应引起重视。西宁市一院[194]报告前列腺术后排尿不畅12例，占前列腺手术的3.9%。原因为逼尿肌功能紊乱(4例)、腺体残留(3例)、膀胱颈口狭窄(2例)、后唇抬高(2例)、尿道狭窄(1例)。安徽医大一院[195]报道24例前列腺摘除术后并发膀胱颈狭窄或闭锁，术后感染及缝合方法不当是主要原因。根据狭窄情况采用尿道扩张或尿道内切开术治疗。24例均获得满意效果。广东南海市医院[196]*对37例耻骨上前列腺摘除术后不稳定膀胱患者随机用异搏停及颅痛定治疗，发现异搏停组自觉症状明显改善，膀胱压降低，膀胱痉挛明显减少。

八、尿道疾病

营口市二院[197]采用尿道牵引对合术治疗后尿道完全断裂29例，27例随访7个月～5年，平均3年2个月，均排尿通畅；3例术后有不同程度的尿失禁，于术后2～6个月恢复；2例阳萎，1例术后2个月恢复，1例术后7个月仍未好转。怀化地区一院[198]对68例尿道损伤急诊处理资料进行分析，前尿道损伤40例治疗效果好；后尿道损伤28例中，急诊尿道修补3例，效果好，尿道会师加气囊导尿管牵引20例，2例效果不良；单纯膀胱造瘘5例效果均不良，值得注意。山东枣庄市立医院[199]于内镜下行尿道会师术治疗创伤性后尿道断裂8例，7例获得成功，1例失败而改用开放手术。福建医学院一院[200]用早期尿道吻合术治疗41例后尿道断裂，随访1～14年，全部排尿正常，28例性功能正常，2例阳萎，2例儿童未作性功能评价。江南航天工业集团3417医院[201]应用尿道会师牵引固定术治疗后尿道断裂20例，16例随访3年排尿正常，2例尿道扩张后1年排尿正常，2例未坚持尿道扩张，改作尿道吻合。南京市鼓楼医院[202]*应用SLT接触式激光(Nb:YAG)治疗仪治疗尿道狭窄23例，随访14例排尿良好，9例狭窄复发，复发率39.1%。认为该方法治疗尿道狭窄简便、安全有效、无痛苦、无出血，但复发率不低。广州暨南大学医学院附院[203]应用自行设计的带蒂阴囊皮瓣治疗复杂性尿道狭窄10例，随访2～10个月，效果满意，术后无并发症。术式的关键是按照阴囊后动脉的分布规律，裁剪所需要的带血管蒂的阴囊皮瓣，用14～18F硅胶尿管作支架，围绕尿管形成带蒂皮管，血管蒂近端与前列腺段尿道断面、远端与前尿道断面作无张力的端端吻合。四川宁江机床厂职工医院[204]经耻骨进路手术治疗外伤性后尿道狭窄5例，随访10～13年，均排尿正常。认为该手术适合于骶骨各关节无病损、尿道狭窄长度2～4cm、曾用其他术式治疗未愈者。郴州地区医院[205]对11例外伤性尿道球部狭窄手术切除狭窄段后，行膀胱倒装Foley导尿管，气囊内注水2～3 ml，调整吻合口压力，术后12～16 d拔管，术后病人排尿通畅，不需尿道扩张。重庆西南医院[206]总结分析了25例儿童外伤性后尿道狭窄的治疗经验，治愈23例。认为儿童外伤性尿道狭窄以开放手术(瘢痕切除、尿道端喘吻合)为主要治疗手段，手术入路多采用腹会阴联合切口才能充分显露，达到解剖对位。太原市中心医院[207]采用改良的Browne法作尿道下裂成形术108例，一次手术成功率88%，采用带蒂阴囊纵隔皮管一期成形法治疗34例，一次手术成功率91.2%。广州军区总院等[208]自1988年6月至1994年6月对20例18个月以下先天性尿道下裂患儿施行一期成形术，平均年龄14.4个月。尿道下裂类型：阴茎头型2例，冠状沟型5例，阴茎型及阴茎阴囊型各4例，阴囊型2例，会阴型3例。手术方法：除阴茎头型及冠状沟型下裂5例采用尿道口前移阴茎头成形术外，其余15例均采用改良正位尿道口尿道下裂一期成形术。一次手术成功18例，成功率90%。江西省儿童医院[209]*应用会阴、阴囊、阴茎、包皮联合带蒂皮瓣手术治疗会阴型尿道下裂8例，效果良好。成形尿道的皮管无吻合口，长度易调节，易存活，且可一期完成，外形美观。上海仁济医院[210]*采用带蒂包皮内板皮管法行尿道下裂一期成形术12例，其中冠状沟型5例，阴茎型7例。裁取包皮内板作成带蒂皮管尿道，长度1.5～4.0cm，平均2.5cm。全部病例一次手术成功，无尿瘘，3例尿道外口轻度狭窄，需短期尿道扩张。认为该手术效果好，适合于冠状沟型及阴茎型尿道下裂。华西医大一院[211]应用Mathieu、Mustarde尿道拖出前移术和尿道口前移龟头成形术矫治短型尿道下裂70例，其中阴茎头型27例，冠状沟型25例，阴茎远侧型18例。修复尿道下裂长度0.3～2.5cm。用Mathieu法14例，成功9例，Mustarde法12例，成功9例，尿道拖出前移术7例，成功4例，尿道口前移龟头成形术37例，成功34例。认为在施行该类手术时，应熟练掌握各类手术方法，并根据病理类型和局部特点选择手术方式，以提高手术成功率。新疆医学院一院[212]对4例阴茎阴囊交界型尿道下裂、阴囊发育较小的患儿采用阴茎背侧包皮带蒂皮管联合阴囊中缝带蒂皮管一期修复术，获得成功。临沂市红十字会医院[213]采用自行设计的原位皮片及包皮阴茎阴囊联合带蒂皮管法治疗阴茎阴囊型尿道下裂10例，9例一期愈合，1例发生阴茎阴囊交界处小瘘口，2月内自行愈合，临床效果满意。平顶山市一院[214]采用阴囊全厚皮瓣代尿道治疗尿道下裂22例，所有病人切口均能一期愈合，排尿功能良好。华西医大一院[215]*对18例伴有阴茎发育不良的尿道下裂患儿术前行绒促性素(HCG)内分泌治疗，一个疗程总量5 000～10 000 U，个别可给予二个疗程。经治疗后，可使阴茎增长、增粗，为手术创造了条件。没有不良副作用。昆明医学院一院[216]*对33例女性尿道综合征患者进行尿流动力学检查，33例患者均有不同程度的下尿路功能障碍，有的可出现多个异常表现。33例中不稳定膀胱占54.5%，尿道压增高占48.4%。两者均伴有一定比例的雌激素水平低下。提示不稳定膀胱是本病症状迁延的病理基础，尿道压增高则是诱发不稳定膀胱的病因之一。诊断治疗中应当重视雌激素对女性下尿路功能障碍的影响。解放军161医院[217]对82例女性尿道综合征的尿流动力学进行了分析，以远端尿道缩窄型最常见，占76.8%。膀胱训练加尿流动力学指导用药是治疗女性尿道综合征简单而有效的方法。河南濮阳市中原油田中心医院[218]应用尿道口重建术治疗女性尿道综合征68例，其中尿道口后唇增生肥厚33例，尿道口与处女膜融合18例，尿道口环状结缔组织增生并狭窄11例，尿道口距阴道口过近6例。，手术时切除尿道粘膜下结缔组织，重建尿道口，必要时尿道口前移0.8～1.2cm。术后随访61例，治愈48例，好转11例，无效2例。空军兰州医院[219]采用H形切开的尿道口成形术治疗尿道处女膜融合症52例。手术时将尿道远端及尿道口从处女膜组织中松解并予以扩张，切除阻碍物以使尿道口和尿道远端粘膜平滑，增加尿道口与阴道口间距。随访49例，除2例无效外，其余治愈。福建医学院协和医院[220]应用新研制的女性尿道微波治疗探头治疗女性尿道综合征24例，除1例治疗1次而放弃治疗外，23例中治愈21例。该方法是治疗女性尿道综合征的一种新有效方法。江苏宜兴医院[221]经尿道切除后尿道瓣膜3例，随访1～3年，均排尿通畅。上海华山医院[222]用电刺激治疗尿频尿急综合征20例，13例治愈，5例症状明显改善，2例无效，有效率90%。天津医大二院[223]报告14例女性原发性尿道肿瘤，其中尿道癌10例，尿道平滑肌瘤3例，尿道纤维息肉1例。诊断方法主要采用阴道指检、尿道镜检、B超检查及活检。尿道癌应根据肿瘤分期决定切除范围。随访4例尿道癌患者，平均生存时间2年。南京医大一院[224]报告原发性女性尿道癌21例，其中腺癌10例，鳞癌9例，移行细胞癌2例。21例中行尿道部分切除13例，尿道全切、膀胱肌瓣代尿道4例，单纯膀胱造瘘3例，尿道全切、输尿管乙状结肠吻合术1例。随访17例，5年存活率为52.9%。预后与肿瘤的分期有密关系。徐州医学院附院[225]*用PCR技术对53例非淋菌性尿道炎(NGU)患者的尿道分泌物进行病原体，包括淋菌、砂眼衣原体(CT)、解尿支原体(UU)、人型支原体(MH)检查。结果CT阳性24例(45.3%),UU阳性27例(50.9%),MH阳性15例(28.3%)。使用美满霉素治疗,治愈率85%,CT、UU及MH转阴率分别为92%、85%和87%。

九、阴茎、睾丸、附睾、精索及阴囊疾病

(一)阴茎疾病

白求恩医大第二临床学院[226]用免疫组化ABC法检测30例阴茎癌、30例癌旁组织和20例正常阴茎组织的癌基因ras产物P21蛋白。结果27例癌旁组织、8例癌旁组织中有P21蛋白表达,而20例正常阴茎组织为阴性。随阴茎癌分级和分期的上升阳性P21蛋白表达增强,并且癌旁组织P21蛋白表达阳性者出现早期复发和不良预后。上海华山医院[227]用高敏感的PCR结合核酸杂交方法,检测28例阴茎癌组织中的人乳头状瘤病毒(HPV)16、18型病毒,阳性检出率分别为50%和10.6%。提示HPV16感染在阴茎癌的发生过程中可能具有重要作用。北医大人民医院[228]报告2例阴茎闭合性白膜及海绵体破裂情况。1例行急诊手术修补破裂口,另1例留置导尿管加压包扎纸板固定。治疗后早期完全恢复勃起功能。中山市张家边医院[229]采用环形结扎法治疗包茎和包皮过长100例,效果满意,无并发症发生。具体方法是在龟头与包皮之间导入圆环,距冠状沟0.5cm,包皮系带0.8cm处用7号丝线结扎,使包皮处于结扎线与圆环之间。5 d后拆除结扎线,远端包皮缺血坏死脱落。

(二)睾丸、附睾、精索及阴囊疾病

上海华山医院[230]应用核酸杂交方法检测27例睾丸肿瘤组织中c-myc基因扩增。结果显示,仅2例睾丸肿瘤有c-myc基因扩增。同时用免疫组化方法检测睾丸肿瘤中c-myc蛋白表达水平,有12例阳性表达,并且与肿瘤的病理分级和临床分期有关。提示睾丸肿瘤中c-myc基因扩增现象并不常见,而c-myc蛋白表达可能成为睾丸肿瘤预后的指标。河北医大[231]对31例睾丸肿瘤(精原细胞瘤11例,非精细胞瘤20例)进行流式细胞光度分析(FCM)检测。11例精原细胞瘤中二倍体及近二倍体8例,而非精原细胞瘤均为异倍体。睾丸肿瘤的倍体指数与病人的预后有密切关系。浙江医大一院[232]*报告52例睾丸肿瘤的诊治体会。52例睾丸肿瘤中,精原细胞瘤29例,胚胎癌10例,混合瘤4例,非生殖肿瘤9例。诊断主要依靠B超、手术及病理检查。认为B超检查对早期诊断睾丸肿瘤很重要。四川省医院[233]对62例睾丸肿瘤术后患者进行了临床分析。随访59例,1、3、5、8年生存率分别为95.2%、90.3%、85.5%和73.3%。疗效与肿瘤期别关系密切。福建省立医院[234]报告6例睾丸原发性非霍奇金淋巴瘤,十分少见。山东省肿瘤防治院[235]报告睾丸胚胎性横纹肌肉瘤2例,经病理证实,预后较差。苏州医学院儿童医院[236]*对46例15个月至14岁的隐睾儿童青春期前内分泌环境和雄激素受体水平进行了研究。结果表明:①隐睾儿童血清FSH值升高,可能与早期已存在的睾丸曲精小管损害有关;②血清F2显著增高;③)雄激素受体的特异性结合量和每个细胞的雄激素受体量与正常对照组无差异,表明隐睾儿童的高雌激素血症可能是隐睾发生的重要致病因素之一。白求恩医大第二临床学院[237]用新生犬制成隐睾动物模型。该动物模型的睾丸组织结构和超微结构与自然犬睾丸一致。单侧隐睾的对侧睾丸未发生交感性改变,小剂量的促黄体生成释放激素可使隐睾睾丸生精细胞数量增加,对正常睾丸并无有害影响。解放军303医院[238]对55例隐睾手术患者的精索走向进行分析。55例中,14例隐睾的精索有足够长度经外环进入阴囊。39例隐睾因经外环入阴囊有一定的张力,而采用经耻骨上缘入阴囊。2例精索较短而采用经闭孔入阴囊。55例隐睾患者均作阴囊内膜与皮肤之间隧道内固定,效果满意。上海市六院[239]报告睾丸扭转12例13侧。有6侧获得救治,7侧睾丸切除。认为睾丸核素显像、B超和彩色多普勒血流显像对睾丸扭转早期诊断很有帮助。山东省立医院[240]对20例精索静脉曲张患儿的睾丸组织进行了光镜、电镜和形态定量分析。20例患儿的睾丸微细结构和超微结构均有明显的病理改变。睾丸的生精小管平均直径及生精小管生育力指数和支持细胞指数均严重下降,其严重程度与患儿年龄及曲张程度成正相关。单侧精索静脉曲张患儿,对侧睾丸也受累及,但较同侧为轻。结果表明,儿童精索静脉曲张患者,睾丸组织已受到明显损害,提倡早期手术治疗,避免引起男性不育。广州医学院二院[241]用彩色多普勒(CDFI)对30例正常对照组和46例精索静脉曲张组的血流动力学变化进行对比分析。结果显示,精索静脉曲张组血管内径明显大于对照组。若以血管内径≥0.18cm作为诊断标准,敏感性100%,特异性96.67%。认为CDFI对精索静脉曲张的诊断和扩张程度的判断有重要价值。南京医大一院[242]报告精囊囊肿7例。B超和CT对本病的诊断有重要意义,但精囊造影尤为重要。南京医大一院[243]报告原发性精囊癌11例,临床罕见。上海华山医院[244]*报告44例阴囊Paget病。对经久不愈的阴囊皮损,应怀疑Paget病。治疗上以手术治疗为首选。

十、男性学

(一) 男子性功能障碍

湖北医大男性学研究中心[245]* 对一氧化氮(NO)等神经递质与阴茎勃起的关系进行了实验观察。实验结果支持海绵体平滑肌松弛为胆碱能神经和非肾上腺非胆碱能神经递质(NANC)所介导,NO或其释放物质是阴茎勃起的主要NANC类神经递质的学说。川北医学院附院[246]用彩色多普勒血流显像配合罂粟碱试验观察26例阳萎病人阴茎深动脉峰值血流(Vp)、舒张末期最小流速(Vmin)。结果表明,对罂粟碱反应良好12例,反应低下14例。其Vp分别为37.8,7.6cm/s及27.6,5.9cm/s。反应低下病例中,6例海绵体静脉瘘,8例动脉供血不足。认为多普勒不仅能区别血管性与非血管性阳萎,而且对血管性阳萎中动脉供血不足抑或静脉功能不全有所提示。上海中山医院[247]对35例器质性阳萎病人行海绵体造影。26例显示异常静脉漏,其中浅组静脉漏13例,深组静脉漏6例,复合漏7例。阴茎海绵体造影对诊断静脉性阳萎及指导治疗有价值。北医大泌外所[248]应用RT-PCR方法测定大鼠阴茎组织中一氧化氮合成酶(NOS) mRNA的含量,结果大鼠阴茎组织中存在NOS mRNA表达。老龄大鼠与2月龄大鼠相比,阴茎组织中NOS mRNA表达水平显著降低,提示阴茎组织中NOS mRNA表达下降可能是阳萎年龄依赖性的原因之一。湖北医大二院[249]对24条犬分别行单侧或双侧髂内动脉(IIA)和阴部内动脉(IPA)结扎。结果表明,单侧IIA或IPA结扎影响阴茎勃起功能,但对侧动脉血流速度代偿性增加。双侧IIA或IPA结扎,阴茎不能勃起,但2个月后,勃起功能几乎都能恢复。广西医大一院[250]用罂粟碱30 mg+立基丁1~2 mg行阴茎海绵体注射诊治阳萎400例。400例中358例阳性,均为精神性阳萎。而阴性42例初诊为血管性阳萎。血管活性物质在诊断和治疗阳萎方面有一定价值。上海市九院[251]* 用罂粟碱/酚妥拉明(P/R)(1950例)和前列腺素E1(PGE1)(250例)行阴茎海绵体注射,治疗功能性阳萎患者,比较其效果,P/R和PGE1治疗的成功率分别为90%和84%;持续勃起率分别为2.18%和0%;注射疼痛率分别为0.62%和18.4%;局部硬结率分别为2.23%和0%;剂量递增率分别为33%和20%。太原市中心医院[252]用罂粟碱60mg+酚妥拉明2 mg(P+R组)、前列腺素$E_1$30μg(PG_1组)及罂粟碱30 mg+前列腺素$E_1$20μg(P+PG组)各治疗阳萎100例,随访观察1年。以P+PG组并发症最少,平均勃起可达3 h,角度达90度,是最理想的药物组合。北医大一院[253]* 采用自我注射PGE1方法,治疗不同病因的勃起功能障碍患者60例,其中61.7%的患者阴茎完全勃起,38.3%部分勃起。仅26.7%的患者注射药物后,阴茎有轻微胀痛感;无阴茎血肿、异常勃起及海绵体纤维化等副作用。提示前列腺素E_1具有完全、有效和副作用小的特点。苏州市四院[254]采用经骶骨注入士的宁混合液(士的宁2 mg,当归注射液2 ml,Vit B_{12} 0.5 mg)治疗阳萎30例,每周一次,5次为一疗程。1~2疗程后治愈率80%,疗效满意。郑州市三院[255]手术治疗43例静脉性阳萎,总有效率76.7%。

(二) 男性不育症

昆明医学院二院[256]对538例不育症夫妇部分不育原因进行了探讨。男性因素中主要为支原体感染及弱精症、少精或无精;而女性因素中主要为支原体感染、输卵管阻塞。支原体感染在男性或女性不育症中均占有相当比例。云南计生所[257]测定不育男性血清与精浆中5种生殖激素。结果显示生殖激素在血清与精浆中含量变化不一致,精浆间质细胞刺激素(ICSH)、泌乳素分别与精子活力、密度呈正相关。血清ICSH、滤泡刺激素(FSH)分别与精子活力、密度及血清睾酮呈负相关。南京市下关医院[258]应用活性钙治疗精子质量异常的男性不育者。结果表明活性钙能明显增加血清钙和精浆钙浓度,全面改善和提高精子质量,并有促进生精功能,尤其对男性不育症中精子顶体酶活性异常者,有明显增强酶活性作用。南京医学院[259]用人外周血白细胞、人抗精子抗体血清、人补体血清以及正常人精子按析因试验设计,体外培养观察精子死亡率。结果,白细胞具有较强的直接杀伤精子作用;抗精子抗体和补体一起可表现出一定细胞毒效应;而抗精子抗体或补体单独无直接杀伤精子作用。结果表明,白细胞通过对精子较强的直接细胞毒作用,影响男性生育力。西安医大第一临床医学院[260]* 报告2例Young综合征。Young综合征是一种以反复发生的鼻窦及肺部感染合并双侧附睾渐进性梗阻所致的无精子症为特征的男性不育症,临床相对少见。

参考文献

[1] 童 济等. 江苏医学,1996;22(3):189
[2] 刘定益等. 上海医学,1996;19(3):161
[3] 李胜文. 白求恩医科大学学报,1995;21(6):596
[4] 杜传军等. 临床泌尿外科杂志,1996;11(3):169

[5]* 彭志勇等. 临床泌尿外科杂志,1995;10(5):276
[6]* 苏建堂等. 中华泌尿外科杂志,1996;17(4):224
[7] 张卫东等. 中华泌尿外科杂志,1996;17(3):143
[8] 徐京团等. 中国超声医学杂志,1996;12(1):68
[9] 庞自力等. 临床泌尿外科杂志,1995;10(5):265
[10] 江　玮等. 中华外科杂志,1995;33(10):621
[11] 孙则禹等. 中华外科杂志,1996;34(5):286
[12] 洪宝发等. 临床泌尿外科杂志,1995;10(5):270
[13]* 邢江鳖等. 临床泌尿外科杂志,1995;10(5):268
[14] 刘　勇等. 中华泌尿外科杂志,1996;17(3):173
[15]* 钟　华等. 中华泌尿外科杂志,1996;17(2):70
[16] 王立忠等. 中国医科大学学报,1996;25(4):392
[17] 朱建善等. 上海第二医科大学学报,1996;16(4):272
[18] 钟　华等. 中华泌尿外科杂志,1996;17(3):134
[19]* 钟　华等. 中华泌尿外科杂志,1996;17(1):17
[20] 张小东等. 中华泌尿外科杂志,1996;17(3):146
[21] 王立忠等. 中华泌尿外科杂志,1996;17(7):393
[22] 孔祥田等. 中华泌尿外科杂志,1996;17(6):330
[23] 侯建国等. 中华泌尿外科杂志,1996;17(2):73
[24] 李　岩等. 中华泌尿外科杂志,1996;17(5):286
[25] 董其龙等. 实用癌症杂志,1996;11(3):193
[26] 高祥勋等. 福建医药,1996;18(1):4
[27] 白芝兰等. 西安医科大学学报,1996;17(2):249
[28] 乔　勇等. 上海医学,1996;19(6):341
[29] 田　平等. 中国超声医学杂志,1996;12(6):14
[30]* 袁　涛等. 中华泌尿外科杂志,1996;17(6):333
[31] 李　进等. 中华泌尿外科杂志,1996;17(6):336
[32] 陈礼祥等. 中华泌尿外科杂志,1996;17(2):77
[33] 陈晓林. 实用放射学杂志,1996;12(2):86
[34] 侯建国等. 中华泌尿外科杂志,1996;17(5):279
[35] 张思孝等. 中华泌尿外科杂志,1996;17(1):48
[36] 刘唐彬等. 中华小儿外科杂志,1995;16(6):330
[37] 张爱利等. 河北医药,1995;17(6):333
[38] 吴克让等. 中华外科杂志,1996;34(9):563
[39] 杨江根等. 中华泌尿外科杂志,1996;17(6):353
[40] 秦荣良等. 中华外科杂志,1996;34(8):505
[41] 龚晓峰等. 中华创伤杂志,1996;12(1):49
[42] 李旭良等. 中华小儿外科杂志,1995;12(6):349
[43]* 洪　泉等. 中华泌尿外科杂志,1996;17(7):409
[44] 王立忠等. 中华泌尿外科杂志,1996;17(3):149
[45] 韩新巍等. 河南医科大学学报,1995;30(4):437
[46] 王鸿起等. 中国实用外科杂志,1995;15(10):612
[47] 曾祥武等. 中华外科杂志,1996;34(8):500
[48] 陆曙炎等. 苏州医学院学报,1996;16(4):727
[49] 王朝生等. 中华泌尿外科杂志,1995;16(4):752
[50] 靳　松等. 天津医药,1996;24(9):560
[51] 邓耀良等. 中华泌尿外科杂志,1996;17(2):103
[52] 张　旭等. 中华实验外科杂志,1996;13(4):245
[53] 邢金春等. 中华实验外科杂志,1996;13(2):103
[54]* 杨嗣星等. 中国危重病急救医学,1996;8(8):467
[55] 聂　宁等. 临床医学,1996;16(1):9
[56] 江汉群等. 临床泌尿外科杂志,1996;11(3):145
[57] 沈恒祥. 临床泌尿外科杂志,1996;11(3):148
[58] 钟　海等. 临床泌尿外科杂志,1995;10(5):306
[59] 郭卫东. 江西医药,1996;31(4):226
[60] 孙雅军等. 临床泌尿外科杂志,1995;10(6):341
[61] 葛金山等. 河北医药,1996;18(3):141
[62] 张征宇等. 江苏医药,1996;22(6):387
[63] 单玉喜等. 江苏医药,1995;21(12):812
[64] 夏明义等. 临床泌尿外科杂志,1996;11(3):140
[65] 杜成龙等. 蚌埠医学院学报,1996;21(1):;17
[66] 陈文中等. 中华小儿外科杂志,1996;17(4):219
[67] 邹　强等. 中华实验外科杂志,1996;13(3):165
[68] 周文龙等. 临床泌尿外科杂志,1995;10(5):278
[69] 任中志等. 中华泌尿外科杂志,1996;17(3):176
[70] 邓耀良等. 临床泌尿外科杂志,1996;11(3):136
[71]* 张国强等. 中华泌尿外科杂志,1996;17(2):106
[72] 冯　进等. 贵州医药,1996;20(3):165
[73] 浦金贤等. 临床泌尿外科杂志,1996;11(3):133
[74] 巴特尔等. 青海医学,1996;26(2):31
[75] 胡湘明等. 广东医学,1995;16(11):777
[76] 刘平等. 云南医药,1996;17(3):220
[77] 邓耀良等. 临床泌尿外科杂志,1995;10(5):259
[78] 竺海波等. 临床泌尿外科杂志,1996;11(4):243
[79] 项领等. 上海医学检验杂志,1996;11(2):97
[80] 郑俊鸿等. 广东医学,1996;17(5):292
[81] 陈昭颉等. 临床泌尿外科杂志,1996;11(4):213
[82] 单荣富等. 新乡医学院学报,1995;12(3):254
[83] 康新立. 中华泌尿外科杂志,1996;17(3):168
[84]* 吴怡兴等. 临床泌尿外科杂志,1996;11(4):215
[85] 王　力等. 临床泌尿外科杂志,1996;11(2):93
[86] 宣　怡等. 实用放射学杂志,1995;11(10):581
[87] 孙立安等. 临床泌尿外科杂志,1995;10(5):273
[88] 杜海鸣等. 华西医学杂志,1996;11(2):246
[89] 杜传军等. 中华泌尿外科杂志,1996;17(3):162
[90] 朱成鸿等. 中国农村医学杂志,1996;24(4):220
[91] 张　以等. 白求恩医科大学学报,1995;21(6):628
[92] 袁继炎等. 临床泌尿外科杂志,1996;11(3):167
[93] 郑　刚等. 蚌埠医学院学报,1996;21(3):185
[94] 燕东亮等. 山东医药,1996;36(5):10
[95] 李为兵等. 中华泌尿外科杂志,1995;16(11):651
[96]* 潘柏年等. 中华泌尿外科杂志,1996;17(5):292
[97] 李丹滨等. 哈尔滨医科大学学报,1995;29(6):531
[98] 王淑芹等. 北京医科大学学报,1996;28(2):158
[99] 陈建国等. 苏州医学院学报,1996;16(3):501
[100] 周洪月等. 综合临床医学,1996;12(3):114
[101] 孙冠浩等. 临床泌尿外科杂志,1996;11(2):78
[102] 朱世华等. 临床泌尿外科杂志,1995;10(6):367
[103]* 华　烨等. 肿瘤,1996;16(2):67

[104] 张心男等. 临床泌尿外科杂志,1995;10(5):283
[105]* 赵耀瑞等. 中华泌尿外科杂志,1996;17(4):213
[106] 郭德荣等. 中华泌尿外科杂志,1996;17(2):67
[107] 何兆伟等. 中华泌尿外科杂志,1996;17(1):20
[108] 邹 炼等.中华泌尿外科杂志,1996;17(4):216
[109] 李香云等.白求恩医科大学学报,1996;22(3):256
[110] 杨清浩等.中国肿瘤临床,1996;23(6):407
[111] 吴长利等. 佳木斯医学院学报,1996;19(1)5
[112] 刘春晓等. 中华泌尿外科杂志,1995;16(12):725
[113] 张银高等. 中华实验外科杂志,1996;13(2):85
[114] 吴长利等. 佳木斯医学院学报,1996;19(2):3
[115] 胡勤勇等. 中华实验外科杂志,1996;13(5):288
[116] 刁小庆等. 中华实验外科杂志,1996;13(4):209
[117]* 李 鸣等. 中华外科杂志,1996;34(1):7
[118] 宋永胜等. 中华泌尿外科杂志,1996;17(5):270
[119] 温儒民等. 中华肿瘤杂志,1996;18(3):224
[120] 解 骅等. 临床泌尿外科杂志 ,1995;10(5):294
[121]* 靳凤烁等. 中华泌尿外科杂志,1996;17(5):267
[122]* 孙世平等. 中华泌尿外科杂志,1995;17(5):263
[123] 白铁男等. 中华泌尿外科杂志,1995;16(11):685
[124] 李振华等. 中华泌尿外科杂志,1996;17(7):415
[125] 张海峰等. 中华外科杂志,1996;34(9):560
[126] 陈少茂等. 中华泌尿外科杂志,1996;17(3):157
[127] 刘建民等. 蚌埠医学院学报,1996;21(3):175
[128] 马继红等. 佳木斯医学院学报,1996;19(2):17
[129] 胡晓彤等. 浙江医科大学学报,1995;24(6):260
[130] 郭和清等. 解放军医学杂志,1996;21(4):263
[131] 陈燕萍等. 中华放射学杂志,1996;30(4):225
[132] 魏 东等. 中华泌尿外科杂志,1996;17(5):273
[133]* 孙 光等. 中华泌尿外科杂志,1996;17(4):199
[134] 盛申耀等. 中华泌尿外科杂志,1996;17(3):152
[135] 卢根生等. 中华泌尿外科杂志,1996;17(4):210
[136] 荀 欣等. 中华泌尿外科杂志,1996;17(3):91
[137] 张卫星等. 临床泌尿外科杂志,1995;10(5):281
[138]* 陈仕平等. 中华泌尿外科杂志,1996;17(7):412
[139] 汪定海等. 临床泌尿外科杂志,1995;10(5):279
[140] 吴宏飞等. 中华泌尿外科杂志,1996;17(3):160
[141] 徐承良等. 中华泌尿外科杂志,1996;17(4):222
[142] 孟凡学等. 临床泌尿外科杂志,1996;11(2):73
[143] 白铁男等. 临床泌尿外科杂志,1995;10(6):337
[144] 郭丰富等. 中华泌尿外科杂志,1996;17(6):359
[145] 颜醒愚等. 福建医药,1996;18(2):44
[146]* 周芳坚等. 中华泌尿外科杂志,1995;16(11):661
[147] 于志坚等. 浙江医药,1996;18(5):310
[148] 方 平等. 临床泌尿外科杂志,1996;11(2):95
[149] 徐丹枫等. 临床泌尿外科杂志,1995;10(5):285
[150] 谢庆祥等. 第一军医大学学报,1995;15(4):352
[151] 李楚瑜等. 广东医学,1996;17(3):175
[152] 刘 跃等. 中华泌尿外科杂志,1996;17(6):377
[153] 黄放如. 中国农村医学杂志,1996;24(8):30
[154]* 王子明等. 中华外科杂志,1996;34(6):368
[155] 常江平. 临床泌尿外科杂志,1996;11(4):207
[156] 周莉莉等. 苏州医学院学学报,1996;16(3):496
[157]* 吴登龙等. 临床泌尿外科杂志,1996;11(4):202
[158] 冯 陶等. 北京医科大学学报,1996;28(2):115
[159] 雷建平等. 中华泌尿外科杂志,1996;17(3):165
[160] 韩瑞发等. 中华泌尿外科杂志,1996;17(5):298
[161] 丁 强等. 中华实验外科杂志,1996;13(5):286
[162] 崔秀娟等. 中国医科大学学报,1996;25(4):355
[163]* 刘运初等. 中华实验外科杂志,1995;12(6):330
[164] 余永伟等. 中华泌尿外科杂志,1995;16(11):688
[165] 黄志勇等. 江苏医药,1995;21(12):808
[166] 曹修淮. 中华外科杂志,1996;34(4):232
[167] 施发表等. 中华放射学杂志,1996;30(3):179
[168] 周先勇等. 浙江医科大学学报,1996;25(1):31
[169] 崔 勇等. 苏州医学院学报,1996;16(4):731
[170] 夏广彬等. 中华泌尿外科杂志,1996;17(2):97
[171] 邓方明等. 中华泌尿外科杂志,1995;16(12):708
[172] 邓方明等. 中华泌尿外科杂志,1996;17(4):235
[173] 李彦锋等. 临床泌尿外科杂志,1996;11(4):199
[174]* 邓方明等. 中华泌尿外科杂志,1995;16(12):729
[175] 吴永安等. 中华泌尿外科杂志,1995;16(11):664
[176] 苏泽轩等. 中国临床解剖学,1995;13(4):275
[177] 王志平等. 中华泌尿外科杂志,1995;16(12):732
[178] 李禄成等. 中华老年医学杂志,1996;16(3):152
[179] 邵 强等. 中华泌尿外科杂志,1995;16(12):734
[180] 徐宝军. 中华泌尿外科杂志,1995;16(12):739
[181] 王 君等. 铁道医学,1996;24(4):243
[182] 陆曙炎等. 苏州医学院学报,1996;16(4):729
[183] 张英杰等. 新乡医学院学报,1995;12(4):366
[184] 薛 建等. 中华外科杂志,1996;34(8):508
[185] 邓小枫等. 临床泌尿外科杂志,1996;11(4):222
[186] 陈承志等. 中华泌尿外科杂志,1996;17(2):100
[187] 孟书礼等. 中华泌尿外科杂志,1996;17(8):491
[188] 邵 强等. 中华泌尿外科杂志,1996;17(8):494
[189] 韩见如等. 中华泌尿外科杂志,1996;17(7):418
[190] 经 浩等. 中华泌尿外科杂志,1995;16(12):736
[191]* 王共先等. 临床泌尿外科杂志,1996;11(4):210
[192] 周方堃等. 临床泌尿外科杂志,1995;10(6):343
[193] 藏 奕.湖南医学,1996;13(4):224
[194] 陈长勇等. 青海医药杂志,1996;26(5):3
[195] 于德新等. 安徽医科大学学报,1996;31(2):116
[196]* 徐 勋等. 临床泌尿外科杂志,1995;10(5):287
[197] 郑兆鹏等. 中华泌尿外科杂志,1996;17(1):27
[198] 李 陵等. 湖南医学,1996,13(3):180
[199] 郭昭建等. 临床泌尿外科杂志,1996;11(2):119
[200] 罗义麒等. 中华创伤杂志,1996;12(1):56
[201] 蔡勇强等. 常州医学,1996;20;(4):235
[202]* 戴玉田等. 中华泌尿外科杂志,1995;17(1):30
[203] 苏泽轩等. 中华泌尿外科杂志,1996;17(1):42

[204] 彭必富. 中国农村医学,1996;24(1):5
[205] 吴志坚等. 湖南医学,1995;12(6):353
[206] 李为兵等. 中华创伤杂志,1996;12(1):31
[207] 杨 楷等. 山西医学院学报,1996;27(3):219
[208] 何恢绪等. 中华泌尿外科杂志,1996;17(1):39
[209]* 吴文波等. 中华小儿外科杂志,1995;16(6):352
[210]* 黄旭元等. 中华泌尿外科杂志,1996;17(8):500
[211] 黄鲁刚等. 四川医学,1995;16(5):272
[212] 王玉杰等. 新疆医学院学报,1996;19(1):27
[213] 王如岭等. 山东医科大学学报,1996;34(2):178
[214] 任 杰等. 河南医科大学学报,1996;31(1):140
[215]* 陈绍基等. 四川医学,1995;16(15):267
[216]* 曹宁生等. 中华泌尿外科杂志,1995;16(11):658
[217] 张军卫等. 中华泌尿外科杂志,1995;16(11):654
[218] 赵同胜. 中级医刊,1996;31(5):279
[219] 陈国祥等. 中华泌尿外科杂志,1996;17(7):423
[220] 陈春光等. 临床泌尿外科杂志,1995;10(6):344
[221] 龚伟达等. 南京医科大学学报,1995;15(4):913
[222] 黄 祥等. 中华泌尿外科杂志,1995;16(11):656
[223] 孙 光等. 中华外科杂志,1996;34(8):503
[224] 苏建堂等. 中华泌尿外科杂志,1996;17(7):426
[225]* 郑骏年等. 临床泌尿外科杂志,1995;10(5):261
[226] 李 志等. 中华免疫学杂志,1996;12(4):237
[227] 丁 强等. 中华泌尿外科杂志,1996;34(1):19
[228] 白培明. 中级医刊,1996;31(3):35
[229] 曾宪明等. 广东医学,1996;17(4):281
[230] 丁 强等. 中华泌尿外科杂志,1996;17(8):497
[231] 霍红旭等. 河北医科大学学报,1996;17(3):154
[232]* 张志根等. 临床泌尿外科杂志,1995;10(6):331
[233] 贺盛光等. 华西医学,1996;11(2):241
[234] 王 仪等. 临床与实验病理学杂志,1996;12(2):180
[235] 李文梅等. 河南肿瘤学杂志,1996;9(4):301
[236]* 杨 震等. 男性学杂志,1996;10(2):75
[237] 刘禄成等. 临床泌尿外科杂志,1996;11(2):108
[238] 文海涛等. 男性学杂志,1996;10(2):93
[239] 金三宝等. 中华外科杂志,1996;34(4):241
[240] 吴荣德等. 中华泌尿外科杂志,1996;17(7):428
[241] 邱少东等. 中国超声医学杂志,1996;12(7):40
[242] 吴宏飞等. 中华泌尿外科杂志,1995;16(12):741
[243] 吴宏飞等. 男性学杂志,1996;10(2):107
[244]* 黄 祥等. 中华泌尿外科杂志,1996;17(3):174
[245]* 胡礼泉等. 中华外科杂志,1996;34(6):377
[246] 顾 鹏等. 中国超声医学杂志,1996;12(1):29
[247] 王 忠. 男性学杂志,1996;10(3):167
[248] 高 冰等. 中华泌尿外科杂志,1997;17(3):171
[249] 朱保平等. 中华实验外科杂志,1996;13(4):227
[250] 余德棠. 广西医学,1996;18(4):436
[251]* 姚德鸿等. 上海医学,1996;19(5):263
[252] 卫 涛等. 男性学杂志,1996;10(3):149
[253]* 贺占举等. 中华泌尿外科杂志,1996;17(6):371
[254] 袁寄立等. 临床泌尿外科杂志,1995;10(5):308
[255] 梁仲桥等. 中级医刊,1996;23(9):14
[256] 杨红英等. 男性学杂志,1996;10(3):171
[257] 吴亚平等. 云南医药,1996;17(3):179
[258] 周文隆等. 男性学杂志,1996;10(2):94
[259] 王晓冬等. 中国免疫学杂志,1996;12(3):188
[260]* 李永海等. 临床泌尿外科,1995;10(5):290

文 选

嗜铬细胞瘤手术病人围术期血流动力学变化(临床泌尿外科杂志,1995;10(5):276) 同济医大协和医院彭志勇等为了解嗜铬细胞瘤病人围术期血流动力学变化,对12例肾上腺嗜铬细胞瘤患者在术中连续监测血压及心率。发现麻醉后平均血压、心率均有不同程度的下降,分离肿瘤时平均血压、心率又明显增加,而切除肿瘤后平均血压及心率又明显下降,其改变均有显著意义($P<0.01$)。其中2例在分离肿瘤时,心电图呈室性早搏,经用利多卡因及酚妥拉明后消失。嗜铬细胞瘤切除围手术期血压的急剧波动对病人的影响很大。因此,动脉压、中心静脉压、心电图和尿量的监测是指导术中合理用药,保证循环稳定的关键。术中应根据病人血压及手术操作步骤合理应用血管活性药,避免血压和心率等指标的大幅度波动。

(许传亮)

嗜铬细胞瘤的围手术期处理(中华泌尿外科杂志,1996;17(4):224) 南京医大一院苏建堂等对81例嗜铬细胞瘤患者进行完善的围手术期处理,使手术成功率达到97.4%。80例患者中男性32例,女性48例。平均年龄36.5(7～63)岁。病程3 d～14年。80%的病人于发病后2年内就诊。临床表现主要是持续性高血压伴发作性加剧,以及由此造成的一系列心血管系统疾病,如心率失常、心脏扩大、心肌梗死、心力衰竭和儿茶酚胺心肌病、高血压脑病和高血压性眼底病变。腹部包块5例,血尿或排尿促使高血压发作6例,系膀胱嗜铬细胞瘤。实验室检查示VMA增高84%,24 h尿和血儿茶酚胺检查32例,增高92%。早期使用腹膜后充气造影、断层摄片，现使用B超、CT，近年来使用磁共振成像术作定位诊断。嗜铬细胞瘤有特征性表现，T_1低信号，T_2强信号，使肿瘤定位极为准确。81例患者均经手术治疗，切除肿瘤86个。早期1例术后血压骤降造成植物人，3年后死亡；1例死于麻醉诱导期血压骤降。79例在围手术期妥善处理配合下安全度过手术关。围手术期处理的具体措施包括：① 控制血压；② 纠正心律失常；③ 扩容；④ 改善一般情况，如纠正电解质紊乱，调整血糖及术前心理准备工作；⑤ 密切观察各项生命指标的变化。

（王林辉）

述评 嗜铬细胞瘤绝大多数为良性肿瘤。手术为主要治疗措施，但仍存在一定危险。为保证手术安全，术前准备至关重要。南京医大一院提出的围手术期处理的具体措施值得同道参考。因为若无术前降压、扩容等治疗，有的病例似乎为轻型病例，亦可能在麻醉、手术中骤然发生意外死亡，此类病员亦需进行相应的术前准备。只要术前准备充分，术中、术后密切监测，及时发现和处理问题，绝大多数病员可获满意治疗效果。

（郑家富）

肾上腺髓性脂肪瘤（附9例报告）（临床泌尿外科杂志，1995；10(5)：268） 安徽医大附院邢江 L 等报道该院自1990～1994年共收治9例经手术、病理证实的肾上腺髓性脂肪瘤，男4例，女5例，年龄23～60岁，平均43.8岁。主诉腰部或上腹部不适、疼痛7例，2例无症状，系在常规体检时偶尔发现。9例肿瘤均位于右侧肾上腺。病史最长者达10余年。9例均经11肋间切口摘除肿瘤。瘤体最大12cm×12cm×8cm，最小4.5cm×3.5cm×2.0cm，多数肿瘤最大径超过8cm。肿瘤呈棕褐色或桔黄色，包膜光整，与周围组织易于分离。肿瘤边缘带有少许肾上腺组织。病理诊断为肾上腺髓性脂肪瘤。全部病例术后恢复良好，随访6～18个月，无肿瘤复发。作者认为，肾上腺髓性脂肪瘤临床上多数无症状，少数可由肿瘤增大压迫邻近组织或瘤体内出血而引起不典型的腰腹部疼痛，也可出现腹部包块。诊断靠B超和CT。B超检查表现为密度不均的实性占位，呈强回声反射，包膜完整。CT检查为肾上腺区可见接近脂肪密度的实性占位病变，边缘光滑、锐利，呈类圆形，CT值在-120～-12HU，部分呈团块状或为条索状，CT值为20～30HU，增强扫描无明显强化。由于本病属良性，肿瘤生长缓慢，许多人终生带瘤无症状而不被发现。因此，临床上若诊断明确，肿瘤较小，且无症状者，可暂不手术。但每3～6个月需定期随访一次。若有压迫症状或肿瘤较大，即使无症状或肿瘤生长迅速者均应手术治疗。诊断可疑者，随访时间不宜过长，应尽早手术。本病预后良好，无癌变病例报告。

（夏广彬）

评述 肾上腺髓性脂肪瘤是一种较少见、无功能的良性肿瘤。瘤体较小，无症状者多为偶然发现；肿瘤较大、有内出血者可有腰瘤、腹痛、腹部不适、包块。诊断主要靠B超、CT检查，多能明确诊断。据报导腹膜后脂肪肉瘤、坏死性肾上腺癌有时可与本病混淆，值得注意。对无症状较小肿瘤可定期随访，密切观察；有症状的较大肿瘤宜尽早手术，对诊断可疑者，可配合动脉造影或经细针穿刺活检确定诊断，手术探查亦可选用。

（郑家富）

细胞粘附分子在恶性肾肿瘤中的表达（中华泌尿外科杂志，1996；17(2)：70） 北京医大一院钟华等采用斑点杂交和Northern杂交研究12例恶性肾肿瘤组织中细胞间粘附分子(ICAM-1)和血管细胞粘附分子(VCAM-1)基因转录水平的表达。其中透明细胞癌9例，混合细胞癌1例，肾盂移行细胞癌2例。结果表明：ICAM-1斑点杂交阳性表达率为100%，4例透明细胞癌和2例移行细胞癌高表达，3例透明细胞癌和1例混合细胞癌为低表达。VCAM-1 Northern杂交发现二条明确的VCAM-1 mRNA杂交条带，片段大小介于2.4 kb和6.3 kb之间。肾细胞癌以大片段mRNA表达为主，而移行细胞癌则以大片段mRNA表达为主。VCAM-1阳性表达率为75%，其中4例透明细胞癌和1例混合细胞癌为高表达，2例透明细胞癌和2例移行细胞癌为低表达，3例透明细胞癌表达阴性。提示恶性肾肿瘤细胞中存在活化的细胞间粘附分子和血管粘附分子基因，并可能有利于免疫细胞在肿瘤病灶部位聚集，以发挥宿主免疫系统的抗肿瘤作用；而脱落于循环血液中的可溶性ICAM-1、VCAM-1增加，可能影响免疫治疗的效果。

（许传亮）

评述 细胞粘附分子是一大位于细胞膜表面的糖蛋白分子，可通过介导细胞与细胞、细胞与细胞外基质的相互作用在机体免疫和类癌反应中发挥重要作用。该文研究发现肾肿瘤组织中广泛存在细胞间粘附分子和血管细胞粘附分子。但这种粘附分子在肾癌中的生物学意义值得深入探讨。

（郑家富）

白细胞介素6在肾癌和膀胱癌细胞系中的表达（中华泌尿外科杂志，1996；17(1)：17） 北京医大一院钟华等应用 IL-2 依赖株增殖 MMT 染色测定法和 Northern 印迹检测法检测 GRC-1 肾细胞癌细胞系和 BIU-87 膀胱移行细胞癌细胞系培养上清液中 IL-6 活性水平及 IL-6 mRNA 的表达。GRC-1 细胞系第 24 小时上清液 IL-6 活性为 475.77U/ml，48h 内呈明显下降趋势，后 48 h 缓慢下降；BIU-87 细胞系前 72 h 逐渐下降，后 48 h 趋于平稳，略有上升。以 T24 膀胱癌细胞系为 IL-6 阳性对照进行 Northern 杂交，GRC-1 和 BIU-87 细胞系有不同程度杂交带，位于 18 s 附近。GRC-1 和 BIU-87 细胞系在常规培养条件下未加任何刺激因素可在 mRNA 水平表达 IL-6，其培养上清液中可测出不同程度的 IL-6 活性水平，表明这两种细胞可自发分泌 IL-6。在培养初期，IL-6 水平呈明显下降趋势，随着培养时间的延长，上清液中所含 IL-6 水平渐趋稳定，这可能与培养液中所含 FCS(培养液的一种成分)有关。在分泌 IL-6 时，BIU-87 细胞系较 GRC-1 细胞系相对稳定，可能与这两种细胞的生物学特性有关。这两种细胞为研究 IL-6 基因的活化、调节及信号传递机制提供模型，并从基因水平阐述某些 IL-6 水平异常升高性疾病的发病机制，可为泌尿系肿瘤的生物学治疗提供理论依据。

(许传亮)

述评 白细胞介素 6(IL-6)是一种多功能的细胞因子，可诱导细胞分化，影响细胞的生长。可直接或间接参与肿瘤免疫，对各种肿瘤的作用也具有多样性，有抑制作用，也有促进作用。从基因水平阐述其对肿瘤细胞的作用机制，对今后开展肿瘤的生物学治疗有重要意义。

(郑家富　王锡智)

肾细胞癌伴静脉癌栓 15 例临床分析(中华泌尿外科杂志，1996；17(6)：333)　上海华山医院袁涛等报道 1985～1995 年治疗肾细胞癌伴静脉癌栓 15 例，其中男性 13 例，女 2 例；年龄 31～72 岁；肿瘤位于右侧 9 例，左侧 6 例。按癌栓水平分为肾型 10 型，肝下型 4 例，肝上型 1 例。B 超和 CT 检查总确诊断为 73%，14 例行姑息性或根治性肾切除(各 7 例)加肾静脉或下腔静脉切开取栓术，术后 13 例以 5-FU 加 MMC 方案化疗。随访 3 个月～5 年。6 例术前证实有转移者均于术后 1 年内死亡，平均存活 6 个月；9 例术中发现有肾周脂肪侵犯或局部淋巴结转移者平均存活 8.7 个月；4 例无肾周脂肪侵犯或转移者中，1 例存活 24 个月死亡，余 3 例分别存活 36、43、52 个月，与文献报道的结果类似。作者认为，B 超和 CT 互补应用可基本满足对静脉癌栓诊断的需要；除肝上型和已有血管壁浸润者外，大部分癌栓可采用松解游离后渐渐拉出的方式取出；癌栓水平除肝上型外对预后影响不大。因此，无论何型癌栓，只要无局部浸液及淋巴结和远处转移，均应积极手术切除肿瘤及癌栓。对于有单个远处转移灶及其他影响预后的因素存在者，姑息性手术治疗也是可取的。

(廖国强)

述评 肾细胞癌伴静脉癌栓的诊断主要借助于 B 超、CT，不能确诊者 MRI 及下腔静脉造影可提高诊断准确性，并能了解癌栓大小及其长度。外科手术是主要治疗方法，而癌栓水平及下腔静脉壁侵犯与否又决定手术方式的选择。无论采用何种手术方式，都必须遵循既要根治切除肿瘤，又要取尽癌栓、防止肺栓塞、减少出血等并发症的原则。虽然影响预后的因素甚多，如能完全切除肿瘤及癌栓，有可能取得较好结果。

(郑家富)

难诊断的非肿瘤性肾脏占位图像分析(中华泌尿外科杂志，1996；17(7)：409)　北京空军总院洪泉等报道 7 例非肿瘤性肾脏占位图像，全部经手术探查确诊。除 2 例肾皮质脓肿外，另 5 例均不需手术治疗。其中 3 例系肾脏实质炎性浸润，CT 图像类似肾癌，均有密度不均匀、有增强现象，邻近肾盏、肾盂受压，但肿块边界不整齐。3 例都有肾结石病史。结石嵌顿于肾盏可导致邻近肾实质炎症。提示有肾结石病史者，B 超、CT 发现肾脏占位图像时，不宜仓促手术探查，可短期复查，如图像有明确消退变形，可以排除肾癌时，则毋需手术处理。2 例肾皮质脓肿均有高热、脊肋角叩痛。CT 图像肿块外界不规则，密度明显不均匀，有液化区。提示临床医生不但需熟悉图像诊断，还应结合临床综合考虑，才能更全面正确地诊断和治疗疾病。肾囊肿出血可形成高密度占位病变之影像，但其内部密度和回声均匀，边界锐。表浅囊肿破裂导致的纤维增生，也有边界齐、密度和回声均匀的特点，并用 CT 检查无增强现象。提示遇有此种情况，可先随诊复查，毋需手术处理。

(王林辉)

述评 该文给我们一个启示，即临床医师对于 CT 图像酷似肾癌者，需要结合临床资料综合考虑分析，才能作出更全面正确的诊断和治疗，使一些病员免受手术之苦。这里也必须指出，肾脏良性肿瘤较少见，非肿瘤性肿块，应当同类症性包块或解剖变异相鉴别。在超声、CT 检查仍不能明确诊断时，可行选择性血管造影，有的可能需要进一步作超声引导下的穿刺检查，进行组织学诊断，甚至手术探查。

(郑家富)

尿路结石致急性肾功能衰竭的急诊手术治疗(中国危重病急救医学,1996;8(8):467) 湖北医大一院杨嗣星等报道该院对96例尿路结石并发急性肾功能衰竭患者行急诊手术治疗。手术方式依据结石部位及患者情况而定。其中92例上尿路结石中先暂行膀胱镜输尿管插管引流38例(单侧30例,双侧8例),随后2周内均行取石术;肾实质切开取石术6例;肾盂或肾窦内肾盂切开取石术10例;单纯行经皮肾穿刺造瘘2例;一侧肾输尿管切开取石24例;一侧或输尿管切开取石、对侧经皮肾穿刺造瘘术10例;急诊行输尿管镜取石2例;4例膀胱巨大结石均行耻骨上膀胱切开取石术。死亡7例(7.3%),原因为感染中毒性休克2例,尿毒症3例,水、电解质平衡失调1例,消化管大出血1例,术后发生尿瘘6例。尿路结石并发急性肾功能衰竭的治疗应根据不同部位的结石及患者当时的全身情况选择不同的方法。输尿管插管引流术适用于结石较小且有自行排出可能的病人,尤其是一侧上尿路结石梗阻、无尿、反射性引起对侧无尿者,及病情危重而肾积水不重、不适合行经皮肾穿造瘘者。经皮肾穿刺造瘘术适用于至少有一侧肾积水较明显,患者病情较复杂,结石位置不够明确或病情危重不能耐受较复杂手术者。一侧手术取石,对侧经皮穿刺造瘘术适用于双侧上尿路结石,且一侧肾积水较重而对侧肾功能良好者。肾、输尿管切开取石术适用于一侧上尿路结石引起急性梗阻,对侧反射性无尿者,输尿管镜取石适用于输尿管中下段结石,且结石滞留时间不长,结石不过大,既往无输尿管切开手术者。耻骨上膀胱切开取石术适用于因膀胱巨大结石引起双侧输尿管急性梗阻者。

(许传亮)

述评 尿路结石致急性肾衰是泌尿外科的急诊之一,需要紧急处理。及时合理的治疗 对挽救病人的生命和保护肾功能有重要意义。原则上,应尽可能采用简单而有效的手术解除梗阻,使肾功能恢复正常。该文报告96例尿路结石并发急性肾衰的手术治疗经验,有临床参考价值。

(张汉升)

输尿管结石的临床分类及治疗方案选择(中华泌尿外科杂志,1996;17(2):106) 上海市九院张国强等对1 924例输尿管结石采用了ESWL和(或)手术治疗。其中男性1 276例,女性648例。上段结石1 354例,中段128例,下段442例。结石最小0.4cm×0.3cm,最大3.1cm×1.6cm。临床分类标准为,Ⅰ类结石:①IVU造影剂可从结石周围通过;②首次肾绞痛发作在1周内;③结石在输尿管处停留时间<4周,最大径<0.8cm。Ⅱ类结石:结石停留时间>4周,横径<1.2cm,伴有肾积水的各种介于Ⅰ类与Ⅲ类之间的结石。Ⅲ类结石:①结石停留时间>3年,伴有严重肾积水;②严重肾积水,且结石呈齿状或中间有裂隙影,表面毛糙或下方有息肉,输尿管成角等。该组Ⅰ类结石1 039例,Ⅱ类结石795例,Ⅲ类结石90例。Ⅰ类结石全部采用ESWL,Ⅲ类结石大部分采用手术,其余结石先采用ESWL,失败后再改作手术治疗。肾绞痛者行急诊ESWL治疗。Ⅰ类结石1 039例,一次粉碎率99.4%,Ⅱ类结石789例,一次粉碎率33%,Ⅲ类结石51例,一次粉碎率为零。三类结石总一次粉碎率为68.9%。作者建议,Ⅰ类结石应首选ESWL治疗,Ⅲ类结石不宜采用ESWL治疗,Ⅱ类结石可根据具体情况作出适当处理。

(王林辉)

述评 输尿管结石应根据结石大小、部位、肾积水程度、结石停留时间、是否合并输尿管息肉、狭窄以及医院的条件设备综合考虑。目前,输尿管镜和气压弹道碎石可使绝大多数输尿管结石患者免受开放手术之苦。该文将输尿管结石分为三类是比较合理的,对指导临床治疗有实际意义。

(张汉升)

尿道张力性药物灌注及前列腺局部注射治疗支(衣)原体性前列腺炎100**例报告**(临床泌尿外科杂志1996;11(4):215) 深圳新安(西乡)医院吴怡兴报告1994年3月～1995年5月治疗支(衣)原体感染所致慢性前列腺炎100例,年龄17～56岁,病程3个月～3年。取前列腺液及尿道分泌物作聚合酶链反应(PCR)检查,衣原体阳性30例,支原体阳性25例,两者均阳性45例。采用四环素或氧氟沙星等药物,联合应用前列腺局部注射和尿道张力性药物灌注治疗,经1～4个疗程,治愈95例,显效3例,无效2例。认为采用PCR检测方法灵敏性及特异性好,较细菌培养阳性率高,大大提高了诊断率,解决了本病的诊断难题;采用联合前列腺局部注射及尿道张力性药物灌注的方法提高了尿道局部药物浓度,延长药物的作用时间,克服了血-前列腺屏障,使前列腺及尿道局部同时进行治疗,大大提高了治疗效果。合理选药,局部治疗,克服了药物的胃肠道反应。

(廖国强)

述评 慢性前列腺炎是泌尿外科最常见的疾病之一。治疗方法很多,包括药物、微波(射频)热疗、阴离子导入等,但治疗效果因人而异,差别很大。该文报告用局部注射及尿道张力性灌注四环素或氧氟沙星等药物,效果满意。据临床观察,该疗法尚难肯定张力性尿道给药后药物能否进入前列腺组织目前尚无客观证据。而局部注射给药,有一定的并发症。该疗法可能是前列腺的治疗方法之一,临床上需谨慎应用。

(张汉升)

成人先天性巨输尿管症(15 **例报告**)(中华泌尿外科杂志,1996;17(5):292) 北医大一院潘柏年等治疗 15 例 19 侧成人先天性巨输尿管症,其中左侧 9 例,右侧 2 例,双则 4 例。9 例有腰痛,合并血尿 5 例,有尿路感染症状者 5 例。采用内镜扩张治疗 1 例,手术治疗 11 例 14 侧,其中输尿管中下段裁剪和抗逆流输尿管再植术 10 例 12 侧,因患侧肾发育不全或肾功能重度受损,作输尿管全长切除 2 侧。4 例双侧患者,1 例 1 侧作输尿管成形膀胱再植术,另 1 侧保守观察;2 例行双侧输尿管中下段裁剪成形膀胱再植术;1 例在切除 1 侧发育不全的肾脏同时行对侧输尿管成形膀胱再植术。保守治疗观察 3 例 4 侧。12 侧术后输尿管梗阻段病理有胶原纤维组织增生,纵肌减少,环肌肥厚或慢性炎症等改变。经内镜扩张及手术治疗 12 例中 9 例病人术后无症状或在劳累后偶有患侧腰酸不适,全部患者肾功能正常。保守治疗 2 例,病情稳定。先天性巨输尿管发病原因与病理关系尚不清楚,其发病与末段输尿管内肌肉结构改变、肌层肥厚、粘膜炎症、纵肌缺乏、肌组织亚细胞结构中钙激活剂的分布异常等有关。其诊断主要根据临床症状、尿路 X 线造影及膀胱检查。小儿先天性巨输尿管患者往往病情发展快,肾损害较重,应尽早手术,而成人病例由于病变相对稳定,病情发展缓慢,应根据病变及患肾功能选择不同治疗方法。输尿管膀胱再植术可能是消除巨输尿管尿路感染的有效方法。

(许传亮)

述评 先天性巨输尿管症的诊断不难,但治疗效果并不很理想。治疗方法主要将病变末段输尿管切除、扩张的输尿管裁剪后与膀胱吻合。输尿管与膀胱吻合时抗反流手术是否有效是手术成败的关键。若吻合后膀胱输尿管反流,可导致患肾感染而被迫切除该肾。该文报告 15 例先天性巨输尿管症的治疗经验,可供临床借鉴。

(张汉升)

上海市区膀胱癌病例对照研究(肿瘤,1996;16(2):67) 上海市肿瘤所华 烨等报道 1987~1989 年在上海市区开展的一次基于全人群的膀胱癌病例对照研究,共完成调查男女新发病例 377 例,对照 398 例。对连续性变量根据对照组的分布采用四分位分组。首先用 Mantel-Haenszel 方法对变量进行单因素分析,计算比数比(Odds Ratio,OR),并对主要危险因素拟合了 Logistic 多因素回归模型进行多因素分析。OR 值、95%可信区间(95%CI)以及多元回归的计算采用 Epilog 软件包完成。结果显示,吸烟者的膀胱癌危险度显著升高(男性:OR=1.7,95%CI 为 1.2~2.5;男女性:OR=1.6,95%CI 为 1.1~2.2),尤其烟龄在 43 年以上者,其危险度可高达 2.5 倍以上。职业暴露于有机溶剂者其危险性也有显者升高,有尿路感染史者患膀胱癌的 OR 值男性和男女合并分别为 3.5(0.8~14.7)和 4.0(1.4~11.4);父母一方有肿瘤史的患膀胱癌的 OR 值男性为 1.8(0.9~3.3),男女合并 1.7(1.0~2.9)。经济收入与膀胱癌的危险性呈负相关,并且趋势显著,最高四分位组(Q4)的 OR 分别为 0.3(男性)和 0.4(男女性)。新鲜蔬菜水果对膀胱癌有不同程度的预防作用,萝卜和蘑菇减少膀胱癌危险性 50%,多吃西瓜可使膀胱癌危险性降低;尤其在男性中可降低 50%左右。未发现酒精、咖啡和茶与膀胱癌的关系。

(赵晋新)

述评 上海市区是我国膀胱癌高发地区之一。因此,这一篇膀胱癌的流行病学调查对探讨上海市膀胱癌的病因很有价值。调查结果提示,吸烟,尤其长期、大量吸烟是膀胱癌最主要危险因素;而食用胡萝卜、萝卜、蘑菇和西瓜等新鲜蔬菜、水果能减少患膀胱癌危险达 50%。为预防膀胱癌提出了有意义的措施。

(郑家富)

TGF-β_1 蛋白的表达对膀胱癌生物学行为的影响(中华泌尿外科杂志,1996;17(4):213) 天津市泌外所赵耀瑞等应用放免分析方法对 18 例膀胱移行细胞癌和 9 例正常膀胱粘膜组织内 TGF-β_1 含量进行了检测,并用^{3}H-TdR 参入法观察外源性 TGF-β_1 对 TBC-1 系膀胱癌细胞体外生长的影响。发现正常膀胱粘膜 TGF-β_1 蛋白表达为(0.99±0.73)μg/g 蛋白,膀胱癌组织为(8.32±5.66)μg/g 蛋白。后者显著高于前者($P<0.001$)。TGF-β_1 表达量 Ta 组为(4.07±1.38)μg/g 蛋白,T1 组为(9.68±3.86)μg/g 蛋白,T2 组为(10.26±8.03)μg/g 蛋白。T1 组和 T2 组 TGF-β_1 蛋白表达量均显著高于 Ta 组($P<0.05$ 和 $P\leqslant0.005$)。虽然 T2 组高于 T1 组,但经统计学处理,无显著性差异($P>0.05$)。TGF-β1 蛋白表达量 G_1 组为(4.52±1.69)μg/g 蛋白,G_2 组为(8.26±4.42)μg/g 蛋白,G_3 组为(10.93±7.76)μg/g 蛋白,G_3 组显著高于 G_1 组($P\leqslant0.05$)。虽然 G_2 组和 G_3 组分别高于 G_1 组和 G_2 组,但经统计学处理,无显著性差异。当 TGF-β_1 浓度为 5μg/L 时可显著

促进 TBC-1 系膀胱癌细胞的生长，而 TGF-β_1 浓度为 0.5μg/L 时，则无明显影响。当 TBC-1 系细胞培养至 7 d 时，加 TGF-$\beta_1$5μg/L 组的^{3}H-TdR 掺入值高于不加 TGF-β_1 组的 71.3%($P<0.05$)，而加 TGF-β_1 0.5μg/L 组的^{3}H-TdR 掺入值与不加 TGF-β_1 组无显著性差异($P>0.05$)。作者认为 TGF-β_1 对膀胱癌细胞的生长有促进作用；TGF-β_1 在膀胱癌组织中高表达的临床生物学意义可能在于 TGF 可通过促进膀胱癌细胞生长、浸润，抑制膀胱癌细胞的分化而影响膀胱癌预后。膀胱癌细胞中 TGF-β_1 的表达量有可能作为测定膀胱癌预后的一个重要指标。

（夏广杉）

述评 膀胱癌是泌尿外科最常见的恶性肿瘤，其生物学行为有很大差异。转化生长因子 β_1(TGF-β_1)是一种高度稳定的多肽，它参与各种组织细胞的生理过程，对炎症、损伤起组织修复作用，而对某些癌前期上皮组织细胞，则能抑制其增殖。该文研究结果发现，TGF-β_1对膀胱癌细胞的生长有促进作用，这对判断膀胱癌的预后有一定价值。但 TGF-β_1 对膀胱癌影响的机制有待进一步研究。

（郑家富　王锡智）

联合应用 c-Ha-ras、c-myc 反义寡聚脱氧核苷酸对人膀胱癌细胞生长增殖的抑制作用（中华外科杂志，1996；34(1)：7） 兰州军区三院李鸣等联合应用人工合成的 c-Ha-ras、c-myc 反义寡聚脱氧核苷酸(ASO-r，ASO-m)对人膀胱癌细胞株进行作用，ASO 的设计与合成：① ASO-r：pTTCCGTCATCGCTCC，与 c-Ha-ras 第一外显子起始点为中心的序列互补；②：ASO-m：pAACGTTGAGGGGCAT，与 c-myc 第二外显子开头 5 个三联码序列互补。ASO 处理细胞的方法为：取对数生长期细胞接种于 6 孔培养板上，每孔 1×10^4，培养 24 h 后弃上清液，加入含不同浓度 ASO(4、8、16μmol/L)的 1640 培养液，继续培养。利用 rasP21、mycP62 单克隆抗体进行 ABC 法免疫细胞化学染色。结果显示，ASO 处理后 T24 细胞中 c-Ha-ras、c-myc 基因蛋白产物 P21、P62 的表达强度及阳性染色率降低，而对照组中有较高水平的表达。ASO 能够抑制 T24 细胞的 DNA 合成及生长增殖，抑制作用大小与 ASO 浓度有关。经 ASO-r、ASO-m 处理后癌细胞裸鼠致瘤力下降。

（王林辉）

述评 肿瘤的基因治疗是近年来发展起来的治疗方法，包括肿瘤的细胞因子/免疫基因治疗、肿瘤的药物抗基因治疗、肿瘤抑制基因治疗和肿瘤的药敏基因治疗。肿瘤的基因治疗是肿瘤治疗的一个新的值得探索的治疗方法。该文报告应用人工合成的 c-Ha-ras、c-myc 反义寡聚脱氧核苷酸对人膀胱瘤细胞株进行作用，能抑制癌细胞 DNA 合成及生长繁殖，使其致瘤能力下降，为临床治疗膀胱癌提供了新的途径，值得深入研究。

（郑家富、王锡智）

膀胱肿瘤基因瘤苗诱导的抗肿瘤作用（中华泌尿外科杂志，1996；17(5)：267） 重庆大坪医院靳风烁等报道用 Lipofectin 方法将白细胞介素 2(IL-2) cDNA 转入膀胱移行细胞癌 BTT739，并观察了其在同基因鼠的抗肿瘤作用。采用 10 周龄近交系 T739 小鼠 38 只，分为 4 组，A、B、C 组各 10 只，皮下接种野生型膀胱移行癌细胞 BTT739 细胞 1×10^6/鼠；A 组同时在同一部位接种 BTT739/IL-2 细胞 1×10^6/鼠；接种后第 3 天 B 组，第 7 天 C 组分别在第一次接种部位接种 BTT739/IL-2 细胞 1×10^6/鼠。D 组 8 只小鼠皮下接种 BTT739/IL-2 细胞 1×10^7/鼠，30d 后接种野生型 BTT739 细胞 1×10^6/鼠。观察并记录肿瘤形成情况。接种后观察 25d，A、B 两组小鼠最初 1 周内有局部小结节形成，但此后渐消失，观察 25 d 无肿瘤形成；C 组接种 BTT739/IL-2 时有 4 只小鼠局部已形成 0.5cm 大小的瘤结，接种 BTT739/IL-2 后观察 30 d，1 只小鼠的瘤结消失，另 3 只小鼠的瘤结平均小于 1cm，其余 6 只小鼠无肿瘤形成；D 组用 BTT739/IL-2 免疫后 30d，小鼠无肿瘤，接种 BTT739 后局部也无瘤结，观察至 30d 无肿瘤形成。作者认为基因瘤苗诱导的抗肿瘤作用对提高膀胱肿瘤患者的免疫功能，抑制术后残余瘤细胞和多中心病变，提高治疗效果具有重要的应用价值。

（夏广彬）

述评 表浅性膀胱癌 TUR-Bt 后复发的危险性平均为 70%，而同时肿瘤进展的危险性为 7%～22%，多次复发占半数以上(O Alfthan *et al*：World J Urol 1997；15：89)。膀胱肿瘤的复发是因免疫功能低下及瘤细胞种植，残余瘤组织及多中心病变逃逸免疫监控所致。作者研究基因瘤苗诱导抗肿瘤和免疫记忆作用，对减少膀胱肿瘤复发，提高治疗效果开辟了一条防治新途径，

（郑家富）

免疫毒素导向治疗膀胱癌的实验与临床研究（中华泌尿外科杂志，1996；17(5)：263） 哈尔滨医大二院孙世平等报道用抗人膀胱癌单克隆抗体DI-1与苦瓜毒素(MD)通过化学交联，制备了抗人膀胱

癌免疫毒素(BDI-1-MD),并在体内外肿瘤杀伤活性研究的基础上,对膀胱移行上皮癌患者进行膀胱灌注 BDI-1-MD 治疗的临床研究。结果表明,BDI-1-MD 对人膀胱癌细胞 BLU-87 和 E-J 均有很强的杀伤作用,其 LD_{50}分别为 2.5×10^{-7}和 4×10^{-7}mol/L;而对无关的人直肠癌细胞 Lovo 则无明显的杀伤作用,说明 BDI-1-MD 对人膀胱癌具有特异性杀伤活性。在载瘤裸鼠体内可以明显地抑制人膀胱癌的生长。膀胱癌患者 18 例,男 14 例,女 4 例,年龄 32～76 岁,平均 54 岁,均经手术。病理Ⅰ级 6 例,Ⅱ级 7 例,Ⅲ级 5 例。14 例为首发瘤,4 例为复发瘤。采用 100 倍半细胞致死量浓度(5×10^{-7} mol/L)的 BDI-1-MD 用 50 ml 生理盐水稀释后行膀胱内灌注保留 1 h,每周 2 次,10 次为一疗程。随访 8～28 个月,平均 12.5 个月,17 例未复发,1 例复发(5.5%)。免疫毒素具有肿瘤导向性,国外已成功地应用于骨髓移植,并应用于实体瘤的治疗。膀胱癌可以通过反复膀胱灌注免疫毒素进行治疗而不降低效果,被认为是最适合于免疫毒素导向治疗的实体瘤。该组患者于灌注后未观察到任何毒副作用,初步显示了 BDI-1-MD 是一种治疗和防止膀胱癌复发的有效方法。

(赵晋新)

述评 免疫毒素对肿瘤进行导向治疗是一种新肿瘤治疗方法。作者研究证明,在体外试验中 BDI-1-MD 能有效抑制膀胱癌细胞生长,明显抑制膀胱癌细胞在裸鼠体内的生长,是一种具有高特异杀伤活性的抗膀胱癌药物。临床应用 18 例证明了该药在治疗膀胱小肿瘤及防止复发方面具有明显疗效,且在灌注后无明显毒副作用。这一治疗方法是目前较为理想的治疗和防止膀胱癌复发的方法,具有实际应用价值。宜在更多病例中进一步验证其疗效。

(郑家富)

复发性膀胱癌生物学行为的临床分析(中华泌尿外科杂志,1996;17(4):199) 天津医大二院孙光等报道该院 1973～1992 年经手术治疗膀胱癌 676 例,对其中随访资料较完整的 178 例复发性膀胱癌进行回顾性研究。男 154 例,女 24 例,年龄 25～79 岁,平均 55.6 岁。该组病例均为保留膀胱手术后复发性膀胱癌,生存病例术后平均随访 7.2 年(3～25 年)。结果显示:①复发高峰时间为术后第 2 年(32.6%)。术后 2 年内共有 50.0%肿瘤出现复发,术后5 年内复发者达 86.0%,而 5 年后复发者多为 A 期Ⅰ级、A 期Ⅱ级肿瘤;②肿瘤复发次数以单次者居多(59.0%),2～3 次者次之(36.0%),而复发 4～10 次者均为 A 期Ⅰ级、A 期Ⅱ级肿瘤;③肿瘤期级是影响肿瘤易出现多次复发的重要因素;④肿瘤多次复发者死亡率高于单次复发者。膀胱癌的异质性决定了其具有复杂多变的生物学行为,可出现明显不同的临床表现和预后转归。作者认为,复发性膀胱癌的治疗方案不仅要依据肿瘤的期级,而且要考虑肿瘤的复发特点、预后趋势一生物学行为,除合理选择手术方式外,尚应重视放疗及化疗的作用。

(赵晋新)

述评 该文是一篇有重要参考价值的文章,通过不同预后的两组资料分析比较,分别提出不同治疗对策。同时对肿瘤预后难定者,可先按预后良好者处理,术后严密观察,及时调整治疗方案。这些观点是合适的。

(郑家富)

N-CWS 膀胱灌注预防膀胱癌术后复发的远期疗效观察(中华泌尿外科杂志,1996;17(7):412) 福建医学院协和医院陈仕平等应用红色诺卡菌细胞壁骨架(N-CWS)进行膀胱灌注,以预防膀胱癌术后复发,并与丝裂霉素 C(MMC)进行随机对照观察。N-CWS 灌注方法为:术后 7～10d 开始膀胱灌注 N-CWS 800μg 加无菌生理盐水 40ml,保留 2h,每周 1 次共 6～8 次。以后每 1～2 个月 1 次,持续 3～24 个月,平均 13 个月。N-CWS 组治疗 45 例,随访 39 例,随访 12～60 个月,复发 13 例,未复发 26 例。1 年无癌生存率为 87.4%,复发率为 12.5%;5 年无癌生存率为 66.7%,复发率为 33.3%。MMC 组治疗 30 例,随访 25 例,随访 12～60 个月,复发 12 例,未复发 13 例,1 年无癌生存率 84%,复发率为 16%,5 年无癌生存率为 52%,复发率为 48%。提示 N-CWS 的疗效高于 MMC 而副作用明显减少。作者认为 N-CWS 是目前预防膀胱癌术后复发较理想的药物之一。

(王林辉)

述评 膀胱癌在行保留膀胱的手术治疗后复发率甚高,术后用化疗药物或免疫增强剂膀胱内灌注可降低复发率。作者用红色诺卡菌细胞壁骨架(N-CWS)行膀胱内灌注,对 T_a、T_1、T_2、T_3 及 G_1、G_2、G_3 不同病例,其应用 MMC 者随机对照观察其在预防膀胱癌复发中作用。结果显示,N-CWS 的疗效高于 MMC 组,且副作用较少,认为 N-CWS 是术后预防复发较理想的药物之一。述评者建议可扩大临床使用,并继续观察其长期治疗用效果,特别是对 T_2、T_3 及 G_3 的肿瘤的预防作用。

(郑家富)

非神经源性逼尿肌膀胱颈协同失调(中华泌尿外科杂志,1995;16(11):61) 长沙湘雅医院周芳坚等根据5例原发性膀胱颈功能障碍患者临床表现，命名一种非神经源性逼尿肌膀胱颈协同失调疾病(NNDBND)。提出其临床表现及诊断标准：下尿路梗阻症状，如排尿踌躇、费力，尿线变细、射程变短。有的病例以尿频和尿不尽感为主要症状，而排尿困难症状不明显，极象尿道综合征。严重者可发生尿潴留和产生上尿路积水。尿动力学检查：尿流率曲线呈梗阻型，Qm 90和Qmax低于正常；静态尿道内压正常或升高，且增高的尿道压位于外括约肌部位，排尿时测膀胱颈内压升高，膀胱内压-膀胱颈内压梯度异常；膀胱尿道镜检排除下尿路机械性梗阻；早期膀胱及颈部形态无异常，后期可出现梗阻性病理改变，颈部可出现肥厚表现；电视下排尿期膀胱尿道造影，见逼尿肌收缩时膀胱颈不能及时开放和开放不良，不能形成正常的漏斗状。严重者可见膀胱输尿管反流和上尿路扩张积水。因此，诊断NNDBND要满足下列条件：①有下尿路梗阻症状，但无机械性梗阻存在；②逼尿肌收缩时膀胱颈开放不良；③排尿时膀胱内压-膀胱颈内压梯度异常；④没有影响膀胱和尿道功能的神经系统疾病。建议NNDBND的治疗可先考虑选择α受体阻滞剂，副作用少，服用方便。若无效，尤其是已发生上尿路病变时，应尽早行经尿道膀胱颈内切开或TURP，其疗效确切，创伤不大，并发症少。

(夏广彬)

述评 NNDBND是下尿路梗阻病因之一。属于下尿路功能性梗阻，膀胱镜检查无膀胱颈抬高等病变，服用α受体阻滞剂(如酚苄明、高特灵等)可明显改善症状。尿流动力学检查对诊断NNDBND有重要意义，病人排尿时，膀胱压力增高，但尿道内压力不但不下降，反而增高是其尿流动力学变化特点。在尿流动力学检查时，给予静脉注射α受体阻滞剂则道内压力明显下降。该组病例未作上述试验是其不足之处。

(张汉升)

年龄对血清前列腺特异性抗原浓度的影响(中华外科杂志，1996；34(6)：368) 西安医大二院王子明等随机选择322例无前列腺疾患人群进行前列腺特异性抗原(PSA)特征的研究。结果发现：血清PSA浓度与年龄呈正相关($r=0.301, P<0.0001$)，血清PSA浓度随年龄增长而增高。20～49岁组为(1.17±0.77)ng/ml，50～59岁组为(1.72±1.64)ng/ml，60～69岁组为(2.21±1.92)ng/ml，70岁以上组为(2.72±2.59)ng/ml。各组PSA均数间均有显著差异($P<0.05\sim0.001$)。如将均数+2倍标准差作为血清PSA上限，四个年龄组血清PSA上限分别为2.71ng/ml、5.01ng/ml、6.05mg/ml、7.92ng/ml。由于血清PSA受年龄的影响，作者建议使用年龄特异性血清PSA参考值，以取代各年龄组男性整体得出的单一参考值。PSA年龄特异性参考值可以提高诊断前列腺癌的特异性。

(许传亮)

述评 PSA是诊断前列腺癌的主要指标之一。但其特异性较差，有多种因素影响血清PSA浓度，如肛指检查、前列腺按摩、穿刺、膀胱镜检查等。该文报道年龄亦是影响血清PSA浓度的因素之一。但作者仅从年龄因素来探讨血清PSA浓度的变化是不够全面的。年龄增大，血清PSA值升高可能是病人前列腺体积增大的一种表现。目前，应用前列腺密度(PSAD，PSAD=PSA/V)能更好地反映前列腺组织内PSA变化情况。

(张汉升)

PSA和PSAD在前列腺癌诊断中的作用(临床泌尿外科杂志，1996；11(4)：202) 上海华山医院吴登龙等报道采用放射免疫双抗体法，对21例前列腺癌(PC)和68例前列腺增生(BPH)患者的血清前列腺特异抗原(PSA)进行了检测分析，比较了其在PC诊断中的作用。PC组21例，年龄58～83岁，平均69.4岁。临床分期：A期4例，B期2例，C期5例，D期10例。BPH组68例，年龄51～78岁，平均64.8岁。结果显示：①PSA对PC诊断的敏感度高(95.24%)，特异性低(57.35%)，阳性预测值低(40.82%)，假阳性率高达42.65%；②PSAD可显著提高诊断的特异性和阳性预测值，其界值由0.15提高到0.40时，其敏感度无明显降低，而特异性、阳性预测值明显升高(76.47%到97.06%及52.28%到90.00%)；③PC组PSA、PSAD分别是BPH组的11倍和19倍，两组间均有非常显著性差异($P<0.001$)。PSAD对PC诊断的敏感度较PSA无明显降低($P>0.25$)，而特异性和阳性预测值显著提高($P<0.001$)，明显提高了诊断的准确度。作者认为，筛选PC时，应在直肠指检和经直肠B超检查的基础上，将PSA和PSAD结合使用可提高特异性和敏感度。当患者PSAD>0.15，尤其是>0.40时，要高度怀疑PC，应行前列腺穿刺活检以进一步确诊。

(赵晋新)

述评 PSA对前列腺组织有特异性，但对于PC的阳性预测值(PPV)不高。作者应用PSA及PSAD联合检测，提高PPV值及特异性，可供参考。由于PSA在血中以各种不同分子形式存在，目前有测定分析PSA-F、PSA-T及PSA-ACT等，并计算PSA-F/PSA-T、PSA-ACT/PSA-T 及 PSA-TF/

PSA-ACT 等值。有的作者提出 PSA-F/PSA-T 值可较好应用于 BPH 和 PC 诊断，特异性好，不必准确测量前列腺体积，且不受年龄影响。这些见解可供参考。

（郑家富）

前列腺癌组织中转化生长因子 β_1 的免疫组织化学研究（中华实验外科杂志，1995；12(6)：330） 湖北医大一院刘运初等应用鸡抗猪 TGF-β_1 抗体(10mg/L)、疫组化 ABC 法检测了 28 例前列腺癌和 26 例前列腺增生组织中 TGF-β_1 的表达。结果表明：TGF-β_1 在前列腺癌和前列腺增生的基质染色强度和染色范围相似。而在上皮部分，癌性上皮的染色强度和范围明显高于或大于前列腺增生的腺上皮染色强度和范围，差异均具有高度显著性意义($P<0.01$)。4 例正常前列腺仅见基质染色，但强度和范围远小于前列腺癌和前列腺增生。提示 TGF-β_1 在前列腺癌和前列腺增生的发病中起作用。TGF-β_1 在前列腺增生基质中的广泛存在进一步说明前列腺增生代表一种基质疾病，它是前列腺胚胎性促生长活动重新“唤醒”的结果。超源于前列腺增生基质的 TGF-β_1 可能是继之发生前列腺癌的关键因素之一；至少部分是通过促血管生成、提高细胞活动性及免疫抑制等等作用或通过旁分泌作用而促进肿瘤的发生和发展；很有可能前列腺癌细胞已获得产生自身 TGF-β_1 的能力，从而增加肿瘤进展和浸润的自主性。

（廖国强）

述评　转化生长因子 β_1(TGF-β_1)是近来研究较多的生长因子。TGF-β_1 对结缔组织有增殖诱导作用、促进血管生成作用、提高细胞活动性及免疫抑制作用等。该文研究发现前列腺癌(PC)和前列腺增生(BPH)细胞外基质均有广泛染色，而上皮中 PC 明显强于 BPH。TGF-β_1 在 PC 的发生和发展中可能起重要作用。但 TGF-β_1 促进 PC 的发生发展抑或 TGF-β_1 增高仅是 PC 的一种瘤标有待进一步研究。

（郑家富、王锡智）

癌蛋白 bcl-2 在前列腺增生组织中的表达及其意义（中华泌尿外科杂志，1995；16(12)：729） 北京医大泌外所邓方明等采用抗 bcl-2 单抗（一抗稀释度 1：40)、链霉素亲生物素蛋白-过氧化物酶连结法(LSAB)对 20 例前列腺增生(BPH)和 12 例正常前列腺组织的冰冻切片进行免疫组织化学染色。结果表明，正常前列腺的外周区 bcl-2 蛋白主要位于腺体的基底细胞，腺上皮细胞偶见着色，移行区仅部分基底细胞阳性着色。BPH 组织中的腺上皮较之正常前列腺上皮细胞 bcl-2 蛋白的阳性率明显增加，染色强度增加，腺体腔上皮细胞的 bcl-2 染色由阴转阳。说明 BPH 时有更多的上皮细胞具有逃避凋亡的能力；也可能 BPH 时有更多的上皮细胞可不依赖激素生长。这样使前列腺上皮细胞寿命延长，凋亡的细胞数目减少。从一个侧面提示细胞凋亡的减少可能是 BPH 时细胞聚集，引起前列腺体积增大，最终导致排尿障碍的重要原因。然而，BPH 为上皮和间质细胞混合性增多，尤其以间质细胞增多为著。因此，单纯 bcl-2 过表达不能完全解释 BPH 发生的原因和机制，尚有其他因素参与其中。

（廖国强）

述评　良性前列腺增生的发病机制至今尚未完全阐明。双氢睾酮、生长因子受体等因素在前列腺增生症的发病机制中均有一定的作用。该文研究了癌蛋白 bcl-2 在前列腺增生组织中的表达，证实 BPH 组织中的腺上皮较正常上皮细胞 bcl-2 蛋白的阴性率明显增加。提示它与 BPH 时细胞凋亡的减少和 BPH 的形成有关，也可能是细胞凋亡减少为前列腺增生症发病机制的一个环节。尽管如此，该研究对探讨 BPH 的发病机制有积极意义。

（张汉升）

射频热疗对前列腺组织病理变化及 PSA 表达的影响及临床意义（临床泌尿外科杂志，1996；11(4)：210） 江西医学院一院王共先等为初步探讨前列腺增生(BPH)的射频热疗机制，对 11 例射频热疗后和 12 例未进行射频热疗的人前列腺标本的病理组织学和前列腺特异性抗原(PSA)免疫组化表达进行观察。结果表明：射频后标本近期可见前列腺间质水肿、出血，腺上皮质坏死脱落，平滑肌细胞变性坏死，肌纤维断裂及核固缩，小静脉栓塞；继而，引发炎性细胞浸润、吞噬、消化坏死区域。远期可见肉芽组织再生修复坏死区域。腺管腔闭塞消失，大量纤维组织增生，平滑肌细胞明显减少。PSA 阳性表达率射频组与对照组分别为 36.4%和 83.3%，有显著差异。对射频热疗机制及影响临床疗效的有关因素进行了初步讨论，认为射频热疗既可通过前列腺实质坏死、组织修复来扩大尿道内腔，亦可通过破坏或阻断前列腺组织中 α_1 受体以及前列腺平滑肌变性来减轻 BPH 的动力因素；但射频亦易使患者后尿道尤其膀胱颈挛缩变小。所以，有的患者射频热疗后症状缓解 2～3 个月又复加重；同时，射频对前列腺体积相对较小的 BPH 患者也不适宜。

（廖国强）

述评　射频热疗是近年来开展的治疗前列腺肥大的非手术疗法。因其有一定疗效，且较安全，痛苦小而一度在国内颇受患者欢迎。随着时间的推移，临床经验的积累，对射频热疗有了进一步的认识；其远期疗效不佳，影响其临床应用。目前，主要应用于不能耐受手术而药物治疗效果欠佳的病人。该文通过对前列腺增生射频热疗后，标本的病理观察和PSA表达变化，阐述射频热疗的机制。值得注意的是前列腺组织病理变化与射频热疗温度有很大关系。在这方面有待深入研究。

（张汉升）

异搏停治疗前列腺摘除术后不稳定膀胱的疗效观察（临床泌尿外科杂志，1995；10(5)：287） 广东南海市医院徐勋等于1994年1～12月将37例耻骨上前列腺摘除术后不稳定膀胱患者按随机抽样法分为两组，分别给予异搏停40mg，每日3次，及颅痛定30mg，每日3次治疗，对比观察异搏停对不稳定膀胱患者的治疗效果。观察自觉症状、膀胱充盈压、膀胱容量、膀胱痉挛次数及持续天数、膀胱冲洗转清时间等。结果表明：异搏停组及对照组（颅痛定组）膀胱充盈压分别为(0.90±0.23)和(1.20±0.51)kPa，膀胱痉挛次数分别为(1.6±2.0)和(5.7±3.9)次/d，痉挛持续时间分别为(2.2 ±1.2)d和(5.0±3.0)d，冲洗转清时间分别为(3.9±2.8)d和(6.3±3.5)d。统计学上均相差显著。认为异搏停作为钙离子拮抗剂可阻滞平滑肌细胞膜上的慢通道。临床上用于治疗不稳定膀胱，明显抑制了逼尿肌无抑制性收缩，减少膀胱痉挛、改善自觉症状、降低膀胱压、缩短膀胱冲洗时间、减少了并发症的发生；且无明显副作用，效果满意。

（廖国强）

述评 前列腺摘除术后不稳定膀胱（膀胱痉挛）在临床上十分常见，可用药物如津源灵、膀胱灵、消炎痛等或留置硬膜外导管注入利多卡因等治疗。该文报道应用异搏停治疗不稳定膀胱获得明显疗效，为临床防治前列腺摘除术后不稳定膀胱提供了又一种疗法。值得进一步观察。

（张汉升）

接触式激光治疗尿道狭窄（附32例报告）（中华泌尿外科杂志，1996；17(1)：30） 南京鼓楼医院戴玉田等报道1993年12月～1995年8月应用SLT接触式激光(Nd:YAG)治疗仪治疗尿道狭窄23例。该组均为男性，年龄20～79岁，平均60.6岁。外伤后尿道瘢痕狭窄16例。后尿道瓣膜或前列腺增生症术后尿道狭窄7例。病程半年～20余年。后尿道及膀胱颈部狭窄7例，前尿道（包括球部尿道）狭窄16例；狭窄段最长达11cm，3例为尿道多处狭窄。麻醉后尿道内插入导丝通过狭窄段，置入激光探头，沿导丝气化切割狭窄处瘢痕；能量15～20 W；前尿道于狭窄环12点处切开，再烧灼周缘瘢痕；后尿道及膀胱颈部狭窄则重点气化切开6点处形成“深沟”；应由近向远推行烧灼，深度以尿道口径为限。尿道完全瘢痕闭锁者先由冷刀贯通切开，插入导丝后换用激光。该组手术均成功。随访14例排尿良好，9例狭窄复发。目前，适合激光手术治疗的尿道狭窄与经尿道冷刀、电切手术的适应证基本相同。作者体会：①手术应沿导丝气化切开狭窄；②激光探头紧抵于瘢痕组织烧灼，避免误伤正常尿道粘膜。激光能量不宜过高，瘢痕切除范围应控制在尿道口径以内；③术后通常不放或短期(1～2d)置放导尿管（尿道完全闭锁者例外）。继发感染乃是尿道狭窄术后复发的重要因素；④术后应早期自行排尿并长期坚持“水扩张”治疗，这对于预防尿道狭窄复发十分重要。作者认为接触式激光治疗尿道狭窄方法简便，安全有效，无痛苦，无出血，复发率低。

（赵晋新）

述评 对尿道狭窄，特别是狭窄段较长、多处狭窄等病情复杂的患者，大多采用尿道内切开术治疗；但因尿道内切开术易出血、瘢痕切除不完全影响疗效。该文报道接触式激光治疗尿道狭窄23例，最长狭窄长度达11cm，23例手术均获成功，复发率亦较低，不失为一种较好的治疗长段多处尿道狭窄的方法。建议有条件者可以采用。

（张汉升）

联合带蒂皮瓣尿道成形术一期治疗小儿会阴型尿道下裂（中华小儿外科杂志，1995；16(6)：352） 江西省儿童医院吴文波等用会阴、阴囊、包皮联合带蒂皮瓣尿道成形术治疗8例会阴型尿道下裂。先行阴茎伸直，绕异位尿道外口后方切开皮肤，切口两端分别于异位尿道外口两侧继续向远端延伸，转为两平行切口，切取原位会阴皮肤作皮瓣，宽度12～20mm，长度略长于实际尿道缺损3～5mm，保留皮下血管带，用多侧孔硅胶管作支架，间断缝合皮瓣皮管，再将皮管适度旋转，使皮管缝合口尽量隐藏于组织深面，紧贴阴茎海绵体腹侧正中，皮管远端经阴茎头隧道穿出，形成正位前移的新尿道外口。缝合阴囊两侧皮肤切缘；将阴茎背侧皮肤于正中旁剪开部分，分成大小两叶而转向腹侧，包绕阴茎，缝合阴茎部皮肤，将阴茎固定在上翘位置，行耻骨上膀胱造瘘。术后1周拔除支架管，2周试行排尿。随访6个月～3年，仅1例术后第13天在阴茎阴囊交界处出现一小尿瘘，半年后修补痊愈。该法具有以下特点：①形成的尿道皮管连续而无吻合口，有利于避免发生狭窄；②有足够长度皮瓣，完全能适应长段尿道缺损；③皮瓣带有血管蒂，血运好，易存活；④尿道外口采用隧道法成形于阴茎头尖端，外观好；⑤手术一期完成，缩短整个治疗过程。

（许传亮）

述评 尿道下裂成形术手术种类繁多，治疗效果各家报道不一。尿道下裂成形术手术方式的选择应根据尿道下裂的位置，阴蒂、阴囊发育情况，是否为再次手术等因素综合考虑。除此以外，还要根据手术者的经验，选择治疗效果最好的手术方法。该文报道的手术方法对于尿道缺损长、阴囊发育不良的患者有较高的成功率，可供临床借鉴。

（张汉升）

带蒂包皮内板皮管法尿道下裂一期成形术（中华泌尿外科杂志，1996；17(6)：500） 上海市仁济医院黄旭元等报道1993年以来，采用Duckett显微外科带蒂包皮内板皮管法加以改良，行尿道下裂一期成型术12例。该组年龄1.5～11岁，3岁以下8例。冠状沟型5例，阴茎型7例。裁取阴茎包皮内板作成带蒂皮管尿道，长度1.5～4.0cm，平均2.5cm。手术方法及注意点：①阴茎伸直术，距冠状沟0.3cm处包皮作环状切口，彻底切除纤维带，标志是阴茎海绵体腹侧能充分膨起；否则，加作背侧白膜折迭术；②背侧包皮内板带蒂皮管制作，横向量取所需长度和宽度的包皮内板，血管蒂要有一定厚度和长度，太薄血供差，长度以皮管转移到腹侧吻合口无张力为限，分离血管蒂应在阴茎深筋膜与白膜间进行，使血管蒂有完整的浅面血供，皮瓣内撑以多孔10F硅胶管；③新尿道的成形带蒂皮管从一侧绕过将缝合面贴对白膜固定数针，远端与游离后修剪成斜行的尿道吻合，近端从阴茎头正中至冠状沟下作的隧道拉出外翻缝合，硅胶管插入膀胱引流，注意阴茎头-冠状沟间隧道应作宽些，防止术后尿道外口狭窄。该组全部病例一次手术成功，无尿瘘，3例有轻度尿道外口狭窄需短期尿道扩张，术后平均住院7 d。作者认为，包皮内板制成带蒂皮管管腔宽，血供好，易成活，不易形成瘘管及瘢痕狭窄。该术式适用于冠状沟型和阴茎型的尿道下裂。

（赵晋新）

述评 尿道下裂的手术治疗方法有百余种，有一期成形术和二期成形术两大类。一期成形术是尿道下裂手术治疗的发展趋势。如何提高尿道下裂一期成形术的成功率是临床亟待解决的课题。该文报道的带蒂包皮内板皮管法尿道下裂一期成形术，12例全部一次手术成功。该法可供临床借鉴。

（张汉升）

阴茎发育不良的尿道下裂的术前内分泌治疗（四川医学，1995；16(15)：267） 华西医大一院陈绍基等报道18例伴有阴茎发育不良的尿道下裂患儿术前内分泌治疗的效果。18例患儿年龄最小3岁，最大10岁零4个月，平均4岁。其中阴茎阴囊型7例，阴囊型11例。HCG（绒促性素）治疗方法：根据患儿年龄大小，5岁以下，500U肌肉注射。间日1次共10次，5岁以上500U肌注，间日1次共20次。总量5 000～10 000U，个别效果差者停药间隔1月以后，给予第二个疗程。结果显示，治疗前及治疗后3～6个月阴茎平均长度分别为(1.92±0.53)cm和(3.29±0.89)cm。两者比较有显著的统计学差异($P<0.01$)。16例患儿行骨龄检查，14例发现有骨龄延迟，其中6例治疗后，复查时发现骨龄明显增加，但未发现骨骺早闭。治疗2周时血睾酮明显升高近20倍，停药后2周回降至治疗前水平($P>0.05$)。HCG治疗后，除有阴茎增长、增粗外，包皮厚度、质地、柔韧性、延展性和血循环等都有明显改善。作者认为，应用HCG治疗伴有阴茎发育不良的尿道下裂患儿，能有效地刺激病儿睾丸发育并产生睾酮；从而使血睾酮浓度升高，睾酮作用于阴茎并使其增长、增粗。不仅为手术创造了条件，而且也促进了睾丸、阴茎本身的发育。没有不可逆的副作用存在。

（夏广彬）

述评 部分尿道下裂病人合并阴茎或/和阴囊发育不良，影响尿道下裂成形手术的成功率，术前纠正阴茎发育不良对患儿的生长发育及成形术的成功率均有重要意义。该文报道用绒毛膜促性腺素(HCG)治疗尿道下裂合并阴茎发育不良，获得较好效果，可在临床推广应用。但值得注意的是HCG可抑制垂体分泌生长激素，长期应用可影响小儿的生长发育。

（张汉升）

女性尿道综合征动力学病因分析（中华泌尿外科杂志，1995；16(11)：658） 昆明医学院一院曹宁生等对33例女性尿道综合征患者行尿动力学检查，部分病例同时行雌激素(E_2)水平测定。33例均有不同类型、不同程度的下尿路功能障碍，且同一患者可出现多个异常表现，如逼尿肌不稳定同时伴有顺应性低，尿道压增高等。31例中有18例不稳定膀胱，占54.5%；同时伴尿道压增高者9例，低顺应性5例，逼尿肌括约肌不协调3例。尿道压增高16例，占全部病例48.4%；同时伴逼尿肌无力4例，伴逼尿肌括约肌不协调者4例，伴不稳定膀胱9例，伴顺应性低者3例。尿道压降低3例，占全部病例9.1%。逼尿肌括约肌不协调6例，占18.2%。膀胱颈功能不全3例，占9.1%。在E2<20 pg/ml中，7例尿动

力学检查异常，其中不稳定膀胱4例，同时伴逼尿肌括约肌不协调1例，逼尿肌无力1例，低顺应性1例。尿道压高1例。压力性尿失禁2例，伴不稳定膀胱1例。女性尿道综合征多数伴有下尿路功能障碍，且表现类型复杂多样。同一患者可出现数种功能障碍的异常表现，而一种异常又可发生于不同患者。对尿流率、膀胱测压及尿道压三者资料全面分析，常可对女性尿道综合征的病因有所提示。不稳定膀胱常是女性尿道综合征症状迁延的病理基础；尿道压增高则是诱发不稳定膀胱的病因之一。诊断治疗中尚应重视雌激素水平对女性下尿路功能障碍的影响。

（许传亮）

述评　女性尿道综合征的病因是多因素造成的。在排除机械性梗阻因素后，尿流动力学检查是查明该征起因的最好方法。可以较全面地了解膀胱和尿道功能，对指导临床治疗有重要意义。雌激素水平对下尿道功能的影响有待深入研究。

（张汉升）

男性非淋菌性尿道炎的诊治（临床泌尿外科杂志，1995；10(5)：261）　江苏徐州医学院附院郑骏年等1983年8月～1994年7月用聚合酶链反应(PCR)技术对53例男性非淋菌性尿道炎(NGU)患者的尿道分泌物进行病原体，包括淋菌、砂眼衣原体(CT)、解脲支原体(UU)、人型支原体(MH)检查。结果：CT阳性24例(45.3%)，UU阳性27例(50.9%)，MH阳性15例(28.3%)，53例使用美满霉素100 mg每日2次治疗，疗程2周，治愈率85%。CT转阴率92%，UU转阴率85%，MH转阴率87%。作者认为，PCR技术敏感性和特异性均高，是检测NGU病原的灵敏手段，有助于明确病原，提高诊断和治疗水平。美满霉素治疗NGU具有易渗入前列腺组织、疗效较好、副作用轻等优点。在治疗失败的8例中有2例病原体不明，可能为滴虫或病毒感染。2例合并前列腺炎，而治疗前列腺炎常需数日；3例为支原体和衣原体混合感染。另外，上述治疗失败者亦不排除再感染或耐药菌株出现。因此，对美满霉素治疗失败者应从多方面分析。

（廖国强）

述评　男性急性尿道炎往往认为是由淋菌感染引起。对非淋菌性尿道炎或淋菌性尿道炎合并非淋菌性尿道炎临床上认识不足。该文通过高敏感性和特异性的PCR技术检测男性尿道炎患者尿道分泌物的砂眼衣原体，解脲支原体、人型支原体，其阳性率分别达45.3%、50.9%和28.3%，值得临床高度重视。这对提高男性急性尿道炎的病原体诊断和治疗效果有重要意义。

（张汉升）

52例睾丸肿瘤的诊断体会（临床泌尿外科杂志，1995；10(6)：331）　浙江医大一院张志根等报道1987年以来共治疗睾丸肿瘤52例，其中29例为精原细胞瘤，10例为胚胎癌，4例为混合瘤；另有9例为非生殖细胞肿瘤。发病年龄18～72岁，平均35.5岁；发病高峰年龄为20～49岁，计41例，占78.8%；其中有隐睾病史者10例，占19.2%。体检触及增大睾丸或腹部肿块48例，4例仅触及睾丸表面质硬小结节，最小结节仅3mm。该组50例行睾丸肿瘤根治术或经腹探查切除术，18例加淋巴清扫术。精原细胞瘤常规接受局部放疗，非生殖细胞肿瘤则接受化疗。46例随访5个月至7年，存活30例；对其中13例逾5年无瘤生存，其余尚未满5年，多数为无转移的精原细胞瘤。死亡16例，多在1～3年内死于肿瘤转移；其中非精原细胞瘤占多数。经腹膜后清扫有阳性淋巴结1个者1例，无瘤存活近7年。睾丸肿瘤Ⅰ期的治愈率在95%以上。作者认为，早期诊断，首先应注重一般的睾丸检查，尤其是睾丸小结节，应密切观察，尽早术手探查；二是应注重质地变硬的睾丸；三是详尽分析病史；四是行B超检查。除常规体检外，B超检查简便、迅速，无损伤，易为患者所接受。对腹内型隐睾的恶变监测尤为重要。睾丸肿块的鉴别诊断首先是慢性炎症病变，其次为外伤不明显的睾丸血肿，再是继发性鞘膜积液。此外，对已有明显体积增大的肿块不宜穿刺活检。由于睾丸肿瘤容易发生第二肿瘤，患者必须长期随诊。

（赵晋新）

述评　睾丸肿瘤的诊断多数不难，但有的与慢性炎症、外伤等容易混淆。值得指出是：在B超、CT仍不能确诊时，应予外科手术为宜。隐睾患者睾丸肿瘤发生率高于正常者已为共识，而单侧隐睾者对侧睾丸产生肿瘤也可高达20%；值得重视。

（郑家富）

隐睾儿童青春期前内分泌环境和雄激素受体水平的研究（男性学杂志，1996；10(2)：75）　苏州医学院儿童医院杨震等报道该院采用放射免疫分析法对46例年龄15个月至14岁的隐睾儿童的血清FSH、LH、PRL、T和E_2进行了测定，其中13例在手术时切取外阴部皮肤，进行成纤维细胞培养后，以“^3H-R1881为配体，用完整细胞测定法测定雄激素受体的特异性结合量和每个细胞的雄激素受体量。结果发现，隐睾儿童血清FSH值高于对照组[(8.77±5.76)对(2.75±1.79)IU/L，$P<0.01$)]；血清E_2值

较对照组增高幅度很大，具有高度显著性改变[(220.66±200.66)对(19.57±12.33)pmol/L，$P<0.01$]；血清LH、PRL和T值与对照组无显著性差异。隐睾儿童的雄激素受体的特异性结合量和每个细胞的雄激素受体量与正常对照组无显著性差异。作者得出结论：隐睾儿童血清FSH值升高可能与早期已存在的睾丸曲精小管损害有关。隐睾儿童存在高雌激素血症，可能是隐睾发生的重要致病因素之一；而靶器官雄激素受体无明显改变。表明隐睾可能不属于雄激素不敏感症的范畴。

(夏广彬)

述评 垂体--性腺轴功能受损是隐睾发生的主要因素，而雌激素水平变化未受重视。该研究发现隐睾患儿青春前期存在高雌激素血症。这可能是隐睾发生过程中重要的发病因素之一。雌激素在青春期的变化有待进一步研究。隐睾患者存在青春期前高雌激素血症这一现象的发现对指导隐睾患儿的内分泌治疗有一定价值。

(张汉升)

阴囊Paget病(中华泌尿外科杂志，1996；17(3)：174) 上海华山医院黄祥等报道44例阴囊Paget病患者，病程1～17年，平均年龄69岁。初诊时均有阴囊皮肤瘙痒或刺痛及阴囊皮损。皮损初为斑疹、丘疹或水泡疹，随后增大、破溃，表面有渗液、结痂，继发感染者多伴有臭味。瘙痒或刺痛的范围、程度也逐渐加重。大的皮损可累及到整个阴囊皮肤、阴茎皮肤、肛周及下腹部皮肤。1例患者病灶内有白斑，3例病灶中有黑色素沉着。1例患者病初仅表现为瘙痒处色素沉着，半年后再出现皮疹。12例患者入院体检时发现单侧或双侧腹股沟淋巴结肿大，活检4例为转移，8例为慢性炎症；其中1例出院4个月后再次活检，证实为Paget病转移。1例未手术即死亡，43例行病灶切除术。对于表面有糜烂或继发感染的较大病灶，术前常规湿敷疮面1～2周，待疮面清洁后再手术。术前标出手术切缘，距病灶缘至少2cm，如病灶边界欠清，距离还要远；并且术中快速冰冻切片。病灶切除深达深筋膜。腹股沟淋巴结肿大者，术前或术后行活检。34例手术创面利用剩余阴囊皮肤直接与周围皮肤缝合。7例因创面大，行大腿或下腹部中厚皮片覆盖。2例利用下腹部转移皮瓣闭合创面。3例阴茎皮肤全切除者，均于大腿取皮，缝成皮管覆盖阴茎创面并加压包扎。术后病理示7例切缘阳性者均再次手术，本组3例术后复发，5例腹股沟淋巴结转移者。除1例未手术即死亡外，4例行髂腹股沟淋巴结清扫术。随访发现2例因肺转移、全身衰竭于术后1、2年内死亡；1例术后2个月发现脑转移，1例失访。

(王林辉)

述评 阴囊Paget病易与阴囊慢性湿疹、皮炎等混淆。造成误诊误治，早期诊断十分重要。对疑有本病者应尽早行活检，明确诊断后即应广泛切除皮肤、皮下组织；同时对切缘及其邻近淋巴结进行活检。对有髂腹股沟或精索浸润转移者应行腹股沟淋巴结清扫及睾丸切除术。

(郑家富)

一氧化氮等神经递质与阴茎勃起关系的实验研究(中华外科杂志，1996；34(6)：377) 湖北医大泌尿外科男性学研究中心胡礼泉等采用电刺激狗盆神经建立阴茎勃起模型。用雄狗16条，选择硝普钠为一氧化氮(NO)的供体，研究了NO及其相关因素cGMP、cAMP和亚甲蓝在阴茎勃起中的作用；同时，观察了胆碱能神经递质、窦内皮细胞在勃起中的作用。结果注射乙酰胆碱可使海绵体内压升高，用去污剂CHAPS破坏窦状隙内皮细胞后。尽管勃起组织对乙酰胆碱的反应几尽丧失，但对电刺激仍有反应。另外，注射阿托品也并不能完全抑制阴茎勃起。表明阴茎勃起只是部分依赖于内皮细胞介导。注射NO供体硝普钠可明显升高海绵体内压。说明NO可松弛海绵体平滑肌，从而参与了阴茎勃起。应进一步实验表明注射cGMP后的效应明显大于注射cAMP后的效应；同时，注射鸟苷酸环化酶阻滞剂亚甲蓝明显阻滞硝普钠和电刺激盆神经的作用。说明NO的作用可能是通过cGMP系统。该实验结果支持海绵体平滑肌松弛为胆碱能神经和非肾上腺非胆碱能(NANC)神经递质所介导、NO或其释放物质是阴茎勃起的主要NANC类神经递质的学说。该发现有助于临床解决阴茎勃起障碍的治疗。

(廖国强)

述评 阴茎勃起的机制十分复杂。以往对阴茎勃起时血液动力学研究较多，近来对非肾上腺素非胆碱能(NANC)介质的肽能神经递质在勃起生理中的作用受到重视。一氧化氮(NO)是一种强有力的内皮衍化舒张因子，在人体机能的许多方面发挥作用。该文对NO在阴茎勃起中的作用进行了研究，支持NO或其释放物质是阴茎勃起的主要NANC类神经递质的学说。进一步阐明NO在阴茎勃起中的作用，对以后指导临床上用NO供体治疗阳萎及NO抑制剂治疗阴茎异常勃起有实际意义。

(张汉升)

阴茎海绵体内注射治疗阳萎时血管活性剂的选择(上海医学，1996；19(5)：263) 上海市九院姚德鸿等自1986年6月至1994年10月，采用罂粟碱/酚妥拉明(P/R)和前列腺素 E_1(PGE_1)经阴茎海绵体内注射(ICI)治疗功能性阳萎者分别为1 950例和250例。比较P/R和PGE1应用结果：治疗成功率分别为90%和84%；持续勃起率分别为2.18%和0%；注射疼痛率分别为0.62%和18.4%；局部硬结率分别为2.23%和0%；剂量递增率分别为33%和20%。就有关两者应用的选择方案讨论认为：①P/R比PGE1的勃起效果好一些；②P/R发生持续勃起的机会远多于PGE1；③年龄较轻的病人(本组为45岁以下者)发生持续勃起机率高；④注射疼痛的发生，PGE1远多于P/R注射，但多数不影响注射继续进行；⑤局部硬结形成以P/R注射为多见，⑥长期ICI注射，所用药物剂量逐步递增的问题尚无法解决，应用P/R时发生率较高；⑦应用P/R注射时，为既减少持续勃起及局部硬结形成，又达到一定勃起效果，可适当增加酚妥拉明用量。

(廖国强)

述评 阴茎海绵体内注射血管活性药物是治疗非血管性阳萎的常用方法。该文比较了罂粟碱/酚妥拉明与 PGE_1 的疗效和副作用。在安全性方面 PGE_1 有较大优势，对长期应用阴茎海绵体注射者尤为适宜。近来已有用PGE尿道内注射治疗阳萎有效的报道。

(张汉升)

自我注射前列腺素 E_1 治疗勃起功能障碍(中华泌尿外科杂志，1996；17(6)：371) 北京医大一院贺占举等报道1994年1～12月间采用自我注射前列腺素 E_1 方法治疗勃起功能障碍60例，年龄21～72岁，病史4个月～24年。经系列检查发现心理性30例，静脉性23例，动脉性5例，神经性2例。经门诊确定前列腺素 E_1 用量后患者回家自已注射，近期随访阴茎勃起情况，药量调整和观察副作用1个月。结果60例患者有37例完全勃起，其中心理性者25例，静脉性者7例，动脉性者3例，神经性者2例。心理性和神经性患者的完全勃起率明显高于血管性患者。37例前列腺素 E_1 自我注射量为5～40 μg，勃起诱导时间为3～70 min，完全性勃起时间为30～120 min，回家自我注射药量与医院合适用药量调整较小。16例患者在阴茎勃起不完全时有胀痛感，占本组患者的26.7%。无阴茎异常勃起、海绵体纤维化、阴茎硬结症等副作用。目前一般认为，前列腺素 E_1 促进阴茎勃起的作用机制是前列腺素 E_1 与阴茎海绵体平滑肌前列腺素 E_1 受体结合，激化腺苷酸环化酶，促进细胞环化1-磷酸腺酶使平滑肌松弛。前列腺素 E_1 还可通过抑制血管交感神经末梢释放去甲肾上腺素而扩张血管。临床用20 μg前列腺素 E_1 是治疗勃起功能障碍的常用药量。基于受体学说，增加药量则不能提高阴茎勃起质量。注射20 μg未达到完全勃起者，应考虑罂粟碱、酚妥拉明及前列腺素 E_1 联合应用，而不是单一增加前列腺素 E_1 剂量。

(赵晋新)

述评 阴茎海绵体内注射的药物如罂粟碱、酚妥拉明及前列腺素 E_1(PGE_1)，对治疗非血管性阳萎有较好疗效。部分病人需要长期注射，其安全性和有效性十分重要。PGE_1 安全性较高，并发症较少，对长期应用者较为适宜。但其完全勃起率较罂粟碱和酚妥拉明为低。PGE_1 与其他血管活性药物配合应用方法有待深入研究，以减少并发症，提高有效率。

(张汉升)

Young综合征的诊断与治疗(临床泌尿外科杂志，1995；10(5)：290) 西安医大第一临床医学院李永海等报告2例Young综合征患者。该2例患者均有不育、呼吸道感染等病史，均无附睾炎、阴囊外伤史。体检示两侧或一侧附睾头增大，有囊性感，精液离心后镜检均未见精子。精道造影均显示通畅。切开附睾体、尾部，取分泌物镜检，均未见精子。切开头部，有淡黄色液体溢出，镜检有大量精子。1例行附睾输精管吻合术，后术1个月复查精液未见精子。另1例未行附睾输精管吻合术。作者指出，该综合征是一种常染色体隐性遗传性疾病，其主要病理改变为双侧附睾头增大或呈囊性，体尾部及输精管外观无异常；其中附睾头的扩张实质上是睾丸输出管扩张的结果。该综合征患者的呼吸道粘膜组织学未见异常，但均有不同程度的呼吸道感染。对于睾丸活检证实生精基本正常的无精子症患者，若触诊双附睾头有增大或囊性感，病人有早年发生的慢性呼吸感染史而无阴囊外伤及附睾炎史，双侧输精管造影证实通畅，附睾探查有典型的病理改变，则可作出Young综合征的诊断。附睾输精管吻合影响精子成熟，吻合后易出现再梗阻，故附睾输精管吻合术效果不理想。精道灌洗对该综合征的治疗有一定作用。

(王林辉)

述评 Young综合征是临床上少见的常染色体遗传疾病。以反复发作的鼻窦炎及肺部感染并双侧附睾渐进性梗阻所致的无精子症为特征的男性不育症。摘选此文，以提高对Young综合征的认识。

(张汉升)

骨　　科

本年度共收集文献1 178篇，纳入回顾390篇(占33.12%)；收入文选78篇(占6.62%)。

一　年　回　顾

一、基础研究

(一) 骨折愈合和修复

上海市伤骨科所柴本甫等[1]通过透射电镜观察，对成纤维细胞在骨折二期愈合过程中的成骨作用进行了超微结构水平的研究，发现在骨折二期愈合过程中，纤维骨痂能逐步演变为骨性骨痂，成纤维细胞具有成骨作用，因为它既有成骨细胞的表型，又具备各种成骨所必需的条件，以及细胞自身有分化演变的能力。广州南方医院江建明等[2]在大白兔的右股骨干造成骨折后再行髓内针内固定，术后分成电刺激组、振动组和对照组，结果发现，前2组的骨折愈合较对照组快，在外骨痂数量、骨痂钙含量、后肢的血流量以及骨折的扭矩和刚度方面，优于对照组。因而认为骨折端的细微运动能促进长骨干骨折愈合。重庆新桥医院[3]采用放射性核素骨扫描以及电镜等方法，在犬的股骨颈骨折模型上研究加压螺钉固定组和对照组的骨折愈合及股骨头活动情况，发现股骨颈骨折的及时准确复位和良好的内固定，可加速骨折愈合，尽早使股骨头恢复活动。上海市伤骨科所[4]用透射电镜对创伤引起的股骨头缺血坏死进行超微结构研究，发现股骨头在发生部分缺血坏死的同时，局部出现修复反应。可见，早期的股骨头缺血坏死反应并不是不可逆的，给予充足的时间和适当的环境条件，坏死部分是可以修复的。

苏州医学院二院[5]研究了不吸收的内固定物聚乳酸在骨折愈合过程中对胶原纤维的影响，并与金属内固定物作对照，发现聚乳酸在骨折各期中对胶原纤维的产生、发展及钙化较金属内固定物慢，因而延缓了骨折愈合过程。郑州铁路局中心医院[6]研究足月胎儿脐血对白兔尺骨骨折愈合的作用，结果表明其对骨折愈合有明显促进作用。

(二) 人工骨等生物材料以及骨和软骨缺损的修复

哈尔滨医大二院耿硕儒[7]自行研制出羟基磷灰石生物活性微晶玻璃(HBG)人工骨。该材料的化学成分、晶体结构、物理性能等均与人体骨相似，与人体组织生物相容性好，生物力学性能也较好，具有引导骨生成的作用，经过4～5周的临床观察，效果良好。作者认为，HBG是一种性能良好的骨代用品。北京积水潭医院[8]从新鲜动物骨中制备出天然型无机骨(NNB)，该骨具有类似人骨的网状孔隙。动物试验证明，该材料组织相容性好，具有新生骨出现早、生长快及成骨量多的特点。一军医大临床解剖学所[9]用海珊瑚碳酸钙制成羟基磷灰石人工骨，动物试验表现该人工骨与宿主结合能力强，愈合后强度优异，适合于长骨皮质骨缺损的修复。武汉协和医院[10]报道了应用多孔磷酸三钙陶瓷人工骨(TCP)修复17例儿童骨缺损，术后随访2年全部病例的骨缺损均得到修复。

苏州医学院一院[11]用研制出的EH型复合材料人工骨长期植入狗股骨干中以评价其能否与骨组织直接结合及EH型复合材料能否被吸收。结果表明，EH材料表面能与骨组织结合，但不被吸收。同时，为了评估EH材料的安全性、有效性，他们采用动物试验，进行自体松质骨和同种松质骨的比较研究，认为EH材料可作为一种可供选择的骨移植替代材料。浙医大二院[12]比较研究了用天然羟基磷灰石Bio-oss和BkV/1、半合成羟基磷灰石Interpore 500、人工合成磷酸三钙Cero82以及硅酸盐玻璃Porolith复合游离骨膜植入兔腓肠肌肉，显示5种材料均有良好的传导成骨性能，而材料孔隙间的连接孔道，对于传导成骨，较化学成份更为重要。

（三）有关BMP的研究

北医大运动医学所[13]用自己制备的相对分子质量为11.8 kD的hBMP为抗原，通过脾内直接免疫疗法对BALB/c小鼠进行免疫，尔后通过与骨髓瘤细胞融合、杂交、筛选出5种杂交瘤，它们能产生特异性较好的抗11.8 kD hBMP的单克隆抗体，用此单抗对颈椎骨赘、项韧带异位骨化标本、滑膜软骨瘤病的瘤结节进行ABC免疫组化染色。结果显示，这3种异常组织的发生与BMP的异常表达有关。另外，北医大运动医学所[14]还研究观察了部分纯化牛骨形态蛋白和高度纯化的人骨形态发生蛋白对体外贴壁培养的原代式反分化人胎心、关节软骨细胞及鼠$3T_3$成纤维细胞DNA、胶原和蛋白多糖合成的影响。根据实验结果，他们认为BMP诱导下的关节软骨细胞不会发生反分化，而有可能进一步向肥大软骨细胞样细胞或成骨细胞样细胞多向分化，并可能使反分化的软骨细胞重新表达软骨细胞类型。

西安西京医院[15]用胃蛋白酸消化牛腱胶原后，提取纯化作为BMP的载体复合物注入小鼠肌肉内。术后作组织学检查和钙含量测定，结果表明牛腱胶原由胃蛋白酸消化后，抗原性弱，对部分纯化的BMP有助溶、助悬作用，吸收快，易于成骨，是BMP的一种良好缓释载体。山东济宁医学院附院[16]探讨了骨形态相，脱钙骨基质的复合体在关节软骨缺损修复中的作用，结果显示在BMP/DBM组，植入物完全被吸收并被新生软骨替代，表明该复合体在关节腔内诱导软骨再生，并能以透明软骨修复全层关节软骨缺损。

（四）骨库及软骨保存和移植

济南军区总院[17]将40只健康家兔随机分为新鲜兔胚软骨移植和－196℃液氮冷冻保存软骨移植2组进行同种异体兔胚软骨移植比较研究。2种兔胚软骨均移植至家兔的髌股关节面处，移植术的3、6、9、12周分别取样进行HE染色、透射电镜形态学观察、S-100蛋白免疫组化标记染色和氨基酸分析，并于术前、术后2、3、5周抽血行淋巴细胞转化试验，对移植软骨免疫反应进行监测。实验表明，异体兔胚软骨移植可以成活，成活的软骨为透明软骨；新鲜软骨比冷冻保存的移植后软骨成活率高，冷冻保存对软骨细胞的存活是有害的。蚌埠医学院附院[18]采用低温冷冻保存异体兔胚软骨移植，实验也分冷冻保存组和新鲜移植组，结果显示冷冻软骨无吸收和再生，亦无坏死，排异反应轻而新鲜移植骨有不同程度的增生，部分出现钙化、边缘灶性坏死。

为寻找骨移植材料消毒灭菌的最佳方法和途径，西安西京医院[19]对比研究环氧乙烷和γ射线辐射对骨移植材料的灭菌效果，以金葡菌繁殖体、枯草杆菌黑色变种芽胞及蜡样杆菌芽胞3种标准菌株定量污染颗粒状骨移植物。结果显示环氧乙烷比γ射线有更快更强的灭菌效果，中等剂量的环氧乙烷用于颗粒状骨移植物的消毒安全有效。

经过不同处理的同种异体骨移植后在体内有何免疫反应以及其骨诱导活性改变，解放军88医院[20]比较了新鲜鼠骨、自消化抗原去除骨、骨基质明胶和脱钙骨基质在体内的免疫反应和骨诱导活性改变。结果表明，同种异体新鲜骨引发的宿主抗体水平最高，在体外明显刺激淋巴细胞增殖，而后3种移植物引发的宿主抗体水平较低，在体外抑制淋巴细胞增殖。骨基质明胶的骨诱导活性最佳，脱钙骨基质优于自消化抗原去除骨。苏州医学院一院[21]比较研究了完全脱钙的脱钙骨基质和部分脱钙的表面脱钙骨移植后的成骨作用，结果前者具有较强的骨诱导性能。适于空腔缺损的充填植骨，而后者保留一定的机械强度，适于承重部位的大块骨缺损修复。

（刘祖德）

参 考 文 献

[1] 柴本甫等. 中华创伤杂志，1996；12(1)：6
[2] 江建明等. 中华骨科杂志，1996；16(4)：249
[3] 杨喜珍等. 中华创伤杂志，1996；12(4)：240
[4] 柴本甫等. 中华骨科杂志，1996；16(4)：245
[5] 李 峰等. 苏州医学院学报，1996；16(3)：419
[6] 彭 明等. 铁道医学，1996；24(3)：134
[7] 耿硕儒等. 骨与关节损伤杂志，1995；10(6)：323
[8] 马贵骧等. 中国修复重建外科杂志，1996；10(1)：35
[9] 尹庆水等. 中国临床解剖学，1995；13(4)：289
[10] 郑启新等. 中华小儿外科杂志，1996；17(2)：70
[11] 徐耀增等. 中华创伤杂志，1996；12(4)：233
[12] 陈 力等. 中华医学杂志，1996；76(7)：527
[13] 余家阔等. 中国运动医学杂志，1996；15(1)：26
[14] 余家阔等. 中国运动医学杂志，1996；15(1)：31
[15] 李亚非等. 中华骨科杂志，1996；16(1)：53
[16] 孙明学等. 中华骨科杂志，1996；16(9)：578
[17] 张云昌等. 中华骨科杂志，1996；16(2)：114
[18] 程新德等. 蚌埠医学院学报，1996；21(1)：23
[19] 桑宏勋等. 中华外科杂志，1996；34(8)：457
[20] 孙 磊等. 中华矫形外科杂志，1995；2(4)：262

[21] 黄立新等.苏州医学院学报,1996;16(1):3

二、脊柱外科

(一) 枕颈部畸形与创伤

作为一解剖单元的枕颈部外科已渐为多数学者采用。上海长征医院[1]为比较齿状突骨折对寰枕和寰枢关节的生物力学影响,进行了生物力学三维运动试验。结果证明,齿状突骨折所致枕颈部不稳主要集中在寰枢关节。广州军区总院等[2]为评价直接螺丝钉固定齿状突骨折的稳定性,对45具干燥标本作了测量并用10具新鲜标本进行了生物力学实验。结果发现选用4.0～4.5 mm单枚松质骨加压螺丝钉固定较理想。上海长征医院[3]报道了56例枕颈部畸形实施寰椎后弓切除、枕骨大孔扩大减压及枕颈融合术,优良率达90.1%。上海长征医院[4]报告了17例齿状突游离小骨,详细分析了该病的临床表现及影像学特点,认为该病易被忽视,一旦发现寰枢椎不稳应手术治疗。

(二) 韧带骨化症

黄韧带骨化症是近年来逐渐被认识的一种疾病。黄韧带位于椎板间和关节突关节之间。骨化的韧带增厚,影响椎管形态并可能导致椎管狭窄。胸椎黄韧带骨化多见,腰椎次之,颈椎最少。西安西京医院[5]报告了48例胸椎黄韧带骨化导致椎管狭窄者。患者表现为下肢麻木、无力和间歇性跛行,后期肌张力升高,呈痉挛步态。上海长征医院[6]根据影像学特点,将黄韧带骨化分为4型,并对各型特点与临床进行分析。北医大三院[7]等报告颈椎黄韧带骨化19例,为近年报告病例数最多。中国医大二院[8]等对23例胸椎黄韧带作外科治疗,术中发现硬膜囊与骨化黄韧带紧密粘连,任何不恰当的操作均可导致脊髓损伤,建议采用电磨钻将椎板及骨化的黄韧带磨薄后,再用薄型神经剥离子仔细分离,逐片切除。以椎板切除、椎板成形(开门术)治疗颈椎OPLL已有大量报告,但这些技术属于间接减压。河南医大一院[9]等报告直接切除骨化物33例,术后平均改善率达89.47%。但这种手术有相当大的危险,而且手术适应证也仅局限于局灶型。

(三) 椎间盘病变

椎间盘损伤和退变性疾病历来是脊柱外科的重要课题,一年共收集68篇。椎间盘的生物材料植代和移植是今后研究的主要方向。西安唐都医院[10]用恒河猴进行同种异体椎间盘移植的实验研究,结果表明,尽管椎间盘高度降低,但纤维环和髓核形态无明显变化,晚期软骨终板有部分钙化,提示移植椎间盘生化代谢虽有改变,但有一定自限性,生物力学上可满足生理功能需要。南京医大一院[11]等对腰椎间盘突出胶原蛋白多糖的纳米生物学形态进行研究;东南大学电子学实验室[12]对人体腰椎间盘组织的胶原进行观察,认为退变髓核中胶原纤维排列有变化,还有断裂。颈椎间盘炎作为单独一种临床疾病诊断已有不少报告。中日友好医院[13]把颈椎间盘突出作为骨折或骨折脱位伴发的一种疾病。上海长征医院[14]认为退变或损伤椎间盘若单纯行椎间盘摘除,不能保持其节段稳定,应同时行椎间融合。北医大三院[15]报告10例儿童椎间盘钙化,并详尽描述了椎间盘钙化的特征,认为对这种自限性病变应以非手术治疗为宜。解放军174医院[16]、苏州市三院[17]对影响腰椎间盘突出手术治疗效果作了分析,认为医源因素,包括诊断和治疗的方法和技术有缺陷是术后疗效不佳的主要原因。上海铁路医院[18]对20例复发性椎间盘突出症进行分析,提出不应单纯施行椎间盘突出摘除。而应将全部突出成分(包括骨性组织)切除以确保不再复发。北京宣武医院[19]和内蒙古医学院二院[20]对腰椎间盘突出钙化或骨化行手术治疗及病理分析,特别提出此类病变切不可盲目推拿,否则会加重神经损害。徐州市四院[21]、西安西京医院[22]、苏州吴县红会医院[23]等对多间盘突出、极外侧型突出等多种特殊情况作了报告,并指出各自的临床特点。解放军149医院[24]、海南省医院[25]、射阳淮海农场医院[26]、福建医学院二院[27]等专题报告老年人腰突症多伴有严重腰椎退变性椎管狭窄和神经根通道狭窄,临床表明此类患者既有根性痛,又有间歇性跛行。围手术期处理对老年患者十分重要。

(四) 脊柱内固定

颈椎内固定手术近年来已逐渐发展。上海长征医院[28]采用AO纯钛带锁钢板对颈椎前路减压植骨患者施行内固定术。该术式具备即刻稳定及无磁性干扰的优点。大连医大一院[29]采用普通钢板按Aebi法将松质骨螺钉用于颈椎内固定。这种手术务必在解剖和技术娴熟的条件下施行,以避免钢板内固定带来的并发症。颈椎关节内固定在颈椎损伤治疗中也有其特殊优点。山西医大二院[30]报告11例在骨折脱位复位减压后采用直钢板、钩形钢板固定的病例,对螺丝钉固定方向、深度、直径等提供了解剖学参数。重庆新桥医院[31]报告利用镍钛形状记忆合金固定旋转植骨块。

胸椎和胸腰椎短节段固定有较多报告。解放军264医院[32]测量干燥胸椎，提示椎弓根横径平均为5.9 mm，但上下有明显差异，椎弓内倾角为29.3°～12.7°。上海长征医院[33]报告采用钢丝环扎的椎弓板，定位研究确定螺丝钉进入位置，其准确率为98.11%。河北医大一院、中日友好医院等[34~38]分别报告应用Dick钉内固定治疗胸腰椎骨折脱位，并提出这种短节段固定有一定局限性，尤其对椎体高度的恢复有缺陷。

浙江医院[39]研究158例胸腰椎不稳定性骨折，认为不同类型的骨折应选择不同的内固定物。不同类型的钢板如Steffer、Roy-Camille等各有其优缺点，不可千篇一律。只有合理选择内固定物才能提高治疗效果。解放军97医院[40]对49例胸腰椎骨折采用椎弓根螺丝钉框架式内固定，折钉率达14.3%，总失败率为22.3%，认为材料和技术问题是失败的主要原因。

苏州医学院一院[41]分析了504例胸腰椎骨折经椎弓根螺丝钉内固定者，术中并发症为4%，术后并发症为16%，断钉是主要并发症；据此设计钉杆角弓根内固定系统，疗效明显提高。海南省人民医院[42]也对经椎弓根内固定失误及并发症问题作专题报告101例，其中定位错误18例，螺钉松动2例，神经根损伤5例，深部感染2例，螺钉帽脱落2例。

近年对脊柱畸形治疗的报告相对减少，而对其并发症越来越重视。山西医学院一院[43]报告210例Harrington棒矫正脊柱侧弯，手术失误和并发症32例，认为适应证的选择和技术是主要因素。解放军304医院报告断棒率10.7%。福建医学院一院[45]强调从整体观点出发矫正侧凸畸形，不必太勉强以免发生脊髓永久性损伤或其它并发症。北京协和医院[46]专题报告101例脊柱侧凸矫正并发症，生物力学因素占22.77%，适应证选择问题占28.71%，手术因素36.63%，内固定装置问题占14.85%。

（五）腰椎滑脱症

关于腰椎滑脱使用内固定装置的报告日趋增多。腰椎滑脱是下腰椎不稳的一种重要表现形式。腰椎滑脱后导致腰椎正常排列改变，椎管容积和形态也相应变化，X线平片可清晰显示骨性结构的改变，CT平扫偶然可造成误诊。中山医大[47]报告12例被CT诊断为腰椎间盘突出症患者，其主要原因是片面观察切层图，忽略整体观察。固定和植骨融合仍然是滑脱的主要治疗方法。青海省医院[48]应用前路或后路方式椎间植骨共19例，优良率87.5%。上海瑞金医院[49]报告60岁以上老年人退变性滑脱伴椎管狭窄，以椎板切除扩大减压为主要治疗方法。尽管老年人有加重滑脱的倾向，但对解除神经压迫还算可取的方法。

解放军163医院[50]采用经腹腔椎体间融合术21例，优良率达95%。苏州医学院二院[51]应用贯穿峡部间隙作螺丝钉植骨内固定14例。术中务必切除峡部裂两端之间的硬化骨质，嵌入自体骨，其优良率为92%。浙江衢州医院[52]应用拉力螺丝钉加带角度螺丝钉经椎弓根固定滑脱脱位16例。山东医大附院[53]等用带下钩的椎弓根螺钉治疗滑脱12例，效果良好。

CD椎弓根内固定技术多应用于创伤性骨折脱位。湖南医大二院[54]采用该技术治疗27例腰椎滑脱，疗效良好。苏州医学院一院[47]认为脊椎滑脱节段的不稳定导致异常活动和滑移，这种不稳定所引起的神经根压迫和牵拉是出现临床症状的主要原因，因而是手术的重要指征。

（六）腰椎管狭窄

腰椎椎管狭窄的临床及影像类型较多，外科治疗技术也颇不一致。但其基本原则是彻底减压并恢复下腰椎的稳定。外科治疗既可使严重中央型腰椎椎管狭窄症患者获得彻底减压，又可保证病变节段的相对稳定。阜阳地区医院[55]设计开窗减压法，采用特制凿子将椎管前侧壁增生骨赘切除，治疗116例，随访106例，优良率97.2%。文澄整骨医院[56]为减少手术对后结构的过多破坏，设计一种经椎板间孔减压、棘上和棘间韧带重建术，共治疗31例，优良率100%。山东武警医院[57]采用单侧显露、棘突悬留或扩大腰椎的方法，认为此法手术操作简单，疗效佳。海军422医院、湖北医大一院和云南省医院等[58~60]都对腰椎椎管狭窄的治疗作了报告。重庆铁路医院[61]报告保留棘突、棘上韧带和棘间韧带的全椎板切除术，其远期效果还有待进一步观察。

侧隐窝应是第四、第五腰椎的特殊解剖结构，为骨纤维性神经根通道的主要部位。忽略侧隐窝的探查可导致下腰椎手术的失败。苏州市二院[62]报告303例侧隐窝狭窄的病理及临床表现，提出准确、彻底的减压是保证手术疗效的关键。

（七）脊髓损伤

脊髓损伤与致伤因素有密切关系，其损伤早期以出血、水肿和坏死为主要病理变化。研究表明，脊髓遭受损伤后，有许多继发性损害因素对脊髓产生危害。因此，人们已广泛探索哪种物质能够保护损伤的脊髓免遭继发性损害。中国康复研究中心[63]研究认为低血钠症可加重神经系统损害和使已恢复的功能再次丧失。故针对抗利尿激素异常分泌者采用限制水分摄入，取得良好效果。昆明医学院二院[64]研究三七总皂甙（PNS）治疗早期脊髓损伤的作用，大鼠实验表明，PNS虽不能阻止脊髓灰质坏死，但对调节微循环和减轻继发性损害有一定作用。上海长海医院[65]对内源性阿片肽作为自身损害因素的一种，与继发性脊髓损伤的病理过程关系作了研究，认为寻找阿片肽拮抗剂，并应用于脊髓伤治疗是十分迫切的课题。中日友好医院[66]采用透射电镜和脊髓血管铸型扫描电镜技术，观察实验性牵张性脊髓损伤的血管主体结构和超微结构的改变，认为牵张使脊髓血管损伤，正常结构受到破坏。高压氧、甲基强的松龙治疗脊髓伤有一定效果，但应强调早期治疗[67,68]。上海长征医院[69]通过动物实验，发现脊髓伤后2～72 h伤区及临近脊髓组织血小板活化因子含量及含水量明显增高，提示血小板活化因子在脊髓损伤后脊髓水肿的发生、发展过程中起重要作用。

脊柱脊髓伤的并发症历来是临床治疗的重要内容。文登市整骨医院[70]报告胸腰段脊柱伤合并创伤性窒息的病例，对其发病机制及治疗作了探讨。中国康复研究中心[71]对急性脊髓损伤合并霉菌尿者进行分析，提出长期留置导尿，抗生素使用不合理，使用糖皮质激素和血糖升高等是诱发霉菌尿的危险因素，并就下尿路霉菌感染的诊断标准、病理机制、临床意义及治疗进行了讨论。

MRI对脊髓损伤的诊断、预后判断及治疗方法的选择提供了可靠的依据[72,73]。MRI的应用减少了手术的盲目性，有利于临床医师准确、及时地评价脊髓损伤者的病理状态。

（八）脊髓畸形

脊髓畸形种类较多，从枕颈部至腰骶部均可发生，包括脊髓畸形、血管畸形和神经根畸形三大类。北京中日友好医院[74]对脊髓纵裂的分型作了探讨，并将其分为硬膜外型和硬膜内型。这种分型方法对治疗有一定指导意义，国外也有类似分类法。但文章对两型的病理、临床分析和理解尚存在许多可商榷之处，需继续积累病例，有助于对其认识的加深。西安医大二院[75]采用胫后神经经皮层诱发电位（PT-NCSEP）检查探讨脊髓纵裂的神经缺陷机制，结果提示神经缺陷的机制是脊髓纵裂的间隔对脊髓的牵拉和纵裂脊髓单侧发育异常。北京中日友好医院[76]对46例脊髓栓系综合征（TCS）患儿进行分析，指出临床上凡有排尿、排便障碍，下肢感觉、运动障碍，足畸形等症状和体征，体检发现隐性脊柱裂、显性脊柱裂或曾行脊膜膨出手术的患儿均应怀疑该病。磁共振成像和脊髓造影CT检查可确定诊断。该病一经诊断应及早行栓系松解术。天津医大一院[77]分析了MRI对先天性脊柱裂的诊断作用，认为MRI不仅可确定有无脊髓膨出，而且能显示椎管内伴发的其它先天性病变。对于隐性脊柱裂，MRI能确定是否伴椎管内病变，并准确地区分复杂性和单纯性隐性脊柱裂，为临床治疗提供了可靠的依据。上海长征医院[78]报道了9例数字减影血管造影（DSA）确诊后同时进行血管内栓塞治疗的脊髓血管畸形病例，结果提示栓塞可导致脊髓硬膜内血管畸形的血供中断和临床症状的改善，是一种安全、有效的治疗措施。

（贾连顺）

参 考 文 献

[1]* 袁　文等. 中国脊柱脊髓杂志，1996；6(2)：69
[2]* 杨双石等. 骨与关节损伤杂志，1996；11(4)：227
[3]* 贾连顺等. 中华骨科杂志，1996；16(7)：451
[4]* 戴力扬等. 中华外科杂志，1996；34(6)：323
[5]* 王全平等. 中华骨科杂志，1996；16(7)：447
[6]* 倪　斌等. 中华放射学杂志，1995；29(12)：858
[7]* 刘忠军等. 中国脊柱脊髓杂志，1996；6(2)：57
[8] 杨　军等. 中国医科大学学报，1996；25(3)：304
[9]* 孔抗美等. 河南医科大学学报，1996；31(2)：26
[10]* 阮狄克等. 中华骨科杂志，1996；16(8)：511
[11] 朱同银等. 南京大学学报，1996；16(2)：116
[12] 顾　宁等. 中华物理医学杂志，1996；18(1)：4
[13] 袁　越等. 中国脊柱脊髓杂志，1996；6(3)：131
[14]* 贾连顺等. 中华骨科杂志，1996；16(2)：83
[15]* 张　克等. 中华外科杂志，1996；34(4)：197
[16]* 黄长明等. 中国矫形外科杂志，1996；3(2)：113
[17]* 吴其昌等. 山西医学院学报，1996；27(3)：216
[18]* 冉永欣等. 中华骨科杂志，1996；16(7)：423
[19] 刘　伟等. 中华骨科杂志，1996；16(7)：421
[20] 刘万林等. 中国脊柱脊髓杂志，1996；5(5)：215
[21] 吴德慧等. 徐州医学院学报，1996；16(3)：310
[22]* 王全平等. 中华骨科杂志，1996；16(6)：362
[23]* 方汕元等. 苏州医学院学报，1995；15(5)：873
[24]* 张继东等. 中国矫形外科杂志，1995；2(4)：260
[25]* 陈　科等. 海南医学，1996；3：164
[26]* 单　海等. 南通医学院学报，1996；16(3)：403
[27]* 陈献南等. 实用老年医学杂志，1996；10(4)：185
[28]* 袁　文等. 中国脊柱脊髓杂志，1996；6(4)：161
[29] 姜长明等. 中华创伤杂志，1995；11(6)：351
[30]* 马　迅等. 中华骨科杂志，1996；16(7)：455
[31]* 梅芳瑞等. 骨与关节损伤杂志，1995；10(6)：325
[32] 乔拴杰等. 中国临床解剖学杂志，1996；14(3)：193

[33] 谭　军等.中国脊柱脊髓杂志,1996;6(3):99
[34] 张云生等.河北医科大学学报,1996;17(3):158
[35] 韩光明等.江苏医学,1996;22(1):29
[36] 裴元民等.山东医学,1996;36(5):13
[37] 刘建华等.青海医学,1995;25(5):5
[38] 李子荣等.中华创伤杂志,1995;12(6):345
[39]* 赵大正等.骨与关节损伤杂志,1996;11(4):197
[40]* 刘宏滨等.骨与关节损伤杂志,1996;11(4):231
[41]* 杨惠林等.中国骨科杂志,1996;6(6):356
[42]* 符　波等.中国脊柱脊髓杂志,1996;6(4):174
[43]* 刘　强等.中国矫形外科杂志,1996;3(1):13
[44]* 史亚民等.中华骨科杂志,1996;16(2):87
[45]* 叶启彬等.中华外科杂志,1996;34(6):327
[46]* 洪天禄等.中华骨科杂志,1996;16(7):412
[47]* 赖在文等.中国康复医学杂志,1995;10(6):270
[48]* 苏盛元等.青海医学杂志,1996;26(1):3
[49] 龚耀成等.上海第二医科大学学报,1996;16(5):335
[50]* 傅祖国等.湖南医学,1996;13(1):19
[51] 成茂华等.骨与关节损伤杂志,1995;10(6):339
[52] 占蓓蕾等.河北医科大学学报,1996;17(3):141
[53] 李　牧等.山东医科大学学报,1995;33(4):331
[54]* 吕国华等.湖南医科大学学报,1995;20(5):472
[55]* 李　超等.中国矫形外科杂志,1996;3(2):103
[56] 谭远超等.中国脊柱脊髓杂志,1996;6(3):114
[57]* 关家文等.中国矫形外科杂志,1995;2(4):261
[58] 王清顺等.中国矫形外科杂志,1996;3(2):125
[59] 宋振华等.武汉医学杂志,1995;19(4):203
[60] 刘　伟等.云南医学,1996;17(1):29
[61]* 张　岗等.天津医学,1996;24(4):213
[62]* 黄士中等.中国矫形外科杂志,1996;3(2):97
[63]* 周国昌等.中国脊柱脊髓杂志,1995;5(5):193
[64]* 胡侦明等.中华骨科杂志,1996;16(6):384
[65]* 李　明等.中华创伤杂志,1996;12(4):236
[66]* 王石麟等.中日友好医院学报,1996;10(2):109
[67] 葛崇林等.徐州医学院学报,1995;15(4):427
[68] 郝定均等.中国脊柱脊髓杂志,1995;5(5):228
[69]* 肖建如等.中华创伤杂志,1995;11(6):332
[70] 张恩忠等.中华创伤杂志,1995;11(6):341
[71]* 周国昌等.中华创伤杂志,1995;11(6):330
[72] 吴伟力等.河南医科大学学报 1996;31(2):10
[73] 陈日秦等.实用放射学杂志,1996;12(2):71
[74]* 马雄君等.中国脊柱脊髓杂志,1995;5(5):238
[75]* 程　斌等.中国矫形外科杂志,1995;2(4):242
[76]* 张广超等.中华小儿外科杂志,1996;17(2):105
[77]* 韩　悦等.中华骨科杂志,1996;16(2):101
[78]* 郝楠馨等.中华放射学杂志,1995;29(10):663

三、关节外科

(一) 髋关节

北医大医院[1]为8例严重风湿性疾病患者在同一麻醉下行同侧髋、膝关节同时置换术。这是一种难度较大的手术方法,但行之有效。北医大一院[2]根据正常人体骨盆的形态结构和生物力学特点研制出一种以髋臼部为主体,髂骨翼部和耻、坐骨部为附件的半组合式钛质全表面喷漆陶瓷(AL_2O_3)人工半骨盆,经临床初步应用和随访检查证明,其整体结构符合仿生要求,术中安装方便,固定可靠,适应性强,术后骨盆和下肢功能恢复良好。中国医大一院[3]通过对270髋人工全髋关节置换术后骨水泥固定假体柄松动的影像学随访研究,寻找假体松动的规律,认为松动早期髋关节假体的1个或2个区域内会出现2 mm以上透亮区,加之病人的疼痛症状,即可诊断为假体早期松动。安徽省巢湖地区骨科医院[4]总结了近十年来随访的人工股骨头置换术138例,其中术后有髋痛37例,分析其发生原因,并提出了防治措施。南京医大一院[5]对髋关节人工假体置换术的若干问题进行了探讨,主要讨论了切口的选择,假体安放的位置,是否运用骨水泥等。江苏南通市一院[6]对99例人工股骨头置换术患者随访2年,并分析骨质疏松的病因,认为改善假体柄的形态与表面处理,提高假体柄与骨髓腔内壁的接触面,以及提高髓腔占据率,避免应力分布不匀,可以减少骨反应及疼痛的发生。解放军301医院[7]采用自体游离骨膜移植修复关节软骨大面积缺损43例,认为连续被动活动可促进修复后关节功能的恢复,其中髋关节27例,膝关节8例,术后髋和膝关节功能优良率分别为76.9%和88.9%。

(二) 膝关节

上海长征医院[8]通过对45例半月板切除术患者10~33年的随访研究,认为半月板具有十分重要的生物学功能,切除后可导致膝关节退行性改变。北医大人民医院[9]对45例类风湿性关节炎病人59个膝关节滑膜切除术进行短期随访及疗效评价,认为在类风湿性关节炎早期,膝关节滑膜肿胀渗出,滑膜切除术仍是值得重视的外科治疗方法之一。山东淄博市临淄区医院[10]对7例后交叉韧带损伤病例进行手术治疗,在其诊断及治疗方面提出了初步见解。河南省医院[11]在动物实验基础上,应用带血管蒂筋膜移植修复膝关节软骨面大面积缺损12例,认为与人工膝关节置换术相比,该术具有对膝关节正常结构破坏小,并发症少,费用低,远期效果好等优点。北京红十字医院[12]应用膝关节单髁表面置换术治疗骨性膝关节炎20个。认为患有单室骨性膝关节炎的老年病人，单室成形术是一个可供选择的有吸引力的方式。西安医大第二临床医学院[13]应用胫骨高位截骨术治疗31个膝关节骨性关节炎，取得了较好效果。北医大人民医院[14]对57例严重风湿性疾病患者一次同时双侧人工全膝关节置换术，疗效满意。北医大运动医学所[15]通过对膝关节全脱位19例手术治疗分析，认为虽然膝关节全脱位合并有严重的肌腱、韧带及关节囊等组织的损伤，但早期手术治疗，术后给予积极的康复治疗，往往能获得令人满意的效果。北医大三院[16]报告了6例严重关节周围损伤的膝关节粘连纤维性僵直的治疗效果，效果满意。苏州医学院一院[17]报告了28例膝关节前交叉韧带损伤的MRI表现及分类。

（三）关节镜

上海长征医院[18]对24例开放式半月板切除术后膝关节紊乱病例进行了二次关节镜术，并作了评价及讨论，认为关节紊乱的主要原因是残留后角、残余半月板及脂肪垫和退变性骨关节炎。中山医大一院[19]分析了119例关节镜下滑膜切除术治疗类风湿性关节炎的病例，探讨了手术时机与手术方式。上海华山医院[20]对35例膝关节半月板损伤及骨关节炎患者关节镜手术前后的临床功能指标及股四头肌、腘绳肌等速肌肉功能进行随访分析，提出膝关节镜术后辅以等速肌肉功能锻炼以提高手术疗效。中山医大一院[21]对34例老年人膝关节骨性关节炎关节镜清理术作一初步探讨，认为关节镜手术损伤小，对关节的活动影响少，术后恢复快。解放军309医院[22]用膝关节镜检查176例，6例确诊为Wrisberg韧带型盘状半月板，并对其临床特点、关节镜下特点及治疗方法进行讨论。

（四）基础研究

西安医大第一临床医学院[23]采用光弹性技术对人工股骨头假体置入术后的应力状态进行了系统观测，并对假体柄部断裂进行了分析论证，为临床治疗提供了理论依据。湖南医大二院[24]采用放射免疫法，检测了40例膝关节退行性骨关节病和20例膝关节内功能紊乱患者的血清及关节液中透明质酸含量，认为透明质酸量的变化可作为了解关节软骨代谢的指标。重庆大坪医院[25]对电刺激半月板愈合的组织学特性进行了光镜、电镜观察。认为在半月板无血运区组织细胞并非惰性细胞，它们具有潜在的再生能力。湖北医大一院[26]采用自体肋软骨移植诱导膝关节半月板形成，认为此法形成之半月板近似正常，为寻找半月板替代物提供了一种新途径。

（五）其他关节

上海光华医院[27]对69例(76肘)类风湿性关节炎患者作铰链型人工肘关节置换术，其中31肘平均随访14.1年。作者认为对于严重疼痛，伴有明显功能障碍的类风湿性关节炎患者做修正手术时，铰链型人工肘置换仍是一个可以选择的手术。天津医院等[28]针对类风湿性关节炎，骨关节结核或外伤引起的腕关节疼痛、畸形及强直，设计研制了一种新型全腕人工关节，临床应用3例，随诊5～8年，效果满意。北医大人民医院[29]通过对6例(6关节)Meuli型人工全腕关节置换术患者随访68.8个月，认为meuli型人工全腕关节置换术虽然近期临床效果满意，但是假体置入后易发生松动，远期效果可能不佳，因此，关节置换术只能作为晚期腕关节炎的一种手术方式，绝不能用它来完全代替关节融合术。天津医院[30]研制了一种超高分子量聚乙烯桡骨头假体，并用以治疗桡骨头粉碎骨折30例，取得了较满意的效果。

（李晓华）

参 考 文 献

[1] 吕厚山等.中华骨科杂志，1996;16(5):275
[2] 朱天岳等.中华骨科杂志，1996;16(5):268
[3] 白烯壮等.中国医科大学学报，1995;24(5):509
[4] 王松生等.中华创伤杂志，1996;12(2):133
[5] 范卫民等.江苏医药，1996;22(7):451
[6] 严建军等.骨与关节损伤杂志，1996;11(1):27
[7] 卢世壁等.中华骨科杂志，1996;16(5):292
[8] 戴力扬等.中国矫形外科杂志，1995;2(4):227
[9] 吕厚山等.中华骨科杂志，1996;16(1):4
[10] 谢志平等.骨与关节损伤杂志，1996;11(4):247
[11] 赵炬才等.中华骨科杂志，1996;16(8):479
[12] 李之芳等.中华骨科杂志，1996;16(1):19
[13] 孙仲篪等.中国矫形外科杂志，1996;3(1):46
[14] 吕厚山等.中华外科杂志，1995;33(10):594
[15] 周 捷等.骨与关节损伤杂志，19965;11(2):66
[16] 敖英芳等.骨与关节损伤杂志，1996;11(2):74
[17] 戴敏江等.实用放射学杂志，1995;11(12):709
[18] 吴海山等.中华外科杂志，1995;33(10):586
[19] 陈俊伟等.中华骨科杂志，1996;16(1):11
[20] 章永德等.中华骨科杂志，1996;16(1):16

[21] 鄢 宏等.骨与关节损伤杂志,1996;11(2):105
[22] 黄迅悟等.中华骨科杂志,1996;16(8):482
[23] 毛晓岗等.中国修复重建外科杂志,1996;10(3):157
[24] 李海声等.湖南医科大学学报,1996;21(4):311
[25] 刘晋才等.中华骨科杂志,1996;16(1):47
[26] 李家元等.中华实验外科杂志,1996;16(5):310
[27] 郭文正等.中华骨科杂志,1996;16(5):282
[28] 胡慧敏等.中华骨科杂志,1996;16(5):289
[29] 袁燕林等.中华骨科杂志,1996;16(5):285
[30] 朱式仪等.中华骨科杂志,1996;16(4):237

四、创伤

本年度共收集到创伤论文 274 篇,挑选其中 103 篇作为一年回顾文章。多器官衰竭(MOF)是继发于严重创伤、休克和感染等严重疾患引起多个器官损害的严重并发症,治疗困难,死亡率高。安徽马钢医院[1]报告 8 例,其中 6 例痊愈,2 例死亡。他们强调要早期预防,加强监测,及时处理,以减少多器官衰竭的发生及死亡率。重庆大坪医院[2]报道成功抢救了 1 例多发性骨折后发生 6 个系统功能衰竭的经验,提出要早期控制原发病,动态监护,保护各器官功能,支持营养,改善免疫功能,正确处理大出血,并强调要多科协作。脂肪栓塞综合征也是严重创伤或多发骨折后的严重并发症。天津医院[3]对其发病机制、临床表现、诊断标准及治疗等进行较详细的探讨。脑型脂肪栓塞综合征相对较少见,河北医大三院[4]报告 9 例全部治愈,认为早期固定骨折,及时纠正休克是防治本征的重要环节。随着对脂肪栓塞综合征认识的提高,典型的脂肪栓塞综合征已不多见。解放军总院[5]在动物实验的基础上,提出了一种诊断亚临床期脂肪栓塞综合征的新方法,即从肺微血管和周围静脉血中获取血凝块进行快速冰冻切片,经油红“O”染色后,镜检脂滴,并结合动脉血氧分压下降即可作出亚临床期脂肪栓塞的早期诊断。创伤后并发的肌筋膜间隔综合征,天津医院[6]报道分析 31 例发生于儿童的肌筋膜间隔综合征,认为疼痛、感觉障碍为早期临床表现,易被忽视。疼痛消失和肌肉麻痹是晚期标志,被动牵拉试验阳性是手术适应证。关于创伤中的肢体大面积皮肤套脱伤的治疗问题,福建福清医院[7]报道治疗 46 例,42 例结果满意。认为采用带真皮下血管网皮瓣原位缝合、骨折早期内固定是处理此类损伤的较好方法。顺德桂州医院[8]报告了 17 例,采用烧伤科手掌法计算皮肤撕脱伤面积的经验。关于血管伤的处理,西安西京医院[9]处理了 28 例闭合性四肢动脉伤,强调早期明确诊断,争取在伤后 12 h 内处理损伤血管,及时恢复肢体血循环是挽 救肢体的关键,同时要进行深筋膜切开和处理合并伤。该院[10]还报告了将 16 条犬的不同长度股静脉移植于股动脉,认为自体静脉的长度不同对移植结果可无明显影响,动静脉顺应性差异可能是最终影响自体静脉移植结果的重要因素。对创伤性老年性骨折的治疗,解放军 454 医院[11]报告 28 例 60 岁以上因交通事故所致老年性骨折的治疗经验,认为手术应尽量简单,又固定可靠,能早期离床活动,以预防长期卧床带来的并发症。对创伤性开放性骨折的治疗问题,广东潮州医院[12]内固定治疗 162 例下肢开放性骨折,骨折愈合,功能恢复满意率占 96.8%。认为 I 型骨折应积极行内固定,II、III 型根据情况积极应用,血管修复可与内固定同时进行,术后积极引流是预防感染的重要措施。福建福安医院[13]采用早期清创与加压钢板内固定治疗 178 例开放性四肢骨干骨折,175 例肢体功能恢复良好。认为急诊正确清创、加压钢板内固定、早期功能锻炼是治疗关键。淮南煤炭医专附院[14]采用接骨板内固定治疗 96 例四肢骨干骨折,认为彻底清创、接骨板内固定、碎骨块合理嵌压对严重粉碎骨折的愈合有良好影响。赤峰煤矿医院[15]总结 45 例同类病例,认为早期应在彻底清创的基础上,配合大剂量抗生素,同时予以骨折内固定,有利于骨折愈合且不增加感染发生率。南京鼓楼医院[16]分析 27 例四肢长骨干骨折内固定失败病例,认为内固定物选择不当、技术不熟练及外固定不正确是失败主要原因。江苏金坛市医院等[17]分析 16 例四肢骨折内固定失败病例,认为骨折端未获解剖复位及牢靠固定、粉碎性骨折有骨缺损者未行 I 期植骨、术后功能锻炼不当或过早完全负重等为失败的主要原因。关于外固定支架治疗骨折的问题,西安医大二院[18]应用单侧多功能外固定支架治疗各种类型四肢骨折 86 例,均达到骨折正常愈合。认为外固定架结构简单,操作方便,便于伤口处理,易于对骨端施压,促进愈合,可早期活动关节。苏州市二院[19]应用自行研制的微型外固定器治疗四肢短骨骨折 18 例,外固定时间 4～8 周,骨折平均愈合时间 5.4 周,取得骨折恢复与功能并进的效果。其他骨折固定方法如徐州医学院附院[20]采取镍钛形状记忆合金加压骑缝钉作内固定处理 42 例骨折,结果骨折全部愈合。湖南医大二院[21]自行设计微型加压螺钉治疗关节内骨折 54 例,优良率 90.8%,认为该钉有加压作用,并具有骨折固定可靠，早期可进行关节功能锻炼，无须取出等优点。安徽岳西县医院[22]还报道43例下肢枪弹伤的处理经验，着重讨论了枪伤的临床特征和处理原则，该组随访32例，优良率达93.6%。

（一）骨盆和髋部损伤

近年对骨盆骨折的治疗，由单纯保守治疗发展到手术复位和内固定。兰州军区总院[23]研制了骨盆骨折内固定器械，并临床应用18例，随访1～5年，结果满意17例。他们详细介绍了手术时机的选择、手术适应证及内固定的注意事项等。除了内固定外，兰州军区总院[24]报告3例严重骨盆骨折合并大出血，采用早期选择性血管内栓塞止血获得成功。认为此法安全可靠，损伤小，并对适应证的选择作了详细的讨论。对小儿骨盆骨折的分型问题，华西医大一院[25]采用Odgen分型，认为这种分型有利于合并伤及预后的判断。关于髋臼骨折的治疗，昆明延安医院[26]报道36例，其中12例手术治疗，24例牵引治疗。两者比较，认为髋臼骨折应早期手术，达到解剖或接近解剖复位。苏州医学院一院[27]报告17例移位髋臼横形骨折的诊断和治疗，应将X线摄片与CT诊断相结合，手术入路应根据骨折移位方向选用前、后或双入路，复位应采用特制复位钳，固定应采用弧形髋臼骨折钢板，并避免广泛骨膜下剥离，以减少异位骨化。

股骨颈骨折的治疗仍是人们关心的问题。山西大同五院[28]采用急诊复位、闭式三翼钉内固定治疗伤后72 h以内股骨颈骨折58例，随诊4～18年，髋功能满意率91.4%。认为急诊阶段进行复位无需长期牵引，疗程缩短，操作简单，损伤小，对扭曲受压及痉挛的血管可尽早得到改善，有利于骨折愈合。股骨颈骨折内固定，许多学者比较偏爱用加压螺钉。山东青州医院[29]采用直径4.5 mm多枚折断式加压螺钉内固定治疗28例股骨颈骨折，随诊1～7年，总优良率93%，认为该法能使骨折端间纵轴方向有较大的拉压力，骨折端可紧密相嵌而促进骨愈合，并能有效防止股骨头侧向移位。广州医学院一院[30]应用加压螺纹钉贴股骨距内固定治疗早期老年股骨颈骨折32例，优良率87.5%。认为此法操作简单，创伤小，进钉准确，固定牢靠，手术时间短，可早期活动，功能恢复快。但无论何种内固定，仍不能解决股骨头的血运问题，骨瓣移植是一种解决的方案。沧州卫校[31]采用阔筋膜张肌骨瓣移植与螺钉内固定合并治疗青壮年股骨颈骨折20例，骨折愈合率90%。认为该法优点是手术简单，愈合时间短，效果可靠。股骨颈骨折行人工股骨头置换也是一种治疗方法，手术的入路有多种。南通医学院附院[32]采用改良髋关节外侧切口行人工股骨头置换术46例，随诊1～4年，优良率89.1%，认为该切口损伤小，出血量少，切口暴露充分，操作方便，减少感染机会，术后恢复好。

股骨转子间骨折内固定治疗方法很多。重庆新桥医院[33]应用加压滑动鹅头钉治疗股骨转子下不稳定骨折16例，平均随访2.5年，平均愈合时间12周。认为此钉设计合理，性能坚固，是治疗转子下骨折的理想内固定钉。广州红十字会医院[34]应用自制加锁髓内钉及其手术器械，治疗股骨转子骨折53例，52例获得随访1～3.5年，骨折全部愈合。该钉按照股骨近段解剖特点和生物力学原理设计，可将股骨头承受的各种应力以最佳方式分解和传递，适用于各类型股骨转子骨折。福州市二院[35]采用“AO”130度角钢板内固定治疗股骨粗隆骨骨折42例，随访5～30个月，优良率96.07%。认为该法具有内固定坚强，手术简单，术后可早期活动等优点。有学者将内固定和外固定结合起来，如内蒙古医学院二院[36]经皮穿针外加骨水泥球结状固定治疗50例，48例随访平均20.5个月，优良者44例，认为该方法通过对钢针进行“两点锚固”和建立稳定的三角形整体结构而固定可靠，可有效地防止髋内翻。

（二）下肢损伤

对下肢骨折究竟采用何种方法固定，各家说法不一。北京中日友好医院[31]报道16例下肢长骨多段骨折的内固定治疗。认为采用Ender针内固定最好。解放军第一医院[38]将国产普通梅花型髓内针改制成的套锁髓内针经自行研制的定向器体外定位治疗下肢骨折32例，效果满意。下肢多发骨折中的浮膝处理比较困难，南京医大三院[39]介绍了2例创伤性浮膝的治疗经验，并结合文献详细介绍了浮膝的概念、致伤机制、分型及治疗原则。

股骨干骨折

小儿股骨干骨折的治疗一直有争议，有人采用手术复位内固定，也有人不主张内固定。大通县医院[40]则用前者治疗70例小儿股骨干骨折，随诊6～8年，优良率95.7%。手术不强调解剖复位，内固定方法力求简单实用。无锡市二院[41]用内固定治疗20例小儿股骨干骨折，平均随访12年4个月，19例愈合良好，功能正常。文中讨论分析了小儿股骨干骨折术后患肢出现过长、缩短或与健肢等长的有关原因。四川自贡市贡井区中医院[42]则采用手法整复、外固定或加用牵引治疗92例小儿股骨干骨折，随访1～3年，均骨性愈合，功能良好。认为小儿股骨干骨折应以非手术治疗为主，可不影响儿童骨骼发育。成人股骨干骨折多采用内固定治疗。山西临汾地区医院[43]报道325例股骨干骨折，比较了普通钢板、角形接骨板、梅花形髓内针、"V"形髓内针对股骨干骨折的内固定作用。认为角形接骨板稳定性好，固定牢靠，术后可早期活动。股骨远段骨折的治疗比较复杂。湖南湘雅医院[44]设计双扁形髓内钉系统内固定治疗成人股骨干骨折37例，23例获1年以上随访，优良20例。生物力学测试表明该钉抗弯、抗扭性能明显优于Ender钉及Rush钉，过伸抗弯性能与"L"形髁钢板比较无显著差异。北京军区总院[45]研制组合式防旋转髓内钉治疗45例，平均随访34.5个月，优良率100%。认为该针具有力学结构合理、方法简单、效果可靠，不需透视等优点。同时介绍了该针的构造、器械及操作方法。

膝部骨折

股骨髁间及髁上骨折的治疗多采用L钢板。张家港一院[46]应用L钢板治疗股骨髁间及髁上骨折21例，随访3个月～3年，优良19例。认为L形钢板治疗股骨远端骨折优于其他方法。淮北矿工总医院[47]对Ender钉、矩形钉、L形钢板三种内固定方法进行比较，也认为应首选L形钢板。南京医大一院[48]自行设计双加压L形钢板治疗股骨髁上、髁间和股骨平台骨折24例，随访1～2.5年，总优良率91.7%。该钢板的特点是，在普通L形钢板短臂上设一导引孔，可对骨折进行横向加压。固定牢靠，可早期进行功能活动。除了L形钢板以外，湖南湘雅医院[49]设计双扁形髓内钉系统(DFIS)治疗20例股骨髁上、髁间骨折，优良15例。该器械操作简便，固定牢靠，损伤小，术后不必外固定，可早期负重。他们比较了DFIS与L形髁钢板、Ender钉、Rush钉的生物力学测试结果。股骨远端骨骺损伤多发生在小儿，山东烟台牟平医院[50]报道6例股骨远端骨骺损伤的治疗经验，认为治疗应尽早在良好麻醉下行手法闭合整复，石膏固定于患肢70°～80°位，复位后不稳定者行切开复位钢板螺钉内固定。

胫骨平台骨折

胫骨平台骨折属关节内骨折，要求解剖复位，确切固定。无锡市四院[51]在电透下闭合穿骨栓固定治疗胫骨平台骨折35例，随访6个月～7年，骨折全部愈合，优良率88.6%，认为该法简单，骨折固定确切。浙江丽水地区医院[52]采用前后双切口途径治疗12例严重闭合性胫骨平台骨折，结果满意。认为双切口具有直视下复位，以稳定的方式固定骨折块，避免掀起大块皮瓣和过度牵拉。急性上胫腓关节脱位罕见，上海市八院[53]报告7例，该损伤常与其他骨折并存，他们详细讨论了该种损伤的分型、受伤机制及处理方法。

髌骨骨折

髌骨骨折的内固定治疗有较大的进展。上海杨浦区中心医院[54]设计可调式髌骨骨折整复器治疗髌骨骨折165例，优良率100%，术后无需外固定，可早期功能锻炼。文中详细介绍了该整复器的构造、原理及使用方法。甘肃省医院[55]采用抓髌器治疗新鲜髌骨骨折32例，随访5个月～5.5年，优良率96.8%，术后4～6周膝活动度正常。认为此法简单，对粉碎性骨折尤为实用，可避免术后关节僵硬，促进骨折愈合及功能恢复。关于髌骨骨折的并发症，山西朔州朔城医院[56]对268例髌骨骨折病例远期随访后发现七大并发症：膝关节功能障碍、创伤性关节炎、伸膝无力、骨不连或再骨折、关节感染、切口皮肤坏死、钢针钢丝过细与钢针定位不准。为了减少并发症，杭州市一院[57]应用关节持续被动活动器(CPM)治疗髌骨骨折术后病例，并与未用CPM组对照，发现CPM的应用对膝关节术后可起到止痛、消肿，改善关节活动度等作用。

膝部其他损伤

广州市六院[58]对12例陈旧性髌韧带断裂采用钢丝减张、髂胫束条修补重建髌韧带术。提出术前无需作髌骨牵引，术后改进了钢丝减张的方法，使操作更为简单，钢丝拆除更为方便。兰州军区乌鲁木齐总院[59]在关节镜下诊治滑膜皱襞综合征21例，手术简单，诊断明确，疗效满意。文中介绍了滑膜皱襞综合征的主要症状、临床特点、鉴别诊断和手术方法。

胫骨骨折

关于胫骨干骨折的治疗，西安西京医院[60]设计非扩髓型股骨内锁髓内钉治疗10例胫骨干骨折，疗效满意。认为该方法不需开放复位，骨折固定后抗旋转能力强，可早期活动，无需扩髓，对髓内血供影响小。文中介绍了该钉的构造及原理，并详细讨论了手术时机、适应证等。浙江丽水地区医院[61]报告15例胫骨多段开放骨折，II型2例，III型13例，应用牵引、清创加钢板固定、清创加矩形钉固定方法，认为采用矩形钉治疗效果最好。提出该类骨折手术时应注意保留游离骨段与软组织相连，避免骨膜剥离，避免加重创伤。杭州市红十字医院[62]采用骨板滑移植骨术加中西医结合外固定方法治疗21例陈旧性胫腓骨骨折。术后1周可扶拐下地行走。结果21例全部骨性愈合，平均愈合时间10.5周。认为该法可明显提高疗效，减少并发症，较之传统方法有明显优越性。关于胫骨骨折后的畸形问题，解放军总院[63]报道4例胫骨上段骨折后发生膝外翻畸形，2例手术矫正，2例非手术治疗，疗效均满意。提出儿童胫骨上段骨折的良好复位可预防膝外翻的发生，对膝外翻＞150°者可行手术矫正，大部分应采用非手术治疗。

踝、足部损伤

河南郑州骨科医院[64]手术治疗胫腓下关节分离92例，均用长螺丝钉或骨栓固定胫腓下关节。随访6个月～5年，优良率92.4%。术中注意保持外踝正常15°外倾角，维持踝穴正常宽度。海南省医院[65]报道31例Pilon骨折，手术治疗22例，保守治疗9例，随访1～4年，前者优良率85%，后者33.3%。主张采用AO四步重建法，并将坚强的内固定改为超踝关节的组合式外固定架固定，提高了疗效，拓宽了手术适应证。中国医大第二临床学院[66]报道16例复合开放性踝部损伤，均急诊手术处理，复位固定10例，关节融合6例，优良率66%～70%。文中讨论了该损伤的清创、组织的修复、手术方式的选择及影响预后4个因素。甘肃长庆石油职工医院[67]手术治疗97例踝关节骨折，优良率93%。认为手术可准确复位，恢复关节角平整，减少后遗症。分析手术失败的原因为忽视软组织伤的处理、内固定欠妥、未达解剖复位和下胫腓骨关节分离的漏诊等。浙医大二院[68]对首次治疗延误的56例距骨骨折采用关节融合术治疗，其中胫距关节融合13例，距骨下关节融合9例，胫距和跟距两关节融合22例，距骨体切除胫跟融合12例。随访3～32年，总优良率57.1%。分析了首次治疗延误及融合术失败的原因，讨论了融合术适应证及方法。苏州医学院三院[69]应用经皮撬拨复位治疗16例距骨颈骨折伴距骨体脱位，随访1～2年，疗效满意，文中详细介绍了手术方法、术中注意事项。近年跟骨骨折的手术治疗已在我国开展。华西医大一院[70]报道11例(II度7个，III度5个)跟骨骨折。均采用加压螺钉固定及(或)骨折塌陷区植骨治疗，平均随访19个月，优良率81.8%。认为复位时纠正Bohler角、跟骨高度变形、距下关节面及跟骨轴对恢复足部功能有重要作用；骨折塌陷区植骨可防止不愈合；早期非负重锻炼有助于功能恢复。此外，采用斯氏针经皮撬拨复位治疗也是一种行之有效的方法。同济医大协和医院[71]治疗20例波及跟距关节的跟骨骨折，平均随访2年5个月，优良率85%。认为此法简单易行，对恢复结节关节角及足纵弓作用明显，对恢复距跟关节面平整有一定作用。

对跖跗关节脱位及骨折脱位的治疗，一般认为对新鲜损伤应急诊手法复位外固定，不满意者行切开复位内固定。南京鼓楼医院[72]报告23例，其中15例获得随访，平均随访时间3年5个月，手法复位石膏固定4例效果满意，切开复位内固定组7例中4例满意。作者提出，在治疗此类损伤的同时，应注意防治急性筋膜间隔综合征。四川自贡市四院[73]报道了5例足底间隔综合征，经过急诊手术治疗，3例疗效满意。强调早期诊断、早期减压的重要性，并介绍了症状体征、解剖特点和病因。

(三) 肩部损伤

胸锁关节脱位可采用张力带钢丝法治疗，解放军227医院[74]用该法治疗3例，平均随访5个月，关节位置稳定，未发生再脱位，肢体功能良好。作者同时分析了胸锁关节前脱位非手术固定后不易保持复位的原因，并总结了采用这种手术方法的优点，如操作方便、固定可靠、术后不需外固定、预后良好等。喙锁韧带断裂后阔筋膜条重建是一种治疗办法，常州红十字医院[75]应用这种手术方法治疗20例肩锁关节全脱位，平均随访2年8个月，优100%。提出手术时应注意将肩锁关节完全复位，收紧筋膜条重叠缝合，并可将其穿过喙突钩下部与锁骨呈环形固定，以增加牢固性。

关于锁骨骨折的治疗，有学者采用切开复位克氏针内固定。哈尔滨242医院[76]治疗82例，满意率达100%。认为手术较之传统保守治疗有方法简单、疗效可靠、能早期锻炼等优点。北京医院[77]通过对35例肩袖撕裂病例进行临床与手术观察，认为引起肩袖撕裂的内在因素包括：肩袖肌腱乏血管区和冈上肌的特殊位置和功能；外在因素包括：肩关节反复活动后引起的劳损、肩峰下撞击损伤和不同程度的肩部外伤。

(四) 上肢损伤

浙江丽水地区医院[78]采用4种不同手术进路处理10例肱骨头向后骨折脱位，随访6个月～14年，优良9例。文中比较了前路、后路、前后路结合、上方经肩峰下进路等4种不同手术入路各自的优缺点，认为上方经肩峰下进路的适应证为肱骨头单纯骨折后脱位或新鲜粉碎骨折、主要关节面骨折块后脱位者。南京鼓楼医院[79]采用切开复位内固定治疗33例儿童难复性肱骨外科颈骨折，25例在成年后获得随访，其中3例患侧肱骨较健侧短2～3 cm。文中对发生患肢短缩的原因、手术和内固定的关系作了讨化，认为克氏针内固定较为理想，螺钉对骺板损伤机会较大。青海医学院附院[84]应用镍钛记忆加压骑缝钉治疗23例肱骨外科颈骨折，随访3个月～3年余，22例功能恢复良好。文中详细介绍了该钉的生物学及生物力学特性、手术适应证及注意事项。

肱骨骨折

治疗肱骨骨折的内固定方法有多种。解放军203医院[81]将梅花型髓内针改制成交锁髓内钉治疗14例肱骨开放骨折，术后无需外固定，平均随访10

个月，骨折全部愈合。认为该针具有手术小、简单、固定可靠、可早期功能锻炼、并发症少、无应力遮挡效应等优点。河北医学院三院[82]采用集束钉治疗18例肱骨中下段骨折，平均随访11个月，均骨性愈合。方法为鹰嘴上方开骨窗，由此将克氏针向近端击入，针贯满髓腔为止。术中注意进针不宜过长，防止骨劈裂，针向各方散开，早期功能锻炼。解放军161医院[83]采用弹性矩形钉闭合穿针治疗31例肱骨骨折，随访6～24个月，功能正常。提出术中应注意选择切口，以肱骨大结节为标志，穿钉部位在肱骨大结节外缘约0.5 cm处；应挑选合适的矩形钉，进钉时勿用暴力。关于肱骨骨折的合并伤，江苏靖江市医院[84]报道合并桡神经损伤22例，19例经早期手术，完全恢复18例；晚期处理的3例均未恢复。因此桡神经损伤应早期手术，术中避免医源性损伤，对粉碎性骨折不要强行解剖复位。

肱骨髁上骨折

肱骨髁上骨折多见于儿童。上海新华医院[85]手术治疗35例儿童肱骨髁上骨折，平均随访39.7个月，结果均优。认为手术治疗具有复位准确、功能恢复快等优点。宁夏中卫县医院[86]采用切开复位克氏针交叉内固定治疗小儿移位肱骨髁上骨折209例，180例获随访，平均65个月。总优良率96.6%。焦作矿务局中心医院[87]采用闭合复位经皮克氏针固定治疗18例儿童新鲜肱骨髁上骨折，12例随访3个月～1年，肘关节功能正常，无肘内翻发生。认为该法兼具保守与手术治疗的优点。对肱骨髁上骨折的治疗，无论手法复位还是手术治疗，都有一定的适应证。凤台县医院[88]用手法复位石膏固定治疗235例，手术治疗61例，主张对新鲜骨折大多可行手法复位外固定，手术仅适于骨端移位明显且伴神经损伤者。南京铁道医学院[89]观察了儿童尸体肱骨下端骺软骨内血供透明标本，与损伤性肱骨下端骺软骨标本相对照，发现滑车骺软骨内血供最差，肘内翻可能与滑车骺软骨血供受损有关，而骨折线部位与后期畸形有关。骨折线位于肱骨小头与滑车骺软骨交界处，是引起肱骨下端“鱼尾状”畸形的原因。

肱骨髁间骨折

肱骨髁间骨折的治疗比较困难。浙江仙居县医院[90]应用切开复位、骨栓加克氏针内固定治疗26例肱骨髁间骨折。随访1～5年，优良率92.3%。术中尽量保留碎骨块、骨栓，克氏针固定位置须合适，术后加强功能锻炼以防肘关节僵硬。

肘、前臂损伤

肘、前臂损伤方面的报导不多。关于肘关节内骨折的治疗，水利部长江医院[91]应用改良张力带治疗34例，随访4个月～3年，骨折平均6～8周愈合，手术后能早期活动关节，有助于骨折愈合和关节软骨修复，功能恢复也较满意。一般的尺骨鹰嘴骨折多用张力带固定，但承德中心医院[92]采用松质骨螺钉内固定45例，优良率96%。认为本法也具有骨端加压、促进骨折愈合的作用。肘关节后脱位常规用肘关节屈曲位固定，然而昆明海埂体院[93]将肘关节后脱位的固定改为伸直位固定，认为伸直位固定消肿快，可早期活动，反而认为屈曲位固定可能给肘关节功能恢复带来不利影响。肘内侧副韧带损伤可用保守治疗能获得良好疗效，但是上海铁医甘泉医院[94]采用手术治疗18例，16例随访9～95个月，优14例。认为手术修复使韧带断端对合好，疤痕少，恢复快，手术可同时修复其它的伴随损伤，充分恢复肘关节的稳定性。关于桡骨小头切除术后能否发生并发症和发生何种并发症问题，沈阳医学院附院[95]对6例桡骨小头切除术后发生的并发症作了分析，主要并发症有关节疼痛、远尺桡关节半脱位、肘外翻角增大、前臂旋转功能障碍、创伤性肘关节炎、前臂肌肉萎缩、尺桡骨间骨性愈合等。他们提出了避免及处理这些并发症的方法。对儿童陈旧性孟氏骨折，河北医大三院[96]应用自行设计的钢丝套环法治疗16例，术后48 h开始练习肘屈伸及前臂旋转活动，平均随访1年5个月，优良率81.3%。该手术简单，复位可靠，术后6周修补或重建的环状韧带愈合后，局麻下取出钢丝，不影响桡骨小头发育。前臂双骨折的手法复位治疗比较困难，广东梅州中医院[97]采用骨牵引治疗20例，优良率70%。该法为一些不宜手法整复或手法整复失败病例提供了新的治疗途径。上海南汇中心医院[98]则采用具有弹性的三角针顺行穿针髓内固定桡骨干骨折76例，优良率84%。认为该法能防止骨折端旋转，桡骨基突不需另作切口和开骨槽，可保持骨折间的压缩力、骨折愈合快。

手腕部损伤

上海徐汇中心医院[99]复习了桡骨远端骨折的分类方法，根据现在应用较广的Frykman分类法，将桡骨远端骨折分为8型：I型：关节外骨折；II型：I型伴尺骨远端骨折；III型：骨折累及桡腕关节；IV型：III型伴尺骨远端骨折；V型：骨折累及下尺桡关节；VI型：V型伴尺骨远端骨折；VII型：骨折同时涉及桡腕关节和下尺桡关节；VIII型：VII型伴尺骨远端骨折。对桡骨远端的稳定性骨折、不稳定性骨折和骨折畸形愈合和合并症都提出了相应的治疗方法。关于Barton骨折的治疗，上海纺一医院[100]采用“T”形板内固定治疗25例，随访1年以上，优良率

92%。认为“T”形板能充分支托碎骨部分，术后不需石膏固定，可早期活动，功能恢复满意。腕舟状骨骨折的治疗方法较多，河南师大体育系[101]采用动静结合治疗 28 例，在治疗后 4 周有 5 例，6 周有 18 例，8 周有 3 例达临床愈合。认为此法通过动静结合，内外兼治等措施，大大缩短了病程，减少并发症发生，骨折正常愈合。腕舟状骨骨不连的治疗比较棘手，武警新疆总队医院[102]采用经皮穿刺胎儿骨泥注入治疗 15 例，术后 3 个月愈合率 100%。方法为先制作胎儿骨泥预存，在电透下穿针，将骨端轻刮后注入骨泥，石膏托外固定，可获得骨折快速愈合。第 1 掌骨基底部骨折的治疗一般可用石膏外固定的方法，然而容易发生再移位。苏州医学院一院[103]采用闭合复位单根克氏针内固定治疗 79 例，72 例随访 6 个月以上，优 70 例。认为单根克氏针固定创伤小，可达到有效的固定作用，但为防止旋转移位，术后仍应用石膏托外固定 3 周，6 周后去克氏针，进行功能锻炼。

（吴岳嵩　康一凡）

参考文献

[1] 何少峰等.骨与关节损伤杂志，1996；16(1)：34
[2] 王爱民等.中华创伤杂志，1995；11(5)：307
[3] 刘家铖等.天津医药，1996；24(6)：365
[4] 张志国等.骨与关节损伤杂志，1996；11(3)：143
[5] 滕青山等.中华创伤杂志，1996；12(2)：119
[6] 曾　裴等.中华小儿外科杂志，1996；17(2)：80
[7] 林焰载等.骨与关节损伤杂志，1996；11(3)：185
[8] 李　康等.广东医学，1996；17(6)：402
[9] 黄耀添等.中华骨科杂志，1996；16(6)：365
[10] 钱济先等.中华骨科杂志，1996；16(6)：368
[11] 傅庭斌等.实用老年医学，1995；9(6)：257
[12] 陈庭芝等.骨与关节损伤杂志，1995；10(6)：369
[13] 郑容生等.骨与关节损伤杂志，1996；11(1)：37
[14] 杨友全.骨与关节损伤杂志，1996；11(1)：55
[15] 张东波等.内蒙古医学杂志，1996；16(2)：99
[16] 翁文杰等.中国矫形外科杂志，1995；2(4)：247
[17] 程国林等.河北医大学报，1996；17(4)：243
[18] 刘安庆等.西安医科大学学报，1995；16(4)：445
[19] 王东来等.骨与关节损伤杂志，1996；11(3)：146
[20] 施　伟等.徐州医学院学报，1996；16(2)：151
[21] 王大平等.湖南医科大学学报，1996；21(1)：61
[22] 储为民等.安徽医学，1996；17(4)：26
[23] 文益民等.兰州医学院学报，1996；22(2)：42
[24] 文益民等.兰州医学院学报，1996；22(1)：29
[25] 刘利君等.中华小儿外科杂志，1996；17(4)：232
[26] 常　敏等.中华骨科杂志，1996；16(4)：215
[27] 孙俊关等.中华骨科杂志，1996；16(9)：540
[28] 刘义明等.骨与关节损伤杂志，1996；11(3)：133
[29] 钟安兴等.骨与关节损伤杂志，1996；11(3)：166
[30] 卢永辉等.中国老年学杂志，1996；16(3)：157
[31] 郭头甫等.河北医药，1995；17(6)：330
[32] 严　勋等.南通医学院学报，1996；16(3)：393
[33] 张　峡等.骨与关节损伤杂志，1996；11(3)：135
[34] 李斯明等.中华骨科杂志，1996；16(4)：225
[35] 黄常红等.福建医学院学报，1995；29(4)：368
[36] 马志新等.中华骨科杂志，1996；16(4)：221
[37] 张光铂等.中华骨科杂志，1996；16(4)：208
[38] 于进祥等.骨与关节损伤杂志，1995；10(6)：351
[39] 吴仲华.中级医刊，1996；31(7)：26
[40] 冶进良等.青海医药杂志，1996；26(4)：45
[41] 费仕相.骨与关节损伤杂志，1995；10(6)：371
[42] 代跃荣.骨与关节损伤杂志，1995；10(6)：372
[43] 李　华等.骨与关节损伤杂志，1996；11(1)：33
[44] 王崇武等.中华骨科杂志，1996；16(4)：233
[45] 李健民等.中华骨科杂志，1996；16(9)：547
[46] 王创利等.南通医学院学报，1996；16(1)：113
[47] 杨旭东等.骨与关节损伤杂志，1996；11(2)：108
[48] 范卫民等.中华骨科杂志，1996；16(9)：552
[49] 朱　勇等.湖南医科大学学报，1995；20(6)：565
[50] 许守祥等.骨与关节损伤杂志，1996；11(1)：46
[51] 聂鸣明等.南通医学院学报，1996；16(1)：119
[52] 季卫平等.骨与关节损伤杂志，1996；11(2)：108
[53] 李明祚等.骨与关节损佃杂志，1996；11(2)：109
[54] 杨安礼.中华外科杂志，1996；33(10)：589
[55] 王大顺等.兰州医学院学报，1996；22(1)：63
[56] 阎相明等.中级医刊，1996；33(10)：589
[57] 丁国民等.中国康复医学杂志，1996；11(1)：33
[58] 苏汝方等.广州医药，1996；27(2)：13
[59] 傅　源等.骨与关节损伤杂志，1996；11(2)：107
[61] 刘云建等.骨与关节损伤杂志，1996；11(3)：137
[62] 毕大卫等.骨与关节损伤杂志，1996；11(1)：45
[63] 韩一生等.骨与关节损伤杂志，1996；11(1)：15
[64] 梅　伟等.骨与关节损伤杂志，1996；11(3)：151
[65] 黎早敏等.海南医学，1996；(3)：168
[66] 陈晓春等.中国医科大学学报，1996；25(2)：198
[67] 边居顺等.骨与关节损伤杂志，1996；11(1)：38
[68] 杨泉森等.河南医科大学学报，1995；24(6)：269
[69] 夏兆洪等.苏州医学院学报，1996；16(2)：303
[70] 屠重膜等.骨与关节损伤杂志，1996；11(3)：156
[71] 叶开华等.骨与关节损伤杂志，1996；11(1)：47
[72] 骆东山等.骨与关节损伤杂志，1996；11(1)：39
[73] 谭　伦等.骨与关节损伤杂志，1996；11(3)：187
[74] 许铁军等.中华骨科杂志，1996；16(9)：593
[75] 陈金福.江苏医药，1995；21(12)：840

[76] 杜仁智等. 哈尔滨医药,1995;15(4): 35
[77] 孙常太等. 中华骨科杂志,1996;16(9):562
[78] 季卫平等. 骨与关节损伤杂志,1996,11(1):36
[79] 孙贤敏等. 中华矫形外科杂志,1996;3(2):88
[80] 刘欣林等. 青海医药杂志,1996;26(3):13
[81] 张宏志等. 中华创伤杂志,1996;12(1):61
[82] 李 衡等. 河北医学,1996;2(1):51
[83] 郑晓明等. 中华矫形外科杂志,1996;3(2):94
[84] 郑荣兴. 南通医学院学报,1996;16(1):116
[85] 陈博昌. 中华矫形外科杂志,1995;2(4):255
[86] 郭仲华等. 骨与关节损伤杂志,1996;11(1):40
[87] 张 辉等. 骨与关节损伤杂志,1996;11(1):41
[88] 王文德等. 安徽医学,1996;17(2):36
[89] 高歌军等. 铁道医学,1996;24(1):25
[90] 李增枚等. 骨与关节损伤杂志,1996;11(1):49
[91] 李培新. 骨与关节损伤杂志,1996;11(1):42
[92] 杨字海等. 河北医学,1996;2(2):144
[93] 范中树. 中国运动医学杂志,1995;14(3):184
[94] 俞光荣等. 骨与关节损伤杂志,1995;10(6):365
[95] 姜仁杰等. 辽宁医学杂志,1995;9(4):216
[96] 张英泽等. 河北医科大学学报,1996;17(4):207
[97] 曾祥华等. 中国农村医学,1996;24(1):23
[98] 顾龙殿等. 骨与关节损伤杂志,1996;11(1):44
[99] 张晓阳等. 中国矫形外科杂志,1995;2(4):244
[100] 林洪义等. 上海医学,1996;19(8):481
[101] 李 军. 中国运动医学杂志,1996;15(1):75
[102] 焦振堂等. 骨与关节损伤杂志,1995;10(6):367
[103] 艳世福等. 苏州医学院学报,1995;15(5):872

五、骨病

(一) 股骨头无菌坏死

股骨头无菌坏死的发生率很高,近年受到国内外学者的广泛重视。1996年召开了第一次全国性股骨头无菌坏死专题讨论会,解放军总院[1]对会议作了专题评述。临床应用糖皮质激素是造成股骨头无菌坏死的一个重要病因,但对其发病机制并不十分清楚。西安医大二院[2]根据家兔动物模型的实验结果,提示该病与应用糖皮质激素后引起的脂肪代谢紊乱有关。脂肪变性可致细胞坏死,肥大的脂肪细胞压迫小静脉造成回流受限,内皮细胞内脂滴沉积可造成血流下降,两者均可引起组织细胞缺氧,最后导致骨细胞坏死。关于其病理过程的研究方面,上海长海医院[3]测定24例股骨头无菌坏死患者细胞超氧化物歧化酶(SOD)的活力和血浆脂质过氧化物(LPO)的含量,结果发现其SOD活性明显下降,LPO含量明显升高。认为股骨头无菌坏死患者存在自由基代谢异常,自由基可能参与股骨头无菌性坏死的病理过程。云南施甸县医院[4]分析5例先髋术后发生股骨头坏死的原因,认为切开复位后旋股内动脉受压,影响股骨头血供,复位后挛缩变短的肌力远远大于被拉长的肌力,头臼之间压迫增加,股骨头受压使软骨血管阻塞引起头的坏死。

股骨头无菌坏死的早期诊断比较困难,上海长征医院[5]采用MRI对29例髋怀疑或确诊为股骨头缺血性坏死的病人进行了检查,其中23髋有阳性发现。依据MRI影像学特征,将股骨头缺血性坏死分为4型。MRI的分型与股骨头缺血性坏死的X线分期有密切的联系,而与髋关节临床功能并不表现出显著的相关性。MRI在诊断早期股骨头缺血性坏死及判断缺血性坏死程度指导临床治疗方面有极为重要的价值。

股骨头无菌坏死既然与血流下降有关,那末只要改善股骨头的血液循环,就可达到治疗目的。中国石油天然气总公司医院[6]选择性插入旋股内侧动脉、旋股外侧动脉及闭孔动脉,直接灌注罂粟碱10～30 mg,尿激酶10～46万U、复方丹参液12～30 ml,治疗后疼痛缓解或消失,活动功能改善,股骨头血供增加,经102例临床应用,效果良好。广东省医院[7]报告在髋关节滑膜部分切除同时行颈部钻孔术以改善股骨头的血液循环,用股骨粗隆下内收截骨术及骨盆截骨术来改善股骨头在髋臼面上的力线,并以此来治疗各期股骨头缺血性坏死77例。结果I期病例均为优,II期优良率93.5%,III期85.7%,IV期66.6%。提出II～III期的首选方法为手术治疗,疗效与病变程度、手术方法有关。西安医大二院[8]对159例多种原因导致的陈旧性股骨颈骨折患者,采用X线照片、组织学、电镜、四环素荧光标记和ECT等检查,观察股骨头活性。结果显示,股骨头缺血坏死在无应力状态下有其自然的修复规律,股骨头塌陷与在活跃的修复过程中受应力作用有关。认为对股骨头外观尚好,而头内结构紊乱者,采用有血供的骨瓣移植,有利于股骨头的修复过程。

(二) 髋部疾病

发生在髋部的疾病比较复杂,诊断和治疗都有一定困难,近年许多学者作了较多研究。启东市启西中心医院[9]对50例以髋关节间隙狭窄为特征的X线片的鉴别诊断作了探讨,认为化脓性髋关节炎的特征为关节持重面破坏伴周围骨硬化,髋关节结核为非持重面破坏合并邻近骨疏松,退行性髋关节炎以髋臼两侧缘破坏为主伴关节面下方假囊肿,类风湿性关节炎以髋臼内上缘破坏为主并有肌萎缩。关于化脓性关节炎的诊断,以往主要靠临床表现和实验室诊断，然而武汉协和医院[10]用B超诊断40例髋部急性化脓性炎症，准确率100%，认为B超检查不仅能确定病变部位，明确诊断，且能指导关节穿刺，对临床处理有重要参考价值。重庆医大儿童医院[11]报道了98例小儿急性化脓性髋关节炎的诊治经验，指出对本病早期诊断、早期有效抗生素治疗有助于提高治愈率，降低其后遗畸形的发生率。关于先天性髋内翻的治疗，白求恩医大三院[12]用Borden截骨术治疗14岁以下患儿11例(14髋)，随访12年以上。提出正确应用Borden截骨术，可以使先天性髋内翻恢复接近正常的解剖形态和功能，但如果术中操作不当或术前合并有其他病变将影响疗效。河北省秦皇岛市中医院[13]对18例髋关节周围炎患者给予卧床保暖、痛点封闭、髋周按摩、中药内服等中西医结合治疗，取得较好疗效。南京铁道医学院[14]报告了原发性股骨颈病损15例诊治体会，认为这类疾病起病隐匿，除病理性骨折者外，临床表现无特异性，早期诊断的关键是首诊医师的重视。关于治疗方法，良性病变以病灶刮除植骨术为首选，如病灶波及邻近股骨颈基底部，手术以在透视下经大粗隆凿窗为佳。北京积水潭医院[15]复习8例股骨头骨骺滑脱症的手术效果，认为牵引复位后穿针固定的治疗方法没有明显的并发症，临床应用安全可靠。兰州军区乌鲁木齐总院[16]利用股骨转子下截骨大转子股骨头互换术，治疗股骨头骨骺早闭、大转子相对过长的髋关节病变患者5例，结果术后患髋无疼痛，功能恢复满意，认为此法特别适用于不宜行人工关节置换术的中青年患者。文中讨论了本病的病理特点及其手术治疗原理和适应证。解放军总院[17]介绍骨桥切除的手术方法及3例术后随访结果。认为骨桥切除是治疗骺板部分闭合的有效方法，适用于骨桥面积小于受累骺板的50%，其年龄距生理性骺板闭合尚有2～3年的儿童。华西医大公共卫生学院[18]用病例对照研究方法探讨了中老年髋部骨折患者的骨密度及其与尿羟脯氨酸/肌酐(HP/CR)比值、终生钙摄入量和体力活动之间的关系。发现骨密度与HP/CR比值呈高度显著负相关；与终生体力活动指数、过去体力活动指数呈高度显著正相关。

(三) 先天性髋脱位

华西医大一院[19]应用改良髋骨切骨术治疗先天性髋关节脱位68例97个髋，髋臼指数均在40°以上。随访4个月～5年，优良率97.9%。认为该术能良好地顺应髋臼的向外、向前、向下旋转，有效地降低髋臼指数，纠正髋臼的异常指向。同时，由于斜切面积增大，使三角骨块易于植入且植入稳定，增加了髋关节复位后的稳定性。华西医大一院[20]对先天性髋关节脱位432例共538个髋行髋骨截骨术，随访240例(55.5%)，发现术后再脱位者34例36个髋。认为再脱位的原因有：(1)术前股骨头未牵降至髋臼水平；(2)术前未将头复入真臼内；(3)股骨头未能同心复位；(4)周围组织未能充分松解；(5)截骨后转向不足，头覆盖不良；(6)肌肉牵拉作用。提出应于再脱位后6～12个月内行择期开放复位截骨术。江苏阜宁县医院[21]采用髋臼上和粗隆下联合截骨术治疗小儿先天性髋脱位12例14髋，结果满意，1年后复查髋功能基本正常。认为此法减少了再脱位的危险，且骨盆截骨损伤小，效果确切。

(四) 骨质疏松

上海市九院[21]从骨组织细胞功能、骨代谢激素、局部细胞因子以及对骨吸收和形成的调节四个方面分析了雌激素在骨改建中的调节作用，说明了雌激素在骨质疏松发生中的重要作用。骨质疏松病人易发生骨折。同济医大[22]测量了82例骨折病人和171例正常人的桡骨骨矿物含量，结果表明骨折病人的骨矿物含量显著低于正常人的骨矿物含量。骨矿物含量与骨折危险性呈负相关。他们提出骨折危险性大于20%者为骨折高危人群。唐山市骨科医院[23]对已治疗的120名髋部骨折病人进行髋部X线片骨小梁测量及骨矿物含量测定，结果发现骨折病人骨小梁减少，骨皮质变薄，骨矿物明显丢失。认为该病治疗上应嘱患者尽早离床活动，避免骨矿物继续丢失，减少并发症。白求恩医大[24]选用我国传统药石中华麦饭石和成药龟甲丹，观察其对实验性骨质疏松的防治效果，并探讨其机制。结果发现两者在不同时期均可明显降低尿羟脯氨酸排泄量，增加骨密度和骨钙、镁含量，并使血清碱性磷酸酶活性有升高趋势。认为两者均有望应用于临床防治骨质疏松症。

(五) 上肢疾病

深圳铁路医院[25]用肘关节叉状成形术及筋膜植入术，治疗肘关节创伤性关节炎及肘关节强直9例，8例取得优良结果。认为该法操作简单，疗效可靠，不必取阔筋膜包裹骨面。强调应选择适当的适应证，术中骨面应彻底止血，克氏针固定保持骨面间距1 cm，保持内外侧韧带完整，术后积极功能锻炼。山东省立医院[26]收治了4例小儿三角肌挛缩症，经手术治疗全部治愈。认为该病病因可能为先天性因素所致。治疗应及早进行，以免继发骨、关节的改变。手术应彻底松懈，切断纤维化的肌组织或予以延长。江苏省南通市中医院[27]采用局部封闭结合旋扳手法共治疗56例顽固性网球肘，80.3%病例痊愈，显效17.8%，随访半年以上，无复发。安徽淮南市一院[28]

手术治疗肘部陈旧性骨折形成肘外翻畸形合并迟发性尺神经炎15例，其中6例病变时间短、神经系统损害程度轻者，行单纯尺神经前移术，术后恢复好；9例病程长、程度重者行束间松解后再作肘前移位，术后症状明显改善。认为此症一经明确，应尽早手术治疗，提出治疗肘部骨折时应尽量消除诱发肘外翻畸形因素，以避免此症发生。新疆医学院二院[29]通过流行病学调查和病理解剖观察，提示尺神经滑脱可能与组织结构发育缺陷，如肱骨内上髁较小、肘管三角韧带及尺神经系膜松弛等有关。认为应尽早行尺神经前移，以免尺神经在肱骨内上髁反复摩擦受损。

（六）其他

四边孔综合征很少引起临床医生的重视。该综合征表现为局部显著压痛，肩臂外侧麻木，三角肌萎缩等。山西医学院等[30]报告了5例，早期行局封治疗，无效者则行手术减压，可取得较好疗效。随访4例，基本恢复。臀肌挛缩症多见于儿童，病因与臀部肌肉注射有关。南方医院[31]收治了426例，早期手术治疗，手术时机选择在挛缩组织较为成熟阶段。337例平均随访2.4年，优良率94%。白求恩医大三院[32]分析了13例成人臀肌挛缩症，12例平均随访3年7个月，10例基本恢复正常。他们也认为不恰当的肌肉注射是导致臀肌挛缩症的主要原因，手术切断松解是唯一有效方法。暨南大学医学院附院[33]手术治疗20例重症臀肌挛缩症，平均随访1年6个月，结果优良率85%。认为重症病例病变范围广，术中应彻底松解，术后保持屈髋、屈膝90°位固定，早期行功能锻炼。

膝关节僵直的治疗比较复杂。解放军202医院[34]采用改良的股四头肌成形术加术后积极的主动和被动锻炼，32例随访1年以上，29例膝活动度>96°。

目前脊髓灰质炎正在或已经消灭，但其后遗症仍有不少病例散在全国各地。关于其下肢短缩的治疗，甘肃张掖地区医院[35]对65例儿麻下肢短缩畸形进行髂骨截骨延长术，41例得到1年以上的随访，结果优良率97.6%。认为该法并发症少，骨愈合快，功能恢复快，能同时达到稳定髋关节和延长肢体的目的。

髌骨软化症是髌股关节的退行性骨关节病，比较常见。中国医科院[36]采用选择性股内侧肌电刺激方法治疗了346例髌骨软化症患者。认为此法可明显改善CA角，显著改善LPA角，临床症状缓解率达95%。

山东省滨州地区医院[37]通过对40具成人尸体标本腓肠肌的解剖学观察，发现腓肠肌内、外侧头肌瓣的血管神经蒂通过分离可明显延长，设计了带血管神经蒂腓肠肌转位重建肌四头肌功能，临床应用5例，平均随访1年以上，股四头肌肌力0级增至III～IV级。

河南省鹤壁市一院[38]报道了10例腓总神经压迫综合征的诊断体会。中国医大二院[39]研究了先天性马蹄内翻足的病因学，表明此病病因系神经肌肉病变使三组肌力不平衡而产生。上海市东方医院[40]复习6例足筋膜间室综合征，认为高度警惕、严密观察并及时行筋膜间室切开减压是诊治的关键。北医大人民医院[41]对因跟痛症就诊的107例双足跟骨侧位X线片进行测量和分析，结果跟痛症与跟骨骨刺的大小、方向及形状无关，与年龄、性别有关。

（吴岳嵩　康一凡）

参 考 文 献

[1] 朱盛修.中华医学杂志，1996；76(1)：3
[2] 王坤正等.中华医学杂志，1996；76(1)：49
[3] 蔡郑东等.第二军医大学学报，1996；17(6)：595
[4] 王光元等.中国矫形外科杂志，3(2)：115
[5] 袁　文等.中华骨科杂志，1996；16(8)：485
[6] 王成纲等.中国实用外科杂志，1995；15(10)：611
[7] 王巧民等.实用医学杂志，1996；12(6)：357
[8] 王坤正等.中国修复重建外科杂志，1996；10(3)：161
[9] 朱庆荣.铁道医学，1995；23(6)：337
[10] 康　斌等.中国超声医学杂志，1995；11(11)：857
[11] 覃均昌等.重庆医学，1996；25(2)：67
[12] 孙丹舟等.中华小儿外科杂志，1996；17(2)：99
[13] 高爱华等.实用中西医结合杂志，1996；9(7)：410
[14] 齐新生等.铁道医学，1995；23(6)：351
[15] 王承武等.中华小儿外科杂志，1996；17(2)：85
[16] 史振满等.骨与关节损伤杂志，1996；11(3)：130
[17] 赫荣国等.中华小儿外科杂志，1996；17(2)：102
[18] 黄承钰等.中国老年医学杂志，1996；16(4)：85
[19] 周素华等.华西医学，1996；11(1)：93
[20] 周锡华等.华西医学，1996；11(1)：95
[21] 王震宇等.中华外科杂志，1996；34(5)：315
[22] 徐顺清等.中国老年学杂志，1996；16(8)：201
[23] 于永林等.河北医学，1996；2(1)：1
[24] 井　玲等.中国老年学杂志，1996；16：46
[25] 孔翔飞等.铁道医学，1996；24(2)：123

[26] 宋　丹等. 重庆医学, 1996; 25(4): 219
[27] 周　斌等. 实用中西医结合杂志, 1997; 9(7): 401
[28] 平庆贺等. 河北医学, 1996; 2(2): 123
[29] 白靖平等. 中国矫形外科杂志, 1996; 3(1): 27
[30] 郑仰林等. 山西医药杂志, 1996; 25(1): 3
[31] 金明新等. 第一军医大学学报, 1996; 16(2): 147
[32] 刘玉坤等. 白求恩医科大学学报, 1996; 22(4): 392
[33] 查振刚等. 中国矫形外科杂志, 1995; 2(4): 240
[34] 凌　磊等. 中国矫形外科杂志, 1996; 3(1): 30
[35] 赵荣慧等. 兰州医学院学报, 1995; 21(3): 167
[36] 郭开今等. 中国医学科学院学报, 1996; 18(2): 156
[37] 王树锋等. 中华实验外科杂志, 1996; 13(2): 87
[38] 张志良等. 中国矫形外科杂志, 1996; 3(1): 49
[39] 吉士俊等. 中华小儿外科杂志, 1996; 17(2): 108
[40] 林　研等. 中华骨科杂志, 1996; 16(8): 501
[41] 吕厚山等. 中华外科杂志, 1996; 34(5): 294

六、骨肿瘤

(一) 骨肿瘤的基础研究

骨肿瘤的基础研究近年发展较快,单克隆抗体的研究取得较大进展。上海长海医院[1]采用^{131}I 标记"抗人成骨肉瘤单克隆抗体"(OSMcAb-B4)对 11 例骨肿瘤患者进行肿瘤定位显像,并与 1 例骨髓炎患者进行对照,结果证实 OSMcAb-B4 对成骨肉瘤组织有较强的特异性,说明该抗体对骨肉瘤的早期诊断及作为导向治疗的载体具有一定的临床应用价值。关于癌基因的研究,其中 ras 产物 P21 蛋白的研究取得进展。兰州军区总院[2]应用免疫组化技术对 19 例骨肉瘤和 21 例骨巨细胞瘤标本进行了 P21 的表达检测,结果显示 P21 存在于癌组织中,骨肉瘤中的表达率为 52%,21 例骨巨细胞瘤 2 例呈阳性表达,此 2 例均为骨巨细胞瘤 III 级,且又是复发病例。揭示在 III 级骨巨细胞瘤中,ras 癌基因已经开始活化,其蛋白产物 P21 有过度表达。关于 p53 基因,已有研究证实其异常与骨肉瘤的发生有关,与骨巨细胞瘤的关系尚不清楚。北医大人民医院[3]应用免疫组化及分子杂交的方法,对 10 例骨巨细胞瘤中 p53 基因进行了研究,发现在其瘤组织中,p53 基因的缺失率不高,提示 P53 可能不是该肿瘤发生的主要因素。福建医学院一院[4]应用抗 P53 单克隆抗体免疫组化的方法、检测了 67 例骨肿瘤组织标本 P53 蛋白的表达,其中 20 例骨肉瘤中 9 例阳性,而 47 例骨软骨瘤和骨巨细胞瘤均呈阴性表达。同时发现,3 例 P53 蛋白表达阳性的患者分别于术后 1、1.5 和 3 个月出现局部复发或远处转移。8 例术后存活两年以上的患者中有 7 例 P53 蛋白检测为阴性,相反 7 例存活不到两年的患者中有 6 例 P53 蛋白检测呈阳性,且表达强度高。即 P53 蛋白表达阳性的骨肉瘤患者预后较 P53 蛋白表达阴性者差,提示 P53 蛋白可能将成为判断骨肉瘤患者预后的一个重要指标。此外,该院[5]还对 62 例骨肿瘤包括骨转移癌患者外周血中 T 淋巴细胞亚群(PTLS)、淋巴细胞转化率(LTR)的变化进行了研究,结果提示 PTLS 和 LTR 的动态观察有助于骨肿瘤的预后评定。西安西京医院[6]对异体骨移植时 T 淋巴细胞总数及亚群的变化进行了观察。认为机体对异种 BMP 及重组合异种骨可能不引起明显免疫排斥反应。济南军区总院[7]对 31 例骨巨细胞瘤标本进行流式细胞仪分析,认为骨巨细胞瘤的预后与手术方式呈负相关,与核 DNA 呈正相关,与其他因素关系甚微。

(二) 骨肿瘤的诊断

西安唐都医院[8]对 25 例误诊为恶性骨肿瘤的病例进行了分析,强调骨肿瘤的诊断仍以临床、X 线等影像学检查和病理三结合为主。为避免恶性骨肿瘤的误诊误治,建议尽快在国内建立数个骨肿瘤治疗中心及转诊作业系统。山西医学院二院[9]报道了 2 例十分罕见的血管内皮瘤及外皮瘤。山东章丘市医院[10]报道 2 例肩胛骨、掌指骨骨瘤,生长部位较为罕见。骨韧带样纤维瘤又称骨硬纤维瘤或骨硬纤维增殖性纤维瘤,也属少见的原发性骨肿瘤,仅占全部骨肿瘤的 0.58%。天津医院[11]报告的 15 例均经病理证实,并根据病灶形态和骨破坏形式将该瘤分为四型,即囊样型、溶骨型、骨旁型和小梁型。恶性淋巴瘤以骨骼损害为主要病变者在临床上并不多见,仅占骨肿瘤活检中的 0.2%,白求恩医大三院[12]报导 22 例,指出在组织病理学诊断中应与尤文氏瘤、小细胞性骨肉瘤、组织细胞增生症、转移癌等鉴别。骨神经源性肿瘤也不多见,广州中山医大一院[13]将该院近十年来确诊的 14 例进行总结,认为该瘤有四种 X 线表现,X 线上所显示的病灶内不规则增密影是骨皮质破坏不均的反映。北京同仁医院[14]报道了 12 例脂肪肉瘤,分析认为只有早期明确诊断并进行根治性手术方可获得良好的预后。山西医学院二院[15]还对 190 例手部骨肿瘤及瘤样病变从临床、X 线检查和病理学结果进行回顾性分析。该组中良性肿瘤与恶性肿瘤之比为 25.4∶1,以软骨瘤为最多见。认为各肿瘤分布部位各有特点:软骨性肿瘤以近节指骨多见,掌骨次之;骨巨细胞瘤以掌骨多见;转移瘤以末节指骨多见。总的来看,各种肿瘤及瘤样病变以掌指骨多见,腕骨少见。西安唐都医院[16]还报道18例发生于脊柱的原发性肿瘤，发现骶骨最多，腰胸椎次之。而转移性肿瘤则以腰胸椎为多，颈椎次之，骶骨最少。河北医学院三院[17]分析了28例软骨母细胞瘤X线片上的六个特征：①病灶常在骨骺线附近，并跨越骨骺线；②大小为3～6 cm；③肿瘤边界较清楚或有硬化边缘；④病灶内有斑片状、羽毛状或棉团状钙化；⑤周围软组织可肿胀，可侵犯关节；⑥可有骨膜反应。

（三）骨肿瘤的治疗

骨肿瘤的治疗仍以手术为主。骨巨细胞瘤是一种潜在恶性肿瘤或称交界性肿瘤，术前很难确定是良性还是恶性，这给治疗带来一定的困难。解放军117医院[18]通过对25例骨巨细胞瘤术后随访，分析了术式选择与预后的关系，提出在彻底切除病灶的前提下，最大限度保留患骨功能的治疗原则。对恶性骨肿瘤的手术治疗，目前国内外广泛开展保肢手术，但对肌骨中上段恶性肿瘤保肢有一定的困难。成都军区昆明总院[19]采用全大腿切除，引小腿上移并旋转180°，人工股骨头置换（假体柄打入胫骨髓腔内），并修复股动静脉，术后3周安装小腿假肢。治疗15例，随访1～12年，无1例死亡。骨肿瘤切除后骨缺损的处理比较复杂。湖北医大二院[20]采用13种带不同血管蒂的骨和骨膜瓣行移植移位术，修复骨肿瘤切除后骨缺损109例，取得良好疗效。他们着重介绍了腓骨瓣、髂骨骨膜瓣、肩胛骨瓣、大转子骨与骨膜瓣、隐血管蒂胫骨与骨膜瓣、第4掌背血管蒂的尺骨远端骨瓣的移植移位术等，并讨论了各种不同方法的手术适应证。该院[21]还报道了上肢骨肿瘤的显微外科修复方法，结合27例上肢不同部位骨肿瘤，讨论了各种手术方法的适用范围。骨肿瘤切除后骨缺损的修复，济南军区总院[22]采用胎儿骨植骨术，共治疗42例小儿病例，认为是修复肿瘤和肿瘤样骨缺损的理想方法之一。恶性骨肿瘤的综合治疗已经得到国内学者的广泛认同。上海甘泉医院[23]报道髋关节周围肿瘤21例，包括股骨上段、髋骨和髋臼周围骨肿瘤，其中原发性恶性骨肿瘤10例，转移性6例，良性肿瘤3例，瘤样病变2例。认为骨肿瘤的治疗仍以手术切除为主，并辅以术前、术后的化疗，对于人工假体的置换和异体关节置换术在骨肿瘤中的应用予以肯定。骨肿瘤的综合治疗中，中国医大第二临床学院对56例骨肉瘤的治疗强调“新辅助化疗”，其3年或5年生存率，化疗组优于非化疗组，“新辅助化疗”组优于一般辅助化疗组，而保肢术与根治性手术的生存率则并无明显差别。“新辅助化疗”与原化疗的区别在于，MTX与CF投药间隔延长至12 h，疗程间隔缩短为3周，术前化疗3个疗程，术后化疗5～10个疗程。

（吴岳嵩　陈　舰）

参考文献

[1] 陈永裕等.中华骨科杂志，1996；16(5)：318
[2] 白孟海等.兰州医学院学报，1996；22(2)：48
[3] 郭　卫等.北京医科大学学报，1995；27(6)：403
[4] 林建华等.骨与关节损伤杂志，1996；11(3)：159
[5] 林建华等.中华骨科杂志，1996；16(8)：495
[6] 桑宏勋等.中华外科杂志，1996；34(5)：453
[7] 于秀淳等.中华骨科杂志，1996；16(5)：327
[8] 马保安等.中华骨科杂志，1996；16(5)：309
[9] 刘小丽等.山西医药杂志，1995；24(6)：339
[10] 李　明等.肿瘤研究与临床，1996；8(2)：131
[11] 王林森等.中华放射学杂志，1995；29(10)：695
[12] 杨　华等.中华病理学杂志，1995；24(5)：300
[13] 陈　伟等.中华放射学杂志，1995；29(10)：691
[14] 郭成涛.首都医学院学报，1995；16(4)：312
[15] 吕　智等.中华骨科杂志，1996；16(3)：158
[16] 徐晓波等.实用放射学杂志，1996；12(5)：299
[17] 崔建岭等.实用放射学杂志，1995；11(11)：663
[18] 许文根.中国矫形外科杂志，1996；3(1)：33
[19] 李其训等.中国修复重建外科杂志，1996；10(3)：155
[20] 陈振光等.中国修复重建外科杂志，1996；10(1)：39
[21] 余国荣等.武汉医学杂志，1995；19(4)：201
[22] 张云昌等.中国矫形外科杂志，1996；3(1)：20
[23] 梅　炯等.中国矫形外科杂志，1996；3(1)：41
[24] 傅　勤等.中国肿瘤临床，1996；23(2)：80

七、手外科及显微外科

（一）断指（肢）再植

断指（肢）再植的成活率不断提高，近年来所报道的成人断指（肢）再植成活率一般均在90%以上。小儿断指（肢）由于血管纤细，再植难度较大，成活率相对较低。1996年发表有关小儿断指再植的文章4篇，对临床有一定参考意义。海军401医院[1]报告小儿断指再植28例47指，成活率高达97.8%，其中45指经9～15年随访，优良率为100%。作者提倡再植时尽可能多地吻接血管，强调行小儿指间关节离断的再植时，宜仅缩短近侧指骨远端关节面，关节间隙应有软组织包裹，以防骨性连接而影响远期功能。成都军区昆明总院[2]报道了3例小儿示指旋转撕脱性离断再植成功。作者总结了小儿手指撕脱性离断的特点，强调修复伸指装置的难度和重要性。解放军89医院[3~6]行吻合血管的小儿末节断指再植66例，成活率84.8%。作者根据再植血管吻合平面，将末节断指由远及近分为5度，对I～III度断指强调在显微镜下充分清创，对IV、V度断指强调保留肌腱附着部和骨骺。作者总结221例248指难接的断指再植病例，成活率达90.7%。认为其成功的关键在于断指组织的重新组合或搭配、精确无误的血管吻合和及时果断地处理血管危象。作者报告了双手9指11段完全断离再植全部成活1例，手术仅用10 h，将断指再植手术又提高到一个新的水平。作者还对80个新鲜离体末节手指和450个末节断指的血管神经进行解剖研究后认为，指端断指再植的血管神经吻合的适宜解剖区为甲根至指甲中1/3间。珠江医院[7,8]报告多指离断再植57例160指，成活91.3%。对指甲弧线处的指尖断指再植，将远端指骨摘除，吻合血管。应用此方法于12指成功11指，但无功能随访结果。作者还报告掌腕部离断再植24例25只手全部成活，功能优良率达80%。解放军89医院[9]总结应用12处105块皮瓣修复软组织缺损和进行再植的86例112指，再植成活率96.4%，皮瓣成活率为98.1%。认为软组织缺损小于1.5 cm时可采用指骨缩短进行再植，超过此范围或近关节处的断指选用皮瓣一期修复缺损组织。显微外科的发展和手术熟练精细程度的提高，使严重肢体毁损伤的治疗原则也相应有所改变。解放军98医院[10]对8例按传统概念需截肢的前臂及手部严重毁损伤施行了早期再植或未能再植而加复合组织移植重建功能手术，均获成功，使患者恢复手的部分功能，回到工作岗位。上医大[11]观察了大鼠断肢后局部及血液中内皮素含量的变化，发现断肢2 h后内皮素大量合成、分泌，在局部发挥强烈缩血管作用，认为内皮素在断肢后局部血管痉挛的发生发展中有重要意义。三军医大[12]对手背静脉进行了细致观测，对临床断指(掌)再植中保证血液回流有一定参考意义。武汉市四院[13]对7例断指(腕)再植中失败的2例进行了分析后认为，其发生的血管栓塞均系术者未遵守再植原则及技术不佳所致，重申了吻合口应在无张力下吻合，强调再植指(手)发生血循环危象经保守处理1 h无效，即应积极进行手术探查，值得临床借鉴。我国幅员辽阔，地形复杂，有些地方交通不便，如何缩短伤员就医距离和伤肢缺血时间就显得尤其重要。马鞍山钢铁总公司医院[14]在门诊局麻下开展断指再植和佳木斯医学院一院[15]协助基层医院开展断指再植方面进行了尝试，有待进一步探索和积累经验。

(二) 肌腱修复

同种异体肌腱移植经过实验研究和临床应用，已取得了与自体肌腱移植相仿的结果。海军401医院[16]采用脱氧鸟苷培养处理鸡趾屈肌腱，去除其抗原递呈细胞后行活体异体移植，经过移植腱腱周粘连定量、免疫学、生物力学等测定证实其效果与自体肌腱移植无异。北京市积水潭医院[17]尝试用带鞘管的异体肌腱移植以期减少粘连，临床应用10例均未发生排异或炎性反应。有随访结果的5例中，1例肌腱无粘连，尚待进一步研究。肌腱修复术后，早期功能锻炼、预防粘连受到普遍重视，但如何及何时开始活动，意见尚不一致。解放军150医院[18]通过对鸡指屈肌腱愈合早期生物力学性能的研究发现，早期各指标呈逐渐改善趋势，15 d后最明显。认为术后3 d可开始被动功能锻炼，15 d后逐渐开始无阻力下主动功能锻炼，可为临床探索借鉴。北京积水潭医院[19]进行了手的伸肌装置解剖及滑动的初步研究，强调维持伸肌装置整体完整的重要性，对其中任何一种结构的损伤均应准确修复。一军医大[20]通过对腓骨长肌腱血供的研究，发现带血管蒂的腓骨长肌腱转位可以修复跟腱缺损，临床应用1例成功。华西医大一院[21]通过在滑液营养条件下肌腱愈合的实验研究，证明吻合后的肌腱在单一滑液营养条件下能够愈合，且其愈合过程中未发生任何粘连，属内源性愈合，丰富了对肌腱愈合和粘连形成机制的进一步认识。碳素纤维人工腱已用于临床。滨州医学院[22]通过力学强度分析，发现植入之碳腱于第6周开始裂解，而诱发新腱生成需12～30周以上。认为必须对延缓碳素纤维体内裂解进行改进，现用的术后仅外固定6周并不合适。广州南方医院[23]通过观察，证实了109HH人工腱植入兔体后可以腱化成机体腱，但一经感染，即停止腱化过程。

(三) 神经修复

近年来，周围神经的修复与功能重建越来越受到重视。在传统的自体神经移植之外，选择其他可行的移植体和如何促进修复后神经功能恢复已成为研究的重要方向。山西省医院[24]经大鼠实验表明，自体神经移植在电生理、组织学特性等方面均优于其他移植体，而其中静脉移植又优于肌肉、肌腱移植和硅胶管植入。大连铁路医院[25]对血管束植入移植神经修复神经缺损进行了实验研究，认为该法明显优于游离神经移植，又比吻合血管的神经移植简单、安全，副损伤小，临床应用 7 例 8 条神经，7 条疗效达优良（M_3、S_3 以上）。济南军区总院[26]*采用狗的异体硬脊膜桥接缺损 2 cm 的狗腓总神经，结果显示再生神经纤维整齐排列，轴浆丰富，认为异体硬脊膜能成功地引导周围神经再生。上海长征医院[27]*采用几丁质管作为再生室桥接大鼠坐骨神经缺损，各项观测指标均优于对照（肌桥）组，临床应用 4 例，效果满意。武汉协和医院[28]通过实验研究认为，终末器官的存在对再生神经的成熟有明显促进作用。上海长征医院[29]用 60%乙醇 30℃保存的同种异体神经移植修复大鼠坐骨神经缺损，观察结果接近自体神经移植，优于 50%和 70%乙醇保存的异体神经移植。北医大人民医院[30]*应用自行设计的组织扩张器建立了周围神经延长的模型并进行研究，认为神经在一定延长长度内功能下降是可恢复的，该法有可能用于临床修复神经缺损。上海长征医院[31]运用壳多糖管套接断裂神经断端对合处防治神经瘤形成，临床应用 11 例效果满意。上海瑞金医院[32,33]进行了氨哮素对神经损伤和缝合后肌肉功能的影响的实验研究，得出的结论是：氨哮素对失神经肌肉有抑制萎缩作用，对神经修复后肌肉功能的恢复有促进作用。大连医大一院[34]将高分子纤维素膏剂涂于断裂神经吻合口周围进行观察，认为高分子纤维素能防止瘢痕对修复段神经的压迫、粘连及固定，强调了组织床对神经再生的影响。武汉同济医院[35]研究了神经生长因子（NGF）在钙拮抗剂和不同 Ca^{2+} 浓度条件下对鸡胚脊髓运动神经元生长发育的影响，发现 NGF 对该神经元生长发育有促进作用，且明显依赖于跨膜 Ca^{2+} 内流，为临床应用 NGF 促进周围神经修复提供了理论基础。江苏省南通医学院[36]应用快速免疫组化 ABC 法区分人周围神经束性质，只用 40 min 即可完成，染色清楚，为其推广应用提供了依据。一军医大[37]对髂腹下神经前皮支和股外侧皮神经后支进行解剖观测，发现两者在髂结节和耻骨联合连线与通过髂前上棘内一横指的垂线相交处交叉，认为两者缝接可重建截瘫病人大转子区皮肤感觉以防治褥疮，其效果有待临床进一步验证。周围神经断裂会引起脊髓神经元变性和坏死，影响轴突再生。动物实验已表明普鲁卡因封闭疗法可减轻这种损害。安徽医大一院[38,39]研究了术中神经切断前后电生理改变和超微结构变化，从临床和超微水平上验证了切断神经前用普鲁卡因封闭神经干对神经元的保护作用。上海华山医院[40]对四种常用方法治疗周围神经卡压进行对比研究，认为去除卡压后神经外膜内注射确炎舒松 A、去除卡压切开外膜后周围置确炎舒松 A 是较理想的卡压松解术。哈尔滨医大一院[41]研究了神经内松解术的效果，结果显示内松解术能有效地改善神经的组织学图象和电生理参数，但引起创伤较大。作者认为对较重的或较久的神经卡压正确选用神经内松解术，能使神经功能恢复比较完全。上海华山医院[42]总结了 24 例周围神经损伤患者术中持续肌电监测的经验，认为该方法能帮助医生判断神经损伤的部位与性质，避免术中损伤再生神经纤维。上海华山医院[43]用电生理方法检测了正常臂丛神经根各根的肌肉机能支配情况，进一步证实了颈 7 神经根移位后不会造成臂丛功能损害，并证实颈 5 和颈 6、颈 8 和胸 1 分别完全相关，提示颈 5、6 两者间或颈 8 胸 1 两者间可切取其中 1 根而不致产生上肢机能损害，为今后开展其它颈神经根移位提供了解剖学依据。北京积水潭医院[44]应用正中神经及尺神经的 1/12 移接于肌皮神经肱二头肌肌支 7 例，经平均 10 个月的随访，肌力恢复到 4 级，供区未见神经功能障碍，对治疗臂丛颈 5、6 根性撕脱伤是一个较为理想的新方法。上海华山医院[45]通过扩大大鼠椎间孔，撕脱脊神经节，成功地造成臂丛神经节前损伤，为臂丛神经损伤的深入研究提供了一个科学合理的节前损伤实验模型。

（四）皮瓣、肌皮瓣

各种组织瓣移植或移位的解剖学研究和临床应用不断得到丰富和发展。一军医大[46]总结多年资料，将肢体血供的解剖学类型进行了分析和整理，对临床各种组织瓣的设计有重要指导意义。一军医大[47]、安徽医大[48]分别观测了腓动脉肌间隔皮支的长降支和腓动脉终末穿支降支的解剖，丰富了小腿外侧皮瓣的解剖学基础。解放军福州医高专[49,50]观测了前臂背侧血管的分支、分布和吻合，为分别以桡动脉腕背支、骨间前动脉腕背支的尺侧骨皮支和桡侧骨皮支为蒂的三种前臂背侧进行皮瓣的应用提供了形态学依据。作者还观测了桡侧腕短伸肌的神经及其伴行血管，认为可设计以该神经肌支和伴行血管为蒂的肌瓣转位修复前臂屈肌群瘫痪。杭州市整形医院[51]运用以掌背皮神经营养血管及筋膜为蒂的逆行岛状皮瓣修复手部缺损 19 例，全部成活。解放军 89 医院[52]报道用带感觉神经的静脉网动脉化皮瓣移植修复 6 例 7 指手指脱套伤，全部成活，感觉恢复良好。海军 401 医院[53]用以胫后动脉的分支胫骨滋养动脉发出的筋膜皮支为蒂的小腿内侧皮瓣修复手、足部缺损 6 例，均获满意效果。山东潍坊市立医院[54]应用以尺侧下副动脉或尺侧返动脉前支为蒂的肘前内侧皮瓣修复肘部软组织缺损创面 16 例，效果较好。广东省深圳人民医院[55]、海军 401 医院[56]分别应用部分削薄的脐旁皮瓣、胸脐皮瓣修复手、足缺损，有供皮面积大，外观较好的优点。解放军146医院[57]总结了下前锯肌肌皮瓣的解剖特点，临床应用于修复肢体缺损及重建肌动力17例，效果满意。天津医院[58]采用背阔肌肌皮瓣移位重建屈指屈肘功能6例，认为该手术简单易行。粤北人民医院[59]报道用拇趾腓侧皮瓣移位修复前足底创面5例，取得满意效果。浙江医大[60]研究了趾短伸肌血供，认为可形成带血管蒂的趾短伸肌肌瓣。杭州市整形医院[61]创用筋膜蒂指蹼皮瓣治疗单纯先天性并指，充分利用并指指蹼皮肤、重建指蹼外形及手指功能。汕头市中心医院[62]对四肢创伤骨外露创面急诊难以修复者先清创换药，3～6 d内再清创后予游离(肌)皮瓣移植，延迟一期修复。皮瓣均成活，值得在条件较差的基层医院推广。浙江湖州市二院[63]应用小腿内侧皮支皮瓣修复开放性胫腓骨骨折骨外露创面，疗效满意。温州医学院二院[64]总结了应用10种不同形式的指动脉岛状皮瓣修复手部创面共28例33处取得良效，其中指固有神经背支岛状皮瓣是最理想的皮瓣类型。广州南方医院[65]报道应用含知名动脉皮支或肌皮穿支的窄蒂真皮下血管网皮瓣22例，16例成活良好，6例远端出现水泡，1例远端坏死。值得借鉴和进一步探索。

（五）骨移植

显微骨移植日趋成熟。1996年有关带蒂骨(膜)瓣移位治疗骨不连和骨坏死以及骨膜移植的报道较多。山东医大附院[66,67]对股方肌骨瓣进行解剖学研究，认为该骨瓣是带蒂移植治疗股骨颈骨折的较好方法。临床应用97例，骨折愈合率98.2%，股骨头缺血坏死率14.55%。山东莱芜市医院[68]应用股方肌肌骨瓣转位加胎儿骨软骨移植治疗股骨头无菌坏死10例，优良率90%。河南安阳地区医院[69]报道用阔筋膜张肌髂骨瓣移植治疗成人股骨头无菌坏死15例，经随访优良率达73.3%。华西医大一院[70]、解放军451医院[71]设计用带蒂豌骨移位治疗月骨无菌性坏死，分别临床应用18例和17例，疗效满意。宁夏银川市一院[72]报道采用带血管蒂第2、3掌骨骨瓣转移治疗陈旧性腕舟骨骨折25例。23例达骨性愈合，功能优良。作者主张舟骨骨折不愈合并有移位者均应手术治疗。且该法特别适用。兰州军区乌鲁木齐总院[73]运用带筋膜蒂的锁骨段转位修复肱骨缺损10例，均达骨性愈合。湖北医大二院[74,75]研究了骨间返动脉为蒂尺骨上段骨膜瓣移位的应用解剖，认为该骨膜瓣可用以修复尺骨中上段和肱骨下段骨不连。通过对腓浅血管筋膜蒂胫腓骨膜瓣转位术的解剖学观测和临床应用，验证了该瓣修复胫骨中上段骨不连、骨缺损的可行性。深圳市福田医院[76]和湖北医大二院[77]都对带血供的胫骨骨膜瓣移位进行了解剖学观测，发现以呈节段性分布的胫骨中下段骨膜支为蒂行骨膜瓣移位是可行的。临床应用4例，效果显著，但所能提供的骨膜瓣面积有限。湖南衡阳市卫校[78]、湖北医大二院[79]和同济医大协和医院[80]分别对以隐动脉或膝降动脉髌下支为蒂的逆行岛状股骨内侧髁骨(膜)瓣修复股骨中下段骨缺损、骨不连、以内踝前血管为蒂的第1楔骨瓣和以跗外侧血管为蒂的骰骨瓣治疗距骨骨折与脱位、以骨间背侧动脉远端终末支为蒂的逆行尺滑远端骨瓣修复腕手部骨缺损，从解剖学上进行了可行性研究，对其临床应用均有指导或参考意义。

（六）手的修复与功能重建

游离足趾移植自应用于临床以来，已成为拇指再造的基本方法，不仅成活率不断提高，而且术后功能恢复倍受关注。上海华山医院[81]* 总结足趾移植再造拇、手指400例，成活率96.5%，再造指感觉、运动功能优良率90%以上。作者从骨关节固定、肌腱缝合和神经缝合方法选择3个方面对如何提高移植足趾的功能进行了总结。上海市六院[82]用足趾蚓状肌与缺损拇、手指蚓状肌残端或关节囊进行缝合的方法完成足趾移植再造拇、手指300例，既改善了其指间关节屈曲畸形，又防止了掌指关节的过伸。河南洛阳医专附院[83]对游离第2趾移植病人进行供足X线观察后认为，手术对供足的纵弓无影响，但有引起拇外翻倾向，建议术中尽量保护跖骨头负重区的完整性。海军401医院[84]总结353例422指再造的经验，对不同程度拇、手指缺损的再造与修复方法的选择进行了讨论，提倡采用吻合趾、指动静脉的方式重建血循环。青海省医院[85]报道游离拇甲瓣急诊一期拇 指再造8例全部成活，无锡市手外科医院[86]* 报道双侧带足背皮瓣第一趾蹼和拇甲瓣再造拇、示指成功1例，都认为拇甲瓣在急诊拇指再造，尤其对拇指撕脱伤为最佳选择。无锡手外科医院[87]对不能急诊手术的拇、手指缺损病例进行亚急诊足趾组织移植再造358例，成活率98.3%，对其适应证进行了讨论。上海长征医院[88]报告带血管神经蒂组织瓣移位及手残指缓慢延长术治疗64例拇指缺损，拇指平均延长2.6 cm，外形及功能均满意。作者强调再造拇指的长度、位置、稳定性和力量是维持其正常功能最基本的因素，将拇指缺损分成掌指关节以远、掌指关节平面和第1掌骨近侧平面三种情况，并分别提出了相应处理原则。济南医高专济南军区临床解剖中心[89]对成人第2、3跖趾关节和近侧趾间关节进行了解剖观察，为足趾关节移植重建手指关节提供了解剖学资料，有助于该方法的临床开展。

上海市一院[90,91]*将新鲜尸手经消毒、灭菌等处理后置入深低温冰箱内保存，建立尸手冷藏库，并运用自体拇甲瓣游离移植包裹经冷藏的异体手指复合组织再造拇指200指，异体手指存活率91.5%，取得良好效果。掌骨头粉碎性骨折等掌指关节严重损伤目前疗效不甚理想，常导致手部功能严重丧失。解放军89医院[92]运用自体腱袖代掌骨头行掌指关节成形术，临床应用24例27指效果满意。作者对该法适应证进行了讨论，其远期疗效尚待观察。青岛市立医院[93]观察了A_4滑车与指浅屈肌腱分裂带及其相互关系，设计了两种以指浅屈肌腱分裂带重建A_4滑车的方法，临床应用20指，按TAM法评定优良率达85%，对指浅屈肌腱功能无显著影响。

参 考 文 献

[1] 程国良等.中华外科杂志，1996；34(4)：205
[2] 徐永清等.中华手外科杂志，1995；11(增)：3
[3] 范启申等.中华骨科杂志，1996；16(9)：570
[4] 范启申等.中华手外科杂志，1995；11(增)：5
[5] 范启申等.中国矫形外科杂志，1996；2(4)：253
[6] 范启申等.中华骨科杂志，1996；16(8)：498
[7] 刘宁富等.第一军医大学学报，1996；16(2)：141
[8] 刘宁富等.第一军医大学学报，1996；16(2)：143
[9] 孙国峰等.中华手外科杂志，1995；11(4)：225
[10] 吴水培等.中华手外科杂志，1995；11(4)：228
[11] 谭文秀等.中华手外科杂志，1996；12(增)：38
[12] 张绍祥等.中华手外科杂志，1995；11(4)：245
[13] 廖苏平等.中华手外科杂志，1995；11(增)：59
[14] 陈敢真等.中华显微外科杂志，1996；19(1)：57
[15] 张亚华等.中华显微外科杂志，1996；19(1)：58
[16] 唐林俊等.中华骨科杂志，1996；16(3)：175
[17] 常万绅等.中级医刊，1996；31(8)：17
[18] 张智慧等.中华手外科杂志，1996；12(增)：59
[19] 胡 溱等.中华手外科杂志，1996；12(增)：56
[20] 郑和平等.中华显微外科杂志，1996；19(3)：206
[21] 项 舟等.中国修复重建外科杂志，1996；10(1)：5
[22] 毛宾尧等.中国修复重建外科杂志，1996；10(1)：9
[23] 曹启迪等.中华实验外科杂志，1996；13(4)：237
[24] 卫晓恩等.中国修复重建外科杂志，1996；10(1)：12
[25] 赵德伟等.中华创伤杂志，1996；12(1)：33
[26] 黄德清等.中华手外科杂志，1996；12(1)：47
[27] 荀三怀等.中华骨科杂志，1996；16(3)：148
[28] 陈振兵等.中华手外科杂志，1996；12(1)：41
[29] 王 勇等.兰州医学院学报，1996；22(2)：20
[30] 姜保国等.中华手外科杂志，1996；12(1)：35
[31] 荀三怀等.解放军医学杂志，1996；21(3)：229
[32] 徐向阳等.中华手外科杂志，1996；12(增)：42
[33] 徐向阳等.中华手外科杂志，1996；12(增)：46
[34] 李正维等.中华手外科杂志，1996；12(1)：38
[35] 方 煌等.中华手外科杂志，1996；12(1)：30
[36] 严志强等.中华显微外科杂志，1996；19(1)：3
[37] 郑和平等.中国临床解剖学，1996；14(12)：127
[38] 尹宗生等.中华手外科杂志，1996；12(1)：8
[39] 尹宗生等.中华骨科杂志，1996；16(3)：169
[40] 虞 聪等.中华手外科杂志，1996；12(1)：50
[41] 纪 青等.中华手外科杂志，1996；12(1)：53
[42] 徐建光等.中华手外科杂志，1995；11(4)：238
[43] 顾玉东等.中华外科杂志，1996；34(1)：40
[44] 常万绅等.中华手外科杂志，1996；12(3)：137
[45] 胡韶楠等.中华手外科杂志，1996；12(2)：12
[46] 钟世镇等.中国临床解剖学，1996；14(3)：1
[47] 廖进民等.中国临床解剖学，1996；14(3)：184
[48] 牛朝诗等.安徽医科大学学报，1996；31(4)：255
[49] 张发惠等.中华显微外科杂志，1996；19(1)：41
[50] 张发惠等.中国临床解剖学，'1996；14(1)：19
[51] 宋建良等.中华显微外科杂志，1996；19(3)：176
[52] 潘希贵等.中华显微外科杂志，1996；19(2)：85
[53] 丁小珩等.中华显微外科杂志，1996；19(2)：89
[54] 冯佃生等.中华手外科杂志，1996；12(增)：65
[55] 李小军等.中华显微外科杂志，1996；19(3)：170
[56] 汤海萍等.中华显微外科杂志，1996；19(2)：135
[57] 徐前锋等.中华显微外科杂志，1996；19(3)：167
[58] 阚世廉等.中国修复重建外科杂志，1996；10(2)：116
[59] 贝抗胜等.中国修复重建外科杂志，1996；10(2)：114
[60] 周吉林等.中国临床解剖学，1996；14(3)：177
[61] 姚建民等.中华手外科杂志，1996；12(增)：7
[62] 林本丹等.广东医学，1995；16(11)：735
[63] 梅锦荣等.中华显微外科杂志，1996；19(3)：215
[64] 高伟阳等.中华手外科杂志，1996；12(增)：9
[65] 颜 玲等.中华显微外科杂志，1996；19(3)：216
[66] 戴国锋等.中国临床解剖学，1996；14(1)：23
[67] 戴国锋等.骨与关节损伤杂志，1995；10(6)：345
[68] 李鹏华等.骨与关节损伤杂志，1996；11(4)：249
[69] 王 安等.骨与关节损伤杂志，1995；10(6)：360
[70] 裴福兴等.中华骨科杂志，1996；16(1)：28
[71] 钟桂午等.中华医学杂志，1996；76(1)：17
[72] 马玉林等.中华手外科杂志，1996；12(增)：20
[73] 史振满等.中华手外科杂志，1996；12(增)：62
[74] 陈振光等.中国临床解剖学，1996；14(2)：109
[75] 陈振光等.中华显微外科杂志，1996；19(2)：107
[76] 彭建强等.中国临床解剖学，1996；14(3)：180

[77] 谭金海等.中华实验外科杂志,1996;13(4):219
[78] 李蓉孙等.中国临床解剖学,1996;14(1):9
[79] 陈振光等.武汉医学,1995;19(4):197
[80] 洪光祥等.武汉医学,1995;19(4):195
[81] 顾玉东等.中华手外科杂志,1995;11(4):195
[82] 于仲嘉等.中华手外科杂志,1995;11(4):214
[83] 杨学斌等.中华手外科杂志,1995;11(4):216
[84] 程国良等.中华手外科杂志,1995;11(4):200
[85] 韩国栋等.中华手外科杂志,1995;11(增):32
[86] 张全荣等.中华手外科杂志,1995;11(4):215
[87] 寿奎木等.中华手外科杂志,1995;11(4):204
[88] 侯春林.中华手外科杂志,11(4):211
[89] 丁自海等.中国临床解剖学,1995;13(4):241
[90] 侯明钟等.中国修复重建外科杂志,1996;10(3):152
[91] 侯明钟等.中华手外科杂志,1995;11(4):207
[92] 潘希贵等.中华手外科杂志,1996;12(3):143
[93] 宋修军等.中华骨科杂志,1996;16(6):381

文 选

4种中药对体外培养兔关节软骨细胞代谢的影响(中国运动医学杂志,1995;14(3):135) 长沙湘雅医院吕红斌等为研究中药对损伤的关节软骨的治疗作用,采用家兔关节软骨细胞体外培养的方法,在实验组中加入4种受试中药(当归、丹参、黄芪、川芎嗪)注射液,每种中药浓度分别为1%和10%。通过同位素^{3}H-TdR、^{3}H-脯氨酸示踪,检测这几种中药对软骨细胞的增殖能力及对蛋白多糖和胶原合成的影响。实验结果显示,1%当归、1%黄芪、1%川芎嗪能促进DNA分成,单独1%当归无促进作用;1%或10%丹参、1%黄芪、16%川芎嗪则起抑制作用;1%或10%当归、黄芪、川芎嗪可促进胶原合成,1%丹参无影响,1%丹参有抑制胶原合成作用;1%当归、10%当归、1%丹参、10%川芎嗪能促进蛋白多糖的分成,10%丹参、1%黄芪、10%黄芪、1%川芎嗪则无影响。该研究证明:当归、黄芪、川芎嗪能显著促进体外培养的兔关节软骨细胞代谢,有可能促进软骨损伤的修复,这对探讨中药制剂对关节软骨损伤修复的作用机制和寻找有效的治疗药物有一定意义。

(刘祖德)

述评 用体外细胞培养的方法来探讨中药的临床治疗意义,是一种很好的研究途径,但任何结论,都需要多单位的重复试验及临床验证才能证实其可靠性。

(包聚良)

损伤电场是骨折愈合的重要因素(中国矫形外科杂志,1996;3(2):135) 四川师大孙仁贵等认为,骨折的愈合过程,是一个极其复杂的病理生理、生物化学和生物物理等协同交叉作用的变化过程。其中电场也起着重要作用。该文采用UJ34型高阻直流电位差计和8505A型7位半数字万用表在健康大白鼠股骨或胫骨中段骨折的两个断面立即进行测量,在断面上可出现一个很高的负电位,而且两个断面的电位值基本相等。在15只股骨横断面上的负电位是,远心端的平均值为－145 mV,近心端的为－132 mV,而折断后胫骨的两个断面的负电位也基本相等。作者认为,骨折后,由两个带负电荷的骨断面在相隔一定的距离内所组成的特殊电场,可命名为损伤电场,这个电场对骨折愈合起着重要作用。它可能激活成骨细胞并促进细胞的分化和增殖,或驱使胶原定向排列,而变成胶原纤维的桥连。因此,外加电磁能如直流电、电场、脉冲电磁等可增强骨断端的电场强度,促进骨不连的愈合。(刘祖德)

述评 损伤电场这一概念仍有待商榷。尽管目前有种种迹象表现出骨折处存在很微弱的电场,但这一方面的研究尚有待深入探索。该研究发现了骨折后存在的一种物理现象,其与骨折愈合之间的关系尚有许多工作待做。

(包聚良)

复方骨基质胶修复骨缺损实验研究(中华创伤杂志,1996;12(1):10) 重庆西南医院谭祖健等在研究骨基质胶(BMG)具有诱导成骨的基础上,制备了复方BMG,即BMG复合微量元素的丹参,进一步研究该复方制剂在修复骨缺损中的作用。取36只大白兔,在左尺骨中段造成10～15 mm骨质缺损,尔后分为复方BMG组、BMG组及对照组,术后2、4、8、12周,X线摄片和取骨缺损部组织行HE染色及部分标本作电镜观察。结果显示,该复方制剂能使骨痂出现及骨性连接时间较单独使用BMG提前2～4周。X线片显示复方BMG组出现骨痂致密阴影的时间要早且频率高;组织学显示其骨修复的组织学变化均较其他组早2～4周;电镜观察发现复方BMG组3 d就可见较多的前成骨细胞。结果表明,复方BMG修复骨缺损过程明显早于BMG组及对照组，反映微量元素及丹参在协同 BMG 成骨中起着重要作用，而单纯微量元素和丹参的成骨作用则较弱。

（刘祖德）

述评 该文的研究思路是想通过多种因素的协同作用增进骨缺损的修复，结果令人欣慰，希望能进一步弄清各因素之间的相互联系和影响，以阐明其修复骨缺损的分子机制。

（包聚良）

TGF-β 复合牛松质骨载体修复节段性骨缺损的实验研究（中华骨科杂志，1996；16(9)：574） 西安西京医院孙玉鹏等指出，TGF-β 是骨组织中含量较多的骨生长因子之一。研究表明 TGF-β 促进成骨细胞和成软骨细胞的增殖，导致软骨内化骨和膜内化骨。本实验研究 TGF-β 与经化学处理后牛松质骨载体复合物修复节段性骨缺损的体内效应。在兔桡骨中段制成 1.5 cm 的缺损区，TGF-β 从牛血小板提取和纯化。新鲜小牛四肢骨干经脱脂、脱蛋白、脱钙等处理后，与牛 TGF-β 充分混匀，真空负压冻干。实验组在缺损区植入 TGF 复合材料 60 mg（TGF120 mg），对照组植入单纯牛松质骨。术后 4、8、12、16 周经 X 线摄片后，取材料作 HE 染色，扫描电镜观察。结果显示，术后第 12 周，实验组中缺损区完全骨性修复，其密度接近正常骨，可见髓腔结构；对照组 16 周后骨折端及其尺侧骨膜有轻度反应性增生，呈骨不连征象，缺损区明显可见。实验显示，外源性 TGF-β 可以启动骨生成过程，对骨折以及骨缺损的修复有促进作用。

（刘祖德）

述评 TGF-β 有如该文所描述的修复骨缺损的作用，令人惊喜。希望国内有更多的单位从事 TGF 的研究，使之早日应用于临床。

（包聚良）

齿状突游离小骨（中华外科杂志，1996；34(6)：323） 上海长征医院戴力扬报告 17 例齿状突游离小骨，其中男 13 例，女 4 例，有明确外伤史者 7 例，其余 10 例无明确外伤史。根据临床表现分为无症状（3 例）和有症状（14 例）二种类型。局部症状主要为头颈部症状，可有阵发性头晕、视物模糊、猝倒、斜颈等表现；神经系统症状主要有颈脊髓压迫、颈脊髓合并颈神经根损害、枕骨大孔区损害等表现。发作特点为：(1)一过性或阵发性发作；(2)自发性缓慢发作；(3)外伤后突然发作。影像学表现为：(1)X 线检查显示齿状突呈游离状，与枢椎椎体不融合；(2)CT 扫描表现为寰椎环内 2 枚圆形骨影，少数表现为多数点状骨化影；(3)MRI 检查可清晰显示齿状突游离小骨和/或发生移位的寰椎压迫颈脊髓的程度和范围，并能直接反映脊髓组织的病理变化。该病诊断除应强调对有关症状保持高度警惕外，还应重视影像学检查，并注意与齿状突其他疾患如发育畸形相鉴别。该组除 3 例无症状者采用颈领局部固定外，14 例寰枢椎不稳者均行枕骨骨瓣翻转加自体髂骨植骨的枕颈融合术，术后均获骨性愈合。该组病例术后随访 2～16 年，临床症状消失或基本消失者 9 例，明显减轻者 5 例。3 例非手术治疗者无变化。作者认为，对于齿状突游离小骨存在寰枢椎不稳者应行手术治疗。

（陈雄生）

述评 游离齿状突小骨系齿状突发育性畸形。正常条件下，齿状突是寰枢椎中轴骨性结构，是维持该部运动和稳定的核心。发育畸形即丧失功能，头颅运动和退变可导致寰椎移位，最终造成脊髓压迫危及生命。一经诊断，即采用手术治疗，根据寰椎稳定状态，实施不同术式，以确保稳定并解除脊髓压迫。

（贾连顺）

腰神经根嵌压症（中华骨科杂志，1996；16(7)：426） 河南漯河市一院许伟川等 1990 年 1 月～1995 年 6 月共收治腰神经根嵌压症 30 例。男 18 例，女 12 例，年龄 38～60 岁，平均 49 岁。发病至确诊时间为 3 个月～22 年，平均 5.2 年。全部患者均有腰腿痛症状，为明确诊断采用压力下硬膜外腔注入 Isovist 造影检查。侧卧位极度屈曲腰椎，在受压神经根上一间隙穿刺进入硬膜外腔，缓慢注入造影剂。根据硬膜外腔前后间隙及造影剂在腰椎间孔充盈状态诊断：(1)正位显示椎管侧方或近中心呈圆形、半圆形或不规则形充盈缺损，而各椎间孔显影正常；侧位示硬膜外腔前间隙造影剂中断，可诊断为腰椎间盘突出；(2)腰椎侧隐窝内神经根显影，造影剂在椎间孔处中断，表明神经根在椎间孔内口处嵌压；(3)椎管侧方或近中心有充盈缺损，而同间隙椎间孔也不显影，可进一步作 CTE 检查，明确充盈缺损是否由硬膜囊与周围组织粘连造成，了解腰神经根嵌压的程度及其他致压因素的关系，为椎间孔内口减压扩大术提供精确的定位诊断依据。检查结果显示，椎间孔内口局部因素造成嵌压 14 例，椎间盘后外侧突出及局部因素共同产生环状压迫 16 例，单侧单孔嵌压 12 例，单侧双孔嵌压 3 例，双侧双孔嵌压 13 例，双侧三孔嵌压 2 例。30 例共 50 根神经嵌压。采用单孔或多孔开窗，半椎板切除，术中证实均有不同程度的上关节突肥大，关节囊及黄韧带增厚，神经根在椎间孔内口处水肿粘连固定，临床诊断符合率

96%。作者认为，将腰神经根嵌压症与椎间盘突出症区别开来，使其成为一独立疾患，对其进行有限化治疗研究及愈后判断有重要意义。

（赵 立）

述评 腰骶神经根受压因素较多，除椎间盘因素外，还有大量椎间盘以外的各种可能导致神经根受压的因素。近年来，对非椎间盘因素研究颇多。该文采用的造影技术作为一种诊断手段，虽不新颖但对腰神经根嵌压症来说，具有较高诊断价值。哪里有压迫，就必须在哪里实施减压，这是最基本的原则。沿神经根寻找和解除致压因素是手术成功的关键。该文提出腰骶神经根嵌压症单独作为一种疾病在理论和临床上似无必要。

（贾连顺）

同种异体椎间盘移植的实验研究（中华骨科杂志，1996；16(8)：511） 西安唐都医院阮狄克等从X线、组织病理学、生物学活性、生物化学、生物力学变化探索同种异体椎间盘移植是否可以存活，能否满足生理功能需要及其长期归宿等问题。(1)动物模型制备：取成年恒河猴12只，随机分为4组，分别于3、6、9、12个月处死，从左腹膜外入路于L4、5间盘上下2 mm处截骨，交换植入2只配对猴的间盘，丝线固定。(2)X线检查：每只猴于术后1、2、3、6、9、12个月摄腰椎正、侧位片，可见移植间盘与受体骨愈合过程，部分移植间盘有移位，可见骨质增生。间盘高度测量示术后1个月下降明显，以后下降幅度减小，12个月仍保持正常高度的约占61.4%。(3)组织病理学：大体形态观察见间盘高度降低，但纤维环和髓核形态无明显变化，晚期软骨终板有部分钙化，愈合良好。光镜下HE、VG染色后见移植间盘软骨终板有软骨细胞增生，终板和纤维环形态无明显改变，髓核胶原纤维和成软骨样纤维细胞增生，未见免疫排斥反应。透射电镜下还可见到髓核中退变细胞增加。(4)生物学活性：用掺入^{3}H-Proline的培养液培养并移植间盘的髓核和纤维环，测定后发现3～9个月^{3}H-Proline掺入量渐增，9～12个月又有所下降。(5)生物化学：移植间盘水分 和糖醛酸含量降低，羟脯氨酸含量增高。(6)生物力学：取L1—S3节段做生物力学测试，在生理负荷下腰椎伸屈活动时移植间盘早期变形明显，晚期恢复。该研究表明同种异体椎间盘移植可存活，无明显免疫排斥反应，移植间盘具有再生能力并与受体骨愈合良好，形态结构无明显改变，生化代谢虽有改变但有一定自限性，生物力学上可满足生理功能需要。

（谢 宁）

述评 椎间盘退变性疾患研究历时半个多世纪。创伤和退变是椎间盘受损的两种主要因素。椎间盘内容及其高度是维持生理功能的主要解剖学基础，退变是自然现象。这种封闭结构一旦破坏，髓核即发生外溢，可成为神经根致压物，使其高度也随之降低。该实验旨在研究异体椎间盘置换的可能性，建立实验模型，为人类椎间盘移植提供理论基础，但过渡到临床应用还有相当长的距离。

（贾连顺）

对腰椎间盘突出手术治疗的再认识（中国脊柱脊髓杂志，1996；6(1)：1） 成都军区昆明总院周中英等手术治疗下腰痛206例。其中男性150例，女性56例，均有腰腿痛，经X线平片、椎管造影、CT、MRI等检查诊断为腰椎间盘突出，部分合并腰椎管狭窄。手术采用全椎板切除、半椎板切除、椎间开窗入路。除摘除椎间盘外，均探查神经根，彻底解除对神经根的一切嵌压因素，主要为咬除背侧增厚的黄韧带、上下关节突增生骨质、外侧椎弓根、腹侧部分增生的椎体骨质或钙化韧带。术后近期显效率为92%，随访观察1～5年，优良率为89%。作者将神经根通道分为三段：第一段为从离开硬膜囊至峡部上缘，椎体、椎间盘后侧面为其前壁，椎间关节内侧、关节囊黄韧带为后壁，椎体后缘骨质增生、小关节突肥大、黄韧带肥厚、椎间盘突出所致盘黄间隙狭窄均于此段嵌压神经根；第二段为骨性区，峡部为后壁，椎体后侧为前壁。椎弓根崩裂，发育性三叶形椎管可致该区狭窄；第三段为椎间管，前壁为椎体和椎间盘，后壁为椎间关节，上、下壁为椎弓的上缘和下缘。椎间盘后侧脱出、后关节增生、内聚、骨脱、椎板增厚均可引起该区狭窄。作者以骶腰神经根全程通道各种致压因素的再认识为依据，提出彻底"松藤一摘瓜一松藤"的手术原则，认为手术不仅要摘除突出之椎间盘，更需探查神经根通道并彻底松解，而后者对手术效果有决定性意义。

（赵 宏）

述评 腰椎间盘突出症是下腰部最多见的退变性疾患。如何提高外科治疗效果，已引起普遍重视，尤其对于腰椎非椎间盘因素而合并存在的其他致压因素，往往是椎间盘突出症手术后效果欠佳或称下腰手术失败综合征的重要原因。因此，正确的术前诊断，严格的手术指征是提高疗效的基本要求。满足于单纯摘除椎间盘突出，忽略其他病变，则神经根得不到有效减压。对该文提出"松藤一摘瓜一松藤"提法，需要修正，并应采用科学术语表达较为合适。

（贾连顺）

胸椎椎弓根的形态测量及其临床意义(中国临床解剖学杂志,1996;14(3):150)　解放军 264 医院乔拴杰等测量了 72 副成人干燥胸椎骨标本。男 52 副,女 20 副,对 864 块椎骨、1 728 侧椎弓根,分别测其内外径、上下径、内倾角度、下倾角度。结果:胸椎椎弓根内外径平均 5.9mm,男女两组无显著差异。椎弓根上下径平均 11.9mm,男比女高,具有统计学意义。内倾角为沿椎弓根的长轴向前内的斜度,从胸 1 至胸 12 依次递减,差别有统计学意义。椎弓根的后部比前部高,形成后高前低的倾斜度即为下倾角度,平均为(9.8±1.2)°,差别无统计学意义。根据测量结果,作者提出胸椎椎弓根螺钉的使用方法。椎弓根螺钉进钉点分四组,胸 1、2 进钉点在下关节突下缘外 1/3 的垂直线与横突背面横突嵴相交处。T3～T8 在下关节突下缘中垂线与横突嵴水平线交点。胸 9、10 为下关节突下缘外 1/3 垂线与横突嵴水平线交点处。T11～12 为下关节突外缘垂直线与横突嵴交点或副突处。螺钉长度为从椎弓根后缘进入椎体 3/4 处,胸 12 最长为 45.0mm,胸 1 最短为 23.0mm,平均长度为 31.4mm,差别无统计学意义。椎弓根螺钉的直径主要取决于椎弓根的内外径。根据测量,选择直径为胸 4、5<4.0mm,胸 3、6、7<4.5mm,其余均可≥5.0mm。螺钉长度分别为:胸 1、2≤(24.0±2.6)mm,胸 3、4≤(25.0±2.0)mm,胸 5～7≤(30.0±2.8)mm,胸 8～10≤(35.0±3.0)mm,胸 11、12≤(40.0±2.0)mm,进钉时需保持一定内倾角和下倾角,以确保螺钉在椎弓根内进入椎体。　(赵　宏)

述评　胸椎椎弓根的解剖特点、椎弓根定位点、进钉方向和深度与腰椎有明显差异。该文对 72 副干燥胸椎标本作出测量,提出胸椎椎弓内外径、长度及椎弓根内倾角并对进钉点、钉的直径设计等加以确定,为选择胸椎内固定物提供理论根据。

(贾连顺)

黄韧带骨化的影像学诊断(中华放射学杂志,1995;29(12):858)　上海长征医院倪斌等对 21 例胸椎黄韧带骨化的影像学进行了分析。其中男 13 例,女 8 例,年龄 36～71 岁,病程 6 个月～7 年。黄韧带骨化部位均位于下部胸椎,以 T10～12 最为多见。临床表现多为双下肢麻木,感觉异常,下肢无力、僵硬,行走困难,间歇性跛行,膝、踝反射亢进,Babinski 征阳性等。侧位 X 线可见骨化的黄韧带突入椎管,体层摄影可勾划出黄韧带骨化特征。据骨化影形态可分为 4 型:(1)棘突型,最为常见;(2)板块型;(3)结节状型;(4)游离型。依阻塞程度不同,脊髓造影可见完全性或不完全性梗阻。不完全性梗阻的侧位片常提示压迫来自后方。CT 扫描显示黄韧带骨化增生。观察黄韧带骨化的形态、程度及脊髓、神经根受压情况,可进行椎管狭窄的测量。MRI 矢状面检查可见骨化的黄韧带呈低信号影像突向椎管,脊髓受压变细。在相应的横断面上亦可见黄韧带骨化,椎管狭窄。还能显示骨化灶的范围,从而排除其他原因如胸椎间盘突出、后纵韧带骨化等引起的脊髓压迫症。这些对于黄韧带骨化的诊断、手术减压范围的确定和疗效的判定都是十分重要的。

(程黎明)

述评　该文对 21 例胸椎黄韧带骨化症的影像学作了分类,并指出了不同类型的临床表现,为手术治疗提供具体操作要求。由黄韧带骨化造成的继发性胸椎管狭窄是一种非常严重之疾患。如再合并相对应节段胸椎间盘突出,则无疑给治疗带来困难。任何忽略则可造成不可挽回的脊髓损伤。

(贾连顺)

胸椎黄韧带骨化(中华骨科杂志,1996;16(7):447)　四军医大创伤骨科所王全平等于 1983 年 6 月～1994 年 9 月收治胸椎黄韧带骨化引起椎管狭窄和脊髓病 48 例,男 20 例,女 28 例,年龄 32～68 岁,平均 48 岁。主要症状为无明显诱因进行性下肢麻木、乏力、行走不稳,病史 1 个月～8 年,晚期患者有行走困难和截瘫,部分病人有下肢间歇性跛行、胸部束紧感、胸闷和腹胀,大、小便功能障碍。主要体征是下肢无力,完全或部分截瘫,胸椎不同平面以下感觉减弱或消失,下肢肌张力增加,膝、踝反射亢进,巴彬斯基征阳性。X 线片表现为两椎板间三角形黄韧带骨化块从椎管后壁突入椎管,尖端指向椎间隙,基底部位于椎管和关节突,连续几个关节段骨化时,椎管后壁呈锯齿状。T1～T12 平面都有骨化发生,平面越低,骨化发生率越高且越严重,特别是 T9～T12 节段。部分患者伴有后纵韧带、前纵韧带骨化。椎管内造影可见造影剂呈刷状或鸟嘴状中断。CT 显示椎管后外侧壁两个半球形或半环形骨化块,椎管呈三叶草状狭窄,也有单侧黄韧带骨化,大的骨化块可封闭半侧椎管。MRI 显示脊髓后弓压迫的范围和程度。全部病例均采用后路椎板切除术、椎管减压术。随访 7 个月～8 年,平均 3 年 8 个月,结果优 47.8%、良 37.0%、可 8.7%、差 6.5%,有效率 93%,优良率 84.8%。作者认为,胸椎黄韧带骨化可能与脊椎退变有关。根据病史特点可早期诊断。治疗以后路椎板切除、椎管减压为宜。　(赵　立)

述评　黄韧带骨化作为椎管内占位性疾患已有不少报告。胸椎黄韧带骨化后,对原狭窄的胸椎椎管的形态和容积影响更大。骨化物压迫脊髓即产生严重的脊髓压迫症,并影响脊髓功能。外科治疗是目前唯一首选方法。该区手术减压要求操作精细和准确,不管采用何种手术器械,都必须小心从事。由于操作不当造成脊髓损伤时有发生,述评者每年都遇到5～6例发生这种情况而会诊或再处理。因此,要求临床医师充分认识本病,有充分的思想和技术准备,并认真向患者及家属交代手术并发症的可能。

(贾连顺)

颈椎黄韧带骨化与钙化(中国脊柱脊髓杂志,1996;6(2):57) 北医大三院刘忠军等报告了较少见的发生于颈椎黄韧带骨化(OLF)与钙化19例。其在脊柱疾患中分布为:后纵韧带骨化(OPLL)248例,OLF 9例(3.6%);发育性颈椎管狭窄309例中,OLF 7例(2.3%);弥散性特发性脊椎骨肥厚症(DISH)24例,OLF 2例(8.3%);强直性脊柱炎3例中,OLF 1例。除3例因急性无骨折脱位型颈脊髓伤,出现四肢不全瘫外,余16例为慢性脊髓病之临床表现。MRI检查13例均示硬膜囊后方一节或多节段低信号区增宽,背侧于椎间水平有明显受压征象,但节段与范围超出术中所见OLF节段。骨化韧带显著增厚,质硬,超半数以上与硬膜粘连。相邻节段之黄韧带变性及肥厚现象普遍。病理学检查6例均证实韧带纤维组织部位出现灶状或呈片状骨组织结构。19例患者均行C_3～C_7后路单开门(椎板成形椎管扩大)术。其中4例因DLF致椎板掀起困难,行单节段椎板切除,术后平均改善率为55.1%。结果表明:颈椎黄韧带骨化或钙化多与后纵韧带骨化或发育性椎管狭窄等因素造成脊髓损伤有关,这一特点与胸椎黄韧带骨化有所不同。临床表现不能作为诊断依据。较大或较成熟的骨化灶在平片上可获得显影,CT扫描可大大提高颈椎OLF显示率。MRI可清晰显示脊髓与背侧压迫物间关系,但不能区分骨化灶与黄韧带肥厚。OLF造成颈脊髓病者需手术治疗。术中需注意:(1)骨化黄韧带质硬,可与椎板连为一体甚至椎间隙消失;(2)骨化韧带多显著增厚并挤压硬膜囊,有些与硬膜囊紧密粘连,此时应用微型磨钻于骨化块及椎板两侧开槽,然后将其完整掀起;(3)行椎板成形术过程中,单开门时椎板折断,可行单椎板切除。

(何海龙)

述评 黄韧带骨化导致相应节段椎管狭窄并引起发病,这种临床现象已被较多学者重视。黄韧带骨化多发生在胸椎、腰椎,而颈椎相对较少。但实际上发现率低的原因是没有临床发病,病因迄今不明。X线和CT扫描作为主要影像学诊断手段,可分为:游离型、上棘型、下棘型、上下棘型和片块型五型。一旦出现脊髓压迫,手术是唯一治疗手段。

(贾连顺)

经前路行颈椎后纵韧带骨化切除33例(河南医科大学学报,1996;31(2):26) 河南医大一院孔抗美等对C_4水平以下节段性颈椎后纵韧带骨化(OPLL)33例行前路骨化韧带切除术。其中男24例,女9例,年龄37～63岁,病程3个月～5年。影像学证实后纵韧带骨化,部分合并有颈椎间盘突出、黄韧带肥厚等。手术采用环钻切除椎间盘及部分椎体,再咬除间隔的椎体,连成骨槽,用刮匙刮除残余的椎间盘及椎体后缘的骨赘,显露骨化韧带的上下端,用血管钳夹住骨化韧带边缘,用小尖刀切一小口,直视下用粘膜剥离子将骨化的韧带与假膜分开,将其切除,取长条形骨块修成"T"形,在牵引下将骨块嵌入骨槽。术后29例随访1～10年,按TOA标准评定疗效,结果:优(术后改善80%以上)13例,良(50%～79%)10例,改进(5%～49%)3例,无变化(5%以下)2例,加重1例。有效率89.6%。提示:C_4以下节段性OPLL,病变范围小,骨化灶厚度<5 mm,骨化灶位于椎管中央合并椎间盘突出者,可选择前路开槽切除。C_4以上节段OPLL或连续型OPLL适合后路椎板成形椎管扩大术。只有充分暴露骨化灶的范围,才能将其完整切除。

(程黎明)

述评 颈椎后纵韧带骨化症的外科治疗分为两类,间接减压和切除韧带骨化物的直接减压。后纵韧带骨化物的切除是一种操作精细、难度较高的技术。显露骨化物需要切除相应的椎体和椎间盘。骨化物常与硬膜紧密相连,任何操作都可能对脊髓造成损害。因此,国外一些学者采用放大镜操作,以避免误伤。该文报告33例,经验宝贵。该手术应在颈椎前路操作娴熟的条件下,有选择地进行,这是提高疗效的关键所在。

(贾连顺)

实验性脊柱侧弯脊柱结构变化的观察(中华骨科杂志,1996;16(6):352) 中国医大二院顾耀明等观察了不直接损伤椎体的脊柱侧弯动物模型脊柱结构的特征性变化。作者采用幼兔36只,麻醉下单纯于兔肩胛骨与同侧股骨大转子之间连以钢丝,使脊柱发育成侧弯且进行性加重椎体旋转,出现三维结构变化,但不直接损伤脊柱。该动物模型简单易行,可重复性。术后每隔1、2、3、4、5个月于松弛条件下摄脊柱后前位X线片,测量胸腰椎长度,观察侧弯顶椎位置,侧弯角度(Cobb法)和椎体旋转度。3组幼兔分别于术后3、4、5个月取动物顶椎观察其解剖形态，测量椎体高度、椎板长与宽。标本切片观察椎体上、下软骨生长板及软骨细胞的变化。结果脊柱侧弯角变化以第3个月最明显，增加角度为16.7°。顶椎以胸、腰段型为主，有楔形变，髓核向侧移位，顶椎旋转向凹侧，椎骨附件向凸侧旋转。椎板凸侧厚而短，凹侧薄而长。组织学切片观察，顶椎楔形变明显，椎间盘凹侧高度降低，纤维环被压迫，髓核向凸侧膨出，椎体上、下骺板在凹侧变薄，软骨细胞排列紊乱。作者认为，脊柱侧弯时一侧压应力不均衡则耦合旋转运动。横断面观察椎板结构发现，凸侧变厚变短，凹侧变薄，提示旋转首发椎骨附件，附件向凸侧旋转，凸侧椎板受旋转压力作用短缩增厚，凹侧椎板被拉变长变薄。凸侧椎体由于旋转压力，前后生长受到抑制。冠状面观察由于侧向压应力使椎体发生楔形变，凹侧生长受到抑制。因此从生物学角度探讨本病病因、病理以及由此设计治疗脊柱侧弯的合理的方法、理想的器械成为可能，并具有重要理论价值和应用前景。

（何海龙）

述评　建立实验性脊柱侧弯的动物模型应该具有不损伤脊柱且具有脊柱中心线弯曲、椎节旋转特征。该实验研究采用兔肩胛骨与同侧股骨大粗隆间钢丝机械固定方法，令其在发育过程中获得模型并取得成功 。实验结果表明，凹侧椎体生长骺板受到压力高而凸侧骺板受到压力低，由此产生椎体纵向生长受到抑制，椎体楔形变，继之造成脊柱侧弯。该项研究较之以往实施椎体楔形切除、终板阻滞、关节突关节切除及椎旁肌切断等更为优越。如可重复，则对实验脊柱侧弯矫正术可提供良好方法，尤其对早期的脊柱侧弯的预防更为有益。

（贯连顺）

儿童颈椎椎间盘钙化10例报告（中华外科杂志，1996；34(4)：197）　北医大三院张克等报告儿童颈椎间盘钙化10例，其中男5例，女5例，年龄6～14岁，平均9.4岁。5例发病前或同时有呼吸道感染；1例有颈部外伤史。均表现颈痛、颈僵硬、斜颈，体检有颈肌痉挛和压痛，颈活动受限。除1例外无神经系体征；4例早期病人中有3例血白细胞升高，4例血沉加快，晚期均恢复正常。X线片均有明显颈椎间盘钙化影，9例单节段，1例2节段合并$C_{1,2}$半脱位。11个病变间盘中$C_{2,3}$一个，$C_{3,4}$四个，$C_{5,6}$一个，$C_{6,7}$五个。9例钙化组织局限于间盘内，有2例突入椎管，侵占椎管矢径30%～50%，有神经根刺激症状，无脊髓受压体征。出现椎体扁平者7例。均采用带围领、卧床、热敷、服消炎止痛药等治疗。8例两周后症状消失，2例2月后缓解。随访4个月～15年，平均31个月。8例随访10年以上，钙化影在2～8个月内消失。该病发病高峰在6～10岁，发病似与感染、创伤、钙代谢障碍有关。病理可见髓核、纤维环钙化，钙化部位有增殖性炎症反应。症状发生于钙化吸收高峰期，由于组织充血等反应使钙化吸收，同时引起牵涉痛。Rechtman将此病分为3型：①消失型；②潜伏型；③静止型。该病特点为：①儿童期发病；②颈部局部疼痛和牵涉痛；③颈椎活动受限；④急、慢性炎症迹象；⑤影像学发现颈椎间盘钙化；⑥病程自限性。影像学发现颈椎间盘钙化是诊断的主要依据，注意与颈椎结核、肿瘤、类风湿、感染相鉴别。保守治疗效果满意，有严重神经或脊髓压迫症状者可切除间盘或椎板。预后良好。

（谢　宁）

述评　儿童颈椎间盘钙化的病因并不清楚，可能与感染、创伤或钙代谢紊乱有关。主要表现颈部不适、疼痛或运动功能受限。其影像学特点即在病变椎间盘出现钙化。治疗原则为制动、休息及理疗，不具手术适应证。述评者曾遇1例8岁女孩，因颈椎间盘钙化被某医院误作肿瘤手术切除并自体植骨，术后植骨块脱出，再次手术取出。3年后小儿出现鹅颈畸形，足引以为戒。

（贯连顺）

节段性不稳在脊椎滑脱症外科治疗中的临床意义（中华骨科杂志，1996；16(7)：412）　苏州医学院一院洪天禄等对19例脊椎滑脱症患者进行屈曲一过伸X线动态观察和摄片测量，其中峡部不连型16例，退行性3例。L_4滑脱7例，$L_5$12例。根据Edmondon滑脱分类方法：Ⅰ度7例，Ⅱ度10例，Ⅲ度2例；根据临床症状分为轻度（症状局限于腰部）4例，中度（腰痛明显，有时伴下肢牵涉痛）9例，重度（明显“断腰痛”伴经常性下肢牵涉痛）6例。X线示前屈位病椎前滑加重，过伸位病椎的滑移部分复位。测量发现不同临床症状中不同滑脱度病例分布相仿，而各组间平均滑移范围有显著差异，轻度平均滑移2.5 mm，中度4.8 mm，重度6.5 mm。作者认为，病段不稳的异常滑动是脊椎滑脱症产生临床症状的重要原因。而且此病段不稳并不与最大滑移程度呈正比，而与临床症状程度密切相关。因此腰椎滑脱症是否需要手术，不论其X线片显示滑移程度如何，应以临床症状程度为参考。对于症状较轻者，均应先采取保守治疗。部分患者可能会逐渐出现适应性稳定结构，对于症状明显和保守治疗无效者，不论其滑脱程度是否严重，均有手术指征。

（赵　立）

述评 腰椎滑脱是下腰不稳的一种类型。该文对19例脊柱滑脱作动态摄片观察。结果表明，滑脱所提示的节段不稳及滑脱程度与临床表现并非呈平行关系。但节段性不稳常可导致相应神经根受压和牵拉，并发生马尾和神经根症状和体征。临床上并不以影像学滑脱和滑脱程度来判断是否为手术适应证。经验表明，有相当多下腰椎滑脱是偶然发现，并不伴有症状，甚至终身不发病。

（贾连顺）

101例脊柱侧凸矫正术并发症原因分析（中华外科杂志，1996；34(6)：32） 北医大三院叶启彬等对101例脊柱侧凸矫正术的并发症进行分析。其中Harrington脱钩30例，断棍22例，Luque钢丝断裂或脱落15例，侧凸畸形复发加重12例，术后出现其他新的畸形（平背、两肩不平）13例，感染8例及气胸1例。失败原因和防治方法如下：(1)忽视解剖和生物力学因素23例；①将金属棍事先弯好与胸后凸及腰前凸相一致的生理弯曲可避免平背畸形；②处理胸段双弧侧凸时，上钩放置得当可避免肩部倾斜加重；③Harrington下钩放在脊柱侧凸矫正的稳定区内可避免畸形复发和加重；④按侧凸可矫正度预弯好金属棍可避免矫正力矩过大致神经损伤或断棍脱钩。(2)适应证掌握不当29例：①严重脊柱侧凸，特别是合并有100°以上后凸畸形者应先行前路脊柱松动术；②胸腰段或腰段脊柱侧凸合并大于Ⅱ度的脊柱旋转症应行前路Zielke手术，3周后再行后路矫正术；③神经纤维瘤性或成骨不全性侧凸，应选择多支撑点的内固定装置；④脊柱侧凸应正确分型，避免内固定不当；⑤根据侧凸畸形的严重程度选择合适的内固定术。(3)手术操作失误37例：①放置Ziellke螺钉时应注意良好排列；②正确放置上、下钩或特殊情况下改用椎弓根螺钉可避免脱钩；③遵守Luque棍放置原则，避免其散落和其他并发症；④如无特殊原因，内固定装置不主张再取出；⑤在植骨尚未愈合之前应避免过度活动。(4)内固定装置加工处理技术和材料质量不良15例。总之，作者认为导致并发症发生的原因较多，了解、掌握内固定技术的有关因素和要领，可有效地防止并发症的发生。

（陈雄生）

述评 脊柱侧凸畸形的矫正已有颇多的矫正器械和技术，具有各自的设计思想和理论。该文专题论述矫正术的并发症。结果表明，不同的技术可发生不同的并发症。其原因在于手术者忽视解剖和生物力学因素，适应证选择不当，手术技术失误及材料质量问题。对任何内固定器械和技术认识不足，盲目的应用，甚至在临床上滥用，其后期并发症直接影响手术效果，甚至造成脊髓损伤。述评者曾遇1例儿童期使用椎弓根螺钉矫正器，在生长发育过程中，螺钉内移入椎管导致脊髓损伤。

（贾连顺）

MRI对先天性脊椎裂的诊断作用（中华骨科杂志，1996；16(2)：101） 天津医大二院韩悦等分析了47例先天性脊椎裂的MRI表现，其中男性27例，女性20例，病变位于腰骶段45例，颈、胸段各1例。作者将该组病例按主要MRI表现和临床需要分型，共分为三大类。第一类为囊性或开口性脊椎裂。该类患者临床可见脊后中线有突出的包块，椎管内容向后膨出。又分为五个亚型：①脂肪脊髓脊膜膨出：病变区椎管和皮下组织有大量脂肪经骨性缺损区相连。脊髓神经在脂肪中穿行。T1像为高信号的脂肪中可见条状中等或低信号的神经穿行。②脂肪脊膜膨出：膨出物为脂肪和硬脊膜，无脊髓神经。③脊髓脊膜膨出：膨出物为脊髓神经和硬脊膜，内含脑脊液而无脂肪。④单纯后位脊膜膨出：硬膜向外膨出，内含脑脊液，形成囊性包块。⑤皮毛囊：背部皮肤与椎管之间有一窦道，皮肤开口处常有毛发生长。T_1像可见椎管与皮肤间有一线状向尾侧斜行低信号区。第二类为复杂性隐性脊椎裂：临床上无体表体征，为单纯性脊椎裂伴其他神经管闭合不全表现。分四个亚型：①低位圆锥：脊髓圆锥12岁后低于L_2水平，MRI可直接显示圆锥位置。②隐性脊膜膨出：MRI可直接显示椎体前方或侧前方的脊膜膨出。③椎管内先天性异常：包括脊髓先天发育异常和椎管内先天性肿瘤。④椎体发育不良：骶骨椎体愈合不良。第三类为单纯隐性脊椎裂：两侧椎弓愈合不全，无其他神经管闭合不全表现。MRI检查能确定有无脊髓膨出和低位圆锥及是否合并其他先天性异常，为临床彻底治疗提供可靠的影像学依据。

（赵　宏）

述评 既往先天性脊椎裂多依据普通X线平片显示骨性结构变化特点。该文47例脊椎裂根据MRI表现提出与临床相关的分类，并可确定脊髓膨出及椎管内其他病变，对选择治疗方法有一定意义。

（贾连顺）

开窗减压术治疗中央型腰椎管狭窄症的临床评价（中国矫形外科杂志，1996；3(2)：103） 安徽阜阳地区人民医院李超等报道了使用开窗减压治疗中央型腰椎管狭窄症116例。所有患者均有腰痛、臀部及双下肢麻痛并可伴其他症状。术前及随访时常规摄腰椎正侧位、左右前斜位、站立屈曲和过伸侧位X线片。脊髓造影56例完全梗阻(48.2%)，60例部分梗阻(51.7%)。87例患者经CT扫描证实。术中见单纯型椎管狭窄44例,中央型椎管狭窄合并侧隐窝狭窄72例。手术于一侧椎板间隙作黄韧带开窗,再咬除上、下缘少量椎板及下关节突内侧部分骨组织,完成椎板开窗[侧长(15±2)mm,宽(10±2)mm]。再咬除窗口四周椎板下增厚的黄韧带及部分椎板内壁。合并侧隐窝狭窄或椎间盘突出者同时行减压术。最后切除椎体后缘骨赘。同时作对侧开窗。多节段狭窄者做多节段对称性开窗减压。关闭前用游离脂肪覆盖窗口。减压范围根据脊髓造影定。造影梗阻或CT示硬脊囊及神经根受压者均作开窗减压。106例患者得到随访。结果按日本骨科学会治疗下腰痛评分标准,得分由术前3.9分提高到术后14.1分,改善率91.8%,优良率达97.2%,仅1例发生腰椎不稳。49例经5年长期随访,症状无加重和复发。认为全椎板切除易致术后不稳,且切除部分因瘢痕粘连、异常骨痂形成,导致术后临床症状恶化。而该手术减压彻底,损伤小,较大程度保留腰椎后部结构完整性,维护了腰椎稳定性,且仍能为硬膜及神经根提供骨性支架的保护作用,加之用游离脂肪覆盖窗口,术后硬膜及神经不易发生粘连。虽然该手术局部减压范围小,但通过腰椎两侧对称性和多节段开窗,使椎管得到充分减压。临床应用证明开窗减压术优于传统椎板切除术。

(何海龙)

述评 腰椎椎管狭窄症多系生长性发育狭窄加上退变因素而导致临床发病。椎板全部或部分切除是减压的基本方法,但在许多情况下,过多的切除后结构,包括增生退变的关节突关节,必然导致手术节段不稳。该文采用开窗技术,使用特制器械将椎管前方、侧方骨赘切除以扩大椎管容积,恢复椎管形态,既解除了马尾神经和神经根的压迫,又确保后结构及其功能。该技术有其独到的优点。

(贾连顺)

下腰椎术后硬膜外瘢痕粘连预防的实验研究

(中华外科杂志,1996;34(6):345) 西安西京医院陶惠人等对下腰椎术后硬膜外瘢痕粘连的预防问题进行了实验。用24只家犬,每只做5~6处椎板缺损,将戊二醛交联胎羊膜,冻干人胎羊膜,戊二醛交联猪腹膜,猪油随机植入椎板缺损处,并留空白对照,自体游离脂肪做标准对照。双盲法观察1、2、3、4、6、12周瘢痕生长及硬膜粘连情况。观察手段包括大体观察、组织学观察、成纤维细胞计数、计算机图像分析、脊髓诱发电位检查。结果:①硬膜外瘢痕源于骶棘肌创面及骨断端;②可在两侧骨断面下硬脊膜与骶棘肌间衬垫适当阻挡物以预防硬脊膜粘连;③膜的衬垫要以衬垫于骨面下,与骨面很好贴附,不留空隙为宜;④戊二醛交联人胎羊膜能防止硬脊膜粘连,减少瘢痕向椎管内侵入。作者认为,成纤维细胞由骶棘肌创面及两骨断面产生,向血肿内放射状长入。因此硬膜外瘢痕来源于骶棘肌创面和两骨断端。胎羊膜为光滑半透明薄膜,其胎儿面为一层上皮细胞,十分光滑。胎膜本身免疫性极低,交联后无免疫性,而机械强度大大增加,有着极好的生物相容性。它机械地阻挡了骶棘肌及骨端的成纤维活动向椎管内发展,从而减少了椎管内瘢痕形成。

(程黎明)

述评 近年来,几乎每年都有关于预防硬膜及神经根粘连的实验研究。不同材料均有其不同效果,但从根本上解决问题尚未见确切报告。主要原因是人们对于手术后造成硬膜及神经根粘连的发生机制并不十分清楚,故阻止其发生也成为难题,还需相当的时间才能解决。该研究仅为实验,是否能应用临床,尚须进一步探索。

(贾连顺)

腰骶椎管及其内容物三维图像重建的实验研究

(中华外科杂志,1996;34(6):330) 解放军85医院连平等以2具年青人新鲜尸体腰骶椎标本为实验模型,采用美国Max-640型CT机分别自L3~S2平面段实施层厚2 mm、层距1 mm的薄层CTM扫描,用CCD摄像机(日本JVC公司)按CT编码顺序拍摄图像并输入计算机,通过德国Zeiss公司研制的VIDAS图像分析系统(2.1C版本)进行了三维图像重建实验研究。作者通过对二维图像的预处理和三维重建图像的转换输入,精确完成了三维图像重建。重建的立体图像完全可按实验和临床不同需求,满足以下观察内容:(1)按设定方式,沿X、Y、Z轴连续旋转变换,画面始终保持四个时刻变换的不同角度的三维图像,提供椎管及其内神经组织结构和形态变化的选择观察;(2)对骨性(椎体、小关节突关节、椎板、棘突)和软性(椎间盘、黄韧带、硬膜囊、腰骶神经根与神经根节)组织,依特定输入的转换通道(以色彩区分),单独显示各自的形态、大小以及各方位三维图像;(3)对三维图像可经一方位和断面进行切割,显示立体剖面,以观察管内结构组合及不同组织间相互关系的全貌;(4)根据需要可设定某一局部的分层切片,可清晰显示并测量椎管和神经组织结构各种几何学及运动学参数。作者认为,由三维CT图像重建的三维图像所表达的视觉效果,可在解剖学、影像学和临床医学领域,对脊柱进行多项立体形态学、生物力学等方面的研究发挥重大作用。

(陈雄生)

述评 腰骶椎管的病变是造成腰骶神经根压迫的因素，如何判断该节段解剖区的结构形态及其与内容物——马尾和神经根的相互关系，对于了解其病变损害及提供外科治疗方法有重要作用。采用三维图像重建技术确立不同方位的立体剖面，能够清晰显示相互关系，确定哪些是致压的病理因素，哪些虽是病理因素但不具致压条件。研究结果为提高临床治疗效果作了影像学上的准备。

（贾连顺）

脊髓血管畸形的血管内栓塞治疗（附9例报告）（中华放射学杂志，1995；29(10)：663） 上海长征医院郝楠馨等报道了9例经数字减影血管造影(DSA)确诊并行血管内栓塞治疗的血管畸形(AVM)病例。采用Seldinger技术行股动脉穿刺进行选择性血管造影，并根据DSA显示的异常血管的部位、形态、分布和供血动脉及引流静脉情况将其分为两型：硬膜动静脉瘘(AVF)型和硬膜内AVM型，后者又分为球型AVM、少年型AVM和直接的AVF。经主要供血动脉注入栓塞物质进行栓塞治疗。该组病人栓塞物质分别选用了直径100 μm的真丝粒子、直径600 μm的生物膜粒子和1 cm长的5-0号直丝线段。栓塞后造影显示AVM大部或完全消失，6例栓塞程度达100%，平均92.2%。在2个月～3年的随访期间，7例肢体肌力增加，症状明显改善。栓塞后反应主要有发热、胸腰背痛或束带状感觉异常，但均在数天内恢复。结果揭示栓塞可导致AVM的血供中断和临床症状改善，该组有效率为77.8%，最快疗效发生在栓塞的次日，但大多发生在1周至2个月之间。由于栓塞治疗有再通和临床复发的可能，因此远期疗效有待进一步证实，但由于暂时停止AVM对脊髓的损害，使脊髓功能获得暂时性缓解，栓塞治疗是一种安全、有效的治疗措施。

（陈雄生）

述评 经数字减影血管造影诊断并施行血管栓塞治疗血管畸形，较手术治疗更为准确，通常由影像科医师实施。

（贾连顺）

齿状突骨折对枕颈部生物力学影响的实验研究（中国脊柱脊髓杂志，1996；6(2)：69） 上海长征医院袁文等对6具新鲜尸体经X线检查确定无伤患的枕颈部骨韧带标本(C0～C3)，分别在其完整状态和通过Stryker电锯在齿状突基底部截骨复制成齿状突Ⅱ型骨折模型下，通过机械法测量寰枕及寰枢关节的三维六种运动方式的运动范围。结果表明，正常情况下，C0～C1关节的最大运动发生在伸、屈运动，即C0～C1关节的主要功能是伸、屈活动为主，并存在少量的侧屈和轴向旋转运动。C1～C2关节最大的转动发生在轴向旋转，两侧旋转运动范围相近，C1～C2关节还存在一定程度的伸、屈运动和少量的侧屈运动。齿状突骨折后对寰枕关节的三维运动基本无影响，该关节仍保持正常的生理性运动范围，对寰枢关节的影响主要表现为后伸及侧屈运动范围增大，后伸运动范围由正常的21.50°增至42.42°，增加52.7%，侧屈的运动范围由正常的7.25°增至20.81°，增加65.1%，与正常相比均有显著性差异($P<0.01$)。分析临床意义如下：①对齿状突骨折或齿状突发育畸形所造成的枕颈部不稳，如其附属韧带结构完整，寰枕关节仍保留正常功能；②由于齿状突骨折后C1～C2关节的影响主要表现为侧屈和后伸运动不稳，因此，如采取保守疗法，外固定支具和石膏固定的关键应为防止颈部过伸和侧屈运动；如采取手术治疗，应重点考虑恢复齿状突的完整性或寰枢椎椎间的稳定性，手术方式包括前路齿状突融合或内固定以及后路寰枢椎融合术。

（陈雄生）

述评 齿状突骨折对寰枢关节造成稳定性丧失是众所周知的，但其运动范围变化是该文对比量化研究重点。研究提示不合并其他韧带损伤的齿状突骨折，直接固定或寰枢椎固定均能保留良好稳定和运动功能。

（贾连顺）

急性脊髓损伤后神经肽含量的实验研究及临床观察（中华创伤杂志，1996；12(4)：236） 上海长海医院李明等应用放射免疫分析(RIA)技术首次系统观察了急性脊髓创伤患者脑脊液及脊髓损伤大鼠脊髓三种不同内源性阿片肽含量的动态变化。作者采用雄性SD大鼠，按Allen法致脊髓撞击伤，分中、重度2组。于伤后2、24h和2周取脊髓标本进行内源性阿片肽放免法测定。伤后24h和2周杀死的大鼠作神经学评分。临床观察急性脊柱脊髓伤患者34例，并按脊柱脊髓损伤标准(ASIA)分级后于即刻、伤后24h，伤后72h各取CSF 2ml测定内源性阿片肽含量。28例患者行减压及复位内固定术。伤后6个月按ASIA对34例患者脊髓恢复进行重新评价。结果：强啡呔(Dyn)随损伤程度的加重进行性升高；β-内啡呔(β-EP)无明显变化；且与受伤程度无明显相关；脊髓损伤越重，脑脊液(CSF)中DynA和β-EP升高越明显，回复至正常的时间越长，预后也越差，亮脑腓肽(L-EK)含量在完全性和不完全性截瘫患者伤后均无明显变化。结果证实：急性脊髓创伤患者伤后各种神经肽在CSF中含量不同，表明神经肽作为体内重要的调节介质参与了脊髓损伤的病理过程。从三种神经肽的改变情况看，以 Dyn A 在伤后的含量改变最为显著，且与脊髓损伤程度和预后显著相关，与脊髓损伤关系最为密切；β-EP 含量变化次之；L-EK 含量在伤后无明显改变，与脊髓损伤无明显关系。该研究从正面证实神经肽参与了脊髓损伤的病理过程，并显示 Dyn A 是病理发展中最为灵敏的指标。

（何海龙）

述评 脊髓损伤后出现大量继发性损害因子，参与脊髓损伤的病理生理过程。迄今这些因子对脊髓继发性损害的作用机制并非都已确定。该实验应用放射性免疫分析（RIA）技术系统观察大鼠急性脊髓损伤时脊髓组织和人体脑脊液中三种内源性阿片肽含量动态变化。其中强啡肽升高，β-内啡肽变化次之，亮脑啡肽则降低。研究结果表明，内源性阿片肽参与继发性损伤的病理过程。由于尚不知哪一类继发性损害因子对脊髓损伤起关键作用，因此目前尚未有效阻抑脊髓继发性损伤的发生。

（贾连顺）

颈椎关节内固定手术（中华骨科杂志，1996；16（7）：150） 山西医大二院马迅等报道 13 例颈椎伤病患者采用颈椎关节内固定手术治疗效果。其中 3 例关节脱位绞锁，5 例关节突或椎板、椎弓根骨折脱位，2 例椎体骨折前路术后致后突畸形，1 例椎体、椎板骨折，2 例退变性颈椎管狭窄不稳。对关节脱位绞锁于手术复位后内固定，椎板植骨。椎板关节突骨折压迫脊髓和神经根于减压后内固定。椎管狭窄行全椎板减压后内固定。术后随访 6～24 个月，12 例固定牢靠，仅 1 例出现螺钉松动。作者认为，颈椎损伤后的稳定性重建是防止、减轻神经损害的关键。下颈椎后部结构损伤采用关节内固定可获得稳定性。作者提出该手术指征：(1)下颈椎关节脱位、绞锁、复位后内固定；(2)椎板、关节突骨折压迫脊髓和神经根，减压后内固定；(3)颈椎不稳并滑脱及椎板减压后颈椎不稳；(4)退行性颈椎病疼痛严重者；(5)椎体肿瘤、感染和畸形的辅助稳定措施及椎体骨折前路术后形成后突畸形不稳。术中显露双侧椎板和关节突后，确定进钉点为关节突背面中垂线与中水平线交点，由后内向前外方向偏 10°～15°，以避免损伤椎动脉和神经根，先用三棱锥钻透骨皮质，螺钉长 12～16 mm，外径 3.5 mm，固定三至五节。作者认为，确定进钉点、进钉方向及深度为该手术成败的关键，为避免损伤椎动脉和神经根，在不熟悉解剖时不宜采取该手术。

（赵 宏）

述评 迄今对低位颈椎骨折或骨折脱位的治疗仍然恪守减压和稳定二个原则。内固定技术是稳定的重要措施，包括前路钢板螺丝钉、TFC、椎体钉等，后路 Luque 棒、Harrington 棒等，这些内固定各具特点，但均非尽善。作者报告 13 例采用关节内固定方法，有一定优越性，其固定长度可调整，手术操作相对简便。但术中要求确定准确进钉点、进针方向及深度。作者提出的手术适应证较广泛，容易给人造成错觉，因此，该项技术仍以创伤为主要手术指征较为合适。

（贾连顺）

复发性腰椎间盘突出症外科治疗与椎间盘术称商榷（中华骨科杂志，1996；16（7）：423） 上海铁道大学附属铁道医院冉永欣等 1975～1993 年手术治疗复发性腰椎间盘突出症 20 例，占同期腰椎间盘术后再手术病例的 44.4%，发现初次手术髓核遗留过多是复发的主要原因。认为由于既往手术为减少术后腰椎生物力学改变，仅摘除突出变性的间盘组织，然而变性组织与正常组织之间没有明确的分界，而是以相间形式存在，突出部分只是近椎体后弓变性碎裂髓核的集中区，故在摘除突出部分后椎间不同部位仍有碎裂游离的髓核。突出间盘组织摘除后临床症状可暂时缓解，随着术后椎间压力不平衡和椎间活动增加以及遗留髓核变位，加速其退变进程。另外，间盘退变前，纤维环强度、间盘内压力和局部应力三者保持相对平衡。间盘退变后，特别是术后这种平衡被破坏，间盘内压力又与髓核遗留多少和承受应力大小成正比，当间盘内压力超过原来未能修复或对侧已变性的纤维环强度时，残留、变性、碎裂的髓核就会从原位或对侧脱出。因此，髓核遗留越多，复发率就越高。故无论以摘除致压物髓核为主还是为防止复发起见，手术宜命名为“髓核摘除术”或“髓核次全摘除术”。二次手术为避免过多切除椎板导致脊椎不稳定或瘢痕进一步增生、粘连而影响疗效，可以残留椎板与瘢痕结合部将瘢痕从椎板残缘上剥开，显露神经根及髓核，尽量减少对软组织和骨结构的破坏，力求将髓核摘除干净，从而有效防止复发。

（赵 立）

述评 腰椎间盘突出症手术后复发是一种复杂的病理过程，该文报告 20 例，占同期手术的44.4%。认为复发性椎间盘突出症是影响腰椎间盘突出症治疗效果的主要原因。因此，作者对手术称谓提出商榷。提出力求将髓核切除干净是防止复发的有效措施。但是，近年由于对椎间盘突出的病理和生物力学研究取得进展，多数学者认为，将椎间盘切尽，无疑使其高度下降并可能使后关节突关节载荷加大，致椎间孔及神经根通道变狭窄，导致下腰不稳及神经根受压。而将突出的退变、坏死且游离于椎间隙的椎间盘组织切除，既可解除神经根的压迫又不丧失其他有用但无坏死的组织。因此，越来越多的学者认为“椎间盘突出物摘除术”较为符合临床实际。

（贯连顺）

齿状突骨折直接螺丝钉固定方法的实验研究（骨与关节损伤杂志，1996；11(4)：227） 广州军区总院杨双石等对枢椎进行形态测量，并对齿状突骨折螺丝钉内固定的三种方法进行相关的生物力学实验，为临床治疗提供理论依据。实验过程：(1)测量45具干燥骨枢椎标本的齿状突外径；(2)将10具新鲜寰枢椎骨韧带标本制成Anderson Ⅱ型齿状突骨折模型，随机分为2组，分别用直径3.5mm、长度40mm的松质骨加压螺钉单枚及双枚固定，分别测其扭转刚度及由前向后和由后向前水平方向剪切刚度。拆除3.5mm单枚螺钉，自枢椎体腹侧下部开一骨槽，长、宽、高分别为10、10、8mm，自槽中置入直径4.5mm、长度26～28mm自制齿状突加压螺钉，骨水泥填充骨槽，同法做生物力学测试。结果表明测得齿状突颈部最小矢状径10.47mm，冠状径8.93mm，齿状突高度20.15mm，齿状突尖到枢椎体腹侧下缘为36.07mm，齿状突前关节面上缘至枢椎体腹侧结节处高度16.8mm，腹侧结节至枢椎体下缘高度16.86mm，枢椎体下缘最大冠状径15.64mm，矢状径17.85mm，向前下突出形成瓦状的枢椎体下缘最大矢状径7.25mm。生物力学测试显示三种螺丝钉固定方法提供的骨折固定稳定性相似，其中抗水平剪切力均较正常减小，抗扭转力与正常无显著差别。因此作者认为，内固定方法的选择应依据齿状突颈部直径。国人齿状突内径难以容纳2枚直径3.0mm或3.5mm的螺钉。依以上测量结果，以直径4.0～4.5mm单枚松质骨加压螺钉为宜，从枢椎体下缘进钉长度36mm，开骨槽进钉长度25～28mm，自制齿状突加压螺钉可以满足要求。术后加适当外固定以防止水平剪切力造成移位。 （谢 宁）

述评 齿状突骨折直接用螺丝钉内固定以获得枕颈部最佳功能，国外已有不少报告，效果远比间接内固定为优。作者通过解剖和生物力学实验，为临床提供理论依据。该手术是发展方向，但目前国内尚有一定困难，主要为手术中的影像监测和内固定材料问题。手术需经良好训练，掌握一定技巧，以避免并发症的发生。

（贯连顺）

小儿脊髓栓系综合征的诊断与治疗（中华小儿外科杂志，1996；17(2)：105） 天津肿瘤医院张广超等报告了手术治疗46例小儿脊髓栓系综合征(TCS)及其治疗效果，并对其发病机制、临床表现、诊断和治疗进行分析和讨论。临床资料：男22例，女24例，年龄2个月～14岁。其中隐性脊柱裂伴TCS 8例，显性脊柱裂伴TCS 31例，继发于脊髓脊膜膨出术后TCS 7例。作者认为，TCS是胚胎发育早期纵轴中胚层的神经褶对合不全导致的一种纵轴缺损性先天畸形，结果使脊髓(特别是圆锥)受到牵拉，发生缺血性病理改变。凡脊柱裂小儿如有下肢感觉、运动障碍及(或)排尿、排便功能障碍等神经症状时，应高度怀疑TCS，MRI和脊髓造影、CT可确诊。手术为唯一有效的治疗方法。目的在于尽早解除脊髓栓系，减少神经症状的发生或阻止症状加重，骶尾部肿块切除可防止外力对脊髓的直接冲击性损伤。

（余科伟）

述评 该文报告46例小儿脊髓栓系综合征，旨在从发病机制、临床表现及诊断和治疗作详尽探讨。脊髓栓系综合征为硬膜囊内某些发育异常束缚了脊髓末端的正常回绕，导致脊髓圆锥低于正常解剖位置而引起脊髓损害。近年来，影像学发展很快，尤其MRI应用，可直观显示椎管内的病变，并可根据形态和位置作出分类。外科治疗是唯一可选择的方法，但必须顾及不同类型，不要损伤脊髓和脊髓圆锥。

（贯连顺）

滑膜切除术治疗类风湿性关节炎的再估价（中华骨科杂志，1996；16(1)：7） 上海光华医院郭文正等报告1974～1984年，为206例类风湿性关节炎患者行240个关节滑膜切除，其中膝84个，腕55个，肘72个，踝17个，掌指，指间关节11个。平均随访时间16.5年。分别评估各种关节手术长期效果。作者认为，滑膜切除肯定能阻止局部病变的进展。手术的成功与否取决于病人的选择、手术时机和手术方法的选择，也和术后功能锻炼有关。在病人选择方面，作者认为，最理想对象是病变尚处于滑膜炎期。手术指征：①经正规非类固醇消炎止痛药和抗风湿药物(青霉胺、金盐)治疗，但未奏效者；②持续疼痛；③间歇或持续性渗血；④可触及肥厚滑膜；⑤关节出现屈曲畸形；⑥X线片关节间隙开始出现狭窄。血沉测量是评价结缔组织炎症反应的常用指标，但该组患者血沉对手术结果没有任何影响。另外，滑膜切除术后选择合适的抗风湿药物和早期功能锻炼十分重要，它们可促使伤口周围胶原纤维定向愈合。因此，滑膜切除术后应进一步内科治疗及功能锻炼。

（李晓华）

述评 滑膜切除治疗类风湿性关节炎的效果各作者报告有很大的不同。该文作者通过240个关节的平均16.5年的随访,提出的观点是令人信服的。因为类风湿性关节炎病例中,滑膜始终是病变的原发病灶并具有侵蚀性,切除病变滑膜对阻止病变进程、控制疾病的局部发展是有意义的。在条件许可情况下,采用关节镜滑膜创削技术对合适的病例施行手术,可望进一步减少手术本身对关节造成的创伤和干扰。

(吴海山)

类风湿性关节炎关节镜下滑膜切除术(中华骨科杂志,1996;16(1):11) 中山医大一院陈俊伟等分析了1982～1994年间行滑膜切除术后2年以上的类风湿关节炎病人66例132个关节。其中关节镜下滑膜切除术119个关节,开放滑膜切除术13个关节。平均随访7.3年,优良率为74.2%。关节软骨无破坏组和有破坏组的优良率分别为92.8%和14.3%。作者认为,保守治疗半年而效果不佳者应尽早行滑膜切除术。类风湿性关节炎是一种以关节病变为主的全身性结缔组织病,其发病率与致残率都很高。部分病例虽经积极内科治疗,但病变仍发展,关节软骨很快被滑膜病变血管翳破坏。手术必须全面考虑病变关节的部位、病变的程度、病人的全身情况、药物的使用、术者本身的技术条件及选择适当的手术方式。滑膜切除术病例应选择在病变早期,在关节未出现明显破坏之前施行手术。与开放手术比较,关节镜手术具有损伤小、可早期活动、不影响关节活动功能等优点,而且必要时可重复进行,应优先采用。因肘关节关节囊紧张,关节间隙窄;而髋关节周围组织厚;股骨头深置于髋臼内,器械不易改变方向,因此这2个关节仍以开放手术为宜。该组镜下肩关节滑膜切除术仅2例,虽疗效为优,但例数少,不宜作出结论。

述评 类风湿性关节炎的治疗复杂。滑膜切除术曾经存在争议。但多数作者认为,类风湿性关节炎的滑膜病变是疾病侵犯的靶器官滑膜本身所造成,即滑膜是原发病灶而不是继发改变,因此,切除病变滑膜对控制疾病的局部发展是有意义的。关节镜下手术不仅具有创伤小,对关节干扰少的优点,而且通过熟练的技术,使用创削刀具可以在更清晰的视野下完成切开手术难以完成的操作,是值得提倡的微创手术(MIS)方法。

(吴海山)

同侧髋膝关节同时置换术初步临床体会(中华骨科杂志,1996;16(5):275) 北医大人民医院吕厚山等在同次麻醉下行同侧髋、膝关节同时置换术。严重类风湿性关节炎和强直性脊柱炎造成的多发性下肢畸形,常致双侧髋、膝关节均有严重破坏、畸形,需施行双侧髋、膝关节置换,但由于病变髋、膝关节的严重畸形,纤维性或骨性强直于非常特殊的体位,因此,下肢手术顺序选择成为棘手的问题。作者于1992年2月～1994年6月期间,先后为8例严重风湿性疾病患者共施行10次同一麻醉下同侧髋膝关节同时置换术。全部病例均为严重的下肢多关节畸形合并疼痛。手术采用硬膜外麻醉,先侧卧位,施行人工全髋关节置换术,后改平卧位行人工全膝关节置换术。髋、膝关节置换术后Harns、HSS及功能活动范围评估,除1例复发屈曲挛缩外,其余7例手术疗效主观评价满意,术后疼痛症状得到明显缓解,且能独立或扶拐下地行走。作者认为,此类手术适应证有:①髋、膝关节均严重破坏、畸形;②下肢主要关节,尤其是髋关节在非功能位强直。对合并踝关节病变,踝、足畸形者,应于术前或术中予以矫正。作者认为,此类手术优点在于缩短住院时间,降低费用及麻醉次数,有利于患者进行髋膝关节的协调锻炼,康复方便,见效快。而手术难度大,时间长,术中、术后出血量多是其不足。

(李晓华)

述评 全髋关节置换术及全膝关节置换术是近十年来逐渐发展并走向成熟的关节功能重建方法。对于单纯的髋或膝的置换方案均有大量成熟的经验。但临床上对于类风湿性关节炎或强直性脊柱炎晚期的多关节畸形的关节置换手术方案的设计,多数仍基于先重后轻或先膝后髋或其他不同顺序的手术方案。该文作者报告的同侧髋、膝一期同时手术的经验对于同行在手术方案的选择上可供借鉴。尤其在降低手术费用和功能训练方面的意义更适合我国国情。

(吴海山)

应用膝关节单髁表面置换术治疗骨性膝关节炎初步报告(中华骨科杂志,1996;16(1):19) 首都医大北京红十字朝阳医院李之芳等报告自1992～1995年对患有骨性膝关节炎的16例病人,共20个膝关节,施行了单室成形术(UKA),其中有18个内侧定和2个外侧定。随访3～28个月,平均12.8个月,所有病人术后疼痛均得到了缓解。膝关节活动度也有所增加,未发生严重并发症。作者认为,患有单室骨性膝关节炎的老年病人,单室成形术是一个可供选择的有吸引力的术式。该术式采用连续硬膜外麻醉,根据置换内侧或外侧室,选用髌旁内侧或外侧切口。进入关节腔后,先使髌骨脱位,咬除腹骨、髌骨等增生的骨赘,切除病变侧半月板。先选择合适的胫骨假体模具，根据胫骨模具的中心线确定股骨假体纵轴线。按上述划线按装胫骨和股骨假体：过伸膝关节，使假体互相挤压待骨水泥固着后冲洗膝关节，放置引流。一般而言，年龄在55岁以上、体重在80 kg以上、从事轻体力劳动、活动量小、膝关节屈曲小于10°、内外翻畸形小于15°、多种非炎性病变造成的膝关节单髁严重磨损或破坏者，可考虑用该法治疗。该手术的优点是手术简单，保留了膝关节的韧带及联结，支持结构，保证了膝关节术后的稳定性，灵活性。该术式因采用止血带，不用输血。该组病例较少，随诊期短，尚无严重并发症发生。据文献记载，本手术可能发生下列并发症：①感染；②关节僵硬和强直；③假体松动和下沉。应加强预防。

述评 膝关节置换外科在近三十年来获得了长足的发展。全膝置换术（TKR）和单腔室置换术（UKR）在假体设计理念，制造工艺，外科操作器械和技术方面的进步使其随访结果令人鼓舞，对大量的单腔室骨关节炎（如国内多见的内侧腔室骨关节炎）中的严重病例，当截骨术不再成为适应证时，UKR无疑是较好的选择。但UKR手术在技术上比TKR更难以控制。因此，其手术效果将受到经验和技术的影响。

（吴海山）

应用人工桡骨头假体置换治疗桡骨头粉碎性骨折的研究（中华骨科杂志，1996；16(4)：237） 天津医院朱式仪等研制了一种超高分子聚乙烯桡骨头假体。自1989年起采用这种假体治疗桡骨头粉碎性骨折30例，按Johnston分型：Ⅲ型26例，Ⅳ型4例。经临床观察和生物力学检测，证明假体生物相容性好，患肢功能恢复满意，疗效优良率为86.7%，早期手术优良率为95.8%。未发现假体变形、折断现象。假体置换稳定，避免了桡骨短缩上移的下桡尺关节半脱位等弊病。手术采用臂丛麻醉，肘后外侧斜行切口，从肘肌与尺侧腕伸肌间切开肱桡关节，部分切断环状韧带，摘除粉碎的桡骨头。在桡骨上端截骨，扩大髓腔。将备好的桡骨头假体柄插入桡骨上端髓腔内，用骨水泥加固。该疗法适应证主要为①粉碎性桡骨头骨折或合并肘后脱位，即Johnston Ⅲ、Ⅳ型；②在陈旧性孟氏骨折行尺骨切开复位，加压钢板内固定的同时，脱位的桡骨头作假体置换；③作为桡骨头切除术后效果不良的补救方法；④影响前臂和肘关节功能的桡、尺骨上端的其他疾病。手术最好在伤后1周内进行。术中注意事项：①肘后外侧暴露安全简便；②环状韧带部分切开；③桡骨上端截骨水平以骨折波及范围和备用假体颈长为准，并使假头顶面与肱骨小头保留2mm间距。术后2～3d开始练习伸屈和前臂旋转活动，练习期间应配合理疗、按摩和中药薰洗。

述评 桡骨头骨折是肘关节外伤中常见的类型，对粉碎性桡骨头骨折采用桡骨小头切除术是传统的治疗方法。但桡骨头和上尺桡关节的缺失不可避免的产生某些临床问题。以人工假体重建上尺桡关节是合乎现代重建外科思路的。桡骨头人工假体置换的报道较少，临床应用亦不普及，但作为上尺桡关节和肘关节功能重建的一种方法是值得探索的。至于超高分子聚乙烯这一成熟的骨科内植物材料在肘关节的应用包括固定方法等，则需在工程学方面作进一步研究。

（吴海山）

Meuli型人工全腕关节置换术中期随访（中华骨科杂志，1996；16(5)：285） 北医大人民医院袁燕林等自1984年4月～1988年7月共行6例（6关节）Meuli型人工全腕关节置换术，平均随访68.8个月。所用假体全部由北京航空材料研究所提供。结果表明，除1例病人于手术后19个月因骨赘增生，影响关节活动度外，其余手术关节均获得一定的活动度，疼痛缓解，畸形基本得以矫正，4个关节X线片表现出明显的假体松动。作者认为，手术适应证有：①手的功能尚好；②X线片上腕骨广泛破坏；③肘关节功能基本良好；④伸腕肌功能良好；⑤腕背部皮肤完好无损；⑥病人愿意合作；⑦术后不从事体力劳动。手术的禁忌证有：①伸肌腱功能很差；②局部骨质破坏严重，假体无法置入；③活动的关节感染。作者指出，Meuli型人工全腕关节置换术的并发症主要有假体松动、脱位、畸形复发、神经卡压、肌腱断裂、血肿形成及感染等。作者认为，从生物力学的角度看，目前所用的人工全腕关节假体均不同程度地改变了腕关节正常的生物力学模式，维持关节的正常位置和活动所需的肌腱力量常超出正常的数倍，这显然不利于假体的长期固定。因此，目前的腕关节置换只是晚期腕关节炎手术治疗的一种方式，绝不能完全用它来取代关节融合术。 （李晓华）

述评 腕关节在人的上肢运动中具有特殊重要的意义。腕关节假体的出现是腕关节功能重建外科中的一大进展，但腕关节置换还远不象髋、膝置换那样成功。作者的经验和尝试对同行来说具有积极意义。但在假体设计、制造、材料、技术固定方法以及在工程力学等方面，还有待深入研究和更多的临床实践。

（吴海山）

关节镜下诊治滑膜皱襞综合征的体会（骨与关节损伤杂志，1996；11(2)：107） 兰州军区乌鲁木齐医院傅源等报告关节镜下诊治滑膜皱襞综合征21例,23个膝(右15,左8)。男16例,女5例,年龄25～63岁,平均32.4岁。汉族7例,维族10例,哈族4例。主要症状是患膝酸痛,以下楼梯、下蹲位劳动或久坐后为著,体征均有不同程度肿胀,活动稍有障碍,大部分病例在髌骨下内侧或外侧有压痛,少数病例在髌骨内缘可摸到皱襞呈条索状。关节镜下见滑膜皱襞有不同程度充血水肿、增厚,呈腱状、弓弦状,多褶,出现裂孔等改变,少数民族病例之滑膜皱襞增厚比汉族明显,多呈扇状或条索状,伸屈膝关节时将髌骨牵拉内移0.3～0.5cm。手术自髌外侧进镜、髌上内侧进钳子,或髌下外侧进剪子。该组3例合并内侧半月板损伤而切开关节,切除半月板并切除滑膜皱襞,余18例均在关节镜下手术,其中4例行滑膜皱襞松解术,14例行滑膜皱襞切除术。19例随访2～4年,按董天祥和Vamhanlaner等标准评定,优17例,良2例,2例伴半月板损伤失去随访。作者认为,由于外伤或慢性磨损,可使滑膜发炎,产生一系列病理改变,从而牵拉髌骨上囊,使髌骨内移,出现疼痛、关节不稳定、弹响、打软腿甚至绞锁等症状。术中行皱襞切除即可。对病变范围小,未形成明显腱状、弓弦状改变者,采用松解术为佳。作者发现,少数民族患者发病率较高,占66.6%(14/21),他们均习惯于土耳其式坐位及屈膝内翻位着地劳动,这是导致髌内侧滑膜皱襞综合征的主要原因之一。

(杨锡铭)

述评　膝关节髌内侧滑膜皱襞在正常人的出现率约为40%,但其中多数的位置并没有超过髌骨关节面的内侧嵴,而处于关节的非接触面上,并不一定出现临床症状,但当滑膜皱襞因正常变异或病理情况超过内侧嵴到达关节的接触面上时,则有可能受关节面的挤压而出现滑膜皱襞综合征。此症临床病理学检查尚难确定诊断。关节镜直视检查确诊率极高,且一旦由关节镜检出,即可在关节镜直视下将它切除,能获非常优良的结果。

(杨锡铭)

关节镜下膝关节半月板手术(骨与关节损伤杂志,1996;11(3):149)　大连医大一院王立德等报告1993年4月～1994年4月,在膝关节镜下部分切除半月板78例次,全切除6例次,修正术12例次,边缘缝合3例次,共计99例次(99例)。随诊1～1.5年,优良率92%。认为膝关节镜下半月板切除术,是治疗半月板损伤较好的手术方法。该组病人按钱不凡等经验确定类型:后角半月板损伤28例次,半月板体部损伤62例次,半月板前角损伤9例次;桶柄状撕裂33例次,纵行裂18例次,边缘破裂6例次,瓣状破裂18例次,不规则破裂15例次,磨损退化9例次,其中外侧盘状软骨9例次,内侧盘状半月板3例次。手术除3例行腰麻外,均为连续硬膜外麻醉。常用髌前下外、髌前下内、髌腱中央3个入孔。手术器械最常用的为蓝状切割钳。手术主要采用半月板部分切除术。术后均用加压绷带包扎膝关节,术后第二天开始股四头肌锻炼,允许下地,17 d拆线,半月板边缘缝合者石膏固定6周。膝关节镜下半月板切除术的优点:诊断明确,矫正临床诊断的错误,保留不该切除的半月板。存在的问题首先是关节镜价格昂贵,大多数医院很难购置。其次是关节镜下半月板缝合技术难度大,熟练掌握需要一个过程。钛激光在关节镜下应用,必将使关节镜工作推向前进。

述评　关节镜外科是现代骨科中取得重大进展领域之一。自七十年代初以来关节镜在膝关节外科中获得一定发展。大量研究证实,半月板的缺失将不可避免地导致膝关节退变。因此,传统的半月板全切除术逐渐被关节镜下手术所取代。关节镜不仅能全面地了解半月板及关节内紊乱情况,更重要的是,可以在镜下完成缝合、部分切除及半月板的成形手术,以使具有重要功能的半月板获得最大限度的保留。因此,关节镜外科在国内普及十分迫切。

(吴海山)

交锁髓内钉治疗肱骨开放骨折(中华创伤杂志,1996;12(1):61)　解放军203医院张宏志等将梅花钉改制成交锁内锁钉,治疗肱骨开放骨折14例。男6例,女8例。肱骨中1/3骨折8例,上1/3骨折5例,下1/3骨折1例。骨折类型:横型5例,斜型4例,螺旋型3例,粉碎型2例。致伤原因以交通事故最多,为10例。直视下开放复位,拉杆及撑开螺丝作为导针,顺行穿钉从肱骨近端达到远端,沿拉杆打入交锁梅花钉,用力外牵拉杆,使撑开螺丝进入梅花钉远端的两叶,使其分开与皮质紧密相嵌。拧下拉杆,近端放框架定位器,行1～2枚交锁螺丝钉固定。术后不需外固定,即行肩肘功能锻炼。骨折愈合时间2～8个月,平均3个月。除2例发生肩关节疼痛、活动受限及1例撑开螺丝发生腐蚀反应外,无其他并发症发生。术后4～18个月,X线片显示骨折愈合。作者认为,该针具有以下优点:①损伤小,手术简单,不需特殊设备。对于开放骨折可直视下复位,制作简单的框架平行定位器,使交锁螺丝钉易于置入;②固定可靠,能早期功能锻炼。能对抗纵向及旋转应力,增加了固定强度,使骨折愈合率提高;③并发症少,减少了桡神经损伤的危险。由于采取交锁,可使钉尾尽可能留短;④与钢板内固定相比,应力遮挡明显减少，内固定取出后再骨折发生率低。

（徐卫东）

述评 肱骨骨折的内固定有多种方法，包括普通钢板螺丝钉、加压钢板、髓内钉和记忆合金内固定等。这些内固定方法有些不尽如人意，如钢板螺丝钉固定因应力遮挡可能产生骨折愈合后再骨折，单纯髓内钉可能造成骨折端分离。该方法既避免应力遮挡，又能对骨折端产生加压作用，不失为一种较有效的治疗方法。

（吴岳嵩）

儿童移位性肱骨髁上骨折300例诊治体会（安徽医学，1996；17(2)：36） 凤台县医院王文德等对300例儿童肱骨髁上骨折治疗体会进行了总结。300例病人中年龄≤2岁3例，2～5岁62例，5～8岁93例，8～11岁89例，11～14岁53例；伸直型278例，屈曲型22例；新鲜骨折292例，陈旧性畸形愈合8例；闭合骨折295例，开放性骨折5例合并血运障碍7例，神经损伤13例。作者对开放性骨折，清创后开放复位克氏针交叉内固定。闭合骨折中有235例采用手法复位石膏外固定，52例切开复位内固定。结果开放性骨折5例中3例恢复正常，2例10°和25°伸屈受限；闭合性骨折手法复位12%伸屈功能受限，平均受限18°，肘内翻占30%，平均内翻17°，切开复位者，肘关节伸屈受限占25%。受限10～90°，内翻占40%，平均内翻15°。作者认为新鲜骨折大多可通过手法复位获得满意效果。手术适应证为骨端移位明显且伴有神经损伤者。作者还讨论了肘内翻发生的原因，认为屈肘45°石膏固定可以减少其发生。

（张秋林）

述评 肱骨髁上骨折是儿童比较常见的一种骨折，而且处理不当常容易合并缺血性挛缩、肘内翻及关节功能障碍。儿童移位性肱骨髁上骨折通常先行骨鹰嘴牵引3～5 d，以消除肿胀及骨端压迫。然后进行手法复位，可以有效地防止缺血性挛缩的发生。合并神经损伤者多采用切开复位，同时探查神经。手术是增加肘内翻的一个因素。作者提出屈肘45°固定可以减少肘内翻的发生，值得借鉴。（吴岳嵩）

桡骨远端骨折的分类和处理（中国矫形外科杂志，1995；2(4)：244） 上海徐汇中心医院张晓阳等复习了桡骨远端骨折的分类方法，包括骨折是否涉及桡腕关节及有无移位的Gartland三型分类法、依照桡骨短缩程度的Older Ⅳ型分类法和现在应用较广的Frykman分类法。根据Frykman分类法，将桡骨远端骨折分为八型。Ⅰ型：关节外骨折；Ⅱ型：Ⅰ型伴尺骨远端骨折；Ⅲ型：骨折累及桡腕关节；Ⅳ型：Ⅲ型伴尺骨远端骨折；Ⅴ型：骨折累及下尺桡关节；Ⅵ型：Ⅴ型伴尺骨远端骨折；Ⅶ型：骨折同时涉及桡腕关节和下尺桡关节；Ⅷ型：Ⅶ型伴尺骨远端骨折。桡骨远端骨折关节面生理角度改变的测量在X线片上通常用Linden的测量方法。其处理应根据骨折稳定与否采取不同的处理方法。不稳定性骨折包括不稳定性的Colles骨折（严重粉碎及移位并涉及关节，X线片背侧成角≥20°，桡骨短缩≥10 mm，以及手法整复后残留背侧成角≥5°或桡骨短缩≥5 mm未能纠正者）以及严重粉碎性的Smith型和双侧或单侧多发性骨折，Gartland Ⅳ型骨折，Frykman Ⅱ、Ⅳ、Ⅵ、Ⅷ型以及桡骨短缩明显的Older Ⅳ型骨折，均属不稳定性骨折。作者认为，稳定型骨折和大多数不稳定性骨折都可经手法整复和石膏固定治疗。不稳定性骨折因固定期间易再移位，可用克氏针穿针固定及石膏外固定或者外固定支架固定。对于桡骨远端关节面，尤其是背侧骨块的内陷、桡骨茎突的桡向移位以及严重的Smith骨折、Barton骨折等常需手术治疗。作者认为，背侧倾斜>20°，桡骨短缩>10 mm并伴有腕关节疼痛、活动受限、握力减退者宜作切骨矫正术。

（王新伟）

述评 桡骨远端骨折是常见骨折，该文比较系统的复习了该类骨折的分类和治疗。其中Frykman分类法介绍较多，但这种分类法不是十全十美。某种分类法是否能被大多数学者所接受，主要看其能否较好地指导治疗。以Frykman分类法的Ⅰ型为例，所有关节外骨折都属于Ⅰ型，那么Smith骨折和Colles骨折的骨折线只要不进关节，都属于这类，但这两种骨折的治疗方法完全相反。另外，分八型也太繁杂，不便于记忆。

（吴岳嵩）

手术修复肘内侧副韧带损伤（骨与关节损伤杂志，1995；10(6)：365） 上海铁道医学院甘泉医院俞光荣等报道了18例肘内侧副韧带的手术治疗体会。患者年龄12～62岁，平均32.1岁，均为手撑地间接暴力所致。病人入院检查时发现均有异常的外翻活动，且外翻角度大于30°，常规行X线片检查，部分病例行肘外翻应力位摄片。手术中除发现6例为韧带自起点处撕脱外，其余都为韧带中部及附着点处断裂。16例病人随访9～95个月，结果优14例，表现为活动正常，肘外翻应力位片示外翻角度增加小于5°；良2例，表现为劳动力有所下降，活动范围较正常小20%以下，无外翻不稳定，外翻角度增加5～10°。作者强调：①除修复内侧副韧带以外，对肘关节其他组织的伴随损伤也应尽可能予以修复，以充分恢复肘关节的稳定性；②肘关节内侧副韧带对维持关节内侧稳定起重要作用；③肘关节外翻活动度检查是诊断肘内侧副韧带损伤的重要依据，检查以肘关节屈曲 10～15°为好；(4)手术修复较保守方法要优越。

（张秋林）

述评 肘内侧副韧带损伤在临床很容易被忽视而漏诊。临床检查很重要。作者提出的检查方法值得借鉴。肘内侧副韧带损伤一经确诊，大多数学者主张手术修复，但移位不明显的起点撕脱骨折，保守治疗效果也很满意，不必千篇一律非手术治疗不可。作者强调肘关节软组织的修复对肘关节稳定性的恢复有着重要的作用，值得临床医师重视。

（吴岳嵩）

SGD 骨科多功能单侧外固定支架治疗严重胫骨开放性骨折 76 例报告（骨与损伤杂志，1996；11(1)：21） 广东珠海市医院王旭生等自 1991 年 1 月～1994 年 7 月采用上海手术器械厂制造的 SGD 骨科多功能单侧外固定支架治疗严重胫骨开放性骨折 76 例。其中男 51 例，女 25 例，年龄 15～54 岁。平均 32.5 岁。胫骨上 1/3 骨折 13 例，中 1/3 骨折 33 例，下 1/3 骨折 30 例。76 例均合并腓骨骨折，并有不同程度的皮肤软组织缺损，合并有胫神经损伤者 1 例。就诊时间为伤后 2～14 h，平均为 6.7 h。治疗方法：伤口清创，开放复位。对合并有腓骨中段或下段骨折者，先用腓骨钢板螺钉内固定，以保持腓骨长度及增加骨折稳定性。暴露胫骨骨折处，较大骨块可先用皮质螺钉内固定。常规安装单侧外固定支架。伤口视情况决定Ⅰ期闭合与否。术后 76 例全部随访，平均9.3 个月。结果，优 71%，良 23.7%，差 5.2%。作者认为，SGD 单侧外固定支架除具备其他类型外支架的优点外，尚有穿钉数目少，钉只须穿单侧皮肤、软组织和双侧骨皮质，不穿胫前肌，术后不影响肌肉收缩，固定可靠等优点，故疗效满意。

（李 明）

述评 外固定支架治疗四肢长骨严重开放、粉碎性骨折，已为较成熟的治疗技术。其主要优点是：①便于伤口护理；②术中不必暴露骨折端，使残存的血供破坏减少，即术中使用“非接触技术”。该作者虽然应用外固定支架，但术中仍然剥离暴露胫骨骨折端，作腓骨内固定，这些方法值得商榷。

（吴岳嵩）

加锁髓内钉治疗股骨转子骨折生物力学分析及临床疗效（中华骨科杂志，1996；16(4)：225） 广州市红十字医院李斯明等根据中国人的特点，将 Gamma 钉进行修改，使之更适合国人。采用 WD-5A 型微控电子力学试验机，对修改后的加压髓内钉分别进行髓内棒轴向压缩试验和颈部螺丝钉弯曲试验。结果表明，髓内棒与新鲜人股骨的轴向压缩试验结果及颈部螺丝钉与湿润人股骨的弯曲试验结果分别进行 t 检验，结果均相差显著($P<0.05$)。本组共治疗 53 例，男 30 例，女 23 例，年龄 39～88 岁（平均 73 岁）。按 Boyd 和 Griffin 分类法Ⅰ型 11 例，Ⅱ型 23 例，Ⅲ型 11 例，Ⅳ型 8 例。手术方法：①显露大转子楔端、骨折端及股骨近外侧，整复骨折并维持固定；②在大转子顶端稍外侧凿一个 15mm 的骨洞，扩髓腔并插入髓内棒；③连接定位器，在透视下固定近侧斜型螺钉和远侧横型螺钉。病人住院时间 19～32d，平均 23d。53 例中，33 例在术后 3～7d 开始在床上主动伸屈患肢，第 2 周开始可扶拐离床活动，2～3 个月完全负重行走。对 52 例患者术后随访 1～3.5 年，骨折全部愈合，愈合时间为 3～7 个月，平均 3.5 个月。其中 44 例髋关节功能恢复良好，6 例满意，2 例髋内翻。作者认为：①加锁髓内钉位于骨髓腔内，与钉-接骨板比较，其优点是髓内棒将接骨板的承力点移到股骨干中位轴上，使弯曲引起的应力和应变均等于零；②加锁髓内钉的强度远比人体股骨近端强；③加锁髓内钉具备了静力性交锁固定的优点，其髓内棒的上下端分别有斜向和横向的螺丝交锁在股骨颈、干上，可防止骨折段的各种移位和髓内棒的旋转、下沉，起到静力性固定的作用；④股骨颈中的螺丝钉长度和位置要合适；⑤加锁髓内钉保留了骨折片的血液供应，减少了手术出血和骨折环境的破坏，使骨折愈合更快。

（徐卫东）

述评 股骨转子骨折常用的固定方法有鹅颈钉板、Richard's 钉、Gamma 钉、Ender 钉、角钢板、带锁髓内钉等。该文作者自制交锁钉治疗 53 例，效果满意，不失为一种较好的方法。股骨转子间骨折多为老年性骨折，且容易愈合，任何内固定均有一定的治愈率，除考虑生物力学的稳定性外，更多地要考虑病人对手术的耐受程度。

（吴岳嵩）

加压滑动鹅头钉治疗股骨转子下骨折（骨与关节损伤杂志，1996；11(3)：135） 重庆新桥医院张峡等自 1988～1995 年采用加压滑动鹅头钉固定治疗股骨转子间不稳定型骨折 16 例，取得良好疗效。患者年龄 22～54 岁，平均 37.6 岁。致伤原因中，车祸伤 12 例，自行车摔伤 2 例，行走时摔伤 2 例，均为闭合性骨折。其中 3 例合并小转子骨折，3 例为转子下冠状面斜形骨折，6例为转子下粉碎性骨折。患者入院后，牵引1周，采用硬膜外麻醉，经股骨上段及转子间的股骨上段手术途径，显露骨折断端，复位后于大转子顶点下方约5 cm外侧皮质处向股骨颈方向钻孔，拧入粗螺纹钉，在保持复位良好的状态下安放钢板及螺丝钉，术毕放置负压引流管。随访时间平均2年6个月。骨折于术后平均12周愈合，无1例出现骨折不愈合或髋内翻。作者讨论了目前用于股骨粗隆下骨折内固定的方式。认为加压滑动鹅头钉外观近似人类的股骨上端，其上端用通过股骨颈的加压拉力螺钉固定，有效地延长了内固定物固定骨折近段的长度。另一端采用钢板状结构固定骨折远段，两者通过套筒状结构连接，这种连接方式不但牢固，有利于手术操作，而且具有持续加压作用，不受连接处是否粉碎的影响。生物力学测定的结果也表明该内固定器材完全可满足人体负重的要求。作者最后提出，该内固定物不仅适用于转子间骨折，而且适用于转子下骨折，尤其对不稳定性骨折的处理较其他内固定物有较好的优越性。

（王建华）

述评 目前用于股骨粗隆部骨折的内固定器材有多种，如V型鹅头钉、髓内钉、Ender钉、Richar's钉等。髓内钉治疗股骨转子下骨折，由于骨折近段髓腔过大，可导致髓内钉退出，另外对于较复杂类型的骨折，它也不适合固定。V型鹅头钉虽也使用多年，但其内固定的效果仍不及加压鹅头钉。Ender钉和Zikel钉属弹性内固定物，可用于骨折类型较稳定的粗隆间及粗隆下骨折。同以上内固定物相比，加压滑动螺纹钉确显其优越性。但近年来发展起来的Richar's钉亦是粗隆间骨折内固定进展中值得注意的一个方向。

（吴岳嵩）

急诊复位三翼钉内固定治疗股骨颈骨折远期疗效观察（骨与关节损伤杂志，1996；11(3)：133） 大同市五院刘义明等采用急诊复位，闭式三翼钉内固定方法治疗伤后72 h以内的股骨颈骨折58例。男38例，女20例，年龄15～72岁，平均53岁。头下型骨折19例，经颈型骨折24例，基底部骨折15例。GardenⅡ型2例，Ⅲ型21例，Ⅳ型35例。伤后距手术时间12～24 h 13例，24～48 h 31例，48～72 h 14例。全部病例入院后即在腰麻下先行复位，凡复位后正位X线片上股骨内缘与股骨头内侧压力骨小梁呈160°交角，侧位片上股骨头轴线与股骨颈轴线呈一直线为优；凡正位155°，侧位180°者为良；正位＜150°或侧位＞180°者为差。复位后即行闭式三翼钉内固定。随访4～18年，平均11年。结果：骨折不愈合2例，骨折愈合满意56例（占96.6%）。58例中发生股骨头坏死3例（占5.2%）。髋关节功能恢复优38例（65.5%），良12例（20.7%），可3例（5.2%），差5例（8.6%）。认为该法无需牵引，缩短围手术期时间，减少并发症的发生，且有利于伤后扭曲受压及痉挛的血管尽早恢复，减轻了周围血管受压，缩短了缺血时间，复位固定后使两骨折端嵌插，出血减少，关节囊内压力不再升高，有利于残留血液循环的重建，有利于骨折愈合。

（康一凡）

述评 股骨颈骨折的治疗结果并不太理想，该文介绍急诊复位内固定方法，简单实用，效果明显，是治疗股骨颈骨折的好方法。但单纯三翼钉固定有容易旋转、固定不坚强等缺点，失败率较高，如改用成品字形散开的多根拉力螺纹钉内固定，可能更妥当。另外，许多病例因属老年，原先有一些严重的慢性疾病，急诊阶段无法查清，因此对有些病例不能一律在急诊阶段进行，要分别对待。

（吴岳嵩）

同侧下肢多处骨折合并髋关节脱位及股骨头骨折1例诊治教训（骨与关节损伤杂志，1996；11(3)：170） 解放军101医院邵卫等报道1例同侧胫腓骨、股骨干骨折合并同侧髋关节脱位和股骨头骨折病例。患者男性，20岁，左下肢撞伤后疼痛、屈曲畸形、活动受限1 h急诊入院。摄X线片显示“左股骨颈骨折合并左股骨干骨折，左胫腓骨骨折”，入院5 d后行左股骨干、左胫腓骨骨折切开复位内固定术。术中见股骨骨折近端呈屈曲、内收、内旋状，与股骨远端复位困难，用8孔钢板将股骨骨折端良好复位固定后，发现左大腿仍呈屈曲、内收、内旋状。当时考虑为股骨颈骨折所致，再施行左下肢纵向牵引并外展，试图矫正股骨颈骨折所致畸形。在牵引过程中，突然听到一声弹响，左大腿屈曲、内收、内旋畸形也随之矫正。返病房后予以左股骨髁上牵引，12 d后拍片复查，发现左股骨颈并未骨折，而是股骨头前内下方有粉碎性骨块。再重读术前X线片，结合术中所遇到的情况，认为正确的诊断应为“左髋关节脱位、左股骨头骨折合并左股骨干骨折、左胫腓骨骨折”。行第二次手术，再予以左股骨头骨折切开复位螺丝钉内固定术。随访12个月，左髋关节功能正常，骨折断端已全部骨性愈合。

（邵　卫）

述评 这是1例股骨干骨折合并髋关节脱位的误诊病例。同时还合并有同侧胫腓骨骨折，属罕见病例。据文献报道，此类伤型的漏诊率高达50%～60%。为了避免漏诊，应采取下列措施：①股骨干骨折患者常规须拍摄包括髋关节的X线片；②股骨干骨折合并坐骨神经损伤时，应考虑是否由髋关节脱位引起。治疗原则是迅速复位髋脱位和正确治疗股骨头骨折，然后再治疗股骨干骨折和其他骨折。

（吴岳嵩）

髋臼骨折的治疗（附36例报告）（中华骨科杂志，1996；16(4)：215） 昆明延安医院常敏等报道了36例髋臼骨折。根据Letournel的分类，后壁骨折7例，后柱骨折3例，前柱骨折3例，前壁骨折2例，横型骨折1例，横型伴后壁骨折8例，双柱骨折3例，后柱伴后壁骨折5例，"T"型骨折2例。分牵引保守治疗和手术治疗两种。24例选择骨牵引为主，合并股骨头中心性脱位者加用大腿根部宽布带侧方牵引，牵引时间6周，3个月后开始负重。12例选择手术治疗，Kocher-Langenbeck切口入路，以处理髋臼后部骨折，术前术后均需骨牵引。该组疗效评价参照美国矫形外科研究院评价髋关节功能的标准：①优：无疼痛，步态正常，关节活动范围至少为正常的75%，X线片无明显骨关节改变；②良：轻微疼痛，步态正常，关节活动范围大于正常的50%，X线片示关节面硬化，间隙狭窄，有骨赘形成；③可：中度疼痛或轻度跛行，关节活动范围小于正常的50%，X线片可见有明显狭窄，骨赘形成；④差：显著疼痛，明显跛行，关节僵硬并伴有明显畸形，X线片示骨关节炎改变，股骨头向髋臼中心明显脱位。该组36例髋臼骨折，均获随访，最长4年3个月，最短1年8个月，优良率81.6%，其中手术组为83.3%，非手术组为79.9%。作者认为，在患者身体条件允许的情况下，处理髋臼骨折要象处理其他关节内骨折一样，应早期手术，尽可能地使骨折移位达到或接近解剖复位。

（邵　卫）

述评　髋臼骨折治疗较为困难，随着交通及工伤事故的增加，近年发生率有增加的趋势。髋臼骨折X线片检查应常规拍摄前后位、闭孔斜位和髂骨斜位片，必要时行CT扫描。为了减少创伤性关节炎的发生，国内不少单位开展了髋臼骨折的开放复位和内固定手术，对其手术指征要严格掌握。凡经髋臼负重区移位大于3 mm的骨折，关节腔内有游离骨片阻碍股骨头复位，后柱骨折导致关节不稳，合并有坐骨神经损伤等情况可作为手术指征。

（吴岳嵩）

小儿骨盆骨折分型与预后关系的探讨（中华小儿外科杂志，1996；17(4)：232） 华西医大一院刘利君等对76例小儿骨盆骨折病例进行了回顾性研究。76例中男52例，女24例，年龄3～16岁，平均9岁2个月。按Odgen分型标准，76例中Ⅰ型骨折2例，Ⅱ型骨折21例，Ⅲ型骨折28例，Ⅳ型骨折25例。伤因中交通事故伤59例，坠落等其他伤17例。骨折分类中单纯性骨折15例，骨折伴多发损伤61例，伴失血性休克21例。该组病例均行保守治疗。33例随访3～19年，其中优23例（下肢外观、功能均正常）；良6例（下肢外观正常，功能稍差）；差4例（下肢外观功能均差）。25例Ⅱ、Ⅲ型病例中，优20例，良5例，8例Ⅳ型病例中优3例，良1例，差4例。认为Ⅰ型骨折无合并损伤，预后佳；Ⅱ、Ⅲ型骨折多合并其他部位损伤，应及时、常规进行各系统检查，以免漏诊、误诊，并及时手术处理。Ⅳ型骨折合并损伤多，尤其是合并脑外伤，如不及时处理，后果严重，死亡率高。Ⅲ、Ⅳ型骨折多数有失血性休克，输血量在200～800 ml以上，最多达3 000 ml。及时尽快恢复有效血容量是挽救生命的关键。Ⅱ、Ⅲ型骨折经治疗，预后前景乐观。Ⅳ型骨折治疗后效果差，后遗症发生率高。强调小儿骨盆骨折应早期稳定骨盆，尽量早期活动，以获得解剖复位和良好的功能。

（康一凡）

述评　骨盆骨折的Odgen分型简单易懂，基于骨盆前后位X线片即能进行骨折分类，并预测盆腔脏器和远隔部位的损伤。作者回顾性研究了小儿骨盆骨折76例，并随访33例，初步证明了Odgen分型的实用性。该文还分析了骨盆骨折各型与合并伤、失血性休克及预后之间的关系，值得参考。

（吴岳嵩）

复合开放性踝部损伤的治疗（中国医科大学学报，1996；25(2)：198） 中国医大第二临床学院陈晓春等于1987～1992年收治开放性踝部损伤16例，男11例，女5例，年龄14～52岁。全组病例均有踝内外侧副韧带撕裂和下胫腓关节分离。其中合并踝关节脱位11例，单踝骨折2例，双踝骨折4例，三踝骨折10例，跟骨骨折6例，距骨骨折2例，中跗关节脱位3例，胫前后动脉完全损伤2例，踝及足部皮肤撕脱3例。踝关节的关节面基本完好者行复位，而关节面损伤严重者，尤其有距骨骨折者，清除残余关节面后再行复位，使踝关节恢复正常的解剖结构；并采用骨圆钉从跟骨下方沿着下肢负重线贯穿跟骨、距骨和胫骨，修复各踝骨折和胫腓关节分离。皮肤缺损大者，应用皮瓣转移或皮肤移植。复合开放性踝部损伤行复位固定10例，术后主要以踝部疼痛消失和功能恢复情况判定。复合开放性踝部损伤行踝关节融合术6例，根据术后步态稳定性和关节融合情况判定。结果：前者10例中，优4例，良3例，可2例，差1例；后者6例中，优2例，良2例，可1例，差1例。该文强调开放性踝部损伤治疗的几个原则：①清创是手术成功的关键；②踝关节复位是踝部开放性损伤修复的核心；③在术式选择方面，关节面损伤不重或基本完好的，均应在初期处理的基础上行关节复位固定术，保留关节功能。对关节大部损伤者，清除关节内填塞物和残余关节面，再行关节融合术；④强调手术操作勿粗暴，保证复位的准确性，防止创伤性关节炎的发生。

（王建华）

述评 对严重复合开放性踝部损伤的治疗，作者提出了自己的治疗观点。总体来说，仍是骨科开放复合伤的治疗原则在踝关节的具体运用。治疗时，应在掌握原则的基础上，结合踝关节的解剖特点，加以灵活处理。

（吴岳嵩）

MESI 评分法预测四肢损伤性截肢（回顾性验证 93 例报告） （中华骨科杂志，1996；16(3)：152） 镇江医学院附院徐晓峰等采用肢体损伤综合征指数（MESI）评分法对 1983～1992 年间 93 例肢体损伤综合征（MES）患者进行了回顾性分析。搜集到达急诊室和手术室清创时的 9 个参数：皮肤、神经、血管、骨骼、延迟时间、年龄、原有疾病、休克等，分别计算其分值，9 个分值之和即为 MESI 值。93 例中，男 68 例，女 25 例，平均年龄 32 岁。钝性伤 72 例，穿透伤 21 例。作保肢手术 42 例，其中上肢 19 例：吻合肱动脉 8 条、桡动脉 14 条、尺动脉 5 条，吻合正中神经 9 条、桡神经 8 条、尺神经 6 条，修复肌腱 15 条，骨折早期内固定 18 例，同时行深筋膜减压 12 例；下肢 23 例；吻合股动脉 5 条、腘动脉 8 条、胫前动脉 8 条、胫后动脉 5 条，探查解除血管压迫 6 例，缝合坐骨神经 4 例，胫前、后神经 13 例，腓总神经 7 例，早期内固定及同时筋膜减压 19 例。42 例保肢手术中，创面 Ⅰ 期闭合 26 例，延迟 Ⅰ 期或 Ⅱ 期闭合 16 例。作截肢手术 51 例，其中上肢 17 例：肩关节离断 2 例，肘关节以上 3 例、以下 12 例；下肢 34 例：膝关节以上 8 例，以下 26 例。结果显示，51 例截肢者和 42 例保肢者中，两者 MESI 均值差异非常显著（$P<0.01$）。MESI≥20 的 46 例中，初期截肢 40 例，延期截肢 6 例；MESI＜20 的 47 例中，42 例保肢成功，5 例延期截肢。用 MESI 的临界值 20 分来预测截肢准确性为 100％，预测保肢则为 89.15％。作者认为，MESI 评分法提供了一种预测 MES 患者早期是否应截肢的量化标准，即 MESI≥20 时应予截肢，MESI＜20 时可予保肢。

（邵　卫）

述评 严重四肢创伤是否截肢，国内尚无统一的量化标准，因而可能出现决策不当。然而国外自 80 年代就提出了有关保肢和截肢的量化指标。作者采用 Gregory 和 MESI 法，将 MESI 的临界值 20 分作为预测保肢和截肢的量化标准，为我们术前决策提供了简便、准确的评定标准，值得参照应用。另外，应注意的是：①对全身创伤严重伤员，为挽救生命，近 MESI 临界值时即应选择截肢；②休克复苏后，隐匿性的室间隔综合征趋于明显，应作预防性筋膜减压。

（吴岳嵩）

脂肪栓塞综合征的早期诊断方法（中华创伤杂志，1996；10(2)：119） 解放军总院腾青山等通过动物实验提出了亚临床期脂肪栓塞综合征（FES）早期诊断的新方法。作者选用健康杂种犬静脉注射骨髓脂肪建立脂肪栓塞综合征模型，治疗组给予地塞米松 1.0mg/(kg·6 h)，注射脂肪后用 Swan-Ganz 导管经股静脉嵌压肺动脉，并抽取肺内血和对侧股静脉血各 5ml，然后进行快速冰冻切片，用油红“O”染色镜检，电子计算机图像分析，另抽股动脉血 1.0ml 肝素抗凝，测血氧分压。结果发现，注射液体脂肪后均发生脂肪栓塞综合征。当犬还没有明显 FES 临床表现时，血凝块切片中很容易检测到脂肪滴，其数量及大小在不同组中有明显差别。以肺内血脂滴变化尤为突出，脂滴的检出率肺内血平均为 78.57％，周围静脉血平均为 52.38％。通过实验，作者认为从肺循环经导管抽取的微血管血液，可以早期检出脂肪滴，以便及时治疗。作者讨论了 FES 的发病机制，并且认为 FES 的主要病变在肺内。因此，肺微循环血脂滴的检测，具有很高的特异性和敏感性，可作为亚临床期脂肪栓塞综合征（FES）早期诊断的新方法。

（张秋林）

述评 脂肪栓塞综合征（FES）是骨折后较常见的一种并发症。随着对骨折的早期积极处理以及对 FES 的重视，典型的 FES 已经少见。但亚临床期的脂肪栓塞综合征仍时有发生，由于诊断较困难而未给予重视。作者提出肺微循环血脂滴的检测作为亚临床期脂肪栓塞综合征（FES）早期诊断的新方法，值得推广使用，尤其是在具备股动脉漂浮导管技术的医院。

（吴岳嵩）

不同长度的自体静脉移植实验及临床评价（中华骨科杂志，1996；16(6)：368） 西安西京医院钱济先等报道不同长度的自体静脉移植后的结果。将 16 条犬分为 3 个实验组，分别取 2.0cm、4.0cm、8.0cm 的股静脉移植于同侧股动脉间，术后 1、4 和 16 周分批取材，采用 TAS-PLUS 图像分析仪测量血管内膜及整个管壁厚度，并在 Pollak 染色切片中，利用微机图像分析系统，算出弹性纤维(E)、胶原纤维(C)和平滑肌纤维(Sm)的相对含量，另外观察血管通畅情况，在动物实验的基础上，采用 HP-Sonos-1000 型超声多普勒显像仪对临床 25 例病例进行检查，分析其移植的静脉顺应性。结果发现，3 组移植静脉内膜厚度、显微结构成分相对含量及通畅率无显著相差($P>0.05$)，宿主动脉与移植静脉顺应性差异伴随于移植的全过程。作者认为，只要清创彻底，有良好的外科技术，适宜的血管张力，动静脉吻合口尽量匹配，血循环好的肌肉覆盖以及合理的辅助治疗，在该研究条件下，不同长度的自体静脉对移植结果可无明显影响；动静脉顺应性差异可能是最终影响自体移植结果的重要因素。　　(康一凡)

述评　自体静脉移植桥接动脉缺损是常用方法，在偶遇移植静脉长度过长时，往往担心移植物是否会发生血流不畅等改变。作者通过动物实验证实不同长度的自体静脉对移植结果可无明显影响，这为临床提供了很有价值的实验依据。

(张少成)

两侧对称性开窗减压治疗中央型腰椎间盘突出症(骨与关节损伤杂志，1996；11(3)：182)　安徽阜阳地区医院李超等自 1986 年来采用两侧椎板间对称性开窗减压术治疗中央型腰椎间盘突出症 62 例。其中男 43 例，女 19 例。年龄 21～67 岁，平均 41 岁。中央型Ⅱ度突出 13 例，Ⅲ度突出 49 例。$L_{3\sim4}$ 1 例，$L_{4\sim5}$ 46 例，L_5S_1 15 例。合并侧隐窝狭窄 33 例。手术方法：取常规体位，施行麻醉，于后进路，暴露椎板。先于症状重一侧椎板间隙作黄韧带开窗，摘除髓核，扩大神经根管；用同样方法作对侧椎板间开窗，探查椎管，摘除残留椎间盘碎片及扩大神经根管，取游离脂肪片填塞两侧窗口。56 例随访 1～9 年，平均 3.9 年。结果：优 43 例，良 10 例，进步 3 例，优良率达 94.6%，未发生术后腰椎不稳。作者认为，此术式具有如下 3 个特点：①该手术创伤小，较大程度上保留了腰椎后部结构的完整，保持了腰椎的稳定性；②由于大部分椎板和棘突完整保留，加之术后用游离脂肪片覆盖窗口，术后可有效地防止神经瘢痕粘连；③两侧对称开窗，不仅可彻底摘除破裂的椎间盘，而且可同时解决合并的神经根管狭窄。

(李　明)

述评　近二十年的脊柱生物力学研究业已证明，腰椎三维结构包括腰椎后部结构的完整性对维持腰椎稳定性起着重要的作用，一旦被切除有可能导致腰椎不稳定。目前脊柱手术的基本原则既要减压彻底，又要尽力维持脊柱的稳定性。上述术式符合这一基本原则，值得推荐。但对老年广泛性骨质增生、腰椎管狭窄严重的病例，是否合适，仍需进一步探讨。

(吴岳嵩)

股骨头无菌性坏死患者自由基代谢的观察(第二军医大学学报，1995；16(6)：595)　上海长海医院蔡郑东等采用极谱氧电极法和硫代巴比妥酸(TBA)比色法，测定 24 例股骨头无菌性坏死患者细胞超氧化物歧化酶(SOD)的活力和血浆脂质过氧化物(LPO)的含量，旨在探讨自由基在股骨头无菌性坏死病理机制中的作用。该组病例男 13 例，女 11 例，年龄 21～67 岁(47.1±8.2)。24 例患者中，Ⅱ期 8 例，Ⅲ期 12 例，Ⅳ期 4 例。将 24 例健康学员作对照组，男女各 12 例，年龄 20～25 岁(22.5±2.3)。SOD 活性测定采用极谱氧电极法，LPO 含量测定采用硫代巴比妥酸法，测定 LPO 代谢物丙二醛的含量。结果显示：24 例股骨头无菌性坏死患者红细胞 SOD 的活性明显下降，血浆 LPO 的含量明显增高，与对照组差异非常显著($P<0.01$)；24 例股骨头无菌性坏死患者的 SOD 和 LPO 进行相关分析，二者呈负相关，相关系数 $r=-0.401$，$P<0.01$，差别非常显著。对照组 SOD 和 LPO 的相关系数 $r=0.298$，$P<0.05$。因此作者认为，股骨头无菌性坏死患者存在自由基代谢异常，自由基也可能参与股骨头无菌性坏死的病理过程。

(赵　杰)

述评　股骨头无菌性坏死的发病机制目前仍不十分清楚，治疗也较困难。该文证明了股骨头无菌性坏死患者存在氧自由基代谢紊乱，为该病的病理生理机制的研究开辟了一条新思路，从而为治疗该病带来新的启迪。如何阻断单个自由基产生和其毒性作用的环节，从而逆转股骨头坏死病理过程，并用自由基清除剂防治骨坏死等问题，是今后研究的一个方向。

(吴岳嵩)

小儿脑性瘫痪双下肢畸形的治疗(附 270 例报告)(新乡医学院学报，1996；13(2)：149)　新乡市四院王孝刚等自 1985～1994 年 7 月共收治小儿脑瘫并双下肢畸形 270 例，经手术矫治及术后肢体功能锻炼取得良好效果。270 例中男 235 例，女 35 例，最小年龄 4 岁，最大 14 岁，平均 9.3 岁。随访时间最长 5 年，最短 1.5 年。有 173 例为痉挛型，17 例为手徐动型，80 例为混合型。手术方法分为：内收肌切断治疗内收、内旋畸形，术后保持双髋关节外展外旋位，以防复发，共 179 例 358 髋；腘绳肌松解延长治疗膝关节屈曲，术后伸膝0°位长腿石膏夹外固定3周，共57例114只膝；跟腱延长和胫前肌外移治疗足内翻，术后踝关节背屈15°及轻度外翻位长腿石膏固定3周，共293足。有10例行SPR手术，按Ashworth 5级判定，术前肌张力为4.1级。术后肌张力降至2～1级，取得良好效果。结果优79例，良148例，差43例，优良率达84%。作者认为：从临床资料可以看出，小儿脑瘫致双下肢畸形有其特点，手术适应于言语、智力障碍较轻，以痉挛为主。而手足徐动、共济失调和强直型则为手术禁忌证。作者还对脑瘫病人矫正术应强调系统化和个体化原则，提出SPR适应证及软组织手术的作用。手术应自上而下，先纠正力线，再调整肌力平衡，松解充分，并配合术后康复训练。

（王秋根）

述评　脑瘫的治疗仍较困难，其发病机制、预防、早期诊断、综合治疗仍为目前的研究热点。该文手术治疗痉挛性脑瘫270例，取得了良好的效果。我们同意脑瘫病人采用软组织手术和SPR手术同时并进的治疗方法。然而，脑瘫的发病机制复杂，症状多样化，如何选择手术方法，软组织手术与SPR的关系如何处理，目前尚无统一认识，还有待于进一步研究。

（吴岳嵩）

神经源性骨化性肌炎（中国矫形外科杂志，1995；2(4)：229）　齐齐哈尔医学院一院肖永志等报告3例脊髓损伤后病人发生骨化性肌炎。3例均为男性，例1为37岁，从高处坠落致T_{12}粉碎性骨折伴完全截瘫。伤后4 d行减压、Harrington手术，术后8个月又行侧前方减压术，此后双髋关节前方逐渐出现硬块，X线报告为骨化性肌炎，于伤后3年行异位骨切除及软组织松解，术后无复发。例2为24岁，因车祸致T_{10}粉碎性骨折伴完全截瘫。伤后6个月左大腿中段内侧出现硬块，X线示左股骨内侧有一5 cm×7 cm类圆形高密影，边界清，见正常骨纹理，诊断为神经源性骨化性肌炎，由于不影响功能，未手术出院。例3为46岁，因车祸致T_{10}粉碎性骨折伴截瘫，伤后3个月发现左大腿中1/3内有条样肿物，X线示有4 cm×6 cm高密度影，骨纹理紊乱，并有散在钙化，X线报告为神经源性骨化性肌炎。切除肿物，病检符合术前诊断。通过上述3例分析，作者认为，神经源性骨化性肌炎病发生与神经营养性变化以及成骨细胞和成骨环境的存在有关。文献报告多见于痉挛性瘫痪病人，伤后2个月发病率高，特别好发于肌肉痉挛部位。根据X线，把神经源性骨化性肌炎的病变分为三个区域：骨内层是高度活跃的细胞，有时难与肉瘤细胞区别；外层细胞活跃性差；最外层有成骨细胞和纤维组织形成骨小梁，有破骨细胞活动。要以预防为主，避免粗暴地被动锻炼。治疗方法可用药物治疗，也可手术治疗，手术一般在伤后1年，待局部疼痛消失，触痛不明显，边界清楚时进行。强调轻柔操作和彻底止血等是防止复发的主要方法。

（王秋根）

述评　神经源性骨化性肌炎是一个原因尚不十分清楚的疾病，临床上并不少见，多发生于痉挛性截瘫病人。一旦发生，患者的关节功能将受很大影响，给护理工作带来困难。另外，临床容易与恶性肿瘤混淆，应引起重视。该文结合文献报告讨论了该病发病机制、临床表现和病理特点，并介绍预防及治疗措施，为正确处理提供了方法，值得借鉴。对其发病机制还有待于在基础理论上进行深入研究。

（吴岳嵩）

髋部骨折与骨质疏松的临床探讨（河北医学，1996；2(1)：1）　唐山市骨科医院于永林等对1988～1993年间治疗的120例髋部骨折病人进行临床探讨。其中男52例，女68例。股骨颈骨折79例，粗隆间骨折41例。年龄35～50岁16例，51～60岁45例，61～79岁59例。致伤原因包括交通车祸、坠落、骑自行车摔倒、雨天及行走滑倒等，其中9例为股骨颈疲劳骨折。对全部病人作股骨颈X线片骨小梁测量，单光子骨密度仪对桡骨下1/3骨密度进行测定，与对照组进行分析比较。结果发现，骨密度峰值出现在30～40岁，髋部骨折发生在50岁以上者占83.6%。伤后病人平均卧床时间超过3个月者，骨矿物丢失明显增加。X线片显示，股骨粗隆和股骨颈骨小梁明显减少。单光子吸收测量前臂下1/3的矿物含量时，骨折组平均为(0.689±0.072) g/cm，较对照组(0.967±0.090) g/cm显著减少。伤后并发症高达40%，该组死亡率11.4%。作者认为，骨质疏松是导致髋部骨折很重要的危险因素。随年龄的增加及妇女绝经后的骨量降低，骨折危险增加。通过X线片检查和单光子骨密度仪测定，基本能反映骨质疏松下降的客观指标以及与发生骨折的关系，对预测和预防骨折具有非常重要的临床意义。

（王新伟）

述评　随着老龄化社会的来临，发生骨质疏松的病人越来越多，引起骨折的病人也随之增加。如何预防因骨质疏松而导致的髋部骨折是一项重要的工作。该文通过对髋部骨折病人的临床资料分析、X线片和骨矿物含量的测定，探讨髋部骨折与骨质疏松的关系，对临床骨科有重要参考价值。

（吴岳嵩）

大转子股骨头互换术治疗股骨头骺早闭（骨与关节损伤杂志，1996;11(3):130） 兰州军区乌鲁木齐总院史振满等自1990年10月至1994年10月采用转子下截骨、大转子股骨头置换术治疗5例股骨头骺早闭。患者女性，年龄22～48岁。外伤和结核各1例，化脓性感染3例，病史18～44年。髋关节严重骨性关节炎2例，骨性强直3例。手术在转子下截骨，使股骨头脱位，将股骨头残端修整成大转子形状，并作为新的大转子。重建髋臼，使其平面与人体水平面呈40°～45°外倾和10°～15°前倾角度。用蒂在近端的15 cm×8 cm的阔筋膜瓣覆盖新髋裸露骨面，将截骨近端沿股骨纵轴向前侧旋转180°，使股骨头与大转子互换位置，截骨远段与近段对合，8孔钢板固定，固定过程中反复校对颈干角和前倾角。术后以5 kg重量行股骨髁上持续牵引。8周去除骨牵引，10周持拐下地，骨折愈合后弃拐行走。5例均在术后3月骨折临床愈合，4～5月弃拐行走。髋关节无疼痛。外展20°～25°，屈伸80°～100°。作者认为，该方法有相关的解剖学基础，在手术设计时利用髋关节切除成形骨端与髋臼形成关节的原理，且参考了人工髋关节置换术的手术效果，将人工关节的股骨头假体改换成自身带血供骨进行置换。截骨修整后新的头骺可以达到满意匹配，为中青年髋关节病变的治疗赢得了一种比较理想的手术方法。

（王新伟）

述评 转子下截骨大转子与股骨头互换术治疗由外伤、结核及化脓性感染所致的股骨头骺早闭，特别适于不宜进行人工股骨头置换的中青年患者。但对其评价需要更长时间的临床随访和大量病例的临床验证。在进行此类手术时，必须确认原先的感染灶的彻底治愈，以免旧病灶死灰复燃，造成不良后果。

（吴岳嵩）

65例儿麻下肢短缩畸形髂骨截骨延长术治疗分析（兰州医学院学报，1995;21(3)） 甘肃张掖地区医院赵荣慧等对65例儿麻后遗症下肢短缩合并髋屈曲畸形、髋臼发育不良患者进行髂骨截骨延长术。肢体短缩在3～5 cm之间。男44例，女21例，年龄16～36岁。短缩侧髋臼发育不良致CE角明显减少者22例，髋松弛者13例。手术在髂前上、下棘之间截骨，撑开后取一梯形骨块嵌紧，并外旋远端髂骨以增加髋臼生理倾角，再用9 cm长的6孔钢板固定，术后下肢皮牵引6～8周，即可扶拐下地。41例随访1～3年。髋臼头静力稳定恢复正常，臀肌肌力晋升3级以上，下肢短缩减少，且无并发症者有33例，为优，占80.5%；患髋稳定有力，步态明显改善，效果满意者有7例，为良，占17.1%；并发髂骨截骨远端移位畸形愈合有1例，为差，占2.4%。作者认为，髂骨截骨，使股骨头下移而增加下肢长度。由于截骨使髋臼向内、下方旋转，使CE角增大，增加了股骨头的覆盖面积和髋关节的稳定性。再者，髂骨延长，增强了臀中肌等外展肌群的肌张力，对步态的改善起到良好作用。

（张秋林）

述评 肢体不等长在儿麻后遗症中占有很大比例，肢体延长的方法很多，有髂骨截骨延长术，股骨、胫骨干截骨延长术以及骨骺延长术等。至于用什么方法，关键在于选择手术的适应证。作者对短缩在5cm以内，同时合并有轻度屈髋畸形、髋臼发育不良、髋松驰者选择了髂骨截骨延长术，既达到延长肢体的目的，又稳定了髋关节，取得了满意的效果。但应强调术后外固定的重要性，作者有1例发生截骨远端移位畸形，可能与固定不牢或者过早负重有关。

（吴岳嵩）

手部骨肿瘤及瘤样病变（中华骨科杂志，1996;16(3):158） 山西医学院二院吕智等收集了1960～1986年手部骨肿瘤及瘤样病变190例，从临床、X线及病理上进行了回顾性分析。其中良性肿瘤178例，恶性肿瘤7例，瘤样病变5例。良恶比为25.4：1。良性肿瘤中尤其以软骨瘤最多，为145例，占76.3%；其次为骨软骨瘤22例，占11.6%；其他依次为骨巨细胞瘤、骨瘤、韧带样纤维瘤、软骨粘液性纤维瘤、骨样骨瘤、骨化性纤维瘤及血管瘤。恶性肿瘤中5例为转移瘤，2例为软骨肉瘤。145例软骨瘤中114例单发，89例发生于指骨，25例于掌骨。其中发生于拇指最少(11例)，示指最多(31例)，以近节指骨最多(47例)。22例骨软骨瘤中近节指骨7例，掌骨5例，中节指骨4例，末节指骨3例。3例骨巨细胞瘤均发生于掌骨。5例转移瘤中掌骨3例，指骨1例，腕骨1例；软骨肉瘤中，掌、指骨各1例。上述资料结合文献复习可以得出如下结论：①手部肿瘤以良性多见，恶性肿瘤及瘤样病变少见；良性者主要是软骨瘤，其次是骨软骨瘤；恶性肿瘤以转移瘤及软骨肉瘤多见；②手部骨肿瘤的分布特点为：软骨性肿瘤以近节指骨多见，掌骨次之；骨巨细胞瘤掌骨多见；转移瘤在文献中以末节指骨多见，总之各种肿瘤及瘤样病变以掌指骨多见，腕骨少见；③病理诊断是最可靠方法，但在确诊时必须结合临床及X线表现。

（陈　舰）

述评 手部骨肿瘤和瘤样病变并不多见，1986

年国内刘子君报道1万多例的大样本骨肿瘤统计，手部骨肿瘤和瘤样病变为759例。该文提供了190例，也算是较大的临床统计资料了。因此，对手外科临床工作有一定的指导意义。

(吴岳嵩)

骨巨细胞瘤中p53基因的异常(北京医科大学学报，1995；27：403)　北医大人民医院郭卫等报道该院应用免疫组化及分子杂交方法，研究了10例骨巨细胞瘤(GCT)及4例胎儿骨标本。大部分多核巨细胞(MGC)、20%～40%的单核基质细胞(STC)对抗巨噬细胞单抗标记呈阳性，胎儿骨中破骨细胞对抗巨噬细胞单抗标记亦呈阳性。在抗P53蛋白单抗染色中，30%～60%的STC标记阳性。MGC呈两种标记反应，体积大、核多的MGC呈阴性；体积小、核少的MGC呈阳性。DNA分子杂交发现有1例GCT存在部分基因片段缺失。据以上结果60%～80%的单核基质细胞(STC)对抗巨噬细胞单抗标记呈阴性反应。推测此类为真正的肿瘤细胞。体外培养中还发现GCT有两种，即长生命期的L-MGC与短生命期的MGC。L-MGC核少不具巨噬细胞系统的标志酶而具肿瘤细胞特点，推论L-MGC属于GCT中肿瘤成分，肿瘤细胞内高度表达的P53蛋白是一种变异的P53蛋白，系由突变之p53基因产生，高度表达变异的P53蛋白与肿瘤恶性度有关。据本实验推论，对抗P53蛋白单抗标记呈阳性反应的MGC及STC，系GCT中的肿瘤成分，解释了GCT的Jaffe分级与临床不一致的原因。该研究表明，抗P53蛋白单抗标记染色对评估GCT的预后有一定的意义。

(陈　舰)

述评　骨巨细胞瘤是一种常见骨肿瘤，约占20%。它是一种交界性肿瘤，术前很难确定是良性还是恶性，给治疗带来一定的困难。该文证实p53异常表达与肿瘤恶变有关，揭示巨细胞瘤分级与临床不一致的原因，表明抗P53单抗标记染色对评估GCT的预后有一定的意义。此类报道国内少见，其内在规律有待进一步研究。

(吴岳嵩)

骨肿瘤组织P53蛋白表达及临床意义的研究(骨与关节损伤杂志，1996；11(3)：159)　福建医学院一院林建华等应用抗P53单克隆抗体免疫组织化学方法，检测了67例骨肿瘤标本中P53蛋白的表达。结果20例骨肉瘤组织中9例P53蛋白表达阳性，而47例骨软骨瘤、骨巨细胞瘤均呈阴性反应。P53蛋白表达与患者的性别以及传统的骨肉瘤病理分型、大小、治疗分期等均无明显相关。同时该研究也提供了P53蛋白表达与骨肉瘤预后相关性的依据。根据瘤组织中哪一类型的瘤细胞占优势而将其分为骨母细胞型、软骨细胞型、纤维细胞型、未分化细胞型及混合细胞型五个组织学类型。按Enneking分期系统进行分期，根据X线片对肿瘤的大小进行判断，结果显示，3例P53蛋白表达阳性的患者分别于术后1个月、1.5个月、3个月出现局部复发或远处转移，8例术后存活两年以上的患者中有7例P53蛋白检测为阴性；相反7例存活不到两年的患者中有6例P53蛋白表达呈阳性，且表达强度高。即P53蛋白表达阳性的骨肉瘤患者预后较P53蛋白表达阴性者差。P53蛋白是否能成为判断骨肉瘤患者的一个重要预后指标，尚有待于进一步的研究与观察。

(陈　舰)

述评　P53基因在骨肿瘤组织中的表达，是当前骨肿瘤研究中一个热点问题。该文通过检测骨肿瘤组织中P53蛋白的表达，揭示其出现与骨肿瘤的恶性和预后的关系，这点很重要。但要将P53蛋白作为判断骨肿瘤是否恶性和预后的确切指标，还有待进一步深入的研究。

(吴岳嵩)

癌基因ras产物P21蛋白在骨肉瘤和骨巨细胞瘤中的表达(兰州医学院学报，1996；22：2)　兰州军区总院白孟海等应用免疫组化技术对19例骨肉瘤和21例骨巨细胞瘤标本进行了P21表达检测。19例骨肉瘤中，男性13例，女性6例，年龄5～74岁。21例骨巨细胞瘤中，男性11例，女性10例，年龄8～40岁，其中骨巨细胞瘤Ⅰ级8例，Ⅱ级7例，Ⅲ级6例(术后复发4例)。结果显示，P21存在于癌组织中，癌基因产物阳性表达主要分布在瘤细胞胞质内，呈阳性表达的瘤细胞主要存在于瘤组织中的骨样组织和软骨成分。在19例骨肉瘤标本中，P21阳性表达为10例，表达率为52%。21例骨巨细胞瘤中2例呈阳性表达，此2例均为骨巨细胞瘤Ⅲ级，且又是复发病例。骨巨细胞瘤被认为是一种界于良恶性之间的肿瘤，可能来源于形成骨的原始间叶细胞，其中10%为恶性。这些恶性病例是良性骨巨细胞瘤变为恶性骨巨细胞瘤，还是刚发生就是恶性骨巨细胞瘤，尚不清楚。有人认为恶性骨巨细胞瘤就是Ⅲ级巨细胞瘤，并根据组织学特点将骨巨细胞瘤进行分型，但均未提出骨肉瘤的关系。ras癌基因活化和P21水平的高表达不仅在骨肉瘤中，而且也在骨巨细胞瘤中，提示在Ⅲ级骨巨细胞瘤病例中，ras基因已开始活化，其蛋白产物过度产生，这可能为临床治疗提供依据。

(陈　舰)

述评 近十余年来，癌基因被引入了肿瘤的研究领域。癌基因的结构、突变表达与细胞癌变的关系方面的研究，已有很大进展，其中ras基因的研究工作比较突出。该研究将ras基因产物中P21蛋白的表达进行检测，证实P21蛋白与骨肉瘤及骨巨细胞瘤之间有一定关系，但例数有限，其内在联系尚未完全明了，有待于今后进一步证实。

(吴岳嵩)

冷冻异体手指复合组织移植再造拇指200指(中华手外科杂志，1995;11(4):207) 上海市一院侯明钟等对冷冻异体手指复合组织移植再造拇指200指进行了回顾性研究，1982年6月～1994年12月，对197例拇指Ⅲ～Ⅳ级缺失者，采用自体拇甲瓣游离移植包裹冷冻异体手指的复合组织(骨、关节、肌腱、腱鞘)再造拇指200指。手术成功率96.4%，异体手指存活率91.5%。术后3个月感觉恢复，测定对掌功能144例，优良率为91.6%。平均随访4年5个月，部分病例远期出现异体骨吸收及关节变性，可能与骨片未镶嵌好、术后活动过早及慢性排异有关，但主要是与移植组织未及时恢复神经血管的营养支配有关。为此，取拇甲瓣时内附着趾关节2块骨片，挖去异体指骨内骨髓，植入自体新鲜红骨髓及松质骨，有利于血管长入异体骨及促进宿主对其爬行替代。提出合理设计供足拇趾胫侧的保留皮瓣，尽量维持拇趾长度，供皮瓣区中厚皮片植皮，保存第1背侧跖骨肌及跗内外侧血管及足背皮神经，可减少足的并发症。作者认为，冷冻能降低异体手指组织的抗原性，术前、术后未用抑制排异反应制剂与激素，亦无急性排异反应的发生。

(袁鸿宾)

述评 采用冷冻异体手指复合组织移植再造拇指的主要问题是慢性排异和植入异体骨的吸收，该文作者采用自体拇甲瓣游离移植包裹经冷冻处理的异体手指复合组织再造拇指，降低了异体手指的抗原性，提高了远期效果。同时改进了拇甲瓣的切取方法，减少了足的并发症，有利于维持再造拇指的长度，值得临床借鉴。

(侯春林)

吻合血管小儿末节断指再植特点与处理方法探讨(中华骨科杂志，1996;16(9):570) 解放军89医院范启申等对该院至1991年5月行吻合血管的小儿末节断指再植56例66指进行了回顾性分析。年龄13个月～12岁，其中1～2岁2例，2～4岁52例，12岁2例。拇指10个，食指20个，中指16个，环指16个，小指4个。66指中完全断指58指，成活50指，不完全断指8指，成活6指，总成活率84.8%。作者根据再植血管吻合部位，将末节断指分Ⅴ度。Ⅰ度：指甲中1/3以远断离；Ⅱ度：指甲中1/3至近1/3断离；Ⅲ度：指甲近1/3至半月线基底处断离；Ⅳ度：指甲半月线基底至远指间关节和半月线间中点断离；Ⅴ度：甲根至远指间关节处断离。小儿末节区域血管纤细，壁薄，脆性大，清创及吻合相当困难。清创时注意保留肌腱附着部和骨骺，吻合血管时不用血管夹，不准用器械插入管腔，血管少翻转或不翻转，采用两定点缝合法吻合4针。小儿末节血管纤细，在低温、暴露、创伤刺激、术后疼痛影响下，加上患儿易骚动，容易发生血管危象。为预防术后血管危象的发生，应尽量多吻合血管；术后常规指侧小切口放血或拔甲放血；石膏外固定改进为前后胸臂石膏夹板固定，作飞机形状，这样不仅限制躯干翻动，而且防止两手臂伸展抓动，再加上亚冬眠疗法，使患儿安静，维持患指稳定。

(袁鸿宾)

述评 小儿末节断指血管纤细，壁薄，脆性大，吻合相当困难，对显微外科技术要求高，加上小儿断指术后不配合，易发生血管危象，故再植成功率较低。该文总结了66指小儿末节断指再植经验，成活率达84.8%，尤其吻合血管和防止术后血管危象的经验，具有很好的参考价值。

(侯春林)

足趾移植再造拇、手指400例报告(中华手外科杂志，1995;11(4):195) 上海华山医院顾玉东等总结了1966年2月至1994年2月的足趾移植术400例，以正确评估足趾移植在拇、手指再造中的作用。400例足趾移植中，拇指316例，示指32例，示中指28例，中指17例，环指4例，小指3例。再造方法：单纯第2趾移植(带或不带跖指关节)299例，第2、3趾联合移植28例，第2趾带第3趾近节趾骨1例，第2趾伴各种皮瓣移位或移植66例，拇甲瓣伴第2趾或2、3趾移植6例。移植成活率为96.5%。240例获得2年以上的功能随访，再造指的运动与感觉功能优良率达90%以上，足的功能满足率达86%～91%。对各种再造方法的手术指征、血循环危象的防治、提高功能效果的关键及趾移植后足的功能影响等进行了详细分析。总体评价为：①足趾移植是再造拇、手指比较理想的方法；②单纯切除第2趾不论跖骨头是否保留均不造成足的功能及生物力学的明显改变；③随着足部切除组织的增加，术后足的外形、功能及生物力学的变化也加大。

(袁鸿宾)

述评 采用游离足趾移植治疗拇、手指缺损是目前公认的比较理想的方法。作者对400例足趾移植再造拇、手指病例进行了远期功能随访，对提高移植足趾功能的方法、再造指血循环危象的防治、供区切取范围与足的外形、功能及生物力学的关系等进行了评价分析，这对临床推广这一难度较大的手功能重建手术具有借鉴作用。

（侯春林）

几丁质桥接周围神经缺损的实验研究及临床应用（中华骨科杂志，1996；16(3)：148） 上海长征医院苟三怀等采用经酸碱处理提纯的精制蚕蛹壳几丁质，经特殊工艺制成可吸收的生物管道，作为神经再生室，进行桥接神经缺损的基础及临床研究。实验选用体重 250～300 g Wistar 大鼠 30 只，实验组 20 只，在大鼠坐骨神经上造成 12 mm 的缺损，用几丁质管进行桥接。对照组 10 只，同样造成坐骨神经 12 mm 缺损，用骨骼肌桥接。术后 4、8、12 周进行显微解剖观察、神经电生理测定、组织学检查和 HRP（辣根过氧化酶）逆行示踪法鉴定。结果：神经电生理测定术后 8 周几丁质桥接组测到大鼠腿部肌肉收缩并记录到微弱的电信号波形，组织学检查发现术后 4 周几丁质桥接近端再生神经纤维已长入到远端；实验组术后 8 周进行 HRP 逆行示踪，结果在脊髓腰膨大段灰质前角均见到 HRP 标记的运动神经元，其细胞主要集中在 $L_{5,6}$和 S_1 节段。在实验研究基础上，临床应用 4 例，其中尺神经损伤 3 例，桡神经损伤 1 例，神经缺损长度 3～4.5 cm，用几丁质管进行桥接，随访 6～18 个月。在术后 4 个月后开始恢复感觉，6 个月后感觉基本恢复。3 例尺神经损伤者 6 个月后爪形手明显恢复。作者认为，几丁质是一种可吸收的生物材料，治疗周围神经损伤具有一定的临床价值，可作为非神经组织代替自体神经组织修复周围神经缺损。

（章　莹）

述评　采用非神经组织桥接周围神经缺损，已有较多报道，并获得不同的实验效果。该研究采用具有良好生物相容性和可降解性的几丁质管进行周围神经缺损桥接的基础和临床研究，效果明显优于骨骼肌桥接的神经缺损修复，为寻找非神经组织代替自体神经组织修复周围神经缺损提供了一种有益的生物材料，具有一定的临床应用价值。

（侯春林）

异体硬脊膜桥接周围神经缺损的实验研究（中华手外科杂志，1996；12(1)：47） 济南军区总院黄德清等对异体硬脊膜修复周围神经缺损的可行性进行了实验研究。异体硬脊膜取自 2 岁龄家犬，存放在 75%酒精内密封保存，应用时用生理盐水冲洗 3 次，浸泡在生理盐水中备用。将杂种家犬 14 只随机分成 2 组。实验组 8 只，手术造成双侧腓总神经 2.0cm 缺损，用同种异体硬脊膜管桥接该段神经缺损，缝合时注意硬脊膜内面的纤维走向与神经的纵轴一致。对照组 6 只，同样手术造成双侧腓总神经 2.0cm 缺损后不做任何处理即关闭伤口。术后不同时间段作大体观察、神经电生理检测、光镜和电镜检查。结果：术后 2 个月实验组硬脊膜内有束状结构，3 个月硬脊膜已类似神经外膜；8 周和 16 周时运动神经传导速度和复合肌肉动作电位分别为(25.23±1.21)m/s、(32.14±1.86)m/s 和(4.25±0.69)mV、(5.30±0.73)mV；1 个月镜下已见近端神经纤维增生，2 个月再生神经纤维已长入远端神经干，3 个月神经纤维排列接近正常，电镜下见再生神经纤维轴浆丰满，髓鞘成熟良好，雪旺细胞形态正常。对照组神经断端间始终未见联结，未记录到任何动作电位，近端形成神经瘤样结构。作者认为：硬脊膜抗原性小，与神经外膜结构相似。硬脊膜桥不仅能作为轴突再生的通道，并可维持良好的内环境，促进轴突的再生与生长。硬脊膜桥接周围神经缺损取得成功的原因，可能是接触诱导和神经亲和作用共同作用的结果。

（袁鸿宾）

述评　周围神经缺损治疗困难，采用自体神经移植效果虽好，但来源有限。近年来，相继对同种异体神经移植、肌桥、静脉或其他生物管道桥接周围神经缺损进行实验研究，但均有其不足之处。对于大段神经缺损，目前还没有一种方法在效果上能代替自体神经移植。该文采用异体硬脊膜桥接周围神经缺损，取得较好效果，为周围神经缺损提供了一种新的修复方法。希望对该项工作进行更深入研究和长期观察，以客观评价其临床应用前景。

（侯春林）

周围神经牵拉延长模型的建立及电生理研究（中华手外科杂志，1996；12(1)：35） 北医大人民医院姜保国等使用自行设计的组织扩张器，对 15 只家兔正中神经做成体内神经牵拉延长模型，观察神经延长过程中的电生理学改变。该研究显露家兔双侧正中神经 5mm，置入刺激电极，再游离前肢腕部正中神经 5mm，用组织钳挟捻后置入记录电极，接地电极插入肘部皮下。首先测正常神经活动电位，然后将臂部正中神经从肘上 3mm 起向上游离 45mm，测游离后的神经活动电位，进而将组织扩张器置于臂部正中神经下方进行神经延长，延长分 A、B 两组。A 组进行 2 次扩张延长，每次 5min 间隔 1min，测第 2 次延长状态下神经活动电位及取下延长器 5min

后的神经活动电位。B组同A组法进行4次延长，测第4次延长状态下神经活动电位及取下延长器5min后的神经活动电位。结果：A组延长4～7mm(6.7%～11.7%)，神经活动电位振幅下降至延长前的64%，活动电位曲线下面积下降至延长前的77%。B组延长7～11 mm(11.7%～18.3%)，活动电位振幅和曲线下面积均下降至延长前的33%。作者认为，神经牵拉损伤不是全或无效应，而是在一定延长长度内有一定比例的神经纤维受到损伤。该法短期由一次性完成延长对神经的损伤明显大于缓慢分次延长，神经延长在一定范围内，神经的功能下降是可复的，该法将有可能用于神经缺损的修复。

(章 莹)

述评 通过神经自身延长来解决周围神经大段缺损，应是最理想的方法，问题是如何延长神经，又不造成对神经结构及功能的损害。延长速度越慢，对神经造成的损害越小，这已为以往有关神经延长的实验所证实。该文将组织扩张器应用于神经分次延长，通过电生理观察，认为神经延长在一定范围内，神经功能下降是可逆的。若在神经延长速度、长度及神经可恢复期限三者之间找到合适的量比关系，将为临床应用提供可靠的依据。

(侯春林)

窄蒂肋间穿支型薄皮瓣在手背创面修复中的应用(中国修复重建外科杂志，1996；10(3)：149) 广州南方医院高建华等应用一种以肋间动脉皮肤穿支为营养血管的薄皮瓣修复15例16只手背创面。15例患者中男14例，女1例，年龄11～53岁。其中手背瘢痕挛缩15例，手背和手掌早期电烧伤创面1例。皮瓣设计呈斜型12例，垂直型3例，S型1例。皮瓣面积12 cm×5.5 cm～19 cm×15 cm。蒂宽3 cm 5例，4 cm 6例，5 cm 5例。位于第5肋间2例，第6肋间2例，第7肋间9例，第4、8、9肋间各1例。断蒂时间为术后7～14 d。结果：16例皮瓣中完全成活13例，有小水泡，换药后治愈2例，部分坏死需植皮1例。随访6个月～2年，皮瓣外形满意，手功能恢复良好。作者认为，该皮瓣不需分离肋间主干血管，操作简便安全，设计比较灵活，且皮瓣远端2/3可制成真皮下血管网皮瓣，既适应功能与外观的需要，又兼顾了手背创伤的修复。然而，每一穿支血管究竟能营养多大的皮肤范围，才能确保切取皮瓣成活并不十分清楚。因此，皮瓣设计应持慎重态度。

(张永先)

述评 采用腹部皮瓣修复手部创面具有供区隐蔽、皮瓣切取面积大的优点，但皮瓣臃肿，影响修复后手的外形与功能。该文介绍一种窄蒂肋间穿支型薄皮瓣用于修复手背创面，简化了手术方法，缩短了皮瓣断蒂时间，克服了皮瓣臃肿的缺点，是修复手背创面较为理想的方法。术中如何正确判断皮瓣远端修薄部分的血运，是保证皮瓣全部成活的关键，该组有1例皮瓣部分坏死，可能与此有关。

(侯春林)

小脑延髓池穿刺造影CT扫描诊断臂丛神经根性损伤(中华手外科杂志，1996；12(3)：134) 广州医学院一院卢伟杰等对用脊髓造影CT扫描(CTM)诊断臂丛根性损伤的方法进行了探讨。臂丛神经根性撕脱伤虽具有根性撕脱的临床特征，但对其准确定位仍有一定的困难。作者从1993年2月起开展该项检查共6例。具体方法是：患者侧卧，头稍高脚低位，常规小脑延髓池穿刺，注入水溶性碘造影剂(iopamidol 300)10 ml，拍颈椎正侧、左右前斜位片，并在透视下动态观察造影剂充盈情况。造影后患者平卧，头稍高位，在0.5～2 h内行CT检查，部位为C_4～T_2，以神经根孔为中线，扫描层厚5 mm。结果：5例CTM表现为在某一平面的某一侧造影剂通过该侧的椎间孔向外弥散或向外延伸呈长条状，手术证实臂丛神经在该平面的该侧发生根性损伤，而CTM阴性的1例，手术证明为臂丛上干断裂。作者认为，脊神经前后根走出椎管时，各被脊髓硬脊膜及蛛网膜囊突出的脊膜鞘所包被。两鞘之间的间隙与蛛网膜下腔相通，脊神经根完全浸于脑脊液中，这是CTM诊断臂丛神经根性损伤的解剖学基础。因而经小脑延髓池注入造影剂的CTM可区分臂丛神经的根性和干性损伤。由于C_5、C_6神经根不易产生根性撕脱，如产生根性撕脱往往合并节后损伤，而臂丛下干多为单纯性撕脱，因此，该CTM是诊断臂丛根性损伤的一种敏感性高、定位准确的客观方法。

(章 莹)

述评 该文通过手术探查对通过小脑延髓池注入造影剂的CTM的阳性结果进行验证，结果表明，该方法是一种诊断臂丛神经根性损伤的敏感性高、定位准确的客观方法，因而具有一定的临床价值，但此法对穿刺技术要求较高，不宜作为常规加以推广，仅可在没有电生理诊断的条件下有选择地加以应用。

(侯春林)

皮瓣的静脉危象及其处理(中华手外科杂志，1996；12(3)：131) 上海华山医院顾玉东对1 176例各类皮瓣手术进行回顾性总结研究，以探讨皮瓣静脉危象的发生发展规律，寻求防治方法，提高皮瓣移植及移位手术的成活率。该研究回顾了华山医院

1973年3月至1995年3月共进行的1 176例29种皮瓣手术，其中30例失败，失败率为2.55%。失败的原因分别是：吻合口血栓3例，动脉变异损伤2例，受区高压返流12例，吻合口血管蒂扭曲3例，皮瓣返流障碍10例。绝大多数失败者(25例)为静脉危象所致。1985年7月至1995年7月，共进行面积大于20cm×7cm的皮瓣手术共49例，发生皮瓣坏死2例，部分坏死7例，其中18例设计时提供二套静脉回流系统，全部成活。失败的原因是受区静脉的高压返流。作者认为，无论游离或带蒂皮瓣，静脉危象是失败的主因，在皮瓣手术中应特别注意静脉的处理。皮瓣静脉危象主要分3大类。第一类：受区静脉高压返流，这是游离皮瓣失败的主要原因，因此，在游离皮瓣手术中选择无高压返流的静脉作为受区静脉十分重要；第二类：吻合口及血管蒂的病变，这类危象主要是皮瓣移植或移位时技术操作失误所致；第三类：供区皮瓣内静脉回流障碍。原因有①皮瓣动脉供血不足或动脉供血有变异；②皮瓣微循环障碍；③皮瓣静脉变异及静脉选择不当。由于皮瓣中静脉回流的重要性，作者认为提供“二套静脉回流”系统是防治静脉危象的关键性措施，并在其临床实践中所证实。

(章　莹)

述评　该文通过对1 176例皮瓣手术进行回顾性研究，分析皮瓣失败的主要原因是静脉危象的产生，意义较大。在游离组织移植中，不仅要高质量的吻合动脉，以保证组织供血，更要高度重视受区与供区静脉的处理，确保静脉吻合的通畅，以保证皮瓣的正常血液循环。作者提出的“二套静脉回流”是防治静脉危象的关键性措施的论点将有助于提高皮瓣手术的成功率。

(侯春林)

离断肢体血管与肌肉保护的实验研究(中华创伤杂志，1996；12(1)：2)　上医大手外科所顾玉东等以大鼠断肢为模型，观察了温度与药物对离断肢体血管与肌肉的影响。该研究把138只大鼠按术后2、4、8、16、24、48、72 h分为7组，每组18只，其中低温组(0～4℃)12只，室温组(20～30℃)6只。低温组12只中，6只大鼠的左侧断肢灌流2%利多卡因5 ml，右侧肢体不灌；另6只左侧断肢灌注5 ml能量合剂(100 ml林格液中含ATP 10 mg，辅酶Q 50 mg，维生素B_6 50 mg，地塞米松5 mg)，右侧断肢灌注林格液。常温组6只左侧肢体灌注2%利多卡因5 ml，右侧肢体不灌注。另取12只在肢体离断后即刻进行检测作为对照组。检测内容：①股动脉血管平滑肌超微结构观察；②股二头肌超微结构变化；③股二头肌Na^+-K^+-ATP酶及Ca^{2+}-ATP酶活性。结果：低温(0～4℃)、能量合剂灌注对血管和骨骼肌超微结构及酶活性皆明显优于室温及林格液灌注，利多卡因灌注仅对血管有益，对离体组织中的骨骼肌无保护作用。作者认为：①0～4℃低温保存是有效的保护措施；②在0～4℃低温保存的基础上应用2%利多卡因灌注对血管平滑肌有保护作用；③在0～4℃低温保存的基础上应用能量合剂灌注，不仅对离体组织血管平滑肌有明显的保护作用，而且对离体骨骼肌细胞也有明显的保护作用；④在0～4℃低温保存的基础上应用林格液灌注对离体组织中血管平滑肌细胞及骨骼肌细胞均无保护作用。

(章　莹)

述评　该文从组织学超微结构及酶活性检测入手，探索了离体组织缺血时间与血管内皮细胞及骨骼肌细胞变化的关系，观察了离断肢体保存在不同温度下经不同时间、不同药物灌注对缺血组织的影响。得出的低温、能量合剂及利多卡因对离断肢体有保护作用的结论意义较大，对延长离断肢体耐受缺血时间、保护断肢重要组织、改善再植肢体功能将有较大帮助。

(侯春林)

前锯肌和背阔肌联合肌瓣修复晚期面瘫的应用解剖(中国临床解剖学杂志，1996；14(3)：173)　一军医大临床解剖学所邬江等对36例前锯肌下部及背阔肌外侧肌瓣的形态、血管和神经进行了观测，提出了联合肌瓣修复面瘫的设想，并做了相应的应用解剖研究。该文标本采用成人尸体36具，测量工具为游标卡尺和钢尺。结果：①肌瓣位置相近，共血管干、不同神经支配；②可制成与面部表情肌大小、形态相似，具有粗而长的神经血管蒂的游离肌瓣；③血管神经较粗，易吻合，胸背动脉外径(1.7±0.4)mm；胸长神经横径(1.6±0.3)mm，胸背神经横径(1.8±0.3)mm。作者认为，前锯肌和背阔肌的血管走行恒定且较粗、长，吻合方便，一、二期治疗均适用，其中二期治疗因为修复面上、下部采用的肌瓣设置不同，又可分为两种术式。手术时患者可取半侧卧位，悬吊上肢，切口呈锯齿状或“Z”形，位于腋中线背阔肌前缘1～2cm处。前锯肌分离时应从后向前，于肌深面紧贴肋骨钝性分离；背阔肌切取关键在于寻找胸背血管及神经，蒂长视术式不同灵活截取。前锯肌、背阔肌具有同一部位、共干血管、不同神经支配特点，因此采用两肌做联合肌瓣修复面瘫，不仅切口隐蔽、方便，而且在全面修复面瘫的同时最大程度上减少了供区功能的损失。

(张永先)

述评 游离肌肉移植被公认为晚期面瘫功能性修复的理想方法，而目前的术式多局限于面部下2/3的表情修复。该文作者根据前锯肌和背阔肌具有共血管干、不同神经支配的解剖特点，提出联合移植二块肌瓣修复晚期面瘫的设想，手术设计新颖、独特，为晚期面瘫修复展示了更为广阔的前景，但其实际临床疗效尚待进一步验证。

（侯春林）

胸小肌骨瓣移位治疗习惯性肩关节前脱位（中华外科杂志，1996；34(7)：438） 广州南方医院林昂如等报道了用胸小肌骨瓣移位到肱骨上端的方法治疗10例习惯性肩关节前脱位。10例均为男性，年龄22～35岁。9例为外伤性脱位，1例为小儿麻痹后遗症肩袖肌不全瘫所致。患者反复肩关节脱位史4～31年，平均6.5年。手术采用全麻，肩关节前方切口，术中游离胸小肌止点腱性部分，连同肌腱在突上凿一约1.3cm×1.3cm×0.8cm的骨块，显露肱骨上端，在肱二头肌腱沟外侧缘大结节下方0.5cm处凿一皮质粗糙面，将胸小肌骨瓣外移，骨块用螺钉固定于肱骨上端，负压引流闭合切口，搭肩位石膏固定。结果：10例切口愈合良好，术后6周基本恢复正常活动，随访2.7年，无1例复发。作者认为，胸小肌起于2～5肋软骨，止于喙突，近止点处移行为腱性结构，便于游离移位；主要支配的血管、神经游离段较长，可外移而无明显张力。该术式不直接损伤胸小肌，不产生肌肉肌腱瘢痕挛缩，可早期功能锻炼，预防关节僵硬，且未见关节疼痛、骨关节炎、活动障碍等并发症，是治疗习惯性肩关节前脱位的一种新方法。

（张永先）

述评 习惯性肩关节前脱位可因肩关节前关节囊过度松弛、关节盂唇损伤、肱骨头外后方缺损等原因引起。该文作者设计胸小肌骨瓣移位至肱骨上端来加强肩关节前下方薄弱区的保护作用，达到治疗习惯性肩关节前脱位的目的，其原理与Putti-Platt手术基本相似。临床应根据造成习惯性肩关节前脱位原因，正确选用治疗方法。

（侯春林）

带蒂肱桡肌转位重建屈肘功能的应用解剖（中国临床解剖学杂志，1996；14(1)：15） 解放军福州医高专施洪等在34侧经动脉灌注红色乳胶的成年人上肢标本上，着重观测了肱桡肌的形态、血管、神经以及与肌转位有关的结构，另外在8侧上肢动脉铸型标本上，对照观察了桡侧返动脉和桡侧副动脉的分布及吻合情况；在尸体标本1侧作带血管神经蒂肱桡肌转位摹拟手术。结果：肱桡肌为长扁梭形肌，肌长32cm以上，肌的血供主要来源于桡侧副动脉和桡侧返动脉，其中桡侧返血管蒂可游离的长度为3.9cm。肌的神经来自桡神经，神经蒂可游离长度达6cm以上。由于肱桡肌的屈肘和旋前功能仅为辅助作用，切取后对功能影响较小。在解剖学研究上，作者设计将肱桡肌起止点移至肱二头肌腱膜上，将止点反转至肱二头肌短腱，形成以带血管神经蒂肱桡肌瓣及转移位重建屈肘功能，并提出：臂丛损伤引起的屈肘功能障碍，伴有肱桡肌功能障碍者不宜作该肌的转位术。

（刘明轩）

述评 该文通过对肱桡肌形态、血供及神经的解剖学研究，设计了带血管神经蒂肱桡肌瓣反转移位重建屈肘功能的术式，为临床重建屈肘功能提供了一种新方法。但臂丛神经损伤已严重累及肱桡肌时，不适合采用该法。

（侯春林）

比目鱼肌瓣移位修复小腿慢性骨髓炎软组织缺损（中华显微外科杂志，1996；19(3)：173） 北京积水潭医院侯春梅等报导应用比目鱼肌肌瓣移位修复伴有慢性骨髓炎的小腿和踝部软组织缺损。共收治8例，其中女性3例，男性5例，年龄22～56岁。7例合并复杂的胫腓骨开放性骨折，6例合并慢性骨髓炎，2例合并胫骨骨缺损，病程平均为4年半。手术方法：病人取半卧位，患侧在下，沿小腿内侧切口钝性分离腓肠肌，暴露比目鱼肌，根据感染或软组织缺损部位及胫前动脉和胫后动脉的通畅情况，采取不同的肌瓣移位方法。主要采用结扎胫后动脉远端或近端，结扎胫后动脉远端分支或近端分支，以比目鱼肌内侧头近端或远端为蒂移位修复软组织缺损，其中面积最大为13cm×10cm。结果：8例中，5例伤口Ⅰ期愈合，2例植皮部分坏死，1例肌瓣远端1/3坏死。随诊1～2年，骨髓炎无复发。作者认为，比目鱼肌骨瓣对小腿功能影响小，血运丰富，转移方便，适用于小腿和踝部骨髓炎软组织缺损的修复。

（刘明轩）

述评 因伤病所致胫骨慢性骨髓炎常伴有胫前软组织缺损。理想的治疗方法是在彻底清除病灶的基础上，采用健康的血运丰富的组织瓣一期消灭死腔，修复创面。而在组织瓣中，肌肉组织对细菌的生物清除能力最强，而且肌肉可塑性强，适于填充死腔。故该文介绍的比目鱼肌瓣是治疗胫骨骨髓炎的理想方法。由于比目鱼肌是小腿三头肌主要肌肉，全面切取比目鱼肌会对足的跖屈力量造成一定损害，应加注意。

（侯春林）

旋股外侧血管横支大转子骨瓣修复股骨中上段的解剖及应用（中国临床解剖学杂志，1996；14(3)：231） 解放军451医院钟桂午等报导旋股外侧血管横支大转子骨瓣用于修复股骨中上段的解剖观察及临床应用。作者在40侧经动脉灌注红色乳胶的成年人下肢标本上对旋股外侧动脉横支进行解剖学观察。结果：该动脉外径2.5mm，长5.1cm，在股外侧肌深面和外缘发出2～4支外径在0.4～1.1mm的骨膜支到大转子前外侧，供应范围3.5cm×2.0cm×3.5cm。在解剖学研究基础上，设计了以旋股外侧血管横支为蒂大转子前、外侧部骨瓣的修复术式。临床应用15例，其中股骨头颈部5例，股骨上段9例，中段1例。15例中，新鲜粉碎性骨折2例，陈旧性骨折4例，骨不连6例，股骨头缺血性坏死2例，外伤性股骨头颈缺损1例。术中截取骨膜骨瓣最大4.5cm×3.0cm×2.0cm，最小4.0cm×3.0cm×2.0cm。单纯骨膜瓣3例，骨膜骨瓣10例，肌骨瓣2例。治疗结果：随访12～28个月，骨折均于术后13～18周获得骨性愈合，供区愈合良好。作者认为，以旋股外侧动脉横支为蒂大转子骨瓣移位修复股骨中段或上段骨缺损具有可行性。并有骨瓣血运充裕、血管走行恒定、取骨范围较大、手术操作简单、成功率高等优点，且临床疗效满意。

（刘明轩）

述评 带血管蒂骨瓣、骨膜瓣因其为"活骨"移植已广泛用于临床。该文在解剖学研究基础上，设计了以旋股外侧动脉横支为蒂的大转子骨瓣，为临床提供了一种新的骨瓣。该骨瓣已用于修复股骨中上段骨不连、股骨颈骨折等，尤其适用于股骨头坏死和股骨颈骨折治疗。可在同一手术切口完成手术，使骨瓣切取和转移较为方便。

（侯春林）

股骨头缺血性坏死显微外科手术治疗（中华显微外科杂志，1996；19(2)：105） 解放军89医院王成琪等报道1978～1994年间运用显微外科手术治疗226例股骨头缺血性坏死。全部病人均为Ⅲ期以上病损，年龄3～45岁。病程1～3年150例，4～5年26例。病因：股骨颈骨折31例，髋关节脱位62例，有轻度外伤史者21例，不明原因者22例，应用激素者54例，有髋关节感染史者36例。手术方法：采用带血管蒂髂骨块头下植入加骨膜瓣包颈术71例，带血管蒂髂骨块头下植入加血管束植入61例，股骨头软骨"U"形开窗病灶清除加植骨加血管束植入12例，单纯血管束植入36例，单纯带血管蒂髂骨块植入46例。经1～15年随访者158例，总有效率为88.6%。作者认为，股骨头缺血性坏死的原因是多方面的，正确有效的防治髋关节部损伤、合理的应用激素、及时控制髋关节部感染等是预防股骨头缺血性坏死的重要措施。根据不同的病损期，采取适宜的手术方法以重建血供是手术治疗的有效方法。

（刘明轩）

述评 股骨头缺血性坏死的因素是多方面的，尤其是外伤、感染和激素引起者为多。其治疗方法国内外亦有较多报导，但疗效不甚理想。该文总结226例股骨头缺血性坏死显微外科手术治疗的经验，经长期随访，具有一定的参考价值。运用显微外科手术，改善股骨头血液循环，促进病灶修复，是目前治疗股骨头缺血性坏死较好的方法。该文主要用于治疗Ⅲ度以上病损者。若及早发现，早期采用积极的显微外科治疗，可能会获得更为满意的结果。

（侯春林）

附　　录

本卷年鉴引用的期刊

广东医学
广西医学
广州医学
上海医学
上海免疫学杂志
上海医科大学学报
上海第二医科大学学报
山东医科大学学报
山东医药
山西医学院学报
山西医药杂志
云南医药
天津医药
中华小儿外科杂志
中华内分泌代谢杂志
中华心血管病杂志
中华外科杂志
中华老年医学杂志
中华妇产科杂志
中华医学杂志
中华医学检验杂志
中华肾脏病杂志
中华泌尿外科杂志
中华放射学杂志
中华肿瘤杂志
中华实验外科杂志
中华显微外科杂志
中华结核和呼吸杂志
中华消化杂志
中华手外科杂志
中华骨科杂志
中华神经外科杂志
中华神经精神病杂志
中华病理学杂志
中华理疗杂志
中华麻醉学杂志
中华创伤杂志
中华整形烧伤外科杂志
中华器官移植杂志
中华胸心血管外科杂志
中级医刊
中国中西医结合杂志
中国农村医学
中国运动医学杂志
中国医学科学院学报
中国医科大学学报
中国肛肠病杂志
中国肿瘤临床
中国肿瘤
中国肿瘤临床与康复
中国免疫学杂志
中国急救医学
中国危重病急救医学
中国神经精神病杂志
中国超声医学杂志
中国循环杂志
中国病理生理杂志
中国临床解剖学
中国康复医学杂志
中国修复重建外科杂志
中国脊柱脊髓杂志
中国实用外科杂志
中国实用妇科与产科杂志
中国普通外科杂志
中国矫形外科杂志
中国烧伤创疡杂志
中级医刊
中山医科大学学报
中日友好医院学报
内蒙古医学杂志
四川医学
北京医学
北京医科大学学报
白求恩医科大学学报

兰州医学院学报
西安医科大学学报
吉林医学
华西医学
华西医科大学学报
江西医药
江苏医药
甘肃医学
宁夏医学杂志
辽宁医学杂志
安徽医学
安徽医科大学学报
同济医科大学学报
医师进修杂志
延边医学院学报
苏州医学院学报
实用医学杂志
实用老年医学杂志
实用妇产科杂志
实用放射学杂志
实用肿瘤杂志
实用肿瘤学杂志
实用癌症杂志
武汉医学杂志
河北医学院学报
河北医药
河南医科大学学报
河南肿瘤学杂志
肿瘤
肿瘤防治研究
陕西医学杂志
哈尔滨医药
哈尔滨医科大学学报
南京医学院学报
南通医学院学报
贵州医药
重庆医药
贵阳医学院学报
首都医学院学报
临床外科
临床与实验病理学杂志
临床医学
临床肝胆学杂志
临床放射学杂志
临床麻醉学杂志
临床解剖学杂志
临床泌尿外科杂志
临床心血管病杂志
骨与关节损伤杂志
铁道医学
蚌埠医学院学报
浙江医学
浙江医科大学学报
徐州医学院学报
佳木斯医学院学报
海南医学
男性学杂志
第一军医大学学报
第二军医大学学报
第三军医大学学报
第四军医大学学报
湖北医学院学报
湖南医学
湖南医科大学学报
心肺血管病杂志
肝胆外科杂志
黑龙江医药
综合临床医学
功能性和立体定向神经外科杂志
普外临床
新医学
新乡医学院学报
新疆医学报院学报
解放军医学杂志
解剖学杂志
解剖学报
福建医药
福建医学院学报
腹部外科
癌症

索　引

E

F

G

H

J

K

L

M

N

P

Q

R

S

T

W

X

其　他